Pierre Felder
Helmut Meyer
Claudius Sieber-Lehmann
Heinrich Staehelin
Walter Steinböck
Jean-Claude Wacker

Die Schweiz und ihre Geschichte

Die Schweiz von der Urzeit bis zum Ende des Frühmittelalters
900 n.Chr.

Die Schweiz im Hochmittelalter
10. bis 13. Jahrhundert

Die Schweiz im Spätmittelalter
14. und 15. Jahrhundert

Die Schweiz im Zeitalter der konfessionellen Spaltung
16. und 17. Jahrhundert

Vom Ancien Régime zu den Anfängen der modernen Schweiz
18. Jahrhundert bis 1848

Die Schweiz von 1848 bis zur Gegenwart

Interkantonale Lehrmittelzentrale
Lehrmittelverlag des Kantons Zürich

Lehrmittel der Interkantonalen Lehrmittelzentrale

Autorenteam	Helmut Meyer (Gesamtleitung)
	   Die Schweiz im Zeitalter der konfessionellen Spaltung
	Pierre Felder
	   Vom Ancien Régime zu den Anfängen der modernen Schweiz
	Heinrich Staehelin
	   Die Schweiz von der Urzeit bis zum Ende des Frühmittelalters
	Claudius Sieber-Lehmann
	   Die Schweiz im Spätmittelalter
	Walter Steinböck
	   Die Schweiz im Hochmittelalter
	Jean-Claude Wacker
	   Die Schweiz von 1848 bis zur Gegenwart

Berater und Beraterinnen	Markus Bolliger Rudolf Hadorn Kurt Messmer Mireille Othénin-Girard Marianne Rosatzin-Eggli Peter Stettler
Grafische Gestaltung	Felix Reichlin, Hans Rudolf Ziegler
Umschlag	Beni La Roche
Karten	Claudia Trochsler

Nach der neuen Rechtschreibung von 1996

© Lehrmittelverlag des Kantons Zürich, 1. Ausgabe 1998
Printed in Switzerland
ISBN 3-906719-96-0

Inhaltsverzeichnis

7 Vorwort

Heinrich Staehelin
9 Die Schweiz von der Urzeit bis zum Ende des Frühmittelalters 900 n. Chr.

10 Urgeschichte
10 Begriff
10 Klima und Bodenbeschaffenheit
10 Anthropologische und kulturelle Grundlagen
10 Ältere Altsteinzeit
12 Jüngere Altsteinzeit
12 Mittelsteinzeit
12 Jungsteinzeit
12 Bronzezeit
13 Eisenzeit

14 Die Zeit der Kelten
14 Der geschichtliche Rahmen: Griechen und Römer
14 Die Kelten: Herkunft und Verbreitung
15 Völker in der Schweiz bis zum 1. Jahrhundert v. Chr.
15 Wirtschaft, Gesellschaft und Kultur
16 Der Auszug der Helvetier
16 Spätzeit der Helvetier

17 Die römische Zeit
1. Jahrhundert v. Chr. bis 4. Jahrhundert n. Chr.
17 Der geschichtliche Rahmen: Das römische Kaiserreich
17 Die Schweiz im Römischen Reich: Gliederung ihrer Geschichte
17 Die Eingliederung der Schweiz in das Römische Reich
17 Die erste Militärperiode
20 Die militärlose Periode
22 Die zweite Militärperiode

26 Vom Römischen Reich zum Fränkischen Reich
5. bis 7. Jahrhundert
26 Der geschichtliche Rahmen: Das Römische Reich und die Germanen
27 Die Landnahme germanischer Stämme in der Schweiz
29 Soziale, wirtschaftliche und staatliche Verhältnisse
31 Die christliche Kirche

33 Die Schweiz im karolingischen Frankenreich
8. bis 10. Jahrhundert
33 Der geschichtliche Rahmen: Das Frankenreich der Karolinger
33 Die Einbindung der Schweiz ins Karolingerreich
34 Von den späten Karolingern zum Deutschen Reich
34 Verwaltung
36 Wirtschaftliche und soziale Verhältnisse
37 Das Kloster St. Gallen

40 Längsschnitt: Die Sprachen der Schweiz
40 Die sprachliche Entwicklung im schweizerischen Raum
43 Gesprochene und geschriebene Sprache
45 Sprachenrechtliche Verhältnisse in der alten Eidgenossenschaft
47 Die Sprachenfrage seit 1798

Walter Steinböck
51 Die Schweiz im Hochmittelalter
10. bis 13. Jahrhundert

52 Einleitung: Interesse und Forschung

54 Der europäische Rahmen: Aufstieg und Entwicklung des christlichen Europa
54 Die politische Entwicklung
55 Vertiefung und Verbreitung des Christentums
55 Europäische Expansion
56 Städte und Handel

57 Der Raum und die Menschen
57 Die Landschaft
57 Verkehrswege
58 Grundherren und Bauern
61 Bevölkerungswachstum und Mobilität
62 Die Kolonisation des Alpenraumes

66 Herrschaft im Hochmittelalter
66 Das Lehenswesen
67 Das Gericht
68 Zwischen Fehde und Friede

70 Die Städte
70 Land und Stadt
70 Der Aufstieg der Städte
71 Was ist eine Stadt?
71 «Stadtluft macht frei»
73 Erfolg und Misserfolg

74 Längsschnitt: Die Stadt vom Hochmittelalter bis zur Gegenwart
74 Die Grundlagen: Kaufleute und Handel
76 Die soziale Struktur
76 Die Stadtverfassung
77 Die bauliche Entwicklung
77 Die Stadt als Territorialherrin
77 Der Weg zur Grossstadt
78 Die Stadt im 20. Jahrhundert

Inhaltsverzeichnis

79 Eine christliche Gesellschaft
79 Laien, Priester und Bischöfe
81 Orden und Klöster
83 Frauen im Kloster

86 Das kulturelle Leben
86 Die kirchliche Kultur
88 Die Kultur des Adels

92 Die politische Entwicklung im Hochmittelalter
92 Was war Politik im Hochmittelalter?
92 Königreich Burgund und Herzogtum Schwaben (10. und 11. Jahrhundert)
93 Der Aufstieg der Zähringer (11. und 12. Jahrhundert)
94 Erben der Zähringer im Westen: Die Grafen von Savoyen
94 Erben der Zähringer im Osten: Die Kyburger und die Habsburger
96 Politik um die Alpenpässe

Claudius Sieber-Lehmann
99 Die Schweiz im Spätmittelalter
14. und 15. Jahrhundert

100 Der europäische Rahmen: Die spätmittelalterliche Staatenwelt
100 Zur Einführung: Das Spätmittelalter
100 Landesherrschaft, Stände, «Territorialstaat»
101 Das «Heilige Römische Reich»: Deutschland und Italien
102 Die politischen Auseinandersetzungen
102 Die Kirche

104 Die Welt, Europa und die Eidgenossenschaft

105 Katastrophen und Krisen: Klimaverschlechterung, Missernten, Hunger und Pest

107 Eine wirtschaftliche Krisenzeit
107 Die Getreidepreise sinken – was sind die Folgen?
107 Die Reaktionen der Grundherren
108 Die Nutzniesser der Krise
108 Wo lagen die Ursachen der Krise?

109 Die spätmittelalterliche Ständegesellschaft
109 Ein allzu einfaches Modell: Die Lehre von den drei Ständen
109 Der erste Stand: Die Geistlichkeit und die Kirche
114 Der zweite Stand: Der Adel
115 Der dritte Stand: Wer war der «gemeine Mann»?

116 Eine spätmittelalterliche Lebenswelt: Das Dorf
116 Wesensmerkmale des Dorfes
117 Reich und Arm auf dem Dorf
117 Die Familien
118 Leben auf dem Dorf

119 Land und Stadt: Gegensätze und Abhängigkeiten

120 Die alpine Gesellschaft
120 Wirtschaftlicher Wandel im Alpenraum
120 Kühe, Pferde und Käse
122 Genossenschaften, Viehhändler und Söldner

124 Leben im Spätmittelalter
124 Jugend, Erwachsenenzeit und Alter
125 Heirat, Ehe und Fortpflanzung
125 Frauen und Männer
127 Wertvorstellungen
128 Wachsende Unduldsamkeit gegenüber Randgruppen sowie Randständigen

129 Längsschnitt: Menschen jüdischen Glaubens in der Schweiz – Geschichte einer Minderheit
129 Von den ersten urkundlichen Erwähnungen bis zu den Judenmorden von 1348/49
132 Von der zweiten Ansiedlung bis zur endgültigen Vertreibung aus den Städten
133 Jüdische Gemeinden im Aargau
133 Aufklärung und Emanzipation
135 Antisemitismus in der Schweiz
137 Von der Nachkriegszeit zur Gegenwart

138 Von wechselseitigen Absprachen zu einem Bündnisgeflecht: Die Anfänge der eidgenössischen Bünde
138 Die müssige Suche nach dem «Geburtsjahr» der Eidgenossenschaft
139 Unruhige Zeiten in der Innerschweiz
140 Städte im Mittelland verbünden sich mit den innerschweizerischen Orten

144 Gewalttätige Selbsthilfe und unbekümmerte Eroberungslust
144 Sempach 1386: Der Herzog von Österreich wird mit seinen Rittern besiegt und getötet
144 Gemeineidgenössische Vereinbarungen sollen Sicherheit und Recht garantieren
145 Einzelne eidgenössische Orte als gefragte Bündnispartner
146 Die Eidgenossen im Dienste des Kaisers: Gemeinsame Eroberung des Aargaus im Jahre 1415
146 Gemeine Herrschaften und Tagsatzung

147	**Die Eidgenossenschaft in der Mitte des 15. Jahrhunderts**
147	Ein Interessenkonflikt zwischen den eidgenössischen Orten: Der «Toggenburger Erbschaftskrieg»
148	Ausdehnung des eidgenössischen Einflusses im Norden, im Osten und im Süden
148	Schlachten und Helden

150 Zwischen Machtpolitik und Krise
150 Ein Ereignis europäischen Ausmasses: Der Krieg mit dem Herzog von Burgund 1474–1477
152 Das eidgenössische Bündnisgeflecht in der Krise
153 Auseinandersetzungen mit dem Kaiser: Der «Schwabenkrieg»
154 Die ennetbirgischen Unternehmungen bis zur Schlacht von Marignano 1515

156 Von der Eidgenossenschaft zur Schweiz
156 Die Eidgenossenschaft «als Land»
156 Aus «Eidgenossen» werden «Schweizer»
159 Das Schweizerkreuz
159 Gemeinsame Vorstellungen und Zusammengehörigkeitsgefühl

Helmut Meyer
161 Die Schweiz im Zeitalter der konfessionellen Spaltung
16. und 17. Jahrhundert

162 Der europäische Rahmen: Zwischen Habsburg und Frankreich
162 Die Welt um 1500
162 Die Zeit der Reformation (1. Hälfte des 16. Jahrhunderts)
163 Katholische Reform und spanische Vormachtstellung (2. Hälfte des 16. Jahrhunderts)
163 Die Zeit des «Dreissigjährigen Krieges» (1. Hälfte des 17. Jahrhunderts)
164 Der europäische Absolutismus (2. Hälfte des 17. Jahrhunderts)

165 Die Rahmenbedingungen des Lebens
165 Die Landschaft
165 Die Bevölkerung
165 Epidemien
166 Klima und Ernährung

167 Die Schweiz am Vorabend der Reformation
167 Die politischen Verhältnisse
169 Die wirtschaftliche Lage
169 Kirchliches und geistiges Leben

172 Die Ereignisse: Politik im Zeichen der konfessionellen Spaltung
172 Die eidgenössischen Orte und die Reformation
173 Der Kampf um die Durchsetzung der Reformation
175 Die Entstehung der französischen Schweiz
177 Die Zeit des Dreissigjährigen Krieges und der französischen Vorherrschaft
178 Bilanz

179 Längsschnitt: Die Schweizer und der Krieg
179 Die alteidgenössischen Kriegsleute des Spätmittelalters
179 Kriegsorganisation und Berufskriegertum
180 Reformation und «Reislauf»
181 Die «fremden Dienste» in der frühen Neuzeit
181 Vom Söldnerhaufen zum stehenden Heer
182 Der Aufbau einer schweizerischen Armee
183 Grundprobleme der schweizerischen Militärpolitik im 20. Jahrhundert

186 Die Entwicklungen
186 Die Kirchenreform: Zwischen Hoffnung und Disziplinierung

190 Längsschnitt: Die Schweizer Kirchen seit der Reformation
190 Vom 17. Jahrhundert bis zur Französischen Revolution
191 Von der Helvetik bis zur Mitte des 20. Jahrhunderts
194 Von der Jahrhundertmitte zur Gegenwart

197 Die wirtschaftliche Entwicklung: Ansätze zur Modernisierung
199 Die Herrschaft: Von den wechselnden zu den ständigen Eliten
201 Obrigkeit und Untertanen
207 Das Denken der Menschen: Bildung, Moral, Magie

Pierre Felder
215 Vom Ancien Régime zu den Anfängen der modernen Schweiz
18. Jahrhundert bis 1848

216 Der europäische Rahmen: Vom Ancien Régime zum Nationalstaat
216 Vom Absolutismus zur Revolution
216 Von Napoleon zur Restauration
217 Industrielle Revolution und liberal-nationale Bewegung

Inhaltsverzeichnis

218 Das Ancien Régime in der Schweiz
218 Das Bild der Schweiz des 18. Jahrhunderts
219 Städtische und ländliche Gesellschaft
223 Politische Blockierungen
230 Die Aufklärer: Erkenntnissucher und Wissensvermittler
232 Wirtschaft in Bewegung
236 Revolution in der Schweiz?

238 Krisenzeit 1798–1815
238 Die helvetischen Revolutionen und der Untergang der alten Eidgenossenschaft (1798)
240 Die Helvetische Republik (1798–1803)
247 Kleine und grosse Restauration (1803/1815)

251 Aufbruch zur modernen Schweiz 1815–1848
251 Eine wachsende Bevölkerung ernähren

253 Längsschnitt: Die Entwicklung der Landwirtschaft seit 1848

256 Die wirtschaftliche Dynamik
260 Die Regeneration in den Kantonen
264 Die liberale Bildungsoffensive
265 Die Entstehung eines schweizerischen Nationalbewusstseins
267 Der Streit um die Bundesreform
270 Die Bundesverfassung von 1848
272 Rückschritt und Fortschritt: Das spätere Bild der Zeit

Jean-Claude Wacker
275 Die Schweiz von 1848 bis zur Gegenwart

276 Der europäische Rahmen: Europa zwischen 1848 und der Gegenwart
276 Von 1848 bis zum Ersten Weltkrieg
276 Vom Ersten zum Zweiten Weltkrieg (1918–1945)
277 Vom Zweiten Weltkrieg zur Gegenwart

279 Von der Bundesstaatsgründung zum Landesstreik 1848–1918
279 Die Schweiz wird zum Industriestaat
287 Die sozialen Verhältnisse
290 Die innenpolitische Entwicklung: Von den «Lagern» zu den Parteien
298 Aussenpolitik: Kurs auf Neutralität
301 Die Schweiz während des Ersten Weltkrieges (1914–1918)

307 Längsschnitt: Der lange Weg zum Frauenstimmrecht
307 Worum ging es?
307 Die Anfänge
308 Verstärkte Bemühungen und langes Warten
309 Frauen in der Politik

310 Die Schweiz zwischen den Weltkriegen 1919–1939
310 Grundprobleme
310 Auf unsicherem Boden: Die wirtschaftliche Entwicklung
312 Innenpolitik: Die Lage
313 Innenpolitik: Die Entwicklung
318 Die Schweiz und die kollektive Friedenssicherung

321 Die Schweiz während des Zweiten Weltkrieges 1939–1945
321 Grundprobleme
323 Vom Kriegsbeginn zur Einschliessung
324 Die Krise des Sommers 1940
325 Die eingeschlossene Schweiz: Die militärische Lage
328 Die eingeschlossene Schweiz: Die Wirtschaft
332 Die eingeschlossene Schweiz: Das Leben
338 Die Schweiz in der Welt: Schutzmacht und Rotes Kreuz
338 Das Kriegsende
339 Hat sich die Schweiz während des Zweiten Weltkrieges richtig verhalten?

340 Die Schweiz seit 1945
340 Die Entwicklung zur Wohlstandsgesellschaft
344 Der Ausbau der sozialen Sicherheit
346 Wandel in der Gesellschaft
351 Zunehmende Sorge um die Umwelt
354 Zwischen Konkordanz und Diskordanz: Die innenpolitische Entwicklung

364 Längsschnitt: Die Entstehung des Kantons Jura
364 Die Entwicklung bis zum Zweiten Weltkrieg
365 Die Radikalisierung des Konflikts
365 Die endgültige Trennung von Bern

367 Aussenpolitik: Von der Isolation in die Isolation?

371 Anhang
371 Lexikon wichtiger Begriffe
376 Abkürzungen für die schweizerischen Kantone
377 Orts- und Personenregister
382 Verzeichnis der zitierten Quellen
383 Bildnachweis

Vorwort

Die Beschäftigung mit der Geschichte der Schweiz ist eine Auseinandersetzung mit ihrer Identität, ihrem Selbstverständnis. Die Schweiz ist weder eine geografische noch eine sprachlich-kulturelle noch eine konfessionelle Einheit. Sie ist ein Gebilde, das seine heutige Form im 19. und 20. Jahrhundert gefunden hat. Ihre Existenz und ihre Beschaffenheit sind nur durch ihre Geschichte erklärbar. Wesentliche Merkmale, die vielen heute selbstverständlich scheinen, wurden im 19. Jahrhundert geschaffen: der Grundsatz der Gleichberechtigung der Kantone 1798 und 1803, die heutige Staatsgrenze 1815, die bundesstaatliche Ordnung 1848. Geht man weiter in die Vergangenheit zurück, so trifft man auf ein komplexes Geflecht von lockeren Bündnissen und komplizierten Abhängigkeitsverhältnissen, sodass es schon schwer fällt, den Grenzverlauf der alten Eidgenossenschaft vor 1798 genau festzulegen. Spinnt man den historischen Faden im Sinne einer eindimensionalen politisch-militärischen Ereignisgeschichte weiter zurück bis zum legendenumwobenen Bund der drei Urkantone am Ende des 13. Jahrhunderts, so läuft man Gefahr, den Blick immer mehr einzuengen und die Geschichte immer grösserer Gebiete der heutigen Schweiz auszublenden, weil sie nicht in diesen Raster passt. Satigny und Samnaun, Arolla und Arbon, Poschiavo und Pruntrut, Mendrisio und Möhlin hatten bis zum 19. Jahrhundert keine gemeinsame Geschichte, aber sie haben durchaus ihre eigene Geschichte, die ebenso beachtenswert ist wie jene von Altdorf, Stans oder Schwyz. Und wenn man zeitlich erst noch hinter das 13. Jahrhundert zurückgeht, so lassen sich zwar nicht einmal mehr Spuren einer besonderen «Schweizer Geschichte» finden, man stösst aber keineswegs in einen geschichtslosen Raum vor.

Die Tatsache, dass sich die schweizerische Geschichte zumindest im politischen Bereich in eine Vielzahl von «Geschichten» auflöst, je weiter man hinter das Jahr 1798 zurückgeht, sollte allerdings nicht dazu führen, diesen Raum auszusparen und sich mit einer Geschichte der Schweiz im 19. und 20. Jahrhundert zu begnügen. Viele Merkmale und Probleme der heutigen Schweiz verstehen wir nur, wenn wir weit in die Vergangenheit zurückschreiten: die Vielsprachigkeit (mit dem Thema «Röstigraben»), die kulturellen Landschaften, die konfessionelle Gliederung, die Wesensmerkmale der Milizarmee, die Existenz grosser und kleiner Kantone mit zum Teil fast bizarr verlaufenden Grenzen, die Gemeindeautonomie und anderes mehr. Um eine zeitliche oder räumliche Verengung zu vermeiden und die Darstellung nicht in eine zum Rütli zurückführende Pappelallee ohne Blick nach links und rechts zu zwängen, verstehen die Autoren «Die Schweiz und ihre Geschichte» als eine *Geschichte des heute schweizerischen Raumes*. Weil dieser Raum in der längsten Zeit seiner Geschichte keine politische Einheit war, legen die Autoren im Bereich der antiken, mittelalterlichen und frühneuzeitlichen Geschichte den Schwerpunkt auf die Lebensumstände und die Lebensweise der Menschen und weniger auf die politisch-militärischen Ereignisse. Da die damaligen Lebensbedingungen in manchen Beziehungen jenen in den benachbarten Gebieten glichen, können viele anhand der Schweizer Geschichte gewonnenen Erkenntnisse exemplarischen Charakter für allgemein historische Entwicklungen beanspruchen. Vor der Folie des Gemeinsamen soll dann allerdings auch das Besondere sichtbar werden, das zur Herausbildung des eidgenössischen Bündnisgeflechts und schliesslich zum schweizerischen Bundesstaat mit seinen ihn kennzeichnenden Wesenszügen geführt hat.

In der Gegenwart wird der Nationalstaat – keineswegs nur der schweizerische – in Frage gestellt. Die Existenz weltweiter Probleme, die «Globalisierung» der Wirtschaft, die europäische Integration werfen die Frage auf, welche Aufgaben auf nationalstaatlicher Ebene überhaupt noch gelöst werden können. Die Erforschung der schweizerischen Geschichte vermag dazu keine Rezepte zu liefern, sie kann aber immerhin aufzeigen, dass sich diese Geschichte nie unter einer isolierenden Glasglocke abgespielt hat, sondern dass das Geschehen im schweizerischen Raum immer von gesamteuropäischen Einflüssen geprägt war, gelegentlich auch seinerseits prägend – man denke an das Rote Kreuz – die gesamteuropäische Entwicklung beeinflusste. Zuwendung zur schweizerischen Geschichte soll nicht Abwendung von der europäischen und der universalen Geschichte bedeuten, im Gegenteil: «Das wahrste Studium der vaterländischen Geschichte wird dasjenige sein, welches die Heimat in Parallele und Zusammenhang mit dem Weltgeschichtlichen und seinen Gesetzen betrachtet, als Teil des grossen Weltganzen, bestrahlt von denselben Gestirnen, die auch andern Völkern geleuchtet haben, und bedroht von denselben Abgründen und einst heimfallend derselben ewigen Nacht und demselben Fortleben in der grossen allgemeinen Überlieferung.» (Jacob Burckhardt, Weltgeschichtliche Betrachtungen)

Die Autoren haben versucht, eine räumlich und zeitlich breit angelegte Geschichte der Schweiz zu schreiben. Da Geschichteschreiben jedoch immer mit Auswählen verbunden ist, können in jeder Darstellung Lücken entdeckt werden. Im vorliegenden Werk mussten vor allem spezielle geschichtliche Bereiche wie etwa jene der bildenden Kunst, der Literatur oder der Musik aus Raum- und Kapazitätsgründen weitgehend oder ganz ausgeklammert werden, während andere wie etwa die Technik und die Wissenschaft nur punktuell einbezogen werden konnten.

Ein wesentliches Motiv für die Autoren, die Arbeit am vorliegenden Werk in Angriff zu nehmen, war der Wunsch, dem weithin bestehenden, gerade auch im Schulbereich zu spürenden Desinteresse an der schweizerischen Geschichte zu begegnen. Seither hat sich unvorhersehbar eine sehr intensive und kontroverse Diskussion über die Geschichte

Vorwort

der Schweiz während des Zweiten Weltkriegs entwickelt; in der Öffentlichkeit verwurzelte, scheinbar sakrosankte Geschichtsbilder wurden in Frage gestellt und mit Ergebnissen der Forschung, aber auch sehr pauschalen «Gegenbildern» konfrontiert. Es zeigte sich, dass Geschichte nie endgültig geschrieben und festgelegt ist. So sehr das daraus resultierende historische Interesse zu begrüssen ist, so sehr wäre es zu bedauern, wenn sich dieses isoliert auf die Schweiz während des Zweiten Weltkrieges beschränken und damit zu kurz greifen würde. Die Politik der Schweiz in dieser schwierigen Zeit lässt sich nur verstehen und beurteilen, wenn man sowohl die damaligen Rahmenbedingungen wie auch die geschichtliche Entwicklung der Schweiz selbst – vom Neutralitätsbegriff über das schweizerische Selbstverständnis bis zur innenpolitischen und wirtschaftlichen Konstellation – in Rechnung stellt. Umgekehrt ist vieles an der mehr als fünfzigjährigen Geschichte der Schweiz seit dem Ende des Zweiten Weltkrieges ohne den Hintergrund der Weltkriegszeit nicht verständlich. Von da aus ergibt sich der Wunsch, die Diskussion möge sich generell zu intensiverer Anteilnahme und Auseinandersetzung mit der Vergangenheit der Schweiz ausweiten.

In einer Situation, in der eine Gesellschaft in mehrfacher Hinsicht vor Neuorientierungen steht, ist es besonders wichtig, dass die Geschichtschreibung das Terrain ehrlich aufbereitet, auf dem neu gebaut werden soll. Wo politische Errungenschaften nicht mehr als Produkt eines konfliktreichen Prozesses im Bewusstsein sind, schrumpfen sie leicht zu blossen Konventionen; wo geschichtliches Bewusstsein verdrängt, ausgeblendet oder patriotisch überzuckert wird, entwickelt sich die Gefahr einer Mythenbildung, die von der Realität wegführt. Früher oder später pflegt Geschichte ihre Verdränger einzuholen. Statt von aussen unsanft und schmerzhaft an Realitäten erinnert werden zu müssen, ist eine Kultur der ständigen kritischen Auseinandersetzung mit der Vergangenheit zu entwickeln. Das vorliegende Buch möchte dazu einen bescheidenen Beitrag leisten.

«Die Schweiz und ihre Geschichte» ist grundsätzlich chronologisch aufgebaut und in sechs Teile gegliedert. Um die Einbettung der schweizerischen in die allgemeine Geschichte in Erinnerung zu rufen und zu gewährleisten, geht jedem Teil ein kurzer Überblick über die allgemeine europäische Entwicklung voraus. Lediglich im ersten Teil, der eine sehr grosse Zeitspanne umfasst, ist dieser Überblick aufgegliedert und steht am Anfang der einzelnen Abschnitte. Die Darstellung der einzelnen schweizergeschichtlichen Epochen wird durch Längsschnitte unterbrochen. Diese sollen in diachronischer Form Entwicklungslinien aufzeigen, die vom behandelten Zeitabschnitt bis in die Gegenwart führen. Kurztexte in besonderen Kästchen enthalten vor allem exemplarische Biografien oder konkrete Beispiele für geschilderte Entwicklungen; ihr bisweilen auch etwas anekdotischer Charakter darf ruhig die Lektüre auflockern und zum Schmunzeln Anlass geben. Begriffe, die im Text nicht erklärt werden können, sind **halbfett** gedruckt und werden in einem lexikalischen Anhang erläutert. Als Hilfe für alle Benützer ist ein Orts- und Namensregister angefügt.

Die Autoren sind alle Historiker mit didaktischer Erfahrung, sie sind jedoch unterschiedliche Persönlichkeiten mit unterschiedlichen Charakteren. Sie haben als Team das Werk konzipiert und untereinander stoffliche und technische Absprachen getroffen; die Verantwortung für seinen Abschnitt trägt indessen jeder Autor für sich zusammen mit dem Projektleiter. Dementsprechend werden die Leserinnen und Leser auch Unterschiede im Stil und in der Sicht feststellen – die Autoren geben der Vielfalt den Vorzug vor der Einfalt. Sie benützen die Gelegenheit, sich an dieser Stelle bei den Beraterinnen und Beratern, die ihnen fachlich und didaktisch mit viel Engagement kritisch zur Seite standen, herzlich zu bedanken. Ein ebensolcher Dank gilt allen Mitarbeiterinnen und Mitarbeitern des Verlags, welche Entstehung und Abschluss des Werks ermöglichen.

Das Buch ist keine Quellensammlung, sondern eine Darstellung der schweizerischen Geschichte. Die Autoren wollen den Leserinnen und Lesern Informationen und Zusammenhänge möglichst anschaulich vermitteln. In der Wertung von Tatbeständen bemühen sie sich um Nüchternheit und Zurückhaltung. Sie wollen zum Denken, zum Diskutieren und zur Urteilsbildung anregen, aber nicht Urteile diktieren. Sie stützen sich auf die Erkenntnisse der Forschung – auch der allerneuesten – und unternehmen die Gratwanderung, Wissenschaftstreue und unumgängliche Vereinfachung in Einklang zu bringen. Trotzdem sind auch in scheinbar wertfreien Bereichen wie der Auswahl der dargestellten Themen und Sachverhalte, der Fragestellung, der Gliederung und der Wortwahl subjektive, zeit- und persönlichkeitsbedingte Elemente enthalten. Manche der heutigen Leserinnen und Leser werden manches anders sehen, die Leserinnen und Leser in der Zukunft erst recht. Wenn das Buch eine Auseinandersetzung mit der Geschichte der Schweiz bewirkt, so ist dies erwünscht, denn eine solche bedeutet, dass die Vergangenheit wie die Zukunft der Schweiz den Beteiligten ein Anliegen sind. In diesem Sinne wünschen die Autoren dem Werk eine aufmerksame und kritische Leserschaft.

Heinrich Staehelin

Die Schweiz von der Urzeit bis zum Ende des Frühmittelalters 900 n. Chr.

Die Schweiz von der Urzeit bis zum Ende des Frühmittelalters

Urgeschichte

*Abbildung S. 9:
Das römische Theater von Augusta Raurica (Augst)*

*Abbildungen S. 11:
Ausgrabung und Rekonstruktion eines jungsteinzeitlichen Dorfes. Die untere Aufnahme dokumentiert die Ausgrabung am Burgäschisee (Solothurn) im Jahre 1944. Die Stummel der Hauspfosten aus der Zeit um 3800 v. Chr. sind so zahlreich, weil die jungsteinzeitlichen Bauern ihre Häuser häufig flicken und angefaulte Hauspfosten ersetzen mussten. Die Bauern dieser Zeit bauten ihre Dörfer gerne an Seeufern und umgaben sie mit einem Zaun, damit das Vieh in der Nacht vor wilden Tieren geschützt war. Die Äcker lagen landeinwärts auf trockenem Boden. Während die Männer und Frauen mit ihren Erntemessern aus Holz und Feuerstein das kurzhalmige Getreide schneiden, hüten die Kinder das Vieh und suchen Holz für das Herdfeuer.*

Begriff

Die Ur- oder Vorgeschichte umfasst den Zeitraum vom ersten Auftreten menschlicher Wesen bis zum Aufkommen schriftlicher, historisch auswertbarer Dokumente. Sie dauerte damit viel länger als die Geschichte, die sich auf die schriftliche Überlieferung stützt. Diese setzte im Vorderen Orient und in Ägypten um 3000 v. Chr. ein, in der Schweiz erst mit der römischen Zeit (vgl. S. 17 ff.) um die Mitte des 1. Jahrhunderts v. Chr.

Klima und Bodenbeschaffenheit

Im jüngsten Erdzeitalter (Quartär), dessen Dauer heute mit 1,8 bis 2,6 Millionen Jahren angegeben wird, wechselten Eiszeiten mit Warmzeiten ab. Während der Eiszeiten bedeckten die Alpengletscher zeitweise fast das ganze Gebiet der heutigen Schweiz und gestalteten durch Ausräumungen und Gesteinsablagerungen den Boden um. In den Zeiten der Vollvergletscherung lagen die Temperaturen etwa 6 Grad unter dem heutigen Mittel. Die letzte Eiszeit (Würm) dauerte ungefähr 60 000 Jahre. Erst mit ihrem Ende um 10 000 v. Chr. erhielt die Landschaft der Schweiz ihre heutige Gestalt.

Anthropologische und kulturelle Grundlagen

Nach den neuesten Erkenntnissen mag die Menschheit etwa 4 Millionen Jahre alt sein; in Europa finden sich erste Anzeichen menschlicher Besiedlung aus der Zeit vor 2,4 Millionen Jahren. Vor und während der letzten Eiszeit lebte in der Schweiz der Neandertaler (Homo neanderthalensis). Er war 160 bis 165 cm gross, schwer und muskulös gebaut, besass eine breite, niedrige Stirne, kräftige Brauenbogen, eine breite Nase und starke Kiefer. Gegen Ende der letzten Eiszeit verschwand er aus der Geschichte; warum, weiss man nicht. An seine Stelle trat der heutige Mensch (Homo sapiens).

Seit ihren frühesten Zeiten verwendeten die Menschen Werkzeuge; später lernten sie, solche selbst herzustellen. Als Rohmaterial dienten ihnen dazu Holz, tierische Substanzen und – als dauerhaftester Werkstoff – Stein. Man bezeichnet daher die Zeit bis zum Aufkommen der Metallbearbeitung als Steinzeit; diese wird weiter unterteilt in Altsteinzeit (Paläolithikum; bis zum Ende der letzten Eiszeit), Mittelsteinzeit (Mesolithikum) und Jungsteinzeit (Neolithikum). Vor mehreren hunderttausend Jahren bereits wussten die Menschen mit dem Feuer umzugehen; vielleicht besassen sie schon damals eine Art von Sprache. Bis in die Mittelsteinzeit gewannen die Menschen ihren Lebensunterhalt als Jäger und Sammler, indem sie sich aneigneten, was sie in der Natur vorfanden. Sie lebten ohne feste Wohnsitze in kleinen Horden zusammen. Die Bevölkerungsdichte war gering, die Lebenserwartung niedrig. Zwischen den Geschlechtern bestand vermutlich eine Arbeitsteilung: Die Männer gingen vorwiegend auf die Jagd, die Frauen kümmerten sich um die pflanzliche Nahrung.

Ältere Altsteinzeit

Menschliche Spuren, die weiter als in die letzte Eiszeit zurückreichen, sind in der Schweiz nicht entdeckt worden – mit Ausnahme zweier Faustkeile, denen ein Alter von 250 000 bzw. 100 000 Jahren zugeschrieben wird. Das Vorkommen von Neandertalern in unserem Land bezeugt unter anderem ein Schneidezahn, der in einer Höhle bei St-Brais (Jura) zum Vorschein kam. Funde aus der letzten Eiszeit besitzen wir von verschiedenen Höhlen und Rastplätzen in den Alpen und Voralpen (Drachenloch bei Vättis im Kanton St. Gallen, Wildkirchli im Kanton Appenzell Innerrhoden u. a.) sowie im Jura (Cotencher im Kanton Neuenburg u. a.). Aus ihnen geht hervor, dass sich diese Menschen hauptsächlich von der Grosswildjagd ernährten. Eigentliche «Höhlenbewohner» waren sie wohl nicht; die Höhlen dienten ihnen lediglich vorübergehend als Unterschlupf, vor allem im Winter. Im Drachenloch wurde eine Anhäufung von Höhlenbärenschädeln gefunden; von der Meinung, dass daraus auf einen Jagdkult geschlossen werden könne, ist man ganz abgekommen.

11

Die Schweiz von der Urzeit bis zum Ende des Frühmittelalters

Jüngere Altsteinzeit

Der Homo sapiens, der von etwa 40 000 v. Chr. an die älteren Menschenarten allmählich verdrängte, konnte von deren Wissen und Können profitieren. Mit Hilfe der so genannten Klingentechnik (einer verbesserten Schlagtechnik) wusste er den Feuerstein (Silex) zu feinen Geräten wie Sticheln, Bohrern und Messern zu verarbeiten; mit seinem Erscheinen lässt man deshalb die Epoche der jüngeren Altsteinzeit beginnen. Aus Holz, Knochen, Leder und Sehnen verfertigte er Werkzeuge, Kleider, Zelte sowie neuartiges Jagdmaterial: Pfeile mit Widerhaken, Bögen, Harpunen usw. Auch mit Fallen und anderen Mitteln stellte er dem Wild nach. Auf dem Gebiet der heutigen Schweiz wurden vor allem Rentiere gejagt. Im Banne der Jagd standen die Religion und die Kunst. Höhlenmalereien, die wahrscheinlich dem Jagdzauber dienten, kommen zwar nur ausserhalb der Schweiz vor. Von Schweizer Fundorten wie dem Kesslerloch bei Thayngen (Schaffhausen) sind jedoch mehrere Objekte aus Rentiergeweih mit eingeritzten Rentieren, Wildeseln, Wildpferden und anderem mehr bekannt.

Mittelsteinzeit

Nach 15 000 v. Chr. wurde das Klima allmählich milder. Die Gletscher gingen zurück. In den wärmeren Gegenden, wo allmählich Nadel- und Laubmischwälder wuchsen, siedelten sich Waldtiere wie Hirsch, Reh usw. an, während sich die an Kälte gewohnten Tiere wie das Mammut und das Rentier nach Norden zurückzogen. Mit ihnen wanderten auch die Menschen ab, die ihre bisherige Lebensweise beibehalten wollten. Die anderen fanden Ersatz in der Jagd auf Waldtiere, in der Fischerei und in der reichhaltigeren pflanzlichen Nahrung. Sie verfeinerten die Technik der Steinbearbeitung bis zur Herstellung kleinster Geräte (Mikrolithen); diese bilden ein Kennzeichen der Mittelsteinzeit.

Jungsteinzeit

Schliesslich lernten die Menschen den Stein zu schleifen und so Äxte, Beilklingen und anderes mehr herzustellen. Mit Rohmaterialien und Fertigwaren wurde bereits Handel über grössere Distanzen getrieben. Die neuen Werkzeuge liessen sich etwa zur Rodung von Wäldern und zur Anlage von Feldern verwenden. Sie halfen den Menschen, ihre Wirtschafts- und Lebensformen grundlegend zu verändern und damit die «jungsteinzeitliche Revolution» zu vollziehen: Die Menschen gingen nämlich allmählich dazu über, ihre Nahrung zu produzieren, indem sie Nährpflanzen – hauptsächlich Getreide – anbauten und Haustiere hielten. Aus Jägern und Sammlern wurden Ackerbauern und Viehzüchter. Diese Umstellung begann in Syrien und Mesopotamien und drang über die Mittelmeerländer und das Rhonetal wie über den Balkan und den Donauraum gegen 5000 v. Chr. in den schweizerischen Raum vor. In harter Arbeit machten die Menschen nun das Land urbar und bestellten ihre Felder. In ihrer Nähe errichteten sie Dörfer aus hölzernen Fachwerkhäusern, teils über sumpfigem Grund an den Seen des Mittellandes (so genannte Pfahlbauer). Als Haustiere hielten sie Hunde, Ziegen, Schafe, Schweine und hauptsächlich Rinder. Unter Verwendung des Hakenpfluges bauten sie bereits mehrere Sorten Getreide (Gerste, Hirse, Zwergweizen) an, ferner Hülsenfrüchte (Erbsen, Linsen, Bohnen) und weiteres Gemüse, Flachs, vielleicht auch schon Äpfel und anderes Obst. Sie verarbeiteten Wolle und Leinen mit Hilfe von Spindeln und Webstühlen. Sie kannten auch das Rad; spätestens seit 2500 v. Chr. bauten sie hölzerne Karren mit Scheibenrädern. Zur Aufbewahrung von Vorräten und zum Kochen der Speisen dienten ihnen Gefässe aus gebranntem Lehm. Anhand der Formen und Verzierungen solcher Gefässe lassen sich Wanderwege und Verbreitungsgebiete jungsteinzeitlicher Kulturen erkennen. Auf schweizerischem Gebiet bestanden damals mehrere Kulturen gleichzeitig; man nimmt an, dass hier auch verschiedene Völker nebeneinander gelebt haben. Nahrungsmittel standen jetzt in grösserer Menge und Auswahl zur Verfügung, konnten durch neuartige Verfahren (Mahlen, Kochen) besser genutzt und für schlechte Zeiten aufbewahrt werden. Die Bevölkerung nahm allmählich zu. Freilich musste noch lange ein grosser Teil des Nahrungsbedarfs durch die Jagd gedeckt werden – die Knochen, die in einer Siedlung am Burgäschisee bei Herzogenbuchsee (Bern) gefunden wurden, stammen zu 85 Prozent von Wildtieren – und die materielle Not blieb die ständige Begleiterin der menschlichen Existenz. Auf dem Goffersberg bei Lenzburg fanden sich in Steinkistengräbern die Skelette von über 90 Menschen; von diesen waren bei ihrem Tod mehr als die Hälfte bis zu 13 Jahre alt, nur 4 Prozent über 39 Jahre! Die mittlere Lebenserwartung betrug demnach ungefähr 21 Jahre.

Bronzezeit

Einen Werkstoff, der den Stein teilweise ersetzen konnte, gewannen die Menschen mit der Erfindung der Bronze, einer Legierung aus

Goldene Schüssel aus Zürich-Altstetten, hergestellt im 7. oder 6. Jahrhundert v.Chr., gefunden 1906. Durchmesser 25 cm, Gewicht 908 Gramm, reines Gold (22 Karat). Kleine, getriebene Buckel sparen die Umrisse von Hirschen, Hunden, Sonnen und Mondsicheln aus. Ein Zusammenhang mit dem Fürstensitz auf dem nahen Üetliberg ist möglich.

rund neun Teilen Kupfer und einem Teil Zinn. In der Schweiz begann die Bronzezeit ungefähr um 2000 v.Chr. unter starkem Einfluss des Donau- und des Mittelmeerraumes. Aus Bronze liessen sich ausser Schmuck auch neuartige Waffen – etwa Schwerter, Dolche, Lanzen und Panzer – sowie verschiedenste Werkzeuge und Gegenstände des täglichen Bedarfs herstellen. Kriegstechnik, Landwirtschaft und Handwerk erreichten dadurch eine höhere Stufe. In der Schweiz kommt Kupfer nur in geringen Mengen, Zinn gar nicht vor. Diese Metalle mussten über Hunderte von Kilometern importiert werden. Damit erhielt der Fernhandel eine überragende Bedeutung. Er lieferte auch Glas, Bernstein und Edelmetalle, die zu Schmuckstücken verarbeitet wurden. Als Nutztier hielt das Pferd Einzug. Die Beschaffung und Verarbeitung der Metalle konnte nur durch Spezialisten erfolgen, die ihre Tätigkeit berufsmässig ausübten. Zudem waren Metalle nicht billig; wer über sie verfügte, war reich und besass Macht. Arbeitsteilung und soziale Gliederung, die schon zur Steinzeit unter den Menschen bestanden hatten, prägten sich jetzt schärfer aus. Reich ausgestattete Gräber von Persönlichkeiten geradezu fürstlichen Zuschnitts wurden auch in der Schweiz gefunden (z.B. in Thun-Renzenbühl im Kanton Bern).

Eisenzeit

Das Eisen war im Vorderen Orient seit dem 4. Jahrtausend v.Chr. bekannt. Aus technischen Gründen (das Eisen muss aus Erzgestein ausgeschmolzen werden, hat einen hohen Schmelzpunkt, ist von Natur aus weich und rostanfällig) gab man zunächst der Bronze den Vorzug. Eisen kommt jedoch viel häufiger vor als Kupfer und Zinn. Als bessere Verfahren zu seiner Gewinnung und Verarbeitung entwickelt wurden, begann die Eisenzeit: in Kleinasien um die Mitte des 2. Jahrtausends, in der Schweiz – deren bescheidene Eisenerzvorkommen bis in die Neuzeit abgebaut worden sind – um 800 v.Chr. Für Mitteleuropa unterscheidet man:
– eine *ältere Eisenzeit* von etwa 800 bis 450 v.Chr.; nach einem bei Hallstatt im Salzkammergut (Österreich) entdeckten Gräberfeld auch Hallstatt-Zeit genannt; und
– eine *jüngere Eisenzeit* von etwa 450 v.Chr. bis zur Römerzeit. Nach einer ausserordentlich ergiebigen Fundstelle bei La Tène (Gemeinde Marin-Epagnier; Neuenburg) am Nordabfluss des Neuenburgersees, die bereits gegen Ende des 19. Jahrhunderts bekannt war, wird sie auch als La-Tène-Zeit bezeichnet. Sie ist die «grosse Zeit» der Kelten (vgl. S. 14 ff.).

Die vielseitige Verwendbarkeit des kostengünstigen Eisens wirkte belebend auf alle Zweige der Wirtschaft. Die Beziehungen namentlich zum Mittelmeerraum – zu den Etruskern in Mittel- und Norditalien und zu den Kolonien der Griechen an der französischen Mittelmeerküste – gestalteten sich enger; neue technische und kulturelle Errungenschaften fanden immer rascher den Weg in die Schweiz. Die politischen Organisationsformen wurden umfassender. In der Hallstatt-Zeit herrschten vermutlich mächtige Fürsten über grössere Ländereien. Sie residierten in hoch gelegenen, mit Wall und Graben befestigten Siedlungen, etwa auf dem Üetliberg bei Zürich, bei Châtillon-sur-Glâne (Freiburg) oder auf dem Mont Vully westlich des Murtensees, und liessen sich mit ihrem Schmuck, ihren Waffen und Wagen in Hügelgräbern bestatten.

Die Schweiz von der Urzeit bis zum Ende des Frühmittelalters

Die Zeit der Kelten

Der geschichtliche Rahmen: Griechen und Römer

Die griechische Welt erreichte im 5. Jahrhundert v. Chr. ihre höchste Machtentfaltung und kulturelle Blüte. Von 750 bis 550 v. Chr. entstanden zahlreiche griechische Kolonien an den Ufern des Mittelmeers; für Westeuropa erlangte vor allem die um 600 v. Chr. gegründete Stadt Massilia (Marseille) als Handelszentrum und Vermittlerin griechischen Kulturgutes grosse Bedeutung. In Mittelitalien herrschten die Etrusker, deren Einfluss bis nach Oberitalien und zur Alpensüdseite reichte.

Im 3. Jahrhundert v. Chr. errang die Stadt Rom die Vorherrschaft über Italien und den westlichen Mittelmeerraum; im 2. und 1. Jahrhundert v. Chr. folgte die Unterwerfung des östlichen Mittelmeerbereichs. Die 121 v. Chr. eingerichtete römische Provinz Gallia Narbonensis, die sich von den Pyrenäen bis nach Genf und zu den Westalpen erstreckte, bildete später die Plattform zur Eroberung Galliens, wobei auch die Schweiz in das römische Herrschaftssystem einbezogen wurde (vgl. S. 17).

Die Kelten: Herkunft und Verbreitung

Wo der Übergang von der Urgeschichte zur Geschichte fliessend ist, spricht man von Frühgeschichte. Diesem Stadium können die Kelten zugerechnet werden. Obwohl sie die griechische Schrift benützten, haben sie sozusagen keine Aufzeichnungen hinterlassen; doch liegen über sie zahlreiche schriftliche Zeugnisse griechischer und römischer Autoren vor. Die Griechen nannten sie Keltoi oder Galatoi, die Römer Galli. Unter Gallien im engeren Sinne verstand man das Land zwischen Pyrenäen, Alpen, Rhein und Atlantik.

Keltische Sprachen und Kulturgruppen entwickelten sich allmählich aus verschiedenen Bevölkerungen und unter verschiedenen Kultureinflüssen vor und während der Hallstatt-Zeit heraus. Die keltischen Sprachen bilden einen Zweig der **indoeuropäischen** Sprachfamilie. Um 500 v. Chr. waren die Kelten im Quellgebiet der Donau, am Oberrhein und in Ostfrankreich ansässig. Allmählich erweiterten sie ihren Lebensraum über grosse Teile Frankreichs, nach der Iberischen Halbinsel, nach den Britischen Inseln, nach Mittel-

Keltische und rätische Stämme im Gebiet der Schweiz vor der Eingliederung ins Römische Reich

UBERI Kelten
SABINI Raeter

deutschland und dem Donauraum. Noch zur Römerzeit waren sie als vorzügliche Reiter geschätzt und gefürchtet. Kriegerische Unternehmungen im Sold von Fürsten wie auf eigene Faust führten keltische Stämme wiederholt auch in den Mittelmeerraum. Kelten liessen sich nach 400 v. Chr. in Oberitalien (Gallia Cisalpina) und im 3. Jahrhundert v. Chr. in Kleinasien nieder (Galater).

Völker in der Schweiz bis zum 1. Jahrhundert v. Chr.

Das schweizerische Mittelland zählte schon um 500 v. Chr. zu den Kerngebieten der Kelten. Als die Germanen (vgl. S. 26) von Norden her die Kelten in Mittel- und Süddeutschland bedrängten, wanderten Ende des 2. Jahrhunderts v. Chr. weitere keltische Stämme in die Schweiz ein. Der keltische Stamm der Helvetier wird erstmals beim griechischen Schriftsteller Poseidonios (etwa 135–51/50 v. Chr.) zuverlässig erwähnt. Die Helvetier lebten im ganzen schweizerischen Mittelland vom Genfer- bis zum Bodensee und wohl auch in den angrenzenden süddeutschen Gebieten. Sie gliederten sich in (nach Caesar vier) Teilstämme oder Gaue (Distrikte), wovon nur derjenige der Tiguriner namentlich bekannt ist. Im 1. Jahrhundert v. Chr. gehörten die Helvetier zu den stärksten und kriegstüchtigsten Stämmen Galliens. Zu den Kelten zählten ferner die Rauriker (oder Rauracher) in der Gegend von Basel und im Jura, die Sequaner im westlichen Jura, die Allobroger südlich des Genfersees und der Rhone, die bereits 121 v. Chr. unter römische Herrschaft kamen, und verschiedene Stämme in den Walliser Alpen. Wohl ebenfalls Kelten, wenn auch stark von mittelmeerischen Kulturen beeinflusst, waren die Lepontier in den Zentralalpen, die der Leventina und dem Lugnez (romanisch Lumnezia) ihren Namen gegeben haben.

Vom Piavetal über das Südtirol bis zum Comersee, im südlichen und östlichen Graubünden und gegen den Bodensee hin wohnten verschiedene Völker, die die Römer zusammenfassend als Raeti (Räter) bezeichneten. Ihre Herkunft ist bis heute ungeklärt. Der römische Geschichtsschreiber Livius hielt sie für einen Zweig der Etrusker. Sicher standen einige dieser Völker unter etruskischem Kultureinfluss: Sie benützten Alphabete, die sich vom etruskischen Alphabet herleiteten.

Wirtschaft, Gesellschaft und Kultur

Die Wirtschaft der Kelten in der Schweiz war bereits recht hoch entwickelt. Grosse Bedeutung besass die Viehzucht. An Ackerpflanzen

Zwei keltische Halsringe aus der Zeit um 400 v. Chr. Die Ringe waren Teil des 1962 gefundenen Goldschatzes von Erstfeld. Die Kombination von ornamentalen und figürlichen Motiven lässt auf einen mythologischen Hintergrund schliessen.

wurde vor allem Dinkel angebaut; bereits bekannt waren Sommer- und Wintersaat. Auch Obstbau wurde betrieben (Äpfel, Birnen, auch schon Pflaumen und Kirschen). Einen hohen Stand hatte die Metallverarbeitung erreicht. Eisen wurde teils importiert, teils im Lande selbst abgebaut und verhüttet und zu Waffen und Gebrauchsgegenständen aller Art verarbeitet. Aus dem Gold, das man aus den einheimischen Gewässern gewann, wurden Schmuckgegenstände von hohem künstlerischem Wert angefertigt. Mit den mittelmeerischen Kulturvölkern wurde ein reger Handel getrieben. Mit ihm und mit dem Söldnerwesen hielt die Geldwirtschaft Einzug; seit dem 2. Jahrhundert prägten die Kelten in der Schweiz eigene Münzen.

Die Bevölkerung lebte in Dörfern, von denen es nach Caesar um 60 v. Chr. im Gebiet der Helvetier an die 400 gab, und in Einzelhöfen. Einfache Häuser, von rechteckigem Grundriss, aus Holz gebaut und mit Stroh, Schilf oder Schindeln gedeckt, dienten Menschen und Tieren als Wohnstätten. Vom 2. Jahrhundert an entstanden schliesslich die Grosssiedlungen, die Caesar «oppida» (Einzahl: oppidum) nennt. Angelegt an strategisch günstigen Orten wie abschüssigen Hochplateaus oder Flussschlaufen, mit Wall und Graben gesichert, Innenflächen von bis zu 200 Hektaren umfassend, teilweise überbaut und von breiten Strassen durchzogen, waren sie zugleich Wehranlagen wie politische, wirtschaftliche und kulturelle Zentren. Nach Caesars Bericht sollen 12 helvetische Oppida bestanden haben. Die archäologische Forschung kann heute viele davon nachweisen, so auf der Enge-Halbinsel

Die Schweiz von der Urzeit bis zum Ende des Frühmittelalters

bei Bern, bei Altenburg-Rheinau und auf dem Mont Vully beim Murtensee.

Mit dem Übergang zur La-Tène-Kultur (vgl. S. 13) traten Flachgräberfelder an die Stelle der Hügelgräber. Tonangebend war jetzt eine schmale Schicht mächtiger Aristokraten, die über Tausende halb- und unfreier Dienstleute geboten. Das politische Leben spielte sich im Rahmen der einzelnen Stämme ab, die untereinander um die Vormacht kämpften und dabei auch Hilfe von auswärts nicht verschmähten. Ein keltischer Gesamtstaat bestand zu keiner Zeit. Zweifellos haben diese Umstände Caesar die Eroberung Galliens sehr erleichtert.

Das Leben und insbesondere die Kunst der Kelten war stark von ihrer Religion geprägt. Deren Sachwalter waren in der keltischen Spätzeit die Druiden. Sie bildeten einen eigentlichen geistlichen **Stand**, bezahlten keine Steuern und waren vom Militärdienst befreit. Neben ihren priesterlichen Aufgaben übten sie auch das Amt des Richters aus. Ihre hochentwickelte Theologie kannte beispielsweise die Lehre von der Seelenwanderung. Anderseits fehlten ihr die dunklen Seiten nicht: Wie Caesar berichtet, wurden den Göttern nicht nur Waffen und Schmuckgegenstände, sondern auch Menschen geopfert.

Der Auszug der Helvetier

Über dieses Ereignis, das weittragende Folgen haben sollte, sind wir ausschliesslich durch Caesars brillante, aber auch tendenziöse Darstellung im 1. Buch seiner «Commentarii belli Gallici» unterrichtet. Dass ganze Völkerschaften auszogen, um sich neue Wohnsitze zu suchen, war in jenen unruhigen Zeiten nicht aussergewöhnlich. Ausserdem sahen sich die Helvetier – wie andere keltische Stämme auch – wachsendem Druck durch die Germanen ausgesetzt, die nach Süddeutschland und bereits auch über den Rhein vordrangen. Gleichzeitig plante Orgetorix, der bei weitem mächtigste Mann der Helvetier, die Macht über ganz Gallien an sich zu reissen. In die daraus entstehenden Auseinandersetzungen griff Caesar ein. Als Statthalter der römischen Provinzen Gallia Narbonensis, Gallia Cisalpina und Illyrien musste er das Römische Reich und dessen Verbündete in Gallien schützen. Durch die Eroberung Galliens konnte er aber auch eine gute Ausgangsbasis für den Kampf um die Alleinherrschaft in Rom gewinnen: ein erprobtes, ihm treu ergebenes Heer, Feldherrenruhm und reiche Beute. Auch nach der Ermordung des Orgetorix bereiteten die Helvetier ihr Unternehmen zwei Jahre lang sorgfältig vor. Nachdem sie ihre Wohnstätten abgebrannt hatten, brachen sie im Frühling 58 v. Chr. auf, zusammen mit den Raurikern

und kleineren Verbänden anderer Stämme. Ihr Ziel war das Land der Santonen (die heutige Saintonge im Mündungsgebiet der Garonne). Da ihnen Caesar bei Genf den Durchzug sperrte, mussten sie ihren Weg über das Gebiet der Sequaner und dann der Häduer im burgundischen Raum nehmen. Als der grösste Teil von ihnen die Saône überquert hatte, vernichtete Caesar die auf dem östlichen Ufer zurückgebliebenen Tiguriner. In der Nähe des Oppidums Bibracte (Mont Beuvray) westlich von Autun kam es zur entscheidenden Schlacht, die sich bis tief in die Nacht hinzog und mit der Niederlage der Helvetier endete. Caesar gewährte ihnen vergleichsweise günstige Friedensbedingungen: Sie mussten in ihre alten Wohngebiete zurückkehren, damit sich dort nicht die Germanen festsetzten.

Spätzeit der Helvetier

Mit der Eroberung Galliens bis zum Rhein, die 51 v. Chr. zum Abschluss kam, gewann Caesar dem Römischen Reich eine wichtige Provinz hinzu. Der Raum der Schweiz gehörte jedoch einstweilen nicht dazu. Ein römischer Vorstoss ins Unterwallis mit dem Ziel, die Alpenübergänge in die Hand zu bekommen, war 56 v. Chr. am Widerstand der Einheimischen gescheitert. Die Stellung der Helvetier zu Rom nach der Schlacht von Bibracte ist im Einzelnen nicht klar. Sie galten als «foederati» (Verbündete) und konnten ihre Unabhängigkeit weitgehend wahren. Caesar verfügte lediglich die Gründung zweier römischer Kolonien bei Augst und Nyon, die die Ausgänge des Helvetierlandes nach dem übrigen Gallien sperren sollten. Wirtschaft und Kultur der Helvetier blühten weiter. Offenbar befürchtete man aber weitere kriegerische Verwicklungen. Alte Oppida wurden verkleinert und neu befestigt, neue von kleinerer Grösse angelegt, so bei Windisch, auf dem Bois-de-Châtel bei Avenches und bei Sermuz in der Nähe von Yverdon, im Gebiet der Rauriker auf dem Münsterhügel von Basel.

Griechische Goldmünze (320 v. Chr.; Stater), welche den keltischen Münzprägern als Vorbild diente.

Die römische Zeit
1. Jahrhundert v. Chr. bis 4. Jahrhundert n. Chr.

Der geschichtliche Rahmen: Das römische Kaiserreich

Das Römische Reich war bis ins 1. Jahrhundert v. Chr. eine aristokratische Republik; eine kleine Elite besetzte die Staatsämter. Durch den Übergang vom Bürger- zum Söldnerheer gewannen erfolgreiche militärische Führer wie Caesar an Bedeutung und strebten nach Alleinherrschaft. Nach Caesars Ermordung (44 v. Chr.), die dessen bereits monarchischer Stellung ein Ende bereitete, gelangte dessen Grossneffe und Adoptivsohn Octavian an die Macht. Unter dem Herrschernamen Augustus begründete er eine stabile, faktisch monarchische Ordnung, die oft als «Principat» bezeichnet wird. Nach der zum Herrschertitel gewordenen Bezeichnung «Caesar» spricht man von der Regierungszeit des Augustus (27 v. Chr. bis 14 n. Chr.) an von der «römischen Kaiserzeit».

Nachdem bereits Caesar mit der Eroberung Galliens die Rheingrenze erreicht hatte, konnte Augustus alle Gebiete südlich der Donau dem Römischen Reich einverleiben, sodass dieses nun im Norden durch diese zwei grossen Ströme gegen die Germanen abgegrenzt wurde. Unter Kaiser Domitian (81–96) gelang zudem die Eroberung des «Decumatlandes» zwischen Rhein, Main, Neckar und der oberen Donau.

Die neue Grenze, die auf weiten Strecken über offenes Land verlief, wurde durch den obergermanischen und den rätischen Limes gesichert – im Zustand des Vollausbaus eine über 500 Kilometer lange Verteidigungsanlage mit Wall und Graben, Wachttürmen und Kastellen (castellum = «kleines Lager», Festung). Während der grossen Krise des Römischen Reiches im 3. Jahrhundert gelang es germanischen Stämmen, den Limes zu durchbrechen. Um 260 musste das Decumatland preisgegeben werden. Bis zum Abzug der römischen Truppen (um 400) verlief die Reichsgrenze wiederum dem Ober- und dem Hochrhein entlang (vgl. S. 22 ff.).

Die Schweiz im Römischen Reich: Gliederung ihrer Geschichte

Auf Grund ihrer Lage zur Reichsgrenze kann man die Geschichte der Schweiz in römischer Zeit in drei Hauptabschnitte einteilen:

In einer ersten Phase (etwa 15 v. Chr. bis 100 n. Chr.; «erste Militärperiode») von der Eingliederung in das Römische Reich bis zum Bau des obergermanischen Limes war die Schweiz ein Grenzland, exponiert und vor allem von militärischer Bedeutung.

In einer zweiten Phase (100–260; «militärlose Periode») lag die Schweiz im Hinterland, war kaum gefährdet und von Truppen weitgehend entblösst, was den wirtschaftlichen und kulturellen Aufschwung ermöglichte.

In einer dritten Phase (260–400; «zweite Militärperiode») vom Fall des Limes bis zum Abzug der römischen Truppen war die Schweiz erneut Grenzland, militärisch besetzt und durch feindliche Einfälle bedroht.

Die Eingliederung der Schweiz in das Römische Reich

Das Römische Reich war auf möglichst gute und direkte Verbindungen zu Gallien und Germanien angewiesen. Unter der Herrschaft des Augustus schritten daher die Römer schon bald zur Eroberung des Alpenraumes. 25 v. Chr. kamen der südliche Zugang zum Grossen St. Bernhard, 16 v. Chr. die Täler der schweizerischen Alpensüdseite unter römische Herrschaft. Im Jahr 15 v. Chr. brachte ein gross angelegter Feldzug unter dem Kommando der kaiserlichen Stiefsöhne Tiberius und Drusus mit Vorstössen von Gallien nach dem Bodensee (wo ein Seegefecht stattfand) und von Italien über die Bündner und Tiroler Alpenpässe das Land der Räter bis zur Donau in die Hand der Römer. Damit befand sich die ganze heutige Schweiz unter römischer Herrschaft; auch das Gebiet der Helvetier wurde jetzt in die römische Verwaltung einbezogen.

Die erste Militärperiode

In dieser Zeit kam der Schweiz als Durchzugs- und Grenzland wie als Aufmarschgebiet für Feldzüge gegen die rechtsrheinischen Germanen eine hohe strategische Bedeutung zu.

Militärische Anlagen

Das neu gewonnene Gebiet wurde vorerst durch die «Drusus-Kastelle» auf dem Münsterhügel von Basel und auf dem Lindenhof von

Münze des Kaisers Augustus (Sesterz aus Messing), geprägt in Lyon zwischen 2 v. und 14 n. Chr. Vorderseite: Kopf des Herrschers mit der Umschrift «Caesar Augustus – Divi f(ilius) Pater Patriae», deutsch: «Caesar Augustus, Sohn des göttlichen (Caesar), Vater des Vaterlandes». Rückseite: Altar des Augustus und der Roma, flankiert von zwei Säulen, welche Siegesgöttinnen mit Kranz und Palmzweig tragen. Der Altar war Mittelpunkt des Kaiserkultes der gallischen Provinzen.

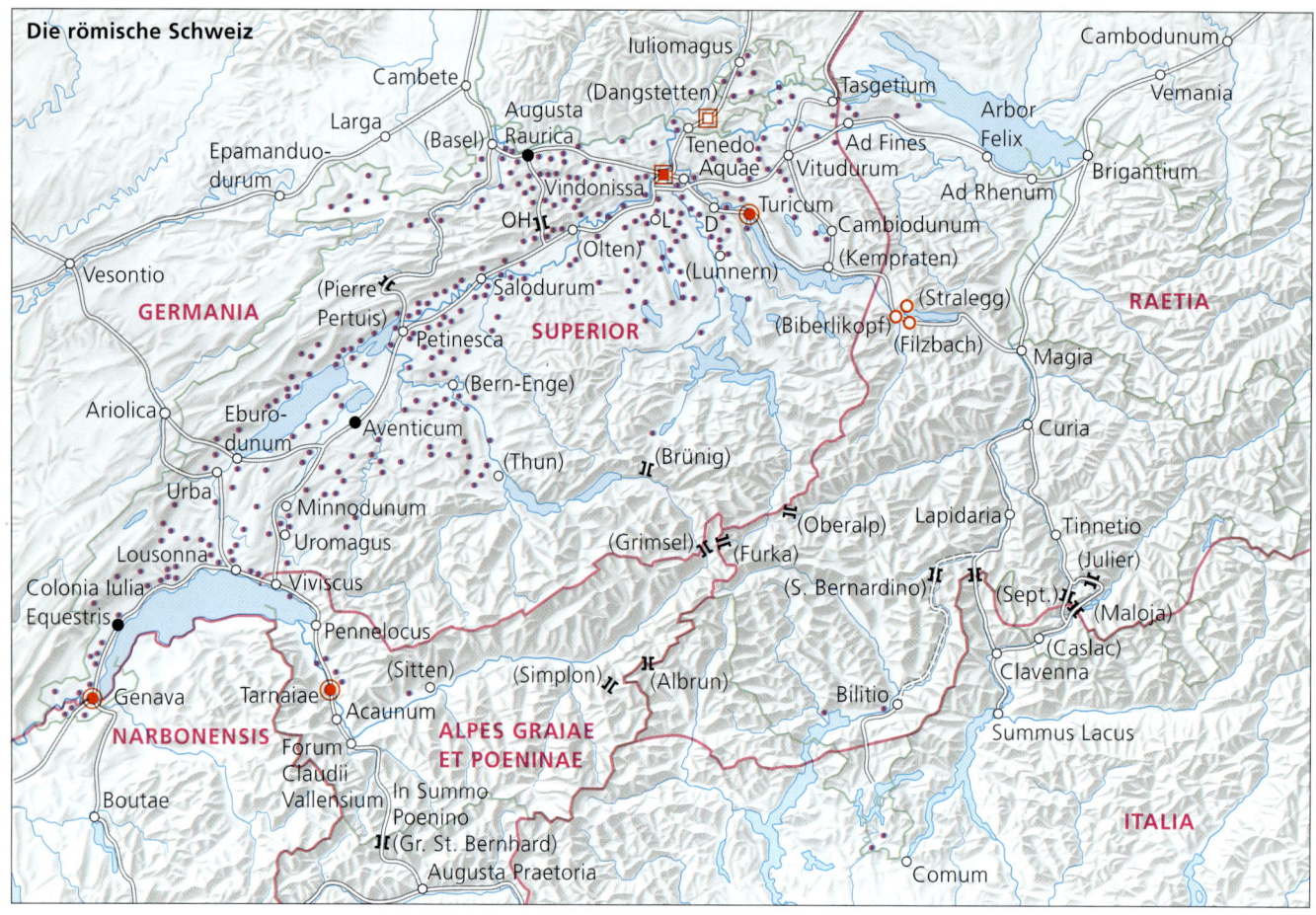

Die römische Schweiz

▫	Legionslager, frühaugusteisch
▪	Legionslager, 1. Jh. n. Chr.
○	Wachtturm
●	Stadt
○	vicus
⊙	Zollstation
∴	Gutshöfe (Auswahl)
⌒	Passübergang
—	Provinzgrenze
RAETIA	Provinzname
(Olten)	antiker Ort, dessen Name für diese Zeit nicht gesichert ist
D	Dietikon
L	Lenzburg
OH	Oberer Hauenstein-Pass

Zürich und anderswo sowie durch Militärstationen an der Rheingrenze und im Hinterland gesichert. In Vindonissa (Windisch; Aargau) wurde an strategisch und verkehrsgeografisch günstiger Stelle ein Legionslager angelegt.

Strassen

In erster Linie militärischen Zwecken diente auch das vorzügliche Strassennetz, das teilweise vom Militär selbst erstellt wurde. Die wichtige Verkehrsachse von Augusta Praetoria (Aosta) über den Grossen St. Bernhard ins Unterwallis wurde als Fahrstrasse ausgebaut und in den Rang einer Reichsstrasse erhoben. Sie führte weiter über Lousonna (Lausanne) und Urba (Orbe) nach Gallien. Eine Strasse über Julia Equestris (Nyon) und Genava (Genf) verband das Mittelland mit dem Rhonetal. Von Clavenna (Chiavenna) gelangte man über die Bündner Pässe (Splügen, Maloja, Julier, Septimer) ins Rheintal und ins Bodenseegebiet. Geringere Bedeutung besassen die Pässe in den Zentralalpen (Grimsel, Nufenen, Gotthard, San Bernardino). Die Verbindung durch das Mittelland stellte eine Strasse vom Genfersee über Aventicum (Avenches), Vindonissa und Vitudurum (Winterthur) her. Abzweigungen durch den Jura führten nach Augusta Raurica (Augst) und Basel. Die Strassen bestanden im offenen Gelände aus einem Schotterbett, in sumpfigem Gebiet aus hölzernen Bohlenwegen. Über fliessende Gewässer führten steinerne Brücken. Im Gebirge waren weitere Kunstbauten nötig: Felsdurchstiche wie bei Pierre Pertuis (petra pertusa = durchstossener Stein) bei Tavannes (Bern) oder in Stein gehauene Strassenstücke, oft mit eingetieften Karrengeleisen. Meilensteine mit Distanzangaben und Inschriften säumten die Verkehrswege. Das römische Strassennetz ist stellenweise bis in die Neuzeit benützt worden.

Verwaltung und Verfassung

Die unterworfenen Gebiete wurden in Provinzen eingegliedert, die von römischen Beamten verwaltet wurden. Die meisten Einheimischen freien Standes wurden von der römischen Verwaltung rechtlich als «peregrini» (= Fremde, Nichtbürger) betrachtet und galten faktisch als Untertanen. Aufgrund bestimmter Verdienste, etwa im Militär oder in der lokalen Verwaltung, konnte man jedoch zum Bürger **latinischen Rechts** oder gar zum vollberechtigten römischen Bürger aufsteigen. Die damit verbundenen Vorteile, insbesondere vor Gericht, bildeten einen mächtigen Anreiz zum Wohlverhalten und zur Anpassung an die römischen Verhältnisse. 212 verlieh Kaiser Caracalla allen freien Provinzbewohnern das volle Bürgerrecht.

Die Ostschweiz gehörte zur Provinz Raetia, die West- und Zentralschweiz zuerst zur Provinz Gallia Belgica, später zu der aus dieser ausgesonderten Provinz Germania superior.

Über die inneren Verhältnisse der Provinz Raetia ist wenig bekannt. Die schweizerischen Gebiete der Provinz Belgica waren in vier «civitates» (lat. civitas = Bürgerschaft, Stadt-Gemeinde) eingeteilt. Diese besorgten ihre inneren Angelegenheiten selbst und wurden von den römischen Beamten wenig behelligt, solange sie ihren Pflichten dem Reich gegenüber nachkamen, das heisst, ihre Steuern zahlten, Rekruten stellten und Ruhe und Ordnung aufrechterhielten. Zwei davon – die Colonia Julia Equestris (Nyon) und die Colonia Raurica (Augst; vgl. S. 16 und 20), die unter Augustus wiedergegründet wurde und nun Augusta Raurica hiess – besassen die Vorzugsstellung einer römischen Bürgerkolonie. Sie wurden mit einem grösseren Territorium in ihrer Umgebung ausgestattet. Den Kern ihrer Bevölkerung bildeten Veteranen, die bei der Entlassung aus dem Heer das römische Bürgerrecht und zu ihrem Lebensunterhalt ein Landgut erhalten hatten. Die beiden anderen «civitates» umfassten das restliche Stammesgebiet der Helvetier mit der Hauptstadt Aventicum (Avenches) und das der Rauriker. Die Verfassungen dieser «civitates» waren der stadtrömischen nachgebildet.

Es bestand eine Volksversammlung, die freilich wenig zu sagen hatte. Die 100 Mitglieder des Stadtrates (decuriones) wurden aus der vermögenden Oberschicht auf Lebenszeit ernannt. Ein Zweimännerkollegium (duoviri) war für die öffentliche Ordnung, ein weiteres für die Leitung der Gemeinde und die Rechtsprechung zuständig. Priesterkollegien sorgten für den öffentlichen Gottesdienst. Unter Kaiser Claudius (41–54) wurden auch die Stämme des Wallis zu einer «civitas» mit **latinischem Recht** zusammengefasst. Das bisherige Octodurum (Martigny) erhielt das Marktrecht und durfte sich hinfort «Forum Claudii Augusti» (auch: Forum Vallensium) nennen.

Grabstein des Gaius Allius Oriens, Centurio (Kompaniekommandant) der 13. Legion in Vindonissa, mit dessen militärischen Auszeichnungen. Der Text lautet: «C(aius) Allius C(ai) f(ilius) Pom(ptina tribu) Oriens domo Dert(ona) c(enturio) leg(ionis) XIII Gem(inae)», deutsch: «Caius Allius Oriens, Sohn des Gaius, Angehöriger der Wahlkörperschaft Pomptina, von Dertona, Centurio in der 13. Zwillingslegion»

Vindonissa (Plan siehe S. 20)

Vindonissa lag 15 Kilometer von der Mündung der Aare in den Rhein auf einem steil abfallenden Plateau südwestlich des Zusammenflusses von Aare und Reuss. Hier kreuzten sich die alten und viel begangenen Verkehrswege von Basel über den Bözberg nach Zürich und zu den Bündnerpässen und vom Genfersee durch das Mittelland nach der Ostschweiz und Süddeutschland.

Auf dem nach Osten auslaufenden Sporn befand sich in der 2. Hälfte des 1. vorchristlichen Jahrhunderts ein späthelvetisches Oppidum, das mit Wall und Graben gesichert war. An dieser Stelle errichteten die Römer um 15 v. Chr. einen ersten Militärstützpunkt. Etwas westlich davon begann 16/17 n. Chr. die 13. Legion (gemina) auf einer Fläche von etwa 360 auf 350 Meter mit dem Bau eines Legionslagers mit einem Holz-Erde-Wall und Fachwerkbauten. Die 21. Legion (rapax), die 45/46–69 hier stationiert war, erweiterte es zu einer mit doppeltem Graben, Türmen und einer über 3 Meter starken Mauer befestigten Anlage von 7-eckigem Grundriss und 23 Hektaren Fläche. Sie bot einer Legion (Soldaten mit römischem Bürgerrecht) von etwa 6000 Mann und 4 Auxiliarkohorten (Hilfstruppen aus Untertanen ohne römisches Bürgerrecht) zu 500–1000 Mann Platz. Mit Ausnahme einer Legionsreiterei von 120 Mann handelte es sich dabei um Fusstruppen. Die Hauptgebäude (Stabsgebäude, Palast des Kommandanten, Offiziershäuser) waren aus Stein gemauert; die Mannschaftskasernen waren Fachwerkbauten auf Mauersockeln. Innerhalb des Lagers befanden sich auch ein Mars-Tempel, Thermen, Werkstätten, Stallungen, ein Zeughaus und ein Spital. Frischwasser wurde durch zwei gemauerte Kanäle von Hausen bzw. vom Birrfeld her zugeleitet; derjenige von Hausen ist erhalten geblieben und führt noch heute Wasser.

Im Westen schloss sich das Lagerdorf (canabae) an, wo sich Handwerker, Krämer, Wirte, Soldatenfrauen usw. niederliessen. Dort befanden sich auch ein Forum und ein Amphitheater mit 10 000 Sitzplätzen, dessen Grundmauern noch heute zu sehen sind. Im Süden und Osten lag der «Vicus» (Dorf), eine zivile Siedlung. Dem Militär unterstanden Truppenübungsplätze, Steinbrüche, Werkstätten (wo die Legionäre u.a. Ziegel herstellten) und Landwirtschaftsbetriebe in der Umgebung.

Nachdem 101 die seit 69 in Vindonissa einquartierte 11. Legion (Claudia pia fidelis) abgezogen worden war, nahm die zivile Bevölkerung Teile des Lagers in Besitz. Von 260 an wurde dieses wieder vom Militär benützt. In spätrömischer Zeit wird ein «Castrum Vindonissense» (Kastell) erwähnt, das auf dem Sporn des Plateaus, also östlich des Legionslagers, gelegen haben muss.

Im 5. und 6. Jahrhundert war Vindonissa Bischofssitz, hat sich aber später – anders als so mancher römische Lagerort – nicht zur Stadt entwickelt. Im Südwesten des Lagerbezirks wurde nach 1310 an der Stelle, wo 1308 König Albrecht von Habsburg ermordet worden war, das Kloster Königsfelden errichtet. Auf dessen Areal eröffnete der Kanton Aargau 1872 die Heil- und Pflegeanstalt Königsfelden.

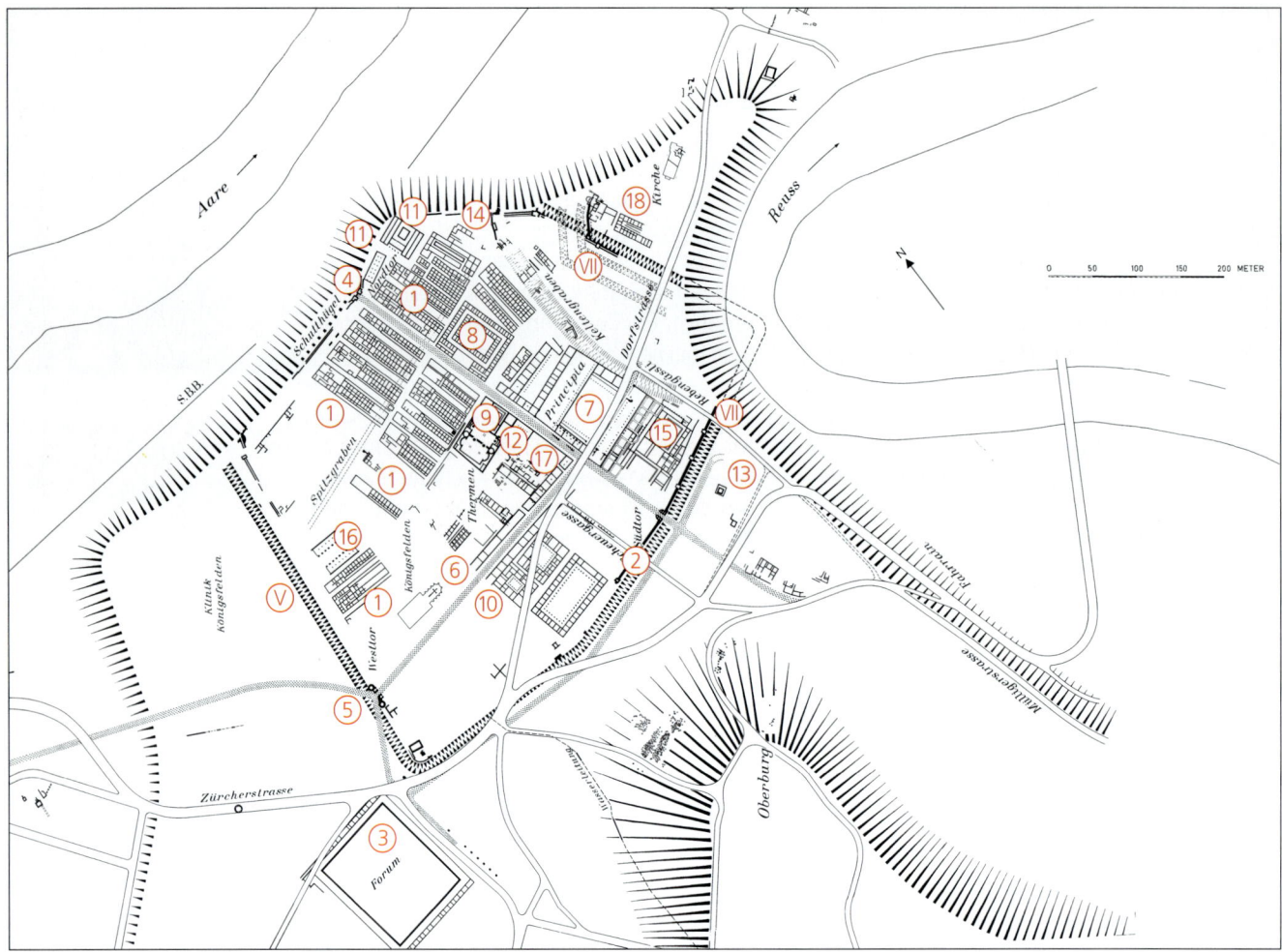

Plan des Legionslagers Vindonissa am Ende des 1. Jahrhunderts n. Chr.:

V Hauptgraben
VII Befestigungsmauer
1 Kasernen
2 Südtor
3 Forum (Marktplatz)
4 Nordtor
5 Westtor
6 Tabernen
7 Principia (Zentralgebäude)
8 Valetudinarium (Lazarett)
9 Thermen
10 Tribunenhäuser
11 Fabricae (Werkstätten)
12 Basilica Thermarum (Sporthalle)
13 Tempel
14 Horreum (Magazin)
15 Praetorium (Legatenpalast)
16 Schola (Versammlungshalle)
17 Lagerheiligtum
18 Mansio (Raststätte)

Die militärlose Periode

Nach der Eroberung des Decumatlandes und der Errichtung des obergermanischen und rätischen Limes (vgl. S.17) wurden in der Schweiz nur noch kleine Truppenteile für Ordnungs- und Verwaltungsdienste benötigt. Die in Vindonissa stationierte Legion wurde 101 n. Chr. abgezogen. Unter der Regierung einer ganzen Reihe von fähigen Kaisern waren der Schweiz anderthalb Jahrhunderte ungestörten Friedens beschieden.

Wirtschaft

Die Wirtschaft des schweizerischen Raumes wurde in die Wirtschaft des Gesamtreiches einbezogen und nahm Anteil an deren Aufschwung. Produziert und ins Innere des Reiches exportiert wurden Vieh, Käse, Holz und wohl auch Getreide; dafür bezog man Wein, Olivenöl, Garum (eine Fischsauce zum Würzen der Speisen), Glas- und Töpferwaren, Metallprodukte und viele Luxusgegenstände aus der antiken Zivilisation. Neue Kulturpflanzen wie die Weinrebe wurden angebaut, neue Produktionsverfahren wie die Herstellung von Terra sigillata (hart gebranntes Geschirr aus rotem Ton, von glänzender Oberfläche und guter Qualität) angewendet. Von alledem profitierten auch die Kaufleute und Transportunternehmer, die in zunftähnlichen Verbänden zusammengeschlossen waren. Neue Techniken wandte auch das Baugewerbe an: Bauten aller Art wurden aus Stein und Mörtel errichtet und mit Ziegeln gedeckt.

Städte, Dörfer, Gutshöfe

Mit der römischen Herrschaft hielt das städtische Leben Einzug. Städte im juristischen Sinne des Wortes waren die drei Bürgerkolonien Julia Equestris (Nyon), Augusta Raurica (Augst) und Aventicum (Avenches). Sie wurden im 2. Jahrhundert in Stein ausgebaut und mit den Bauwerken ausgestattet, die zum Standard jeder Römerstadt gehörten. Im Zentrum der schachbrettartigen Anlage lag das Forum, ein Platz, wo Markt und Gericht gehalten wurde. In seiner Nähe befanden sich Tempelanlagen und eine Basilika (eine Markt- und Gerichtshalle, die auch als Rathaus diente). Thermen (öffentliche Bäder, die grosse gesellschaftliche Bedeutung besassen), ein szenisches Theater (zur Aufführung von Theaterstücken) und ein Amphitheater (für blutige Kampfspiele) durften nicht fehlen. Die privaten Wohn- und Gewerbehäuser waren zu rechteckigen Blöcken zusammengefasst; dazwischen zogen sich gepflasterte Strassen hin. Aquädukte, oft von vielen Kilometern Länge, führten Frischwasser zu; die Abwässer wurden

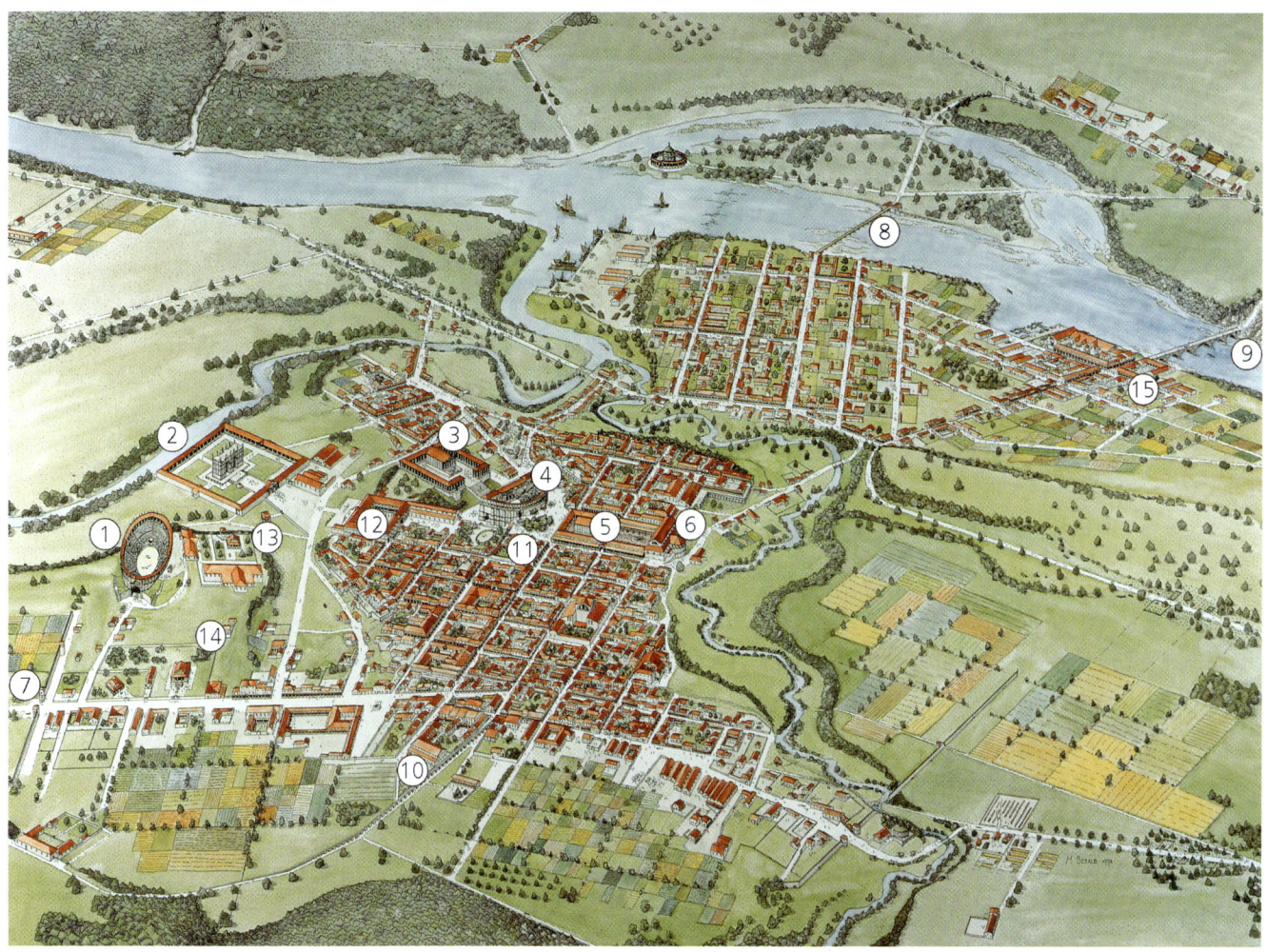

Tragödie der Irrungen – die Schweiz im «Vierkaiserjahr» 69 n.Chr.

Über politisch-militärische Vorgänge in der Schweiz in der römischen Zeit ist wenig bekannt. Eine Ausnahme bilden die Ereignisse des Jahres 69, über die wir durch den römischen Geschichtsschreiber Tacitus (Historiae 1, 67–70) vergleichsweise gut unterrichtet sind. Nach der Absetzung Kaiser Neros (68) ernannte der römische Senat den General Galba zum Kaiser. Die an der Rheingrenze stationierten Legionen riefen jedoch ihrerseits ihren Feldherrn Vitellius zum Kaiser aus. Dieser zog mit einem Teil seines Heeres über Gallien nach Rom. Sein Legat (Unterfeldherr) Aulus Caecina kam mit dem anderen Teil nach Vindonissa, um mit der dort stationierten 21. Legion nach Italien zu marschieren. Zwischen dieser Legion – die den bezeichnenden Zunamen «rapax» (die Räuberische) führte – und den Helvetiern war es zu Reibereien gekommen: Die Legionäre hatten einen Geldtransport geraubt, der für helvetische Miliztruppen bestimmt war. Die Helvetier hatten hierauf eine Offizierspatrouille mit einer Aufforderung an die Truppen in Pannonien (Ungarn), sich Vitellius anzuschliessen, abgefangen und hielten Galba die Treue, ohne zu wissen, dass dieser inzwischen ermordet worden war. Caecinas Rache war grausam: Seine Soldaten verwüsteten das ganze Land, darunter auch den Badeort Aquae Helveticae (Baden), und richteten auf dem Mons Vocetius (wohl dem Bözberg) unter den kriegsungewohnten helvetischen Truppen ein schreckliches Blutbad an. Die Gefangenen wurden in die Sklaverei verkauft. Dank der Fürsprache vornehmer Helvetier entging die Hauptstadt Aventicum mit knapper Not der Zerstörung. Aus dem Kampf um den Kaiserthron ging schliesslich Ende 69 Vespasian, der möglicherweise einen Teil seiner Jugend in Aventicum verbracht hatte, als Sieger hervor. Er bewies dem schwer geprüften Land grosses Wohlwollen: Anstelle der 21. Legion «rapax» wurde die 11. Legion mit dem Zunamen «Claudia pia fidelis» (die fromme und treue) nach Vindonissa verlegt, und 73/74 n.Chr. wurde Aventicum zur römischen Bürgerkolonie erhoben.

Rekonstruktion der Stadt Augusta Raurica (Augst):
1. *Amphitheater*
2. *Grienmatt-Heiligtum*
3. *Schönbühl-Tempel*
4. *Theater*
5. *Forum*
6. *Basilica*
7. *westliche Stadtmauer*
8. *hölzerne Brücke zur Insel Gwerd über den Rhein*
9. *steinerne Brücke über den Rhein*
10. *Aquädukt*
11. *Frauenthermen*
12. *zentrale Thermen*
13. *gallorömischer Tempelbezirk Sichelen Nord*
14. *gallorömischer Tempelbezirk Sichelen Süd*
15. *Bereich des spätrömischen Kastells Kaiseraugst (vgl. S. 23)*

Die Schweiz von der Urzeit bis zum Ende des Frühmittelalters

durch ein Kanalisationssystem entsorgt. Auch die «vici» (lat. vicus = Dorf), geschlossene Siedlungen, wiesen oft Merkmale städtischen Lebens auf. Sie besassen eigenes Vermögen und genossen Selbstverwaltung, waren jedoch rechtlich anders organisiert als die drei Städte. Ihrer gab es ungefähr 20; zu ihnen zählten etwa Lousonna-Vidy (Lausanne), Aquae Helveticae (Baden), Turicum (Zürich), Vitudurum (Oberwinterthur). Besonders im schweizerischen Mittelland entstanden zahlreiche «villae» (villa = Landhaus, Gutshof), die ein Herrenhaus sowie weitere Gebäude umfassten und Stadtbürgern wie auch Angehörigen der helvetischen Oberschicht gehört haben dürften. Ihre Ausstattung war sehr verschieden; die grössten wiesen geradezu palastähnliche Ausmasse auf und waren mit allem erdenklichen Luxus (Badeanlagen, Mosaiken usw.) ausgerüstet.

Romanisierung

Die einheimischen Sprachen, Religionen und Kulturen lebten unter der römischen Herrschaft unbehelligt weiter. Die Römer und Italiker, die als Beamte, Offiziere, Händler und Bankiers ins Land kamen, waren nicht zahlreich. Die angesiedelten Veteranen scheinen meist keltischer Herkunft gewesen zu sein.

Goldene Büste des Kaisers Marc Aurel (Regierungszeit 161–180 n.Chr.), gefunden in Aventicum (Avenches), 33,5 cm hoch

Allmählich allerdings begannen die Leute an den Gütern, Lebensformen und Denkvorstellungen der römischen Zivilisation Geschmack zu finden. Das Latein als Verwaltungs- und Kommandosprache des Heeres fand Eingang zuerst bei den oberen Schichten, dann auch im breiten Volk, das es freilich fehlerhaft und unter Beimengung von Elementen seines früheren Idioms sprach. So bildeten sich im keltischen Raum eine galloromische, im rätischen eine rätoromanische Sprache und Bevölkerung heraus. Die Süd- und die Westschweiz wurden stärker romanisiert als die Zentral- und Nordostschweiz – eine Tatsache, die für die Ausbildung der verschiedenen schweizerischen Sprachräume von grosser Bedeutung werden sollte.

Die zweite Militärperiode

Die Krise des Römischen Reiches

Im 3. Jahrhundert geriet das Römische Reich in eine schwere Krise, die sich besonders auf den Westen auswirkte. An Donau und Rhein übten die Germanen, im Osten das neupersische Reich der Sassaniden stärkeren Druck auf die Grenzen aus. Die Zentralregierung verlor zunehmend an Macht. Ein immer höherer Anteil des Wirtschaftsertrags musste für das Militär verwendet werden. Der steigende Steuerdruck und die Räubereien der Soldaten lähmten die Wirtschaft und ruinierten die städtische Oberschicht, die wirtschaftlich, politisch und kulturell die stärkste Stütze des Reiches gewesen war. Das Heer gebärdete sich immer selbstherrlicher, setzte nach seinem Gutdünken Kaiser ein und brachte sie um, sobald diese seine Begehren nicht erfüllten (Zeit der Soldatenkaiser, 235–284). Lokale Gewalthaber suchten sich selbstständig zu machen; Aufstände brachen aus; auch politisch drohte das Reich auseinanderzufallen. Erst Kaiser Diokletian (284–305) bekam die Lage wieder einigermassen unter Kontrolle, freilich nur mit härtesten Zwangsmassnahmen und unter tiefgreifender Umgestaltung der staatlichen Verhältnisse.

Der Fall des Limes (260 n.Chr.)

Für ihre Raubzüge ins Römische Reich schlossen sich die Germanen zu neuen Stammesgemeinschaften zusammen. Eine davon bildeten die erstmals 289 erwähnten Alemannen («alle Mannen») im heutigen Süddeutschland. Germanische Verbände tauchten seit dem früheren 3. Jahrhundert am Limes auf, brachen immer wieder tief ins römische Gebiet ein und konnten nur mit grosser Mühe zur Umkehr gezwungen werden. 259/60 musste der Limes endgültig preisgegeben werden. Die räuberischen Scharen

verwüsteten das ganze schweizerische Mittelland, zerstörten dabei auch die Städte Augusta Raurica und Aventicum und konnten erst vor Mailand zurückgeschlagen werden. Das Decumatland (vgl. S. 17) war verloren. Die Grenze verlief wiederum entlang des Ober- und des Hochrheins, wo die alten Wehranlagen – darunter auch Vindonissa – notdürftig wiederhergestellt wurden. Der gefährdete Grenzabschnitt zwischen Rhein und Donau wurde durch neue Befestigungen – den so genannten Donau-Iller-Rhein-Limes – gesichert. Die zerstörten Städte und Gutshöfe wurden nicht wieder aufgebaut. Vor neuen Einfällen der Alemannen suchte die Bevölkerung Schutz in Kastellen und Fluchtburgen auf den Anhöhen des Mittellandes und des Juras. Damit war für grosse Teile der Schweiz die Antike mit ihrer blühenden städtischen Kultur zu Ende. Eine Übergangsperiode setzte ein, die in das Mittelalter (ab 6. Jahrhundert) ausmündete.

Das Ende der römischen Herrschaft

Nach einem weiteren Alemanneneinfall, der 293 bei Vindonissa blutig zurückgewiesen wurde, herrschte etwa ein halbes Jahrhundert Ruhe. Um 350 setzten aber die Angriffe erneut ein. Unter Kaiser Valentinian (364–375) wurde ein neues Verteidigungssystem aufgebaut. Zwischen Basel und dem Bodensee entstand dem Rhein entlang eine Kette von etwa 50 Wachttürmen mit Wall und Graben, die untereinander Sichtverbindung hatten. Kastelle und Brückenköpfe sicherten die wichtigen Übergänge bei Kaiseraugst und Zurzach. Im Hinterland wurde eine Auffanglinie mit Kastellen in Yverdon, entlang der Aare und der Limmat bei Solothurn, Olten, Baden und Zürich erstellt, die sich über Irgenhausen, Winterthur und Pfyn weiterzog. Der Bodensee wurde durch eine kleine Flotte sowie durch die Kastelle Burg bei Eschenz, Konstanz und Arbon geschützt. Das Gebiet der Schweiz war jedoch auf die Dauer nicht mehr zu halten.

Das so genannte «Wochengötter-Mosaik» im ehemaligen römischen Gutshof von Boscéaz bei Orbe (Waadt), entstanden zu Beginn des 3. Jahrhunderts n. Chr. In der Mitte Venus, in den Medaillons verschiedene Gottheiten, in den Frieszonen Jagdszenen.

Links:
Bild der Inschrift des
P. Decius Esunertus.
Die Buchstaben sind
6–8 cm hoch.

Rechts:
Bild der Inschrift des
Q. Aelius Aunus.
Die Buchstaben sind
3,5–4 cm hoch.

Aus römischen Inschriften in der Schweiz

Vom Gallier zum Römer!

P. Decius Troucetei Vepi f(ilius) Voltin(ia) Esunertus C. Asinio Gallo C. Marcio Censorino co(n)s(ulibus)

«Publius Decius Esunertus, Sohn des Trouceteius Vepus, aus der voltinischen Bürgerabteilung. Im Jahr der Konsuln Gaius Asinius Gallus und Gaius Marcius Censorinus.» (8 v. Chr.)

Die vorliegende Grabinschrift, die älteste datierte aus Genf, bildet einen interessanten Beleg für die Romanisierung einer gallischen Familie. Der Grossvater hatte den rein gallischen Namen Troucetes getragen, der Vater den seinigen zu Trouceteius Vepus latinisiert. P. Decius Esunertus hatte das römische Bürgerrecht erhalten, was ihn zur Führung eines dreiteiligen Namens nach römischem Muster verpflichtete, wobei er jedoch als «cognomen» («Beiname»; dritter Namensteil) den gallischen Namen «Esunertus» wählte. Sein hier nicht genannter Sohn Sextus Decius trug einen ganz römischen Namen und stieg in die höheren Ämter der Gemeinde auf. Die in Klammern gesetzten Buchstaben sind ergänzt; römische Inschriften verwendeten aus Platzgründen viele Abkürzungen. Der Name des Konsuls Gaius Asinius Gallus wurde nachträglich getilgt, weil er unter Kaiser Tiberius zum Tode verurteilt worden war.

Ein sportfreundlicher Sponsor!

Pro salute domus divin(ae) I(ovi) O(ptimo) M(aximo) Iunon(i) Regin(ae) aram Q. Ael(ius) Aunus IIIIII (vir) Aug(ustalis) de suo. Item donavit vican(is) Minnodunens(ibus) (denarios) DCCL, ex quorum ussur(is) gymnasium in der(e)ct(o) tempor(e) per tridu(u)m; eisdem vican(is) dedit in aev(u)m. Quod si in alios ussus / transferr(e) voluerint, hanc pecun(iam) incol(is) col(oniae) Aventicensium dari volo. L(ocus) d(atus) d(ecreto) v(icanorum) M(innodunensium)

«Für das Heil des Kaiserhauses (weihte) dem Jupiter und der Juno Regina den Altar Quintus Aelius Aunus, Mitglied der kaiserlichen Sechsmänner, aus seinen Mitteln. Ebenso schenkte er den Dorfbewohnern von Moudon 750 Denare, aus deren Zinsen sie ein Sportfest sofort für drei Tage (veranstalten sollten); denselben Dorfbewohnern gab er (diese Summe dafür) auf ewig. Falls sie sie für andere Zwecke sollten verwenden wollen, so will ich, dass dieses Geld den Einwohnern der Kolonie der Aventicenser gegeben wird. Der Platz (zur Aufstellung dieser Inschrift) ist gegeben durch Beschluss der Dorfgemeinde Moudon.»

Der Spender war Mitglied eines sechsköpfigen Kollegiums von Priestern zu Ehren des Augustus. Öffentliche Vergabungen gehörten zu den Ehrenpflichten hoher Amtsträger; auf dieser materiellen Grundlage beruhte das öffentliche Kulturleben. Die vorliegende Inschrift zeigt, welchen Grad dieses auch in kleineren Orten der damaligen Schweiz erreichte. Die Inschrift stammt aus dem späten 2. oder dem 3. Jahrhundert.

Der Einfall germanischer Stämme in Norditalien nötigte das Reich um 400 zum Abzug seiner Truppen am Hochrhein. Mit der militärischen brach offenbar auch die Verwaltungskontrolle über das Gebiet nördlich der Alpen ab.

Das Christentum

Zu den wichtigsten Vermächtnissen der Römerzeit gehört das Christentum. Es breitete sich über die Städte und die grossen Verkehrswege schon im 1. Jahrhundert nach dem Westen aus. Gelegentliche Verfolgungen durch den römischen Staat – die letzte und grösste wurde 303 von Diokletian ins Werk gesetzt – vermochten seinen Siegeszug nicht zu hindern. Kaiser Konstantin der Grosse (313/324–337) gewährte ihm Duldung und begünstigte nach Kräften die christliche Kirche; Kaiser Theodosius I. (379–395) machte das Christentum zur einzig zugelassenen Staatsreligion.

Christen hat es auf dem Gebiet der Schweiz möglicherweise schon im 3. Jahrhundert gegeben. Später niedergeschriebene Legenden überliefern Berichte über das Martyrium des Mauritius und der «thebäischen Legion» in der Zeit Kaiser Diokletians um 300: Die aus dem Orient (Theben in Ägypten?) in den Westen verlegte thebäische Legion soll unter dem Kommando des Mauritius die Teilnahme an den Christenverfolgungen verweigert haben und deswegen bei Agaunum (St-Maurice im Kanton Wallis) bis auf den letzten Mann niedergemacht worden sein. Über den Gebeinen der Umgebrachten liess Bischof Theodor von Octodurus (Martigny) um 380 eine Kirche errichten, die bald zu einem berühmten Wallfahrtsort und zur Keimzelle der späteren Abtei St-Maurice wurde. Ursus und Victor sollen dem Massaker von Agaunum entronnen, bald darauf aber in Solothurn für ihren Glauben gestorben sein. Zu einer der meistverehrten Heiligen der Schweiz wurde Verena, die zum Umkreis der thebäischen Legion gehörte und später als Klausnerin in Zurzach armen Kranken das Haupt wusch und das Haar kämmte. Ebenfalls mit der thebäischen Legion sind Felix und Regula in Beziehung gesetzt worden, die – so wird erzählt – in Zürich den Märtyrertod erlitten und ihre abgeschlagenen Häupter bis zu ihrer Grabstelle trugen, wo später das Grossmünster errichtet worden ist. Im 4. Jahrhundert müssen kleine christliche Gemeinden bestanden haben, die die Erinnerung an diese Glaubenshelden wachhielten. Ein Zeugnis, das die Anwesenheit von Christen in der Schweiz zweifelsfrei erweist – eine Inschrift mit Christusmonogramm in Sitten –, liegt erst aus dem Jahr 377 vor. Wenig später ist der oben erwähnte Bischof Theodor oder Theodul von Martigny bezeugt, ein Bischof von Genf wird um 400 genannt. Einzelne Spuren aus dem späteren

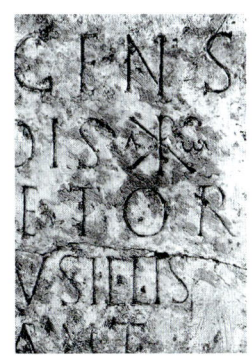

In Riva San Vitale (Tessin) befindet sich das älteste noch aufrecht stehende kirchliche Bauwerk der Schweiz, ein um 500 errichtetes Baptisterium (Taufgebäude). Das monolithische Taufbecken (Durchmesser 1,9 m) stammt aus der Zeit um 1000; unter ihm befindet sich eine Piscina («Schwimmbassin») aus 4. Jahrhundert – so eine Kirche mit Baptisterium (Taufkapelle) im Kastell Kaiseraugst – deuten darauf hin, dass das Christentum damals auch in der nördlichen Schweiz Fuss fasste. der Gründungszeit des Gebäudes. Der Wechsel vom Bassin zum Becken widerspiegelt den Wechsel im Vollzug der Taufe: In der Spätantike wurde der Täufling vollständig untergetaucht («submersio»), im Verlauf des Frühmittelalters ging man zum Eintauchen («immersio») über.

Das älteste Zeichen des Christentums in der Schweiz: Das Christus-Monogramm in der «Asclepiodotus-Inschrift» in Sitten aus dem Jahr 377.

Die Schweiz von der Urzeit bis zum Ende des Frühmittelalters

Vom Römischen Reich zum Fränkischen Reich
5. bis 7. Jahrhundert

**Der geschichtliche Rahmen:
Das Römische Reich und die Germanen**

Im 5. und 6. Jahrhundert endete die Herrschaft des Römischen Reiches über Westeuropa und den westlichen Mittelmeerraum; dieses bestand dagegen im östlichen Mittelmeerraum mit dem im 4. Jahrhundert als zweite Hauptstadt gegründeten Konstantinopel als Zentrum weiter. Im ehemals römischen Gebiet Westeuropas liessen sich – neben der verbleibenden römisch geprägten Bevölkerung, den «Romanen» – germanische Stämme mit nicht sehr grosser Volkszahl nieder und bildeten an Stelle der zerbrochenen römischen Zentralgewalt «Germanenreiche».

Das Wort «Germanen» bezeichnet die Angehörigen der germanischen Sprachgruppe innerhalb der indoeuropäischen Sprachfamilie. Eine politische Einheit bestand unter den Germanen nie; diese zerfielen immer in zahlreiche, nicht sehr stabile Stämme. Das germanische Siedlungsgebiet umfasste während der römischen Kaiserzeit das südliche Skandinavien, Deutschland jenseits der römischen Rhein-Donau-Grenze sowie Polen; vom 2. Jahrhundert an zogen einzelne Stämme nach Südosten zum Schwarzen Meer. Zwischen den Germanen und dem Römischen Reich kam es immer wieder zu kriegerischen Zusammenstössen, aber auch zu friedlichen Beziehungen: Germanische Stämme entlang der Grenze schlossen Bündnisse mit dem Römischen Reich, lernten die Errungenschaften der römischen Zivilisation kennen und bekehrten sich zum Christentum. Die römischen Kaiser deckten ihren angesichts der kritischen politisch-militärischen Lage (vgl. S. 22 f.) wachsenden Bedarf an Soldaten zunehmend durch die Rekrutierung germanischer Kontingente; am Ende des 4. Jahrhunderts war die römische Armee weitgehend «germanisiert»; auch die obersten Kommandanten waren oft germanischer Herkunft.

Der Vorstoss der Hunnen, eines Volkes von kriegerischen Reiternomaden, aus den Steppen Innerasiens an die Nordküste des Schwarzen Meeres um 375 bewog die dort siedelnden germanischen Westgoten, sich über die römische Reichsgrenze, die untere Donau, in Sicherheit zu bringen. Nach 400 drangen, teils aus ähnlichen Gründen, zahlreiche germanische Stämme ins Römische Reich ein. Die so genannte «germanische Völkerwanderung» begann. Ziel der Stämme war es, auf römischem Boden Siedlungsplätze zu erhalten, wofür sie bereit waren, als «foederati» in ein Bundesverhältnis zur römischen Zentralgewalt zu treten. Als Foederati lebten sie unter ihren eigenen Führern und Gesetzen, leisteten den römischen Kaisern Heeresfolge und erhielten dafür von den römischen Grundbesitzern ein Drittel bis die Hälfte des Bodens samt der dazugehörenden unfreien Arbeitskräfte zugewiesen.

Letztlich war indessen die römische Zentralgewalt durch die Aufgabe, die zahlenmässig zwar nicht sehr starken (keiner dieser Stämme zählte wohl auch nur annähernd 100 000 Angehörige), aber schwer zu disziplinierenden germanischen Militärvölker in das Reich zu integrieren, überfordert. Seit dem 4. Jahrhundert regierten meist zwei Kaiser aus der gleichen Familie gleichzeitig – der eine von Italien, der andere von Konstantinopel aus –, wobei sie das Reich in einen östlichen und einen westlichen Verwaltungssektor teilten. Eine Reichsteilung im rechtlichen Sinne wurde damit nicht vollzogen, doch entwickelten sich in der Folge der Osten und der Westen politisch, kirchlich und kulturell immer stärker auseinander. Die Aufgabe, die Germanen ins Reich einzugliedern, lastete zur Hauptsache auf dem «Westkaiser», da sich die Westgoten vom Balkan nach Italien und später nach Südfrankreich wandten und sich die meisten der nach 400 eindringenden Germanenstämme in seinem Gebiet festsetzten. Die hoch geschraubten Ansprüche der Germanen und ihrer Führer, die sich ständig verschlechternde Wirtschaftslage und die zunehmende Instabilität führten zu einer endlosen Folge von Rebellionen und schliesslich zum Zusammenbruch des römischen Wirtschafts- und Verwaltungssystems in Westeuropa. Seit 460 war die Macht des «Westkaisers» auf Italien beschränkt, 476 wurde er von einem germanischen Heerführer gestürzt. Der allein übrig gebliebene Kaiser in Konstantinopel versuchte zwar durchaus, seine Autorität nun auch im Westen geltend zu machen. Die von ihm nach Italien gesandten germanischen Ostgoten setzten sich dort zwar durch, emanzipierten sich aber rasch von seiner Kontrolle und errichteten ein eigenes «Ostgotenreich», das bis gegen die Mitte des 6. Jahrhunderts

Grab aus Rorbas (Zürich) aus dem Frühmittelalter. Das beigegebene Kurzschwert, der «Sax», weist den Bestatteten als Germanen aus.

bestand. Erst Kaiser Justinian (527–565) konnte die Reichsgewalt in Italien, Nordafrika und Südspanien wiederherstellen; England, Gallien und Rätien blieben jedoch der römischen Herrschaftsgewalt definitiv entzogen. Kurz nach Justinians Tod drangen die germanischen Langobarden aus dem Donauraum nach Oberitalien vor und begründeten dort das Langobardenreich.

In dem von der römischen Zentralgewalt hinterlassenen Machtvakuum begründeten nun die Führer verschiedener angesiedelter oder eingedrungener Germanenstämme ihre «Reiche». Am erfolgreichsten war Chlodwig aus der Familie der Merowinger. Er begann 481 als Führer eines in Nordgallien lebenden Teilstamms der Franken, vereinigte die übrigen, im benachbarten Westdeutschland lebenden Frankenstämme unter seiner Führung und unterwarf sodann bis zu seinem Tod 511 Mittel- und Südwestgallien. Unter seinen Nachfolgern wurde das Herrschaftsgebiet über Südost- und Ostgallien, Mittel- und Süddeutschland sowie die Schweiz ausgedehnt. Das «Frankenreich der Merowinger» wurde so zur bestimmenden politischen Macht in Westeuropa. Allerdings konnte es sich bezüglich Verwaltungsorganisation und Wirtschaftsstandard nicht mit dem Römischen Reich messen und wurde durch häufige Herrschaftsteilungen und Thronkämpfe, an denen sich auch die fränkischen Adelsfamilien beteiligten, erschüttert.

Die langfristigen Folgen der Bildung von «Germanenreichen» in Westeuropa waren tiefgreifend. An die Stelle der hoch entwickelten römischen Verwaltungskunst traten einfache, vor allem auf königlichen Grundbesitz und persönliche Abhängigkeitsverhältnisse gestützte Herrschaftsformen. Westeuropa wurde zu einem wenig entwickelten Randgebiet; die politischen, wirtschaftlichen und kulturellen Zentren der europäisch-mediterranen Welt lagen im oströmischen und im islamisch-arabischen Raum. In den ausgesprochen peripheren Gebieten des ehemaligen Römischen Reiches wie England, dem Rheinland und der Zentral- und Ostschweiz traten germanische Sprachen an die Stelle des Lateins; sonst aber setzten sich die einheimischen, viel zahlreicheren «Romanen» gegenüber den germanischen Herren mit ihrer Sprache durch, die sich zum Französischen, Spanischen und Italienischen weiterentwickelte. Auch die christliche Religion behauptete sich, da die germanischen Herrscher Christen wurden und sich bald einmal der Kirche als Herrschaftsinstrument bedienten.

Die Landnahme germanischer Stämme in der Schweiz

Das Ende des Römischen Reiches in Westeuropa bewirkte auch in der Schweiz einen Bruch in Staat, Verwaltung, Wirtschaft, Gesellschaft, Kultur und Technik. Er war in der Zentral- und Ostschweiz, wo er mit einem Sprachwechsel verbunden war, am tiefgreifendsten. In der West- und der Südschweiz sowie in Rätien behaupteten sich dagegen das romanische Volkstum und Sprachgut, teilweise auch kirchliche und lokale Verwaltungsstrukturen besser.

Das Burgunderreich in der Westschweiz

Die germanischen Burgunder errichteten um 400 am linken Ufer des Mittelrheins um Worms ein Herrschaftsgebiet, versuchten darauf, nach Gallien vorzudringen, erlitten aber um 440 gegen den römischen Heermeister Aëtius eine schwere Niederlage. Dieser siedelte die Überlebenden – wohl nur etwa 10 000–20 000 Menschen – als Foederati des Reiches in der Sapaudia («Tannenland»; daraus entwickelte sich der Landschaftsname Savoyen) im Hinterland von Genf südlich der Rhone an. Der bald darauf einsetzende Zusammenbruch der römischen Zentralgewalt in Gallien ermöglichte es den Burgundern, sich zu verselbstständigen und ihren Machtbereich nach Nordwesten bis zum Plateau de Langres, nach Süden bis zur Durance und nach Nordosten bis in den Aareraum auszudehnen. «Germanisch» war an diesem Burgunderreich allerdings bald einmal nicht mehr viel; die burgundische Militärelite mitsamt ihrem Königshaus übernahm Sprache, Religion und Kultur der zahlenmässig viel stärkeren einheimischen Bevölkerung. Auf die Dauer war das Reich dem viel grösseren Frankenreich der Merowinger militärisch nicht gewachsen; 534 fiel sein letzter König im Kampf. Damit war die

Bauinschrift des burgundischen Königs Gundobad (480–516) aus Genf: «(GUNDO)BADUS REX CLEMENTISS(IMUS) (E)MOLUMENTO PROPR(IO) (S)PATIO MULTIPLICAT(O)», deutsch: Gundobad, allergnädigster König (hat) auf eigene Kosten (das Bauwerk wiederhergestellt) und erweitert.»
Die Inschrift wurde wohl aus Anlass der Erneuerung und Erweiterung des spätantiken Bischofssitzes angefertigt.

Die Schweiz von der Urzeit bis zum Ende des Frühmittelalters

Westschweiz Teil des Frankenreiches geworden; der Name «Burgund» blieb jedoch als Bezeichnung für den ostfranzösisch-westschweizerischen Raum bestehen und wurde auch für spätere Herrschaftsgebilde immer wieder benützt.

Die Alemannen in der Ost- und der Zentralschweiz

Zu Anfang des 5. Jahrhunderts bewohnten die Alemannen das Gebiet vom Main bis zum Oberrhein und zum Bodensee. Im Unterschied zu vielen anderen Germanenstämmen eigneten sie sich zunächst kein römisches Territorium an. Erst nach 450 drangen sie ins Elsass vor und versuchten dann, ihren Machtbereich nach dem Mittelrhein und Ostgallien hin zu vergrössern. Dabei stiessen sie aber mit dem Frankenkönig Chlodwig (vgl. S. 27) zusammen, der ihnen verheerende Niederlagen beibrachte und sie seiner Oberherrschaft unterwarf.
Mit dem Zusammenbruch des Burgunder- und des Ostgotenreiches um die Mitte des 6. Jahrhunderts geriet das Gebiet der Schweiz südlich des Hochrheins unter die Herrschaft der Franken. Nun kamen fränkische Adelige mit ihren Gefolgsleuten ins Land. Erst gegen das Ende des 6. Jahrhunderts – und nicht schon nach 400, wie die ältere Forschung angenommen hat – liessen sich die Alemannen in grösserer Zahl hier nieder, nicht als Eroberer, sondern als Siedler unter fränkischer Oberhoheit.

Die Landnahme der Alemannen in der Schweiz zog sich, vorangetrieben von immer neuen Zuzügern aus dem Norden, über Jahrhunderte hin. Die Einwanderung ins Mittelland und in die Ostschweiz erfolgte über den Hochrhein zwischen der Aaremündung und dem Bodensee, während das Hinterland Basels vom Elsass aus besiedelt wurde. Die Alemannen nahmen natürlich zuerst das urbare Land in den fruchtbaren Tälern in Besitz. Bis zum Ende des 6. Jahrhunderts hatten sie das untere Ende des Bodensees sowie die Gegenden von Zürich und Olten erreicht. Dann stiessen sie der Aare, der Reuss, dem Zürichsee und vom Bodensee aus dem Rhein entlang talaufwärts vor und drangen vom 9. Jahrhundert an in den Alpenraum ein. Gleichzeitig erschlossen sie die weniger leicht zugänglichen Höhenzüge des Mittellandes und des Juras. Während sie in Gehöften und Dörfern auf dem offenen Land siedelten, hielt sich die stark zusammengeschmolzene gallorömische Bevölkerung vorwiegend in den Mauern der spätrömischen Kastelle. Fast zwei Jahrhunderte lang lebten diese zwei Volksgruppen nebeneinander, offenbar in respektvoll-misstrauischem Abstand, aber ohne schwere Konflikte. Erst um 700 gingen die letzten Reste der gallorömischen Bevölkerung im alemannischen Volkstum auf. Damit hatte sich in der Ost- und der Zentralschweiz die alemannisch-deutsche Sprache durchgesetzt. Der Vorstoss von Alemannen in die Westschweiz wurde durch die zahlenmässig stärkere romanische Bevölkerung des ehemaligen Burgunderreiches um 600 aufgehalten. Im Jura unterhalb Delsbergs sowie zwischen dem Bielersee und der Saane bildeten sich sprachliche Mischzonen und erste Ansätze einer deutsch-französischen Sprachgrenze heraus. Alemannische Volksteile, die sich jenseits davon in unbesiedelten Gegenden festsetzten, wurden nach einigen Generationen romanisiert.

Die Langobardenherrschaft im Tessin

Die Südschweiz gehörte seit 568 zum Reich der Langobarden (worauf der Name «Lombardei» zurückzuführen ist), das Ober- und Mittelitalien umfasste. Allmählich assimilierten sich auch die Langobarden an ihre romanische Umgebung. In ihrem Einflussbereich entwickelte sich die italienische Sprache und Kultur. Für das Südalpengebiet zeigten die langobardischen Herrscher wenig Interesse;

Bis etwa um 700 pflegten die Germanen in der heutigen Schweiz ihre Toten zu bestatten und ihnen Schmuckstücke, Waffen und Gegenstände des täglichen Bedarfs ins Grab mitzugeben. Auf Grund der Lage der Gegenstände in einem Grab in Bülach (Zürich) in der Mitte des 7. Jahrhunderts ergeben sich Hinweise auf die Tracht, welche die hier bestattete, wohl begüterte Frau getragen hatte.

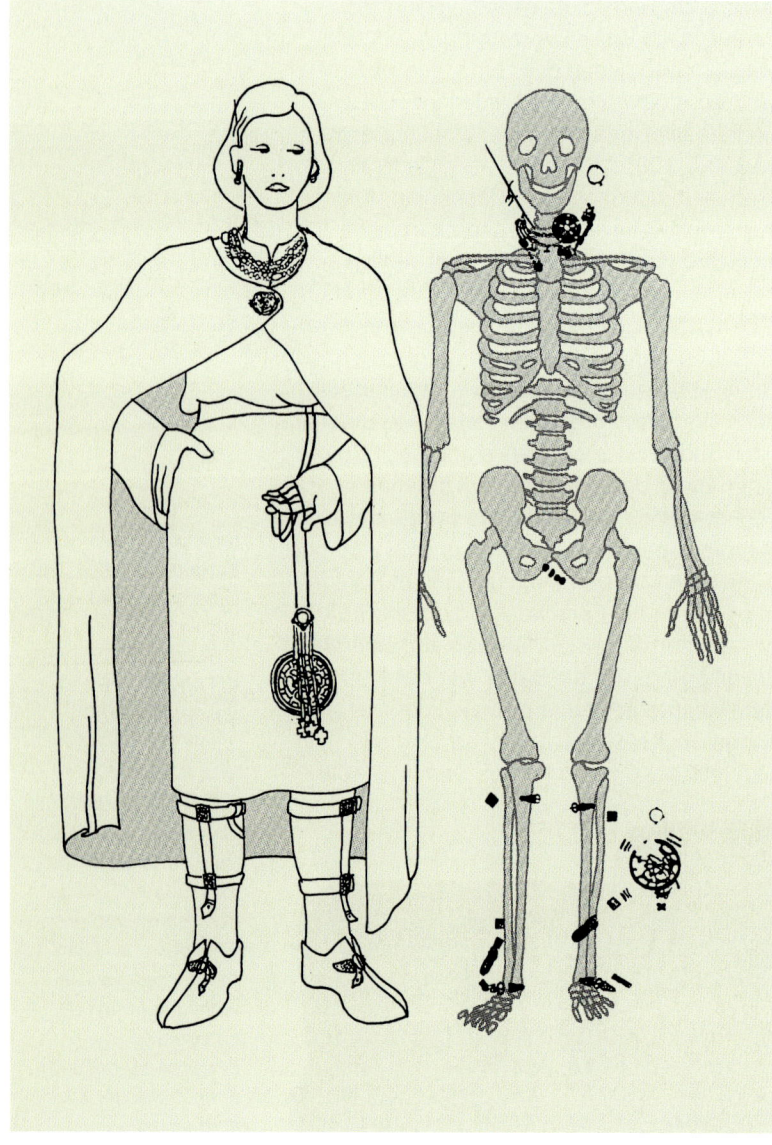

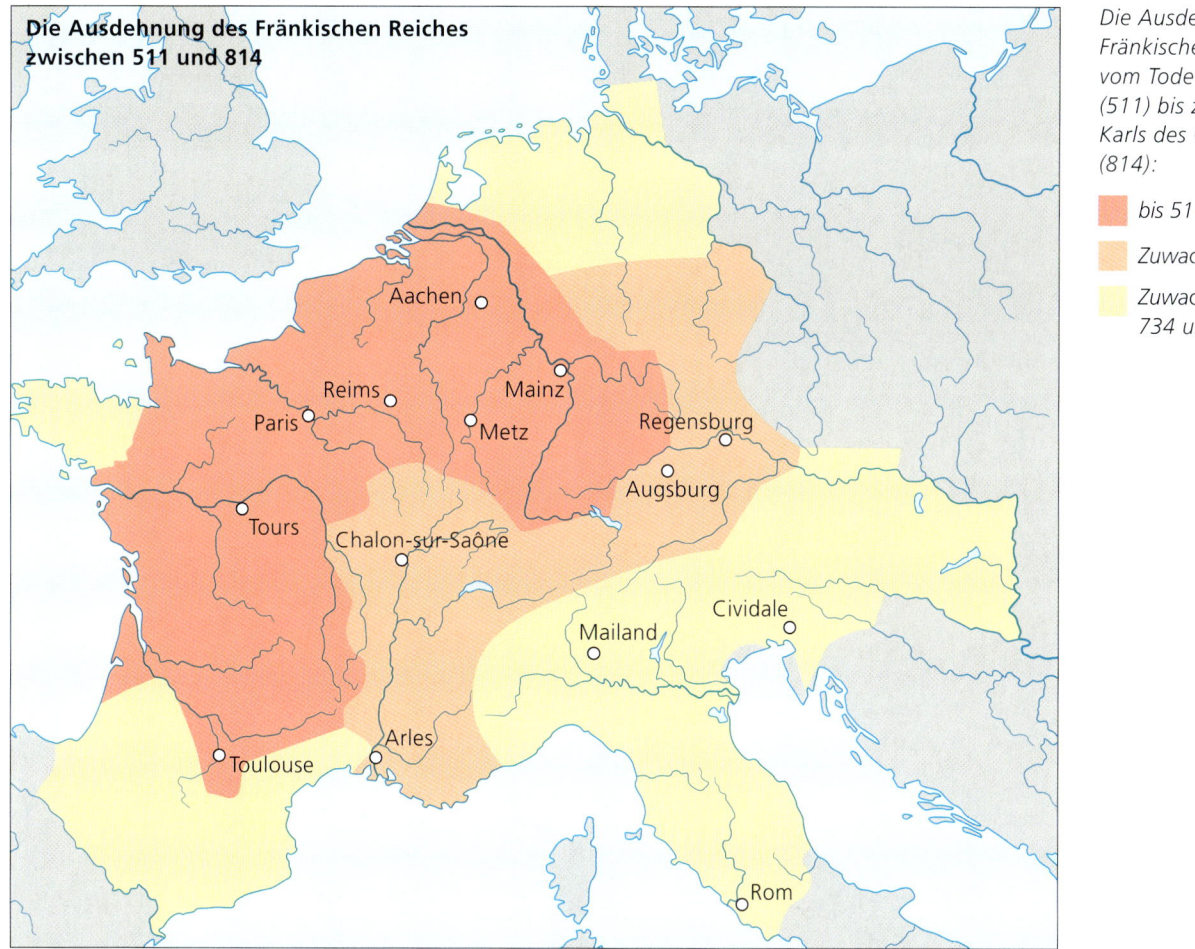

Die Ausdehnung des Fränkischen Reiches zwischen 511 und 814

Die Ausdehnung des Fränkischen Reiches vom Tode Chlodwigs (511) bis zum Tode Karls des Grossen (814):

- bis 511
- Zuwachs bis 536
- Zuwachs zwischen 734 und 814

Siedlungsspuren aus dieser Zeit lassen sich auf schweizerischem Boden nur im Sottoceneri und in der Gegend von Bellinzona nachweisen.

Rätien

Die germanischen Stämme haben den Alpenraum gemieden. Von ein paar verheerenden Durchzügen nach Italien abgesehen, verschonten sie auch die in spätrömischer Zeit gebildete Provinz Raetia prima. Diese umfasste ungefähr die schweizerischen Gebiete der alten Provinz Raetia vom Bodensee über das Säntismassiv und den oberen Zürichsee bis zum Gotthard, den Vintschgau im Südtirol und Vorarlberg. Nach dem Zusammenbruch der römischen Herrschaft nördlich der Alpen stand sie offenbar vom Ende des 5. bis gegen die Mitte des 6. Jahrhunderts unter dem Schutze des Ostgotenreiches (vgl. S. 26 f.). Es scheint, dass sie erst damals richtig romanisiert und christianisiert wurde; 451 ist erstmals ein Bischof in ihrer Hauptstadt Chur bezeugt. Um die Mitte des 6. Jahrhunderts kam sie unter die Oberhoheit des Frankenreiches. Diesem mochte Rätien als Bollwerk gegen die Langobarden dienlich sein. Seine Macht konnte es aber in dem entlegenen Alpenland kaum geltend machen. Die beiden höchsten Ämter, das des Praeses (Chef der Zivilverwaltung) und das des Bischofs, lagen in den Händen einer mächtigen einheimischen Familie, der Victoriden. Die Raetia prima, die nunmehr zu «Churrätien» wurde, führte bis zur Zeit Karls des Grossen ein eigenständiges staatliches und kulturelles Dasein. Den Versuchen der Franken, über die um die Mitte des 8. Jahrhunderts gegründeten Klöster Pfäfers und Disentis auf Rätien Einfluss zu nehmen, war vorerst kein Erfolg beschieden.

Soziale, wirtschaftliche und staatliche Verhältnisse

Bevölkerung und Siedlungsstruktur

Zwischen dem 3. und dem 6. Jahrhundert sank die Bevölkerungszahl stark. Die Ursache lag wohl beim wirtschaftlichen Niedergang und bei den Plünderungszügen (vgl. S. 22 ff.), vielleicht wirkte auch eine aus Ägypten eingeschleppte Pestepidemie mit. Erst im 7. Jahrhundert, als ruhigere Zeiten eingekehrt waren und der Zustrom alemannischer Siedler in vollem Gange war, wurde nach Volkszahl und Anbaufläche der Stand der römischen Kaiserzeit wieder erreicht. Nach groben Schätzungen umfasste das besiedelte Land etwa 15 000 Quadratkilometer und 75 000 bis 120 000 erwachsene Einwohner. Selbst im Mittelland machte es nur einen Teil der Bodenfläche aus und war von ausgedehnten Wäldern und Sümpfen umgeben. Grosse

Die Schweiz von der Urzeit bis zum Ende des Frühmittelalters

Modellvorstellung eines frühmittelalterlichen Dorfes

Gebiete in den Alpen und Voralpen sowie im Jura waren gänzlich unbewohnt. Die Romanen der Westschweiz lebten zumeist in den Städten und Dörfern weiter, die schon zur Römerzeit bestanden hatten. Die Alemannen benützten die römischen Gutshöfe nur zum Teil weiter und legten neue Siedlungen an. Städtisches Leben kannten sie nicht. Die spätrömischen Kastelle, die der gallorömischen Bevölkerung als Wohnstätten dienten, bildeten sich allmählich zu Dörfern zurück.

Wirtschaft

Dominierender Wirtschaftszweig war die Landwirtschaft. Die freien Klein- und Mittelbauern waren wohl nicht zahlreich. Der Grossgrundbesitz überwog. Die Grundbesitzer bewirtschafteten das Land entweder selbst mit Hilfe unfreier Arbeitskräfte oder verpachteten es in Einzelhöfen an Freie oder Unfreie. Daraus entstand allmählich die Grundherrschaft (vgl. S. 36f.). Vorherrschend war der Getreidebau. Fruchtwechsel und Brache waren den Germanen längst bekannt. Die Dreifelderwirtschaft (vgl. S. 58f.) entwickelte sich im alemannischen Raum vom 6./7. Jahrhundert an; für das 8. Jahrhundert lässt sie sich durch Zeugnisse aus dem Kloster St. Gallen nachweisen. Auch landläufige Gemüse- und Obstsorten wurden angebaut. An Haustieren nennt die «Lex Alamannorum» Pferde als Reit- und Zugtiere, Rinder, Schweine, Schafe, Hühner und Hunde. Das Wirtschaftsleben spielte sich hauptsächlich in kleinem Rahmen nach den Grundsätzen der Selbstversorgung und des Tauschhandels ab. Der Geldverkehr spielte eine geringe Rolle, obwohl zur Merowingerzeit mehrere Münzstätten auf schweizerischem Gebiet bestanden. Desgleichen war der Fernhandel in jenen wirren Zeiten stark zurückgegangen. Auch eine differenzierte Berufsstruktur kannte die damalige Gesellschaft nicht; erwähnt werden immerhin Köche, Bäcker und öffentlich geprüfte Schmiede, Schwertschmiede und Goldschmiede.

Recht, Gesellschaft, Staat

Indem die Germanen ihre Rechtssatzungen schriftlich aufzeichneten, gingen sie vom Gewohnheitsrecht zum Gesetzesrecht über. Nach 500 wurde das burgundische Recht in der allerdings stark römischrechtlich beeinflussten «Lex Burgundionum» – nach dem König Gundobad (474–516) auch «Lex Gundobada» («Loi Gombette») genannt – festgehalten. Die Alemannen folgten mit dem «Pactus Alamannorum» und nach 700 mit der «Lex Alamannorum». Im Bestreben, Selbstjustiz und Blutrache durch Sühneleistungen zu ersetzen, stellten die alemannischen Gesetze einen umfangreichen Bussenkatalog für die zahlreichen Rechtsbrüche auf, die in dieser gewalttätigen Gesellschaft vorkamen; sie werfen aber auch einiges Licht auf die wirtschaftlichen, gesellschaftlichen und verfassungsrechtlichen Zustände jener Zeit. Gerichtstag (Thing) wurde in den Hundertschaften (Verbände von Wehrpflichtigen) unter dem Vorsitz des Grafen oder des Zentgrafen (Vorsteher einer Hundertschaft) gehalten, in unsicheren Zeiten wöchentlich, in ruhigeren alle vierzehn Tage. Als Beweismittel kam dem Eid eine hohe Bedeutung zu; wer sich von schweren Anklagen reinigen wollte, hatte Bürgen und Eideshelfer beizubringen.

Nach ihrer personenrechtlichen Stellung gliederte sich die Bevölkerung sowohl im alemannischen wie im burgundischen Raum in Freie, Halbfreie und Unfreie. Die Freien, an Zahl wohl in der Minderheit, bildeten sozial keineswegs eine homogene Gruppe, sondern zerfielen in adlige Hochfreie, Mittel- und Niederfreie. Die Unfreien unterstanden einer weitreichenden Verfügungsgewalt ihrer Herren, genossen aber doch einen gewissen Rechtsschutz: Nach der «Lex Alamannorum» mussten sie höchstens drei Tage wöchentlich für ihren Herrn arbeiten und durften nicht ausser Landes verkauft werden. Das heute zur Schweiz gehörige Gebiet Burgunds, Transjuranien genannt, unterstand einem fränkischen Dux (Herzog), genoss aber ein hohes Mass an Selbstständigkeit. Ähnliches lässt sich von Alemannien sagen. Es unterstand einem Herzog, der als oberster Gerichtsherr, Garant von Ordnung und Sicherheit und im Kriegsfall als Oberbefehlshaber wirkte. Ob er von den Franken oder von den Alemannen selbst eingesetzt wurde, ist unsicher. Grosse Macht besass der Adel, der seine ausgedehnten Güter durch Unfreie bestellen liess und ein eigenes kriegerisches Gefolge in seinem Dienst hatte. Ein eigenes Herzogtum bildete das alemannisch besiedelte Elsass, dessen Gebiet bis in den nördlichen Jura reichte.

Die christliche Kirche

Im grossen Umbruch des 5. und 6. Jahrhunderts blieb die christliche Kirche in Westeuropa ein wesentlicher Faktor der Kontinuität. Sie wurde dadurch zum wichtigsten Kulturträger, der auch das antike kulturelle Erbe bewahrte und weitervermittelte.

Das Christentum im burgundischen Raum

Da sowohl die einheimischen Romanen wie auch die Burgunder Christen waren (vgl. S. 25 ff.), blieben hier die christlichen Strukturen weitgehend intakt. Immerhin sahen sich verschiedene Bischöfe veranlasst, sich an besser

Flechtbandmuster auf einem Goldblattkreuz (um 600), ursprünglich auf einem Leichentuch. Gefunden 1883 in einem langobardischen Männergrab in Stabio (Tessin).

Aus der «Lex Alamannorum»: Abgaben, Leistungen, Bussen

Abgaben (jährlich?)	Kirchenknechte: 15 Mass Bier, 1 Schwein, 2 Scheffel Brot, 5 Hühner, 20 Eier Mägde sollen ihren Dienst «ohne Säumen tun».	
Leistungen	«Die Knechte sollen die Hälfte für sich und die Hälfte für die Herrschaft unter die Hand nehmen, und im Übrigen sollen sie es so machen wie die Kirchenknechte: 3 Tage für sich und 3 Tage für die Herrschaft.» Sonntagsarbeit ist verboten.	
Bussen	Tötung eines freien Mannes	160–200 Schilling
	Tötung eines (unfreien) Hirten, Handwerkers usw.	40 Schilling
	Schlag mit Bluterguss	1½ Schilling
	Hirnschale durchschlagen	12 Schilling
	Arm an Schulter, Bein an Hüfte abgeschlagen	80 Schilling

Für Gewaltverbrechen an Frauen musste die doppelte Busse entrichtet werden. Erheblich höhere Ansätze galten für Verbrechen gegen Personen und Eigentum der Kirche und des Herzogs.

Nach den Angaben in der «Lex Alamannorum» bestand folgende Währung: 1 Schilling = 3 Tremissen = 12 Saigen (Pfennige). Es galten folgende Preise: Zugpferd 3 Schillinge; Ochse 4–5 Tremissen; Milchkuh 3–4 Tremissen; Schwein 1 Tremisse.

Die Schweiz von der Urzeit bis zum Ende des Frühmittelalters

geschützten Orten niederzulassen: Der Bischof von Martigny verlegte 585 seinen Sitz nach Sitten; der Bischof von Aventicum, der zeitweise auch Vindonissa und die Christen im alemannischen Raum betreut zu haben scheint, zog sich nach 610 nach Lausanne zurück.

Um 450 gründete der in Lyon ausgebildete Mönch Romanus am Fusse des Waadtländer Juras das später nach ihm benannte Kloster Romainmôtier, das älteste Kloster auf schweizerischem Gebiet. 515 stiftete der burgundische König Sigismund das Kloster St-Maurice im Wallis (vgl. S. 25 und 34), das als burgundisches Hauskloster ein wichtiges geistiges und politisches Zentrum darstellte. Im 7. Jahrhundert entstanden weitere klösterliche Niederlassungen im Jura: so in St-Ursanne am Grabe des Einsiedlers Ursicinus und in Moutier-Grandval.

Das Christentum im alemannischen Raum

Das Christentum hielt sich nur bei den Resten der galloromischen Bevölkerung. Die einwandernden Alemannen behielten vorerst ihre heidnisch-germanische Religion bei. Sie verehrten ihre zahlreichen Götter in Steinen, Bäumen und hölzernen Götterbildern, brachten ihnen an heiligen Stätten Opfer dar und erbauten ihnen Tempel aus Holz. Aus der Schweiz ist darüber allerdings wenig Genaues bekannt.

Die Christianisierung der Alemannen lag im religiösen und politischen Interesse der christlichen Frankenkönige. Sie übertrugen diese Aufgabe Mönchen aus Irland und Schottland.

Nach 600 verkündeten der Ire Columban und sein Gefährte Gallus, der die Sprache der Einheimischen gut beherrschte, die christliche Lehre im Gebiet des oberen Zürichsees und des Bodensees. Während Columban 613 nach Norditalien weiterzog, verbrachte Gallus den Rest seines Lebens als Einsiedler im Steinachtal. An der Stelle seiner Klause entstand um die Mitte des 8. Jahrhunderts das Kloster St. Gallen. Auch Fridolin, auf den das Kloster Säckingen zurückgeht, gehörte wohl zum iroschottischen Kreis. Um 600 wurde das Bistum Konstanz gegründet, das alsbald das ganze Herzogtum Alemannien und in der Schweiz alle alemannischen Gebiete östlich der Aare umfasste und für lange Zeit das grösste Bistum nördlich der Alpen war. Ein Jahrhundert später konnten die Alemannen zumindest dem Namen nach als christianisiert gelten. Die «Lex Alamannorum» stellte die Kirche und ihren Besitz unter besonderen Schutz.

Ein Kunstwerk des Frühmittelalters aus dem Kloster St-Maurice: Der «Schrein des Theuderich» (18 cm lang, 12,5 cm breit, 6,5 cm hoch; Name des inschriftlich festgehaltenen Priesters, der ihn herstellte oder in Auftrag gab) diente zur Aufbewahrung von Reliquien, vermutlich solchen des heiligen Mauritius. Er entstand im 7. Jahrhundert. Das Meisterwerk der Goldschmiedekunst zeigt in der Mitte das Porträt des Heiligen aus geätztem Glasfluss.

Die Schweiz im karolingischen Frankenreich
8. bis 10. Jahrhundert

Der geschichtliche Rahmen: Das Frankenreich der Karolinger

Im späten 6. und im 7. Jahrhundert herrschten an der Spitze des Frankenreiches ständige Thronkämpfe. Die Angehörigen der Merowingerdynastie, die häufig unmündig waren, jung starben und nie zur eigentlichen Regierungsfähigkeit gelangten, waren nur noch Puppen in den Händen der sich bekämpfenden Adelsgruppen. Am Ende des 7. Jahrhunderts setzte sich die Familie der Karolinger im ganzen Reich durch und übernahm die Macht als «Maiordomus» («Vorsteher des Haushalts», oft übersetzt als «Hausmeier») des nominell noch anerkannten Merowingerkönigs. Der Karolinger Pippin der Jüngere (741–768) ergriff dann 751 selbst die Königskrone. Unter seinem Sohn Karl dem Grossen (768–814), der auch das Langobardenreich (vgl. S. 28 f.) unterwarf, sich 800 in Rom vom Papst als «imperator» krönen liess und somit an die römische Tradition anzuknüpfen versuchte, erreichte das Frankenreich den Höhepunkt seiner Macht.

Schon während der Herrschaft von Karls Sohn Ludwig dem Frommen (814–840) kam es unter dessen Söhnen zu Machtkämpfen, die nach Ludwigs Tod zu einer Serie von Teilungsverträgen führten. Aus diesen kristallisierten sich um 900 zwei relativ stabile Herrschaftsbereiche, nämlich ein «Westfrankenreich» mit Nord-, West- und Südfrankreich und ein «Ostfrankenreich» (etwa Deutschland zwischen Rhein und Elbe) heraus. Dazwischen bestanden kleinere und wenig dauerhafte Herrschaftsgebiete wie Lothringen, das Königreich Burgund und das oberitalienische «Königreich Italien». Obwohl bei all diesen Grenzziehungen sprachliche Gesichtspunkte nie eine Rolle spielten, war das Westfrankenreich französisch, das Ostfrankenreich deutsch geprägt, woraus sich mit der Zeit die Bezeichnungen «France» und «Deutsches Reich» ergaben. Im 10. Jahrhundert wurden die Karolinger in beiden Reichen als regierende Dynastie abgelöst, im Westfrankenreich durch die Kapetinger (ab 987), im Ostfrankenreich durch die Ottonen (919–1024) und dann die Salier (1024–1125). Den Ottonen und den Saliern gelang es, auch die kleineren Reste des Karolingerreiches unter ihre Herrschaft zu bringen: Lothringen 925, Oberitalien 951, Burgund 1033. In den Spuren Karls des Grossen errangen sie auch – erstmals durch Otto I., den Grossen – die Kaiserkrone und betrachteten sich damit als die Nachfolger der Herrscher des antiken Römischen Reiches; das Ganze ihrer verschiedenen Herrschaftsbereiche wurde nun als «Heiliges Römisches **Reich**» (erst viel später mit dem Zusatz «deutscher Nation») bezeichnet.

Die Einbindung der Schweiz ins Karolingerreich

Die karolingischen Herrscher gingen vom Anfang des 8. Jahrhunderts energisch daran, die Gewalt des Reiches über seine Teile, auch den alemannisch-burgundischen Raum, zu festigen. Dazu dienten einerseits Kriegszüge, anderseits kirchenpolitische Massnahmen. Pirmin, ein Franke oder Südfranzose, gründete 724 unter fränkischem Schutz das Kloster Reichenau auf einer Insel im Bodensee, das im Gebiet der Schweiz bald einmal reich begütert war und auf seine Umgebung einen mächtigen Einfluss ausübte. Seine Äbte waren zeitweise auch Bischöfe von Konstanz. Von Reichenau aus wurde nach 730 das Kloster Pfäfers in Rätien gegründet. Im **Bistum** Basel, dessen Grenzen vermutlich durch Pippin den Jüngeren festgelegt wurden, residierte seit 740 ununterbrochen ein Bischof. 744–746 brach Pippin der Jüngere den Widerstand der Alemannen endgültig. Ihre Herzöge verschwanden aus der Geschichte, die führende Schicht wurde entmachtet und enteignet, teilweise sogar umgebracht. An ihre Stelle traten Grafen aus dem Gefolge der Karolinger als Vertreter der königlichen Gewalt, die mit beschlagnahmten Ländereien reichlich ausgestattet wurden. Aus dieser karolingischen Reichsaristokratie, die Güter und Verbindungen über das ganze Reich hinweg besass, sind zahlreiche Hochadelsfamilien des Mittelalters hervorgegangen.

Durch die Eroberung des Langobardenreiches 774 gewann Rätien mit seinen Pässen für Karl den Grossen erhöhte Bedeutung; in diesem Zusammenhang erfolgte offenbar die Gründung des Klosters Müstair um 780–790. Kurz darauf zog er Rätien ganz an sich, indem er einen Bischof eigener Wahl einsetzte und 807 die weltliche Gewalt einem Grafen aus der fränkischen Reichsaristokratie übertrug.

Stuck-Statue Karls des Grossen in Müstair (Graubünden) aus dem 11. oder 12. Jahrhundert. Die Mönche begründeten damit ihre Überzeugung, Karl habe ihr Kloster persönlich gestiftet.

Die Schweiz von der Urzeit bis zum Ende des Frühmittelalters

Damit war das ganze Gebiet der heutigen Schweiz teils erstmals, teils fester als früher in das Frankenreich integriert, ohne allerdings eine politische und administrative Einheit zu bilden.

Von den späten Karolingern zum Deutschen Reich

Als Folge der verschiedenen Teilungsverträge des späten 9. Jahrhunderts fielen die Zentral- und die Ostschweiz an das Ostfränkische, später Deutsche Reich. Das Tessin wurde dem Königreich Italien zugeordnet; mit diesem kam es 951 unter die deutschen Könige und Kaiser. In der Westschweiz liess sich 888 Rudolf aus dem Geschlechte der Welfen, der Machthaber in dieser Gegend, in St-Maurice zum König von Burgund krönen und errichtete ein selbstständiges Königreich Hochburgund, das sich von der Saône bis ins Wallis und von Savoyen bis Basel erstreckte. Sein Sohn Rudolf II. gewann 933 das Königreich Niederburgund (das Gebiet von Genf bis zur Provence) hinzu. Das vereinigte Königreich Burgund reichte also von Basel bis zur Rhonemündung. Nach dem Tode Rudolfs III., des Letzten seines Geschlechts, ging es 1033 an das Deutsche Reich über, das damit die ganze heutige Schweiz umfasste; es behielt jedoch in dessen Rahmen eine gewisse Sonderstellung.

Verwaltung

Karl der Grosse hat schweizerisches Gebiet fast nie betreten. Was etwa über sein Verhältnis zu Zürich erzählt wird (Gründung der Propstei zum Grossmünster und ihrer Stiftsschule, des Carolinums), gehört in den Bereich der Legende. Ludwig der Fromme hielt es ebenso. Die Verwaltung des Landes lag in den Händen von Grafen aus der Reichsaristokratie (vgl. S. 33), die zwar an Weisungen des Kaisers gebunden waren und gelegentlich durch so genannte Königsboten (missi dominici) kontrolliert wurden, sich aber grosser Selbstständigkeit erfreuten. Sie waren etwa für das Wehrwesen verantwortlich und hielten Gericht über die Freien; auch verwalteten sie den königlichen Besitz. Ihre Amtsbezirke deckten sich wohl weitgehend mit den Gauen, die als territoriale Untereinheiten des Reiches vom 7. und 8. Jahrhundert an erwähnt werden. Eingehender befasste sich während und nach der Reichsteilung der ostfränkische König Ludwig II. («der Deutsche», 843–876) mit dem zum Grenzland gewordenen Alemannien und seinem unbotmässigen Adel. Er förderte das Kloster St. Gallen (vgl. S. 37) und das um 800 gegründete Kloster Rheinau. In Zürich errichtete er 853 ein Nonnenkloster, das Fraumünster, und stattete es mit reichem Besitz aus, unter anderem mit dem Land Uri. Auch erbaute er auf dem Lindenhof eine erste Pfalz

Die Besitzungen der grossen Abteien waren, dank grosszügigen Schenkungen etwa der karolingischen Herrscher, sehr ausgedehnt, wenn auch ebenso sehr zerstreut.
Die nachstehenden Karten zeigen die Besitzungen der Abtei St-Maurice zwischen 888 und 1032. Die erste Karte vermittelt einen Überblick über den Besitz in ganz Europa, die zweite einen solchen über die Westschweiz, die dritte zeigt detailliert den Besitz zwischen Genfer- und Neuenburgersee.

Besitz der Abtei St-Maurice zwischen 888 und 1032

† Abtei St-Maurice
■ Güter, die in den Bullen Eugens I., Hadrians I. und Eugens II. als Eigentum der Abtei St-Maurice bestätigt wurden
■ verlorene Güter
□ erworbene Güter
■ Güter, die in den Fassungen C und D (nach 1018) der Stiftungsurkunde der Abtei St-Maurice aufgeführt werden
▲ Restitution Rudolfs III. im Jahre 1018

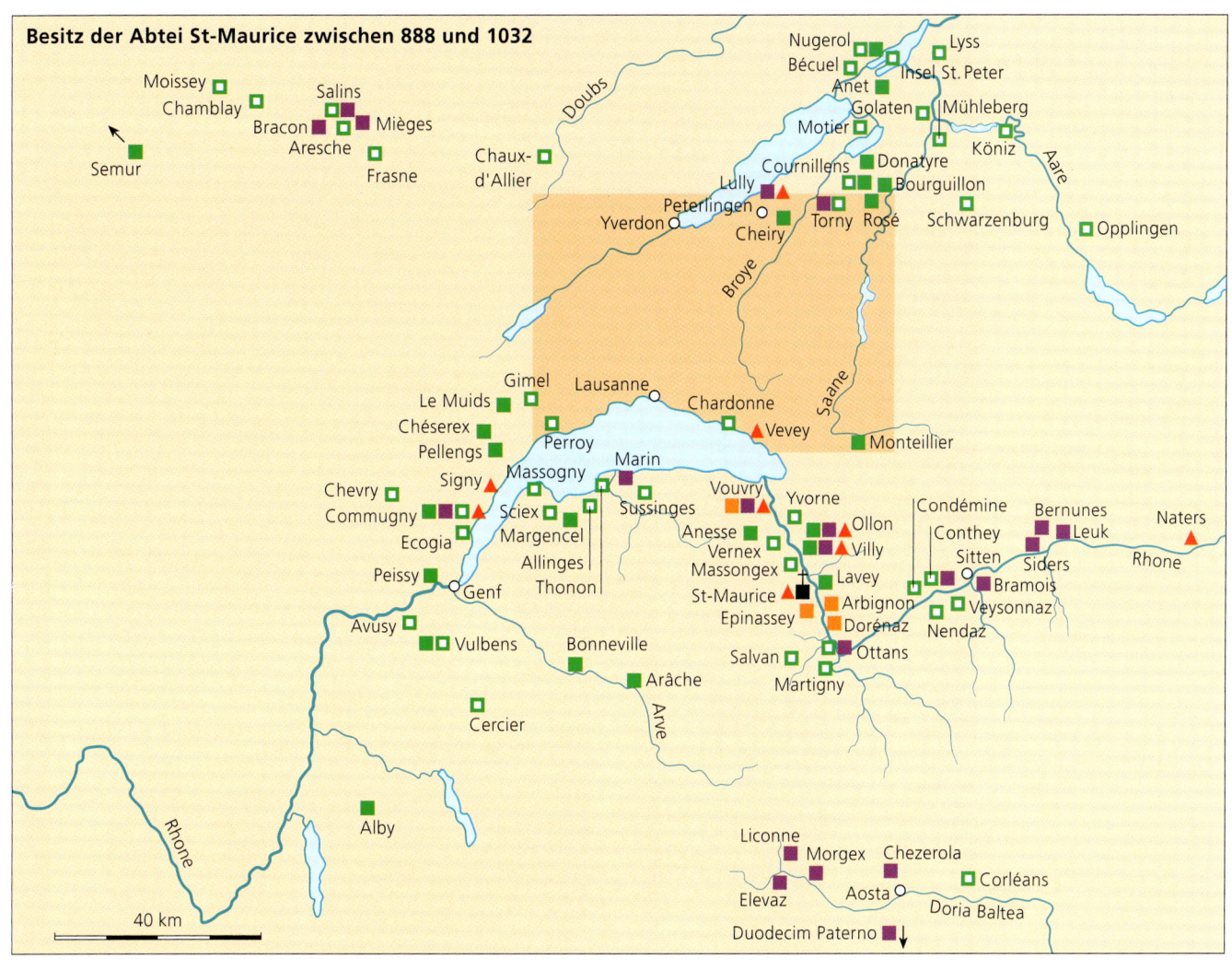

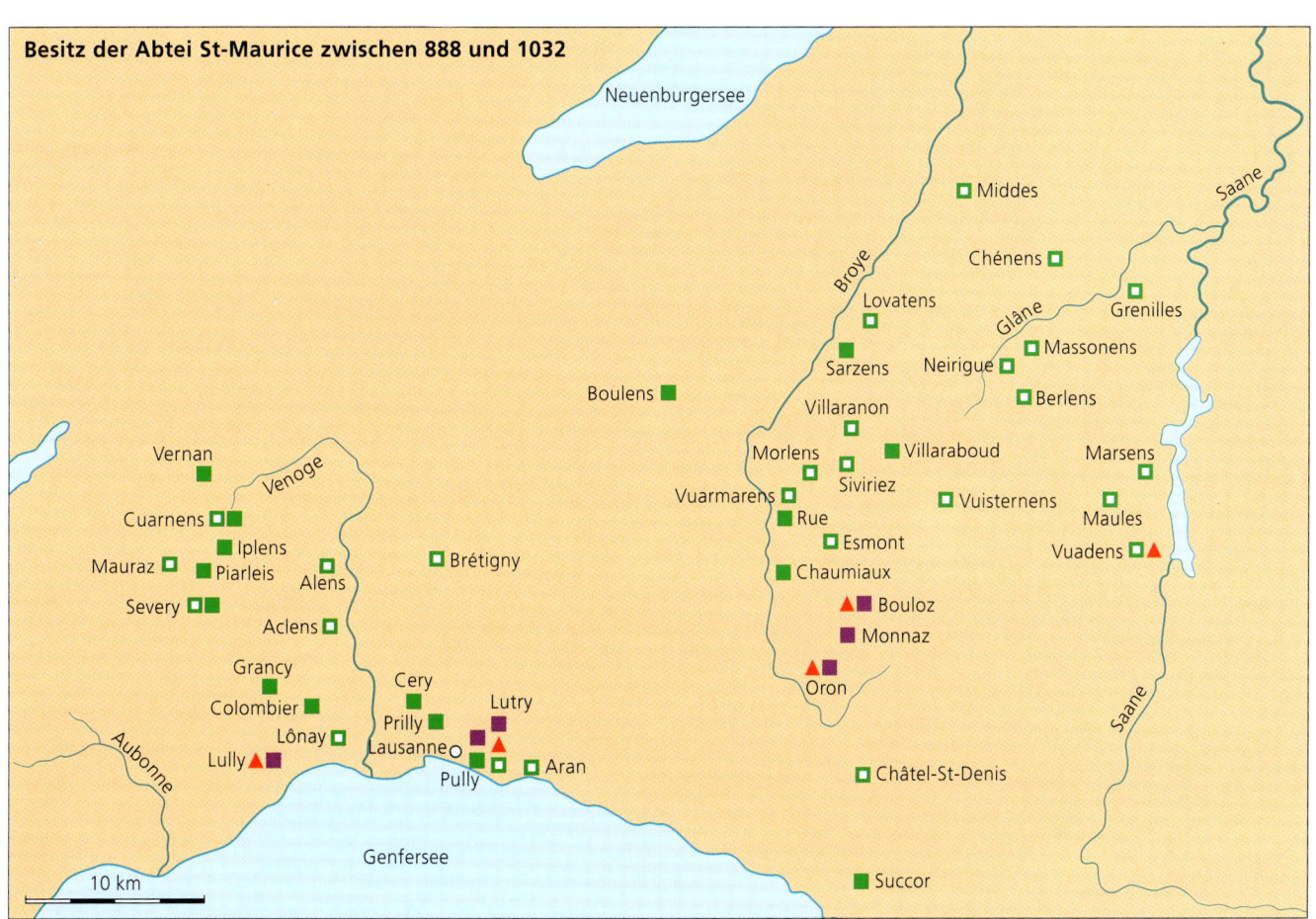

Besitz der Abtei St-Maurice zwischen 888 und 1032

Besitz der Abtei St-Maurice zwischen 888 und 1032

Die Schweiz von der Urzeit bis zum Ende des Frühmittelalters

Blick von der Westempore gegen den Chor der Klosterkirche St. Johann in Müstair (Graubünden), welcher als einziger Teil der Klosteranlage in seiner frühmittelalterlichen Gestalt erhalten geblieben ist. Einzig die Stützen und die Gewölbe stammen erst aus dem 15. Jahrhundert.

(Königsburg). Damit wurde Zürich ein mächtiges politisches und kulturelles Zentrum im südlichen Schwaben – wie Alemannien vom 10. Jahrhundert an genannt wurde.

Wirtschaftliche und soziale Verhältnisse

Die Grundherrschaft

Nachdem sich die Landnahme der einwandernden Alemannen im Mittelland vollzogen hatte, bildete sich bis zur Karolingerzeit die Grundherrschaft heraus. Grundherren konnten natürliche wie juristische Personen – etwa Adlige, aber auch Bistümer und Klöster – sein. Der Grundherr war Eigentümer von Grund und Boden. Zugleich besass er Eigentumsrechte über die unfreien Menschen (Hörige und Leibeigene), die auf diesem lebten: Er konnte über sie, insbesondere über ihre Arbeitskraft, verfügen. Einen Teil seines Landes, das Herren- oder Salland, bestellte er mit Hilfe von Hofknechten und Fronarbeitern in eigener Regie. Den anderen Teil, das Hufeland, gab er, in Hufen unterteilt, Bauern in Erbpacht zur Bewirtschaftung ab. Diese hatten ihm dafür Abgaben (etwa einen bestimmten Anteil des Ertrags) und **Frondienste** (Arbeiten in Wald und Feld, aber auch an Gebäuden und Verkehrswegen, Transportdienste usw.) zu leisten und unterstanden seiner Gerichtshoheit. Grössere Grundherrschaften umfassten zahlreiche, oft weit verstreut liegende Höfe, die in Verbände zusammengefasst waren. Mittelpunkt eines solchen grundherrlichen Verbandes war der Fronhof (= Herrenhof; auch Sal-, Ding- oder Meierhof genannt), der nach den Weisungen des Grundherrn von einem Verwalter, dem Meier oder Keller, geführt wurde. Hier wurden die Abgaben gesammelt und weitergeleitet, Frondienste geleistet und Hofgericht gehalten. Die einzelnen Mitglieder mussten sich, auch wenn sie ihren Hof selbstständig bewirtschafteten, einer allgemein verbindlichen Ordnung unterwerfen. Als sich später das System der Grundherrschaft auflöste, entwickelten sich in diesem Rahmen die flurzwanggebundene Dreizelgenwirtschaft und die Dorfgemeinschaft (vgl. S. 56f. und 61).

Freie

Die Freien konnten über ihre Person selbst verfügen, waren also nicht Eigentum eines Herrn. Freilich mussten sie auch selbst für sich sorgen. Zu ihnen zählten die Adligen wie auch Nichtadlige (Gemeinfreie). Diese lebten meist auf ihrem eigenen Hof; einige geboten über einen stattlichen Grundbesitz und unfreies Gesinde. Sie unterstanden dem König und seinem Stellvertreter, dem Grafen. Zuständig war für sie das gräfliche Gericht. Sie waren wehrpflichtig und mussten sich selbst ausrüsten; die Teilnahme an den oft monatelang dauernden Feldzügen war für viele eine grosse Belastung. Nicht zuletzt im Hinblick auf die Entstehung der Eidgenossenschaft hat sich die Forschung eingehend mit dem Schicksal der Freien im Früh- und Hochmittelalter beschäftigt; die Quellen fliessen allerdings spärlich. Gemeinfreie kamen schon zur Zeit der burgundischen und alemannischen Einwanderung ins Land (vgl. S. 27 f.). Zur Festigung ihrer Herrschaft siedelten die Merowinger und die Karolinger freie fränkische Bauern an. Gegenüber den Unfreien waren die Freien zweifellos stets in der Minderheit, und in der Karolingerzeit wird ihre Zahl auch hierzulande abgenommen haben: Manch einer, den der Kriegsdienst und andere Lasten zu sehr drückten, begab sich mitsamt seiner Familie und seiner Habe in die Abhängigkeit eines Grundherrn. Anderseits konnten Unfreie durch besondere Leistungen ihre rechtliche Stellung verbessern und sogar zur Freiheit aufsteigen – etwa indem sie Neuland rodeten und besiedelten (so genannte Rodungsfreie). Jedenfalls scheinen die Gemeinfreien im Gebiet der Schweiz nie völlig verschwunden zu sein. Ob die freien Bauern in der Innerschweiz auf Altfreie oder Rodungsfreie zurückgehen, ist in der Forschung seit langem umstritten.

Das Kloster St. Gallen

An der Stelle, wo der Missionar Gallus (vgl. S. 32) seine letzten Jahre als Einsiedler verbracht hatte und später als Heiliger verehrt wurde, gründete 720 der Priester Otmar, unterstützt von mächtigen Herren aus der Gegend, das Kloster St. Gallen und unterstellte es der Benediktinerregel. In den politischen Auseinandersetzungen des 8. Jahrhunderts konnte dieses seine Selbstständigkeit zunächst nicht wahren. Otmar wurde abgesetzt und von den Franken gefangen gehalten, das Kloster dem **Bistum** Konstanz unterstellt. Der Aufstieg setzte im 9. Jahrhundert ein. Ludwig der Fromme stellte seine Selbstständigkeit wieder her; es erhielt das Recht der freien Abtwahl und 818 die Immunität (Befreiung von der gräflichen Gewalt) und wurde damit ein reichsunmittelbares Kloster. Ludwig der Deutsche förderte es nach Kräften, um es zu einer Stütze der königlichen Gewalt im süddeutschen Raum zu machen, und erhob Abt Grimald (841–872) zu seinem Kanzler. Durch reiche Schenkungen erhielt es einen riesigen, weit verstreuten Grundbesitz. Im Laufe des Mittelalters gelang es ihm, die Besitztümer in seiner näheren Umgebung zu einem eigentlichen Klosterstaat zusammenzufassen. Im 9. Jahrhundert erlebte das Kloster St. Gallen auch eine erste kulturelle Blütezeit. Die Klosterkirche wurde neu errichtet; andere Bauten kamen hinzu. Schreibkunst und Buchmalerei erreichte einen hohen Stand; der Grundstock zu einer berühmten Bibliothek entstand. Dichtung, Musik sowie viele andere Künste und Wissenschaften wurden gepflegt. Besondere Berühmtheit erlangte Notker Balbulus (der Stammler; gest. 912) als Dichter geistlicher Gesänge (Sequenzen) und Verfasser einer Sammlung von Anekdoten aus dem Leben Karls des Grossen (Gesta Caroli Magni). Als Lehrer und Übersetzer leisteten die St. Galler Mönche wichtige Beiträge zur Entwicklung der deutschen Sprache. Die St. Galler Klosterbibliothek birgt einige der ältesten deutschen Sprachdenkmäler.

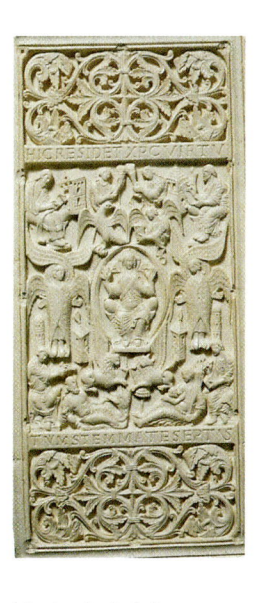

Vorderdeckel des «Evangelium longum», geschnitzte Elfenbeintafel des Mönchs Tuotilo in St. Gallen (Ende 9. Jahrhundert)

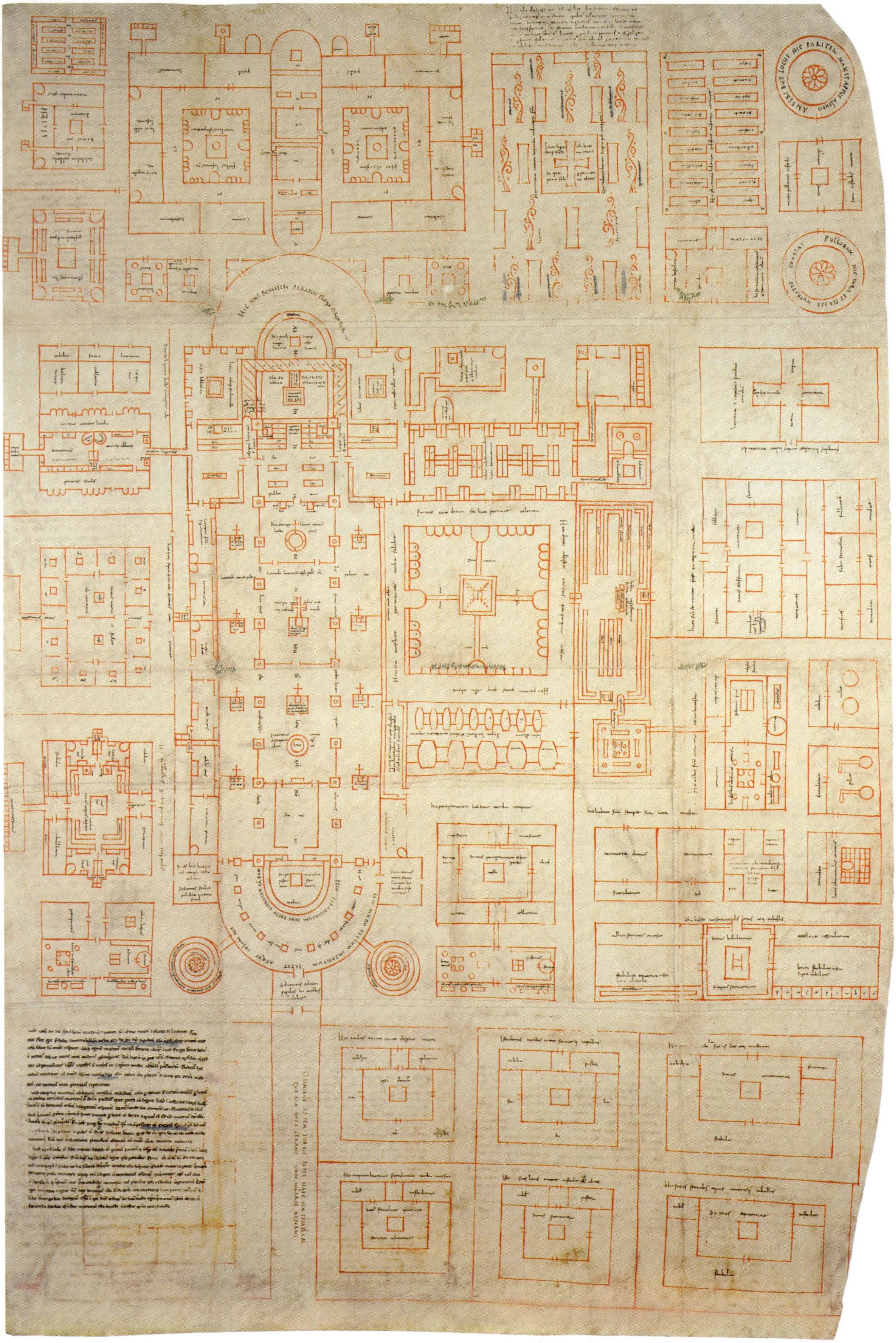

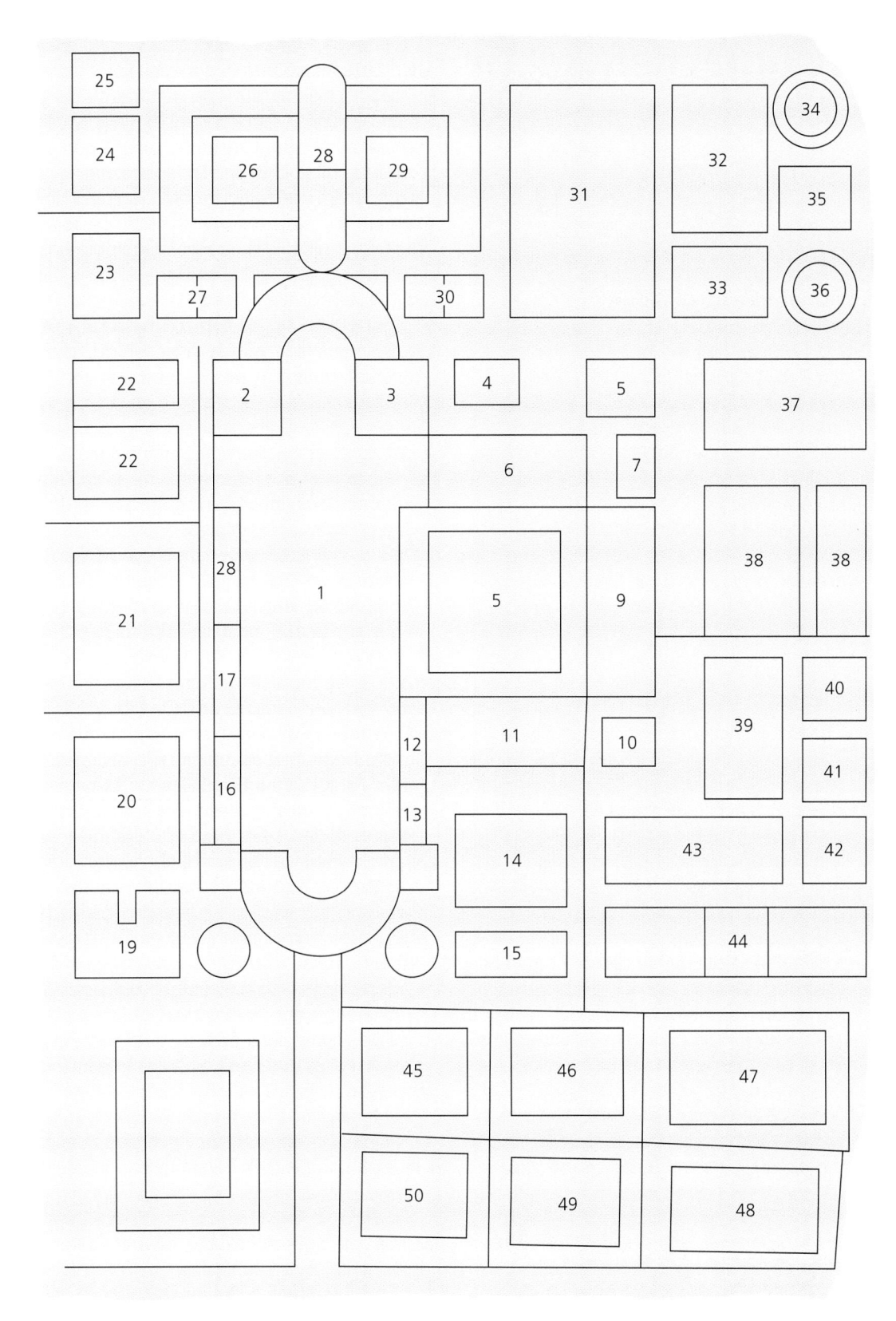

Der «St. Galler Klosterplan», ein 112 x 77 cm grosser Pergamentplan, der in schwarzer und roter Tinte den Grundriss eines karolingischen Klosterplanes zeigt, ist eines der berühmtesten Zeugnisse frühmittelalterlicher Klosterkultur. Der Plan wurde wahrscheinlich im Zusammenhang mit konkreten St. Galler Neubauprojekten um 820–830 für Gozbert, den damaligen Abt, angefertigt. Ausgeführt wurde er nicht. Die Umzeichnung zeigt, wo sich – gemäss der Planbeischriften – welche Gebäude befinden sollten.

1 Kirche
2 Schreibstube, darüber Bibliothek
3 doppelgeschossige Sakristei
4 Zubereitungsraum für Hostien und Öl
5 Kreuzgang
6 Wärmestube, darüber Schlafsaal der Mönche
7 Baderaum der Mönche
8 Latrine
9 Refektorium, im Obergeschoss Kleiderkammer
10 Küche
11 Wein- und Bierkeller, darüber Vorratskammer
12 Sprechraum
13 Stube des Verwalters des Pilger- und Armenhauses
14 Pilger- und Armenhaus
15 Küche, Bäckerei und Brauerei der Pilgerherberge
16 Pförtnerstube
17 Wohnung des Schulvorstehers
18 Gastzimmer für durchreisende Brüder
19 Küche, Bäckerei und Brauerei des Gästehauses
20 Gästehaus
21 Schule
22 Haus des Abtes
23 Aderlasshaus
24 Ärztehaus
25 Heilkräutergarten
26 Krankenhaus
27 Küche und Bad des Krankenhauses
28 Kirche der Kranken und Novizen
29 Haus der Novizen
30 Küche und Bad der Novizen
31 Friedhof und Obstgarten
32 Gemüsegarten
33 Gärtnerhaus
34 Hof für die Gänse
35 Wohnungen der Geflügelwärter
36 Hühnerhof
37 Kornscheune
38 Werkstätten und Wohnungen der Handwerker
39 Bäckerei und Brauerei der Mönche
40 Mühle
41 Stampfe
42 Darre
43 Küferei und Drechslerei
44 Pferde und Ochsenstall mit Wärterhaus
45 Schafstall und Unterkunft der Schafhirten
46 Ziegenstall und Unterkunft der Ziegenhirten
47 Kuhstall und Unterkunft der Kuhhirten
48 Stall für Stuten und Fohlen mit Wärterunterkunft
49 Schweinestall mit Unterkunft des Schweinehirten
50 Gesindehaus

Die Sprachen der Schweiz

Die sprachliche Entwicklung im schweizerischen Raum

Anfänge, Grundlagen

Schon in vorgeschichtlicher Zeit lebten auf schweizerischem Gebiet Völker verschiedener Kulturen. Es ist anzunehmen, dass sie auch verschiedene Sprachen redeten. Mit Sicherheit ist uns davon kaum etwas bekannt. Etwas mehr wissen wir über die Sprache der Kelten; auf sie gehen verschiedene Wörter und einzelne Konstruktionen in unseren heutigen Sprachen und Dialekten, vor allem aber recht viele geografische Namen zurück.

Aufs Stärkste hat das Latein die Sprachlandschaft der Schweiz beeinflusst. Aus ihm haben sich das Französische, das Italienische und das Rätoromanische entwickelt. Mit den materiellen und immateriellen Gütern der antiken Zivilisation und Kultur sind unzählige Wörter und Begriffe, Wendungen und Stilelemente in die deutsche Sprache übernommen worden. Die Sprache der Alemannen ist zur Grundlage der deutschschweizerischen Mundarten geworden, einige Ausdrücke und Ortsnamen der Langobarden leben im lombardischen Dialekt der italienischen Sprache weiter, während die Sprache der Burgunder nach neueren Erkenntnissen keine Spuren hinterlassen hat.

Entwicklung der Sprachräume seit 500 n.Chr.

Erst in der Spätantike war das Gebiet der Schweiz durchgehend romanisiert. Die Bevölkerung sprach Latein – allerdings ein provinzielles, nach klassischen Massstäben fehlerhaftes und von Elementen ihrer früheren Idiome durchsetztes Latein. Der galloromanische Sprachraum umfasste die ehemals keltisch sprechenden Gebiete im heutigen Frankreich und Belgien sowie der West- und der Nordschweiz. Ein geschlossener rätoromanischer Sprachraum zog sich von der Ostschweiz und Graubünden durch die Ostalpen bis nach Kärnten und dem Friaul hin.

Durch das Vordringen der Alemannen bis zu den Zentralalpen vom 6. Jahrhundert an wurde die Verbindung zwischen dem galloromanischen und dem rätoromanischen Sprachraum durchbrochen. Das Eindringen bayrischer und norditalienischer Volksgruppen in die Ostalpen spaltete den rätoromanischen Sprachraum in drei voneinander völlig getrennte Teile, die sich sprachlich gesondert entwickelten: Churrätien (Graubünden), Zentralladinien (Dolomiten), Friaul.

Das alemannisch-deutsche Element konnte in der Folge seinen Sprachraum in der Schweiz ohne Schwierigkeiten behaupten. Während im Westen und im Süden andere Sprachgemeinschaften seiner weiteren Ausdehnung Grenzen setzten, vermochte es im Laufe des Mittelalters weit in den rätoromanischen Raum vorzudringen.

Die Romanen der Westschweiz fanden sprachlich-kulturellen Rückhalt beim nordfranzösischen Sprachraum («langue d'oïl», im Unterschied zur südfranzösischen bzw. provenzalischen «langue d'oc»). Innerhalb des nordfranzösischen Raumes entwickelte sich nach 700 das Frankoprovenzalische, das einige Lautveränderungen des Nordfranzösischen – namentlich die Wandlung von a zu e in betonter offener Silbe – nicht mitmachte (vgl. lat. portare – portar, nordfrz. porter). Zum frankoprovenzalischen Raum, der ungefähr dem Kerngebiet des alten Königreiches Burgund entsprach, gehörte die ganze romanische Westschweiz bis zum südlichen Jura, während der nördliche Jura etwa von Moutier an dem nordfranzösischen Raum zugerechnet wird. Zwischen den Alemannen und den westschweizerischen Romanen bildeten sich bereits

---

Sprachreste ur- und frühgeschichtlicher Sprachen

Vorindoeuropäische Sprachen

Alpenraum

balma	überhängender Fels
loba	Kuh (vgl. Lab)
camox (lat. Form)	Gämse (vgl. frz. chamois)

Keltisch

ambaktos (lat. ambactus)	Bote (dt. Amt)
ri/rix (lat. rex)	König (dt. Reich)
krisso(n) («Abgeschnittenes»)	«Chris» (mundartl. für Tannenreisig)
(s)nito (Tuch)	«Nidel, Nidle» (mundartl. für Sahne)
gulba, gulva (Stachel)	«Gufe» (mundartl. für Stecknadel)
carrus (lat. Form)	Karren (frz. char; ital. carro)

Ortsnamen als Quellen zur Siedlungsgeschichte
Ortsnamen geben Auskunft über frühere Bewohner und die Siedlungsgeschichte unseres Landes.

Vor- und nichtindoeuropäische Ortsnamen
alpin (?):
  balma = überhängender Fels – Balm, Baulmes (Waadt) usw.

mittelmeerisch/ligurisch:
  Gewässerbezeichnungen wie Rhone, Leman, Genava;
  Namen mit der Endung -asco/-asca (Verzasca usw.)

Keltische Ortsnamen

dunon, -um (Burg)	lat. Minnodunum	Moudon
durus, -um (Tor, Festung)	lat. Vitudurum	(Ober-)Winterthur
morga (Grenze)		Murg, Morges

Keltischen Ursprungs sind ferner die Namen zahlreicher Gewässer wie Rhein, Aare, Linth, Limmat usw.

Galloromanische Ortsnamen

-acum (besitzanzeigendes Suffix)	Scentiniacum	Gut des Scentinius	Schinznach
(dt. -ach; franz. -y)	Siliniacum	Gut des Silinius	Céligny

Alemannische und alemannisierte Ortsnamen

Kennzeichnend für den ältesten alemannischen Siedlungsraum (spätes 6. sowie 7. Jahrhundert) sind die Ortsnamen mit der Endung -ingen (-igen) sowie die (seltenen) echten -heim- und -dorf-Namen wie:

Oftringen/Aargau	Oftharingun = bei den Leuten des Ofthar, am Ort der zu Ofthar gehörigen Siedler
Thalheim/Aargau	Tale-Heim = Wohnort im Tal
Birmenstorf/Aargau	Birubomesdorf = Dorf beim Birnbaum

Später erweiterten die Alemannen ihren Siedlungsraum. Den verschiedenen Ausbauphasen lassen sich folgende Ortsnamentypen zuordnen:
1. Phase (bis 8. Jahrhundert): auf -ikofen bzw. -ikon, -stetten-, -büren, -sellen, -felden endende Namen.
2. Phase (bis 11. Jahrhundert): auf -wil bzw. -wiler (von lat. villare = Dorf, Hof) endende Namen.
3. Phase (Hoch- und Spätmittelalter): Rodungsnamen (Rüti, Grod, Schwendi usw.); auf -hof, -burg, -stein, -egg, -berg, -tal usw. endende Namen. Im Alpengebiet kamen auch Namen älteren Typs zur Anwendung (vgl. Schattdorf UR, Luchsingen GL).

Die in den mittelländischen Gebieten der Kantone Waadt und Freiburg häufig vorkommenden Ortsnamen auf -ens bzw. -enges (= dt. -ingen; vgl. Echallens usw.) sind ebenfalls germanischen Ursprungs. Früher führte man sie auf burgundische Siedlungstätigkeit zurück; heute neigt man zur Ansicht, dass diese Siedlungen von Alemannen angelegt und später romanisiert wurden. Die Endung -ingen erscheint in langobardischen Ortsnamen als -engo (vgl. Sorengo).

Rätoromanische Ortsnamen

Sie finden sich in den Kantonen Glarus, St. Gallen und Graubünden. In der deutschen Fassung enden sie oft auf -s, das im heutigen Rätoromanisch geschwunden ist: Mollis, Sargans, Flims/Flem, Schuls/Scuol.

im Frühmittelalter Sprachgrenzabschnitte im Jura unterhalb von Delsberg, am Bielersee, bei Murten, an der Saane und im Wallis zwischen Siders und Sitten heraus. Mit der Erschliessung bisher unbewohnter Gebiete vor allem im Jura und in den Voralpen entwickelte sich daraus im Hochmittelalter eine durchgehende Sprachgrenze, die bis in unsere Tage nur geringfügige Verschiebungen erfahren hat. Sprachliche Mischzonen entstanden nur in wenigen Gemeinden und Gegenden (z.B. in Biel, Freiburg, Siders/Sitten).

Die italienischsprachige Bevölkerung der Schweiz orientierte sich kulturell seit dem frühen Mittelalter nach der Lombardei mit ihrem mächtigen Zentrum Mailand und sprach lombardische Dialekte. Ihr Sprachgebiet war vom alemannisch-deutschen durch die alpine Wasserscheide, insbesondere den Gotthard, klar getrennt und niemals ernstlich bedroht. Immerhin haben sich in den letzten Jahrzehnten zahlreiche Deutschsprachige in den italienischsprachigen Gebieten der Schweiz niedergelassen.

Das Schicksal des rätoromanischen Sprachgebietes

Churrätien, vom übrigen rätoromanischen und vom galloromischen Gebiet abgeschnitten, hatte unter fränkischer Herrschaft seine ehemals recht engen kirchlichen und kulturellen Beziehungen zu Mailand gelöst. Hier entwickelte sich eine Form der rätoromanischen Sprache, die heute als Bündner Romanisch bezeichnet wird und ihrerseits in mehrere Dialekte zerfällt.

Zur Sicherung des romanischen Sprachraums reichte das Gewicht Churrätiens nicht aus. Es wurde 843 dem Ostfränkischen Reich zugeschlagen und dem Erzbistum Mainz unterstellt, orientierte sich von nun an geistig nach Norden und war einer allmählichen «Germanisierung von oben» durch deutschsprachige Adelige ausgesetzt. Seit 849 trugen die Bischöfe von Chur für sieben Jahrhunderte deutsche Namen.

Noch folgenschwerer wirkte sich die Ausweitung des alemannischen Siedlungsraumes nach Churrätien hinein aus, die sich über das ganze Mittelalter hinzog. Sie verlief vom oberen Zürichsee aus entlang der Linth, dem Walensee und der Seez sowie vom oberen Bodensee das Rheintal aufwärts. Die rätoromanische Bevölkerung setzte ihr offenbar wenig Widerstand entgegen. Um 1100 war Glarus germanisiert, im 15. Jahrhundert das Gebiet um Sargans, während Chur nach dem Brand von 1464 durch zuziehende Neusiedler eine mehrheitlich deutschsprachige Stadt wurde. Seit dem 13. Jahrhundert wurden ferner bisher siedlungsarme Hochtäler bis ins Vorarlbergische durch die Walser – deutschsprachige Siedler, die aus dem Oberwallis stammten – kolonisiert. Das Rätoromanische hielt sich hauptsächlich im Vorderrheintal, im Domleschg und in Mittelbünden, im Engadin und im Val Müstair, wobei nicht überall klare Sprachgrenzen bestanden. Während es ausserhalb des heutigen Kantons Graubünden verschwand, behauptete es sich innerhalb desselben bis ins

---

Die Anfänge einer deutschen Literatur in der Schweiz

Das älteste, am Ende des 8. Jahrhunderts geschriebene deutsche Dokument in der Schweiz befindet sich in der Stiftsbibliothek des Klosters St. Gallen (Codex 911). Er enthält ein lateinisch-althochdeutsches Glossar sowie eine Übersetzung des Glaubensbekenntnisses und des Vaterunsers ins alemannische Althochdeutsche. Ob die Übersetzung im Kloster selbst angefertigt oder erworben wurde, ist nicht sicher.

Das St. Galler Paternoster
1. Fater unseer, thû pist in himilie,
   uuîhi namun dînan,
   qhueme rîhhi dîn,
   uuerde uuillo diin, so in himile sôsa in erdu.
5. prooth unseer emezzihic kip uns hiutu,
   oblâz uns sculdi unseero, sô uuir oblâzêm uns sculdikêm,
   enti ni unsih firleiti in khorungka,
   ûzzer lôsi unsih fona ubile.

Zeile 2: uuîhan (wîhan) = weihen, heiligen. Der Ausdruck bedeutet «heilige deinen Namen»; der Übersetzer erkannte die lateinische Form «sanctificetur» (er werde geheiligt) nicht als Passiv.
Zeile 5: emezzihic (emezzig) = immerwährend.
Zeile 7: khorungka (korunga): Für das christlich-lateinische «temptatio» (Versuchung) mussten die Übersetzer einen passenden Ausdruck in ihrer eigenen Sprache erst finden bzw. schaffen. In den westgermanischen Sprachen wurde das Wort korunga oder kostunga verwendet, das mit «küren» (wählen) und «kosten» (schmecken, geniessen) verwandt ist.

Übersetzung
Unser Vater, du bist im Himmel. Heilige deinen Namen. Dein Reich komme. Dein Wille geschehe im Himmel wie auf der Erde. Gib uns heute unser tägliches Brot. Erlasse uns unsere Schulden, wie wir sie unsern Schuldnern erlassen. Und führe uns nicht in Versuchung, sondern erlöse uns vom Übel.

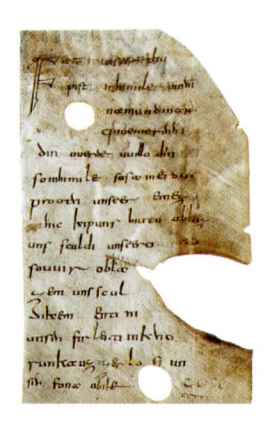

Text des Vaterunsers in der «Abrogans-Handschrift» des Klosters St. Gallen

19. Jahrhundert eine knappe Mehrheit. Dann aber setzte, verursacht durch die starke Abwanderung aus den Alpengebieten, eine neue Verschiebung zu Ungunsten des Rätoromanischen ein. Die Zuzüger in den alpinen Wachstumsregionen waren meist Deutschschweizer, die sich sprachlich nicht assimilierten.

Gesprochene und geschriebene Sprache

Deutschsprachige Schweiz

Das Deutsche setzte sich als Schrift- und Urkundensprache im Spätmittelalter durch. Mit Ausnahme des lateinisch geschriebenen Bundesbriefes von 1291 wurden alle eidgenössischen Bünde und Verkommnisse in deutscher Sprache abgefasst. Das eidgenössische Nationalbewusstsein um 1500 widerspiegelte sich in einer eigenen Kanzleisprache, der «tütsch eidgnossischen Landsprach», die gewisse Lautentwicklungen der deutschen Sprache nördlich des Rheins (vgl. Kästchen) nicht mitvollzog. Die Zürcher Reformatoren brachten zudem eine eigene Bibelübersetzung heraus. Daneben war aber auch die Lutherbibel in Gebrauch; über sie färbte die für Mittel- und Norddeutschland massgebende lutherische Sprache (nach dem Sitz der kursächsischen Kanzlei in Meissen auch «Meissnisch» genannt) allmählich auch auf die Schweiz ab. Im Zeitalter der Aufklärung übernahm die Deutschschweiz vollends die Normen der neuhochdeutschen Schriftsprache. Da aber als gesprochene Sprache nach wie vor die einheimischen Mundarten verwendet wurden, unterschieden sich nunmehr gesprochene und geschriebene Sprache deutlich. Entgegen den Erwartungen gebildeter Kreise um 1900 blieb die Lebenskraft der deutschschweizerischen Mundarten ungebrochen. «Schwiizertüütsch» wurde sogar ein wichtiges Mittel zur Wahrung kultureller Eigenständigkeit. Die durch die wachsende Bedeutung der elektronischen Medien geförderte «Mundartwelle» der Gegenwart bringt aber auch die Gefahr mit sich, dass sich die Deutschschweiz zu sehr auf sich selbst zurückzieht und den Kontakt mit dem deutschen Kulturraum verliert.

Französischsprachige Schweiz

Als gesprochene Sprache dienten zahlreiche lokale Dialekte, als geschriebene Sprache bis ins Spätmittelalter das Latein. Bereits im 13. Jahrhundert machte das Nordfranzösische der Ile de France, die Staatssprache des Königreichs Frankreich, als Hochsprache seinen Einfluss geltend. Die Reformation, die Einwanderung hugenottischer Flüchtlinge und das hohe Prestige der französischen Kultur führten dazu, dass die französische Sprache in immer breitere Kreise eindrang. Von etwa 1800 an (Französische Revolution!) wurden die lokalen Mundarten – für die das Französische den verächtlichen Ausdruck «patois» (etwa: Bauerntölpelsprache) geprägt hat – allmählich zurückgedrängt, zuerst in den Städten und in den reformierten Gebieten; heute sind diese fast völlig verschwunden. Auch wenn die Westschweiz ihre Eigenständigkeit in manchen Dingen zu wahren versteht, so ist sie doch sprachlich und kulturell recht eng mit dem übrigen französischsprachigen Raum verbunden.

Schweizerdeutsch und Neuhochdeutsch

Schweizerdeutsch ist keine einheitliche Sprache, sondern ein Sammelbegriff für die Dialekte, die auf schweizerischem Boden gesprochen werden. Sie gehören alle zu den alemannischen Mundarten. Merkmale, die ihnen allen gemeinsam sind, allen ausserschweizerischen Dialekten jedoch fehlen, lassen sich nicht feststellen; Staats- und Sprachgrenzen fallen hier nicht zusammen.

Als «typische» lautliche (phonetische) Merkmale der schweizerischen Mundarten werden etwa empfunden:
- die k-Verschiebung im Anlaut, in der Verdoppelung, nach r, l, n (chaufe – kaufen, bache – backen, Wärch – Werk, Wulche – Wolke, trincke – trinken);
- das Ausbleiben der neuhochdeutschen Diphthongierung î – ei, û – au, ü – äu/eu (Schîn – Schein; Hûs – Haus; Hüser – Häuser);
- das Ausbleiben der neuhochdeutschen Monophthongierung ie – î, ue – û, üe – ü (nie – nie [gesprochen: nî]; guet – gut; grüen – grün);
- das Ausbleiben der neuhochdeutschen Dehnung (aber – âber; läbe – lêben).

Die schweizerischen Mundarten haben damit weitgehend den spätmittelhochdeutschen Lautstand bewahrt. In der «tütsch eidgnossischen Landsprach», die uns nur in schriftlichen Zeugnissen überliefert ist, werden die lautlichen Unterschiede zwischen Schweizerdeutsch und Neuhochdeutsch teilweise sichtbar. Unterschiede bestehen auch im Wortschatz. Der Humanist Konrad Gessner (1516–1565) gibt mehrere Beispiele: gsyn – gewesen; losen – horchen; Anken – Schmalz/Butter.

Die Anfänge einer französischen Literatur in der Schweiz

Die älteste Urkunde in französischer Sprache aus dem Gebiet der Schweiz datiert von 1244 und entstand im jurassischen Kloster Bellelay. Der erste schweizerische Dichter französischer Zunge war Othon (Otto) von Grandson, dessen melancholische Liebeslyrik weite Verbreitung fand. Othon wurde um 1340 geboren, führte ein ritterliches Leben und kämpfte im Hundertjährigen Krieg für den englischen König. Er fiel 1397 in einem Duell am Hof des Grafen von Savoyen.

Rondeau

Ce premier jour que l'an se renouvelle,
Joyeusement et de loyal penser
Vous dois mon cœur à toujours sans fausser,

Bonne, sage, gracieuse et très belle.

Car, par ma foi, vous êtes seule et celle

Sans qui ne puis liesse recouvrer

Ce premier jour que l'an se renouvelle,
Joyeusement et de loyal penser.

Ci prie Amour que pour moi se mêle,

Qu'à merci puisse votre doux cœur tourner,
Et que Regard attire Bel Parler,

Où l'on sans plus m'en doit bonne nouvelle.

Ce premier jour que l'an se renouvelle,
Joyeusement et de loyal penser
Vous dois mon cœur à toujours sans fausser

Bonne, sage, gracieuse et très belle.

Deutsche Übersetzung

An diesem ersten Tag des Jahres,
fröhlich und treu ergeben,
für immer schulde ich Ihnen ohne
trügerisches Sinnen mein Herz,
gute, weise, holde und sehr schöne Dame.

Denn, in der Tat, Sie sind allein und sind die
Dame,
ohne die ich die Freude nicht wieder finden
kann
an diesem ersten Tag des Jahres,
fröhlich und treu ergeben.

Hier bitt ich die Liebe, dass sie sich meiner
annimmt,
dass sie zu Mitleid ihr mildes Herz bewege
und dass der Blick entlocke die liebens-
würdige Rede,
die mir ohne weitere Müh eine gute
Nachricht schuldet.

An diesem ersten Tag des Jahres,
fröhlich und treu ergeben,
für immer schulde ich Ihnen ohne
trügerisches Sinnen mein Herz,
gute, weise, holde und sehr schöne Dame.

(Übersetzt von Paul Boschung)

Italienischsprachige Schweiz

Der Übergang an die Eidgenossenschaft bzw. an Graubünden änderte an der sprachlich-kulturellen Situation der italienischsprachigen Gebiete nichts. Über Mailand hatten sie weiterhin teil am kulturellen Leben des italienischen Sprachraums. Schriftsprache war zuerst das Latein, dann die mailändische Kanzleisprache, die allmählich vom Toskanischen, dem heutigen Hochitalienisch, abgelöst wurde. Die zahlreichen lokalen Mundarten sind bis heute im Gebrauch geblieben. Zwischen ihnen und der Hochsprache hat sich eine Standardsprache entwickelt, die der Sprache der italienischen Lombarden nahesteht.

Rätoromanische Schweiz

Im Zeichen des **Humanismus** und der konfessionellen Gegensätze entwickelte sich vom 16. Jahrhundert an auch ein rätoromanisches Schrifttum. Von Bedeutung war vor allem die Übersetzung des Neuen Testaments ins Oberengadinische durch Zwinglis Freund Jachiam (= Jakob) Bifrun (1560). Seither sind in Graubünden rätoromanische Schriftidiome neben dem Deutschen und dem Italienischen in öffentlichem und amtlichem Gebrauch. Angesichts des ausgeprägten Lokalbewusstseins der einzelnen Sprachregionen setzte sich jedoch keines als allgemein anerkannte Hochsprache durch. Wie erfolgreich der neuerdings unternommene Versuch sein wird, das künstlich geschaffene «Rumantsch Grischun» als Standardsprache für alle Bündnerromanen einzuführen und damit die Überlebenschancen des schwer bedrohten Rätoromanischen zu erhöhen, wird erst die Zukunft lehren.

Sprachenrechtliche Verhältnisse in der alten Eidgenossenschaft

Bis zu den Burgunderkriegen umfasste die Eidgenossenschaft fast ausschliesslich deutschsprachige Gebiete und verstand sich als deutschsprachiges Gemeinwesen. Die eidgenössischen Orte führten das Deutsche als Amtssprache und verkehrten in dieser Sprache miteinander. Daran änderte sich grundsätzlich nichts, als im späten 15. und im früheren 16. Jahrhundert auch anderssprachige Gebiete zur Eidgenossenschaft kamen. Die Regierung des zweisprachigen Freiburg, das 1481 als vollberechtigter Ort aufgenommen wurde, passte sich den Miteidgenossen bereitwillig an, führte das Deutsche als Staatssprache ein und bemühte sich – wenn auch ohne nachhaltigen Erfolg –, dem deutschsprachigen Element in der Hauptstadt die Oberhand zu verschaffen. Auf die Untertanen in den italienischsprachigen ennetbirgischen Vogteien und der französischsprachigen Südwestschweiz musste man hinsichtlich der Staatssprache keine Rücksicht nehmen. Doch galt der Grundsatz, dass die eidgenössischen Herren mit ihnen in deren eigenen Sprache verkehrten. Sie haben nie versucht, ihnen die deutsche Sprache aufzuzwingen oder ihr Gebiet mit Deutschschweizern zu kolonisieren. Bern und Freiburg schufen für ihre französischsprachigen Untertanen besondere Verwaltungsorgane; in den ennetbirgischen Vogteien behalfen sich die regierenden Orte mit zweisprachigen Landschreibern aus ihren Reihen, die über lange Zeit im Amt blieben, oder auch mit einheimischen Beamten. Die führende Stellung des Französischen im 17. und 18. Jahrhundert wirkte sich vor allem auf die Sprachkultur der Patrizier in Bern, Solothurn und Freiburg aus; bei den Letzteren fand eine eigentliche «Französisierung» statt.

Die Anfänge einer italienischen Literatur in der Schweiz

Das Italienische wurde in den heute schweizerischen Gebieten erstmals am Ende des 15. Jahrhunderts als Schriftsprache verwendet, und zwar in Notariaten und amtlichen Kanzleien sowie in den «Statuti» einzelner Gemeinden. Als ältestes Beispiel gelten die Statuti di Carona (Tessin) von 1482.

Statutenbuch von Carona, Kapitel 11

Che el Consuli non posa esere Canave et cosi il contrario. Item hano statuito et ordinato che queli che sarano eletti Consuli per un anno non possano ne debia per il ditto anno ne un de loro possa ne debia eser Canave del ditto Comune et cosi per scontro quel che sarra Canave del ditto Comune per un anno non possa ne debia in quel anno eser Console del dito Comune cioe havere ditti doi officio in ditto Comune in quel medesimo anno et questo soto la pena de soldi quaranta de terzoli per ciaschaduno et per qualonche volta cioe tanto a quel che da come a quel che acceta altro officio deli predeti doi modi com de sopra solamen: et che li detti Canavari et Consule siano tenuti et ciaschuno de essi sia tenutto quando sarano eleti inanci che esercitano il loro officio iuratte corporalmentte ali santi di vangelio con le mani tocate le scrittura de exercitare l'oficio suo iustamente bene legalmente et con bona fede secondo il suo potere e per quando sarra retrovate per essi Consuli over Canave overo per un de loro defraduare ditti Comuni et homini secondo il loro oficio siano tenuto a pagare per bando et pena al ditto Comune libri dieci de terzoli per ciaschuno et per qualonche volta che havarano defraudare et siano casatti talmentte che in ditto Comune mai piu in vita sua habia lo offici in alcun modo.

Deutsche Übersetzung

Dass der Console (Gemeindevorsteher) nicht Canave (Kassenverwalter) sein kann, und umgekehrt. Es wurde auch festgelegt und verordnet, dass diejenigen, die für ein Jahr zu Consoli gewählt werden, im genannten Ort nicht auch im gleichen Jahr Canave sein können noch dürfen. Und umgekehrt: Wer im genannten Ort für ein Jahr Canave ist, kann und darf nicht zugleich Console sein. Sowohl derjenige, der das Amt vergibt, wie auch derjenige, der es annimmt, wird mit je 40 Schilling (20 Sch. = 1 Pfund) gebüsst. Es wird auch festgelegt, dass die genannten Consoli und Canavari bei ihrer Wahl und vor Amtsantritt auf die Bibel schwören müssen – indem sie mit den Händen die Heilige Schrift berühren sollen –, dass sie ihr Amt in Gerechtigkeit, Gesetzestreue und nach bestem Wissen und Gewissen ausüben werden. Wenn bekannt wird, dass Consoli oder Canavari die Gemeinde betrogen haben, sollen sie für jedes Mal, da sie die Gemeinde betrogen haben, eine Busse von 10 Pfund bezahlen. Sie sollen ins Strafregister eingetragen werden, sodass sie nie wieder mehr im Leben ein Amt erhalten.

Die Anfänge einer rätoromanischen Literatur in der Schweiz

Abgesehen von ganz kurzen Fragmenten entstand der erste längere rätoromanische Text in einem Kloster im 11. oder 12. Jahrhundert. Es handelt sich um eine Interlinearübersetzung des Nossadunnaun aus dem Lateinischen. Der erste dichterische Text ist «La Chianzun dalla guerra dagl Chiaste da Müs» (Lied vom Krieg um das Kastell von Musso) des Engadiners Gian Travers (etwa 1483–1563). Der Kastellan von Musso am Comersee hatte einige Bündner überfallen und gefangen genommen, darunter Travers; das Lied entstand unmittelbar nach dessen Freilassung 1527.

Im folgenden Textausschnitt (Verse 205–240) schildert Travers die Kämpfe zwischen den Bündnern und dem Grafen Arco, einem Bundesgenossen des Kastellans von Musso, im Veltlin:

Lg seguond di d'Favrêr sün la damaun
Chi gniva fat feista a nossa Dunnaun
Fen la glieud dir messa et oratiun
Cha Dieu nun ls lasches in lg abandun,
Et eir ün po s'cufforteiva cun paun e vin
Et incunter ls inimis piglên lg chamin;
Da Murbeing et Trayunna tuots s'muantaun
Et alg punt da Mantel insemmel arivaun.
Pock zieva chiaminant in cumpagnia
Inscuntren els inimis sün la via,
A Dubin spera que viêt
Tuot lg poevel insemmel craschiet;
Ls inimis cumanzaun a schiargier
Et ls Grischuns zuond as arasêr,
Brick per schivir ls inimis d'pajüra,
Ma per s'adater meildra vintüra
Ls Fadifs in Dubin für fortifichôs,
Ma bod davent da co sfügiantôs
in mez lg plaun eira la grand ordinanza,
La Grischunia mattet maun cun granda
  spraunza;
Ls lur guaffens cumanzaune a masdêr
Et lur guargimaintas fick a tunêr;
Alhura ls inimis bod cumanzên a crudêr
Et tuot lur armas ad abandunèr;
La virtüt da ls Grischuns nun poss'n els
  sufrir,
Ma tuots bod as mattên a fügir;
La lur furtüna fü cintraria da sort,
Chia granda part rumagniet sur alg poart;
Morts sün lg plaun u l'Adda vargiant
Plüs co traiastchient s'achataun cligiant.
Lg Cunt da d'Ark cun l'oltr'avanzadüra
Nun vous aspatter lur sepultüra;
Zur lg punt nouf chie el havet büttô
Fü 'l dals bun Grischuns scurantô;
Trais bellas benderas lasch' el davous;
Que tuot dvantet per chia Deus vous.

Deutsche Übersetzung

Am 2. Februar gegen Morgen, am Feste unserer Frauen, liessen die Leute Messe singen und Gebete, dass Gott sie nicht verlasse; man kräftigte sich auch ein wenig mit Brot und Wein und machte sich dann auf den Weg gegen die Feinde.

Alle bewegten sich von Morbegno und Trahona weg und langten zusammen an der Brücke von Mantello an. Bald darauf, in fester Ordnung, begegneten sie Feinden auf der Strasse. In Dubino neben dem Dörfchen kam das ganze Volk zusammen; die Feinde begannen loszuschiessen, und die Bündner zerstreuten sich, nicht um den Feinden durch Flucht aus dem Weg zu gehen, sondern um sich besseres Heil zu verschaffen. Die Feinde waren in Dubino verschanzt, wurden aber bald von dort verjagt. Ihre Hauptmasse befand sich mitten in der Ebene. Die bündnerischen Scharen legten nun Hand an mit grosser Hoffnung, die Waffen gerieten aneinander und das Geschütz begann zu donnern. Dann begannen die Feinde bald zu fallen und alle Waffen hinter sich zu lassen. Sie konnten der Tapferkeit der Bündner keinen Widerstand leisten, alle fingen bald an zu fliehen. Ihr Schicksal war verschieden, denn ein grosser Teil blieb am Hafen; beim Nachsuchen fand man mehr als dreihundert Tote in der Ebene oder beim Überschreiten der Adda. Der Graf von Arco und die Restlichen wollten ihr Begräbnis nicht erwarten. Er wurde von den guten Bündnern über die neue Brücke, die er selbst gebaut hatte, verscheucht. Drei schöne Fahnen liess er zurück; das geschah alles, weil Gott es so wollte.

(Übersetzung von Alfons von Flugi)

Die Sprachenfrage seit 1798

Rechtliche Aspekte

In den politischen Umgestaltungen der Schweiz von 1798 bis 1815 wurden aus Untertanen freie Bürger, aus Gebieten minderen Rechtes gleichberechtigte Kantone. Nunmehr gab es auch französischsprachige Kantone (Waadt, Neuenburg, Genf, seit 1978 Jura), einen italienischsprachigen Kanton (Tessin) und mehrsprachige Kantone (Bern, Freiburg, Wallis, Graubünden). Infolgedessen wurden ohne weiteres die französische und die italienische Sprache neben der deutschen auf eidgenössischer Ebene als Staatssprachen anerkannt; die Schweiz wurde zum mehrsprachigen Staat im rechtlich-politischen Sinne.

Lange wurde die Sprachenfrage keineswegs als vordringliches Problem empfunden. Die eidgenössischen Bundesurkunden vor 1848 enthalten nichts darüber; die Bundesverfassungen von 1848 (Art. 109) und 1874 (Art. 116) äussern sich dazu in denkbar knapper Form:

Die drei Hauptsprachen der Schweiz, die deutsche, französische und italienische, sind Nationalsprachen des Bundes.

1938 wurde auch dem Rätoromanischen, das sich in einem stetigen Rückgang befand und überdies von faschistischen Sprachwissenschaftern als ein alpinlombardischer (also italienischer) Dialekt in Anspruch genommen wurde, die Stellung einer Nationalsprache zugebilligt. Das Deutsche, Französische und das Italienische wurden zu «Amtssprachen des Bundes» erklärt. In der Fassung von 1996 lauten die entsprechenden Bestimmungen des Art. 116 BV:

(1) Deutsch, Französisch, Italienisch und Rätoromanisch sind die Landessprachen der Schweiz.

(4) Amtssprachen des Bundes sind Deutsch, Französisch und Italienisch. Im Verkehr mit Personen rätoromanischer Sprache ist auch das Rätoromanische Amtssprache des Bundes.

Damit sind die Gleichheit der vier Sprachgemeinschaften und die Mehrsprachigkeit der Schweiz rechtlich garantiert. Die Behörden und Verwaltungsstellen des Bundes und die ihm unterstellten oder angegliederten Betriebe (Armee, SBB, Post usw.) wenden sich in allen drei Amtssprachen an die Bürgerinnen und Bürger, und im Verkehr mit ihnen sind alle drei Sprachen zugelassen. Das Rätoromanische ist seit 1996 offiziell Teilamtssprache des Bundes. Im Übrigen fallen sprachenrechtliche Fragen in die Zuständigkeit der Kantone; diese bestimmen also etwa über die Amts-, Gerichts- und Unterrichtssprache(n) auf ihrem Territorium. Bedrohten Sprachgemeinschaften gewährt der Bund seit einigen Jahrzehnten Unterstützung (vgl. S. 48).

«Welsch»

Das Adjektiv welsch, althochdeutsch wal(a)hisc, mittelhochdeutsch walhisch, walsch, welsch, geht auf ein germanisches Substantiv zurück, das ursprünglich die keltischen Bewohner westeuropäischer Gebiete bezeichnete und dem der Name (lat.) Volcae (eines ursprünglich in Süddeutschland ansässigen keltischen Stammes) zugrunde liegt; vgl. dazu auch Wales (keltisches Gebiet im Westen Englands). Später ging diese Bezeichnung auf die romanische Bevölkerung insbesondere Galliens und Italiens über; vgl. Wallonen (romanisierte Kelten in Belgien und Nordfrankreich). In der deutschen Schweiz wurden ehemals Volksgruppen französischer, italienischer wie rätoromanischer Sprache als Welsche bezeichnet. Zeitgenössische Quellen nennen den Burgunderherzog Karl den Kühnen den Walchen; mit den welschen Vogteien sind die Gemeinen Herrschaften im heutigen Tessin gemeint. Der Name Walensee (See der Welschen) weist auf die einstige Zugehörigkeit jener Gegend zum rätoromanischen Sprachgebiet hin. Hier sprach man Churwelsch, wovon sich der heute gemeindeutsche Ausdruck Kauderwelsch (unverständliche Sprache) herleitet. Seit dem 19. Jahrhundert wird in den meisten Teilen der Deutschschweiz der Ausdruck «welsch» – ohne jeden herabmindernden Nebensinn – nur noch auf die französischsprachige Bevölkerung der Westschweiz angewendet.

Sprachenprobleme seit 1848

Das Zusammenleben der Sprachgemeinschaften gestaltete sich nicht immer reibungslos; der «Sprachfriede» wurde jedoch trotz Turbulenzen letztlich gewahrt. Die Schweiz hat sich nie als Sprachnation verstanden; sie hat nie eine einzelne Sprachgruppe zu ihrem «Staatsvolk» erklärt und damit sprachliche Minderheiten zum Widerstand gereizt. Die Sprachgrenzen fallen nicht mit den politischen, kirchlichen und konfessionellen Grenzen zusammen, die Sprachräume nicht mit den Wirtschaftsräumen. Für die Bildung von Interessengruppen ist die Sprache selten das ausschlaggebende Kriterium. Kirchen, Vereine, Verbände und Parteien haben sich über die Sprachgrenzen hinweg organisiert. Oft sind solche Bindungen stärker als die sprachlichen Gemeinsamkeiten und Gegensätze.

Ein Beispiel dafür sind die Abstimmungen über die Bildung des Kantons Jura 1974/75 (vgl. S. 364 ff.). Für einen eigenen Kanton entschieden sich die französischsprachigen, erst seit 1815 eidgenössischen, mehrheitlich katholischen nordjurassischen Bezirke. Die südjurassischen Bezirke dagegen, die ebenfalls französischsprachig, aber mit Bern seit Jahrhunderten politisch verbunden und mehrheitlich reformierter Konfession sind, sprachen sich für den Verbleib beim Kanton Bern aus.

Anfang des 20. Jahrhunderts verschärfte sich das Sprachenproblem allerdings. Die Zukunft schien den sprachlich definierten Nationalstaaten zu gehören; die Daseinsberechtigung mehrsprachiger Staaten wie der Schweiz wurde vielfach in Frage gestellt. Zudem sympathisierten bei Ausbruch des Ersten Weltkriegs die Deutschschweizer mit den Mittelmächten, die Romands und Tessiner mit der Entente. Der «Graben» spaltete das Schweizervolk in zwei Lager. Es kam zu bedrohlichen Spannungen und Zwischenfällen (vgl. S. 301 f.). Allerdings besann man sich in breiten Kreisen auch wieder auf die geistigen Grundlagen der Schweiz als einer Willensnation. Damit konnte eine der gefährlichsten Krisen des Bundesstaates seit 1848 überwunden werden.

In den letzten Jahrzehnten stellt sich die Sprachenfrage erneut. Das Rätoromanische kämpft ums Überleben, das Italienische sieht sich an den Rand gedrängt, die Französischschweizer befürchten, germanisiert und majorisiert zu werden. Vor allem aber wird festgestellt, dass die Sprachgemeinschaften mehr und mehr aneinander vorbeileben. Man lernt lieber Englisch als eine andere Landessprache und unterhält sich auf Englisch mit anderssprachigen Landsleuten. Die Deutschschweizer machen kein Welschlandjahr mehr, und da sie nur ihre Mundart reden wollen, erschweren sie den anderen Schweizern das Gespräch mit ihnen. Dieses Sprachenproblem ist Ausdruck einer schweizerischen Bewusstseinskrise; es hängt zusammen mit der Frage, ob in einem Europa, das sich übernational organisiert, ein mehrsprachiger Kleinstaat wie die Schweiz noch einen Sinn habe. Auch das Ausländerproblem hat sprachliche Aspekte: 9 Prozent der schweizerischen Bevölkerung gehören keiner schweizerischen Sprachgemeinschaft an. Die Einwohner spanischer oder türkischer Muttersprache sind den Rätoromanen an Zahl weit überlegen. Viele Ausländer reden Sprachen, die sich von unseren Landessprachen stark unterscheiden, was ihre gesellschaftliche Eingliederung erschwert.

Wenigstens auf einen Teil dieser vielfältigen neuen Herausforderungen gibt der Sprachenartikel (Art. 116) von 1996 in der Bundesverfassung Antwort: Bund und Kantone sollen «die Verständigung und den Austausch unter den Sprachgemeinschaften» fördern. Auch ist der Bund zur Unterstützung von «Massnahmen der Kantone Graubünden und Tessin zur Erhaltung und Förderung der rätoromanischen und der italienischen Sprache» verpflichtet.

Das heutige Sprachenproblem in einem Satz

Le romanche est menacé de disparition, l'italien joue un rôle trop effacé, les Romands ne parlent que de germanisation, les Alémaniques se replient sur leur dialecte et l'anglais marque des points.

L'Hebdo, zitiert nach
Ständerat René Rhinow, 8. Oktober 1992
(Stenografisches Bulletin, S.1051)

Wohnbevölkerung nach Sprachgruppen
in 1000 Einwohnern und Prozenten

	1850		1910		1990	
Deutsch	1681	70,2%	2594	69,1%	4374	63,6%
Französisch	540	22,6%	793	21,1%	1321	19,2%
Italienisch	129	5,4%	303	8,1%	524	7,6%
Rätoromanisch	42	1,8%	40	1,1%	40	0,6%
Andere			23	0,6%	613	9,0%

Sprachenkarte der heutigen Schweiz

- Deutsch
- Französisch
- Italienisch
- Surselvisch
- Sutselvisch
- Surmeirisch
- Ladinisch

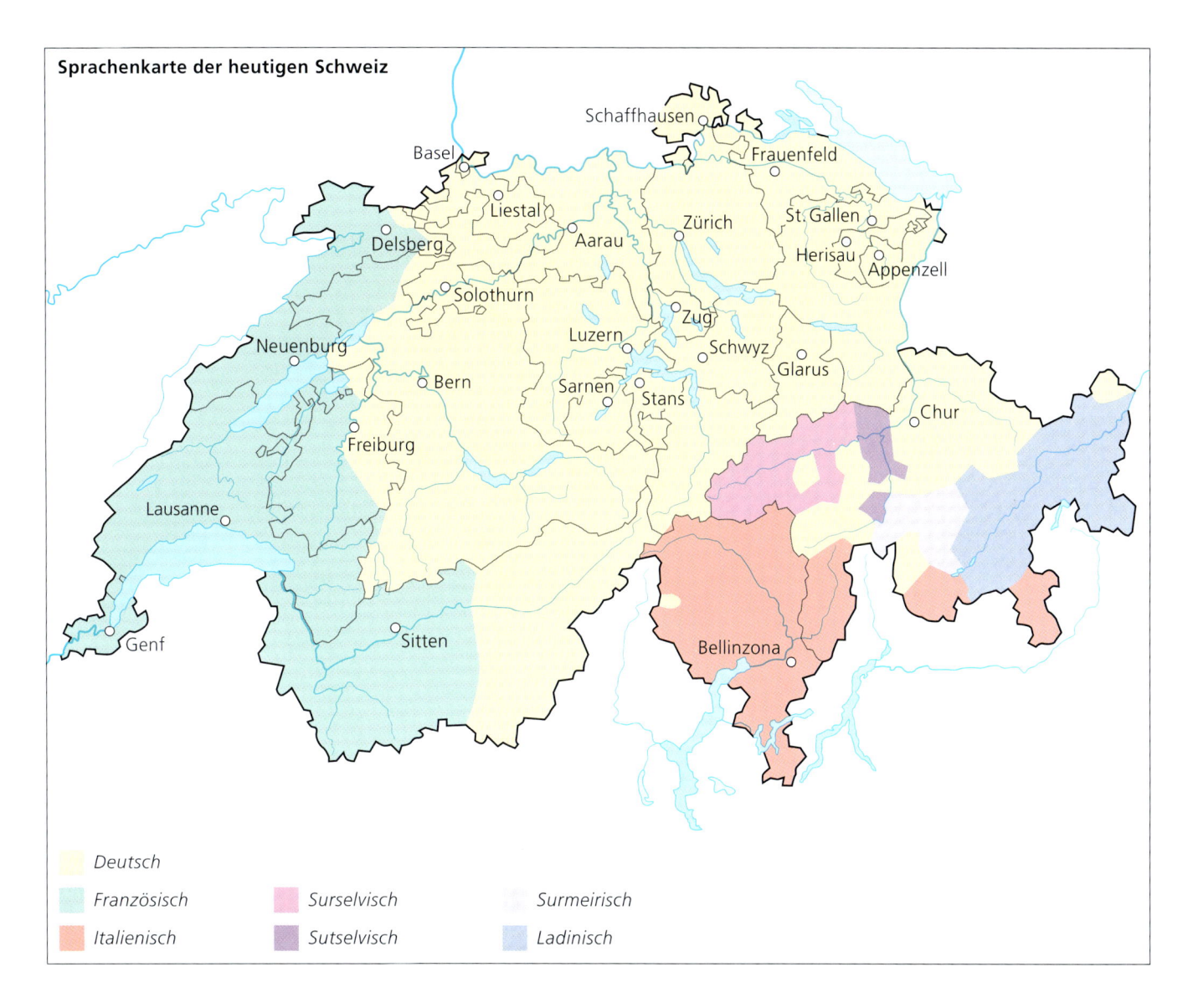

ALLE SCHWEIZER SIND VOR DEM GESETZE GLEICH. ES GIBT IN DER SCHWEIZ KEINE UNTERTA-
NENVERHÄLTNISSE, KEINE VORRECHTE DES ORTS, DER GEBURT, DER FAMILIE ODER PERSONEN

TOUS LES SUISSES SONT EGAUX DEVANT LA LOI. IL N'Y A EN SUISSE NI SUJETS NI PRIVILEGES
DE LIEUX, DE NAISSANCE, DE PERSONNES OU DE FAMILLE

TUTTI GLI SVIZZERI SONO UGUALI INNANZI ALLA LEGGE. NELLA SVIZZERA NON VI HA
SUDDITANZA DI SORTA, NON PRIVILEGIO DI LUOGO, DI NASCITA DI FAMIGLIA O DI PERSONA

TUOT ILS SVIZZERS SUN EGUELS DAVAUNT LA LEDSCHA. IN SVIZZRA NUN EXISTAN ÜNGÜNS
SUDDITS, NE ÜNGÜNS PRIVILEGS DAL LÖ, DA NASCHENTSCHA DA FAMIGLIA U DA PERSUNAS

Die viersprachige Schweiz: Aufschrift an der «Höhenstrasse» der Schweizerischen Landesausstellung 1939

Walter Steinböck

Die Schweiz im Hochmittelalter
10. bis 13. Jahrhundert

Die Schweiz im Hochmittelalter

Einleitung: Interesse und Forschung

Der Begriff «Mittelalter» – lateinisch: «medium aevum» – bildete sich unter den **Humanisten** (vgl. S. 100 und 171) des 14. und 15. Jahrhunderts heraus; für diese trennte ein «mittleres Zeitalter» die eigene Epoche von der als vorbildlich empfundenen Antike. Aus dieser zunächst nur auf die Sprach- und Literaturgeschichte bezogenen Vorstellung schufen Historiker in der zweiten Hälfte des 17. Jahrhunderts das noch heute übliche Drei-Perioden-Schema «Altertum – Mittelalter – Neuzeit». Die Bewertung des Mittelalters aus der Sicht des **Humanismus**, der Aufklärung und des Liberalismus war negativ; es galt als finster, fortschrittsfeindlich, unterentwickelt, barbarisch. Dem gegenüber trat allerdings seit dem 19. Jahrhundert auch das positive Bild des «romantischen Mittelalters»: als Epoche echter Frömmigkeit, ritterlicher Tugenden und himmelhoch aufragender Kathedralen. Sowohl das Stereotyp des finsteren als auch jenes des romantischen Mittelalters werden der vielfältigen Wirklichkeit nicht gerecht. Die Welt des Mittelalters ist der unsrigen in vielem fern und fremd, und doch ist unübersehbar, dass die Wurzeln unserer eigenen Zeit dorthin zurückführen: Die meisten der heute noch bestehenden Städte und Dörfer sind im Mittelalter entstanden, viele Ortschaften haben ihren mittelalterlichen Kern mehr oder weniger gut bewahrt, romanische und gotische Kirchen sind zu Denkmälern und Wahrzeichen geworden, Burgen und Burgruinen erinnern an die versunkene Welt des Feudaladels. Mittelalterliche Ereignisse und Überreste dienen als Anlass zur Traditionspflege: die erste Erwähnung einer Gemeinde in einer mittelalterlichen Urkunde – und sei es nur als Flurname – gilt oft als Gründungsdatum und rechtfertigt eine Jubiläumsfeier, das Datum des «Bundesbriefes» von 1291 (vgl. S. 138 f.) wurde zum Nationalfeiertag.

Die Erforschung des Mittelalters galt früher vor allem der Rekonstruktion politischer Ereignisse sowie der Rechts-, Kirchen- und Geistesgeschichte. Sie basierte in erster Linie auf der Auswertung des schriftlichen Materials an Urkunden und Chroniken. In den letzten Jahrzehnten hat eine Ausweitung, zum Teil auch eine Verlagerung der Fragestellungen auf wirtschafts-, sozial- und mentalitätsgeschichtliche Probleme stattgefunden. Um diese zu beantworten, werden zunehmend auch Ergebnisse der archäologischen Forschung herangezogen. In dieser wiederum hat dank verschiedenster naturwissenschaftlicher Methoden sowohl eine Ausdehnung als auch eine Verfeinerung der Erkenntnisse stattgefunden. Neben die baugeschichtliche Untersuchung einzelner bekannter Objekte wie Kirchen oder Burgen ist die Erforschung ganzer Siedlungen – seien es nun mittlerweile überbaute Stadtkerne oder «wüst» gewordene ehemalige Dörfer – getreten; chemische und biologische Analysen des Fundgutes ermöglichen präzise Aussagen zum Gesundheitszustand, zu den Kleidermoden und zur Nahrungsmittelpalette. Dadurch ist es gelungen, ein besseres Bild über das Leben jener Bevölkerungsschichten zu gewinnen, die keine schriftlichen Dokumente hinterliessen und auch kaum in solchen erwähnt werden.

Die zeitliche Abgrenzung – das «Periodisierungsproblem» – des Mittelalters ist in der Forschung nach wie vor umstritten. Die Vorschläge für den Beginn reichen vom 4. (Christianisierung des Römischen Reiches) bis zum 7. (arabisch-islamische Expansion in den Mittelmeerraum) Jahrhundert, jene für das Ende vom 14. (Anfänge der Renaissance in Italien) bis zum 16. (Reformation) Jahrhundert. Französische Forscher sprechen sogar von einem «très longue Moyen Age», das sie bis in die Mitte des 19. Jahrhunderts reichen lassen. Ebenso strittig ist die weitere Unterteilung in ein «frühes», ein «hohes» und ein «spätes» Mittelalter sowie die Datierung dieser Epochen. Im Folgenden bezeichnen wir mit «Hochmittelalter» die Zeit vom 10. bis zum 13. Jahrhundert. Sie beginnt mit der definitiven Spaltung des karolingischen Frankenreiches und endet mit dem Scheitern der imperialen Politik der deutschen Könige und der Stabilisierung territorial begrenzter Machtbereiche unter «Landesherren», mit der auch die Anfänge der «Schweizerischen Eidgenossenschaft» in Zusammenhang stehen (vgl. S. 138 ff.).

Abbildung S. 51: «Handfeste» Kaiser Friedrichs II. für die Stadt Bern, in welcher der Stadt die Reichsunmittelbarkeit bestätigt wurde (1218). Das Siegel zeigt den Kaiser mit Szepter und Reichsapfel.

Ausgrabung der Alpwüstung (verlassene Alpsiedlung) Bergeten oberhalb Braunwald (Glarus) im Jahr 1971 (vgl. S. 57)

Die Schweiz im Hochmittelalter

Der europäische Rahmen: Aufstieg und Entwicklung des christlichen Europa

Die politische Entwicklung

Kaiser und Papst im Hochmittelalter: Papst Coelestin III. krönt Heinrich VI. in Rom zum «Imperator Romanorum». Miniatur aus der Chronik des Petrus de Ebulo, die 1195 bis 1197 verfasst wurde.

Für einen auswärtigen Besucher, etwa aus dem byzantinischen Konstantinopel oder dem islamischen Bagdad, muss Westeuropa zu Beginn des 10. Jahrhunderts ein eher trauriges Bild geboten haben: ein dünn besiedeltes Land, dessen Bewohner fast ausschliesslich von der Landwirtschaft lebten und wo zwischen riesigen Wäldern und bescheidenen Bauernhütten nur wenige, kleine Städte und einige markante Klöster für etwas Abwechslung sorgten. An die Stelle des Frankenreiches Karls des Grossen (vgl. S. 27 f.) waren zwei grössere – das «Westfränkische» und das «Ostfränkische» oder «Deutsche» – sowie einige kleinere Nachfolgereiche getreten. Die Macht der Herrscher war nach innen wie nach aussen bescheiden, diese konnten ihre Untertanen kaum von den ständig wiederkehrenden Raubzügen der Normannen (von Skandinavien), der Ungarn (von der Donau-Theiss-Ebene) und der Sarazenen (von Spanien) beschützen.

Das 10. Jahrhundert brachte eine Konsolidierung. Die Macht des westfränkischen – später französischen – Königs blieb zwar noch recht lange auf den Raum zwischen Paris und Orléans beschränkt; erst im späten 12. und im 13. Jahrhundert konnte sich dieser auch in der Normandie, im Süden und im Südwesten durchsetzen. Dagegen gelang es der aus Norddeutschland stammenden Dynastie der Ottonen (919–1024), das Deutsche **Reich** zu stabilisieren und auch die kleineren Nachfolgereiche wie Lothringen, Oberitalien und Burgund unter ihre Kontrolle zu bringen. Als Mittel zur Herrschaftssicherung dienten einerseits das Lehenswesen (vgl. S. 66 f.), anderseits der Ausbau der Kirchenorganisation zu einer eigentlichen Reichskirche, deren Exponenten, die Bischöfe und Äbte bedeutender Klöster, faktisch vom Herrscher eingesetzt wurden. Auf dieser Basis erstrebten die deutschen Könige die Erneuerung des Römischen Reiches. Nach dem Vorbild Karls des Grossen zogen sie nach Rom und liessen sich vom Papst zum «Imperator Romanorum» («Kaiser der Römer») krönen; das «Heilige Römische **Reich**» wurde gewissermassen zum Dach über dem deutschen, dem oberitalienischen und (seit 1031) dem burgundischen Königreich, deren Kronen sie trugen. Die auf die Ottonen folgenden Dynastien, die Salier (1024–1125) und die Staufer (1137 bis 1254), setzten diese Politik im Wesentlichen fort.

Die imperiale Politik der deutschen Könige stiess indessen von der Mitte des 11. Jahrhunderts an auf zunehmenden Widerstand. Aus den Bemühungen um kirchliche Reformen entwickelte sich der Gedanke der «libertas ecclesiae», der Freiheit der Kirche: Diese könne ihren Auftrag nur erfüllen, wenn sie nicht von der weltlichen Gewalt kontrolliert werde. Die Päpste, deren Einfluss bis dahin kaum über

Rom hinaus gegangen war, machten sich diese Auffassung zu eigen und erhoben den Anspruch auf die uneingeschränkte Führung der Kirche, was mit der kaiserlichen Kirchenpolitik unvereinbar war. Der dadurch ausbrechende «Investiturstreit» – Auseinandersetzung über das Recht, die Bischöfe einzusetzen – entpuppte sich als erste Etappe eines bis zur Mitte des 14. Jahrhundert andauernden, nur kurzfristig durch Kompromisse unterbrochenen Gegensatzes zwischen den deutschen Königen und den Päpsten. Unterstützung fanden die Päpste einerseits bei Kreisen des deutschen Hochadels, denen der König zu stark geworden war oder die selbst nach der Krone strebten, anderseits bei all jenen Kräften, welche eine deutsche Herrschaft über Oberitalien ablehnten, besonders bei der im 12. Jahrhundert aufsteigenden Stadt Mailand.

Vom Ende des 12. Jahrhunderts an verlagerte sich der Schwerpunkt der kaiserlich-päpstlichen Auseinandersetzung nach Italien, da die Staufer auch die Herrschaft über Unteritalien und Sizilien gewannen. Erfolgreich war letztlich keine der beiden Seiten, der sowohl von den Päpsten als von den Kaisern erhobene Anspruch auf Universalherrschaft blieb weitgehend Ideologie. Nicht nur Frankreich und England, sondern auch die aufstrebenden Reiche in Spanien, Skandinavien und Osteuropa entwickelten sich hauptsächlich unabhängig vom «Heiligen Römischen Reich». Das Aussterben der Staufer führte zum faktischen Ende der Kontrolle Oberitaliens durch die deutschen Könige und zu einer markanten Schwächung der königlichen Stellung im Deutschen Reich selbst. Aber auch zu einer wirklichen Abschottung und Befreiung der Kirche von weltlichen Einflüssen auf allen Ebenen, von der Pfarrgemeinde über das Bistum bis zum Papsttum, kam es nie. Zwar hatten der Papst und die von ihm geleiteten Konzilien einen unverkennbaren Autoritätszuwachs zu verzeichnen, doch konnte diese Autorität ohne die Hilfe weltlicher Mächte nicht durchgesetzt werden.

Vertiefung und Verbreitung des Christentums

Die Herrscher des Frankenreiches und der aus diesem hervorgegangenen Nachfolgereiche waren Christen, ebenso ihre Untertanen. Das kirchliche Netz, das zur religiösen Betreuung bestand, war jedoch ausserordentlich weitmaschig; es bestand aus grossflächigen Bistümern, weit von einander entfernten Pfarrkirchen mit wenigen und oft mangelhaft ausgebildeten Priestern sowie einigen eher selbstgenügsamen Benediktinerklöstern.
Das Hochmittelalter war von einer ständigen Intensivierung des religiösen Lebens geprägt.

An den Bischofssitzen entwickelten sich Kathedralschulen zur Ausbildung der Priester, im 13. Jahrhundert entstanden die ersten Universitäten. Die Einführung des – allerdings immer wieder nicht eingehaltenen – Zölibats sollte den Priester von weltlichen Bindungen möglichst frei halten und es ihm erlauben, sich ganz auf seine seelsorgerische Aufgabe zu konzentrieren. Immer neue Ordensgemeinschaften, die aus den ständig wiederkehrenden Reformbemühungen um Kirche und Mönchtum hervorgingen, bemühten sich in verschiedener Weise, eine ideale Lebensform zu verwirklichen, aber auch den Glauben der Laien durch Vorbild, Fürsorge und Messen zu kräftigen. Entsprechend stieg denn auch das religiöse Interesse in der Bevölkerung; es äusserte sich etwa in Pilgerfahrten, religiösen Stiftungen, aber auch in der Gründung besonderer Laienbrüder- und Laienschwesternschaften. Die Kehrseite der kirchlichen Sorge für den Glauben war die zunehmend genauere Definition der gültigen «Glaubenswahrheiten» und die Anwendung kirchlicher Machtmittel, vom Bann und vom Interdikt bis zur Inquisition gegen all jene, die wirklich oder angeblich die Autorität der Kirche in Frage stellten.

Parallel zur Vertiefung des christlichen Glaubens erfolgte dessen Verbreitung in die noch heidnischen Gebiete Nord- und Osteuropas. Diese war oft eng mit der Bildung grösserer Reiche verknüpft: Lokale Fürsten errangen die Vorherrschaft über die benachbarten Rivalen, stiegen zu Königen auf und führten das Christentum ein. Dieses ermöglichte den Anschluss an die kulturelle Welt West- und Mitteleuropas – ersichtlich an der Einführung der Schrift und des Lateins – und lieferte mit der kirchlichen Organisation eine Möglichkeit, die gewonnene Herrschaft zu stabilisieren.

Gegenüber den letzten heidnischen Rückzugsgebieten im Ostseeraum wurde vom Ende des 12. Jahrhunderts an zunehmend das Mittel der gewaltsamen Unterwerfung und Bekehrung angewendet. Parallel zum Aufstieg des päpstlichen Ansehens verschlechterten sich die Beziehungen zur griechisch-orthodoxen Kirche, da der Patriarch von Konstantinopel den Vorrang des Papstes nicht anerkannte. 1054 kam es zur offenen Spaltung, doch zeigte sich darin nur, dass die durch Byzanz geprägte Welt Südosteuropas und Russlands schon seit längerem eine eigene, vom Westen weitgehend losgelöste kulturelle Entwicklung eingeschlagen hatte.

Europäische Expansion

Durch die arabisch-islamischen Vorstösse in den Mittelmeerraum zwischen dem 7. und dem 9. Jahrhundert war die christlich-west-

Die Gegner im Investiturstreit: Kaiser Heinrich IV. (1056–1105)

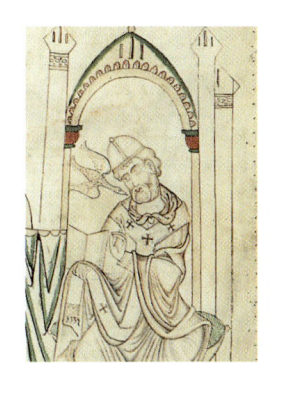

Die Gegner im Investiturstreit: Papst Gregor VII. (1073–1085)

Die Schweiz im Hochmittelalter

europäische Welt in die Defensive gedrängt worden. Das Hochmittelalter brachte den Übergang zur Offensive. Die kleinen christlichen Reiche in Nordspanien stiessen erfolgreich gegen das islamische **Kalifat** von Córdoba und dessen Nachfolgestaaten vor; um 1300 bestand auf der Iberischen Halbinsel nur noch in Granada ein kleines muslimisches Reich. Eine Gruppe französischer Adliger aus der Normandie eroberte in der zweiten Hälfte des 11. Jahrhunderts zunächst Unteritalien und dann das seit dem 9. Jahrhundert islamische Sizilien. Am spektakulärsten waren indessen die Kreuzzüge: Mit dem Segen der Kirche versuchten Ritterheere seit dem Ende des 11. Jahrhunderts, das «Heilige Land» mit dem Zentrum Jerusalem der islamischen Herrschaft zu entreissen. Die nach dem erfolgreichen ersten Kreuzzug gebildeten «Kreuzfahrerstaaten» unter der Herrschaft einer kleinen westeuropäischen Adelsschicht konnten sich zwar auf die Dauer gegen die benachbarten islamischen Herrscher nicht behaupten. Die italienischen Seestädte Venedig und Genua benützten jedoch die Gelegenheit, sich wichtige Stützpunkte im östlichen Mittelmeerraum zu sichern und den wachsenden Orienthandel unter ihre Kontrolle zu bringen.

Die Auseinandersetzung zwischen Christentum und Islam vollzog sich nicht ausschliesslich auf militärischer Ebene. Vor allem in Sizilien und Spanien kam es zu fruchtbaren kulturellen Kontakten. Die islamische Welt, die einen grossen Teil der technischen und wissenschaftlichen Errungenschaften des Altertums bewahrt und weiterentwickelt hatte, war dabei überwiegend der gebende, die christlich-westeuropäische Welt der nehmende Teil. Sowohl die friedliche als auch die militärische Auseinandersetzung mit dem Islam eröffneten den Europäern eine neue Welt und trugen zum kulturellen und wirtschaftlichen Aufstieg im 12. und 13. Jahrhundert bei.

Städte und Handel

Die Zunahme der Bevölkerung und die Steigerung der landwirtschaftlichen Produktion förderten den Handel und den Aufstieg der Städte (vgl. S. 70 ff.). Diese Entwicklung setzte in Italien bereits im 11. Jahrhundert ein und setzte sich im 12. und 13. Jahrhundert in West- und Mitteleuropa fort. Wenn Europa auch seinen überwiegend landwirtschaftlichen Charakter behielt – der Anteil der städtischen Bevölkerung überschritt nirgends zwanzig Prozent –, so entfalteten sich die Städte doch zu einem prägenden neuen wirtschaftlichen, kulturellen und politischen Element. Sie wurden zu Zentren des Fernhandels, nicht nur mit dem Orient über das Mittelmeer, sondern auch mit England, Skandinavien und Russland im Nord- und im Ostseeraum. In den Städten entwickelte sich die gewerbliche Produktion, wobei der oberitalienische und der nordfranzösisch-belgische Raum eigentliche Schwerpunkte bildeten. Die Städte wuchsen auch zu Stätten des kulturellen Austausches, der Information und der Bildung heran. Schliesslich entstanden hier neue Rechtsnormen und neue Regierungs- und Verwaltungsformen (vgl. S. 71 f.).

War West- und Mitteleuropa im Vergleich zum östlichen Mittelmeerraum um 1000 ein weitgehend kulturell abgeschlossenes, durch Einfälle fremder Völker gefährdetes und wenig entwickeltes Gebiet gewesen, so hatte es um 1300 diesen Rückstand weitgehend aufgeholt und dabei in allen Bereichen des menschlichen Lebens eine intensive Entwicklung durchlaufen. Gerade die hochmittelalterliche Geschichte straft die Vorstellung einer stabilen, ja starren mittelalterlichen Welt Lügen. Das gilt auch für das Gebiet der Schweiz.

Der Raum und die Menschen

Die Landschaft

Wald, Gewässer und Berge prägten die Landschaft. Ein Händler, der beispielsweise um 1100 die Mauern der Stadt Basel in Richtung Süden verliess, hatte zuerst eine etwa zwei Kilometer breite Acker- und Gartenzone zu durchqueren; dann umschloss ihn bereits dichtes Gehölz. Dann und wann gelangte er zu gerodeten Waldinseln mit Weilern, um darauf erneut in einen Wald einzutauchen. Der Weg war schlammig und nur hie und da mit Kies gefestigt. Näherte sich unser Händler einem Dorf, so wechselte der Wald vom Urwald zum Nutzwald: Er traf auf Schweine-, Schaf- oder Ziegenherden, welche sich an den Knospen gütlich taten, auf Bauern, welche einen Baum fällten, einem andern Harz abzapften oder in einem Meiler Holzkohle herstellten. Bäuerinnen sammelten Pilze und Beeren. – Viele Flur-, Orts- und Landschaftsnamen erinnern heute noch an die weitläufigen Waldflächen. Die Bewohner der Innerschweiz wurden im 13. Jahrhundert als «Waldleute» bezeichnet, welche in den «Waldstätten» hausten.

Gelangte der Händler zu einem der vielen Seen, so stiess er vorerst auf sumpfiges Gelände; hohes Schilf verdeckte die Aussicht auf das Wasser. Der Reichtum an Fischen verschiedenster Arten war gross; noch erreichte der Lachs ungehindert vom Meer her seine Laichplätze. Viele Seen griffen viel weiter in die Alpentäler hinein als heute, der Urnersee erreichte Erstfeld, der Langensee erstreckte sich über die Magadino-Ebene bis nahe an Bellinzona, zwischen dem Zürich- und dem Walensee bestand eine eigentliche Seenlandschaft. Die Geschiebemengen der Flüsse bewirkten seither eine allmähliche Versumpfung und Verlandung.

Das Wasser war lebensspendendes und lebenserhaltendes Element. Fische standen häufig auf dem Speisezettel. Bei Bedarf griff man durch künstliche Bauten in den Wasserlauf ein. Die Walliser Bauern entfalteten ihre Tüchtigkeit im Bau von «Bissen», indem sie das Gletscherwasser in schmalen Holzkanälen an den Gebirgsfelsen entlang auf Äcker und Wiesen ableiteten, **Zisterzienser**mönche (vgl. S. 82 f.) legten Forellenteiche und Bewässerungskanäle zu Obst- und Gemüsegärten an. Der Dorfbrunnen diente Mensch und Tier; er wurde sorgsam gehütet. Das Wasser war auch Energielieferant für Mühlen und Hammerschmieden. Flüsse und Seen boten schliesslich auch einen natürlichen Schutz vor Eindringlingen, was sich die Erbauer von Wasserschlössern zunutze machten. Abfälle, auch Fäkalien und Kadaver, landeten im nächsten Bach, Fluss oder See, doch reichte die Selbstreinigungskraft der Gewässer aus, mit dieser Form menschlicher Verschmutzung fertig zu werden. Ziemlich machtlos stand man Überschwemmungen gegenüber.

Während die Nähe der Menschen zum Wasser schon darin zum Ausdruck kam, dass jeder See und jeder Fluss seinen Namen hatte, war die Bergwelt fern und gefährlich. Nur wenige Gipfel sind denn auch namentlich erwähnt: Die Bezeichnung Säntis gibt es schon im 10. Jahrhundert; Gebirge und Pass in der Gotthardregion laufen unter den Bezeichnungen Mons Evelinus (Hoher Berg), Mons Tremulo (Zitterberg) oder Mons Ursare (Ursernberg). Allmählich nutzten die Menschen jedoch immer höhere Regionen; das im Ganzen milde Klima des Hochmittelalters erlaubte etwa den Getreidebau im 1400 Meter und mehr über dem Meer gelegenen Urserental. Viehzüchter trieben ihre Herden auf die mit saftigem Gras bewachsenen Matten auf über 2000 Meter Meereshöhe. Wie die Reste des Alpdorfes Bergeten (Glarus; vgl. S. 53) erkennen lassen, stellten sie ihre Hütten auf Geröllhalden oder abgestützt an einen Felsen. Einen Grund, in die eigentlichen Gipfelregionen vorzustossen, fand der mittelalterliche Mensch jedoch nicht.

Verkehrswege

Das römische Strassennetz war seit dem Frühmittelalter verkümmert; zu einem systematischen Strassenbau fehlten einerseits die technischen, anderseits die politischen Voraussetzungen. Im Wesentlichen erhielten oder entwickelten sich Pfade durch häufigen Gebrauch. Wer reiste, tat dies zu Pferd oder zu Fuss; Fuhrwerke wären kaum über grössere Strecken durchgekommen. Erst allmählich begann man, einzelne Strecken mit Kies zu stärken, starke Steigungen und Auffahrten zu pflastern und an unwegsamen Stellen Rampen und Stützmauern anzulegen, wobei die Finanzierung durch Binnenzölle erfolgte.

Lastschiff für den Verkehr auf Flüssen und Seen, um 1500. Der Rumpf ist flach und breit, Bug und Heck sind stumpf mit je zwei Rudern. In der Mitte ist die Last gestapelt. (Aus der Luzerner Chronik des Diebold Schilling)

Hölzerne Wasserleitung im Wallis. Durch den im Hochmittelalter einsetzenden Bau von Wasserleitungen (Bissen) wurden Trockenzonen der Landwirtschaft erschlossen. Gleichzeitig entwickelte sich ein kompliziertes nachbarschaftliches Wasserrechtssystem.

Dadurch wurde es möglich, wenigstens im Flachland auch Karren oder Wagen zu verwenden.

Um Bäche und Flüsse zu überqueren, musste sich der Reisende eine Furt suchen. Bezeichnenderweise erfreute sich die Verehrung des heiligen Christophorus, welcher Christus der Legende nach durch einen reissenden Fluss getragen hatte und daher als Patron der Fuhrleute, Schiffer und Reisenden galt, grosser Beliebtheit. Der Bau von Brücken war eine teure Lösung und blieb zunächst den an Flüssen gelegenen Städten vorbehalten; die Rheinbrücken von Basel und Rheinfelden entstanden zu Beginn des 13. Jahrhunderts, die Kapellbrücke in Luzern um 1300. Ideale Verkehrswege waren jedoch die Seen; nicht zufällig entwickelten sich zahlreiche Städte am Ausfluss eines Sees, wo Waren umgeladen werden mussten. Die Flüsse wurden für die Schifffahrt meist nur in der Strömungsrichtung genutzt. Allerdings konnte man an den Ufern schiffbarer Flüsse, zum Beispiel an der Aare, Zugpferde auf schmalen Treidelpfaden die Lastschiffe flussaufwärts schleppen lassen, doch war dies teuer. Dass aber etwa der Rhein für den Handel schon früh erhebliche Bedeutung besass, zeigt die Entstehung der Stadt Schaffhausen (abgeleitet von althochdeutsch «scaffa», das Schiff). Der Rheinfall zwang die Schiffer dort zu einer Unterbrechung ihrer Fahrt. Zum Umladen und Aufstapeln der transportierten Güter legte man wohl schon im 10. Jahrhundert ein Schiffshaus mit einem Lagerplatz an; später entwickelte sich daraus ein Markt, dessen Bedeutung an der Verleihung des Münzrechts durch Kaiser Heinrich III. im Jahr 1045 abzulesen ist. Fünf Jahre später erfolgte die Gründung des Klosters Allerheiligen, dessen Abt dann auch zum Herrn der 1080 gegründeten Stadt wurde.

Grundherren und Bauern

Die Entwicklung der Landwirtschaft

Das System der Grundherrschaft, das sich im Frankenreich herausgebildet hatte (vgl. S. 36f.), teilte die ländliche Bevölkerung in zwei ungleich grosse Gruppen. Auf der einen Seite standen die Grundherren. Sie waren die eigentlichen Besitzer des Landes, bewirtschafteten selbst oder durch ihre Meier das Salland mit dem zentralen Fronhof und hatten Anrecht auf **Frondienste** und Abgaben der Bauern. Diese ihrerseits hatten ein immer häufiger erbliches Nutzungsrecht an der Hufe – etwa fünf bis zehn Hektar –, die sie bewirtschafteten, waren zu den erwähnten Leistungen verpflichtet und durften als «Hörige» der Grundherren die angestammte Scholle grundsätzlich nicht verlassen. An den Prinzipien dieses Systems änderte sich im Verlauf des Hochmittelalters nichts, an der konkreten Gestaltung jedoch sehr viel.

Die Bauernfamilie bestand im Allgemeinen aus dem Bauernehepaar und jenen drei oder vier Kindern, die der hohen Säuglingssterblichkeit entgangen waren; das Grosselternalter erreichten die wenigsten. Die Hütten umfassten nur wenige dunkle Räume. Eigentliche Ställe kannte man noch nicht. Rinder und Schafe waren immer im Freien; Schweine und Kleinvieh brachte man im Winter in kleinen Verschlägen unter. Das auf dem Wiesland gewonnene Heu wurde in Stadeln untergebracht, doch reichte es nur für einen Teil des Viehs, sodass im Herbst regelmässig geschlachtet werden musste. Immerhin verbesserten sich allmählich die landwirtschaftlichen Erträge. Das System der Dreifelderwirtschaft, das zuerst auf dem Salland ausprobiert worden war, setzte sich auch auf den Hufen der Bauern durch. Die auf einem einzelnen Feld verrichtete Arbeit teilte sich im Verlauf von drei Jahren folgendermassen auf: Die Brache wurde im Herbst gepflügt und mit Wintersaat versehen. Nach der Ernte im folgenden Jahr diente das Feld als Stoppelweide und wurde vom Vieh gedüngt. Im nächsten Frühjahr pflügte der Bauer das Feld und bestellte es mit Sommergetreide. Nach der Ernte der Sommerfrucht diente das Feld erneut als Weide und blieb bis zum Brachmonat – dem Juni – des dritten Jahres unbebaut. Nach dem ersten Umbrechen wurde das Feld im Herbst noch einmal gepflügt und die Wintersaat ausgesät. Dann begann der Kreislauf von neuem.

Die Erfindung der eisernen Pflugschar, des Räderpflugs und des Streichbretts ermöglichten es, den Boden besser umzupflügen. Der Kummet, ein Schulterkragen, der die Blutzirkulation von Pferd und Rind nicht beeinträchtigte und daher das vorher übliche Halsgeschirr ablöste, erlaubte eine leistungsfähigere Anspannung und somit eine intensivere Bodenbearbeitung. Im Allgemeinen zog man den Ochsen dem Pferd, das teuer war und viel Futter brauchte, immer noch vor. Schliesslich wuchs seit dem 12. Jahrhundert die Zahl der Wassermühlen, welche eine Welle samt darauf angebrachten Nocken antrieben. Ein auf dieser Welle schleifender Hebel verwandelte die Drehbewegung in eine Auf- und Abwärtsbewegung und ermöglichte so die Einrichtung eines Hammerwerks. Die Verbreitung dieser so genannten Nockenwelle erleichterte die Eisenbearbeitung und somit die Herstellung von Ackergeräten wie Eggen und Pflügen. Aus all diesen Gründen stiegen die Erträge des Getreideanbaus – im Verhältnis zur Aussaat – von etwa 2 zu 1 auf 4 zu 1. Wenn sich so auch die Versorgungslage der Menschen besserte, so führten Missernten in einzelnen Jahren doch immer wieder zu Hungersnöten.

Adelige Grundherren

Grundherren waren einerseits Klöster und Bischöfe, anderseits «Adelige». Aber was hiess es, «adelig» zu sein, wer war «edel»? Als adelig galt, wer Macht und Herrschaftsrechte über andere Menschen ausüben konnte. Hinzu kam die Fähigkeit, selbstständig Krieg oder Fehde zu führen; der Adelige verfügte über Pferd und Rüstung sowie über einige Kriegsknechte, während die Bauern in der Regel waffenlos zu bleiben hatten. Allmählich entwickelte sich eine Standeslehre, derzufolge der

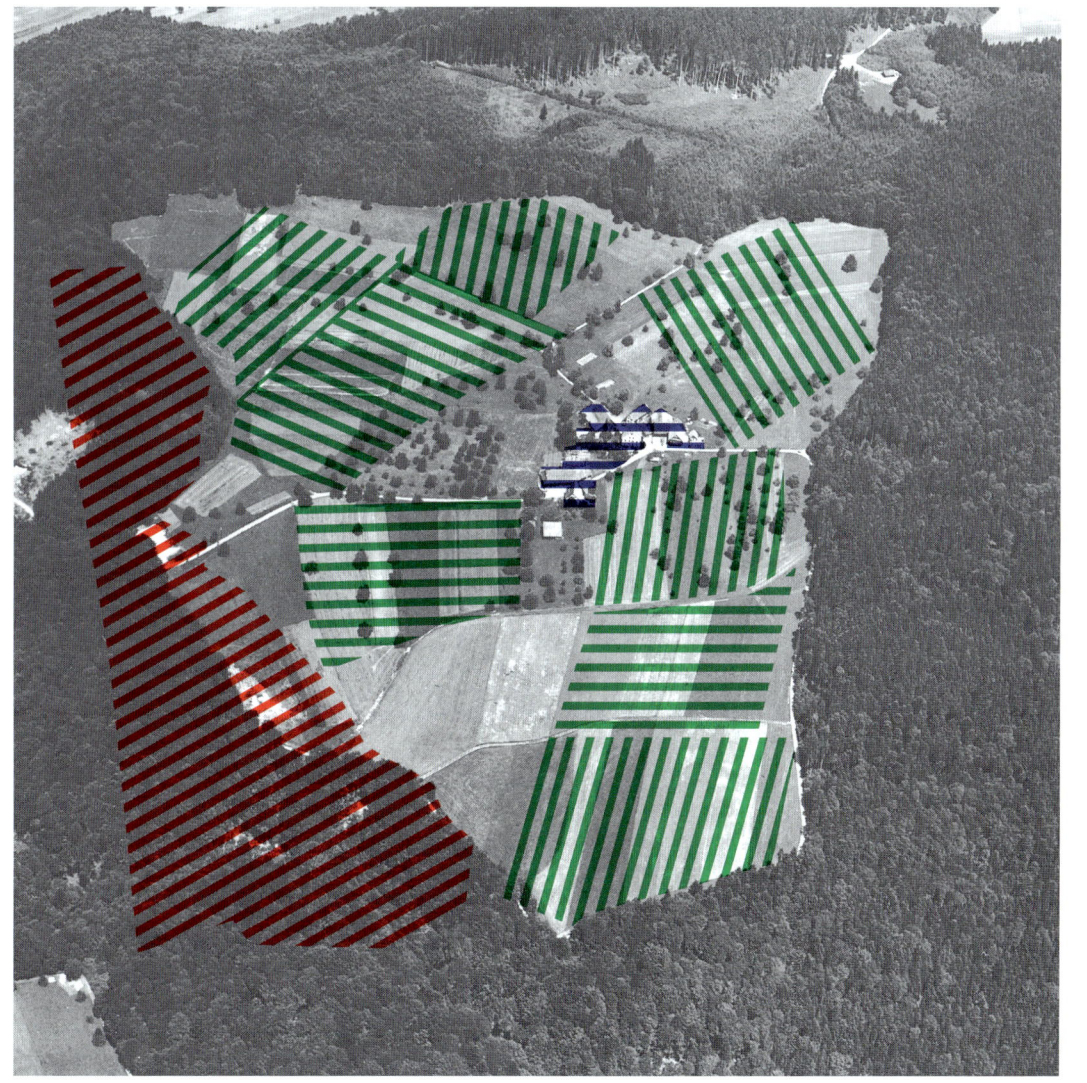

≡ *Siedlungsbereich mit Hofstätten und Gärten*

≡ *Ackerflur*

≡ *Allmende*

Der Siedlungsbereich Hedingen (Zürich) und sein Umland. Schematische Darstellung auf dem Luftbild des Ausbauhofs Frohmoos. Der eigentliche Siedlungsbereich bestand aus den Hofstätten mit ihren Gärten, daran schloss die Flur mit ihren Ackerparzellen an, den äussersten Bereich schliesslich bildeten Waldflächen oder ein Ried als kollektiv genutzte Allmendfläche.

Die Schweiz im Hochmittelalter

Adel «zu schützen» (d.h. Krieg zu führen), die Geistlichkeit zu «beten» und die Bauernschaft zu «arbeiten» hatte.

Allerdings war keineswegs jeder Adelige gleich mächtig. Die Familien des Hochadels – auch die Königsfamilie zählte dazu – verfügten über einen sehr grossen, allerdings auch weit verstreuten Grundbesitz und entsprechende Einkünfte. Besitz und Machtbereich eines «niederen Adeligen» waren dagegen auf eine Region beschränkt. Zogen Hochadelige in den Krieg, so führten sie zahlreiche unfreie Krieger mit sich. Da diese für ihre Tätigkeit mit Grundherrschaften belohnt werden mussten, konnten sie zu Dienst- oder Ministerialadeligen aufsteigen. Im 12. und 13. Jahrhundert gelang es vielen ministerialadeligen Familien, im Kielwasser einer hochadeligen Dynastie die niederadelige Konkurrenz zu überrunden. Bereits im Hochmittelalter selbst wurde man sich der zunehmenden unübersichtlichen Struktur des Adelsstandes bewusst; einige Rechtsgelehrte entwarfen eine theoretische, an den Adelstiteln (Herzog, Graf, Freiherr usw.) orientierte Hierarchie in Form einer «Heerschildordnung», die jedoch der komplexen Wirklichkeit dann doch nicht völlig gerecht wurde.

Die politische Beanspruchung und das Selbstverständnis der Adeligen bewirkten, dass sie für die Bewirtschaftung der Fronhöfe weder genügend Zeit noch Interesse aufbrachten. Die Bauern ihrerseits entwickelten vermehrt Abneigung gegen die **Frondienste**. Im 11. und 12. Jahrhundert wurde das Salland entweder in Parzellen («Schupposen») aufgeteilt, die von zusätzlichen Bauern bewirtschaftet wurden, oder mitsamt dem Fronhof an den bisherigen Meier oder einen Ministerialadeligen verpachtet. Die Frondienste der Bauern wandelte man überwiegend in zusätzliche Abgaben – neben den schon bestehenden Grundzinsen – um. Der Bauer konnte sich so ganz auf die Bewirtschaftung seines Hofes konzentrieren und war, dank der höheren Erträge, auch in der Lage, die Abgaben zu entrichten. Der Adelige seinerseits wurde zum reinen Rentenbezüger, er konnte die Getreide-, Kleintier- und Eierzinsen auf den aufblühenden Märkten eintauschen und mit dem Geldzins für sich spezielle Güter, etwa Waffen, einkaufen.

Die Burg

Parallel zur Auflösung des Sallandes und der Fronhöfe vollzog sich die Wohnsitzverlegung der Adeligen auf Burgen. Als Vorbilder dafür dienten die Fluchtburgen des Frühmittelalters und die Pfalzen der Könige. Fluchtburgen waren mit Mauerringen versehene Wehranlagen an günstiger, erhöhter Lage, in die sich das Volk bei feindlichen Einfällen zurückziehen konnte; ein typisches Beispiel dafür ist etwa Hoch Rialt bei Thusis. Pfalzen waren einigermassen bequem ausgebaute Königsresidenzen, die der Vorbild-Pfalz Karls des Grossen in Aachen nachempfunden waren. Die Burg nun stellte eine Kombination von Pfalz und Fluchtburg dar: Sie stand in sicherer Lage, war mit Mauern und Gräben befestigt, aber sie diente vor allem dem Adeligen, seiner Familie und seinen Knechten und Mägden; eine Zufluchtsstätte für die Bewohner umliegender Dörfer konnte sie allein schon aus Raumgründen kaum bilden.

Die kleine, nahe dem Ufer gelegene Insel Chillon im Genfersee bei Montreux wurde zunächst vom Bischof von Sitten befestigt. Im 11. Jahrhundert übernahmen die Grafen von Savoyen die Burg und bauten sie im Verlauf des 12. und 13. Jahrhunderts auf den heutigen Stand aus. Sie diente als gelegentliche Residenz, als Verwaltungssitz, als Gefängnis und als Kontrollpunkt des Strassen- und Schiffsweges ins Wallis und zum Grossen St. Bernhard. 1536 bis 1798 war das Schloss in bernischem Besitz.

Warum der Wechsel vom Fronhof auf die Burg? Im Vordergrund standen wohl Sicherheitsüberlegungen, die angesichts der zahllosen Fehden (vgl. S. 68 f.) auch angebracht waren. Als Baumaterial ersetzte Stein – abgesehen vom Gebälk und von den Zwischenböden – zunehmend das Holz. Im Zentrum der Burg befand sich als «pièce de résistance» ein Turm, der Bergfried; es folgten ein recht gut ausgebautes Wohnhaus, der Palas, und Verwaltungs- und Wirtschaftsräume. Nach aussen schützte die Ringmauer mit Türmen, Wehrplattformen, Zinnen und Schiessscharten; der Zugang erfolgte über Zugbrücken. Manche Burgen wurden an strategisch wichtigen Stellen angelegt, etwa an Engpässen, wo man von Reisenden einen Weg- oder Brückenzoll kassieren konnte (so Castelmur im Bergell/Graubünden, Angenstein bei Aesch/Baselland).

Die Burg war indessen nicht nur eine Verteidigungsanlage, sondern auch ein möglichst repräsentativer Wohnort und ein Wirtschafts- und Versorgungszentrum, wo die Bauern ihre Abgaben ablieferten und Vorräte gehalten wurden. Auf grösseren Burgen gab es auch Handwerksbetriebe, so auf der Froburg (Kanton Solothurn) eine Bäckerei, eine Schmiede und einen Schmelzofen für Eisenerz. Dass die Burg zum zentralen Element im Leben und Denken der Adeligen wurde, zeigte sich darin, dass diese im 11. und 12. Jahrhundert dazu übergingen, ihre Familie nach ihrer Burg zu benennen, nachdem zuvor in Urkunden einfach der (Vor-)Name, allenfalls der Name des Vaters und eine häufig wechselnde Landschaftsbezeichnung angegeben worden waren. Damit wurde die Grundlage für unser heute noch übliches, im männlichen Stamm erbliches Familiennamensystem gelegt, das später von den Stadtbürgern und den Bauern übernommen wurde. So nannte sich beispielsweise eine im Raum von Winterthur reich begüterte, wahrscheinlich auf die Herzöge von Schwaben des 10. Jahrhunderts zurückgehende Familie seit der Mitte des 11. Jahrhunderts «von Nellenburg» und wird dadurch genealogisch klar fassbar.

Initiant des Burgenbaus war zunächst der Hochadel, der damit bereits am Ende des 10. Jahrhunderts begann. Im 12. Jahrhundert zogen der niedere und der ministeriale Adel nach, während der Hochadel gleichzeitig seine Residenzen glanzvoll ausbaute (etwa Chillon durch die Grafen von Savoyen). Die eigentliche Blütezeit des Burgenbaus lag zwischen 1170 und 1220. Im späteren 13. Jahrhundert setzte bereits der Niedergang kleinerer Burgen ein, weil ihre Besitzer sie nicht mehr unterhalten konnten oder wollten oder sich nach deren Aussterben niemand mehr für das zerfallende Gemäuer interessierte.

Das Dorf

Die Liquidation der Fronhöfe und der Wegzug der Adeligen auf die Burg führten zu einer Distanz zwischen Grundherren und Bauern. Gleichzeitig wuchs der Regelungsbedarf im bäuerlichen Zusammenleben. Bevölkerung und Siedlungsdichte nahmen zu. Da sich die Dreifelderwirtschaft durchsetzte, war innerhalb einer Grundherrschaft eine Art Raumplanung nötig: Man teilte die Ackerfläche in drei «Zelgen» ein, die reihum als Winter-, Sommer- und Brachzelge bewirtschaftet wurden, wobei jeder Bauer Anteil an allen Zelgen haben musste. Schliesslich hatte man noch eine Allmend für das Vieh auszuscheiden. All das war nur über die Bildung einer handlungsfähigen bäuerlichen Gemeinschaft möglich. Gegenüber dem nach wie vor zu respektierenden Grundherrn konstituierte sich das Dorf als soziales und rechtliches Gebilde, das Dorfämter besetzte, ein Dorfgericht besass und meist auch schon über eine Dorfkirche verfügte. Die Dorfgemeinschaft regelte Fragen der Feldbestellung, der Nutzung des Waldes und der Allmend, aber auch Streitigkeiten, das Verhalten gegenüber Forderungen des Grundherrn und die Beteiligung an Bau und Unterhalt von Kirchen und Friedhöfen. Seit dem 13. Jahrhundert wurden die Dorfrechte zunehmend in «Offnungen» festgehalten. Wenn der Grundherr seine Herrschaft verkaufte, verschenkte oder vererbte, so wechselte das Dorf seinen Herrn, doch änderte sich dadurch an der Rechtslage und an den Abgaben nichts.

Bauern leisten ihre Abgaben: einen Käse, ein Lamm, Eier und Geflügel. (Darstellung um 1490)

Bevölkerungswachstum und Mobilität

Die durchschnittliche Lebenserwartung lag zwischen dreissig und vierzig Jahren, war also, gemessen an heute, sehr gering. Von den Neugeborenen erreichte nach Schätzungen weniger als die Hälfte das 5. Altersjahr, nicht einmal

Die Schweiz im Hochmittelalter

ein Drittel kam bis ins heiratsfähige Alter. Kompensiert wurde dies durch die hohe Geburtenzahl der Frauen. Von diesen starben dann allerdings besonders viele zwischen zwanzig und vierzig Jahren, weil die häufigen Geburten und die schwere Feldarbeit sie für Krankheiten anfälliger als die Männer machte. Krankheit und Unfällen gegenüber war man ziemlich hilflos. In der Regel wandte man sich an kräuterkundige Frauen und Mönche. In den Städten kümmerte sich der Bader um die Gesundheit der Kranken. Ärzte gab es nur wenige. Ein Spital war keine Heilstätte, sondern ein Zufluchtsort für Kranke, Invalide, Kriegsversehrte und Bedürftige ohne Angehörige. Seuchen wurden als Strafe Gottes interpretiert; psychisch kranke Menschen sah man als verhext oder vom Teufel besessen an.

Dennoch nahm die Bevölkerung zu. Die Ursachen lagen wohl in der Zunahme der landwirtschaftlichen Erträge, den günstigen klimatischen Verhältnissen und dem Ausbleiben von überregionalen Epidemien – im Gegensatz zum Spätmittelalter (vgl. S. 105 f.). Nach Schätzungen lebten in der Schweiz um 1000 etwa 300 000 bis 400 000 Menschen, um 1300 700 000 bis 800 000. Mit dieser Verdoppelung lag die Schweiz etwas über dem gesamteuropäischen Durchschnitt.

Das Bevölkerungswachstum nötigte die Menschen zur Mobilität. Diese war ihnen, trotz der Bindung an die Scholle und trotz der schlechten Wege, keineswegs fremd. Der hochmittelalterliche König war, um seine Macht wirklich ausüben zu können, fast ständig unterwegs. Der hohe Adel, dessen Besitz ebenfalls weit gestreut war, tat es ihm gleich. Niedrige Adlige, die ihre Entfaltungsmöglichkeiten beschränkt sahen, verlegten ihren Wohnsitz; so wurden aus Freiherren von Brienz im Berner Oberland solche von Raron im Wallis, aus Freiherren von Schweinsberg im Emmental solche von Attinghausen in Uri. Scharen von Pilgern zogen nach Rom oder Santiago de Compostela, seit den Kreuzzügen auch ins Heilige Land nach Jerusalem. Deutsche und niederländische Bauern liessen sich zur Besiedlung der noch bevölkerungsarmen slawischen Länder östlich der Elbe bis zur Memel und zu den Karpaten anwerben. Parallel dazu vollzog sich in der Schweiz die Kolonisation des Alpenraumes.

Die Kolonisation des Alpenraumes

Die Bevölkerungszunahme und das günstige Klima führten zwischen dem 11. und dem frühen 14. Jahrhundert zur Erschliessung und Besiedlung der bisher wenig oder gar nicht bewohnten Berglandschaften der Voralpen und Alpen. Träger dieser kolonisatorischen

> **Zwei wichtige Verfahren der Landgewinnung**
>
> *Roden:* Die Bäume wurden mit Äxten geschlagen und mit Seilen umgezogen; die Wurzeln – die das Rohmaterial für Holzkohle bildeten – wurden ausgegraben. Die Rodung war recht aufwendig, jedoch gründlich; das gewonnene Land konnte sofort bebaut werden.
>
> *Schwenden:* Die Rinde der Bäume wird abgeschält, worauf die Bäume absterben und verdorren. Wenn das Holz trocken ist, wird es angezündet. Das Verfahren ist wenig aufwendig; zudem wirkt die Asche als Dünger. Bis das Land bebaubar ist, dauert es jedoch einige Zeit, zudem geht das Rohmaterial Holz so verloren.

Unternehmungen – des «Landausbaus» – waren der Hochadel (etwa die Grafen von Greyerz oder die Herzöge von Zähringen) und Klöster wie Rougemont, Engelberg, Einsiedeln oder St. Gallen, dem Appenzell seinen Namen (von lateinisch «abbatis cella», «Hof des Abtes») verdankt. Diese erwarben (vom König) oder beanspruchten Besitztitel auf die Wälder und Alpen und liessen dann Kleinadelige, Ministeriale oder bäuerliche Unternehmer die Rodung und Besiedlung durchführen. Die Siedler stammten zum Teil aus der tiefer gelegenen Nachbarschaft, zum Teil auch, wie das Beispiel der Walser zeigt, aus entfernteren Gebieten. Um Siedler zu gewinnen, musste man diesen günstige Bedingungen anbieten. Eine klassische Grundherrschaft mit Fronhof und Frondienst (vgl. S. 36 f.) kam nicht in Frage. Die Kolonisten hatten den Grundherren lediglich mässige Zinsen zu bezahlen.

Ein spätes und daher gut dokumentiertes Beispiel ist die Kolonistentätigkeit der aus dem Oberwallis stammenden Walser. Diese wanderten im 13. Jahrhundert einerseits über die Furka ins Urserental und weiter ins Vorderrheintal, anderseits über das italienische Val Formazza (Pomat) und Bosco/Gurin (Tessin) in die Tessinebene, wo sie von den Freiherren von Sax-Misox (1274) und jenen von Vaz (1277) zur Besiedlung des Rheinwaldgebietes (Graubünden) eingeladen wurden. Die Freiherren von Vaz, damals das wichtigste Bündner Adelsgeschlecht, führte die Walserkolonisation weiter, etwa im Landwassertal (Davos). Die Bewegung endete schliesslich in den Walsertälern an der heutigen österreichisch-bayrischen Grenze. Sprachgeschichtlich führte sie zur Bildung deutscher Sprachinseln im damals noch rein rätoromanischen Graubünden (vgl. Längsschnitt S. 42 f.).

Eines der wichtigsten Pilgerziele war Santiago de Compostela in Spanien. Statue des Heiligen Jakobus an der dortigen Kathedrale mit Schriftrolle, Pilgerstab und muschelbesetztem Hut; die «Jakobsmuschel» wurde zum Abzeichen der Pilger.

Landesausbau und Stadtentwicklung

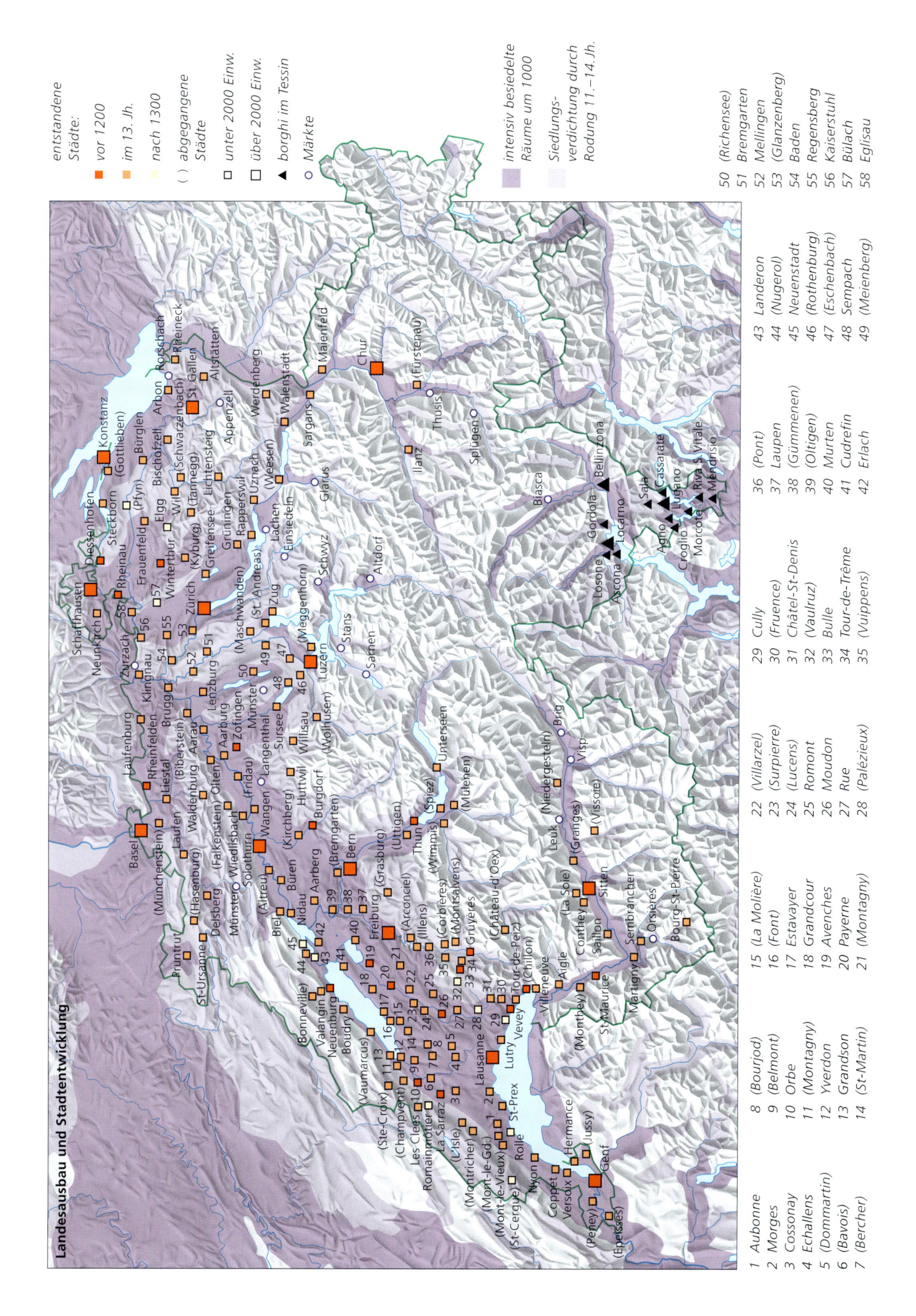

entstandene Städte:
- ■ vor 1200
- ■ im 13. Jh.
- ■ nach 1300
- ( ) abgegangene Städte
- □ unter 2000 Einw.
- □ über 2000 Einw.
- ▲ borghi im Tessin
- ○ Märkte

intensiv besiedelte Räume um 1000

Siedlungsverdichtung durch Rodung 11.–14. Jh.

1 Aubonne
2 Morges
3 Cossonay
4 Echallens
5 (Dommartin)
6 (Bavois)
7 (Bercher)
8 (Bourjod)
9 (Belmont)
10 Orbe
11 (Montagny)
12 Yverdon
13 Grandson
14 (St-Martin)
15 (La Molière)
16 (Font)
17 Estavayer
18 Grandcour
19 Avenches
20 Payerne
21 (Montagny)
22 (Villarzel)
23 (Surpierre)
24 (Lucens)
25 Romont
26 Moudon
27 Rue
28 (Palézieux)
29 Cully
30 (Fruence)
31 Châtel-St-Denis
32 (Vaulruz)
33 Bulle
34 Tour-de-Trême
35 (Vuippens)
36 (Pont)
37 Laupen
38 (Gümmenen)
39 (Oltigen)
40 Murten
41 Cudrefin
42 Erlach
43 Landeron
44 (Nugerol)
45 Neuenstadt
46 (Rothenburg)
47 (Eschenbach)
48 Sempach
49 (Meienberg)
50 (Richensee)
51 Bremgarten
52 Mellingen
53 (Glanzenberg)
54 Baden
55 Regensberg
56 Kaiserstuhl
57 Bülach
58 Eglisau

Die Schweiz
im Hochmittelalter

Die den Walsern gewährte Rechtsstellung erwies sich als sehr günstig: Sie waren politisch frei, bildeten eine eigene Gemeinde mit einem selbst gewählten Ammann und einem eigenen niederen Gericht (vgl. S. 68). Dem Grundherrn mussten sie nur einen nicht erhöhbaren Grundzins zahlen, von dem erst noch ein Loskauf durch eine einmalige Zahlung möglich war. Die Verhältnisse in den früher erschlossenen nichtwalserischen Kolonisationsgebieten waren nicht gleich, aber doch ähnlich. Die Selbstständigkeit der Kolonisten ging weiter als jene der damals erstarkenden Dorfgemeinschaften des Mittellandes (vgl. S. 61). Ausserdem umfasste hier die Gemeinde nicht nur ein Dorf, sondern jeweils eine ganze Talschaft, weil nur diese wichtige Probleme wie Alpbewirtschaftung, Bewässerung oder Schutz der Bannwälder regeln konnte. Die Grundherren, etwa die Klöster, aber auch die Inhaber der Hochgerichtsbarkeit (vgl. S. 68) waren weit entfernt; wenn diese ihren Einfluss bewahren wollten, mussten sie sich mit den Talgemeinschaften der Kolonisten arrangieren. Die Walser behielten über Jahrhunderte – auch dank der Sprache – ihr Stammesbewusstsein.

Günstig war auch die wirtschaftliche Lage. Einerseits konnte man Getreide bis weit hinauf anbauen, andererseits Vieh züchten und verkaufen. Hinzu kam die wachsende Bedeutung der Alpenpässe, die Einnahmen aus dem Transport und aus Durchgangszöllen ermöglichte (vgl. S. 96). Die Männer trugen hier Waffen – schon wegen der Jagd – und zogen bereits im 13. Jahrhundert gelegentlich in fremde Kriegsdienste. Die Frauen entfalteten sich selbstständiger als in der Ebene, wohl deshalb, weil die Männer oft lange weg waren, sei es nun auf der Alp, auf einem Transport oder auf einem Kriegszug. Sie schlossen selbstständig Rechtsgeschäfte ab und nahmen auch an Versammlungen teil.

War diese alpine Gesellschaft in mancher Hinsicht eine Alternative zu jener des Mittellandes, so darf man sie sich doch keineswegs als Idyll vorstellen. Während die herrschaftlichen Strukturen relativ schwach ausgebildet waren, spielte das Zusammengehörigkeitsgefühl der einzelnen Sippen eine wichtige Rolle, was oft zu heftigen Fehden und Blutracheaktionen führte. In solchen Fällen musste die Talgemeinde dann doch wieder einen aussen stehenden Richter und Schlichter anrufen.

Das Walserdorf Bosco/Gurin, die einzige deutschsprachige Ortschaft im Kanton Tessin, hat seinen urtümlichen Charakter bis heute bewahrt.

Die Kolonisation der Walser

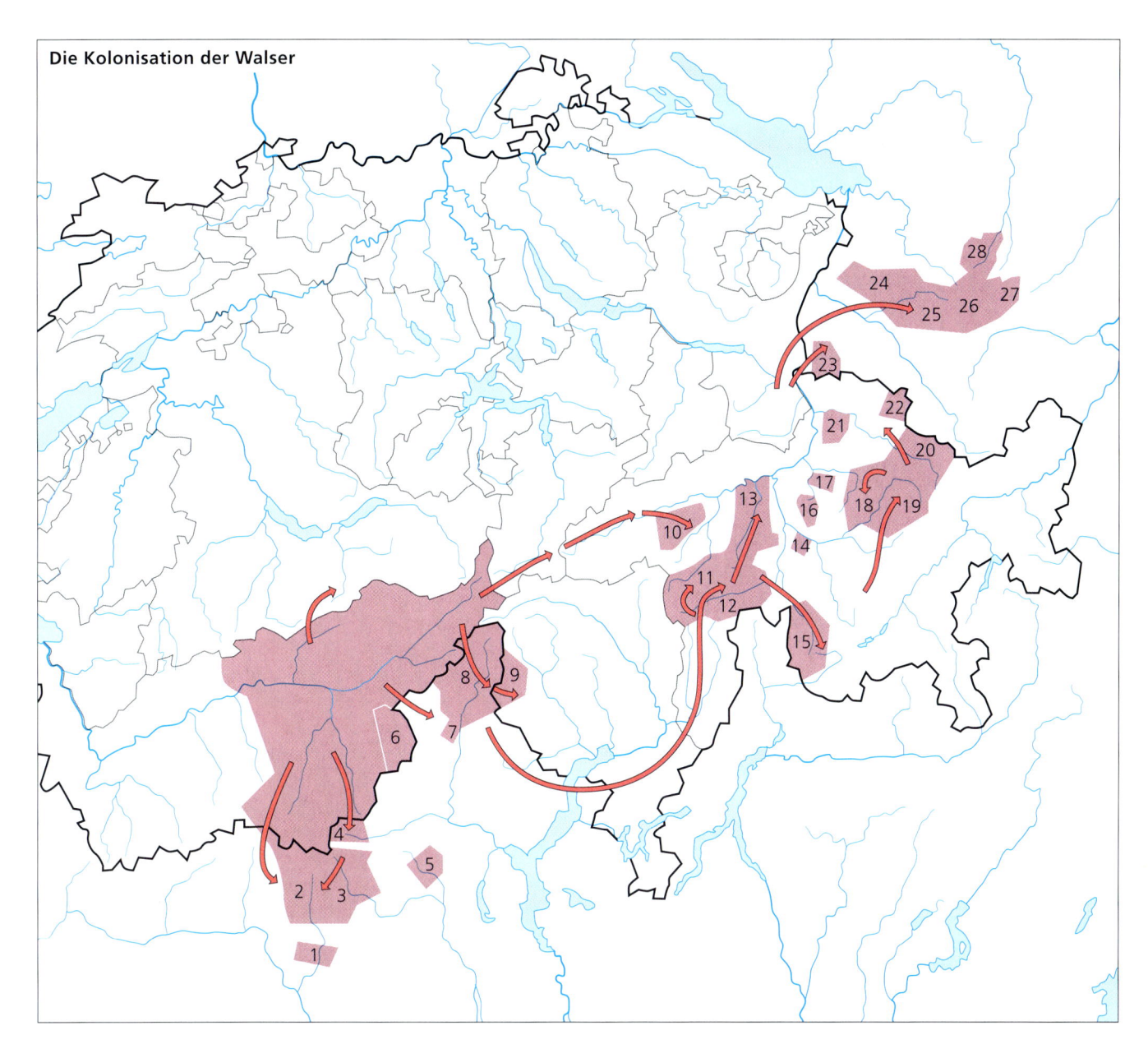

- heutiges Walsergebiet
- ➡ Vorstösse der Walser (12.–14. Jh.)
- — Landesgrenze
- — Kantonsgrenzen

1 Issime
2 Gressoney
3 Alagna
4 Macugnaga
5 Rimella
6 Simplon-Gondo
7 Salecchio/Saley
8 Pomatt
9 Bosco/Gurin
10 Obersaxen
11 Vals
12 Rheinwald
13 Safien
14 Mutten
15 Avers
16 Churwalden
17 Tschiertschen
18 Langwies-Arosa
19 Davos
20 Klosters
21 Furna-Valzeina
22 St. Antönien
23 Triesenberg
24 Laterns
25 Grosses Walsertal
26 Lech
27 Warth
28 Kleines Walsertal

Die Schweiz im Hochmittelalter

Herrschaft im Hochmittelalter

Die mittelalterlichen Reiche waren keine Staaten im modernen Sinn. Die heute übliche Trennung zwischen öffentlichem und privatem Recht fehlte. Der König sollte zwar «öffentliche» Aufgaben wahrnehmen, vor allem Krieg führen und Recht sprechen, doch stand ihm kein Staatsapparat zur Seite: Es gab keine Beamten, keine Polizisten, kein stehendes Heer, keine Berufsrichter. Seine Macht beruhte vor allem auf dem königlichen Grundbesitz mit dessen Erträgen. Dem König standen die Hochadligen – ebenfalls Grundbesitzer und zumindest im regionalen Rahmen ebenfalls mächtig, aber häufig zerstritten – gegenüber. Das führte in der späten Karolingerzeit zu anarchischen Verhältnissen und dazu, dass man feindlichen Einfällen fremder Völker wie der Normannen, Ungarn und Sarazenen ziemlich wehrlos gegenüberstand.

Das Lehenswesen

Als Mittel zur Stabilisierung erwies sich das Lehenswesen, das im späten 9. Jahrhundert aufkam und sich im 10. Jahrhundert als regulierendes System im Verhältnis zwischen König und Hochadel durchsetzte. Der König verlieh in einem Vertrag dem Hochadligen königliches Land – mitsamt den Bauern – und Herrschaftsrechte, zum Beispiel das Recht, Gericht zu halten, und versprach ihm seinen Schutz. Der Hochadelige gelobte als **Vasall** dem König dafür Treue und Heerfolge im Krieg. Treubruch sollte zum Verlust des Lehens führen. Beide Seiten erhofften sich von einem solchen Vertrag einen Nutzen: der König einen verlässlichen Helfer, der Hochadelige Unterstützung gegen Rivalen und materiellen Gewinn. Es kam auch vor, dass ein Adeliger seinen bisherigen Besitz – «allodium», deutsch «das Eigene» – dem König übergab und als Lehen wieder empfing.

In der Folgezeit erfuhr das Lehenswesen Ausbreitung und Veränderungen. Der Hochadel gab nun seinerseits Lehen an kleinere Adelige aus und erhielt so deren Unterstützung. Bald bürgerte sich die Erblichkeit der Lehen als Normalfall ein, wodurch das Element der persönlichen Beziehung zwischen Vasall und Herr erheblich an Bedeutung verlor. Dieses wurde noch mehr geschwächt, als sich die Mehrfachvasallität verbreitete: Man konnte von mehreren Herren Lehen entgegennehmen und allen Treue geloben.

Ein Bischof und eine Äbtissin erhalten vom König Szepterlehen, drei weltliche Fürsten Fahnenlehen. Buchmalerei aus dem Sachsenspiegel, dem wichtigsten deutschen Rechtsbuch des Mittelalters, verfasst von Eike von Repgow.

Gegenmassnahmen gegen diese Auflockerung des Treuegebotes war die Belehnung von Bischöfen, die wegen des Zölibats nichts vererben konnten, und von Ministerialadeligen, die zu keinem weiteren Herrn in Beziehung treten durften. Im Ganzen entwickelte sich so ein kompliziertes herrschaftliches Netz auf personeller, nicht institutioneller Basis. Dabei war das Vertragselement immer nur die eine Seite des Verhältnisses zwischen Herr und Vasall, die andere bestand aus persönlichen Elementen wie Prestige, Präsenz, militärischer Geschicklichkeit, diplomatischer Schlauheit und nicht zuletzt aus einer ertragreichen Heiratspolitik.

Die Anzahl der verleihbaren Rechte nahm zu; neben grundherrlichen und Gerichtsrechten wurden auch etwa Patronatsrechte (Recht, den Pfarrer einzusetzen), Zollrechte, Münzrechte und andere mehr verliehen. Da diese Rechte innerhalb desselben Territoriums an ganz verschiedene Lehensempfänger gelangen konnten – sei es nun durch direkte Verleihung oder unterschiedlichen Erbgang –, kam es zu einer Aufsplitterung der Herrschaftsverhältnisse. Ein Dorf hatte es meist nicht mit einem, sondern mit vielen Herren zu tun: meist mehreren Grundherren, dem Inhaber der niederen Gerichtsbarkeit, jenem der hohen Gerichtsbarkeit, dem Pfarrpatron und anderen mehr. Gemeinsam war, dass allen Abgaben entrichtet werden mussten, von denen jede einzelne nicht besonders hoch war, die zusammen jedoch eine erhebliche Belastung bildeten. Die Vielzahl der Herren konnte allerdings auch den Spielraum der Dorfgemeinschaft vergrössern.

Das Gericht

Rechtsvorstellungen, Struktur und Funktion der Gerichte waren anders als heute. Das zunächst nur mündlich überlieferte Recht galt als unveränderlich und ewig. Zu diesem Recht gehörte auch jenes auf Selbstjustiz: Man konnte einen auf frischer Tat ertappten Übeltäter gleich selbst strafen, man durfte Rache üben, man regelte einen Rechtsstreit mit Gewalt, durch eine Fehde – nur ging man dabei ein beträchtliches Risiko ein (vgl. S. 68 f.). Zu einer Gerichtsverhandlung kam es nur, wenn Kläger und Beklagter das Gericht aufsuchten, wobei das Prestige des Richters eine Beurteilung vor Gericht begünstigte.

Der Inhaber der Gerichtsrechte über ein Dorf oder eine Region urteilte nicht allein, sondern leitete die Verhandlung eines Kreises von Geschworenen aus dem Volk oder aus seinem Hofstaat. Ihre Aufgabe war es, das überlieferte Recht richtig anzuwenden, nicht etwa, neues Recht zu schaffen. Dementsprechend waren Rituale und Formen sehr wichtig. Als Gerichtsorte fungierten uralte Linden oder Vorplätze

Beispiele von Gottesurteilen

Feuerprobe: Der Angeklagte muss über eine glühende Pflugschar gehen, ein heisses Eisen anfassen oder einen Gegenstand aus heissem Wasser oder Öl nehmen. Entsteht keine Brandwunde oder heilt diese problemlos, so ist er unschuldig.

Wasserprobe: Der Angeklagte wird ins Wasser geworfen. Versinkt er, so bedeutet dies, dass das reine Wasser ihn aufnehmen will. Er wird an Land gezogen und gilt als unschuldig.

Bahrenprobe: Der Angeklagte tritt an die Bahre eines Getöteten. Wenn dessen Wunden wieder zu bluten beginnen, ist er schuldig.

Zweikampf: Der Sieger ist unschuldig. Ist eine Partei eine Frau oder ein Kind, so springt ein Stellvertreter ein. 1288 wird allerdings von einem Zweikampf in Bern berichtet, bei dem eine Frau selbst kämpfte und ihren männlichen Gegner mit einer Axt tötete.

vor Kirchen; Kleidung und Sitzordnung waren vorgeschrieben. Als wichtigstes Beweismittel galten die Eide der beteiligten Parteien. Wurden unterschiedliche Eide geschworen, so zog man Zeugen bei, die man ebenfalls vereidigte, nahm einen Augenschein vor oder stützte sich, wenn es um Besitzstreitigkeiten ging, auf Urkunden, sofern solche vorhanden waren. Führte all das zu keinem eindeutigen Ergebnis, so konnte ein Gottesurteil angeordnet werden. Man ging von der Annahme aus, dass Gott eingreifen und die Unschuldigen schützen, die Schuldigen dagegen bestrafen würde.

Das Ergebnis von Streitigkeiten um Güter oder Rechtsansprüche bestand darin, dass diese jener Partei zugeteilt wurden, die nach Ansicht des Gerichts im Recht war. Die Strafen bestanden in der Regel aus Busszahlungen an das Opfer oder dessen Hinterbliebene. Getötet wurde der Verurteilte allenfalls dann, wenn er nicht bezahlen konnte. Strafen und angewandtes Recht richteten sich nach Stand und Status der Täter.

Bereits im 8. Jahrhundert wurde zwischen hoher und niederer Gerichtsbarkeit unterschieden. Die niedere Gerichtsbarkeit umfasste meist einen kleinen Bereich, eine oder mehrere Grundherrschaften, und erstreckte sich auf unbedeutende Delikte wie Nachbarschaftsstreitigkeiten, Konflikte um Schulden oder bewegliche Sachen. Vor das Hochgericht, dem meistens ein grösseres Territorium zugeordnet war, kamen Auseinandersetzungen um Grundbesitz sowie Verstösse gegen Leib und Leben.

Vom späten 12. Jahrhundert an bahnte sich ein Wandel in der Auffassung über die Auf-

Die Schweiz im Hochmittelalter

gabe eines Gerichts an. Dieses sollte nicht eine Alternative, sondern ein Ersatz der Fehde und der persönlichen Rache sein. Getragen wurde diese Auffassung von der Kirche und von den Städten, die beide nach mehr Rechtssicherheit strebten. Für die Städte war besonders der Schutz des Eigentums wichtig, weil darauf ihre Wirtschaftsordnung beruhte. Wollte das Gericht aber mehr Sicherheit erreichen, so musste sich der Gerichtsherr aktiv um die Festnahme von Übeltätern kümmern (Inquisitionsprozess). Ebenso genügten die klassischen Beweismittel nicht mehr. An die Stelle der Eide und Gottesurteile trat im Verlauf des 13. Jahrhunderts zunehmend das Geständnis der Beschuldigten – wobei mit Folter nachgeholfen wurde –, an die Stelle der Geldzahlung die Hinrichtung oder Verstümmelung. Der ursprünglich durchaus materiell verstandene Sühnebegriff wurde durch die Idee der Strafe als Sühne für die böse Tat sowie das Streben nach Abschreckung abgelöst. Hinzu kam die von der Kirche gewünschte Verurteilung und Eliminierung all jener, die vom wahren Glauben abgefallen waren, etwa **Ketzer** und Hexen (vgl. S. 113, S. 128).

Diese Entwicklung, die sich im Spätmittelalter und in der frühen Neuzeit steigerte, zeigt die Kehrseite des Strebens nach dem Landfrieden (vgl. S. 69) auf: der Einsatz von grausamen und keineswegs zuverlässigen Methoden, um diesen Frieden herzustellen. Vielerorts löste sich denn auch vom Hochgericht ein besonderes «Blutgericht» ab, das sich ausschliesslich mit todeswürdigen Verbrechen befasste.

Die Grausamkeit der Hinrichtungsmethoden sagt allerdings nichts über die Häufigkeit der Verhängung der Todesstrafe aus. Als todes-

> **Folter und Strafen im späten Hochmittelalter und im Spätmittelalter**
> *Pfählen:* mit einem Pfahl durchbohren
> *Schinden:* einen Teil der Haut lebendigen Leibes abziehen
> *Staupen:* auspeitschen
> *Zwicken:* mit glühenden Zangen klemmen
> *Schwemmen:* gewaltsam Flüssigkeit eingiessen
> *Anprangern:* einen Verurteilten auf öffentlichem Platz an einen Pfahl (Pranger) zum allgemeinen Gespött anketten

würdig galten Mord, Raub und Diebstahl, doch war es im Mittelalter nicht leicht, die Mörder, Räuber und Diebe überhaupt zu erwischen. Die viel häufiger vor ein Gericht gelangenden Gewalttätigkeiten wie Tötung im Affekt oder Körperverletzung wurden weiterhin relativ milde, meist nur mit Bussen, bestraft.

Zwischen Fehde und Friede

Die Fehde, die Austragung eines Streits mit Gewalt, entwickelte sich aus der uralten Vorstellung, dass die Tötung eines Angehörigen oder auch die Kränkung der eigenen Ehre nach Vergeltung rufe. Im Hochmittelalter bildeten aber auch beliebige andere Streitfragen Anlass zur Fehde. Theoretisch unterschied man zwischen der «rechten Fehde», zu der man nach der Niederlage vor einem Gericht griff, und der «unrechten Fehde», bei der man es auf eine Gerichtsverhandlung schon gar nicht ankommen liess. Als fehdeberechtigt galten Adelige aller Stufen, nicht aber Geistliche, Stadtbürger und Bauern. Den Beginn der Fehde hatte man dem Gegner durch einen Fehdebrief zu erklären. Bei der Durchführung hielt man sich dagegen kaum an Formen. In erster Linie schädigte man den Gegner an seiner landwirtschaftlichen Existenzgrundlage: Die Dörfer seiner Grundherrschaften wurden überfallen, oftmals niedergebrannt, das Vieh weggeführt, die Äcker verwüstet, die Bauern verjagt, verletzt oder getötet. War der Gegner in seiner Burg in die Enge gedrängt, so belagerte man diese und hoffte, dass der Hunger ihn zur Kapitulation bringen würde. Der besiegte Gegner musste «Urfehde» schwören und die Bedingungen des Siegers akzeptieren. Möglich war aber auch die Schlichtung der Auseinandersetzung durch einen Dritten als Schiedsrichter, der die «Sühne», das heisst die Lösung der Streitfrage und die Entschädigungen, festlegte.

Dass die zahllosen Fehden sehr viel Schaden anrichteten, vor allem Unschuldige trafen und die Sicherheit massiv beeinträchtigten, aber

*Hinrichtungsformen im Spätmittelalter: Rädern und Sieden in kochendem Öl.
(Aus der Spiezer Chronik des Diebold Schilling, 1485)*

auch im Widerspruch zur christlichen Moral standen, wurde schon früh bemerkt. Seit dem frühen 11. Jahrhundert bemühten sich vor allem die Bischöfe im regionalen Rahmen, das Fehdewesen durch die Erklärung des «Gottesfriedens» zu beschränken. So sollten vom Samstag auf den Montag sowie an hohen Feiertagen Fehden verboten sein; spätere Gottesfriedenserlasse dehnten diese «Friedenszeiten» weiter aus. Durchgesetzt wurde ein solcher Gottesfriede dadurch, dass man möglichst viele Adelige durch Eid auf die Einhaltung verpflichtete; wurden sie eidbrüchig, sollten alle andern gegen sie vorgehen. Die Kirche konnte diese zudem mit der **Exkommunikation** belegen. Die konkrete Wirkung solcher Gottesfriedenserlasse war jedoch immer von beschränkter Dauer. Seit dem 12. Jahrhundert versuchten, im Anschluss daran und mit denselben Mitteln, die Könige einen – befristeten oder unbefristeten – «Reichslandfrieden» durchzusetzen, wobei die Wirkung in beiden Fällen jeweils nicht von langer Dauer war.

Der Höhepunkt dieser Bemühungen wurde im Mainzer Reichslandfrieden von 1235 erreicht, der die dem König unterstellten Fürsten verpflichtete, die Kriminalität zu bekämpfen und die Gerichte zu stärken; Fehden sollten nur nach einem erfolglosen Sühneversuch und ordentlicher Absage an den Gegner erlaubt sein. Wie intensiv solche Erlasse und Vereinbarungen befolgt wurden, hing jedoch sehr stark von der konkreten Macht des Herrschers ab, gegen Fehlbare vorzugehen. Gerade die auf den Mainzer Landfrieden folgenden Jahrzehnte waren jedoch durch eine geringe königliche Präsenz gekennzeichnet: Die letzten Stauferherrscher konzentrierten sich auf den Kampf um Italien; ihre Nachfolger bis 1273 waren Schattenkönige ohne jeden Einfluss.

In dem durch Unsicherheit gekennzeichneten Alltag musste sich daher der militärisch Schwache nach einem konkreteren Schutz umsehen. Das galt seit je für die Klöster. Einige wenige erfreuten sich des direkten königlichen Schutzes, die meisten aber mussten einen Adeligen der näheren oder weiteren Nachbarschaft mit der Übernahme der «Schirmvogtei» beauftragen. Für diesen bot die Übernahme einer solchen Aufgabe die Möglichkeit, Macht und Einkommen zu vermehren, für das Kloster selbst bestand dagegen die Gefahr, auf die Dauer von seinem Schirmvogt abhängig zu werden. Auch Städte unterstellten sich oft der Schirmherrschaft eines mächtigen Adeligen, aber auch ihnen konnte es passieren, dass der Schirmer zum Stadtherrn wurde. So vertraute sich die Stadt Murten (Freiburg) 1272 den Grafen von Savoyen an, was aber nur dazu führte, dass sie in den Konflikt zwischen diesen und den Habsburgern verwickelt und von den letzteren elf Jahre später erobert wurde.

Eine weitere Möglichkeit bot der Abschluss regionaler Landfriedensabkommen, an denen vor allem die Städte besonders interessiert waren. Die Beteiligten übernahmen die Ziele des Mainzer Reichslandfriedens in mehr oder weniger abgeänderter Form, verpflichteten sich durch Eid darauf und versuchten, diese in gemeinsamem Zusammenwirken auch ohne den König durchzusetzen. Ein Beispiel dafür lieferte der Rheinische Bund von 1254, dem Städte, Bischöfe und Hochadlige zwischen Köln und dem Bodensee angehörten: Man sagte allen Friedensbrechern den Kampf an, gelobte, Streitigkeiten durch ein Schiedsgericht zu regeln, und schuf eine Bundesversammlung, die vierteljährlich zusammentreten sollte. Auch Zürich, Basel und Konstanz gehörten dem Bund an. Die Dauer war auf zehn Jahre befristet, doch zerbrach der Bund schon 1257, als es über die Wahl eines neuen deutschen Königs zu Streitigkeiten kam. Das erste bekannte Landfriedensbündnis im schweizerischen Raum war jenes zwischen Bern und Freiburg im Jahre 1243. Auch es hielt nicht lange, weil beide Städte in den Konflikt zwischen Savoyen und Habsburg gerieten und Freiburg 1277 unter habsburgische Herrschaft kam.

Hinrichtungsformen im Spätmittelalter: Verbrennen von Verurteilten. (Aus der Spiezer Chronik des Diebold Schilling, 1485)

Die Schweiz im Hochmittelalter

Die Städte

Land und Stadt

Der Bauer, der im Hochmittelalter in die Stadt ging, lernte dort eine wesentlich andere Welt als die seines Dorfes kennen. Schon von weitem war die Stadt an ihren Mauern erkennbar. Am Tor mussten alle Eintretenden eine Kontrollstelle passieren. Auf dem zumeist gepflästerten Markt angekommen, boten die Dorfleute ihre Lebensmittel an und erwarben ihrerseits Waren, die daheim nicht erhältlich waren: Erzeugnisse städtischer Handwerker, etwa Lederwaren, Werkzeuge oder ein Fass, oder Importe wie etwa Salz. Für grössere Geschäfte, die man urkundlich fixiert haben wollte, standen schriftkundige Personen zur Verfügung. Vielfach musste man sich auch in Rechtsstreitigkeiten an das zuständige städtische Gericht wenden. Im Wirtshaus erfuhr man das Neueste aus der grossen Welt. Nicht zuletzt beeindruckten den Landmann auch die Stadtkirchen, in denen kostbare **Reliquien** Wunder bewirkten und daher vielleicht auch dem Besucher helfen konnten. Wenn dieser allerdings die Nacht wieder zu Hause verbringen wollte, so musste er die Stadt rechtzeitig verlassen, da am Abend deren Tore geschlossen wurden.

Der Aufstieg der Städte

Die Kultur des Altertums war im Wesentlichen städtisch geprägt gewesen, obgleich die Mehrzahl der Menschen auf dem Land gelebt hatte. Städte wie Athen, Alexandria, Rom oder Konstantinopel hatten als Zentren des Handels, des politischen Geschehens und des Geisteslebens, aber auch durch ihre Bauten der antiken Welt ihren Stempel aufgedrückt und selbst noch in der Zeit des Niedergangs als Vorbilder für die unzähligen Städte des Römischen Reiches gewirkt. In der Spätantike und im Frühmittelalter erlitten die Städte im ehemals römischen Westeuropa einen ausgesprochenen Schrumpfungsprozess (vgl. S. 29 f.); auch in der Schweiz blieben beispielsweise von Aventicum oder Augusta Raurica nur dörfliche Reste erhalten. Weniger tief greifend war der Rückgang in Italien und in Südfrankreich. In Mittel-, Ost- und Nordeuropa, das nie römisch gewesen war, gab es keine städtische Tradition.

Der Wiederaufstieg alter und die Gründung neuer Städte setzt in Italien im 10. und 11., nördlich der Alpen im 11. und 12. Jahrhundert ein. Das 13. Jahrhundert ist eine Zeit des raschen Aufstiegs, während im 14. Jahrhundert eine gewisse Stagnation beginnt. Um 1400 gab es allein auf dem Boden des Deutschen Reiches rund 3000 Städte, allerdings ganz unterschiedlicher Grösse (zur Zahl der Städte in der Schweiz vgl. S. 73).

Der Aufstieg der Städte hat im Wesentlichen wirtschaftlich-technische und demografische Gründe. Die Bevölkerungszunahme des Hochmittelalters erhöhte die Nachfrage nach Gütern aller Art, gleichzeitig schuf sie auf den Grundherrschaften einen Überschuss an Menschen, die ihren Lebensunterhalt anderswo suchen mussten oder wollten, sei es nun als Kolonisten oder eben als Bürger einer Stadt (vgl. S. 61 f.). Die Verbesserungen in der landwirtschaftlichen Technik (vgl. S. 58 f.) ermöglichten die Produktion von Überschüssen: Bauer und Grundherr verkauften einen Teil ihrer Erzeugnisse in die Stadt und bezogen von den dortigen Spezialisten handwerkliche Waren. Kaufleute, die in karolingischer und ottonischer Zeit noch ein eigentliches Nomadendasein geführt hatten, konnten es sich nun leisten, sesshaft zu werden, ohne auf die Dauer um ihren Absatz fürchten zu müssen. Könige und Adelige waren an der Entwicklung gesicherter Märkte interessiert, von denen auch sie profitieren konnten. Für die Städtegründer konnte die Stadt dank der Abgaben zum Geschäft werden.

Die Städte, die sich auf dem Boden des ehemaligen Römischen Reiches entwickelten, hatten oft bereits im Altertum bestanden und in bescheidenem Rahmen das Frühmittelalter überlebt. Ihre Kontinuität bestand vor allem in ihrer Rolle als Bischofssitz; schweizerische Beispiele dafür sind Genf und Basel. Anderswo entwickelten sich Städte um ein Kloster – etwa St. Gallen – oder um eine Adelsburg, wie Burgdorf oder Neuenburg. Daneben gab es zahlreiche Neugründungen. Solche konnten in bisher unbewohntem Gebiet – spektakuläre Beispiele sind in der Schweiz Freiburg und Bern – erfolgen; häufiger aber knüpften sie an ein bereits vorhandenes Dorf oder an eine bestehende Kaufmannsstation an. Vielfach verlief die Entwicklung auch komplex: Zürich war ursprünglich eine römische Zollstation, erhielt dann in der Karolingerzeit zwei Klöster und ungefähr gleichzeitig eine königliche Residenz, die Pfalz auf dem Lindenhof innerhalb der Mauern des alten römischen Kastells. Schaffhausen entwickelte sich (vgl. S. 58) um einen Güterumschlagplatz und ein Kloster. Die Entwicklung des Marktes ging der Erhebung zur Stadt oft zeitlich weit voraus; Beispiele dafür sind Moudon oder Stein am Rhein.

Was ist eine Stadt?

Was unterschied nun die Stadt vom Dorf? Das «mittelalterliche Stadtmodell» wird durch eine Reihe von Merkmalen typisiert:
– Die Stadt hat viel mehr Einwohner als das Dorf.
– Die Stadt lebt vom Handwerk und vom Handel, das Dorf dagegen von der Landwirtschaft.
– Die Stadt ist ein kulturelles Zentrum; der Städter ist gebildeter als der Bauer.
– Die Stadt ist durch einen Mauerring geschützt.
– Die Stadt geniesst einen besonderen Rechtsstand, das «Stadtrecht».

Die Wirklichkeit war freilich komplizierter. Die mittelalterlichen Städte entwickelten sich zu ganz unterschiedlicher Grösse. Nur wenige, wie Brügge, Paris, Mailand, vermochten die Zahl von 50 000 Einwohnern zu überschreiten. Im Deutschen Reich kamen etwa 15 bis 20 Städte auf mehr als 10 000. Sehr viel zahlreicher dagegen waren – gerade auch in der Schweiz – jene, die es auf keine tausend Einwohner brachten. Solche Klein- und Kleinststädte unterschieden sich kaum von einem grösseren Dorf und konnten auch keineswegs vom eigenen Handwerk und Handel leben; viele ihrer Bewohner betrieben als «Ackerbürger» vor der Stadt Landwirtschaft.

Der kulturelle Rang einer Stadt hing von ihrer Grösse und von ihrem Reichtum ab. Generell spielte die Schriftlichkeit im städtischen Leben eine grössere Rolle als auf dem Land, sodass schon früh Stadtschulen eingerichtet wurden. Kulturelle Anregungen gingen auch von manchen städtischen Klöstern und von den Kathedralschulen der Bischöfe aus. Das Recht zur Ummauerung war im Allgemeinen mit dem Stadtrecht verknüpft. Allerdings bedeutete die Erlaubnis dazu noch nicht den tatsächlichen Bau einer Befestigungsanlage, denn dieser war technisch und finanziell ausserordentlich aufwendig. Manche Stadt kam daher erst relativ spät zu ihrem Mauerring, Zürich erst im 13. Jahrhundert; zuvor hatte offenbar das römische Kastell genügt. Bei vielen kleineren Städten mussten die Aussenmauern der zusammengebauten Häuser gleich auch die Rolle der Stadtmauer übernehmen.

Als bestimmender Unterschied zwischen Stadt und Land bleibt somit die Rechtsstellung, das «Stadtrecht».

«Stadtluft macht frei»

Dieser Satz wurde zwar erst im 19. Jahrhundert von Rechtshistorikern geprägt, gibt aber doch einen wichtigen Sachverhalt wieder: Der Stadtbürger war wesentlich freier als der Dorfbewohner. Wohl entstanden Städte keineswegs auf herrenlosem Land; sie hatten ihren Stadtherrn: den Bischof, den Abt, den grundbesitzenden Adeligen. Es zeigte sich aber schon im frühen 12. Jahrhundert, dass eine grössere städtische Gemeinschaft nur dann gedeihen konnte, wenn man ihre Bewohner aus der grundherrlichen Abhängigkeit löste. Wo eine Stadt neu gegründet wurde, teilte der Gründer das künftige Stadtareal in gleich grosse Parzellen auf, in so genannte Hofstätten, welche den Siedlungswilligen zu günstigen Bedingungen abgegeben wurden. Eine solche Hofstätte umfasste das Haus mit dem dazu gehörenden Hof, allenfalls einer Werkstatt und einem Kleinviehstall. Der Siedler musste einen Zins entrichten, ging aber keine weiteren Verpflichtungen ein und war vor allem von den allfälligen Bindungen und Verpflichtungen seines früheren Wohnortes befreit. Er durfte das Haus nach Belieben nutzen, umbauen, weitervermieten und vererben; sehr oft war es auch möglich, durch eine einmalige Abzahlung alleiniger Besitzer zu werden. Mit dem Erwerb einer Hofstätte wurde er gleichzeitig Bürger, das heisst Mitglied der städtischen Rechtsgemeinschaft. Der Stadtherr hinderte ihn auch nicht in seiner wirtschaftlichen Entfaltung.

Neben solchen individuellen Rechten benötigte die städtische Gemeinschaft auch kommunale Rechte. Wirtschaftlich grundlegend waren das Markt- und das Münzrecht, militärisch wichtig das Recht auf Mauerbau. Die besondere Rechtslage erforderte auch die Schaffung einer besonderen städtischen Gerichtsbarkeit. Im «Stadtrecht», einem vom Stadtherrn der Gemeinde verliehenen Privileg, wurde die Summe all dieser Rechte festgehalten. Häufig orientierten sich diese Stadtrechte am Muster einer bekannten grossen Stadt; Vorbild für das Stadtrecht vieler süddeutscher und schweizerischer Städte war dasjenige von Köln, das die Kölner ihrem erzbischöflichen Stadtherrn abgerungen hatten.

Um die Rechte und die mit ihnen verbundenen Aufgaben wahrnehmen zu können, war die Bildung städtischer Institutionen notwendig. Diese mussten zudem Ordnungsfunktionen übernehmen, die sich aus dem Zusammenleben vieler Menschen auf engem Raum ergaben. Die gesamte Bürgerschaft trat meist

Zur Selbstständigkeit einer Stadt gehörte auch das eigene Siegel.

Oben: Das älteste Siegel der Berner Bürgerschaft (1224)

Mitte: Das erste Freiburger Stadtsiegel (1225)

Unten: Das älteste Stadtsiegel von Basel (um 1225)

Die Schweiz
im Hochmittelalter

*Die von den Zähringern um 1190 gegründete Burg Nydegg wurde von den Stadtbernern um 1270 zerstört. Um 1191 legten die Zähringer das «ältere burgum» an auf drei parallelen Achsen mit Hofstätteneinteilung. Das «jüngere burgum» entstand um 1220–1230. Bald entwickelte sich westlich davon eine Vorstadt, die unter der Schirmherrschaft Graf Peters II. von Savoyen um 1256 in das Befestigungssystem einbezogen wurde.
In der Folge wuchs die Stadt weiter nach Westen, was um 1345 – im Zusammenhang mit dem Laupenkrieg – den Bau einer weiteren Festungsanlage erforderte. Damit war die äussere Wachstumsphase im Wesentlichen abgeschlossen; der Bau der Schanzen im 17. Jahrhundert erfolgte aus militärischen Gründen.*

ein- oder zweimal jährlich zusammen, um gemeinsam die Einhaltung der Stadtverfassung zu beschwören. Aus den Reihen der Bürger rekrutierten sich ein Rat und einige Amtsinhaber, die für die Leitung der Gerichte, für die Münzprägung, die Marktaufsicht, die Feuer- und Gesundheitspolizei oder für das Bauwesen zuständig waren.

Als Ziel der städtischen Räte galt einerseits die möglichst weit gehende Emanzipation vom Stadtherrn, anderseits der Ausbau der besonderen städtischen Rechtsordnung und Autonomie. Dies kam vor allem darin zum Ausdruck, dass der Stadtherr seinen Einfluss auf die Wahl der Räte und die Ernennung der Amtsinhaber verlor. Je grösser die Einwohnerzahl und der dadurch mögliche politische Druck und je schwächer der Stadtherr war, desto grösser war die Chance, völlige Selbstständigkeit im Rahmen des Reichs («Reichsunmittelbarkeit») zu erlangen. Der Ausbau der Rechtsordnung bezweckte vor allem das Verbot der Selbsthilfe, der Fehde. Die städtischen Behörden sahen ihre Aufgabe nicht nur darin, Rechtshändel zu schlichten; sie wollten vielmehr Recht schaffen, Rechtsverletzungen durch Kontrolle und abschreckende Strafen nach Möglichkeit verhindern und damit die Stadt zu einem Friedens- und Sicherheitsbereich entwickeln. Gemäss der Handfeste von Freiburg aus dem Jahre 1249 wurde der Mord an einem Bürger mit Enthauptung bestraft. Luzern untersagte 1252 die Blutrache grundsätzlich, Bern schloss 1266 eine Blutrache führende Partei vom Schutz durch den Stadtfrieden aus.

Nach aussen freilich konnte die Stadt genau so wie die Feudalherren aller Ränge als Krieg führende Macht in Erscheinung treten.

Die Entwicklung einer städtischen Rechtsordnung schränkte die Freiheit des einzelnen Bürgers allerdings auch wieder ein: Er hatte sich an die Ratsverordnungen zu halten, er hatte nach Bedarf Steuern zu entrichten, er hatte sich an der Verteidigung der Stadt zu beteiligen. Wie weit er dabei mitbestimmen durfte, hing von dem Charakter der Stadtverfassung und seiner eigenen sozialen und rechtlichen Stellung ab. Immerhin konnte er sich als persönlich freies Glied einer Gemeinschaft betrachten. Mit der Entwicklung der Stadt verknüpft war die Bildung eines «bürgerlichen Bewusstseins», welches das Gefühl der Abhängigkeit gegenüber dem Grundherrn ablöste. Das Bürgerrecht war begehrt; wer kein Geld zum Erwerb eines Hauses oder eines städtischen Grundstücks besass, versuchte oft, durch die Teilnahme an einem städtischen Kriegszug Bürger zu werden. Andere traten als Gesellen oder Knechte in den Dienst von Meisterleuten und hofften, dass vielleicht ihre Söhne zu Bürgern aufsteigen würden. Doch blieb es dabei, dass längst nicht alle Stadtbewohner Bürger waren.

Erfolg und Misserfolg

Ob sich eine Stadt zur Grossstadt entwickelte oder eine – gegenüber dem Dorf immerhin rechtlich besser gestellte – Zwergstadt ver-

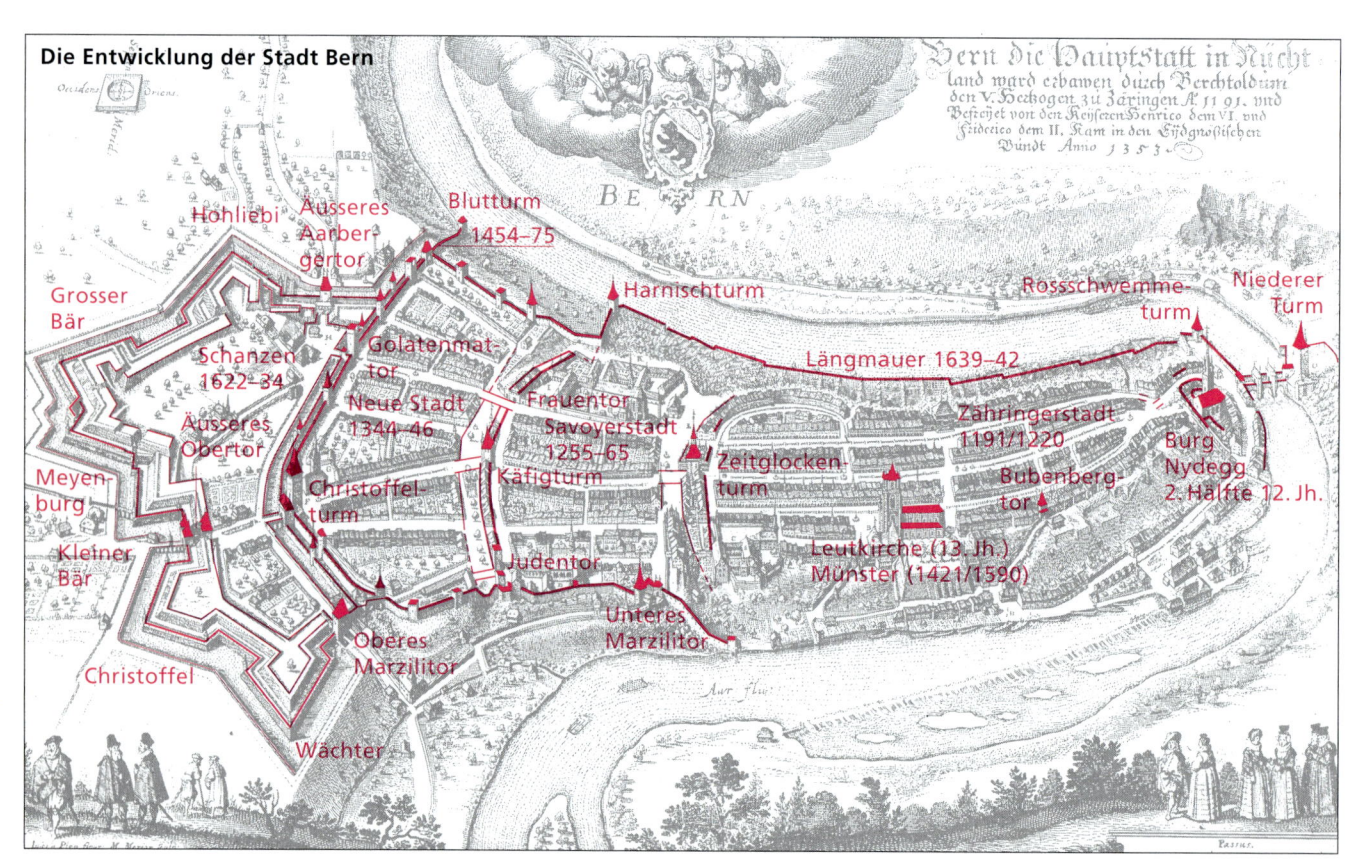

Die Entwicklung der Stadt Bern

Ausschnitt aus der «Handfeste» Kaiser Friedrichs II. (vgl. S. 51 f.)

blieb, hing von ihrem wirtschaftlichen Erfolg ab. Gelang es ihr, den Fernhandel an sich zu ziehen und selbst weiterum begehrte Produkte, zum Beispiel besonders feine Tuche, zu fertigen und in alle Welt zu verkaufen, so zog sie viele Zuwanderer an – Mägde und Knechte, Handwerker und Handwerkerinnen –, die als Produzenten und Konsumenten die Entwicklung in Schwung hielten. Solche Städte – etwa Venedig, Mailand und Florenz in Italien, Brügge und Gent in Flandern, Köln am Rhein oder Lübeck an der Ostsee – erreichten bis 1300 mindestens 10 000 Einwohner, zum Teil sehr viel mehr. Andere Städte brachten es als Regionalhandelsstädte immerhin zu Versorgungszentren eines grösseren ländlichen Umfeldes, sodass ihre Bewohner, im Mittel vielleicht um 5000 Personen, von Handwerk und Handel leben konnten. Sehr viele aber kamen nicht so weit, weshalb ein grosser Teil ihrer Bürger zumindest auch von der Landwirtschaft leben musste. Massgebend für den wirtschaftlichen Erfolg einer Stadt waren der Zeitpunkt der Gründung, das politische Umfeld, die Produktionsmöglichkeiten, die geografische Lage und die Städtedichte in ihrer Region. Früh entwickelte Städte hatten meist bessere Chancen als «spät geborene»; Städte mit einem mächtigen, aber nicht gerade omnipräsenten Stadtherrn konnten sich freier entfalten als solche mit einem lokaladeligen Gründer, der die Stadt nicht wirklich zu schützen vermochte, aber ihre Entwicklung einengte.

Die schweizerische Städtelandschaft des Hochmittelalters zeichnete sich durch eine ungewöhnliche Dichte aus. Um 1300 zählte man etwa 200 Städte – Siedlungen mit Stadtrecht –, von denen 64 erst im vergangenen Jahrhundert entstanden waren. Es gab nur wenige Städte mit römischer Vergangenheit.

Dass es dagegen zu sehr vielen Neugründungen kam, war eine Folge der Herrschaftszersplitterung (vgl. S. 93 ff.): Eine recht grosse Zahl von Adelsfamilien kämpfte auf relativ engem Raum um Macht und Einfluss und versuchte, diese unter anderem durch Stadtgründungen zu mehren. Allerdings schadete die Quantität der Qualität: Das Gebiet der Schweiz war nun einmal nicht gross genug, dass jede dieser zweihundert Städte sich ein genügend grosses Umland als Versorgungsgebiet für Nahrungsmittel, Abnehmer für die städtischen Produkte und Zuwanderungsreservoir hätte sichern können. Vor allem die Gründungen kleinerer Dynasten, die zum grossen Teil erst ins 13. Jahrhundert fielen, brachten es selten weit; manche fielen regionalen Fehden ganz zum Opfer oder blieben Zwergstädte. Dauernden Anschluss an das internationale Handelsnetz fanden nur Genf, Basel und St. Gallen, die auch auf wesentlich über 5000 Einwohner kamen. Städte wie Zürich, Bern oder Freiburg gehörten dagegen eher zur Mittelklasse. Ihre Stunde schlug erst, als es ihnen im 14. und 15. Jahrhundert gelang, grössere ländliche Territorien politisch zu unterwerfen – im Bereich des Deutschen **Reiches** ein ausgesprochener Sonderweg (vgl. S. 77). Wenn indessen die schweizerischen Städte nicht zu mitteleuropäischen Metropolen wurden, so prägten sie die weitere Entwicklung in der Schweiz doch wesentlich mit (vgl. zur weiteren Entwicklung der Städte S. 74 ff.).

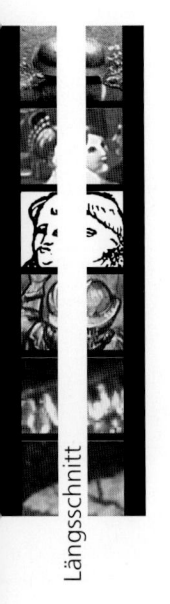

Die Stadt vom Hochmittelalter bis zur Gegenwart

Die Grundlagen: Kaufleute und Handel

Kaufleute

Sofern die Stadt eine mittlere Grösse von einigen Tausend Einwohnern erreichte, lebte sie vom Handel und vom Handwerk. Innerhalb des Handels kann man entsprechend dem Handelsradius zwischen Lokal-, Regional- und Fernhandel unterscheiden. Während der Lokalhandel die unmittelbare Umgebung der Stadt versorgte und nahe bei den Produzenten, den Handwerkern, anzusiedeln war, erforderten der Regional- und vor allem der Fernhandel die Herstellung von Qualitätswaren in relativ grosser Menge; nur so war trotz hoher Transportkosten ein Gewinn bringender Verkauf möglich. Die Stadt liess den Fernhändlern freie Hand, führte jedoch bei exportierten Gütern Qualitätskontrollen durch. Bei diesen Produkten handelte es sich überwiegend um hochwertige Textilien aus Leinen, Wolle oder Seide. Wichtig waren für die Händler vor allem Verbindungen mit Kaufleuten in andern Städten sowie mit Bankiers, denn die Rechnungen wurden vom 14. Jahrhundert an zunehmend bargeldlos, nämlich mit Wechseln, beglichen. Das ursprünglich von der Kirche verkündete Zinsverbot (vgl. S. 131) wurde vom 13. Jahrhundert an immer weniger beachtet. Die Gründung von weit reichenden Handelsgesellschaften diente einerseits der Herstellung von Beziehungen, anderseits der individuellen Risikoverminderung. Die bekannteste schweizerische Gesellschaft wurde Anfang des 15. Jahrhunderts von Nikolaus von Diesbach in Bern und den Brüdern Watt in St. Gallen gegründet; ihr Handelsgebiet reichte von Spanien bis nach Polen und zur Ostsee. Des ungeachtet erreichte keine Schweizer Stadt die Bedeutung der ganz grossen Produktionszentren wie Florenz oder der flandrischen Städte. Im Verlauf des 15. Jahrhunderts kam es vielerorts zu einem Rückgang des Fernhandels; einzig Basel und St. Gallen vermochten ihre Stellung einigermassen zu behaupten.

Handwerker

Handwerkliche Berufe gab es ausserordentlich viele. Am wichtigsten und darum wohl am frühesten ausgebildet waren die Grundgewerbe, welche den Markt mit Lebensmitteln und Kleidern versorgten: die Bäcker, die Metzger, die Kuttler – sie verarbeiteten die Innereien der Tiere –, die Gerber, welche ihr Rohmaterial von den Metzgern bezogen, die Schuster, Weber und Tuchfärber, die Schneider, die Bader sowie die Fischer und Gärtner. Immer mehr entwickelten sich Spezialisten: Maurer, Zimmerleute, Dachdecker, Mühlenbauer, Schmiede und Schlosser, Kessler und Bronzegiesser, sowie Berufe, welche für das Fuhrwesen zuständig waren: die Wagner, Seiler, Schiffbauer, Flösser und andere. In manchen Städten unterschied man schliesslich gegen hundert Handwerksbereiche. Die städtische Handwerksproduktion basierte auf kleinen Familienbetrieben, in denen die Eheleute, deren Kinder und allfällige Gesellen und Lehrlinge arbeiteten. Auch der Einkauf der Rohmaterialien und der Vertrieb der Waren war Sache des Handwerksmeisters oder seiner Frau. Besonders tüchtige Handwerker versuchten, von dieser Basis aus zum wesentlich lukrativeren Handel überzugehen. In den meisten Gewerben – ausgenommen bei den Bauhandwerkern – lagen die Funktionen von Arbeiten und Wohnen räumlich beisammen; im Erdgeschoss des Wohnhauses war die Werkstatt untergebracht; gegen die Strasse hin befand sich der Laden. Vor dem Haus, unter freiem Himmel, standen Verkaufsbänke und Buden. In Bern begann man schon im 13. Jahrhundert, diese mittels der Lauben zu schützen. In den Jahrhunderten danach überbaute man die Lauben mehrgeschossig und vergrösserte auf diese Weise das Wohnvolumen. Im 18. Jahrhunderten kamen Trottoirs dazu, die Häuser wurden durch dekorative Gesimse, Pilaster und Widerlager barockisiert. Im 20. Jahrhundert wandelte man die alten Keller in Verkaufsläden um.

Zünfte

Im Unterschied zu den Kaufleuten bestand bei den zahlenmässig immer überwiegenden Handwerkern schon früh ein ausgeprägter Regulierungsbedarf. Die Stadtbevölkerung, auf engem Raum zusammenlebend, brauchte ein Ordnungssystem: Kauf und Verkauf auf dem Markt mussten so geregelt werden, dass sich niemand hintergangen fühlte, die Bedürfnisse der Städter zu günstigen Preisen befriedigt werden konnten, die Qualität der Produkte stimmte und jeder Handwerker sein Auskommen hatte. Massnahmen zur sozialen Sicher-

Das Wachstum Berns 1850–1980

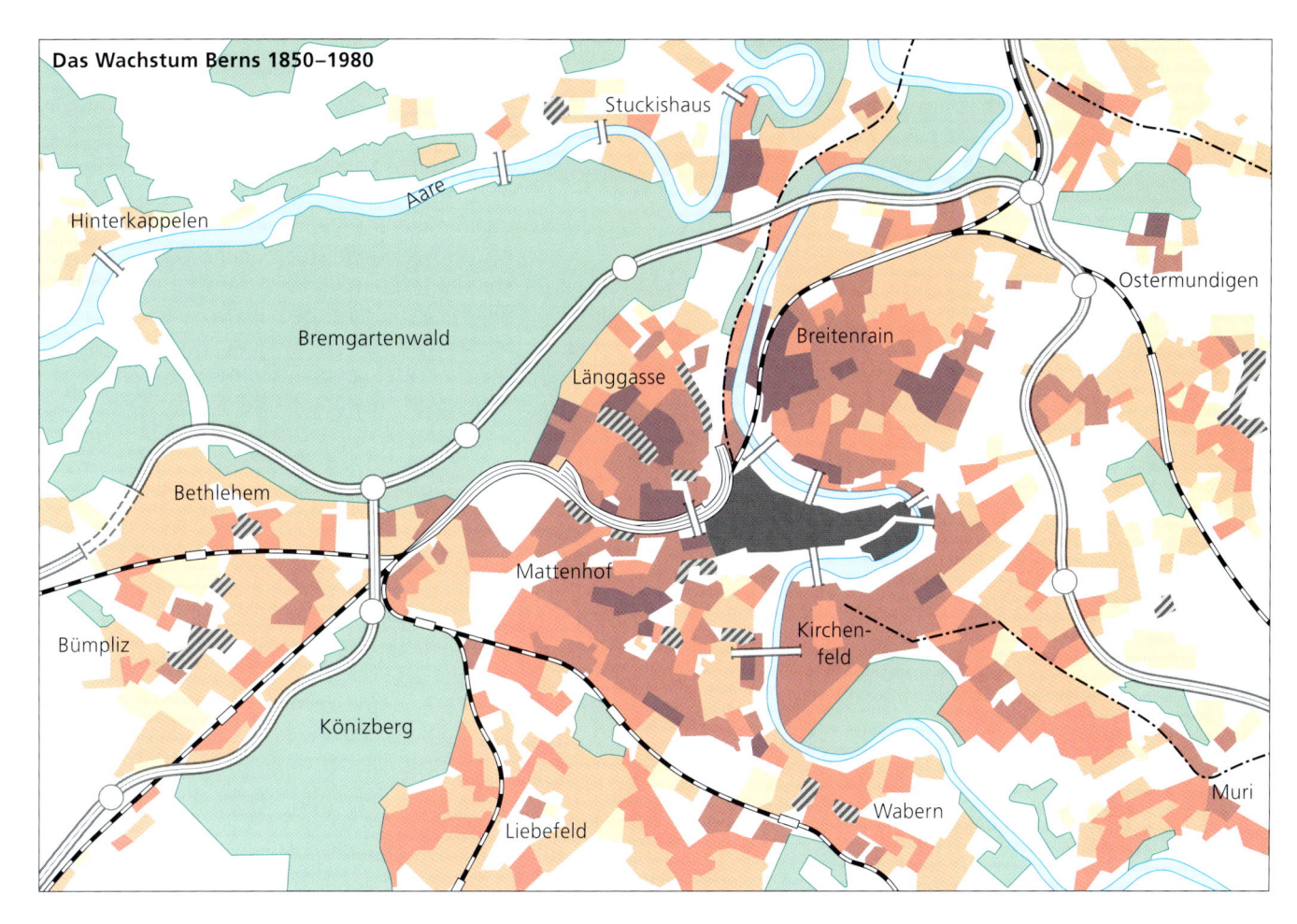

heit – etwa von Witwen und Waisen – waren zu treffen, aber auch die geistig-religiösen Bedürfnisse der Menschen mussten befriedigt werden. Die Verwandtschaft und Dorfgemeinschaft, die im sozialen Leben auf dem Land eine entscheidende Rolle spielte, konnte diese Funktion in der Stadt nicht im gleichen Masse wahrnehmen, da die Bewohner aus ganz verschiedenen Gebieten in die Stadt eingewandert waren und die Bevölkerungsfluktuation noch jahrhundertelang gross blieb. Infolgedessen mussten innerhalb der Stadtbevölkerung neue Gemeinschaften geschaffen werden, welche alle diese Aufgaben ausführten, wobei es nahe lag, als Zuteilungskriterium das gemeinsame Gewerbe zu nehmen. Solche Verbände wurden in der Schweiz und in Süddeutschland «Zünfte», andernorts etwa «Gilde», «Zeche» oder «Innung» genannt.

Die **Zunft** war gleichzeitig ein Verband von Handwerksmeistern und von Familienvorstehern, denn Haushalt und Betrieb waren identisch. Der Meister herrschte patriarchalisch über Frau, Kinder, Gesellen und Lehrlinge; über ihn waren diese auch Zunftangehörige – wenn auch ohne Mitspracherecht – und profitierten etwa von den sozialen Leistungen der Zunft, wenn der Meister starb. Die Zunft schlichtete Streitigkeiten zwischen Zunftangehörigen, sprach Recht in Arbeitskonflikten und ersetzte damit die Fehde oder den Zweikampf als Mittel, zum Recht zu kommen.

Sie hatte ihre eigenen Kapellen und Altäre in den Kirchen, zum Teil auch eigene Begräbnisfelder und Spitalbetten. Sie rekrutierte aus ihren Angehörigen die nötigen Truppenkontingente für den Kriegsfall und übernahm die Bewachung und Verteidigung von Abschnitten der Stadtbefestigung, sie organisierte die Feuerbekämpfung; sie förderte aber auch die Geselligkeit durch gemeinsame Festmähler, den Besitz eines Versammlungslokals oder die Teilnahme an Pilgerfahrten, Prozessionen und Begräbnissen von Zunftgenossen.

Ziel der zünftischen Wirtschaftspolitik war die Sicherung des Einkommens für jeden Zünfter. Das Mittel dazu war ein je länger, desto dichter werdendes Netz von Regelungen, Vorschriften und Verboten, das zu einem immer ausgeprägteren **Protektionismus** führte: Festsetzung von Preisen und Löhnen, zunehmende Differenzierung der Handwerke bei gleichzeitigem Verbot, mehrere davon miteinander zu betreiben, Vorschriften über die Aufnahme neuer Meister und damit neuer Zünfter. Zwischen den Meistern desselben Handwerks sollte so wenig Konkurrenz wie möglich bestehen; Betriebserweiterungen oder technische Neuerungen, die Konkurrenzvorteile verschaffen konnten, wurden oft blockiert. So bewirkte die zünftische Ordnung unter den Handwerkern eine gewisse Gleichheit, eine gewisse Qualitätsgarantie und eine gewisse soziale Sicherheit, letztere allerdings

- um 1850 bestehende Altstadtkerne
- um 1850 bestehende Vorstädte, lockere Bebauungen und Dorfkerne

Zuwachs von:

- 1850–1880
- 1880–1910
- 1910–1940
- 1940–1970
- 1970–1980
- Wald

oft auf prekärem Niveau. Sie neigte aber auch zu Erstarrung und Neuerungsfeindlichkeit, was sich vor allem im 17. und 18. Jahrhundert, als durch die Bevölkerungszunahme ein Wirtschaftswachstum notwendig wurde, negativ bemerkbar machte.

Die soziale Struktur

In den Städten des Spätmittelalters zeichnete sich eine ausgeprägte soziale Schichtung ab. Das entscheidende Kriterium war das Vermögen; es bestimmte den sozialen Status und meist auch die konkreten politischen Mitwirkungsmöglichkeiten. Die zahlenmässig eher geringe Oberschicht bildeten die Kaufleute und der in die Stadt gezogene Adel, der in der umgebenden Landschaft über Boden und Herrschaftsrechte verfügte. Der Mittelstand bestand aus den Handwerkern. Darunter standen Unselbstständige, Tagelöhner, Knechte und Mägde und Menschen mit «unehrenhaften» Berufen wie Abdecker oder Scharfrichter. Eine besondere Gruppe stellten die Juden dar (vgl. S. 129 ff.). Sozialer Aufstieg war durchaus möglich; er erfolgte meistens durch den teilweisen oder vollständigen Übergang eines Handwerksmeisters in den Handel oder durch die Tätigkeit im militärischen Solddienst für fremde Mächte (vgl. S. 180 ff.). Der Erwerb des Bürgerrechts war an den Besitz eines Hauses und eine Einkaufssumme gebunden.

Die Frau eines Bürgers galt als Bürgerin und behielt ihr Bürgerrecht auch nach dem Tod des Gatten. Witwen eines Zünfters wurden bis zur Wiederverheiratung als Betriebsinhaberinnen und damit als Zunftangehörige angesehen; Meistertöchter ermöglichten durch Heirat einem Gesellen die Aufnahme in die **Zunft**. In einzelnen Fällen konnten auch Frauen in eine Zunft aufgenommen werden, so etwa in die Krämerzunft in Zürich. Eigentliche Frauenzünfte wie in Köln, wo Goldspinnerinnen und Seidenstickerinnen entsprechende Verbände bildeten, gab es in der Schweiz dagegen nicht. Die Zunftämter blieben den Männern vorbehalten.

Die Stadtverfassung

Unter «Stadtverfassung» verstehen wir die politische und rechtliche Ordnung einer Stadt. Ihre Grundlagen waren schriftlich festgelegt, doch nicht in der Form eines modernen systematischen Grundgesetzes, sondern in jener einer fortlaufenden Sammlung rechtssetzender Beschlüsse.

Im Verlauf des 13. und frühen 14. Jahrhunderts ging die Führung der Stadt in allen grösseren Schweizer Städten vom ursprünglichen Stadtherrn an einen Rat mit etwa zwölf bis zu fünfzig Mitgliedern über (vgl. S. 167). Einzelne Ratsmitglieder übernahmen besondere Funktionen: Ein oder auch zwei Bürgermeister leiteten die Ratssitzungen und vertraten die Stadt nach aussen, der Stadtsäckelmeister war für den Steuereinzug – indirekte Verbrauchssteuern und gelegentlich erhobene Vermögenssteuern – verantwortlich, der Bauherr überwachte Bau und Unterhalt der städtischen Bauten wie Stadtbefestigung, Rathaus, Kornspeicher oder Zeughaus. Eine sehr wichtige Rolle spielte der Stadtschreiber, der für die Korrespondenz, die Urkunden und das Archiv zuständig war und als rechtskundiger Berufsmann oft die beste Übersicht über die politische Lage besass.

Die Ratsmitglieder entstammten zunächst ausschliesslich der sozialen Oberschicht; sie wurden nicht gewählt, sondern ergänzten sich selbst. Im 14. Jahrhundert forderten breitere Kreise das Recht auf politische Mitwirkung. Vielerorts wurde neben dem bisherigen – nunmehr «Kleinen» genannten – Rat ein über hundert Mitglieder zählender «Grosser Rat» geschaffen, der allerdings nie allein tagte, sondern vom Kleinen Rat bei der Behandlung wichtiger Geschäfte beigezogen werden sollte. Parallel dazu erhoben die Handwerker die Forderung auf eine institutionalisierte Vertretung; ihre Zünfte sollten auch eine festgelegte Zahl von Ratsmitgliedern stellen. Dazu war es allerdings notwendig, angesichts der grossen Zahl von Berufen jeweils mehrere Handwerkerzünfte in einer «politischen Zunft» zusammenzufassen, wobei zum Teil ganz unterschiedliche Berufsgruppen zusammenkamen, so in Zürich in der Zunft zur Meise die Weinhändler und die Maler. Waren die Handwerker erfolgreich, so gewannen ihre Zünfte im Kleinen Rat eine ansehnliche, im Grossen Rat sogar eine dominierende Vertretung. Die Oberschicht musste sich in diesen Fällen, um ihren Einfluss zu bewahren und ihre Ratsvertretung zu sichern, ebenfalls politisch organisieren; in Zürich fand sie sich in der «Gesellschaft zur Constaffel» zusammen. Im Verlauf des 14. und des 15. Jahrhunderts bildeten sich so zwei Typen von Stadtverfassungen heraus: jene der «Patrizierstädte» wie Bern und Freiburg, wo die Zünfte nicht zu politischem Einfluss gelangten und die Oberschicht im Kleinen Rat die wesentlichen Entscheidungen fällte, und jene der «Zunftstädte» wie Zürich und St. Gallen, wo die Zünfte über ihre Vertreter im Grossen Rat massgebend waren. Von einer Demokratisierung kann man allerdings nur beschränkt sprechen, da sich innerhalb der Zünfte neue politische Eliten bildeten, die den Stab der Zunftführung und Zunftvertretung unter sich weitergaben. Ein individueller Vorstoss in diese Eliten war indessen durchaus möglich und keineswegs selten; praktisch immer ging diesem der wirtschaftliche Aufstieg voraus.

Die bauliche Entwicklung

Manche Städte verzeichneten im 13. und 14. Jahrhundert ein sehr rasches Wachstum; als Beispiel sei Bern angeführt (vgl. Abbildung S. 72).

Die bis zur Mitte des 14. Jahrhunderts ummauerten Stadtflächen reichten im Allgemeinen bis zum Beginn des 19. Jahrhunderts aus. Zunächst rissen die Pestzüge immer wieder tiefe Lücken in die Bevölkerung, die durch Neuzuwanderer vom Land bestenfalls ausgeglichen wurden (vgl. S. 105 f.). Um 1500 zählten die meisten Städte etwa gleich viele Einwohner wie um 1300. Hinzu kam eine grössere Überbauungsdichte. An die Stelle von Holzbauten traten mehrgeschossige gemauerte Häuser; noch vorhandene Freiflächen innerhalb des Mauerrings wurden allmählich überbaut. Gefördert wurde der Übergang vom Holz zum Stein durch die oft verheerenden Stadtbrände; einem solchen fiel in Bern beispielsweise 1405 ein grosser Teil der Stadt mit 600 Häusern zum Opfer. Aus dem 15. Jahrhundert stammen die ersten erhaltenen städtischen Repräsentationsbauten wie etwa das Berner Rathaus. Hinzu kamen vielerorts neue Kirchen, etwa jene der Bettelorden. In Bern wurde gleichzeitig auch das spätgotische Münster errichtet; auf der Hauptachse entstanden die noch heute bestehenden Brunnen. Aber auch im Spätmittelalter hielten sich viele Stadtbewohner noch Schweine und Hühner.

Zwischen dem 16. und dem 18. Jahrhundert setzte ein Bevölkerungswachstum ein (vgl. S. 165 und S. 223). Dieses betraf die Städte jedoch nur beschränkt, da diese nun die Zuwanderung vom Land her erschwerten und schliesslich verunmöglichten (vgl. S. 224). Bern zählte im 16. Jahrhundert gegen 6000, um 1700 Jahrhundert nicht über 7000 Einwohner. Eine wesentliche Herausforderung an den Städtebau ergab sich im 17. Jahrhundert durch die Entwicklung der Artillerie und des Festungsbaus. Nur Zürich benützte jedoch die Gelegenheit, durch die Errichtung eines völlig neuen Rings von Befestigungsanlagen das gesicherte städtische Territorium wesentlich zu erweitern. Das stets bedrohte Genf erstellte zwar ebenfalls neue Bastionen, besass aber vor seinen Toren kaum Land und hatte daher keine Ausdehnungsmöglichkeit. Alle andern Städte begnügten sich damit, den bestehenden mittelalterlichen Festungsgürtel zu modernisieren und allenfalls – wie etwa Bern – durch vorgelagerte Schanzen zu ergänzen.

Die Stadt als Territorialherrin

Im Vergleich zu den deutschen Städten setzte bei den schweizerischen zwischen dem 16. und dem 18. Jahrhundert eine Sonderentwicklung ein: Es gelang einigen von ihnen, als Glieder der Eidgenossenschaft die Landesherrschaft über grössere Territorien zu gewinnen und bis zum Ende des 18. Jahrhunderts zu behaupten (vgl. S. 119, S. 167 f. und S. 226). Da mit dieser Herrschaft auch die Militärhoheit über die dienstpflichtigen Landbewohner verbunden war, verfügten sie damit gleichzeitig über ein erhebliches militärisches Potential.

Neben dem Handwerk und dem Handel ergaben sich für die schweizerischen Stadtbewohner, zumindest ihre soziale Elite, zwei neue Betätigungsfelder: der Verwaltungs- und der Solddienst. Die Besetzung der einträglichen Verwaltungsämter über die abhängige Landschaft war Sache des Rates; es war naheliegend, dass diese ausschliesslich den Ratsherrengeschlechtern zufielen. Der Solddienst bot die Möglichkeit, als Vermittler und Kommandant von Söldnern, die meist vom Land stammten, im Dienst eines Monarchen zu Reichtum zu gelangen (vgl. S. 180 ff.). Vor allem in Bern, Freiburg, Luzern und Solothurn bildete sich eine Elite, die fast ausschliesslich vom Staats- und Solddienst sowie vom eigenen Boden lebte. Die eindrucksvollen Residenzen dieser Familien prägten das frühneuzeitliche Stadtbild. Zur wirtschaftlichen Entwicklung der Stadt trugen diese Eliten allerdings wenig bei. Wirtschaftlich-technische Neuerungen, zum Beispiel im Bankenwesen oder in der Textilindustrie (Verlagssystem; vgl. S. 197 f.), erfolgten denn auch vor allem in Städten wie Genf, Basel oder St. Gallen, die nur ein kleines oder gar kein Untertanengebiet hatten. Einzig in der zürcherischen Elite kam es zu einer Symbiose zwischen Unternehmertum, Staatsverwaltung und Solddienst.

Der Weg zur Grossstadt

Zunächst durch den Zusammenbruch der alten Eidgenossenschaft 1798 (vgl. S. 238 ff.), endgültig durch die liberale Umwälzung um 1830/31 (vgl. S. 261 ff.) verloren alle Städte ihre besondere Rechtsstellung. Die neuen Kantonsverfassungen unterschieden kaum zwischen Stadt- und Landgemeinden. In der heutigen Verwaltungssprache ist «Stadt» nur noch ein statistischer Begriff; er bezeichnet Gemeinden mit mehr als 10 000 Einwohnern. Als äusseres Zeichen ihrer Entmachtung mussten die ehemals über die Landschaft herrschenden Städte ihre Befestigungen abbrechen. In den auf der Basis des allgemeinen Wahlrechts gewählten Kantonsparlamenten dominierten nun die Vertreter der Landschaft.

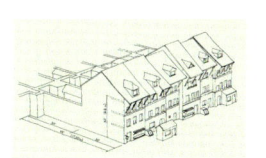

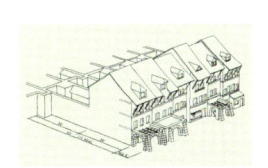

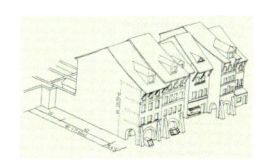

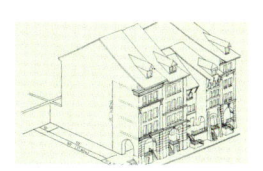

Die Entwicklung der Laubengänge in Bern vom Mittelalter bis zum 18. Jahrhundert

Trotz des erlittenen Prestigeverlustes konnten die Städte indessen einen Teil ihrer alten Funktionen bewahren oder ausbauen, aber auch ganz neue übernehmen. Die bisher regierenden Städte blieben, abgesehen vom Sonderfall Basel (Kantonsteilung; vgl. S. 262), Kantonshauptorte, damit Sitz der Regierung und der Verwaltung. Bern rückte zudem 1848 zur Bundeshauptstadt auf. Die neuen Mittel- und Hochschulen errichtete man, von Ausnahmen abgesehen, in den Städten, die damit ihre Stellung als Bildungszentren ausbauten. Vor allem aber wurden Städte zu Knotenpunkten des sich in der zweiten Jahrhunderthälfte entwickelnden Eisenbahnnetzes. Damit zogen sie die auf günstige Verkehrsverbindungen angewiesenen Industriebetriebe (etwa Maschinen-, Elektro- und chemische Industrie) und Dienstleistungsbetriebe an. Nicht nur altberühmte Städte wie Zürich, Basel oder Genf profitierten davon, sondern auch aufstrebende ehemalige Kleinstädte wie Winterthur oder Biel.

Aus diesen und weiteren Gründen setzte in der zweiten Hälfte des 19. Jahrhunderts in den Städten ein starkes Bevölkerungswachstum ein. Hatte Bern um 1800 etwa 12 000 Einwohner gezählt, so waren es 1850 schon 30 000, 1900 aber 68 000. Die alten Stadtkerne blieben Wohn-, Gewerbe- und Einkaufszone zugleich; allerdings zeichnete sich vielerorts wegen der engen und baufälligen Verhältnisse ein Sanierungsbedarf ab. Um die Bahnhöfe, die meist am Rande der Altstadt lagen, entwickelte sich eine moderne City mit Warenhäusern und Dienstleistungsbetrieben. Parallel dazu setzte die Überbauung des umgebenden, bisher landwirtschaftlich genutzten Geländes ein; der Abbruch der alten Befestigungsanlagen erwies sich im Nachhinein als grosser Vorteil. Die Industriebetriebe siedelten sich in der Nähe der Eisenbahnstränge an, in ihrer Umgebung wiederum entstanden die ausgesprochenen Arbeiterviertel, während in den von Lärm, Rauch und Verkehr verschonten Gegenden Villenviertel angelegt wurden. Die Stadtplanung bestand aus der Festlegung des Strassennetzes sowie von Bauvorschriften, etwa über Geschosszahlen und Bauabstände. Damit liess sich natürlich der Charakter neu zu errichtender Quartiere beeinflussen: lange Häuserzeilen oder Blocküberbauungen für die Arbeiterschaft, frei stehende Einzelhäuser oder Villen für die besser gestellten Bürger. Das Wachstum der Städte war somit mit einer sozialen Segregation verbunden. Wenn die Ausdehnung der Stadt den Boden benachbarter, bisher bäuerlicher Gemeinden erfasste, führte dies auf die Dauer zur Eingemeindung und damit zu einem plötzlichen Anwachsen der Stadtfläche.

Das rasche Wachstum stellte die Stadtverwaltungen vor schwierige Aufgaben, etwa im Bereich der Wasserversorgung und der Kanalisation. Markante öffentliche Gebäude, seien es nun Rathäuser, Schulen, Spitäler, Museen oder Theater, dokumentierten aber auch das optimistische Selbstbewusstsein der Stadt, die nun wieder wie einst im Hochmittelalter Bannerträger des Fortschritts war. Unterstrichen wurde dies gegen das Ende des Jahrhunderts durch die Einführung der Strassenbahn, der elektrischen Beleuchtung und des Telefons.

Die Stadt im 20. Jahrhundert

Die im Allgemeinen durch wirtschaftliche Stagnation gekennzeichnete Epoche zwischen den Weltkriegen führte in den Städten zu einem verringerten Bevölkerungswachstum. Die Zeit nach dem Zweiten Weltkrieg war dagegen durch eine rasche wirtschaftliche Entwicklung, besonders im Dienstleistungsbereich, gekennzeichnet, was – zusammen mit Geburtenüberschuss und Zuwanderung – in den städtischen Ballungsgebieten eine starke Bevölkerungszunahme auslöste. Die lange währende Hochkonjunktur führte zudem zum Bedürfnis nach mehr Wohnraum für das einzelne Individuum. Bis zur Mitte der Sechzigerjahre wuchs die Einwohnerzahl der Städte, jedoch mit markanten Unterschieden in den einzelnen Stadtteilen: Am Stadtrand wurden die Quartiere aus- oder völlig neu gebaut, während im Stadtkern und in den vor der Jahrhundertwende errichteten Vierteln der Wohnraum zunehmend modernen Bürogebäuden Platz zu machen hatte. Von der Mitte der Sechzigerjahre an verlagerte sich das Wachstum mehr und mehr auf die angrenzenden Gemeinden, die nun optisch und funktional in die Stadt integriert wurden, politisch aber selbstständig blieben (Agglomerationsbildung; vgl. S. 348 ff.).

Die Einwohnerzahl der Städte selbst begann nun abzunehmen. Zählte Bern 1970 noch 160 000 Einwohner, so waren es 1998 noch 128 500. Die gut situierten und mobilen Bewohner zogen in die ruhigen und steuerlich günstigen Agglomerationsgemeinden, während in den Städten der Anteil der alten, der ledigen, oft noch in Ausbildung befindlichen sowie der ausländischen Bevölkerung zunahm; eine neue Form der Segregation zeichnete sich ab. Finanziell sahen sich die Städte mehr denn je auf die Steuerleistungen der juristischen Personen angewiesen, die indessen starken konjunkturbedingten Schwankungen unterworfen waren. Vor allem in wirtschaftlich schwierigen Zeiten, in denen die Zahl der «Sozialfälle» unter der Bevölkerung beängstigend anwuchs, bekundeten die Stadtverwaltungen grosse Mühe, angesichts sinkender Steuereingänge ihre Aufgaben noch zu erfüllen.

Eine christliche Gesellschaft

Laien, Priester, Bischöfe

Die Frage nach der Existenz Gottes stellte sich für den mittelalterlichen Menschen nicht. Die Grundzüge des christlichen Glaubens waren klar und gültig festgelegt: Gottes Plan bestimmte den Lauf der Welt, sowohl im Grossen als auch im Kleinen. Am Ende der Weltgeschichte – das bald eintreffen konnte – würde er über die Lebenden und die Toten Gericht halten und die Guten ins Paradies, die Schlechten in die ewige Verdammnis schicken. Auf Grund seiner Sündhaftigkeit hätte jeder Mensch die Verdammnis verdient, doch bot sich ihm dank dem Opfertod Christi die Chance, sowohl durch eigene Leistungen und intensiven Glauben als auch durch Gottes Liebe Begnadigung zu erreichen. Christliches Leben war daher ein Ringen um Gnade. Vermittelt wurde diese Gnade durch die Kirche – «extra ecclesiam nulla salus!» (Ausserhalb der Kirche gibt es kein Heil!). Der christliche Kalender prägte den Jahreslauf, nicht nur durch die kirchlichen Festtage, sondern auch durch ganz profane Termine wie die Anstellung von Knechten und Mägden (an **Lichtmess**; 2. Februar) oder die Ablieferung der bäuerlichen Gans an den Herrn (an **Martini**; 11. November). Die meisten Menschen kannten ihren Geburtstag nicht, wohl aber ihren Namenstag, das heisst das Datum des oder der Heiligen, dessen oder deren Namen sie trugen.

Durch die Taufe trat der Mensch in die Gemeinschaft der Kirche ein. Die Kindertaufe wurde nicht in Frage gestellt, denn die Eltern wollten dem eigenen Kind den Zugang zur Heilsgewissheit und zu den Heilsmitteln der Kirche verschaffen. Getauft wurde nur an wenigen Terminen des Kirchenjahrs, wobei die Täuflinge noch dreimal ins Taufbecken eingetaucht wurden. Die religiöse «Unterweisung» erhielt der Heranwachsende beim Besuch des Gottesdienstes. Die Predigt hatte, sofern sie überhaupt stattfand, neben den grundlegenden Glaubensinhalten vor allem Fragen der Moral und kirchlichen Disziplin zum Inhalt, etwa das Verbot der Sonn- und Feiertagsarbeit. Zentrales Element war jedoch die lateinische **Messe** mit der Wiederholung des Opfertodes Christi und der Spendung der sakramentalen Gnade. In diese Weihehandlungen wurden Dinge des täglichen Erfahrungsbereiches wie Wasser, Salz und Brot, die nach dem Gottesdienst vom Volk nach Hause genommen werden konnten, mit einbezogen und stellten dadurch eine wichtige Brücke zwischen dem sakralen Raum und der Alltagswelt dar. Auf dem allein ihm zustehenden Recht, als Geweihter die Messe durchführen zu dürfen, beruhte die Autorität des Priesters.

Eine zunehmende Rolle spielte die Beichte. Sie umfasste das private Bekenntnis des Sünders vor dem Priester, die Reue, die Ableistung der darauf aufgetragenen Busse und die Schuldvergebung im Namen Gottes. «Tarifbussen» enthaltende Bussbücher sollten dabei dem Priester helfen und für eine gleichmässige Praxis bei der Verhängung der Strafen sorgen. Schwere Vergehen oder Widersetzlichkeit konnten mit der befristeten oder unbefristeten **Exkommunikation**, dem Ausschluss von der Messe und aus der kirchlichen Gemeinschaft, bestraft werden. Wer exkommuniziert starb, hatte am Jüngsten Gericht keine Chance. Sonst aber gewährte die Kirche dem Sterbenden als letztes Gnadenmittel die Salbung mit geweihtem Öl. Allerdings bedeutete die letzte Ölung die Weihe für den Tod, den vorweggenommenen Austritt aus der Gesellschaft der Lebenden, sodass man damit meist lange, oft wohl allzu lange, wartete. Der Tote wurde in der geweihten Erde des Pfarrfriedhofs beigesetzt.

Die Eheschliessung blieb aus diesem kirchlich begleiteten Lebensweg noch lange ausgespart. Sie blieb primär ein Vertrag zwischen den Familien der Eheleute. Die Kirche drängte indessen auf die sakrale Weihe der Ehe, um Monogamie und Unauflöslichkeit durchzusetzen und Ehen unter zu nahen Verwandten zu verhindern. In der zweiten Hälfte des 12. Jahrhunderts wurde die kirchliche Trauung üblich, doch galt nach wie vor der vorangehende Ehevertrag, aus dem dann später die Verlobung wurde, als rechtlich entscheidend. Auch die in der kirchlichen Liturgie geforderte Willensbekundung der Eheleute, wirklich heiraten zu wollen, blieb wohl in den meisten Fällen eine Formalität, da die Eltern schon entschieden hatten.

Jeder Christ gehörte einer Pfarrei mit einer Pfarreikirche an. Dieser stand an Einkünften der zehnte Teil vom Ertrag des nutzbaren Bodens innerhalb des Pfarrsprengels zu. Mit diesem «Zehnten» verfügte die Kirche über eine sichere materielle Grundlage. Die Abga-

Ein Priester reicht einem Gläubigen die heilige Kommunion. (Aus der Nikolaus-von-Lyra-Bibel der Zentralbibliothek Luzern, 1459)

Die Schweiz
im Hochmittelalter

ben der Bauern an Korn, Wein, Gemüse und Kleinvieh flossen in der Pfarrei zusammen und wurden nach einem Schlüssel aufgeteilt: ein Viertel für den Pfarrer und seine Helfer, ein Viertel für die Fremden und Armen, ein Viertel für den Unterhalt der Kirche; das letzte Viertel ging an den Hof des Bischofs.

Die Zahl der Kirchen war zunächst noch gering, sodass die Gläubigen oft sehr lange Wege auf sich zu nehmen hatten. Sie taten dies denn auch nicht sehr regelmässig; 1215 schrieb das vierte Laterankonzil vor, ein erwachsener Christ müsse mindestens einmal im Jahr zur Beichte gehen und am Abendmahl teilnehmen. Wirkliche Fixpunkte für den Kirchenbesuch waren Taufen und Bestattungen. Auch die Aufmerksamkeit während des Gottesdienstes war unterschiedlich; man ging während der Messe umher – Bänke gab es nicht – und nützte die Gelegenheit durchaus zu einem Gespräch mit Bekannten. Gewaltigen Zulauf fanden dagegen die seit dem 13. Jahrhundert auftauchenden reisenden Bussprediger, deren rhetorische Fähigkeiten jene eines Durchschnittspfarrers wohl um ein Vielfaches übertrafen. 1255 soll der berühmte Franziskaner Berthold von Regensburg vor der St. Michaels-Kirche in Zug über 3000 Personen in seinen Bann gezogen haben.

Die Kirchen verdankten ihre Entstehung sehr oft einem begüterten adeligen Stifter; sie waren «Eigenkirchen». Der Stifter und seine Nachkommen verfügten über die Kirche fast wie über ihr eigenes Vermögen; sie setzten den Pfarrer ein und disponierten oft auch über die Zehnteinkünfte. Gegen dieses System, das zu Missbräuchen führen konnte, wandte sich die kirchliche Reformbewegung des 11. Jahrhunderts (vgl. S. 54 f.). Die Rechte der Stifter wurden eingeschränkt, jene der Bischöfe erhöht. Der erstere blieb zwar «patronus» der Kirche und konnte die Einsetzung eines ihm genehmen Priesters vorschlagen; der Bischof aber musste zustimmen. Gleichzeitig versuchte man auf verschiedene Weise, den Bildungsstand der Priester zu heben. Die angehenden Geistlichen sollten an Kathedralschulen ausgebildet werden, die amtierenden vom Bischof zu regelmässigen Diözesansynoden versammelt werden. Parallel dazu wurde die Forderung nach dem Priesterzölibat erhoben: Die Ehelosigkeit sollte den Priester in einem Stand besonderer Reinheit halten, ihn vor familiärer Verfilzung bewahren und der Gefahr einer Vererbung der Pfründe vorbeugen. Der Erfolg dieser Bemühungen war unterschiedlich; er hing stark von der Qualität und der Einsatzbereitschaft der Bischöfe ab. In der gleichen Zeit setzte, zusammen mit der Erschliessung neuer Siedlungsgebiete (vgl. oben S. 62), der Bau neuer Kirchen ein, sodass die Distanzen geringer und das religiöse Leben intensiver wurden.

Das heutige schweizerische Gebiet verteilte sich auf acht Bistümer: Mailand, Como (je Teile

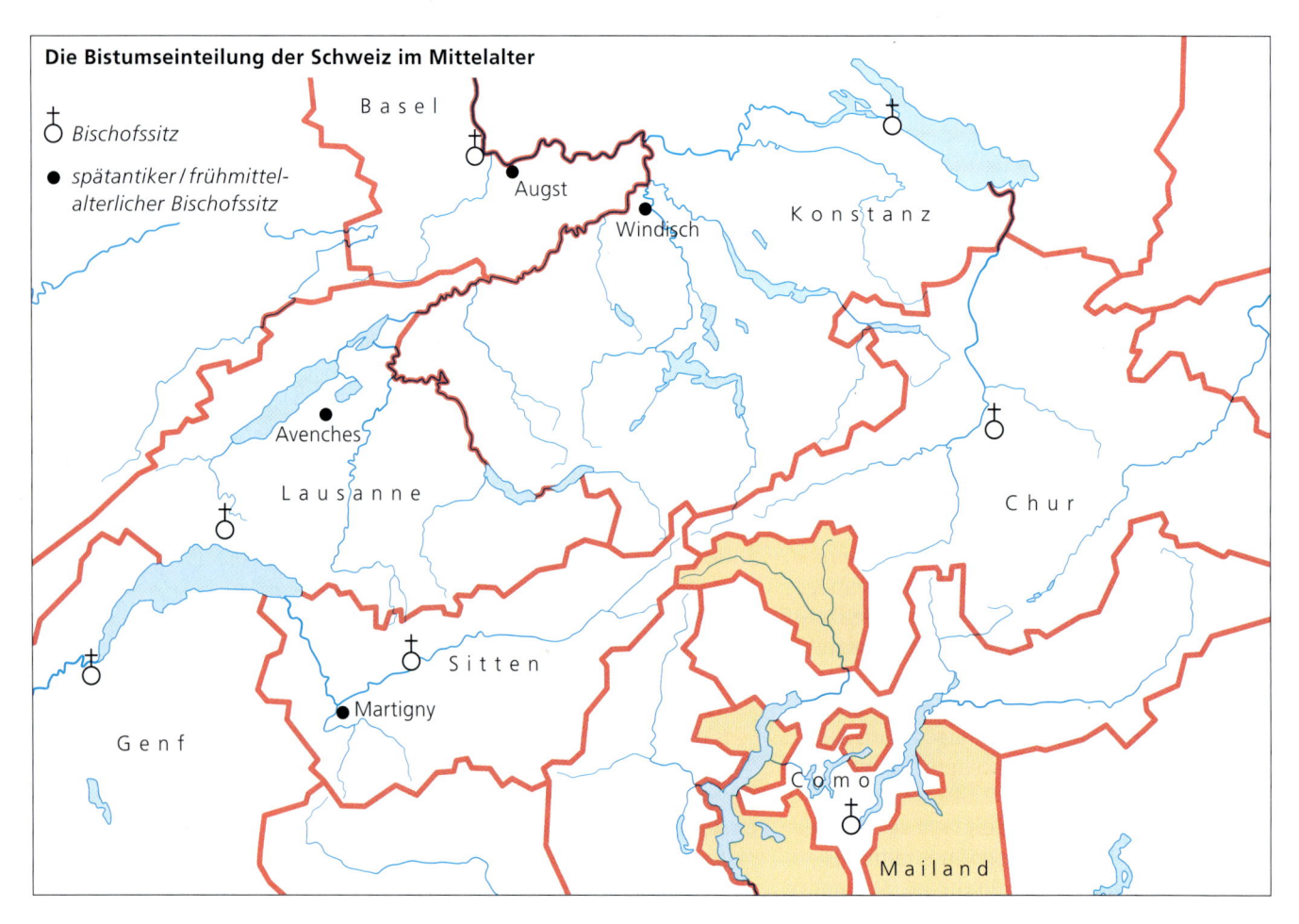

Die Bistumseinteilung der Schweiz im Mittelalter

† ⊙ *Bischofssitz*

● *spätantiker / frühmittelalterlicher Bischofssitz*

des Tessins), Chur (Graubünden, Rheintal- und Walenseegebiet), Konstanz (Ost- und Zentralschweiz), Basel (Nordwestschweiz), Lausanne (Westschweiz, Aareraum), Genf (westlicher Genfersee) und Sitten (Wallis). Mit Ausnahme Lausannes und Sittens umfassten alle auch Gebiete ausserhalb des schweizerischen Raumes; vor allem Konstanz war ein eigentliches Riesenbistum, zu dem grosse Teile Süddeutschlands gehörten. Die Bischofsstadt war Residenz und mit Kathedrale (Dom) und Bischofshof geistliches wie auch administrativ-wirtschaftliches Zentrum. Am Bischofshof tagte das bischöfliche Gericht, das generell für die Beurteilung von Geistlichen, aber auch für Kirchenstrafen gegenüber Laien, zuständig war; hier wurde aber auch der oft beträchtliche bischöfliche Grundbesitz verwaltet. Den Bischof unterstützte ein Stab von Geistlichen, das **Domkapitel**.

Orden und Klöster*

Das Mönchtum hatte sich im späten Altertum entwickelt, das erste Kloster auf Schweizer Boden war im 5. Jahrhundert in Romainmôtier entstanden (vgl. S. 32). Ziel der Mönche blieb es, ein Gott gefälliges, möglichst sündenfreies Leben zu führen, sich den Versuchungen der irdischen Welt – Reichtum, Macht, Sexualität – zu enthalten und sich dadurch auf das kommende Reich Gottes vorzubereiten. Das monastische Leben sollte jedoch nicht nur dem eigenen Seelenheil dienen, sondern auch den im Laienstand lebenden Mitmenschen: als Vorbild, aber auch als Hilfe. Vielerorts versahen Mönche seelsorgerische Aufgaben in nahen Pfarrgemeinden; zu manchen Klöstern gehörten Spitäler für Arme, Alte und Kranke.

An den Grundsätzen des Mönchtums wurde im ganzen Mittelalter festgehalten. Offen blieb aber immer die Frage nach der Realisierung des Gott gefälligen Lebens. Immer wieder kam es zum Zerfall der klösterlichen Disziplin, zur Missachtung der zentralen Forderungen nach persönlicher Armut, Keuschheit, Gehorsam gegenüber dem Abt und Einhaltung des täglichen Gebetsplans. Das rief jeweils Reformbewegungen hervor: Man suchte nach neuen Wegen, das Mönchsideal zu verwirklichen.

Die bereits im Frühmittelalter entstandenen Abteien nahmen im 9. Jahrhundert unter dem Einfluss der karolingischen Herrscher die auf

Das Zisterzienserkloster St. Urban (Luzern) vor dem barocken Umbau, nach einem Ölbild des Jahres 1676:
1 Die Gross Kirchen
2 h. Ulrichs Capell
3 der Creutzgang
4 des Praelaten haus
5 sein Bluomengarten
6 die Abbtey
7 die Dormitoria
8 das Refectorium
9 der Bluomgarten
10 der Krautgarten
11 Badhaus
12 Metzig
13 Müllin
14 Beckerey
15 Rossstall
16 Senerey
17 Knechtenhoff
18 Ochsenschür
19 Kuchin
20 Kornspeicher
21 Keller

* Zu den klösterlichen Gebetszeiten siehe S. 86.

Die Schweiz im Hochmittelalter

dem Prinzip des «ora et labora!» («bete und arbeite!») beruhende Regel des heiligen Benedikt von Nursia an. Im 10. und 11. Jahrhundert wurde eine Reihe weiterer **Benediktiner**klöster neu gegründet, etwa Einsiedeln und Muri. Anderseits war freilich auch ein Niedergang mancher Benediktinerabteien zu beobachten. Dies führte im 10. und 11. Jahrhundert zu einer vom burgundischen Kloster Cluny ausgehenden Reformbewegung («Cluniazenser-Bewegung»): Indem das Kloster von jeder königlichen, adeligen oder bischöflichen Aufsicht befreit und direkt dem – fernen! – Papst unterstellt wurde, versuchte man, das Klosterleben von schädlichen weltlichen Einflüssen frei zu halten. Der Schwerpunkt des cluniazensischen Lebens lag ganz auf dem «ora!», dem Gebet, denn die reiche Liturgie dauerte etwa sechs Stunden im Tag. Wichtig war dabei die Pflege des Andenkens an die Toten, was zu manchen frommen Stiftungen Anlass gab. Bereits bestehende Klöster konnten sich in die Bewegung einordnen, indem sie die cluniazensischen Reformen übernahmen und sich der Aufsicht des Abtes von Cluny unterstellten – so Romainmôtier und Payerne (beide im Kanton Waadt). Daneben wurden auch neue Klöster gegründet, als deren Vorsteher ein Prior, das heisst ein Stellvertreter, vom Abt von Cluny eingesetzt wurde. In der Schweiz erfasste die Bewegung die Westschweiz und den bernischen Raum, wo als neue Klöster Rougemont, Münchenwiler und Rüeggisberg entstanden. Im Ganzen zählte man schliesslich in der Schweiz 26 Cluniazenserklöster.

Stand das 11. Jahrhundert im Zeichen der Cluniazenser, so das 12. in jenem der **Zisterzienser**, deren wichtigster Vertreter der französische Abt Bernard von Clairvaux war. Gegenüber den oft prunkvoll ausgestatteten Cluniazenserklöstern betonten sie Armut und Schlichtheit – auch im Kirchenbau –, gegenüber dem «ora!» das «labora!». Sie verzichteten auf Grundherrschaften mit hörigen Bauern, gründeten ihre Klöster meist in noch wenig erschlossenen Gegenden und bewirtschafteten den von ihnen urbar gemachten Boden selbst. Innerhalb des Klosters unterschied man zwischen den Priesterbrüdern und den Laienbrüdern; die Letzteren wurden vom kirchlichen Zeremoniell nur wenig beansprucht und hatten Zeit für die landwirtschaftliche Arbeit. Dabei bedienten sie sich moderner technischer Errungenschaften, entwickelten Bewässerungssysteme und richteten Mühlen und Tuchwalken ein. Am Genfersee trugen sie wesentlich zur Entwicklung des Weinbaus bei. Manche Klöster spezialisierten sich: St. Urban betrieb eine Ziegelbrennerei, welche Backsteine in besonderer Qualität bis nach Bern und Solothurn verkaufte. Solche rationell betriebene Gutswirtschaften («Grangien») erwirtschafteten oft Überschüsse, die verkauft werden konnten, wodurch das Armutsideal

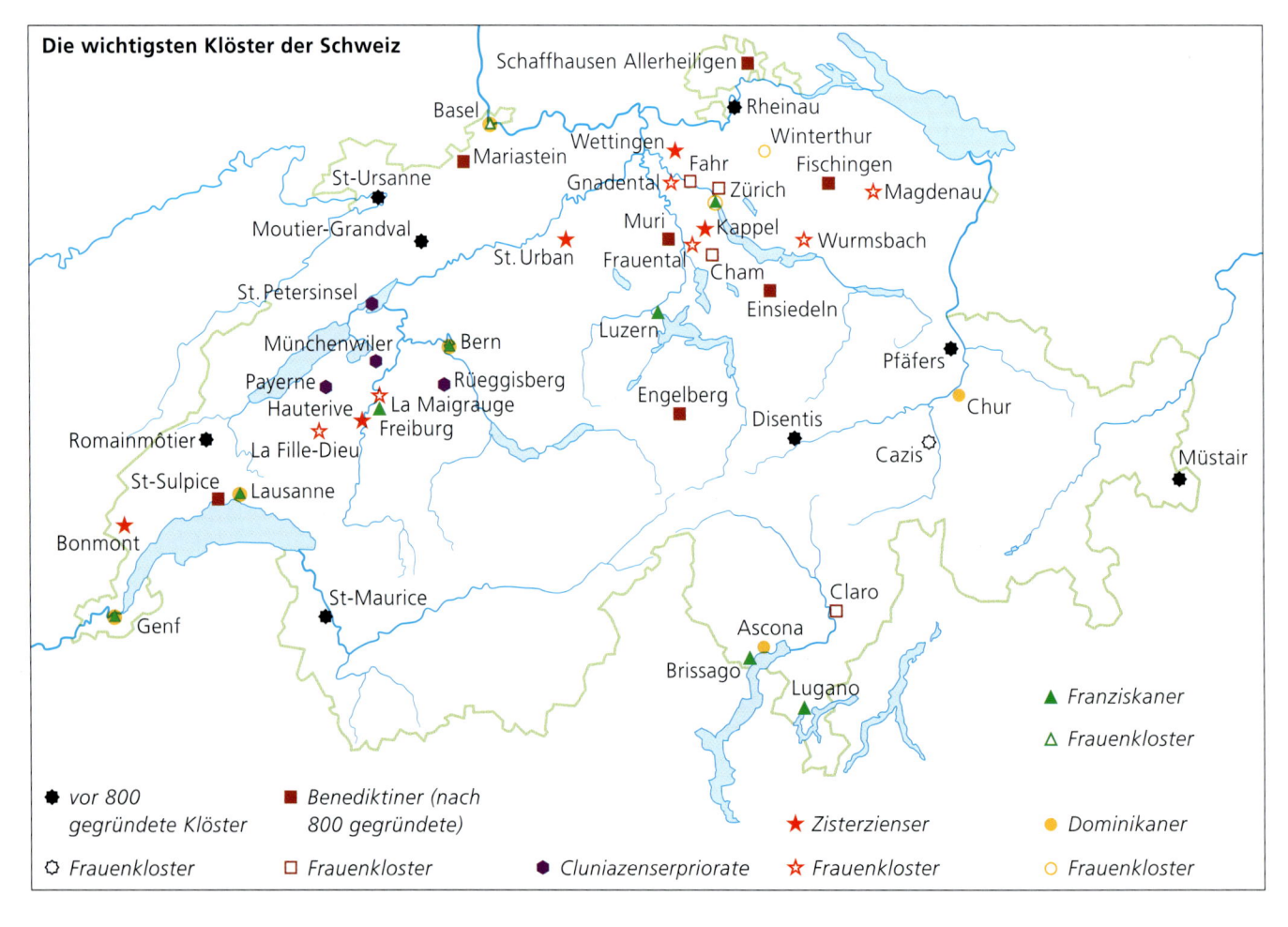

Die wichtigsten Klöster der Schweiz

- ✹ vor 800 gegründete Klöster
- ⬢ Frauenkloster
- ■ Benediktiner (nach 800 gegründete)
- □ Frauenkloster
- ⬣ Cluniazenserpriorate
- ★ Zisterzienser
- ☆ Frauenkloster
- ▲ Franziskaner
- △ Frauenkloster
- ● Dominikaner
- ○ Frauenkloster

allerdings in Frage gestellt werden konnte.
Im Vergleich zu den Cluniazensern wurde die Zentralisierung verstärkt: Die direkt vom Ursprungskloster Cîteaux in Burgund aus gegründeten Klöster galten als «Mutterklöster», welche die von ihnen aus gestifteten «Töchterklöster» zu überwachen hatten. Alle **Zisterzienser**äbte versammelten sich jährlich auf dem Generalkapitel in Cîteaux – gewissermassen ein frühes europäisches Parlament! In der Schweiz entstanden 8 Zisterzienserklöster, so Hauterive bei Freiburg, St. Urban bei Langenthal und Kappel am Albis. Hinzu kamen 20 Zisterzienserinnenklöster (vgl. S. 85). Weniger verbreitet waren die ähnlich orientierten Prämonstratenser, welche etwa das Kloster Rüti (Zürich) gründeten.

Die in den Kreuzfahrerstaaten (vgl. S. 56) entstandenen Ritter**orden** – die Deutschritter und die Johanniter – erwarben auch in der Schweiz einzelne Güter, die aber nur der materiellen Versorgung dienten und von wenigen Ordensmitgliedern verwaltet wurden. Beispiele dafür sind Köniz bei Bern und Wädenswil am Zürichsee. Ein eigentliches klösterliches Leben entwickelte sich hier nur in geringem Umfang. Ein völlig neues und prägendes Element tauchte dagegen im 13. Jahrhundert mit den Bettelorden der **Franziskaner** und der **Dominikaner** auf. Sie steigerten das Armutsideal in dem Sinn, dass nicht nur der einzelne Mönch, sondern auch das Kloster als Ganzes besitzlos zu leben hatte und sich ausschliesslich von milden Gaben ernährte. Ihre Hauptaufgaben waren die Seelsorge, die Predigt, die Armenfürsorge und der Betrieb von Spitälern.

Klöster brauchten Stifter – es konnten auch Stifterinnen sein – und Förderung. Im Wandel der Orden widerspiegelt sich der Wandel der Stifter, aber auch die soziale Entwicklung. Die **Benediktiner**klöster des 9. und 10. Jahrhunderts wurden von den deutschen Königen gefördert, zum Teil sogar – das Fraumünster in Zürich – gegründet. Für sie bedeutete ein Kloster ein stabiles, zuverlässiges Element in einer unruhigen Gesellschaft und damit eine Stütze ihrer Macht; so erfreute sich etwa das am strategisch nicht unwichtigen Lukmanierpass (Übergang nach Italien!) gelegene Kloster Disentis der Förderung und des Schutzes durch die Herrscher aus der ottonischen Dynastie. Die Stifter der Cluniazenserklöster und der zeitgleich gegründeten sonstigen Abteien stammten aus der hochadligen Elite; am wichtigsten unter ihnen waren die Könige von Hochburgund und die Herzöge von Schwaben (vgl. S. 92 f.). Für die Ansiedlung von Zisterziensern zeichnete bereits eine wesentlich grössere Zahl von Adligen verantwortlich; in der «Zisterzienserwelle» manifestierte sich einerseits der soziale Aufstieg mancher Familien, anderseits die Binnenkolonisation (vgl. S. 62). In den Alpenraum sind die Zisterzienser allerdings nicht vorgestossen. Im Aufstieg der Bettelorden wiederum widerspiegelte sich der Aufstieg der Städte. Franziskaner und Dominikaner waren in allen grösseren Städten, aber nur wenig auf dem flachen Land vertreten; mit ihren Tätigkeiten deckten sie in erster Linie städtische Bedürfnisse ab.

Die Motive der Klosterstifter waren vermutlich recht vielfältig. Die Sorge um das eigene Seelenheil, die Schaffung einer Grablegungsstätte, in welcher die Mönche der verstorbenen Familienmitglieder gedachten und für sie beteten, scheinen wichtige Gründe gewesen zu sein. Daneben spielten politische Überlegungen mit: Man schenkte dem Kloster Land, dessen Besitz eher umstritten war und das man nun durch die fromme und daher unantastbare Stiftung dem Gegner entzog. Das Kloster brauchte zum Schutz nach aussen einen Schirmvogt (vgl. S. 69) – ein Amt, das man gerne übernahm, weil es mit Einkünften verbunden war. Letztlich konnte man Söhne und Töchter, für die kein Erbteil oder kein Ehepartner zu finden war, im Kloster als Mönch, Chorherr, Nonne oder Stiftsdame unterbringen. Je mehr ein Kloster allerdings zum Versorgungsplatz wurde, desto mehr drohte die Gefahr, dass die Ordensregel nur noch lässig oder überhaupt nicht mehr befolgt wurde.

Frauen im Kloster

In der mittelalterlichen Gesellschaft war die Frau dem Mann untergeordnet. Über die unverheiratete Tochter verfügte der Vater, über die verheiratete der Ehemann, der auch ihr Vermögen verwaltete und sie in rechtlichen Auseinandersetzungen vertrat. Einzig adelige Frauen konnten über eigenen Besitz verfügen und auch ihren Mann rechtlich vertreten, wenn dieser abwesend – etwa auf einem Kriegs- oder Kreuzzug – war. Wurden sie jedoch Witwen, so war ihre Stellung gefährdet, wenn sie nicht von ihren Söhnen oder ihrer Familie unterstützt wurden.

Die Kirche betonte sowohl die Gleichheit als auch die Ungleichheit der Geschlechter. Vor Gott waren alle Menschen gleich. Mann und Frau galten als durch die Erbsünde belastet, Mann und Frau konnten aber auch die Gnade Gottes erlangen und dazu durch ein Gott gefälliges Leben beitragen. Die Gottesmutter Maria näherte sich zunehmend dem Rang ihres göttlichen Sohnes an; die **Märtyrerinnen** und sonstigen weiblichen Heiligen waren ihren männlichen Kollegen durchaus ebenbürtig und konnten bei Gott wirksame Fürbitte für die hilfeflehenden Menschen einlegen. Anderseits legitimierte die Kirche weitgehend auch die unterschiedliche Rolle der Geschlechter in der

Die Schweiz im Hochmittelalter

irdischen Gesellschaft und übertrug diese auch auf die Stellung der Frauen in der kirchlichen Gemeinschaft. Begründet wurde dies mit den physiologischen Unterschieden, aus denen man auf eine unterschiedliche stoffliche Zusammensetzung von Mann und Frau schloss. Diese wiederum erklärte die angeblich geringeren intellektuellen Fähigkeiten der Frau, was sich mit den biblischen Berichten kombinieren liess: Eva, nicht Adam, war auf die Schlange hereingefallen, Christus hatte nur Männer als Apostel auserwählt und Paulus verlangte, dass die Frau in der Gemeinde schweige. Mit all dem begründete man die Ausschliessung der Frau von allen kirchlichen Leitungsfunktionen, für welche die Priesterweihe erforderlich war.

Das für das Mittelalter typische Bedürfnis, die einzelnen Menschengruppen in eine hierarchische Ordnung zu gliedern, wurde auch auf die Frauen angewendet. Zuoberst standen, nach Maria, die **Märtyrerinnen** und sonstigen Heiligen. Es folgten generell alle Jungfrauen, da sie keine – grundsätzlich als sündhaft betrachtete – sexuelle Beziehung eingegangen waren, dann die Witwen, die Ehefrauen und zuletzt Frauen mit ausserehelichen Beziehungen wie Ehebrecherinnen, Dirnen. Idealerweise wählte eine Frau daher die Karriere einer Nonne: Sie führte, wie ein Mönch, ein auf Gott hin ausgerichtetes Leben und war von der diskriminierenden Geschlechterrolle der irdischen Welt weitgehend befreit. Im Kloster bot sich ihr Gelegenheit zu selbstständiger Arbeit oder auch zu eigenem Studium; als Äbtissin konnte sie bedeutende wirtschaftliche und politische Leitungsfunktionen wahrnehmen. Vorbilder waren vorhanden: Bereits in den letzten Jahrhunderten des Altertums waren die ersten Frauenklöster entstanden; es gab nicht nur eine **Benediktiner-**, sondern auch eine **Benediktinerinnen**regel.

Es kam aber auch zu Schwierigkeiten. Ein Frauenkloster brauchte zunächst einmal einen Stifter oder eine Stifterin. Die Frauen benötigten die väterliche Erlaubnis, in ein Kloster eintreten zu dürfen. Sie konnten kaum alle Arbeiten, die in und um ein Kloster anfielen, selbst

Reich und Arm: Das Zürcher Fraumünster und das Dominikanerinnenkloster Oetenbach in Zürich

Das *Benediktinerinnenkloster Fraumünster* wurde 853 vom karolingischen Herrscher Ludwig dem Deutschen als königliche Abtei gestiftet und mit zahlreichen Gütern, die bis in den Kanton Uri reichten, ausgestattet. Die ersten beiden Äbtissinnen waren seine Töchter; auch später wurden ausschliesslich Frauen aus dem freien Adel – nicht aus dem Ministerialadels – aufgenommen. Die Zahl der Nonnen stieg kaum je über zwanzig, meist lag sie um zehn. Durch weitere Schenkungen und das Wachstum der Stadt vergrösserte sich die Bedeutung des Klosters. Seit dem 11. Jahrhundert war die Äbtissin Stadtherrin von Zürich, welche die städtischen Ämter besetzte und sich für die Durchsetzung ihrer Interessen mit einem Kreis von Ministerialadeligen umgab. Wie weit sie wirklich selbstständig agierte und wie weit sie sich von den jeweiligen Reichs- und Kastvögten leiten liess, war wohl auch eine personelle Frage. Mit den Gelübden nahmen es nicht alle Nonnen so genau: Die Äbtissin Gisela von Spiegelberg (1218–1222) hatte mehrere Kinder von einem Kleriker, was bei der Wahl zwar Widerstand hervorrief, diese aber nicht verhinderte.

Seit dem 13. Jahrhundert nahm der Selbstständigkeitswille des Zürcher Rates gegenüber der Abtei zu. Immerhin gelang es der Äbtissin Elisabeth von Wetzikon (1270–1298), Nichte des Propstes am Grossmünster und Cousine des Bischofs von Konstanz, noch einmal, die Rechte des Klosters sehr energisch wahrzunehmen und auch den Besitz zu vermehren. Elisabeth war aber auch kulturell interessiert; sie war an der Sammlung der Minnelieder mitbeteiligt, die schliesslich in der Manessischen Liederhandschrift (vgl. S. 91) festgehalten wurden.

Das *Dominikanerinnenkloster Oetenbach* bildete sich aus zwei Zürcher Frauengruppen, die um 1237 am sumpfigen rechten Seeufer bei der Mündung des Oetenbaches ein Kloster errichteten. Ohne einen Stifter lebte die Gemeinschaft dort «mit grosser armut und gepresten, in grosser armut zitlichen guts, aber reich an göttlicher minne und in warer demütigkeit». 1245 wurde sie in den Dominikanerinnenorden aufgenommen. Almosen, Schenkungen und die Mitgift neu eintretender Schwestern machten es möglich, vom ungeeigneten Standort – unter Beibehaltung des Namens – 1280–1285 in die Stadt zu wechseln; das Grundstück für den neuen Klosterbau verkaufte das Fraumünster den Dominikanerinnen gegen einige Güter im Limmat- und im Reusstal. 1285 zählte das Kloster bereits 120 (!) Nonnen. Zumindest ein Teil von ihnen war von tiefer religiöser Inbrunst erfüllt und bestrebt, den Leidensweg Christi nachzuvollziehen; Elisabeth von Oye berichtet, dass sie sich mit einer selbst gefertigten Peitsche geisselte, deren Nadel «mir alz tieffe gestekt in dem fleische, daz ich sy kum wider uzgeziehe».

erledigen. Schliesslich waren männliche Priester notwendig, welche für die Nonnen predigten, die **Messe** lasen und ihnen die Beichte abnahmen.

Die Zahl der Frauenklöster war daher zu Beginn des Hochmittelalters klein; in ganz Deutschland gab es um 900 etwa deren 70, in der Schweiz weniger als 5 – als ältestes das um 700 begründete Cazis in Graubünden. Es handelte sich dabei um materiell gut dotierte Stiftungen der Könige und des Hochadels, die auch nur für die Töchter und Witwen aus diesen sozialen Kreisen bestimmt waren. Über die Motive und die Freiwilligkeit des Klostereintritts in dieser Zeit weiss man nichts.

Im 12. und 13. Jahrhundert entwickelte sich eine religiöse Bewegung unter den Frauen, die quantitativ und qualitativ zu einer Erweiterung des weiblichen klösterlichen Lebensbereiches führte. Zählte man um 1100 im Deutschen **Reich** etwa 150 Frauenklöster, so waren es um 1250 etwa 500. Erfasst wurden zunächst weitere Kreise des Adels, dann aber auch die städtische Oberschicht und schliesslich das städtische Bürgertum überhaupt. Man kann darin den Aufstieg neuer sozialer Schichten erkennen, die nun auch den Anspruch erhoben, Töchter in ein Kloster delegieren zu können. Vieles spricht aber dafür, dass die Bewegung auch von den Frauen selbst ausging, die nach religiösen Entfaltungsmöglichkeiten suchten. Ausdruck dieser Entwicklung sind etwa die Schriften der Äbtissin Hildegard von Bingen (1098–1179), welche entgegen der scholastischen Lehrmeinung zwar die Unterschiedlichkeit, aber auch die Gleichwertigkeit und die Komplementarität der Geschlechter vertrat, aber auch Frauen wie die heilig gesprochene Landgräfin Elisabeth von Thüringen (1207–1231), die eine gesicherte soziale Position aufgaben, um sich Gott und der Mildtätigkeit – besonders in Spitälern – zu widmen.

In der Schweiz wurden im 12. Jahrhundert eine Reihe von Frauenklöstern von **Benediktiner**klöstern aus mitbegründet – ohne einen weltlichen Stifter ging es nicht –, so etwa Hermetschwil im Aargau von Muri oder Fahr bei Zürich von Einsiedeln. Es gab auch vielerorts Doppelklöster, die aus einem Frauen- und einem Männerkonvent bestanden – beispielsweise in Engelberg –, doch wurde diese Lösung später aufgegeben. Eine grosse Anziehungskraft ging von der Lebensweise der **Zisterzienser** aus (vgl. S. 82 f.). Der **Orden** selbst war aber gegenüber der Idee der Schaffung eines weiblichen Ordenszweiges zunächst sehr skeptisch – konnten Frauen überhaupt nach dem zisterziensischen Ideal leben? – und gab erst um 1200 nach, worauf gerade in der Schweiz sehr viele Zisterzienserinnenklöster ins Leben gerufen wurden. Ähnlich verlief die Entwicklung wenig später bei den Bettelorden.

Auch die **Franziskaner** und **Dominikaner** fragten sich, wie denn Frauen ihre Vorschriften befolgen sollten – Frauen durften nicht predigen und kaum betteln, ein Frauenkloster war also auf eine den Lebensunterhalt garantierende Ausstattung angewiesen. Anderseits entstanden immer wieder neue Frauengemeinschaften, die sich am Armutsideal orientierten, sonst aber keinen festen Regeln folgten und daher der Kirche suspekt erschienen, da sie in ihnen einen Boden für ketzerische Strömungen vermutete. Der Papst drängte daher auf die Entwicklung passender Regeln, die zur Konstituierung des **Dominikanerinnen**- und des **Klarissenordens** führte. Bereits um 1300 gab es im Deutschen Reich 74 Dominikanerinnenkonvente. Auch in der Schweiz verbreiteten sich rasch die weiblichen Varianten der Bettel**orden** vor allem in den Städten. Am Ende des Hochmittelalters wies das Land damit eine sehr differenzierte weibliche Klosterwelt auf – vom wohldotierten **Stift** für adelige Töchter bis zu den die mystische Vereinigung mit Christus suchenden Frauen in der Nachfolge der Heiligen Franziskus und Dominikus.

Siebenmal täglich versammeln sich noch heute die Zisterzienserinnen des Klosters Magdenau (St. Gallen) im Chor zum heiligen Offizium.

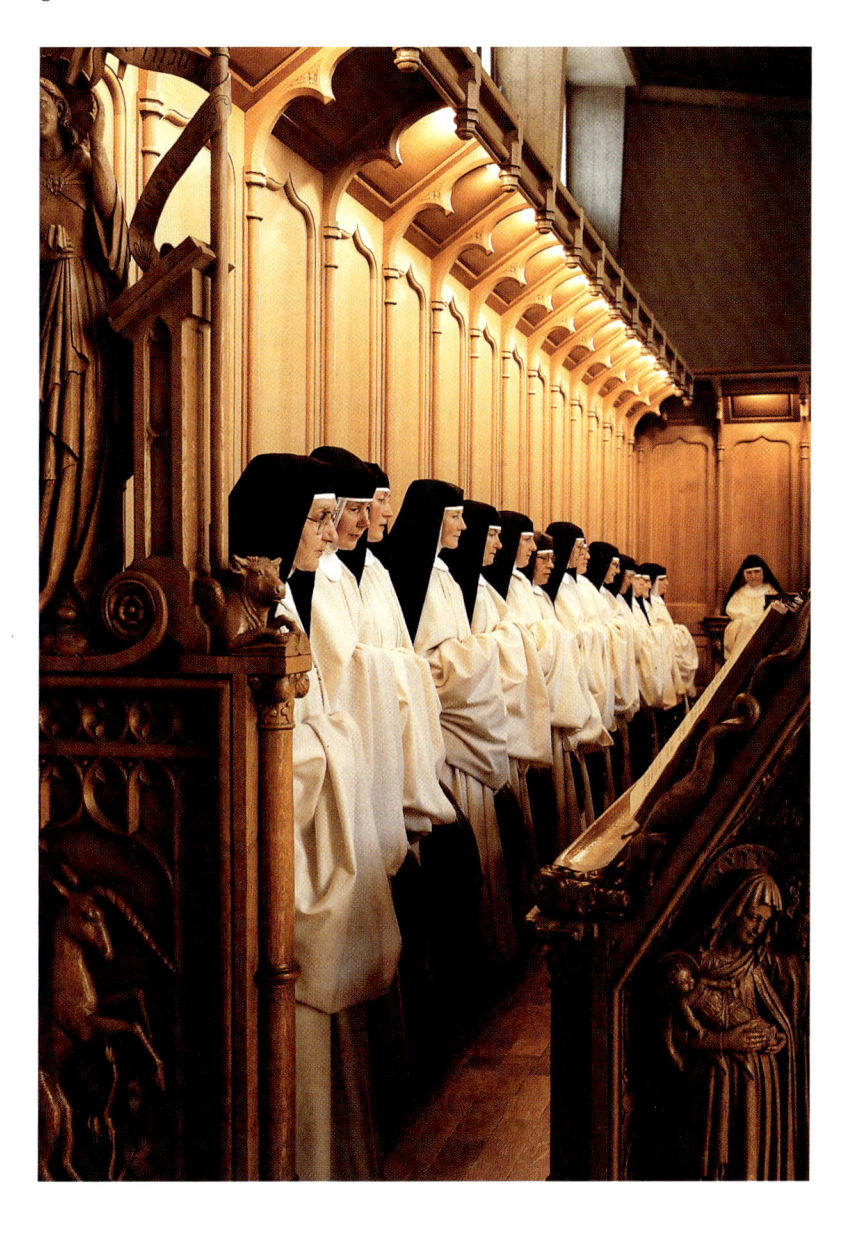

Die Schweiz im Hochmittelalter

Das kulturelle Leben

Im 12. Jahrhundert erreichte die Buchmalerei im Kloster Engelberg ihren Höhepunkt. Darstellung der Traubenlese im Codex 14 der Stiftsbibliothek Engelberg.

Die kirchliche Kultur

Zentren des kulturellen Lebens waren im Hochmittelalter zunächst, wie in den vorangegangenen Jahrhunderten, die Klöster. In ihren Schriftstuben (Scriptorien) wurden Bibeln oder einzelne Bibelteile, Schriften der Kirchenväter, Berichte über das Leben von Heiligen und Bücher für den liturgischen Gebrauch abgeschrieben, wobei die Initialen der einzelnen Abschnitte oft kunstvoll ausgemalt (illuminiert; Buchmalerei) wurden. Diese literarische Tätigkeit diente, im Unterschied zur heutigen Buchproduktion, nicht der Verbreitung an ein weiteres Publikum, sondern dem Kloster selbst, allenfalls noch der Klosterschule. Man brauchte die Bücher für den Gottesdienst und für die Vertiefung des Glaubens; man schmückte sie aus, um dadurch Gott zu loben und zu danken – auch das Schreiben war eine Form mittelalterlicher Askese. Ein hochmittelalterlicher Codex – so nennt man die handgeschriebenen Bücher – war nicht nur heute, sondern bereits damals ein Vermögen wert, wenn man den Arbeitsaufwand (wohl mehrere Jahre) und das Material (für zwei Quadratmeter Pergament benötigte man die Haut einer Kuh) in Rechnung stellt; Geld brachte er indessen nicht ein. Die Abfassung neuer, «origineller» Werke stand nicht im Zentrum; wo es aber doch geschah, diente es dem gleichen Zweck wie die Abschrift der überlieferten.

Kulturell führend blieb im 10. Jahrhundert die Abtei St. Gallen (vgl. S. 37 ff.) mit ihrer Schule. Der Mönch Notker Labeo verfasste astronomische und mathematische Texte, aber auch – wohl für den Schulgebrauch – Übersetzungen ins Althochdeutsche. Dieser Ansatz fand jedoch keine Fortsetzung; Bildungssprache blieb Latein. Eine ganze Reihe von Autoren schrieb eine fortlaufende Klostergeschichte. In der Mitte des 11. Jahrhunderts setzte der kulturelle Niedergang ein, da nur noch Söhne aus freiem Adel aufgenommen wurden; diese ständische Beschränkung war der geistigen Qualität nicht förderlich. Dafür erlangten im 11. und 12. Jahrhundert die Scriptorien und Schulen von Einsiedeln und Engelberg grosse Bedeutung. Als in der zweiten Hälfte des 12. Jahrhunderts die Verwendung des Mittelhochdeutschen – neben Latein – aufkam, spielte das Kloster Muri im Aargau eine wichtige Rolle; hier

Die Gebetszeiten in den Klöstern

Früher Morgen	Laudes matutinae	Morgengebet
Sonnenaufgang	Prim	1. Stunde
Vormittag	Terz	3. Stunde
Mittag	Sext	6. Stunde
Nachmittag	Non	9. Stunde
Sonnenuntergang	Vesper	
Abend	Komplet	Abendgebet

Die Zeit mass man
- mit Wasseruhren, welche seit dem Frühmittelalter verbreitet waren;
- mittels Kerzen: Bei gutem Wetter bestimmten die Mönche mit Hilfe der Sonnenuhr, wie weit eine Kerze von Gebetszeit zu Gebetszeit niederbrannte. Die Abschnitte wurden auf gleich dicken Kerzen eingekerbt.
- erst im 14. Jahrhundert mit Hilfe von Sanduhren; der für die Zeiteinteilung zuständige Mönch wusste für jede Jahreszeit, wie oft er die Sanduhr zwischen den Gebetszeiten umzukippen hatte.

Die ersten mechanischen Uhren kamen um das Ende des 13. Jahrhunderts auf; aus dem Ende des 14. Jahrhunderts kennen wir die Beschreibung der mit Schlagwerk versehenen Luzerner Turmuhr.

entstanden ein Loblied auf Maria («Mariensequenz») und um 1250 ein Osterspiel.

Im Unterschied zu Frankreich liegen aus der Schweiz kaum Nachrichten über Schulen an den Bischofssitzen – Dom- oder Kathedralschulen – aus dem 10. und 11. Jahrhundert vor. Erst im 12. und vor allem im 13. Jahrhundert gewannen die Bischofssitze und die **Stifte** in den Städten – etwa das Zürcher Grossmünster – grössere kulturelle Bedeutung und lösten die traditionellen **Benediktiner**abteien allmählich ab. Die städtischen Stifte und Klöster erwarben bedeutende Bibliotheken und trugen durch ihren Schulbetrieb wesentlich zur Entstehung einer gebildeten städtischen Oberschicht bei.

Auch beim *Kirchenbau* standen zunächst die Klöster im Zentrum. Aus karolingischer Zeit sind nur ganz wenige Kirchen erhalten, so jene von Müstair und Mistail, beide im Kanton Graubünden. Die grossen romanischen Kirchen des 10., 11. und 12. Jahrhunderts waren Klosterkirchen; hier sind Romainmôtier, Payerne, St-Ursanne, Allerheiligen in Schaffhausen, das Grossmünster in Zürich und San Vittore bei Locarno zu nennen. Als Kontrast zu den einfachen Bauernhütten, aber auch den noch im Wesentlichen auf Türme beschränkten Adelssitzen dürften sie die damaligen Menschen noch mehr beeindruckt haben als die heutigen; die romanische Kirche verkörperte als «Gottesburg» das himmlische Jerusalem, die göttliche Weltordnung, die Bedeutung des Glaubens und der Kirche. Romanische Dorfkirchen – etwa Prugiasco oder Giornico im Tessin – waren sehr viel kleiner und sind nicht oft erhalten geblieben, da sie später durch grössere Neubauten ersetzt wurden. Ganz oder bis auf Reste verloren gegangen sind vielfach auch die Fresken, mit denen oft der gesamte Innenraum ausgestattet war; eine Ausnahme bildet Müstair. Dagegen ist in der romanischen Kirche von Zillis in Graubünden die aus der Mitte des 12. Jahrhunderts stammende Holzdecke mit 153 bemalten Holztafeln als einzigartiges Kunstwerk erhalten geblieben (vgl. S. 88). Sie zeigen das Leben und vor allem die Wundertaten Christi, umgeben am Rand vom Weltmeer mit zahlreichen Fabelwesen, welche das Böse und die Bedrohung verkörpern. Einblick in das Denken der Zeit gewährt der plastische Schmuck über den Kircheneingängen und an den Pfeilerkapitellen. Im späten 12. Jahrhundert wurden auch Holzplastiken Marias und der Heiligen hergestellt, die ebenfalls im Gottesdienst Verwendung fanden.

Die grossen Bischofskirchen in Chur, Lausanne, Basel und Genf wurden alle noch im 12. Jahrhundert begonnen, aber erst im 13. Jahrhundert vollendet. Sie erlebten daher in ihrer Baugeschichte den Übergang von der Romanik zur Gotik und weisen beide Stilelemente auf. Dank einer entwickelteren Bautechnik ermöglichte es die Gotik, die Gewölbe in die Höhe zu ziehen und das Mauerwerk durch grosse Fenster, Giebel, Arkaden und Pfeiler zu gliedern und weitgehend auf die tragenden Strukturen zu reduzieren. Das durch die nunmehr bemalten Fenster flutende Licht liess die auf diesen dargestellten Wundertaten Christi und der Heiligen für die Gläubigen transparent werden, nachdem diesen bereits beim Eintreten durch die Reliefs über den Portalen Geburt, Kreuzigung und Auferstehung Christi sowie das kommende Weltgericht in Erinnerung gerufen worden waren. In einem gewissen Gegensatz zu den reich ausgestatteten Kathedralen standen die ebenfalls gotischen, aber bewusst schlicht und asketisch wirkenden Kirchen der neuen **Orden** (**Zisterzienser, Franziskaner, Dominikaner**), die dadurch an das hier hoch gehaltene Armutsideal erinnerten.

Die Bedürfnisse des Gottesdienstes beschäftigten ein vielfältiges Kunsthandwerk. Die zunächst noch einfachen Altäre wurden zunehmend mit Aufsätzen aus Gold- oder Silber-

Der Bau der Kathedrale von Lausanne begann nach 1150 noch in romanischem Stil, doch ging man um 1170 zum System der burgundischen Frühgotik über. Die Kirche war 1232 im Rohbau vollendet; die Weihe erfolgte nach dem durch einen Brand unterbrochenen Ausbau 1275.

Die Kirche von Zillis (Graubünden) birgt die älteste bemalte Felderdecke Europas. Auf den zwischen 1130 und 1140 entstandenen 153 quadratischen Tafeln wird das Leben Christi erzählt, wobei die Wundertaten im Vordergrund stehen. Die Tafeln am Rand stellen Meeresungeheuer dar.

blech, dann auch mit bemalten Tafeln ausgestattet. Liturgische Bücher erhielten Einbände aus Gold, Silber oder Elfenbein. Die Reliquien, über die eine Kirche oder ein Kloster verfügte, wurden zunächst in gold- und silbergeschmückten Schreinen, dann aber auch in Kopf-, Arm- oder Fussreliquiaren, die sowohl an die Art der Überreste wie auch an die heilige Person erinnerten, untergebracht. Von den dadurch entstandenen Kirchenschätzen wurden viele später durch Zerstörungen oder auch durch Verkäufe zerstreut. So teilte man beispielsweise nach der Basler Kantonsteilung 1833 den Schatz des Basler Münsters auf die beiden Kantone auf, worauf Baselland die ihm zugefallenen zwei Drittel sofort veräusserte. Die kostbarsten Sammlungen befinden sich heute in St-Maurice (Kanton Wallis), in der Kathedrale von Chur und im ehemaligen **Stift** Beromünster (Kanton Luzern).

Die Kultur des Adels

War während Jahrhunderten die Kirche der einzige Kulturträger gewesen, so entwickelte sich neben ihr im 12. und 13. Jahrhundert eine spezifische Adelskultur. Der Adel empfand sich als geschlossener Stand, grenzte sich von den übrigen sozialen Gruppen – Geistlichkeit, Städter, Bauern – bewusst ab und schuf eine eigentliche Ideologie der besonderen adeligen Existenz. Die grossen Unterschiede innerhalb des Adels, vom König bis zum kleinen Ministerialen, wurden dabei negiert. Als gemeinsamer Nenner galt die adelige oder «ritterliche» Lebensweise: Der «Ritter» – zunehmend eine Sammelbezeichnung für den gesamten Adel – widmete sich dem Kampf, dem Turnier und der Jagd, lebte auf einer Burg, nach der er sich nannte, führte ein Wappen und verachtete sowohl die Schweiss treibende Landarbeit des Bauern als auch die emsige Geschäftigkeit des Bürgers. Im Kampf und im friedlichen Zusammenleben galten für ihn Regeln: Er verhielt sich galant und ehrerbietig gegenüber den ebenfalls adeligen Frauen, er führte den Kampf tapfer, fair und offen, befleckte seine Ehre nicht durch Feigheit, Hinterlist oder Verrat, er schonte den besiegten Gegner und zweifelte nicht an der christlichen Lehre. Die Wurzeln dieses adeligen Selbstbildes liegen einerseits in der Idealisierung der kriegerischen Aufgaben, andererseits in der sich im 11. und

12. Jahrhundert verbreitenden und vertiefenden Religiosität, die von der Kirche mit dem Ziel einer Humanisierung der Umgangsformen gefördert wurde. In einer Lehrzeit als «Knappe» eignete sich der heranwachsende Adelige das angemessene Verhalten in allen Lebenssituationen an und wurde darauf mit etwa zwanzig Jahren zum «Ritter» geschlagen.

Realisiert wurde das Ideal des ritterlichen Lebens allerdings weniger im konkreten Alltag, wo es nach wie vor oft rau zuging, als vielmehr in der vom Adel entwickelten Literatur. Die ritterliche Dichtung entwickelte sich zunächst in Frankreich und erreichte nach 1150 den deutschsprachigen Raum, um hier um 1200 rasch einen klassischen Gipfel zu erreichen und dann allmählich ins Jahrhunderte währende Epigonentum abzugleiten. Der mündliche Vortrag des dichterischen Werks stand im Zentrum, doch wurden die Texte von den Dichtern selbst oder besonderen Schreibkundigen aufgeschrieben. Zentren der Adelsdichtung waren die Höfe der Könige und des Hochadels; diese selbst wird daher auch oft als «höfisch» bezeichnet und so von der geistlichen und der «Volksliteratur» abgegrenzt, die durch umherziehende Spielleute verbreitet wurde. Im Unterschied zur Kirche bediente sich die höfische Dichtung der Landessprache: des Provenzalischen, des Altfranzösischen und des Mittelhochdeutschen.

In der Adelsliteratur des 12. und 13. Jahrhunderts dominieren zwei Gattungen: der Roman und der Minnesang. Der höfische Versroman spielt üblicherweise in einer Art Märchenwelt, in deren Zentrum der Hof des sagenhaften Königs Artus steht. Die Helden dieser «Tafelrunde» begeben sich auf Abenteuer, überstehen alle möglichen Gefahren, befreien gefangene Jungfrauen und kehren nach erfolgter Bewährung zurück. In der Minnelyrik entbrennt der Sänger in Liebe zu einer sozial höher gestellten Frau und besingt ihre Schönheit und sein Liebesleid; oft ist sein Ziel unerreichbar, da die Angebetete bereits als Gattin, etwa seines Lehensherrn, gebunden ist.

Abgesehen von dem Einfluss auf die Entwicklung der Landessprachen, besteht die Bedeutung der höfischen Dichtung vor allem in der Bildung eines zwar durchaus christlich geprägten, aber doch autonomen Wertesystems und in einem gewandelten Bild der Frau und der Beziehung zwischen den Geschlechtern. Tugenden wie Ehre, Tapferkeit, Ritterlichkeit, Grossmut und Mässigung dien-

Silberüberzogener Kopf aus Nussbaum, bestimmt zur Aufnahme der Reliquien des heiligen Candidus, der nach der Legende zusammen mit Mauritius auf dem Feld der nachmaligen Abtei St-Maurice im Unterwallis als **Märtyrer** *hingerichtet worden war. Die Grafen von Savoyen schenkten dieses Kunstwerk der Abtei, auf die sie starken Einfluss hatten, um 1150. Der würfelförmige Sockel zeigt die Enthauptung des Heiligen und die Himmelfahrt seiner Seele.*

Der ritterliche Wettkampf

Alle ritterlichen Wettkämpfe wurden nach feststehenden Regeln zu Pferd ausgetragen. Im *Turnier* standen sich zwei Mannschaften (oft auf jeder Seite mehrere Hundert Teilnehmer) gegenüber, die sich in voller Rüstung eine eigentliche Schlacht lieferten, wobei es allerdings Sicherheitszonen gab, in denen Besiegte nicht getötet wurden. Ziel des Kampfes war es, möglichst viele Gegner vom Pferd zu stechen und gefangen zu nehmen. Verletzungen und Todesfälle waren häufig. Harmloser war der *Buhurt*: Die Ritter waren nur mit Schildern, aber nicht mit Schwertern und Lanzen, bewaffnet und versuchten sich so gegenseitig vom Pferd zu stossen. Im *Tjost* standen sich zwei Ritter gegenüber, sprengten aufeinander los und versuchten, den Gegner mit der Lanze aus dem Sattel zu werfen. Meist verwendete man aus Sicherheitsgründen stumpfe Waffen.

Die Schweiz
im Hochmittelalter

ten adeligen Eliten bis ins 20. Jahrhundert als Leitlinien; sie sind freilich oft auch ins Groteske gesteigert, missbraucht oder gar nicht eingehalten worden. Die Liebe zwischen Mann und Frau erscheint erstmals seit dem Altertum als eine autonome, ungeheuer intensive Macht, losgelöst von der üblichen Versorgungsehe, aber auch weit über blosse Sexualität hinausgehend. Solche Liebe stellt aber die Frau zwar nicht als gleiches, aber doch als gleichwertiges und selbstständiges Wesen dar – auch in dieser Hinsicht war die höfische Literatur ein Wurf, welcher der Realität der Zeit voraus war, aber doch auf lange Sicht zur Aufwertung der Frau beigetragen hat. Die steigende Verehrung der Gottesmutter äusserte sich in der zunehmenden Mariendichtung.

Auch wenn die schweizerischen Adelshöfe zu klein waren, um zu literarischen Zentren zu werden, so stammen doch einige höfische Dichter aus dem schweizerischen Raum. Die Herkunft des grossen Dichters Hartmann von Aue aus Eglisau am Rhein ist zwar alles andere als gesichert. Dagegen lebte dessen Kollege Ulrich von Zazikhoven (Zezikon; bei Lommis), der um 1200 den Roman «Lanzelet» verfasste, im Thurgau. Konrad von Würzburg, Verfasser mehrerer Legenden und Romane, verbrachte seine späteren Jahre in Basel, wo er 1287 starb. Gegen dreissig Autoren von Minne-

Werner von Homberg in der Darstellung der Manessischen Liederhandschrift. Der Maler zeigt ihn als Anführer einer Kriegergruppe, die 1312 die Stadt Soncino bei Brescia erstürmt. Sowohl er selbst als auch sein Pferd tragen sein Wappen: zwei übereinander stehende schwarze Adler in Gold. Als Zimier tragen er und sein Pferd die auf die Stadt Rapperswil hinweisenden Schwanenhälse.

Ein Minnelied Graf Werner von Hombergs (aus der Manessischen Liederhandschrift)
Werner von Homberg (etwa 1283–1320) war im Baselbiet und im Raum um Rapperswil begütert, kämpfte für Kaiser Heinrich VII. in Oberitalien und nahm später an einer Belagerung von Genua teil, wo er umkam.

Wol mich hiute und iemer mê, ich sach ein wîp, der ir munt von roete bran sam ein fiurîn zunder. Ir wol triutelehter minneclîcher lîp hât mich in den kumber brâht: von der minne ein wunder an ir schoene hât got niht vergezzen. Ist ez reht als ich es hân gemezzen, sô hât si einen rôten rôsen gezzen.	Wohl mir heute und immerfort, ich habe eine Frau gesehen, der der Mund von Röte brannte wie flammender Zunder. Ihre reizende, liebliche Gestalt hat mich zu diesem Kummer gebracht: Kein Wunder der Minne hat Gott an ihrer Schönheit vergessen. Ist es so, wie ich vermutet habe, so hat sie eine rote Rose gegessen.
So ist der eine, der des niht enwaere wert, daz er laege ûf reinem strô, der triut ir wîplich bilde; so ist der ander, der des tôdes dur si gert und zuo zallen marsen vert, dem muoz si wesen wilde. Heyâ got, wie teilst sô ungelîche! Ist er hezlich, so ist si minnenclîche: Waz sol der tiuvel ûf daz himelriche?	Da ist der eine, der nicht einmal verdienen würde, auf reinem Stroh zu liegen – der liebkost ihren Frauenleib; da ist der andere, der für sie sterben will und zu allen Teufeln fährt – dem muss sie fremd bleiben. Ei, Gott, wie verteilst du so ungleich! Ist er hässlich, so ist sie lieblich: Was soll der Teufel zu dem Himmelreich?
Hêrre got, und het ich von dir den gewalt daz ich möht verstôzen in von der grôzen wunne, sô möht ich in ganzen fröiden werden alt: helfent alle biten mir got daz ers mir gunne, daz der selbe tiuvel werde geletzet und ich werde an sîne stat gesetzet: sô bin ich mîs leides wol ergetzet.	Gott Herr, hätte ich von dir die Macht, dass ich den andern von seiner grossen Lust verstossen könnte, so könnte ich in voller Freude alt werden: Helft mir alle Gott bitten, dass er mirs vergönne, dass jener Teufel unschädlich gemacht und ich an seine Stelle gesetzt werde – dann bin ich für mein Leid wohl entschädigt.

(Übertragung durch Max Wehrli, in:
Deutsche Lyrik des Mittelalters, Zürich 1955)

liedern stammten aus schweizerischem Gebiet. Unter ihnen spielte der zweisprachige Graf Rudolf von Fenis aus Neuenburg (gestorben 1196) eine besondere Rolle, da er sich an provenzalischen Vorbildern orientierte und damit eine der Brücken vom romanischen zum deutschen Sprachraum bildete.

Die umfangreichste und bedeutendste Sammlung von Minneliedern erfolgte um die Wende vom 13. zum 14. Jahrhundert in Zürich. Sie wurde von einem kleinen Kreis von Adeligen getragen, zu dem die führende Familie Manesse, die Äbtissin des Fraumünsters (vgl. S. 84) und der Bischof von Konstanz gehörten. In den folgenden Jahrzehnten wurden die Texte unter der Leitung des Stadtzürchers Johannes Hadlaub (literarisch verewigt in Gottfried Kellers gleichnamiger Novelle) in der «Manessischen Liederhandschrift» (nach dem späteren Aufenthaltsort auch «Grosse Heidelberger Liederhandschrift») niedergeschrieben. Diese enthält auf 428 Blättern über 6000 Strophen von 140 Dichtern und Sängern, von denen die meisten mit einem passend scheinenden Bild und ihrem Wappen wiedergegeben sind.

Die Abfassung der Manessischen Liederhandschrift signalisiert in gewissem Sinn Ende und Wandel der adeligen Literatur. Die Sammlung entsteht in einer Stadt, nicht auf einer Burg, Hadlaub selbst ist ein bürgerlicher Zürcher – ein Anzeichen dafür, dass die Stadt zum neuen Zentrum literarischer Tätigkeit wird.

Die Schweiz im Hochmittelalter

Die politische Entwicklung im Hochmittelalter

Was war Politik im Hochmittelalter?

Hochmittelalterliche Ereignisgeschichte ist im Wesentlichen Geschichte von Personen und Dynastien, denn eine unpersönliche Staats- und Rechtsordnung bestand nicht. Den gegebenen Rahmen bildeten Grundherrschaft und Lehenswesen (vgl. S. 58 ff. und 66 f.). Grundlage jeder Herrschaft war der Besitz von Boden und Rechtstiteln. Eine wichtige Rolle spielten dabei die Gerichtsrechte; nicht unwesentlich waren aber auch Schirmherrschaften über Klöster, die oft reich, aber nicht wehrfähig waren, und die Herrschaft über – alte oder neu gegründete – Städte. Ziel adeliger Machtpolitik war es, den Besitz an Boden und Herrschaftsrechten, die beide mit Einkünften verbunden waren, zu vergrössern. Neben politischen Allianzen und Fehden spielten dabei Heiraten eine zentrale Rolle. Das Netz geschickt geknüpfter Verwandtschaftsbeziehungen, ertragreiche Erbgänge, aber auch der biologische Zufall – das Aussterben einer Familie war in einer Zeit grosser Kindersterblichkeit häufig – entschieden oft über Aufstieg oder Niedergang einer Adelsfamilie.

Im 12. und 13. Jahrhundert wurden die ersten Anzeichen der Bildung von *Landesherrschaften* sichtbar: Eine hochadlige Familie strebte innerhalb eines geografischen Raumes einerseits die Konzentration und Intensivierung ihrer Herrschaftsrechte, anderseits die Loslösung aus lehensrechtlichen Abhängigkeiten an. An die Stelle von Weiterverleihungen von Boden und Herrschaftsrechten trat zunehmend die Einsetzung von Ministerialadeligen, deren Stellung nicht vererbbar war, oder die Verpfändung, die jederzeit rückgängig gemacht werden konnte. Die Oberhoheit des Königs wurde nicht bestritten, doch war dieser nur selten präsent und konnte seine Macht daher nur gelegentlich wirklich wahrnehmen. Am Ende einer solchen Entwicklung hatte der «Landesherr» zwar keineswegs sämtliche Rechte oder gar sämtlichen Boden in seiner Hand vereinigt, jedoch eine Machtstellung erlangt, die eine Missachtung seiner Position zum Risiko machte und es ihm daher ermöglichte, Frieden und Recht durchzusetzen. Dazu kam es jedoch erst im Verlauf des Spätmittelalters. Gerade im südwestdeutschen und im schweizerischen Raum erwiesen sich die Voraussetzungen zur Entstehung einer hochadeligen Landesherrschaft als eher ungünstig, weil Grundbesitz, Herrschaftsrechte und damit die politische Macht ausgesprochen zersplittert waren.

Königreich Burgund und Herzogtum Schwaben (10. und 11. Jahrhundert)

Nach dem Zerfall des Karolingerreiches (vgl. S. 33 f.) bildete sich zu Beginn des 10. Jahrhunderts im Juraraum ein lokales Machtzentrum. Der dortige Markgraf Rudolf (gestorben 912) rief sich zum König von Hochburgund aus. Es gelang ihm, auch Basel und den Basler Jura unter seine Herrschaft zu bringen. Sein Sohn Rudolf II. konnte seine Macht nach Osten bis zur Reuss und nach Süden bis zur Rhonemündung in das Mittelmeer erweitern. Das nun einfach Burgund genannte Herrschaftsgebilde umfasste also neben der West- und der Zentralschweiz auch grosse Teile des heutigen Frankreich. Die burgundischen Könige versuchten, ihre Macht auf die Bischöfe in ihrem Raum abzustützen, indem sie diese reichlich belehnten: Der Bischof von Sitten bekam die Herrschaftsrechte im Wallis, der Bischof von Lausanne jene über die Waadt, während der Bischof von Basel das bedeutende Kloster Moutier-Grandval erhielt. Dennoch erreichten die Könige das Ziel letztlich nicht. Die **Bistümer** wurden nicht zu zuverlässigen Machtstützen, sondern zum Schwerpunkt der Machtpolitik lokaler Adliger. Zu Beginn des elften Jahrhunderts setzte unter König Rudolf III. ein eigentlicher Ausverkauf königlicher Herrschaftsgebiete ein. Während Adelige aus dem benachbarten Herzogtum Schwaben wie etwa die Grafen von Lenzburg zunehmend Güter und Rechte in der Zentral- und der Westschweiz erwarben, musste sich der König mit immer neuen Revolten des burgundischen Adels auseinander setzen. Schliesslich blieb ihm nichts anderes übrig, als sich dem Schutz des deutschen Königs zu unterstellen, dessen Oberhoheit anzuerkennen und diesen als Nachfolger – er selbst war kinderlos – einzusetzen. Nach dem Tod Rudolfs III. (1032) wurde der deutsche König Konrad II. in Payerne zum König von Burgund gekrönt. Damit war also das ganze schweizerische Gebiet nördlich der Alpen ein Teil des Deutschen **Reiches** geworden.

In der Ostschweiz konnten sich die Könige des Ostfränkischen oder Deutschen Reiches

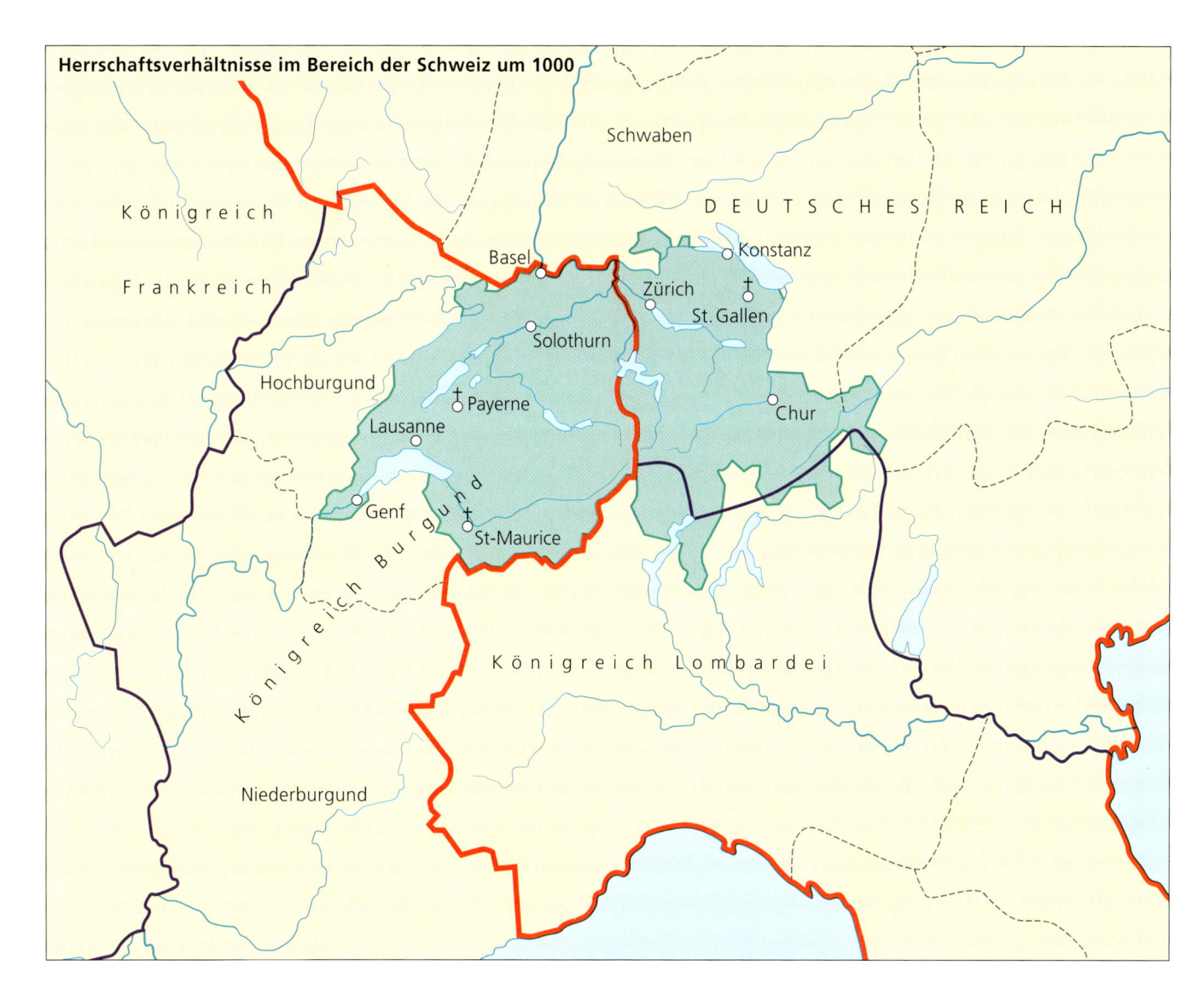

Herrschaftsverhältnisse im Bereich der Schweiz um 1000

Map legend:
- Grenzen des Deutschen Reiches
- Grenzen der andern Königreiche
- Grenzen der Herzogtümer, Marken usw.
- Gebiet der heutigen Schweiz

Map labels: Schwaben, Königreich Frankreich, DEUTSCHES REICH, Basel, Konstanz, Zürich, St. Gallen, Solothurn, Hochburgund, Payerne, Lausanne, Chur, Genf, St-Maurice, Königreich Burgund, Königreich Lombardei, Niederburgund

(vgl. S. 54) bereits zu Beginn des 10. Jahrhunderts durchsetzen und die Kontrolle über die Herzöge von *Schwaben* erlangen. Die Herzogswürde, die sich auch auf den süddeutschen Raum nördlich des Rheins erstreckte, wechselte zwischen verschiedenen Familien. Mittelpunkt des Herzogtums Schwaben wurde Zürich, welches urkundlich erstmals 929 als Stadt bezeichnet wurde (vgl. S. 34 ff. und 70 f.). Im 11. Jahrhundert verlagerte sich der Schwerpunkt des Herzogtums auf den Raum im Norden des Bodensees. Die eher geringe Macht der schwäbischen Herzöge ermöglichte den Aufstieg verschiedener Adelsfamilien: Die Udalrichinger beherrschten als Grafen grosse Teile Graubündens sowie Gebiete nördlich des Bodensees. Der Schwerpunkt der Besitzungen der Kyburger und der Nellenburger lag im Bereich des Thurgaus, des Zürichgaus und des Hegaus. Im Bereich des Aargaus dominierten die Lenzburger und die Habsburger. Die Letzteren stammten aus dem Elsass. Sie besassen Güter in der Gegend von Brugg, erbauten die Burg, die der Familie dann den Namen gab, und errichteten nicht weit davon das Kloster Muri, das zum eigentlichen «Familienkloster» werden sollte.

Der Aufstieg der Zähringer (11. und 12. Jahrhundert)

Der um 1070 einsetzende Investiturstreit (vgl. S. 55), der den ständigen Machtkampf zwischen den deutschen Königen und Kaisern und den Päpsten einleitete, führte im süddeutsch-schweizerischen Raum zu einer Spaltung des Hochadels in zwei Gruppen. Die Bischöfe von Basel, Lausanne und Sitten, der Abt von St. Gallen und die Grafen von Lenzburg standen auf der königlichen Seite. Die meisten übrigen Adeligen dagegen hielten zum Papst, vor allem der Herzog von Schwaben, Rudolf von Rheinfelden, der sich, obwohl Schwager König Heinrichs IV., 1077 zum Gegenkönig erheben liess. 1080 fiel Rudolf jedoch in einer Schlacht gegen Heinrich IV. Dieser setzte nun den Grafen Friedrich von Staufen zum neuen Herzog ein, während sich die päpstliche Partei hinter den im Breisgau begüterten Grafen Berthold II. von Zähringen stellte. 1098 kam es zu einem lokalen Ausgleich: Der Staufer behielt zwar die schwäbische Herzogswürde, durfte sie aber südlich des Rheins nicht ausüben. Hier erhielten die Zähringer, ebenfalls mit dem Titel eines Her-

Die Schweiz im Hochmittelalter

zogs versehen, die Reichsvogtei (d.h. die Stellvertretung des Königs) über Zürich und sein Umland (allerdings zusammen mit den Grafen von Lenzburg) sowie die wichtigen Klöster, ferner auch das Erbe Rudolfs im schweizerischen Raum. Damit war erstmals eine relativ scharfe Abgrenzung zwischen dem süddeutschen und dem schweizerischen Gebiet geschaffen worden.

Die aus dem Breisgau stammenden und weiterhin dort und im Schwarzwald verankerten Zähringer versuchten, ihre Herrschaft im schweizerischen Raum durch den Erwerb weiterer königlicher Rechte und durch den inneren Ausbau zu vergrössern. 1127 verlieh ihnen der deutsche König Lothar III. das «Rektorat» (die Stellvertretung des Königs) über Burgund, darunter auch die Zentral- und die Westschweiz. Dies ermöglichte es den Zähringern, ihre Besitzungen in den Raum des Emmen- und des Aaretals auszuweiten und bis zu den Westschweizer Seen vorzustossen. Friedrich I. Barbarossa stutzte dagegen die zähringischen Ambitionen wieder zurück: Sie verloren das burgundische Rektorat wieder und mussten sich in der Westschweiz mit der Vogtei (Oberaufsicht) über das **Bistum** Lausanne beschränken. Als die Grafen von Lenzburg 1173 ausstarben, blieben die Zähringer zwar nun die einzigen Inhaber der Reichsvogtei Zürich, hatten aber den lenzburgischen Grundbesitz den Kyburgern und Habsburgern zu überlassen.

Weit wesentlicher war der innere Ausbau der zähringischen Besitzungen im zentralschweizerischen Raum. Ein wichtiges Mittel dazu war die Gründung neuer Klöster, wobei den Zähringern ihr Besitz im Elsass und im Breisgau nützliche Dienste leistete. So gründeten sie etwa das Augustiner**stift** Interlaken und besetzten es mit Mönchen aus Murbach, während die ebenfalls neue Abtei Trub im Emmental Mönche aus dem zähringischen Hauskloster St. Peter im Schwarzwald erhielt. Diese neuen Klöster – wie auch etwa Rougemont im Saanetal und Rüeggisberg – lagen in ausgesprochenen Rodungsgebieten (vgl. S. 62). Neben die Gründung von Klöstern trat die Gründung von Städten: 1157 Freiburg im Üechtland, vermutlich um 1191 Bern, weiter Thun, Murten und Rheinfelden. Die älteren Städte Burgdorf, Solothurn und Zürich wurden erweitert. Wie stark die Zähringer an der Erschliessung der Gotthardregion direkt beteiligt waren (vgl. S. 96), ist nicht mit Bestimmtheit festzustellen. Sicher hatten sie ein grundsätzliches Interesse an den Zentralalpen, da ihr Vorstoss in die Westschweiz nur zu einem Teilerfolg geführt und die Walliser Alpenübergänge nicht erreicht hatte. Oft ist darüber spekuliert worden, ob nicht der zähringische Herrschaftsbereich zur Keimzelle einer grossen südwestdeutschen Landesherrschaft hätte werden können. Es musste indessen bei der Spekulation bleiben, weil die Zähringer 1218 im Mannesstamm ausstarben.

Erben der Zähringer im Westen: Die Grafen von Savoyen

Der ursprüngliche Besitz der Grafen von Savoyen lag im Gebiet von Vienne und Grenoble. Den Niedergang der burgundischen Könige und die anschliessende geringe Präsenz der deutschen Herrscher nützten sie zu ihren Gunsten aus. Im 11. Jahrhundert beherrschten sie bereits die wichtigen Alpenübergänge vom Rhonetal in die Poebene. Von den französischen Alpen stiessen sie ins Wallis vor, erwarben die Vogtei über die reiche Abtei St-Maurice und brachten den Bischof von Sitten in ihre Abhängigkeit. Zu Beginn des 13. Jahrhunderts konnten die Savoyer in der Waadt Fuss fassen, wo sie der deutsche König mit Moudon belehnte. Das Aussterben der Zähringer nützten sie zu einem wirksamen Vorstoss nach Nordosten aus. Um 1240 erwarben sie vom Bischof von Lausanne Romont und bauten es zu einem stark befestigten Stützpunkt aus. Um die Mitte des Jahrhunderts baute Graf Peter II. seinen Herrschaftsbereich bis in den Raum von Murten, Freiburg und Bern und sogar in das Haslital aus. Dabei sollte er jedoch auf den Widerstand Rudolf von Habsburgs stossen.

Erben der Zähringer im Osten: Die Kyburger und die Habsburger

Zunächst profitierten die Grafen von Kyburg am meisten vom Aussterben der Zähringer. Sie übernahmen deren grosse Besitzungen im Zürichgau, im Aargau und im bernischen Raum, eingeschlossen die Städte Burgdorf, Freiburg und Thun. Die Städte Bern und Zürich wurden **reichsunmittelbar**, während die Reichsvogtei über die Umgebung Zürichs auf verschiedene Geschlechter verteilt wurde. Bereits in der Mitte des 13. Jahrhunderts zeichnete sich jedoch das Aussterben auch der Kyburger ab. Dies veranlasste den mit den Kyburgern verschwägerten Grafen Peter von Savoyen zu seinem Vorstoss in den bernischen Raum. Nach dem Tod des letzten Kyburgers (1264) griff jedoch auch dessen Vetter Graf Rudolf IV. von Habsburg – der spätere König – in die Auseinandersetzungen ein und setzte sich gegen den Savoyer weitgehend durch, der nur die Waadt halten konnte. Eine zielbewusste habsburgische Landesherrschaftspolitik begann sich immer deutlicher abzuzeichnen. Rudolf überliess die relativ abseits gelegenen kyburgischen Besitzungen im Bernbiet seinem Neffen Eber-

Siegel des Grafen Rudolfs IV. von Habsburg (1258)

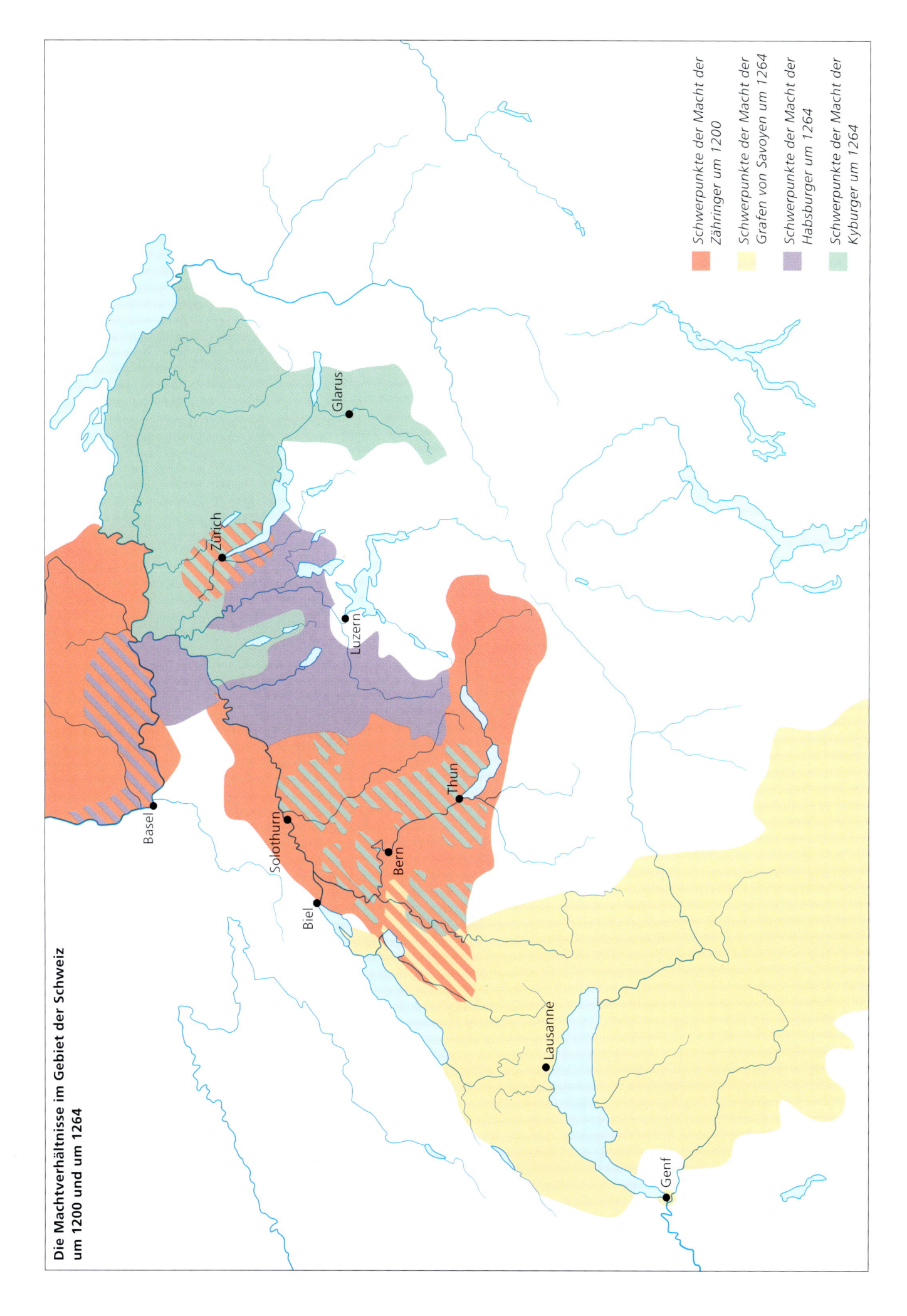

Die Machtverhältnisse im Gebiet der Schweiz um 1200 und um 1264

- Schwerpunkte der Macht der Zähringer um 1200
- Schwerpunkte der Macht der Grafen von Savoyen um 1264
- Schwerpunkte der Macht der Habsburger um 1264
- Schwerpunkte der Macht der Kyburger um 1264

Die Schweiz im Hochmittelalter

hard von Habsburg-Neukyburg, fasste dagegen den habsburgischen Stammbesitz und das kyburgische Erbe in der Zentral- und der Ostschweiz in seiner Hand zusammen.

1273 wurde Rudolf zum deutschen König gewählt, was seine Stellung ganz erheblich verbesserte. Am folgenreichsten erwies sich langfristig der Krieg, den Rudolf im Namen des Reiches gegen Ottokar von Böhmen führte. Rudolf konnte Ottokar Ober- und Niederösterreich abnehmen und später seinem eigenen Sohn Albrecht verleihen – das Zentrum der späteren habsburgischen Macht bis 1918! Dieser Erfolg bedeutete aber keineswegs, dass Rudolf sein Interesse am schweizerischen Raum verloren hätte. Sein Ziel war hier vielmehr die Errichtung einer möglichst geschlossenen und gut organisierten Landesherrschaft, die sich geografisch ungefähr mit dem alten Herzogtum Schwaben deckte und die er seinem jüngeren Sohn Rudolf hinterlassen wollte. Rudolf nützte seine Doppelstellung als König und als Inhaber der habsburgischen Güter und Herrschaftstitel geschickt aus; oft verwalteten habsburgische Beamte zugleich auch noch Reichsämter. Die habsburgischen Besitzungen wurden allmählich in Ämter und Vogteien aufgeteilt, die sich um eine habsburgische Burg als Mittelpunkt gruppierten, wie etwa Baden, Regensberg, Kyburg, Zug und andere. Als Rudolf 1291 starb, zeichnete sich eine habsburgische Landesherrschaft im ost- und im zentralschweizerischen Raum ab.

Politik um die Alpenpässe

Die Alpenpässe hatten eine politische und eine wirtschaftliche Bedeutung. Da die deutschen Könige seit dem 10. Jahrhundert versuchten, auch Ober- und Mittelitalien unter ihre Herrschaft zu bringen, waren sie auf gesicherte Alpenübergänge angewiesen. Weil der Handel zwischen dem östlichen Mittelmeerraum und den italienischen Seestädten einerseits, den wirtschaftlichen Zentren in der Champagne, in Flandern und am Niederrhein anderseits wuchs, nahm der Verkehr über die Alpenpfade zu. Damit erhöhte sich auch das Interesse an einer Kontrolle über die Alpenpässe, denn diese war mit Macht und Einnahmen verbunden. Indessen war kein Machthaber in der Lage, einfach Hand auf die Alpenübergänge zu legen und diese zu beherrschen. Angesichts der wenig ausgebildeten Herrschaftsstrukturen im Alpenraum (vgl. S. 64) entwickelten die Bewohner der Alpentäler im 12. und 13. Jahrhundert überall eigene Organisationsformen mit einem höheren Grad an Selbstverwaltung, als dies in den Dörfern des Mittellandes üblich war. Auswärtige Mächtige mussten, wenn sie ihre Rechtsansprüche und ihren Einfluss durchsetzen wollten, sich mit diesen «communitates» (Talgemeinschaften) in irgendeiner Form arrangieren.

Wichtigste Übergänge im schweizerischen Raum waren zunächst die Walliser und die Bündner Pässe. Im Verlauf des 13. Jahrhunderts gelang es den Grafen von Savoyen, massgebenden Einfluss auf den Bischof von Sitten und somit das Wallis zu gewinnen und dadurch die Zugänge zum Grossen St. Bernhard und zum Simplon zu kontrollieren. Die wichtigsten Kräfte im bündnerischen Raum mit dem Septimer-, dem Splügen- und dem San-Bernardino-Pass waren der Bischof von Chur und die Freiherren von Vaz. Im 13. Jahrhundert trat jedoch der Gotthardpass als kürzeste Alpentransversale in den Vordergrund. Seine Öffnung wurde vor allem von der Südseite her durch den Erzbischof von Mailand im 12. Jahrhundert vorangetrieben. Das Haupthindernis war nicht der eigentliche Passübergang, sondern die nördlich anschliessende Schlucht zwischen dem Urserental und der Talschaft Uri, die Schöllenen. Um 1200, vielleicht auch erst etwa zwanzig Jahre später, gelang es, durch kühne Brückenkonstruktionen («Stiebender Steg», «Teufelsbrücke») den Weg durch die Schlucht zu öffnen; man vermutet, dass die technisch erfahrenen Walser (vgl. S. 64), die kurz zuvor das Urserental besiedelt hatten, dazu entscheidend beitrugen. Der neue Alpenübergang erfreute sich offenbar rasch grosser Beliebtheit; erste Statuten von Säumergesellschaften entstanden, und die Kapelle auf dem Pass musste erweitert werden.

Mit der Eröffnung des Gotthardpasses stieg die Bedeutung der Täler im nördlichen Vorfeld – Uri, Schwyz, in geringerem Mass Unterwalden – sowie der Stadt Luzern am Ende des Vierwaldstättersees. Wichtige Grundeigentümer in diesen Tälern waren verschiedene Klöster, von denen nur wenige wie Engelberg an Ort und Stelle, die meisten jedoch im Mittelland lagen. Hinzu kamen wenige Kleinadelsfamilien sowie freie Bauern, die zum Teil auch als «Meier» die lokalen Einkünfte der Klöster verwalteten. In Schwyz und Unterwalden waren auch die Habsburger begütert. Die Organisation der Talgemeinden mit einem Landammann und einer Landsgemeinde wird am frühesten in Uri zu Beginn des 13. Jahrhunderts fassbar, in Schwyz am Ende des 13. und in Unterwalden zu Beginn des 14. Jahrhunderts. Möglichkeiten zur Machtausübung für auswärtige Hochadelsgeschlechter boten vor allem die «Reichsvogtei» und die «Schirmvogtei» über die Klöster. Ein Schirmvogt nahm die Rechte des Klosters wahr, wenn deren Besitz in irgendeiner Weise bedroht war, der Reichsvogt besorgte die Vertretung des deutschen Königs, womit konkret offenbar gerichtliche Rechte verbunden waren.

Die Reichsvogtei über Uri gelangte von den Grafen von Lenzburg (bis 1173) über die Herzöge von Zähringen (bis 1218) an die Habsburger. 1231 unterstellte jedoch König Heinrich (VII.) im «Urner Freibrief» Uri direkt seiner Herrschaft («Reichsunmittelbarkeit»), was bedeutete, dass die Talschaft die königlichen Rechte autonom wahrzunehmen hatte. Man nimmt an, dass der König die angesichts der Passeröffnung und des wieder sehr akuten Gegensatzes zum Papst wichtige Talschaft so zur Treue verpflichten wollte. 1240 erlangten auch die Schwyzer einen solchen Freibrief. Die Stellung Habsburgs wurde gleichzeitig auch dadurch geschwächt, dass im Rahmen einer Erbteilung (1232) deren Güter und Rechtstitel im Zentralalpenraum an die eher schwache Seitenlinie Habsburg-Laufenburg fielen. Dies änderte sich, als der Vertreter der Hauptlinie, Rudolf IV., durch einen Gütertausch 1273 – im Jahr seiner Wahl zum König – seinen Vetter in den bernischen Raum abdrängte. In den folgenden Jahrzehnten baute Rudolf seine Stellung im innerschweizerischen Raum gezielt aus, so durch die Übernahme von weiteren Schirmvogteien oder den Kauf der Städte Zug und Luzern. Er scheint dabei jedoch Konflikte mit den Talgemeinden vermieden und ein gutes Einvernehmen mit diesen gesucht zu haben. Als etwa 1257/58 eine Fehde zwischen zwei Urner Sippen die Talschaft erschütterte und nicht aus eigenen Kräften beigelegt werden konnte, wurde Rudolf als Schlichter beigezogen. Ähnliches wiederholte sich auch nach seiner Königswahl. Die «Reichsunmittelbarkeit» von Uri und Schwyz stellte er nicht in Frage und brauchte es auch nicht zu tun, da er als König seit 1273 das Reich verkörperte. Dass die zentralschweizerischen Alpentäler zur Keimzelle einer antihabsburgischen Bewegung werden könnten, war bei seinem Tod 1291 nicht vorauszusehen.

Das Werk «Liber notitiae Sanctorum Mediolani» erwähnt die Weihe der Kapelle auf dem Gotthardpass von 1230. Der Textausschnitt zeigt den Namen des heiligen Gotthard.

Claudius
Sieber-Lehmann

Die Schweiz im Spätmittelalter
14. und 15. Jahrhundert

Die Schweiz im Spätmittelalter

Der europäische Rahmen: Die spätmittelalterliche Staatenwelt

Zur Einführung: Das Spätmittelalter

Die meisten Nachschlagewerke zur europäischen Geschichte bezeichnen den Zeitraum von 1300 bis 1500 als «Spätmittelalter». Dieser Epochenname ist aber eine Verlegenheitslösung wie der Begriff «Mittelalter» selbst, der um 1450 bei den Humanisten als Sammelbezeichnung für die Jahrhunderte zwischen dem Ende des Römischen Reiches und der Wiedergeburt der Antike in der «Renaissance» aufkommt (vgl. S. 52). Ist dieses «späte» Mittelalter nur noch ein «Herbst des Mittelalters» (Johan Huizinga), eine Spätzeit, geprägt von Zerfall und Auflösung? Eigentlich passt dies schlecht zum Geschichtsverständnis vieler heutiger europäischer Länder, welche die «Geburtsstunde» ihres Staates gerade in diesem Zeitabschnitt ausfindig machen. *Verharren* und *Erneuerung* waren also in gleicher Weise typisch für das «Spätmittelalter». Wie erklärt sich diese Doppeldeutigkeit?

Zweifellos erfuhren viele Menschen im 14. und 15. Jahrhundert, dass sich ihre wirtschaftlichen und sozialen Verhältnisse stark wandelten. Diese Tatsache verunsicherte sie, und sie mussten weittragende Entschlüsse treffen sowie neue Lösungen suchen. Diese realen Veränderungen erfasst das Wort «Krise» am besten, weil es sowohl «Beunruhigung» als auch «Zwang zur Entscheidung» bedeutet. Deswegen sollten wir das Spätmittelalter weniger unter dem Blickwinkel von Tradition oder Fortschritt betrachten, sondern es eher im wörtlichen Sinne als «*Krisenzeit*» charakterisieren.

Für die deutschschweizerische «Nationalgeschichtsschreibung» ist das Spätmittelalter sicherlich eine Schlüsselepoche. Bis heute herrscht aber keine Einigkeit darüber, seit wann wir von einer eigenständigen «Schweizer Geschichte» ausgehen können. Beginnt sie mit dem Bund von 1291, mit der Eroberung und gemeinsamen Verwaltung von Gebieten im 15. Jahrhundert, dem Konflikt mit Kaiser und Reich um 1500 oder erst 1648, mit der rechtlichen Loslösung vom Heiligen Römischen Reich deutscher Nation, vielleicht mit der Helvetik 1798 oder gar erst mit der Bundesverfassung von 1848?

Landesherrschaft, Stände, «Territorialstaat»

Der Übergang von der lehensrechtlich organisierten Gesellschaft zur Landesherrschaft, der sich im 13. und 14. Jahrhundert abgezeichnet hatte (vgl. S. 92), fand im 14. und 15. Jahrhundert seine Fortsetzung. Die führenden Dynasten bemühten sich, die Herrschaftsrechte innerhalb einer Region in ihrer Hand so zu bündeln, dass Widerstand gegen sie durch einen Einzelnen wenig Aussicht auf Erfolg hatte und daher gar nicht unternommen wurde. Durch diese Machtkonzentration stieg die Chance, den grundsätzlich von allen gewünschten Landfrieden herzustellen. Der Fürst als machtvoller Schutzherr brauchte freilich die nötige rechtliche Untermauerung, das heisst Gesetze, sowie Geld für eine minimale Streitmacht und zivile Beamte, sodass zumindest gelegentlich Steuern erhoben werden mussten. Dies wiederum bot den dem Landesherrn untergeordneten sozialen Gruppen – Adligen, Exponenten der Kirche, Stadtbürgern, in einzelnen Fällen auch Bauern – eine Handhabe, sich zur Wahrung ihrer überlieferten Rechte zu *Ständen* zusammenzuschliessen und ihre Vertreter zu mehr oder weniger regelmässig zusammentretenden Versammlungen («Etats Généraux»; «Cortes»; «Parliament»; «Landtage» usw.) zu entsenden, die ein Mitbestimmungsrecht bei der Einführung neuer Steuern und Gesetze beanspruchten. Sowohl die Machtkonzentration beim Inhaber der Landesherrschaft wie auch die Bildung von Ständevertretungen förderten die Entwicklung zum frühneuzeitlichen Territorialstaat, denn beide Seiten empfanden sich als Repräsentanten eines nicht durch persönliche feudale Bindungen, sondern geografisch begrenzten Raumes, des «Landes». Allmählich wurde es auch für weltliche Herrschaftsträger möglich und sinnvoll, Karten mit Landesgrenzen zu zeichnen; in der kirchlichen Verwaltung hatte man dies schon früher getan.

Die Entwicklung zum frühneuzeitlichen Territorialstaat – ein Begriff der Verfassungsgeschichte, der in dieser Zeit selbst noch nicht erscheint – vollzog sich in den einzelnen Räumen Europas auf unterschiedliche Art und Weise, aber nirgendwo ohne Brüche und Rückschläge. Überall bestanden Elemente der feudalen Gesellschaftsordnung weiter; nach

Legende zu Abbildung S. 99 siehe S. 158.

wie vor wurden Lehenseide abgelegt und galt das gegenseitige Treuegebot von Herrn und Vasall, wenn auch beides oft nicht eingehalten wurde. Nach wie vor wurde ritterliches Leben zelebriert, wurden Turniere abgehalten, wurden Ritterorden gestiftet, auch wenn das militärische Schwergewicht immer mehr auf die Fussoldaten überging, den Feuerwaffen eine wachsende Bedeutung zukam und sich die Zugehörigkeit zu einem Ritterorden zunehmend auf den Besitz eines Abzeichens reduzierte. Unglückliche Kriege schwächten die Landesherren, Thronkämpfe wie etwa in Kastilien und in England im 15. Jahrhundert konnten scheinbar fest gefügte Landesherrschaften erschüttern, Erbteilungen führten zur Zersplitterung eben erst konzentrierter Herrschaftsrechte, das Aussterben einer Dynastie schuf ein machtpolitisches Vakuum, das sich sowohl die Stände des eigenen Landes wie auch die lieben Nachbarn zunutze machten. Erst am Ende des 15. Jahrhunderts zeichnete sich der frühneuzeitliche Territorialstaat als kaum mehr rückgängig zu machende Tatsache ab.

Grosse regionale Unterschiede bestanden sodann im Umfang der sich entwickelnden Territorialstaaten. In Westeuropa, etwa in England, Schottland, Frankreich, Portugal, Kastilien und Aragon, konnten sich die Könige als Herren des ganzen Landes durchsetzen. Im Raum zwischen den Niederlanden und Burgund schien sich im 15. Jahrhundert eine zunehmend kompaktere Landesherrschaft der burgundischen Herzöge herauszubilden, doch fand diese Entwicklung mit dem Tod Karls des Kühnen 1477 (vgl. S. 150 f.) ihr Ende. Ebenfalls zur Ausbildung grossräumiger Territorialstaaten kam es in Osteuropa mit der Entwicklung des polnischen und des ungarischen Königreiches, doch verschob sich dort das Schwergewicht der Macht allmählich auf die Stände, besonders den Adel, der sich das Recht, den König zu wählen, sicherte. Ganz anders verlief die Entwicklung im «Heiligen Römischen Reich», das heisst in Deutschland und Italien.

Das «Heilige Römische Reich»: Deutschland und Italien

Der Anspruch der deutschen Könige, auch die Krone Italiens zu tragen und über beide Länder die Würde eines römischen Kaisers auszuüben, konnte kaum mehr durchgesetzt werden. Zwar unternahmen noch einzelne deutsche Herrscher Italienzüge und erreichten beim Papst auch die Kaiserkrönung, doch handelte es sich dabei mehr um Bittgänge als um Machtdemonstrationen. Während Unteritalien und Sizilien nach langwierigen Kämpfen an das spanische Aragon fielen, Mittelitalien mit Rom und dem Kirchenstaat unter päpstlicher Herrschaft stand, entwickelten sich die oberitalienischen Städte von Florenz bis Mailand und Venedig zu selbstständigen Stadtrepubliken mit grossem territorialem Umschwung. Sie waren nicht nur wirtschaftliche, sondern auch – im Zeichen der Renaissance – wissenschaftliche und künstlerische Zentren.

Aber auch in Deutschland selbst gelang es den Königen nicht, analog zu ihren französischen und englischen Kollegen eine das ganze Reich überziehende Landesherrschaft aufzubauen. Die Selbstständigkeit der ihnen nominell unterstellten geistlichen und weltlichen Reichsfürsten sowie der Reichsstädte war bereits im Verlauf des 13. Jahrhunderts zu gross geworden. Fürsten und Städtevertreter hatten auf den Reichstagen gegenüber dem König ein entscheidendes Wort mitzureden. Vor allem aber stand einer Elite dieser Reichsfürsten, den sieben Kurfürsten, seit 1356 das Recht zu, den Herrscher zu wählen. Dies bewirkte eine Zweiteilung der Herrschaft: Die sieben Kurfürsten vertraten das Reich in seiner Gesamtheit, dessen Herrschaft sie dem von ihnen gewählten König anvertrauten. Das Reich war also eine Wahlmonarchie ohne dynastische Kontinuität; in einzelnen Fällen nahmen die Kurfürsten auch das Recht in Anspruch, einen angeblich untauglichen König wieder abzusetzen. Verschiedene Familien lösten sich an der Spitze des Reiches ab: die Habsburger (1273–1291; 1298–1308; ab 1438), die Luxemburger (1308–1313; 1347 bis 1400; 1410–1437) und die Wittelsbacher (1314–1347; 1400–1410). Das Interesse an der Königskrone beruhte weniger auf der direkten, relativ geringen Machtfülle, sondern vor allem auf der Möglichkeit, als König die eigene familiäre Herrschaft, die «Hausmacht», zu mehren, die im Unterschied zur Krone dauerhafter Besitz blieb. Zu dieser Hausmachtvergrösserung bot das Amt des Königs verschiedene Möglichkeiten; vor allem hatte dieser das Recht, durch das Aussterben einer Dynastie herrenlos gewordene Gebiete neu zu verleihen, wobei er natürlich seine eigenen Angehörigen bevorzugte. Auch die Voraussetzungen für eine einträgliche Heiratspolitik – sowohl durch eigene Ehen wie diejenigen der Söhne und Töchter – waren für den Inhaber der Königswürde günstig. So gelang es allen drei erwähnten Königsfamilien, ihre Hausmacht massiv zu vergrössern: Die Habsburger wurden Herzöge von Österreich und Grafen von Tirol, die Luxemburger Könige von Böhmen – das zum Reich gehörte –, die Wittelsbacher weiteten ihren bayrischen Besitz aus und waren zeitweise Kurfürsten von Brandenburg.

Die Chance, innerhalb des Reiches eine grossräumige Landesherrschaft zu bilden, waren, wie die Beispiele zeigen, im weitläufigen Osten des Reiches am grössten. Dagegen

Rudolf I. (1273–1291) war das erste Reichsoberhaupt aus der Familie der Habsburger und begründete deren Aufstieg. (Grabplatte im Dom zu Speyer)

Karl IV. (1347–1378) war der bedeutendste Kaiser aus der Familie der Luxemburger. Die Statue befindet sich am «Schönen Brunnen» in Nürnberg.

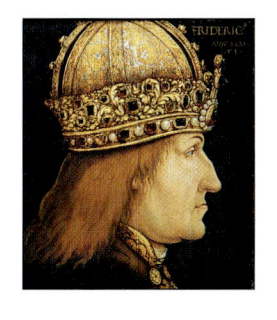

Kaiser Friedrich III. (1440–1493) aus der Familie der Habsburger stellte mit seiner Regierungsdauer von 53 Jahren einen Rekord auf.

Die Schweiz im Spätmittelalter

war die Zersplitterung der Herrschaftsverhältnisse im Südwesten des Reiches, zu dem auch die Eidgenossenschaft gehörte, ausserordentlich stark. Zwar waren die Habsburger auch hier, in ihren «Stammlanden», durchaus verankert und auch gewillt, ihre Position auszubauen oder doch zu bewahren, doch sollte sich vor allem im 15. Jahrhundert zeigen, dass Aufwand und Ertrag dabei in einem ungünstigen Verhältnis standen. In diesem Umfeld konnte sich das eigenartige Gebilde der Schweizerischen Eidgenossenschaft entwickeln (vgl. S. 138 ff.).

Die politischen Auseinandersetzungen

Im Spätmittelalter fanden unzählige Kriege und Fehden statt, doch nur wenige hatten langfristige Wirkungen:

1. In der ersten Hälfte des 14. Jahrhunderts gelang es dem islamisch-türkischen Stamm der Osmanen, die Herrschaft über den Grossteil Kleinasiens zu gewinnen. In der Folge setzten sie nach Südosteuropa über und brachten im späten 14. und im 15. Jahrhundert das Balkangebiet bis zur Donau und zur ungarischen Südgrenze unter ihre Herrschaft. 1453 fiel auch Konstantinopel und damit der letzte Rest des Byzantinischen Reiches in ihre Hand und wurde als Istanbul zur Hauptstadt des osmanischen Sultans. Seit der Mitte des 15. Jahrhunderts galt das Osmanenreich als grösste Gefahr für das christliche Europa seit der Zeit der arabischen Expansion.

2. Auf der Iberischen Halbinsel setzten die christlichen Königreiche ihre Expansion nach Süden fort. 1492 fiel das letzte islamische Bollwerk Granada in ihre Hand. Durch die Ehe Ferdinands von Aragon mit Isabella von Kastilien wurde zur gleichen Zeit die Vereinigung der beiden Staaten zum Königreich Spanien eingeleitet.

3. In Frankreich kämpften die Familien der Anjou-Plantagenêts und der Valois während mehr als hundert Jahren um die französische Krone; man spricht vom «Hundertjährigen Krieg», der in Wirklichkeit allerdings mehr eine lose Folge von Kriegen war. Die Anjou-Plantagenêts, obwohl französischen Ursprungs, waren auch Könige von England. In Frankreich aber setzten sich in der Mitte des 15. Jahrhunderts die Valois durch. Die Anjou-Plantagenêts und die ihr folgenden Dynastien verloren ihren französischen Besitz, behielten aber England; dieses war bis ins Zeitalter der überseeischen Expansion ein geschlossener Inselstaat.

4. Nach diesen Erfolgen sahen sich die Valois in Konflikte mit den Herzögen von Burgund verwickelt, die nominell der französischen Krone unterstanden, aber eine völlig selbstständige Politik betrieben. Der Tod Karls des Kühnen 1477 löste einen intensiven Kampf um die von ihm hinterlassenen Gebiete aus, auf welche neben den Valois auch die Habsburger – die Tochter Karls war mit dem Sohn des habsburgischen Kaisers verheiratet – Anspruch erhoben. Die schliesslich erfolgte Teilung des burgundischen Erbes führte zu keinem dauerhaften Frieden.

5. Der sich abzeichnende habsburgisch-französische Gegensatz fand gegen das Ende des 15. Jahrhunderts eine Erweiterung, als die französischen Könige versuchten, die Herrschaft über das reiche, aber politisch zersplitterte Italien zu gewinnen. Die französische Expansion stiess auf den entschiedenen Widerstand sowohl des habsburgischen deutschen Königs wie auch Spaniens, zu dem ja auch Unteritalien gehörte. Immer deutlicher zeichnete sich eine spanisch-habsburgische Allianz ab, die auch durch entsprechende Eheschliessungen gefestigt wurde. Aus der Ehe zwischen dem habsburgischen Königssohn Philipp und der spanischen Königstochter Johanna ging 1500 der Sohn Karl hervor, der 1516 das spanische, 1519 das habsburgische Erbe übernahm, im gleichen Jahr auch zum deutschen König gewählt wurde und als Kaiser Karl V. in die Geschichte einging, in dessen Reich – dank der zu dieser Zeit erfolgenden Eroberung Amerikas – die Sonne nicht unterging.

Die Kirche

Die Notwendigkeit der Kirche war unbestritten; das Leben des einzelnen Menschen war in hohem Mass durch religiöse Vorstellungen und kirchliche Handlungen geprägt. Indessen war diese Kirche von Konflikten und Krisen keineswegs frei. Diese ergaben sich aus dem Gegensatz zwischen der Kirche als überstaatlicher Organisation und den Ansprüchen des sich entwickelnden frühneuzeitlichen Territorialstaates, aus der Verfilzung des hierarchisch aufgebauten kirchlichen klerikalen Apparates mit politischen und finanziellen Interessen und schliesslich aus den religiösen Prägungen aller rechtlich-formalen Handlungen, auch im weltlichen Bereich.

Die Macht der erstarkenden staatlichen Kräfte bekam zunächst der Papst selbst zu spüren: Der französische König liess 1303 den Papst Bonifaz VIII. vorübergehend gefangen nehmen, worauf dieser starb, und nötigte dessen Nachfolger, seinen Sitz im französisch kontrollierten Avignon zu nehmen. Den weitgehenden Verlust über den Kirchenstaat versuchten die avignonesischen Päpste durch einen Ausbau ihrer sonstigen Einnahmen zu kompensieren, und lieferten so das Vorbild zu einer allgemeinen «Fiskalisierung» der Kirche: Alle kirchlichen Leistungen waren käuflich, alle kirchlichen Leistungen mussten bezahlt werden. Der Versuch einer Rückkehr des Papstes nach Rom führte 1378 zum «Schisma» (Spaltung): Es gab nun zwei Päpste, einen in Rom, einen in Avignon. Erst das Konzil von Konstanz konnte 1415 die Einheit an der Spitze wiederherstellen.

Mit der Einrichtung des Konzils gewannen weitere Reformideen an Einfluss: Das Konzil sollte die Kirche reformieren, es sollte regelmässig zusammentreten, den Papst kontrollieren und im Extremfall sogar absetzen («Konziliarismus»). Diese Hoffnungen erfüllten sich jedoch nicht. Die nun wieder in Rom residierenden Päpste des 15. Jahrhunderts hielten sich die Konzilien erfolgreich vom Hals und konzentrierten sich auf den Ausbau des Kirchenstaates und die Versorgung ihrer Verwandtschaft. Sie, die meist dem römischen oder mittelitalienischen Adel entstammten, waren im Wesentlichen Fürsten eines mittelgrossen Territorialstaates, verbunden mit umfassenden und lukrativen kirchenrechtlichen Vollmachten. Diese privilegierte Stellung wurde freilich durch die Eingriffe weltlicher Herrscher in den päpstlichen Kompetenzbereich bedroht, die jedoch unterschiedlich weit gingen. Während der französische König im 15. Jahrhundert die katholische Kirche in seinem Königreich überwachte und kaum irgendeinen Geldabfluss nach Rom duldete, waren weder der deutsche König noch die deutschen Fürsten und Städte zu so tief greifenden Massnahmen in der Lage.

Die Lage in Rom widerspiegelte sich in der Lage vieler Bistümer: Das Bischofsamt war nicht wegen seiner geistlichen Aufgaben, sondern wegen der mit ihm verbundenen Herrschaftsrechte und Einnahmequellen begehrt und daher meist ein Reservat für Exponenten des Adels, besonders jüngere Fürstensöhne. Dementsprechend konzentrierten sie sich denn auch auf ihre machtpolitischen Interessen und vernachlässigten ihre eigentliche Pflicht, einen fähigen Priesterstand auszubilden und über die Tätigkeit der Priester zu wachen. Oft befanden sich mehrere Bistümer in einer Hand. Genau wie der Bischof im Allgemeinen sein Amt durch Geldzahlungen an die Wahlbehörden – Domkapitel und Papst – erlangt hatte, so hatte auch der einfache Priester sein Amt zu kaufen.

Diese Verkrustung des kirchlichen Apparats und die Konzentration aller kirchlicher Handlungen auf die formalrechtlichen und finanziellen Aspekte standen im Gegensatz zu den Bedürfnissen breiter Bevölkerungskreise, die voller Frömmigkeit am religiösen Leben teilnahmen und das Kirchenleben mitgestalten wollten. Der Ruf nach kirchlichen Reformen war denn auch weit verbreitet, doch liefen konkrete Reformvorschläge immer Gefahr, den kirchlichen Besitzstand in Frage zu stellen und somit als Ketzerei gebrandmarkt zu werden.

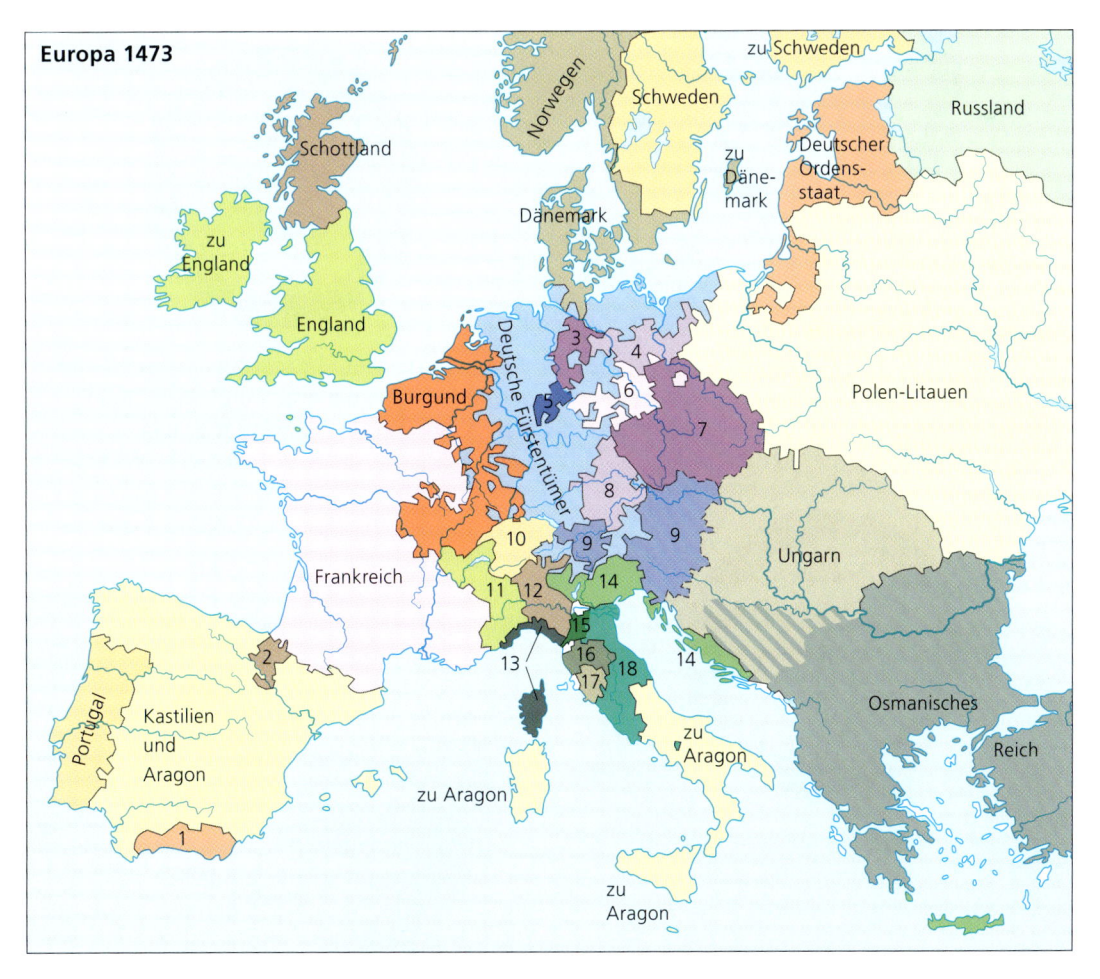

Europa 1473

1 Granada
2 Navarra
3 Braunschweig
4 Brandenburg
5 Hessen
6 Sachsen
7 Böhmen
8 Bayern
9 Österreich mit Nebenländern
10 Eidgenossenschaft
11 Savoyen-Piemont
12 Mailand
13 Genua
14 Venedig
15 Modena
16 Florenz
17 Siena
18 Kirchenstaat

kleine Staaten

Die Schweiz im Spätmittelalter

Die Welt, Europa und die Eidgenossenschaft

Erst am Ende des Spätmittelalters können wir davon ausgehen, dass die Eidgenossenschaft – anfänglich ein Knäuel verschiedener Bündnisse ohne eigenen Namen – als eigenständiges Gebilde wahrgenommen wurde. Ein Zeugnis dafür ist der Kleriker und Humanist Albrecht von Bonstetten aus Einsiedeln, der 1479 die Eidgenossenschaft einer auswärtigen Leserschaft vorzustellen versuchte. Er griff dabei auf bereits bekannte Weltvorstellungen zurück und verfertigte daraus die erste geografische Darstellung der Schweiz. Bonstetten beginnt mit einer Zeichnung, die sich an antiken Sagen orientiert: Atlas bewegt das Firmament. Mit der Rechten hebt er die Sonne empor, mit der Linken empfängt er sie abends. Deshalb liegt sein Kopf im Süden. Das Zentrum der Welt ist Atlas' Herz. Alle Länder beziehen sich auf dieses Zentrum, selbstverständlich auch die Eidgenossenschaft, welche Bonstetten direkt dem Herzen von Atlas zuordnet.

Damit gibt sich Bonstetten aber nicht zufrieden. In einem zweiten Bild zeigt er die T-förmige Aufteilung der Welt in die drei Kontinente «Africa», «Asia» und «Europa», wie sie die antike Geografie vornahm. Im Mittelalter wurde dies übernommen, wobei sich in der Mitte des T Jerusalem befand.

Albrecht von Bonstetten (etwa 1442–1504) verfasste 1479 die «Superioris Germaniae Confoederationis descriptio» oder «Der Obertütscheit Eidgnosschaft beschribung». Sie ist in mehreren handschriftlichen Exemplaren erhalten; die nebenstehenden Zeichnungen stammen aus dem Manuskript der Bibliothèque Nationale Paris.

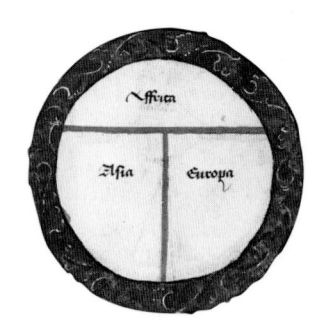

Diese Dreiteilung überträgt der Einsiedler Humanist nun auf Europa, das sich mit Hilfe der Alpen, der Limmat und des Rheins ebenfalls gliedern lässt. Diese «natürlichen» Grenzen lassen ein zweites T mit gespaltenem Schaft entstehen, dessen Schnittpunkt sich exakt zwischen «Gallia», «Alamania» und «Italia» befindet. Für Bonstetten bildet die Eidgenossenschaft also den Mittelpunkt Europas.

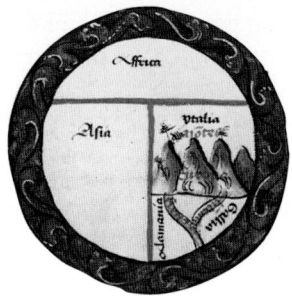

In der Mitte der Eidgenossenschaft liegt zudem ein heiliger Berg, die Rigi. Als «regina montium» («Königin der Berge») bildet sie das Zentrum der acht eidgenössischen Orte und damit zugleich Europas. Um die Lage der Rigi darzustellen, greift Bonstetten auf den idealen, kreisförmigen Grundriss Jerusalems, das irdische Abbild der himmlischen Stadt, zurück.

Wenn wir die vier Skizzen übereinanderlegen und die verschiedenen Zentren ineinander blenden, so ergibt sich eine Abfolge: Weltzentrum – irdisches Jerusalem – Mittelpunkt Europas – Rigi und die acht Orte, angeordnet wie das himmlische Jerusalem. Bonstettens Ausführungen zeigen einen naiven Stolz auf seine «Obertütscheit Eidgnosschaft». Da sich dieses eigentümliche Gebilde aber von den umliegenden Fürstentümern unterscheidet, ist bei Bonstetten auch das Bedürfnis erkennbar, die Eidgenossenschaft sogar religiös zu rechtfertigen. Der Einsiedler Kleriker war aber überzeugt, einem dauerhaften Gemeinwesen mit eigener Geschichte anzugehören, das seine Entstehung den tief greifenden wirtschaftlichen, sozialen und politischen Veränderungen des Spätmittelalters verdankte.

Katastrophen und Krisen: Klimaverschlechterung, Missernten, Hunger und Pest

Bis in das 19. Jahrhundert erlebten alle westeuropäischen Menschen regelmässig, dass Nahrungsmittel knapp waren oder gar fehlten. Viele hatten immer wieder nichts zu essen, litten Hunger, viele starben an Entbehrung. Die Erträge aus der Landwirtschaft schwankten stark, und es bestanden wenig und bloss teure Möglichkeiten, Essbares zu konservieren. Bei Hungersnöten war es zudem schwierig, Lebensmittel aus anderen Gebieten einzuführen, da der Transport auf dem Landweg kostspielig und nur beschränkt möglich war. Letztlich konnte niemand in dieser Mangelgesellschaft damit rechnen, immer genügend zu essen zu haben. Bereits das Bevölkerungswachstum des Hochmittelalters führte trotz Übergang zur Dreifelderwirtschaft und der Verbesserung der Anbautechniken (vgl. S. 58 f.) zu einer Verknappung der Nahrungsmittel. Seit 1300 verschärften zudem Missernten in Europa die periodischen Hungersnöte; gleichzeitig kühlte sich das Klima ab. Das Fehlen ausreichender Lebensmittel schwächte die Gesundheit der Menschen, sodass sie der 1347 nach Italien eingeschleppten und sich in ganz Westeuropa ausbreitenden *Pest* wenig Widerstand entgegensetzen konnten.

Obwohl die Pest nicht bei allen Menschen tödlich verlief, starben ein Viertel bis ein Drittel der Bevölkerung in den betroffenen Gebieten. Die Seuche traf zuerst die in den Städten lebenden Armen, die in unhygienischen Verhältnissen hausten und bei Ausbruch der Epidemie nicht aufs Land fliehen konnten; in einem späteren Stadium fielen ihr Arm und Reich unterschiedslos zum Opfer. Die Pest zeigte sich in zwei verschiedenen Erscheinungsformen: Beulen- oder Lungenpest. Die Seuche konnte auf drei verschiedene Arten übertragen werden. Zuerst infizierten Flöhe, die auf Ratten lebten, die Menschen. Danach erfolgte eine Ansteckung über Menschenflöhe von Person zu Person, schliesslich übertrugen die Menschen den Erreger direkt durch Tröpfcheninfektion, das heisst durch Schleimpartikel, die beim Sprechen, Niesen oder Husten ausgeschieden werden. Der Pesterreger, ein stäbchenförmiges Bakterium, wurde 1894 gefunden. Die Krankheit ist aber erst seit der Entdeckung des Penizillins im Jahre 1928 heilbar und fordert noch heute ihre Opfer.

Der Verlauf der mittelalterlichen Seuche lässt sich anhand eines Sterberegisters des Walliser Städtchens St-Maurice beobachten. Im April 1349 wurden täglich durchschnittlich drei Personen zu Grabe getragen. Anfänglich starben mehr Frauen, da sie häufiger miteinander auf der Strasse oder an den Brunnen Kontakt hatten als die Männer, die ausserhalb des Städtchens die Felder bestellten. Insgesamt betraf die Pest aber beide Geschlechter gleich. Die erhaltenen Testamente zeigen die gegenseitige Ansteckung innerhalb von Familien. Die Stadt St-Maurice büsste mit etwa 150 Toten ein Drittel ihrer Einwohnerschaft ein. Besonders bemerkbar machte sich der Tod von vielen spezialisierten Gewerbetreibenden. So konnte das früher begehrte Amt des Stadtbäckers in St-Maurice nicht mehr besetzt werden.

Der «schwarze Tod» beeindruckte und verunsicherte die Zeitgenossen ausserordentlich. Der jähe Pesttod machte vor niemandem Halt.

Niklaus Manuel Deutsch: Der Tod als Kriegsknecht umarmt ein Mädchen (1517).

Dispone domui tuæ, morieris enim tu, & non viues.
ISAIÆ XXXVIII
Ibi morieris, & ibi erit currus gloriæ tuæ.
ISAIÆ XXII

De ta maison disposeras
Comme de ton bien transitoire,
Car là ou mort reposeras,
Seront les chariotz de ta gloire.

Links:
Ein beliebtes Thema der bildenden Kunst des Spätmittelalters war der «Totentanz»: Der Tod tanzt mit Angehörigen aller Stände und holt sie zu sich. Das Bild stammt aus einem Zyklus von Hans Holbein mit 41 Holzstichen, gedruckt 1538 in Lyon.

Rechts:
Pestarzt beim Aufschneiden einer Pestbeule.
(Holzschnitt von Hans Folz, Nürnberg, 1482)

Soziale Rangordnungen und gesellschaftliche Normen hatten jeden Wert verloren. Diese Erfahrung spiegelt sich in den häufig gemalten Totentänzen wider, auf denen Gevatter Tod jeden Menschen, ob hohen oder niedrigen Standes, zu einem tödlichen Tanz einlädt.

Die religiösen Vorschriften und Bräuche konnten nicht mehr eingehalten werden. Für die von der Pest Befallenen bestand kaum mehr die Möglichkeit, zu beichten und die letzte Ölung zu erhalten, da die Priester entweder geflüchtet waren oder selber krank darniederlagen. Oft erhielten die Verstorbenen auch kein schickliches Begräbnis. So mussten die Pestopfer ohne die Tröstungen der Kirche sterben und erst noch gewärtigen, als Sünderinnen oder Sünder im Fegefeuer verharren zu müssen.

Viele Menschen forschten nach den Gründen für dieses Unheil. Einige sahen darin eine Strafe Gottes, andere führten die Pest auf den Einfluss der Gestirne, des Klimas und der schlechten Luft zurück. Vor allem aber wurde nach *Sündenböcken* gesucht. Die Bevölkerung glaubte, dass die jüdischen Einwohner die Brunnen vergiftet hätten. Es kam deswegen zu furchtbaren **Pogromen** in den eidgenössischen Städten, zum Teil bevor die Pest auftrat. Die Menschen jüdischen Glaubens wurden systematisch ermordet, zwangsgetauft oder vertrieben (vgl. S. 132 f.).

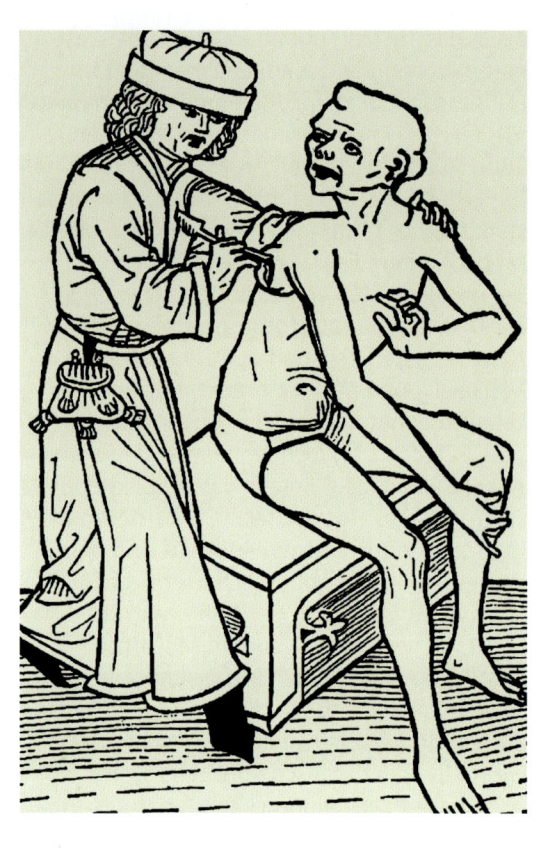

Die Seuche kam in der zweiten Hälfte des 14. und im 15. Jahrhundert immer wieder. Der «schwarze Tod» suchte die Schweiz noch 1670 heim. Zwar lässt sich nach jedem Pestzug ein Ansteigen der Eheschliessungen und Geburtenzahlen beobachten, die Verluste konnten aber kaum ausgeglichen werden. Zählte die Schweiz in der ersten Hälfte des 14. Jahrhunderts zwischen 700 000 und 800 000 Einwohner, so waren es um 1400 zwischen 600 000 und 650 000, um 1500 zwischen 550 000 und 570 000.

Eine wirtschaftliche Krisenzeit

Die wirtschaftlichen Auswirkungen der Bevölkerungsverluste waren zweifellos gross. Da wir aber für das Spätmittelalter kaum umfassende statistische Angaben besitzen, können die wirtschaftlichen Veränderungen bloss in einzelnen Regionen und Erwerbszweigen, zudem mit grossen zeitlichen Lücken, beobachtet werden. Die im Folgenden geschilderten Entwicklungen beruhen auf Einzelbeispielen, die nur unter Vorbehalt verallgemeinert werden können; mit regionalen Unterschieden muss immer gerechnet werden.

Die Getreidepreise sinken – was sind die Folgen?

In der Landwirtschaft waren im Spätmittelalter mehr als drei Viertel der Bevölkerung tätig. Der Tod vieler Menschen – grösstenteils durch die Pest – führte dazu, dass den Überlebenden plötzlich mehr Nahrungsmittel zur Verfügung standen. Das Überangebot an Getreide liess die Preise bis auf die Hälfte des früheren Betrags sinken. Der Preiszerfall hatte unterschiedliche Konsequenzen für die verschiedenen Bevölkerungsgruppen. Die städtische Einwohnerschaft und Landleute, die Getreide kaufen mussten, kamen nun günstiger zu ihrem Brotgetreide. Wer hingegen als Grundbesitzer die Abgaben in Form von Getreide erhielt und vom Getreidehandel lebte, musste unversehens mit geringeren Erträgen auskommen. Die Grundbesitzer – Adlige, Klöster, Stadtbürger und reiche Bauern – reagierten auf diese Einbusse unterschiedlich.

Die Reaktionen der Grundherren

Um die gleichen Einnahmen wie früher zu erreichen, erhöhten die Grundherren zum Teil die Abgaben und verschärften die Pflichten der abhängigen Bauern. Ein Beispiel dafür war der St. Galler Abt Kuno von Stoffeln (1379–1411), dessen Massnahmen den Zorn der Appenzeller erregten; sie setzten sich mit einer Reihe von Kriegszügen gegen diese Neuerungen zur Wehr (vgl. S. 145). Der St. Galler Abt wird in den späteren Chroniken des 15. Jahrhunderts dementsprechend als Schreckgespenst geschildert. So berichtet das «Weisse Buch von Sarnen», Kuno von Stoffeln habe einen armen Mann, der bereits begraben worden war, wieder exhumieren lassen, um das Leichengewand an sich zu nehmen.

Einen anderen Ausweg suchten diejenigen Adligen, die von Verarmung und vom Absinken in den dritten **Stand** bedroht waren. Sie nutzten weniger ihre bestehenden Rechte aus, sondern griffen zu demjenigen Mittel, das sie am besten beherrschten: der physischen Gewalt. Sie erpressten von den Bauern Schutzgelder oder überfielen Kaufleute, die Waren über Land führten. Die Klagen, dass Adlige Raubüberfälle begingen, finden sich praktisch in jeder spätmittelalterlichen Chronik. Die besitzlose Landbevölkerung entzog sich dem erhöhten herrschaftlichen Druck und den Plünderungen, indem sie trotz strenger Strafen in eine nahe gelegene Stadt abwanderte, um dem Makel ihres unfreien Standes sowie der Belastung durch Abgaben zu entfliehen und in der Stadt «nach Jahr und Tag» frei zu sein.

Andere Herrschaftsträger reagierten dagegen flexibel: Sie befreiten die Bauern in einigen Fällen von ihren Abgaben, um wenigstens einen Teil der Erträge noch zu erhalten, wie das Beispiel der kirchlichen Grundbesitzer im Waadtland zeigt. Von 1440 bis 1480 erliessen sie ihnen – allerdings gegen Entgelt – bestimmte Abgaben. Es handelte sich dabei in erster Linie um eine regelmässige, personenbezogene Geldsteuer, die «taille», und den Todfall, das Anrecht des Herrn auf das Gut eines Leibeigenen, der ohne Nachkommen starb. Die Bauern konnten nun besser über ihren Besitz verfügen und den Boden als Pächter bebauen, was letztlich den Grundbesitzern zugute kam. Sie waren aber nicht zu freien Leuten geworden. Die ehemaligen Leibeigenen mussten fortan einen Untertaneneid schwören, der sie exklusiv an ihren Herrn band und ihnen das Wegziehen verbot.

Ein anderer Ausweg aus der Krise des Getreideanbaus bot sich für die wohlhabenden, zu Investitionen fähigen Bauern in der landwirtschaftlichen Spezialisierung: Im Alpengebiet verdrängte die Viehhaltung den Getreideanbau, in der Ost- und der Westschweiz entstanden Gebiete mit Weinanbau und Obstkulturen.

Die Schweiz
im Spätmittelalter

Die Nutzniesser der Krise

Wer von der Pest verschont worden war, befand sich in der glücklichen Lage, von der veränderten wirtschaftlichen Situation zu profitieren. Da viele Familien wegen der Seuche ausstarben, konnte Grundbesitz günstiger als früher erworben werden. Auf der Luzerner Landschaft lässt sich nach 1400 die Entstehung eines Grossbauernstandes beobachten, der sich dem Flurzwang entzog und seine Ländereien nach eigenem Gutdünken verwaltete. Da es an Arbeitskräften mangelte, gingen viele dieser Grossbauern dazu über, die früheren Äcker als Viehweiden zu nutzen. Die Umstellung der Innerschweiz vom Ackerbau zur Viehwirtschaft (vgl. S. 120 ff.) lässt sich – neben anderen Gründen – auch auf den durch die Pest ausgelösten Bevölkerungsrückgang zurückführen.

Das Fehlen von Arbeitskräften machte sich aber vor allem im sekundären Sektor bemerkbar. Die Pest wütete zuerst in den Städten und dezimierte das dort ansässige Gewerbe. In bestimmten Berufszweigen, beispielsweise bei den Bauhandwerkern, stiegen deshalb die Löhne für Gesellen, die dem Meister zur Hand gingen, an. Städtische Handwerker mit spezialisierten Berufen verfügten über eine wachsende Kaufkraft im ausgehenden 14. und im 15. Jahrhundert und einen gehobeneren Lebensstandard. Dies traf aber nur für kleine Gruppen von Spezialisten zu. Die Mehrzahl der im städtischen Gewerbe tätigen Menschen, vor allem die Tagelöhner und Dienstboten, lebten weiterhin in bescheidenen Verhältnissen.

Wo lagen die Ursachen der Krise?

Die geschilderten, völlig unterschiedlichen Verhaltensweisen, sich den gewandelten wirtschaftlichen Rahmenbedingungen anzupassen, verunmöglichen es, die Wirtschaftsentwicklung im Spätmittelalter mit einem einzigen Stichwort zu kennzeichnen. Das Gleiche gilt für die Suche nach dem auslösenden Faktor der ökonomischen Veränderungen. Klimaverschlechterung, Pest und Bevölkerungsabnahme, sinkende Einnahmen der Herrschaftsträger, verstärkte Ausbeutung der Untertanen oder Verwüstungen durch Kriege: Wodurch entstand die wirtschaftliche «Krise des Spätmittelalters»? Während früher vergeblich nach der einen, entscheidenden Ursache geforscht wurde, erkennen wir heute in den Vorgängen eher eine unkontrollierbare Kettenreaktion, ausgelöst durch eine Vielzahl einander wechselseitig beeinflussender Faktoren. Nach Überschreiten eines kritischen Punktes liess sich die katastrophale Entwicklung nicht mehr aufhalten. Die Menschen erlebten das 14. Jahrhundert als eine Zeit des Schreckens und der tief greifenden Veränderungen in allen Lebensbereichen. Es hing vom Glück, den Lebensumständen sowie den Fertigkeiten der einzelnen Personen ab, wie sie diese schwierigen Zeiten überlebten und verkrafteten.

Landwirtschaftliche Spezialisierung

Die Herausbildung spezialisierter Landwirtschaftsregionen sowie der damit einhergehende Güteraustausch mit anderen Gebieten lassen sich am Beispiel des Heiliggeist-Spitals St. Gallen studieren. Das Spital besass Güter in drei Gebieten, die bereits einen unterschiedlichen Schwerpunkt der landwirtschaftlichen Produktion hatten: Oberthurgau und Fürstenland (Getreidebau), voralpines Appenzellerland und Toggenburg (Viehhaltung) und Rheintal (Weinbau). Von 1450 an förderten die Spitalverwalter den Rheintaler Weinbau, der steigende Erträge abwarf. Umgekehrt versorgte das Spital die Rheintaler mit Fleisch und Getreide, es wurde damit zur Drehscheibe für den Warenfluss zwischen verschiedenen Produktionsgebieten. Gleichzeitig gerieten die Bauern aber in Abhängigkeit vom Spital als Güterlieferant, da sie häufig ihre Waren bloss auf Kredit beziehen konnten.

Kämpfende Ritter mit Schwertern und Armbrust bewaffnet, die eine Viehherde forttreiben. (Konstanz, 14. Jahrhundert)

Die spätmittelalterliche Ständegesellschaft

Jeder Mensch verfügt über feste Vorstellungen von der Gemeinschaft oder Gesellschaft, der er sich zugehörig fühlt. Diese gesellschaftlichen Ordnungsvorstellungen ändern sich aber im Lauf der Zeit. Die mittelalterlichen Gelehrten teilten seit dem 11. Jahrhundert die Gesellschaft in drei **Stände** ein, eine soziale Ordnung, die uns heute fremd geworden ist. Wenn wir die spätmittelalterliche Gesellschaft kennen lernen wollen, muss dies folglich in zweifacher Weise geschehen. Wir versetzen uns zuerst in das Denken der damaligen Menschen und untersuchen die einzelnen Stände der Reihe nach. In einem zweiten Schritt wird dann das Zusammenleben der damaligen Menschen aus heutiger Perspektive geschildert: Im Vordergrund stehen die Lebenswelt, das Lebensalter, das Geschlecht und die soziale Stellung. Beispiele liefert uns die ländliche Gesellschaft; die städtische Lebenswelt wurde bereits im vorangehenden Teil dargestellt (vgl. S. 70 ff.).

Ein allzu einfaches Modell: Die Lehre von den drei Ständen

Seit dem Hochmittelalter benützten die Gelehrten – zumeist Geistliche – die Lehre von den drei Ständen, um die Gesellschaft zu gliedern. Die Geistlichkeit als erster Stand war verpflichtet, für das Seelenheil der Menschen zu beten, der Adel als zweiter Stand sollte dank seinen kriegerischen Fähigkeiten die Mitmenschen schützen, während der dritte Stand durch seine Arbeit die beiden anderen Stände und sich selbst ernährte. Die drei Stände waren also aufeinander angewiesen, sie ergänzten sich durch ihre Aufgabenteilung und führten im Idealfall ein harmonisches Zusammenleben. Viele Verfasser sahen in den drei Ständen geradezu eine von Gott festgelegte Ordnung.

Natürlich war die Wirklichkeit von diesem Idealbild weit entfernt. Die vereinfachende Dreiteilung verdeckte zudem die Vielgestaltigkeit des dritten Standes, dem die Mehrzahl der Bevölkerung zugehörte. Die Dreiständelehre diente in erster Linie dazu, Adel und Geistlichkeit als Bevölkerungsgruppe abzugrenzen. Sie betonte die Bedeutsamkeit der Geistlichkeit gegenüber der weltlichen Macht und legitimierte zugleich die Herrschaft der ersten zwei Stände über den dritten Stand. Dennoch genoss die Dreiständelehre im Spätmittelalter ein grosses Ansehen. Entsprechende Abbildungen finden sich bereits in frühen Drucken.

Der erste Stand: Die Geistlichkeit und die Kirche

Die Kirche griff von allen Institutionen zweifellos am stärksten in das Alltagsleben der mittelalterlichen Menschen ein. Der Klerus hatte die Aufgabe, im umfassenden Sinn für die Seelen der Menschen zu sorgen. Er verwaltete die Sakramente und entschied damit über das See-

Johannes Lichtenberger schrieb in der zweiten Hälfte des 15. Jahrhunderts einen lateinischen Traktat, der Astronomie mit Astrologie und Prophezeiungen verband. Das Werk war ein Bestseller; es wurde 1488 zum ersten Mal gedruckt, später auf Deutsch übersetzt und erlebte bis 1587 mindestens 42 Ausgaben. Die Überschrift lautet: «Der saluator [Erlöser] am jüngsten gericht spricht zuo dem Babst unnd den seinen: Du solt fleyßlichen beten.
Zum Kayser: Du solt beschirmen.
Zum Bauren: Du solt arbeyten.»

Die Schweiz im Spätmittelalter

lenheil der Gläubigen. Viele Geistliche genossen auch Macht und Ansehen, weil sie lesen und schreiben konnten; so war in Hombrechtikon im Jahre 1403 einzig der Priester in der Lage, ein Buch vorzulesen, das die Jahrzeiten verzeichnete. Geistliche Institutionen besassen zudem ausgedehnte Ländereien, welche ihnen wirtschaftliche Unabhängigkeit verschafften; die Kirche beeinflusste damit auch das spätmittelalterliche Wirtschaftsleben. Zugleich waren die Kleriker privilegiert, denn sie mussten grundsätzlich keine Steuern an die weltliche Herrschaft zahlen; sie unterstanden auch einer eigenen, geistlichen Gerichtsbarkeit. Die exklusive Zugehörigkeit zum Priesterstand wurde durch Gewänder und Haarschnitt für alle sichtbar gemacht.

Innerhalb der Geistlichkeit bestanden allerdings grosse Unterschiede. Ein armer **Leutpriester** hatte wenig Gemeinsamkeiten mit einem **Domherrn** adliger Herkunft. Ein beachtlicher Teil der Kleriker war im Übrigen trotz dem **Zölibats**gebot (vgl. S. 80) faktisch verheiratet, was die Kirche zwar missbilligte, aber nicht streng ahndete, sondern nur mit einer Strafsteuer belegte. Für die Gläubigen war es wichtiger, dass ein Priester die **Messe** las und die **Sakramente** korrekt spendete; sein Lebenswandel war demgegenüber von geringerer Bedeutung. Einzelfälle zeigen, wie wenig Anstoss Priester mit Familie erregten. So nahm der Leutpriester Hans Ferenbach von Bonstetten mit seinen vier Kindern 1504 am Zürcher Freischiessen teil. Zweifellos litten aber die Frauen darunter, dass ihre Beziehung zu einem Priester offiziell nicht erlaubt war. So berichtet der Chronist Konrad Justinger, dass die Berner 1405 alle «pfaffendirnen» auswiesen. Als einige dennoch zurückkehrten, wurden sie ins Gefängnis geworfen. Kurz darauf verwüstete eine Feuersbrunst Bern, und die Einwohnerschaft schob die Schuld ebenfalls auf die Priesterfrauen. Die Reformation zog schliesslich die Konsequenzen: Sie schaffte das Zölibat ab und ermunterte die Pfarrer zur offiziellen Eheschliessung (vgl. S. 187).

Die institutionelle Verfestigung der Kirche

Der Konflikt zwischen Kaiser und Papst, der **Investiturstreit** (vgl. S. 55), hatte seit dem 11. Jahrhundert die Stellung der Kirche als Vermittlerin des rechten Glaubens und als Organisation entscheidend gefestigt; Rom war zum Zentrum der westlichen Christenheit geworden. Die Christianisierung der gesamten Bevölkerung Westeuropas wurde aber – überspitzt gesagt – erst im Hochmittelalter in Angriff genommen. Seit dem 13. Jahrhundert richtete die Kirche ihr Augenmerk intensiver auf die Laien. Das Vierte **Konzil** im Lateran (1215) verpflichtete erstmals die Gläubigen dazu, jährlich zur Beichte zu gehen und die Ostermesse zu besuchen. 1274 wurde auf dem Konzil von Lyon die Lehre vom Fegefeuer offiziell anerkannt. Beim Fegefeuer handelt es sich um einen Ort zwischen Himmel und Hölle, wo die Seelen der sündigen Menschen nach dem Tod durch Strafen so weit geläutert werden, dass sie nach dem Jüngsten Gericht doch noch in den Himmel kommen. Viele Prediger schilderten die Leiden in diesem «Zwischenreich» überaus anschaulich und riefen bei ihrer Zuhörerschaft Schuldgefühle und Ängste wach. Mit Hilfe eines «**Ablasses**», das heisst eines kirchlichen Erlasses der drohenden Sündenstrafen, der gegen Geld von den Gläubigen erworben werden konnte, gab es allerdings die Möglichkeit, die Aufenthaltsdauer im Fegefeuer im Voraus zu verringern. Seit dem 15. Jahrhundert gestatteten die Päpste sogar, für bereits verstorbene Personen einen Ablass zu erhalten. Dieses neue Gnadenmittel erfreute sich auch in der Eidgenossenschaft einer wachsenden Beliebtheit. Wie wichtig der Ablass für die damaligen Menschen war, zeigt ein grosses Einsiedler Kirchenfest im Jahre 1466, bei dem während vierzehn Tagen ein vollkommener Ablass für ewige Zeiten zu gewinnen war: Bis zu 400 Beichtväter standen im Einsatz, und 130000 Gläubige sollen damals nach Einsiedeln gepilgert sein. Daneben vermachten viele Menschen testamentarisch ihrer Pfarrkirche eine Geldsumme und stifteten damit eine «**Jahrzeit**», welche den amtierenden Priester dazu verpflichtete, alljährlich für das Seelenheil der stiftenden Person zu beten.

Die Kirche ermöglichte damit den Laien eine zumindest finanzielle Bewältigung ihrer Schuldgefühle, zugleich erschloss sie sich aber auch eine neue Einnahmequelle. Indirekt förderte sie bei den Laien eine Rechenhaftigkeit in Glaubenssachen, beispielsweise wenn in der Wallfahrtskirche St. Jost am Bürgenstock der Ablassbrief sichtbar hing und die Gläubigen über den zu gewinnenden Ablass informierte. Diese buchhalterische Verwaltung des Seelenheils kehrte sich letztlich gegen die Kirche selbst: Die Reformatoren warfen der katholischen Kirche in erster Linie ihre geschäftstüchtige Geldgier vor (vgl. S. 171).

Das Papsttum in der Krise

Die wirtschaftliche Krise des Spätmittelalters traf mit einer allgemeinen Krise des Papsttums zusammen. Die Spaltung der Kirche durch das «**Schisma**» (vgl. S. 103) beeinflusste nicht nur das religiöse Leben, sondern auch die Politik: Bei der Schlacht von Sempach 1386 standen sich der österreichische Herzog Leopold III., der den avignonesischen Papst unterstützte, und die Eidgenossen als Anhänger des römischen Oberhirten gegenüber. Erst die grossen spätmittelalterlichen **Konzilien**, die im Einzugsgebiet der Eidgenossenschaft, in Konstanz (1414–1418) und Basel (1431–1437), stattfanden, hoben das **Schisma** auf und stärkten die Stellung des römischen Stuhles. Die Kritik am Papst aber blieb bestehen. Der Berner Konrad Justinger schrieb in den 1420er-Jahren, die Päpste hätten versagt, «und hant die heiligen cristanheit in dem schif der betrüpnisse lassen swantzen, hin und dar swenken in grossem ungewitter»; mancher sei während des Schismas ohne geistliche Tröstung gestorben. Justingers Bemerkung zeigt, dass das Papsttum durch seinen missionarischen Herrschaftsanspruch zwar Bedürfnisse bei den Laien weckte, sie letztlich aber nicht erfüllen konnte.

Die Bettelorden

Im Verlauf des 13. Jahrhunderts hatten sich auch in der Schweiz die Bettelorden angesiedelt, die sich als Gegenpol zu den etablierten und vermögenden **Orden** verstanden. Es handelte sich dabei einerseits um die **Franziskaner** – auch Barfüsser genannt – mit ihrem weiblichen Zweig, den **Klarissen**, anderseits die **Dominikaner** und **Dominikanerinnen**. Die Mitglieder dieser neuen Orden lebten nicht zeit ihres Lebens am gleichen Ort wie die Mönche der traditionellen Klöster, noch zogen sie sich von der Welt zurück, sondern sie wechselten ihren Aufenthaltsort und wohnten vornehmlich in den Städten, wo sie Ordenshäuser besassen. Zudem lebten sie von Almosen und nicht von den Erträgen eines weitläufigen Grundbesitzes wie die traditionellen Abteien (vgl. S. 81 ff.). Da von den Barfüssern und Dominikanern vor allem die Volkspredigt gepflegt wurde, kamen die Bettelorden auch den Bedürfnissen frommer Laien nach religiösem Unterricht entgegen. Viele **Zünfte** und deren Bruderschaften pflegten enge Kontakte zu den Franziskanern. Die Gedenk- und Totenmessen wurden in ihrer Kirche begangen, und reiche Bürger liessen sich häufig dort bestatten. Manchmal fanden auch Ratsversammlungen im Kreuzgang oder im Speisesaal des Zürcher Barfüsserklosters statt. Die Klöster der Klarissen in Schaffhausen und Basel waren ebenfalls sehr beliebt, da sie unverheirateten Töchtern aus vermögenden Familien ein Zuhause boten; in Schaffhausen lebten 1413 im Kloster Paradies 60 Schwestern. Zugleich spezialisierten sich einzelne Konvente auf die Herstellung von kostbaren Wirkteppichen, sodass die Frauenklöster auch einen Platz im städtischen Wirtschaftsleben einnahmen. Die Dominikaner wurden entsprechend ihrem Wirkungsfeld auch als «Prediger» bezeichnet. Sie verkündigten das Wort Gottes, um gegen die Sittenverderbnis anzukämpfen, vor allem aber auch, um **Ketzer** wieder zum rechten Glauben zu bekehren. Deshalb wurden sie bei der Suche nach Irrgläubigen eingesetzt und mit der Inquisition betraut. Es waren Dominikaner, die zu Beginn des 15. Jahrhunderts zum ersten Mal in der Schweiz die früher getrennten Anklagen wegen Zauberei oder Ketzerei zu einem einzigen Vorgehen verschmolzen und damit die Grundlage für die neuzeitlichen Hexenverfolgungen schufen (vgl. S. 128).

Die Dominikanerinnen waren – wie andere Frauenorden auch – einer strengeren Ordensregel unterworfen als ihre männlichen Kollegen. Sie mussten ein weltabgewandtes Leben in Klausur führen und wandten sich deshalb der Mystik zu. Durch Lektüre, aber auch mit der Hilfe von Askese und körperlicher Kasteiung versuchten die Nonnen, die Geheimnisse des Göttlichen zu erleben (vgl. S. 84).

Bis zur Reformation prägten die Bettelorden das kirchliche Leben der Schweiz entscheidend. Der Erfolg der Franziskaner und Dominikaner schürte aber die Missgunst der **Weltgeistlichen** und der älteren, etablierten Orden. Sie protestierten dagegen, dass die Bürger bei den Bettelorden zur Beichte gingen und sie in ihren Testamenten grosszügig bedachten. Im Verlauf des Spätmittelalters kam es deshalb in den schweizerischen Städten immer wieder zu erbitterten Auseinandersetzungen zwischen Pfarrgeistlichen und Bettelmönchen, sodass der Rat vermittelnd eingreifen musste.

Die Frömmigkeit der Laien

Trotz oder gerade wegen der Krise des Papsttums suchten die Gläubigen nach anderen Wegen, um ihre religiösen Bedürfnisse zu stillen. Am wichtigsten erschien ihnen, dass im Dorf selbst eine *Pfarrkirche* war. Die Urner Gemeinde Spiringen im Schächental begründete 1290 gegenüber dem Bischof von Konstanz ihren Wunsch nach einem eigenen Gotteshaus folgendermassen: Die Gläubigen seien wegen Hochwasser, Eis und Schnee oft nicht in der Lage, die Pfarrkirche in Bürglen aufzusuchen und nach Hause zurückzugelangen; Sterbende müssten auf das **Sakrament** der Letzten Ölung verzichten und erhielten kein Begräbnis auf dem Friedhof. Andere Gemeinden wiesen darauf hin, dass Neugeborene nicht getauft werden konnten, da ein ortsansässiger Priester fehlte. Hinter dem Wunsch nach einer eigenen Dorfkirche stand meistens die Befürchtung, ohne kirchliche Weihen zu sterben und somit das ewige Heil nicht erlangen zu können; der jähe Tod in Pestzeiten hatte solche Ängste zweifellos geschürt. Viele traten deshalb einer der neu gegründeten Bruderschaften bei, deren Mitglieder sich verpflichteten, das Andenken der verstorbenen Mitbrüder und Mitschwestern sowie ihrer Angehörigen zu pflegen und Totenmessen zu lesen.

Die Initialen in einem Buch, das von Dominikanerinnen aus dem Kloster Töss geschrieben wurde, enthalten Porträts einzelner Nonnen: Margreth Willin geisselt sich, Elsbeth Stagel sitzt am Schreibpult, Elsbeth Tellikon steht mit ausgebreiteten Armen auf einer blumigen Wiese, und Margarethe von Zürich badet ein kleines Kind.

Der Kupferstich wurde im Jahre 1466 vom Meister E. S. geschaffen, um den Personen, die nach Einsiedeln wallfahrteten, ein Erinnerungsbild an ihre Reise verkaufen zu können. Vor Maria knien eine Pilgerin und ein Pilger. Die Gottesmutter vermittelt zwischen diesen irdischen Bittstellern und der himmlischen Dreifaltigkeit, die oben auf der Balustrade steht und die Einsiedler Kapelle segnet.

Zugleich bemühte sich die Dorfbevölkerung darum, bei der Besetzung der Pfarrstelle mitreden zu können, um einen tüchtigen Priester zu gewinnen. Spiringen und andere Innerschweizer Gemeinden verhielten sich nicht anders als die Hallauer am Ende des 15. Jahrhunderts (vgl. S. 171): Sie wollten an der Gestaltung des kirchlichen Lebens in ihrer Gemeinde teilhaben. Soviel Anteilnahme an religiösen Fragen und gleichzeitiges Selbstbewusstsein gingen selbst den Geistlichen manchmal zu weit. Der Humanist Glarean (Heinrich Loriti, 1488–1563) bemerkte spöttisch, in Glarus werde der Pfarrer wie ein Ziegenhirt behandelt und nur für ein Jahr gewählt!

Die Frömmigkeit der Laien konnte indessen auch irdische Beweggründe haben. Das kirchliche Leben bot ein wenig Abwechslung im arbeitsreichen Alltag der Menschen. So unternahmen die Gläubigen oft *Wallfahrten*, um ihre Sorgen einer Heiligen oder einem Heiligen anzuvertrauen. Ein derartiger Ausflug entsprach nicht nur religiösen Bedürfnissen, sondern ermöglichte es auch, gemeinsam der allzu vertrauten Umgebung wenigstens für einen Tag zu entfliehen. Festlichen Charakter trugen auch die *Prozessionen*, um im Frühjahr die Fluren zu segnen, oder die Bannumgänge.

Die religiösen Bräuche bestimmten überhaupt die Zeiterfahrung der damaligen Menschen. So unterteilte das Glockengeläut den Tag in einzelne Zeitabschnitte, und die hohen Feiertage gliederten jedes Jahr nach wiederkehrenden Höhepunkten: Die Fastnacht mit ihren Bräuchen, mit denen die althergebrachte Ordnung auf den Kopf gestellt wurde, die anschliessende Fastenzeit, Ostern, Fronleichnam, Marienfeste und das Erntedankfest an **Martini** (11. November); dann mussten die Abgaben bezahlt werden, und die Dienstboten erneuerten ihre Arbeitsverträge oder sahen sich nach einer neuen Anstellung um. An Weihnachten wurden in der Kirche manchmal Theaterstücke aufgeführt, wie das Beispiel Einsiedelns zeigt, wo Mönche die drei Könige darstellten. Sie zogen mit Kronen auf dem Haupt durch die Kirche, zeigten mit dem Stab auf den Stern, der in der Mitte der Kirche herunterhing, und übergaben ihre Geschenke den Hirten. Danach tauchte ein Engel auf, der in dramatischer Weise vor dem bösen Herodes warnte.

Die Feiertage erlaubten überdies den damaligen Menschen, sich von der schweren körperlichen Arbeit auszuruhen. Es gab zwar keine Ferien, aber jedes Jahr zählte rund hundert Festtage, an denen nicht gearbeitet werden durfte! Wer an diesen Tagen trotzdem körperlich tätig war, beging eine grosse Sünde. Das Verbot der Sonntagsarbeit wurde der Bevölkerung bildlich durch einen so genannten «Feiertagschristus» eingeschärft. Das Bild zeigte den toten Jesus, dessen Körper von den verbotenerweise benützten Geräten verletzt wurde.

Die Suche nach einem eigenen Glaubensweg: Kirchliche Randgruppen und Ketzer

Einige Frauen und Männer distanzierten sich aber von der offiziellen Kirche, weil sie aus Armut nicht in einen **Orden** eintreten konnten oder ausserhalb der Institutionen ihren Glauben pflegen wollten. Ein Teil von ihnen lebte in selbst gewählter Isolation als Klausnerinnen oder Eremiten, wie Elsbet Wiss seit 1333 in Linthal oder Niklaus von Flüe (1417–1487) im Flüeli-Ranft. Andere bildeten kleine Gemeinschaften und unterwarfen sich freiwillig den Regeln klösterlicher Zucht, indem sie in Armut und Keuschheit lebten. Frauen, die sich an diesen Vereinigungen – so genannten «samnungen» – beteiligten, wurden «Beginen», in der Eidgenossenschaft meistens «Schwestern» oder «Konversen» genannt. Die männlichen Mitglieder solcher Glaubensgemeinschaften hiessen «Begarden» oder «Brüder». Die Kirche versuchte im Jahre 1311, derartige Zusammenschlüsse zu verbieten, da sie sich ihrer Kontrolle entzogen; später tolerierte sie einzelne Gemeinschaften.

In der deutschen Schweiz lässt sich im Gegensatz zur Westschweiz eine grössere Zahl von Beginenhäusern nachweisen; Vereinigungen von Begarden finden sich selten. Den Lebensunterhalt verdienten die Beginen durch Spinnen, Weben, Kerzenmachen, mit Krankenpflege, Totenklage, mit Trödelhandel und Betteln. Eine Begine war an ihrer einfachen, weissen Tracht mit Haube erkennbar. Die Schwestern wurden aber nicht überall geduldet, da sie in kein gesellschaftliches Schema hineinpassten: Sie waren keine Nonnen eines regulären Ordens, keine Frauen im Familienverband, keine Ehefrauen von zünftigen Handwerkern. Zu Beginn des 15. Jahrhunderts predigten die Dominikaner in Basel gegen diese freien Vereinigungen, und die Beginen wurden anschliessend ausgewiesen; gleiches spielte sich in Bern ab. In der Innerschweiz wurde den Beginen aber weiterhin mit Wohlwollen begegnet.

Während Beginen und Begarden von der Kirche gerade noch geduldet wurden, wandten sich Gruppen wie die **Waldenser** radikal von der gängigen Lehre ab und wurden zu **Ketzern** erklärt. Sie wurden vonseiten der geistlichen wie der weltlichen Obrigkeit verfolgt und auch hingerichtet. Die grössten Ketzerprozesse gegen die Waldenser in der Schweiz fanden in den Jahren 1399 und 1429/30 in Freiburg im Üechtland statt. Dabei wurden die Angeklagten gefoltert und anschliessend verurteilt, zur Strafe gelbe Tuchkreuze auf Brust und Rücken zu tragen. Die Richter liessen vier Frauen lebenslänglich in den Kerker werfen, ein Waldenser wurde sogar verbrannt. Alle diese Prozesse nahmen bereits Züge des späteren Vorgehens gegen Zauberer und Hexen vorweg (vgl. S. 128).

Der Buchdruck

Gefahr drohte der offiziellen Kirche aber weniger von einzelnen Ketzergruppen als seitens derjenigen Laien, die sich dank des Buchdrucks ein Wissen aneignen konnten, das bisher den Klerikern vorbehalten war. Seit 1450 verbreitete sich das von Johannes Gutenberg erfundene «künstliche Schreiben» mit Lettern überall in Europa. Das neue Medium war beliebt, wurde anfänglich aber vor allem von Geistlichen genutzt.

Die frühesten Druckorte im Gebiet der heutigen Schweiz finden sich in Basel (um 1468), Beromünster (1470), Burgdorf (1475),

Feiertagschristus aus Ormalingen (Baselland), Mitte des 14. Jahrhunderts.
Von unten links nach oben und rechts hinunter sind die Werkzeuge und die Geräte folgender Handwerker zu erkennen: Wetzstahl, Kette (Gürtler), zwei Hämmer (Schlosser oder Goldschmiede), Besen (Kaminfeger), Pflug und Rechen (Landwirte), Sporn (Spornmacher), Schere (Schneider), Holznagel und Ketthammer, Zimmermannsbeil und Hammer (Zimmerleute), Mühlrad (Müller), Bohrer (Drechsler), Zimmeraxt, Winkel, Pfeil, Lanze, Sense und Hammer (Sesenschmied), Nagel im Mund des Heilands (Nagelschmied), Setzholz und Bäumchen (Gärtner), Glocke (Rot- und Gelbgiesser), Rad (Wagner), Broteinschiessschaufel (Bäcker), Sichel (Bauer), Schabeisen (Gerber), Kamm (Kammmacher) Sattelmesser, Schafschere, Körbe, Strumpf, Dolch im Gürtel (Gürtler), Kelle (Maurer), Hobel (Schreiner), Weberschiffchen (Weber), drei Messer (Waffenschmiede), Metzgerbeil (Metzger) und Rebmesser (Winzer).

Die Schweiz im Spätmittelalter

Genf (1478), Zürich (um 1479), Rougemont (1481), Promenthoux (bei Prangins, Waadt) und Sitten (1482) sowie Lausanne (1493). Die ersten **Inkunabeln** erschienen in Auflagen unter 100 Exemplaren und waren teuer, im Vergleich zu handgeschriebenen Büchern aber dennoch preisgünstig. Nach einer Meldung aus Rom kostete 1467 ein gedrucktes Buch nur ein Fünftel der Summe für eine entsprechende Handschrift. Gegen Ende des 15. Jahrhunderts stiegen die Auflagenzahlen, zugleich sanken die Preise stark.

Die frühesten Drucke orientierten sich noch am komplizierten Satzbild der lateinischen Handschriften mit ihren vielen Abkürzungen. Veröffentlicht wurden in erster Linie religiös-kirchliche Texte, meistens in lateinischer Sprache. Sehr bald wurde aber auch Massenware produziert: Kalender, Ablassbriefe und immer häufiger Flugschriften politischen Inhalts. Ein wichtiger Druckort war Basel, wo 1460 auch die erste Universität auf dem Gebiet der heutigen Schweiz gegründet wurde. Oft arbeiteten die Professoren mit den Druckern zusammen, um Handschriften einem grösseren Publikum zugänglich zu machen oder eigene Werke zu publizieren. Die Folgen der neuen Erfindung zeigten sich erst im Verlauf mehrerer Generationen. Immer häufiger druckten Laien weltliche Texte, in steigendem Masse auch in der Volkssprache und für ein überregionales Publikum; dialektale Besonderheiten wurden zugunsten einer Normsprache (vgl. S. 43) aufgehoben. Im Verlauf von mehreren Generationen veränderte sich die Schriftkultur, und es entstand eine neue Form von Öffentlichkeit, beeinflusst von Laien, die lesen konnten und Gedrucktes kaufen wollten.

Der zweite Stand: Der Adel

Der Adel als zweiter **Stand** hatte sich im Verlauf des Hochmittelalters formiert. Um als Adliger zu gelten, waren ein Lehen – im besten Falle sogar ein Stammsitz –, adlige Vorfahren und die Möglichkeit, an Turnieren teilzunehmen, unabdingbar (vgl. S. 59).

Grundsätzlich orientierten sich Adlige an ihrer Familie. Wahrung und Mehrung des eigenen Besitzes bildeten die wichtigste Aufgabe, vor der individuelle Interessen zurückzutreten hatten. Durch Heirat waren diese Familien häufig miteinander verwandt, sodass sich die Edlen in ihrem Briefwechsel geradezu als «Blutsverwandte» ansprachen. Adlige genossen eine Reihe von Privilegien: Sie mussten allein ihrem Lehensherrn gehorchen, durften bloss von Standesgenossen verurteilt werden und zahlten gleich wie die Kleriker grundsätzlich keine Steuern. Innerhalb des Adelsstandes gab es allerdings grosse soziale Unterschiede.

Adel in der Eidgenossenschaft

Lange Zeit verfügten die grossen Adelsfamilien im Raum der späteren Eidgenossenschaft über Ansehen und einen grossen, sowohl politischen als auch wirtschaftlichen Einfluss, etwa die Zähringer, die Kyburger oder die Habsburger (vgl. S. 93 ff.).

Die Lage des Adels wandelte sich im Verlauf des Spätmittelalters indessen stark. Dafür verantwortlich waren zuerst allgemeine Veränderungen. Eine Reihe von altadligen Geschlechtern starb aus oder verarmte, da die Einnahmen aus den Getreidezinsen infolge des Bevölkerungsrückgangs sanken. Anderseits verschlangen die Aufwendungen für einen standesgemässen Lebensstil viel Geld. Nicht wenige Adlige führten deshalb ein einfaches, bauernähnliches Leben oder suchten Arbeit als Soldritter in ganz Europa, falls sie nicht vom Raub lebten. Am Handel nahmen sie kaum teil, da die Turnierordnungen ihnen verboten, als Kaufleute und Händler zu arbeiten.

Innerhalb der Eidgenossenschaft verliefen diese Entwicklungen je nach Region verschieden. In der Westschweiz, wo das Haus Savoyen am meisten Lehensleute besass, blieb die adlige Herrschaft bis ins 16. Jahrhundert unbestritten. In der Innerschweiz war dies anders. Einerseits starben viele hochadlige Geschlechter aus, anderseits sah sich der Niederadel einer wachsenden Konkurrenz durch reich gewordene bäuerliche Familien ausgesetzt. Dieser Vorgang lässt sich am Beispiel der Familie Hünenberg im Zugerland beobachten, die um 1300 das bedeutendste Kleinadelsgeschlecht der Region war. Von 1350 an zerfiel aber die Herrschaft der Hünenberger zusehends. Einzelne Familienmitglieder zogen in die Stadt, verbanden sich mit dem dortigen Patriziat und verloren damit ihren Adelstitel. Götz der Alte von Hünenberg geriet in schwere Schulden. Er wurde angeklagt, seine Schwägerin bestohlen zu haben, als deren Gatte im Sterben lag; später kam er vor Gericht, weil er Viflin, einen Juden, erschlagen und an einer Reihe von Fehden teilgenommen hatte. Der hünenbergische Besitz wurde schliesslich von Städten, Klöstern, aber auch von reichen Vertretern der sich herausbildenden eidgenössischen Oberschicht (vgl. S. 122) übernommen. Letztere gehörten zwar dem dritten **Stand** an, gewannen aber zunehmend an Einfluss. So erreichten 1382 die bäuerlichen Familien Rüdli und Amstein, dass das ritteradlige Geschlecht der von Hunwil für immer das Obwaldner Gebiet verlassen musste. Bei diesem Vorfall handelte es sich keineswegs um eine Befreiungstat im Interesse des «Volkes», vielmehr verdrängten die aufsteigenden Familien von Grossbauern ihre adligen Konkurrenten.

Politische Ereignisse verschlechterten die herrschaftliche Stellung des Adels in der damaligen Schweiz zusätzlich. Der mächtigste Lehensherr im Gebiet der heutigen Deutschschweiz war das Haus Österreich, dem viele Familien als Vasallen zugehörten und damit das Schicksal ihres Lehensherrn teilten. Die Auseinandersetzungen zwischen den eidgenössischen Orten und Österreich führten 1386 zur Schlacht von Sempach (vgl. S. 144), in der viele dieser Vasallen das Leben verloren und ganze Familien ausstarben.

Adelige Lebensführung: exklusiv und attraktiv

In den umliegenden Herrschaften und im Reich galten die Eidgenossen als Adelsfeinde. Dies stimmte nur insofern, als sie oft und erfolgreich gegen adlige Heere Krieg führten. In Wirklichkeit verbündeten sich die Edlen häufig mit einzelnen eidgenössischen Orten und unterstützten deren Politik, während anderseits die eidgenössischen Anführer aus den Städteorten gerne Adelstitel erwarben. So wurde seit 1400 aus der bernischen Familie Zigerli dank Adelsbrief das edle Geschlecht der von Ringoltingen. Überhaupt trug die Aarestadt im Vergleich mit anderen damaligen Städten in Süddeutschland ein stark adliges Gepräge. Bern glich in mancher Hinsicht den oberitalienischen Stadtstaaten, wo die Adligen sich im Gegensatz zu Nordeuropa nicht auf dem Land, sondern in den Städten ansiedelten.

Adlige Lebensführung blieb auf jeden Fall auch in der Eidgenossenschaft als gesellschaftliches Vorbild angesehen. Dies hing damit zusammen, dass ein richtiger «edler man» auf Vornehmheit Wert legte. Er trug sichtbar seine Waffen und liess sich durch Lüften des Hutes begrüssen. Um die Zugehörigkeit zum Adelsstand öffentlich darzustellen, waren Turniere (vgl. S. 89) besonders beliebt. Jeder Teilnehmer war verpflichtet, die Existenz von vier adligen Ahnen nachzuweisen, entweder schriftlich oder mit Zeugen. Als Reaktion auf adlige Exklusivität kam es deswegen im 15. Jahrhundert zu Bürgerturnieren und Gesellenstechen, an denen der «gemeine Mann» sein Bedürfnis, adlige Lebensweise nachzuahmen, stillen konnte. So trafen sich 1449 die Schmiedknechte auf dem Münsterhof in Zürich, um sich gegenseitig vom Pferde zu stechen.

Der dritte Stand: Wer war der «gemeine Mann»?

Ein unbekannter oberrheinischer Autor schreibt um 1500, dass die Fürsten den «gemeinen man zu armut bringen» wollen, während die Priester den «gmein man» mit Wucher bedrücken. Der St. Galler Humanist Joachim von Watt (Vadian, 1484–1551) bemerkt verächtlich, dass der «gmain man nit erkennen noch ur-

Das Idealbild des «gemeinen Mannes»: Ein behäbiger, ehrsamer Gatte und seine züchtige Ehefrau. (Skizze von Urs Graf, 1514)

tailen möcht mit kainem verstand», während der Arzt Paracelsus 1527 seine Vorlesungen in Basel auf Deutsch hielt, damit «die arzney in erkantnus des gemain man komme». Die angeführten Stellen zeigen, dass erst im Verlauf des 15. Jahrhunderts eine allgemeinere Bezeichnung für den dritten Stand aufkam. Dessen Angehörige waren zuvor als Bauern, Pflüger oder Handwerker angesprochen worden, ohne dass sich ein Oberbegriff durchsetzen konnte.

Der «gemeine Mann» vertrat aber nicht die gesamte Bevölkerung, unter Ausschluss von Klerus und Adel, und er kann keinesfalls mit dem «Volk» unserer Tage gleichgesetzt werden. Zuerst einmal schloss die Bezeichnung buchstäblich die Frauen aus. Die Verwendung des Ausdrucks zeigt überdies, dass sich der «gemeine Mann» innerhalb der Gesellschaft nach oben und unten abgrenzte. Er gehörte weder zu Klerus und Adel noch wollte er mit Tagelöhnern, Zigeunern, Bettlern, Juden, Gesinde, unehrlichen Leuten und Armen etwas zu tun haben. Der «gemeine Mann» repräsentierte vielmehr die hablichen Zunftbürger in der Stadt, die ein Haus besassen, und die vermögenden Bauern auf dem Dorf, die Träger der städtischen und ländlichen Gemeinde. Diese Bevölkerungsgruppe sollte sich später in einer ersten Phase für die Reformation einsetzen. Über einen Begriff für die gesamte Einwohnerschaft der Eidgenossenschaft verfügte man im Spätmittelalter nicht.

Die Schweiz
im Spätmittelalter

Eine spätmittelalterliche Lebenswelt: Das Dorf

*Während der Stanser Tagsatzung 1481 stehen Boten auf dem Dorfplatz, der vom Etter abgeschlossen wird, und diskutieren. Rechts das steinerne Rathaus mit Holzlauben, davor der hölzerne Dorfbrunnen, im Hintergrund die Kirche, links einfache Holzhäuser auf Steinsockeln.
(Diebold Schilling, Luzerner Chronik, 1513)*

Die seit dem Hochmittelalter übliche, ständische Gliederung der Gesellschaft in Klerus, Adel und «gemeiner Mann» war zu undifferenziert, um ein realistisches Bild der sozialen Verhältnisse wiederzugeben. Diese können aber auch mit heutigen Kategorien beschrieben werden, sodass Lebensweise und Gruppenbildung der Menschen sowie Herrschaftsbeziehungen im Vordergrund stehen. Dafür wird im Folgenden exemplarisch das Dorf herangezogen, eine Lebenswelt, die für die Mehrheit der damaligen Bevölkerung prägend war; der Anteil derjenigen Menschen, die im spätmittelalterlichen Europa in Städten wohnten (vgl. S. 70 ff.), wird auf maximal 20 Prozent geschätzt.

Wesensmerkmale des Dorfes

Dörfer als eigenständige Siedlungseinheiten entwickelten sich im späteren Hochmittelalter im Zusammenhang mit der Auflösung der Fronhofverbände (vgl. S. 60 f.). Die dadurch selbstständiger gewordenen Bauern bildeten Dorfgemeinschaften, die vor allem den Getreideanbau im Rahmen der Dreizelgenwirtschaft zu regeln hatten. Dank dieser «Verzelgung» konnten grössere Erträge erwirtschaftet werden: Das Verhältnis Dinkelaussaat/Ernte wird für das Aargauer Surbtal im 15. Jahrhundert auf 1 zu 4 berechnet. Während die Landwirte im Gebiet der heutigen Deutschschweiz hauptsächlich Dinkel anbauten, überwog in der Westschweiz der Weizen. Das Mittelland wurde in wachsendem Masse zum «Kornland», im Gegensatz zum alpinen «Hirtenland» (vgl. S. 120 f. und S. 197).

Die Aufteilung der nutzbaren Flächen in Zelgen, die Zuweisung einzelner Zelgabschnitte an die verschiedenen Bauern, Aussaat und Ernte, die Intensivierung der landwirtschaftlichen Produktion und die Verwaltung der gemeinschaftlich genutzten Flächen (Wald und Allmende) verlangten regelmässige Absprachen der dörflichen Einwohnerschaft. So entwickelte sich im Verlauf des Spätmittelalters die Dorfgemeinde, die als Siedlungsverband in umfassender Weise das Leben der Menschen auf dem Land bestimmte. Neben Fragen der Feldbestellung und der Nutzung des Waldes sowie der Allmende regelte die Dorfversammlung auch Streitigkeiten, besprach das Verhalten gegenüber den Forderungen der Herrschaft und die Beteiligung an Bau und Unterhalt von Kirchen sowie Friedhöfen. Die aus dem Spätmittelalter überlieferten Dorfordnungen, die so genannten «Weistümer» oder «Offnungen», belegen eindrücklich die Vielfältigkeit des dörflichen Wirtschaftslebens. In den meisten Dörfern blieb diese Nutzungsorganisation bis ins 19. Jahrhundert bestehen.

Reich und Arm auf dem Dorf

Das Dorf trat nach aussen zwar als Rechts- und Steuereinheit auf, innerhalb der dörflichen Gesellschaft gab es aber grosse Unterschiede hinsichtlich Einkommen und Berufsausübung. Wenigen Amtleuten, Grossbauern und Handwerkern standen Kleinbauern, Knechte und Mägde sowie Tagelöhner – auch als Tauner (vgl. S. 203 und S. 220) bezeichnet – gegenüber. Das Zusammenleben auf dem Lande war ebensowenig idyllisch wie in der Stadt. So zeigt im Jahre 1485 die Jahrsteuerrechnung des Farnsburger Amtes, welches als Vogtei der Stadt Basel gehörte, grosse Vermögensunterschiede. Der durchschnittliche Steuerbetrag der Männer lag bei 9 Schilling und 7 Denaren. 62 Prozent der Männer leisteten Beiträge, die unter diesem Durchschnitt lagen; die Schicht der Reichen, die den dreifachen Durchschnittsbetrag zahlten, entsprach bloss 2,7 Prozent der männlichen Bevölkerung. Diese Zahlen erfassten zudem diejenigen Personen nicht, die überhaupt nichts besassen: Tagelöhner, Mägde und Fahrende. Sie wurden in keiner Steuerliste verzeichnet und blieben namenlos. Erwartungsgemäss besetzten die reichen Bauern des Farnsburger Amtes auch wichtige Ämter. Allerdings lässt sich beobachten, dass auch ärmere Bauern oder Müller öffentliche Aufgaben übernehmen konnten, indem sie als Urteilsprecher am Landgericht oder als Kirchmeier amteten. Vielleicht wurde damit versucht, die wirtschaftlichen Unterschiede auf der Ebene der Verwaltung ein wenig auszugleichen.

Die Familien

Die verfügbaren statistischen Daten aus dem Spätmittelalter zeigen, dass die damaligen Familiengrössen den heutigen Zahlen entsprachen. Während des Hochmittelalters setzte sich in West- und Mitteleuropa die «Kernfamilie» durch. Sie wurde von einem verheirateten Paar und – falls vorhanden – seinen Kindern gebildet; die Kernfamilie umfasste also höchstens zwei Generationen.

Als Beispiel diene im Folgenden – auf Grund eines Personenverzeichnisses aus dem Jahr 1460 – das Waldenburgertal (Baselland). Aus diesem lässt sich eine durchschnittliche Familiengrösse von drei Personen errechnen. Bei Ehen mit Kindern hatten 49 Prozent der Paare ein oder zwei Kinder, 30 Prozent hatten drei oder vier Kinder. Nur jedes zehnte Paar zog fünf oder mehr Kinder auf. Die Geburtenzahlen waren natürlich wesentlich höher, doch war die Säuglings- und Kindersterblichkeit gross (vgl. S. 124). Immerhin lebten auf dem Land bedeutend mehr Kinder als in der Stadt.

Aus den Monatsbilder-Fresken in der Kirche Santa Maria in Mesocco (Graubünden):

Juli: Schnitter mit Sichel für die Getreideernte

September: Küfer, ein Fass beschlagend

Oktober: Ein Mann schlägt Kastanien vom Baum, die eine Frau avfliest.

Die Schweiz
im Spätmittelalter

Kinder bis 15 Jahre machten im Waldenburgertal 43 Prozent der Bevölkerung aus, was auf den durchschnittlich frühen Tod der Erwachsenen hinweist. Diese Zahlen lassen sich auch durch anderweitige Erhebungen bestätigen. Bereits vor dem 15. Altersjahr verliessen die meisten Kinder den Haushalt ihrer Eltern.

Die unsicheren Lebensverhältnisse führten zu einer grossen Variationsbreite von Familienformen. Stiefeltern und -kinder, Waisen- und Adoptivkinder, verwitwete Männer – die häufig eine neue Ehe eingingen – und Witwen, Wiederverheiratete und Alleinerziehende versuchten, angesichts ständig wechselnder Lebensumstände eine befriedigende Form des Zusammenlebens zu finden. Im Waldenburgertal fehlte 1460 immerhin in 13,6 Prozent aller Familien mit Kindern ein Elternteil. Schliesslich gab es viele unverheiratete Personen. Eine Steuerliste des Farnsburger Amtes von 1497 zeigt, dass 27 Prozent der erwachsenen Bevölkerung aus dem ländlichen Herrschaftsgebiet Basels ledig waren. Oft handelte es sich um Knechte und Mägde, die aus Armut nicht heiraten konnten. Diese Personen wurden als Gesinde in rund einem Viertel der Haushalte beschäftigt, wobei es sich in der Regel um grosse sowie wohlhabende Familien handelte.

Leben auf dem Dorf

Leider besitzen wir aus dem Mittelalter keine persönlichen Aufzeichnungen von Dorfbewohnern, die uns einen Einblick in den dörflichen Alltag vermitteln könnten. Die erhaltenen Texte stammen häufig von Städtern, welche das Leben auf dem Land gerne belächelten. So verfasste Heinrich Wittenwiler, ein Beamter am Hof des Konstanzer Bischofs, um 1400 ein Lehrgedicht mit dem Titel «Der Ring». Darin verspottete er in derber Weise das Leben auf dem Dorf, indem er die komisch-traurige Liebesgeschichte von Bertschi Triefnas und Mätzli Rüerenzumpf erfand.

Wenn wir versuchen, von den komischen Übertreibungen abzusehen, so vermittelt der Text wenigstens indirekt einen Einblick in das ländliche Leben. So sind die Dörfer bei Heinrich Wittenwiler von einem Palisadenzaun und einem Wassergraben umschlossen. Die Verwaltung obliegt einem Bürgermeister, der den Dorfrat leitet. Korrektes Verhalten im Alltag orientiert sich an der christlichen Lehre. Jedes Jahr wird einmal gebeichtet und die Hostie empfangen; vor dem Tode müssen die Sünden ebenfalls eingestanden werden, sonst erhält die verstorbene Person kein christliches Begräbnis. Widerspenstige erleiden die Strafe des **Bannes**, der allerdings viel von seinem Schrecken eingebüsst hat. Armen und Kranken muss barmherzig begegnet werden. Arbeiten am Sonntag – sogar das Reinigen des Stalls – sind streng verboten. Bei Heiraten wird darauf geachtet, dass die Ehepartner aus der gleichen Schicht stammen.

Im Gegensatz zu diesem städtischen Textzeugnis besitzen wir in den Monatsbildern eine Quelle, welche die Lebensweise der ländlichen Bevölkerung realistisch abbildet. Die Darstellungen zeigen, wie die Menschen ihr hartes Tagwerk vollbringen, eingebunden in den Kreislauf der Jahreszeiten.

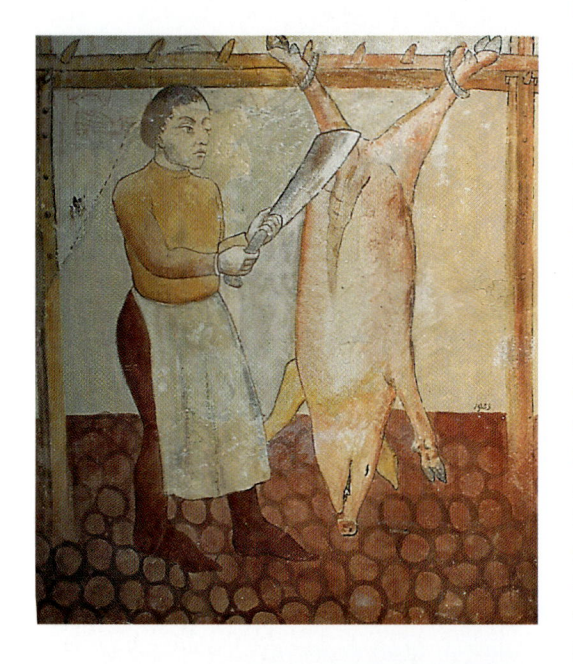

November (rekonstruiertes Bild): Schlachten eines Schweins

Dezember (rekonstruiertes Bild): Töten eines Rindes mit einem Beil

Land und Stadt: Gegensätze und Abhängigkeiten

Zwischen den beiden Polen «Land» und «Stadt» (vgl. S. 70 ff.) entwickelte sich im Spätmittelalter ein Spannungsverhältnis, obwohl oder gerade weil beide letztlich aufeinander angewiesen waren. In demografischer Hinsicht benötigte die städtische Bevölkerung immer die Zuwanderung vom Lande her. Die Lebenserwartung war in der Stadt deutlich geringer, da viele Leute auf engem Raum zusammenlebten und damit die Ansteckungsgefahr erhöhten; hinzu kam die schlechtere Versorgung mit frischem Wasser. Ohne den Zustrom von auswärtigen Personen wären die Städte bald entvölkert gewesen. Auf der Ebene der Nahrungsmittelversorgung waren sie ebenfalls von der ländlichen Umgebung abhängig. Dies zeigte sich vor allem in Kriegszeiten, wenn die Räte Getreide aufkauften, um eine Belagerung durchstehen zu können. Im Falle des Toggenburger Erbfolgekriegs (vgl. S. 147) kam es wegen der Getreideversorgung sogar zu einem Krieg zwischen Zürich und der Innerschweiz.

In bestimmten wirtschaftlichen Bereichen befand sich aber die Stadt in einer stärkeren Position. So benötigten die Dorfleute meistens den städtischen Markt, um Überschüsse verkaufen zu können. Die städtischen Handwerker versorgten zudem die Bauern mit Spezialartikeln und einem Teil der Arbeitsgeräte. Die innerhalb der Mauern ansässigen Wechsler liehen den Bauern Geld für ihre Geschäfte. Schliesslich konzentrierten sich in den Städten auch viele kirchliche Institutionen, die von der ländlichen Bevölkerung aufgesucht wurden.

Im Verlauf des Spätmittelalters versuchten Städter und Landbewohner immer wieder, das Kräftegleichgewicht zu ihren Gunsten zu verschieben; bis weit in die frühe Neuzeit konnten aber die urbanen Obrigkeiten ihre Vorherrschaft über das ländliche Territorium behaupten. Von städtischer Seite wurden vor allem rechtliche und wirtschaftliche Druckmittel angewandt. So konnten Landleute das Bürgerrecht der Stadt erwerben, beispielsweise bei einem Kriegszug. Sie mussten sich nicht innerhalb der Mauern ansiedeln, genossen aber fortan als so genannte «*Ausburger*» den besonderen Schutz und die Privilegien des städtischen Rechts. Dies empörte natürlich die ländlichen Herrschaftsträger, vor allem Adelige, und sie versuchten, die Aufnahme solcher auswärtigen Bürger – auch als «Pfahlbürger» bezeichnet – zu verhindern. Der städtische Rat sprach im Falle Luzerns dagegen unbekümmert von «ingesessen burgern», obwohl die betreffenden Personen auf dem Land wohnten. Luzern benutzte das Ausburgerwesen in der zweiten Hälfte des 14. Jahrhunderts, um sein Territorium auf Kosten der österreichischen Herrschaft auszudehnen (vgl. S. 144).

Andernorts kaufte der städtische Rat, zusammen mit den reichen Bürgern, systematisch einzelne Herrschaften samt deren Rechten auf und errichtete so ein eigenes städtisches Territorium, was die Sicherheit der Zufahrtswege erhöhte. Die Landbevölkerung musste nun der städtischen Obrigkeit Steuern entrichten und im Falle eines Krieges Bewaffnete stellen. Gegen diese neuen Auflagen regte sich bisweilen scharfer Protest, so im Falle der Gemeinde Grüningen, die sich 1411 über die «ungnädige herschaft derer von Zürich» beklagte, die ihnen «stür und reisen (Kriegszüge) in frömdi land» zumuteten.

In wirtschaftlicher Hinsicht kontrollierten die urbanen **Zünfte** das ländliche Gewerbe, um unliebsame Konkurrenz auszuschalten. Sehr oft gerieten die Bauern auch durch Verschuldung in eine Abhängigkeit von städtischen Geldgebern. Ein Beispiel dafür ist die so genannte «Viehverstellung»: Ein Kaufmann leiht Vieh einem Bauern aus; dieser muss die damit verbundenen Einkünfte – Milch und Milchprodukte, Fleisch von Kälbern – nun mit dem städtischen Gläubiger teilen. Wenn aber dem geliehenen Tier etwas zustösst, so muss der Bauer den Schaden allein bezahlen – oder sich weiter verschulden.

Besonders deutlich fassen wir das Machtgefälle zwischen Stadt und Land in den Anredeformen. In Luzern wurden die Landbewohner ursprünglich als «die Unsern» angesprochen; gegen Ende des 15. Jahrhunderts redete die städtische Verwaltung sie nur noch als «Untertanen» an. Die ländliche Einwohnerschaft setzte gegen diese Bevormundung und Kontrolle ihre Machtmittel ein. Neben passivem Widerstand äusserte sich ihr Ungehorsam in Bauernaufständen oder in der Unterbindung der Getreidezufuhr; beides fürchteten die städtischen Obrigkeiten sehr. Der häufige Spott des Städters über bäuerliche Unbedarftheit beruhte deshalb nicht nur auf der Selbstsicherheit desjenigen, der kulturell und sozial überlegen zu sein meint; im städtischen Hohn schwang immer auch ein Gefühl des Bedrohtseins mit.

*In untertäniger Stellung hält der stoppelbärtige Rebbauer seinen mit drei mageren Hahnenfedern bedeckten Hut in der Rechten, während er einen über die Schultern geworfenen Sack mit der Linken festhält. Am Gürtel ist sein Rebmesser eingesteckt, seine Hosenbeine sind mit Strohhalmen zusammengeschnürt. Ein Wappenstreifen am rechten Ärmel zeigt seine Zugehörigkeit zu einem Kloster an.
(Urs Graf; Öffentliche Kunstsammlung Basel)*

Die Schweiz im Spätmittelalter

Die alpine Gesellschaft

Am 18. Juli 1359 verkaufte das Kloster Wettingen den «fromen, wisen, dem lantamman und den lantlúten gemeinlich des landes ze Ure» seine gesamten Rechte und Besitzungen. Die vermögenden Urner Familien bezahlten dafür 8448 Gulden. Wie hoch dieser Betrag war, lässt sich daran ermessen, dass in Uri damals ein mittelgrosses Schaf etwa 5 Schilling kostete; 1359 war ein Gulden 18 Schilling wert. Andere Klöster taten das Gleiche, sodass die «universitas de Urania» spätestens um 1400 sich ein eigenes Herrschaftsgebiet zusammengekauft hatte. Ähnliches spielte sich in Schwyz ab. Wie kam es dazu, dass während der spätmittelalterlichen Wirtschaftskrise einzelne Mitglieder einer alpinen Talschaft über derartige finanzielle Reserven verfügten?

Wirtschaftlicher Wandel im Alpenraum

Vieles deutet darauf hin, dass die spätmittelalterliche Krise (vgl. S.105 ff.) die im Alpenraum lebenden Menschen weniger hart traf. Zwar wütete die Pest um 1350 auch in den Alpentälern und raffte beispielsweise fast alle Mönche des Benediktinerklosters Disentis dahin. Sie drang aber wohl seltener in abgelegene Täler vor, und das raue Klima verhinderte die Ausbreitung der Seuche. Es ist auch anzunehmen, dass die zerstreute Siedlungsweise die Ansteckungsgefahr verringerte.

Der *Handel über die Alpenpässe* litt nur vorübergehend unter den Seuchenzügen. Er bot den Bergbewohnern weiterhin eine Verdienstmöglichkeit, indem sie den schwierigen Transport über unsichere Wege und Stege übernahmen. Die Anlieger der Passwege organisierten sich in Säumergenossenschaften. Diese übernahmen nach einem festen Tarif innerhalb der Gemeindegrenzen den Transport. Bei einer Direktfuhr ohne Umladen wurden Strassengebühren erhoben. Für Viehherden stellten die Gemeinden gegen Entgelt Futterplätze und Weidemöglichkeiten zur Verfügung. Gleichzeitig sorgten die Säumergenossenschaften für den Strassenunterhalt. Die Bergbewohner waren aber auch selber am einträglichen Handel beteiligt, indem sie exportierten: Grossvieh und Pferde sowie Molkereiprodukte (Butter, Käse und Zieger). Dies war möglich geworden, weil sich die alpine Landwirtschaft – ähnlich wie andere Gebiete während der wirtschaftlichen Krise des Spätmittelalters – zunehmend spezialisiert hatte (vgl. S.107 f.).

Im Hochmittelalter überwog in den Alpen noch die Selbstversorgung. Selbst in hoch gelegenen Gebieten fanden sich kleine Äcker und Gärten; daneben wurden immer auch Schafe, Ziegen, Schweine und Kühe gehalten. Im 14. und 15. Jahrhundert änderte sich dies zusehends. Der Grossvieh- und Pferdehandel mit Oberitalien und dem Mittelland erwiesen sich als gewinnträchtiges Gewerbe. Die Weidewirtschaft setzte sich gegenüber dem Ackerbau durch. Das nun fehlende Getreide wurde seit dem 15. Jahrhundert aus dem Mittelland eingeführt, welches seinerseits als Abnehmer von Vieh, Pferden und Milchprodukten auftrat. Dabei konnte die alpine Bevölkerung von gesunkenen Preisen profitieren (vgl. S.107 und S.114), während die aus dem Alpenraum exportierten Güter – Vieh und Käse – ihren Wert nicht verloren hatten. Dieses wirtschaftliche Austauschverhältnis vertiefte die Beziehungen zwischen alpiner und mittelländischer Gesellschaft – zwischen «Hirtenland» und «Kornland» – aufgrund gemeinsamer Interessen und förderte damit den Zusammenhalt der Eidgenossenschaft.

Kühe, Pferde und Käse

Wie kostbar eine Kuh im Spätmittelalter war, können einige Zahlen verdeutlichen. Obwohl die damaligen Rinder bedeutend kleiner als heute waren, zeigen Abrechnungen, dass der Wert einer Kuh mit zehn Schafen oder fünf Schweinen gleichgesetzt wurde. Sie benötigte im Vergleich zu einem Schaf im Sommer ein Drittel weniger Weideland und frass im Winter erst noch weniger Heu. Sie lieferte Kälber und hochwertige Milch, und nach der Schlachtung verschaffte sie den Menschen nicht nur Fleisch, sondern auch Rohstoffe für Alltagsgegenstände.

Ein Pferd war dagegen in erster Linie ein Luxusobjekt. Sein Fleisch galt bei den Menschen des Spätmittelalters als nicht geniessbar; es diente höchstens als Futter für Hunde. Nur das Fell konnte verwertet werden. Der Unterhalt eines Pferdes war teuer; man rechnete, dass ein dreijähriges Tier so viel Weidegrund

Der Übergang über die Alpen war gefährlich. Darstellung einer Lawine am Gotthard in der Chronik des Werner Schodoler (16. Jahrhundert).

benötigte wie drei Kühe. Als schnelles Fortbewegungsmittel und als Zeichen von sozialem Prestige genossen die Pferde allerdings eine hohe Wertschätzung.

Wenn der Käse zum Schweizer Wahrzeichen geworden ist, so liegt dies nicht zuletzt an den wirtschaftlichen Veränderungen im Alpenraum während des Spätmittelalters. Seit der Antike gab es zwei Arten von Käse: den leicht verderblichen Sauermilchkäse nach Art der heutigen Mozzarella und den harten Süssmilchkäse oder Labkäse, der durch das Dicklegen frischer Milch mit Lab – einem Ferment aus Hasen- oder Kälbermägen – gewonnen wurde. Der Konsum von teurem Hartkäse war lange Zeit der Oberschicht vorbehalten. Dies änderte sich mit der Spezialisierung der alpinen Gegenden auf Viehhaltung. Grössere Mengen von Hartkäse konnten produziert werden, und zugleich gab es in den Städten des Mittellands eine Käuferschicht, die sich dieses Nahrungsmittel leisten konnte. Die Herstellung von Hartkäse ist für das Greyerzerland zum ersten Mal um 1115 belegt, für das Emmental um 1293. Für die Grundversorgung der Bevölkerung mit Nahrungsmitteln bedeutete der Hartkäse einen wichtigen Fortschritt, da er das täglich notwendige Eiweiss enthielt und über längere Zeit, vor allem über den Winter, gelagert werden konnte; zudem liess er sich leicht transportieren.

Sowohl Viehzucht als auch die Herstellung von Milchprodukten waren allerdings von einem Rohstoff abhängig, der in den Zentralalpen nicht vorkam: dem *Salz*. Im Gegensatz zum Menschen, dem wenige Gramm täglich genügen, bedürfen Tiere ein Vielfaches dieser Dosis; ein Kalb ist täglich auf 25 Gramm angewiesen, ein Pferd auf 50 Gramm und eine Kuh sogar auf 90 Gramm. Salz wurde aber auch zur Konservierung benötigt, und dies nicht nur in der Form von eingepökeltem Fleisch. Die spätmittelalterliche Butter war meistens gesalzen, um ihre Haltbarkeit zu verlängern, und die Herstellung von Käse ist ohne Salz nicht denkbar. Man schätzt, dass sich mit der Entwicklung der Weidewirtschaft der Salzverbrauch im Alpenraum verdoppelte. Glücklicherweise war die Eidgenossenschaft von verschiedenen Salzproduzenten umgeben, die gegeneinander ausgespielt werden konnten, was die Preise tief hielt. Die Ost- und die Zentralschweiz bezogen den kostbaren weissen Rohstoff aus Hall im österreichischen Tirol, teilweise auch aus Italien, die Nordschweiz aus Bayern, die Westschweiz aus Salins in der Franche-Comté. Wie wichtig der Salzhandel war, lässt sich daran ermessen, dass Bern den burgundischen Herzog Karl den Kühnen auch deswegen angriff, weil es fürchtete, kein Salz aus Salins mehr zu erhalten (vgl. S. 150 f.).

Der Wert einer Kuh

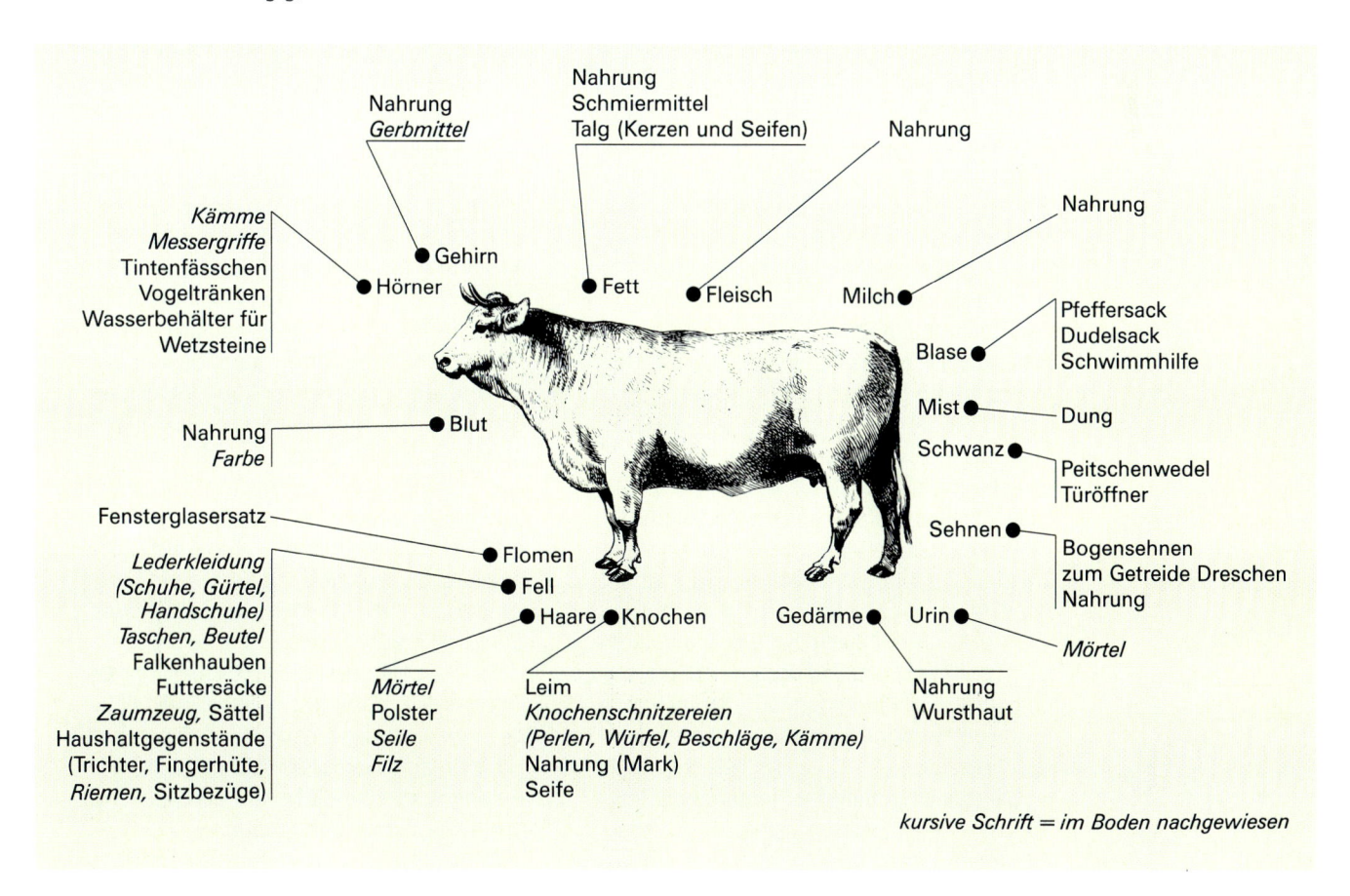

kursive Schrift = im Boden nachgewiesen

Salzlieferungen in die Schweiz

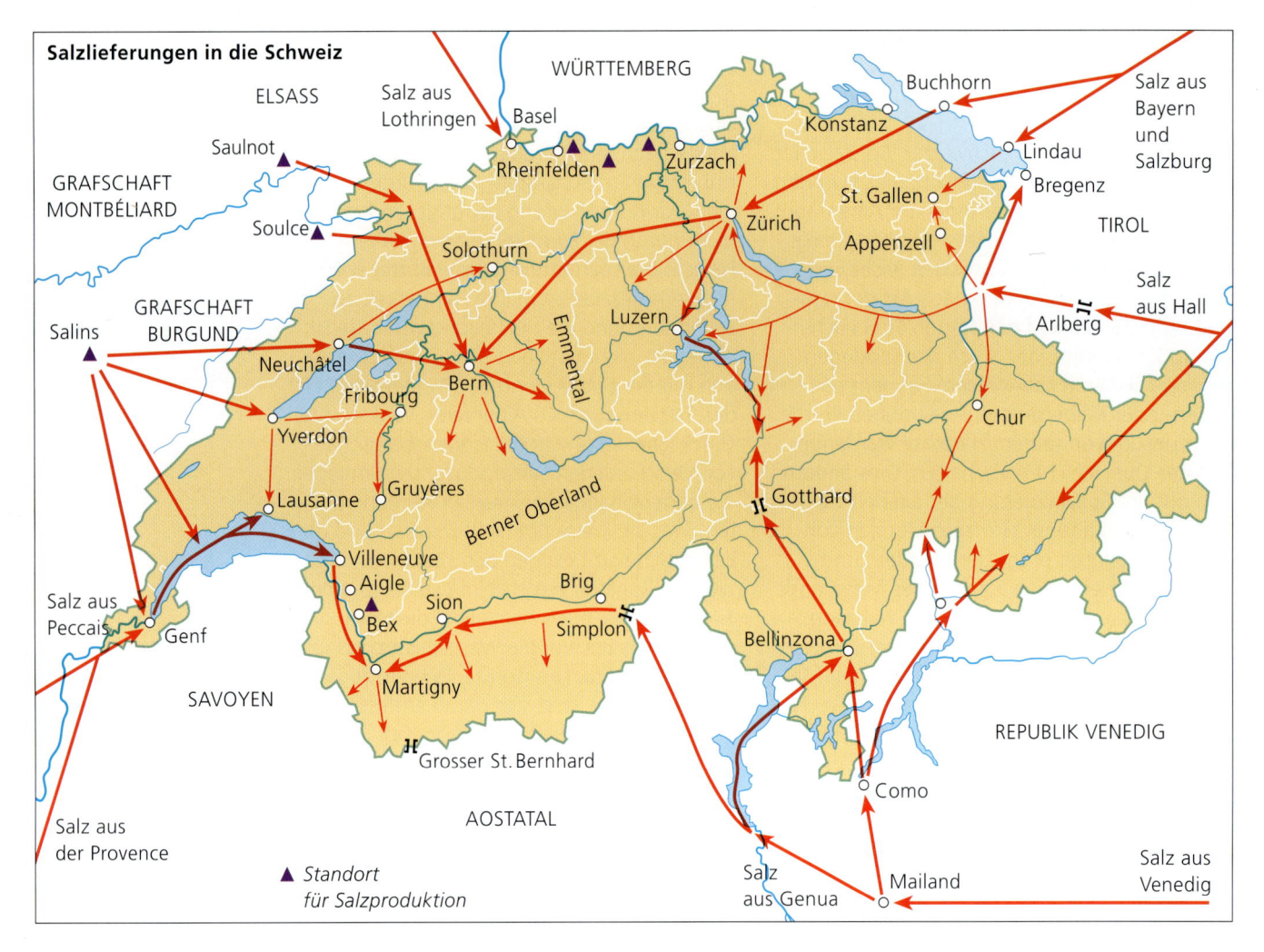

ELSASS · WÜRTTEMBERG · GRAFSCHAFT MONTBÉLIARD · Saulnot · Salz aus Lothringen · Basel · Rheinfelden · Zurzach · Konstanz · Buchhorn · Salz aus Bayern und Salzburg · Lindau · Bregenz · Soulce · Solothurn · Zürich · St. Gallen · Appenzell · TIROL · GRAFSCHAFT BURGUND · Salins · Neuchâtel · Fribourg · Bern · Emmental · Luzern · Arlberg · Salz aus Hall · Yverdon · Gruyères · Berner Oberland · Chur · Lausanne · Villeneuve · Aigle · Sion · Brig · Gotthard · Bex · Martigny · Simplon · Bellinzona · Salz aus Peccais · Genf · SAVOYEN · Grosser St. Bernhard · AOSTATAL · REPUBLIK VENEDIG · Como · Salz aus der Provence · Salz aus Genua · Mailand · Salz aus Venedig

▲ *Standort für Salzproduktion*

Genossenschaften, Viehhändler und Söldner

Die Umstellung vom Ackerbau zur Viehzucht förderte neue Organisationsformen in den Bergtälern. Seit 1350 lassen sich im Kanton Obwalden Alpgenossenschaften – auch «Teilsamen» oder «Allmendkorporationen» genannt – nachweisen, welche die gemeinsame Nutzung von Wald, Weide und Alpen in einer Kirchgemeinde regelten; die gleiche Organisationsform findet sich im Wallis, in der Leventina und im Bleniotal. Gemeinschaftliche Absprachen waren wegen der häufigen Überschreitungen der Weidegrenzen wichtig; zudem drohte bei vielen Alpen eine Übernutzung. Die «Teilsamen» legten deshalb ein Maximum an Vieh für eine Alp fest. Die Höchstzahl ergab sich aus der so genannten «Winterungsregel»: Es durften nur so viele Tiere auf die Alp getrieben werden, wie auf den Gütern der Teilsamen im Tal überwintert werden konnten. Im Herbst wurde das überschüssige Vieh, beladen mit Käse und anderen einheimischen Produkten, auf die Märkte im Mittelland und in Oberitalien getrieben und dort verkauft.

Gleichzeitig nahm der Pferdehandel im 15. Jahrhundert grosse Ausmasse an. 1453 wurden innerhalb von 12 Tagen 360 Pferde über Bellinzona auf die Märkte von Chiasso, Como und Varese geführt; 1454 waren es 230 Pferde für die Messe von Chiasso; 134 davon erwarb allein der Herzog von Mailand. Der Handel mit Grossvieh, Pferden und den damit verbundenen Erzeugnissen liess in den Alpen eine reiche bäuerliche Oberschicht entstehen, die auch entsprechenden Einfluss auf die Politik gewann. Ein typisches Beispiel ist der Nidwaldner Arnold Amstein, der 1416–1437 als Gesandter 38-mal an der **Tagsatzung** teilnahm. Sein Reichtum, der auf Grundbesitz, Viehhandel und Finanzgeschäften beruhte, war derart gross, dass er dem Zürcher Altbürgermeister Rudolf Meiss ein Darlehen von stattlichen 1300 Goldgulden gewähren konnte, was ihm jedes Jahr einen Zins von 65 Gulden einbrachte; Pfand für diese Schuld waren die Feste und Stadt Elgg und die Vogtei Wiesendangen. Die Amsteins waren bei der Durchsetzung ihrer Interessen nicht zimperlich: Arnold nahm ein Mitglied des Klosters Engelberg gefangen, sein Enkel Heinrich schlug den Klosterbruder Johann Fryen derart, dass dessen linker Arm dauernd gelähmt war; der Klosterbruder Fryen hatte Heinrich als «diep und morder», den Vater Heinrichs als «bankart» (uneheliches Kind) und «wuochrer» bezeichnet.

	Klima	Wirtschaftsart	Siedlungsform	Ernährung	Bauerntyp
Kornland	trocken / feucht	Ackerbau, Viehzucht (Weinbau)	Dorf mit Weiden, Wald und Reben	Brot, Milch, Käse, Wein, Bohnen	Mehrzweckbauer
Hirtenland	feucht	Viehzucht	Mehrhof: Alpwirtschaftl. Streuhof	Milch, Käse	Käser, Hirte

Unterschiede zwischen Korn- und Hirtenland

Das Schimpfwort «Wucherer» zeigt, dass sich die reichen Bauern und Händler in Geldsachen gut auskannten. Der Viehhandel begünstigte nämlich neue Geschäftsmethoden und förderte die *Kreditwirtschaft*. Entsprechende Spezialisten aus Italien, die so genannten «Lombarden», siedelten sich zuerst in Luzern an, sie wurden aber im 15. Jahrhundert von einheimischen Geldgebern abgelöst. Letztere operierten in einem Wirtschaftsraum, dessen Umfang mit demjenigen der städtischen Kaufleute vergleichbar war.

Auch das Leben der einfachen Bergbevölkerung änderte sich grundlegend. Vieh- und Weidewirtschaft erforderten grosse Flächen, dafür weniger Arbeitskräfte. Das häufige Reislaufen der Innerschweizer im Spätmittelalter erklärt sich deshalb aus dem Zwang, ein anderes Auskommen zu finden. Hinzu kam der finanzielle Anreiz: Ein Söldner verdiente recht gut, vorausgesetzt, er kam heil aus der Schlacht zurück. Sein Sold betrug um 1500 immerhin das Doppelte des Lohnes, den ein einfacher Maurergeselle in Zürich erwarten konnte. Extrazulagen und Beute erlaubten es einzelnen Söldnern, ein kleines Vermögen zu erwerben. 1494 soll ein Reisläufer Geld im Wert von 600 Pfund nach Hause gebracht haben; ein Pferd kostete damals zwischen 40 bis 60 Pfund. Schliesslich kam das Reisläuferwesen auch der reich gewordenen Oberschicht der inneren Orte zugute, die für ihre ennetbirgischen Unternehmungen (vgl. S. 145 und 153 f.) einheimische Berufskrieger anwerben konnte.

Die alpine Bevölkerung des Spätmittelalters verfügte demnach über einen grossen Wirkungsbereich samt entsprechender Weltläufigkeit. Die Sennen, ihre Frauen und Kinder führten ein halbnomadisches Leben: Das Vieh weidete im Frühjahr und im Sommer auf verschiedenen Alpen, im Herbst ging es auf die Märkte in Oberitalien und im Mittelland; danach galt es, vor Wintereinbruch wieder zu Hause zu sein.

Reisläufer warten auf die kaiserlichen Soldzahlungen. Auf der Schützenwiese verkürzen sie die Zeit mit verschiedenen Spielen: Weitsprung, Steinstossen, Ringen und Wettlaufen. Im Hintergrund sind Dorf und Kloster Einsiedeln abgebildet. (Diebold Schilling, Luzerner Chronik, 1513)

Die Schweiz
im Spätmittelalter

Leben im Spätmittelalter

Jugend, Erwachsenenzeit und Alter

Die Chancen, die ersten Lebensjahre zu überleben, waren im Vergleich zu unserer Gegenwart gering; die damalige *Kindersterblichkeit* lag bei 40 bis 50 Prozent der Neugeborenen. Wer am Leben blieb, wurde etwa vom siebten Lebensjahr an in das Erwerbsleben eingespannt und erfuhr so langsam die Rechte und Pflichten der Erwachsenenwelt.

Die mittelalterlichen Menschen sahen in den Kindern keineswegs bloss kleine Erwachsene. Die Eltern liebten ihre Nachkommenschaft wohl mit ähnlicher Intensität wie heute, und körperliche Züchtigung wurde nicht durchwegs verlangt, sondern in vielen damaligen Erziehungshandbüchern ausdrücklich abgelehnt. Die spätmittelalterlichen Bilder von Maria samt Jesuskind zeigen eine zärtliche Mutter mit ihrem Kleinkind, das Spielsachen – zum Beispiel ein Windrädchen – in der Hand hält. Reiche Eltern begannen um 1500 damit, ihre Kinder porträtieren zu lassen; städtische Familien beauftragten sogar einen Maler, das Neugeborene nackt abzubilden. Die *Kindheit* wurde als eigener Lebensabschnitt wahrgenommen.

Der Zeitraum zwischen vierzehn und sechzehn Jahren galt als Übergang in die Volljährigkeit. Mädchen heirateten meistens früher als Knaben. Zwischen dem 20. und dem 40. Lebensjahr unterschied sich die *Lebenserwartung der Geschlechter* krass: Doppelt so viele Frauen wie Männer starben in diesem Lebensabschnitt. Die erhöhte Sterblichkeit der Frauen ergab sich aus der Belastung durch Schwangerschaft sowie Geburt bei gleichzeitiger hoher Arbeitsleistung. Wie gefährdet Frauen bei der Geburt waren, zeigen in Schaffhausen gefundene Frauenskelette mit ungeborenen, aber bereits ausgewachsenen Föten. In höherem Alter glich sich die Lebenserwartung wieder aus und verbesserte sich sogar zugunsten der Frauen. Von fünfzig Jahren an wurden Männer und Frauen als alte Menschen angesehen. Allerdings galt Lebenserfahrung viel, und ältere Menschen genossen ein hohes Ansehen; sie wurden deshalb oft als Zeugen bei Gerichtsverhandlungen beigezogen. Wer es sich leisten konnte, zog im Alter in ein städtisches Spital, wo unter anderem Betagte betreut wurden. Grundsätzlich hing die Lebenserwartung aber vom sozialen Rang ab: Vermögende Personen wie Domherren lebten deutlich länger als der Durchschnitt der Bevölkerung.

Wenn wir uns also die damalige Bevölkerung vorstellen wollen, so müssen wir uns eine Gesellschaft von jungen, entsprechend aktiven Frauen und Männern vergegenwärtigen. Wie sahen die damaligen Menschen aus? Sie waren sicher kleiner als heute: Die auf dem Zürcher Münsterhof begrabenen Männer massen durchschnittlich 168 cm, die Frauen 160 cm. Die erhaltenen Skelette zeigen, dass

---

Thomas Platter (um 1499–1582) berichtet in seinen Erinnerungen

«Mein ältester Bruder kam aus Savoyen und brachte mir ein hölzernes Rösslein, das ich an einem Faden bis vor die Tür zog. Ich war fest überzeugt, dass das Rösslein gehen könne. Dies zeigt, dass die Kinder oft meinen, ihre Puppen und ihr Spielzeug seien lebendig. Mein Bruder machte auch im Spass einen grossen Schritt über mich und sagte: ‹Oho Tomillin, jetzt wirst du nicht mehr wachsen.› Das machte mich ganz traurig.»

Platters Erinnerungen zeigen aber auch, wie früh die Kindheit zu Ende war. Seit dem sechsten Lebensjahr musste «Tomillin» seinen Lebensunterhalt mit Geissenhüten bei einem fremden Bauern verdienen; die Herde umfasste zeitweise 80 Tiere: «Ich war so klein, dass ich den Stall auftun und gleich auf die Seite springen musste. Sonst warfen mich die Geissen nieder, liefen über mich und traten mir auf Kopf, Ohren und Rücken, da ich meistens vornüber hinfiel. Wenn ich anschliessend die Geissen über die Brücke, die die Visp überquert, trieb, liefen die ersten in die Kornäcker. Trieb ich sie da heraus, liefen die anderen hinein. Da weinte ich und schrie, denn ich wusste, dass es abends eine Tracht Prügel setzen würde. Selten hatte ich heile Zehen, sondern sehr oft ‹bletz› und ‹groß schrunden›; ich fiel eben oft hin. Ich ging meistens ohne Schuhe im Sommer, sonst trug ich Holzschuhe. Oft hatte ich Durst, sodass ich mir manchmal in die Hand pisste und den Urin trank.»

Schien- und Wadenbeine eines mittelalterlichen Mannes aus Biel-Mett. Die Knochen des rechten Unterschenkels (im Bild links) weisen drei verheilte Frakturen auf, zwei am Schien- und eine am Wadenbein. Durch die aneinander vorbeigeschobenen Bruchenden entstand eine deutliche Beinverkürzung. Am rechten, normal langen Unterschenkel ist am Wadenbein eine weitere verheilte Fraktur zu beobachten.

viele Leute Gebrechen hatten. Ein Drittel der dort bestatteten Zürcherinnen und Zürcher litt an Zahnfäulnis der Backenzähne, seltener auch an Karies. Ihre Zähne waren zudem häufig abgekaut, da zusammen mit der harten Nahrung immer auch Steingriess von den Mahlsteinen mitgegessen wurde. Allerdings zeigen Knochenuntersuchungen, dass die Umweltbelastung durch Blei im damaligen Zürich 5- bis 10-mal tiefer war als heute! Ein ähnliches Bild vermitteln auch die Ausgrabungen der Stadtkirche St. Johann in Schaffhausen. Wie in Zürich machten Erkrankungen der Wirbelsäule und der Gelenke den Menschen zu schaffen, ausgelöst durch harte körperliche Tätigkeit. Einige Schaffhauser Skelette zeigen, dass die Verstorbenen einen Knochenbruch erlitten, der ohne Schienung fehlerhaft zusammengewachsen war. Häufig weisen die Gebeine Spuren von Mangelernährung auf.

Heirat, Ehe und Fortpflanzung

Obwohl viele Menschen sich damals wünschten, eine Ehe zu schliessen, war eine beträchtliche Anzahl von ihnen gezwungen, aus Armut darauf zu verzichten; viele Personen blieben unverheiratet. Männer heirateten deshalb meistens später als Frauen, weil sie zuerst einen finanziellen Rückhalt erarbeiten mussten. Wer sich eine Eheschliessung leisten konnte, musste vieles berücksichtigen, sodass die Auswahl des Partners oder der Partnerin nicht leicht war. Abgesehen von der Meinung der Eltern, spielte der eigene Stand eine Rolle. Wer als Leibeigene oder Leibeigener einem Grundherrn unterstellt war, durfte nur jemanden aus der gleichen Herrschaft heiraten; der Herr fürchtete nämlich, dass die eine Ehehälfte wegziehen und er somit eine Vermögenseinbusse erleiden würde. Hinzu kam das Problem unterschiedlicher Rechtsstellungen. Heiratete eine freie Frau einen unfreien Leibeigenen, so wurden die Kinder nach dem Gesetz der «ärgern Hand» ebenfalls unfrei; das Gleiche galt im umgekehrten Falle.

Schliesslich musste auch die Kirche bei einer geplanten Heirat berücksichtigt werden. Im Frühmittelalter bestimmten noch allein die Eltern, ob eines ihrer Kinder heiraten durfte oder nicht. Seit der Jahrtausendwende mischte sich aber die Kirche in die Eheschliessung ein. Sie setzte das heute gültige Konsensprinzip durch, das heisst, der Bund fürs Leben sollte allein auf der Zustimmung der beiden Ehepartner beruhen, was allerdings in der Praxis nicht immer der Fall war. Zugleich verbot die Kirche die immer noch bestehende Mehrfachehe und verlangte, dass die materielle Grundlage für die Gründung eines gemeinsamen Haushalts gesichert sei. Auch in anderer Hinsicht mutet das Eherecht der mittelalterlichen Kirche erstaunlich modern an. Für die Kleriker war die Ehe nicht nur ein Sakrament, beide Partner hatten auch Anrecht auf die Erfüllung ihrer sexuellen Bedürfnisse. Impotenz des Mannes gestattete es, eine Scheidung einzureichen; Unfruchtbarkeit galt anderseits nicht als Scheidungsgrund. Allerdings schuldete die Gattin dem Ehemann absoluten Gehorsam, sie war ihm gemäss der Bibel «untertan».

Die Kirche versuchte, auch das Sexualleben der Verheirateten zu reglementieren. Seit dem Kirchenvater Augustin sah sie im Geschlechtsverkehr nur ein Mittel, um sich fortzupflanzen; körperliche Liebe und Lust ohne Zeugungsabsicht waren verwerflich. Gab es trotzdem eine Empfängnisverhütung im Mittelalter? Abgesehen vom unsicheren Coitus interruptus, Tampons mit sterilisierenden Tinkturen sowie dem Stillen, das die Möglichkeit einer Empfängnis vermindert, existierten bereits spezifische Techniken und Arzneimittel. So führten die damaligen medizinischen Handbücher eine Reihe von Pflanzen auf, die – wie heutige pharmakologische Untersuchungen zeigen – tatsächlich empfängnisverhütend wirken, indem sie die Fruchtbarkeit der Frau verringern oder eine vorzeitige Monatsblutung auslösen. Wie weit ein derartiges Wissen verbreitet war, lässt sich schwer abschätzen. Immerhin enthält ein medizinisches Handbuch, das vom späteren Papst Johannes XXI. um 1250 explizit für die Armen geschrieben wurde, 26 Hinweise auf empfängnisverhütende Techniken.

Frauen und Männer

Eine adlige Burgherrin, die Ehefrau eines Zunftmeisters, eine Nonne oder eine Fahrende verbrachten ihr Leben zwar in völlig unterschiedlichen Verhältnissen. Gemeinsamkeiten ergaben

Maria führt den kleinen Jesus in die Schule. (Randillustration aus einem Messbuch des Klosters St. Katharinental)

Frauenleben – ein Stress. Das Bild aus der Mitte des 15. Jahrhunderts diente eigentlich dazu, unstete Menschen zu verspotten. Der – wohl männliche – Holzschneider wählte dafür eine viel beschäftigte Frau, die er abwertend als «Metz Unmusz» (Schlampe ohne Musse) bezeichnet. Die Darstellung lässt sich aber auch anders lesen, nämlich als Abbild der vielen Verpflichtungen, die eine Frau zu erfüllen hat: Sie trägt eine Wiege samt Kind auf den Knien und einen Hühnerkorb auf dem Kopf, hält mit der linken Hand eine Katze auf dem Hinterteil des Esels fest und spinnt gleichzeitig dank Rocken und Spindel, die sich in der rechten Hand befinden, einen Faden. Im Tragtuch, das als Rucksack dient, wird eine ganze Kücheneinrichtung transportiert: Aschenrost, Breipfanne mit zugehörigem Löffel und sogar ein Blasebalg zum Anfeuern.

sich aber in zwei Bereichen: Alle Frauen waren rechtlich benachteiligt und durch Schwangerschaft und Geburt – abgesehen von den Nonnen –, verbunden mit der gleichzeitigen Belastung durch körperliche Arbeit, stark gefährdet. Die grundsätzlich mindere Rechtsstellung der damaligen Frauen zeigte sich in einer eigentlichen Geschlechterbevormundung. Eine Frau konnte im Mittelalter vor Gericht nicht selbstständig verhandeln, sondern musste mit ihrem Mann oder einem Vogt erscheinen, der an ihrer Stelle sprach. Theologen, Juristen, Mediziner und Dichter wurden nicht müde, die grundsätzliche Unterordnung der körperlich schwächeren Frauen unter die Herrschaft der stärkeren Männer zu verlangen. Die Kirche erlaubte ihnen zudem nicht, sich aktiv am Gottesdienst zu beteiligen. Benachteiligt waren sie auch in ökonomischer Hinsicht. Frauen wurden im Gegensatz zu Männern durchweg schlechter bezahlt. Wenn Tagelöhnerinnen in den Reben arbeiteten, die dem Basler Münster gehörten, so erhielten sie für die Weinlese im Jahre 1400 bloss einen Schilling, ihre männlichen Kollegen dagegen zwei. Das Gleiche galt für die weiblichen Angestellten des Basler Spitals. Auch deren Löhne waren für die gleiche Arbeit immer niedriger als diejenigen ihrer männlichen Kollegen, ihr geringeres Entgelt wurde mit der Zeit sogar herabgesetzt und längeres Verbleiben am Arbeitsplatz niemals mit höheren Zahlungen honoriert. Dabei leisteten Frauen oft schwere körperliche Arbeit, indem sie beispielsweise 1527/28 für einen Dachdecker Kalk, Sand, Schindeln und Ziegel ins Schloss von Bipp schleppten; noch im 18. Jahrhundert verrichteten Luzerner Frauen als Handlangerinnen Schwerarbeit beim Bau von Kirchen. Zudem wurde von den ärmeren städtischen und ländlichen Frauen eine grosse berufliche Flexibilität verlangt. Sie mussten nicht nur die Kinder betreuen, sondern auch Lohnarbeit verrichten, da das Einkommen des Mannes meistens nicht ausreichte. In vielen offiziellen Dokumenten wurden die Frauen dennoch nur mit dem Vornamen bezeichnet und bloss entsprechend ihrer Zugehörigkeit zu einem Mann erfasst; sie blieben buchstäblich namenlos.

Trotz Geschlechterbevormundung und biologischer Gefährdung finden wir in den Quellen aber immer wieder Frauen, welche ihre Handlungsspielräume ausschöpften oder erweiterten und sich erfolgreich behaupteten. So gehörten alle Burgen im Sisgau in der Nähe von Basel seit 1400 zumindest von Rechtes wegen den adligen Frauen; sie sicherten mit ihrer Präsenz während der häufigen Abwesenheit ihrer Männer den adligen Herrschaftssitz. Nonnen wiederum waren literarisch tätig, indem sie Lebensbeschreibungen verfassten oder mystische Visionen aufzeichneten. Im

Bereich des Geschäftslebens stellten Unternehmerinnen ebenfalls «ihre Frau». So produzierte die reiche Witwe Margarethe Brand in Basel zusammen mit ihrer Angestellten Berbelin Langenstein Wirkteppiche und verkaufte sie; einen Teil ihres Vermögens stiftete sie für ein Theologiestipendium an der Universität Basel. Der Basler Kaufmann Ulrich Meltinger behandelte beim Viehkauf die Bäuerinnen als ebenbürtige Geschäftspartnerinnen. Seine Frau Verena arbeitete im Geschäft mit, stand einem grossen Haushalt vor und verwaltete den Landbesitz; zur Erholung leistete sie sich manchmal Ferien in Baden. Die Gesellen in einem zünftischen Haushalt waren der Meistersfrau zu Gehorsam verpflichtet; manchmal genoss die Frau des Vorgesetzten zudem eine besondere Verehrung seitens der zumeist unverheirateten Gesellen. Auf dem Aushängeschild für einen Schulmeister und seine Ehefrau, das 1516 von Ambrosius Holbein gemalt wurde, sehen wir Mann und Frau beim Unterrichten. Das harte Leben in den Alpen bewirkte bei denjenigen Frauen, welche die vielfältigen Gefährdungen überstanden, ein raues Selbstbewusstsein, wie das Porträt zeigt, welches der Walliser Thomas Platter (um 1499–1582) von seiner Mutter entwarf. Als er zusammen mit seinen zwei Brüdern wegzog, weinte seine Mutter. Platter fährt fort: «Sonst habe ich meine Mutter nie weinen sehen, denn sie war ‹ein dapfer manlich wib, aber ruch›. Als ihr dritter Mann ebenfalls starb, blieb sie Witwe und arbeitete wie ein Mann, um die letzten Kinder, die sie von ihm empfangen hatte, umso besser zu erziehen. Sie heute, drosch und tat anderes, das eher zu Männern als zu Frauen passt. Sie hat auch drei ihrer Kinder selbst begraben, die an der Pestilenz gestorben waren, denn bei einer Seuche kosten die Totengräber sehr viel.»

Frauen beteiligten sich im Spätmittelalter auch aktiv an der Politik. So schildert Willibald Pirckheimer, wie eine junge Eidgenossin während des Schwaben-/Schweizerkrieges (vgl. S. 153 f.) aus dem feindlichen Lager zu ihm ins kaiserliche Heer kam und einen Brief überbrachte. Als ein Mitglied der Leibgarde sie mit dem Schwert bedrohte, lachte sie ihn aus und antwortete kaltblütig: «Ein Mädchen töten, das ist mir eine Heldentat! Geh lieber zu den Eidgenossen, dort hat es genug Leute, die mit dir kämpfen wollen, statt hier grosse Reden zu halten.» Im Jahre 1522 drangen über fünfzig Frauen samt Kindern in das Basler Rathaus ein, um sich für einen Priester einzusetzen, der in reformatorischem Sinne predigte. Schliesslich zeigen Gerichtsfälle, dass Frauen keineswegs nur züchtig-verschämt auftraten, sondern mit gutem Mundwerk und brachialer Gewalt ihre Interessen verteidigten. Auf dem Basler Markt benützten einzelne Händlerinnen Töpfe als Wurfgeschosse, und eine Gegnerin wurde mit «du wüster flacher Dorfkessel» beschimpft. Eine Zürcherin wünschte einem Mann «das fallend Übel in den Bauch und in die Hoden», eine andere bemerkte ironisch: «Gott gebe dir eine bessere Nacht, als du mir oft und viel besorgt hast»; zwei Frauen schlugen auf der Niederen Brücke sogar einen Mann zusammen. Das Selbstbewusstsein der Frauen scheint einen Teil der spätmittelalterlichen Männer verunsichert zu haben. Jedenfalls häufen sich im 15. Jahrhundert die Bilder mit dem «Kampf um die Hosen», dem mittelalterlichen Sinnbild für den Machtanspruch der Frauen in Ehe und Haushalt.

Selbstverständlich gab es auch Männer, die ihre Ehefrau über alles liebten. So beschreibt Ludwig von Diesbach den Tod seiner Ehefrau Antonia von Ringoltingen im Jahre 1487 folgendermassen: «Als die Glocke elf schlug vor Mittag, da begann das fromme, rechtschaffene Herz zu brechen, mit klaren Sinnen und in Züchten, und nahm mit grossem Anstand Abschied von mir und von allen ihren Kindern und von jedermann. Und eine halbe Stunde nach elf Uhr gab die fromme, treue Frau ihren Geist auf. O Mutter aller Gnade, wo war deine unergründliche Gnade und Barmherzigkeit, dass ich und meine kleinen Kinder sie nicht finden konnten? Es ist mir unmöglich, den grossen Schmerz zu beschreiben, den ich erlitten habe. Es ist auch nicht möglich, darüber zu sprechen, und so sei es all denen befohlen, die das Gleiche erlebt haben oder erleben wie ich. Die können darüber reden.»

Wertvorstellungen

Jede Gesellschaft entwickelt eigene Wertvorstellungen, die wir besonders dann fassen können, wenn sie verletzt werden und eine Bestrafung nach sich ziehen. Spätmittelalterliche Gerichtsfälle zeigen, dass die damaligen Menschen einzelne Vergehen ganz anders als heute beurteilten. So bestraften die damaligen Richter den Diebstahl streng, während Totschlag und Körperverletzungen milder als heute geahndet wurden. Deutlich wird dies im Fall des vermögenden Zürcher Gürtelmachers Chůnrat Neisideller, der ständig in Raufhändel verwickelt war und 1381 den Heinrich Brůgli erschlug, gleichzeitig aber Mitglied des kleinen Rates war und dies auch bleiben konnte. Der Clara von Ratwiler wurden 1396 in Basel hingegen beide Ohren abgeschnitten, weil sie zwei Kleiderstoffe entwendet hatte; üblicherweise drohte Dieben sogar die schimpfliche Bestrafung des Hängens.

Ein Unterschied zu heute ergibt sich auch aus den vielen Beleidigungsfällen, die vor den Gerichten verhandelt wurden. Worte wurden

«Der Kampf um die Hosen»: Titelholzschnitt zum Meisterlied von Hans Folz, «Eyn liet genant der pöss rauch»

Die Schweiz im Spätmittelalter

im Mittelalter geradezu mit Waffen gleichgesetzt, und Ansehen und Ehre waren damals ein kostbares Gut, vergleichbar mit Geldbesitz. Wer beleidigt wurde, musste unverzüglich auf Wiederherstellung seiner Ehre pochen; geschah dies nicht, so wurde die angegriffene Person inskünftig als ehrlos angesehen. Besonderen Wert auf Ehre legten die städtischen Handwerker. Wer sich als Meister in einer Stadt niederlassen wollte, musste nicht nur die ansässigen Zunftvorstände um eine entsprechende Erlaubnis bitten, sondern oft auch nachweisen, dass er nicht unehelich geboren war. Die weibliche Ehre beruhte dagegen auf einem untadeligen Lebenswandel. Bei Beleidigungsklagen von Frauen stand deshalb die Beschimpfung als «Hure» im Vordergrund.

Wachsende Unduldsamkeit gegenüber Randgruppen sowie Randständigen

Im Gegenzug zur hohen Wertschätzung der «Ehre» wurden so genannt «ehrlose» Menschen im Verlauf des Spätmittelalters immer häufiger ausgegrenzt. Von dieser Entwicklung waren sowohl klar umgrenzte Randgruppen (Juden, Zigeuner, Bettler oder Aussätzige) als auch Einzelpersonen (Randständige und Aussenseiter) betroffen. Unter den Randgruppen waren die *Juden* im Spätmittelalter am häufigsten Verfolgungen ausgesetzt (vgl. Längsschnitt S.129 ff.). Die *Zigeuner* tauchten um 1400 in der Schweiz auf. Da sie vor den vorrückenden Türken fliehen mussten, wurden sie zuerst als Opfer wohlwollend aufgenommen. Im Verlauf des 15. Jahrhunderts erlitten sie aber eine zunehmende Ausgrenzung; 1494 wurden in Basel den Zigeunern als Schandzeichen Baselstäbe durch die Backen gebrannt. Im Falle der *Hexenverfolgungen,* die erst in der frühen Neuzeit häufig stattfanden (vgl. S. 212 f.), gehörte die Schweiz zu den Gebieten, wo sich der «Hexenwahn» sehr früh bemerkbar machte. In Freiburg im Üechtland, Vevey und Luzern wurden 1400–1450 die ersten Hexenprozesse durchgeführt; dabei handelte es sich um eine neue Prozessform, indem das bereits seit langem bekannte Vorgehen gegen Zauberei einerseits und das Vorgehen gegen **Ketzerei** andererseits zu einem neuen Anklageverfahren verschmolzen wurden. Gleichzeitig fielen diese ersten Verfolgungen mit wirtschaftlichen Krisenjahren zusammen, was die Suche nach Sündenböcken förderte. Gelehrte Spekulationen über das Wesen der Hexen verknüpften sich so mit der Bereitschaft der Bevölkerung, Randständige zu beschuldigen und sie umzubringen.

Mit wachsender Ablehnung begegneten die spätmittelalterlichen städtischen Obrigkeiten auch den Bettlern, Prostituierten, den Fahrenden und den *Personen mit «unehrlichen» Berufen* wie dem Henker. Die derart ausgegrenzten Gruppen wurden zugleich einer strengen Reglementierung unterworfen. Die Genfer Dirnen hatten in den 1450er-Jahren eine eigene «Königin», sie mussten eine bestimmte Kleidung tragen und durften das städtische Bordell nicht verlassen. Die Bettler in den Städten erhielten einen eigenen «Bettelvogt» und ein Abzeichen, das sie als «Hausarme» auswies; fremde Bettler wurden weggewiesen. In Basel trugen die Henker im 15. Jahrhundert als äusseres Kennzeichen gelbe Handschuhe. Für das Jahr 1546 wird berichtet, dass ein Kleinbasler im Rausch versehentlich mit dem Henker getrunken hatte. Wegen seines Umgangs mit dieser «ehrlosen» Person wurde er von der **Zunft** ausgeschlossen, verlor seinen Beruf und nahm sich aus Verzweiflung das Leben.

In Lebensgefahr befanden sich auch Personen, die *gleichgeschlechtlich* veranlagt waren. Während die Kirche eine Liebesbeziehung zwischen Klerikern seltener mit dem Tode bestrafte, verurteilten die städtischen Obrigkeiten die «Sodomie» oder «Ketzerei» ihrer Untertanen meistens mit dem Feuertod beider Beteiligten, wie 1482 im Aufsehen erregenden Fall des Ritters Richard von Hohenburg in Zürich und seines Dieners. Liebesbeziehungen zwischen Frauen sind kaum überliefert; ausnahmsweise wird 1444 vom Verhältnis einer Rottweiler Nonne mit einer Bürgersfrau berichtet. Ob in diesem Falle eine Verurteilung stattfand, wissen wir nicht.

Hinsichtlich der wachsenden Verfolgung missliebiger Personen unterscheidet sich die spätmittelalterliche Schweiz kaum von anderen westeuropäischen Gebieten. Auffällig ist höchstens, dass die eidgenössischen Obrigkeiten gemeinsam und planmässig ihre Vorstellungen von Recht sowie Ordnung durchzusetzen versuchten. Immer häufiger verordnete die Tagsatzung die Ausweisung von Bettlern, Landstreichern und Fahrenden. Diese Massnahmen zeigen, dass sich das lose Bündnis verschiedener Orte zu einem Gemeinwesen entwickelt hatte, das in rechtlichen und politischen Angelegenheiten als Ganzes handelte (vgl. S.168 f.). Die Kehrseite dieser wachsenden institutionellen Verdichtung bestand in der Ausgrenzung derjenigen Menschen, die nicht mehr unbehelligt im Gebiet der Eidgenossen leben durften.

Menschen jüdischen Glaubens in der Schweiz – Geschichte einer Minderheit

Von den ersten urkundlichen Erwähnungen bis zu den Judenmorden von 1348/49

Zusammen mit den römischen Legionen siedelten sich Menschen jüdischen Glaubens vermutlich im 3. und 4. Jahrhundert im Gebiet der Schweiz an. Erstmals erwähnt werden sie in den Gesetzen des Königreichs Burgund (vgl. S. 27 f. und 30 f.) um 500 n. Chr. Der entsprechende Abschnitt führt die harten Strafen auf, die ein «Iudaeus» gewärtigen musste, wenn er einen «Christianus» körperlich angriff: Abhauen der Hand, Bezahlung einer hohen Busse oder sogar die Hinrichtung, wenn ein Priester betroffen war. Ein entsprechender Paragraf, der Tätlichkeiten gegen Juden bestraft, fehlt dagegen.

Worin lag der Unterschied zwischen den beiden Religionsgemeinschaften? Die Juden anerkannten Jesus von Nazareth nicht als Messias und Gottessohn und demzufolge auch nicht das Neue Testament als Evangelium, als Verkündigung Gottes. Bei den Juden gab es überdies keinen eigenen Priesterstand. Die Rabbiner waren Laien, welche die im **Talmud** überlieferten Gesetze genau kannten und auf eine sich ständig verändernde Wirklichkeit anwandten. Als Gemeindevorsteher überwachten sie nicht nur die Einhaltung der religiösen Regeln, sondern amteten auch als Richter und Notare.

Abgesehen von der erwähnten burgundischen Gesetzessammlung, haben sich bis zum 12. Jahrhundert keine Quellen zu den im Gebiet der heutigen Schweiz lebenden Juden erhalten. Es ist aber anzunehmen, dass sich die Lebensverhältnisse der Israeliten ähnlich entwickelten wie im übrigen Europa. Ursprünglich waren die «Iudaei» den römischen Bürgern in rechtlicher und politischer Hinsicht gleich gestellt. Im 4. Jahrhundert wurde das Christentum aber zur römischen Staatsreligion. Die Missionierung Europas und der wachsende Einfluss der römischen Kirche führten dazu, dass den Israeliten eine Sonderstellung eingeräumt wurde. Unter Karl dem Grossen (742 bis 814) und seinen Nachfolgern standen die Juden unter dem Schutz des Kaisers, der ihnen Leben, Eigentum, freie Religionsausübung und Handelsprivilegien zusicherte; gleichzeitig mussten sie aber eine Abgabe an den Herrscher entrichten. Bis zum Ende des 11. Jahrhunderts lebten Israeliten und Christen im Allgemeinen problemlos zusammen; vereinzelt sind sogar Übertritte von Christen zum jüdischen Glauben und umgekehrt belegt.

Diese Situation veränderte sich im Jahre 1096. Die von der Kreuzzugspropaganda aufgepeitschten Heerhaufen, welche zur Befreiung Jerusalems aufbrachen, wandten sich zuerst gegen die israelitischen Gemeinden und stellten sie vor die Alternative «Tod oder Taufe»; ganze Gemeinden bezahlten ihre Glaubenstreue mit dem Tod.

Israeliten, Hebräer, Juden

«Israel» und davon abgeleitet «Israeliten» sind im Alten Testament die häufigsten Eigenbezeichnungen für diejenigen Menschen, die an eine gemeinsame Abstammung von Abraham, an das von Jahwe verheissene Land Israel und an die **Thora** glauben. Bereits um 1200 v. Chr. wird auch in einer ägyptischen Inschrift «Israel» erwähnt. Vereinzelt findet sich ebenfalls der Name «Hebräer». Die Bezeichnung «Juden» – abgeleitet vom israelischen Stamm Juda, der unter König David (1006–966 v. Chr.) im südlichen Teil Palästinas ein Königreich errichtete – erscheint später, setzte sich aber während der Römerzeit, im Mittelalter und in der frühen Neuzeit durch. Die seit dem 11. Jahrhundert wachsende Feindseligkeit der Christen verlieh der Bezeichnung «Juden» allerdings eine abwertende Bedeutung. Die im 19. Jahrhundert gegründeten jüdischen Vereine in der Schweiz wählten deshalb die ältere, unbelastete Bezeichnung «Israeliten», wie sie in Frankreich seit der Französischen Revolution üblich geworden war.
Dies änderte sich mit der Gründung des Staates Israel im Jahre 1948. Um eine Verwechslung von Staatszugehörigkeit und Religion zu vermeiden, bezeichnen sich Schweizerinnen und Schweizer jüdischen Glaubens deshalb heute wieder als «Jüdinnen» und «Juden», wenn von ihrer Konfession die Rede ist. Im vorliegenden Längsschnitt werden «Juden» und «Israeliten» als gleichwertige Bezeichnungen verwendet.

Aber nicht bloss die Kreuzzüge beeinträchtigten das Verhältnis zwischen Israeliten und Christen. Der wirtschaftliche Aufschwung im 11. und 12. Jahrhundert und das Aufkommen der Städte veränderten das Wirtschaftsleben und die sozialen Verhältnisse grundlegend: Geld- und Kreditwirtschaft breiteten sich aus. Gleichzeitig verschärfte die Kirche aber das Verbot, Geld gegen Zins auszuleihen. Die städtischen Obrigkeiten, welche für den Aufbau ihres Gemeinwesens und das Funktionieren des Marktes dennoch flüssiges Geld benötigten, erlaubten deshalb christlichen Geldhändlern, vor allem aber auch den Israeliten, sich innerhalb der Mauern anzusiedeln. Die so genannten «Freiheitsbriefe» für einzelne jüdische Familien enthielten meistens die gleichen Bestimmungen: Gegen festgesetzte Abgaben genossen die Israeliten den Schutz der städtischen Obrigkeit für eine bestimmte Zeitspanne. In weiteren Bestimmungen wurden ihre Gerichtsbarkeit, die freie Ausübung ihrer Religion und ihrer religiösen Bräuche gesetzlich geregelt. Hinzu kam die «Erlaubnis», Geld gegen ein Pfand auszuleihen. In Wirklichkeit handelte es sich für die Juden um eine unangenehme Pflicht, denn auch die **Thora** verbot den Israeliten eine Kreditvergabe gegen Zins und erlaubte sie höchstens gegenüber Nichtjuden. Damit eröffnete sich ein Teufelskreis: Die wirtschaftliche Tätigkeit der Juden wurde auf den Geldverleih eingeschränkt, wodurch sie den Hass der Schuldner auf sich zogen, was wiederum die gesellschaftliche Ächtung der Juden verstärkte. Seit dem 4. Laterankonzil (1215) verlangte die Kirche überdies, dass die Juden sich durch ein äusseres Zeichen von den Christen unterscheiden sollten, eine Massnahme, welche die wachsende Ausgrenzung für alle sichtbar machte.

Israeliten im Gebiet der heutigen Schweiz lassen sich seit dem Beginn des 13. Jahrhunderts urkundlich nachweisen, zum ersten Mal in Basel. Im Verlauf des 13. Jahrhunderts mehren sich die Belege für ihre Anwesenheit, vor allem auch in der Westschweiz, wo das Haus Savoyen aus wirtschaftlichen Interessen die Ansiedlung von Juden förderte. Organisierte Gemeinden gab es unter anderem in Basel, Zürich, Bern, Luzern und in der Westschweiz. Jüdische Friedhöfe sind in den ersten drei Städten nachgewiesen, Synagogen bestanden nur in Basel und Zürich.

In der ersten Hälfte des 14. Jahrhunderts gab es zumindest in der Oberschicht noch enge Beziehungen zwischen Juden und Christen. So befinden sich in der so genannten «Manesse»-Handschrift (vgl. S. 91) sechs Lieder und ein Bild des jüdischen Minnesängers Süsskind von Trimberg. Die Teilnahme der jüdischen Einwohnerschaft am damaligen

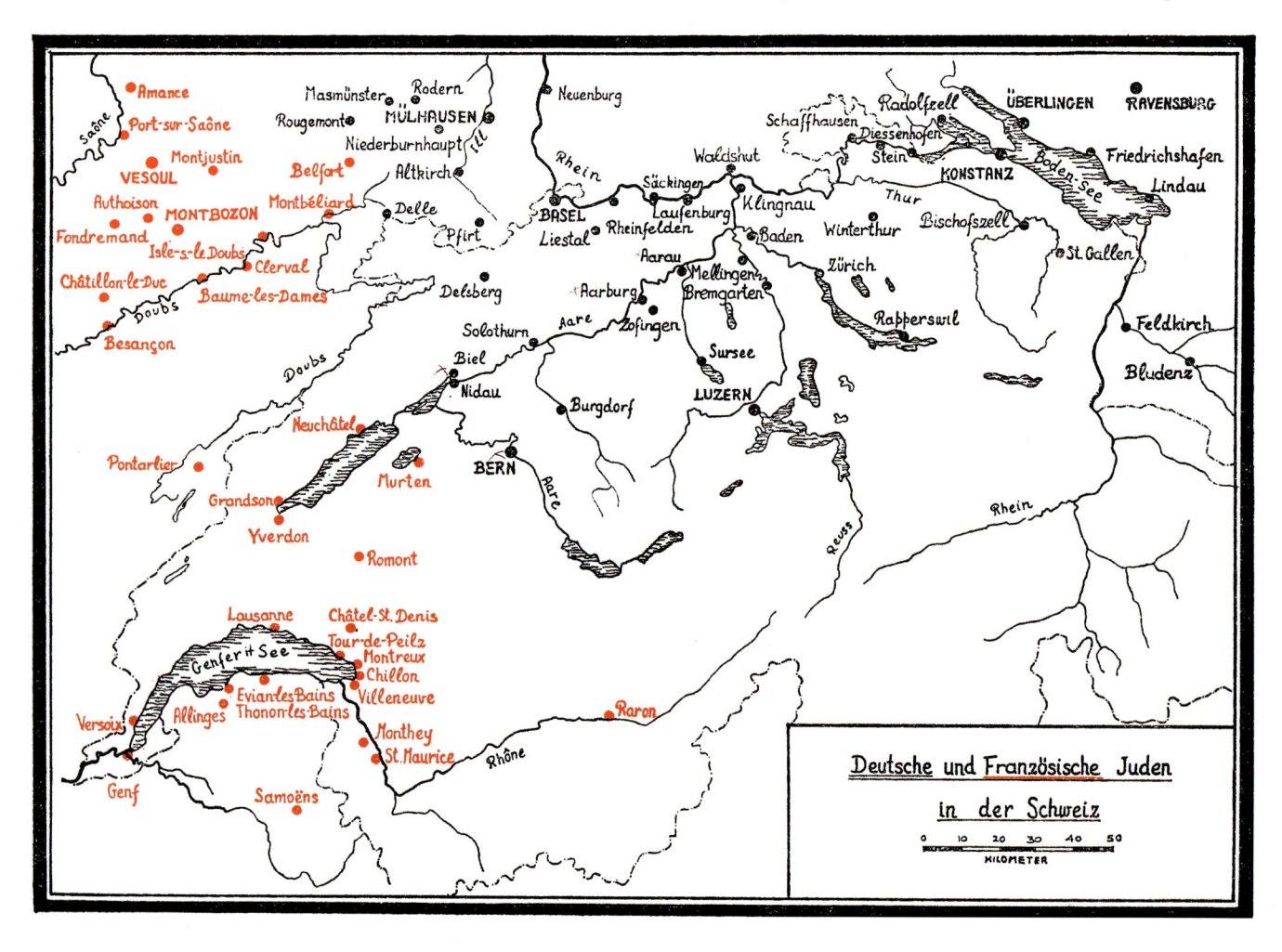

Jüdische Gemeinden in der Schweiz bis 1348 (Karte aus der Germania Judaica, 2. Band)

Liebe über die religiösen Grenzen hinweg

Obwohl streng verboten, kam es auch zu Liebesbeziehungen zwischen Angehörigen der beiden Religionsgemeinschaften. So hatte die Christin Elli Meyerin, die bei einer Zürcher Jüdin, der «Israhelin», als Magd arbeitete, mit Seligmann, dem Sohn ihrer Herrin, ein Verhältnis, dem zwei Knaben entstammten. Seligmann bezahlte für seine Söhne, die christlich erzogen wurden, ein Unterhaltsgeld und weihte den Paten der Meyerin, Peter Wichtelmann, in das Geheimnis seiner Liebschaft mit Elli ein. Zwar kam die ganze Angelegenheit an die Öffentlichkeit, aber die Aussagen vor Gericht zeigen, dass die «Israhelin» ihren Sohn in seiner Sorge um die Kinder unterstützte und dass sowohl Seligmann als auch Wichtelmann in ihren Geständnissen sorgfältig darauf achteten, sich gegenseitig nicht zu belasten. Die Strafe fiel für alle Beteiligten drastisch aus: Seligmann musste eine hohe Busse zahlen, durfte indessen in Zürich bleiben. Elli Meyerin wurde dagegen auf einen Karren gesetzt, mit blossen Armen und offenem Haar, das von einem Judenhut bedeckt war. Peter Wichtelmann, ebenfalls eine jüdische Kopfbedeckung tragend, musste den Karren ziehen. Die Fahrt ging, von Hörnerschall begleitet, durch die Stadt und aus dem Tor hinaus, und Elli Meyerin durfte nie mehr nach Zürich zurückkehren.

kulturellen Leben Zürichs zeigen die Wandmalereien im Haus von Frau «Minne» und ihrer Söhne Moses und Mordechai ben Menachem. Sie zeigen höfische Themen, unter anderem eine ausgelassene Tanzszene und eine Falkenjagd. Die Bilder werden von über 80 Wappen angesehener Adelsgeschlechter, die mit Frau «Minne» und ihren Söhnen vermutlich in Beziehung standen, eingerahmt; die Namen der edlen Geschlechter sind auf Hebräisch wiedergegeben.

Trotz dieser Kontakte verschlechterte sich die Lage der Juden seit dem Beginn des 14. Jahrhunderts zusehends. Sie wurden aus dem ihnen auferlegten Geldleihgeschäft verdrängt, denn christliche Geldgeber aus Italien und Frankreich – verallgemeinernd als «Lombarden» und «Kawertschen» (nach der Stadt Cahors) bezeichnet – hatten Wege gefunden, das Zinsverbot der Kirche zu umgehen: Sie verlangten beispielsweise für geliehenes Geld nicht Zinsen, sondern eine «Risikoprämie», die bereits nach kurzer Zeit fällig wurde. Die Israeliten wurden jetzt für Geldgeschäfte weniger benötigt und waren zu unliebsamen Konkurrenten geworden, die man von den grossen Finanzgeschäften fernhielt. Den jüdischen Geldleihern verblieb nur noch der Kleinkreditmarkt, der wenig Gewinn abwarf, ihnen aber die Feindschaft der ärmeren christlichen Bevölkerung eintrug.

Um sich ihrer finanziellen Verpflichtungen zu entledigen, griffen die christlichen Schuldner zu Verleumdungen, welche seit der Antike zur Verunglimpfung religiöser Randgruppen dienten. So klagten in den Jahren 1293/1294 die Berner ihre jüdischen Miteinwohner an, ein christliches Kind aus rituellen Gründen ermordet zu haben. Die Berner Juden wurden überfallen, ausgeplündert und ausgewiesen, ihre Geldforderungen für nichtig erklärt und ihr Grundbesitz von der Stadt beschlagnahmt. Sie wandten sich nun an das damalige Oberhaupt des Reichs. Der König trat zwar als Vermittler auf, konnte letztlich aber den Israeliten nicht zu ihrem Recht verhelfen.

Die feindselige Haltung der christlichen Mehrheit schlug unvermittelt in Hass um, als 1348 die ersten Nachrichten einer drohenden

Abbildung des Süsskind von Trimberg aus der Manesse-Handschrift

Pestepidemie eintrafen (vgl. S. 105 f.). Ein Teil der Bevölkerung suchte nach einem Sündenbock und warf den Juden eine «Verschwörung» sowie die Vergiftung der Brunnen vor, obwohl noch kein Pestfall aufgetreten war. Zu diesen Verschwörungsängsten gesellten sich soziale Gegensätze. Adlige und Zünfter forderten in Basel eine Bestrafung der Juden, wiegelten das Volk auf und kritisierten die Zurückhaltung der Obrigkeit; viele Schuldner wollten sich überdies ihrer Verpflichtungen mit Gewalt entledigen. Die Räte von Zürich und Basel, aber auch Herzog Albrecht von Österreich versuchten zuerst – nicht zuletzt aus Interesse an den Judensteuern – die Israeliten zu schützen, mussten aber der Macht der Menge weichen. Von Oktober 1348 bis September 1349 wurden Juden und Jüdinnen systematisch ermordet, zwangsgetauft oder vertrieben. **Pogrome** und Morde sind in zahlreichen Schweizer Ortschaften belegt. Moses ben Menachem aus Zürich, der Sohn von Frau «Minne», und ein Teil seiner Angehörigen verloren ihr Leben, sein Haus mit den prächtigen Wandmalereien kam in den Besitz des Ritterordens der Johanniter. Das Gebäude, welches die Synagoge der Zürcher Juden beherbergt hatte, wurde vom Zürcher Bürgermeister Rudolf Brun zu einem Spottpreis erworben.

Von der zweiten Ansiedlung bis zur endgültigen Vertreibung aus den Städten

Trotz dieser furchtbaren Ereignisse siedelten sich wieder Juden in der Schweiz an. Ihre Lebenssituation blieb aber weiterhin gefährdet. Sie durften kein Handwerk ausüben, es sei denn innerhalb ihrer Gemeinde, und sie konnten auch nicht als Kaufleute Handel treiben, wie dies in früheren Jahrhunderten noch möglich gewesen war; Grundbesitz und eine damit verbundene landwirtschaftliche Tätigkeit waren ihnen weiterhin nicht erlaubt. Als Tätigkeitsfeld blieb ihnen einzig das Kleinkreditgeschäft, die Pfandleihe und der Viehhandel. Da viele Schuldner ihr Pfand nicht einlösen konnten, betätigten sich die israelitischen Gläubiger auch als Trödler. Hohe Achtung genossen die jüdischen Ärzte, die von den Christen häufig konsultiert wurden. Für die christlichen Obrigkeiten bedeutete die jüdische Einwohnerschaft vor allem eine Geldquelle. Dabei wurden die israelitischen Gemeinden meistens als Gesamtheit besteuert, in ähnlicher Weise wie die Städte von den Fürsten. Die Vermögensunterschiede innerhalb der Gemeinden waren allerdings gross. Die wenigen erhaltenen Steuerlisten aus deutschen Städten zeigen, dass die Mehrzahl der Gemeindemitglieder arm war. Einige wenige Familien waren reich; ein jüdischer Mittelstand existierte praktisch nicht.

In den eidgenössischen Städten kam es allerdings nicht zur Bildung von abgeschlossenen Quartieren für die Juden, so genannten Ghettos. Juden und Christen lebten in direkter Nachbarschaft, und trotz der vielen Gesetze, Erlasse und Verbote gab es durchaus enge Beziehungen zwischen Israeliten und Christen. Jüdische Familien in Basel hatten christliche Bedienstete, und getaufte Israelitinnen waren als Wahrsagerinnen beliebt. In Zürich tanzten Christen mit Juden gemeinsam auf einer jüdischen Hochzeit, wurden anschliessend aber gebüsst. Bei Streitigkeiten und Schlägereien zwischen zwei verfeindeten jüdischen Familien diente der Zürcher Rat als vermittelnde Instanz und regelte sogar das Vorsingen in der Synagoge. Der städtische Rat schützte «seine» Juden auch gegen auswärtige Forderungen.

Im 14. und 15. Jahrhundert hatten viele städtische Obrigkeiten das kirchliche Zinsverbot aufgehoben und Geldgeschäfte offiziell als nicht ehrenrührig bezeichnet. Die Christen übernahmen nun endgültig das Geschäft des Geldverleihens, und im Gegenzug wurden die

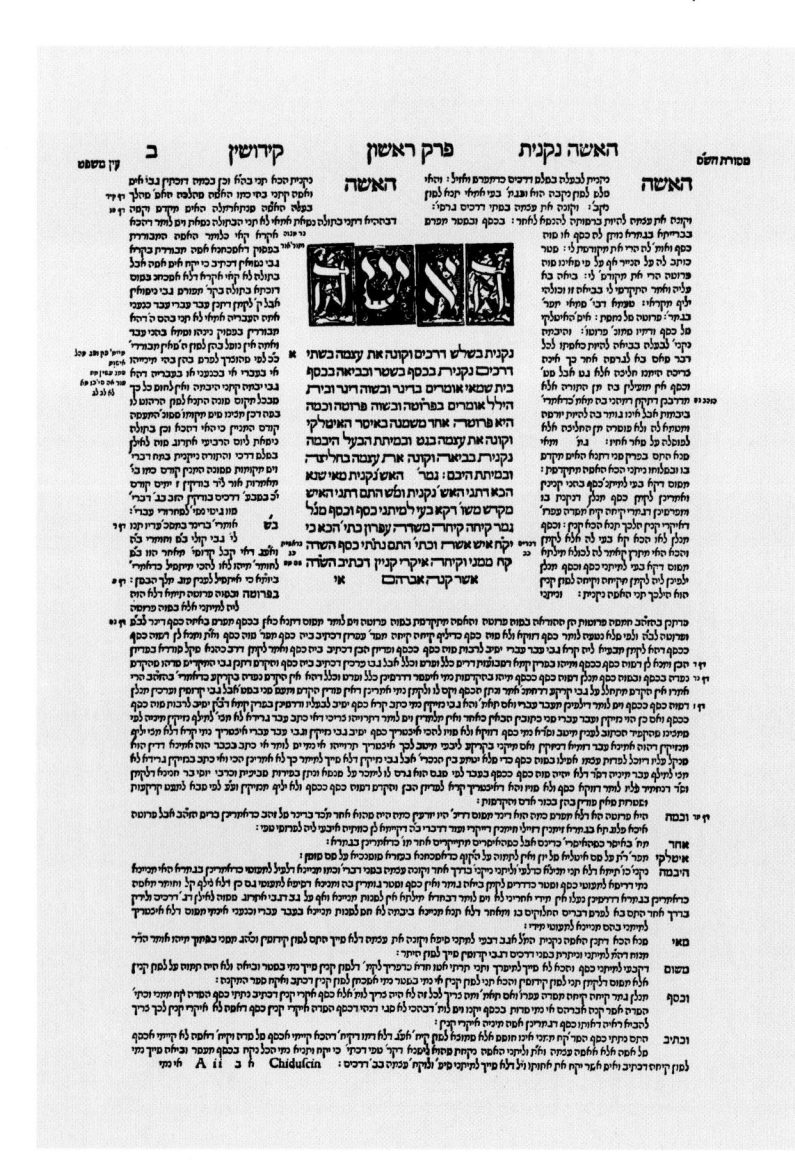

Längsschnitt

Eine Seite aus dem Basler Talmud

Israeliten aus den Städten verwiesen. 1493 beschloss auch die **Tagsatzung** (vgl. S. 146), die Juden in der Eidgenossenschaft nicht mehr zu dulden. Die Ausnahmen bildeten jüdische Ärzte, denen vereinzelt der Aufenthalt in den Städten erlaubt war. Israeliten wurden fortan nur noch in einzelnen Landgemeinden – zum Beispiel Dornach im Kanton Solothurn sowie Allschwil im Fürstbistum Basel – oder in den «**Gemeinen Herrschaften**» geduldet, wo nach der Reformation auch Katholiken und Protestanten im gleichen Dorf zusammenlebten oder sogar die gleiche Kirche benutzten (vgl. S. 174). Diese «Landjuden» wurden aber immer wieder ausgewiesen und vertrieben; nur in der Herrschaft Baden konnten jüdische Gemeinden über mehrere Jahrhunderte weiterbestehen.

Einzig im Bereich des Buchwesens spielte die jüdische Kultur noch eine gewisse Rolle. So erschien in Basel bei Froben in den Jahren 1578–1580 eine Edition des **Talmuds**, die für viele spätere Ausgaben richtungweisend war. Das Werk umfasste sechs Folianten und enthielt über 30 Millionen Buchstaben. Die Korrektur lasen Juden aus dem nahen Elsass und den bischöflichen Untertanengebieten, wo sie geduldet waren. 1602 wurde in Basel zum ersten Mal das «Maasse-Buch», eine Sammlung von Fabeln und Geschichten in jiddischer Sprache, gedruckt. Zwischen Herausgebern, Verlegern und Korrektoren bestanden freundschaftliche Beziehungen. Um 1600 nahm Johannes Buxtorf, Hebraist und Rektor der Universität Basel, an der Beschneidungsfeier des neugeborenen Sohnes von Abraham Brunschwig, der die hebräischen Drucke betreute, teil. Einen derart vertraulichen Umgang duldete die städtische Obrigkeit nicht. Beide wurden mit einer hohen Busse belegt, und Brunschwig wurde aus der Stadt gewiesen.

Jüdische Gemeinden im Aargau

Einzig die jüdischen Gemeinden in der Grafschaft Baden (Aargau) konnten über zweihundert Jahre lang bestehen. In Lengnau und Endingen sind seit 1633 respektive 1678 jüdische Glaubensgemeinschaften belegt. Ein teuer bezahlter «Schutz- und Schirmbrief», der alle 16 Jahre erneuert werden musste, gewährte den Israeliten eine gewisse Sicherheit. Sie unterstanden als «fremde Schutzgenossen» den Landvögten, welche zur Verwaltung der «Gemeinen Herrschaft» von den einzelnen Orten nach Baden bestellt wurden. Trotz dieser obrigkeitlichen Duldung blieb das Leben für Menschen jüdischen Glaubens beschwerlich, und ihre aargauischen Gemeinden mussten sich in einer weiterhin feindlichen Umwelt behaupten. Aufgrund der seit dem

Eigenes und Fremdes vereint – ein Kinderlied

Wie sehr die jüdischen Gemeinden im Aargau mit ihrer Umgebung verbunden waren, zeigt die jiddische Version eines Kinderliedes, das den Kindern in Lengnau und Endingen vorgesungen wurde:

«Reite, reite Ressle!
z Bade stejt e Schlessle,
z Klingle [Klingnau] stejt e Wertshaus,
luged drei Melóchem [Engel] raus:
Der aant tut ore [beten],
der ander lernt Gemore [Talmud],
der dritt macht s Tirle-n-uf
und werft dem ... [Name des Kindes] en Haufe Nuss.»

Mittelalter bestehenden Vorschriften konnten sich die Israeliten einzig im Markthandel, im Hausierergeschäft und im Viehhandel betätigen. Bei Reisen mussten sie bis ins 19. Jahrhundert einen Leibzoll bezahlen, der sie mit Tieren und Waren gleichsetzte; hinzu kamen höhere Zölle auf Waren und Vieh, die von ihnen gehandelt wurden. Der grösste Teil der Juden in Lengnau und Oberendingen lebte in «Armut und Bedrückung», wie ein Zürcher Pfarrer in einer Reisebeschreibung aus den Jahren 1786 und 1794 berichtete. Gleichzeitig fielen ihm der hohe Stand der Schulbildung, die damit verbundene Fürsorge für die Kinder sowie der **jiddische** Dialekt auf.

Aufklärung und Emanzipation

Bis ins 18. Jahrhundert beruhte die Judenfeindschaft der Christen vor allem auf religiösen Motiven, welche zu einer starken wirtschaftlichen und sozialen Diskriminierung führten und diese rechtfertigten. Mit der Aufklärung verlor die Religion als Orientierungsrahmen an Bedeutung, und die Benachteiligung der israelitischen Einwohnerschaft widersprach den Menschenrechten. Aufgeklärte Bürger suchten nun den Kontakt mit jüdischen Gelehrten. So lud Isaak Iselin (1728–1782), Basler Ratsschreiber und Literat, den Berliner Philosophen Moses Mendelssohn (1729–1786) im Jahre 1762 ein, der Patriotischen Gesellschaft, der «Société des Citoyens», beizutreten. Mendelssohn lehnte die Einladung aber höflich ab, da er sich aufgrund der «bürgerlichen Unterdrückung», der er in Preussen unterworfen war, nicht für fähig hielt, an der Patriotischen Gesellschaft teilzunehmen.

Viele Aufklärer vertraten allerdings nur deswegen eine tolerante Haltung, weil sie erwar-

Längsschnitt

teten, dass Jüdinnen und Juden damit eher überzeugt werden konnten, zum Christentum überzutreten. Die Aufklärung, welche die religiösen Bindungen abschwächte, stürzte andererseits viele Menschen jüdischen Glaubens in einen Zwiespalt: Sollten sie weiterhin am traditionellen Glauben und an der damit verbundenen Lebensweise festhalten, welche während Jahrhunderten die jüdische Identität gewährleistet hatten? Die Antwort fiel verschieden aus. Einige Jüdinnen und Juden traten zum Christentum über. Andere wählten die so genannte «Assimilation» und pflegten ihre Religion nur noch in weniger strenger Form und im privaten Kreis. Ein Teil blieb schliesslich dem Glauben der Vorfahren treu und lebte weiterhin nach den Gesetzen des **Talmuds**.

In der Schweiz änderte sich die rechtliche Stellung der Juden und Jüdinnen während der Helvetik (vgl. S. 238 ff.). Nach dem Zusammenbruch der alten Eidgenossenschaft erhielten die in der Schweiz – vor allem im Aargau – lebenden Juden im Jahre 1798 die Aufhebung der Sonderabgaben zugestanden. In der Folge erlangten sie vorübergehend die Niederlassungsfreiheit und die Erlaubnis, ein Gewerbe frei auszuüben und Liegenschaften zu erwerben. Dennoch kamen die Juden nicht in den Genuss aller Bürgerrechte, und 1809 wurden ihnen die meisten der zugestandenen Rechte wieder entzogen. Während der Restauration und der Regeneration verbesserte sich die rechtliche Stellung der Juden nicht, und auch die Bundesverfassung von 1848 (vgl. S. 270 ff.) enttäuschte die jüdische Einwohnerschaft: Niederlassungsfreiheit, Gleichstellung vor dem Gesetz und im Gerichtsverfahren sowie die freie Ausübung des Gottesdienstes wurden nur den christlichen Schweizerinnen und Schweizern zugestanden. Diese Betonung der Religionszugehörigkeit stand im Widerspruch zum Artikel 4 der damaligen Bundesverfassung, welcher alle Bürger vor dem Gesetz als gleich gestellt erklärte. Da einzelne Kantone den israelitischen Bürgern alle Rechte einräumten, andere wiederum sie den Christen vorbehielten, kam es zu juristischen Konflikten. Zugleich protestierten Frankreich, die Vereinigten Staaten und Grossbritannien dagegen, dass ihren jüdischen Staatsangehörigen in der Schweiz die Niederlassung verwehrt wurde. Da der Bund den Israeliten die bürgerlichen Rechte nicht mehr vorenthalten wollte, einzelne Kantone sich aber immer noch dagegen sträubten, kam es zu einer Pattsituation, die erst durch eine auswärtige Intervention gelöst werden konnte. 1863 weigerten sich die Niederlande und Frankreich, mit der Schweiz einen Handels- und Niederlassungsvertrag zu schliessen, da die Juden immer noch rechtlich benachteiligt seien. In der Teilrevision der Bundesverfassung von 1866 wurden die freie Niederlassung, die Gleichheit vor dem Gesetz und im Gerichtsverfahren allen Personen zugesprochen, ungeachtet ihres religiösen Bekenntnisses; bei der Totalrevision von 1874 kamen noch die Glaubens- und die Gewissensfreiheit hinzu. Dennoch waren einzelne Kantone noch längere Zeit nicht bereit, die Bundesgesetze in ihrem Hoheitsgebiet vollumfänglich anzuwenden.

Die Schweiz war eines der letzten Länder Europas, die ihren jüdischen Bürgern die Gleichberechtigung gewährten. Zudem wurde das Grundrecht der Kultusfreiheit bereits 1893 wieder eingeschränkt, indem ein neu aufgenommener Artikel der Bundesverfassung das **Schächten** verbot. Die Gründung des «Schweizerischen Israelitischen Gemeindebunds» im Jahre 1904 geschah unter anderem in der Absicht, das Schächtverbot aufzuheben, allerdings bis heute ohne Erfolg. Trotz der verzögerten Emanzipation erfolgte seit der Wende zum 19. Jahrhundert eine Reihe von Neugründungen jüdischer Gemeinden. Juden aus dem Elsass und dem Vorarlbergischen siedelten sich in der Schweiz an, vornehmlich in den Städten; das frühere «Landjudentum» verschwand weitgehend. Die Gemeinden entwickelten sich nun zu rechtlich verfassten

«Synagoge mit der Turmuhr» in Endingen

Israelitischer Turnverein

Körperschaften mit entsprechender Organisation; die im Judentum traditionelle Wohltätigkeit samt den entsprechenden Einrichtungen für Arme und Kranke, Witwen und Waisen wurde institutionalisiert. Im aargauischen Endingen, aber auch in den grossen Städten wurden neue Synagogen gebaut, so 1868 in Basel, 1884 in Zürich und 1910 in Lausanne; dabei kam ein eigener, orientalisierender Architekturstil zur Anwendung.

Die Emanzipation ermöglichte es den Juden, Berufe zu ergreifen, die ihnen früher verwehrt worden waren. Anfänglich geschah dies in Erwerbszweigen, die eine Nähe zur früheren Hausierertätigkeit aufwiesen; viele arbeiteten im Textilgewerbe oder gründeten Warenhäuser. Gleichzeitig waren jüdische Schweizer aber auch am Aufbau typisch schweizerischer Industrien beteiligt, nämlich an der Stickereiindustrie in der Ostschweiz und der Uhrenindustrie in der Westschweiz. Andere wählten freie Berufe und arbeiteten als Ärzte oder Advokaten, oder sie behielten die frühere Tätigkeit als Viehhändler bei.

Von 1890 bis zum Ersten Weltkrieg wanderten etwa vier- bis fünftausend Israeliten aus dem zaristischen Russland und Polen, wo sie durch **Pogrome** bedroht wurden, in die Schweiz ein. Unter den osteuropäischen Juden befand sich eine grosse Anzahl jüdischer Handwerker, vor allem Schneider, Schuster und Bäcker; es handelte sich dabei um Gewerbe, welche es bei den Schweizer Juden aufgrund der früheren Berufsverbote kaum gab.
Die Ankunft der osteuropäischen jüdischen Familien beeinflusste auch das religiöse Leben der hiesigen Gemeinden, denn die so genannten «Ostjuden» pflegten noch eine traditionelle Lebensweise mit einer strengeren Auslegung der **Thora**. Demgegenüber hatte sich ein Teil der hiesigen Juden stärker ihrer christlichen Umgebung angepasst: Die Rabbiner trugen eine Amtstracht, die den reformierten Geistlichen nachgeahmt war, und in einigen Synagogen wurde Orgel gespielt. Die Konflikte zwischen «Ostjuden» und «assimilierten Juden», die auch in den übrigen westeuropäischen Ländern stattfanden, führten zur Bildung religiöser Gesellschaften, die an der traditionellen Lebensweise festhalten wollten, wie beispielsweise die 1912 gegründete «Agudas Achim» («Vereinigung von Brüdern») in Zürich.

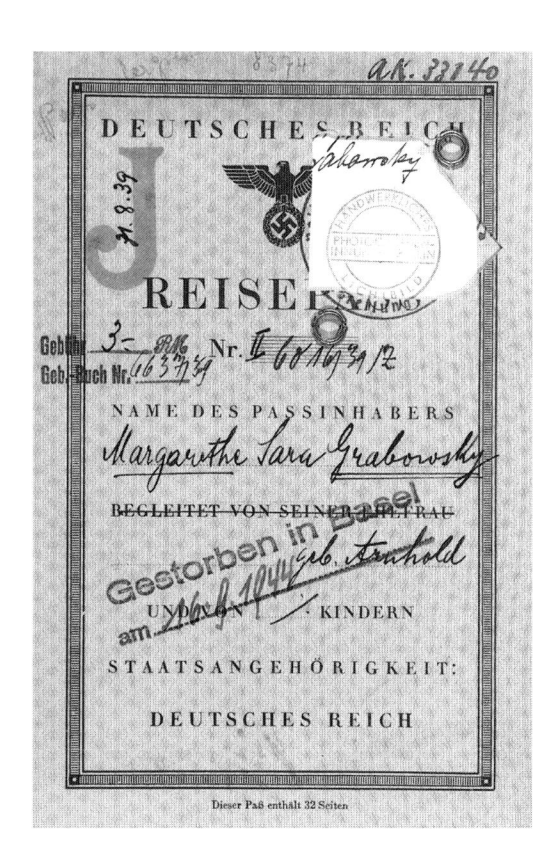

Da die Schweiz die Einreise jüdischer Deutscher und Österreicher verhindern wollte, einigte sie sich mit dem Deutschen Reich 1938, dass dieses die Pässe von Juden mit einem «J»-Stempel kennzeichnete, so dass sie von schweizerischen Grenzbeamten erkannt und zurückgewiesen werden konnten. Die Besitzerin dieses Passes konnte offenbar dennoch in die Schweiz übersiedeln (vgl. S. 336).

Antisemitismus in der Schweiz

Die Aufklärung und die Ideen der Französischen Revolution hatten zwar der religiös motivierten Judenfeindschaft den Boden entzogen und den Juden die Emanzipation gebracht. Gleichzeitig war das 19. Jahrhundert aber auch das Zeitalter, in dem die modernen Nationalstaaten entstanden. Viele Nationen versuchten, ihre Existenz durch eine möglichst weit zurückreichende, mythische Geschichte zu legitimieren, wobei einzelne «Völker» geradewegs zu «Schicksalsgemeinschaften» erklärt wurden. Für die nationale Zugehörigkeit wurden häufig Sprache, Herkunft oder eine gemeinsame Vergangenheit – beispielsweise die Eidgenossenschaft – als Kriterien herangezogen, was implizit die Menschen jüdischen Glaubens ausgrenzte. Hinzu kam die Übertragung von Darwins Rassenbegriff, der aus seiner Evolutionslehre herausgelöst wurde, auf die Menschheitsgeschichte. «Rasse» galt nun in pseudowissenschaftlicher Weise als das Gleiche wie «Volk». Wenn «Rassen» aber die Träger der geschichtlichen Entwicklung sein sollten, dann war die Zugehörigkeit zu einem Volk, einer Nation oder einem Staat eine biologische Tatsache und deshalb unveränderlich. Damit war die Grundlage für den modernen, rassistischen «Antisemitismus» gelegt. Das Wort tauchte in Deutschland nach 1870 auf und entwickelte sich schnell zum politischen Schlagwort.

Antisemitismus tritt in der Schweiz – wie im übrigen Europa – im 19. und 20. Jahrhundert in den verschiedensten Formen auf.
Zu der weiterhin bestehenden, religiös begründeten Feindschaft traten in den Jahren von 1900 bis zum Zweiten Weltkrieg auch rassistische Äusserungen hinzu. Auslöser war die unstabile Wirtschaftslage, was die Suche nach «Sündenböcken» förderte. So sah sich der Einzelhandel, der sich in einer Krise befand, durch Warenhäuser bedroht, die von jüdischen Schweizern betrieben wurden. Erfolg und sozialer Aufstieg jüdischer Familien im Textilgewerbe, in der Uhrenindustrie, im Handel sowie in freien Berufen (Ärzte, Anwälte) riefen die Missgunst der christlichen Konkurrenten hervor und führten zu antisemitischen Äusserungen. Auf politischer Ebene blieb ein Misstrauen gegenüber den als «unschweizerisch» eingestuften Bürgern israelitischen Glaubens bestehen. Dabei wurde die Tatsache, dass die Juden immer eine kleine Minderheit bildeten – ihr Anteil an der Gesamtbevölkerung überstieg nie 0,55 Prozent –, übersehen. Gegenüber den «Ostjuden» wurden gar rassistische Äusserungen laut: Sie galten als «fremdes Volk» und – abwechslungsweise – als Handlanger von Bolschewismus oder Kapitalismus. Der Antisemitismus trat in der Schweiz zu diesem Zeitpunkt vor allem im bürgerlichen Milieu, im Mittelstand und bei konservativen Intellektuellen auf; die Sozialdemokraten unterstützten dagegen die Anliegen der jüdischen Einwohnerschaft.

Nach dem Ersten Weltkrieg nahm der Antisemitismus zu. Besonders aggressiv vertraten ihn die in den Dreissigerjahren auf-

Menschen an der Grenze

tretenden «Fronten» (vgl. S. 314 ff.). Höhepunkt der antisemitischen Propaganda war die Verteilung der so genannten «Protokolle der Weisen von Zion», die angeblich die Errichtung einer jüdischen Weltherrschaft beabsichtigten. In einem Prozess konnten die Frontisten die Echtheit der «Protokolle» nicht beweisen, vielmehr wurde während der Gerichtsverhandlung klar, dass es sich um eine plumpe Fälschung handelte.

Nach dem «Anschluss» Österreichs im Jahre 1938 versuchten viele israelitische Familien aus Osteuropa in den Westen, häufig auch in die Schweiz, zu fliehen. Die Haltung der schweizerischen Regierung waren ausgesprochen restriktiv (vgl. S. 335 ff.), was sich auch während des Zweiten Weltkriegs nicht änderte. Bei den schweizerischen Behörden herrschte die Überzeugung, die Schweiz müsse vor einer jüdischen «Überfremdung» geschützt werden. Der Schweizerische Israelitische Gemeindebund befand sich in einer schwierigen Lage. Einerseits wollte er die bedrohten ausländischen Juden retten, andererseits wurde er von den politischen Behörden regelmässig mit dem Argument eingeschüchtert, dass ein mutiges Eintreten für die jüdischen Flüchtlinge nur den vorhandenen Antisemitismus der Schweizer Bevölkerung anstachle. Bis nach dem Zweiten Weltkrieg versuchte der Israelitische Gemeindebund deshalb, einen Mittelweg zwischen vorsichtiger Zurückhaltung und entschiedenem Einfordern der Menschenrechte einzuschlagen. Er unternahm alles, um das Leben jüdischer Menschen zu retten, aber er musste auch den Behörden entgegenkommen, indem er eine Politik der «Weiterwanderung» befürwortete: Die in die Schweiz geflüchteten Juden und Jüdinnen sollten sich hier nicht ansiedeln, sondern für die Ausreise in ein sicheres Land vorbereitet werden. Die jüdischen Organisationen der Schweiz mit ihren vergleichsmässig geringen Mitgliederzahlen standen seit 1938 zudem unter ökonomischem Druck, denn die Schweizer Behörden erwarteten von ihnen, dass sie allein den Aufenthalt der jüdischen Flüchtlinge in der Schweiz bezahlen sollten. Trotz der schweren finanziellen Belastung übernahmen die jüdischen Schweizerinnen und Schweizer einen grossen Teil der Aufwendungen, um die Emigranten zu betreuen; hinzu kamen Unterstützungszahlungen von jüdischen Hilfsorganisationen in Amerika. Erst Mitte März 1943 war der Bund bereit, sich – rückwirkend auf den 1. August 1942 – an den Kosten zu beteiligen; von 1939 bis 1942 hatten die jüdischen Hilfsorganisationen zwei Drittel der Kosten getragen.

Von der Nachkriegszeit zur Gegenwart

Die Nachkriegszeit brachte den jüdischen Schweizerinnen und Schweizern in verschiedenen Bereichen eine Verbesserung ihrer Stellung. So wurden in einzelnen Kantonen die israelitischen Gemeinden als öffentlichrechtliche Institutionen anerkannt und den Landeskirchen gleich gestellt. Das Eidgenössische Militärdepartement erliess seinerseits 1979 eine «Feiertagsverordnung», welche die religiösen Pflichten der jüdischen Wehrmänner respektierte. 1994 wurde trotz Referendum das Antirassismus-Gesetz angenommen, welches antisemitische Äusserungen und die Leugnung historischer Tatsachen – beispielsweise der Konzentrationslager – unter Strafe stellt. Der schwindende Einfluss der Kirchen entzog der religiös begründeten Judenfeindschaft ihre Grundlage; ein Wiederaufleben des rassistischen Antisemitismus nach dem Zusammenbruch des Nationalsozialismus schien lange Zeit undenkbar. Einzig die Konflikte zwischen dem 1948 gegründeten Staat Israel und der palästinensischen Bevölkerung belasteten zeitweise das Verhältnis zwischen jüdischen und nichtjüdischen Schweizern. Nach dem Sechstagekrieg von 1967 übten vor allem die schweizerischen Linksparteien Kritik an der israelischen Politik.

1996 zeigte es sich allerdings, dass die vordergründig guten Beziehungen zwischen der jüdischen und der nichtjüdischen Einwohnerschaft der Schweiz eine Reihe von ungelösten Problemen verdeckten. Als nach dem Zweiten Weltkrieg einzelne Nachfahren jüdischer Menschen, die während des Dritten Reichs ermordet worden waren, bei schweizerischen Bankinstituten nachfragten, ob sich noch Vermögenswerte der Ermordeten bei ihnen befänden, erhielten sie meistens einen abweisenden Bescheid. Seit 1996 verstärkte sich die internationale Kritik an der abwiegelnden Haltung der Banken, da einerseits Hinweise vorlagen, dass jüdische Personen, welche später ermordet wurden, zuvor Geld in die Schweiz überwiesen hatten, und anderseits die Presse von «nachrichtenlosen» Vermögen auf Schweizer Banken berichtete. Gleichzeitig geriet die Neutralitätspolitik der Schweiz ins Blickfeld der Kritik. Die aus dem öffentlichen Bewusstsein verdrängte Vergangenheit hatte die Schweiz eingeholt. Die innenpolitischen Auseinandersetzungen um die «nachrichtenlosen Vermögen» und allfällige Entschädigungen an die Nachfahren der Opfer der restriktiven schweizerischen Flüchtlingspolitik machten überdies deutlich, dass weiterhin antisemitische Vorurteile in Teilen der schweizerischen Bevölkerung bestehen.

Die Schweiz im Spätmittelalter

Von wechselseitigen Absprachen zu einem Bündnisgeflecht: Die Anfänge der eidgenössischen Bünde

Die müssige Suche nach dem «Geburtsjahr» der Eidgenossenschaft

«In Gottes Namen, Amen». So beginnt die berühmte, «Anfang August 1291» in Latein geschriebene Pergamenturkunde, die heute im Bundesbriefarchiv in Schwyz sorgfältig gehütet wird. Beim Weiterlesen stellen wir allerdings bald fest, dass es sich keinesfalls um die «Geburtsanzeige» der Schweizerischen Eidgenossenschaft handeln kann. Die «Männer (homines) des Tales Uri», die «Gesamtheit (universitas) des Tales Schwyz» und die «Gemeinschaft (communitas) der Talleute (intramontani) des unteren Tales (Nidwalden)» erneuerten nämlich ein bereits bestehendes, älteres Bündnis. Den drei Vertragsparteien ging es darum, Ruhe und Frieden in ihren Gebieten weiterhin zu gewährleisten und die häufigen Fehden und Zwistigkeiten der führenden Familien einzudämmen. Dazu gehörte auch, dass bei Rechtsstreitigkeiten keine auswärtigen Personen richten sollten; solche Appelle an fremde Gerichte dienten nämlich häufig dazu, einen Prozess zu verschleppen. Im Innern der drei Orte blieb die bestehende Ordnung erhalten, ja der Text hält sogar ausdrücklich fest, dass jeder gemäss seinem Stand dem entsprechenden Herrn dienen soll; damit war das Verhältnis des Grundherrn zu seinen Hörigen gemeint. Die Dauer des Vertrags war «ewig», genauer: unbefristet, solange nicht eine Neufassung vorgeschlagen wurde.

In der Urkunde von 1291 ging es also bloss darum, schriftlich festzuhalten, dass die unterzeichnenden Parteien wie früher ihre inneren Konflikte friedlich und selbstbestimmt regeln wollten. Böse österreichische Vögte, Wilhelm Tell, zerstörte Burgen oder gar die Freiheit der Innerschweizer wurden nirgends erwähnt. Einzig die «Arglist der Zeit» soll die drei Vertragspartner veranlasst haben, das alte Bündnis zu erneuern; damit waren vielleicht nicht nur die häufigen Fehden, sondern auch Unruhen im Reich gemeint, die man nach dem Tode König Rudolfs von Habsburg (15. Juli 1291) fürchtete.

Der Bund von 1291 geriet während der folgenden Jahrhunderte in Vergessenheit. Um 1500 wurde der Text der Urkunde in Nidwalden ins Deutsche übersetzt, eine Liedchronik aus den 1530er-Jahren und ein Rechtsdokument aus dem Jahre 1616 erwähnen ihn. 1760 gab der Basler Johann Heinrich Gleser den Text zum ersten Mal im Druck heraus. Die Schulbücher zur Schweizer Geschichte behandelten die Urkunde erst seit dem Ende des 19. Jahrhunderts ausführlicher; 1891 wurde zum ersten Mal auch ein Bundesjubiläum gefeiert. Diejenigen historischen Lehrmittel, die zwischen und nach den beiden Weltkriegen entstanden, massen dem Bund von 1291 auf einmal eine grosse Bedeutung zu. Nun wurde er zur «Gründungsurkunde» der Schweiz, worin bereits vom Selbstbehauptungswillen und der Freiheit der Schweizer die Rede sein sollte.

Seit 1960 beurteilen die historische Forschung, seit 1970 auch die Schulbücher den Inhalt der Urkunde wieder nüchterner. Abgesehen davon, dass im Jahre 1291 bloss ein älteres Bündnis erneuert wurde, kamen ländliche «Eidgenossenschaften» («coniurationes») seit dem Hochmittelalter auch anderswo vor, unter anderem im nördlichen Teil der Niederlande bei den Friesen oder in den Pyrenäen. Sie verfolgten das gleiche Ziel wie der Innerschweizer «Landfriede» von 1291, nämlich Frieden und Recht in einem bestimmten Gebiet zu garantieren; die beteiligten Parteien leisteten dafür einen Eid. Ähnliches unternahmen auch die städtischen Bürger, die sich seit dem Hochmittelalter alljährlich mit einem Schwur verpflichteten, im Falle von Streitigkeiten den Stadtfrieden zu respektieren und nicht zur Waffe zu greifen, sondern das örtliche Gericht anzurufen. Zugleich schlossen sich einzelne Städte zu grossräumigen Landfriedensbündnissen (vgl. S. 69) zusammen. Im Gebiet der heutigen Schweiz tat sich in dieser Hinsicht vor allem Bern hervor, das zusammen mit Murten und Freiburg im Üechtland seit 1243 eine eigene «burgundische Eidgenossenschaft» zu bilden versuchte; später schloss sich Solothurn diesem Bündnissystem an.

Das Siegel Unterwaldens erscheint erstmals auf dem Bundesbrief von 1291. Offenbar galt es aber zunächst nur für Nidwalden, wie die ursprüngliche Umschrift im äusseren Ring «S(igillum) universitatis hominum de Stannes» zeigt. Später erfolgte eine eher unbeholfene Nachgravierung im innern Ring «et vallis sup(er)ioris».

Heute wird auch nicht mehr angenommen, dass das Innerschweizer «Volk» den Bund von 1291 aus glühender Freiheitsliebe stiftete. Es waren vielmehr die angesehenen Familien der drei Orte, die diese «confoederatio» förderten, um die bestehende Ordnung samt ihren Herrschaftsverhältnissen zu bewahren. Wilhelm Tell, der Rütlischwur, der Burgenbruch und die Befreiungssage sind im übrigen Schöpfungen des 15. Jahrhunderts; sie werden an späterer Stelle besprochen (vgl. S. 148 f.).

Unruhige Zeiten in der Innerschweiz

Wenn «Frieden» – und nicht «Freiheit» – das Hauptanliegen der damaligen Bündnisse bildete, so geschah dies aus gutem Grund. Im Reich stritten die Dynastien der Habsburger, der Luxemburger und der bayrischen Wittelsbacher um die Oberherrschaft (vgl. S. 101). Die Innerschweizer Orte bemühten sich, aus diesen Rivalitäten Kapital zu schlagen. Sie wollten erneut reichsfrei und damit unabhängig von den Habsburgern werden, was ihnen 1309 dank König Heinrich VII. aus dem Hause Luxemburg auch gelang. Gleichzeitig verschärften sich die jahrelangen, erbitterten *Auseinandersetzungen um Weiderechte* zwischen Schwyz und dem Kloster Einsiedeln. Einerseits weckte der reiche Besitz der Mönche die Begehrlichkeit der Landleute, andererseits repräsentierte das unter habsburgischem Schutz stehende Einsiedeln auch einen weltlichen Konkurrenten; schliesslich könnte auch das hochmittelalterliche Bevölkerungswachstum die Schwyzer dazu bewogen haben, sich neue Weiden und Anbauflächen anzueignen. Dabei gingen sie unzimperlich vor. 1311 beklagte sich der Abt von Einsiedeln beim Bischof von Konstanz, dass die Schwyzer die Weidezäune und Grenzsteine zu ihren Gunsten versetzten, ihre Rinder auf fremden Feldern weiden liessen, Hütten und Strassen auf dem Gebiet des Klosters bauten und dessen Vieh sowie Pferde raubten; sie verprügelten zudem die klösterlichen Amtleute, brächen deren Wohnungen auf und begingen darin «vrefni und heinsůchi». Bei einer Wallfahrt nach Einsiedeln raubten die «lantluite von Switz» sogar die Geldgeschenke, die zuvor Pilger gebracht hatten, und setzten sie in Alkohol um. Der Höhepunkt der Gewalttätigkeiten fand am 6. Januar 1314 statt. Die Schwyzer überfielen in tiefer Nacht das Kloster, nahmen die Mönche gefangen und raubten, was nicht niet- und nagelfest war, auch Kirchenschmuck und Reliquien. Bücher und Pergamente wurden verbrannt. Anschliessend tranken sie den Weinkeller leer und verrichteten ihre Notdurft auf dem Altar. Das Vieh aus den Klosterställen wurde weggetrieben. Die Plünderer führten die Mönche gefesselt mit sich nach Schwyz; erst nach längerer Gefangenschaft erhielten sie wieder die Freiheit.

Die Vorfälle forderten den Habsburger Herzog Leopold I., den Schirmvogt (vgl. S. 69) des Klosters, heraus und veranlassten ihn, gegen die Schwyzer vorzugehen und sie zu bestrafen. Er fühlte sich dazu umso mehr berechtigt, als sein Bruder Friedrich der Schöne sich mit Ludwig dem Bayern um den Königstitel stritt und die räuberischen Schwyzer den bayrischen Wittelsbacher unterstützten. Leopolds Heer wurde aber am 15. November 1315 bei Morgarten geschlagen, und viele Ritter fanden überraschenderweise den Tod. Normalerweise endeten adlige Fehden damit, dass sich einer der Kontrahenten ergab. Er schwor danach bei seiner ritterlichen Ehre, möglichst bald ein Lösegeld beizubringen. Die Schwyzer verhielten sich dagegen gleich wie die anderen Berufskrieger im damaligen Europa. Sie brachten ihre Gegner kurzerhand um, da sie weder an einen ritterlichen Ehrenkodex gebunden waren noch auf seine Einhaltung pochen konnten. Die anderen Eidgenossen gingen in den folgenden Schlachten gleich vor. Wie sehr dies für die Adligen einen Schock bedeutete, erfahren wir bereits im Falle von Morgarten. Der Franziskaner Johannes von Winterthur (um 1302–1348) berichtet, dass Herzog Leopold nach Winterthur zurückkam, «und er schien halbtot vor übermässiger Trauer. Das habe ich als Schulknabe mit eigenen Augen gesehen.»

Im Anschluss an die Schlacht von Morgarten wurde im Dezember 1315 der frühere Bund von 1291 auf Deutsch übersetzt, erneuert und ergänzt. Die Vertreter von Uri, Schwyz und Unterwalden beschlossen: «Keines von unseren Ländern noch irgendeiner von uns soll sich beherren lassen oder irgendeinen Herren nehmen ohne der andern Willen und ohne ihren Rat.» Und sie fügten hinzu: «Wir sind auch darin übereingekommen, dass keines der Länder noch keiner der Eidgenossen einen Eid oder eine Zusage zu den Äusseren tue ohne der andern Länder oder Eidgenossen Rat. Es soll auch keiner unserer Eidgenossen irgendeine Verhandlung mit den Äusseren haben ohne der andern Eidgenossen Rat oder ohne ihre Erlaubnis, solange die Länder unbeherret sind.» Die frühere Friedensordnung wurde also erst jetzt zu einem Bund erweitert, der auch das Verhältnis zu äusseren Mächten berücksichtigte.

Die Schweiz im Spätmittelalter

Städte im Mittelland verbünden sich mit den innerschweizerischen Orten

Wichtiger als die Abgrenzung nach aussen war das Zusammengehen von innerschweizerischen Orten und Städten des Mittellands, wie es sich 1330 anbahnte. Diese Zusammenarbeit machte – auch im europäischen Vergleich – die Eigentümlichkeit der spätmittelalterlichen Eidgenossenschaft aus.

Luzern, das um 1200 von den Klöstern Luzern und Murbach im Elsass gegründet worden war, unternahm den ersten Schritt. Seit 1291 gehörte es den Habsburgern und beteiligte sich noch auf ihrer Seite an den Auseinandersetzungen, die in der Schlacht von Morgarten gipfelten. In der Folge nahm die Stadt eine Mittlerstellung zwischen den Waldstätten und Habsburg ein. Mit der Zeit wollte das einheimische Patriziat der Stadt aber zu mehr Autonomie verhelfen, um die städtischen Rechte bei zweifelhafter Lage und Landesabwesenheit der Herzöge zu schützen. Deshalb schloss Luzern 1332 ein Bündnis mit den Eidgenossen. Bei diesem Bund handelte es sich in erster Linie um ein Hilfsversprechen bei innerer und äusserer Gefahr. Die engen Kontakte zwischen Luzern und Habsburg blieben dennoch rund fünfzig Jahre, bis zur Zeit des Sempacher Krieges, bestehen.

Zürich war im 13. Jahrhundert eine vom Kaiser mit Privilegien versehene Reichsstadt mit einem erfolgreichen Exportgewerbe, der Weberei von Seidenschleiern. Seit 1300 wurde

---

Bündnisse, von denen keiner mehr spricht

Die oft zitierten Bündnisse von 1291, 1315, 1332, 1351 usw. sind keineswegs die einzigen Verträge, an welchen Orte der sich entwickelnden Eidgenossenschaft teilnahmen. Vielmehr bestanden zahlreiche weitere Bündnissysteme, die auch eidgenössische Orte einbezogen; aus diesen Allianzen entwickelte sich aber keine dauerhafte Gemeinschaft. Bis ins 15. Jahrhundert schloss die Zugehörigkeit zur Eidgenossenschaft eine Teilnahme an anderen Bündnissystemen nicht aus.

1255	32 fürstliche Herrschaften (u.a. die Bischöfe von Metz, Worms, Trier, Basel und Strassburg, die Landgräfin Sophie von Thüringen) schliessen mit mehr als 60 Städten (darunter Zürich und Basel) einen Landfrieden, den «Rheinischen Bund».
1303	Die Herrschaft von Österreich, die Grafen von Habsburg, die Städte Basel, Strassburg, Murten, Bern, Freiburg i. Ü., Payerne und weitere Gemeinwesen verbünden sich zur Friedenssicherung und zum Schutz vor Strassenräubern.
1325	Der Bischof von Lausanne, der Graf von Savoyen, Isabella von Chalon und Katharina von Savoyen verbünden sich mit Bern und Freiburg i. Ü. für zehn Jahre.
1327	Uri, Schwyz und Unterwalden werden von Zürich und Bern in einen Bund aufgenommen, der seinerseits die Städte Mainz, Worms, Speyer, Konstanz, Lindau, den Grafen von Kyburg und weitere Herrschaften umfasst.
1347	Die Städte Konstanz, Zürich und St. Gallen schliessen ein dreijähriges Bündnis, in dem sie sich gegenseitige Hilfe versprechen.
1353	Schaffhausen tritt dem 1350 erlassenen Landfrieden in Schwaben bei, an dem sich unter anderem auch die Städte Augsburg, Konstanz, Ulm, Esslingen und Reutlingen beteiligen. Dieser Landfriede dauert bis ins Jahr 1374.
1356	Zürich und die Herrschaft Österreich versprechen sich gegenseitig für die nächsten fünf Jahre militärische Hilfe. Davon betroffen ist ein Gebiet, das sich im Westen bis zum Genfersee, im Norden bis zu den Vogesen und dem Schwarzwald, im Osten bis zum Arlberg und im Süden bis zum Gotthard erstreckt.
1363	Bern und die Herrschaft von Österreich versprechen sich gegenseitig für die nächsten zehn Jahre militärische Hilfe, und zwar in einem Gebiet, das sich vom Genfersee bis zum Aargau erstreckt.
1379	Das Land Appenzell verbündet sich für fünf Jahre mit den bayrischen Herzögen, dem Markgrafen von Baden und 32 Reichsstädten, darunter St. Gallen, Ulm, Biberach, Ravensburg, Kaufbeuren und Isny.
1385	Rheinische Städte (Strassburg, Schlettstadt, Worms, Speyer, Mainz, Frankfurt u.a.) und schwäbische Städte (Ulm, Nördlingen, Regensburg, Augsburg, Nürnberg u.a.) verbünden sich mit Zürich, Bern, Solothurn und Zug für neun Jahre.
1445–1451	Schaffhausen beteiligt sich am Schwäbischen Städtebund, dem unter anderen Ulm, Nördlingen, Augsburg und Nürnberg angehören.

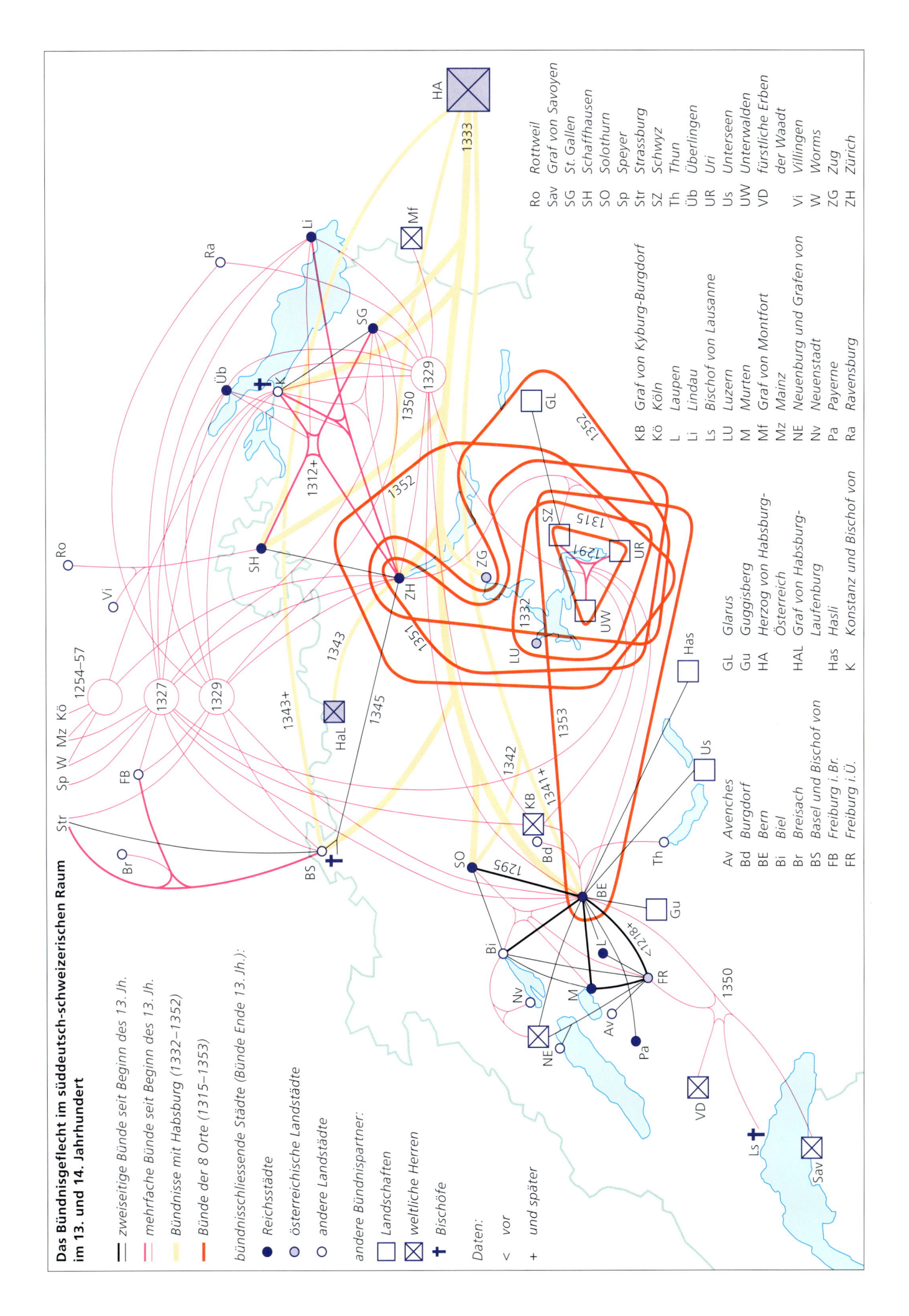

Das Bündnisgeflecht im süddeutsch-schweizerischen Raum im 13. und 14. Jahrhundert

Legende:
- ▬ zweiseitige Bünde seit Beginn des 13. Jh.
- ▬ mehrfache Bünde seit Beginn des 13. Jh.
- ▬ Bündnisse mit Habsburg (1332–1352)
- ▬ Bünde der 8 Orte (1315–1353)

bündnisschliessende Städte (Bünde Ende 13. Jh.):
- ● Reichsstädte
- ◐ österreichische Landstädte
- ○ andere Landstädte

andere Bündnispartner:
- ☐ Landschaften
- ⊠ weltliche Herren
- ✚ Bischöfe

Daten:
- < vor
- + und später

Abkürzungen:

Av	Avenches
Bd	Burgdorf
BE	Bern
Bi	Biel
Br	Breisach
BS	Basel und Bischof von
FB	Freiburg i. Br.
FR	Freiburg i. Ü.
GL	Glarus
Gu	Guggisberg
HA	Herzog von Habsburg-Österreich
HAL	Graf von Habsburg-Laufenburg
Has	Hasli
K	Konstanz und Bischof von
KB	Graf von Kyburg-Burgdorf
Kö	Köln
L	Laupen
Li	Lindau
Ls	Bischof von Lausanne
LU	Luzern
M	Murten
Mf	Graf von Montfort
Mz	Mainz
NE	Neuenburg und Grafen von
Nv	Neuenstadt
Pa	Payerne
Ra	Ravensburg
Ro	Rottweil
Sav	Graf von Savoyen
SG	St. Gallen
SH	Schaffhausen
SO	Solothurn
Sp	Speyer
Str	Strassburg
SZ	Schwyz
Th	Thun
Üb	Überlingen
UR	Uri
Us	Unterseen
UW	Unterwalden
VD	fürstliche Erben der Waadt
Vi	Villingen
W	Worms
ZG	Zug
ZH	Zürich

141

Der Zürcherbund und die Interessensphäre des Johann von Attinghausen aus Uri

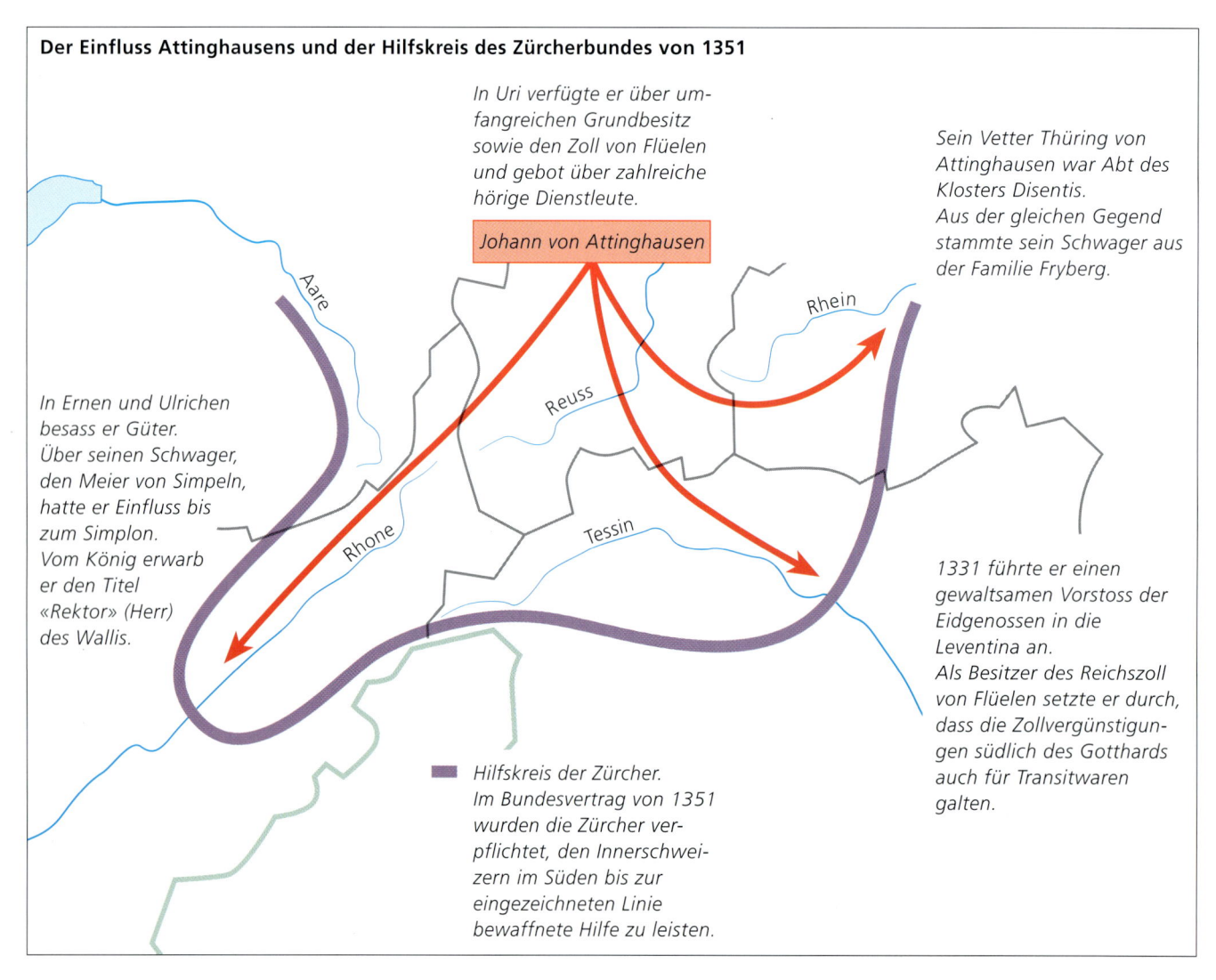

es von österreichfreundlichen Kaufleuten regiert. 1336 unternahm der Ritter Rudolf Brun aber einen Umsturz und errichtete eine auf die Handwerkerzünfte gestützte Diktatur. Die vertriebenen Kaufleute suchten Hilfe bei Österreich, was Brun veranlasste, sich den innerschweizerischen Mächten zuzuwenden. Im Jahre 1351 kam es zu einem Bündnis zwischen Zürich und den vier Orten Luzern, Uri, Schwyz und Unterwalden; die Limmatstadt hielt aber noch bis zur Mitte des 15. Jahrhunderts die Verbindungen mit Österreich aufrecht. Im Zürcher Bündnistext von 1351 tauchten neben dem Versprechen, sich gegenseitig bei Gefahr zu helfen, neue Bestimmungen auf, die sich in der Folgezeit als wichtig erwiesen. So wurde der Hilfskreis, das heisst das Gebiet, in dem jeder Ort dem andern helfen musste, geografisch umschrieben. Für Tagungen wollten sich alle Vertragspartner inskünftig in Einsiedeln treffen. Entscheidend war schliesslich die Einrichtung eines Schiedsgerichts, das ähnlich wie der heutige Ombudsmann funktionierte. Dabei handelte es sich um ein Rechtsmittel, das seit dem ausgehenden 13. Jahrhundert nördlich der Alpen häufig angewandt wurde, um Konflikte gewaltlos auszutragen und gütlich zu regeln, ohne dass ein Gericht angerufen werden musste; so vermittelte Königin Agnes von Habsburg 1340 nach dem Laupenkrieg (vgl. S. 143) erfolgreich zwischen Bern und den Adligen. Der Zürcher Bund von 1351 enthielt bezüglich des Schiedsgerichts folgende Regelungen: Wenn es Streit gäbe zwischen Zürich einerseits und Luzern, Uri, Schwyz und Unterwalden anderseits, so müssten beide Parteien je zwei «erber man» stellen, die zu den Heiligen schwören sollten, die Sache gütlich oder rechtlich zu regeln. Falls sich die vier nicht einigen könnten, müssten sie «inwendig únser Eidgnosschaft» einen Schiedsrichter wählen, der die Angelegenheit schliesslich entscheiden würde.

Glarus schloss 1352 mit den Waldstätten und Zürich ein Bündnis. Das Land war 1264, nach dem Aussterben der Kyburger, an Rudolf von Habsburg gefallen. Seit der Schlacht von Morgarten hatte es sich Schwyz angenähert und versucht, die österreichische Herrschaft abzuwerfen. *Zug* hatte im Morgartenkrieg als Ausgangsbasis für die österreichischen Truppen gedient; die Stadt kontrollierte überdies einen wichtigen Zugang zur Innerschweiz. Um die neue Verbindung zwischen Zürich und der Innerschweiz zu sichern, belagerten und eroberten 1352 Zürcher sowie Schwyzer Trup-

Der Einfluss Attinghausens und der Hilfskreis des Zürcherbundes von 1351

In Uri verfügte er über umfangreichen Grundbesitz sowie den Zoll von Flüelen und gebot über zahlreiche hörige Dienstleute.

Johann von Attinghausen

*Sein Vetter Thüring von Attinghausen war Abt des Klosters Disentis.
Aus der gleichen Gegend stammte sein Schwager aus der Familie Fryberg.*

In Ernen und Ulrichen besass er Güter. Über seinen Schwager, den Meier von Simpeln, hatte er Einfluss bis zum Simplon. Vom König erwarb er den Titel «Rektor» (Herr) des Wallis.

*1331 führte er einen gewaltsamen Vorstoss der Eidgenossen in die Leventina an.
Als Besitzer des Reichszoll von Flüelen setzte er durch, dass die Zollvergünstigungen südlich des Gotthards auch für Transitwaren galten.*

▬ *Hilfskreis der Zürcher. Im Bundesvertrag von 1351 wurden die Zürcher verpflichtet, den Innerschweizern im Süden bis zur eingezeichneten Linie bewaffnete Hilfe zu leisten.*

pen die Stadt. Der Einnahme folgte ein aufgezwungenes Bündnis mit Zürich, Luzern, Uri, Schwyz und Unterwalden; Glarus blieb abseits. Der innere Zusammenhang zwischen dem Zürcher Bund von 1351 und der Eroberung Zugs zeigt sich darin, dass der Zürcher Bundesbrief als Vorlage für den Zuger Bund genommen wurde. Allerdings mussten diese Bündnisse nach einem Friedensschluss mit Habsburg (1353/1355) aufgelöst werden; sie wurden erst später wieder aufgenommen.

Seit dem Beginn des 14. Jahrhunderts hatte *Bern* durch Kauf oder Kriegszüge seinen Herrschaftsbereich ständig erweitert. Dieses Vorgehen stiess innerhalb der «burgundischen Eidgenossenschaft» (vgl. S.138) auf Widerstand, vor allem bei den ansässigen Adelsgeschlechtern und der Nachbarstadt Freiburg im Üechtland, welche wiederum von Österreich Unterstützung erhielten. Die Auseinandersetzungen gipfelten in der Schlacht von Laupen im Jahre 1339, die von Bern gewonnen wurde. Kleinere Konflikte schwelten aber weiter, und gleichzeitig wiegelten Innerschweizer Orte die bernischen Untertanen im Oberland gegen die städtische Herrschaft auf. Dies bewog Bern, den Kontakt zur östlichen Eidgenossenschaft zu suchen, und 1353 schloss sich die Aarestadt dem bestehenden Bündnissystem an. Der Vertrag der drei Waldstätten mit Bern enthielt ebenfalls die Verpflichtung, sich bei Angriffen von aussen gegenseitig zu helfen; Auseinandersetzungen sollten durch ein Schiedsgericht unter einem unparteiischen Vorsitzenden geregelt werden. Luzern und Zürich waren am Berner Bund nur indirekt, durch einen Beibrief, beteiligt.

Erst aus heutiger Sicht bemerken wir, dass die fünf Verträge der Jahre 1332–1353 eine Veränderung des früheren Bündnissystems bewirkten, welches zuvor nur drei Orte umfasst hatte: Städte gingen nun mit Talschaften Allianzen ein, obwohl beide verschiedenen Lebenswelten angehörten; höchstens zwischen den Obrigkeiten bestanden gemeinsame Herrschaftsinteressen. Das städtische und das ländliche Element befanden sich in einem labilen Gleichgewicht; keines konnte das andere dominieren. Damit gingen häufige Reibereien und Auseinandersetzungen einher, sodass wir die achtörtige Eidgenossenschaft am ehesten als «*Konfliktgemeinschaft*» verstehen müssen.

Ob dies den Zeitgenossen bereits auffiel, ist fraglich. Die Mitglieder des komplizierten eidgenössischen Bündnisgeflechtes verfolgten nur in beschränktem Masse gemeinsame Ziele der Friedenssicherung und der gegenseitigen Hilfeleistung, und dies schon gar nicht auf lange Zeit hinaus. Persönliche Interessen der einzelnen «Häupter» standen im Vordergrund, wie der Zürcher Bund von 1351 zeigt: Die Hilfsverpflichtung im Süden entsprach genau der Interessensphäre des Urner Machthabers Johann von Attinghausen. Jeder der acht Orte pflegte auch weiterhin Kontakte zu benachbarten Herrschaften, wie die vielen anderen, parallel geschlossenen Abkommen mit süddeutschen Mächten zeigen.

Beschwörung des Bundes zwischen Uri, Schwyz, Unterwalden, Luzern und Zürich vom 1. Mai 1351 (aus der Luzerner Chronik des Diebold Schilling, 1513). Stadtbild und Trachten entsprechen dem frühen 16., nicht dem 14. Jahrhundert.

Die Schweiz im Spätmittelalter

Gewalttätige Selbsthilfe und unbekümmerte Eroberungslust

**Sempach 1386:
Der Herzog von Österreich wird mit seinen Rittern besiegt und getötet**

Der österreichische Herzog Leopold III. versuchte seit 1379, die habsburgische Herrschaft im luzernischen Vorland (Rothenburg, Wolhusen und Sempach) zu intensivieren. Deswegen verpfändete er wichtige Rechte an besonders zuverlässige Vasallen, denn diese übten die ihnen verliehenen Ämter wirksamer und vor Ort aus, indem sie die verlangten Zölle und Steuern auch eintrieben. Damit gerieten sie in Konflikt mit der eigentlich österreichischen Stadt Luzern, die ihrerseits ihren Einfluss durch die Aufnahme von Ausburgern zu stärken suchte (vgl. S. 119). Zwar verbot ein kaiserliches Gesetz, die «Goldene Bulle» von 1356, die Aufnahme von «Ausburgern», aber viele Städte hielten sich ebenso wenig wie Luzern daran. Als Luzern immer eigenständiger handelte und Uri, Schwyz sowie Unterwalden die Stadt unterstützten, begann ein für das Spätmittelalter typischer Schädigungskrieg, unter dem auf beiden Seiten vor allem die einfachen Landleute leiden mussten: Viehraub, Verwüstung von Äckern und Verbrennung von Dörfern. Herzog Leopold III. fand dabei Unterstützung bei adligen Familien des Mittellandes, des Juras und Schwabens, die im Einflussgebiet der Eidgenossen wohnten und deren Macht eindämmen wollten. Als er bei Sempach auf eidgenössische Haufen traf, kam es unerwartet zur Schlacht. Selbstsicher gingen die Adligen, die sich in einer besseren Position befanden, zum Angriff über, trafen aber zu ihrer Überraschung auf entschiedenen Widerstand. Obwohl der Herzog persönlich eingriff, kam es zur Katastrophe: Die Mehrzahl der österreichischen Ritter wurde getötet, sogar Herzog Leopold III. verlor sein Leben.

Das Ereignis erregte bis nach Italien, Norddeutschland und Osteuropa grosses Aufsehen. Praktisch zur gleichen Zeit wurden nämlich in anderen Gebieten des Reichs städtische und bäuerliche Heere von Adligen vernichtend geschlagen; so besiegte 1388 der Graf von Württemberg das Heer der schwäbischen Reichsstädte bei Döffingen. Die Schlacht von Sempach widersprach dieser Entwicklung. Seit dem Sempacherkrieg lässt sich deshalb ein Anwachsen der antieidgenössischen Propaganda beobachten. Die Mitglieder der Bünde wurden als treulose, «tierische Menschen aus den Bergen» oder als Sodomiten (d.h. Tierschänder) – diese Vorstellung steht hinter dem Ausdruck «Kuhschweizer» – bezeichnet. Ziel dieser Beschimpfungen war es, die Eidgenossen ausserhalb der gottgewollten Gesellschaftsordnung anzusiedeln, gleich wie die **Ketzer**. Für die österreichische Geschichtsschreibung waren sie zudem Rebellen, wofür ein eigener Merkspruch geprägt wurde: Herzog Leopold sei «auf dem Seinen, von den Seinen und für das Seine» getötet worden.

Gemeineidgenössische Vereinbarungen sollen Sicherheit und Recht garantieren

In der zweiten Hälfte des 14. Jahrhunderts mehren sich die Hinweise, dass die acht Orte enger zusammenrücken wollten, indem sie eine für alle verbindliche Rechtsgrundlage zu entwickeln versuchten. Innerer Friede, Sicherheit der Wege und zuverlässige Rechtsprechung bildeten – wie bereits früher – ein Hauptanliegen der jeweiligen Obrigkeiten. Ein erster Anlauf erfolgte 1370 durch einen Vertrag, der seit dem 16. Jahrhundert als «Pfaffenbrief» bezeichnet wird. Er sollte die Geistlichen daran hindern, Gerichte ausserhalb der Eidgenossenschaft anzurufen. Zudem wurden private Fehden verboten und die Sicherheit des Warenverkehrs zwischen Zürich und Gotthard garantiert. Dem «Pfaffenbrief» traten aber Glarus und Bern nie bei.

Nach der Schlacht von Sempach versuchte Zürich, sich mit den Habsburgern ins Einvernehmen zu setzen, da es mitten im österreichischen Gebiet lag. Demgegenüber wollten die übrigen eidgenössischen Orte die Limmatstadt stärker in das Bündnisgeflecht einbinden. Zudem suchte man einen Ausweg aus den immer noch wütenden Kleinkriegen; die Obrigkeiten wollten sich die alleinige Anwendung von Gewalt sichern. Diesen Zwecken diente der so genannte «Sempacherbrief», der im Juli 1393 von allen acht Orten und Solothurn unterzeichnet wurde; er sollte ein bevorstehendes Bündnis Zürichs mit den Herzögen von Österreich verhindern.

Im Vertrag versprachen die neun unterzeichnenden Mächte, inskünftig keine Fehden von Privatleuten – «frevenlich oder mit gewalt in húser louffen» – mehr zuzulassen. Kaufleute standen grundsätzlich unter Schutz, und Gotteshäuser durften nicht zerstört werden. Bei einem Kriegszug waren alle Teilnehmer gehalten, unter dem Banner zu bleiben. Wer vor dem Ende einer Schlacht auf eigene Rechnung zu plündern begann, ohne dass dies die Hauptleute erlaubten, wurde bestraft. Frauen sollten verschont werden, ausser wenn sie die Gegner unterstützten und Eidgenossen angriffen. Am Schluss erfolgte die wichtige Bestimmung, dass kein Ort ohne Absprache mit den anderen Eidgenossen «mûtwilleklich» einen Krieg beginnen soll; diese Bestimmung richtete sich implizit gegen das geplante Bündnis zwischen Zürich und Österreich. Anschliessend beschworen alle Orte im August 1393 erneut die früheren Bünde, ein überaus wichtiger und zum ersten Mal belegter Vorgang, da so der Bevölkerung die Zugehörigkeit zur Eidgenossenschaft samt entsprechenden Verpflichtungen in Erinnerung gerufen wurde. Freilich sind die Bestimmungen des Sempacher Briefes oft nicht eingehalten worden.

Einzelne eidgenössische Orte als gefragte Bündnispartner

Seit dem Sempacherkrieg im Jahre 1386 hatte die Eidgenossenschaft an politischem Ansehen gewonnen, vor allem bei benachbarten Untertanen, die mit ihrer Herrschaft unzufrieden waren. So schlossen die Appenzeller 1403 einen Vertrag mit Schwyz und unternahmen einen Aufstand gegen das Kloster St. Gallen, welches infolge der spätmittelalterlichen Wirtschaftskrise (vgl. S. 107) die Steuern und Abgaben verschärft hatte. Dank der Schwyzer Schutzmacht im Rücken betrieben die Appenzeller eine Politik der Konfrontation und besiegten sowohl das Heer des Abtes von St. Gallen als auch dasjenige des thurgauischen Adels, dem seinerseits der Herzog von Österreich Beistand gewährt hatte. In der Folge wurde der «Bund ob dem See» gegründet, und es kam zu einem Aufstand des «gemeinen Mannes» im Thurgau, im Rheintal und im Vorarlberg. Erst als der grosse süddeutsche Adelsbund, der bezeichnenderweise den Namen des Ritterheiligen St. Georg trug, den Appenzellern 1428 eine Niederlage beigebracht hatte, konnte der Krieg beendet werden. Das Verhalten der anderen eidgenössischen Orte in diesem Konflikt war bezeichnend und wiederholte sich unter anderen Vorzeichen auch in den folgenden Jahrzehnten. Man wollte einer kriegerischen Verwicklung aus dem Weg gehen und weigerte sich, den Schwyzern und damit indirekt den Appenzellern beizustehen. Zürich fürchtete zudem, dass sein freier Zugang zu den Bündner Pässen durch die enge Zusammenarbeit zwischen Schwyz und Appenzell bedroht würde. Bern war an einer eidgenössischen Politik in der Ostschweiz überhaupt nicht interessiert. 1411 schloss das «land ze Appazell» einen Burg- und Landrechtsvertrag mit sieben eidgenössischen Orten, ohne Bern. Die Appenzeller wurden damit zu «burgern» und «lantlút» ihrer sieben Vertragspartner, allerdings mit Einschränkungen ihrer früheren Unabhängigkeit: Sie durften in Zukunft nicht mehr von sich aus Krieg führen. Als die Appenzeller in den 1420er-Jahren wie früher gegen lokale Machtträger Kriegszüge unternehmen wollten, lernten sie die Kehrseite des Bündnisses mit den sieben Orten kennen. Der frühere Verbündete Schwyz und die Stadt Zürich reagierten ungehalten und unterstützten ungescheut den Grafen von Toggenburg gegen seine Gegner. Die eidgenössischen Orte waren – gleich wie andere Herrschaften – an stabilen Machtverhältnissen interessiert, sobald sie ihre politischen, wirtschaftlichen und territorialen Ziele erreicht hatten.

Mit den Appenzellerkriegen geriet die Ostschweiz in den Einflussbereich der Eidgenossenschaft. Eine ähnliche Entwicklung schien sich südlich des Gotthards anzukündigen. Als der mailändische Herzog Gian Galeazzo Visconti 1402 bei seinem Tod einen unmündigen Sohn zurückliess, wagte die Leventina einen Aufstand und schloss sich Uri und Obwalden an. In der Folge konnten die beiden innerschweizerischen Orte sogar Bellinzona und seine Festung, die das ganze Tal und damit die Gotthardroute zu sperren vermochte, unter ihre Kontrolle bringen. Diese «ennetbirgische» Politik wurde aber von den übrigen Eidgenossen nur halbherzig mitgetragen, insbesondere weil die Gotthardroute zu dieser Zeit nicht den einzigen Handelsweg zwischen Nord und Süd bildete. Sobald das mailändische Herzogtum wieder erstarkte, konnten Uri und Obwalden ihre südorientierte Politik nicht weiter aufrechterhalten; alle ennetbirgischen Besitzungen gingen 1422 durch die eidgenössische Niederlage bei Arbedo verloren. Seit 1439 gelang es aber Uri, durch Kriegszüge, Bündnisse und Zollverträge einen grossen Teil des heutigen Tessins wieder unter seinen Einfluss zu bringen.

Die Ereignisse und Vertragsschlüsse um 1400 zeigen, dass die eidgenössische Politik die umliegenden Mächte zu einer Stellungnahme herausgefordert hatte. Entweder kam es zu einer entschiedenen Gegnerschaft wie bei den süddeutschen Adelsgesellschaften oder aber zum Versuch, in engere Beziehung oder gar in ein Bündnis mit den verschiedenen Orten zu treten, gemäss der alten Regel, dass der Feind des Feindes ein Freund ist. Die vielen, häufig wechselnden Allianzen führten zu einer wach-

Die Schweiz
im Spätmittelalter

senden Unübersichtlichkeit des Bündnisgeflechts, was ein gemeinsames Handeln der beteiligten Obrigkeiten erschwerte.

Die Eidgenossen im Dienste des Kaisers: Gemeinsame Eroberung des Aargaus im Jahre 1415

Im Jahre 1415 ergab sich für die Eidgenossen unvermutet die Möglichkeit, dem Herzog von Österreich grosse Gebiete abzunehmen, und dies erst noch auf Geheiss des Reichsoberhauptes, König Sigmund aus dem Hause Luxemburg. Dieser hatte das **Konzil** von Konstanz einberufen, um eine Lösung für das immer noch herrschende **Schisma** (S.103) zu finden. Als Sigmund beschloss, die drei sich konkurrenzierenden Päpste alle ihres Amtes zu entheben und einen einzigen Nachfolger zu bestimmen, versuchte einer der drei betroffenen Päpste, Johannes (XXIII.), sich durch Flucht einer Absetzung zu entziehen; dabei unterstützte ihn der ebenfalls in Konstanz anwesende Herzog Friedrich von Österreich. Unverzüglich erklärte König Sigmund den österreichischen Herzog für rechtlos und lud die Eidgenossen ein, dessen Besitzungen in den habsburgischen «Vorlanden» für das **Reich** zu erobern. Dies erfolgte im Frühling 1415 in kürzester Zeit. Der König erlaubte seinen eidgenössischen Helfern in der Folge, die im Namen des Reichs besetzten Gebiete gegen eine Geldzahlung als Pfand zu behalten. Der westliche Teil fiel an Bern, der östliche – die Grafschaft Baden und das Freiamt – kam an die andern sechs Orte (ohne Uri), welche diese als «Gemeine Herrschaften» in Besitz nahmen. Uri und Bern traten später ebenfalls in die Herrschaftsrechte ein.

Ratsstube zu Stans am 22. Dezember 1481: Pfarrer am Grund eröffnet den Gesandten den Ratschlag des Bruder Klaus. – Von den verbündeten Orten gestiftete Wappenscheiben dienen in der Stube als Wandschmuck. Die Tagsatzungsgesandten sind reich gekleidet; sie tragen mit Ausnahme der beiden Geistlichen Hüte (Luzerner Chronik des Diebold Schilling). Zum Stanser Verkommnis siehe S.152.

Gemeine Herrschaften und Tagsatzung

Baden und das Freiamt waren die ersten einer Reihe von «Gemeinen Herrschaften», welche von mehreren Orten gemeinsam verwaltet wurden. Jeder berechtigte Ort durfte abwechselnd seinen Landvogt schicken, der das Gebiet für ein Jahr verwaltete. Einmal jährlich fand die Abrechnung in Baden statt; die betroffenen Orte erhielten dann ihren Anteil an den Einnahmen aus der «Gemeinen Herrschaft». Während sich früher die Eidgenossen eher unregelmässig und nach Bedarf getroffen hatten, entstand seit 1421 so etwas wie eine «*eidgenössische Agenda*» mit wiederkehrenden Terminen. Auf diesen Versammlungen, «tagen» oder «**Tagsatzungen**» – dieser Begriff taucht erst im 17. Jahrhundert auf – trafen die Vertreter der verschiedenen Orte zusammen und besprachen die anstehenden Probleme. Normalerweise erhielten die Gesandten – meistens als «Boten» bezeichnet – jeweils von ihren Obrigkeiten genaue «Instruktionen», wie sie sich verhalten sollten. Zeitweise konnte die Versammlung in ihrer Gesamtheit aber auch einzelne Boten ermächtigen, von ihrer Instruktion abzuweichen, wie dies 1481 bei der heiklen Ausmarchung des Stanser Verkommnisses (vgl. S.152) vorkam. Die Tagsatzung verpflichtete sich damit, die Verantwortung für die unabhängig handelnden Boten zu übernehmen und ihr Verhalten vor den instruierenden Obrigkeiten des jeweiligen Orts zu rechtfertigen. Dies erlaubte der Tagsatzung eine gewisse Handlungsfreiheit, im Unterschied zu Versammlungen im übrigen Reichsgebiet.

Die Häufigkeit der Tagsatzungen nahm im 15. Jahrhundert stetig zu; erleichtert wurden solche Zusammenkünfte durch die relativ kurzen Anreisewege. Um 1500 sahen sich die eidgenössischen Gesandten, nachdem die Obrigkeiten vorgängig Briefe untereinander ausgetauscht hatten, durchschnittlich alle vierzehn Tage; meistens fanden die Versammlungen in Luzern und Zürich statt. Da es sehr oft die gleichen einflussreichen Männer waren, bildete sich mit der Zeit eine Gruppe von Personen, die sich kannten, häufig untereinander stritten und um gemeinsame Lösungen rangen: Eine Konfliktgemeinschaft, die sich bei Zerreissproben oft erst in letzter Minute als stabil erwies. Trotz der häufigen Auseinandersetzungen förderten die Tagsatzung und die damit verbundene Verwaltung der Gemeinen Herrschaften den Zusammenhalt der eidgenössischen Orte. Dies zeigte sich besonders nach der Reformation, als die Eidgenossenschaft konfessionell gespalten war: Die Tagsatzung bildete die institutionelle Klammer, die katholische und reformierte Orte weiterhin verband (vgl. S.168f.).

Die Eidgenossenschaft in der Mitte des 15. Jahrhunderts

Ein Interessenkonflikt zwischen den eidgenössischen Orten: Der «Toggenburger Erbschaftskrieg»

Im Jahre 1436 starb der kinderlose Graf Friedrich VII. von Toggenburg, ohne ein Testament zu hinterlassen. Seine Besitzungen lagen im Rheintal sowie im Linth- und im Thurtal, wo diejenigen Handelsstrassen durchgingen, die Süddeutschland und Italien via Bündner Pässe verbanden. Die Verwandten des Grafen sowie die Herzöge von Österreich, aber auch Zürich und Schwyz versuchten, sich des toggenburgischen Erbes zu bemächtigen. Dabei wurden häufig wechselnde Allianzen geschlossen, sogar zwischen Schwyz und Österreich gegen Zürich. Als der Zürcher Rat zuletzt erkennen musste, dass sich seine Pläne bezüglich des toggenburgischen Erbes nicht verwirklichen liessen und die übrigen Eidgenossen Schwyz unterstützten, besann er sich darauf, dass Zürich als vom Kaiser privilegierte Reichsstadt eine unabhängige Politik betreiben konnte. Die Limmatstadt erliess ein Verbot von Kornausfuhr, um Schwyz unter Druck zu setzen, und frischte ihre Beziehungen zum Reichsoberhaupt, den Kurfürsten und den süddeutschen Reichsstädten auf. Als Schwyz 1440 Walenstadt und das Sarganserland, die mit Zürich verbündet waren, überfiel, rüstete auch Zürich zum Krieg. Da die übrigen Eidgenossen weiterhin Schwyz unterstützten, kam es bloss zu einem für die Limmatstadt ungünstigen Waffenstillstand. In dieser Lage entschloss sich Zürich zu einem folgenschweren Schritt. Es schloss 1442 ein Bündnis mit dem habsburgischen König Friedrich III., von dem bekannt war, dass er die ehemaligen österreichischen Besitzungen in der Eidgenossenschaft wieder zurückgewinnen wollte. Die kriegerischen Auseinandersetzungen in den folgenden Jahren, später «Alter Zürichkrieg» oder «Toggenburger Erbschaftskrieg» genannt, wurden mit grosser Grausamkeit geführt. Die Eidgenossen besiegten die österreichfreundlichen Zürcher 1443 in der Schlacht bei St. Jakob an der Sihl. Sie konnten die Stadt nicht erobern, verwüsteten in der Folge aber die Landschaft und fügten der Zivilbevölkerung mit einem Schädigungskrieg unsägliches Leid zu. So wurden den Landleuten die zum Überleben notwendigen Mittel geraubt: Vieh, Pferde, Schiffe sowie Fischernetze. Die Krieger zerstörten Obstpressen, das Getreide auf den Feldern wurde abgeschnitten oder verwüstet. Die Folgen waren Hunger und Tod von Frauen, Kindern und alten Leuten, also derjenigen Menschen, die mit dem Entstehen des Krieges nichts zu tun hatten und ihn auch nicht aktiv betrieben; im Gegensatz zu diesen Toten war die Zahl der in der Schlacht gestorbenen Männer weitaus niedriger.

Angesichts dieses Belagerungszustandes errichteten die österreichischen Parteigänger innerhalb Zürichs eine Schreckensherrschaft und duldeten keine proeidgenössischen Ratsherren mehr. Der mit Zürich verbündete österreichische Adel bat in der Folge zusammen mit dem Kaiser sogar den französischen König um Hilfe. Dieser schickte seinen Sohn, den Dauphin und späteren König Ludwig XI., zusammen mit einem Heer von Söldnern, den berüchtigten Armagnaken. In der Nähe von Basel, bei St. Jakob an der Birs, trafen Armagnaken und Eidgenossen 1444 aufeinander. Letztere unterlagen, der Dauphin und die französischen Söldner zogen sich aber zurück. Erst nach langwierigen Kleinkriegen kam es 1450 zu Friedensverhandlungen. Zürich löste seinen Bund mit Österreich; dafür erhielt es beinahe sein ganzes früheres Landgebiet wieder zurück und versöhnte sich mit den übrigen Eidgenossen. Die Gebiete des Toggenburger Grafen fielen teilweise an verwandte Familien; die im Raum zwischen Zürich- und Walensee Gelegenen kamen unter die Kontrolle von Schwyz.

Diese Ereignisse bedeuteten in mehrfacher Hinsicht einen Einschnitt. Zürich, eine nur dem Kaiser unterstehende Reichsstadt, musste erkennen, dass die Beteiligung an der Eidgenossenschaft eine Einschränkung seiner Bündnisfreiheit mit sich brachte. Hatte Zürich gegenüber den anderen Orten Hochverrat begangen? Die ältere Forschung nahm an, dass die Eidgenossenschaft der 1440er-Jahre bereits ein staatsähnliches Gebilde gewesen sei, aus dem Zürich ungerechtfertigt ausscherte; dabei wurden auch immer Parallelen zum Sonderbundskrieg von 1847 (vgl. S. 269 f.) gezogen. Demgegenüber wird neuerdings die Lockerheit des eidgenössischen Bündnisgeflechts hervorgehoben, dessen Erfolg oder Scheitern noch lange nicht feststand. Zürich beging deshalb keinen Verrat, sondern nützte nur seine vom Reich und Kaiser garantierten

Die Schweiz im Spätmittelalter

Privilegien, um eine unabhängige Politik zu betreiben – allerdings ohne Erfolg.

Ausdehnung des eidgenössischen Einflusses im Norden, im Osten und im Süden

Nach der überstandenen Zerreissprobe bauten die Eidgenossen nach 1450 ihr Bündnissystem aus, sei es durch Verträge oder durch Eroberungen. Das Kloster St. Gallen, der frühere Gegner während der Appenzellerkriege (vgl. S. 145), schloss 1451 mit vier Orten (Zürich, Luzern, Schwyz, Glarus) ein Burg- und Landrecht, 1452 erneuerten die Appenzeller ihren Vertrag mit den sieben Orten (ohne Bern), und die Stadt St. Gallen schloss 1454 ein Bündnis mit sechs Orten (Zürich, Bern, Luzern, Schwyz, Zug, Glarus), ausgenommen Uri und Unterwalden; mit den gleichen sechs Orten verband sich auch Schaffhausen im selben Jahr. Rottweil (1463) und Mülhausen im Elsass (1466) wurden als **zugewandte Orte** (vgl. S. 168) aufgenommen.

1460 ergab sich eine ähnliche Machtkonstellation wie 1415 bei der Eroberung des Aargaus. Papst Pius II. verhängte über Herzog Sigmund von Österreich den **Bann**, weil dieser bei der Besetzung des Brixener Bischofssitzes den päpstlichen Kandidaten nicht akzeptiert hatte. Dies nützten sieben eidgenössische Orte – Bern ausgenommen – sofort aus. Sie eroberten in Kürze den Thurgau – ein Gebiet, das unter österreichischer Verwaltung stand – und erklärten ihn zu einer «**Gemeinen Herrschaft**».

Frauenraub durch österreichische Landvögte in der Berner Chronik des Diebold Schilling (um 1480)

Schlachten und Helden

Wer Chroniken und Lieder aus dem 15. Jahrhundert liest, ist überrascht, wie häufig Schlachten und Heldentaten erwähnt werden. Gewalttätig ausgetragene Konflikte kamen im Spätmittelalter aber überall vor und beschränkten sich nicht auf die Eidgenossenschaft. Warum nehmen sie gerade in der hiesigen Geschichtsschreibung einen derart wichtigen Platz ein?

Die Eidgenossenschaft entsprach im 15. Jahrhundert immer weniger den üblichen Herrschaftsformen nach Art der umliegenden Fürstentümer. Zugleich aber betrieben die acht Orte eine gewalttätige Selbsthilfe und unbekümmerte Eroberungspolitik, wofür sie auswärts viel Kritik ernteten. Angesichts dieses Widerspruchs von Erfolg und gleichzeitiger Ablehnung empfanden die Eidgenossen das Bedürfnis, ihr Verhalten zu rechtfertigen und ihr Bündnissystem zu legitimieren. Dabei griffen sie auf eine Vorstellung zurück, die den Zeitgenossen vertraut war: das auserwählte Volk Gottes aus der Bibel. Jede gewonnene Schlacht bedeutete, dass Gott «sein» eidgenössisches Volk schützte. Das ständige Aufzählen von blutigen Siegen verfolgte deshalb den Zweck, sich an Gottes Hilfe zu erinnern und sich ihrer gleichzeitig zu versichern. Diese religiöse und zugleich kriegerische eidgenössische Geschichte war auch der breiten Bevölkerung vertraut. Die einzelnen Orte begingen alljährlich einen Gedenktag, die so genannte Schlachtjahrzeit, an der für die Gefallenen einer Schlacht gebetet wurde; im 16. Jahrhundert kamen Schlachtjahrzeiten für die gesamte Eidgenossenschaft auf. Am Ende des 15. Jahrhunderts entstand auch das «Grosse Gebet», eine religiöse Feier, in der durch stundenlanges Beten der Schutz Gottes für den einzelnen Ort und – im 16. Jahrhundert – für die gesamte Eidgenossenschaft angerufen wurde. Die Eidgenossen entwickelten dabei sogar eine eigene Bethaltung mit ausgebreiteten, «zertanen» Armen, die sie als besonders fromme Menschen ausweisen und von anderen Gläubigen unterscheiden sollte (vgl. Bild S. 158).

Eine andere Rechtfertigung der kriegerischen Politik boten die Reime, Lieder und Sprüche, die in grosser Zahl aus dem Gebiet der spätmittelalterlichen Eidgenossenschaft überliefert sind. In ihnen wurden die Eidgenossen, die eigentlich zum dritten **Stand** gehörten (vgl. S. 115), geradezu als adlige Ritter geschildert, als «frumme edle puren». Sie traten an die Stelle der Adligen, die ihrer Aufgabe des Schützens und Kriegführens nicht mehr gewachsen waren; die Lehre von den drei Ständen wurde somit eingesetzt, um die eigene Überlegenheit zu begründen.

Neben diesen religiös und ständisch geprägten Versuchen, die Existenz der Eidgenossenschaft zu legitimieren, tauchten im Verlauf des 15. Jahrhunderts auch einprägsame Geschichten auf, die den gleichen Zweck verfolgten. Schauplatz dieser Erzählungen war die Innerschweiz um 1300. So schrieb der Berner Konrad Justinger um 1420, dass Uri, Schwyz und Unterwalden sich gegen die habsburgischen Vögte zusammengetan hätten, da letztere tyrannisch regierten und den Frauen nachstellten. Der Eidgenossenfeind Felix Hemmerlin berichtete um 1450, ein österreichischer Amtmann habe sich an einer Schwyzerin vergangen. Darauf sei er getötet worden, die Unterwaldner hätten seine Burg zerstört und einen Bund geschlossen. Das «Weisse Buch» von Sarnen, etwa 1474 vom Obwaldner Hans Schriber verfasst, nannte dieselben Untaten der Vögte und den Plan der Untertanen, gemeinsam gegen die missliebige Herrschaft vorzugehen. Schriber fügte die Geschichte vom Schützen *Tell* bei, der den Hut nicht grüsste, den Apfelschuss wagen musste, gefangen genommen wurde, sich befreien konnte und den finsteren Gessler erschoss. Danach seien die Burgen der Vögte zerstört worden.

Die Schlacht von Sempach im Jahre 1386 wurde nachträglich durch die Beifügung einer Heldentat erhebender gestaltet. Die Eidgenossen sollen zuerst an den langen Spiessen der österreichischen Ritter gescheitert sein, bis einer ein Bündel der gegnerischen Waffen packte und sterbend eine Bresche riss. Erstmals wurde vermutlich diese Tat in einer Chronik aus dem Jahr 1476 erwähnt, von der wir aber nur eine spätere Kopie besitzen. Der Name «*Winkelried*» taucht aber erst 1533 in der Abschrift eines Liedes auf.

Archäologische Forschungen der letzten Jahre ergaben unzweifelhaft, dass um 1300 keine Burgen in der Innerschweiz zerstört wurden. Kein zeitgenössischer Text erwähnt einen Wilhelm Tell, und die österreichischen Ritter benutzten 1386 sicher keine Langspiesse, in die sich Winkelried werfen konnte. Schliesslich mutet es wie eine Ironie der Geschichte an, dass Ägidius Tschudi (1505 bis 1572), dessen Chronik den Stoff für Friedrich Schillers «Wilhelm Tell» lieferte, die sagenhafte Tellgestalt wenig schätzte und sogar eine kleine Karikatur in sein Manuskript einfügte. Dennoch versuchten einzelne Geschichtsforscher immer wieder, die Echtheit der Erzählungen nachzuweisen, um ein möglichst frühes Geburtsjahr der Eidgenossenschaft zu finden und sie als Ergebnis eines gerechtfertigten Freiheitskampfes darzustellen. Vor allem im 19. Jahrhundert bestand ein starker Wunsch nach nationalen Vorbildern. Dies ging so weit, dass der Nidwaldner Landammann bei einem Harnischmacher ein Panzerhemd Winkelrieds anfertigen und es als Original im Rathaus ausstellen liess. Allerdings vergass man, das Erinnerungsstück mit Löchern zu versehen, die von den österreichischen Spiessen herrührten. Nachdem Besucher dies öfters kritisiert hatten, wurde nachträglich auch dieser Mangel behoben. 1894 verschwand die vaterländische Reliquie über Nacht und wurde nie mehr aufgefunden. Die wissenschaftliche Kritik liess eine derart naive Erfindung der eigenen Tradition nicht mehr zu. Bereits damals wurden nämlich die Chroniken und Lieder von einzelnen Forschern als blosse Fabeleien abgetan; der Zürcher Historiker Wilhelm Oechsli (1851–1919) sprach unverblümt von einem «Gebilde der Phantasie».

Von sexuellen Übergriffen adliger Amtsleute wie der anschliessenden Zerstörung von Burgen wurde nämlich auch ausserhalb der Eidgenossenschaft erzählt. Der dänische Geistliche Saxo Grammaticus berichtete bereits um 1200 vom Schützen Toko, der sich seiner Schiesskünste rühmte und vom bösen König Harald Blauzahn gezwungen wurde, einen Apfel vom Kopf seines Sohnes zu schiessen; selbst das Motiv des zusätzlichen Pfeils, der beim Misslingen des Schusses für den König bestimmt gewesen wäre, findet sich beim dänischen Verfasser. Eine Selbstaufopferung für das Gemeinwohl nach der Art Winkelrieds wird seit der Antike gerne beschrieben und war im Mittelalter auch in der Eidgenossenschaft bekannt; eine derartige Erzählung findet sich beispielsweise in der Chronik des Franziskaners Johannes von Winterthur (um 1302–1348). Allerdings sind alle diese Erzählungen ausgesprochen dramatisch sowie einprägsam, und sie weisen bis heute einen hohen Unterhaltungswert auf; erinnert sei nur an Tells Zwillingsbruder, den edlen Räuber und Schützen Robin Hood. Auch wenn sich keine Beweise für die Existenz von Gessler, Tell und Winkelried finden lassen, so zeigen die Geschichten doch ein Bedürfnis, das Vorhandensein der Eidgenossenschaft überzeugend zu begründen und durch Traditionsbildung den Zusammenhalt der Bündnispartner angesichts häufiger Krisen zu stärken. Dieser Wunsch kam erst im 15. Jahrhundert auf; dies ist auch der Zeitraum, in dem sich langsam eine gemeinsame eidgenössische Geschichte entwickelte und die eidgenössischen Helden geboren wurden.

Die Schweiz im Spätmittelalter

Zwischen Machtpolitik und Krise

Ein Ereignis europäischen Ausmasses: Die Kriege mit dem Herzog von Burgund 1474–1477

Verschiedene Ereignisstränge, die sich unerwartet verknüpften, führten dazu, dass die achtörtige Eidgenossenschaft in den Jahren 1474–1477 unvermittelt in die europäische Politik einbezogen wurde. Die Konflikte mit Burgund zeigen das komplizierte, weiträumige Beziehungsgeflecht der europäischen Fürstenhäuser, dessen Unbeständigkeit dazu führte, dass lokale Auseinandersetzungen sich schnell zu grossen Konflikten ausweiteten. Die Eidgenossen bewirkten mit ihrem erfolgreichen Krieg gegen Burgund unbeabsichtigt eine politische Neuordnung Europas, welche die Geschichte der kommenden Jahrhunderte beeinflusste. Dabei wandten die Gegner Burgunds Propagandamittel an, die in mancher Beziehung die nationale Stimmungsmache des 19. Jahrhunderts vorwegnehmen. Schliesslich veränderten die Siege über den burgundischen Herzog auch die sozialen Verhältnisse innerhalb der Eidgenossenschaft.

Im Verlauf des 15. Jahrhunderts waren die burgundischen Herzöge zu einem vermögenden und einflussreichen Herrscherhaus geworden. Das von ihnen kontrollierte Gebiet umfasste nicht nur das Herzogtum Burgund, sondern auch die davon getrennten Niederlande mit wirtschaftskräftigen Städten, welche wichtige Zentren der europäischen Textilfabrikation waren. Dieser zusammengewürfelte Besitz besass aber noch keine Eigenständigkeit, denn die Herzöge unterstanden von Rechts wegen immer noch dem französischen König. Am liebsten hätten sie das burgundische Herzogtum und die Niederlande unter einer eigens für sie geschaffenen Königskrone vereint. Deswegen knüpfte Herzog Karl – später Karl der Kühne genannt – praktisch mit allen Mächten Europas Kontakte. Sein Hof wurde Vorbild und Mittelpunkt adliger Lebensführung; sein ärgster Feind war der französische König Ludwig XI.

Zur gleichen Zeit war die Lage des österreichischen Herzogs Sigmund, der einer habsburgischen Nebenlinie angehörte, äusserst bedenklich. Seine kriegerischen Auseinandersetzungen mit den Eidgenossen – Eroberung des Thurgaus (vgl. S. 148) und der so genannte «Waldshuterkrieg» – endeten regelmässig mit einer Niederlage, und seine finanziellen Möglichkeiten waren erschöpft. Er suchte sich deshalb einen mächtigen Schutzherrn. Da der französische König ablehnte, wandte er sich an dessen Konkurrenten, den burgundischen Herzog. Dieser versprach Herzog Sigmund Hilfe gegen die Eidgenossen und erhielt zum Dank 1469 die österreichischen Besitzungen im Elsass als Pfand. Damit wurde Burgund zum direkten Nachbarn der Eidgenossen, mit denen es bis jetzt lose, aber freundschaftliche Verbindungen gepflegt hatte.

Die von Österreich verpfändeten Gebiete liess Herzog Karl von Burgund durch einen gebürtigen Sundgauer, Peter von Hagenbach, verwalten. Bald stiess jedoch Hagenbachs Wirtschaftspolitik auf Widerstand, da er den Getreidehandel mit den Reichsstädten, die ausserhalb seines Herrschaftsgebietes lagen, verbot; die Zufuhr von Getreide war aber für jede Stadt lebenswichtig. Basel und Strassburg suchten deshalb Hilfe bei Bern, das seinerseits mit dem von Hagenbach bedrängten elsässischen Mülhausen, einem zugewandten Ort (vgl. S. 168), verbündet war. Die Aarestadt war mit einer Zusammenarbeit sofort einverstanden, denn es war zu befürchten, dass der neue Nachbar Burgund die Strassen zwischen Bern und Genf, wo wichtige Handelsmessen stattfanden, sperren könnte; viele Adlige im Waadtland hatten sich nämlich den Burgundern angeschlossen. Alle genannten Städte fürchteten überdies, unter einer burgundischen Herrschaft ihre Unabhängigkeit zu verlieren.

Der österreichische Herzog Sigmund war aber mit seinem neuen burgundischen Schutzherrn nicht mehr zufrieden, denn Herzog Karl wollte weiterhin mit den Eidgenossen in Frieden leben und gegen sie keinen Krieg im Auftrag Österreichs führen. Im Frühjahr 1474 entschloss sich Sigmund daher zu einem folgenschweren Schritt. Er wollte einen seit längerem gehegten Plan verwirklichen und mit den Eidgenossen einen dauerhaften Frieden schliessen; der französische König Ludwig XI. wurde als Vermittler des endgültigen Vertrags, der später als «Ewige Richtung» bezeichnet wurde, vorgesehen. Zugleich löste Sigmund die an Burgund verpfändeten Gebiete mit Hilfe der elsässischen Reichsstädte zurück. Letztere schlossen ein Bündnis sowohl mit Herzog Sigmund als auch den Eidgenossen. Fast zur

Herzog Karl der Kühne von Burgund
(Aus dem Statutenbuch des Ordens vom Goldenen Vlies)

Erzherzog Sigmund von Österreich
(Porträt um 1465)

König Ludwig XI. von Frankreich
(Kopie des 16. oder 17. Jahrhunderts)

gleichen Zeit wurde Peter von Hagenbach, der burgundische Landvogt im Elsass, nach einer Revolte seiner Söldner gefangen gesetzt. Die ihm feindlich gesinnten Reichsstädte setzten seine Hinrichtung durch. Der Bruder des Getöteten verwüstete darauf mit von Burgund bezahlten Söldnern das Oberelsass; die antiburgundische Liga antwortete mit einem gemeinsamen Feldzug ins Burgundische. Dennoch mied Herzog Karl weiterhin einen Konflikt mit den Eidgenossen. Kriegsbanden, die von Bern, Freiburg im Üechtland und Luzern unterstützt wurden, brandschatzten aber im Verlauf des Jahres 1475 das mit Savoyen und Burgund verbündete Waadtland und besetzten es; die übrigen Orte billigten diese aggressive Eroberungspolitik keineswegs. Zur Strafe griff der burgundische Herzog im Februar 1476 Freiburg im Üechtland und Bern an; im letzten Moment eilten die eidgenössischen und elsässischen Verbündeten zu Hilfe. Karl der Kühne, der als Adliger die kriegerischen Fähigkeiten des dritten Standes zu seinem eigenen Schaden gering einschätzte, wurde 1476 zuerst bei Grandson in die Flucht geschlagen und verlor seine gesamte, kostbare Habe. Auch die Revanche misslang ihm, sein Söldnerheer wurde einige Monate später bei Murten aufgerieben. Im Kampf mit dem Herzog von Lothringen, der nun durch eidgenössische Truppen unterstützt wurde, kam Karl nach der verlorenen Schlacht bei Nancy im Januar 1477 um.

Der Tod Karls des Kühnen veränderte die politische Landkarte Westeuropas. Zwar profitierte der französische König Ludwig XI. zuerst davon, dass sein ärgster Widersacher auf dem Schlachtfeld gestorben war. Weil Maria von Burgund, die Tochter und Alleinerbin Karls des Kühnen, aber mit Maximilian, dem Sohn Kaiser Friedrichs III., verheiratet war, fielen grosse Teile der burgundischen Besitzungen – darunter die Niederlande – an das Haus Habsburg.

Die Eidgenossenschaft wandelte sich in den Jahren 1474–1477 ebenfalls. Bern und Freiburg im Üechtland hatten gemeinsam mit den oberrheinischen Städten einen Angriffskrieg gegen Burgund geführt, an dem sich die übrigen Bündnispartner zum Teil widerstrebend beteiligt hatten. Um ihr Vorgehen zu rechtfertigen, organisierten die Städte einen eigentlichen Propagandafeldzug und stellten den burgundischen Herzog als «bőssen Túrken von Burgund», als westliches Gegenstück zum türkischen Sultan Mehmed II., dar. Im Namen der «teutschen nation» führten Bern, Freiburg im Üechtland, Basel und Strassburg geradezu einen weltlichen Kreuzzug gegen Karl den Kühnen; entsprechend trugen die Krieger der antiburgundischen Liga weisse Kreuze. Beispielhaft zeigen so bereits die Burgunderkriege, worin das Erfolgsrezept des Nationalismus im 19. Jahrhundert bestehen wird, nämlich in der Verknüpfung von Religion und weltlicher Machtpolitik.

Die Kriegserfolge erschütterten überdies das eidgenössische Sozialgefüge. Der französische König und später auch der Kaiser versuchten, die erfolgreichen Eidgenossen als Söldner gegen ein hohes Entgelt für sich zu gewinnen. Werber und Pensionen bestimmten in der Folge den eidgenössischen politischen Alltag; eine zeitgenössische Chronik hielt lapidar fest: «Und kam vil geltz in das lant.» Viele Knechte liefen ihren Herren davon und suchten als Reisläufer ihr Glück. Aufgrund der vielen Plünderungszüge waren einzelne Menschen abgestumpft und verroht. So wurden 1476 in Bern Sühneprozessionen abgehalten, da – wie ein Chronist bemerkte – in den vorangehenden Kriegen zehnjährige Knaben gebrandschatzt und gemordet hatten. Der Erfolg der Krieg führenden, westlich gelegenen Städte verschob schliesslich das politische Gleichgewicht zuungunsten der innerschweizerischen Länderorte und führte zu einer schwerwiegenden inneren Krise.

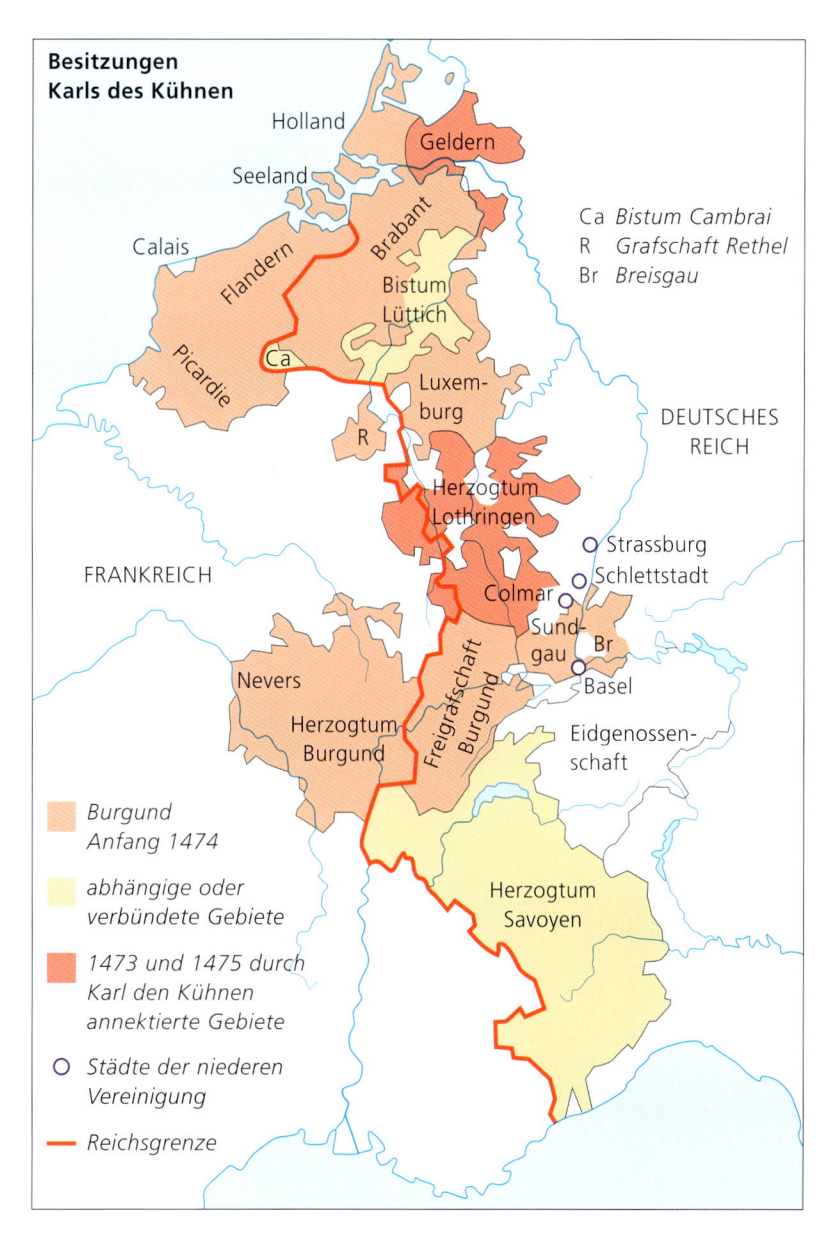

Besitzungen Karls des Kühnen

Ca *Bistum Cambrai*
R *Grafschaft Rethel*
Br *Breisgau*

- Burgund Anfang 1474
- abhängige oder verbündete Gebiete
- 1473 und 1475 durch Karl den Kühnen annektierte Gebiete
- O Städte der niederen Vereinigung
- — Reichsgrenze

Die Schweiz im Spätmittelalter

Das eidgenössische Bündnisgeflecht in der Krise

Die «Gesellschaft vom Törichten Leben» und der Gegensatz zwischen Städten und Ländern

Auf der Zuger Fasnacht 1477 vereinbarten innerschweizerische Krieger, nach Genf zu ziehen und Geld einzutreiben, das ihnen die Rhonestadt angeblich schuldete. Die in Zug versammelten Gesellen gründeten eine «Gesellschaft vom Törichten Leben» und richteten ein Banner auf, das einen Kolben und einen wilden Eber zeigte. Der Kolben – ein auch im Wallis unter dem Namen «Matze» verbreitetes Zeichen für Unzufriedenheit mit der politischen Führung – bedeutete, dass es nicht nur um einen Fasnachtsscherz jugendlicher Schläger ging. Die Reisläufer wollten gegen die ungerechte Beuteverteilung nach den Burgunderkriegen protestieren und die reich gewordenen städtischen Obrigkeiten unter Druck setzen. Der politische Protest im Zeichen des Kolbens stiess in den Länderorten auf grosse Zustimmung, denn in kurzer Zeit umfasste die «Gesellschaft vom Törichten Leben» 1800 kriegserfahrene Männer aus Uri, Schwyz, Unterwalden und Zug. Die bedrohten Städte verriegelten in Panik ihre Tore; durch Geldzahlungen und grosszügige Weinspenden konnten die Krieger zum Umkehren bewogen werden.

Nach überstandener Gefahr ging Genf das erste Burgrecht mit Bern und Freiburg im Üechtland ein, um sich gegen weitere Freischarenzüge abzusichern. Aber auch die eidgenössischen Städte Zürich, Bern, Luzern, Solothurn und Freiburg im Üechtland schlossen sich enger zusammen und besiegelten ein unbefristetes Burgrecht. Das bedeutete, dass jeder Bürger der fünf unterzeichnenden Städte gleichzeitig auch als Bürger der vier übrigen galt und entsprechenden Schutz genoss. Die Erfahrungen mit dem unkontrollierbaren Kriegszug der «Gesellschaft vom Törichten Leben» standen hinter diesen weit gefassten Schutzbestimmungen für die städtischen Bürger. Die Städteorte wollten gefährliche Zusammenrottungen in Zukunft vereiteln und ihren Obrigkeiten die alleinige Anwendung von Gewalt sichern; dagegen war die Bevölkerung in den Länderorten eher geneigt, eine derartige Selbsthilfe – nach Art der Fehde – weiterhin zu dulden.

Gegen das Burgrecht der Städte protestierten die Länderorte scharf, die wegen des Einbezugs von Solothurn und Freiburg im Üechtland eine Übermacht der Städte innerhalb der Eidgenossenschaft fürchteten. Sie warfen Luzern vor, es hätte gegen den Bund von 1332 verstossen und sich ohne vorherige Absprache mit Auswärtigen verbunden. Die fünf Länderorte gingen nun ihrerseits ein Bündnis mit dem Bischof von Konstanz ein. Die Lage spitzte sich zu, und es kam beinahe zu einem Krieg zwischen Städten und Ländern.

Das Stanser Verkommnis von 1481

Die Boten der verschiedenen Orte verhinderten im letzten Moment einen kriegerischen Konflikt, indem die beiden Problemkreise – einerseits Beitritt von Solothurn sowie Freiburg, anderseits Burgrechtsvertrag der Städte – auf der **Tagsatzung** getrennt behandelt wurden. Die Länder stimmten der Aufnahme Freiburgs im Üechtland und Solothurns in die Eidgenossenschaft – allerdings mit etwas eingeschränkten Rechten – zu. Die Städte lösten dagegen ihren Burgrechtsvertrag auf. Die anderen Probleme wurden in einer separaten «Übereinkunft», einem «Verkommnis», geregelt. Gewaltsame Überfälle auf Miteidgenossen wurden verboten; wer dennoch angegriffen wurde, konnte mit dem Schutz der übrigen Orte rechnen. Versammlungen oder Zusammenrottungen ohne Erlaubnis der Obrigkeit, aber auch die Aufwiegelung der Untertanen eines andern Ortes wurden ebenfalls untersagt. Weiter wurde die Aufteilung der Kriegsbeute und die Verwaltung der eroberten Gebiete geregelt. Schliesslich sollten in Zukunft die Bünde alle fünf Jahre neu beschworen werden, wobei Pfaffenbrief, Sempacherbrief und Stanser Verkommnis dabei jedes Mal vorzulesen waren.

Offenbar war den Obrigkeiten der Städte und auch der Länder daran gelegen, ihre Untertanen im Zaum zu halten; der Schock des Zuges vom «Törichten Leben» sass noch tief. Versammlungen, Demonstrationen und Zusammenschlüsse der Untertanen waren fortan verboten, gleich wie in den umliegenden Fürstentümern. Im Gegensatz zu früheren Vereinbarungen spricht das Stanser Verkommnis auch häufig davon, dass jeder Ort «bi sinem» bleiben und die «sinen» nicht verlieren solle. Das Hoheitsrecht der jeweiligen Obrigkeit begann nun, sich zu einem unantastbaren, territorialen Besitz zu wandeln.

Der Obwaldner Niklaus von Flüe, der damals bereits als «Bruder Klaus» im Flüeli-Ranft lebte, hat an den Verhandlungen um das «Stanser Verkommnis» persönlich kaum teilgenommen. Belegt ist nur, dass bereits 1478 eine luzernische Gesandtschaft an Bruder Klaus gelangt war und dass im November 1481, in einer kritischen Phase, ihn ebenfalls Boten im Flüeli-Ranft besuchten; später dankte ihm die Tagsatzung für seine Vermittlungsarbeit. Aus einem Brief, den Bruder Klaus nach dem Stanser Verkommnis niederschreiben liess, kann erschlossen werden, dass er vermutlich den Eidgenossen in einer mündlich überbrachten Botschaft riet, eine für beide Seiten

Der Auszug des «Torechten Lebens» in der Berner Chronik des Diebold Schilling (um 1480)

befriedigende Übereinkunft auszuhandeln. Gütliche Vereinbarungen schienen ihm grundsätzlich für einen dauerhaften Frieden sinnvoller als starres Beharren auf dem Rechtsstandpunkt.

Auseinandersetzungen mit dem Kaiser: Der «Schwabenkrieg»

Kaiserliche Berater, Geistliche und Humanisten forderten im Verlauf des 15. Jahrhunderts immer häufiger eine tief greifende Reform des Reichs, denn das jeweilige Reichsoberhaupt war nicht mehr in der Lage, seine Untertanen vor den ständigen Fehden zu schützen und das Vordringen der Osmanen seit dem Fall Konstantinopels (1453) zu verhindern. Deshalb beschlossen der habsburgische Kaiser Maximilian I. und die Fürsten 1495 auf dem Wormser Reichstag eine Neuorganisation des Reichs. Die privaten Fehden waren fortan verboten; wer den Landfrieden brach, sollte empfindlich bestraft werden. Die Rechtsprechung wurde einem Reichskammergericht übergeben. Schliesslich sollte eine allgemeine Reichssteuer erhoben werden, um einen Kreuzzug gegen die Türken zu finanzieren.

Gegen diese Neuerungen machten sich in der Eidgenossenschaft unverzüglich Widerstände bemerkbar. Die Kritik richtete sich keineswegs gegen das Reich an sich, sondern gegen dessen wachsenden Herrschaftsanspruch unter einem habsburgischen König. Während das noch nicht zur Eidgenossenschaft gehörende Basel die geforderte Steuer bezahlte, weigerten sich die eidgenössischen Städte. Den Mahnungen des Reichskammergerichts wurde keine Folge geleistet. Angesichts dieser Spannungen steigerten sich lokale bewaffnete Auseinandersetzungen entlang des Rheins – von Graubünden über den Bodensee bis nach Basel – im Jahre 1499 zum so genannten «Schwabenkrieg», der in Deutschland den Namen «Schweizerkrieg» trägt. Maximilian I. griff selber in den Konflikt ein und bezeichnete die Eidgenossen in einem Manifest geradezu als «böse, grobe und schnöde gepurslůt». Er unterstützte den «Schwäbischen Bund», der seit 1488 von den Habsburgern als Gegenpol zur Eidgenossenschaft gefördert worden war, und hoffte damit, die Eidgenossen in die Schranken weisen zu können. Dennoch mussten die «Schwaben» mehrere Niederlagen einstecken, sodass es 1499 nach einem kurzen und heftigen Krieg zu einem Friedensschluss kam, der die Eidgenossen von den Wormser Beschlüssen befreite. Basel und Schaffhausen, die unter den Auseinandersetzungen besonders gelitten hatten, traten 1501 der Eidgenossenschaft bei; 1513 kam Appenzell als dreizehnter und letzter Ort hinzu.

1507 erschien Petermann Etterlins «Kronica von der loblichen Eydtgnoschaft, jr harkomen [Herkommen] und sust seltzam strittenn und geschichten». Nach dem Titelblatt folgt ein Holzschnitt, der den Kaiser auf dem Thron zeigt, umgeben von den sieben Kurfürsten; ihm widmet Etterlin, im Vordergrund stehend, sein Buch.

Der zweite Holzschnitt (siehe S. 154) zeigt den Reichsadler, umgeben von den Wappen der 13 regierenden Orte der Eidgenossenschaft samt den Zeichen der zugewandten Orte St. Gallen, Chur und Wallis. Auf der fünfzehnten Seite des Drucks findet sich die Szene vom Apfelschuss Tells.

Der «Schwabenkrieg» brachte nicht die Loslösung der Eidgenossenschaft vom **Reich**; diese erfolgte erst 1648. Vielmehr beharrten die Eidgenossen auf älteren Vorstellungen, wonach das Reich in erster Linie die Christenheit beschützen sollte. Noch im 16. Jahrhundert waren deswegen die einzelnen Orte bereit, mit Truppen und Geld die kaiserlichen Kriegszüge gegen die Türken zu unterstützen. Ein Reich als Leistungsgemeinschaft, mit Rechten und Pflichten samt Institutionen, lehnten sie dagegen ab. Dass die Eidgenossenschaft auch nach 1499 zum Reich gehörte, zeigen Bilder aus der ersten, 1507 gedruckten Schweizergeschichte von Petermann Etterlin. Auf das Titelblatt folgt ein Holzschnitt, der das Reichsoberhaupt auf dem Thron zeigt, umgeben von den sieben Kurfürsten; ihm widmet Etterlin, der im Vordergrund ein Buch darbietet, sein Werk. Der zweite Holzschnitt zeigt den Reichsadler, umgeben von den Wappen der 13 regierenden Orte der Eidgenossenschaft samt den Zeichen der **zugewandten** Orte St. Gallen, Chur und Wallis. Wenige Seiten später bildet Etterlin die Szene vom Apfelschuss Tells ab. Offensichtlich bestand für ihn und sein Publikum kein Widerspruch zwischen Befreiungssage und Zugehörigkeit zum Reich.

Die ennetbirgischen Unternehmungen bis zur Schlacht von Marignano 1515

Seit der ersten Hälfte des 15. Jahrhunderts versuchten die Innerschweizer Orte mit wachsendem Erfolg, ihren Machtbereich über den Alpenkamm hinaus in die südlichen Täler auszudehnen; dabei gerieten sie regelmässig mit den Herzögen von Mailand in Konflikt (vgl. S. 145). Seit 1494 veränderten sich aber die Kräfteverhältnisse in Italien grundlegend, denn die französischen Könige beanspruchten aufgrund ihrer Verwandtschaft mit den italienischen Herrscherhäusern grosse Gebiete der Apenninhalbinsel. 1500 gelang es ihnen, sich des Herzogtums Mailand zu bemächtigen. Die Ausweitung des französischen Machtbereichs forderte den Widerstand der übrigen westeuropäischen Mächte heraus. Mit verschiedenen, häufig wechselnden Allianzen versuchten der Papst, Maximilian I. als Oberhaupt des Reichs, Venedig, aber auch Spanien und England, das gestörte politische Gleichgewicht in Italien zu ihren Gunsten wiederherzustellen.

Diese Vorgänge betrafen die Eidgenossenschaft unmittelbar und setzten sie einer Zerreissprobe aus. Die Innerschweizer Orte, die weiterhin eine Ausdehnung ihrer Macht nach Süden beabsichtigten, stiessen bei ihren ennetbirgischen Zügen nun mit dem französischen König zusammen, welcher zugleich mit anderen Orten verbündet war und viele eid-

Zeittafel zu den oberitalienischen Feldzügen

1494	Rund 6000 eidgenössische Söldner unterstützen den französischen König Karl VIII. bei seinem Feldzug durch Italien.
1495	20 000–25 000 Söldner begeben sich erneut in den Dienst des französischen Königs, der einen Eroberungszug durch Norditalien unternimmt.
1499/1500	Ludwig XII., König von Frankreich, schliesst mit den eidgenössischen Orten einen zehnjährigen Soldvertrag, der ihm das Recht zusichert, Reisläufer anzuwerben. Sein Gegner, der mailändische Herzog Ludwig Sforza («il Moro»), wirbt ebenfalls Eidgenossen an. Bei Novara stehen sich die beiden Heere gegenüber. Eine Schlacht zwischen Eidgenossen wird vermieden, indem die eidgenössischen Truppen des mailändischen Herzogs ihren Herrn verraten und dem französischen König ausliefern.
1503	Ludwig XII. tritt die Festung Bellinzona mit den Gemeinden Isone und Medeglia an die Innerschweizer ab.
1506	Papst Julius II. gründet die Schweizergarde.
1507	6000 Söldner helfen dem französischen König bei der Wiedereroberung Genuas.
1510	Nach Ablauf des französischen Soldvertrags distanzieren sich die Eidgenossen von Frankreich und schliessen ein Bündnis mit dem Papst, der Frankreich feindlich gesinnt ist.
1511	Aus Rache für die Ermordung zweier eidgenössischer Boten verwüsten 10 000 Reisläufer weite Gebiete der Lombardei.
1512	Im Auftrag des Papstes vertreiben rund 20 000 eidgenössische Söldner die französischen Truppen aus Norditalien («Pavierzug»).
1513	Bei Novara bringen die Eidgenossen den Truppen Frankreichs eine Niederlage bei.
1515	Der neue französische König Franz I. versucht, Norditalien wieder zurückzuerobern. Am 13./14. September schlägt er die Eidgenossen bei Marignano vernichtend; 6000–7000 Reisläufer verlieren ihr Leben.

genössische Reisläufer beschäftigte. Gleichzeitig versuchten auch Kaiser Maximilian I. und der Papst, Söldner für den Kampf gegen Frankreich anzuwerben. Alle diese Mächte bemühten sich mit Pensionen und hohen Bestechungsgeldern um die Gunst der eidgenössischen Obrigkeiten, sodass die **Tagsatzung** nicht in der Lage war, die auswärtige Politik der Orte aufeinander abzustimmen. Bis 1509 unterstützten die Eidgenossen mehrheitlich die Italienpolitik des französischen Königs, wechselten aber dann auf die Seite des Papstes, der Frankreich aus Italien vertreiben wollte. Die anfänglichen Kriegserfolge führten so weit, dass die Orte sogar die Herrschaft über das Herzogtum Mailand fordern konnten. Selbstüberschätzung und Uneinigkeit liessen die eidgenössische Italienpolitik aber scheitern. In der Schlacht von Marignano – an der bezeichnenderweise keine Berner, Freiburger und Solothurner teilnahmen – unterlagen 1515 die eidgenössischen Reisläufer, bloss an den Nahkampf gewöhnt, dem französischen Heer mit seiner neuen, leistungsfähigen Artillerie. Die Mailänder Feldzüge zeigten, dass eine einheitliche Aussenpolitik oder gar eine «Grossmachtpolitik» der Eidgenossenschaft aufgrund der starken inneren Differenzen zum Scheitern verurteilt waren. Die Feldzüge nach Oberitalien beeinflussten allerdings die zukünftige Gestalt der Schweiz, denn die Eidgenossen konnten trotz ihrer Niederlage die Gebiete des heutigen Kantons Tessin behalten und in der Folge als **gemeine Herrschaften** (vgl. S. 146) verwalten.

Eidgenössischer Krieger zur Zeit der Mailänder Kriege (Zeichnung von Urs Graf)

Die Schweiz im Spätmittelalter

Von der Eidgenossenschaft zur Schweiz

Die Eidgenossenschaft als «Land»

Das Kapitel zur spätmittelalterlichen Geschichte der Schweiz begann (vgl. S. 104) mit den Skizzen Albrechts von Bonstetten aus dem Jahre 1479. Für ihn war die Rigi noch das heilige Zentrum der «Obertütscheit Eidgenosschaft». 1495–1497 zeichnete der Berner Arzt Konrad Türst die erste Karte der Eidgenossenschaft samt Angabe der geografischen Breitengrade: Das langsam gewachsene Bündnisgeflecht war zu einem «Land» geworden.

Türsts Karte enthält aber bezeichnenderweise keine Grenzlinien. Um 1500 gab es noch keinen souveränen Staat, der alle Rechte in einem fest begrenzten Territorium innehatte, sondern verschiedene Herrschaften besassen gleichzeitig in einem Gebiet bestimmte Rechte. So war es gut möglich, dass für kleinere Vergehen ein anderes Gericht zuständig war als für todeswürdige Verbrechen; Ehesachen gehörten wiederum grundsätzlich vor ein geistliches Gericht. Die damaligen Menschen wussten aber sehr genau, wo ein Gebiet anderen Rechts begann, und nützten dies auch aus, wie Zeugenaussagen zu Grenzverläufen zeigen. Die Behörden begannen im Spätmittelalter erst gelegentlich, mit Hilfe von Skizzen die einzelnen Besitzungen auf Papier festzuhalten. Die politisch-rechtliche Lage war auch noch um 1500 vielfältiger, als es eine moderne Karte mit einfarbigen Territorien, wie die nachfolgende, wiedergeben kann.

Aus «Eidgenossen» werden «Schweizer»

Wenn bisher mehrheitlich von der «Eidgenossenschaft» und nicht von der «Schweiz» die

Die älteste gezeichnete Schweizer Karte von Konrad Türst (etwa 1455–1509). Die Karte ist nach Süden orientiert. Sie zeigt im oberen Teil die Alpen und reicht vom Bodensee (links) bis zum Genfersee (rechts).

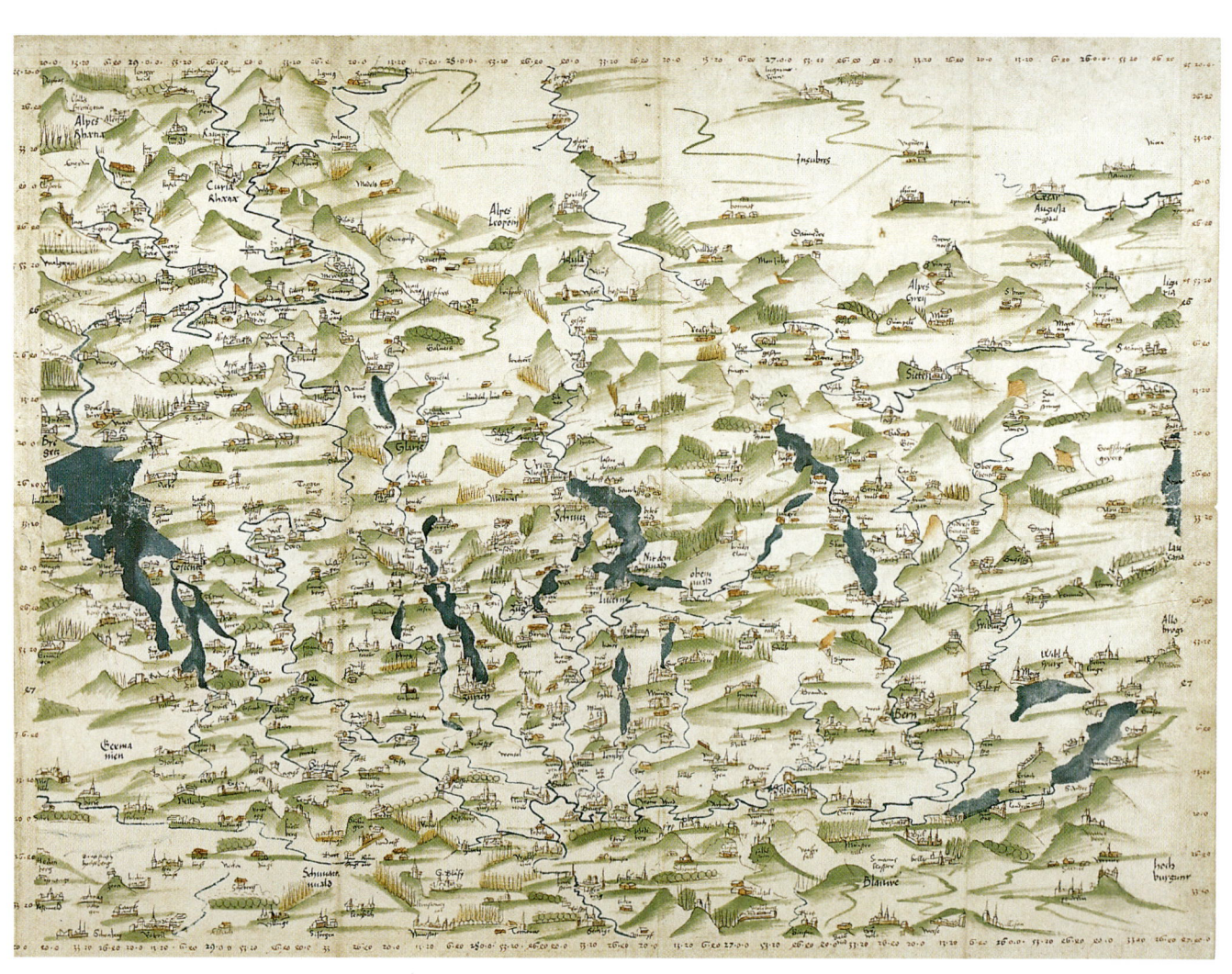

Die Eidgenossenschaft 1516

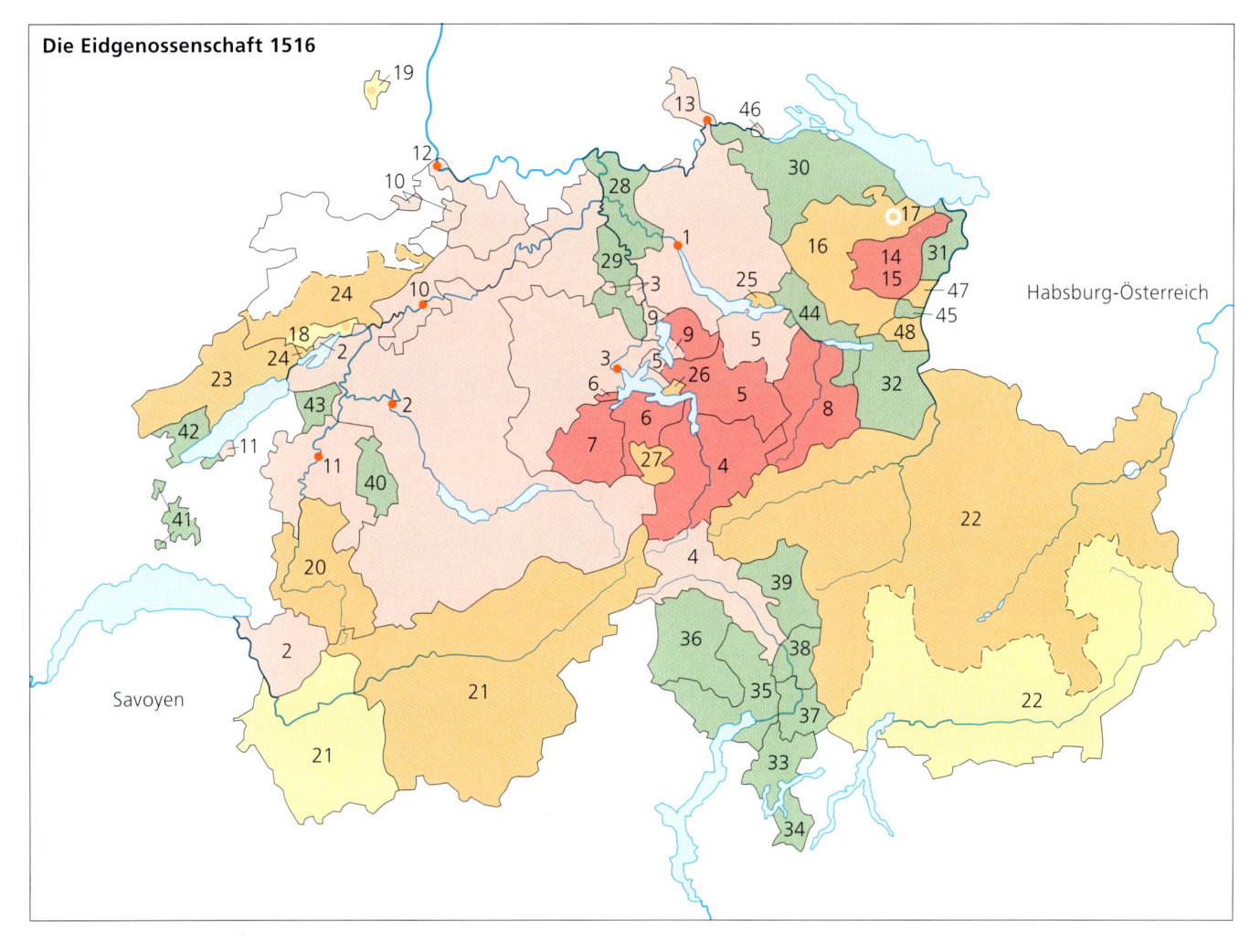

- verbündeter, vollberechtigter Ort
- Untertanengebiet eines vollberechtigten Ortes
- verbündeter Ort minderen Ranges oder mit nur lockeren Beziehungen («Zugewandter»)
- Untertanengebiet eines «Zugewandten»
- Gemeine (gemeinsame) Herrschaften (in Klammern die besitzenden Orte)

1 Zürich
2 Bern
3 Luzern
4 Uri
5 Schwyz
6 Unterwalden nid dem Wald
7 Unterwalden ob dem Wald
8 Glarus
9 Zug
10 Solothurn
12 Freiburg
13 Schaffhausen
14/15 Appenzell (ungeteilt)
16 Fürstabtei St. Gallen
17 Stadt St. Gallen
18 Biel
19 Mülhausen
20 Grafschaft Greyerz
21 Wallis
22 Graubünden
23 Neuenburg
24 Fürstbistum Basel (nur südliche Hälfte mit Eidgenossenschaft verbündet)
25 Rapperswil
26 Gersau
27 Abtei Engelberg
28 Baden (ZH, BE, LU, UR, SZ, UW, GL, ZG)
29 Freiamt (ZH, LU, SZ, UW, GL, ZG)
30 Thurgau (ZH, LU, UR, SZ, UW, GL, ZG)
31 Rheintal (ZH, LU, UR, SZ, GL, ZG, AR)
32 Sargans (ZH, LU, UR, SZ, UW, GL, ZG)
33 Lugano
34 Mendrisio   (ZH, BE, LU, UR, SZ, UW,
35 Locarno   GL, ZG, FR, SO, BS, SH)
36 Val Maggia
37 Bellinzona (UR, SZ, UW n. W)
38 Riviera (UR, SZ, UW n. W)
39 Blenio (UR, SZ, UW n. W)
40 Schwarzenburg (BE, FR)
41 Orbe-Echallens (BE, FR)
42 Grandson (BE, FR)
43 Murten (BE, FR)
44 Gaster-Uznach (GL, SZ)
45 Gams (GL, SZ)
46 Stein am Rhein (zu ZH)
47 Herrschaft Sax (zu ZH)
48 Herrschaft Werdenberg (zu GL)

Das Bild stammt aus der 1513 vollendeten Chronik des Luzerners Diebold Schilling. Dargestellt ist ein Ereignis von 1476, der Auszug der Eidgenossen nach Nancy, um gegen Karl den Kühnen zu kämpfen. Die mit Kreuzen gekennzeichneten Truppen beten mit «zertanen Armen», während zwei Dominikaner, auf Misthaufen stehend, mit Hostien die Truppen segnen. Im Bildhintergrund feuern zwei Hauptleute die Söldner an.

Rede war, so geschah dies aus gutem Grund. Bis zum Schwaben- oder Schweizerkrieg von 1499 war die Bezeichnung «Schweizer» bei den Eidgenossen verpönt. Sie diente nämlich den Gegnern seit der Mitte des 14. Jahrhunderts als abwertender Sammelname. Zudem sträubten sich die restlichen sieben Orte dagegen, den Schwyzern einen Vorrang bei der Namengebung einzuräumen. Schliesslich verbreitete der eidgenossenfeindliche Zürcher Chorherr Felix Hemmerlin in der Mitte des 15. Jahrhunderts auch die Mär, die Schwyzer seien nichts anderes als kriegsgefangene Sachsen, die zur Strafe von Karl dem Grossen in die Alpen umgesiedelt worden wären; hier sollten sie nun so richtig «schwitzen», woher auch ihr Name stamme.

Um 1500 änderten aber die Eidgenossen ihre Einstellung. Sie übernahmen die Bezeichnung «Schweizer» von ihren Gegnern und versuchten, den neuen Namen mit einer positiven Bedeutung zu füllen. Zugleich hatten sie wohl das Bedürfnis, an die Stelle farbloser verwaltungstechnischer Begriffe wie «Bund» oder «Eidgenossenschaft» einen individuellen Namen zu setzen. Seitens der **Humanisten** wurde überdies die Bezeichnung «Helvetier» (vgl. S. 14 ff.) in wachsendem Masse herangezogen; damit fanden die «Schweizer» sogar einen Anschluss an die antike Geschichte.

Das Schweizerkreuz

Während des 15. Jahrhunderts besass jeder eidgenössische Ort immer noch ein eigenes Feldzeichen, manchmal mit einem Wappentier wie dem Urner Stier oder dem Berner Bär. Letzterer war derart beliebt, dass der Chronist Diebold Schilling auf den Chronikbildern richtige Bären an der Seite der Berner kämpfen liess. Daneben benützten die Freischaren, die inoffiziellen Kriegsbanden, manchmal ein Fähnlein mit einem Kreuz, oder sie trugen kreuzweis aufgenähte weisse Bändel, um sich zu erkennen. Weisse Kreuze waren dann während der Burgunderkriege das Zeichen aller gegen Karl den Kühnen verbündeten Parteien, auch der oberrheinischen und österreichischen Truppen; es handelte sich also nicht um ein Emblem, das allein den Eidgenossen vorbehalten war. Da die Siege über Karl den Kühnen aber auf eidgenössischem Gebiet erfochten wurden, entwickelte sich das weisse Kreuz zum Zeichen für die gesamte Eidgenossenschaft. Hinzu kam, dass das Kreuz an die Passion Christi erinnerte, die im religiösen Denken der Eidgenossen eine wichtige Rolle spielte; so war der Gekreuzigte samt Marterwerkzeugen in der Ecke des Schwyzer Banners abgebildet. Ein Bild von eidgenössischen Truppen, die alle mit weissen Kreuzen gekennzeichnet sind, begegnet uns allerdings erst in einer Luzerner Chronik aus dem beginnenden 16. Jahrhundert.

Gemeinsame Vorstellungen und Zusammengehörigkeitsgefühl

Bis weit in die frühe Neuzeit besitzen wir keine Quellen, aus denen wir die Ansichten der gesamten Bevölkerung kennen lernen können. Gängige Vorstellungen können wir nur aus Medien erschliessen, die sich von vornherein an ein breites, vorwiegend leseunkundiges Publikum wendeten: Lieder, Sprüche, bebilderte Kalender und Drucke, Gemälde oder Fahnen. Wichtige Hinweise liefern regelmässig wiederkehrende Veranstaltungen, an denen der breiten Bevölkerung die Zugehörigkeit zur Eidgenossenschaft vermittelt wurde.

Dazu gehörten die bereits erwähnten religiösen Bräuche: die Schlachtjahrzeiten und später das «Grosse Gebet» (vgl. S. 148). Während einer Messe wurde nicht nur für das Wohlergehen der Kirche, des Papstes und des Kaisers gebetet, sondern gleichzeitig auch für die «lobliche gemeine eidtgnosschafft». Hinzu kam die regelmässige Beschwörung der Bünde. So nahmen 1471 in Zürich, dessen Bevölkerung auf 4700 Personen geschätzt wird, rund 300 Personen von auswärts an der eidlichen Erneuerung der Bünde teil. Daran schlossen sich Festlichkeiten an; diese fielen – wie die erhaltenen Rechnungen zeigen – keineswegs karg aus. Die eidliche Erneuerung der Bünde wurde sehr ernst genommen. 1482 verlangten die Berner von ihren ländlichen Untertanen, dass von jedem Haushalt ein sauber gekleideter Mann am Sonntag im städtischen Münster anwesend sein soll, um «die pund ze ernüwern mit den Eydtgnon». Weitere Hinweise liefern die Umfragen, welche die Städte seit etwa 1500 durchführten, um die Meinungen der Untertanen zu einzelnen politischen Geschäften (Bündnissen, Steuern usw.) kennen zu lernen (vgl. S. 168). Die ländliche Bevölkerung verlangte in erster Linie Frieden – allerdings im Widerspruch zur gleichzeitig zu beobachtenden Begeisterung für das Reislaufen – sowie, «nit zu scheiden von unseren trüwen eidgnossen». Die Bewohner des bernischen Amtes Konolfingen verwiesen um 1514 sogar auf die gegenseitige Treue «unser altvordern»: Sie besassen offenbar die Vorstellung einer gemeinsamen eidgenössischen Geschichte, wie sie sich im Spätmittelalter herausgebildet hatte.

Ein verbindendes Element innerhalb der Eidgenossenschaft waren die gemeinsamen Schützenfeste. Das Bild aus der Chronik des Gerold Edlibach zeigt die Ziehung der Schützenfestlotterie am grossen Freischiessen in Zürich, 1504

159

Helmut Meyer

Die Schweiz im Zeitalter der konfessionellen Spaltung
16. und 17. Jahrhundert

Die Schweiz im Zeitalter der konfessionellen Spaltung

Der europäische Rahmen: Zwischen Habsburg und Frankreich

Die Welt um 1500

Eine Reihe einschneidender Ereignisse prägte die Zeit um 1500 und bewirkte, dass man später diese als Epochengrenze bezeichnete und zwischen «Mittelalter» und «Neuzeit» unterschied.

Durch die Entdeckungsfahrten der Portugiesen und Spanier wurde das Weltbild der Menschen enorm erweitert. Die Annahme, dass die Erde eine Kugel sei, erwies sich als richtig. Mittel- und Südamerika gerieten nach der Entdeckungsfahrt des Kolumbus 1492 überwiegend unter spanische Herrschaft; die altamerikanischen Hochkulturen wurden zerstört. Der neue Handelsweg (seit 1498) um Afrika nach Indien und Indonesien entwickelte sich zur Achse eines Netzes globaler, europäisch beherrschter Wirtschaftsbeziehungen.

Die Entwicklung in der Literatur und der Kunst, damit auch im Denken einer kulturellen Elite, wurde durch eine neue Sicht der antiken Kultur geprägt. Diese erschien als unmittelbares Vorbild, während die dazwischen liegende Zeit als «dunkles Mittelalter» abqualifiziert wurde. Konkrete Auswirkungen dieser neuen Sicht waren die Kunst der Renaissance und die literarische Strömung des **Humanismus**. Der humanistische Grundsatz «ad fontes» (lat.; dt.: «zu den Quellen») kennzeichnete die damalige und künftige Art der Auseinandersetzung mit der Textüberlieferung.

Die seit langem latente Krise in der römisch-katholischen Kirche bestand in einer zunehmenden Diskrepanz zwischen dem kirchlichen Machtanspruch und den tatsächlich stagnierenden oder rückläufigen kirchlichen Leistungen. Gleichzeitig wuchsen die religiösen Erwartungen der Bevölkerung. Im Unterschied zu früher gelang es der Kirche nicht mehr, auftretende Reformer – «Reformatoren» – zu integrieren oder auszuschalten. Das führte schliesslich zur Spaltung in die traditionelle römisch-katholische Kirche und eine Reihe «protestantischer» Kirchen. Da alle diese verschiedenen christlichen Bekenntnisse – «Konfessionen» – einen Wahrheits- und Alleingültigkeitsanspruch erhoben, bewirkte dies tief greifende Konflikte.

In West- und Mitteleuropa entstand durch verschiedene Erbgänge ein riesiger, aber heterogener Machtkomplex im Besitz der Familie der Habsburger. Karl V. (geb. 1500, gest. 1558) trug die Kaiserkrone des Heiligen Römischen Reiches deutscher Nation und beherrschte ausserdem Spanien, Unteritalien, die Niederlande sowie die Freigrafschaft Burgund; in Kämpfen mit Frankreich eroberte er zudem die Lombardei. Sein Bruder Ferdinand I. (geb. 1504, gest. 1564) regierte über Österreich, Böhmen und Teile Ungarns.

Hauptgegner der Habsburger war Frankreich, das sich durch diesen Machtkomplex eingekreist sah. Der jahrhundertelang anhaltende habsburgisch-französische Gegensatz prägte auch die aussenpolitische Situation der Schweiz.

Südosteuropa geriet zunehmend unter die Herrschaft des Osmanischen Reiches, das sich schliesslich um die Mitte des 16. Jahrhunderts von Budapest bis zum Persischen Golf erstreckte; sein Zentrum war (seit 1453) Konstantinopel (Istanbul). Die Prägung durch die islamische Religion und durch die türkische Sprache, Armee und Verwaltung hoben das Reich von der christlich-lateinischen Welt Mittel- und Westeuropas deutlich ab; von der letzteren wurde es während zweihundert Jahren als grosse Bedrohung empfunden.

Die Zeit der Reformation
1. Hälfte des 16. Jahrhunderts

Der Schwerpunkt der Reformation war Deutschland unter Einschluss der Schweiz. Für alle «reformierten» (d. h. eine Kirchenreform fordernden) Prediger von Luther bis Zwingli (vgl. S. 172 ff.) stand das in der Heiligen Schrift festgehaltene und in der Predigt verkündete Wort Gottes im Zentrum; alles andere Bestehende – von der Gnaden- und Sakramentslehre über die Heiligen- und Bilderverehrung bis zur Kirchenstruktur – wurde daran gemessen und zum grossen Teil abgelehnt. Die latente Kirchenkritik und die unflexible Haltung der traditionellen Kirche bewirkten, dass sich breite stadtbürgerliche und bäuerliche Kreise, bald aber auch ein Teil der Reichsfürsten, hinter die Reformer stellten. Dem durch die Auseinandersetzungen vor allem mit Frankreich in Atem gehaltenen Kaiser Karl V. gelang es nicht, eine allseits befriedigende, die Einheit der Kirche wahrende Lösung des kirchlichen Konflikts herbeizuführen. Er musste sich schliesslich damit abfinden, dass es gemäss

Legende zu Abbildung S. 161 siehe Seite 186.

Kaiser Karl V. Die Grosseltern des Herrschers waren väterlicherseits der Habsburger Kaiser Maximilian I. und Maria von Burgund, mütterlicherseits Ferdinand von Aragon und Isabella von Kastilien. (Porträt von Tizian)

dem Augsburger Religionsfrieden (1555) im Wesentlichen den einzelnen Reichsfürsten überlassen blieb, die Konfession für ihr Territorium und ihre Untertanen festzulegen – ein bedeutender Machtgewinn!

Allerdings zeichneten sich bald innerhalb der Reformatoren theologische Unterschiede ab, etwa in der Abendmahlslehre und in der Frage des Verhältnisses zwischen Staat, Kirche und Individuum. Da sich keine internationale protestantische Kirchenstruktur entwickelte, lag es an den weltlichen Fürsten und Stadtregierungen, im Rahmen einer landeskirchlichen Organisation der ihnen genehmen Auffassung zum Durchbruch zu verhelfen. In den meisten deutschen Territorien sowie in Skandinavien setzte sich die im Ganzen eher gemässigte und obrigkeitsfreundliche Richtung Luthers durch. Die in manchem radikaleren Auffassungen Zwinglis konnten sich zunächst nur im schweizerischen Raum behaupten, gewannen aber in der zweiten Hälfte des 16. Jahrhunderts über die ihr nahe stehende Theologie Calvins eine starke Ausstrahlung auf den französischen, niederländischen und angelsächsischen Raum.

Katholische Reform und spanische Vormachtstellung
2. Hälfte des 16. Jahrhunderts

Die zweite Hälfte des 16. Jahrhunderts war durch die Verschärfung des konfessionellen Gegensatzes und des Kampfes Spaniens um eine hegemoniale Stellung in Europa gekennzeichnet.

Die römisch-katholische Kirche beschritt den Weg der inneren Erneuerung und Reform. Dieses Streben schlug sich nieder in den Beschlüssen des Konzils von Trient (1562/1563) und in der Gründung neuer, sehr aktiver **Orden** (z.B. **Jesuiten, Kapuziner**). Durch Mission, Predigt, Förderung der Volksfrömmigkeit in allen Bereichen sowie der Gründung von Schulen gelang es der römisch-katholischen Kirche, auf dem Feld der geistigen Auseinandersetzung die Initiative zurückzugewinnen. Dabei wurde gegenüber dem protestantischen Lager nicht die Aussöhnung, sondern die Überwindung angestrebt. Daher wurde in dieser Zeit die konfessionelle Spaltung besiegelt, der Gegensatz vertieft.

Während der lutherische Protestantismus eher stagnierte, wurde der von Genf ausgehende Calvinismus zum Hauptwidersacher der von der katholischen Kirche ausgehenden «gegenreformatorischen» (ein von protestantischen Historikern eingeführter Begriff) Bestrebungen. Der in seiner Anlage obrigkeitskritische Calvinismus konnte sich nur in wenigen Staaten ganz durchsetzen, gewann aber vielerorts aktive, selbstbewusste Minderheitsgruppen für sich. Da die konfessionelle Entscheidung kaum irgendwo dem Gewissen des Einzelnen überlassen wurde, war sie immer eine politische Entscheidung und dadurch mit den grossen militärisch-politischen Entwicklungen verknüpft.

Der Rücktritt Kaiser Karls V. (1555/1556) führte zur Spaltung der habsburgischen Dynastie und damit ihres Herrschaftsbereiches. Die «österreichische Linie» beherrschte Österreich, Böhmen sowie Teile Ungarns und trug die Kaiserkrone, der «spanischen» unterstanden Spanien mit dem Kolonialreich, die Niederlande, Unteritalien, die Lombardei und die Freigrafschaft Burgund. Die Letztere war die Stärkere, zumal sie sich 1580 auch noch Portugal mit seinem Handelsnetz im indischen Raum aneignen konnte. Sie verfügte zudem über einen ständigen Zufluss an Gold und Silber aus Amerika. Unter König Philipp II. (1555–1598) war Madrid das Zentrum des europäischen politischen Geschehens.

Philipp II. war bestrebt, im Innern seine Stellung zu verstärken und reformatorische Bestrebungen zu unterdrücken, nach aussen die Vormachtstellung Spaniens zu bewahren und auszubauen. Hier hatte er jedoch bedeutende Rückschläge zu verzeichnen. In Frankreich, seinem wichtigsten Gegner, konnte nach jahrzehntelangen inneren Krisen König Heinrich IV. (1589–1610) wieder eine starke Königsmacht begründen und die Gegensätze zwischen Katholiken und Calvinisten schlichten (Edikt von Nantes 1598). Eine calvinistisch geprägte Aufstandsserie in den Niederlanden führte schliesslich zur Unabhängigkeit der nördlichen niederländischen Provinzen. Ein spanischer Angriff auf England scheiterte. Die Stellung Spaniens als stärkste europäische Grossmacht wurde durch diese Rückschläge nicht entscheidend getroffen. Langfristig bedeutsam war dagegen, dass vor allem die unabhängigen Niederlande intensive maritime und kolonialpolitische Aktivitäten entfalteten. Sie rissen den spanisch-portugiesischen Indienhandel im 17. Jahrhundert fast völlig an sich, etablierten sich auch im karibischen Raum und stiegen so zur weitaus bedeutendsten Handels- und Finanzmacht Europas auf. Auch England und Frankreich begannen, Kolonien in Nordamerika und in der westindischen Inselwelt sowie Stützpunkte in Indien zu erwerben.

Die Zeit des «Dreissigjährigen Krieges»
1. Hälfte des 17. Jahrhunderts

Zwischen 1610 und 1659 fanden teils neben-, teils hintereinander, nur durch kurzlebige Friedensschlüsse unterbrochen, zahlreiche Kriege statt, die später unter der Sammelbezeichnung

*Martin Luther (1483 bis 1546). Der Wittenberger Mönch und Theologieprofessor Luther exponierte sich 1517 durch seine Thesen gegen das Ablasswesen. Unterstützt durch seinen Landesfürsten, Kurfürst Friedrich von Sachsen, konnte er sich trotz Kirchenbann und Reichsacht behaupten und wurde zum führenden deutschen Reformator.
(Porträt von Lucas Cranach, 1529)*

*König Philipp II. von Spanien war der Sohn Karls V. und regierte als dessen Nachfolger über Spanien, die spanischen Nebenlande und das spanische Kolonialreich.
(Porträt von Coello Alonso Sanchez)*

Die Schweiz
im Zeitalter
der konfessionellen
Spaltung

König Gustav Adolf von Schweden (reg. 1611–1632) griff 1630 zugunsten der bedrängten deutschen Protestanten in den Dreissigjährigen Krieg ein und führte eine entscheidende Wende herbei. Durch ihn wurde Schweden vorübergehend zu einer Grossmacht. (Porträt von Anthonis van Dyck)

Kardinal Richelieu (1585–1642) begründete als französischer Premierminister die absolute Monarchie in Frankreich. Unter ihm löste Frankreich Spanien als erste europäische Grossmacht ab.

«Dreissigjähriger Krieg» zusammengefasst wurden.

In diesen Kriegen ging es um zwei Probleme. Einmal fanden die Auseinandersetzungen zwischen Spanien einerseits, Frankreich und den Niederlanden anderseits ihre Fortsetzung. Zum andern versuchte der habsburgisch-österreichische Kaiser, seine Stellung gegenüber den deutschen Reichsfürsten zu stärken. Dieser Problemkreis hatte auch einen konfessionspolitischen Aspekt, da der Kaiser sein Ziel unter anderem durch die Rekatholisierung protestantischer Gebiete zu erreichen versuchte, vor allem bei den protestantischen Fürsten auf Widerstand stiess und schliesslich die Intervention des ebenfalls protestantischen Königs von Schweden auslöste. Zwischen den beiden Konfliktbereichen gab es jedoch Querverbindungen: Einerseits arbeiteten die beiden habsburgischen Linien eng zusammen, anderseits unterstützte Frankreich unter der Führung des Premierministers Richelieu alle Gegner des Kaisers.

Die Kette der Kriege fand ihr Ende mit dem Westfälischen Frieden (1648) und dem Pyrenäenfrieden (1659).

Der eigentliche Sieger war Frankreich, das Spanien als Hegemonialmacht Europas ablöste. Im Ostseeraum erreichte Schweden eine Vormachtstellung. Die Herrschaft des Kaisers beschränkte sich auf seine habsburgischen «Stammlande», während die zahlreichen deutschen Reichsfürsten nun völlig selbstständig agieren konnten, ihrer geringen Macht wegen effektiv aber doch nur zwischen den Magneten Frankreich und Habsburg-Österreich zu wählen hatten. Da die Kriege am intensivsten auf deutschem Boden ausgetragen worden waren, waren nun weite Teile Deutschlands entvölkert und verwüstet.

Der europäische Absolutismus
2. Hälfte des 17. Jahrhunderts

Die meisten Staaten in der Zeit um 1500 waren dualistisch aufgebaut. Auf der einen Seite befand sich der Landesherr – König, Herzog, Fürst oder wie sein Titel auch immer lautete –, der für Frieden, Sicherheit und Recht zu sorgen hatte. Ihm gegenüber standen die Vertreter der einzelnen rechtlich-sozialen Gruppen des Landes, der **Stände**. Meist unterschied man zwischen drei Ständen, nämlich der Geistlichkeit, dem Adel und dem Stadtbürgertum. Die Bauern wurden teils dem Bürgertum zugeordnet, teils gar nicht berücksichtigt. Die Ständevertreter trafen in Versammlungen (Landtagen, Etats Généraux, Parliaments, Cortes usw.) mit dem Landesherrn zusammen. Vor allem der Erlass neuer Gesetze und die Erhebung allgemeiner Steuern war ohne ihre Zustimmung nicht möglich.

Im Ganzen bildeten die Ständevertreter meist ein konservatives, an Neuerungen wenig interessiertes Element. Im 16. und vor allem im 17. Jahrhundert zeigte sich ein immer deutlicheres Bestreben der Landesherren, das Gegengewicht der Stände auszuschalten oder doch zu minimieren und so zu absoluten (d. h. uneingeschränkten) Monarchen aufzusteigen. Wichtige Mittel dazu waren die Bildung eines ständigen Heeres, der Ausbau des Verwaltungsapparates, die Einführung regelmässiger Steuern und die Begründung einer schon rein äusserlich beeindruckenden Residenz. Die Reformation erwies sich zum Ausbau der landesherrlichen Gewalt als sehr nützlich. Da die Landesherren letztlich die konfessionelle Entscheidung trafen, war die zum Zug gelangende Kirche, sei sie nun römisch-katholisch oder protestantisch, auf sein Wohlwollen angewiesen und von ihm abhängig. Das Stadtbürgertum war im Allgemeinen wegen der Friedenssicherung an einer starken Staatsgewalt interessiert.

Der Widerstand des Adels wurde durch die Gewährung von Privilegien, etwa weitgehender Steuerbefreiung oder Reservation der Offiziersstellen, gebrochen. Im Vergleich zum modernen Staat war der Machtapparat der absoluten Monarchie noch gering; vor allem im lokalen Bereich war der Monarch auf die Mitarbeit des Adels und der städtischen Elite angewiesen. Die ständisch gegliederte Gesellschaft blieb daher auch unter der absoluten Monarchie durchaus erhalten, nur wurde sie vom Glanz des Hofes überwölbt. Der fachwissenschaftliche Begriff «Absolutismus» ist daher heute nicht unbestritten, weil er den falschen Eindruck einer Allmacht in der Art moderner Diktatoren hervorrufen kann.

Als erster europäischer Herrscher konnte sich Philipp II. von Spanien weitgehend vom Mitspracherecht der Stände befreien. Der spanische Absolutismus war beispielgebend für den französischen in der ersten Hälfte des 17. Jahrhunderts. Hier wurden seit 1614 die Etats Généraux, die Ständevertretung, nicht mehr einberufen. Frankreich wiederum wurde, namentlich nach seinen aussenpolitischen Erfolgen, zum Vorbild der deutschen, italienischen und skandinavischen Monarchen. Daher kann die zweite Hälfte des 17. Jahrhunderts als «Zeit des Absolutismus» bezeichnet werden, die jedoch mit der Jahrhundertwende keineswegs endete. Allerdings entwickelten sich auch Gegenkräfte. Zu ihnen gehörte der erfolgreiche Staatenbund der unabhängigen niederländischen Provinzen, zu ihnen gehörte aber auch England, wo absolutistische Bestrebungen der Könige scheiterten und sich gegen das Ende des Jahrhunderts – mit der «Glorious Revolution» (1688/1689) – der Typus der parlamentarischen, das heisst vom Parlament kontrollierten Monarchie durchsetzte.

Die Rahmenbedingungen des Lebens

Die Landschaft

Ein Reisender in der Schweiz erhielt zu Beginn des 16. Jahrhunderts ein wesentlich anderes Bild als heute. Zwar existierten fast alle heutigen Ortschaften schon damals. Die Waldfläche des Mittellandes war nicht wesentlich grösser als heute, in den Voralpen und Alpen dagegen noch kompakter. Mittlerweile ausgestorbene Wildtiere wie Wölfe und Bären waren noch verbreitet. In kalten Wintern drangen die Wölfe bis unmittelbar vor die Städte vor; 1594 fielen in der Umgebung Zürichs vier Kinder Wölfen zum Opfer. Wald und Gebirge wurden von den Menschen eher gemieden; man glaubte, dass sich hier Heerscharen toter Seelen, Berggeister und Fabelwesen aufhielten. Das schloss allerdings die Jagd nicht aus. Der Lauf der Flüsse wurde nur durch lokale, schwache Wuhre kanalisiert; die Umgebung war daher vielerorts Überschwemmungsgebiet, das nur beschränkt genutzt werden konnte. Ebenso waren die Seenspiegel nicht regulierbar und daher Schwankungen ausgesetzt.
Die Strassen zwischen den Ortschaften waren kaum mehr als Karrenwege; Pflästerung kannte man noch nicht. Über die Gebirgspässe führten lediglich Saumpfade, die nur für Pferd, Maultier und Mensch, nicht aber für Wagen passierbar waren.

Die Bevölkerung

In diesem Raum lebten um 1500 knapp 600 000 Menschen, 95 Prozent davon in Dörfern oder kleinstädtischen Verhältnissen. Die grössten Städte wie Genf und Basel (je 9000 Einwohner), Zürich, St. Gallen und Bern (je 5000 Einwohner) erreichten gerade europäisches Mittelmass, die übrigen hoben sich mehr durch ihre Stadtmauern und ihre Rechtsstellung als durch ihre Einwohnerzahl von den Dörfern ab. Das 16. Jahrhundert war durch ein relativ starkes, das 17. durch ein geringeres Bevölkerungswachstum gekennzeichnet: Um 1600 betrug die Einwohnerzahl zwischen 900 000 und einer Million, um 1700 etwa 1,2 Millionen. Von den grössten Städten waren nun Genf auf 17 000, Basel auf 13 000, Zürich auf 11 000 und Bern auf 9000 Einwohner angewachsen. Die Zunahme war regional unterschiedlich: Im Mittelland und im Voralpengebiet mit Heimarbeit lag sie zwischen 3 und 10 Promille pro Jahr, im übrigen Voralpen- und im Alpengebiet zwischen 0 und 2 Promille pro Jahr. Es gab auch auffallende lokale Differenzen: Im 17. Jahrhundert betrug die jährliche Zuwachsrate in Appenzell Ausserrhoden 9,3 Promille, in Appenzell Innerrhoden dagegen 0,4 Promille! Vor allem aber verlief die demografische Entwicklung nicht linear, sondern wellenförmig.
Die Zuwachsrate der Bevölkerung war – und ist – die Differenz zwischen Geburtenzahl und Sterblichkeit. Die Frauen gebaren im Durchschnitt etwa fünfmal so viele Kinder wie heute. Empfängnisverhütende Massnahmen innerhalb der Ehe kamen erst gegen das Ende des 17. Jahrhunderts und nur innerhalb der sozialen Oberschicht auf; aussereheliche Geburten waren selten. Lediglich durch eine Erschwerung – und damit eine Verzögerung – oder eine Verunmöglichung der Eheschliessung konnte die Geburtenzahl reduziert werden. Dies geschah in der Stadt durch das Eheverbot für Handwerksgesellen, in bäuerlichen Kreisen durch die Forderung nach einem bestimmten Vermögen des Bräutigams, teilweise auch durch jene nach Endogamie (Heirat nur unter Dorfangehörigen). Hinzu kam der Eintritt in den geistlichen **Stand**, der in den protestantischen Gebieten nach der Reformation allerdings wegfiel.
Aber auch die Möglichkeit, jung zu sterben, war viel grösser als heute. Ursachen dafür waren die mangelnde Hygiene, die geringen medizinischen Möglichkeiten etwa gegen Infektionskrankheiten, Epidemien und Hunger, wobei sich diese Faktoren gegenseitig beeinflussten. Ein Viertel aller Kinder überlebte das erste Lebensjahr nicht, ein weiteres Drittel starb zwischen dem zweiten und dem zehnten Lebensjahr.

Epidemien

Die gefürchtetste aller Epidemien war die Beulen- und Lungenpest (vgl. S. 105 f.). Sie trat etwa alle zehn bis zwanzig Jahre auf und wütete dann jeweils etwa drei Jahre lang. Vor allem in den Städten war die Zahl der Opfer jeweils gross; sie konnte ein Drittel der Bevölkerung überschreiten. Diese Verluste wurden dann allerdings durch eine Zunahme der Ehe-

Das «Wüetisheer». Mars und Bellona stehen über dem gespenstischen «wilden Heer», das nach dem Volksglauben durch die Nacht zog. (Urs Graf, um 1515)

Die Schweiz im Zeitalter der konfessionellen Spaltung

schliessungen – Witwen und Witwer fanden neue Partner, junge Leute hatten geerbt und kamen zu günstigem Wohnraum – und daraus resultierende Geburten wie auch durch die Zuwanderung vom Land nach einiger Zeit kompensiert. Hygienische Vorkehrungen, die die Verbreitung der Ratte und damit des Rattenflohs – des Trägers des Pestbazillus – eindämmten, vor allem aber rechtzeitige Quarantänemassnahmen führten nach der letzten Epidemie um 1665/1669 zum Verschwinden der Pest aus der Schweiz. Dafür traten seit dem Ende des 16. Jahrhunderts regelmässig Pockenepidemien auf, die vor allem unter den Kindern Opfer forderten. Seit dem Beginn des 16. Jahrhunderts verbreitete sich die von heimkehrenden Söldnern eingeschleppte Syphilis; diese wurde jedoch durch die mit der Reformation und der katholischen Reform eingeführte rigorosere Sexualmoral offenbar eingedämmt.

Klima und Ernährung

Die Ernährungslage der Bevölkerung war im Wesentlichen von der lokalen Erntemenge an Getreide, Heu und Wein abhängig. Diese wiederum waren vor allem klimatisch bedingt. Günstig wirkten sich eher warme Winter mit wenig Schneefall, warme Frühlinge und ebenfalls warme, aber nicht zu trockene Sommer aus. Katastrophal waren dagegen lange und schneereiche Winter und nasskalte Sommer: Die Aussaat wurde verzögert, das Heu ging aus, die schmelzende Schneedecke führte zu massiven Überschwemmungen, Kälte und Regen verdarben die Ernte. Die Unterversorgung des Viehs und Notschlachtungen führten auch zu einem Mangel an Milch und Milchprodukten. Wer Selbstversorger war, bekam die Not unmittelbar zu spüren, alle andern erfuhren diese über die sich bis auf das Vierfache des Normalen steigernden Lebensmittelpreise.

Überschwemmung der Limmat und des Furtbaches bei Wettingen und Würenlos (1568). Text: «In Nott geduldt bringt Gottes huld!»

Die Zusammenfassung der jährlichen Witterungsabläufe über zwei Jahrhunderte zeigt deutliche Klimaschwankungen auf. Die ersten zwei Drittel des 16. Jahrhunderts waren relativ warm, etwa den ersten zwei Dritteln des 20. Jahrhunderts vergleichbar. Dann folgte bis zur Jahrhundertwende eine ausgesprochene Kälteperiode mit niederschlagsreichen Sommern und Wintern. Brachte das erste Drittel des 17. Jahrhunderts extrem unterschiedliche Jahre, so folgte in der Mitte eine eher trockene und ziemlich warme Periode, die dann im letzten Viertel ziemlich abrupt in eine eigentliche «kleine Eiszeit» überging. In den beiden Kälteperioden am Ende der beiden Jahrhunderte gefroren selbst grosse und tiefe Gewässer wie Bodensee, Vierwaldstättersee, Neuenburgersee und Thunersee gelegentlich zu, der Zürichsee sogar etwa jedes vierte Jahr. Bis vier Monate lang lag manchmal Schnee auf dem Boden des Mittellandes. Die häufigen geringen Ernten führten zu einer schlechten Ernährung in allen Altersstufen, was wiederum die Krankheitsanfälligkeit und die Sterblichkeit erhöhte; gleichzeitig sank die Zahl der Eheschliessungen und der Geburten. Somit waren die Kälteperioden auch Zeiten der Stagnation in der Bevölkerungsentwicklung.

Der Mensch blieb der Natur gegenüber ziemlich hilflos. Mitunter waren seine Gegenmassnahmen sogar kontraproduktiv. So führten beispielsweise Rodungen im Voralpen- und Alpengebiet – man brauchte mehr Holz und mehr Weideland – zu einer Zunahme der Erdrutsche und Überschwemmungen. Dieser Zusammenhang wurde jedoch erst von wenigen bemerkt.

Erste Möglichkeiten, die Bevölkerungszunahme durch Auswanderung zu reduzieren, boten sich nach dem Dreissigjährigen Krieg, als viele Gebiete Deutschlands fast menschenleer geworden waren. Zahlreiche Schweizer Bauern liessen sich im Elsass, in der Pfalz und in Brandenburg nieder, wo sie günstige Ansiedlungsbedingungen erhielten. Die temporäre Auswanderung von Söldnern, Steinmetzen oder Kaminfegern bewirkte dagegen nur eine vorübergehende Entlastung, allerdings auch eine Einkommenssteigerung. Als Einwanderer aufgenommen wurden praktisch nur protestantische Glaubensflüchtlinge und auch diese nur selektiv; ihre Niederlassung wurde für die wirtschaftliche Entwicklung sehr wichtig, fiel aber zahlenmässig nicht ins Gewicht.

Die Schweiz am Vorabend der Reformation

Die politischen Verhältnisse

Der gesamte Raum der Schweiz war Teil des Heiligen Römischen Reiches deutscher Nation. Hätte sich 1519 der neue König (und spätere Kaiser) Karl V. (vgl. S. 162) nach den ihm direkt unterstellten, das heisst reichsunmittelbaren Herrschaften im schweizerischen Gebiet erkundigt, so hätte ihm sein Kanzler vermutlich vier weltliche und zwei geistliche Reichsfürsten, neun Reichsstädte, sieben Talgemeinden oder Länder sowie zwei Länderverbände genannt. Einer der weltlichen Reichsfürsten war Karl selbst, da ihm als Habsburger die «vorderen Lande» am Hochrhein mit dem Fricktal gehörten; er sollte diese allerdings schon 1521 mit Österreich seinem Bruder Ferdinand überlassen. Die übrigen Fürsten waren der Fürstbischof von Basel, der Fürstabt von St. Gallen sowie die Grafen von Neuenburg, Greyerz und Savoyen, der Letztere als Besitzer des Grossteils der Waadt. Reichsstädte waren Zürich, Bern, Luzern, Freiburg, Solothurn, Basel, Schaffhausen, St. Gallen und Genf, selbstständige Länder Uri, Schwyz, Nidwalden, Obwalden, Glarus, Zug und Appenzell. Als Länderverbände muss man Graubünden und das Wallis bezeichnen. Graubünden war eine lockere Verbindung dreier Bünde – des Oberen oder Grauen Bundes, des Gotteshausbundes und des Zehngerichtebundes –, die ihrerseits wiederum ebenfalls lockere Zusammenschlüsse der insgesamt 48 Gerichtsgemeinden waren. Das Wallis war ein Verband von sieben Talgemeinden, der «Zenden».

Städte und Länder, auch die Bündner Gerichtsgemeinden und die Walliser Zenden, waren Bürgergemeinden. In den Ländern war die alle «Landleute» (d. h. Bürger) umfassende Landsgemeinde das oberste Organ. Sie tagte mindestens einmal jährlich und wählte den Landammann sowie die übrigen Vorsteher, etwa den Säckelmeister oder den Bannerherrn. Allerdings gelang es vielerorts einer oder einigen führenden Familien, das Amt des Landammanns zu monopolisieren, doch war ein Sturz durch die oft tumultuarisch verlaufende Landsgemeinde immer möglich. Auch in den Städten fand sich zum Teil noch die ganze Bürgerschaft zusammen, allerdings nur zu zeremoniellen Anlässen wie der Beschwörung der geltenden Stadtverfassung. Die eigentliche Macht wurde jedoch überall von den Bürgermeistern, den Kleinen und den Grossen Räten, die zusammen die «Obrigkeit» bildeten, ausgeübt. Eine klare Gewaltenteilung gab es nicht. Im Allgemeinen lag das Schwergewicht in ruhigeren Zeiten bei den etwa fünfzig Personen umfassenden Kleinen Räten, während die ungefähr zweihundertköpfigen Grossen Räte – in welche die Kleinen inkorporiert waren – vor allem in Umbruchsituationen das Zepter an sich rissen. Die Wahlverfahren waren in jeder Stadt wieder anders und meist ziemlich kompliziert. In der Regel ergänzte sich der Grosse Rat selbst, wenn ein Mitglied starb oder zurücktrat, und wählte zudem zumindest die Mehrheit der Kleinen Räte sowie die sich im Allgemeinen halbjährlich ablösenden zwei Bürgermeister. In einigen Städten wurde ein Teil der Räte von den Zünften gewählt. In der Praxis setzte eine politische Karriere einen gewissen Reichtum voraus.

Weder Städte noch Länder waren im modernen Sinn demokratisch. Als Folge der hohen Sterblichkeit war jedoch die Bevölkerungsfluktuation gross; es war meist recht leicht, zuzuwandern und das Bürger- oder Landrecht zu erwerben. Auch führende Familien starben häufig aus und machten dadurch Aufsteigern den Weg frei. In den Grossen Rat einer Stadt zu gelangen, war kein allzu grosses Kunststück, fand doch oft jeder fünfte Bürger darin Platz. Das politische System war also recht offen. Allzu rasante Karrieren wie jene des Zürcher Bürgermeisters Hans Waldmann, der 1489 hingerichtet wurde, konnten freilich auch mit einem jähen Sturz enden.

Die Mehrzahl der Länder, Graubünden, das Wallis und fast alle Städte verfügten über ein Herrschaftsgebiet mit «Untertanen». Erworben worden waren diese Gebiete teils durch Kauf, teils durch Krieg, teils durch die Integration grundbesitzender Adeliger und Klöster. Die Macht der Herren war jedoch keineswegs unbegrenzt. Die wichtigsten Herrschaftsrechte waren die hohe Gerichtsbarkeit und das Mannschaftsrecht, das heisst das Recht, die Untertanen im Kriegsfall aufzubieten. Hinzu kamen örtlich wechselnde Besteuerungs- und Grundrechte. Andere Rechte, etwa die niedere Gerichtsbarkeit oder die Kollatur, befanden sich häufig in der Hand von Klöstern, kleinen Adeligen oder einzelnen Stadtbürgern. Gegenpol zu den Herrschaftsrechten waren die überlieferten und durch den Wechsel der Herren

Selbstdarstellung der Eidgenossenschaft: Medaille Jakob Stampfers, welche die Eidgenossenschaft als Patin 1547 der Prinzessin Claudia von Frankreich schenkte. Auf der Vorderseite die Wappen der dreizehn vollberechtigten Orte; in der Mitte die Hand Gottes, die hier den sonst üblichen Reichsadler ersetzte – der König von Frankreich war schliesslich ein Feind des Kaisers. Auf der Rückseite die Wappen einiger «zugewandter Orte»: Stadt und Fürstabtei St. Gallen, Wallis, Mülhausen, Biel, Rottweil und Graubünden. In der Mitte der Spruch: «Si Deus nobiscum, quis contra nos» – «Wenn Gott mit uns ist, wer wird da gegen uns sein!»

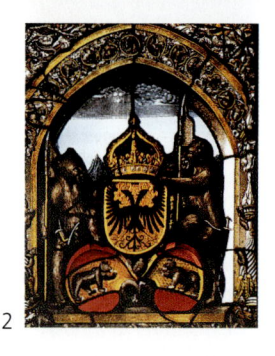

Die Schweiz im Zeitalter der konfessionellen Spaltung

Selbstdarstellung der eidgenössischen Orte: Die Standesscheiben im Ratshaus von Basel (Anthoni Glaser, 1519/20). Noch stellen sie überwiegend ihre Wappen unter den Schutz von Reichsschild und Krone. Im Solothurner Wappen taucht bereits das weisse Kreuz im roten Feld, das spätere nationale Symbol, auf:
1. *Zürich*
2. *Bern*
3. *Unterwalden*

keineswegs ungültig gewordenen Rechte der Untertanen. Jedes Dorf hatte sein Dorfrecht, sein Dorfgericht und seine Dorfbehörden. Auch der Landvogt, der die Herrschaft vertrat, hielt seine Gerichtsversammlungen zusammen mit lokalen Vertretern ab, die das regionale Recht kannten und wahrten. Aber nicht nur das Recht, sondern auch die Praxis legte den «Herren» die Zusammenarbeit mit den «Untertanen» nahe, denn ein herrschaftlicher Beamten- und Polizeiapparat war gar nicht oder nur rudimentär vorhanden. Vielerorts fanden regelmässig vom Landvogt geleitete Amts- oder Gemeindeversammlungen statt. Städte wie Zürich und Bern führten vor wichtigen Entscheidungen bei ihren Untertanen regelmässig «Ämterbefragungen» durch (vgl. S. 202).

Auch die sechs Reichsfürsten herrschten alles andere als absolut. In der Waadt, in Neuenburg und im Fürstbistum Basel hatten sich wie in vielen andern spätmittelalterlichen Fürstentümern Klöster, Adelige und Städte eine ständische Organisation gegeben und damit ein Gegengewicht zum Herrscher geschaffen. Im Machtbereich des Fürstabts von St. Gallen besassen vor allem die Toggenburger Gemeinden eine weitgehende Autonomie. Einzelne Ämter des Fürstbistums Basel und der Grafen von Greyerz schlossen sogar mit ihren bernischen oder freiburgischen Nachbarn eigene Burgrechtsverträge ab, betrieben also gewissermassen ihre eigene Aussenpolitik.

Aber nicht nur gegenüber den Untertanen, sondern auch gegenüber den eigenen Bürgern und Landleuten war die Macht der Räte und Landammänner recht begrenzt. Die Neigung, das obrigkeitliche Gewaltmonopol nicht anzuerkennen und bei Streitigkeiten und Händeln zur Waffe zu greifen, war noch sehr verbreitet. Immer wieder wurden mit wohlwollender oder ohnmächtiger Duldung der Obrigkeit eigentliche Privatkriege, «Saubannerzüge», gegen missliebige Städte oder Fürsten unternommen. Besondere Probleme warf das Söldnerwesen auf: Durfte sich jeder einzelne Bürger im Dienst fremder Herren als Söldnerwerber und -führer betätigen und die entsprechenden Honorare – «Pensionen» – einkassieren oder sollte dies den Organen der Stadt, des Landes vorbehalten sein? Die Trennung von Allgemeinnutz und Eigennutz vorzunehmen, war in diesem Fall besonders schwierig, weil natürlich auch mancher Landammann und manches Ratsmitglied seine durchaus eigennützigen Ziele anstrebte.

Der Kanzler Karls V. hätte dem König jedoch wohl nicht nur die reichsunmittelbaren Herrschaften im schweizerischen Raum aufgezählt, sondern ihn auch darauf hingewiesen, dass ein grosser Teil derselben miteinander verbündet sei, die «Liga vetus et magna Alemaniae superioris», den «alten grossen pundt ober-tütscher landen» oder einfach die «gmein eydtgnoschaft» bilde. Die Antwort auf die Frage, wer denn da alles dazu gehöre, wäre ihm allerdings gar nicht so leicht gefallen. Mit Sicherheit genannt hätte der Kanzler wohl die «dreizehn Orte», nämlich die Städte Zürich, Bern, Luzern, Freiburg, Solothurn, Basel und Schaffhausen sowie die Länder Uri, Schwyz, Unterwalden ob und nid dem Wald, Glarus, Zug und Appenzell. Diese waren seit dem 14. und 15. Jahrhundert durch ein Netz von Bundesverträgen verbündet, die in ihrem Kern alle die gegenseitige Hilfe im Kriegsfall und die friedliche Beilegung von Streitigkeiten enthielten. Ausserdem bestanden zwischen ihnen Konkordate über Spezialfragen, etwa der 1370 abgeschlossene «Pfaffenbrief». Ihre Gesandten trafen sich regelmässig an einer Konferenz, der «Tagsatzung». Unscharf und nirgendwo verbindlich umschrieben war dagegen der Kreis der «zugewandten Orte». Zu diesem rechnete man etwa die völlig selbstständigen Ländergemeinschaften Wallis und Graubünden, die mit dem «eidgenössischen Kern» nur lose verbündet waren und deren Gesandte an der Tagsatzung nur gelegentlich auftauchten, dann aber auch die durch «ungleiche Verträge» mit allen oder auch nur einzelnen Orten verbündeten und mehr oder weniger abhängigen Städte und Herrschaften Neuenburg, Greyerz, Biel, Mülhausen, Rottweil, die Stadt und die – mit dieser in ständigem Streit befindlichen – Fürstabtei St. Gallen, endlich eigentliche Protektorate wie Rapperswil, Gersau und Engelberg. Zählte man all diese auch zur Eidgenossenschaft, dann war diese etwa so gross wie die heutige Schweiz. Zwar fehlten noch das Fürstbistum Basel, grosse Teile der Waadt, Genf und das Fricktal, doch wurde dies durch das damals bündnerische Veltlin kompensiert (vgl. Karte S. 157).

War diese Eidgenossenschaft, zumindest ihr dreizehnörtiger Kern, gewissermassen ein eigener Staat im Reich? Nach dem Zürcher Staatsrechtler Josias Simler (1576) war sie «doch gleych als wenn ein Statt wer, ein Commun und ein Regierung». Für ihn gab neben den Bundesverträgen und der Tagsatzung vor allem den Ausschlag, dass die Eidgenossenschaft als Ganzes auch Herrschaft ausübte, nämlich über die in den Kriegen des 15. und frühen 16. Jahrhunderts erworbenen «Gemeinen Herrschaften». Das bedingte eine eidgenössische Herrschaftsordnung, die konkret darin bestand, dass die einzelnen Orte in einem zweijährigen Turnus Landvögte in die verschiedenen Herrschaftsgebiete entsandten, die danach über ihre Verwaltungstätigkeit vor der Tagsatzung Rechenschaft abzulegen hatten. Die gleiche Tagsatzung schloss auch mit fremden Herrschern Handels- und Soldverträge ab und bemühte sich etwa um eine Harmonisierung der Münzpolitik oder die Instandhaltung von Verkehrswegen. Es bestand auch, vor allem auf Grund der grossen militärischen Erfolge im ausgehenden 15. Jahrhundert, durchaus ein eidgenössisches Selbstgefühl, und auch auswärtige Beobachter nahmen die Eidgenossenschaft als eine Einheit war. Bezeichnenderweise betrachtete sich diese zwar noch als Glied des Reiches, hielt dessen weiteren Ausbau jedoch für überflüssig und beeinträchtigend. Die eidgenössischen Orte hatten sich denn auch an der Reichsreform von 1495 – Einführung eines Reichsgerichts, einer Reichssteuer und einer Wehrordnung – nicht beteiligt und schickten auch keine Vertreter an die Reichstage (vgl. S. 154).

Anderseits wies Simler auch darauf hin, dass andere am Staatscharakter der Eidgenossenschaft zweifelten. Auch dafür gab es Argumente: Am Besitz der Gemeinen Herrschaften waren nie alle, sondern immer nur ein wechselnder Teil der dreizehn Orte beteiligt. Die Tagsatzung konnte in den meisten Bereichen nur einstimmige Entscheidungen fällen; gelang dies nicht, war jeder Ort in seinem weiteren Handeln frei. Jeder einzelne Ort konnte auch im Alleingang Bündnisse abschliessen, sofern diese den eidgenössischen Bundesverträgen nicht widersprachen. So war die Eidgenossenschaft, wie die zahlreichen Kriege gezeigt hatten, zwar ein imposanter Schlachthaufen, aber ein schwer zu führender, dessen einzelne Trupps immer wieder in verschiedene Richtungen auseinander marschieren konnten.

Die wirtschaftliche Lage

Die meisten Bewohner der Schweiz lebten von der Landwirtschaft, das heisst von Ackerbau und Viehzucht. Dabei war eine Differenzierung nach unterschiedlichen geografisch-agrarökonomischen Zonen im Gange, aber noch nicht abgeschlossen. Im Mittelland dominierte der im System der Dreifelderwirtschaft (vgl. S. 30, S. 58 f.) betriebene Getreideanbau, wenn auch das Vieh keineswegs fehlte. Dagegen setzte sich in den nach Norden offenen Alpentälern immer mehr eine reine Viehwirtschaft durch, während der in früheren Zeiten bis in hohe Lagen hinauf betriebene Ackerbau zurückging (vgl. S. 120 ff.). Diese Gebiete waren auf entsprechende Importe angewiesen, was den mittelländischen Orten bei Konflikten oder auch bei Knappheit in Form von «Kornsperren» ein Druckmittel verschaffte. Hingegen hielt man im inneralpinen Bereich, etwa im Wallis, an der weitgehenden Selbstversorgung fest. Überall, wo es klimatisch möglich war, wurde Wein angebaut – das Bier kannte man noch kaum.

Die wirtschaftliche Bedeutung der Städte war bescheiden und die Aussichten auf eine Veränderung waren gering. Handwerk und Kleinhandel versorgten die ländliche Umgebung und strebten nicht nach mehr. Die immer strenger werdenden Zunftordnungen waren darauf ausgerichtet, Konkurrenz zu verhindern, die einzelnen Branchen immer sorgsamer voneinander abzugrenzen und so jedem seine Existenz – aber kaum viel mehr – zu erhalten. Dieses System war alles andere als unternehmungsfördernd und verhinderte technische Innovationen. Mehr Freiheiten und damit auch mehr Gewinnmöglichkeiten eröffnete der Handel, etwa mit Vieh, Salz oder Getreide. Eine exportorientierte Produktion in grösserem Umfang, die etwa der niederländischen oder der oberitalienischen Tuchindustrie vergleichbar gewesen wäre, bestand dagegen nicht. Die politischen Eliten der Städte hatten sich im Verlauf des 15. Jahrhunderts ganz darauf konzentriert, mit Erfolg den Umfang des städtischen Herrschaftsbereiches zu erweitern. Konsequenterweise legten sie ihr Vermögen nun vor allem in den verschiedensten Formen des Grundeigentums in dem von ihnen politisch beherrschten Gebiet an und strebten letztlich nach einem Rentnerdasein nach adeligem Vorbild. Die Investition in den Boden versprach weit mehr Sicherheit als die Investition in gewerbliche Unternehmungen mit ungewissen Absatzchancen. Die einzige Stadt, die auf dem internationalen Markt als Leinwandexporteurin eine Rolle spielte, war St. Gallen – bezeichnenderweise auch die einzige Stadt ohne Untertanengebiet. Auch die zunehmenden Einnahmen aus dem Solddienst und die damit verbundenen «Pensionen» wurden vor allem für den Grundstückerwerb und für die Finanzierung eines aufwendigeren Lebensstils verwendet.

Kirchliches und geistiges Leben

Kirchliche Präsenz, religiöses Leben waren um 1500 von einer heute kaum mehr fassbaren Intensität. In allen grösseren Städten gab es mehrere Klöster; mit den Weltpriestern und Chorherren zusammen konnte der Anteil der Menschen geistlichen Standes in einer Stadt fünf bis zehn Prozent der Bevölkerung erreichen. Auch auf dem Land war das kirchliche Netz recht dicht. Der Thurgau etwa, mit vielleicht zwanzigtausend Einwohnern, zählte 76 Pfarreien mit 162 Geistlichen. Gerade um die Jahrhundertwende war die kirchliche Bautätigkeit so intensiv wie nie zuvor. Noch weit zahlreicher als die Kirchenbauten waren die Stiftungen von Altären und Jahrzeitmessen. In der Stadt Zürich zählte man in den verschiedenen Kirchen hundert Altäre – einen auf fünfzig Einwohner. Pilgerfahrten, sei es nun ins nahe Einsiedeln, ins ferne Rom oder gar nach Jerusalem, erfreuten sich grossen Zuspruchs. Auch

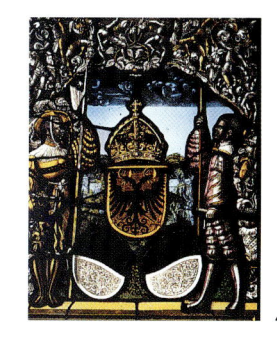

4 Freiburg
5 Basel (Maria und Heinrich II.)
6 Solothurn (Ursus und Viktor)

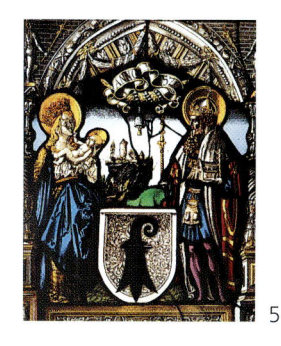

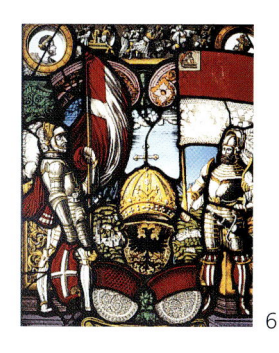

Die Schweiz im Zeitalter der konfessionellen Spaltung

Ablassbriefe fanden wie anderswo auch in der Schweiz ihre Käufer. Die Feiertage zahlreicher Heiliger wurden festlich begangen und bildeten eine willkommene Unterbrechung des Arbeitsalltags.

Die Ursache dieser religiösen Aktivitäten war, neben weltlichen Motiven wie der Freude am Spektakel oder dem Wunsch, als Stifter hervorzustechen, vor allem die Sorge um das Seelenheil. Die Furcht, dereinst am Jüngsten Gericht zu ewiger Verdammnis verurteilt zu werden, war gross, denn das Gegenstück zu all diesen Werken der Frömmigkeit war Sünde, war vor allem sexuelle Ausgelassenheit, sei es nun an der Fastnacht, in den Bädern oder in den Bordellen. Hinzu kam die Angst vor Strafen, die man zwischen dem persönlichen Tod und dem Jüngsten Gericht im Fegefeuer zu erleiden hatte. Die Sorge erstreckte sich dabei nicht nur auf die eigene Seele, sondern auch jene anderer, etwa verstorbener Verwandter. Die Vorstellung, dass totgeborenen oder vor der Taufe verstorbenen Kindern das Seelenheil verwehrt bleibe, führte beispielsweise dazu, dass am Ende des 15. Jahrhunderts in Büren an der Aare eine blühende Wunderstätte entstand, in welcher tote Neugeborene kurz zum Leben erweckt und dabei getauft wurden.

Die kirchlichen Instanzen aller Stufen, vom Papst, der einen neuen **Ablass** proklamierte, bis zum Kaplan, der in seiner Kapelle gegen bescheidenes Entgelt eine zusätzliche **Jahrzeitmesse** lesen durfte, waren die materiellen Profiteure dieser religiösen Bedürfnisse. Sie kontrollierten das kirchliche Leben aber nur noch bedingt. Das lag sowohl an den einseitigen Interessen der kirchlichen Würdenträger wie auch an den Schranken ihrer Macht. Für den Papst waren die Eidgenossen ausschliesslich als politische Partner im Ringen um Oberitalien von Bedeutung. Die Bischöfe der verschiedenen **Diözesen**, die in den schweizerischen Raum hinein ragten, kümmerten sich in erster Linie um die Wahrung ihrer Herrschaftsrechte und ihrer Einkünfte; die Klöster waren behagliche Pensionen für anderswo

In der Flugschrift «Die Totenfresser» stellte der in Basel wirkende Pamphylus Gengenbach 1512 die ganz im Mittelpunkt der Volksfrömmigkeit stehende Jenseitsfürsorge in Frage und stellte sie der sozialen Aufgabe einer wahren christlichen Kirche im Diesseits gegenüber. Zwei Jahre später arbeitete der Berner Niklaus Manuel Gengenbachs Pamphlet zu einem Fastnachtsspiel um, das zu einem grossen Erfolg wurde.

Das Bild zeigt eine Titelillustration für Gengenbachs Schrift aus dem Jahr 1521. «Totenfressen» ist eine Metapher zum gewinnbringenden Erlös der Geistlichkeit aus dem Totendienst. Die ganze kirchliche Hierarchie sättigt sich daran. Höchster Tischherr ist der Papst, zu seiner Rechten sitzt als eifriger Pfründenjäger ein Bischof. Es folgen Nonne, Weltpriester, Pfaffenmagd und Dominikanermönch. Die muntere Tischgesellschaft, vom Teufel mit der Geige unterhalten, schenkt den flehentlichen Gebärden eines Bettlers und eines Toten («arme Seele») keine Aufmerksamkeit. In der Mitte des Vordergrundes das Dreierbündnis zwischen einem evangelischen Prediger, einem Adeligen und einem Bauern. Diese wollen mit der lasterhaften Klerikergesellschaft nichts zu tun haben; an sie wenden sich nun der Bettler und die «arme Seele».

nicht verwendbare Söhne und Töchter des Adels oder des höheren Bürgertums und teilweise zahlenmässig arg geschrumpft – Einsiedeln zählte noch zwei Mönche! Von den Weltpriestern hatte ein grosser Teil nie studiert und konnte gerade die Messe lesen, aber nicht predigen. Die Bemühungen der Bischöfe um die Ausbildung der Priester waren gering; aber auch ein Mehraufwand hätte kaum viel genützt, da die Kollatoren die Pfarrstellen meist gegen Bezahlung vergaben und der Bischof dann die Wahl nur noch absegnete.

Aber auch wenn die Bischöfe ihr kirchliches Amt intensiver ausgeübt hätten, wären sie auf Schwierigkeiten gestossen. Mittlerweile mischten sich nämlich die weltlichen Obrigkeiten, vor allem jene der Städte, immer mehr in das Kirchenleben ein. Sie erwarben immer mehr Kollaturrechte, sie unterstellten auch Klöster, die schlecht wirtschafteten, ihrer Kontrolle. Aber auch die Dorfgemeinden wurden zunehmend kirchenpolitisch aktiv. Auf sie ging ein grosser Teil der zahlreichen Kirchenbauten zurück. Vielerorts setzten sie auch gegenüber den Kollatoren ein Nominationsrecht durch: Die Gemeinde schlug den Pfarrer vor, der Kollator und danach der Bischof setzten ihn ein.

Während die Amtskirche von der Volksfrömmigkeit profitierte und auf diese auch einen gewissen Einfluss ausüben konnte, hatte sie diesen auf die Entwicklung der geistigen Elite eingebüsst. Die humanistische, sich am Vorbild der Antike orientierende Bewegung entwickelte sich ausserhalb der kirchlichen Hierarchie. Zum Schwerpunkt des schweizerischen Humanismus wurde die Universitätsstadt Basel, wo sich das für die Humanisten zentrale Druckereiwesen rasch entwickelte. Seit 1514 lebte Erasmus von Rotterdam gelegentlich, seit 1521 (bis 1529) dauernd in der Stadt am Rheinknie. Bedeutende Humanisten schweizerischer Herkunft waren etwa der Glarner Heinrich Loriti, genannt Glareanus, und der St. Galler Joachim von Watt (Vadianus), der es an der Universität Wien bis zum Rektor brachte, 1518 als Stadtarzt in seine Heimatstadt zurückkehrte und deren Bürgermeister und Reformator wurde. Ohne die Notwendigkeit der Kirche in Frage zu stellen, kritisierten die Humanisten die Bildungsarmut der Geistlichkeit, die Korruption der kirchlichen Würdenträger und die Wundergläubigkeit des einfachen Volkes. Diesem verdorbenen und verblendeten kirchlichen Betrieb stellten sie das Ideal einer auf die Gebote der Bibel und das Vorbild Christi gestützten Tugend gegenüber. Von daher gelangten sie auch zu einer Kritik der gesellschaftlichen Verhältnisse, etwa des Kriegs- und Söldnerwesens. Über die Schulen, aber auch über den Buchdruck verbreitete sich die humanistische Kritik in weitere Volksschichten und nahm zunehmend schärfere Formen an.

Das Dorf Hallau und seine Kirche

Das im heutigen Kanton Schaffhausen gelegene Dorf Hallau unterstand bis 1521 dem Hochstift des Bischofs von Konstanz. Es gehörte zur Pfarrei der Nachbargemeinde Neunkirch und besass selbst nur eine Kapelle. 1424 stellte die Gemeinde einen eigenen Kaplan an und stiftete für dessen Lebensunterhalt eine Pfründe aus Äckern und Wiesen; der Konstanzer Dompropst hatte ihn lediglich zu bestätigen. 1491 baute Hallau eine eigene Kirche, die dem heiligen Mauritius geweiht wurde. Nur fünf Jahre später wurden Skelette und Waffen gefunden. Man schloss daraus, man habe das Grab des Heiligen gefunden, worauf bald die Wallfahrten zu Kirche und Reliquien einsetzten. Nun strebte Hallau die Erhebung zur selbstständigen Kirchgemeinde an. Da der Konstanzer Dompropst dies ablehnte, wandte sie sich mit Erfolg direkt an Papst Julius II. (1505). Gegen die Zahlung von 500 Gulden erhielt sie auch das Recht der Pfarrwahl. Um der neuen Pfarrei einen finanziellen Grundstock zu verschaffen, spendete der Papst auch noch einen Ablassbrief, der dem Käufer eines Ablasszettels hundert Tage Busserlass versprach. Um sicher zu gehen, verpflichtete die Gemeinde alle Bürger, pro Jahr einen Ablasszettel zu kaufen. Papst, Wallfahrt und Ablass ermöglichten es so den Hallauern, sich als eigene Kirchgemeinde zu konstituieren. Bischof und Domkapitel von Konstanz verloren fast jeden Einfluss auf sie (vgl. S. 188!).

Erasmus von Rotterdam (etwa 1469–1536) war ein hervorragender Kenner der antiken Literatur, Herausgeber des Neuen Testamentes im griechischen Urtext und ein vielseitiger, kosmopolitischer Schriftsteller. Sein Einfluss auf den jungen Zwingli war gross. (Porträt von Hans Holbein d.J., um 1532)

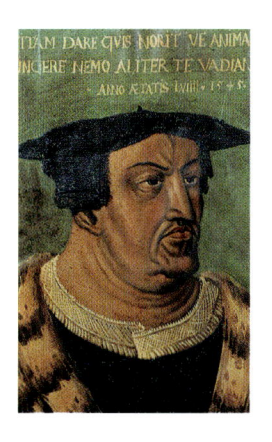

Joachim von Watt, genannt Vadian (1484–1551)

Bergkirche St. Mauritius auf einer Rebhangterrasse oberhalb des Dorfes Hallau, erbaut 1491, wo bis zur Reformation die Reliquien des heiligen Mauritius aufbewahrt wurden.

Die Schweiz im Zeitalter der konfessionellen Spaltung

Die Ereignisse: Politik im Zeichen der konfessionellen Spaltung

Die eidgenössischen Orte und die Reformation

Das öffentliche Auftreten Martin Luthers gegen die römisch-katholische Amtskirche (vgl. S. 162) wirkte sich rasch auf die kirchliche Situation in der Schweiz aus. Luther-Schriften gelangten ins Land, einzelne Prediger beriefen sich auf ihn. Die in Worms 1521 verhängte Reichsacht gegen Luther, die sich auch auf dessen Anhänger bezog, zwang die Obrigkeiten der einzelnen Orte zu einer Stellungnahme gegenüber auftretenden «lutherischen Parteigängern». In der Praxis zeichneten sich drei Möglichkeiten ab: ein rascher Anschluss an die reformatorische Bewegung, ein abwartendes Verhalten und ein schnelles und entschiedenes Vorgehen gegen die «neue Ketzerei».

Den ersten Weg wählte Zürich. Ein Bruch des kirchlichen Fastengebots (d. h. Verbot des Fleischessens) vor Ostern durch einen Druckereibesitzer und dessen Gesellen 1522 wurde vom **Leutpriester** am Grossmünsterstift, Huldrych (urspr.: Ulrich) Zwingli (1484–1531), verteidigt und führte zum Einschreiten des Bischofs von Konstanz. Der Zürcher Rat entschied sich für die Durchführung einer öffentlichen, kontradiktorischen Disputation über das Thema und beschloss danach, Zwingli solle seine Tätigkeit ungehindert fortsetzen. Damit entriss der Rat faktisch dem Bischof die Kompetenz eines kirchlichen Aufsichtsorgans und trat selbst an dessen Stelle; der Weg zu einer Staatskirche wurde damit eingeleitet. Auch bei den bald danach aufgeworfenen weiteren Streitpunkten, etwa der Frage der Bilderverehrung, der **Messe** oder der Kindertaufe, wandte der Rat wieder das Mittel der Disputation an, wobei sich Zwinglis Auffassungen jeweils durchsetzten. Im Jahr 1525 war die Reformation im Wesentlichen vollzogen; die Klöster waren aufgehoben, die Bilder und Altäre entfernt, die Messfeier durch das Abendmahl ersetzt, während die Kindertaufe beibehalten wurde.

Der rasche Erfolg der Reformation in Zürich hing sowohl mit der Person Zwinglis wie auch den besonderen zürcherischen Umständen zusammen. Der gebürtige Wildhauser war nach Studien in Wien und Basel und nach Pfarrstellen in Glarus und Einsiedeln Ende 1518 ans Zürcher Grossmünster berufen worden. Er hatte sich damals bereits als guter Prediger, als belesener und gelehrter **Humanist**, aber auch als Kritiker der Solddienste, besonders jener im Dienste Frankreichs, profiliert, was zu seiner Wahl wesentlich beigetragen hatte. Offenbar standen von Anfang an sowohl im Grossmünsterstift wie auch im Rat Persönlichkeiten hinter ihm, die für kirchliche Reformen aufgeschlossen waren und gleichzeitig die fremden Dienste ablehnten. 1521 trat Zürich als einziger eidgenössischer Ort einer Soldallianz mit Frankreich nicht bei, 1522 untersagte es die «fremden Dienste» generell – beides zu einem Zeitpunkt, da Zwingli selbst noch keinen massgebenden Einfluss besass. Zwingli selbst trat bereits 1520 offen für Luther ein, ohne dass dies für ihn Folgen gehabt hätte. In den folgenden Jahren konnte Zwingli indessen durch die Wirkung seiner Predigten, seine weitgesponnenen persönlichen Verbindungen, seine Mitwirkung in kirchlichen und politischen Gremien und nicht zuletzt seine von prophetischer Selbstgewissheit getragene Arbeitskraft und Entschlossenheit seinen persönlichen Einfluss wesentlich vergrössern, ohne allerdings zu Zürichs ungekröntem König zu werden.

Seit 1521 zeichneten sich auch in andern eidgenössischen Orten reformatorische Tendenzen, meist getragen von einzelnen Geistlichen, ab. So wurde 1522 nicht nur in Zürich, sondern auch in Basel das Fastengebot durchbrochen; in diesem Zentrum des Buchdrucks waren bereits seit 1518 zahlreiche Luther-Schriften erschienen. Bern, Basel und Schaffhausen verfolgten zunächst eine abwartende Politik: Sie distanzierten sich meist von Luther, schafften die kirchlichen Bräuche nicht ab, verpflichteten ihre Geistlichen aber doch zur «schriftgemässen Predigt» und liessen jene unter ihnen, die sich zunehmend an Zwingli orientierten, im Allgemeinen gewähren. Ausschlaggebend für dieses Verhalten waren die innere Gespaltenheit und die Abneigung gegen aussenpolitische Auseinandersetzungen, vor allem mit der römisch-katholischen Vormacht Habsburg. In Appenzell, Glarus und Graubünden war die Autorität der Zentralgewalt so schwach, dass man den konfessionellen Entscheid den einzelnen Gemeinden überliess. Diese Lösung wirkte sich mehrheitlich zugunsten der Reformation aus.

Bereits 1522/1523 zeichnete sich ein dritter, scharf antireformatorischer Block, bestehend

*Huldrych Zwingli (1484–1531). Gedenkmünze von Jakob Stampfer. Der aus Wildhaus stammende Zwingli studierte in Bern, Wien und Basel. 1506 wurde er Pfarrer in Glarus, 1516 wechselte er nach Einsiedeln, von wo er auf Jahresbeginn 1519 als **Leutpriester** ans Grossmünsterstift in Zürich berufen wurde. Hier entwickelte er sich zum Reformator, erlangte zeitweise beträchtlichen Einfluss auf das politische Geschehen und wurde zum Begründer der zwinglianisch-calvinistischen Richtung innerhalb des Protestantismus.*

aus den innerschweizerischen «Fünf Orten» (Uri, Schwyz, Unterwalden, Luzern, Zug) sowie Freiburg ab. In den meisten von ihnen meldeten sich zwar Anhänger Zwinglis zu Wort, fanden aber nur bescheidenen Anhang und wurden von den entschlossenen Obrigkeiten zum Widerruf oder zur Auswanderung gezwungen. So verpflichtete Freiburg alle Bürger zu einer «professio fidei», einem ausdrücklichen Bekenntnis zum traditionellen Glauben. Ein wesentlicher Grund für dieses eindeutige Vorgehen war wohl die Verknüpfung der Reformation mit dem Solddienstproblem; in den Obrigkeiten des «antireformatorischen Blocks» dominierten Söldnerführer und Empfänger fremder Pensionen. Der Humanismus als geistiges Fundament der Kirchenkritik fehlte fast ganz. Hinzu kam, dass hier die Reformation rasch mit Zürich und mit Zwingli identifiziert wurde; man empfand die Glaubenserneuerung als etwas Fremdes, Aufgedrängtes. Bezeichnenderweise wurde bereits 1523 ein Bild Zwinglis auf dem Luzerner Marktplatz verbrannt.

Die unterschiedlichen Einstellungen zur Reformation schlugen sich in der eidgenössischen Politik nieder. Die Fünf Orte garantierten sich gegenseitig den Verbleib beim «alten wahren Glauben» und versuchten, diesen Kurs auch auf gesamteidgenössischer Ebene durchzusetzen. 1524 distanzierte sich die Tagsatzung (vgl. S. 168f.) von der zürcherischen Kirchenpolitik, doch setzten die schwankenden und vermittelnden Orte sich für Verhandlungslösungen ein. Eine gemeinsame antizürcherische Politik kam nicht zustande.

Gleichzeitig wurde die Reformation Zwinglis durch die Täuferbewegung in Frage gestellt (vgl. S. 187). Den Täuferführern, von denen manche zu den ersten Anhängern Zwinglis gehört hatten, war Zwinglis Kirchenreform zu pragmatisch und zu obrigkeitsnah. Zum Stein des Anstosses wurde die Frage der Kindertaufe. Ihre Beibehaltung trieb die Täufer 1525 in die offene Opposition. Die Bewegung fand auf der Landschaft zeitweise beträchtlichen Anhang. Die Bauern des Mittellandes erhofften sich von der Reformation einen Abbau im Bereich der kirchlichen Abgaben und eine Verstärkung der kommunalen Selbstständigkeit – Wünschen, welchen die stark anarchisch-eschatologisch ausgerichtete Täuferbewegung natürlich entgegenkam. Es gelang dem Zürcher Rat jedoch, durch eine Mischung von Entgegenkommen und Beharrlichkeit die Landbevölkerung zu beschwichtigen und die Täufer zu isolieren. Einige ihrer Führer wurden hingerichtet, manche flohen ins Ausland. Des ungeachtet bildeten sich in den folgenden Jahrhunderten in der reformierten Schweiz immer wieder täuferische Zirkel.

Die Auseinandersetzung mit den Täufern und den Bauern führte innerhalb der zwinglianischen Reform zu einer Verstärkung des staatskirchlichen Elements, während das ländlich-kommunale und erst recht das sozialrevolutionäre an Bedeutung verloren. Gleichzeitig hatte die Lehre Zwinglis in den schwankenden Orten ständig an Anhang gewonnen. Beides trug dazu bei, dass die bisher unentschiedenen Obrigkeiten, zum Teil auf Druck der mittleren und unteren Bevölkerungsschichten, sich für die Reformation entschieden. Zwischen 1526 und 1529 setzte sich diese in Bern, Basel und Schaffhausen, aber auch in den zugewandten Städten Biel, St. Gallen und Mülhausen durch. Solothurn war unsicher, die appenzellischen und glarnerischen Gemeinden wandten sich mehrheitlich der «neuen Lehre» zu. Vor allem der Übertritt Berns bewirkte eine völlige Umkehrung der Machtverhältnisse. Die Fünf Orte sahen sich nun deutlich in die Defensive gedrängt.

Der Kampf um die Durchsetzung der Reformation

Der um 1528 eingetretene Wandel führte auf keiner Seite zu erhöhter Kompromissbereitschaft. Für die Reformatoren, allen voran Zwingli, ging es darum, die «freie Verkündigung des Evangeliums» in der ganzen Eidgenossenschaft sicherzustellen und dadurch der Reformation überall zum Durchbruch zu verhelfen. Demgegenüber sahen die Fünf Orte gerade durch diese Forderung ihre Identität und Souveränität bedroht. Hinzu kam das 1529/30 drohende, von den einen erhoffte, von den andern befürchtete Vorgehen des habsburgischen Kaisers Karl V. gegen die lutherischen deutschen Fürsten, von dem die Schweiz nicht zum Vornherein ausgenommen war. Die Fünf Orte intensivierten ihre Kontakte zu Habsburg und schlossen im April 1529 mit Karls Bruder Ferdinand ein Defensivbündnis. Auf reformierter Seite entstand zwischen 1527 und 1529 ein Bündnissystem zwischen Zürich, Bern, Basel, Schaffhausen, St. Gallen, Biel und Mülhausen. Dagegen scheiterte Zwinglis Plan, den reformierten Teil der Eidgenossenschaft über ein Bündnis mit Hessen in eine grosse antihabsburgische Koalition einzugliedern. Ursachen dafür waren einerseits die immer deutlicher werdenden Unterschiede zwischen Zwinglis und Luthers Theologie – vor allem in der Abendmahlslehre –, anderseits die faktisch schon weitgehend erfolgte Loslösung der Eidgenossenschaft vom Reich. Da umgekehrt Habsburg auf eine Verwicklung in die eidgenössischen Angelegenheiten keineswegs so erpicht war, wie Zwingli es befürchtete, blieb der eidgenössische Konfessionsstreit ein von der Reichspolitik weitgehend gelöster Lokalkonflikt.

Titelbild von Zwinglis Schrift «Fidei Ratio», welche dieser 1530 Kaiser Karl V. auf den Augsburger Reichstag zusandte. Das Bild zeigt den Herrscher in seinem Ornat.

Die Schweiz im Zeitalter der konfessionellen Spaltung

In den Mittelpunkt der eidgenössischen Auseinandersetzungen rückten 1528 die **Gemeinen Herrschaften**. Vor allem im Thurgau, im Rheintal, in der Grafschaft Baden und in den Freien Ämtern verbreitete sich die reformierte Predigt. Die Fünf Orte, die überall die Mehrheit der herrschenden Orte stellten, wollten sich damit nicht abfinden. Dies führte im Juni 1529 zum «Ersten Kappeler Krieg». Das Heer der Fünf Orte und jenes Zürichs und Berns lagen sich bei Kappel an der zürcherisch-zugerischen Grenze unmittelbar gegenüber, als es den vermittelnden Orten Glarus, Solothurn, Freiburg und Appenzell gelang, einen Kompromiss zu erzielen. Der «Erste Kappeler Landfriede» widerspiegelte das nun bestehende Kräfteverhältnis und trug den reformierten Forderungen weitgehend Rechnung. In den Gemeinen Herrschaften sollte jede Gemeinde autonom über ihren Glauben entscheiden können, was, entsprechend dem allgemeinen Trend, die Reformation begünstigte. Zudem hatten die Fünf Orte ihr Bündnis mit Habsburg aufzugeben, dafür sollte ihr katholischer Glaube unangetastet bleiben. Da gleichzeitig Zürich und St. Gallen die Herrschaft des St. Galler Fürstabtes auflösten, zeichnete sich die Bildung eines rein reformierten, wesentlich von Zürich beherrschten territorialen Komplexes von der unteren Reuss bis zum Bodensee ab.

Für Zürich, namentlich Zwingli, war das Erreichte indessen nur die Basis, um die Reformation nun auch im Rest der Eidgenossenschaft, namentlich in den Fünf Orten, durchzusetzen. Das politische Mittel war die Forderung, die Fünf Orte müssten auch in ihrem eigenen Gebiet die «freie Predigt» zulassen, wodurch sich die Reformation analog zur Entwicklung in den Gemeinen Herrschaften durchsetzen würde. Die Fünf Orte widersetzten sich indessen hartnäckig. Vor allem in der Frage, wie man gegen diese vorgehen solle, zeichneten sich 1531 Risse in der Allianz der reformierten Orte ab. Da nur Zürich zu einem Angriffskrieg bereit war, diesen jedoch nicht allein führen wollte, einigte es sich mit Bern schliesslich im Mai 1531 auf eine Handelsblockade gegen die Fünf Orte. Diese schädigte zwar die innerschweizerische Getreide- und Salzversorgung, stellte aber auch die zürcherisch-bernische Einheit zunehmend auf die Probe, weil sie zu keiner Entscheidung führte. Als die Fünf Orte im Oktober 1531 überraschend zum Angriff übergingen, gelang ihnen bei Kappel ein Sieg über das zu spät mobilisierte Zürcher Heer, wobei Zwingli umkam. Obwohl Zürich und Bern in der Folge zahlenmässig überlegene Verbände aufbieten konnten, zeigte der weitere Verlauf des «Zweiten Kappeler Krieges», dass mit der aggressiven Politik seit 1529 der Bogen überspannt worden war und der «gemeine Mann» im Heer nicht mehr bereit war, die Konsequenzen zu tragen. Der Krieg endete damit, dass die reformierten Truppen weitgehend auseinander liefen. Anderseits besassen die Fünf Orte nicht die Kraft und auch nicht mehr den Willen, die völlige Rekatholisierung der Eidgenossenschaft durchzusetzen.

Der im November 1531 abgeschlossene «Zweite Kappeler Landfriede» fiel unter diesen Umständen eher zugunsten der katholischen Orte aus. Die Obrigkeit jedes vollberechtigten Ortes konnte für sich und ihre Untertanen die Konfession bestimmen (vgl. dazu den Augsburger Religionsfrieden im **Reich**, S. 163) – an die «freie Predigt» in den Fünf Orten war daher nicht mehr zu denken. In den **Gemeinen Herrschaften** durften die bereits reformierten Gemeinden dabei bleiben, doch konnte eine katholische Minderheit die Gemeindeteilung verlangen. Auch in Zukunft durften Gemeinden oder Gemeindeteile nur auf die katholische Seite, nicht aber die reformierte hinüberwechseln. Die für die Fünf Orte strategisch wichtigen Freien Ämter, Gaster, Weesen und Rapperswil wurden völlig rekatholisiert, während der St. Galler Fürstabt in seine Rechte zurückkehrte.

Der Zweite Landfriede hat die konfessionelle Struktur der Eidgenossenschaft, abgesehen von der Westschweiz, rechtlich bis 1712, demografisch bis in die Mitte des 19. Jahrhunderts, nämlich bis zur Einführung der Glaubens- und Niederlassungsfreiheit, geprägt. Eine weitere Ausbreitung der Reformation war kaum mehr möglich. In Glarus und Appenzell konnten sich einige katholische Gemeinden behaupten, das schwankende Solothurn entschied sich unter dem Eindruck des Kriegsausgangs für den «alten Glauben». Einzig in Graubünden schritt die Reformation weiter voran. Anderseits hielten sich die Rekatholisierungen in den Gemeinen Herrschaften in Grenzen, obwohl die Reformierten, da alle konfessionelle Streitigkeiten jeweils von der katholischen Mehrheit der herrschenden Orte entschieden wurden, eher benachteiligt waren. Manche Gemeinde wurde nun, eine Seltenheit im damaligen Europa, konfessionell paritätisch, wobei sich die beiden Teilgemeinden meist in die einzige Dorfkirche teilen mussten – an einzelnen Orten bis heute. Aus der Sicht der damaligen Zeit war die konfessionelle Spaltung der Schweiz ein durchaus unerfreuliches Ereignis, da nun die eine Hälfte mit Sicherheit im religiösen Irrglauben lebte – die Frage war nur: welche? Zudem war in diesem Zeitalter eine konfessionelle Spaltung auch eine politische: Die Schweiz zerfiel nun in zwei Blöcke und wurde dadurch aussenpolitisch weitgehend handlungsunfähig. Als Ganzes musste sie sich daher neutral verhalten; die einzelnen Blöcke waren es allerdings keineswegs.

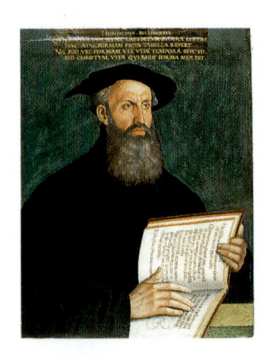

Heinrich Bullinger (1504–1575) wurde nach dem Tod Zwinglis in der Schlacht bei Kappel dessen Nachfolger als Leiter der Zürcher Kirche. Als konzilianter und ausgeglichener, aber durchaus unbeirrbarer Kirchenpolitiker begründete er durch seine Schriften und seinen intensiven Briefwechsel Zürichs Bedeutung als Zentrum, neben Genf, der «zwinglianisch-calvinistischen Internationale». (Porträt von Hans Asper, 1550)

Die Entstehung der französischen Schweiz

Durch den Zweiten Landfrieden waren die Fronten in der Zentral- und der Ostschweiz weitgehend festgelegt worden. Zum eigentlichen Gefechtsfeld der Auseinandersetzungen sollte in den letzten zwei Dritteln des 16. Jahrhunderts die Westschweiz werden.

In den Burgunderkriegen (1474/1476; vgl. S. 150 f.) war es Bern und Freiburg gelungen, kleine und eher isolierte Teile des Waadtlandes zu erobern. Der grösste Teil aber blieb Besitz des Herzogs von Savoyen, der sich vor allem auf den Lokaladel und den Bischof von Lausanne stützte. Berns Absicht, zum Genfersee vorzustossen, wurde immer deutlicher. Gleichzeitig bedrohte der Herzog ständig die isolierte Stadt Genf. Das führte 1526 zu einem Bündnisschluss der Rhonestadt mit Freiburg und Bern. Als eigentliches Durchdringungsmittel zur Vorbereitung der Eingliederung der Waadt diente Bern die Reformation: Der wortgewaltige Südfranzose Guillaume Farel durchzog seit 1530 predigend das Waadtland und das mit Bern bereits verbündete Fürstentum Neuenburg. Ab 1532 wirkte er mit Unterbrüchen auch in Genf. 1536 besetzten bernische Truppen das Waadtland, das Pays de Gex rund um Genf sowie das westliche Chablais südlich des Genfersees, während Freiburg Romont und das Wallis das östliche Chablais in Besitz nahmen. Im gleichen Jahr setzte sich in Genf die Reformation durch. Ein historischer Zufall war es, dass zu diesem Zeitpunkt der Franzose Johannes Calvin auf der Durchreise durch Genf begriffen war, von Farel jedoch zum Bleiben bewogen wurde. Von 1541 bis zu seinem Tod sollte Calvin die Genfer Kirche und darüber hinaus weitgehend auch die Genfer Politik prägen. – 1555 teilten Freiburg und Bern schliesslich die Herrschaft des bankrotten Grafen von Greyerz unter sich auf. Damit hatte die Eidgenossenschaft den grössten territorialen Umfang ihrer Geschichte erreicht.

Die von Bern getragene und von Freiburg und vom Wallis mitverfolgte Westexpansion hat die Zukunft der Schweiz entscheidend beeinflusst. Erst jetzt geriet ein grösseres Territorium französischer Sprache zur Eidgenossenschaft, erst jetzt wurde die Grundlage einer mehrsprachigen Schweiz geschaffen (vgl. S. 45). Die französische Schweiz wurde gleichzeitig zu einer überwiegend reformierten Schweiz, während die Reformation in Frankreich selbst nur eine Minderheit erreichte. Die zwinglianische Richtung der Reformation, aus Deutschland durch die Lutheraner weitgehend verdrängt und in der Deutschschweiz auf fünförtischen Granit gestossen, einigte sich mit Calvin in den wesentlichen Fragen, vor allem in der Abendmahlslehre. Mit der vom Zürcher Heinrich Bullinger verfassten Confessio Helvetica posterior (1566) fand der schweizerische Protestantismus ein einheitliches Bekenntnis. Die von den beiden theologischen Hochschulen geprägten «Achse Zürich–Genf» wurde zum geistigen Zentrum, oft auch zum Fluchtort der vielfacher Verfolgung ausgesetzten calvinistischen Gruppen in Frankreich, England, den Niederlanden und Osteuropa.

Bald sollte es sich allerdings zeigen, dass Bern in einen machtpolitisch höchst umstrittenen Raum vorgedrungen war. Savoyen war nicht bereit, auf die verlorenen Gebiete und Genf zu verzichten. Seine Revancheabsichten erhielten Gewicht, als es ab der Mitte des 16. Jahrhunderts die Unterstützung Philipps II. von Spanien erhielt, der auch Mailand und die Freigrafschaft Burgund beherrschte. Als halber Satellitenstaat war Savoyen ein wichtiger Puffer gegen Frankreich und ein wichtiger Korridor nach Deutschland und zu den Niederlanden. Als weitere Allianzpartner boten sich in der Folge die katholischen eidgenössischen Orte an.

Durch die bernischen Erfolge im Westen war das territoriale und bevölkerungsmässige Gewicht der **Fünf Orte** innerhalb der Eidgenossenschaft reduziert worden. Gleichzeitig bewirkte die sich anbahnende innerkatholische Reform eine Vertiefung des religiös-politischen Grabens und eine erhöhte konfessionspolitische Aktivität. Dies führte etwa zur Vertreibung einer reformierten Minderheit aus Locarno nach Zürich (1555), zu einer paritätischen Verfassung in Glarus, welche die katholische Minderheit bevorzugte (1564), zur Ausschaltung reformierter Strömungen im Wallis (bis 1600) und zur Aufteilung Appenzells in einen reformierten und einen katholischen Halbkanton (1597). Ein Bündnis der katholischen Orte mit dem Bischof von Basel (1579) stabilisierte dessen weltliche Herrschaft und ermöglichte ihm die Rekatholisierung des Birseckgebietes. Handelte es sich hier um Aktionen in einem begrenzten Wirkungskreis, so griff die Allianzpolitik der Fünf Orte mit einem 1560 abgeschlossenen und 1577 erneuerten Bündnis mit Savoyen weiter aus. Freiburg, bis zur Jahrhundertmitte noch Berns Expansionspartner, ging nun auch politisch ganz ins katholische Lager über. 1586 verpflichteten sich die Fünf Orte, Freiburg und Solothurn im «Goldenen Bund» erneut, dem katholischen Glauben treu zu bleiben; dieses Abkommen sollte allen andern, auch den alten Bundesbriefen des Spätmittelalters, vorangehen. Den Abschluss der fünförtischen Diplomatie bildete ein direktes Bündnis der sechs katholischen Orte (ohne Solothurn) mit Spanien (1587).

Das spanisch-savoyisch-fünförtische Zusammenspiel stellte in erster Linie Genf und Bern, letztlich aber den gesamten reformierten Block

Johannes Calvin (Jean Cauvin; 1509–1564) stammte aus Noyon und kam erstmals 1536 nach Genf, wo er sich 1541 dauernd niederliess. Als theologischer und kirchenpolitischer Systematiker entwickelte er in Genf eine modellhafte Gemeindeordnung, die von einem starken Einfluss der kirchlichen Autoritäten auf das öffentliche Leben geprägt war.

Guillaume Farel (1489–1565) war der erste Reformator der Westschweiz. Aus der französischen Dauphiné stammend, begann er 1527 mit der reformatorischen Predigt im Waadtland. 1536 setzte er die Reformation in Genf durch. Wenig später bewog er dort den durchreisenden Calvin zum Bleiben; er selbst verlegte seine Tätigkeit nach Neuenburg.

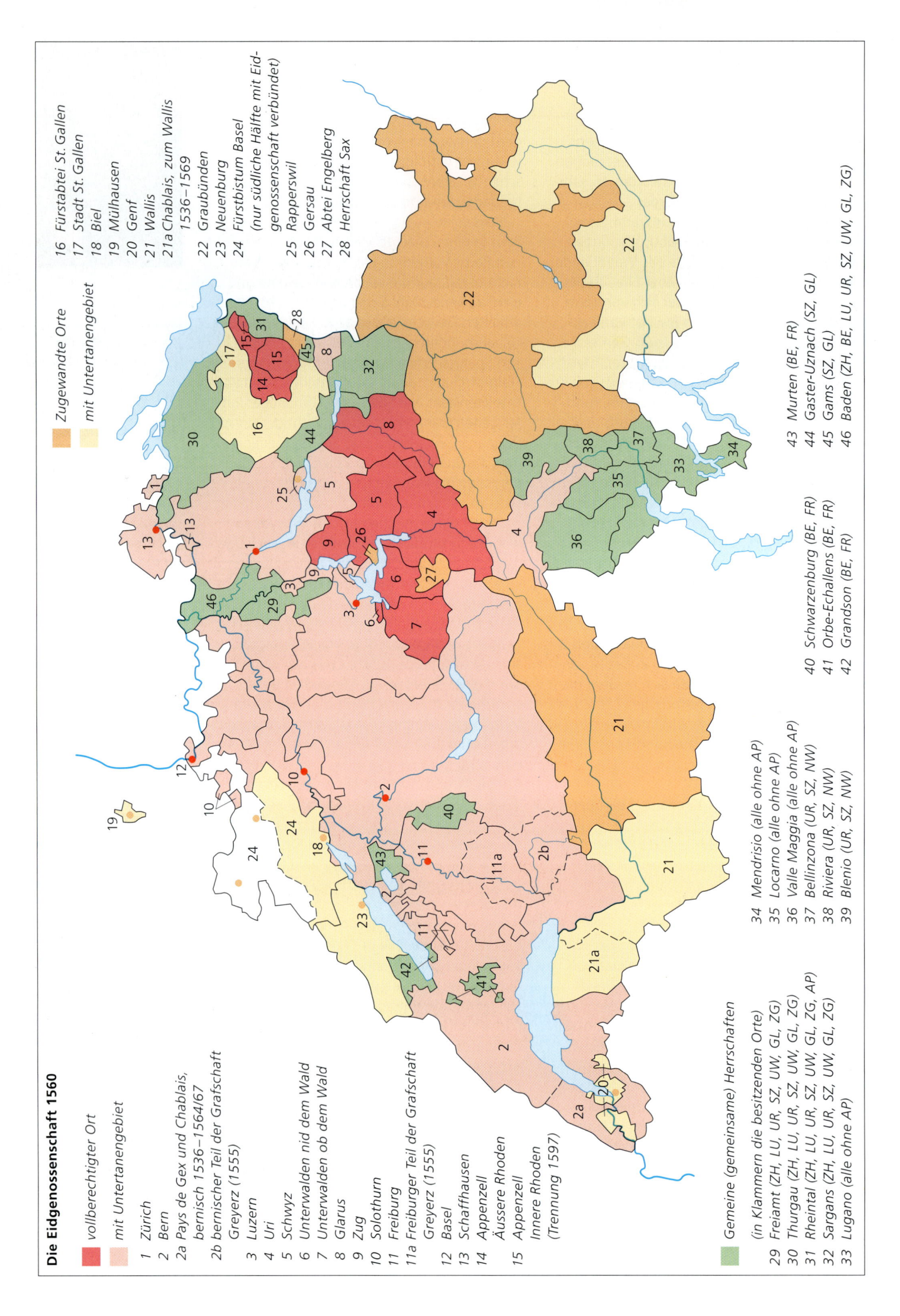

Die Eidgenossenschaft 1560

vollberechtigter Ort
mit Untertanengebiet

Zugewandte Orte
mit Untertanengebiet

1 Zürich
2 Bern
2a Pays de Gex und Chablais, bernisch 1536–1564/67
2b bernischer Teil der Grafschaft Greyerz (1555)
3 Luzern
4 Uri
5 Schwyz
6 Unterwalden nid dem Wald
7 Unterwalden ob dem Wald
8 Glarus
9 Zug
10 Solothurn
11 Freiburg
11a Freiburger Teil der Grafschaft Greyerz (1555)
12 Basel
13 Schaffhausen
14 Appenzell Äussere Rhoden
15 Appenzell Innere Rhoden (Trennung 1597)

16 Fürstabtei St. Gallen
17 Stadt St. Gallen
18 Biel
19 Mülhausen
20 Genf
21 Wallis
21a Chablais, zum Wallis 1536–1569
22 Graubünden
23 Neuenburg
24 Fürstbistum Basel (nur südliche Hälfte mit Eidgenossenschaft verbündet)
25 Rapperswil
26 Gersau
27 Abtei Engelberg
28 Herrschaft Sax

Gemeine (gemeinsame) Herrschaften
(in Klammern die besitzenden Orte)

29 Freiamt (ZH, LU, UR, SZ, UW, GL, ZG)
30 Thurgau (ZH, LU, UR, SZ, UW, GL, ZG)
31 Rheintal (ZH, LU, UR, SZ, UW, GL, ZG, AP)
32 Sargans (ZH, LU, UR, SZ, UW, GL, ZG)
33 Lugano (alle ohne AP)
34 Mendrisio (alle ohne AP)
35 Locarno (alle ohne AP)
36 Valle Maggia (alle ohne AP)
37 Bellinzona (UR, SZ, NW)
38 Riviera (UR, SZ, NW)
39 Blenio (UR, SZ, NW)
40 Schwarzenburg (BE, FR)
41 Orbe-Echallens (BE, FR)
42 Grandson (BE, FR)
43 Murten (BE, FR)
44 Gaster-Uznach (SZ, GL)
45 Gams (SZ, GL)
46 Baden (ZH, BE, LU, UR, SZ, UW, GL, ZG)

176

in der Eidgenossenschaft vor schwierige Probleme. Unter politischem Druck willigte Bern 1564 in einen Kompromiss mit Savoyen ein und verzichtete auf das Pays de Gex und das westliche Chablais; fünf Jahre später musste auch das Wallis den grössten Teil des östlichen Chablais preisgeben. Der savoyische Druck richtete sich nun vor allem gegen Genf, das seine Landbrücke zur bernischen Waadt verloren hatte. Die reformierten Orte schlossen ihrerseits Genf stärker in ihr Bündnissystem ein. Zu einer entscheidenden Wendung führte erst der Erfolg des Bourbonen Heinrich IV. in Frankreich (vgl. S. 163) über die von Spanien und den Fünf Orten unterstützte «Ligue». Heinrichs Erfolge bewirkten nicht nur eine innere Stabilisierung Frankreichs, sondern auch eine solche in der Westschweiz. Savoyen musste das Pays de Gex an Frankreich abtreten, wodurch Genf nun nicht mehr ausschliesslich an seinen Erbfeind angrenzte. Ein Versuch des Herzogs, durch einen Überraschungsangriff gegen Genf selbst diesen Verlust zu kompensieren, scheiterte an der Wachsamkeit der Genfer in der von diesen noch heute gefeierten «Escalade» im Dezember 1602.

Die Zeit des Dreissigjährigen Krieges und der französischen Vorherrschaft

Im Vergleich zum 16. Jahrhundert verlief das 17. politisch ruhiger. Der territoriale Bestand der Eidgenossenschaft war kaum gefährdet. Im Verlauf des Dreissigjährigen Krieges entwickelte sich Graubünden wegen seiner strategischen Lage (Verbindung Mailand–Österreich) und seiner verworrenen inneren Zustände zu einem umstrittenen Nebenkriegsschauplatz, aus dem sich die eidgenössischen Orte im Wesentlichen heraushielten. Allmählich entwickelte sich, ungeachtet der fortbestehenden inneren Gegensätze, eine bewusste Neutralitätspolitik. So wiesen sowohl die Tagsatzung wie auch die einzelnen reformierten Orte 1632 ein Bündnisangebot des Schwedenkönigs Gustav Adolf zurück. Die gelegentliche Bedrohung der Schweizer Nordgrenze führte 1647 zum Abschluss einer Verteidigungsordnung aller dreizehn Orte, dem «Wiler Defensionale». Danach sollte im Kriegsfall ein gemeinsamer Kriegsrat über ein Bundesheer von 36 000 Mann aus kantonalen Kontingenten verfügen. Das Defensionale wurde später mehrmals erneuert, gelangte aber nie zur Anwendung. Auch in den folgenden grossen Kriegen, etwa im Niederländischen Krieg oder im Spanischen Erbfolgekrieg, konnten trotz vorangegangener Neutralitätserklärungen Grenzverletzungen, vor allem im Basler Raum, nicht vermieden werden.

Der Westfälische Friede (1648) regelte endgültig die Beziehung der Eidgenossenschaft zum Heiligen Römischen Reich deutscher Nation. Für die meisten eidgenössischen Orte war diese Frage allerdings eher belanglos, da sie bereits nach dem «Schwabenkrieg» von 1499 von der Unterordnung unter die wesentlichen Reichsinstitutionen dispensiert worden waren. Für Basel, das damals der Eidgenossenschaft noch nicht angehört hatte, galt dies jedoch nicht. Die Stadt klagte denn auch, ihre Kaufleute würden immer wieder vor das Reichskammergericht gezogen und dort benachteiligt. Dementsprechend übernahm der Basler Bürgermeister Johann Rudolf Wettstein die Vertretung der Eidgenossenschaft auf dem Friedenskongress. Mit französischer Unterstützung gelang es ihm, die völlige Loslösung der Schweiz vom Reich zu erwirken.

Die Zeit der konfessionellen Konflikte war auch jetzt noch nicht vorüber. Nachdem ein im Umfang bescheidenes, von Zürich ausgearbeitetes Projekt einer Bundesreform – ein einheitlicher Bundesvertrag sollte das wenig übersichtliche Bundesgeflecht ersetzen, ohne inhaltlich viel zu verändern – von den katholischen Orten abgelehnt worden war, riskierten Zürich und Bern 1656 den Waffengang. Das Ziel war die Revision des «Zweiten Landfriedens» zugunsten der reformierten Seite. Es wurde aber nicht erreicht, weil das bernische Heer bei Villmergen – daher der «Erste Villmerger Krieg» – geschlagen wurde, während Zürich ergebnislos Rapperswil belagerte. Der «Dritte Landfriede» bestätigte die bestehenden Verhältnisse.

Die von Ludwig XIV. angestrebte Vormachtstellung über Europa prägte auch die aussenpolitische Lage der Eidgenossenschaft. Der starke Einfluss der französischen Diplomatie in den einzelnen Orten war an sich nichts Neues, doch fehlte es seit dem Ausgang des Dreissigjährigen Krieges an einem Gegengewicht. Die habsburgisch-kaiserlichen Einwirkungsmöglichkeiten waren minimal, die fünförtisch-spanische Allianz blieb zwar bestehen, verlor aber an Bedeutung. Demgegenüber wurde die Bindung an Frankreich durch das 1663 mit allen eidgenössischen Orten erneuerte Soldbündnis von 1521 verstärkt und einseitiger; vor allem verloren die Schweizer praktisch jeden Einfluss auf die Verwendung der von ihr gestellten Truppen. Die Abhängigkeit von Frankreich wurde deutlich, als dieses 1674 die zuvor spanische Freigrafschaft Burgund annektierte. Diese stand seit der schweizerisch-österreichischen Erbeinigung von 1511 unter eidgenössischem Schutz, wurde aber tatenlos preisgegeben. Als Frankreich 1681 auch Strassburg, immerhin einen alten Verbündeten der reformierten Orte, besetzte, gratulierten die eidgenössischen Vertreter dem Sonnenkönig zu diesem Erfolg. Erst die Aufhebung des Edikts von Nantes (1685) und die Flucht der Huge-

Schreiben des schwedischen Königs Gustav Adolf an Zürich vom 11. Dezember 1629 mit eigenhändiger Unterschrift. Er kündigt das Erscheinen eines Gesandten an. Im Blick auf das bevorstehende schwedische Eingreifen in den Dreissigjährigen Krieg erhoffte sich der König Zürichs Unterstützung. Tatsächlich bildete sich in Zürich eine «Kriegspartei», die möglichst intensiv mit Schweden zusammenarbeiten wollte.

Die Schweiz im Zeitalter der konfessionellen Spaltung

notten führten im reformierten Lager zu einer Distanzierung. Im bald darauf ausbrechenden Pfälzischen Erbfolgekrieg liessen sie neben französischen auch österreichische und niederländische Werbungen zu. Bis zum Spanischen Erbfolgekrieg hatten sich die Verhältnisse so weit ausgeglichen, dass auf französisch-spanischer Seite 23 000, auf österreichisch-niederländischer 20 000 eidgenössische Söldner kämpften. In der blutigen Schlacht bei Malplaquet 1709 trafen denn auch Schweizer auf Schweizer.

Im Schatten dieses Erbfolgekrieges kam es zum letzten militärisch ausgetragenen konfessionellen Konflikt in der Alten Eidgenossenschaft. Anlass war diesmal ein Streit zwischen der Landschaft Toggenburg und dem Abt von St. Gallen, Ziel erneut die Revision beziehungsweise die Erhaltung der Landfriedensordnung von 1531. In diesem – am selben Ort wie 1656 entschiedenen – «Zweiten Villmerger Krieg» (1712) waren Zürich und Bern nunmehr erfolgreich. Im «Vierten Landfrieden» büssten die **Fünf Orte** in den strategisch wichtigen **Gemeinen Herrschaften** Baden, Unteres Freiamt und Rapperswil ihre Mitspracherechte ein, während Bern in die Verwaltung dieser und der ostschweizerischen Gemeinen Herrschaften neu eintrat. Bei konfessionellen Streitigkeiten in den gemeinsamen Untertanengebieten entschied nun nicht mehr die Mehrheit der Herrschenden, sondern ein paritätisches Schiedsgericht. Wesentliche Veränderungen auf die konfessionelle Zusammensetzung der Bevölkerung ergaben sich daraus nicht. Die konfessionelle Kluft wurde aber auch durch diesen Landfrieden nicht überwunden, im Gegenteil: Die katholischen Orte reagierten auf ihren Machtverlust mit einer Sonderallianz mit Frankreich (1715).

Beschiessung der Stadt Baden durch Zürcher Truppen im Zweiten Villmerger Krieg, 1712 (Stich von Johann Melchior Füssli, 1719)

Bilanz

Überblickt man die politische Geschichte der Eidgenossenschaft im 16. und 17. Jahrhundert, so stellt sich angesichts der dauernden tiefen Gegensätze die Frage, warum diese überhaupt bestehen blieb. Das aus dem Spätmittelalter stammende Bundesgeflecht erwies sich offenbar für alle letztlich doch als zweckmässig. Seine eine Hauptaufgabe, die Wahrung der Unabhängigkeit der einzelnen Orte nach aussen zu gewährleisten, wurde nicht auf die entscheidende Probe gestellt; ein Angriff auf die Schweiz erfolgte nicht. Immerhin verhinderten die bestehenden Bünde, dass der eine oder andere Block ganz in einer der grossen konfessionell geprägten Allianzen aufging. Die Existenz der Eidgenossenschaft als eines prinzipiell selbstständigen Staatenverbandes ist auch von den Grossmächten bei allen Versuchen zur Einflussnahme respektiert worden. Die andere Hauptaufgabe, die Sicherung des inneren Friedens und die Bewahrung der bestehenden Ordnung, hat das eidgenössische Bundesgeflecht zwar nicht vollständig, aber doch weitgehend erfüllt. Es ermöglichte die Bewahrung der Herrschaftsstruktur sowohl in den einzelnen Orten – etwa gegen aufständische Bauern (vgl. S. 206) – wie auch in den Gemeinen Herrschaften. Von der Unzahl der häufig konfessionell bedingten Streitigkeiten wurden die allermeisten durch Verhandlungen oder ein Schiedsgericht beigelegt. Selbst jene drei, die zum Krieg eskalierten, fanden nach rasch einsetzender Vermittlung jeweils ein baldiges Ende und forderten relativ wenig Opfer. Eine institutionelle Weiterentwicklung war unter den gegebenen Bedingungen allerdings kaum möglich, und ein eidgenössisches Nationalgefühl bestand um 1700 wohl weniger als zweihundert Jahre zuvor, als man sich im Ruhm unzähliger gemeinsam gewonnener Schlachten sonnen konnte. So mussten aus der Optik der späteren schweizerischen Geschichtsschreibung, die vom Abschluss der ersten spätmittelalterlichen Bünde eine möglichst gerade Linie zur Bundesstaatsgründung von 1848 ziehen wollte, das 16. und das 17. Jahrhundert als Zeit der Stagnation erscheinen. Eine Bilanz um 1700 hätte dagegen vielleicht zufrieden festgestellt, dass die Eidgenossenschaft bei allen Schwierigkeiten und Gegensätzen doch den ganz grossen Katastrophen, etwa dem Dreissigjährigen Krieg, entgangen war. Im Vergleich dazu konnte allein schon das Bewahren der überlieferten Verhältnisse als Erfolg gewertet werden.

Die Schweizer und der Krieg

«Die Schweiz hat keine Armee – sie ist eine Armee» – dieses aus der Landesausstellung 1939 stammende Bekenntnis zeigt, dass Waffen, Krieg und Verteidigungsbereitschaft sowohl im Selbstverständnis wie auch in der Geschichte der Schweiz eine wesentliche Rolle spielten. Allerdings war es nicht immer dieselbe Rolle.

Die alteidgenössischen Kriegsleute des Spätmittelalters

Menschen mit Waffen hatte es im Gebiet der Schweiz seit urgeschichtlicher Zeit gegeben. Gallier und Räter in der Eisenzeit galten als gefürchtete Krieger; mit den Römern etablierte sich die am besten organisierte Militärmacht des Altertums auch in der Schweiz. Die Ruinen der Burgen und die Manessische Liederhandschrift bezeugen, dass das mittelalterliche Rittertum in der Schweiz so verbreitet war wie in den Nachbarländern. Eine besondere schweizerische Eigenart der Kriegführung war während dieser ganzen Zeit nicht zu erkennen. Eine solche wird erst in der Zeit der werdenden Eidgenossenschaft im 14. und 15. Jahrhundert fassbar. Wesensmerkmale der spätmittelalterlichen eidgenössischen Heerhaufen waren vor allem der völlige Verzicht auf eine Reiterei, die Beschränkung des Schutzes des eigenen Körpers auf ein Minimum und die Konzentration auf den kühnen, im mehr oder weniger dichten Haufen mit Nahkampfwaffen vorgetragenen Angriff. Zwar kündigte sich auch auf andern spätmittelalterlichen Kriegsschauplätzen der Übergang zur infanteristischen Kampfweise an. Die zahlreichen eidgenössischen Siege verbreiteten jedoch solchen Ruhm, dass zu Beginn des 16. Jahrhunderts die Schweizer Krieger als Spitzenkräfte ihrer Branche galten.

Die «alten Eidgenossen» trugen im Allgemeinen zwei Waffen. Am Gürtel hing als «Seitenwehr» ein Degen, Schwert oder Dolch. Hauptwaffen waren die **Halbarte** und der im 15. Jahrhundert aufkommende fünf Meter lange Langspiess. Zum Selbstschutz trug man einen Brustharnisch und einen Helm; manche Krieger verzichteten jedoch darauf, um noch beweglicher zu sein. Die Armbrust spielte eine geringe Rolle. Dagegen nahm die Bedeutung der Büchse seit dem Beginn des 15. Jahrhunderts zu, obwohl anfänglich in einem Gefecht höchstens zehn bis zwölf Schüsse abgefeuert werden konnten. Die Obrigkeiten der eidgenössischen Orte förderten das Schiesswesen etwa durch die oft abgehaltenen Schützenfeste. Dennoch machten die Schützen auch am Ende des 15. Jahrhunderts kaum je mehr als zehn Prozent eines Schlachthaufens aus. Die seit den Burgunderkriegen (Beute; vgl. S. 150 f.) ebenfalls vorhandenen Geschütze waren so schwer beweglich, dass sie nur für Belagerungen oder allenfalls für ein Feuer vor der Schlacht, nicht aber während derselben, verwendet werden konnten.

Zog ein eidgenössischer Heerhaufe ins Feld, so bildeten sich ziemlich formlos Vorhut, Gewalthaufe und Nachhut. In der Schlacht stellten sich die Spiessleute zuvorderst auf und hielten ihre Waffen dem angreifenden Feind entgegen. Entscheidend war das «Ringen um den Druck», wenn die vordersten Reihen aufeinander prallten. Gab der Gegner nach, so brachen die hinter den Speerleuten aufgestellten Halbartiere hervor und schlugen nieder, was sich nicht durch schnelle Flucht retten konnte. Die von den Eidgenossen im Spätmittelalter geschlagenen Schlachten verdienten diesen Namen: Man verhielt sich erbarmungslos, verwundete oder gefangen genommene Feinde überlebten im Allgemeinen nicht.

Kriegsorganisation und Berufskriegertum

Das einzige gesamteidgenössische militärische Organ war die **Tagsatzung** (vgl. S. 146). Drohte oder brach ein Krieg aus, so legte sie die Grösse der Kontingente, welche die einzelnen Orte zu stellen hatten, fest. Die Heerhaufen eines einzelnen Ortes bestanden meist aus dem oft mehrere tausend Mann starken «Banner» und mehreren, fünfhundert bis fünfzehnhundert Mann umfassenden selbstständigen «Fähnlein». Banner und Fähnlein unterstanden je einem Stab von Offizieren, an deren Spitze ein Hauptmann stand. Grundsätzlich galt jeder Bürger und jeder Untertan eines eidgenössischen Ortes als wehrpflichtig. Dieser Grundsatz konnte jedoch nur sehr bedingt durchgesetzt werden. Einerseits liessen die organisatorischen Probleme, etwa jenes der Verpflegung, nur Heere beschränkter Grösse zu. Anderseits waren keineswegs alle Bürger und Untertanen besonders kriegsfreudig. Manche zogen trotz des an sie ergangenen Aufgebotes gar nicht aus, andere kehrten, vor allem, wenn der Kriegszug in ferne Gegenden führte, vorzeitig wieder heim.

Kompensiert wurden diese Mängel durch ein ausserstaatliches Berufskriegertum, das sich vor allem im 15. und 16. Jahrhundert deutlich abzeichnete. Es handelte sich um überwiegend junge Männergruppen, oft aus dem alpinen und voralpinen Raum, welche den Krieg geradezu suchten und oft auch entfesselten, wenn ihre Obrigkeit diesen gar nicht wollte. Oft entschieden sie, als «verlorener Haufe» in vorderster Schlacht kämpfend, wider Vernunft und Beschluss des Kriegsrates in tollkühnem Ansturm die Schlachten. Aus ihrer Mitte ging ihr Hauptmann hervor, den Tapferkeit, Waffenkunst, Mut und Verwegenheit auszeichneten.

Das eidgenössische Berufskriegertum mit seinen Hauptleuten bildete die Basis des vom 15. Jahrhundert an ebenfalls deutlich werdenden Söldnerwesens: Ein Hauptmann trat mit seiner Schar in den Dienst eines europäischen Herrschers und führte in dessen Namen, nicht in jenem seines Ortes oder der Eidgenossenschaft, Krieg. Die Grenze zwischen «Söldnerdienst» und «Krieg fürs Vaterland» war allerdings in der Praxis des Spätmittelalters nicht unbedingt leicht zu ziehen. Auf der einen Seite fanden manche «offizielle» eidgenössische Kriegszüge im Bündnis mit europäischen Herrschern statt, denen es in erster Linie um die Ausnützung der eidgenössischen Kampfkraft ging und die dafür zahlten. Anderseits waren oder wurden die Söldnerführer häufig Glieder der politischen Elite ihres Ortes und trachteten danach, ihre privaten militärisch-politischen Kontakte zu offiziellen Bündnissen auszubauen, wofür sie sich durch «Pensionen» bezahlen liessen. Die Zunahme und der grössere Aktionsradius der eidgenössischen Feldzüge seit der Mitte des 15. Jahrhunderts bewirkten, dass der politische und gesellschaftliche Einfluss des Berufskriegertums zunahm. Diese Entwicklung war nicht unproblematisch: Die unterschiedliche politische Ausrichtung der Berufskrieger führte oft zu schweren inneren Spannungen – sollte man nun mit dem deutschen Kaiser oder dem französischen König ein Bündnis schliessen? Ihre Geringschätzung verbindlicher ziviler Formen des Zusammenlebens störte den Ausbau einer normativen obrigkeitlichen Gewalt. Bezeichnenderweise profilierte sich der **Humanist** und Reformator Huldrych Zwingli zuerst als scharfer Kritiker des «Reislaufens».

Reformation und «Reislauf»

Zwingli strebte eine radikale Lösung des Problems an, die er in Zürich auch durchsetzte: Verbot der «fremden Dienste» und des Empfangs von Pensionen, Ausschaltung der Berufskrieger aus der politischen Elite, Kompensation der daraus resultierenden Verluste an militärischer Kraft und Erfahrung durch eine Verbesserung der obrigkeitlichen Militärorganisation. Die Niederlage im Zweiten Kappeler Krieg 1531 (vgl. S. 174) bewies allerdings, dass das Letztere nicht vollständig gelungen war. Die meisten Orte begnügten sich damit, durch den Abschluss offizieller Soldbündnisse den Reislauf unter eine gewisse obrigkeitliche Kontrolle zu bekommen. Dagegen führte die konfessionelle Spaltung der Schweiz dazu, dass die Eidgenossenschaft als Einheit militärisch kaum mehr handlungsfähig war. Vom 16. bis zum 18. Jahrhundert zerfiel das schweizerische Kriegswesen nun in zwei Bereiche: in die nur in den innereidgenössischen Auseinandersetzungen erprobten Milizen der einzelnen Orte und in die «fremden Dienste» schweizerischer Söldner in den europäischen Heeren.

Schlacht am Stoos am 17. Juni 1405 in der Darstellung der Bilderchronik des Berners Diebold Schilling. Rechts die von Schwyz unterstützten Appenzeller, links das österreichische Ritterheer.

Die «fremden Dienste» in der frühen Neuzeit

Basis der «fremden Dienste» waren Verträge mit jenen Staaten, die Schweizer Söldner benötigten. Der wichtigste Abnehmer war Frankreich. Das Soldbündnis mit Frankreich, erstmals 1521 abgeschlossen und immer wieder erneuert, bildete den einzigen gemeinsamen aussenpolitischen Nenner der Eidgenossenschaft, zumal als ihm 1613 auch noch Zürich beitrat, das bisher als Folge der Reformation die fremden Dienste abgelehnt hatte. Alle andern Soldverträge wurden nur von einzelnen Orten abgeschlossen. Die Bündnisse bildeten einen Rahmenvertrag, welcher die Höchstzahl anzuwerbender Söldner festlegte und den Vertragspartner zu regelmässigen Zahlungen an die Orte, im Falle Frankreichs zudem noch zur Gewährung von Handelsprivilegien, verpflichtete. Ob der verbündete Herrscher diese Kontingente ausnützte, hing von seinen konkreten militärischen Bedürfnissen ab. Bis weit ins 17. Jahrhundert gab es keine grossen stehenden Heere; man bildete und entliess die Truppenkörper vielmehr nach Bedarf. Die minimale Dienstpflicht der geworbenen Söldner betrug daher meist nur ein Jahr.

Die Anwerbung der Kriegsleute lief über schweizerische Unternehmer. Ein solcher, meist ein Angehöriger der politisch-sozialen Elite seines Ortes, warb eine oder mehrere Kompanien zu je etwa 200 Mann an. Er konnte die Kompanie als Hauptmann selbst führen oder diese Funktion delegieren; in jedem Fall ging die Differenz zwischen den Leistungen des Herrschers und den Unkosten, vor allem den Soldauszahlungen, an ihn. Er trug allerdings auch das Risiko, wenn sein Auftraggeber, was öfters vorkam, nicht oder nur mit grosser Verzögerung zahlte. Etwa zehn Kompanien bildeten jeweils ein Schweizer Regiment; die Hauptleute wählten aus ihren Reihen im Allgemeinen den Obersten, der nicht nur die Regimentsführung, sondern auch die Gerichtsbarkeit übernahm.

Vom Söldnerhaufen zum stehenden Heer

Eine wesentliche Wende in der Geschichte der fremden Dienste brachte die Bildung grosser stehender Heere um etwa 1670. Die Dienstzeit der Söldner stieg nun auf mindestens vier Jahre an; viele blieben wesentlich länger. Gleichzeitig änderte sich die Bewaffnung. Die schwere Muskete wurde durch das dank eingebautem Feuersteinschloss viel schneller schiessende Gewehr ersetzt. Die reinen Nahkampfwaffen verschwanden ganz. Damit änderte sich auch die militärische Taktik. Man brauchte nicht mehr Krieger, die in der Art der spätmittelalterlichen Eidgenossen im ungestümen Hauen, Stechen und Schlagen ihren Mut bewiesen, sondern Soldaten, die auf Kommando schossen und diszipliniert in Reihen vorrückten. Militärdienst war nun vor allem Drill in der Handhabung der Waffe und im Marschieren in Formation. Der Militärunternehmer hatte sich als Kompanie-, Bataillons- oder Regimentskommandant in das Besoldungs- und Truppenordnungssystem des Staates einzuordnen. Trotz dieser Änderungen im Anforderungsprofil blieb das Interesse an Schweizer Söldnern bestehen, teils aus Tradition, teils, weil sie als tapfer und als gute Schützen galten. Allerdings ging der Sold eher zurück, und die geforderte Disziplin erschwerte das Beutemachen. Die fremden Dienste verloren daher im 18. Jahrhundert an Attraktivität.

In der zweiten Hälfte des 17. Jahrhunderts befanden sich gleichzeitig jeweils etwa 20 000 bis 50 000 Söldner in fremden Diensten. Vor allem in den Gebirgskantonen ging etwa jeder vierte junge Mann unter die fremden Fahnen;

Ein erfolgreicher Militärunternehmer: Kaspar Jodok von Stockalper

Stockalper wurde 1609 in Brig geboren. Seit 1639 war er Hauptmann des Walliser Zenden Brig, 1652 wurde er Landschreiber und Staatskanzler des Wallis, von 1670 bis 1678 war er Landeshauptmann. Wirtschaftlich betätigte er sich einerseits im Salzhandel, anderseits als Söldnerunternehmer im Dienste Frankreichs, für das er mehrere Kompanien rekrutierte. Die Investitionen für eine Kompanie (Werbegelder, Ausrüstung) betrugen etwa 17 000 Pfund. Die königlichen Zahlungen beliefen sich pro Jahr und Kompanie meist zwischen 25 000 und 40 000 Pfund, von denen etwa ein Viertel bis ein Drittel in Stockalpers Kasse floss. Allerdings gab es auch Jahre, in denen Stockalper nur Ausgaben hatte, weil der König nicht zahlte. Die von Stockalper angestellten Kompaniekommandanten – er selbst zog nie in den Krieg – verdienten im Jahr zwischen 1200 und 1600 Pfund, ein Soldat kam im Jahr auf 180 bis 250 Pfund. Das entsprach etwa dem Jahreslohn eines städtischen Handwerkers, allerdings ohne die mögliche Kriegsbeute. Die starke wirtschaftliche und politische Stellung Stockalpers führte schliesslich zur Opposition rivalisierender Familien. 1678 wurde er aller Ämter entsetzt und musste sogar für sechs Jahre ins Exil gehen. Sein Vermögen verlor er jedoch nicht. Er starb 1691.

Kaspar Jodok Stockalper (Ölgemälde aus dem Stockalper-Palast Brig)

Längsschnitt

massgebend dafür waren wohl die geringen Erwerbsgrundlagen in der Heimat wie auch eine sich verfestigende Tradition und Mentalität. Von den Weggegangenen kehrten etwa 30 bis 40 Prozent wieder heim.

In den einzelnen eidgenössischen Orten blieb man beim traditionellen Milizsystem. Man versuchte, die Militärorganisation der modernen Entwicklung möglichst anzupassen. Das war im Bereich der Bewaffnung, teilweise auch in jenem der Befestigung möglich. Als Offiziere setzte man meist Leute ein, die sich in den fremden Diensten bewährt hatten. Dagegen konnte man die eigenen Bürger nicht in der Art eines Berufsheeres ausbilden und drillen. Der geringe Organisationsgrad der Eidgenossenschaft und die inneren Gegensätze verhinderten auch die Entwicklung einer tauglichen gesamtschweizerischen Militärordnung.

Die Illusionen über die Verteidigungsfähigkeit der Schweiz verflogen jäh mit dem Debakel von 1798 (vgl. S. 238).

Der Aufbau einer schweizerischen Armee

Die Bemühungen der Helvetischen Republik zur Schaffung einer gesamtschweizerischen Armee kamen über Anfänge nicht hinaus. Die Abhängigkeit vom napoleonischen Frankreich führte dazu, dass die einzelnen Orte Kontingente für den Russlandfeldzug zur Verfügung stellen mussten (Schlacht an der Beresina). Eine eigentliche eidgenössische Armee – 40 000 Mann unter General Niklaus Franz von Bachmann – wurde erstmals während Napoleons Regierung der «Hundert Tage» (1815) gebildet. Diese überschritt sogar die französische Grenze, allerdings erst, nachdem der Kaiser bereits bei Waterloo seine endgültige Niederlage erlitten hatte. Organisation und Disziplin dieser improvisierten Armee erwiesen sich als völlig ungenügend.

Im Zweiten Pariser Frieden von 1815 anerkannten die Grossmächte die schweizerische Neutralität; der Bundesvertrag des gleichen Jahres legte als wesentliche Aufgabe der Eidgenossenschaft die Verteidigung der Unabhängigkeit fest. Beides bedeutete zusammen, dass die Schweiz nicht nur einer beabsichtigten Eroberung ihres Gebietes, sondern auch einer Verletzung ihrer Neutralität im Rahmen eines

Übergabe des Regiments de Diesbach von François-Romain de Diesbach, Seigneur de Belleroche, an seinen Sohn Philippe-Nicolas-Ladislas de Diesbach in

Givet (Ardennen, Nordfrankreich) im Jahr 1780. Der Sohn kommandierte das Regiment de Diesbach bis zur Französischen Revolution; nach der napoleonischen

Zeit war er unter Ludwig XVIII. General. (Gemälde von Joseph Landerset, heute im Château de la Poya, Freiburg)

Ein Offiziersleben in der Zeit der stehenden Heere: Jean de Sacconay (1646–1729)

Sacconey wurde auf dem waadtländischen Schloss Bursinel geboren. 1665 bis 1668 war er Kadett in einer französischen Kompanie. Danach trat er in das französische Regiment des Bündners Peter Stuppa, in welchem er nach Auszeichnungen im Niederländischen Krieg zum Kompaniekommandanten aufrückte (1679). Er heiratete eine adelige Hugenottin. Nach dem Friedensschluss wurde seine Kompanie für zivile Arbeiten, etwa den Kanalbau, verwendet. Im Pfälzischen Krieg kämpfte er zunächst auf französischer Seite, wechselte jedoch während eines Urlaubs 1693 zum britischen Gegner. Ursache dafür war seine protestantische Überzeugung, die ihn die Aufhebung des Edikts von Nantes ablehnen liess und, nach seiner Meinung, auch eine Beförderung verhindert hatte. Er bildete nun auf britischer Seite ein Regiment. Nach dem Friedensschluss 1697 trat er mit diesem in niederländische Dienste und kam im Spanischen Erbfolgekrieg zum Einsatz. Nach dem Tod seiner Frau kehrte er, da er drei unmündige Töchter zu betreuen hatte, 1706 nach Bursinel zurück. 1712 wurde er Kommandant der Berner Truppen im Zweiten Villmerger Krieg und führte bei der gleichnamigen Schlacht die Entscheidung herbei. Als Dank dafür wurde er Bürger der Stadt Bern und Mitglied des Grossen Rates.

Krieges zweier oder mehrerer europäischer Mächte so gut wie möglich entgegentreten musste. Ziel der schweizerischen Militärpolitik war es seither, auf der Basis des traditionellen Milizsystems eine kriegstaugliche Armee zu schaffen. Die zentrale Frage dabei war zunächst – wie in vielen andern Bereichen – die Aufgabenteilung zwischen Bund und Kantonen. Das «Allgemeine Militärreglement» von 1817 machte es jedem Kanton zur Pflicht, im Kriegsfall ein militärisches Kontingent in der Höhe von zwei Prozent seiner Einwohnerzahl zu stellen. Ausbildung und Ausrüstung waren Sache der Kantone, doch wurde eine eidgenössische Militäraufsichtsbehörde geschaffen, die Inspektionen durchführte. Zwei Jahre später wurde in Thun eine eidgenössische militärische Schule für höhere Offiziere eingerichtet. Die Gründung des Bundesstaates 1848 brachte eine beschränkte Zentralisierung: Die Kantone, die nun drei Prozent ihrer Einwohnerzahl zur Verfügung stellen mussten, bildeten die Infanterie aus, der Bund die übrigen Waffengattungen. Die Rekrutenschulen dauerten – je nach Waffenbereich – zwischen 28 und 42 Tagen; hinzu kamen Wiederholungskurse.

Der deutsch-französische Krieg führte zu einer mehrfach unterbrochenen Grenzbesetzung mit eher bescheidenen Kräften: Als im Februar 1871 die 87 000 Mann starke französische Ostarmee («Bourbaki-Armee») bei Les Verrières interniert wurde, standen auf schweizerischer Seite ganze 20 000 Mann unter den Waffen. General Hans Herzog bezeichnete die Kriegsbereitschaft der kantonalen Truppenkontingente als ungenügend. Dies war einer der wesentlichen Anstösse zur Verfassungsrevision von 1872/1874. Militärgesetzgebung, Ausbildung, Bewaffnung und Ausrüstung wurden nun ausschliesslich Bundessache; den Kantonen blieben im militärischen Bereich noch beschränkte Verfügungsrechte über einen Teil der Truppen und administrative Aufgaben.

Grundprobleme der schweizerischen Militärpolitik im 20. Jahrhundert

Nachdem der Primat des Bundes im Bereich der Armee durchgesetzt worden war, musste sich die schweizerische Militärpolitik bis zur Gegenwart im Wesentlichen mit drei – miteinander verknüpften – Fragen auseinander setzen:

1. Welche reale militärische Gefährdung der Schweiz in Gegenwart und Zukunft und welche Einsatzmöglichkeiten der Armee bestanden?
2. Wie weit waren die schweizerische Bevölkerung und ihre Repräsentanten bereit, persönlich und finanziell Opfer für die Armee zu bringen?
3. Wie konnte die – gemessen an der Einwohnerzahl – zahlenmässig grosse Armee qualitativ – in Ausbildung, Bewaffnung und Führung – mit den Armeen anderer Staaten Schritt halten?

Bis zum Ersten Weltkrieg rechnete man angesichts der sich verhärtenden Blockbildungen («Entente» gegen «Mittelmächte») mit einem erneuten deutsch-französischen Krieg, schätzte dessen mutmassliche Dauer allerdings zu kurz ein. Die Armee hatte demzufolge vor allem die nordwestschweizerische Grenze zu schützen, um Flankenvorstösse der Kriegsparteien über schweizerisches Gebiet zu verhindern. Während des Ersten Weltkriegs gelang dies, da beide Seiten die schweizerische Armee als relativ stark einschätzten und das Risiko einer Frontverlängerung auf schweizerisches Gebiet nicht eingehen wollten. Nach dem Ende des Ersten Weltkrieges wurde die Gefahr eines neuen Krieges zunächst als gering angesehen. Dies änderte sich in den Dreissigerjahren angesichts der massiven deutschen Aufrüs-

Jean de Sacconay (Gemälde: Berner Schule des 18. Jahrhunderts)

tung und der zunehmenden internationalen Spannungen. Für den Fall eines erneuten deutsch-französischen Waffenganges prognostizierte man eine Wiederholung der Situation von 1914/1918, das heisst einer an die Schweiz anstossenden Frontlinie. Der schnelle deutsche Sieg im Sommer 1940 und die daraus resultierende völlige Umklammerung der Schweiz durch die Achsenmächte führte zum Entschluss, sich im Fall eines deutsch-italienischen Angriffs im Wesentlichen auf die Verteidigung des Alpenraumes zu beschränken («Réduit»).

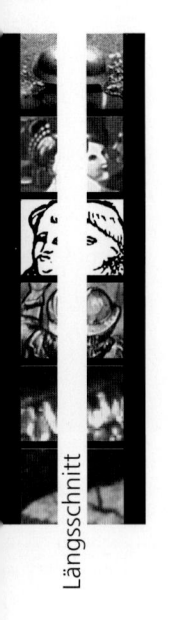

In der bald nach dem Ende des Zweiten Weltkriegs einsetzenden Konfrontation zwischen den Westmächten (Nato-Bündnis) und dem von der Sowjetunion beherrschten Ostblock (Warschauer Pakt) lag die Schweiz im Unterschied zu den Zeiten des deutsch-französischen Gegensatzes nicht in der Verlängerung der Frontlinie der Gegner. Man befürchtete jedoch im Kriegsfall einen raschen Vorstoss der Kräfte des Warschauer Paktes etwa in den süddeutschen Raum mit der Möglichkeit einer Verletzung des schweizerischen Territoriums. Die schweizerische Armee sollte durch ihre relative Stärke einen solchen Einfall als unrentabel erscheinen lassen («Dissuasion») oder, falls dies misslang, an der Seite der Nato den Verteidigungskrieg führen. Die Auflösung des sowjetischen Machtsystems 1989/1991 führte zum Verlust des traditionellen «Feindbildes» und zur Notwendigkeit, die Aufgabe der Armee in einer Welt, in welcher an die Stelle eines bipolaren Gegensatzes eine Fülle lokaler Spannungen und Unruheherde getreten war, neu zu umschreiben. Eine Vorlage, die Armee nicht nur zur Verteidigung des Staatsgebietes, sondern auch in beschränktem Rahmen für friedenserhaltende Missionen der UNO als «Blauhelme» einzusetzen, wurde jedoch 1994 in einer Volksabstimmung abgelehnt.

Als Konsequenz der demokratischen Staatsordnung war die Militärpolitik von der Bereitschaft der Bevölkerung und der politischen Repräsentanten abhängig, der Armee personelle und finanzielle Mittel zur Verfügung zu stellen. Diese war wiederum abhängig von der weltpolitischen und der innenpolitischen Lage. Im 19. Jahrhundert wurde – wie in den andern Staaten auch – die Existenzberechtigung der Armee grundsätzlich nicht in Frage gestellt. Der zunehmende Einsatz von Truppenverbänden bei inneren Auseinandersetzungen, vor allem bei Streiks, liess jedoch die Armee in weiten Kreisen der Arbeiterschaft immer mehr als Instrument des Bürgertums erscheinen. Tiefpunkt dieser Entwicklung war wohl der Einsatz der Armee während des Landesstreiks 1918 (vgl. S. 305). Die konsequente Ablehnung der Armee durch die Sozialdemokratische Partei und die relative Sicherheit während der Zwanzigerjahre führten zu einem weitgehenden militärischen Desinteresse. Dies änderte sich erst durch die Zunahme der Kriegsgefahr nach 1933 und den dadurch bewirkten innenpolitischen Schulterschluss. Während des Zweiten Weltkriegs erreichte die Armee wohl den Gipfel ihrer inneren «Akzeptanz». Danach bewirkten der Mythos des Aktivdienstes, des Réduits und des populären Generals Henri Guisan sowie die Furcht, der «kalte» Krieg könnte in einen «heissen» übergehen, dass die armeefreundliche Stimmung bis zum Ende der Sechzigerjahre anhielt. Erst die allmähliche Entspannung zwischen Ost und West, die rasante militärtechnologische Entwicklung, welcher die Schweiz nur noch bedingt folgen konnte, und schliesslich der Zusammenbruch des Ostblocks

Die Entwicklung der Militärdienstpflicht der Soldaten			
Jahr der Einführung	Dauer der Rekrutenschule	Dauer der Wiederholungs- und Ergänzungskurse	Ende der Militärdienstpflicht (Altersjahr)
1874	45 Tage	64 Tage	42
1886			50
1907	67 Tage	104 Tage	
1935	90 Tage		
1938		160 Tage	60
1939	118 Tage		
1949		184 Tage	
1952		200 Tage	
1962		213 Tage	50
1995	103 Tage	190 Tage	42

Kampfflugzeug F-A 18 Hornet. Die Maschine wurde ab 1996 mit total 34 Flugzeugen eingeführt.

führten zu einer zunehmenden Infragestellung der Armee. Eine zunächst aussichtslos erscheinende Volksinitiative zur Abschaffung der Armee erreichte 1989 einen Ja-Stimmen-Anteil von 35 Prozent. 1991 wurden für die Wehrpflichtigen die Möglichkeit geschaffen, unter bestimmten Umständen an Stelle des Militärdienstes einen Zivildienst zu absolvieren.

Lagebeurteilung und Opferbereitschaft bestimmten Tempo und Intensität der Modernisierung der Bewaffnung und das Ausmass der Dienstpflicht in Friedenszeiten.

Die Modernisierung der Bewaffnung erfolgte wegen der damit verbundenen Kosten meist verzögert. So begann man mit der Einführung des Maschinengewehrs zwar 1897, brachte es bis 1914 aber erst auf 110 Stück – 1918 waren es dann immerhin 1800. Die Zwanzigerjahre führten im Bereich der Rüstung zu einer völligen Stagnation; 1927 beschlossen National- und Ständerat, die Militärausgaben auf unbestimmte Zeit auf der Höhe von 85 Millionen Franken einzufrieren, gingen davon allerdings schon zwei Jahre später wieder ab. Die Zahl der Rekruten wurde gering gehalten, indem man bis zu 44 Prozent der Zwanzigjährigen ausmusterte. Die nach 1933 forcierte Rüstung kam spät. Bei Kriegsbeginn 1939 verfügte die Panzerwaffe nur über dreissig Panzer, während die Luftwaffe sehnlichst auf die vollständige Auslieferung deutscher Kampfflugzeuge hoffte, die dann auch trotz des Krieges erfolgte. Nach dem Zweiten Weltkrieg zeichnete es sich immer deutlicher ab, dass die Schweiz nicht mehr in der Lage war, in allen Bereichen der Militärtechnologie selbstständig mitzuhalten. Die in den Fünfzigerjahren auftauchende Idee, eigene Atomwaffen zu entwickeln, musste aufgegeben werden; etwa gleichzeitig zerschellten die Bemühungen um die Entwicklung eigener Kampfflugzeuge. Zwanzig Jahre später erfolgte das Ende der Produktion schweizerischer Kampfpanzer. Auch Luftabwehrraketen und Panzerabwehrsysteme mussten importiert werden.

Die veränderte weltpolitische Situation, die real eher rückläufigen finanziellen Mittel und die technologische Entwicklung führten zur 1989 eingeleiteten «Armeereform 95». Durch eine Herabsetzung der Dauer der Dienstpflicht wurde der Armeebestand von 600 000 auf 400 000 Mann reduziert. Vor allem die Zahl der rein infanteristischen, wenig mobilen und mit beschränkter Feuerkraft versehenen Verbände wurde verringert. In den Aufgabenbereich der Armee wurden neue Elemente wie der Katastropheneinsatz aufgenommen; der innenpolitische Ordnungsauftrag wurde mit «Betreuungs-, Bewachungs- und Sicherungseinsätzen» bei «Gewalt unterhalb der Kriegsschwelle» eher einschränkend umschrieben. Auch wenn am Ziel der Verteidigung von Souveränität und Neutralität festgehalten wurde, so sollte die Armee doch in der Lage sein, «gegebenenfalls auch in einem Bündnis mitwirken zu können». Wie in der Vergangenheit wird die schweizerische Militärpolitik wohl auch in Zukunft vor allem durch die Entwicklung der aussenpolitischen Lage bestimmt werden.

Die Schweiz im Zeitalter der konfessionellen Spaltung

Die Entwicklungen

Die Kirchenreform: Zwischen Hoffnung und Disziplinierung

Die reformierte Kirche

Die Reformation war in ihren Anfängen einerseits eine Rebellion kritischer Geistlicher gegen die Amtskirche, anderseits eine breite Volksbewegung in Stadt und Land. Welche Hoffnungen und Wünsche gehegt wurden, zeigt das Titelbild der Flugschrift «Beschreibung der götlichen müly», die 1521 beim Zürcher Drucker Froschauer erschien, der ein Jahr später den «Fastenskandal» auslösen sollte (vgl. S. 172). Die im Bild ausgedrückte Vorstellung eines harmonischen Reformatorenteams sollte sich allerdings als trügerisch erweisen: Erasmus blieb katholisch, Luther und Zwingli (vgl. S. 173) zerstritten sich wegen der Abendmahlslehre. Wesentlich ist die Figur des Karsthans. Sie zeigt, dass auf Seite der Laien religiöse Bedürfnisse und religiöses Engagement, aber auch der Wunsch nach kirchlicher Mitwirkung bestanden. Diese Entwicklung hatte sich bereits vor der Reformation abgezeichnet (vgl. S. 169 ff.), war aber auf die Schranken der amtskirchlichen Rechtsordnung gestossen, die nun in Frage gestellt wurde. Nun wurden an den verschiedensten Orten die Dorfgemeinden aktiv: Sie verlangten Pfarrer, die nicht nur **Messe** hielten, sondern auch predigten, und zwar «das reine Evangelium». Manche Gemeinden wollten über die Pfründen selbst verfügen und die Pfarrer selber wählen; auch die Erlaubnis der Priesterehe wurde allgemein gefordert. Lokale Bilderstürme belegten in derber Weise den Willen, vom Bild zum Wort überzugehen.

Die städtischen Obrigkeiten kamen mit der Durchführung der Reformation und der Schaffung einer neuen Kirchenordnung diesen

*Titelbild der Flugschrift «Beschreibung der götlichen müly», erschienen 1521 beim Buchdrucker Froschauer in Zürich: Von Gott (oben links) springt der Funke der Erleuchtung auf die Mühle, welche die Erneuerung des Glaubens symbolisiert. Als «Mahlgut» dienen die vier Evangelisten, verkörpert durch ihre Symbole Engel, Löwe, Stier, Adler (wird gerade hineingeschüttet) sowie Paulus (Schwert!), die von Christus (dem «Müller») in den Mühltrichter eingeschüttet werden. In der Rinne erscheinen die vier Schriftbänder «Hoffnung», «Liebe», «Glaube» und «Stärke». Der **Humanist** Erasmus füllt das Mehl in Beutel, Luther knetet daraus das Brot und – vermutlich – Zwingli verteilt es, wobei aus dem Brot nun ein Buch – die Heilige Schrift – wird. Rechts stehen die Vertreter der traditionellen Kirche: der Papst, ein Kardinal, ein Bischof und ein Dominikanermönch. Sie wollen vom «Brot der Mühle», das heisst der ihnen angebotenen Heiligen Schrift nichts wissen; der Vogel über ihnen kommentiert das mit **Bann, Bann**. Neben Christus steht der «Karsthans», Symbol des Bauern. Mit dem Dreschflegel hat er das Getreide gedroschen, er kann mit ihm aber auch das reformatorische Mühlenpersonal vor dessen Feinden beschützen. Titelinschrift: «Dysz hand zwen schwytzer puren gmacht, furwar sy hand es wol betracht.»*

Wünschen zum Teil entgegen: Die Pfarrer wurden auf die Predigt des Evangeliums verpflichtet, die Eheschliessung mit ihren Konkubinen wurde ihnen nahe gelegt, die Bilder wurden entfernt. Oberstes kirchliches Gremium wurde der städtische Rat, der auch die Verwaltung der kirchlichen Vermögenswerte, vor allem der säkularisierten Klöster, übernahm. Die Pfarrer versammelten sich regelmässig zu einer Synode, wo sie zusammen mit Ratsvertretern kirchliche Fragen diskutierten. Der städtische Laie erhielt somit sehr viele Möglichkeiten zur kirchlichen Mitwirkung, sofern er – was zunächst noch relativ leicht war – Ratsmitglied wurde. Anders stand es mit den Dorfgemeinden. Die städtische Obrigkeit übernahm die Rechtsnachfolge der bisherigen kirchlichen Repräsentanten, namentlich des Bischofs und der Äbte, sie behielt aber die kirchlichen Rechts- und Vermögensverhältnisse bei. Das zeigte sich vor allem bei der Pfarrwahl, die zu einem wesentlichen Element der städtischen Herrschaft über das Land werden sollte. Mehr als ein Beschwerde- oder Einspruchsrecht – das mit der Zeit dann auch verschwand – gestand man den Gemeinden nicht zu. Einzig in den paritätischen Orten Appenzell, Glarus und Graubünden entwickelte sich ein weitgehend selbstständiges Gemeindeleben.

Während die einen Städte – etwa Bern – mit dem Übergang zur Reformation überhaupt zögerten, musste in Zürich die sich abzeichnende staatlich-zentralistische Kirchenorganisation manche Hoffnungen enttäuschen. Beides führte 1525 zum raschen Anschwellen der von Antiklerikalismus und sozialrevolutionären Vorstellungen getragenen Täuferbewegung. Man glaubte, dass die Predigt des unverfälschten Evangeliums ein entsprechendes Leben aus dem Glauben ermögliche und daher alle menschlichen Gesetze erübrige – dies im Gegensatz zur Auffassung Zwinglis. Zeichen dieser Fähigkeit sollte die Taufe sein. Erst das Vorgehen der Obrigkeiten, die einerseits gegen die Täuferführer hart vorgingen, anderseits gewisse soziale Forderungen – etwa die Abschaffung des «kleinen Zehnten» – akzeptierten, führten zur Aufsplitterung der Bewegung. Die Täufer wurden nun zur Minorität und strebten jetzt den Status einer Freikirche an, der ihnen jedoch fast überall verweigert wurde. Gerade durch die so erzwungene Auswanderung wurde indessen täuferisches Ideengut verbreitet. Aber auch in der Schweiz bildeten sich immer wieder täuferische Zirkel, in denen das Ideal der selbstständigen Gemeinde weiterlebte.

Typisch für die Schweiz wurde nicht die täuferische Freikirche, sondern die obrigkeitlich gelenkte Staatskirche mit gewisser Gemeindeautonomie. Damit übernahmen die städtischen Räte allerdings auch die Verpflichtung, möglichst gute Rahmenbedingungen für die Verkündigung des Glaubens zu schaffen. Am Anfang standen eher destruktive Massnahmen: Die Heiligenbilder und Altäre wurden zerstört, die **Reliquien** vernichtet, die **Mess**feier abgeschafft, Wallfahrten verboten, Feiertage gestrichen. Schwieriger war der Aufbau des Neuen. Der Gottesdienst bestand nun im Wesentlichen aus Predigt und Gebet. Das Abendmahl wurde nur an hohen Feiertagen abgehalten, die Orgelmusik gab es nicht mehr. Der Gesang von Kirchenliedern bürgerte sich erst allmählich ein. Um ein quantitativ und qualitativ genügendes Predigtangebot sicherzustellen, mussten Pfarrer ausgebildet werden. In den grösseren Städten entstanden theologische Lehranstalten. Gemäss der Zürcher Kirchenordnung von 1532 musste jeder Pfarrkandidat von einem Examinatorenkollegium aus zwei Pfarrern, zwei Professoren und zwei Ratsvertretern geprüft werden. Wahlbehörde war meist der

Aushebung einer nächtlichen Täuferversammlung. Am Abend des 5. Septembers 1574 evangelisierten drei Abgesandte der Hutterischen Brüder aus Mähren eine grosse Zahl von Frauen, Männern und Kindern in der Nähe von Zürich. Die Versammlung wurde durch zürcherische Milizen gesprengt, die Brüder wurden festgenommen. (Aus der Nachrichtensammlung des Zürcher Pfarrers J. J. Wick)

Die Schweiz im Zeitalter der konfessionellen Spaltung

Das Dorf Hallau und die Reformation
(vgl. S. 171)

Seit 1521 unterstand Hallau der Stadt Schaffhausen. Während diese zunächst noch katholisch blieb, wählten die Hallauer 1525 den radikalen Reformator Johannes Brötli zum Prediger. Gleichzeitig bezahlten sie den Zehnten an das **Domkapitel** Konstanz und den Zins an den Grundherrn, das Kloster Allerheiligen in Schaffhausen, nicht mehr. Mit andern Dörfern zusammen verlangten sie die Abschaffung der Leibeigenschaft und der **Frondienste** sowie die Verwendung des Zehntens für pfarreiinterne Zwecke. Verschiedentlich rotteten sie sich militärisch gegen die Stadt zusammen. Teilweise setzten sich radikale Vorstellungen über eine neue Rechtsordnung durch; so kaufte ein mittelloser Bürger ein Haus und begründete dies später damit, er hätte gedacht, nach der Einführung des Evangeliums müsse man nicht mehr bezahlen. – Nach dem Scheitern der Bauernbewegung wurde Hallau mit der relativ bescheidenen Summe von 200 Gulden gebüsst. Brötli floh, die Stadt setzte einen gemässigten reformierten Prediger ein. Der grössere Teil der Bevölkerung fand sich damit ab, Unzufriedene bildeten dagegen eine separatistische Täufergemeinde, die in den folgenden Jahren verfolgt und allmählich aufgerieben wurde.

Rat; lag die **Kollatur** einer Gemeinde noch in privaten Händen, so beanspruchte der Rat ein Vorschlagsrecht. Der Pfarrer selbst entwickelte sich zunehmend zu einem Repräsentanten der Obrigkeit und hatte die entsprechende Würde auszustrahlen. Trug er nach einem Zürcher Bericht von 1559 bei der Predigt noch «gewöhnliche, aber ehrbare Kleidung wie andere Bürger», so 1702 «Kanzelrock und dicken Kragen, in dem auch die angesehenen Männer unter den Politikern daherkommen und wie wir etwa die englischen Bischöfe abgebildet sehen».

Die Förderung des Glaubens war verbunden mit der Förderung eines sittenstrengen Lebens. Zwar lehnten die Reformatoren die so genannte Werkgerechtigkeit, das heisst die Möglichkeit, durch ein sündenarmes Leben etwa als Mönch oder durch gute Taten die Gnade Gottes zu erlangen, ab. Das bedeutete aber keineswegs den Verzicht auf verbindliche moralische Normen. Diese waren allein schon erforderlich, um die Sicherheit im menschlichen Zusammenleben zu gewährleisten. Darüber hinaus war ihre Einhaltung sowohl Voraussetzung wie auch Bestätigung des Glaubens. Ein Leben in Sünde rief unfehlbar den Zorn Gottes hervor, der nicht nur den Einzelnen, sondern auch die Gemeinschaft, die solches duldete, traf. Obrigkeitliche Sittlichkeitserlasse hatte es bereits vor der Reformation gegeben. Sie erhielten aber in einer reformierten Gesellschaft, in der es nicht möglich war, begangene Sünden durch kirchliche Gnadenmittel zu kompensieren, ein ganz anderes Gewicht. Je länger je mehr trat der gnädige Gott hinter dem zornigen Gott, den man vor allem zu fürchten hatte, zurück. Sorge für die Verkündigung des Glaubens wurde weitgehend identisch mit der Sorge für soziale Disziplinierung (vgl. S. 204f.)

Die katholische Kirche

Die in der zweiten Hälfte des 16. Jahrhunderts einsetzende Reform der katholischen Kirche («katholische Reform», früher oft auch «Gegenreformation») führte im dogmatischen und liturgischen Bereich zu einer verschärften Abgrenzung zum Protestantismus. Gegenüber dem reformierten Schriftprinzip betonte man das Lehramt der Kirche, gegenüber der Idee des «allgemeinen Priestertums» die besondere Funktion des geweihten Priesterstandes mit Beibehaltung des **Zölibats**. Der Nüchternheit der protestantischen Predigt setzte man die barocke Pracht der Messfeier, der Musik, der Bilder und der Prozessionen entgegen.

Zu Zentren der katholischen Reform in der Schweiz wurden Luzern und Freiburg. Im Selbstverständnis dieser Orte waren die Reformmassnahmen der krönende Abschluss des Widerstandes gegen die sie nun seit fünfzig Jahren bedrängende **Ketzerei**. Dennoch bestanden zwischen Reformation und katholischer Reform zahlreiche Parallelen.

Träger der Reformen waren in erster Linie die katholischen Orte und nicht etwa die Bischöfe. Am weitesten ging Freiburg, das alle **Pfründen** selbst besetzte, eine kantonale Priestersynode einrichtete, den bischöflichen Besitz konfiszierte und ein eigenes geistliches Gericht schuf. Luzern einigte sich mit dem Bischof von Konstanz darauf, dass dieser einen bischöflichen Kommissar für Luzern sowie die luzernischen Priester ernannte, die jedoch vom Luzerner Rat vorgeschlagen wurden. Dieser kontrollierte auch die Geschäftsführung der Klöster. Auch der päpstliche Einfluss blieb beschränkt. Seit 1579 trafen zwar immer wieder päpstliche Gesandte in Luzern ein und wurden prunkvoll empfangen, doch kam es nicht zur Errichtung einer dauerhaften päpstlichen Gesandtschaft.

Wie für die Reformation war auch für das Gelingen der katholischen Reform die Schaffung eines gebildeten und fähigen Pfarrerstandes entscheidend. 1574 betraute Luzern drei **Jesuiten** mit der Gründung eines Kollegiums, das im nun fertiggestellten Ritter'schen Palast

«Der Pfarr Herr, wie Er auf die Canzel und der Strasse gehet.» Kupferstich von J. A. Pfeffel aus dessen um 1720 erschienenen «Schweitzerischen Trachten-Cabinet».

seinen Sitz erhielt. 1580 erfolgte eine entsprechende Gründung in Freiburg. Fast gleichzeitig entstand auf Initiative des Erzbischofs von Mailand, Carlo Borromeo, das ebenfalls von **Jesuiten** geleitete Collegium Helveticum in Mailand, das Universitätsrang erhielt und jeweils etwa fünfzig schweizerische Studenten zählte. Trotzdem schritt die geistige und moralische Verbesserung des Weltklerus nur mühsam voran; vor allem der **Zölibat** war schwer durchzusetzen. Kompensiert wurde dieses Manko durch die rasche Ausbreitung des Kapuzinerordens, der sich vor allem der Volksseelsorge widmete und in der Mitte des 17. Jahrhunderts in der katholischen Eidgenossenschaft bereits 33 Niederlassungen besass. Die bis zur Mitte des 20. Jahrhunderts typische katholische Frömmigkeitspraxis, die individuelle Beichte mit anschliessender Kommunion, begann sich nun durchzusetzen, während vor der Reform die Kommunikanten sehr oft nicht gebeichtet hatten. Ebenfalls üblich wurden nun die Firmreisen der Bischöfe oder ihrer Vertreter. Auch die sittenpolitischen Massnahmen der katholischen Reform zielten in die gleiche Richtung wie jene der Reformation, nur gingen sie im Allgemeinen weniger weit (vgl. S. 204).

Reformation wie katholische Reform waren somit Etappen des Ausbaus der Staatstätigkeit und der sozialen Disziplinierung. Allerdings gingen dabei die reformierten Orte zeitlich voraus und auch wesentlich weiter. Bei allen staatlichen Eingriffen blieb der Katholizismus in der Schweiz doch, gerade auch über die international tätigen **Orden**, Teil einer universalen und mindestens im Bereich der Lehre autonomen Organisation.

(Fortsetzung S. 197)

Giovanni Serodine (1600–1630), Marienkrönung mit sechs Heiligen (um 1629/30), Öl auf Leinwand, Ascona, Peter und Paul-Kirche (400 x 272 cm). Der von Caravaggio beeinflusste Tessiner Maler ist ein typischer Repräsentant der katholischen Reform. Unten halten Petrus und Paulus das Schweisstuch der heiligen Veronika; vor ihnen knien der Heilige Antonius und Karl Borromäus, während der Evangelist Johannes und der Heilige Sebastian sie flankieren. Durch die beiden Stämme verknüpft, findet auf den Wolken die Krönung Mariens statt. In den Gesichtern der Personen widerspiegelt sich die religiöse Ekstase.

Die Schweizer Kirchen seit der Reformation

Längsschnitt

Vom 17. Jahrhundert bis zur Französischen Revolution

Seit der Mitte des 16. Jahrhunderts – dem Augsburger Religionsfrieden (vgl. S. 163) und dem Abschluss des Konzils von Trient – musste man nicht nur in der Schweiz, sondern in ganz Europa die Kirchenspaltung als langfristige Tatsache hinnehmen. Es gab nun drei konfessionelle Lager, die alle den Anspruch erhoben, die einzig wahre Lehre zu vertreten, und sich daher feindselig gegenüberstanden: das römisch-katholische, das lutherische und das zwinglianisch-calvinistische oder «reformierte».

Die selbstständigen katholischen Orte, die katholischen Zugewandten und die katholischen **Gemeinen Herrschaften** waren in kirchlicher Hinsicht nach wie vor den im Hochmittelalter entwickelten **Diözesen** Mailand, Como, Chur, Konstanz, Sitten, Basel und Lausanne zugeordnet; allerdings residierten die Bischöfe der beiden Letztgenannten nun in Pruntrut und Freiburg, da ihre ursprünglichen Residenzen reformiert geworden waren. In den reformierten Orten und Zugewandten Orten bestanden selbstständige, von der Obrigkeit beaufsichtigte Staatskirchen, die unter sich zusammenarbeiteten und auch die protestantischen Gemeinden in den Gemeinen Herrschaften betreuten, aber keine Dachorganisation besassen. Lutherische Einflüsse waren bis zum Ende des 16. Jahrhunderts in Basel stark, wurden dann aber unterdrückt.

Innerhalb der Schweiz bildeten die Reformierten die Mehrheit, gesamteuropäisch gesehen waren sie Exponenten der über ganz Europa verbreiteten, aber vielfach verfolgten calvinistisch-reformierten Minderheiten. Das führte zu einer ausgesprochenen Frontstellung sowohl gegenüber dem Katholizismus wie auch dem Luthertum und der Herausbildung der «reformierten Orthodoxie», die das kirchliche Leben von der Mitte des 16. bis zum Anfang des 18. Jahrhunderts prägte. Ziel der Orthodoxie war die Formulierung eines klaren, verbindlichen Bekenntnisses und dessen Durchsetzung bei den Gläubigen. Nach früheren Versuchen einigten sich die schweizerischen reformierten Orte (Basel erst 1644) auf die vom Zürcher Heinrich Bullinger verfasste «Confessio Helvetica posterior» (Zweites Helvetisches Bekenntnis; 1566), die auch unter den meisten calvinistischen Gruppen im Ausland Anerkennung fand. Schwerpunkte darin bildeten die im Wesentlichen auf Zwingli zurückgehende Abendmahlsauffassung – Brot und Wein bedeuten Fleisch und Blut Christi, sind es aber nicht – und die von Calvin und anderen Theologen entwickelte Lehre von der «doppelten Prädestination», dass nämlich Gott aus für uns nicht einsehbaren Gründen bereits den einen Teil der Menschen zum Heil, den andern aber zur Verdammnis bestimmt habe. Mit beidem grenzte man sich deutlich gegenüber dem Katholizismus und dem Luthertum ab. Da ein wesentliches Zeichen der Erwählung der wahre Glaube und die diesem entsprechende Lebensführung war, sah die Orthodoxie ihre Aufgabe letztlich darin, durch Predigt, Unterweisung und Gesetz die Gläubigen vor den Gefahren der Sünde und der Hölle zu bewahren. Um dies zu erreichen, verstand sie sich als ausgesprochene Amtskirche; Pfarrer und Obrigkeit erwarteten vom Laien vor allem Disziplin, nicht aber eigenständiges religiöses Denken. Dementsprechend wurden die sich immer wieder formierenden täuferischen Gruppen nach Möglichkeit unterdrückt oder vertrieben.

Gegen die erstarrte reformierte Orthodoxie entwickelte sich seit dem Ende des 17. Jahrhunderts der Pietismus. Aus der Sicht der Pietisten hatten die «Orthodoxen» – sowohl im reformierten wie im lutherischen Lager – das eigentliche Ziel der Reformation aus den Augen verloren. Nicht das Bekenntnis zu einem vorgegebenen Dogma, sondern die persönliche religiöse Erfahrung, nicht das Zittern vor ewiger Höllenpein, sondern der Wille zu einem selbstverantworteten frommen Leben im Sinne des Evangeliums, nicht die Unterwerfung unter kirchlich-staatlichen Zwang, sondern das Leben in einer Gemeinschaft mündiger Christen: Das war für die Pietisten die eigentliche, noch nicht verwirklichte Reformation. Dementsprechend trafen sie sich – oft in sozial ganz gemischten Gruppen – gerne im kleinen Kreis zur gemeinsamen Bibellektüre, mieden dagegen die offiziellen Gottesdienste.

Zwischen dem Pietismus und der gleichzeitig einsetzenden Aufklärung (vgl. S. 216) bestanden Verschiedenheiten und Berührungspunkte. Im Unterschied zu den Aufklärern stellten die Pietisten die Autorität der Heiligen Schrift nicht in Frage. Gemeinsam war beiden Seiten die Betonung der Freiheit des Individu-

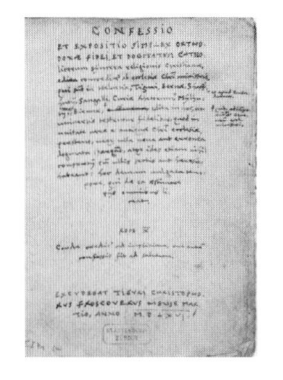

Titelblatt zur deutschen Fassung des «Zweiten Helvetischen Bekenntnisses», von der Hand Heinrich Bullingers.

ums, die Ablehnung von Dogmatismus, religiösem Zwang und Unterdrückung. Pietismus und Aufklärung bewirkten in den reformierten Staatskirchen im Verlauf des 18. Jahrhunderts einen wesentlichen Wandel. Zwar änderte sich an den kirchlichen Strukturen nichts. Offiziell blieb auch das Zweite Helvetische Bekenntnis in Kraft. Dagegen wurde der Spielraum der Pfarrer grösser; im Mittelpunkt ihrer Verkündigung standen nun weniger die Martern der Hölle für die Sünder als vielmehr die Übereinstimmung von göttlicher Botschaft und menschlicher Vernunft. «Gemässigte Aufklärer» – wenn sie nicht gerade Gott leugneten – und «gemässigte Pietisten» – wenn sie nicht gerade die Staatskirche abschaffen wollten – fanden in den reformierten Kirchen der Schweiz ihren Platz.

Der Schwerpunkt des religiösen Lebens in der katholischen Schweiz lag bei den Orden, während von den Bischöfen, besonders im viel zu grossen Bistum Konstanz, wenig Impulse ausgingen. Die Jesuiten sorgten für die Ausbildung der Priester und die höhere Bildung der Laien, die Kapuziner standen als Volksprediger im Mittelpunkt. Auch in den während der Reformationszeit ganz oder fast ganz ausgestorbenen Klöstern der älteren Orden (vgl. S. 170) entfaltete sich neues Leben; viele von ihnen führten nun Schulen. Gewaltige Barockkirchen manifestierten mit ihren Fresken und Altären die Majestät Gottes und seiner Kirche, aber auch die Herrlichkeit des Himmels und die allen offene Möglichkeit, dorthin zu gelangen, und setzten damit einen markanten Kontrapunkt zur reformierten Nüchternheit und Sinnesfeindlichkeit. An zahlreichen Festtagen entfaltete sich die Volksfrömmigkeit in farbenfreudigen Prozessionen, in prunkvollen Messgottesdiensten und in Pilgerzügen zu wundertätigen Marienbildern.

Der Einfluss der Aufklärung erfasste in der katholischen Schweiz nur einen Teil der städtischen Eliten und wenige Angehörige des weltlichen Klerus. Er führte vor allem dazu, dass eine Verstärkung des staatlichen Einflusses auf die Kirche gefordert wurde. Man erkannte die wirtschaftliche Rückständigkeit gegenüber der protestantischen Schweiz und führte sie auf die viel zu zahlreichen Feiertage, die fortschrittsfeindliche Haltung der Orden und geringe Produktivität der Klöster zurück. Die Auflösung des Jesuitenordens durch den Papst (1773–1814) zwang die staatlichen Organe ohnehin, die von diesen bisher betriebenen Lehranstalten in die eigene Hand zu nehmen. Im Ganzen konnte sich jedoch diese josephinisch-rationalistische Strömung gegen den Widerstand vor allem in der Landbevölkerung, im Klerus und natürlich in den Klöstern selbst nicht durchsetzen.

Von der Helvetik bis zur Mitte des 20. Jahrhunderts

Der Zusammenbruch der Alten Eidgenossenschaft 1798 und die Gründung der Helvetischen Republik (vgl. S. 238 ff.) führte auch im kirchlichen Bereich zu einer revolutionären Veränderung. Die neue Verfassung führte die Glaubensfreiheit ein; in den protestantischen Kantonen wurden die Staatskirchen abgeschafft. Welche Zukunft die Kirchen überhaupt haben sollten, blieb zunächst unklar und musste wegen des raschen Zerfalls der Republik auch nicht entschieden werden. Bereits die Mediationsverfassung von 1803 (vgl. S. 247) und erst recht der Bundesvertrag von 1815 (vgl. S. 249 f.) brachten eine weitgehende Rückkehr zu den vorrevolutionären Verhältnissen, indem das Kirchenwesen zur Angelegenheit der Kantone erklärt wurde. Die neuen, zum Teil konfessionell gemischten Kantone – etwa Aargau oder St. Gallen – gaben sich ihre eigenen Kirchenverfassungen. Im Verlauf der ersten Hälfte des 19. Jahrhunderts wurden die Grenzen der schweizerischen Diözesen in der Weise stark verändert, dass nun jedes Bistum eine Anzahl schweizerischer Kantone umfasste und an der Landesgrenze endete.

Obwohl die helvetische Verfassung Episode blieb, deutete sie bereits die Grundprobleme an, mit denen sich die Kirchen seither auseinander setzen mussten. Es war die Auseinandersetzung mit einer Gesellschaft, in welcher die Religion allmählich an Bedeutung einbüsste, und mit einem Staat, der sich von der Kirche zunehmend entfernte und gleichzeitig Aufgaben übernahm, die bis dahin ganz oder weitgehend kirchliche Angelegenheiten gewesen waren, waren dies nun die Registrierung der Geburten und der Sterbefälle, die Eheschliessung und die Ehescheidung, das Schulwesen oder die Armenfürsorge. Auf politisch-ideologischer Ebene vollzog sich diese Auseinandersetzung mit dem schweizerischen Liberalismus (vgl. S. 260 ff.). Sie führte aber auch zur Auseinandersetzung mit der naturwissenschaftlichen Entwicklung, mit den Problemen der industriellen Gesellschaft und mit den in ihr entstandenen neuen sozialen Fragen.

Die Entwicklung der katholischen Kirche in der Schweiz wurde in erster Linie durch ihr Verhältnis zur liberal-nationalen Bundesstaatsbewegung geprägt. Sie betrachtete die von ihrer ursprünglichen religiösen Verankerung verselbstständigten Grundrechtspostulate des Liberalismus wie Glaubens-, Ehe- oder Niederlassungsfreiheit als Unterminierung der katholischen Glaubenseinheit, die vom Liberalismus getragene laizistische Schul- und Bildungsidee als Angriff auf die Religion schlechthin und den Plan einer Bundesreform als Versuch, die katholischen Kantone und damit auch die in

Längsschnitt

Andenken an eine Wallfahrt nach Einsiedeln. Oben das Gnadenbild zwischen den Heiligen Meinrad und Benedikt, darunter die barocke Klosteranlage. Auf dem Platz davor Wallfahrer mit Prozessionsfahnen.

diesen verankerte katholischen Kirche der Selbstständigkeit auf institutionellem Weg zu berauben. Umgekehrt war der Liberalismus bestrebt, alles Religiöse möglichst auf die Privatsphäre des Individuums zurückzudrängen. Die katholische Kirche, besonders die **Orden** und Klöster, waren für die Liberalen der Inbegriff der Fortschrittsfeindlichkeit, die übernationale Struktur des Katholizismus widersprach ihrer nationalstaatlichen Denkweise zutiefst und barg in sich die Gefahr des permanenten Landesverrats («Ultramontanismus»). Zwar gab es auch liberale Katholiken, doch konnten oder wollten sich diese in ihrer Kirche nicht durchsetzen.

Der Ausgang des Sonderbundskrieges (vgl. S. 269 f.) wurde von den Liberalen als Triumph, von der katholischen Kirche als Katastrophe interpretiert. In den folgenden Jahrzehnten verschlechterte sich das Verhältnis zwischen dieser und dem liberal dominierten Bundesstaat noch. Der sich unter Pius IX. (1846–1878) verstärkende römische Zentralismus, die von diesem Papst erlassene Verdammung aller liberalen Postulate, aber auch der modernen naturwissenschaftlichen Erkenntnisse («Syllabus errorum prohibitorum» 1854) und erst recht die vom Ersten Vatikanischen **Konzil** (1870) beschlossene Unfehlbarkeit des Papstes in Glaubensfragen stärkten die liberale Vorstellung, dass die katholische Kirche eine Art «**fünfte Kolonne**» bilde. Dementsprechend wurden in der Bundesverfassung von 1874 antikatholische «Ausnahmeartikel» gegenüber 1848 noch verschärft: Nicht nur blieb dem Jesuitenorden jede Lehrtätigkeit in der Schweiz untersagt, sondern zusätzlich wurden auch die Gründung neuer Klöster und die Schaffung neuer Bistümer verboten beziehungsweise der Bewilligung des Bundes unterstellt. In zahlreichen Kantonen mit einem katholischen Bevölkerungsanteil, aber einer liberalen Regierung waren die Klöster mittlerweile bereits aufgehoben worden. In einzelnen konfessionell gemischten Kantonen kam es zwischen den Regierungen und der katholischen Kirche in den Siebzigerjahren zum eigentlichen «Kulturkampf» (vgl. S. 292). Der in Solothurn residierende Bischof von Basel wurde von der Mehrheit der Kantone seines Bistums für abgesetzt erklärt, der apostolische Administrator von Genf sogar aus der Schweiz ausgewiesen, obwohl er Schweizer Bürger war. Umso emsiger unterstützten die Liberalen den Aufbau der Christkatholischen Kirche, die sich wegen des Unfehlbarkeitsdogmas von Rom losgelöst hatte, allerdings nie über den Status einer Kleinkirche mit etwa 50 000 Mitgliedern hinauskam.

Das Resultat dieser Auseinandersetzungen war die Bildung eines katholischen «Lagers», das sich gegen diesen liberalen Bundesstaat zunächst einmal einigelte. Basis des Lagers waren die ehemaligen Sonderbundskantone, in denen nach kurzer Zeit die katholisch-konservativen Gruppen wieder Volksmehrheiten hinter sich brachten und auch die Mehrzahl der eidgenössischen Parlamentsvertreter stellten. Diese waren in Bern zunächst allerdings zu einer ziemlich isolierten Oppositionsrolle verknurrt. Das «katholische Lager» blieb jedoch keineswegs, wie von den Liberalen erhofft, ein Rückzugsgebiet, sondern ging geografisch wie institutionell in die Offensive über. Entgegen ihren eigenen Erwartungen profitierte nämlich in erster Linie die katholische Kirche von der 1848 eingeführten Niederlassungsfreiheit. Während die Zuwanderung von Protestanten in die fast noch rein agrarischen Gebiete zahlenmässig bescheiden blieb, setzte eine starke Migration katholischer Arbeitnehmer und -nehmerinnen in die ursprünglich rein protestantischen Industriezentren ein. Weil Konversionen selten blieben, führte dies in den Industriegebieten zu einer konfessionellen Durchmischung. Seit 1893 war Zürich die Stadt, in welcher am meisten Katholiken lebten.

Parallel zu dieser Wanderungsbewegung erfolgte der institutionelle Ausbau. Die Vereinsfreiheit ermöglichte überall die Bildung neuer katholischer Kirchgemeinden, wenn auch zunächst meist nur – im Unterschied zu den öffentlich-rechtlich anerkannten reformier-

Der Lebenslauf des «guten Katholiken»

«So war es in einzelnen Gegenden durchaus kein Einzelfall, wenn ein Katholik in einem katholischen Spital zur Welt kam, vom Kindergarten bis zur Universität katholische Schulen besuchte, seine Freizeit mit Hilfe von katholischen Theater- und Turnvereinen, Reisebüros (= Wallfahrtsbüros) und anderen Organisationen gestaltete und seine sozialen Kontakte ausserhalb der Arbeitszeit vorab auf das katholische Milieu beschränkte. Es war nicht aussergewöhnlich, wenn derselbe Katholik in erster Linie katholische Tageszeitungen und katholische Zeitschriften abonnierte und in einer Vielzahl von katholischen Vereinen mitmachte. Dass er die Kandidaten der katholischen Partei wählte und Anhänger der katholischen Partei war, entsprach der allgemeinen Erwartung. Wenn er zusätzlich sein Geld noch auf einer katholischen Sparkasse anlegte und sich gegen gesundheitliche Probleme bei einer katholischen Krankenkasse versicherte, vervollständigte er das Bild vom guten Katholiken...»

(Aus: Ökumenische Kirchengeschichte der Schweiz, S. 271 f.)

ten Kantonskirchen – auf privatrechtlicher Grundlage. Neben die Kirchgemeinden traten die katholischen Kantonalparteien, die sich 1894 auf eidgenössischer Ebene als «Katholische Volkspartei» (1912: «Konservative Volkspartei; 1970: Christlich-Demokratische Volkspartei) zusammenschlossen. Um Kirche und Partei herum entwickelte sich ein umfangreiches katholisches Vereinswesen, das seit 1905 im «Schweizerischen Katholischen Volksverein» seinen Dachverband hatte. Dem Ausbau der liberalen Staatsschule begegnete man mit dem Ausbau der Internatsschulen in den Klöstern und der Gründung der katholischen Universität Freiburg (1889). Der «gute Katholik» aus Basel oder Zürich besuchte nach Möglichkeit nicht das dortige Gymnasium, sondern die Stiftsschule in Einsiedeln, Engelberg oder Disentis.

Eine wichtige Rolle spielten die im Verlauf des 19. Jahrhunderts entstandenen Schwesterngemeinschaften, etwa die Kongregationen von Baldegg, Menzingen und Ingenbohl. Sie zogen vor allem Töchter aus kinderreichen Bauern- und Arbeiterfamilien an. Sie boten diesen Frauen Bildungschancen an, aber auch eine Verantwortung für Aufgaben, die vor allem in ländlichen Gegenden vom Staat noch kaum wahrgenommen wurden, etwa im Schuldienst oder im Gesundheitswesen. Diese und andere Frauen- und Männerorden engagierten sich auch aktiv in der überseeischen Mission.

In der zweiten Hälfte des 19. Jahrhunderts begann sich die katholische Kirche zunehmend mit der sozialen Frage zu befassen. Dabei ging es ihr darum, die Lage der katholischen Arbeiterschaft materiell zu verbessern. Zudem wollte man diese vor den Anfechtungen der marxistisch-atheistischen Bewegungen, zu denen man auch die Sozialdemokratie rechnete, bewahren. Daher wurde eine christlich-soziale Arbeiterbewegung mit eigenen Gewerkschaften (Christlich-nationaler Gewerkschaftsbund 1907) und eine christlich-soziale Gruppierung am linken Flügel der Konservativen Volkspartei ins Leben gerufen.

Die Herausforderung der bestehenden Gesellschaftsordnung durch die Sozialdemokratie führte zu einer gewissen Annäherung des liberal-bürgerlichen und des katholischen Blockes. Das «katholische Lager» begann sich mit dem Bundesstaat, der zunächst nicht der seine gewesen war, zu identifizieren. Seit 1891 stellte es einen Bundesrat. Während des Ersten Weltkrieges unterstützten die Bischöfe die schweizerischen Verteidigungsbemühungen; pazifistische Strömungen und der Aufruf zum Landesstreik im November 1918 stiessen im katholischen Milieu, auch in der katholischen Arbeiterschaft, auf Ablehnung. Die bürgerliche Koalition führte aber keineswegs zu einer Erosion im katholischen Lager. Im Gegenteil: Weil man sich seiner Stärke und seiner Notwendigkeit im Kampf gegen die politische Linke bewusst geworden war, hielt man erst recht zusammen. Neben dem Marxismus galt nach wie vor der Liberalismus als der grosse Gegner, während man für autoritäre Systeme, sofern diese nicht gerade kirchenfeindlich waren, beträchtliche Sympathien hegte, so für Mussolini in Italien, Franco in Spanien und Salazar in Portugal. Nach wie vor hielt man an der Alleingültigkeit der katholischen Lehre fest und lehnte beispielsweise Mischehen entschieden ab. Auch die zentralistische Struktur der Kirche stand nicht zur Diskussion. Hundert Jahre nach dem Sonderbundskrieg präsentierte sich der schweizerische Katholizismus als vielseitige und doch höchst geschlossene und dementsprechend eindrucksvolle Macht.

Die protestantischen Kantonalkirchen unterschieden sich von der katholischen Kirche durch ihre demokratisch-föderalistische Struktur und das Fehlen einer übernationalen Bindung. Die Reibung mit dem liberalen Bundesstaat war daher wesentlich geringer. Dagegen fehlte es nicht an internen Spannungen. Diese kreisten letztlich immer um die Pole einer bedingungslosen Identifikation mit dem «Zeitgeist» und einem radikalen Biblizismus. Die «Zeitgeistler» versuchten jeweils, aktuelle wissenschaftliche Erkenntnis, dominierende politische Wertvorstellungen, ja gelegentlich sogar Modeströmungen mit dem christlichen Weltbild zu verbinden. Sie unterstützten die aufkommende historische und philologische Bibelkritik, die den Interpretationsspielraum erweiterte und es etwa ermöglichte, den biblischen Schöpfungsbericht als symbolhafte Darstellung oder als Mythos zu begreifen, der zu den naturhistorischen Erkenntnissen nicht im Widerspruch stand. Dies führte jeweils zum Widerspruch der «Biblizisten», die sich gegen die Relativierung der biblischen Botschaft gerade auch unter Berufung auf die Reformatoren wandten und am Eigenwert des «Wortes Gottes» gegenüber menschlicher Erkenntnis beharrten.

Die «Zeitgeistler» des 19. Jahrhunderts identifizierten sich weitgehend mit dem politischen Liberalismus und entwickelten dementsprechend eine liberale Theologie, welche den rational erklärbaren und den moralischen Bereich der christlichen Botschaft in den Mittelpunkt stellte. Gegen diese Tendenz wandten sich zunächst die an den Pietismus anknüpfenden «Erweckungsbewegungen», die den Wortlaut der Bibel und das persönliche Bekehrungserlebnis in den Mittelpunkt stellten. Teilweise fanden die Anhänger dieser Gruppen Platz in den Kantonalkirchen, teilweise bildeten sie eigene Freikirchen. Auf die Erweckungsbewegungen gingen eine ganze Reihe von Gesellschaften zur Verbreitung der Bibel wie

Sr. Bernarda Heimgartner (1822–1863) wurde die erste Oberin der Schwestern vom Heiligen Kreuz in Menzingen, die sich vor allem der Schultätigkeit widmeten. Die Regel der Gemeinschaft wurde 1851 anerkannt; 1858 zählte diese bereits 58 Schwestern, 17 Novizinnen und 40 Kandidatinnen.

auch protestantische Missionsorganisationen – etwa die «Basler Mission» – zurück. In der zweiten Hälfte des 19. Jahrhunderts grenzten sich gegenüber den Liberalen, die zum Teil nun völlige Lehrfreiheit forderten und auch das apostolische Glaubensbekenntnis nicht mehr als verbindlich ansahen, die eher konservativen «Positiven» ab. Die zunehmende Brisanz der sozialen Frage führte unter der Führung von Leonhard Ragaz (1868–1945) zur Bildung einer «religiös-sozialen» Richtung innerhalb des Protestantismus, welche die bestehende Wirtschaftsordnung scharf kritisierte und mehrheitlich pazifistische Züge aufwies. Ihren Höhepunkt erreichte die Bewegung um Ragaz während des Ersten Weltkriegs und in den Zwanzigerjahren; seit 1906/07 besass sie in der Zeitschrift «Neue Wege» ein eigenes Organ. In vielen Kirchgemeinden kristallisierten sich unter den Kirchgenossen «liberale», «christlich-positive» und «religiös-soziale» Gruppierungen heraus, die bei Pfarrwahlen dafür eintraten, dass ihre Richtung gebührend berücksichtigt wurde. Mit seiner «dialektischen Theologie» wandte sich nach dem Ersten Weltkrieg der Theologe Karl Barth gegen all diese Tendenzen, in denen er eine Indienstnahme Gottes durch den Menschen und durch menschliche Ideologien sah und demgegenüber die Einzig- und Andersartigkeit Gottes hervorhob. Mit Barth und seinen sich bald einmal meldenden Opponenten verlagerte sich die theologische Diskussion innerhalb der protestantischen Kirche auf eine akademische Ebene, der allenfalls noch die Pfarrer, kaum aber noch das Kirchenvolk zu folgen vermochten.

Wie im katholischen, so entstand auch im reformierten Bereich eine Reihe sozialer Vereinigungen. Sie erreichten aber nie die Vielfalt und die Breite des katholischen Antipoden. So blieben beispielsweise der «Landesverband evangelischer Arbeitnehmer» oder die «Evangelische Volkspartei» (beide 1919 gegründet) ausgesprochene Splittergruppen. Das Fehlen eines verbindlichen «protestantischen Weltbildes», die bleibende Nähe zwischen Liberalismus und Protestantismus bewirkten, dass sich durchschnittliche Protestanten in einem bürgerlichen, konfessionell neutralen und schon deshalb von überzeugten Katholiken gemiedenen Verein durchaus wohl fühlten und kein ausdrückliches protestantisches Vorzeichen benötigten. Wenn auch nach hundert Jahren Bundesstaat die Eliten in Staat und Wirtschaft nach wie vor liberal-protestantisch geprägt waren, so sorgten doch sowohl die Vielfalt der Strukturen wie die Vielfalt der Lehrmeinungen dafür, dass von einem geschlossenen «protestantischen Lager» nicht die Rede sein konnte.

Von der Jahrhundertmitte zur Gegenwart

Die Lage der Kirchen in der zweiten Hälfte des 20. Jahrhunderts war und ist geprägt durch die rasch voranschreitende Säkularisierung der Gesellschaft. Religion und Kirche wurden für die meisten Menschen zu einer Randerscheinung, mit der sie nur in Ausnahmesituationen konfrontiert wurden, etwa bei der Geburt (Taufe), bei der Eheschliessung und vor allem beim Tod. Der Einfluss der Kirchen auf das All-

Gruppenbild der Stiftsschüler von Einsiedeln (1906)

tagsverhalten nahm stark ab. So bestehen beispielsweise in der Familienplanung der meisten reformierten und katholischen Ehepaare keine wesentlichen Unterschiede mehr, obwohl die katholische Kirche die meisten Empfängnisverhütungsmethoden nach wie vor ablehnt. Der Kirchgang am Sonntag entfiel ganz oder wurde zur Ausnahme, verschiedene Formen des Religionsunterrichts verschwanden oder wurden zu «Lebenskunde» oder «Sittenlehre» umfunktioniert. Die religiösen Kenntnisse reduzierten sich bei vielen auf die Weihnachtsgeschichte. In einer Freizeit- und Wohlstandsgesellschaft, in welcher die Erfüllung von Konsum- und Unterhaltungswünschen im Vordergrund stand, fand die Auseinandersetzung mit moralischen oder transzendenten Fragen ein geringes Echo. Bei der Bewältigung von Lebensproblemen wandte man sich zunehmend mehr an den Psychotherapeuten oder an den Briefkastenonkel als an den Pfarrer. Wer aber aus irgendeinem Anlass religiöse Bedürfnisse verspürte, fand die entsprechende Erfüllung oft eher bei einer Freikirche oder einer nichtchristlichen Gemeinschaft als bei einer der beiden grossen Volkskirchen. Am meisten Interesse und Zustimmung fand im Allgemeinen das Engagement der Kirchen im sozialen Bereich, sei es nun im eigenen Land oder in der Entwicklungshilfe. Kirchliche Stellungnahmen zu politischen Fragen stiessen dagegen oft auf ein zwiespältiges Echo.

Trotz der faktischen Distanz hielt die Mehrheit der Bürgerinnen und Bürger an der privilegierten öffentlich-rechtlichen Stellung, welche mittlerweile beide Kirchen in den meisten Kantonen erreicht hatten, fest. Erst recht war kaum jemand bereit, auf die kirchlichen Feiertage zu verzichten, auch wenn er – etwa im Fall von Pfingsten – keine Ahnung hatte, warum dieser Tag gefeiert wurde. Immerhin nahm die Zahl der Kirchenaustritte und des Bekenntnisses zur «Konfessionslosigkeit» zu, zumal diese kaum mehr als Makel galt und auch nur selten zu beruflichen Nachteilen führte.

Die Tendenz zur Säkularisierung setzte im protestantischen Bereich früher, aber eher kontinuierlich ein. Bereits am Ende des 19. Jahrhunderts galt der Gottesdienstbesuch der Protestanten als rückläufig; je nach Landesgegend traf man am Sonntag noch zehn bis zwanzig Prozent der Kirchgenossen in der Kirche an. Dagegen besuchten noch in den Fünfzigerjahren des 20. Jahrhunderts in Zürich und Bern dreissig bis vierzig Prozent der Katholiken die Sonntagsmesse, in ländlichen Gegenden wie dem Oberwallis bis zu 95 Prozent.

Zu einem Wendepunkt in der Geschichte der katholischen Kirche wurde das Zweite Vatikanische **Konzil**, von welchem viele Gläubige eine Öffnung zur modernen Welt, auch zu den

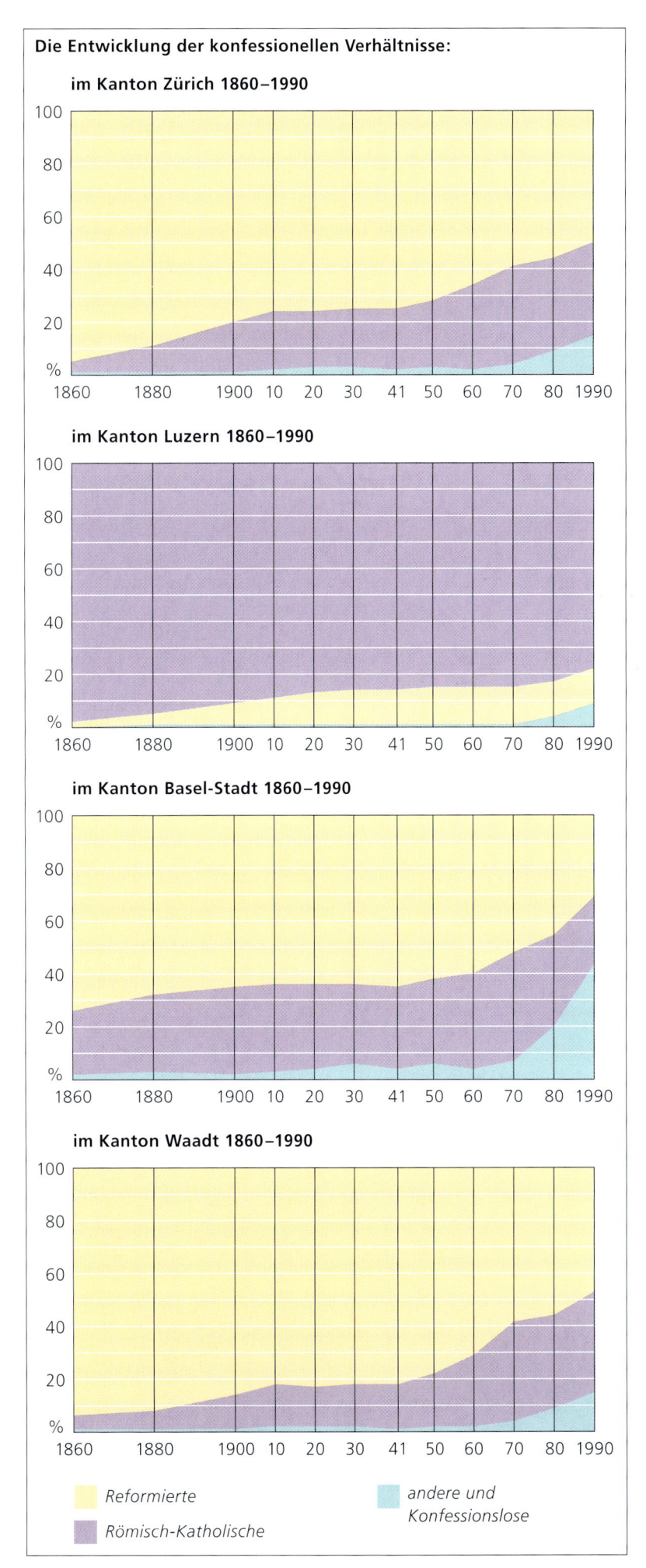

Die Entwicklung der konfessionellen Verhältnisse:

Reformierte
Römisch-Katholische
andere und Konfessionslose

übrigen Christen, erwarteten. Dieser erhoffte Modernisierungsschub traf zum Teil auch ein: Die Liturgie wurde reformiert, die Stellung der Laien in der Gemeinde aufgewertet, die Mischehenpraxis liberalisiert. Man bezeichnete die Angehörigen anderer christlicher Konfessionen nicht mehr als «Häretiker», sondern als «getrennte Brüder», man anerkannte den Katalog der liberalen Grundrechte, darunter auch die Glaubensfreiheit. Anderseits wurde aber an der Unauflöslichkeit der Ehe und am Zölibatsgebot für die Priester festgehalten; auch die päpstliche Unfehlbarkeit in Glaubensfragen wurde nicht zur Diskussion gestellt. Die Kirche hielt an ihrem lehramtlichen Auftrag und an ihrem Recht, die von dieser Lehre Abweichenden aus ihren Reihen auszuschliessen, fest.

Das Zweite Vatikanische **Konzil** führte gerade unter den Schweizer Katholiken zu einer starken Polarisierung. Konservative Strömungen sahen in den konziliaren Neuerungen eine faktische «Protestantisierung» und forderten namentlich im Bereich der Liturgie eine Rückkehr zur Tradition. Um das vom ehemaligen Erzbischof von Dakar, Marcel Lefèbvre, gegründete Priesterzentrum in Ecône (Wallis) entwickelte sich sogar eine selbstständige traditionalistische Gemeinschaft, die für sich den Anspruch auf wahre Katholizität erhob. Auf der andern Seite forderten progressive Kräfte, darunter auch einzelne Geistliche, eine weitergehende Öffnung – etwa im Bereich der Sexualmoral, der Zölibatsfrage, der Ehescheidung oder Zulassung von Frauen zum Priesteramt – und Demokratisierung der Kirche. In Rom selbst bahnte sich in den Siebzigerjahren, besonders aber nach dem Amtsantritt Papst Johannes Pauls II. (1978), eine eher konservative Entwicklung an, durch welche sich die Polarisierung innerhalb des schweizerischen Katholizismus verstärkte.

Die Erosion des «katholischen Lagers» war im Wesentlichen wohl eine Folge der gesellschaftlichen Entwicklung in Richtung Säkularisierung. Das Zweite Vatikanische Konzil hat sie kaum verursacht, möglicherweise beschleunigt. Wenn Protestanten letztlich «getrennte Brüder» und keine Feinde waren, wenn das Prinzip der Glaubensfreiheit akzeptiert wurde, dann bestand kein Grund mehr, ausschliesslich mit Katholiken zusammen zu turnen oder zu singen. Die zahlreichen katholischen Vereinigungen standen daher vielfach vor der Wahl, sich entweder konfessionell zu öffnen oder aber den Rückgang an Mitgliedern, ja sogar die Auflösung in Kauf zu nehmen. Die katholische Tagespresse verschwand fast ganz. Die katholische Partei, die Christlich-Demokratische Volkspartei, behauptete sich zwar in ihren «Stammlanden», erlitt aber in den grossen Ballungszentren zunehmend Wählerverluste. Der Gottesdienstbesuch ging stark zurück; vor allem von der Möglichkeit der individuellen Beichte als Voraussetzung zur Kommunion wurde immer weniger Gebrauch gemacht. Zu einem sehr ernsten Problem wurde der anhaltende Mangel an Priesternachwuchs, was zu einer Überalterung der Priesterschaft führte. Parallel dazu war auch bei den meisten **Orden** – Frauen und Männern – eine Überalterung und eine Abnahme der Mitgliederzahl festzustellen. Manche mussten daher ihre Aktivitäten weitgehend reduzieren; viele katholische Schulen oder Altersheime verschwanden oder wurden ganz oder teilweise dem Staat abgetreten.

Die in allen Bereichen sichtbare Säkularisierung des Lebens führte vielfach zur Frage, ob sich die Gesellschaft an einer neuen «konstantinischen Wende» (vgl. S. 25) mit umgekehrten Vorzeichen befinde: Habe Konstantin die «Verchristlichung» der Welt eingeleitet, so stehe man heute vor deren «Entchristlichung».

Allerdings sollte man nicht vorschnell von einer Entwicklung, die für grosse Teile der europäischen Gesellschaft typisch ist, auf die ganze Welt schliessen. Zudem kennt die Geschichte, auch die Kirchengeschichte, nicht nur Trends, sondern auch Trendwenden. Die Zukunft der schweizerischen Kirchen ist offen. Gesichert ist sie nicht.

Ein katholischer und ein protestantischer Pfarrer trauen gemeinsam ein konfessionell gemischtes Paar. Nach dem Zweiten Vatikanischen Konzil nahm die Zahl der Mischehen rasch zu.

(Fortsetzung von S. 189)

Die wirtschaftliche Entwicklung: Ansätze zur Modernisierung

Die Aufgliederung der Schweiz in verschiedenartig genutzte Zonen, die sich schon im Spätmittelalter abgezeichnet hatte (vgl. S. 120 ff.), setzte sich fort. Die relativ rasche Zunahme der Bevölkerung des Mittellandes führte zu einer Ausdehnung des Getreideanbaus. Eine qualitative Verbesserung war damit allerdings nicht verbunden, im Gegenteil: Weil das Weideland zugunsten des Ackerlandes verkleinert wurde, konnte man weniger Vieh halten und bekam demzufolge weniger Dünger. Daher blieben die Erträge bescheiden. Das Verhältnis zwischen Aussaat und Ernte lag zwischen 1 zu 3 und 1 zu 6; auf einer Hektare wurden durchschnittlich zwischen 700 und 1500 Kilogramm Getreide produziert. Ebenso wurde die Rebbaufläche ausgedehnt, doch kelterte man auch um 1700 im Durchschnitt aus einer Hektare Rebland nicht mehr als 15 Hektoliter Wein.

Vor allem in den verkehrsmässig gut erschlossenen Alpen- und Voralpengebieten, etwa im Freiburgerland, in bernischen Landesteilen, in der Innerschweiz und Teilen Graubündens fand dagegen eine noch stärkere Konzentration auf die Milchwirtschaft statt; hier war «Hirtenland», nicht «Kornland». Die Verwendung des Kälberlabs ermöglichte die Erzeugung von haltbaren Hartkäsen, die lager- und exportfähig waren (vgl. S. 121). Allmählich kristallisierten sich verschiedene Sorten mit detaillierten Qualitätsregeln heraus. Neben dem Vieh wurde der Käse zum wichtigsten schweizerischen Exportprodukt. Allerdings schuf die Vieh- und Milchwirtschaft nur eine begrenzte Anzahl von Arbeitsplätzen. Das Bevölkerungswachstum war jedoch im «Hirtenland» geringer als im Mittelland. Zudem wurde gerade hier ein beträchtlicher Teil der männlichen Jugend durch den Solddienst in fremden Heeren absorbiert (vgl. S. 181).

Zwischen «Kornland» und «Hirtenland» entwickelte sich eine Übergangszone. In den weniger leicht zugänglichen Alpentälern, etwa im Wallis und im Unterengadin, blieb dagegen die Selbstversorgungswirtschaft weitgehend erhalten. Hier wurde immer noch in hohen Lagen Getreide angebaut.

Zum Hauptproblem des «Kornlandes» wurden die zu geringen Erträge und die zunehmende Unterbeschäftigung von grossen Teilen der Bevölkerung. Die Preise für die Nahrungsmittel stiegen stärker als die Einkünfte und Löhne. Vor allem die als Folge der Klimaverschlechterung am Ende des 16. Jahrhunderts (vgl. S. 166) häufigen Missernten führten jeweils zu einer massive Verteuerung des Getreides. Dies wirkte sich auch auf die Beschäftigungslage im Handwerk katastrophal aus, da kein Geld für Aufträge vorhanden war. Unterbeschäftigung und Hungersnot beherrschten die Szene; Armut und Bettelei wurden zu einem zentralen sozialen Problem (vgl. S. 205).

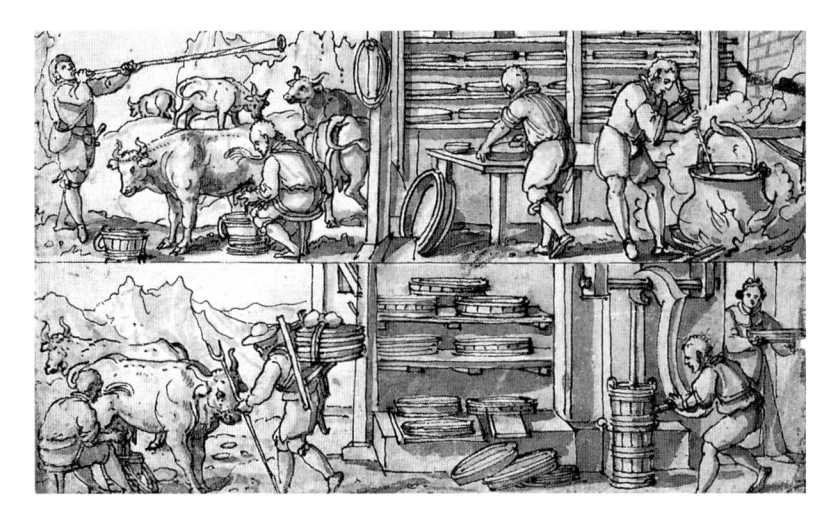

Aus dieser Notlage heraus entwickelten in der zweiten Hälfte des 16. Jahrhunderts etwa die Zürcher Regierung und die dortige Geistlichkeit eigentliche Beschäftigungsprogramme für Arbeitslose. «So ligt an dem ouch nit wenig, daz ein frome oberkeit armen lüten etwan ze wercken gäbe als da beschicht in gemeinen büwen (öffentlichen Bauten) und in vil ander wäg», predigte der Zürcher Pfarrer Ludwig Lavater 1571. Tatsächlich wurden im Jahr darauf der Stadtgraben ausgeräumt und 1587 eine Strasse auf den Zürichberg gebaut. Der Zürcher Antistes (Kirchenvorsteher) Heinrich Bullinger schlug 1572 den Aufbau einer staatlichen Textilindustrie vor, die mit Heimarbeitern betrieben werden sollte. Tatsächlich lagen der Ausweg und die Zukunft der Schweizer Wirtschaft im Aufbau einer exportorientierten Textilwirtschaft, jedoch auf privatwirtschaftlicher Grundlage. Entscheidende Anstösse erfolgten durch protestantische Glaubensflüchtlinge aus Oberitalien und aus Frankreich seit der Mitte des 16. Jahrhunderts. Diese brachten die notwendigen technischen und wirtschaftlichen Kenntnisse mit und verfügten auch über weit reichende Geschäftsverbindungen. Sie schlossen sich mit kapitalkräftigen Angehörigen der einheimischen Eliten, die weder in fremde Dienste noch in die öffentliche Verwaltung gehen konnten oder wollten, zu den ersten Unternehmungen zusammen. Die Rolle der Obrigkeit bestand vor allem darin, Schranken, etwa den Widerstand der städtischen Handwerker**zünfte**, abzubauen. Sie leistete auch Start- und Überbrückungshilfen. So betrieb Zürich zwischen 1570 und 1590 den Baumwolleinkauf auf staatlicher Ebene, als die junge Textilbranche noch sehr krisenanfällig war.

Organisatorisch basierte diese Textilindustrie auf dem *Verlagssystem*. Der städtische Unter-

Alpbetrieb im 16. Jahrhundert (Handzeichnung von Daniel Lindtmayer; 1552–1605). Links oben das Melken im Freien mit Alphornbläser mit geradem Alphorn. Rechts daneben Arbeiten in der Käserei, ganz rechts über offenem Feuer der an einem «Kesselgalgen» beweglich hängende Käsekessel. Rechts unten die Butteraufbereitung mit einem Stossbutterfass. Links unten verlässt ein Senn mit den Käsen die Hütte.

Bau der Zürichbergstrasse im Jahre 1587, einem Teuerungsjahr, in dem es viele Arbeitslose gab. Der Zürcher Rat beschloss daher, zur Linderung der Not die Leute beim Strassenbau zu beschäftigen. Das Bild zeigt oben die Pflästerung der Strasse, weiter unten die Vorbereitung des Strassenbaus und die Herbeischaffung des Materials. (Aus der Nachrichtensammlung des Zürcher Pfarrers J. J. Wick)

nehmer – es konnte auch eine Unternehmerin sein – kaufte den Rohstoff – Flachs, Baumwolle, Wolle, Seide – und liess ihn durch ländliche Heimarbeiter und Heimarbeiterinnen – hier bestanden keine zünftischen Einschränkungen! – spinnen und weben, während technisch schwierigere Arbeitsgänge wie etwa das Färben und Drucken meist in städtischen Manufakturen stattfanden. Für den Export wichtig waren die Soldverträge mit Frankreich, welche Privilegien für die Schweizer Kaufleute enthielten. Zu den wenigen wirtschaftlichen Aufgaben der **Tagsatzung** gehörte es, möglichst günstige Handelsbeziehungen mit dem Ausland zu erreichen und zu bewahren.

Diese «Protoindustrialisierung» erfasste jedoch keineswegs die ganze Schweiz. Sie blieb überall dort aus, wo die sozialen Eliten sich ganz auf den Solddienst, die Ausübung von Staatsämtern und die Kapitalanlage in Grund und Boden konzentrierten. Dies galt etwa für die gesamte katholische Eidgenossenschaft, aber auch für die Stadt Bern (nicht hingegen die bernischen Untertanenstädte). Auch in landwirtschaftlich ausgesprochen ertragreichen Gebieten wie der Waadt fasste die Textilindustrie nicht Fuss. Schwerpunkte wurden vor allem das untere Aaretal, das Baselbiet, der zürcherische Raum und die Ostschweiz. In Städten wie Zürich, Basel oder St. Gallen hatte die Kaufmannschaft zwar nicht zahlenmässig, wohl aber politisch und finanziell im 17. Jahrhundert weitaus die grössere Bedeutung als das stagnierende Handwerk. In der Westschweiz entwickelte sich Genf zu einem Wirtschaftszentrum von grosser Bedeutung. Dabei spielten calvinistische Glaubensflüchtlinge aus Frankreich und Oberitalien eine wesentliche Rolle.

Im *Bergbau* erreichte nur die in der Mitte des 16. Jahrhunderts einsetzende Salzgewinnung in Bex überregionale Wichtigkeit. Recht verbreitet war der lokale Eisenerzabbau, während die verschiedentlich unternommene Suche nach Silber- und Goldadern regelmässig fehlschlug.

Zu zentralen *Finanzplätzen* der Schweiz entwickelten sich Basel und Genf; beide waren – mit mehr als zehntausend Einwohnern – nicht nur die grössten, sondern auch die kapitalkräftigsten Schweizer Städte. Die Basler und Genfer Banken waren vor allem in der Kreditgewährung und in der Vermittlung von Anleihen – etwa an die europäischen Herrscherhäuser – tätig. Beide Städte waren auch führend im Bereich des Buchdrucks.

Die Schweiz blieb ein wichtiges Transithandelsland. Um 1600 wurden pro Jahr über den Gotthardpass gegen 2000, über die Bündner Pässe gegen 3000 Tonnen Waren transportiert, die den Schiffer- und Säumergesellschaften Arbeit verschafften. Man bemühte sich um die Verbesserung der Strassen und Wege; so wurde etwa in der Schöllenenschlucht die hölzerne «Teufelsbrücke» durch eine steinerne (1596) ersetzt. Die Alpen blieben aber für Wagen unpassierbar. Zum erfolgreichen Bau von Wasserstrassen kam es im Gegensatz zum benachbarten Frankreich nicht.

Wer die Schweizer Städte um 1500 verlassen und um 1700 wieder besucht hätte, wäre zwar auf zahlreiche Veränderungen gestossen, hätte sich aber doch noch ganz gut zurechtgefunden. Die ummauerte Fläche wurde in den meisten Fällen nicht erweitert. Die hygienischen Verhältnisse verbesserten sich etwas durch den Bau von vertikalen äusseren Abortleitungen an Stelle der nach unten offenen erkerhaften «Sekrete» über den «Ehgräben». Neue Häuser wurden nun im Allgemeinen ganz aus Stein gebaut, so dass die Gefahr von

Der Canal d'Entreroches

Im 17. Jahrhundert setzte in ganz Europa der Bau von künstlichen Wasserstrassen zwischen den grossen Strömen ein. Der Gedanke, durch einen Kanal zwischen dem Neuenburgersee und dem Genfersee eine Verbindung vom Rhein zur Rhone zu schaffen, war daher nahe liegend. 1635 unterbreitete der aus einer Hugenottenfamilie stammende Niederländer Elie Gouret der Berner Regierung das Projekt eines «Canal d'Entreroches» (Schlucht beim Hügel von Mormont) und erhielt 1637 eine Konzession. Der Kostenvoranschlag betrug 330 000 Pfund. 1648 war die Strecke Yverdon–Cossonay mit sieben Schleusen gebaut, doch zu höheren Kosten als erwartet. Daher wurde auf den Weiterbau zum Genfersee verzichtet. Der Kanal diente nur der lokalen Versorgung. 1829 wurde die Schifffahrt auf ihm ganz eingestellt. Projekte eines «transhelvetischen Kanals» tauchten auch in neuerer Zeit immer wieder auf.

Feuersbrünsten zurückging. Die gesteigerte Macht der Obrigkeit fand ihren Ausdruck in neuen repräsentativen Rathäusern. Nach wie vor dominierten die romanischen oder gotischen Stadtkirchen des Mittelalters. In den katholischen Städten war die kirchliche Bautätigkeit intensiver als in den protestantischen, weil die im Gefolge der katholischen Reform auftauchenden neuen **Orden** eigene Kirchen benötigten. Die Privatbauten fügten sich meist noch in das spätmittelalterliche Ensemble ein; erst im 18. Jahrhundert sollten gesteigerter Reichtum und Individualismus den Bau eigentlicher Familienpalais ermöglichen.

Die Herrschaft: Von den wechselnden zu den ständigen Eliten

Die Institutionen, durch welche die eidgenössischen Orte regierten – Landammann, Landrat und Landsgemeinde in den Ländern, Bürgermeister, Kleiner und Grosser Rat in den Städten (vgl. S. 167) –, veränderten sich im 16. und 17. Jahrhundert kaum. Veränderungen ergaben sich dagegen im Aufgabenbereich und in der Zusammensetzung.

Die Ausdehnung der obrigkeitlichen Verwaltung in Bereiche, die früher von der Kirche, von Lokaladeligen oder von gar niemandem wahrgenommen worden waren, und die zunehmende Reglementierung des öffentlichen Lebens bewirkten, dass die Mitarbeit in den staatlichen Organen mehr Zeit und grössere Fähigkeiten erforderten. Diese war nun aber auch lukrativer: Ratsmitglieder und Landräte besetzten gut honorierte Ämter, etwa Vogteien auf der Landschaft, partizipierten an den Zahlungen, die durch die Soldbündnisse mit den Grossmächten eingingen, reservierten sich gleichzeitig die Offiziersstellen in den fremden Diensten und hatten auch die Chance, einmal auf Zeit die Verwaltung einer **Gemeinen Herrschaft** zu übernehmen.

Das wichtigste Element im Beziehungsnetz der Menschen war die Familie. Der Mann, der eine politische Karriere machen wollte, versuchte nicht nur, seine eigenen Interessen zu sichern, sondern auch die seiner Nachkom-

Überreste des Canal d'Entreroches bei La Sarraz

*Gewinnung der Flachsfaser. Im Hintergrund wird geerntet, vorne sitzen Frauen beim Brechen und Schwingen sowie beim Hecheln und Binden zu Flachszöpfen.
(Ölbild aus der 2. Hälfte des 17. Jahrhunderts)*

Die Schweiz im Zeitalter der konfessionellen Spaltung

Aufstieg und Disziplinierung einer Familie: Die Besenvals in Solothurn

Martin Besenval (1600–1660) wanderte aus dem Aostatal ein. 1635 übernahm er die Leitung der Saline von Salins (in der Freigrafschaft Burgund) für die gesamte Eidgenossenschaft, wodurch er die Salzversorgung Solothurns beherrschte. 1636 erhielt er das Solothurner Bürgerrecht, 1654 erwarb er Schloss und Herrschaft Brunnstadt. Sein Sohn Johann Viktor (1638–1713) betrieb weiter Salzhandel und gewann dank guten Beziehungen zum französischen Gesandten die Kontrolle über die Verteilung der Pensionsgelder. Er wurde 1676 Säckelmeister, 1688 Schulthess und war für Jahrzehnte der mächtigste Mann in Solothurn. Seit 1682 besass er das Schloss Waldegg bei Solothurn. Sein Sohn Peter Joseph (1675 bis 1737) wurde Stadtschreiber und setzte die Kontrolle der Pensionsgelderverteilung fort. 1711 beschloss der Rat jedoch, dass die Pensionsgelder zunächst in die Staatskasse fliessen und danach nach einem festen Schema verteilt werden sollten. 1722 verloren die Besenvals auch die Pacht des Salzhandels. Sie konzentrierten sich nun ganz auf die französischen Dienste, wo Johann Viktor (1671–1736) 1716 Feldmarschall wurde. Noch im 19. Jahrhundert waren die Besenvals im französischen Dienst tätig, während ihr Einfluss in Solothurn bedeutungslos wurde.

Schultheiss Johann Viktor von Besenval, 1638–1713 (Gemälde von Johann Jakob Schärer, 1695)

men, seiner Brüder und Neffen. Politik war zunächst Familienpolitik; der Einfluss eines Geschlechtes liess sich etwa an der Zahl der von ihm gestellten Ratsmitglieder ablesen. Erweitert wurde dieses Netz durch Heiraten und die sich daraus ergebenden Verschwägerungen. Nicht zufällig wurden oft Eheschliessungen von Angehörigen angesehener Familien durch ein prächtiges «Allianzwappen» – etwa in Form einer Glasscheibe – festgehalten. Vielfach verhinderten Familienstiftungen den Zerfall des Familienbesitzes durch Erbteilungen.

Neben der zunehmenden Attraktivität führte auch der Rückgang der Sterblichkeit, der sich zuerst in den oberen sozialen Schichten abzeichnete, dazu, dass sich das Ringen um Amt und Würden vergrösserte. Im Spätmittelalter hatten früher Kindestod, Pestepidemien, Kriege oder der Abgang in eine kirchliche Karriere immer wieder dazu geführt, dass führende Geschlechter ausstarben und Platz für Aufsteiger hinterliessen. Das war nun weit seltener der Fall. Aus diesem Grund setzten jene Familien, die einmal den Sprung in den Grossen oder Kleinen Rat geschafft hatten, alles daran, andern diesen Sprung zu verwehren. Im Ganzen waren sie dabei erfolgreich. Von der zweiten Hälfte des 16. Jahrhunderts an zeichnete sich in allen Orten eine «Aristokratisierung» ab, die gegen das Ende des 17. Jahrhunderts zum Abschluss kam. Der Kreis der «regierenden Familien» grenzte sich immer fester ab gegenüber jenen, die zwar auf Grund ihres Bürgerrechts theoretisch auch regierungsfähig waren, faktisch aber eben nicht zum Regieren kamen. Die Zahl der «regierenden Familien» nahm ab. In den grösseren Städten ergab sich eine weitere Differenzierung: Manche Familien gelangten zwar noch in den Grossen, nicht aber in den Kleinen Rat, in welchem normalerweise die wichtigen Entscheidungen fielen und wo die wirklich interessanten Ämter vergeben wurden. In Anlehnung an die altrömische herrschende Schicht verstanden sich die Angehörigen der sich immer mehr verfestigenden politischen Elite als «Patrizier». Die Ausgrenzung der «nichtregierungsfähigen Familien» wurde durch die Verfassungen begünstigt. Die städtischen Räte ergänzten sich, wenn ein Mitglied – meist durch Tod – ausgeschieden war, durch Kooptation, das heisst, sie wählten den Nachfolger in irgendeiner Form selbst (vgl. S. 167). Dabei war natürlich ein Kandidat, dessen Familienangehörige und Schwäger bereits im Rat sassen, im Vorteil. Daneben trat der Einsatz finanzieller Mittel. Wie der altrömische Senator besass auch der Ratsherr seine Klientel, seine Anhängerschaft: die Zunfthandwerker, denen er ein Essen spendierte, die Bauern, denen er Geld lieh, Hypotheken gewährte oder guten Rat gab, die Reisläufer, denen er einen Platz in seinem französischen oder spanischen Regiment vermittelte. Besonders wichtig waren solche Bindungen in den Ländern, wo die lokale Aristokratie gesetzlich kaum abgesichert war und von der Landsgemeinde grundsätzlich jederzeit aus den Ämtern gejagt werden konnte. Hier war der eigentliche Ämterkauf die Regel; daneben spielten auch persönliche Beziehungen, etwa über Patenschaften, eine grosse Rolle.

Zur dauernden Alleinherrschaft einer Familie kam es nirgends, auch wenn vor allem in den kleineren Orten manche zeitweise nicht weit davon entfernt waren. Die Grösse der Räte in den Städten, welche die Bildung gegnerischer Koalitionen ermöglichte, und die immer wieder aufmüpfige Stimmung an den Landsgemeinden in den Ländern bildeten ein genügendes Gegengewicht gegen solche Bestrebungen.

Der Aufstieg von «Neueinsteigern» war bis zum Ende des 17. Jahrhunderts nicht völlig ausgeschlossen. Voraussetzung dafür war jedoch der vorangegangene wirtschaftliche Erfolg. Wer nicht oder nicht mehr reich war, war auch nicht regierungsfähig. Wichtigste Quellen des Reichtums waren Handel, die sich anbahnende Verlagsindustrie (vgl. S. 197 f.) und der Solddienst (vgl. S. 181 f.). War einmal Vermögen vorhanden, so wurde es mindestens teilweise in Boden und Immobilien angelegt. Nach wie vor galten der Landbesitz und die daraus resultierenden Erträge als sicherste Werte; zudem erlaubte dieser den Bau von Landhäusern oder Schlössern und ermöglichte damit die Pflege eines adeligen Lebensstils. Allerdings bestanden zwischen den herrschenden Schichten der einzelnen Orte erhebliche Unterschiede: Während in den politischen Eliten Basels oder Zürichs das unternehmerische Element dominierte, basierten jene Freiburgs, Luzerns und der Länderorte überwiegend auf den durch die fremden Dienste zufliessenden Erträgen.

Parallel zur Abschliessung der regierenden Eliten vom Rest der Bürgerschaft vollzog sich – in den Städten – die Abschliessung der Bürgerschaft von der Bevölkerung der Landschaft und von Auswärtigen. Der Erwerb des Bürgerrechts wurde erschwert und schliesslich ganz verunmöglicht. Ausschlaggebend dafür war letztlich die Bevölkerungszunahme und die handwerklich-zünftische Wirtschaftsordnung (vgl. S. 74 ff.), die wirtschaftliches Wachstum hemmte. Die um ihre ohnehin geringen Einkünfte bangenden Handwerksmeister fürchteten die Konkurrenz allfälliger Neubürger, die regierenden Familien sahen keinen Grund, durch eine liberale Einbürgerungspraxis Unruhe in die Bürgerschaft zu tragen, welche sich gegen sie selbst richten konnte. So bildete sich unterhalb der Bürgerschaft die wirtschaftlich benachteiligte Schicht der «ewigen Habitanten» oder «Hintersassen». Um auch diese nicht zu gross werden zu lassen, wurde selbst die blosse Zuwanderung vom Land in die Stadt erschwert.

Die Gesellschaft eines eidgenössischen Ortes um 1500 bestand zwar durchaus nicht aus Gleichberechtigten, sie war aber relativ offen und ermöglichte einen ziemlich raschen Auf- und Abstieg. Die Gesellschaft um 1700 war wesentlich geordneter, aber auch politisch und sozial weit stärker segmentiert.

Die Landvogtei Maiental (Maggiatal)

Die Landvogtei Maiental war seit 1513 im Besitz von zwölf eidgenössischen Orten (ohne Appenzell), die in einem zweijährigen Turnus den Landvogt entsandten. In den meisten Orten musste der künftige Landvogt sein Amt kaufen; in den Städten war es allerdings oft schwierig, einen Kandidaten zu finden, da die arme Landvogtei wenig Einkünfte versprach. Zwar bezog der Vogt ein Jahresgehalt, doch resultierte der Hauptteil seiner Einkünfte aus Bussen und Gerichtsgebühren. Überwacht wurde der Landvogt von der meist jährlich in Locarno zusammentretenden Gesandtenkonferenz der zwölf regierenden Orte, die auch Appellationsinstanz war. Dem Landvogt standen Statthalter, Fiskal, Landschreiber und Dolmetscher zur Seite, die alle aus Familien des Tals stammten. Dasselbe galt für die Beisässen im Gericht. Rechtsgrundlagen waren die noch aus voreidgenössischer Zeit stammenden Statutenbücher. Das Tal war in Gemeinden eingeteilt, die ihre Dorfvorsteher wählten. Delegierte der Gemeinden bildeten unter der Leitung des Landessäckelmeisters den Landrat des Tales. Gemeinden und Landrat waren etwa für das Forstwesen, den Einzug der Abgaben, die Strassen und Brücken zuständig; sie verfügten dazu über eigene Einnahmequellen.

So wurden die Pensionsgelder verteilt!

Im Jahr 1588 erhielt *Luzern* von Spanien 6000 Gulden Pensionen. Nach Abzug von Unkosten in der Höhe von 54 Gulden wurde das Geld folgendermassen verteilt:

– an die 36 Mitglieder des Kleinen Rates	3120	(52 %)
– an die 64 Mitglieder des Grossen Rates	2066	(34 %)
– an 16 Amtleute und Diener	360	(6 %)
– an 62 andere Bürger	400	(7 %)

Die im Jahre 1605/6 aus Savoyen eingehenden Pensionsgelder (5496 Gulden) wurden in Luzern folgendermassen verteilt:

– an 27 Mitglieder (von total 36) des Kleinen Rates	3320	(60 %)
– an 17 Mitglieder (von total 64) des Grossen Rates	1116	(20 %)
– an 4 Amtsleute und Diener	486	(9 %)
– an 15 andere Bürger	574	(11 %)

Zum Vergleich: Das Jahreseinkommen eines Handwerksmeisters betrug zu dieser Zeit etwa 100 bis 150 Gulden.

Obrigkeit und Untertanen

Wer war untertan?

Zu den Beherrschten in der alten Eidgenossenschaft gehörten:
- die Stadtbürger ohne Zugang zum Rat und die städtischen Hintersassen;
- die Bewohner der von einem einzigen Ort abhängigen Landschaften;
- die Bewohner der **Gemeinen Herrschaften**.

Die Schweiz im Zeitalter der konfessionellen Spaltung

Reichtum und Armut in der Gemeinde Pfäffikon (Zürich)
In der Gemeinde lebten 1632 60 Steuerpflichtige.

1	Steuerpflichtiger besass ein Vermögen von	12 500 Gulden
4	Steuerpflichtige besassen Vermögen zwischen	2000 und 10 000 Gulden
7	Steuerpflichtige besassen Vermögen zwischen	500 und 2000 Gulden
11	Steuerpflichtige besassen Vermögen zwischen	250 und 500 Gulden
23	Steuerpflichtige besassen Vermögen zwischen	100 und 250 Gulden
14	Steuerpflichtige besassen Vermögen zwischen	0 und 100 Gulden

Die Darstellung der Folterung des Luzerner Bauernführers Christian Schibi nach dem Grossen Bauernkrieg durch den Zeichner Martin Disteli stammt aus dem 19. Jahrhundert. Disteli war ein kämpferischer Liberaler und identifizierte sich mit den unterlegenen Bauern. Entsprechend charakterisiert er die beteiligten Personen: Schibi auf der Folter, ihm gegenüber der Luzerner Ratsherr Kaspar Pfyffer von Luzern als Vertreter der Aristokratie, flankiert von einem Schreiber. Man beachte die Physiognomie der Beteiligten sowie die Verteilung von Licht und Schatten (vgl. S. 206 f.).

Die Frau befand sich grundsätzlich im Rechtsstand ihres Gatten. Möglichkeiten zur politischen Mitwirkung hatte sie nicht. Auch in Rechtssachen wurde sie, solange sie verheiratet war, von ihrem Mann vertreten.

Der *Stadtbürger*, auch wenn er politisch nichts zu sagen hatte, erfreute sich im Vergleich zum ländlichen Untertanen einiger Vorrechte, vor allem im wirtschaftlichen Bereich. Manche Handwerkerberufe durften nur von den in **Zünften** organisierten Städtern ausgeübt werden. Diese konnten zudem ihre Waren jederzeit auf dem städtischen Markt anbieten, während die ländlichen Produzenten zu diesem nur an einigen Tagen im Jahr – den Jahrmärkten – zugelassen waren. Diese Privilegierung war mit der bestehenden Herrschaftsordnung verknüpft. Daher kam vom «kleinen Mann» in der Stadt kaum je grundsätzliche Opposition. Höchstens in Krisenzeiten – etwa während des Bauernkriegs in Luzern 1653 oder nach einem gravierenden Korruptionsfall 1713 in Zürich – wurde die Forderung nach Wahlreformen im Sinne einer Öffnung laut. Sie verlief jedoch regelmässig im Sande. Die Hintersassen mussten froh sein, in der Stadt bleiben zu dürfen.

Die reale Macht der Eidgenossenschaft in den **Gemeinen Herrschaften** war begrenzt. Die an der jeweiligen Herrschaft beteiligten Orte entsandten in einem zweijährigen Turnus einen Landvogt, der für die Verwaltung, vor allem den Einzug der Abgaben, und die Justiz zuständig war. Da er keinen Beamtenstab mitbrachte, war er bei der Durchführung seiner Aufgaben völlig auf die lokale Elite angewiesen. Die eidgenössische Herrschaft war daher nicht besonders drückend, sie vermittelte aber auch keinerlei Impulse, sondern konservierte die bestehenden Verhältnisse. Unter diesen Umständen kam es kaum zu einer wirtschaftlichen Entwicklung, aber auch nicht zu Aufruhr und Empörung.

Der weitaus grösste Teil der Bevölkerung lebte in einem *Untertanengebiet eines einzelnen Ortes*, meist einer Stadt. Untertänigkeit bedeutete allerdings nicht Rechtlosigkeit. Einmal bestand überall ein von Region zu Region unterschiedliches Zivil- und Strafrecht, durch welches etwa Erbgang und Gerichtsverfahren geregelt waren. Es gab aber auch politische Rechte: Die Dorfgemeinden verwalteten sich grossteils selbstständig; vielerorts mussten auch die Obrigkeiten vor wichtigen Entscheidungen – etwa über Krieg – die Untertanen über ihre Meinung befragen. Die meisten dieser lokalen Rechte stammten aus voreidgenössischer Zeit und waren vom jeweiligen eidgenössischen Ort beim Erwerb des Untertanengebietes anerkannt worden. Anderseits beanspruchte der regierende Ort ein vor allem auf die Hochgerichtsbarkeit gegründetes generelles Herrschaftsrecht. Dieses bildete die Basis des obrigkeitlichen Regiments, aber auch die Ursache vieler Konflikte.

Altes und neues Recht

Die städtischen Obrigkeiten waren bestrebt, die Rechtsordnung in den von ihnen beherrschten Gebieten zu vereinheitlichen und auszubauen, das heisst aus eigener Machtvollkommenheit neues Recht zu schaffen. Das lag sowohl im Interesse eines funktionierenden Staatswesens wie auch der eigenen Machterweiterung. Nützte es nicht allen, wenn eine ausserordentliche Steuer zur Verbesserung des Heerwesens erhoben wurde? War es nicht sinnvoller, wenn die Obrigkeit alle Heereskommandanten ernannte und den schönen Brauch der Emmentaler, unter einem eigenen Bannerherrn und einem eigenen Banner in den Krieg zu ziehen, abschaffte? Und war es wirklich nötig, dass der städtische Rat bei Bündnisverhandlungen mit Ludwig XIV. die einzelnen Gemeinden konsultierte? – Demgegenüber hatten die Untertanen bei der Verteidigung ihrer hergebrachten Rechte einen schweren Stand. Häufig waren diese nur teilweise aufgezeichnet, fehlte die entscheidende Urkunde, war der Zugang zum Archiv verwehrt oder mangelte es an der nötigen Sachkenntnis. So überlagerte immer mehr «modernes», einheitliches Obrigkeitsrecht die traditionellen lokalen und regionalen Selbstständigkeitsrechte.

Allerdings hätte die Erschaffung eines völlig zentralistischen Staates die personellen und finanziellen Möglichkeiten einer Obrigkeit im 16. und 17. Jahrhundert bei weitem überstiegen. Die kleinste politische Einheit blieb die Dorfgemeinde, deren Mitglieder im «Kornland» weiterhin die Zelgeneinteilung im Rahmen der Dreifelderwirtschaft (vgl. S.116) vornahmen. Ein grosses oder mehrere kleine Dörfer bildeten die Niedergerichts- und meist auch die Kirchgemeinde. Auch hier stellten die Untertanen die von einem Amtmann oder Untervogt geleiteten «Gerichtssässen», die über Streitigkeiten geringen Umfangs – etwa Schuldforderungen – urteilten und auch Bussen verhängen konnten. Erst auf der nächsthöheren Stufe der Landvogtei trat die Obrigkeit, vertreten von dem oft auf einem Schloss residierenden Landvogt, stärker in Erscheinung. Aber auch diesem standen im Gericht einheimische Geschworene zur Seite; vielerorts wurden auch einzelne Vogteiämter, etwa jenes des militärischen Landeshauptmanns, durch Einheimische besetzt. Auf diesem Treppenabsatz der Macht endeten die Mitwirkungsmöglichkeiten der Untertanen allerdings; in den städtischen Räten waren sie nicht vertreten.

**Die Untertanen:
Eine geschichtete Gesellschaft**

Innerhalb der Untertanen waren die sozialen Differenzen gross und wurden mit der Zeit noch grösser. Wer im Kornland etwa zehn Hektar Land oder mehr besass, konnte sich ein eigenes Gespann leisten und sich zum «Dorfpatriziat» zählen. Zu diesem gehörten meist auch die Wirte und Müller. Wer als Kleinbauer weniger hatte, lieh sich bei ihnen das Gespann – oft auch in Notlagen noch Geld – aus und war dadurch von ihnen abhängig. Wer nur über drei oder weniger Hektar Land verfügte, konnte davon nicht leben und war auf zusätz-

Todesurteile in Stadt und Landschaft Zürich

Zwischen 1400 und 1798 fällte der Zürcher Rat 1424 Todesurteile. Darin nicht eingeschlossen waren jene, die in den Landvogteien Kyburg und Grüningen sowie in den Städten Winterthur und Stein am Rhein verhängt wurden (eigene Blutgerichtsbarkeit) und zahlenmässig nicht vollständig dokumentiert sind. Auf Grund der teilweise erhaltenen Zahlen der Landvogtei Kyburg kann man auf ein Total von etwa 2500 Todesurteilen im gesamten zürcherischen Herrschaftsgebiet in diesem Zeitraum schliessen.

Die vom Rat gefällten 1424 Todesurteile (1186 Männer, 238 Frauen) entfielen auf folgende Delikte: Diebstahl 747, Tötungen 193, widernatürliche Unzucht 179, Gotteslästerungen 85, Hexerei 75, andere 145. Von den Hingerichteten wurden 902 enthauptet, 98 ertränkt, 256 gehängt, 92 verbrannt, 50 gerädert, die übrigen auf andere Art zu Tode gebracht.

Die Verfolgung «widernatürlicher Unzucht» erfolgte offenbar in sehr unterschiedlicher Intensität. So scheint am Ende des 17. Jahrhunderts in der Landvogtei Kyburg ein eigentlicher Feldzug gegen «Sodomiten» (d.h. homosexuelle Praktiken unter Männern und männlichen Jugendlichen) stattgefunden zu haben. Unter Landvogt Johann Jakob Escher gab es dort 1688–1693 9 Hinrichtungen, davon 6 wegen widernatürlicher Unzucht. Sein Nachfolger Johann Caspar Heidegger kam 1694–1698 sogar auf 24 Hinrichtungen (22 wegen w. U.), während die Welle unter David Holzhalb (1699–1705) mit 9 Hinrichtungen (7 wegen w. U.) wieder abflaute.

liche Einnahmen als Dorfhandwerker, Taglöhner («Tauner») oder Heimarbeiter angewiesen. Noch tiefer standen die Dorfarmen, etwa allein stehende Alte, Invalide oder Bettler, die nicht arbeiten konnten oder wollten. Auch die Witwen lebten oft, sofern sie nicht von ihren Kindern unterhalten wurden, in bedrängten Verhältnissen. Das tonangebende Dorfpatriziat, aus dem sich im Allgemeinen die einheimischen Amtsinhaber rekrutierten, war grundsätzlich an der Bewahrung der obrigkeitlichen Ordnung interessiert und arbeitete im Regelfall mit dem Repräsentanten der «Herren», dem Landvogt, zusammen, solange es nicht den Eindruck erhielt, seine althergebrachten Rechte würden geschmälert.

Ein weiterer Pfeiler der städtischen Vorherrschaft neben dieser Zusammenarbeit war die

Wappenscheibe in der Kirche von Thalheim (1685). Hier wird das Zusammenleben der Stände gewissermassen bildlich und vorbildlich dargestellt. Im Zentrum die Wappen des regierenden Obervogts zu Andelfingen, Johann Caspar Escher, sowie der beiden Dorfgemeinden Dorlikon und Gütighausen, welche die Kirchgemeinde Thalheim bildeten. Sie sind umgeben vom Herrschaftswappen Andelfingen, vom Wappen des Andelfinger Untervogts Hans Jakob Uli und den 14 persönlichen Wappen der Kirchenpfleger, Geschworenen und Dorfmeier.

Die Schweiz im Zeitalter der konfessionellen Spaltung

direkte wirtschaftliche Präsenz der «Herren». Reich gewordene Städter kauften Land und bezogen von den bäuerlichen Pächtern die grundherrlichen Abgaben oder gewährten Hypotheken («Gülten») gegen Zins. Städtische Kaufleute beschäftigten die Heimarbeiter und -arbeiterinnen, städtische Militärunternehmer boten armen Bauern die Möglichkeit, sich als Söldner in fremde Dienste zu verdingen. Demgegenüber war die Landschaft auch wirtschaftlich in der Stadt kaum präsent und damit vom Aussenhandel ausgeschlossen.

Aufgaben und Herrschaftsmittel der Obrigkeit: Einnahmen

Um ihre Aufgaben durchführen zu können, brauchte die Obrigkeit *Einnahmen*. Im Unterschied zu heute kannte man noch keine Einkommenssteuern. Auch Vermögenssteuern wurden im Allgemeinen nur in ausserordentlichen Fällen, nicht regelmässig, erhoben. Zu den wichtigsten Einnahmequellen gehörten zahlreiche Binnenzölle an Strassen und Brücken sowie die Erträge aus dem von der Obrigkeit betriebenen Salzverkauf. Auf manchen Produkten, etwa dem Wein, wurden Umsatzsteuern erhoben. In den protestantischen Orten kamen die Erträge aus dem in der Reformationszeit verstaatlichten, recht umfangreichen Kirchengut sowie der kirchliche «Zehnten» hinzu. Im Unterschied zu heute kam der Staat demnach ganz überwiegend durch *indirekte Steuern* zu seinem Geld.

Aufgaben und Herrschaftsmittel der Obrigkeit: Die Justiz

Die wohl wichtigste Aufgabe der Obrigkeit war die Ausübung der *hohen Gerichtsbarkeit*, die die Aufklärung und die Beurteilung von Verbrechen sowie den Strafvollzug in sich schloss. Wahrgenommen wurden diese Aufgaben zum Teil von den Landvögten und ihren Beigeordneten, zum Teil von den städtischen Räten selbst. Die eigentliche Basis für die Urteilsfindung war das Geständnis; Zeugenaussagen und allfällige Indizien waren zwar bei der Anklageerhebung und Untersuchung wichtig, galten aber im Allgemeinen nicht als ausreichend. Um zu einem Geständnis zu kommen, half man, falls nötig, mit der Folter nach. Verhältnismässig milde Strafen waren Bussen, Prügel, öffentliche Zurschaustellung – etwa am Pranger oder in der «Trülle» – kurze Haft oder Verbannung. Wesentlich härter war die Verschickung zur Zwangsarbeit auf den Galeeren einer der europäischen Seemächte; im Bündnis zwischen den katholischen Orten und Philipp II. von Spanien (1587) verpflichtete sich dieser ausdrücklich, zur Galeerenstrafe Verurteilte zu übernehmen. Die Todesstrafe wurde vor allem bei wiederholtem Diebstahl, Tötungsdelikten, sexuellen Verfehlungen (besonders männliche Homosexualität und Unzucht mit Tieren, während Vergewaltigungen meist nur Bussen nach sich zogen), Gotteslästerung und Hexerei angewendet. Auch wiederholter Ehebruch konnte mit dem Tod bestraft werden; in der Praxis traf diese Strafe fast nur Frauen. Unter den Hinrichtungsarten setzte sich das als mild geltende Enthaupten allmählich gegenüber grausameren Formen wie Hängen, Verbrennen oder Rädern durch. Die Möglichkeit einer längeren Gefängnisstrafe kannte man zunächst überhaupt nicht. Erst im 17. Jahrhundert kam die Zwangsarbeit («Schellenwerk») in einer Art Zuchthaus auf, erst im 18. begann man, befristete längere Gefängnisstrafen zu verhängen. Gleichzeitig ging die Zahl der Todesurteile zurück. Ein besonderes Jugendstrafrecht bestand nicht; Jugendlichkeit galt höchstens als Milderungsgrund. Todesurteile gegen Jugendliche unter 16 Jahren waren daher selten, kamen aber durchaus vor. So wurde auf der Zürcher Landschaft 1679 ein elfjähriger Knabe wegen «gewerbsmässiger Bestialität» (wiederholtem sexuellem Umgang mit Tieren) hingerichtet.

Aufgaben und Herrschaftsmittel der Obrigkeit: Militärwesen

Die männlichen Untertanen unterstanden nicht nur der Rechtshoheit, sondern auch der *Militärhoheit* der Obrigkeit: Man durfte sie zum Kriegsdienst aufbieten. Sie besassen daher auch Waffen. Allerdings bestanden vielerorts Einschränkungen, etwa was die zeitliche Dauer oder den räumlichen Bereich des militärischen Einsatzes anbelangte. Manche Vogteien hatten ihr eigenes Banner und ihren eigenen Landeshauptmann. Die Obrigkeiten waren bestrebt, derartige Sonderrechte abzubauen und eine unbefristete Dienstpflicht im Kriegsfall einzuführen. Regelmässige Inspektionen und Exerzierübungen, die allerdings eher gesellig-folkloristischen Charakter hatten, sollten die Kriegstauglichkeit verbessern. **Hochwachtensysteme** sollten für eine rasche Alarmierung im Ernstfall sorgen. Dieser trat allerdings selten ein; zu einem Angriff von einer nichteidgenössischen Macht kam es überhaupt nie. In den innereidgenössischen Auseinandersetzungen (vgl. S. 174) zeigte es sich, dass vor allem nach einer Niederlage Disziplin und Kampfmoral der Bürgersoldaten nach wie vor rasch abnahmen.

Aufgaben und Herrschaftsmittel der Obrigkeit: Moral und Fürsorge

Ständig aktuell war dagegen die Sorge der Obrigkeit um die Erhaltung und Förderung der Moral. Vor allem in den protestantischen Orten hielt eine Unzahl von Mandaten die Untertanen an, den Sonntag zu heiligen, die Sonntagspredigt zu besuchen, sich unauffällig und

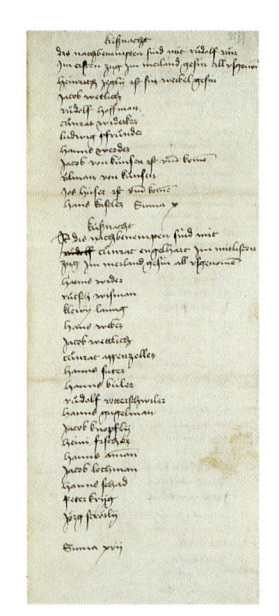

Auch die Untertanen der Landschaft mussten in den Krieg ziehen. Mannschaftsliste für Bürger der Gemeinde Küsnacht im Kanton Zürich für den Mailänder Zug 1515.

bescheiden zu kleiden, auch bei Festlichkeiten Aufwand zu vermeiden, nicht zu fluchen, nicht zu streiten, nicht zu spielen, ein geordnetes Familienleben zu führen und generell jede Form von Exzessen und Ruhestörungen zu vermeiden. Traditionelle Vergnügungen wie Kirchweih und Fastnacht wurden ganz verboten oder doch eingeschränkt.

Begründet wurden all diese Gebote und Verbote damit, dass jede Form eines gottlosen Lebens geeignet sei, Gottes Zorn über das ganze Land, etwa in Form von Missernten und Naturkatastrophen, heraufzubeschwören. Die so angestrebte soziale Disziplinierung der Untertanen hatte indessen, beabsichtigt oder unbewusst, neben dem religiösen auch einen wirtschaftlichen und politischen Zweck: Diese sollten mit ihrem Besitz möglichst haushälterisch umgehen und sich in die obrigkeitliche Sozialordnung einfügen. Für die Durchsetzung dieser Moral war in erster Linie der Pfarrer verantwortlich. Er hatte in der Kirche die Mandate zu verkünden, er hatte in der Predigt auf die höchst nachteiligen Folgen der Nichtbeachtung hinzuweisen, er hatte auch bei Hausbesuchen zu kontrollieren und zu mahnen. Daneben wurden unter verschiedenen Bezeichnungen gemeindeeigene Sittengerichte (auch «Stillstände», «Ehegerichte» usw.) geschaffen. In Bern gab es beispielsweise in jeder Kirchgemeinde ein «Chorgericht», bestehend aus dem Pfarrer und zwei vom Landvogt ernannten Laien. Es war nicht nur für die Aufrechterhaltung von Ordnung und Sitte, sondern auch für die Armenpflege und Vormundschaftsfragen zuständig. Die Strafen reichten vom Verweis und von der Erwähnung in der Predigt bis zum zeitweiligen Ausschluss vom Abendmahl, Bussen oder Gefängnisstrafen bis zu drei Tagen. Daneben war das Chorgericht auch ein Friedensgericht, das Streitigkeiten zwischen Nachbarn oder auch zwischen Eheleuten schlichtete. Erst Wiederholungstäter oder schwere Vergehen kamen vor das Gericht des Landvogts.

Die katholischen Obrigkeiten gingen in ihren Bemühungen um die Moral wesentlich weniger weit und verfügten auch nicht über das notwendige Instrumentarium, da sich die Priester nicht als obrigkeitliche Sittlichkeitswächter betrachteten und es vorzogen, allfälligen Sündern in der Beichte die Absolution zu erteilen und auf diesem Wege Gottes Zorn fernzuhalten. Die Zahl der Feiertage wurde reduziert, aber nicht so stark wie in der reformierten Schweiz. Die Fastnacht und andere Volksbräuche wurden nicht gerade abgeschafft, aber doch eingedämmt und geordnet. Das Instrumentarium, die Einhaltung solcher Anordnungen auch zu überprüfen, blieb wesentlich schwächer.

Auch im Bereich der *sozialen Fürsorge* waren die reformierten Orte stärker herausgefordert, weil hier die Klöster als Hilfsstellen wegfielen. In den Städten entstanden staatliche Spitäler für Kranke, Geistes- und Altersschwache, die sonst nirgendwo unterkamen. Arme Menschen wurden aus einem öffentlichen «Mushafen» verköstigt. Sowohl hier wie in den Dörfern wurden Armenpflegen eingerichtet. Finanzielle Basis der Unterstützungsleistungen war das verstaatlichte Kirchengut; hinzu kamen Kleider- und Geldsammlungen, etwa am Schluss des Gottesdienstes. In den Städten wurden im Verlauf des 16. und 17. Jahrhunderts zudem Waisenhäuser und Stiftungen für bedürftige Schüler und Studenten eingerichtet, während auf dem Land elternlose Kinder oft auf andere Höfe «verdingt» wurden. In Genf hatten die zahlenmässig starken Ausländerkolonien ihre eigenen «Bourses» als Hilfsfonds für Bedürftige aus ihren Reihen.

Die Tendenz zur Reglementierung war auch im Bereich der Fürsorge von Anfang an stark. Nur «unverschuldet Arme», deren Lebensführung den Ansprüchen protestantischer Moral genügte und die zudem arbeitswillig waren, waren unterstützungswürdig. Daher wurde die individuelle Vergabe von Almosen, die in der vorreformatorischen Zeit üblich gewesen war und als gottgefälliges Werk gegolten hatte, sowie vor allem das Betteln verboten, weil beides eine kontrollierte Armenpolitik verunmöglichte. Diese Reglementierungen konnten freilich nicht verhindern, dass als Folge der Bevölkerungszunahme und der sich häufenden Missernten (vgl. S. 166) die Zahl der Armen vor allem unter den Untertanen auf dem Land ständig anstieg. Auch die Einführung der textilen Heimarbeit (vgl. S. 197 f.) bewirkte besonders in Teuerungszeiten keine vollständige Abhilfe. In manchen Dörfern war ein Fünftel oder mehr aller Familien armengenössig, obwohl man den Kreis so eng wie möglich zog, da die zur Verfügung stehenden Mittel begrenzt waren. Die vagabundierenden Bettlerhorden, die nicht selten den etwas besser Gestellten mit Drohungen Gaben abpressten, wurden zu einer eigentlichen Landplage. Verelendung, Arbeitslosigkeit und Arbeitsunlust, familiärer Zerfall, Alkoholismus wie auch Ablehnung der obrigkeitlich verordneten Lebensweise trugen zu ihrer Vergrösserung bei. Die Obrigkeiten ernannten Gemeindepolizisten («Landjäger»), welche die Bettler über die Grenze der Herrschaft zu jagen hatten, was natürlich das Problem kurzfristig verlagerte, aber nicht löste.

Die staatliche Fürsorge in den katholischen Orten, etwa in Luzern, entwickelte sich erst unter dem Einfluss der katholischen Reform vom Ende des 16. Jahrhunderts an. In der Zielsetzung unterschied sie sich von jener der

Die Aufgabe des frühneuzeitlichen Staates, der Kirche und der Gemeinschaft im Spiegel der Glasmalerei (Rundscheiben um 1635):
1. *Beherbergung von Fremden*
2. *Barmherzigkeit*
3. *Tröstung der Gefangenen*
4. *Pflege der Kranken*

Die Schweiz im Zeitalter der konfessionellen Spaltung

> **Als Beispiel:**
> **Die Berner Steuerunruhen von 1641**
> Im Januar 1641 wollte die Berner Regierung zum Grenzschutz Söldner anwerben und dafür eine jährliche Wehrsteuer (1 Promille des Vermögens) einführen. Dagegen erhob sich vor allem im Thuner Gebiet Widerstand, wo der angesehene Bauernführer Niklaus Zimmermann im Mai im Schloss inhaftiert wurde. Ein Auflauf vor dem Schloss endete mit der Flucht Zimmermanns. Die Regierung begann nun, mit Bauernausschüssen zu verhandeln. Die Bauernführer, die alle lokale Ämter innehatten, erklärten, die vorgesehene Steuer sei nicht nur wirtschaftlich nicht tragbar, sondern auch rechtswidrig. Gleichzeitig verlangten sie die Wiedereinführung des Emmentaler Landeshauptmannamtes und des Landschaftsfähnleins – beides war 1628 abgeschafft worden. Ferner kritisierten sie den zu hohen Salzpreis als Folge des obrigkeitlichen Salzmonopols. Schliesslich hätten sie ihren Eid gegenüber den Herren auf bestehendes Recht geleistet und nicht auf neues. Im Übrigen seien sie genau so freie Eidgenossen wie Wilhelm Tell und die drei Urkantone, die sich ja neue Steuern wohl auch nicht hätten gefallen lassen. – Im Juni gelang es Vertretern der übrigen eidgenössischen Orte, erfolgreich zwischen bernischen Herren und bernischen Untertanen zu vermitteln: Die Wehrsteuer blieb, wurde aber auf sechs Jahre befristet. Die übrigen bäuerlichen Forderungen wurden nicht berücksichtigt. Auf Strafen wurde verzichtet.

protestantischen nicht: Auch sie legte staatliche Almosenkassen an, versuchte, «würdige» von «unwürdigen» Armen zu unterscheiden und den Bettel zu verbieten. Jedoch waren die materiellen Mittel wesentlich bescheidener und die disziplinarischen Möglichkeiten, vor allem auf dem Land, viel beschränkter als in den protestantischen Orten. Dafür entfalteten die neuen Männer- und Frauenorden zum Teil eine intensive karitative Tätigkeit.

Unruhen

Anlass zu Aufruhr bot sich den Untertanen dann, wenn die Obrigkeit versuchte, ihre Rechts- und Machtstellung zu Lasten der Untertanen auszubauen. Diese berief sich jeweils auf ihre überlieferten Rechte – lokales Traditionsrecht stand somit modernem Herrschaftsrecht gegenüber. Wirtschaftliche Schwierigkeiten konnten die Konflikte akzentuieren – man argumentierte etwa, in einer wirtschaftlich so schwierigen Zeit könne man unmöglich noch eine neue Steuer entrichten –, aber um eigentliche soziale Umsturzversuche handelte es sich nie. Wortführerin der Untertanen war immer die ländliche Oberschicht, deren Angehörige meist besser gestellt waren als etwa die einfachen Handwerksmeister in der herrschenden Stadt. Da die Rechtsgrundlage nicht nur in jedem eidgenössischen Ort, sondern oft auch innerhalb eines solchen regional verschieden war, blieben auch die Unruhen im Allgemeinen lokal begrenzt. Meist gelang nach beidseitigen Drohgebärden eine friedliche Schlichtung, nicht selten durch Vertreter der **Tagsatzung**. Während des Dreissigjährigen Krieges nahmen die Unruhen eher zu, weil die militärische Bedrohung den obrigkeitlichen Finanzbedarf anwachsen liess.

Der «Grosse Bauernkrieg von 1653»

Zu einem eigentlichen Flächenbrand, dem «Grossen Bauernkrieg von 1653», sollte es nach dem Dreissigjährigen Krieg kommen. Während dieses Krieges waren in der kriegsverschonten Schweiz die Preise für landwirtschaftliche Produkte gestiegen, nach dem Friedensschluss sanken sie und stellten vor allem verschuldete Bauern vor Probleme. Unmittelbarer Anlass für die Unruhen waren eine Abwertung des Münzwertes durch die bernische und die luzernische Obrigkeit um 50 Prozent. Gleichzeitig wurden neue Umsatzsteuern auf Wein und Vieh eingeführt. Da dies alles in eine Zeit fallender Preise fiel, lief beides auf eine erhebliche Einkommens- und Vermögensverminderung der Bauern hinaus, während die Belastung durch Schulden und Schuldzinsen gleich blieb. Dies löste Anfang 1653 eine Aufstandsbewegung im Entlebuch aus, die rasch die übrige Luzerner Landschaft sowie das bernische Emmental erfasste. Im Unterschied zu früheren Fällen – etwa die Berner Steuerunruhen von 1641 – stellte sich die eidgenössische Tagsatzung ganz auf die Seite der Obrigkeiten, so dass ein wichtiges Instrument zur Verhinderung einer Eskalation ausfiel. Auf der Gegenseite schlossen nun Vertreter der Entlebucher, Emmentaler, Solothurner und Baselbieter eine «Bauerneidgenossenschaft», die sich ganz bewusst auf den Bund der Urkantone zu Beginn des 14. Jahrhunderts und den Befreiungsmythos berief und für sich in Anspruch nahm, die «alte Freiheit» zu bewahren. Künftige Streitigkeiten zwischen Untertanen und Herren sollten nicht mehr durch die Tagsatzung, sondern durch ein vom Bauernbund eingesetztes Schiedsgericht geschlichtet werden.

Die Bauernbewegung scheiterte aus verschiedenen Gründen. Zum einen blieb sie im Wesentlichen auf die Zentralschweiz beschränkt. Eine gesamteidgenössische bäuerliche Solidarität stellte sich nicht ein, während die Solidarität unter den eidgenössischen Obrigkeiten durchwegs spielte und diese den bedrängten Berner und Luzerner Regenten mit zuverlässigen Milizen zu Hilfe eilen liess. Zum andern fehlte eine wirkliche Alternative zur bestehenden Ordnung. Man wollte die eigenen Obrigkeiten nicht beseitigen, sondern diese lediglich in Verhandlungen, allenfalls unter Drohungen, zu Zugeständnissen in Richtung des «alten Rechtes» bewegen. Das ermöglichte es diesen, Zeit zu gewinnen und ihre überlegenen militärischen Möglichkeiten auszuspielen. Die Bauernheere waren dagegen nicht in der Lage, Städte zu belagern oder gar zu stürmen; nach Niederlagen waren sie zudem bald bereit, von ihrem Bund abzurücken und selbst ihre Führer preiszugeben. Mitte Juni brach die Bewegung zusammen.

Das Strafgericht der Sieger, das zu gegen fünfzig Hinrichtungen führte, unterstrich den Ausgang des Kampfes. Immerhin mahnte die Tatsache, dass ein solcher überhaupt stattgefunden hatte und eine Wiederholung nicht auszuschliessen war, die Obrigkeiten beim weiteren Herrschaftsausbau zur Vorsicht. Im Vergleich zu den absoluten Monarchien in der Nachbarschaft blieben die Belastungen der Untertanen gering und die militärischen Mittel der Regierungen beschränkt. Eine Alternative zur lokalen Selbstverwaltung und zur Kooperation mit den ländlichen Eliten bestand weiterhin nicht. Diesen war allerdings unmissverständlich klar gemacht worden, dass durch die Gunst der gnädigen Herren wesentlich mehr zu erreichen war als durch das Pochen auf altes Recht und die Berufung auf die alteidgenössischen Mythen.

Das Denken der Menschen: Bildung, Moral, Magie

Protestantische und katholische Schulen

Die Reformation vermittelte der Bildung wichtige Impulse. Eine Konfession, für die das geschriebene Wort Gottes im Mittelpunkt stand und die mindestens grundsätzlich dem Laien eine aktive Rolle in der christlichen Gemeinschaft zubilligte, musste konsequenterweise den Menschen mindestens das Lesen beibringen. Hinzu kam die zentrale Aufgabe, einen Pfarrerstand auszubilden, der die Botschaft Gottes wie auch jene der Obrigkeit an die Untertanen theologisch befriedigend, für alle verständlich und mit dem nötigen Nachdruck vermitteln konnte. Von den protestantischen Orten konnte nur Basel auf eine bereits vorhandene Universität zurückgreifen; alle andern verfügten bestenfalls über eine bestehende bescheidene Stiftsschule als Ausgangsbasis. Berücksichtigt man diese Ausgangslage, so hat die Schulpolitik der protestantischen Städte wesentliche Fortschritte erreicht. Um 1700 konnten die allermeisten männlichen Stadtbewohner lesen und schreiben.

Alle Schulen oberhalb der elementaren «Deutschen Schule» waren geprägt durch die alten Sprachen als Bildungsgrundlage und durch das Ziel, zumindest in erster Linie Pfarrer auszubilden. Nur in Basel konnte man das Studium auch als Jurist oder Mediziner abschliessen. Dennoch besuchten auch Angehörige der Oberschicht, die keine akademische Laufbahn ins Auge fassten, mindestens einige Jahre lang die Lateinschule. Die Kenntnis moderner Sprachen erwarb man sich durch Auslandaufenthalte. Das öffentliche Lehrangebot für Mädchen war gering; es beschränkte sich faktisch auf die «Vorschule». Vornehme Familien ergänzten oder ersetzten den öffentlichen Elementarunterricht durch den Einsatz von Privatlehrern, zum Teil auch für die Töchter. Viele angehende Theologen, Juristen und Mediziner verbrachten einige Semester an einer ausländischen Universität. Umgekehrt zog die Universität Basel viele Deutsche, die Genfer Hochschule viele Franzosen an. Alle schweizerischen

Der Naturforscher Conrad Gessner (1516–1565)

Er wurde als Sohn eines Kürschners in Zürich geboren, besuchte die Lateinschule am Fraumünster und dann die Hohe Schule (Carolinum) am Grossmünster. 1533–1534 weilte er an den Universitäten Bourges und Paris. 1537–1540 war er Professor für Griechisch an der neuen Hochschule in Lausanne. Er wandte sich nun zunehmend den Naturwissenschaften zu und verfasste ein «Namensverzeichnis aller bekannten Pflanzen» und ein «Handbuch der Pflanzenkunde» (beides 1541). 1541 doktorierte er in Basel in Medizin. Daraufhin wurde er an der Zürcher Hochschule Lehrer für Philosophie, Mathematik, Naturwissenschaften und Ethik. 1545 publizierte er eine Universalbibliografie («Bibliotheca universalis»), die etwa 3000 Autoren verzeichnete. Sein Hauptwerk war die 1551–1558 erschienene vierbändige «Historia animalium» (ein fünfter Band erschien aus dem Nachlass) mit 4500 Seiten und 1200 Abbildungen. 1554 wurde er Stadtarzt von Zürich. Er gab auch eine Reihe lateinischer und griechischer Erstausgaben heraus (etwa Marc Aurel) und verfasste ein Werk über die Entwicklung der Sprachen («Mithridates»). Ein «Thesaurus medicinae practicae» blieb Manuskript. Nach seinem Tod durch die Pest erschien aus dem Nachlass die «Historia plantanum universalis».

Der wichtigste Führer im Bauernkrieg war Niklaus Leuenberger, ein wohlhabender Bauer aus Rüderswil im Emmental. Nach der Niederlage der Bauern wurde er hingerichtet.

Conrad Gessner (Ölgemälde von Tobias Stimmer)

Die Schweiz im Zeitalter der konfessionellen Spaltung

Die Struktur der protestantischen Schulen der Schweiz

Ungefähres Alter bei Abschluss	
22	Universität Basel (gegründet 1460; Abschluss in Theologie, Jura, Medizin) Theologische Hochschulen Genf (1559), Lausanne (1537), Bern (1528), Zürich (1525)
17	Collegium Humanitatis (auch: «Paedagogium»): Studium der **Artes Liberales** sowie des Hebräischen und des Griechischen
15	Französische Schweiz: Collèges (Latein/Griechisch) — Deutsche Schweiz: Lateinschulen (Latein/Griechisch)
10	Elementarschulen (z. B. «Deutsche Schulen»)
7–8	«Vorschulen»
Eintritt: 5–6	

Hochschulen – Basel erst seit dem Ende des 16. Jahrhunderts – waren Hochburgen der zwinglianisch-calvinistischen Richtung des Protestantismus und standen daher nicht nur im Gegensatz zum Katholizismus, sondern auch zum Luthertum.

Vor allem die Rekrutierung fachlich genügender Lehrkräfte für die Lateinschulen bereitete während des ganzen 16. Jahrhunderts grosse Mühe. Selbst der Posten des Schulleiters war oft so schlecht bezahlt, dass der Inhaber auf Nebenverdienste angewiesen war und so rasch wie möglich eine bessere Stelle suchte. Erst gegen das Ende des 16. Jahrhunderts erfolgte eine personelle und finanzielle Stabilisierung – nicht zuletzt deshalb, weil sich nun die Konkurrenz durch die katholische Schulreform abzeichnete.

Bis gegen das Ende des 16. Jahrhunderts wies die katholische Schweiz gegenüber der protestantischen ein ausgesprochenes Bildungsdefizit auf. Pläne, eine gemeinsame Lehranstalt der katholischen Orte zu schaffen, scheiterten. Daher berief Luzern im Alleingang 1574 die **Jesuiten** in die Stadt, die drei Jahre später ein Collegium mit vierjähriger Schuldauer gründeten, wobei die Könige von Spanien und Frankreich finanzielle Beiträge leisteten. Es folgten jesuitische Schulgründungen in Freiburg, Pruntrut, Sitten, Brig und Solothurn. Ähnlich wie an den protestantischen Lateinschulen standen die griechischen und lateinischen Autoren im Zentrum des Schulbetriebs. Die Absolventen wurden entweder Priester oder gingen in den Staatsdienst. Für die eigentliche Priesterausbildung gab es in Luzern eine anschliessende, allerdings schwach dotierte philosophisch-theologische Hochschule; attraktiver war jedoch das ebenfalls von Jesuiten betriebene Collegium Helveticum in Mailand (vgl. S. 188 f.).

Das kulturelle Leben war sehr stark mit den hohen Schulen verbunden; ein grosser Teil der Gelehrten war an diesen tätig. Auch Naturwissenschaften hatten dort ihren – allerdings eher bescheidenen – Platz, sofern ihre Tätigkeit nicht im Widerspruch zur christlichen Glaubenslehre stand. So erhielt noch 1721 der Zürcher Johann Jakob Scheuchzer von der Zensur die Anweisung, aus seinem Buch «Physica sacra» das immerhin schon fast zweihundert Jahre alte heliozentrische System des Kopernikus zu streichen, «weil es meiner Herren Satzungen zuwider sei». Eine wichtige Rolle spielte das Schultheater, dessen Existenz vor allem pädagogisch – Erlernen des Sprechens

Aus der «Historia animalium» Conrad Gessners: Das Stachelschwein

Der Wandel des Frauenbildes durch die Reformation am Beispiel zweier Porträts Hans Aspers

*Links:
Cleophea Holzhalb-Krieg von Bellikon (1538). Sie war die Witwe eines Söldnerführers und in zweiter Ehe, als das Bild entstand, mit dem Konstaffler und Landvogt Leonhard Holzhalb verheiratet. Sie gehörte somit der obersten adligen Gesellschaftsschicht Zürichs an, welche im Ganzen der Reformation eher skeptisch gegenüberstand. Dementsprechend ist sie als Dame von Welt in reicher Kleidung dargestellt; in Adelsmanier werden auf ihrem Schoss ein Hund und eine Katze dargestellt, die – in Anspielung auf ihren Mädchennamen – einen allegorischen Krieg austragen.*

*Rechts:
Regula Gwalther (1549). Sie war die älteste Tochter Zwinglis und heiratete den Pfarrer und späteren Antistes Rudolf Gwalther. Die Kleidung ist betont schlicht und verhüllt möglichst viel; die siebenjährige Tochter auf dem Schoss weist sie als gute Mutter aus.*

und Bewegens sowie Förderung der Sittlichkeit – begründet wurde. Die Stoffe nahm man aus der Bibel und der Geschichte. Im 17. Jahrhundert schlug die Meinung in der protestantischen Geistlichkeit allerdings um: Man empfand nun das Theaterspielen als Gefährdung der Sittlichkeit und verbot es; einzig in Bern konnte es sich behaupten. Umso mehr blühte nun das Schultheater an den Jesuitenschulen, wo jährliche Aufführungen stattfanden, seien es nun über biblische Stoffe, berühmte Heilige oder auch Aktuelles wie den «Triumphus Japoniorum martyrum» (1638 in Luzern; damals wurde gerade der durch die Portugiesen in Japan verbreitete Katholizismus blutig ausgerottet).

Bildung auf der Landschaft

Die Landbevölkerung war im 16. Jahrhundert noch ganz überwiegend analphabetisch. Erst im Verlauf des 17. Jahrhunderts entstand vor allem in den protestantischen Orten ein allerdings ziemlich weitmaschiges Netz von Landschulen. Den Unterricht, der im Sommer gar nicht oder nur am Vormittag stattfand, erteilte der Dorfpfarrer oder ein von diesem eingesetzter Schulmeister. Bezahlt wurde dieser zum Teil durch Schulgelder der Eltern, zum Teil aus der Staatskasse. Im Mittelpunkt standen die religiöse Unterweisung und das Lesen, das vor allem anhand des Katechismus geübt wurde. Erst danach folgte das Schreiben, während jene, die auch noch Rechnen lernen wollten, die Kosten dafür ganz übernehmen mussten. Um 1700 konnten beispielsweise auf der Zürcher Landschaft etwa 40 Prozent der Bewohner lesen, aber nur etwa 10 Prozent schreiben, wobei in beiden Bereichen die Quote der Männer doppelt so hoch war wie jene der Frauen. Den Anschluss an die höheren Schulen in der Stadt zu finden war schwierig und nicht sehr aussichtsreich, da der wichtigste akademische Beruf, jener des Pfarrers, zunehmend für die Stadtbürgersöhne reserviert wurde.

Eine protestantische Moral

Das Schwergewicht des obrigkeitlichen Einflusses auf die Mentalität der Untertanen bestand nicht in der Vermittlung von Bildung, sondern in der Vermittlung einer Moral. Die weitaus wichtigsten Vermittler waren die Pfarrer. Im Mittelpunkt der obrigkeitlich-kirchlichen Morallehre in den protestantischen Orten standen Ehe und Familie. Die Ehe war ein Werk Gottes, auch die eheliche Sexualität war keineswegs Sünde, sondern etwas Schönes, das gepflegt werden sollte, weil es zur Zeugung von Kindern führte und ausserehliche Seitensprünge erübrigte. Zum Eheleben gehörten auch gegenseitige Hochachtung, Zuwendung und Toleranz. Die Stellung des Mannes als Haupt der Familie wurde nicht in Frage gestellt. Sehr deutlich wurden sexuelle Verirrungen wie Homosexualität oder Unzucht mit Tieren, «Hurerei» und voreheliche Beziehungen, aber auch der **Zölibat** abgelehnt. Allerdings: Wer sich das Heiraten nicht leisten konnte, sollte eben keusch leben! Die erste «Beiwohnung» der Ehepartner sollte auch nicht mehr, wie meist üblich, nach der rechtlich, nicht aber kirchlich verbindlichen Verlobung, sondern erst nach der kirchlichen Trauung stattfinden. Die im Spätmittelalter verbreiteten städtischen Bordelle wurden geschlossen, unter anderem auch mit dem Hinweis auf die grassierenden Geschlechtskrankheiten. Ein Dauerproblem blieben den Mandaten gemäss die «fahrenden Dirnen» und «unzüchtigen Frauen» – deren Existenz

Die Schweiz
im Zeitalter
der konfessionellen
Spaltung

allerdings auch zur «Unzucht» bereite Männer voraussetzte. Im Ganzen wurde die Stellung der Frau durch die Reformation aufgewertet, jedoch ausschliesslich im Rahmen einer Existenz als tugendhafte Ehefrau und Mutter. Eine Existenzberechtigung ausserhalb der Ehe – etwa als Nonne – hatte die Frau letztlich nicht, es sei denn als Witwe.

Aus der Ehe sollten möglichst viele und möglichst wohlgeratene Kinder hervorgehen. Irgendeine Form von Geburtenbeschränkung und sei es auch nur eine zeitweilige Enthaltsamkeit in der Ehe – diese verführte zur «Hurerei»! – wurde abgelehnt; Abtreibung war Mord. «Wenn dann erst die fromme ehrenfrauw, deren man vil findt, under zehen oder zwölff kinderen sitzt, die sy in wahrer Gottes forcht underwysst, sy in frombheit erzeucht, da die söhn gerahten, das einer in der kirchen, der ander im regiment, der dritt in der gemeind und in der hausshaltung ein ehr ist, die töchteren zeügsam, fromm und tugentsam sind, das alles mag ein muter zwegen bringen durch die hilff und gnad Gottes», schrieb der Pfarrer Samuel Hochholzer aus Stein am Rhein 1591. Angesichts der bestehenden wirtschaftlichen und sozialen Verhältnisse (vgl. S. 197) waren das allerdings hoch geschraubte Erwartungen. Immerhin zeigten sie, dass der Erziehung grosse Bedeutung beigemessen wurde. Bei ihrer Geburt waren die Kinder durch die Erbsünde belastet. Die von Gott geschaffene Möglichkeit der Erziehung – und nicht die Spendung von **Sakramenten** wie in der katholischen Kirche – erlaubte es, sie zu einem Gott gefälligen Leben zu führen und damit der Gnade Gottes näher zu bringen. Zum Gott gefälligen Leben gehörten selbstverständlich die Einhaltung der von Staat und Kirche verordneten moralischen Gebote, aber auch ganz alltägliche hygienische Verhaltensweisen. So ordnete ein Bündner Katechismus von 1601 an, dass man mit sauberen Händen und geschnittenen Fingernägeln bei Tisch zu erscheinen habe, das Fleisch mit dem Messer und nicht mit den Fingern ergreifen solle und dass auf Schmatzen, Kopfkratzen und Nasenbohren gänzlich zu verzichten sei – alles zur höheren Ehre Gottes!

Neben die Hochachtung von Ehe und Familie trat die Hochachtung der Arbeit. Schon Zwingli pries diese «als ein guot götlich ding», das «verhuet vor muotwillen und lastren». Seine Nachfolger bauten diesen Gedanken weiter aus. Müssiggang war ein Merkmal der Erbsünde, Erziehung zur Arbeit dagegen ein

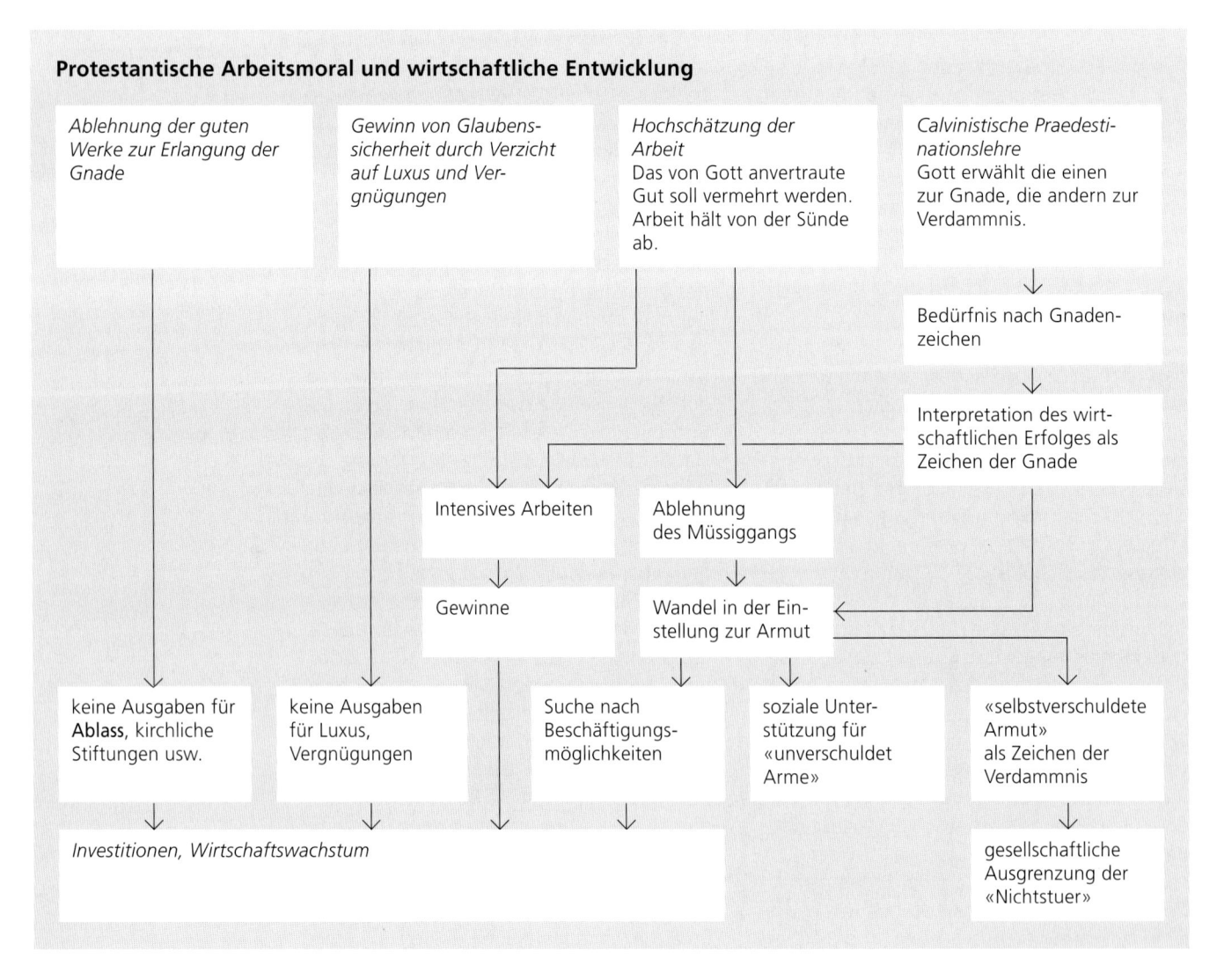

Protestantische Arbeitsmoral und wirtschaftliche Entwicklung

Ablehnung der guten Werke zur Erlangung der Gnade	*Gewinn von Glaubenssicherheit durch Verzicht auf Luxus und Vergnügungen*	*Hochschätzung der Arbeit* Das von Gott anvertraute Gut soll vermehrt werden. Arbeit hält von der Sünde ab.	*Calvinistische Praedestinationslehre* Gott erwählt die einen zur Gnade, die andern zur Verdammnis.
			↓
			Bedürfnis nach Gnadenzeichen
			↓
			Interpretation des wirtschaftlichen Erfolges als Zeichen der Gnade
		Intensives Arbeiten	Ablehnung des Müssiggangs
		↓	↓
		Gewinne	Wandel in der Einstellung zur Armut
keine Ausgaben für **Ablass**, kirchliche Stiftungen usw.	keine Ausgaben für Luxus, Vergnügungen	Suche nach Beschäftigungsmöglichkeiten	soziale Unterstützung für «unverschuldet Arme»	«selbstverschuldete Armut» als Zeichen der Verdammnis
↓				
Investitionen, Wirtschaftswachstum				gesellschaftliche Ausgrenzung der «Nichtstuer»

Wappenscheibe der Familie Sprecher in Davos 1634. Darstellung und Spruch (oben) zeigen, dass man die Tischzucht als probates Mittel zur Erziehung überhaupt empfand.

«*Die kinder sind ein Gottes gaab*
Darum ich im zu dancken hab
Gott geb uns allen synen sägen
Enthlich zum erb das ewig läben.
Vatter lasst uns acht haben uff unsseer kinder
Das man keins in unzucht thüy finden.»

äusseres Zeichen der Entwicklung zum gläubigen Christen. Parallel zur Ablehnung des Nichtstuns lief die negative Bewertung der Armut. Arm zu leben war im Mittelalter eine nicht nur akzeptierte, sondern hoch gehaltene, idealisierte Lebensform gewesen, die letztlich eine Nachfolge Christi bedeutete. Demgegenüber vermochten die protestantischen Theologen der Armut nichts Positives abzugewinnen. Freiwillige Armutsübungen in der Art der Bettelmönche oder Eremiten als Mittel zur Entsühnung widersprachen dem Grundsatz, dass allein der Glaube und nicht etwa «gute Werke» zur Gnade Gottes führten. Übrig blieben unverschuldete Armut als Folge der bestehenden wirtschaftlichen Verhältnisse, allenfalls auch familiärer Umstände, sowie selbstverschuldete Armut als Folge einer unchristlichen Lebensführung. Die unverschuldete Armut sollte durch die Schaffung von Arbeitsplätzen, durch den Verzicht auf den Import von Luxusgütern und eine dadurch bewirkte aktive Aussenhandelsbilanz bekämpft werden; wer dennoch trotz aller Bemühungen arm blieb, hatte Anrecht auf eine allerdings streng kontrollierte öffentliche Unterstützung. Müssiggang und Bettel waren dagegen mit allen Mitteln zu bekämpfen; wer selbstverschuldet arm blieb, erfreute sich offensichtlich nicht Gottes Gnade und war aus der Gesellschaft möglichst auszugrenzen. Die Kehrseite der Heiligsprechung der Arbeit war die Stigmatisierung der Armut.

Auf dieser rigorosen Moral entwickelte sich ein «protestantisches Arbeitsethos», das nach Ansicht des berühmten Soziologen Max Weber die zentrale Ursache für die Entwicklung des modernen Kapitalismus – zunächst der Protoindustrialisierung in Form der Heimarbeit und später der eigentlichen Industrialisierung – war. Mindestens ein Grossteil der Stadtbevölkerung und der ländlichen Oberschicht machte sich diese Moral tatsächlich weitgehend zu Eigen und lebte danach; wie weit auch der Tagelöhner oder der Heimspinner davon wirklich im Innern erfasst wurde, ist angesichts der häufigen Klagen der Dorfpfarrer über die ständige Missachtung der Sittlichkeitsmandate eher fraglich. Dennoch war bereits um 1700 in der wirtschaftlichen Entwicklung ein eklatanter Vorsprung der protestantischen Gebiete zu registrieren, der sich im Verlauf des 18. und 19. Jahrhunderts noch ausdehnen sollte. Selbst politisch und landschaftlich so ähnliche Orte wie das protestantische Appenzell Ausserrhoden und das katholische Appenzell Innerrhoden differierten in ihrer wirtschaftlichen Struktur völlig; das Erstere wurde zu einem Zentrum der textilen Heimarbeit, das Letztere blieb rein agrarisch.

Die Bemühungen der katholischen Obrigkeiten um die Moral ihrer Untertanen steuerten zwar nicht in eine völlig andere Richtung. Auch sie erliessen Mandate gegen den Ehebruch und den Bettel. Aber sie begannen

Die Schweiz im Zeitalter der konfessionellen Spaltung

später und verfügten über die beschränkteren Mittel. Vor allem aber liess sich die katholische Kirche dafür nur bedingt instrumentalisieren. Die Priester, von denen nach wie vor viele den geforderten Zölibat nicht einhielten, lieferten nicht unbedingt ein moralisches Vorbild. Zu den Sonntagen des Jahres kamen fast noch einmal so viele Heiligenfesttage, an denen nicht gearbeitet wurde. Das Mönchtum blieb eine Alternative zum wirtschaftlichen Aktivismus – und auch zur Ehe. Mindestens so wichtig wie Lehre und Moral war der Kult, die prunkvolle Feier – eine Feier, in deren Rahmen auch für Sünden wie Ehebruch und Müssiggang immer wieder Absolution erteilt werden konnte. Nicht die schwarzen Zahlen der Buchhaltung, sondern die abgelegte Beichte gab über den Gnadenstand des gläubigen Katholiken Auskunft.

Hexenprozesse

Im Unterschied zu den meisten andern Problemen bestand im Ziel, Hexen aus der Gesellschaft zu eliminieren, zwischen den katholischen und den protestantischen Obrigkeiten Übereinstimmung. Hexenprozesse wurden in der Schweiz erstmals im 15. Jahrhundert aktenkundig. Sie erreichten ihren zahlenmässigen Höhepunkt zwischen 1570 und 1630, flauten dann etwas ab, nahmen gegen die Jahrhundertwende nochmals zu und verschwanden im 18. Jahrhundert allmählich.

Die Voraussetzungen, die das Wesen der Hexenprozesse überhaupt verständlich machen, sind: der Glaube an Zauberei, der Grundsatz der Ketzervernichtung, die Vorstellung eines möglichen Bündnisses zwischen Mensch und Teufel und schliesslich die Stellung der Frau in der frühen Neuzeit.

In der Vorstellungswelt sowohl der Obrigkeit wie des Volkes vollzog sich letztlich alles nach dem Willen Gottes. Aber zwischen seinem oft unerforschlichen Ratschluss und der ohnmächtigen Menschheit bestand eine Zwischenzone, gefüllt mit Geistern aller Art, seien dies nun Heinzelmännchen, aus irgendwelchen Gründen nicht zur Ruhe gekommene Tote, Gespenster oder letztlich auch der Teufel selbst, die das menschliche Dasein beeinflussten. In diesen Bereich konnten sich nun Menschen mittels magischer Kräfte einschalten, teils zum Nutzen («weisse Magie»), teils zum Schaden («schwarze Magie») ihrer Mitmen-

Wie viele Opfer forderte der Hexenwahn?

Zwischen 1500 und 1782 wurden gemäss den erhaltenen Akten etwa 7800 Anklagen wegen Hexerei erhoben und etwa 5200 Hinrichtungen durchgeführt, von denen etwa 3200 allein auf den Kanton Waadt entfielen. Da in einigen Orten viele Akten verloren gingen, muss in der ganzen Schweiz mit etwa 8000 Hinrichtungen gerechnet werden. Dies entspricht der Anzahl der Opfer des Strassenverkehrs zwischen 1980 und 1989, das heisst eines Jahrzehnts. Von den wegen Hexerei Hingerichteten waren 80 bis 90 Prozent Frauen.

Darstellung eines Hexensabbats in der Nachrichtensammlung des Zürcher Pfarrers J. J. Wick (2. Hälfte des 16. Jahrhunderts)

schen. Als höchst nützlich galten etwa die «Lachsner», welche durch Sprüche und Beschwörungsriten Kranke genesen lassen konnten. Auf der andern Seite stand der «Schadenzauber», der etwa Menschen oder Tiere erkranken liess. Das traditionelle Abwehrmittel war der «Gegenzauber», durch welchen der Schadenzauber neutralisiert wurde.

Die frühneuzeitliche Obrigkeit hielt Zauber zwar durchaus für möglich, schätzte ihn aber nicht. Vor allem der Schadenzauber musste als Verbrechen bestraft werden. Er war nur erklärbar in Verbindung mit einer bösen übermenschlichen Macht, nämlich jener des Teufels. Damit stellte sich der Schadenzauberer oder die -zauberin auf die gleiche Stufe wie der Ketzer, der seinen falschen Glauben ja auch beim Teufel bezog. Folglich war der Schadenzauberer gleich dem Ketzer zu vernichten. Seit dem späten 15. Jahrhundert glaubte man auch zu wissen, wie der Schadenzauberer zu seinen teuflischen Kräften kam: Er verschrieb seine Seele in einem Pakt dem Teufel, er verkehrte mit diesem sexuell, er flog mit ihm durch die Luft und er nahm am grossen Teufelssabbat teil. Da indessen der Teufel ein Mann war, war sein Verbündeter nicht immer, aber in der Regel eine Frau, eine Hexe. Dies wiederum vertrug sich gut mit der Beurteilung der Rolle der weiblichen Sexualität: Diese war zwar erlaubt im Rahmen der Ehe, ausserhalb derselben aber – und das war beim Teufelspakt der Fall – eine schwere Sünde. Die Vorstellungen über Teufelspakt und Hexensabbat entsprangen nicht der volkstümlichen Überlieferung, sondern waren im Wesentlichen eine theologische Konstruktion des Spätmittelalters, die allerdings von der Bevölkerung übernommen oder doch hingenommen wurde.

Eingeleitet wurden die Hexenprozesse meist durch Klagen aus dem Kreis der Untertanen gegen Dorfbewohnerinnen wegen Schadenzaubers – oft, nachdem Gegenzaubermassnahmen erfolglos geblieben waren. Bezeichnenderweise nahmen die Klagen und die Prozesse in klimatisch und wirtschaftlich schweren Zeiten zu. Manchmal hatten die Angeschuldigten tatsächlich irgendwelche magische Praktiken betrieben, oft aber waren sie wohl völlig schuldlos. Schienen die belastenden Momente ausreichend, so wurden sie durch die Folter zu dem Geständnis getrieben, den ominösen Teufelspakt abgeschlossen zu haben. Da damit der inkriminierte Schaden aber meist nicht aufhörte, wurden sie auch noch zur Denunziation weiterer Hexen veranlasst, sodass ein Hexenprozess schliesslich epidemische Formen annehmen konnte. Betroffene waren überwiegend ledige oder verwitwete, ältere oder ganz junge Frauen – selbst Kinder –, die am Rande der Gesellschaft standen. Die Hexe wurde nach ihrem Geständnis verbrannt – Milderungsgründe konnten die Richter allenfalls veranlassen, vor der Verbrennung die Enthauptung vorzunehmen.

Wie der Ausbau der Verwaltung und der Justiz, wie die Sittenmandate und Fürsorgemassnahmen bildeten letztlich auch die Hexenprozesse einen freilich makabren Baustein im Ausbau des Obrigkeitsstaates, im Bemühen, das soziale Leben der Untertanen in den Griff zu bekommen. Im Unterschied zu zahlreichen andern obrigkeitlichen Massnahmen waren die Untertanen damit auch noch einverstanden, zumal die Prozesse ja meist gesellschaftlichen «Outsidern» galten. Das Ende der Hexenprozesse wurde von den Obrigkeiten selbst eingeleitet, deren Angehörige zunehmend die Existenz von Zauber und Teufelspakt zu bezweifeln begannen. Damit kündigte sich das Zeitalter der Aufklärung in der Schweiz an.

Schweizerisches Selbstverständnis am Ende des 17. Jahrhunderts: Joseph Werner, Allegorie auf die Stadtrepublik Bern (1682). In Anlehnung an antike Vorbilder wird – in Abgrenzung zu den in Europa dominierenden Monarchien – die republikanische Staatsordnung hervorgehoben.

Pierre Felder

Vom Ancien Régime zu den Anfängen der modernen Schweiz
18. Jahrhundert bis 1848

Vom Ancien Régime zu den Anfängen der modernen Schweiz

Der europäische Rahmen: Vom Ancien Régime zum Nationalstaat

Abbildung S. 215: Eidgenössisches Schützenfest in Zürich im Sommer 1834 (vgl. S. 266)

Napoleon Bonaparte in seinem Arbeitszimmer (Gemälde von Jacques-Louis David)

Clemens Fürst Metternich (1773–1859), österreichischer Staatskanzler 1809–1848 (Porträt von Th. Lawrence aus den Jahren 1814/15)

Vom Absolutismus zur Revolution

Im 18. Jahrhundert ging die Konzentration der staatlichen Macht in der Hand der Fürsten weiter. Die **Stände** und ihre traditionellen Vorrechte bestanden zwar noch, doch wurden sie durch die Zentralgewalt überlagert. Der Absolutismus setzte sich jedoch nicht überall durch; im republikanischen Staatenbund der Niederlande und in England dominierte ein gegenläufiger Trend. Zwischen den Grossmächten Frankreich, Grossbritannien, Österreich, Preussen und Russland, der so genannten Pentarchie, pendelte sich ein Machtgleichgewicht ein.

Im Denken der gesellschaftlichen Eliten setzte sich die Aufklärung durch: Vernünftiges Denken sollte den Glauben an alte Dogmen und Autoritäten ablösen. Das bewährte sich in den Naturwissenschaften. Auch die gesellschaftliche und staatliche Ordnung wurde nicht länger als gottgegeben betrachtet; sie erschien als kündbare Vereinbarung von Menschen, die alle mit gleichen natürlichen Rechten ausgestattet waren. Getragen wurde die Aufklärung in erster Linie vom gebildeten Bürgertum.

Die Amerikanische Revolution stellte den ersten Versuch dar, eine aufgeklärte Staatsordnung zu verwirklichen. Die im 17. Jahrhundert entstandenen dreizehn englischen Kolonien an der Ostküste Nordamerikas gerieten um 1770 in Gegensatz zur Regierung des Mutterlandes in London. Die Siedler machten zum ersten Mal überhaupt die Souveränität des Volkes geltend und gründeten nach dem erfolgreichen Unabhängigkeitskrieg den Bundesstaat der Vereinigten Staaten von Amerika. Die Verfassung von 1787 sah die gegenseitige Kontrolle der Gewalten vor, um Machtmissbrauch zu verhindern. Umfangreiche Menschenrechtskataloge wurden verabschiedet, aber noch blieben Frauen, Schwarze, Besitzlose vom Stimmrecht ausgeschlossen.

In Frankreich hatte sich seit dem Aufstieg des Bürgertums und der Entmachtung des Hochadels die alte Ständeordnung in vielem überlebt. In den Achtzigerjahren provozierten Missernten, Teuerung und der drohende Staatsbankrott wachsende Unzufriedenheit, die sich immer häufiger zu äussern wagte. In die Enge getrieben, musste der König 1789 die alte Ständeversammlung einberufen, in der die privilegierten Stände, Adel und Klerus, eine Zweidrittelsmehrheit hatten. Nachdem sich die Vertreter des Dritten Standes, im Bewusstsein, das Volk zu vertreten, zur Nationalversammlung erklärt hatten und die Pariser Stadtbevölkerung das Staatsgefängnis der Bastille gestürmt hatte, kam eine revolutionäre Entwicklung in Gang. Der Versuch, Frankreich in eine radikaldemokratische Republik zu verwandeln, scheiterte am feindlichen Umfeld. Nach einer Phase der Diktatur und des Terrors gegen wirkliche und vermeintliche Republikfeinde kehrte das Besitzbürgertum an die Macht zurück. Das fünfköpfige **Direktorium**, dem die Direktorialverfassung von 1795 die Exekutivgewalt übertragen hatte, lieferte sich im Kampf gegen Revolutionäre und Royalisten immer mehr der Armee und ihren Führern aus. Gleichzeitig errangen die französischen Heere gegen die traditionellen Monarchien Sieg um Sieg.

Von Napoleon zur Restauration

1799 setzte sich der erfolgverwöhnte General Napoleon Bonaparte durch einen Staatsstreich an die Staatsspitze. Seine Militärdiktatur verbrämte er notdürftig mit einer Verfassung. 1804 krönte er sich selbst zum Kaiser der Franzosen, holte sich aber nachträglich in einem **Plebiszit** die Unterstützung der Massen. Er sorgte mit dem Erlass eines einheitlichen Zivilrechts für Rechtsgleichheit und Freiheit der Individualsphäre, aber eine scharfe Zensur, Polizeimassnahmen und die Verbannung der Kritiker lähmten das politische Leben. Dafür sollten die Triumphe der französischen Armeen und die wachsende Macht des Empire, des Kaiserreichs, über ganz Mitteleuropa entschädigen. Als letzter Gegner blieb nur noch Grossbritannien übrig. Weil es die französische Flotte vernichtet hatte, war an eine Invasion nicht zu denken. Napoleon versuchte, die Briten auf dem Festland zu schlagen, und zwar durch eine Wirtschaftsblockade, mit der er die Handels- und Industrienation Grossbritannien in die Knie zwingen wollte. Die Kontinentalsperre schädigte aber den Kontinent mindestens so stark wie die Insel selbst. Um sie durchzusetzen, fiel Napoleon 1812 in Russland ein. Der Feldzug endete für ihn und die Truppen mit einer Katastrophe; unter dem Gegenschlag der verbündeten Mächte brach das napoleonische

Herrschaftssystem zwischen 1813 und 1815 zusammen.

Am Wiener Kongress (1814/15) wurde unter der Leitung des österreichischen Staatskanzlers Fürst Metternich das Gleichgewicht der fünf Grossmächte Grossbritannien, Frankreich, Österreich, Preussen und Russland wieder hergestellt. In Mitteleuropa nahm Österreich eine dominierende Stellung ein: Es präsidierte den Deutschen Bund, eine lockere Allianz der deutschen Fürsten, und kontrollierte die italienische Staatenwelt. Restauration, Rückkehr zum Ancien Régime lautete die Devise der Zeit; es galt, die Veränderungen der Revolutionszeit rückgängig zu machen. Die Staaten sollten wieder von den angestammten Fürstengeschlechtern regiert werden, die ihre Macht auf göttliche Erwählung zurückführten. Mit Kontrollen im eigenen Land und dank gegenseitiger Hilfe wollten die Fürsten verhindern, dass liberale und nationale Bewegungen das Erbe der Revolution antraten. Zu diesem Zweck bildeten die Grossmächte – allerdings ohne Grossbritannien – die Heilige Allianz.

Industrielle Revolution und liberal-nationale Bewegung

In der ersten Hälfte des 19. Jahrhunderts setzt auf dem europäischen Kontinent und in Nordamerika der Übergang von der statischen, agrarisch geprägten zur dynamischen, industriellen Wirtschaft ein. Ihren Anfang nahm diese Entwicklung in Grossbritannien, wo günstige Voraussetzungen herrschten: eine lange Friedenszeit, Parlamentarismus und die Modernisierung der Landwirtschaft, die viele Arbeitskräfte vom Lande in die Stadt trieb. Nach 1760 wurde die Textilproduktion durch eine ganze Kette von Erfindungen mechanisiert und in Fabriken zentralisiert. Der Einsatz der Dampfmaschine zog weitere Industriesektoren in den Revolutionsprozess: den Bergbau, die Schwerindustrie und den Maschinenbau. Ihr Zusammenspiel kulminierte in der Umwälzung des Transportsystems durch Eisenbahn und Dampfschifffahrt. Mit den britischen Fabrikwaren, die nach Aufhebung der Kontinentalsperre auf die Festlandmärkte strömten, erreichte die industrielle Revolution Frankreich und Belgien. Gesellschaftlich bestimmend wird der Gegensatz zwischen dem Bürgertum und der sich allmählich organisierenden Industriearbeiterschaft. Die Industrialisierung krempelt nicht nur die gesamte Produktion und die Arbeit um, sie revolutioniert den Lebensrhythmus, löst die alten Gesellschaftsstrukturen auf, verbindet sich mit dem Schwindel erregenden Bevölkerungswachstum und formt die ganze Umwelt neu.

Liberale und nationale Bewegungen stellten die vom Wiener Kongress geschaffene Ordnung in Frage. Den politischen Ideen der Aufklärung verpflichtet, wollten die Liberalen die Willkür der Herrschenden durch Verfassungen einschränken und den Rechtsstaat begründen – mit garantierten Menschenrechten und einer gewählten Volksvertretung. Sie traten ferner ein für eine freie Wirtschaft und den Abbau von Zöllen. Die nationalen Bewegungen, die sich oft mit dem Liberalismus verbanden, hatten den Nationalstaat zum Ziel, an Stelle des Fürstenstaates mit seinen willkürlichen Grenzen. Brisant war die nationale Bewegung vorab in Deutschland und in Italien, die beide in zahlreiche Mittel- und Kleinstaaten zerfielen. Eine erste revolutionäre Welle erfasste Europa im Jahr 1830. Zwar wurde in Paris der reaktionäre König hinweggefegt und durch einen neuen ersetzt, der sich an eine Verfassung zu halten versprach, aber in Spanien, Italien und Deutschland misslangen liberale Aufstände. 1848 wurde fast ganz Europa erneut von revolutionären Explosionen erschüttert. Zeitweise schienen der Zerfall des österreichischen Vielvölkerstaates und die Errichtung eines deutschen und eines italienischen Nationalstaates in Griffnähe. Doch ein Jahr später gewannen die alten Ideen und die alten Herrscherhäuser noch einmal die Oberhand. Frankreich geriet wenige Jahre nach der Neuausrufung der Republik unter die Alleinherrschaft Napoleons III. In Grossbritannien hingegen, das von der Revolution unberührt blieb, gelangen liberale Reformen und die allmähliche Ausdehnung des Wahlrechts.

Spinnmaschine «Mule Jenny», 1779 vom Engländer Samuel Crompton erfunden

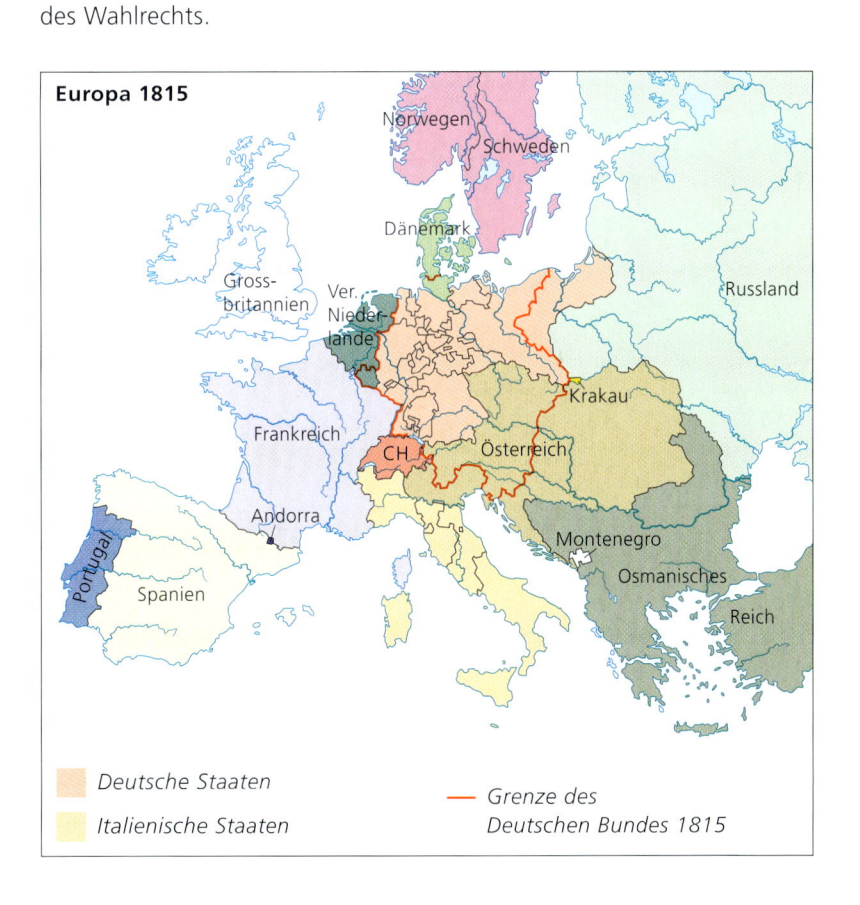

Europa 1815

Deutsche Staaten
Italienische Staaten
— Grenze des Deutschen Bundes 1815

Vom Ancien Régime zu den Anfängen der modernen Schweiz

Das Ancien Régime in der Schweiz

Das Bild der Schweiz des 18. Jahrhunderts

Lange Zeit hatten die alten Eidgenossen den Ruf, unkultivierte und rohe Haudegen zu sein. Gegenüber dem Ausland galt die Schweiz als rückständig. Im 18. Jahrhundert, als Rousseau der korrumpierten, höfisch-barocken Welt sein «retour à la nature» entgegenschleuderte, erfuhr diese Altertümlichkeit eine Umwertung. Vor dem Hintergrund der wachsenden Zivilisationskritik wurde die Schweiz plötzlich als unverdorbene Gegenwelt entdeckt. Die überwiegend ländliche Lebensweise und die republikanische Tradition kamen dem Bedürfnis nach *Ursprünglichkeit und Freiheit* entgegen. Die unerforschte Alpenwelt wurde von den Zeitgenossen als Symbol und Garant für diesen Naturzustand gefeiert. Damals begann die Erforschung der Alpen. Immer häufiger führten die Bildungsreisen der europäischen Eliten auch in die Schweiz und in die Alpen. Heinrich von Kleist versuchte sich als Bauer auf einer Aareinsel, und Goethe, der gefeierte Dichter des zivilisationsmüden Werther, unternahm zwei Schweizer Reisen.

Hundert Jahre später, in der zweiten Hälfte des 19. Jahrhunderts, hat sich das Bild dieser Schweiz des 18. Jahrhunderts völlig gewandelt. Dazwischen liegen der Untergang der alten Eidgenossenschaft 1798, das Auf und Ab der Krisenzeit bis 1815 und der erfolgreiche Neubeginn von 1848. Der Blick zurück gilt einer längst vergangenen Welt, die das Etikett *Ancien Régime* erhalten hat. Wieder sticht das Fremde ins Auge, das Vorher, das sich vom Nachher unterscheidet. Je nach Einschätzung der revolutionären Errungenschaften herrschen die nostalgischen oder die kritischen Töne vor.

In den letzten Jahrzehnten haben sich die Geschichtsforscher mehr für die wirtschaftlichen und sozialen Strukturen interessiert und etwas weniger für einzelne Ereignisse und Persönlichkeiten. Sie haben gelernt, in grösseren Zeiträumen zu denken. Das Ancien Régime – der Name ist geblieben – wird nicht mehr als abgeschlossene Zeit gesehen, sondern im Zusammenhang mit dem tief greifenden wirtschaftlich-sozialen Wandel des 19. Jahrhunderts, der so genannten Modernisierung. Plötzlich zeigen sich missachtete Kontinuitäten, die das Ancien Régime nicht mehr so alt scheinen lassen. Natürlich leugnen die Historiker nicht, dass die politischen Systeme in der alten Eidgenossenschaft erstarrt waren und dass sie den gewandelten Verhältnissen immer weniger entsprachen. Aber zumindest in den Köpfen hat das neue Zeitalter des Liberalismus

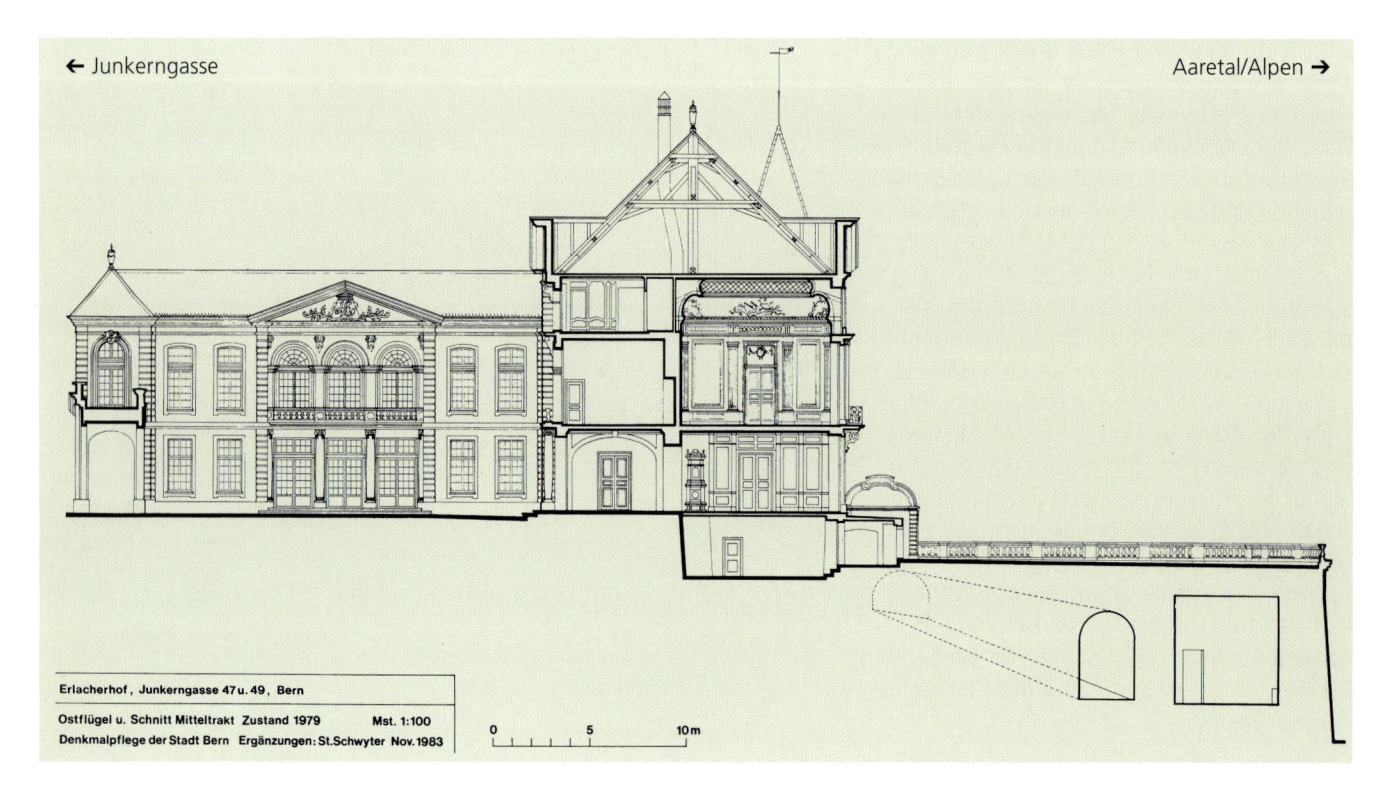

Erlacherhof in Bern. Anstelle mehrerer Liegenschaften liess Hieronymus von Erlach 1745–1752 den spätbarocken Erlacherhof erbauen. Der ehemalige Offizier in französischen und kaiserlichen Diensten war Schultheiss und hatte durch die Heirat mit Margareta Willading ein grosses Vermögen erworben. Der Palast gliedert sich in den durch einen Laubengang erschlossenen Ehrenhof an der Junkerngasse, in das Hauptgebäude mit einem zweigeschossigen Salon und in die aufgeschüttete Gartenterrasse gegen das Aaretal und die Alpen hin.

← Junkerngasse   Aaretal/Alpen →

Erlacherhof, Junkerngasse 47 u. 49, Bern
Ostflügel u. Schnitt Mitteltrakt Zustand 1979 Mst. 1:100
Denkmalpflege der Stadt Bern Ergänzungen: St. Schwyter Nov. 1983

schon damals begonnen, wenn auch nur in den aufgeklärten, und die Entfaltung der ländlichen Heimarbeit erscheint aus heutiger Sicht als wichtige Vorstufe der Industriellen Revolution. Das 18. Jahrhundert war eben auch eine Zeit des Aufbruchs.

Städtische und ländliche Gesellschaft

Leben in der Stadt
Hinter den Mauerringen

Stadt und Land bilden damals noch streng getrennte Zonen mit ganz unterschiedlicher Lebensweise. Nur eine *Minderheit* von 11 bis 12 Prozent geniesst die Vorzüge, die das Leben innerhalb der Mauern bietet. Im Mittelland gibt es eine grosse Zahl sehr kleiner Städte, die meisten mit Untertanenstatus. Unter den Hauptstädten, die mit durchschnittlich 5000 Einwohnern im Vergleich zum Ausland klein geblieben sind, hat einzig Genf mit 25 000 Einwohnern Grossstadtcharakter. Die Städter wollen ihre politischen und wirtschaftlichen Vorrechte mit möglichst wenig Mitbürgern teilen. Sie verschanzen sich hinter ihren spätmittelalterlichen Mauerringen, die auch im 18. Jahrhundert noch weit genug sind; nachts schliessen sie die Tore, um unerwünschten Besuch fern zu halten.

Im schmalen Zeilenhaus

Die Mehrheit der Bürger bewohnt noch immer die schmalen Zeilenhäuser mit den niedrigen und düsteren Stuben in den engen mittelalterlichen Gassen. Werkstatt und Lager finden sich im Erdgeschoss, darüber liegen die getäferte Stube mit Tisch und Ofen, zuoberst die kargen, ungeheizten Kammern. Auf die Zinnteller kommen Brot und Gemüse, am Sonntag Fleisch oder Wurst. Hier wohnen *Handwerker* und *Krämer*. Jeder soll sein Auskommen haben, deshalb stehen sie zäh zusammen. Treulich befolgen sie die hergebrachten Handwerksregeln und bekämpfen hartnäckig jede Neuentwicklung. Dem Tüchtigen neiden sie den Erfolg. In den Städten mit Zunftverfassung verteidigen sie stolz ihre Bürgerrechte, obwohl ihnen die Patrizier die wirkliche Macht längst entrissen haben. Ihre Uhr scheint stehen geblieben.

Im barocken Stadtpalast

Das gilt entschieden nicht für die Bauherren der barocken Stadtpaläste, die damals an repräsentativen Lagen errichtet worden sind. Mit ihren grossen, symmetrisch angelegten Fassaden ziehen sie noch heute die Blicke der Passanten auf sich. Vielen von ihnen haben ganze Zeilen mittelalterlicher Häuschen weichen müssen. Ziergärten mit kunstvoll geschnittenen Bäumen und Springbrunnen schirmen das private Leben der Bewohner ab. Im Innern führt eine elegant geschwungene Treppe den Gast in die Beletage. Durch die grossen Fenster dringt das Licht in die Säle mit ihren weiss reflektierenden Stuckdecken. Die Wände sind mit Tapeten oder Gobelins verkleidet. Über marmorbedeckten Kommoden hängen goldgerahmte Spiegel oder zierliche Pendülen. Im kostbaren Porzellangeschirr tragen die Mägde das Diner auf die festlich geschmückte Tafel; zum Hauptgang teures Kalbfleisch, dazu Wein aus dem Elsass. Später trifft sich die Gesellschaft im Musikzimmer. Die Bewohner eifern in ihrem Lebensstil dem französischen Adel nach: Sie parlieren Französisch und kleiden sich à la mode. In solchen Palästen residieren die Patrizierfamilien mit ihren Mägden und Dienern. Die Geschlechter, die zu diesem Geburtsstand gehören, teilen sich in die politische Herrschaft.

In Genf, Basel, Zürich, St. Gallen und Biel sind die Patrizier im Handel reich geworden und orientieren sich eindeutig an *bürgerlichen Werten*. Kontore und Warenlager der Grosskaufleute finden wir nach Art des «ganzen Hauses» im Erdgeschoss neben den Kutschendurchfahrten, zum Teil im Keller oder in Anbauten. Innovativer noch als die Handels-

Erlacherhof: Ehrenhof und Hauptgebäude von der Junkerngasse aus. 1798 wurde der Palast von den französischen Truppen beschlagnahmt und zum Hauptquartier von General Brune bestimmt. 1848 bis 1857 diente der Erlacherhof als Sitz des Bundesrates.

Vom Ancien Régime zu den Anfängen der modernen Schweiz

herren sind die Verleger, die Textilien oder Uhren durch Scharen von ländlichen Heimarbeitern herstellen lassen. Diese Handelsstädte sind durchwegs reformiert. Zur Schau getragener Luxus ist verpönt und widerspricht der puritanischen Gesinnung. Die Patrizier im katholischen Luzern, Freiburg und Solothurn und im protestantischen Bern halten sich an *aristokratische Werte.* Sie sind von «Stand», das zeigen die Adelsprädikate, die sie sich gegenseitig zubilligen, die Familienwappen und die erhöhten Sitze in der Kirche. Es handelt sich um grosse Grundbesitzer, Rentner und Militärunternehmer; als Kaufmann tätig zu sein, ist unter ihrer Würde. Dafür halten sie sich gegenseitig den einträglichen Staatsdienst zu, zum Beispiel die Landvogteien. Insgesamt verfügt das Patriziermilieu über die Mittel und die Musse, sich durch Lektüre weiterzubilden und in gelehrten Gesellschaften tätig zu sein.

In den Dachkammern und Hütten

Zu den *Habitanten,* der dritten Gruppe der Stadtbewohner, gehören Dienstboten, Mägde und Kutscher, die im Haushalt von Bürgern wohnen, ohne das Bürgerrecht zu besitzen. Politisch und wirtschaftlich rechtlos sind schliesslich die *Hintersassen* am Stadtrand. Es handelt sich um Knechte, Korber, Wanderhandwerker. Ihre Zahl nahm nicht gross zu, weil die Obrigkeit den Zuzug genau kontrollierte.

Leben auf dem Lande

Noch leben fast neun von zehn Menschen auf dem Lande. Auch ihre Lebensumstände sind alles andere als einheitlich. Zwischen dem einflussreichen Grossbauern und der bettelarmen Taglöhnerwitwe klaffen Welten. Obschon die Unterschiede zunehmen, erreichen die Gegensätze nie das Ausmass, das sie im Ausland haben: Von den Schweizer Bauern heisst es, sie seien die reichsten Europas.

Im Mittelland

Das Mittelland ist im Frühsommer in goldgelbe Farbe getaucht. Hier im Kornland überwiegt der Getreideanbau. Die bäuerlichen Arbeiten richten sich nach festgefügten Gewohnheiten, die für Neuerungen wenig Raum lassen; zu ihnen gehört etwa die Dreizelgenwirtschaft. Die Bevölkerung ist untertan und muss den Herren in der Stadt einen Teil ihrer Ernte abliefern. Weil die Obrigkeit nur durch wenige Landvögte und Pfarrherren vertreten ist, bleibt den Dorfgemeinden viel Autonomie. Reiche und alteingesessene Familien, die lesen und schreiben können, geben den Ton an. Zu dieser *Dorfaristokratie* gehören die reichen Vollbauern, die so viel Land besitzen, dass sie sich drei bis vier Zugtiere, meist Ochsen, halten können. Alle andern Bauern sind von ihren Zugdiensten abhängig. Die Halbbauern, die etwa halb so viel Wiesland besitzen, verfügen höchstens über zwei Zugtiere. Zur wohlhabenden Minderheit gehören schliesslich auch Öler, Müller, Wirt, Schmied und Bäcker. Sie alle leben in den behäbigen Fachwerkbauten, die den Dörfern noch heute zur Zierde gereichen.

Drei Viertel der Dorfbewohner können sich durch ihr Äckerchen und ihr Vieh nicht versorgen und besitzen weder Pflug noch Zugtier. Diese *Tauner* sind auf einen Nebenverdienst angewiesen. Entweder arbeiten sie im Taglohn bei einem Bauern, oder sie gehen als Schneider, Schuster und als Bauhandwerker auf die Stör. Sie wohnen in kleinen baufälligen Häusern, in umgebauten Ställen oder in Anbauten; oft drängen sich mehrere Haushaltungen in ein

Dienstmägde auf Stellensuche am Bündelis-Tag in Bern.
Der «Bündelis-Tag» war der jährliche Termin für den Dienstbotenwechsel. Die Dienstmägde auf dem Bild tragen ihre gesamte Habe auf dem Kopf.

Hof am Bach in Gossau (Zürich) von Matthias Pfenninger, 1739–1813. Der mittelgrosse Betrieb umfasste 1790 eine Fläche von etwa fünf Hektaren. Der Hof besteht aus dem Wohnhaus in der Mitte, der links anschliessenden Scheune mit einer Laube aus groben Brettern und dem ziegelbedeckten Speicherbau rechts. Vor der Trotte im Erdgeschoss des Speichers befindet sich ein Weinbottich, im Obergeschoss sind strohgeflochtene Bienenkörbe zu erkennen.

einziges Häuschen. Der Wohnungsbau hat mit dem Wachstum der Bevölkerung nicht Schritt gehalten. Zu ihrer Grundernährung gehören Gerstensuppe, Hafermus und Brot. Aus dem Garten kommen Gemüse und Obst, in der zweiten Jahrhunderthälfte auch Kartoffeln. Taunerfamilien hängen oft genug vom Wohlwollen eines Bauern ab; das heisst, sie bilden seine Klientel. Sie sind darauf angewiesen, dass er ihr Äckerchen pflügt, dass er sie beschäftigt und ihnen in Notzeiten einen Vorschuss zahlt. Wenn die Dorfbehörden gewählt werden, müssen sie ihm ihre Stimme geben. In der Erntezeit erwartet er ihre Hilfe.

Am Rande der dörflichen Gesellschaft, oft in den so genannten Schachen, feuchten und schattigen Flussniederungen, siedeln Wanderhandwerker, Hausierer, Bettler und Heimatlose. Ihnen gehören weder Haus noch Land, deshalb sind sie *Hintersassen* ohne Ortsbürgerrecht. Ihre Hütten bestehen aus einem einzigen Raum mit offenem Feuer. Statt dem Himmelbett muss ein Laubsack für die ganze Familie genügen. Den Brei löffeln sie aus einem einzigen Topf. In Krisenzeiten reissen Hunger und Krankheit grosse Lücken in die Familien. Trotzdem ist die Zahl der Hintersassen in Notzeiten bis auf ein Viertel der Dorfbevölkerung angeschwollen. Dann wird dieses «Hudelvolk» (von Hudeln, d.h. Lumpen) immer wieder brutal von einem Tal ins nächste vertrieben.

Dort, wo sich die *Heimindustrie* (vgl. S.197f. und S.232) ausbreiten konnte, hat sich die dörfliche Gesellschaft verändert. Tauner- und Kleinbauernfamilien eröffnen sich neue Verdienstmöglichkeiten. Am besten kann leben, wer Heimarbeit mit etwas Landwirtschaft zu kombinieren versteht. Frauen und Kinder tragen entscheidend zum Familienverdienst bei. Ehegerichtsprotokolle belegen, dass diese Ehefrauen selbstbewusster aufgetreten sind. Kinder werden schneller flügge. Dank dem eigenen Verdienst können sie früh heiraten und einen neuen Hausstand gründen. Reihen von Heimarbeiterhäuschen geben den Dörfern ein neues Gepräge. Oft nötigen Bauverbote, erlassen zur Sicherung bäuerlicher Existenzen, zur Neuaufteilung bestehender Häuser. Im Zürcher Oberland sind damals die so genannten Flarzhäuser entstanden, die so niedrig sind, dass ihre Bewohner beinahe «flarzen», das heisst kriechen müssen.

Die Verlagsindustrie (vgl. S.197f.) ermöglicht gesellschaftlichen Aufstieg: Trotz obrigkeitlicher Hindernisse und Schikanen ist es auch Landbewohnern immer wieder gelungen, sich zum Verleger aufzuschwingen. Günstige Vor-

Flarzhaus Ennerlenzen in Fischenthal (Zürcher Oberland).
Aus dem Kleinbauernhof des 16./17. Jahrhunderts wurden durch neue Unterteilung, Umbau der Ställe und Erweiterung Reihenhäuser für Heimarbeiterfamilien. Die vielen Fenster versorgen die Räume mit dem zum Weben und Spinnen nötigen Licht.
Im 19. Jahrhundert wandelte sich das Heimarbeiterhaus zur Wohnstätte für landlose Fabrikarbeiter.

Vom Ancien Régime zu den Anfängen der modernen Schweiz

aussetzungen haben die Bäcker, weil sie die Spinnerinnen mit Naturalien entschädigen können. Wo sich die Heimindustrie ausbreitet, kommt die Geldwirtschaft auf. Kleidungs- und Ernährungsgewohnheiten werden aus den Städten übernommen, etwa der Kaffee- oder der Branntweingenuss. In ihrem Lebensstil heben sich die Heimarbeiter von ihrer ländlichen Umgebung ab. Aus der Stadt wird dieser gesellschaftliche Wandel argwöhnisch verfolgt, das zeigen die häufigen Klagen über den angeblichen Luxus auf dem Land.

In den Bergen

«Überall grüne Wiesen, nirgends auch nur das kleinste Äckerchen.» Von Reisenden aus dem 18. Jahrhundert wissen wir, wie ungewohnt die grüne Landschaft am Alpennordrand und im Hochjura auf sie wirkte. Diese Gebirgsgegenden bilden das Hirtenland, das ganz auf Viehzucht spezialisiert ist. Die Viehzucht prägt auch den Alltag dieser Bergbewohner. Brot ist keine Volksnahrung, weil das Getreide importiert werden muss. Grundnahrungsmittel sind Milch, Butter, Käse. Dazu kommen Dörrobst und Gemüse aus dem Garten.

Weil die Bergbauern frei sind und niemandem Feudalabgaben schulden, können sie sich nach den Märkten richten. Aber sogar in der Urschweiz, wo die Bauern ihre *Häupter,* das heisst die Obrigkeit, an der Landsgemeinde selber wählen, haben wenige Familien alle Fäden in der Hand. Meist handelt es sich um Militärunternehmer. Sie leben in stattlichen Herrensitzen aus Stein, die sich von den kleinen, braungebrannten Holzhäusern der Bauern abheben. Auch sie finden im französischen Adel, dessen Lebensweise sie während der Dienstzeit in Frankreich kennen gelernt haben, ihr Vorbild. Bis in die rauen Gebirgstäler ist die raffinierte Esskultur gedrungen. Auch in Altdorf wird den Gästen das Statusgetränk Schokolade serviert. Neben diesen Dorfmagnaten finden wir eine wohlhabende Mittelschicht mit Viehzüchtern, Wirten, Speditoren. Wer viel Land im Talboden besitzt, kann auch mehr Alpnutzen beanspruchen. Zwei Drittel der Bevölkerung sind arm, ohne Vorräte für Notzeiten. Sie schlagen sich als Kleinbauern und Kleinhandwerker durchs Leben. Viel wissen wir nicht von ihnen.

Konfessionelle und sprachliche Gegensätze

Quer zum Gegensatz zwischen Stadt und Land verläuft die Frontlinie zwischen den Konfessionen. Auch wenn zwischen ihnen im 18. Jahrhundert formell Frieden herrscht, bleibt das Verhältnis gespannt. Wirtschaftlich sind die katholischen Gebiete zurückgeblieben, Heimindustrie gibt es fast nur in den reformierten Regionen. Dasselbe gilt für die Aufklärung, die sich in den katholischen Orten später und weniger intensiv ausgebreitet hat. Eine Blüte erlebt hingegen die sakrale Bau-

Idyllisierte Schweizer Landschaft 1776. Der bekannte Schweizer Alpenmaler Caspar Wolf zeichnet den Staubbachfall bei Lauterbrunnen. Im Medaillon der Naturforscher und Alpendichter Albrecht von Haller.

kultur. Fast alle Abteikirchen und unzählige Pfarrkirchen und Kapellen sind damals in barockem Stil neu entstanden; genannt seien die berühmte Klosterkirche von Einsiedeln (1735 vollendet) und die Stiftsbibliothek St. Gallen (1767 vollendet).

Die Verschiedenheit der Sprachkulturen ist damals kaum wahrgenommen worden, weil die einzelnen Talschaften und Regionen stark voneinander abgeschieden waren und es in den dreizehn Orten fast nur deutschsprachige Herren gab.

Die Entwicklung der Bevölkerung

1798 ist die Bevölkerung der Schweiz zum ersten Mal in der Geschichte systematisch gezählt worden. Die Behörden der neu geschaffenen Helvetischen Republik kamen auf 1,7 Millionen Einwohner. Für das Jahr 1700 haben moderne Historiker mit Hilfe von Hochrechnungen eine Bevölkerungszahl von 1,2 Millionen ermittelt. Das *Wachstum* fing vor allem in der zweiten Jahrhunderthälfte an, als ein wärmeres Klima der kleinen Eiszeit, einer lang dauernden Kälteperiode, ein Ende setzte und die wirtschaftliche Konjunktur erstarkte. Motoren des Bevölkerungswachstums waren jedoch nicht die Städte, denn die Privilegierten hemmten Zuwanderung und Wachstum, um ihre Vorrechte nicht mit mehr Leuten teilen zu müssen. Die gleichen Tendenzen zeigten sich auch in den fruchtbaren Ackerbaugebieten des Mittellandes, dessen Bevölkerung im vorangehenden Jahrhundert stark gewachsen war.

Im 18. Jahrhundert vermehrte sich die Bevölkerung am stärksten in jenen Gebieten, in denen die Heimindustrie stark verbreitet war, zum Beispiel im Zürcher Oberland, wo die Baumwollindustrie heimisch war, im Baselbiet, wo die Heimposamenter Seidenbänder woben, oder auch in der Uhrenregion des Juras. Dank dem Einkommen aus der Heimarbeit konnten junge Paare eine Familie gründen, auch wenn sie ihren Unterhalt nicht aus der eigenen Landwirtschaft bestreiten konnten. Heiratshäufigkeit und Fruchtbarkeit stiegen an. Nach 1770 setzte das Wachstum auch in den Bergregionen ein. Verantwortlich für das Wachstum waren der Rückgang der Kindersterblichkeit und die verlängerte Lebenserwartung. Dank verbesserter Ernährung und fortgeschrittener Hygiene und Medizin erreichten mehr Menschen das heiratsfähige Alter. Mit dem Anbau von Kartoffeln und Mais wuchsen die Überlebenschancen in Krisen- und Hungerjahren. Von diesen Errungenschaften profitierten besonders jene Familien, die Heimarbeit mit nebenberuflicher Landwirtschaft verbanden.

Die Produktionssteigerung in der Landwirtschaft reichte nur gerade aus, um den *Selbstversorgungsgrad* von zwei Dritteln trotz steigender Bevölkerung stabil zu halten. Auch wenn die Bevölkerungsdichte geringer war als in den Nachbarstaaten: Die Schweiz war von ihrer Ernährungslage her übervölkert und von Getreideimporten aus dem Elsass und aus Süddeutschland abhängig. Sie blieb ein klassisches Auswanderungsland, obwohl etwas weniger Schweizer Söldner, im Durchschnitt etwa 50 000 Mann, unter fremder Flagge dienten. Demgegenüber fielen die religiösen Flüchtlinge, die aus Frankreich in die Schweiz einwanderten, statistisch nicht ins Gewicht, zumal die meisten sich nur vorübergehend in der Schweiz aufhielten.

Politische Blockierungen

In den Stadtrepubliken

Die Organisation der Behörden: Das Ratsherrenregiment

In den Stadtrepubliken liegt die Regierung, der republikanischen Tradition entsprechend, in den Händen ehrenamtlich waltender Ratskollegien. Aus den Reihen des *Grossen Rates* mit 60 bis 200 Ratsherren rekrutiert sich der 24- bis 60-köpfige *Kleine Rat*. Aus diesem geht in der Regel der *Geheime Rat* hervor, dessen wenige Mitglieder mehrmals wöchentlich tagen. Alle diese Ratsgremien werden in den Zunftstädten von den Bürgermeistern, in den Patrizierstädten von den Schultheissen präsidiert. In den beiden kleineren Räten werden die wichtigen Geschäfte vorberaten, dem Grossen Rat bleibt der Schlussentscheid. Dieser Rat wird nicht etwa demokratisch gewählt, er ergänzt sich selbst. Ausgenommen sind die Zunftvorstände, die in Zürich, in Basel und in anderen Zunftstädten Einsitz nehmen dürfen.

Die Gewalten sind nicht geteilt wie heute, sondern in den gleichen Gremien und bei den gleichen Personen konzentriert. Die gleichen Ratsherren sind sowohl für die Gesetzgebung, die Regierung und die Rechtsprechung zuständig; in den reformierten Städten noch für die oberste Kirchenleitung. Auch der grösste Teil der Verwaltungsarbeit wird von Kammern und Ausschüssen mit fachkundigen Ratsmitgliedern im Milizsystem erledigt. Ausser dem hoch angesehenen Stadt- und Ratsschreiber gibt es nur wenige Dutzend Beamte: untergeordnete Schreiber, Weibel und Handwerker. Die gotischen Ratshäuser waren noch immer gross genug.

Alle Sitzungen und Geschäfte bleiben grundsätzlich geheim. Öffentliche Kritik steht unter schwerer Strafe. Trotzdem waren die Bürger nicht wenig stolz auf ihre Freiheit. Darunter verstanden sie die Souveränität der Stadt und die republikanische Gleichheit zwischen den Bewohnern gleichen Standes. Eine Reihe von Einrichtungen dienten der Machtbeschränkung. Die Entscheidungsorgane waren nicht

Der Schultheiss von Bern, Friedrich von Sinner, in Amtstracht mit Amtsinsignien und dem Schwarzen Adler-Orden

Meisterkranz der Basler Zunft zum Schlüssel (1699). Der teilweise vergoldete, mit Edelsteinen verzierte Silberkranz aus Eichen- und Lorbeerblättern trägt als Bekrönung den Schlüssel aus dem Zunftwappen. Sechs Emailmedaillons zeigen die Namen und Wappen der Vorgesetzten. Der Kronreif widerspiegelt das Selbstbewusstsein der ranghöchsten Schlüssel- oder Kaufleutezunft.

Vom Ancien Régime zu den Anfängen der modernen Schweiz

hierarchisch organisiert, sondern als Kollegien gleich geordneter Personen. Manchmal wurden die Ratsämter doppelt besetzt, sodass die Begünstigten gleichmässig bedient werden konnten. Um die Wahlbestechung zu bekämpfen, wurden die Amtsträger in einigen Orten aus der kleinen Gruppe der zugelassenen Anwärter ausgelost.

Der Weg zur Oligarchie

An Versuchen, staatliche Macht nach dem Vorbild absolutistischer Nachbarn zu konzentrieren, hat es nicht gefehlt. Der Kreis der Regierenden wurde immer enger, bis in allen Städten ein paar Dutzend Familien herrschten. Den ersten Schritt zur Oligarchie, zur Geschlechterherrschaft, bildete der *Abschluss der Bürgerschaften*. Nach 1700 hat keine Stadt mehr neue Familien ins Bürgerrecht aufgenommen. Die Bürgerschaften wollten ihre Privilegien mit niemandem mehr teilen: nicht die politischen Rechte (das seltene Recht, gewählt zu werden und die Ämterlaufbahn zu durchlaufen), nicht die Freiheit von Feudalabgaben und erst recht nicht die wirtschaftlichen Vorrechte (Handels-, Markt- und Produktionsprivilegien und das Recht, Grundbesitz in der Stadt zu erwerben). Am Ende des Jahrhunderts gehörten in der Stadt Bern nur noch 30 Prozent der Bevölkerung zu den Bürgerfamilien, den so genannten «Burgern»; in Zürich waren es immerhin noch 60 Prozent. Nach und nach entzogen die mächtigen Geschlechter in einem zweiten Schritt der Mehrheit der gemeinen Bürger die Wählbarkeit in den Grossen Rat. In allen Städten war der Zutritt zum Grossen Rat nur noch Männern aus 50 bis 80 *regierenden Familien* vorbehalten. Diese Ratsherren übten ihr Amt auf Lebenszeit aus. Schied einer aus, holten sich die verbleibenden ihre Söhne, Schwiegersöhne, Brüder, Neffen und Vettern in den Rat. Aussenstehende konnten die Wählbarkeit nur durch Heirat mit der Tochter eines Ratsmitglieds erwerben. Die Sitzungen der beiden kleineren Räte verkamen vollends zu Familienversammlungen, denn die mächtigsten und vornehmsten Geschlechter hielten sich gegenseitig die Sitze zu. In einem dritten Schritt schliesslich gelang es diesen Patrizierfamilien, die Hierarchie der Räte umzustossen, sodass die wichtigen Entscheidungen im Geheimen Rat, allenfalls im Kleinen Rat fielen, in denen ihr Einfluss noch grösser war. Der Grosse Rat sah sich zum Akklamationsorgan degradiert. Die Oligarchie war perfekt.

Grenzen des absolutistischen Machtanspruchs

In Zürich, Basel, St. Gallen, Biel und Schaffhausen verfügten die Zünfte über formaldemokratische *Kontrollrechte*. Die Spitzen der Zünfte gehörten dem Grossen Rat ex officio an. Aber längst war es den reichen Handelsherren, die ihre **Zunft** frei wählen durften, gelungen, sich diese Ämter zu sichern. Der Aufstieg zu den Regimentsfähigen gelang höchstens über wirtschaftlichen Erfolg. Gegen ihre Entmachtung haben sich die Handwerker in mehreren Städten aufgelehnt. Als in Basel der Grosse Rat mehrere Jahre erst gar nicht mehr einberufen wurde, kam es 1691 zur Explosion. Einen Sommer lang gelang es den Zunftgenossen, die vornehmen Grosskaufleute der Burckhardt und Socin von der Macht zu verdrängen. Der völlige Machtverlust des Grossen Rates und der Zünfte war damit verhindert, auch wenn mit den Rebellen blutig abgerechnet wurde.

In Bern und in den katholischen Stadtrepubliken Luzern, Freiburg und Solothurn gelang es den regierenden Familien, ein völlig geschlossenes Patriziat zu bilden und die gemeinen Bürger ganz von der Macht auszuschliessen. Sogar Petitionen waren ihnen verboten. Ausserhalb des Patriziates gab es kein legales Forum mehr, in dem über Politik diskutiert werden konnte. Eine einzige Verschwörung in der Berner Bürgerschaft ist bekannt geworden. In Luzern bekannten sich die Patrizier ganz offiziell zur Aristokratie, indem sie die Erbfolge in den Ämtern einführten. Im Regierungsstil vermischten sich republikanische Tradition mit absolutistischem Machtanspruch, vom feierlichen Zeremoniell bei der Eröffnung des Grossen Rates bis hin zum goldenen, mit einer Krone verzierten Thronsessel für den Berner Schultheissen.

Zur absolutistischen Tendenz gehört auch die Ausweitung der Staatstätigkeit. Mehr Aufgaben waren im Bereich Schulen und in der Armen- und Gesundheitspflege zu erfüllen. Um die zyklischen Hungerkrisen zu mildern, wurde die Getreideversorgung überwacht und wurden die Preise für Fett, Fleisch und Holz kontrolliert. Gegenüber Bürgern und Untertanen wurde die Obrigkeit immer misstrauischer. Davon zeugt die anschwellende Flut amtlicher Vorschriften. Durch Sitten- und Kleidermandate war gesellschaftlicher Wandel allerdings nicht aufzuhalten. Die Menge gleich gerichteter *Mandate* beweist ja auch, dass die Disziplinierung häufig misslang. Kontrolle und Bespitzelung halfen offenbar wenig. Zum Aufbau eines modernen Berufsbeamtentums fehlten die Mittel, weil direkte Steuern nicht einmal bei den Untertanen durchsetzbar waren. Es blieb bei den traditionellen Einnahmequellen: bei Feudalabgaben, Zöllen, beim Salzmonopol und beim Postregal. Überall fehlte selbst das klassische Instrument des absolutistischen Staates, das stehende Heer. Zwar hatten in allen Städten wenige Familien die Regierungsgewalt an sich gerissen, aber es gelang ihnen nicht, die Machtmittel wesentlich zu erweitern, weil die republikanischen Traditionen lebendig

Die Symbole der republikanischen Tugenden: bernische Verdienstmedaille von 1752 (Johann C. Hedlinger)

Die Eidgenossenschaft vor 1798

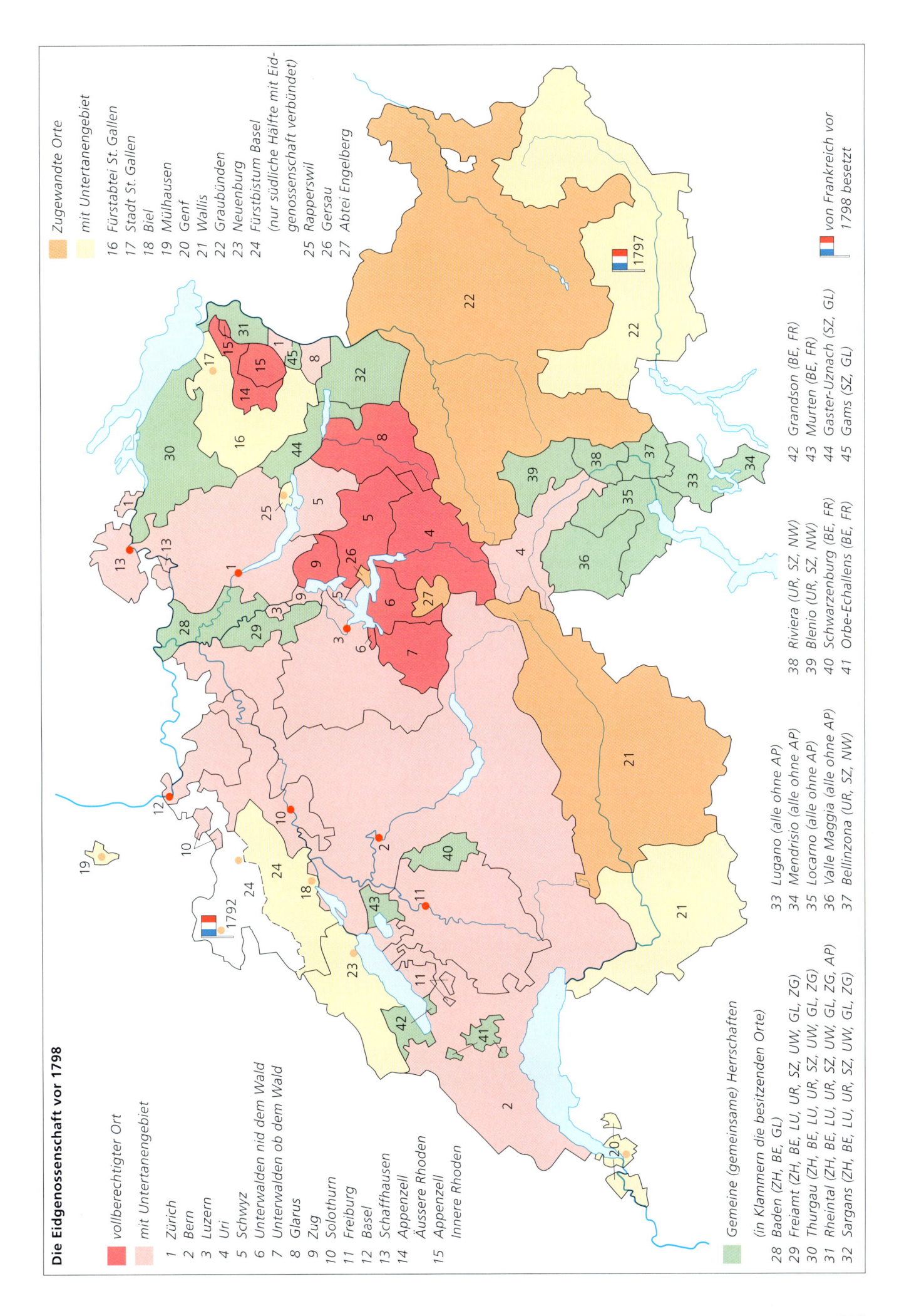

vollberechtigter Ort
mit Untertanengebiet

1 Zürich
2 Bern
3 Luzern
4 Uri
5 Schwyz
6 Unterwalden nid dem Wald
7 Unterwalden ob dem Wald
8 Glarus
9 Zug
10 Solothurn
11 Freiburg
12 Basel
13 Schaffhausen
14 Appenzell Äussere Rhoden
15 Appenzell Innere Rhoden

Zugewandte Orte
mit Untertanengebiet

16 Fürstabtei St. Gallen
17 Stadt St. Gallen
18 Biel
19 Mülhausen
20 Genf
21 Wallis
22 Graubünden
23 Neuenburg
24 Fürstbistum Basel (nur südliche Hälfte mit Eidgenossenschaft verbündet)
25 Rapperswil
26 Gersau
27 Abtei Engelberg

Gemeine (gemeinsame) Herrschaften
(in Klammern die besitzenden Orte)

28 Baden (ZH, BE, GL)
29 Freiamt (ZH, BE, LU, UR, SZ, UW, GL, ZG)
30 Thurgau (ZH, BE, LU, UR, SZ, UW, GL, ZG)
31 Rheintal (ZH, BE, LU, UR, SZ, UW, GL, ZG, AP)
32 Sargans (ZH, BE, LU, UR, SZ, UW, GL, ZG)
33 Lugano (alle ohne AP)
34 Mendrisio (alle ohne AP)
35 Locarno (alle ohne AP)
36 Valle Maggia (alle ohne AP)
37 Bellinzona (UR, SZ, NW)
38 Riviera (UR, SZ, NW)
39 Blenio (UR, SZ, NW)
40 Schwarzenburg (BE, FR)
41 Orbe-Echallens (BE, FR)
42 Grandson (BE, FR)
43 Murten (BE, FR)
44 Gaster-Uznach (SZ, GL)
45 Gams (SZ, GL)

von Frankreich vor 1798 besetzt

Vom Ancien Régime zu den Anfängen der modernen Schweiz

geblieben waren. Mindestens dem Schein nach blieben die alten Institutionen erhalten. Ihrerseits gingen die gemeinen Bürger nicht in die Offensive, weil die wirtschaftlichen Privilegien, die sie gegenüber der Landbevölkerung in Anspruch nehmen konnten, den Machtverlust erträglich machten. Im 18. Jahrhundert haben sich die politischen Kräfte immer häufiger blockiert. Einzig in Genf war die Bürgerschaft revolutionär, aber in dieser Grossstadt ohne Untertanengebiet lagen die Verhältnisse ohnehin ganz anders (vgl. S. 237).

In den Untertanengebieten
Die Stellung der Untertanen

Die meisten Menschen im Gebiete der heutigen Schweiz waren Untertanen. Über eine Million hatten kein Bürgerrecht und keinen Anteil an der Souveränität. Sie waren entweder einem einzelnen Ort untertan, etwa dem mächtigen Bern, dessen Herrschaftsgebiet sich vom Oberland bis zum Waadtland und zum Aargau erstreckte, oder bewohnten die **Gemeinen Herrschaften**, wo sich mehrere Orte in die Herrschaft teilten. Alle 13 Orte mit Ausnahme von Unterwalden und Appenzell verfügten über Untertanengebiete, doch jene der Stadtrepubliken waren weitaus bedeutender als jene der Länderorte. Ihre Bewohner durften im herrschenden Ort nicht mitbestimmen. Sie waren auch wirtschaftlich benachteiligt, unterlagen häufig dem städtischen Marktzwang, der Bauern und Handwerker nötigte, ihre Produkte auf dem städtischen Markt anzubieten, und waren in einer ganzen Reihe von Berufen nicht zugelassen. Schliesslich lasteten auf ihren Äckern Feudalabgaben, die auf mittelalterlichen Rechtsverhältnissen fussten und die jährlich in Naturalien, also meist in Korngarben, zu entrichten waren. Beim *Grundzins*, der etwa 6 Prozent des Ertrags betrug, handelte es sich um den Pachtzins für die Erbleihe. Mit der Bildung der Territorialstaaten war er vom feudalen Grundherrn an die Orte übergegangen. Der *Zehnten*, wie der Name sagt, etwa ein Zehntel der Ernte, war aus einer Kirchenabgabe hervorgegangen, die hauptsächlich zur Finanzierung der Seelsorge und der Armen- und Krankenpflege diente. Seit der Schaffung der Staatskirchen floss der Zehnten in den reformierten Orten in die Staatskasse. Zusammen mit den Grundzinsen bildete er die Haupteinnahmequelle der Stadtrepubliken.

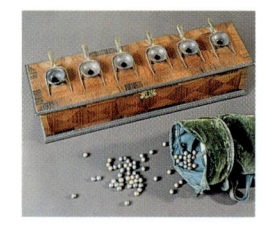

Die Obrigkeit

Die Herren liessen sich durch ihre *Landvögte* vertreten. Diese residierten in den weithin sichtbaren Burgen und Schlössern der alten Feudalherren. Jahr für Jahr liessen sie sich am Schwörtag den Treueid leisten. Stehend und mit entblösstem Haupt mussten die Untertanen die Huldigungsformel nachsprechen.

«Ballotten» zum Auslosen von Ämtern im alten Bern. Ausgelost wurden etwa die Landvogteien und der Einsitz in den Kleinen Rat. Der Griff mit der behandschuhten Hand in den Ballottensack brachte die Entscheidung: Glück brachten die goldenen, Unglück die silbernen Kügelchen.

Die Landvögte leiteten die Gerichte, kontrollierten die lokale Verwaltung und die fristgerechte Ablieferung der Grundzinsen und Zehnten. Bei Bedarf sorgten sie für die Aushebung der Truppe. Ihnen zur Seite stand bloss eine Hand voll einheimischer Beamten und Knechte. Landvogteien galten als einträgliche und begehrte Ämter, die nicht selten dem Meistbietenden überlassen wurden. In den beiden Amtsjahren konnte man sich ja wieder schadlos halten: Haupteinkünfte der Landvögte bildeten die vielen Gebühren, etwa im Erbfall oder beim Abschluss eines Vertrages, oder die von ihnen verhängten Bussgelder, die zum Beispiel bei Waldfrevel kassiert wurden. Zur Obrigkeit gehörte natürlich auch der *Pfarrer*, neben dem Landvogt der zweite Stadtbürger. Ihm oblag es, Gehorsam zu predigen und die vielen Mandate zu verlesen, mit denen die gnädigen Herren ihre Landeskinder zu gängeln versuchten, vom Handel über Kleidung und Haartracht bis hin zum Lebenswandel. Unter seiner Leitung tagte das Sittengericht im Kirchenchor. Vor dessen Schranke wurde zum Beispiel zitiert, wer die Nachtruhe störte, wer ein uneheliches Kind zeugte oder den Gottesdienstbesuch unterliess. Religion war eben keine Privatangelegenheit. Auch das Armenwesen und die Schule fielen in die Zuständigkeit der Pfarrherren. Ihre Tauf-, Ehe- und Totenbücher stellten die einzige Form dar, in der die Einwohner registriert wurden.

Unter der Aufsicht der Landvögte konnten sich Dörfer und Städtchen weitgehend selbst verwalten. Ins ganze Waadtland zum Beispiel entsandte die Stadt Bern bloss elf Landvögte. Alle übrigen Beamten stellten die Waadtländer selbst. Diese Ämter waren auch hier im Besitze der alteingesessenen und vermögenden Familien. In den *Munizipalstädten*, den zahlreichen Landstädten, die wie Burgdorf, Olten oder Liestal weder Residenz noch Hauptstädte eines Territoriums waren, konnte sich ein eigentliches Patriziat herausbilden. Auch den Stolz, Waffen tragen zu dürfen, musste man den Untertanen lassen. Schliesslich gehörten sie zum Militäraufgebot ihrer Herren.

Absolutismus und Rebellion

Die schreckliche Niederlage der ländlichen Untertanen im Schweizer Bauernkrieg von 1653 (vgl. S. 206 f.) hatte die Autorität der regierenden Orte gestärkt. Aus war der Traum, nach dem Vorbild der Urschweiz eigene autonome Landsgemeinden bilden zu können. Anderseits liessen sich die Rechte der Untertanen nicht weiter beschneiden. Insbesondere war eine dauernde direkte Steuer nicht durchsetzbar. Im absolutistischen Zeitalter waren die Herren bestrebt, die Verwaltung der Landschaft zu vereinheitlichen, ihre eigene Souveränität zu mehren und die vorhandenen

Herrenhaus des Ital Reding in Schwyz. Kolorierte Federzeichnung von Jost Rudolf Niederöst, 1763. Zur berühmten Häupterfamilie der Reding gehörten viele Militärunternehmer in französischen Diensten. Die Zeichnung zeigt das 1609 erbaute Herrenhaus mit dem vorgelagerten Barockgarten. Zur Hofstatt gehört auch der links erkennbare Ökonomietrakt, der zeitweise als Rekrutierungskaserne gedient haben soll, und weitere Gebäude. Im Piano nobile des Hauptbaus befinden sich Repräsentationssäle mit einer Ahnengalerie und eine Hauskapelle.

Ressourcen besser zu nutzen. Dies gelang den gnädigen Herren im Berner Musterstaat viel besser als den Landvögten der schlecht regierten Gemeinen Herrschaften. Überall scheiterte jedoch der Aufbau einer modernen zentralistischen Verwaltung an den Kosten. Dazu hätte es einer direkten Besteuerung bedurft. Eifersüchtig hüteten die Untertanen ihre örtliche Selbstverwaltungstradition. Wurde sie angetastet, flackerte vereinzelt der alte Rebellionsgeist wieder auf, zum Flächenbrand wuchs er nie mehr an. Alle Erhebungen des Jahrhunderts, insgesamt ein gutes Dutzend bis zum Beginn der Französischen Revolution, blieben auf einen Ort oder auf eine Talschaft beschränkt. Immer ging es um die Wahrung alten Herkommens. Einer der grössten Aufstände ist 1781 ausgebrochen, als die Ratsherren im katholischen Freiburg nach dem Vorbild des aufgeklärten Absolutismus mehrere religiöse Feiertage und Prozessionen abschaffen und das populäre Kloster Valsainte aufheben wollten. Für die ländliche Bevölkerung war das Glaubensverrat, auch wenn die hohe Geistlichkeit den Entscheid gebilligt hatte. Truppen aus dem protestantischen Bern, die in höchster Not freundeidgenössische Hilfe leisteten, mussten die Stadt Freiburg vor dem Ansturm eines erbitterten Bauernheeres retten.

In den Länderorten
Die Landsgemeinde und die Häupter

Vordergründig hatte sich wenig verändert in den alten Bauernrepubliken: in den drei Urkantonen, in Zug, Glarus und in den beiden Appenzell. Wie eh und je strömten die freien Bauern am ersten Maisonntag in feierlichem Schwarz und mit umgehängtem Schwert an die Landsgemeinde, um die regierenden Häupter und den Rat zu wählen. Nach wie vor bildeten ehrenamtliche Kollegien die Obrigkeit; demzufolge mussten die Amtsträger nicht nur über die nötige Bildung, etwa Französischkenntnisse, sondern auch über ein arbeitsfreies Einkommen verfügen. Auch in den Bergtälern war die Macht fest in den Händen weniger wohlhabender und vornehmer Geschlechter, die ihren Reichtum als Militärunternehmer oder als Grundbesitzer und Viehhändler erworben hatten. Dank ihren Wohltaten und ihrem Einfluss bei der Pfarrwahl konnten sie die katholischen Geistlichen bei der Disziplinierung der Bevölkerung einspannen. An der Landsgemeinde wurden die Ämter meist unverhohlen an die Meistbietenden verschachert. Wer gewählt werden wollte, durfte nicht knausrig sein, denn das so genannte *Praktizieren* oder *Trölen* war an der Tagesordnung. Es bedeutete, dass die Kandidaten mit der Landsgemeinde ein Sitzgeld auszuhandeln hatten und dass sie für Speis und Trank aufkommen mussten. Erwartet wurden ferner auch paternalistische Gesten, wie karitative Stiftungen, Armenspeisungen oder Donationen an Kirchen und Kapellen. Ihrerseits konnten die Spender auf die Loyalität aller Wähler zählen.

Ausbrüche des Volkszorns

Einmal an der Macht, verstanden es die Häupter, die Landsgemeinde wirkungsvoll zu lenken. Selbstherrlich beschnitten sie das Antragsrecht des freien Mannes und verhinderten die Einberufung ausserordentlicher Landsgemeinden. Trotzdem konnte der politi-

Vom Ancien Régime zu den Anfängen der modernen Schweiz

*Eidgenössische **Tagsatzung** im 18. Jahrhundert*

Seance de la Diète des XIII Cantons a BADE.
1.1.1.1. Sieges des Cantons. 2. Place des Ambassadeurs. 3 Bailli & Lieuten. Balliv. d'BADE. 4. La Chancellerie.

Sitzordnung der Ständevertreter in Baden:
1. Zürich
2. Bern
3. Luzern
4. Uri
5. Schwyz
6. Unterwalden
7. Zug
8. Glarus
9. Basel
10. Freiburg
11. Solothurn
12. Schaffhausen
13. Appenzell
14. Abt von St. Gallen
15. Stadt St. Gallen
16. Biel
17. Landvogt
18. Protokollisten

sche Aufstieg reich gewordener Familien nie völlig unterbunden werden, und zumindest ein Fünkchen Oppositionsbereitschaft gegen die Häupterfamilien glühte immer. Von Zeit zu Zeit, wenn die Herren den Bogen überspannten, entglitt ihnen die Regie. Der Volkszorn verschaffte sich in jähem Ausbruch Luft. Der volkstümlichen Opposition gelang der spektakuläre Sturz der regierenden Geschlechter; unter Führung einer Aufsteigerfamilie schlugen die «Harten» die «Linden». Regelmässig kehrten diese aber nach wenigen Jahren in Koalition mit neuen Familien an die Macht zurück. Den Herren war wieder einmal gezeigt worden, wer der wahre Landesfürst war.

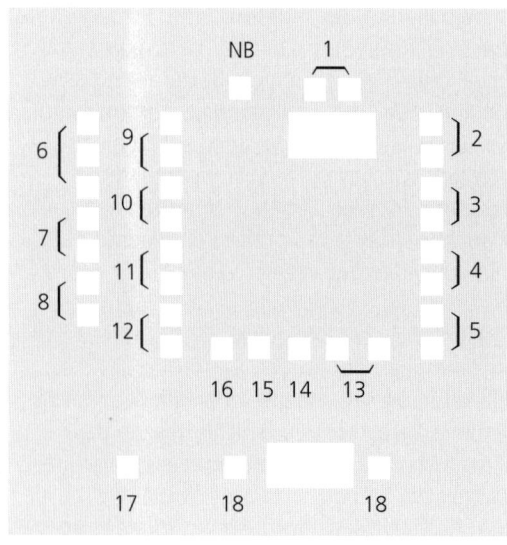

Im eidgenössischen Staatenbund
Die alte Eidgenossenschaft ein Staat?

Zwischen den zusehends straffer organisierten europäischen Monarchien nahm sich die alte Eidgenossenschaft höchst archaisch wie ein Überbleibsel aus dem Spätmittelalter aus. Die Eidgenossenschaft, in der Sprache der Zeit das *Corpus Helveticum,* bildete keinen Staat im modernen Sinn. Sie war nicht mehr als ein uneinheitliches Geflecht souveräner Kleinstaaten, die in ganz unterschiedlichem Masse dazugehörten. Es gab keine gemeinsame Bundesurkunde, keine Verfassung und schon gar keine Zentralregierung. Zusammengehalten wurde der Staatenbund durch eine Vielfalt höchst unterschiedlicher Bundesbriefe und Sonderbündnisse. Einigkeit gab es nicht einmal im Bezug auf die äusseren Grenzen, denn die Zugehörigkeit einzelner Gebiete, etwa der evangelischen Städte Genf und Mülhausen und der westlichen Teile des Fürstbistums Basel, war strittig. Den Kern bildeten die *Dreizehn Alten Orte* mit ihren ländlichen Untertanengebieten und den Gemeinen Herrschaften. Zum engeren Umkreis der *Zugewandten* gehörten die Fürstabtei St. Gallen und die Städte St. Gallen und Biel, zum weiteren Umkreis die übrigen **zugewandten Orte**. Altertümliche Bauernbünde, stolze Stadtrepubliken, geistliche Fürstentümer und viele Untertanengebiete mit ganz unterschiedlichem Status bildeten ein höchst heterogenes Mosaik.

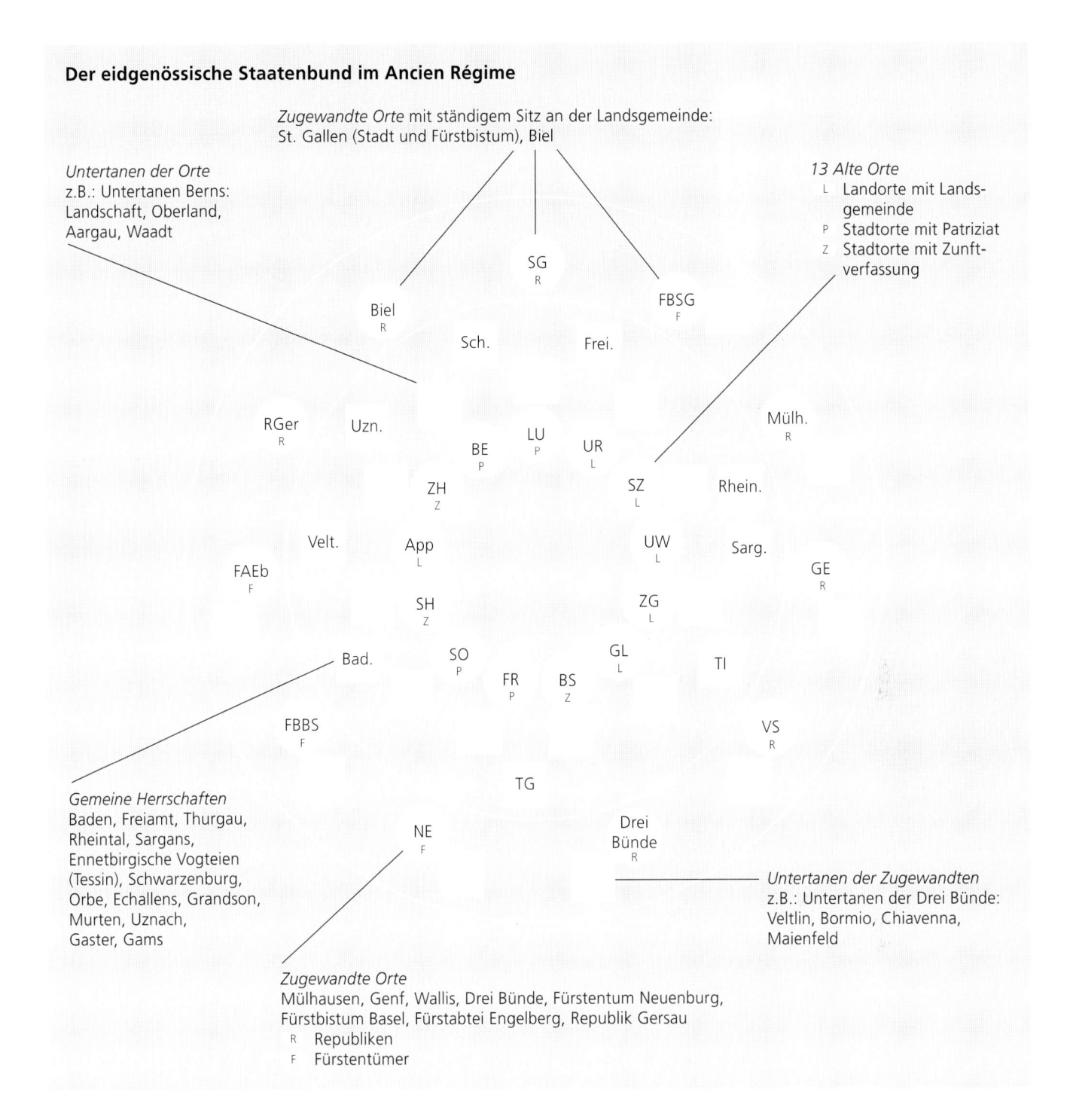

Der eidgenössische Staatenbund im Ancien Régime

Untertanen der Orte
z.B.: Untertanen Berns:
Landschaft, Oberland,
Aargau, Waadt

Zugewandte Orte mit ständigem Sitz an der Landsgemeinde:
St. Gallen (Stadt und Fürstbistum), Biel

13 Alte Orte
- L Landorte mit Landsgemeinde
- P Stadtorte mit Patriziat
- Z Stadtorte mit Zunftverfassung

SG R
Biel R
FBSG F
Sch.   Frei.
Mülh. R
RGer R   Uzn.
BE P   LU P   UR L
ZH Z
SZ L   Rhein.
Velt.   App L
UW L   Sarg.
FAEb F
SH Z
ZG L   GE R
Bad.   SO P   GL L   TI
FR P   BS Z
FBBS F
VS R
TG
NE F
Drei Bünde R

Gemeine Herrschaften
Baden, Freiamt, Thurgau,
Rheintal, Sargans,
Ennetbirgische Vogteien
(Tessin), Schwarzenburg,
Orbe, Echallens, Grandson,
Murten, Uznach,
Gaster, Gams

Untertanen der Zugewandten
z.B.: Untertanen der Drei Bünde:
Veltlin, Bormio, Chiavenna,
Maienfeld

Zugewandte Orte
Mülhausen, Genf, Wallis, Drei Bünde, Fürstentum Neuenburg,
Fürstbistum Basel, Fürstabtei Engelberg, Republik Gersau
- R Republiken
- F Fürstentümer

Das Verhältnis zum mächtigen Nachbarn

Aus den europäischen Kriegen und Konflikten des 18. Jahrhunderts konnte sich die Eidgenossenschaft dank ihrer Neutralitätspolitik heraushalten. Trotzdem gehörte die Schweiz auch weiterhin zum französischen Machtsystem, und der Bourbonenkönig spielte sich wie ein Schutzherr auf. Sein Botschafter, der in Solothurn in barockem Glanz residierte, verstand es ausgezeichnet, die eidgenössischen Orte gegeneinander auszuspielen. Am Wiederaufflammen des Bruderkriegs zwischen den Orten hingegen hatte die französische Krone kein Interesse, weil die Orte im Kriegsfall ihre Angehörigen in den fremden Kriegsdiensten zurückriefen. 1777 wurde ein zweites *Soldbündnis* (erstes 1663) in der neu erbauten St. Ursen-Kathedrale in Solothurn feierlich beschworen. Der französische König behielt das Recht, Soldtruppen anzuwerben, und die Orte, vorab die Häupter der armen Bergkantone, konnten auch weiterhin mit den jährlich fliessenden Pensionsgeldern rechnen.

Die Tagsatzung

Einzige Institution des Bundes war der Delegiertenkongress, die so genannte **Tagsatzung**. Diese kam mehrmals jährlich in Baden, ab 1713 in Frauenfeld zusammen. Jeder Ort schickte zwei Gesandte, die Zugewandten einen, meist würdige Häupter und Bürgermeister. Sie nahmen in festgelegter Rangordnung im Sitzungssaale Platz; hinter ihren Stühlen standen die Weibel in den Standesfarben. Die Vertreter der

Vom Ancien Régime zu den Anfängen der modernen Schweiz

Albrecht von Haller gehörte als Arzt, Anatom, Physiologe, Botaniker, Schriftsteller und Dichter zu den grossen Universalgelehrten des 18. Jahrhunderts. (Gemälde von Sigmund Freudenberger, 1773)

Der Genfer Horace-Bénédict de Saussure war als Physiker und Geologe ein weltberühmter Wissenschafter seiner Zeit. (Gemälde von Jean-Pierre Saint-Ours, 1796)

Acht Alten Orte hatten Anspruch auf erhöhte Stühle. Vor Verhandlungsbeginn mussten alle Gäste den Saal verlassen, denn die Beratungen waren streng geheim. Bei Abstimmungen verfügten alle Orte über eine Stimme. Beschlüsse erforderten Einstimmigkeit, was bei so vielen unterschiedlichen Partnern selten der Fall war. Die Gesandten stimmten aber nicht nach freiem Ermessen, sondern nach schriftlicher *Instruktion*. Bevor die notwendigen Kompromisse zustande kamen, mussten sie immer wieder nach Hause reisen, um neue Weisungen zu holen. War ein Beschluss endlich zustande gekommen, so gab es trotzdem kein Mittel, ihn durchzusetzen, wenn es am guten Willen fehlte. Viel zu reden gab die Verwaltung der Gemeinen Herrschaften. Daneben gehörten Aussenpolitik und militärische Verteidigung zu den wichtigsten Traktanden. Beide Geschäfte kamen im 18. Jahrhundert höchstens schleppend voran. Die militärische Organisation für den Kriegsfall war kaum noch funktionstüchtig. Auch in spannungsgeladenen Zeiten stellte die Tagsatzung aber mindestens eine gemeinsame Plattform dar, auf der die kontroversen Meinungen ausgetauscht werden konnten, sodass der Gesprächsfaden nie endgültig abriss.

Spannungen und Lähmung

In die Vormacht im Bündnis teilten sich seit 1712 die Stadtrepubliken von Zürich und Bern. Sie waren die bevölkerungsreichsten Orte (zusammen zwei Fünftel der Bevölkerung der dreizehn Orte) und verfügten auch über die stärkste Wirtschaftskraft. Ihre Kanzleien waren viel leistungsfähiger und besser dokumentiert als die der übrigen. Weil die Tagsatzung über keine Schreiber verfügte, übernahmen sie es, die Abschiede anzufertigen und an alle zu verschicken.

Die Vorherrschaft der beiden Städte ging auf den vierten Landfrieden zurück, der 1712 in Aarau zwischen katholischen und reformierten Orten geschlossen worden war (vgl. S. 178). Während die Berner an einem eigens geschaffenen Feiertag jährlich den Sieg über die Katholiken feierten, verharrten die katholischen Orte in tief sitzendem Groll. Alle Versuche Zürichs und Berns, den eidgenössischen Bund unter ihrer Führung zu stärken und die gemeinsame Verteidigung straffer zu organisieren, scheiterten am erbitterten Widerstand der katholischen Orte.

Durch die Eidgenossenschaft gingen freilich noch andere Risse. Stadtrepubliken und Länderorte entzweite, dass die ländliche Bevölkerung der einen bloss untertänig war, während sie in den andern das Bürgerrecht besass. In katholischen und rerformierten Städten fürchtete die Obrigkeit, die eigenen Untertanen möchten dem Vorbild der Landsgemeinden nacheifern und rebellisch werden. Wie schwach der Gemeinschaftsgeist geworden war, zeigt sich schon daran, dass die feierliche Beschwörung der alten Bünde nach 1526 gänzlich unterblieb. An der Tagsatzung herrschte keine Harmonie. Weil aber verschiedene Frontlinien kreuz und quer durch die Versammlung gingen, stellte sich ein Gleichgewicht der Kräfte ein, und die verschiedenen Lager lähmten sich gegenseitig.

Die Aufklärer: Erkenntnissucher und Wissensvermittler

Aufklärung in der Schweiz

Ganz im Gegensatz zur Trägheit der politischen Strukturen steht die geistige Regsamkeit der Epoche. Nach den blutigen Kriegen zwischen Alt- und Neugläubigen keimte die Hoffnung, auf der Basis des gesunden Menschenverstandes liesse sich eine neue Morallehre begründen, die für Menschen verschiedener Konfession Geltung hätte. Überall galt es, mit dem Licht der Vernunft hineinzuzünden. Die gewonnenen Erkenntnisse sollten jedoch nicht Geheimwissen eines Gelehrtenstandes bleiben, sie gehörten hinausgetragen in die Öffentlichkeit, damit die Welt besser werden konnte. Die Schweiz war ein guter Boden für die Aufklärung. Befruchtend wirkte der Austausch zwischen deutscher und französischer Kultur. Die Kleinräumigkeit und der republikanische Geist boten einen gewissen Schutz vor absolutistischen Kontrollexzessen. Im Gegensatz zu den reformierten hatten die katholischen Regionen bloss verspätet und in abgeschwächter Form Anteil an der Aufklärung.

Das neue Wissen

Die *reformierte Theologie* befreite sich im 18. Jahrhundert von den starren Lehrsätzen, mit der die staatskirchliche Orthodoxie Pfarrer und Gläubige diszipliniert hatte (vgl. S. 190 f.). Die wiedererlangte Freiheit nutzten auf der einen Seite die Rationalisten mit ihrer Vorstellung von einer vernunftgeleiteten Religion, auf der andern Seite die Pietisten, welche den frommen Lebenswandel und die individuelle Selbsterforschung in den Mittelpunkt des Glaubens rückten. Der eigenwilligste Theologe war zweifellos der Zürcher Pfarrer und Freund Goethes Johann Caspar Lavater (1741–1801), der als Autor der «Physiognomischen Fragmente» zu den Vätern der modernen Psychologie gehört.

In der *Naturforschung* war die kopernikanische Wende zum heliozentrischen Weltbild überall vollzogen: Beobachtung und Experiment wurden als Erkenntnismittel in ihr Recht gesetzt. Grosses Ansehen erwarben der geniale Mathematiker Leonhard Euler (1707–1783), der Alpenforscher Horace-Bénédict de Saussure

(1740–1799), der 1787 als einer der ersten den Montblanc bestiegen hat, und Albrecht von Haller (1708–1777), der es gleichermassen als Arzt und Biologe wie als Dichter der Alpen zu Weltruhm brachte. Aus privater Liebhaberei legten gebildete Patrizier Naturalienkabinette an, in denen sie Steine, gepresste Pflanzen, Tierknochen, aber auch Kupferstiche, Münzen und Kunstgegenstände sammelten.

Das ökonomische Denken stand im Bann der französischen *Physiokraten*. Der merkantilistischen Theorie, dass der König den Reichtum seines Staates am besten mehre, wenn er die industrielle Produktion lenke und fördere, stellten sie ihr Prinzip des «*laisser faire*», der Wirtschaftsfreiheit, entgegen. Als Quelle des Reichtums betrachteten sie die landwirtschaftliche Produktion; deswegen traten sie für die Agrarmodernisierung ein (vgl. S. 234 ff.).

In der Philosophie entstanden auf der Grundlage des radikalen Zweifels neue Denkrichtungen. Politische Bedeutung gewann die *Naturrechtslehre*, zu der die Westschweiz einen grossen Beitrag geleistet hat. Ihre Vertreter gingen davon aus, dass die Menschen von Natur aus gleich und frei seien. Geschriebene Verfassungen und Gesetze dürften nicht im Widerspruch zu diesen Grundrechten stehen. *Jean-Jacques Rousseau* (1712–1778), der Genfer Uhrmachersohn, erkannte den Menschen ein Widerstandsrecht gegen jede Herrschaft zu, die nicht auf einem freiwilligen Vertrag gleichberechtigter Menschen beruhte. Nach seinem Tod ist er als herausragender Theoretiker der Französischen Revolution verehrt worden.

Die Verbreitung des Wissens

Im eidgenössischen Gebiet gab es damals nur eine einzige kleine Universität, in Basel. Grosse Gelehrte zog es ins Ausland: Leonhard Euler nach Petersburg, Albrecht von Haller an die neu gegründete Universität Göttingen. Die theologischen Hochschulen in den evangelischen Hauptstädten öffneten sich immer mehr für die allgemeine Bildung. Geschichte und Philosophie wurden ins Lehrprogramm aufgenommen, damit auch künftige Magistraten ausgebildet werden konnten. Von einer gebildeten und aufgeklärten Elite könnte dereinst eine Erneuerung des politischen Lebens ausgehen.

Der aufgeklärte Mensch musste tugendhaft sein. Reif für die bürgerlichen Freiheiten war erst, wer gelernt hatte, den äusseren Zwang ins Innere zu verlagern, sich selbst zu kontrollieren. Es genügte nicht mehr, die Kinder von selbst ins Erwachsenenleben hineinwachsen zu lassen. Kinder aus grossbürgerlichen Familien lebten zunehmend in einer gesonderten Welt, in der sie von Eltern und Erziehern bewusst erzogen wurden.

In der Volksschule lag vieles im Argen (vgl. S. 209). Als erster hat *Johann Heinrich Pestalozzi* (1746–1827) eine umfassende Bildung für das ganze Volk gefordert, auch und gerade für die ländlichen Untertanen, die durch harte Berufsarbeit dem Elend entrinnen sollten. Zwischen 1770 und 1800 soll sich der Alphabetisierungsgrad von 15 Prozent auf 25 Prozent verbessert haben. Kirche und Obrigkeit, in deren Händen die Volksschule lag, hatten ein Interesse an lesekundigen Untertanen. Aber auch diese hatten zu Hause selten mehr als einige Erbauungsbücher und Volkskalender, die sie von Hausierern erworben hatten. Zwar eröffnete Rudolf Hofmeister 1749 in Zürich eine Buchhandlung, aber Bücher waren für die meisten unerschwinglich. Erst die *Lesegesellschaften* ermöglichten grösseren Gruppen die Lektüre zeitgenössischer Autoren. Es gab sie sogar in den Untertanengebieten, sieben allein in der Zürcher Landschaft. Man las gemeinsam und trank Kaffee, um den Verstand zu schärfen. In einer solchen Runde hat der *Bauer Ulrich Bräker* (1735–1785), dessen autobiografische «Lebensgeschichte … des armen Mannes im Tockenburg» einmalige Einblicke in das Leben des einfachen Mannes gestattet, die Werke Shakespeares kennen gelernt.

Die heute noch bestehende «Gesellschaft für das Gute und Gemeinnützige» in Basel, die der unermüdliche Aufklärer und Ratsschreiber *Isaac Iselin* 1777 gegründet hat, gehört einem zweiten Gesellschaftstypus mit sozialen Zielsetzungen an. Die Förderung von Bildung und Wissenschaften nahmen sich über hundert Vereinigungen eines dritten Typus vor. Zu ihnen gehören die *ökonomischen Gesellschaften*, die für eine Verbesserung der Landwirtschaft kämpften. Durch gelehrte Gesprächsrunden, durch Publikation von Preisausschreiben, von volkswirtschaftlichen Abhandlungen und Statistiken förderten sie ihr Anliegen. Wegen der Veröffentlichung von Bevölkerungszahlen wurde die Berner Gesellschaft von der Obrigkeit scharf gerügt. Sie hatte ein Staatsgeheimnis missachtet. Die Zürcher Gesellschaft verfügte in der Person von Jakob Guyer (1716–1785), der durch die Beschreibung Kaspar Hirzels als «Kleinjogg» oder «Socrate rustique» bekannt geworden ist, über einen Vorzeigebauer. Die übrigen Mitglieder der Gesellschaft rekrutierten sich aber aus dem Kreis der Wohlhabenden und Privilegierten. Trotzdem waren die Gesellschaften für ihre Zeit erstaunlich offen und nahmen im Kleinen die bürgerliche Gesellschaft des 19. Jahrhunderts vorweg: In ihnen konnten sich Menschen begegnen, auch wenn sie verschiedenen Ständen und Konfessionen angehörten.

Frauen waren traditionsgemäss von der männlich beherrschten Geselligkeit ausge-

Suzanne Necker-Curchod (1737–1794) war Tochter eines waadtländischen Pfarrers und heiratete 1766 den Genfer Bankier und zeitweiligen französischen Finanzminister Jacques Necker.

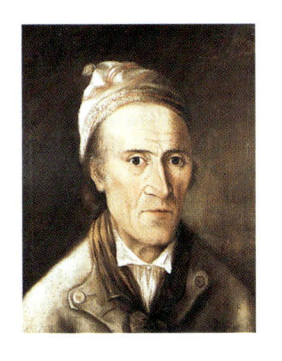

Ulrich Bräker lebte in einem Weiler in der Nähe von Wattwil (heute Kanton St. Gallen) als Kleinbauer und Verleger im Baumwollgewerbe. Als Autodidakt trat er 1776 der Toggenburger Lesegesellschaft bei.

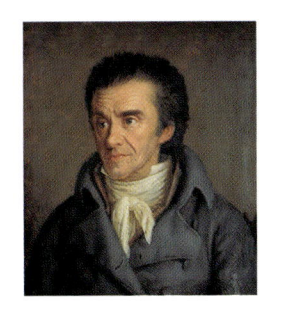

Heinrich Pestalozzi entstammte dem Stadtzürcher Bürgertum und wurde nach einem abgebrochenen Studium Bauer, Erzieher und Schriftsteller. (Gemälde von G. F. A. Schoener, 1808)

Vom Ancien Régime zu den Anfängen der modernen Schweiz

schlossen. Nach der Jahrhundertmitte gab es immer mehr Veranstaltungen, die auch von einzelnen Frauen besucht wurden. Mittelpunkt eines ganzen Kreises aufgeklärter Berner, die sich im 1760 eröffneten Café littéraire trafen, war die geistreiche Patrizierin Julie Bondeli. In Genf empfing Suzanne Curchod, Ehefrau des Bankiers Necker und Mutter der Schriftstellerin Germaine de Staël, die galante Jugend beider Geschlechter zu den wöchentlichen Sitzungen ihrer «Académie des Eaux». Erörtert wurden literarische und naturrechtliche Fragen. An die Bildung einer vorbildlichen Hausmutter stellte die Oberschicht jetzt höhere Anforderungen. 1774 ist in Zürich deshalb eine Höhere Töchterschule gegründet worden.

Ein geeignetes Mittel, um das Wissen unter die Leute zu tragen, waren die *Wochenschriften*. Nie zuvor sind so viele Zeitschriften und Bücher gedruckt worden, und bereits gab es erste Zeitungen. Gegen die Masse vermochten auch die strengen Zensoren wenig.

Der Helvetismus

1761/62 wurde die *Helvetische Gesellschaft* gegründet. Als geistiger Vater wurde der greise Franz Urs von Balthasar an der ersten Tagung geehrt. In seinen «Patriotischen Träumen eines Eidgenossen von einem Mittel, die veraltete Eidgenossenschaft wieder zu verjüngen» hatte der Luzerner Patrizier und Ratsherr die Einrichtung einer «Pflanzschule» für eine künftige Eidgenossenschaft gefordert und damit indirekte Kritik an der Alten Eidgenossenschaft geäussert. Vierzehn Jahre musste dieser Aufsatz im Schreibtisch seines Autors warten, bis Isaac Iselin es 1758 wagte, das Buch anonym in Lörrach herauszubringen. Die viertägigen Jahresversammlungen in Schinznach im Berner Aargau bildeten eine Art Gegenstück zur **Tagsatzung.** Hier trafen sich Angehörige vornehmer Familien aus fast allen Landesteilen und legten den geistigen Boden für eine neue Eidgenossenschaft. Vor direkter Kritik und politischer Aktivität scheute die Versammlung allerdings zurück. So blieb es denn bei Freundschaftsbekundungen, moralischen Appellen und utopischen Wünschen. Einigen reaktionären Berner Patriziern war auch das schon zuviel. Ihr Versuch, Berner Bürgern den Besuch der Versammlungen verbieten zu lassen, ist aber fehlgeschlagen. Unter den Teilnehmern finden sich Magistraten, Kaufleute, Grundbesitzer, Offiziere, Professoren und Pfarrer beider Konfessionen. Nach 1780 haben die Mitglieder oft auch ihre Frauen und Töchter mitgebracht. Häufig kamen vornehme Gäste aus dem Ausland. Auf Wunsch von Prinz Ludwig Eugen von Württemberg wurde der bekannt gewordene Bauer Kleinjogg an eine Versammlung geholt. Obwohl der Bauer sich neben den Prinzen setzen durfte, wurde seine Anwesenheit in den gedruckten Verhandlungen nicht erwähnt.

Nationales Selbstverständnis

Über das eigene Dorf und die Stadt hinaus umfasste das Heimatgefühl immer mehr auch das ganze Land, dessen Herz die mächtige Alpenkette zu bilden schien. Der Alpenmythos verbindet ursprüngliche Natur mit angestammter Freiheit, einfache Lebensweise mit gesundem Menschenverstand und steht im Gegensatz zur verderbten grossstädtischen und höfischen Gesellschaft. Albrecht von Hallers grosses Epos «Die Alpen» hat diesen Mythos in ganz Europa populär gemacht. Aus Verpflichtung zur freiheitlichen Tradition erzählte Johann Jakob Bodmer, Professor für vaterländische Geschichte und einziger Nicht-Theologe an der Zürcher Akademie, seinen Studenten die Gründungssagen der Eidgenossenschaft. Trotz ihrer persönlichen Unfreiheit fühlten sich auch die Untertanen in die nationale Freiheitstradition eingeschlossen. Freiheit wurde als Autonomie des Gemeinwesens und als lokaler Freiheitsraum verstanden, überhaupt nicht als Rechtsanspruch des Einzelnen. Der Untertan konnte durchaus stolz auf seinen eigenen Staat sein, weil dieser eigenständig und republikanisch war, keinem grösseren Reich zugehörig und keinem Fürsten untertan.

Wirtschaft in Bewegung

Die Entfaltung der Heimindustrie auf dem Lande

Ein starker Aufschwung der ländlichen Heimindustrie hat die Schweiz bis zum Ende des 18. Jahrhunderts zu jenem Gebiet gemacht, das auf dem Kontinent am stärksten industrialisiert war. Die Forscher haben für diese Phase der industriellen Entwicklung den Begriff *Protoindustrialisierung* geprägt. Er soll andeuten, dass es sich zwar noch nicht um die Industrielle Revolution handelt – noch fehlt die starke Steigerung der Produktivität durch die technischen Innovationen – aber doch schon um ihre unmittelbare Vorstufe. Die protoindustrielle Entwicklung setzte bereits im späten 16. Jahrhundert ein (vgl. S. 197 f.) und erreichte im 18. Jahrhundert ihren Höhepunkt.

Das alte Zunfthandwerk

Seit dem Spätmittelalter war das städtische Gewerbe in **Zünften** organisiert. Ihre strengen Ordnungen garantierten eine stetige, qualitativ gleich bleibende Versorgung der Stadt und ihres Umlandes. Die Handwerker teilten den Markt solidarisch unter sich auf, indem sie Zahl und Grösse der Betriebe festlegten und den freien Wettbewerb verhinderten. Privile-

Tell und sein Sohn. Holzstatue von Alexander Trippel (1781), mit Kristallglas, Besitz der Helvetischen Gesellschaft. Als patriotische Erinnerung pflegten die Mitglieder bei ihren Jahrestreffen in Schinznach Wein aus Reben von St. Jakob an der Birs als «Schweizerblut» zu trinken.

gien im Bereiche der Ausbildung, der Produktion und des Handels sorgten für völlige Überlegenheit gegenüber dem ländlichen Gewerbe. An diesen Vorrechten änderte sich im 18. Jahrhundert kaum etwas, Folge davon war die Stagnation.

Die Verlagsproduktion

Die wesentlichen wirtschaftlichen Impulse gingen nicht von den Handwerkern, sondern von den städtischen Unternehmern aus, welche im Rahmen des Verlagssystems (vgl. S. 197 f.) in ungeregelte Nischen auswichen. Der Verleger kauft Rohstoffe, lässt sie von Heimarbeiterinnen und Heimarbeitern gegen Stücklohn verarbeiten, übernimmt die Fertigprodukte und verkauft sie. Sein Aktionsradius ist nicht auf den lokalen Markt begrenzt; er kauft die Rohstoffe ein, wo er sie am billigsten findet, und exportiert die Produkte in die ganze Welt. In sein Sortiment gehörten nicht einfache Artikel für den täglichen Gebrauch, sondern Luxuswaren für eine kaufkräftige Kundschaft. Den Arbeitsplatz stellten die Heimarbeiter selbst. Für ihre Lohnkosten musste der Verleger nur in dem Masse aufkommen, als er sie beschäftigen konnte. Die Arbeiter waren wohl am Risiko beteiligt, aber nicht am Gewinn.

Als Heimarbeiter wurden vor allem die Tauner (vgl. S. 220 f.) und ihre Familien angeworben. Für den eigenen Bedarf zogen sie etwas Gemüse, bauten Kartoffeln an oder hielten sich Kleinvieh. Gegenüber dem Solddienst hatte die Heimarbeit den Vorteil, dass sie zu Hause betrieben werden konnte und dass sie Ehe und Familie nicht ausschloss. Faktoren, Fergger und Träger regelten den Verkehr zwischen den Verlagsherren in der Stadt und den Arbeitern auf dem Lande, Agenten warben neue Arbeitskräfte an, Tüchler und Landverleger liessen auf eigene Rechnung arbeiten. Um den Rast, das selbst gesteckte Arbeitsziel, zu erreichen, bewältigten Heimarbeiter oft unglaubliche Arbeitspensen. Häufig arbeitete die ganze Familie, der Mann, die Frau und die Kinder. Lange Zeit wurde der Heimarbeiter schlechter bezahlt als der Taglöhner. Das änderte sich, als die Konjunktur gegen Mitte des 18. Jahrhunderts einen starken Aufschwung nahm und höherwertige Güter produziert wurden. Die Baumwollindustrie erreichte eine erste Blüte. In jenen Jahren hat die industrielle Entwicklung der Schweiz diejenige der anderen Länder des Kontinents überflügelt.

Die Entwicklung der Textilindustrie

Bis ins 20. Jahrhundert hinein war die Textilproduktion der dominierende Industriesektor. Wichtigster Exportartikel des 17. Jahrhunderts war die Leinwand, die als «toile suisse» in Frankreich, aber auch in Italien und Spanien einen hervorragenden Ruf genoss. Im 18. Jahrhundert verlagerte sich das Produktionszentrum von St. Gallen ins Bernische, in die Region von Langenthal, in den Oberaargau und ins Emmental. Die um 1700 einsetzende Baumwollindustrie hat die alte Leinwandproduktion in weniger als 50 Jahren von der Spitze verdrängt. Die Gründe lagen im günstigen Preis-Leistungs-Verhältnis. Der Rohstoff stammte aus Ägypten und Syrien und wurde von Kaufleuten aus Genf, den so genannten Genfern, importiert. Die Verarbeitungszentren lagen in der Ostschweiz: im Zürcher Oberland, im Glarnerischen, im Toggenburg, in Appenzell Ausserrhoden.

In einer ersten Verarbeitungsstufe wird Rohbaumwolle zu Garn gesponnen. Das Spinnen

Drucksaal der Indienne-Manufaktur Wetter in Orange (Frankreich). Die beiden Schweizer Brüder Laurent und Rodolphe Wetter gründeten 1757 in Orange eine Indienne-Druckerei, in der 530 Arbeitskräfte beschäftigt waren. Im Mittelpunkt des Bildes stehen die beiden Unternehmer, dahinter erstreckt sich der weitläufige Drucksaal, in dem vor allem die vielen Kinder auffallen, welche die Farbe nachfüllen. Links ist eine der ersten Rotationdruckmaschinen abgebildet; im Raum rechts werden die frisch bedruckten Tücher zum Trocknen aufgehängt. (Gemälde von G.M. Rossetti, 1764)

Vom Ancien Régime zu den Anfängen der modernen Schweiz

war schlecht bezahlte Frauen- und Kinderarbeit. Nach 1785 stürzte der Einsatz der ersten Spinnmaschinen in Grossbritannien die Schweizer *Baumwollspinnerei* in eine tiefe Krise. Als das billigere und bessere britische Garn den Markt überflutete, waren die 70 000 einheimischen Spinnerinnen und Spinner auch mit Arbeitszeiten von 16 Stunden nicht mehr konkurrenzfähig. Der Übergang zur mechanischen Spinnerei erfolgte in der Schweiz aber erst nach 1800. In der zweiten Stufe wird das Garn zu Tüchern gewoben. Die 28 000 Weber mussten über Kapital für einen Webstuhl und über einen gut beleuchteten und genügend hohen Arbeitsraum verfügen. Die rohfarbenen Tücher wurden in einer dritten Arbeitsstufe durch Bleichen, Färben und Bedrucken veredelt.

Nachdem in Frankreich unter Ludwig XIV. die *Indiennes,* bedruckte Baumwolltücher aus Indien, Furore gemacht hatten, richteten wagemutige Unternehmer in Genf um 1700 Druckwerkstätten ein. In Heimarbeit liess sich der Zeugdruck nicht herstellen. Es entstanden zentralisierte Werkstätten, das heisst *Manufakturen,* in denen eine Vielzahl von Männern, Frauen und Kindern für ganz unterschiedliche Arbeitsgänge verantwortlich waren, als Zeichner, Druckerin oder Drucker oder als Streicherkind, das die Farbe auf dem Stempelkissen auftrug. Ihre Zeit konnten diese Arbeitskräfte nicht mehr nach dem häuslichen Lebensrhythmus einteilen. Alle mussten sich pünktlich einstellen, wenn je nach Jahreszeit der 8- bis 14-stündige Arbeitstag begann. Die Löhne waren verhältnismässig hoch, dafür waren die Arbeitsbedingungen denkbar schlecht. Die Luft war heiss und feucht und vom Lärm der grossen Holzschlegel erfüllt. Die Haut und die Atemwege litten unter der Einwirkung der Farbstoffe. In der Manufaktur begnügte man sich mit menschlicher Energie. Gegenüber der Fabrik fehlte noch der Antrieb durch Wasserkraft oder durch die Dampfmaschine. Produktionshallen, Trockentürme, Werkzeuge und Rohstoffe erforderten hohe Investitionen. 1728 waren in der grössten Manufaktur 600 Arbeitskräfte beschäftigt, um die Mitte des Jahrhunderts arbeiteten 3000 Menschen in sieben Manufakturen. Weitere Betriebe sind in Neuenburg, Zürich, Basel und Mülhausen entstanden.

Die *Seidenweberei* war in den Regionen von Zürich und Basel ansässig. In Zürich wurden Seidenstoffe gewoben, die Basler Verleger spezialisierten sich im Verlauf des späten 17. Jahrhunderts auf Seidenbänder. Die «Passements», so wurden sie von den französischen Refugianten genannt, die viel zu diesem Industriezweig beigetragen haben, konnten dank ihrer hohen Qualität weltweit exportiert werden. 1786 klapperten 2000 Webstühle in der Basler Landschaft und in der weiteren Region.

Die Entstehung der Uhrenindustrie

An der Uhrenindustrie haben religiöse Flüchtlinge grossen Anteil. Sie kamen Ende des 16. Jahrhunderts nach Genf. Nach der Gründung der Uhrmacherzunft um 1601 brachte vor allem die zweite Hälfte des 17. Jahrhunderts ein rasantes Wachstum. Um die Jahrhundertwende war die Produktion von Taschenuhren Hauptindustrie der Stadt geworden und Genf neben London das zweite Weltzentrum der Uhrmacherei. 1784 stellten 20 000 Handwerker und Arbeiter, die sich in über vierzig Untergewerbe teilten, jährlich 80 000 Uhren her. In der Stadt arbeiteten Verleger und hoch spezialisierte Handwerker. Zifferblätter, Zeiger, Ketten und andere Teile wurden von Heimarbeitern auf dem Lande hergestellt. Durch strenge Kontrollen verhinderte die **Zunft,** dass Uhren auf dem Lande fertig gestellt wurden. Weil calvinistische Sittenmandate das Tragen von Schmuck stark einschränkten, konzentrierte sich die Genfer Uhren- und Schmuckproduktion auf den Export. Eine kleine Kolonie von Genfer Uhrmachern in Konstantinopel hatte nach und nach den Orient als Absatzmarkt erschlossen. Viele Genfer Hersteller führten Uhren «à la turquoise» im Sortiment, Produkte also, die nach dem Geschmack der orientalischen Kunden gestaltet waren. Genfer Uhren gingen bis nach Indien, China und Lateinamerika. Ausser Reichweite von Zünften entwickelte sich in Neuenburg und im Jura ein zweites Zentrum der Uhrenproduktion. Die Herstellung war hier billiger; statt des teuren Goldes wurden Silber und andere Metalle verwendet.

Neue Ideen in der Landwirtschaft

Noch im 18. Jahrhundert gehörten über 70 Prozent der Bewohner der Schweiz zur bäuerlichen Bevölkerung. Trotzdem gelang es diesen Menschen nicht, den Nahrungsmittelbedarf der damaligen Schweiz zu decken. Eine Mehrheit der Bauernfamilien war nicht einmal im Stande, sich aus dem eigenen Betrieb zu versorgen. Über Jahrhunderte entwickelt, hatte sich die Landwirtschaft zu einem System mit starren Regeln verfestigt. So lange dieses System in Kraft blieb, liessen sich die Erträge nicht steigern.

Die traditionelle Dreizelgenwirtschaft

Im Mittelland, dem Kornland also (vgl. S. 197), in dem der Getreideanbau überwog, war die Nutzung jeder Landparzelle im **Urbar** festgeschrieben. Es galt die traditionelle Dreizelgenwirtschaft. Das gesamte Ackerland eines Dorfes wurde in drei gleich grosse Zelgen geteilt, und zwar so, dass jeder einzelne Hof je eine gleich grosse Fläche in allen drei Zelgen hatte. Auf der ersten Zelge wuchs das Winterkorn, meist Dinkel, auf der zweiten Hafer oder

Für den Export bestimmte Uhr mit türkischen Ziffern (Courvoisier, La Chaux-de-Fonds)

Gerste, das so genannte Sommerkorn, die dritte lag brach. Im nächsten Jahr lag die erste Zelge brach, im übernächsten die zweite. Daraus ergab sich ein verbindlicher Zyklus von drei Jahren. Dieser **Flurzwang**, dem alle unterworfen waren, hatte den Vorteil, dass keine Zäune und wenig Wege nötig waren und dass die Feldarbeit im Dorf koordiniert werden konnte. Man half sich gegenseitig aus. Auf der *Brache* und auf den abgeernteten Stoppelfeldern herrschte das *Trattrecht,* der allgemeine Weidgang für das Kleinvieh. Weide und Wald bildeten die *Allmend.* Sie befand sich im öffentlichen Besitz und konnte auch von allen genutzt werden. Auch der Tauner mit wenig Wiesland konnte hier sein Vieh weiden lassen. Im Garten vor dem Haus wuchsen Obst und Gemüse für den eigenen Bedarf. Die Dreizelgenwirtschaft sicherte das ökologische und soziale Gleichgewicht: Sie war wie das Zunftwesen auf Stabilität angelegt.

Ein wichtiger Nachteil dieser Anbauform bestand im ungünstigen Grünlandverhältnis, dem Mangel an Wiesland im Verhältnis zur Ackerfläche. Weil es an Futter fehlte, konnten die Bauern nicht mehr Vieh halten. Weil es darum an tierischem Dünger fehlte, konnten die Erträge im Ackerbau nicht gesteigert werden. Die Dreizelgenwirtschaft war eng mit der gesellschaftspolitischen Ordnung verknüpft. Die städtische Obrigkeit duldete keine Lockerung des Flurzwangs, um die Versorgung der Stadtbevölkerung mit Getreide zu sichern. Aus dem gleichen Grunde durfte das Korn nur auf dem städtischen Markt verkauft werden. Auf Getreidefeldern und Rebbergen lasteten die feudalen Grundzinsen und Zehnten (vgl. S. 226). Aus ihren Erträgen bezogen Staat und Kirche ihr Grundeinkommen. In der Erntezeit wurden diese Abgaben in Naturalien auf der Gesamtheit der abgabepflichtigen Flächen erhoben. Flurzwang, Trattrecht und andere Bestimmungen der Gemeinde und die Vorschriften der Zehntherren zwangen den Landwirt in ein enges Korsett.

Übernutzter Wald

Aus Mangel an Wiesen trieben die Bauern Klein- und Grossvieh zur Weide in den Wald, sodass der Nachwuchs durch Viehfrass geschädigt wurde. Dies, obwohl der Wald übernutzt war und dringend der Erholung bedurfte. Man entnahm ihm riesige Mengen an Brennholz und schlug die schönsten Stämme rücksichtslos für den Bau von Häusern, Brücken, Wasserleitungen, Wagen, Schif-

Zehntenplan von Uster. Deutlich erkennbar sind die Allmend, die drei Zelgen und der eingezäunte Etter (Ortsgrenze).
(J. J. Hulftegger, 1678)

Vom Ancien Régime zu den Anfängen der modernen Schweiz

fen, Werkzeugen und Hausrat. Extremen Raubbau trieben jene Holzfäller und Köhler, die den Brennstoff für Glashütten und Erzbergwerke lieferten. Mit ihren Mandaten vermochte die Obrigkeit kaum die schlimmsten Verwüstungen zu verhindern.

Vieh- und Alpwirtschaft in den Bergen

Im Hirtenland (vgl. S. 197 und 222), am Alpennordfuss und im Hochjura, wo keine Grundlasten bestanden, hatte die Gras- und Viehwirtschaft den Ackerbau seit dem Spätmittelalter verdrängt. Vieh und Hartkäse konnten zu steigenden Preisen in die Städte der Nachbarländer verkauft werden. Der lagerbare Schweizer Käse war auch eine begehrte Verpflegung für Schiffsbesatzungen. Das Hirtenland war dem Kornland wirtschaftlich voraus, denn die Viehzüchter waren Unternehmer, die sich am Markt orientierten. Im Innern der Alpen hingegen, in den Bündner und Walliser Bergtälern, hatte sich eine autarke Zone mit Selbstversorgern herausgebildet.

Zaghafter Beginn der Agrarmodernisierung

Mit Beginn des 18. Jahrhunderts setzte im Kornland allmählich eine Modernisierung ein, die dem britischen Vorbild folgte. Einzelne Betriebe entzogen sich so weit wie möglich der kollektiven Ordnung. Der Durchbruch dieses *Agrarindividualismus* gelang aber erst im 19. Jahrhundert.

Der erste Reformschritt war die *Aufteilung der Allmend,* die sich oft in schlechtem Zustand befand. Wenn die Obrigkeit die Genehmigung zur Aufteilung der Allmend erteilt hatte, wurde das Land den Gemeindebürgern im Verhältnis zu ihrem Viehbestand zugeteilt. Damit verschärften sich die sozialen Unterschiede im Dorf. Während die Grossbauern den Nutzen aus der ehemaligen Allmend verdoppeln konnten, wurde vielen Armen und Besitzlosen eine Existenzgrundlage entzogen.

Den zweiten Reformschritt konnten vorerst nur wenige gehen. Durch eine Hecke, einen Zaun oder einen Graben entzogen sie die eigenen Landparzellen der kollektiven Nutzung. Dieser *Einschlag* setzte in der zweiten Jahrhunderthälfte ein und gestattete den Anbau auf der Brache. Voraussetzung war, dass die Nachbarn auf ihre Weid- und Wegrechte verzichteten und dass Gemeinde und Obrigkeit den **Flurzwang** entsprechend lockerten. Nur wer Bargeld hatte, konnte die behördliche Einschlagbewilligung kaufen und die Dorfgenossen abfinden. Auf Wiese und Brache wurden *Futterpflanzen* angebaut, zum Beispiel Klee, der den Boden ausserdem mit Stickstoff anreichert. Dank dem Futter konnte der Viehbestand erhöht werden. Auch im Mittelland wuchs die Bedeutung der Vieh- und Milchwirtschaft. Wenn der Viehzüchter zur *Stallfütte-*

Hinrichtung des Majors Davel. Mit dem Vormarsch des Liberalismus wurde der vergessene Davel als Vorbild entdeckt. (Ölgemälde von Charles Gleyre, 1848–1850)

rung überging, fiel bedeutend mehr verwertbarer Dünger an. Damit konnten die Erträge aus dem Ackerbau gesteigert werden.

Für das Jahr 1709 konnte der erste *Kartoffelanbau* in der Schweiz nachgewiesen werden. Weil Kartoffeläcker auch in feuchtem Klima hohe Erträge abwerfen und weil die Verarbeitung der Bodenfrucht im Verhältnis zum Korn wenig Arbeit erfordert, pflanzten immer mehr Bauern Kartoffeln an, zunächst in den Gärten, wo der Anbau frei war. 1742 erleichterte die Berner Regierung den Anbau ausserhalb, gleichzeitig wurde die Kartoffel aber der Zehntpflicht unterworfen. Nach dem langen und harten Winter von 1770/71, als wieder einmal Mangel an Nahrungsmitteln herrschte, nahm der Kartoffelanbau sprunghaft zu. Sogar der Bürgermeister von Zürich propagierte die Kartoffel. Mit ihrem Reichtum an Kohlehydraten und dank dem hohen Vitamin-C-Gehalt hat die südamerikanische Knolle viel zur besseren Ernährung beigetragen. Gerade für Kleinbauern und Heimarbeiter war das Kartoffeläckerchen Ersatz für die Allmendnutzung.

Widerstand gegen die Modernisierung

Der Agrarindividualismus war keine schlagartige Revolution. Zunächst musste ein Wandel des Bewusstseins sich anbahnen. Für Agrarreformen interessierten sich vor allem Gelehrte, begüterte Oberschichten und Beamte. Die ökonomischen Gesellschaften, in denen die Reformen diskutiert und gefördert wurden, rekrutierten ihre Mitglieder in den Städten. Die Haltung der städtischen Bürgerschaft war aber ambivalent: Einerseits wünschte sie sich eine Mehrung des Wohlstandes, anderseits wollte sie nicht die finanziellen Grundlagen der eigenen Herrschaft gefährden, denn auf die Dauer waren Agrarmodernisierung und Feudalabgaben unvereinbar. Dass die Agrarmodernisierung im 18. Jahrhundert nur begrenzte Teilerfolge verzeichnen konnte, lag aber nicht nur am Misstrauen der städtischen Obrigkeit. Eine innovationsfeindliche Mentalität machte es äusserst schwierig, die Gesamtheit der Dorfgemeinde zur Preisgabe des Flurzwangs zu bewegen. Es fehlte an Experimentierfreude und am nötigen Kapital für die Umstellungen.

Revolution in der Schweiz?

Revolutionsbereitschaft vor 1789

1723 versuchte der Waadtländer Abraham Davel, Major in bernischen Diensten, im Alleingang einen tollkühnen Aufstand gegen die Berner Herrschaft einzuleiten, indem er mit seinen Truppen die Stadt Lausanne besetzte. Er erklärte, die Berner hätten ihr Herrschaftsrecht aus moralischen Gründen verwirkt. Als der Rat von Lausanne Davels Verhaftung anordnete, hat sich keine einzige Stimme zu seinen Gunsten erhoben. Zum Nationalhelden haben ihn die Waadtländer erst 1798 erhoben, nach dem Untergang der alten Eidgenossenschaft, und ein Denkmal erhielt er erst 1898. Abgesehen von diesem Einzelfall lehnten sich Untertanen nur dann gegen ihre Herren auf, wenn sie sich in ihren Rechten durch behördliche Neuregelungen bedroht fühlten. Die Rebellen traten nicht als revolutionäre Neuerer auf, sondern als Hüter der alten Ordnung, sie beriefen sich aufs überlieferte Recht und nicht aufs Naturrecht der Aufklärer. Die aufgeklärten Geister ihrerseits (vgl. S. 230 f.) waren gesellschaftlich meist gut integriert und keine Rebellen.

In der Gruppe der Zürcher Patrioten um Füssli, Lavater und Pestalozzi, einer Art Jugendbewegung innerhalb der regimentsfähigen Familien, verbanden sich aufklärerische zeitweise mit revolutionären Zielen. Als die Obrigkeit sie hart massregelte, verflog jedoch der revolutionäre Eifer, und die Gruppe löste sich auf. Einige Mitglieder kamen später selbst zu Amt und Würden. Aus dem Patriziat konnte keine Revolution hervorgehen.

Mit den Verhältnissen in den übrigen Schweizer Städten nicht vergleichbar sind die Genfer Verfassungskämpfe, die das ganze Jahrhundert andauerten. 1737 gelang es den «Bourgeois», den Neubürgern, die Volksversammlung, in der sie selbst vertreten waren, zum Souverän und zur Legislative zu machen. Die Exekutive blieb bei den Räten, in denen das Patriziat dank Kooptation unangefochten herrschte. Nachdem die Regierung den Genfer Bürger Rousseau 1762 geächtet und seinen «Contrat social» verbrannt hatte, flammten die Kämpfe erneut auf. Zeitweise erreichten die Bourgeois eine Beteiligung im Grossen Rat. Als sie sich 1782 mit den Neuzuzügern ohne Bürgerrecht verbündeten, behielten die Patrizier nur dank Waffenhilfe aus Frankreich, Sardinien und Bern die Oberhand.

Nach Ausbruch der Französischen Revolution

Ausserhalb der Stadt Genf verschärften sich die gesellschaftlichen Konflikte erst nach dem Ausbruch der Französischen Revolution. 1791 wurde der zweite Jahrestag des Bastillesturms in der Waadt mit Verbrüderungsfesten gefeiert. Bern reagierte nervös: Die jubelnden Untertanen wurden mit militärischer Gewalt zum Schweigen gebracht. Dank der Lektüre französischer Tageszeitungen waren die zahlreichen Lesezirkel über die Ereignisse in Paris informiert. Im Leseverein von Stäfa am Zürichsee wurde die Idee geboren, die Obrigkeit in einer Petition um eine Besserstellung der Landbevölkerung zu bitten. Das Resultat war das *Stäfner Memorial* von 1794. Was da in verbindlicher, beinahe unterwürfiger Form von den «Vätern des Vaterlandes» erbeten wurde, war nicht viel weniger als die faktische Aufhebung des Untertanenstatus, nämlich die wirtschaftliche Gleichberechtigung, politische Rechte und – als Zugeständnis an die Bauern – die Aufhebung der Feudallasten. Vor seiner Einreichung wurde der Text in mehreren Abschriften herumgegeben. Die Zürcher Regierung bekam Wind davon, liess die Verfasser verhaften und verbannte sie wegen Unruhestiftung für vier bis sechs Jahre aus dem Zürcher Herrschaftsgebiet. Über 70 weitere Personen wurden gebüsst oder ermahnt. Die Regierung warnte vor dem «neuerungssüchtigen Schwindelgeist». Nun hatten die Gemeinden am Zürichsee aber alte Urkunden aufgetrieben, die belegten, dass die Gemeinden früher mehr Mitspracherechte besessen hatten. Nachdem der Kleine Rat darauf nicht hatte eingehen wollen, wurden in Stäfa, Küsnacht und Horgen Gemeindeversammlungen einberufen. Die beunruhigten Herren in der Stadt ordneten daraufhin die militärische Besetzung Stäfas an, mit Truppen, die im ruhigen Norden des Kantons ausgehoben worden waren. Gegen die angeblichen Rädelsführer wurden lebenslängliche und mehrjährige Gefängnisstrafen verhängt. Kaum hatten französische Truppen Schweizer Boden betreten (1798), wurden die Gefangenen begnadigt.

Auch nach Ausbruch der Französischen Revolution wurde, von einzelnen aufklärerisch gesinnten Patriziern abgesehen, erst die schmale Schicht der Notablen und der neuen Eliten, etwa der Ärzte oder der Verleger, in den aufstrebenden Untertanengemeinden und Munizipalstädten (vgl. S. 226) vom Revolutionsgeist erfasst. Noch gelang es ihnen jedoch nicht, die Bevölkerung über den lokalen Umkreis hinaus zu mobilisieren. Bäuerliche Untertanen und unterprivilegierte Städter blieben ruhig. Das schweizerische Ancien Régime hat den Todesstoss von aussen erhalten. Sicher wäre die Spannung auch sonst gestiegen, und es wären weitere Konflikte ausgebrochen. Für eine eigenständige Revolution war es im 18. Jahrhundert jedoch zu früh.

Titelseite einer zeitgenössischen Abschrift des Stäfner Memorials von 1794

Vom Ancien Régime zu den Anfängen der modernen Schweiz

Krisenzeit
1798 bis 1815

Die helvetischen Revolutionen und der Untergang der alten Eidgenossenschaft (1798)

Das französische Interesse

Mit dem Erfolg der französischen Armeen im *Ersten Koalitionskrieg* (1792–1797) gegen Preussen und Österreich geriet auch die Eidgenossenschaft unter zunehmenden Druck der französischen Regierung. Zunächst setzte Paris die Ausweisung der französischen Monarchisten durch, die in die Schweiz geflohen waren. Nach der Unterwerfung Italiens fehlte bloss noch die Schweiz im Ring der Satellitenstaaten um Frankreich. Das Fürstbistum Basel, Mülhausen und Genf, die zugewandten Orte im Westen also, wurden annektiert. Für den Sturm auf die übrige Eidgenossenschaft bot sich das folgende Verfahren an: Revolutionäre Aufstände im Innern sollten Frankreich das Motiv zum Eingreifen geben. Zu fragen ist deshalb, ob es sich bei den helvetischen Revolutionen von 1798 um französische Inszenierungen handelt.

Es beginnt in Basel

Die Kunde von den revolutionären Ereignissen in Frankreich drang über Erzählungen von Reisenden, über Briefe und Zeitungen in die Basler Landschaft und stiess auf reges Interesse. 1790 baten die Bürger von Liestal ihre Herren in Basel, dem französischen Beispiel folgend, die Leibeigenschaft abzuschaffen und auf die Wirtschaftsprivilegien zu verzichten. Diese rangen sich zur Aufhebung der Leibeigenschaft durch, aber auf die damit verbundenen Abgaben wollten sie nicht verzichten. Eine Reihe kleinerer Vorfälle zeugt von wachsender Unzufriedenheit auf der Landschaft: Es wurden revolutionäre Lieder gesungen und Kokarden mit den französischen Farben getragen. Als Napoleon im Herbst 1797 auf der Durchreise durch Liestal fuhr, säumte eine jubelnde Menge die Strasse.

Auch unter den regierenden Familien in Basel gab es Anhänger der Revolution, so genannte *Patrioten*. Der prominenteste unter ihnen, Oberzunftmeister *Peter Ochs,* wurde als Gesandter der Basler Regierung im Dezember 1797 vom französischen **Direktorium** in Paris empfangen. Dort wurde ihm bedeutet, Basel und die anderen Orte müssten ihre Verfassungen nach französischem Muster umgestalten und die Untertanen befreien; andernfalls müssten sie mit dem Einmarsch französischer Truppen rechnen. Nach den Richtlinien des französischen Direktoriums entwarf Ochs eine Verfassung für eine künftige, revolutionierte Schweiz, die er *Helvetische Republik* nannte. Gleichzeitig stellte sein Schwager im Basler Rat den Antrag, die Landbevölkerung gleichberechtigt ins Bürgerrecht aufzunehmen, aber die Mehrheit der Altgesinnten war nicht dazu bereit. Von Ochs und seinen Freunden ermuntert, präsentierten schliesslich Vertreter Liestals und der ländlichen Gemeinden einen Forderungskatalog. Darin heisst es, die Landschaft wolle trotz der Sirenenklänge aus Frankreich schweizerisch bleiben, aber sie verlange die rechtliche Gleichstellung mit der Stadt. In Liestal wurde zum ersten Mal in der Schweiz ein *Freiheitsbaum* errichtet. Er wurde mit einem Tellenhut gekrönt, nicht mit der Jakobinermütze, die als «Blutmütze» in Verruf geraten war. Den Baselstab ersetzten die Manifestanten durch eine schwarzweissrote **Trikolore**, eine Kombination der Basler und der Liestaler Farben. Als daraufhin die Landvogteischlösser Waldenburg, Farnsburg und Homburg in Flammen aufgingen, schien es beinahe, als sei Ochs und seinen Freunden in der Stadt die Regie entglitten. Obwohl man die Vögte unversehrt und mit sämtlichen Habseligkeiten abziehen liess, wagten die gnädigen Herren nicht mehr, hart zu bleiben.

Die Urkunde aus Pergament, in welcher der Basler Rat am 20. Januar 1798 auf seine Herrschaftsrechte über die Landschaft verzichtete, wird heute noch im Rathaus von Liestal aufbewahrt. Die Ratsherren legten ihre Amtstracht mit Halskrause und spitzem Basler Hut ab. Statt mit den alten Titeln sollten sie fortan nach französischem Vorbild nur noch als Bürger angesprochen werden. Endlich wurden die Basler Uhren, welche eine Stunde vorgegangen waren, an die Uhrzeit der Landschaft und der französischen Nachbarn angepasst. Auf dem Basler Münsterplatz wurde die Vereinigung von Stadt und Land mit Kanonendonner, Kirchenglocken und dem Freiheitsgesang weiss gekleideter Mädchen gefeiert. Den Platz zierte ein Freiheitsbaum mit Flaggen in den neuen Farben. Über Wahlmänner wurde eine Volksvertretung aus Stadt und Land gewählt, welche die von Ochs konzipierte «Helvetische Ver-

Frédéric-César de Laharpe (1754–1838) stammte aus Rolle und wurde 1784 Erzieher des künftigen Zaren Alexanders I. 1795 ging er als Anhänger der Französischen Revolution nach Paris und setzte sich dort für die Befreiung der Waadt von der Berner Herrschaft ein.

Peter Ochs (1752–1821) wuchs als Basler Bürger in Hamburg auf, liess sich 1779 in seiner Heimatstadt nieder und stieg vom Ratsschreiber zum Oberstzunftmeister auf.

fassung» umarbeitete und im Gebiet des Kantons Basel in Kraft setzte.

Die Waadt befreit sich von der Berner Herrschaft

Ende Januar 1798, wenige Tage nach der Basler Revolution, beendete die Proklamation der Lemanischen Republik in Lausanne die Berner Herrschaft über die Waadt. Den Revolutionären hatte Frankreich zuvor ausdrücklich seinen Schutz zugesichert. Schon 1796 hatte *Frédéric-César de Laharpe,* ein Aufklärer, der als Erzieher des Zaren gewirkt hatte, das französische **Direktorium** aufgefordert, die Waadt vom Berner Joch zu befreien. Laharpe stammte aus einer vornehmen Waadtländer Familie, aber in der Revolutionszeit schrieb er seinen Namen ohne das Adelsprädikat «de». Während die Landvögte unbehelligt heimreisten, wurde der Berner Bär von Postkutschen und Rathäusern abgekratzt. Aus den Fenstern flatterte schon die neue grüne Fahne. Vier Tage später marschierten französische Truppen ein und liessen sich als «Freunde und Brüder» feiern.

Halbherziger militärischer Widerstand

Bereits im Dezember 1797 war die bedrohliche Lage der Schweiz offenkundig geworden. Die in Aarau im Januar 1798 versammelte **Tagsatzung** war indessen nicht in der Lage, eine gesamtschweizerische militärische Verteidigung ernsthaft vorzubereiten. Sie begnügte sich vielmehr mit einem symbolischen Akt: Eingerahmt von vier Berner Kompanien, erneuerten die Ständevertreter auf der Schützenwiese feierlich den alten *Bundesschwur*; zum ersten Mal übrigens seit der Glaubensspaltung, als sich Alt- und Neugläubige über der Frage, ob die Heiligen anzurufen seien, zerstritten hatten. Der Vorschlag, diesmal auch die ländlichen Untertanen im Eid einzubeziehen, wurde scharf zurückgewiesen. Wirklich zur Verteidigung entschlossen waren nur die Patrizier-Regierungen von Bern, Freiburg und Solothurn. Gerade diese aber befanden sich nach den Umstürzen in Basel und in der Waadt an vorderster Front. Ende Februar 1798 begann der Angriff der französischen Truppen von der Waadt und vom Jura aus (besetztes Territorium des Bischofs von Basel). Solothurn und Freiburg kapitulierten sogleich. Bern konnte den 35 000 Franzosen nur 20 000 Milizionäre entgegenstellen, zu denen trotz Bundesschwur bloss 4000 Mann aus den übrigen Orten stiessen. Es half wenig, dass es diesen Truppen gelang, einen Angriff von Süden zurückzuschlagen, denn im Norden, bei Fraubrunnen und im Grauholz, wurden die schlecht organisierten Berner besiegt. Am 5. März 1798, im 607. Jahr seines Bestehens, dröhnte in den Gassen des stolzen Bern zum ersten Mal der Marschschritt fremder Besetzer. Aus ihrem Graben wurden die Bären zum Triumphzug nach Paris gefahren.

Revolutionen in der Zentral- und der Ostschweiz

Der Fall Berns bedeutete das Ende der alten Eidgenossenschaft. Mittlerweile hatte die revolutionäre Entwicklung auch die Zentral- und die Ostschweiz erfasst, wo die Untertanen in Volksversammlungen und mit Petitionen ihre Freiheit erstritten. Die alten Obrigkeiten gaben kampflos nach. Es gab weder Blutvergiessen noch Terrorjustiz. Überall das gleiche Bild: einerseits ländliche Eliten und aufgeklärte Stadtbürger, die sich durch die französische Schützenhilfe ermuntert fühlten, anderseits altgediente Patrizier, die sich eingeschüchtert ins Unvermeidliche schickten. Französische Agenten haben die Revolutionsbereitschaft wohl geschürt, indem sie Flugblätter verbreiteten, Gerüchte streuten oder Unzufriedene anstachelten; aber zum Ausbruch gekommen sind die eigenen alten Konflikte.

Landvogt Hagenbach wird am 17. Januar 1798 in einer Hutte aus der Basler Farnsburg getragen und mit ihm ein Huhn, eine Anspielung auf die Abgabe von Fasnachtshühnern. Der Basler Rat hatte noch unmittelbar vor der Revolution gehofft, die unzufriedenen Untertanen mit der Aufhebung dieser Abgabe beschwichtigen zu können. Neben dem brennenden Schloss ein Freiheitsbaum mit militarisiertem Schweizerhut und den Basler Revolutionsfarben.

Vom Ancien Régime zu den Anfängen der modernen Schweiz

Am 4. April 1798 gibt es im ganzen Gebiet der Schweiz kein einziges untertäniges Gebiet mehr. Entstanden sind dagegen etwa 40 freie Territorien, die Stadtgebiete mit *Repräsentativverfassungen* und indirektem Wahlrecht, die Landschaften mit *Landsgemeinden* nach dem Vorbild der Urkantone. Fast scheint es, als könne die Schweiz als Bündnis freier Landschaften wieder entstehen. Aber der Rückgriff auf die Landsgemeinde, die Entstehung autonomer Zwergstaaten und das Pochen auf die Zugehörigkeit zur Schweiz entsprachen nicht französischer Vorstellung.

Die Helvetische Republik (1798–1803)

Die neue Ordnung
Die Geburt eines schweizerischen Staates

Ausgerechnet im Städtchen Aarau, wo Ende Januar noch die würdigen, silbergrauen Standesvertreter an ihrer letzten **Tagsatzung** die ewigen Bünde und die alte Ordnung beschworen hatten, versammelten sich am 12. April die frisch gewählten Grossräte und Senatoren zur Geburt des Staates Schweiz. Diese Parlamentarier sind aus der ersten allgemeinen Volkswahl in der Schweiz hervorgegangen. Verschwunden sind die Standeswappen und das Schweizer Kreuz, geflaggt wird grünrotgelb. Grün wie in der Waadt als Zeichen für den Neubeginn, rot für Schwyz und gelb für Uri, so jedenfalls will es eine landläufige Erklärung. Fortan war das Tragen der Kokarde mit den Landesfarben Bürgerpflicht. Durch den Gründungsakt gingen alle Hoheitsrechte an den *Einheitsstaat* «Helvetische Republik» über; die Kantone hatten bloss noch administrative Bedeutung.

Freiheit und Gleichheit

Siegel und Briefkopf des neuen Staates zeigen den Tyrannenmörder und Freiheitshelden Wilhelm Tell, der zuletzt im Bauernkrieg besonders verehrt worden ist. Frei sind nicht bloss die Bürger der dreizehn Orte, frei und gleichberechtigt sind auch die vielen Untertanen und Hintersassen von gestern. Zu den individuellen *Freiheitsrechten*, deren Durchsetzung das Leben in der Schweiz einschneidend verändert hat, gehören die Religionsfreiheit, die Niederlassungsfreiheit, die Handels- und Gewerbefreiheit und die Pressefreiheit. Nur auf dem Willen des gesamten Volkes sollte Souveränität fortan noch gründen, alle überlieferten Vorrechte galten als verwirkt. Für Regierung und Verwaltung genügten ehrenamtliche Honoratiorenkollegien nicht mehr, dafür brauchte es einen hierarchisch geführten *Beamtenapparat*. Wenn gestern die Obrigkeit entscheiden konnte, was Recht und Brauch war, so mussten die Behörden ihr Handeln von jetzt an nach detaillierten Gesetzen und nach den ausformulierten Grundsätzen in der *Verfassung* ausrichten.

Das französische Diktat

Die Verfassung war von Peter Ochs im Auftrag des **Direktoriums** in Paris Ende 1797 ausgearbeitet worden (vgl. S. 238); das Vorbild lieferten die französische Direktorialverfassung und jene der Tochterrepubliken in Holland und Italien. Einmal im Besitze der Macht, redigierte die französische Regierung die Verfassung und strich jenen Artikel, der es der Schweiz erlaubt hätte, den Text durch einen Verfassungsrat zu ändern. Die Verfassung wurde dem jungen Staat also aufgezwungen. Nachdem indessen wenig vorher der französische Befehlshaber

Demütigungen der Stadt und des Kantons Bern (Radierung von B. A. Dunker, 1798)

Themen der sechs Medaillons:
1. Einmarsch der französischen Truppen in Bern
2. Errichtung eines Freiheitsbaums vor dem Berner Rathaus
3. Vierteilung des alten Kantonsgebietes
4. Verschleppung der lebenden Wappentiere nach Paris
5. Raub des Berner Staatsschatzes
6. Entsiegelung der Magazine vor der Plünderung

General Brune empfohlen hatte, die Schweiz in drei unabhängige Staaten zu zerschlagen, erschien der Erlass beinahe wie ein Gnadenakt, obwohl mit Genf – neben dem Bistum Basel und Mülhausen – ein weiterer zugewandter Ort zum Anschluss an Frankreich gezwungen wurde. Zur Strafe für seine Renitenz wurde das alte Bern geviertelt: Es entstanden die neuen Kantone Léman, Aargau und Oberland. Dazu kamen fünf weitere Kantone, die aus ehemaligen Untertanengebieten gebildet worden waren. Die neue Schweiz bestand schliesslich aus 18 Kantonen. Sie verstand sich im Gegensatz zur alten Eidgenossenschaft als mehrsprachiges Gebilde mit drei Landessprachen.

Zentralismus in Verfassung und Wirklichkeit
Die Verfassung war nicht nur oktroyiert; mit ihrem straffen Zentralismus französischer Machart stand sie in schärfstem Gegensatz zum traditionellen Regionalismus. Weder in der Gemeinde noch im Kanton blieb Raum für örtliche Selbstverwaltung und schon gar nicht für die direktdemokratische Landsgemeinde. An der Spitze der kantonalen Verwaltung stand wie in einem französischen Departement ein «préfet», das heisst ein *Regierungsstatthalter*, der von der Zentralregierung, dem Direktorium, eingesetzt wurde; ihm entsprach auf Gemeindeebene der *Agent*. Das indirekte Wahlverfahren wog den Verlust der lokalen Selbstverwaltung nicht auf, zumindest in den Augen jener nicht, die auf irgendeiner Stufe an den alten Privilegien beteiligt waren. Die politische Partizipation blieb auf wenige Wahlakte beschränkt. Zwar entsprach das *allgemeine und gleiche Wahlrecht* zum ersten Mal demokratischen Anforderungen, aber das komplizierte *indirekte Wahlverfahren* von der Urversammlung in der Gemeinde über das kantonale Wahlkorps bis hin zu den beiden Parlamentskammern war Ausdruck des Misstrauens, das Ochs und die aufgeklärte Elite gegenüber der Volksmasse empfanden. Immerhin bot der Zentralismus den ehemaligen Untertanen auf der Landschaft Schutz vor der Bevormundung durch die «gnädigen Herren» von ehedem und scheint dadurch das politische Leben in den Gemeinden eher animiert zu haben. In der Praxis vertraten die Regierungsstatthalter und Agenten, bei denen es sich anders als in Frankreich meist um Einheimische handelte, auch regionale Interessen. Dem Zentralstaat fühlten sie sich immer weniger verpflichtet, zumal ihre Löhne wegen der Finanzkrise über Jahre nicht bezahlt wurden. Nur der Amtszwang hinderte viele am Rücktritt. Ohnehin stand dem Agenten die Munizipalität zur Seite, eine von unten gewählte Gemeindebehörde, in der die Dorfaristokratie und viele alte Amtsträger aus dem Ancien Régime für Kontinuität sorgten.

Die neuen Behörden
Die neue Behördenstruktur, eine getreue Kopie des französischen Musters, entspricht dem Grundsatz der *Gewaltenteilung*. Die **Legislative,** die gesetzgebende Gewalt, ist zwei gleichberechtigten Parlamentskammern anvertraut, dem kleineren *Senat* und dem *Grossen Rat*. Diese beiden Kammern wählen in einem mehrteiligen Verfahren das *fünfköpfige Direktorium,* das an der Spitze der **Exekutive,** der vollziehenden Behörde, steht. Diese *Kollegialbehörde* ohne Zuteilung von Fachbereichen lässt sich durch die Minister beraten, die den einzelnen Verwaltungszweigen, vergleichbar den heutigen Departementen, vorstehen. Zum ersten Mal wird die richterliche Gewalt, die Jurisdiktion, von unabhängigen Gerichten ausgeübt. Als letzte Rekursinstanz amtet ein oberster Gerichtshof.

Emigration und gegenrevolutionäre Versuche
Die Emigranten
Nach dem Untergang des Ancien Régime trafen sich der 1798 geflohene ehemalige Berner Schultheiss Niklaus Friedrich von Steiger und andere Patrizier aus Bern und Solothurn, der Fürstabt von St. Gallen, Geistliche aus der Innerschweiz und der Historiker Johannes von Müller in Süddeutschland und Österreich. Die Emigranten wollten mit britischer und österreichischer Unterstützung eine Gegenrevolution in Gang setzen. Vom Ausland aus schleusten sie Streitschriften und Agenten in die Schweiz. Ihre Emigrantenarmee von 700 Mann kämpfte auf österreichischer Seite. Aber auch in der Schweiz leisteten Teile der Bevölkerung Widerstand gegen den neuen Staat.

Das Blutbad in Nidwalden
Schon im Frühjahr 1798 hatte nur die militärische Übermacht der Franzosen die Landsgemeinden der Innerschweiz dazu gebracht, die helvetische Ordnung zu akzeptieren. Zur besseren Kontrolle wurden die widerspenstigen Urkantone zu einem einzigen Kanton Waldstätte zusammengefasst. Als die helvetischen Räte wenig später von allen Bürgern einen Treueid auf die Verfassung verlangten, in dem erst noch die traditionelle Anrufung Gottes fehlte, brach in Nidwalden ein Volksaufstand gegen das «höllische Ochsenbüchlein» aus. Der Anführer, Kapuzinerpater Paul Styger, wollte nicht zulassen, «dass die blutdürstigen fränkischen Gessler ihnen das kostbare Kleinod der Religion und der Freiheit» entrissen. Er stand in Kontakt mit den Emigranten und machte seinen Landsleuten falsche Hoffnungen auf militärische Hilfe aus Österreich.
Am 9. September 1798 traten 10 000 französische Soldaten unter dem Kommando von

Jean-Pierre Saint-Ours, Allegorie der Republik (1794). Das Gemälde war für die säkularisierte Kathedrale Genfs bestimmt, die als Ratssaal diente.

Vom Ancien Régime zu den Anfängen der modernen Schweiz

General Schauenburg gegen wenige tausend Nidwaldner an. Schauenburg berichtet von der «unglaublichen Hartnäckigkeit dieser Menschen, deren Kühnheit bis zur Raserei ging. Man schlug sich mit Keulen. Man zermalmte sich mit Felsstücken». Bald war es dem französischen General nicht mehr möglich, der zum Äussersten gereizten Wut seiner Soldaten Grenzen zu setzen. Und so sah das unglückliche Ländchen am Abend dieses schwarzen Tages aus: Die Ortschaften, einschliesslich Stans, waren verwüstet, 600 Wohnhäuser und viele Kirchen niedergebrannt, über 400 Nidwaldner umgekommen, darunter mehr als hundert Frauen, 26 Kinder, mehrere Priester. Das Elend der Überlebenden war so gross, dass selbst die Gegner von Mitleid überwältigt wurden. Das Direktorium erhob eine freiwillige Liebessteuer, und Heinrich Pestalozzi bekam den Auftrag, in Stans ein Heim für Kriegswaisen einzurichten.

Nach der Niederlage mussten die Nidwaldner auf dem Stanser Hauptplatz antreten, wo sie den Eid unter einem Freiheitsbaum zu leisten hatten. Der Winkelriedfigur waren Speer und Schwert abgenommen worden. Später wurde die Verzweiflungstat der Nidwaldner in der Erinnerung zur Heldentat umgedeutet.

Besetzt, geplündert, gedemütigt

Wir sind gewohnt, uns die Schweiz als friedliche Insel vorzustellen, die von den Stürmen und Kriegen, die ganz Europa erschüttern, verschont bleibt. In schärfstem Gegensatz zu diesem Bild steht die besetzte, geplünderte und gedemütigte Schweiz von 1800. Das traumatische Erlebnis hat die Erinnerung an die Fremdherrschaft dermassen verdüstert, dass die Helvetik von vielen Historikern als eine Epoche ohne jeden Lichtblick dargestellt worden ist.

Die siegreiche französische Armee liess den Staatsschatz von Bern, Luzern, Zürich und von anderen Orten als «Kontribution» beschlagnahmen und in Fässern abtransportieren. Verwendet wurden die beträchtlichen, über Jahrzehnte gehorteten Vermögen, so weit sie nicht in private Taschen flossen, für die Finanzierung der französischen Feldzüge in Europa und in Ägypten. Darüber hinaus hatte die Bevölkerung auch noch die Kosten für ihre Besetzer zu tragen. Über 70 000 französische Soldaten mussten in Schweizer Zeughäusern ausgerüstet und in Dörfern und Städten untergebracht, verpflegt, gekleidet und besoldet werden. Um die Einquartierung zu vereinfachen, wurden in einigen Gemeinden zum ersten Mal Hausnummern aufgemalt.

Auch bei der Wahl der Direktoren liessen die Besetzer keine Zweifel aufkommen, wer Herr im Hause war. Helvetische Politiker buhlten um französische Gunst und denunzierten ihre Konkurrenten. Zähneknirschend musste die Regierung in ein Militärbündnis einwilligen, das die Schweiz verpflichtete, sogar für französische Angriffskriege Hilfstruppen zu stellen. Die Schweiz war bloss noch ein *Satellitenstaat*.

Vollends zum Spielball ausländischer Mächte wurde die Schweiz als Schauplatz des *Zweiten Koalitionskrieges* zwischen Februar und Oktober 1799. Nach einer erfolgreichen Schlacht bei Zürich besetzten österreichische Truppen mit ihren russischen Verbündeten die östliche Hälfte der Schweiz. Die aus der Emigration zurückgekehrten ehemaligen Herren versuchten sofort, die alten Verhältnisse wiederherzustellen. In einer zweiten Schlacht bei Zürich zwangen jedoch die Franzosen die Russen und Österreicher zum Rückzug. Zu spät versuchte der von Süden über den Gotthard kommende russische General Alexander Suworow, das Blatt zu wenden. Bei einbrechendem Winter musste er sich mit seiner Armee in einem Gewaltmarsch über den Pragel- und den 2400 Meter hohen Panixerpass nach Graubünden in Sicherheit bringen. Im Sommer 1800 kontrollierten die Franzosen wieder die ganze Schweiz.

Fremdherrschaft und Besetzung haben die junge Republik dermassen diskreditiert, dass sie daran zerbrechen musste. Das Paradoxe aber ist, dass diese Republik ohne Unterstützung durch französische Truppen nicht überleben konnte; das sollte sich 1802 beim Rückzug der Franzosen zeigen.

Gleichheit und Freiheit: Von der Theorie zur Praxis

Rechtliche Gleichheit für alle und Freiheitsrechte für den Einzelnen, diese beiden Hauptforderungen der Französischen und der Helvetischen Revolution bildeten das Fundament des neuen Staates. Wurden sie auch in die Praxis umgesetzt?

Die Rechtsgleichheit und ihre Grenzen

Die wichtigste Errungenschaft der Helvetik war zweifellos die Schaffung des einheitlichen *Schweizer Bürgerrechts* für die Bürger der Alten Orte und die ehemaligen Hintersassen und Untertanen. Politik blieb aber weiterhin Sache der Männer. Als den Frauen neben der politischen auch die zivilrechtliche Mündigkeit verweigert wurde, entspann sich zumindest eine Debatte. Keine Bürgerrechte gab es auch für Juden; diese mussten froh sein, dass sie immerhin wie Fremde behandelt wurden (vgl. S. 134). Gegen die Einbürgerung der Hintersassen wehrten sich die alten Dorfgenossen, weil sie die Gemeindegüter, Wald und Allmend, nicht mit den Neubürgern teilen wollten. Die Kompromisslösung, mit welcher der Streit beendet wurde, gilt bis heute. In die *Ein-*

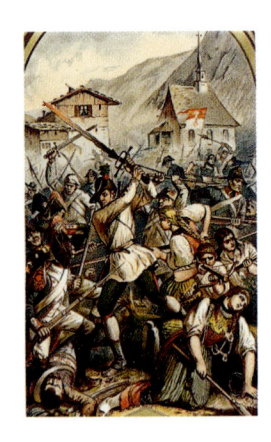

Aufständische Nidwaldner im Gefecht vom 9. September 1798 (entstanden Ende 19. oder Anfang 20. Jahrhundert)

Die grün-rot-gelbe Trikolore der Helvetischen Republik

wohnergemeinde, die als Wahlkörper wirkte, wurden alle niedergelassenen Schweizer Bürger aufgenommen; die Nutzung des Gemeindegutes blieb aber der *Bürgergemeinde* vorbehalten, zu der nur die angestammten Bürger gehörten.

Zu den demonstrativen Akten der jungen Republik gehörte die Zerstörung der Folterwerkzeuge. Wer willens war, Würde und natürliche Rechte des Menschen zu respektieren, musste auf Folter, Vierteilung, Räderung und andere Kriminalpraktiken verzichten. Fortan sollte der humanisierte Strafvollzug dem Gedanken der Besserung verpflichtet sein. So weit kam es nicht mehr.

Die Glaubensfreiheit und ihre Folgen
Der Glaubenszwang, der in den Alten Orten geherrscht hatte, war mit der Vorstellung vom freien Menschen unvereinbar. Die verfassungsmässig garantierte Gewissensfreiheit und die *Niederlassungsfreiheit* gaben allen Bürgern das Recht, ihre Konfession selbst zu wählen und sich anzusiedeln, wo sie wollten. Aus diesen Gründen wurde das Staatskirchentum abgeschafft und durch eine weitgehende *Trennung von Kirche und Staat* und ihrer Behörden ersetzt. Durch diesen abrupten Richtungswechsel und einige kirchenfeindliche Bestimmungen machte sich die Republik beim Klerus unbeliebt. Besonders unklug war es, den Pfarrern grundsätzlich die politischen Rechte vorzuenthalten. Dass die Republik die Klostervermögen säkularisierte, das heisst zum Nationaleigentum erklärte, und die Klöster zum Aussterben verurteilte, indem sie ihnen verbot, Novizen und Novizinnen aufzunehmen, verstärkte die Ablehnung vieler Katholiken.

Erste Ansätze zur Wirtschaftsfreiheit
Nur schwer liessen sich die Niederlassungsfreiheit und die Handels- und Gewerbefreiheit durchsetzen, aber persönliche Macht gründete immer häufiger auf Kapital und Bildung und immer seltener auf Privilegien. Schon zeigten sich die ersten Wirkungen: Im ganzen Land wurden neue Schenken eröffnet, die Zahl der Hausierer stieg sprunghaft an, Handwerker zogen vom Land in die Stadt. Mit Polizeimassnahmen versuchte die Regierung, unliebsame Folgen abzuwehren.

Die freie Presse wird zum politischen Faktor
Die Politik der Alten Orte hatte sich im Geheimen abgespielt, für die wenigen Zeitungen und Zeitschriften war sie Tabuzone. Mit der Proklamation der Pressefreiheit entstanden 120 neue Titel, die meisten freilich nur für kurze Zeit. Weil die Presse zum politischen Faktor wurde, versuchte auch die Regierung, die Öffentlichkeit mit eigenen Presseorganen in ihrem Sinne zu informieren. Als während des Koalitionskrieges eine oppositionelle Presse die Republik und ihre Behörden mit beissendem Hohn übergoss, wurde die Zensur wieder eingeführt.

Vereinheitlichungsprojekte
Eine Reihe von Vereinheitlichungen sollten den Übergang vom alten Staatenbund zum Einheitsstaat markieren. Der Versuch, für Masse und Gewichte das metrische System aus Frankreich zu übernehmen, scheiterte; zur Ablösung der Binnenzölle, zur Verstaatlichung der Post und zur Durchsetzung des Frankens als erster einheitlicher Schweizer Währung fehlten die finanziellen Mittel. Es blieb bei Projekten.

Umfassende Bildungspläne

Mit einer Bildungsreform hatte schon die aufgeklärte Elite des Ancien Régime die nationale Einheit herbeiführen wollen (vgl. S. 231 f.). Jetzt entwickelte die junge Republik umfassende Bildungspläne, welche die Erneuerung der Schweiz auf Dauer absichern sollten.

Durch landesweite Befragung der Schulmeister versuchte Bildungsminister Philipp Albert Stapfer sich einen Überblick über die Volksschulen auf dem Land zu verschaffen. In vielen kleinen Dörfern der katholischen Schweiz gab es überhaupt keine Schule. Auch in den grösseren Gemeinden wurde meist nur im Winter und in der Wohnstube des Lehrers Schule gehalten. Viele Kinder erschienen nur sporadisch oder überhaupt nicht im Unterricht. Der Lehrerberuf war so schlecht bezahlt, dass er oft nur von unqualifizierten Schneidern, Schuhmachern oder anderen Kleinhandwerkern im Nebenamt ausgeübt wurde.

Die Helvetik machte den Staat zum Schulträger, denn der Unterricht hatte der Entwicklung des nationalen Zusammenhaltes, der Erziehung loyaler und mündiger Bürger und der Vorbereitung aufs Berufsleben zu dienen. Geleitet wurde die Schule in jedem Kanton von einem achtköpfigen Erziehungsrat aus Lehrern, Geistlichen und Bürgern. Dieser Rat sollte dafür sorgen, dass auch wirklich alle Kinder ganzjährig die Schule besuchten, wie es die Schulpflicht verlangte, Knaben und Mädchen gleichermassen, die ärmeren unentgeltlich. Neben Lesen, Schreiben, Rechnen sollten als neue Fächer Geografie, vaterländische Geschichte und Staatskunde dazukommen, nach Möglichkeit auch Turnen. Zur gründlichen Ausbildung der vollamtlichen Lehrer sollten in allen Kantonen Lehrerseminarien eingerichtet werden. Erste Versuche, Lehrer auszubilden, unternahmen Johann Heinrich Pestalozzi im alten Landvogteischloss von Burgdorf und Philipp Emmanuel von Fellenberg in seinem benachbarten Gut und Erziehungsinstitut Hofwil.

Zeitgenössische Darstellungen der russischen Truppen in der Schweiz

Vom Ancien Régime zu den Anfängen der modernen Schweiz

An die Volksschule sollten Gewerbeschulen und Gymnasien anschliessen. Nach oben wollte Stapfers Ministerium das Bildungsangebot durch eine Nationaluniversität abrunden. Gleichzeitig wurde eine Reihe von Projekten zur Kulturförderung entwickelt; gedacht war an eine Nationalbibliothek, ein Nationalmuseum, ein Nationalarchiv und an ein landesweites Inventar der Kunst- und Baudenkmäler. Zwar blieb diese Bildungsoffensive im Planungsstadium stecken, aber 30 oder mehr Jahre später begannen viele Impulse erneut zu wirken. Seither sind nach und nach alle Vorhaben in irgendeiner Form verwirklicht worden.

Das Zehntproblem und die leere Staatskasse
Die Ablösung der Zehnten zieht sich in die Länge

Ob es gelingen würde, die Feudallasten abzulösen, wie es die Verfassung versprach, wurde zu einer Schicksalsfrage des neuen Staates. Anders war die Loyalität der bäuerlichen Bevölkerung des Mittellandes, einer unentbehrlichen Stütze der neuen Ordnung, nicht auf Dauer zu sichern. Erst wenn die Bauern frei über den Boden verfügten, konnten sie ihre Betriebe individuell modernisieren. Weil aber Kirche, Schule und viele Sozialeinrichtungen mit Zehnterträgen (vgl. S. 226) finanziert worden waren, musste der Staat gleichzeitig neue Einnahmequellen erschliessen. Die Bauern erwirkten, dass der Staat einen Teil der Loskaufsumme an die bisherigen Abgabenempfänger (zu zwei Fünftel der Staat, zu zwei Fünftel Geistliche und Private, zu einem Fünftel Klöster und Spitäler) zu übernehmen habe. Der Vollzug dieses Gesetzes scheiterte jedoch. Der Staat war nicht in der Lage, auch nur die Beamtenlöhne zu bezahlen; die Bauern aber entrichteten angesichts der unsicheren politischen Lage weder den alten Zehnten noch ihren eigenen Beitrag zu dessen Ablösung, wodurch weitere Löcher in den Staatssäckel gerissen wurden.

In dieser Notlage warf die helvetische Regierung das Steuer herum, sistierte das Gesetz und forderte die alten Abgaben wieder ein. Dadurch wurden die Bauern in die Opposition getrieben, es kam zu lokalen Rebellionen, die nur mit französischer Hilfe niedergeworfen werden konnten. Schliesslich schob das Direktorium das heisse Eisen an die Kantone ab. Es dauerte noch mehr als vier Jahrzehnte, bis die Zehntfrage endlich gelöst war.

Bankrott

Da der neue Staat mit einer modernen Verwaltung ausgestattet werden sollte und viel mehr Aufgaben übernahm als die Obrigkeiten der Alten Orte, war er dringend auf neue Einnahmequellen angewiesen. Zu diesem Zweck sollte eine Vermögenssteuer auf Kapital-, Grund- und Immobilienbesitz erhoben werden. Die Zahlungsfreude sowohl der Bauern wie der Städter war jedoch gering. Im ersten vollen Haushaltjahr standen Ausgaben von 22,2 Millionen Franken nur 3,8 Millionen Einnahmen gegenüber. Mit drastischen Sparmassnahmen und dem Verkauf von Staatsbesitz hielt sich der Finanzminister zunächst über Wasser, doch 1801 war die Helvetische Republik praktisch bankrott.

Positionskämpfe in der neuen Führungsschicht

Die Helvetische Revolution zwang einen Grossteil der altgedienten Regenten des Ancien Régime, von der politischen Bühne abzutreten. Die neue, durchwegs jüngere Führung, welche nun die Direktoren, Minister und die Mitglieder der beiden Kammern stellte, rekrutierte sich aus zwei unterschiedlichen Schichten. Die eine Gruppe entstammte

Der Zehnt wird abgeliefert. Karikatur von Martin Disteli, um 1842. Viele Kantone haben die endgültige Ablösung der Zehnten erst nach 1830 durchgesetzt, als während der Regeneration die Ideen der Helvetik neu belebt wurden. Den Schluss bildete 1849 Neuenburg.

Die Eidgenossenschaft 1803 und 1815

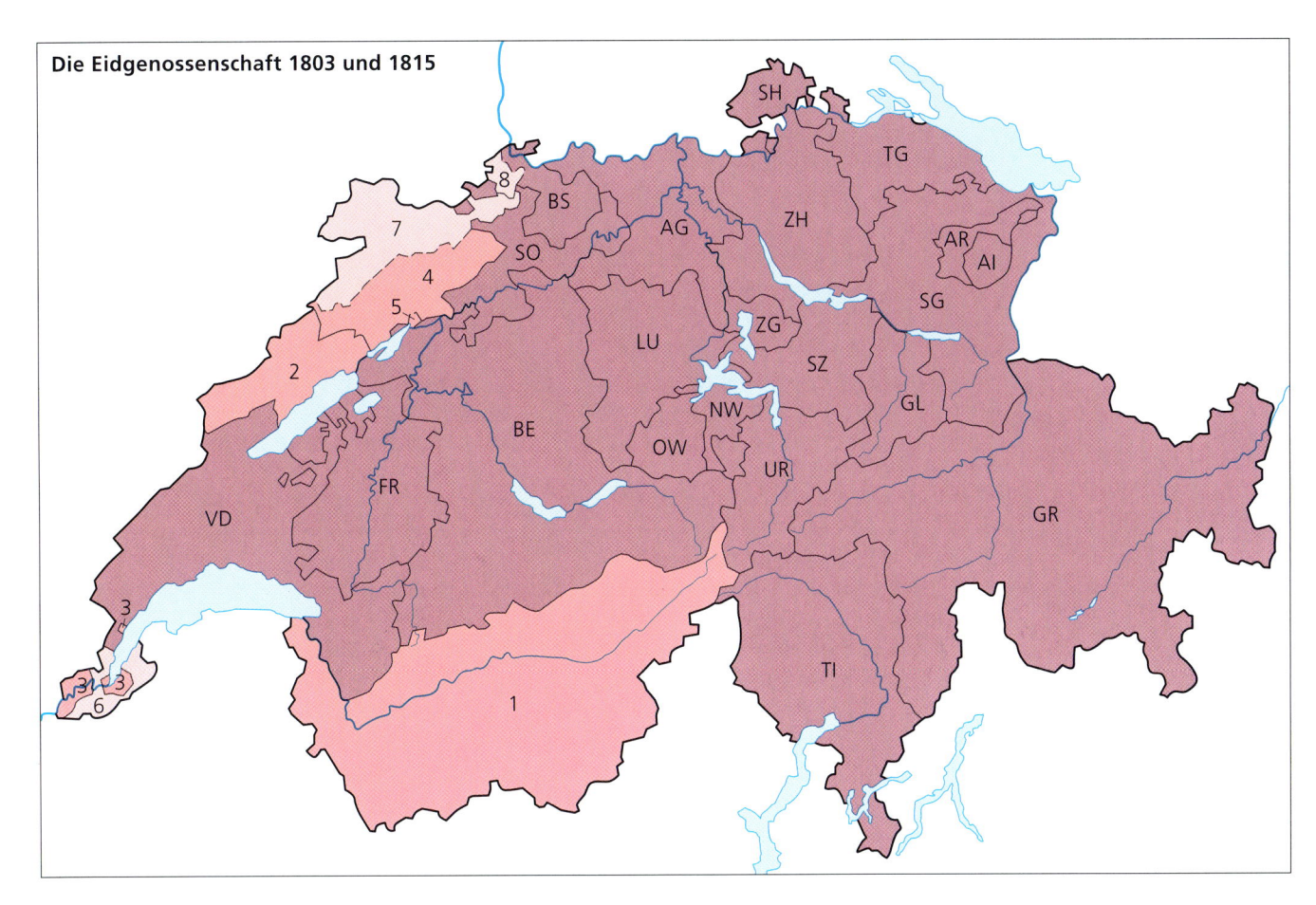

■ selbstständige, gleichberechtigte Kantone seit spätestens 1803

■ Gebiete, die erst 1815 selbstständige, gleichberechtigte Kantone der Eidgenossenschaft wurden:

■ Gebiete, die schon vor 1798 in einer Beziehung zur Eidgenossenschaft standen:
1. Wallis: vor 1798 Zugewandter Ort der Eidgenossenschaft, traditionell enge Beziehungen zu den katholischen Kantonen der Innerschweiz. In napoleonischer Zeit zuerst von Frankreich abhängige Republik, dann als französisches Departement in das Kaiserreich Napoleons eingegliedert.
2. Neuenburg: Fürstentum, seit 1707 unter der Herrschaft der Familie der Hohenzollern, die gleichzeitig Könige von Preussen waren. Vor 1798 Zugewandter Ort der Eidgenossenschaft. 1807–1814 Herrschaft des napoleonischen Marschalls Berthier. Auch als vollberechtigter Schweizer Kanton bleibt Neuenburg Monarchie, nun wieder unter der Herrschaft des Königs von Preussen. 1848 wird die Republik ausgerufen, doch verzichtet der König erst 1857 auf seine Herrschaftsrechte.
3. Stadt Genf mit einigen isolierten Landgemeinden: vor 1798 Zugewandter Ort der Eidgenossenschaft, wobei sich die Beziehungen auf die protestantischen Orte beschränkten. 1798–1814 als Departement Teil Frankreichs.
4. Südliche Teile des Fürstbistums Basel: Unter der Herrschaft des Bischofs von Basel (Sitz: Pruntrut), jedoch Zugewandte Orte der Eidgenossenschaft mit engen Beziehungen zu Bern. 1798–1814 als Teil eines Departements Gebiet Frankreichs.
1815 Eingliederung in den Kanton Bern.
5. Biel: bis 1798 Zugewandter Ort. 1798–1814 als Teil eines Departements Gebiet Frankreichs.
1815 Eingliederung in den Kanton Bern.

■ Gebiete, die vor 1815 in keiner Beziehung zur Eidgenossenschaft standen:
6. Grossteil des Genfer Landgebietes. Vor 1798 teils französisch, teils Gebiet des Herzogtums Savoyen. Während der napoleonischen Zeit französisch. 1815 zur territorialen Abrundung in den Kanton Genf eingegliedert.
7. Nördliche Teile des Fürstbistums Basel: Unter der Herrschaft des Bischofs von Basel (Sitz Pruntrut). 1792–1814 als Teil eines Departements Frankreich eingegliedert.
1815 Eingliederung in den Kanton Bern.
1975 Schaffung eines selbstständigen Kantons Jura.
8. Birseck: wie 7, jedoch 1815 Eingliederung in Kanton Basel.

Vom Ancien Régime zu den Anfängen der modernen Schweiz

dem Reformflügel der alten Oberschicht und der gebildeten Elite der Landstädte, die andere setzte sich aus Vertretern der Landbevölkerung des Mittellandes zusammen. Die beiden Gruppen unterschieden sich nicht nur in ihrer sozialen Herkunft, sie verkörperten auch sehr gegensätzliche politische Strömungen.

Die aufgeklärte Intelligenz aus dem städtischen Bürgertum bildete die lose Partei der *Republikaner*. Diese setzte sich für gemässigte Reformen ein, die an das Bisherige anknüpften. Durch Beseitigung des demokratischen Wahlrechts sollte die Herrschaft der Elite aus dem Bildungs- und Besitzbürgertum gesichert werden. Zu den Republikanern gehörten die meisten Politiker in Regierung und Verwaltung, etwa die beiden Brugger Pfarrersöhne, Albrecht Rengger und Philipp Albert Stapfer. In den Räten hingegen bekannte sich nur eine Minderheit zu den Republikanern. Ihre Gegenspieler, mit den Protagonisten Ochs und Laharpe an der Spitze, bezeichneten sich selbst als *Patrioten*. Sie wollten in erster Linie den Bruch mit dem Ancien Régime. Die radikaldemokratische Revolutionspartei wurde zum Sammelbecken der ländlichen Mehrheit des Parlamentes, von Menschen also, die noch keine Gelegenheit hatten, politische Erfahrungen ausserhalb der Gemeinde zu sammeln und die deswegen von den Republikanern verachtet wurden. Es waren Vollbauern, Wirte, Landärzte, Bäcker, Müller aus der Dorfaristokratie, die häufig kommunale Ämter ausgeübt hatten, allerdings in der sachbezogenen Diskussion wenig Übung hatten, wie sie die Parlamentsarbeit kennzeichnet.

Die Auseinandersetzung zwischen diesen Gruppen fand nicht in Form von Wahlkämpfen, sondern von Staatsstreichen statt. Im Jahr 1800 schalteten die Republikaner die Patrioten aus, indem sie das Parlament auflösten. Bei der Ausarbeitung einer neuen Verfassung zerfielen die Republikaner jedoch wiederum in zwei sich befehdende Lager: Die «Unitarier» wollten am 1798 geschaffenen Einheitsstaat festhalten, während die «Föderalisten», denen sich viele Anhänger des Ancien Régime anschlossen, die Rückkehr zum Staatenbund betrieben. In weiteren Staatsstreichen wechselte die Oberhand jeweils von der einen zur anderen Seite.

Ende eines Versuchs

Über der Helvetischen Republik stand von Anfang an ein Unstern. Fremde Herren hatten den ersten Schweizer Staat aus der Taufe gehoben und so eng an sich gekettet, dass er sich nie frei entwickeln konnte. Mit direkten Interventionen, mit Intrigen und Pressionen setzte die französische Regierung immer wieder ihren Willen durch. 1802 musste die ohnmächtige helvetische Regierung zusehen, wie Frankreich das Wallis aus der Schweiz herausbrach und zur Republik erklärte, um die beiden Alpenpässe Simplon und Grosser Sankt Bernhard noch ungenierter kontrollieren zu können. Vier weitere Belastungen machten dem jungen Staat das Leben schwer und drückten ihn schliesslich ganz zu Boden: Besetzung und Koalitionskrieg liessen viele Landstriche elend und arm und den Staat mittellos zurück. Die Missachtung der örtlichen Selbstverwaltung durch den ungewohnten Zentralismus riss einen unüberbrückbaren Graben zwischen politischer Führung und Volk auf. Parteihader und Missgunst zwischen den Politikern, die sich in vier Staatsstreichen austobten, verunmöglichten eine kontinuierliche Politik. Schliesslich versuchten die Emigranten mit österreichischer Hilfe einen Bürgerkrieg im Lande zu entfachen.

In die imperialen Pläne des künftigen Kaisers passte der innerlich zerstrittene und zerfallende Schweizer Staat immer weniger. 1802 beschloss Bonaparte, die Helvetische Republik fallen zu lassen, indem er die Truppen abzog: Die voraussehbaren Unruhen in der Schweiz würden ihm den Vorwand für eine erneute Intervention und eine Neuordnung liefern. In der Tat setzte in der Zentralschweiz sofort die föderalistische und aristokratische Gegenrevolution ein und erfasste schnell auch die Ostschweiz und Teile des Mittellandes. Im «Stecklikrieg» von 1802 stiessen die, wie der Name sagt, bloss behelfsmässig bewaffneten Aufständischen unter der Leitung eines Berner Patriziers gegen Bern vor, wo die helvetische Regierung residierte. In ihrer Not floh diese nach Lausanne und bat Frankreich um Hilfe.

Erst kurz vor dem Fall Lausannes schaltete sich Napoleon ein, erklärte sich zum Vermittler und liess seine Truppen wieder in die Schweiz vorrücken. Das helvetische Parlament und die Kantone durften etwa 70 Delegierte zur Befehlsausgabe nach Paris abordnen. Die unitarische Mehrheit dieser «Consulta» nahm mit Bestürzung zur Kenntnis, dass Bonaparte beschlossen hatte, die Souveränität der Kantone wieder herzustellen. Eine völlige Restauration freilich würde es nicht geben, denn die alten Untertanenverhältnisse sollten nicht mehr geduldet werden. An den Delegierten war es nun, kantonale Verfassungen auszuarbeiten. Die Redaktion der Bundesakte behielt sich Napoleon selber vor. Um seinen eigenen Anteil herunterzuspielen, bezeichnete er die Gesamtverfassung als *Mediationsakte*, das heisst als Vermittlungswerk. Am 10. März 1803 hörte die Helvetische Republik auch rechtlich auf zu bestehen. Der Versuch einer besseren Schweiz war gescheitert.

«Der Flugblattverkäufer», Holzschnitt aus einem Lesebuch von 1802. Flugschriften und Zeitungen schufen eine politische Öffentlichkeit.

Kleine und grosse Restauration (1803/1815)

Restauration in zwei Schritten

Nach fünf Jahren ständigem Überlebenskampf erlosch der erste Schweizer Staat. Die grünrotgelbe **Trikolore** verschwand für immer, während der totgesagte Berner Bär, der Uristier und die anderen Wappentiere der Kantone in alter Herrlichkeit auferstanden. Nicht die Schweiz, der Kanton ist wieder Bezugspunkt und Heimat. Verehrt werden jene, die gegen die Revolution und das Neue gekämpft haben: Das Luzerner Löwendenkmal von 1821 erinnert an den Heldentod der Schweizer Garde, die sich im Tuileriensturm 1792 für ihren König niedermetzeln liess. In zwei Schritten wurde der Staatenbund und das Ratsherrenregiment der alten Adelsfamilien wiederhergestellt. Beide Restaurationen wurden unter dem Druck der jeweiligen Vormächte vollzogen: die kleine 1803 unter Napoleon, die grosse 1815 mit Hilfe der Heiligen Allianz. Zu einer vollständigen Rückkehr zum Ancien Régime kam es jedoch nicht.

Ein erster Schritt zurück: Die Mediation von 1803

Neuer Kurs, alte Abhängigkeit

Gemäss der «Mediationsakte», die Napoleon als selbst ernannter Vermittler den herbeigeeilten Delegierten in Paris gnädig übergab, war die Schweiz ein Staatenbund von neunzehn gleichberechtigten Kantonen, die den bis heute gültigen Namen «Schweizerische Eidgenossenschaft» bekam (vgl. Karte S. 245). Die Akte gab auch der folgenden Epoche von 1803 bis 1814 den Namen: «Mediationszeit». Die alte **Tagsatzung**, der Delegiertenkongress der Kantone also mit seinen feierlichen Schnecken- und Krebsgängen, kam wieder zu Ehren. Die Möglichkeit, Mehrheitsbeschlüsse zu fällen, half nicht weiter, weil sich die unterlegene Minderheit oft nicht daran hielt. Nicht als **Exekutive**, bloss als Befehlsempfänger Frankreichs war der *Landammann der Schweiz* gedacht, den die sechs alten Stadtkantone im festen jährlichen Turnus stellten. Unter dem wachsamen Auge des französischen Gesandten in der Schweiz leitete er die Tagsatzungen und vertrat das Land in den Zwischenzeiten. Dabei konnte er auf die Dienste einer vierköpfigen Kanzlei zählen; so viel blieb von der helvetischen Verwaltung mit 121 Personen übrig.

Auch als Staatenbund blieb die Schweiz ein **Vasall**, der alle Fingerzeige des mächtigen

Die politische Schaukel, 1802 (Gilbray jr.) «Hodie mihi – cras tibi» lateinisch, für: «Heute mir – morgen dir»

Wahlwerbung auf dem Lande, 1808. 1808 wurde der Grosse Rat des Kantons Bern neu gewählt. Ein Kandidat lädt die Wähler vor der Wahl ins Wirtshaus ein. Vorne verneigt sich ein beschenkter Landmann vor dem schwarz gekleideten Kandidaten. (Aquarell von Emanuel Jenner, 1756–1813)

Vom Ancien Régime zu den Anfängen der modernen Schweiz

Nachbarn gehorsam zu beachten hatte. Eigenmächtige Veränderungen der gegebenen Ordnung hätte sich die Garantiemacht nicht bieten lassen. Die Kantone hatten sich in das kontinentale Blockadesystem gegen Grossbritannien einzugliedern und mussten Napoleon vier Regimenter stellen, die aus Rücksicht auf die Neutralität der Form nach als freiwillige Soldtruppen galten. Von den 8000 Schweizern, die 1812/13 am *Russlandfeldzug* teilnahmen, sind bloss 300 heimgekehrt. Die andern starben an Hunger, Kälte und Krankheit, im Gefecht oder in Gefangenschaft. Noch 1300 blieben übrig, als der Befehl kam, den Rückzug der «grande armée» über die Beresina zu decken. Nach der zehnstündigen Abwehrschlacht bei mörderischer Kälte gab Napoleon in einer Depesche nach Paris erstmals Verluste zu, aber, so hiess es, die Gesundheit seiner Majestät sei besser als je! 19 Diener mit acht Küchen- und einem Garderobewagen hatten dafür gesorgt. Trotz allem schickten die Schweizer sich – anders als Deutsche und Spanier – fügsam unter das Joch des Kaisers, vielleicht weil sie die zehn Jahre relativer Ruhe nach Besetzung, Kriegswirren und Bürgerkrieg als Erlösung empfinden mochten.

Restauration in den Kantonen

Das vor 1798 bestehende System von vollberechtigten und zugewandten Orten sowie Gemeinen Herrschaften wurde nicht restauriert. Dank dem Machtwort Napoleons traten neben die dreizehn «alten» Kantone fünf neue, deren Territorium sich aus früheren Untertanengebieten zusammensetzte: Waadt, Aargau (mit dem bis 1803 österreichischen Fricktal), Thurgau, St. Gallen, Tessin. Mit ihren modernen Repräsentativverfassungen und geteilten Gewalten verkörperten sie das Erbe der Helvetik. Indirekte Wahlverfahren und ein kräftiger Zensus sorgten aber auch hier für Eliteherrschaft. Neu als Kanton aufgenommen wurde jetzt auch das früher nur «zugewandte» Graubünden. In den Landkantonen wurden die vorrevolutionären Zustände einschliesslich der Benachteiligung der Hintersassen wiederhergestellt, doch konnten nun die ehemaligen Untertanen – etwa die «äusseren Bezirke» des Kantons Schwyz – als Gleichberechtigte an der Landsgemeinde teilnehmen. Die politischen Privilegien der Hauptstädte in den Stadtkantonen blieben zwar rechtlich aufgehoben, wurden faktisch aber mit kleinen Abstrichen wiederhergestellt. Von 195 Grossräten waren in Bern 121 Stadtbürger, davon entstammten 80 dem Patriziat; im Kleinen Rat sicherte sich dieses sogar 21 von 27 Sitzen. 1805 wurde die Leiche des 1799 im Exil verstorbenen Schultheissen Niklaus Friedrich von Steiger (vgl. S. 241) in einem pompösen Feierzug nach Bern überführt. Tausende säumten die Gassen der Stadt; im Münster erklang Mozarts «Requiem». Weniger feierlich war es den Landbewohnern zumute, als sie die neue Berner Verfassung in der Dorfkirche beschwören mussten. Aber der Groll blieb ihnen in der Kehle stecken, nur in Aarwangen verhinderten Dorfbewohner die Feier, indem sie Stinkbomben in die Kirche warfen. Zu den ver-

Das Alphirtenfest in Unspunnen, 1808. Das Gemälde scheint nach einer Skizze der am Fest teilnehmenden berühmten französischen Künstlerin Elisabeth Vigée-Le Brun gemalt zu sein. Im Vordergrund sitzt die skizzierende Malerin. Um sie herum stehen französische Adlige und die Schriftstellerin Madame de Staël. Dieses Bild befand sich im Besitze des französischen Aussenministers, des Herzogs von Talleyrand. (Öl auf Leinwand, Bildfläche 84 x 114 cm)

Unspunnen – Älplerfest mit politischem Hintergrund

An den Unspunnenfesten in Interlaken (1805–1808) zeigte sich die Schweiz zahlreichen prominenten Gästen als einfaches freies Hirtenland. Fröhliche Älpler wetteiferten im Schiessen, Steinstossen und Schwingen, im Alphornblasen und Singen. Der Berner Schultheiss als Hauptinitiant verstand die Feier als Geste der Versöhnung zwischen der Stadt und dem Oberland, das in der Helvetischen Republik einen eigenen Kanton gebildet hatte. Die publizistische Auswertung mit Kupferstichen, Reiseberichten, Gedicht- und Liederbänden machte sich als Touristenwerbung bezahlt, aber ihr Hauptziel verfehlten die wohlorganisierten Volksfeste: 1814 kam es im Oberland dennoch zu einem Aufruhr, und unter den verhafteten Aufwieglern befand sich ausgerechnet der Schützenkönig.

einzelten Widerstandsaktionen der nun wieder diskriminierten Landbevölkerung gehört der Zürcher «Bockenkrieg»: Handwerker und Bauern der Landschaft rebellierten 1804 gegen die Wiedereinführung des Zunftzwangs und die Festlegung hoher Beträge zur Ablösung der Grundlasten. Erst als 4000 Mann freundeidgenössische Truppen anrückten, brach der Aufruhr zusammen. Mit dem Henkerbeil machten die Herren klar, dass wieder die alte Uhrzeit schlagen sollte.

Mit den Freiheitsrechten, wie sie in der Helvetischen Verfassung garantiert waren, hatte man gründlich aufgeräumt. Im Kanton Uri mussten sich Bürger, die nicht fleissig zur Messe gingen, vor dem Rat verantworten, in den meisten Kantonen wurden wieder Zensurbehörden eingesetzt. Altväterische Sittenmandate und die abendliche Schliessung der Stadttore zeugen von der patriarchalischen Bevormundung der Bürger. Wer es mit dem Richter zu tun bekam, musste sich wieder auf Folter, Brandmarkung und grausame Hinrichtungsmethoden gefasst machen.

Die Restauration von 1815

Das Ende der Mediationsordnung

Als sich 1813 die Niederlage Napoleons abzeichnete, bekräftigte die Tagsatzung feierlich die bewaffnete Neutralität. Es blieb bei der Proklamation – als kurze Zeit später österreichische Truppen das Durchmarschrecht verlangten, zog sich das eidgenössische Heer kampflos zurück. Dafür beteiligte sich die Schweiz 1815 an der Niederwerfung von Napoleons Herrschaft der «Hundert Tage»: Eidgenössische Truppen drangen über den Jura ins bereits besiegte Frankreich ein. Es war der bisher letzte Schweizer Krieg gegen eine fremde Macht.

Mit Napoleons Sturz fiel auch die von ihm geschaffene Mediationsordnung dahin. Von Österreich ermuntert, forderten die restaurativen Kräfte in den «alten» Kantonen die vollständige Wiederherstellung des Ancien Régime; Bern wollte seine ehemaligen Untertanengebiete zurückhaben. Die Waadt und der Aargau reagierten mit Empörung und bereiteten sich auf einen Krieg gegen Bern vor. Alte und neue Schweiz standen sich feindselig gegenüber: Wieder drohte ein Bürgerkrieg auszubrechen, wieder wurde die Lösung von einer ausländischen Macht vorgegeben. Aus Angst, die Schweiz könnte ganz unter österreichische Vormundschaft geraten, und aus Sympathie für die Heimat seines ehemaligen Erziehers Laharpe setzte Zar Alexander I. bei den alliierten Herrschern durch, dass die neuen Kantone erhalten blieben. Es bedurfte zäher Verhandlungen und des Drucks der Alliierten, bis sich die Kantonsvertreter an der «langen Tagsatzung» auf die neue Struktur der Schweiz einigen konnten, freilich unter Ausklammerung der Grenzfragen, die man lieber den Mächten am Wiener Kongress zur Entscheidung überliess.

Der «Bundesvertrag»: Wenig mehr als ehedem

Wie schon die Mediationsakte definierte auch der «Bundesvertrag» von 1815 die Schweiz bloss als Verteidigungsbündnis souveräner Kantone; das Wort «Verfassung» war ohnehin verpönt. Die Gewichte waren noch etwas mehr zugunsten der Kantone verschoben. Dass diese untereinander Separatbünd-

Löwendenkmal in Luzern. Das Denkmal wurde am 10. August 1821, am 29. Jahrestag des Tuileriensturms, nach einem feierlichen Trauergottesdienst in der Hofkirche enthüllt. Anwesend waren Veteranen in den alten Uniformen, die Luzerner Aristokratie, das diplomatische Corps, angeführt vom Botschafter des bourbonischen Frankreich, und die eidgenössischen Standesvertreter. Liberale Studenten hatten zu einer Gegenkundgebung aufgerufen. In der Hohlen Gasse beschworen sie einen neuen Tell, der Europa vom Joch der Restauration befreien möge. (Kolorierter Druck, 1. Hälfte 19. Jahrhundert)

Vom Ancien Régime zu den Anfängen der modernen Schweiz

nisse abschliessen durften, sofern diese dem Ganzen nicht schädlich waren, lieferte nach 1845 Zündstoff (vgl. S. 269). Konflikte haben sich später auch entzündet, weil Revisionsbestimmungen fehlten und weil der Fortbestand der Klöster garantiert wurde (vgl. S. 268 f.). Einen Landammann der Schweiz gab es nicht mehr, dafür bekleideten Zürich, Bern und Luzern in einem zweijährigen Turnus die Stellung eines «Vororts» und hatten dabei jeweils die **Tagsatzung** einzuberufen und zu leiten.

Von der Rechtsgleichheit der Helvetik blieb nur noch ein trügerischer Schimmer: Die Bestimmung, die politischen Rechte dürften «nie das ausschliessliche Privilegium einer Klasse der Kantonsbürger» sein, verpflichtete zu nichts. Durch Verschärfung des **Zensus**, Selbstergänzung der Räte, Aufhebung der Gewaltenteilung und Verlängerung der Amtsperioden gelang faktisch die Wiederherstellung der vorrevolutionären Zustände. Sogar die neuen Kantone wurden gezwungen, die demokratischen Ansätze in ihren Verfassungen auszumerzen.

Der Bundesvertrag von 1815

Grenzen der Schweiz: Die Wiener Vertragsmächte entscheiden

Zur Sicherung ihrer Existenz am Wiener Kongress trug die nach wie vor gespaltene Schweiz mit ihrer zerstrittenen Delegation nichts bei. Sie verdankte diese vielmehr dem Interesse der Mächte an einem souveränen und neutralen Staat im Herzen Europas. Das Wallis, die Stadt Genf mit einem etwas erweiterten Territorium und Neuenburg, das gleichzeitig wieder preussisches Fürstentum wurde, durften der Konföderation beitreten. Diese zählte somit 22 Kantone (vgl. Karte S. 245). Bern erhielt den grössten Teil des Bistums Basel und die Stadt Biel als Kompensation für die endgültig verlorenen waadtländischen und aargauischen Untertanengebiete; die Jurassier hat man damals nicht gefragt (vgl. S. 364). Graubünden erhielt das Veltlin nicht zurück.

Dank dem Geschick des Genfer Diplomaten *Charles Pictet-de Rochemont* anerkannten die Mächte im Zweiten Pariser Frieden – nach der endgültigen Niederlage Napoleons 1815 – die *immerwährende Neutralität* der Schweiz und gewährleisteten die Unverletzlichkeit des Territoriums, das nun – abgesehen von minimalen Grenzveränderungen – die heutige Form hatte. Als Republik mitten im monarchischen Europa und wegen der Schwerfälligkeit der föderalistischen Behörden übte die Schweiz, trotz ihrer konservativen Ordnung, bald eine grosse Anziehungskraft auf die politischen Flüchtlinge in den Nachbarstaaten aus. Als Glied der reaktionären Heiligen Allianz war sie verpflichtet, streng gegen sie vorzugehen; und die Kantone unterzogen sich dieser Pflicht, wenn auch zum Teil widerstrebend. Im *Presse- und Fremdenkonklusum* von 1823 verpflichtete sich die Schweiz auf Druck der Mächte darüber hinaus zu einer rigorosen Pressezensur.

Aufbruch zur modernen Schweiz
1815 bis 1848

Eine wachsende Bevölkerung ernähren

Wachstum
Die Bevölkerung wächst schnell ...

In der ersten Hälfte des 19. Jahrhunderts vermehrt sich die europäische Bevölkerung sprunghaft. Geradezu explosionsartig ist das Wachstum in Grossbritannien, wo sich die Einwohnerzahl in diesem Zeitraum verdoppelt. Die Schweiz, im Mittelfeld zwischen den Vorreitern im Norden und den Nachzüglern im Süden, braucht für die Verdoppelung hundert Jahre; die vorangegangene hat noch das Dreifache benötigt (von 1500 bis 1800). Zwischen 1798 und 1850 wächst die Bevölkerung von 1,7 Millionen um 42 Prozent auf 2,4 Millionen. Dank besserer Ernährung und Hygiene leben die Menschen länger; in Genf etwa ist die mittlere Lebenserwartung eines Neugeborenen zwischen 1751 und 1833 von 34,5 auf 40,7 Jahre gestiegen. Die Menschen haben zwar eher etwas weniger Kinder als früher, aber die Chance, dass diese Kinder die ersten Lebensjahre überstehen und später selbst wieder Kinder haben, ist beträchtlich gewachsen.

... aber ungleichmässig

Deutlich schwächer ist das Wachstum in den Krisenzeiten. Von 1810 bis 1820 bewirken die Napoleonischen Kriege und die Hungerkrise von 1816/17 eine höhere Sterblichkeit. Während der **Rezession** von 1840 bis 1850 gehen Eheschliessungen und Geburten zurück. Auch regional ist die Bevölkerungszunahme sehr ungleichmässig. Sie ist in den wirtschaftlich entwickelten Regionen hoch – Spitzenreiter ist Basel-Stadt mit 81 Prozent – und in den Alpen, vorab in den katholischen Gebieten, gering; in Appenzell Innerrhoden als einzigem Kanton ist die Bevölkerungsentwicklung rückläufig. Auch wenn 1850 noch 88 Prozent der Bevölkerung auf dem Lande wohnen, hat die Verstädterung eingesetzt. 1798 haben 10 Städte über 5000 Einwohner, 1850 sind es 29. Der Anteil ihrer Bewohner ist von 6 Prozent auf 12 Prozent der Gesamtbevölkerung gestiegen. Vielerorts wird die Binnenwanderung aber durch Kantons- und Konfessionsgrenzen behindert.

Mehr denn je ist die Schweiz ein Auswandererland. In der ersten Hälfte des 19. Jahrhunderts stehen 50 000 Einwanderern 100 000 Auswanderer gegenüber.

Krisen und Ernährung
Krisenjahre

Im Hungerjahr 1816/17, als ein kurzer, verregneter Sommer auf einen langen und harten Winter folgte, liess eine katastrophale Missernte die Brotpreise in die Höhe schnellen. Hunger und Krankheiten rafften Kinder und Alte dahin. Damals wurde der *Kartoffelanbau* sowohl im Mittelland als auch in den Alpen vor allem für die Selbstversorgung populär. Heim- und Fabrikarbeiter ernährten sich fast ausschliesslich von Kartoffeln. Dank ihren niedrigen Gestehungskosten und dem weitgehenden Verzicht auf das teure Brot konnten die Löhne nach unten gedrückt werden. Von «Kartoffelehen» sprach man, wenn Besitzlose mit Niedriglöhnen Familien gründeten. 1845/46 breitete sich eine Kartoffelkrankheit, die in ganz Europa wütete, in der Schweiz aus und vernichtete bis zu zwei Drittel der Kartoffel-

Bevölkerungszunahme der Schweiz nach Kantonen, 1798–1850

Kanton	1798[1]	1837	1798–1837 Zunahme in %	1850	1837–50 Zunahme in %	1798–1850 Zunahme in %
BE	282 700	407 913	44,3	458 301	13,8	62,1
ZH	181 000	231 576	27,9	250 698	8,3	39,3
VD	144 200	183 582	27,3	199 575	8,7	38,4
SG	128 800	158 853	23,3	169 625	6,8	31,7
AG	120 400	182 755	51,8	199 852	9,4	66,0
TI	90 300	113 923	26,2	117 759	3,4	30,4
LU	88 800	124 521	40,2	132 843	6,7	49,6
GR	75 000	84 506	12,7	89 895	6,4	19,9
TG	70 800	84 124	18,8	88 908	5,7	25,6
FR	67 700	91 145	34,6	99 891	9,6	47,6
VS	60 300	76 590	27,0	81 559	6,5	35,3
NE	46 600	58 616	25,8	70 753	20,7	51,8
SO	45 300	63 196	39,5	69 674	10,3	53,8
GE	44 000	58 666	33,3	64 146	9,3	45,8
AR	37 700	41 080	9,0	43 621	6,2	15,7
SZ	31 800	40 650	27,8	44 168	8,7	38,9
BL	29 000[2]	41 103	41,7	47 885	16,5	65,1
GL	24 100	29 348	21,8	30 213	2,9	25,4
SH	23 300	32 582	39,8	35 300	8,3	51,5
BS	16 400[2]	24 321	48,3	29 698	22,1	81,1
AI	14 000	9 796	–30,0	11 272	15,1	–19,5
ZG	12 500	15 322	22,6	17 461	14,0	39,7
UR	11 800	13 519	14,6	14 505	7,3	22,9
OW	10 600	12 368	16,7	13 799	11,6	30,2
NW	8 500	10 203	20,0	11 339	11,1	38,4
	1 665 600	2 190 258	31,5	2 392 740	9,2	43,7

[1] Näherungswerte
[2] Zu dieser Zeit bildeten Basel-Stadt und Baselland noch einen Kanton.

Vom Ancien Régime zu den Anfängen der modernen Schweiz

ernte. Weil auch die Getreideernte unterdurchschnittlich ausfiel, liessen Mangel, Hamsterkäufe und Spekulation den Getreidepreis auf das Dreieinhalbfache hochschnellen.
An Markttagen brachen Brot-Krawalle gegen die astronomischen Preise aus. Viele mussten die letzte Habe verkaufen, um Brot oder Mehl kaufen zu können, einigen blieb nichts anderes übrig, als in Feld und Wald nach Nahrung zu suchen. Ein Übel kommt selten allein: Die hohen Preise der Grundnahrungsmittel liessen das Geld knapp werden und den Absatz von Textilien stocken. Die gesamte Baumwollindustrie tauchte in ein Rezessionstal. Zum Hunger gesellten sich Lohnabbau und Arbeitslosigkeit.

Pauperismus

Seit Menschengedenken waren noch nie so viele in Armut abgesunken. Dieses Phänomen, das in den Augen der Zeitgenossen einen neuen Begriff verlangte, wurde als Pauperismus bezeichnet. Zwischen 5 und 10 Prozent der Bevölkerung hingen von der Fürsorge ab. Im reichen Kanton Zürich stieg der Anteil der Armengenössigen um 1845 von 2,9 Prozent auf 5,6 Prozent, im Oberland waren es sogar bis 20 Prozent. Zu den Hilfsbedürftigen gehörten im Bernbiet 1846 8,6 Prozent und in der Waadt gar mehr als 10 Prozent. Im Emmental, wo die Leinenindustrie völlig zusammenbrach, erreichte der Anteil bis zu 35 Prozent. Erfasst wurden Kleinbauern, Taglöhner, Kleinhandwerker, Heim- und Fabrikarbeiter, in erster Linie aber kinderreiche Familien. Auf der Suche nach Brot und Arbeit zogen ganze Scharen durchs Land, oft blieb ihnen nur das Betteln oder das Stehlen. Staatliche Hilfsmassnahmen blieben punktuell: Die Zürcher Regierung liess nach 1845 im Ausland gekauftes Getreide verbilligt abgeben, sie förderte den Maisanbau und liess Notstandsarbeiten ausführen. Die weit verbreiteten Suppenanstalten entsprangen kirchlicher und privater Wohltätigkeit. Aber die Hauptlast der Armenfürsorge lag auf den Gemeinden. Da diese oft völlig überfordert waren, propagierten sie die Auswanderung.

Beschleunigte Agrarmodernisierung

Wenn die Landwirtschaft auf der gleichen Anbaufläche weiterhin etwa zwei Drittel des Nahrungsbedarfs einer wachsenden Bevölkerung decken wollte, musste sie die Produktivität erhöhen und ihre Struktur anpassen (vgl. S. 236). Die Umsetzung der Reformideen aus dem ausgehenden 18. Jahrhundert hat sich in der Tat beschleunigt. Noch nahm die Zahl der in der Landwirtschaft Tätigen zu, aber der Anteil des Agrarsektors am Total der Erwerbstätigen schrumpfte von 62,5 Prozent (1798) auf 54 Prozent (1850).

Nachdem die regenerierten Kantonsregierungen (vgl. S. 260 ff.) die obligatorische Ablösung der Feudalabgaben dekretiert hatten, triumphierte der *Agrarindividualismus*. Die ausgedehnten Allmenden und die Dreizelgenwirtschaft verschwanden, auf der Brache wurden Futtermittel angebaut. Sie erlaubten Stallfütterung, Erhöhung des Viehbestandes und vermehrte Gewinnung von Naturdünger. In der Folge verbesserte sich der Weizenertrag im Waadtland von 11,3 im Jahre 1800 auf 13 Zentner pro Hektare 1850. Talkäsereien machten den Molkereiprodukten aus der Alpwirtschaft den Rang streitig. Wertvolles Kulturland konnten die Kantone durch aufwendige Meliorationen gewinnen, durch Trockenlegung von Mooren und Korrektion von Flussläufen. In Erinnerung bleibt der 1827 vollendete Bau des Kanalsystems in der malariaverseuchten Linthebene, dessen Schöpfer, Hans Conrad Escher, nach seinem Tod den Titel «von der Linth» bekam, den einzigen «Adelstitel», den die Eidgenossenschaft je verliehen hat.

(Fortsetzung siehe S. 256)

Die Armut, 18. Jahrhundert. Seltene Darstellung einer verdrängten Realität: Verhärmte Frauen und flehende Kinder bitten den heimgekehrten Vater um Nahrung. Vor dem zerbrochenen Fenster ein Spinnrad. (R. Schinz)

Die Entwicklung der Landwirtschaft seit 1848

Immer weniger produzieren immer mehr

Die Aufgabe ist anspruchsvoll: Eine schwindende Zahl von Bäuerinnen und Bauern muss einen gleich bleibenden Anteil an der Versorgung einer wachsenden Bevölkerung erwirtschaften, ohne dass ihr mehr Fläche zur Verfügung steht. 1850 hatte noch etwa die Hälfte der Wohnbevölkerung zur landwirtschaftlichen Bevölkerung gezählt, 1910 gehörte ihr nur noch ein Viertel an, und ihre absolute Zahl (die bis 1880 stabil geblieben war) lag unter einer Million. Trotz des grossen Landhungers der Städte, der Industrie und der Eisenbahn konnte die landwirtschaftliche Fläche zwischen 1855 und 1912 gehalten werden. Eine grosse Zahl von Bodenverbesserungen hat dies erlaubt. Pro Kopf der Bevölkerung freilich ist diese Fläche zwischen 1850 und 1910 um 36 Prozent zurückgegangen.

Mit der Dreizelgenwirtschaft ist 1850 Schluss; die Brache macht nur noch 5 Prozent der Ackerfläche aus. Dank höherem Viehbestand konnte die Düngerlücke im Mittelland geschlossen werden. Aber noch gab es viele Gebiete, in denen die Höfe in erster Linie auf Selbstversorgung ausgerichtet waren. Diese Güter waren klein und der Landbesitz zersplittert. Der durchschnittliche Walliser Betrieb hatte 41 Parzellen, die kleinsten bloss einen Fuss breit. Unter solchen Umständen konnten sich die technischen Innovationen nur zögerlich ausbreiten: etwa der Ersatz des traditionellen Holzrechens durch den Schlepprechen, mit dessen Hilfe die Leistung beim Heurechen verdreifacht werden konnte, oder der amerikanische Eisenpflug, der den Acker tiefer aufriss. Im letzten Viertel des Jahrhunderts brachten der Kunstdünger und der Einsatz von Mäh- und Dreschmaschinen Verbesserungen für die modernen Betriebe.

Der Staat als Retter in den Krisen

Die *Grosse Depression* zwischen 1873 und 1895 stürzte den Ackerbau in eine tiefe Krise (vgl. S. 286). Seit sich über ganz Europa ein Schienennetz erstreckte und Dampfschifflinien die Kontinente verbanden, waren die Transportkosten auf Bruchteile geschrumpft. Vor allem aus Russland, später aus Übersee kam billiges Getreide. Zwischen 1851 und 1913 stieg der Getreideimport um das Siebenfache. Die Preise stürzten in den Keller: zwischen 1890 und 1917 um 43,2 Prozent. Weil der Ackerbau in der Schweiz nicht mithalten

Längsschnitt

Bergbauer im Valser Tal (Graubünden): Von der traditionellen…

konnte, ging die Getreidefläche von 300 000 Hektaren (1850) auf 100 000 Hektaren (1914) zurück, dafür stieg der Grossviehbestand von 900 000 (1850) auf 1,5 Millionen Stück (1910), und im gleichen Zeitraum konnte der Käseexport verfünffacht werden. Aus gelbem Kornland wurde grünes Wiesland.

Bäuerinnen und Bauern versuchten, sich in der Notlage selbst zu helfen. Sie gründeten 1897 den umfassenden «*Schweizerischen Bauernverband*» (SBV), Alp- und Käsereigenossenschaften, Weiterbildungsvereine und Versicherungskassen, und sie organisierten landwirtschaftliche Ausstellungen. Ernst Laur, der aus einer Basler Bürgerfamilie stammende erste Direktor des SBV, erkannte: Die soziale und wirtschaftliche Verdrängung der Landwirtschaft konnte höchstens durch systematischen staatlichen Schutz aufgehalten werden. Unter seiner Leitung bot sich die Bauernschaft dem Bürgerblock als Bündnispartner im Kampf gegen die erstarkten Arbeiterorganisationen an und wurde mit der Abkehr von der liberalen Agrarpolitik belohnt. Der Beginn des **Protektionismus** spiegelt sich in der Bundesverwaltung: Noch 1881 befassten sich bloss drei Bundesbeamte mit Landwirtschaft, 1913 waren es über zweihundert. Zum Schutze der eigenen Produktion wurden Milchprodukte staatlich verbilligt, Warenpreise kontrolliert und Importe mit Zöllen verteuert. Zwischen 1910 und 1913 betrugen die Zölle auf Weizen 1,2 Prozent, auf Hartkäse 5,2 Prozent und auf Wein sogar 28,2 Prozent. Ferner flossen Subventionen für Bodenverbesserungen, zum Beispiel Entwässerung und Wildwasserkorrektion, für Alpsanierungen, für Güterregulierungen, für Viehaufzucht und Viehversicherung, für Agrarforschung und landwirtschaftliche Schulen.

Nachdem schon das beschleunigte Bevölkerungswachstum um die Jahrhundertwende die Nahrungsmittelpreise wieder etwas nach oben getrieben hatte, verbesserte sich die Situation der Landwirtschaft während des *Ersten Weltkrieges* nachhaltig, als die Bauern von den Engpässen in der Landesversorgung profitieren konnten.

Ende der Zwanzigerjahre riss die *Weltwirtschaftskrise* die Landwirtschaft in ein neues Wellental. Der weltweite technische Fortschritt in der Landwirtschaft liess die Produktion ansteigen und die Preise fallen. Als immer mehr Kleinbetriebe in der Schweiz aufgeben mussten, intervenierte der Bund über Dringlichkeitsrecht. Zugunsten der eigenen Agrarproduktion wurden die Einfuhren auf festgelegte Kontingente beschränkt und die Schutzzölle erhöht. Die Verwaltung legte minimale Abnahmepreise für Produkte fest und übernahm die Verwertung der Überschüsse. Seit 1929 war sie auch verpflichtet, die Versorgung des Landes mit Brotgetreide zu sichern.

Im Jahrzehnt zwischen 1930 und 1939 stiegen die Bundesbeiträge an die Landwirtschaft von 2,5 auf 3,9 Millionen Franken.

Ein Gesellschaftsvertrag mit der Bauernschaft

Die anschliessende Kriegszeit brachte den Landwirten wieder fette Jahre. In der berühmt gewordenen Anbauschlacht, dem so genannten «*Plan Wahlen*», gelang es mit vereinten Kräften, den Selbstversorgungsgrad, der das ganze Jahrhundert um 50 Prozent lag, auf fast 60 Prozent anzuheben (vgl. S. 328 f.). Die im 19. Jahrhundert geschrumpfte Getreidefläche war 1944 86 Prozent grösser als 1917. Dank besseren Pflanzenzüchtungen, dem Masseneinsatz von Kunstdünger und mechanischen Arbeitsgeräten konnte auch die Produktivität angehoben werden.

Die militärische und wirtschaftliche Bedrohung in den Vierzigerjahren hatte ein nationales Gemeinschaftsgefühl entstehen lassen, das auch die Arbeiterschaft einschloss. Die landesweite Solidarität mit den Bauern begründete eine Art Gesellschaftsvertrag, der den Agrarvorlagen an der Urne bis Mitte der Achtzigerjahre grosse Mehrheiten sicherte. Aus Dankbarkeit gegenüber dem Bauernstand wurde der notrechtlich verstärkte Protektionismus nach dem Krieg auf eine verfassungsmässige (1947) und gesetzliche (1951) Grundlage gestellt. Die Agrarpolitik des Bundes sollte zwei gleichwertige Ziele verfolgen: Es galt, die Leistungsfähigkeit der Landwirtschaft zu fördern, ohne die traditionelle familiäre Betriebsstruktur zu gefährden. Künftig sollten die Bauern den *Paritätslohn* beanspruchen dürfen, einen Lohn, der etwa dem Zahltag im Gewerbe und in der Industrie entsprach. Die Preisbildung war damit endgültig zur Sache des Staates geworden.

Strukturwandel und Produktivitätswachstum

Die doppelte Zielsetzung der schweizerischen Agrarpolitik liess sich nicht verwirklichen, denn die staatliche Förderung begünstigte in erster Linie die Betriebe mit guter Boden- und Kapitalausstattung. Die folgenden Vergleichszahlen belegen den einschneidenden Strukturwandel: Die landwirtschaftliche Bevölkerung ist drastisch dezimiert worden. Ihr Anteil fiel von 16,3 (1950) auf 3,6 Prozent (1990) zurück. Zwischen 1955 und 1990 ist die Zahl der Betriebe halbiert worden und beträgt noch etwas mehr als 100 000. Verfügte der Durchschnittsbetrieb 1929 über elf Parzellen, so waren es 1975 nur noch sechs, deren Grösse sich aber fast verdreifacht hatte.

Immer weniger Landwirte produzieren immer mehr Agrarprodukte, der Eigenversorgungsgrad für Getreide, Futtermittel, Butter und Fleisch nimmt zu. Weder Industrie noch Tertiärsektor konnten die Produktivität zwischen 1955 und 1995 in gleichem Ausmass steigern wie die Landwirtschaft, die es auf rund 70 Prozent brachte. Traktor, Motormäher, Selbstladewagen, Heubelüftungsanlage, Futtersilo und Melkmaschine sind heute in fast jedem Betrieb im Einsatz. Die chronischen Überschüsse, die sie mitbewirkt haben, sind mittlerweile zum Problem der Landwirtschaftspolitik geworden. Während die staatlich regulierten Preise weiterklettern, stagniert die Nachfrage. Wegen der staatlichen Abnahmegarantie belasten die hohen Verwertungskosten für den Milch- und den Weinsee und für die Butter- und Fleischberge die Bundeskasse. Die Agrarkosten des Bundes erreichten 1995 3,5 Milliarden Franken, 8 Prozent der Gesamtausgaben.

Vom Nahrungsmittelproduzenten zurück zum Landwirt?

Mit dem tradierten Bauern-Bild der Gotthelfzeit haben die modernen Nahrungsmittelproduzenten nicht mehr viel gemein.

Als Mitte der Achtzigerjahre eine Mehrheit in der Öffentlichkeit die industrielle Realität der heutigen Landwirtschaft wahrnahm, zerbrach der Gesellschaftsvertrag: 1986 bis 1995 sind sechs von sieben Agrarvorlagen an der Urne durchgefallen, obwohl sie von den Befürwortern zur Existenzfrage für die Landwirtschaft erklärt worden waren.

Wie die neue Agrarpolitik aussehen soll, zeichnet sich erst in Umrissen ab: Handel und Preise der Agrarprodukte müssen sich wieder vermehrt nach den Marktkräften richten, denn die alte Planwirtschaft verträgt sich nicht mit der neuen Welthandelsordnung (WTO) und passt schlecht ins Europa des Freihandels. Die Bauern sollen wie Unternehmer wirtschaften und selbst das Risiko tragen. Für die Pflege der Kulturlandschaft und für umweltschonende und tiergerechte Produktion sollen sie hingegen mit *produkteunabhängigen Direktzahlungen* belohnt werden. Der Landwirt und die Landwirtin von morgen werden weniger und extensiver produzieren, Nischenprodukte vor allem; in der Massenproduktion wird wohl die ausländische Konkurrenz dominieren.

... zur modernen Landwirtschaft: Gemüseanbau im Berner Seeland

Vom Ancien Régime zu den Anfängen der modernen Schweiz

(Fortsetzung von S. 252)

Die wirtschaftliche Dynamik

Die Industrielle Revolution

Die Entwicklung der Spinnmaschine

Der Startschuss für die rasante Entwicklung der Spinnmaschine fiel 1764, als der Engländer Hargreaves seine hölzerne «Spinning Jenny» konstruierte, mit deren Hilfe mehrere Spindeln gleichzeitig bedient werden konnten. Die Erfindung der «Waterframe» und vor allem ihre Kombination mit der «Jenny» zur «Mule», zur Wagenspinnmaschine, gestattete die Anwendung der *Wasserkraft* und die *Massenproduktion* in der Fabrik. Ein Spinner produzierte jetzt so viel wie 200 Handspinner. Weil die erzeugten Garne die bisherigen an Reissfestigkeit übertrafen, war es möglich, Kettfäden aus Baumwolle statt aus Leinen anzubieten. Mit grösseren und präziseren Maschinen aus Metall konnte bedeutend feineres Garn hergestellt werden. Um 1820 waren auch für den Vorspinnprozess und die Reinigung Maschinen verfügbar. Die völlige Automatisierung und der Dampfantrieb waren mit dem Selfactor von Roberts ab 1830 möglich.

Die ersten Fabriken auf Schweizer Boden

1801 stellte die Helvetische Regierung dem adeligen Waadtländer Freiheitskämpfer, Politiker und Unternehmer Marc Antoine Pellis das säkularisierte Kloster St. Gallen (vgl. S. 243) zur Verfügung, damit er darin eine mechanische Spinnerei einrichten konnte. Die Industrialisierung der Schweiz begann also fast zeitgleich mit dem ersten grossen politischen Modernisierungsversuch. Zu den frühen Pionieren gehörte auch *Hans Caspar Escher* aus Zürich. Bevor er mit dem Bankier von Wyss 1805 die Spinnerei Escher-Wyss gründete, besuchte er alle bedeutenden Fabriken in Frankreich und brachte 30 Kisten Maschinenteile nach Hause. Seine selbst konstruierten Maschinen wurden mit Wasserkraft angetrieben. Dasselbe galt bald für alle grösseren Betriebe.

Schonfrist für Schweizer Fabriken

Während der *Kontinentalsperre* 1806 bis 1813 war die Versorgung mit Rohbaumwolle schwierig, dafür waren aber die britischen Fabriken als Konkurrentinnen ausgeschaltet, sodass fette Gewinne erzielt werden konnten. Unter dem Schirm von Napoleons Wirtschaftsblockade erfasste eine Gründungswelle die Ostschweiz. Bis 1813 wurden im Kanton Zürich 60 mechanische Spinnereien aus dem Boden gestampft, in der Mehrzahl kleine Familienbetriebe mit wenigen Maschinen, die von Hand betrieben wurden. Sie standen in Scheunen und Schuppen, ja sogar auf Dachböden

> **Die erste Fabrik in der Schweiz – in einem Kloster!**
>
> Im St. Galler Klostergebäude lässt Marc Antoine Pellis durch zwei britische Mechaniker die ersten Mule-Spinnmaschinen montieren, die es in der Schweiz gegeben hat. Die 26 Maschinen, deren Bestandteile vermutlich aus Frankreich stammen und die grösstenteils aus Holz gefertigt sind, müssen von Hand betrieben werden. Die Energie für das Vorwerk kommt zeitweise von Ochsen, die ein grosses Rad drehen. Mit einigem Recht darf man von der ersten Fabrik auf Schweizer Boden sprechen. Zwar sind noch nicht alle Arbeitsstufen mechanisiert und Kraftmaschinen fehlen noch. Jedoch fertigen die 120 Arbeitskräfte, in der Mehrzahl Frauen und Kinder, Massenware an und nicht Einzelstücke und benutzen dabei eine Folge spezialisierter *Arbeitsmaschinen*. Obwohl die Spinnerei von St. Gallen nach einigen Jahren liquidiert wurde, weil sie keine Gewinne abwarf und die Maschinen nach wenigen Jahren veraltet waren, hat sie zur Nachahmung provoziert, vor allem in der Zürcher Landschaft.

und in Wohnstuben. Häufig wurden Spinnereien in ehemaligen Mühlen und Gerbereien eingerichtet, wo Wasserräder für den Betrieb bereitstanden.

Die Krise und das Ende der Handspinnerei

In den Jahren nach dem Zusammenbruch des napoleonischen Reiches (nach 1813/15) konnte das billige, feingesponnene *Maschinengarn aus Grossbritannien* ungehindert den Schweizer Markt überfluten, denn der wieder auferstandene eidgenössische Staatenbund war nicht im Stande, protektionistische Massnahmen zu ergreifen. Nur die grösseren und soliden Betriebe mit genügend Wasserkraft überlebten die scharfe Selektion, zwei Drittel gingen ein. Die Spinnerei in Heimarbeit, die noch 1785 70 000 Menschen betrieben hatten, verschwand ganz. Wer von den Heimspinnern nicht als Heimweber oder in der Fabrik Arbeit fand oder auswanderte, fiel der Armenpflege zur Last. Die Missernte von 1816/17 (vgl. S. 251 f.) fügte zur Massenarbeitslosigkeit noch den Hunger.

Die erfolgreichen Fabrikunternehmer

Als 1818 ein Wiederaufschwung einsetzte, hatten von den Unternehmern mit genügend Wasserkraft und genügend Kapital nur jene im Wettbewerb überlebt, welche ihre Produktionseinrichtungen und Maschinen ständig ver-

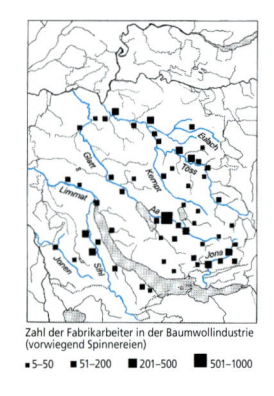

Fabrikindustrie im Kanton Zürich (1855)

*Ansicht der Baumwollspinnerei Neuthal im Zürcher Oberland um 1845.
Im Vordergrund von links nach rechts: Fabrik (1825–27): klassizistischer Stil, fünf Stockwerke mit Holzböden, Schleppdachkonstruktion. Wasserradhaus links an Fabrik angebaut mit zwei übereinander angeordneten zwölf Meter hohen oberschlächtigen Wasserrädern. Fabrikantenwohnhaus (1835) mit Uhrtürmchen und Verbindungsgang zur Fabrik, Park. Ökonomiegebäude für landwirtschaftlichen Betrieb.
Im Hintergrund: Zulaufkanal auf Holzstützen.
Mühle Müedsbach, 1825 samt Wasserrechten an Johann Rudolf Guyer, Vater des berühmten Eisenbahnkönigs Adolf Guyer-Zeller (1839–1899), verkauft.
Nach 1850 wurde die Mühle in ein Kosthaus umgebaut.
Die Fabrik, die erst 1965 stillgelegt worden ist, bildet heute den Mittelpunkt des besterhaltenen Industrieensembles im Zürcher Oberland. Dazu gehören auch spätere Ergänzungen, namentlich Wasserkraftanlagen mit Turbinen und Seiltransmission (1879–1885), weitere Kosthäuser, als Kapelle gestaltetes Werkstattgebäude, Viadukt der heute stillgelegten Uerikon–Bauma-Bahn (1901).*

bessert hatten. Als Fabrikunternehmer war auf Dauer nur erfolgreich, wer einerseits den Puls der Märkte fühlte, anderseits auch mit den ständigen technischen Innovationen Schritt zu halten vermochte.

Die Fabrikanten stammten zu einem guten Drittel von ländlichen Verlegern ab. Der Sprung glückte auch Händlern und vermögenden Handwerkern, also Metzgern, Wirten, Müllern, Gerbern; Taunern nie. Der Durchbruch zum grossen Unternehmen gelang erst der zweiten Generation. Ungekrönter Spinnerkönig war *Heinrich Kunz,* der 1859 ein Vermögen von 15 Millionen Franken hinterliess. In 30 Jahren hatte er den Betrieb seines Vaters zum grössten Spinnerei-Unternehmen des Kontinents mit acht Fabriken ausgebaut. Für Luxus und «Dolce far niente» war kein Platz in seinem Leben. Vom Morgengrauen bis in die Nacht stand er in der Fabrik oder im Kontor.

Kinder, Frauen und Männer in der Fabrik

Verglichen mit heute waren die Arbeitsbedingungen in den ersten Fabriken unvorstellbar und schockierend. Die Arbeitszeit von 14 Stunden entsprach aber dem, was in der Heimindustrie üblich war. Weil Fabrikarbeit unbeliebt war, musste sie deutlich besser bezahlt werden als Heimarbeit. Im Fabriksaal herrschte ohrenbetäubender Lärm, dichter Baumwollstaub und Öldampf machten das Atmen schwer; deswegen blieben die Fenster auch im Winter offen. Ungeschützte Transmissionsriemen und Wendelbäume verursachten immer wieder Unfälle, vor allem in der Nacht, wenn bei hohem Wasserstand im flackernden Kerzen- oder Petrollicht gearbeitet wurde.

Pünktlichkeit und Kasernendisziplin waren für Heimarbeiter ungewohnte Arbeitstugenden; sie wurden mit strengen Fabrikordnungen und Bussen durchgesetzt. Die Arbeitskräfte rekrutierten sich aus den Heimarbeiterfamilien. Beschäftigt wurden mehrheitlich Frauen und Kinder, die jüngsten keine 12 Jahre alt. Die qualifizierten Arbeiter, welche die Maschinen bedienten, bezogen mehr als doppelt so viel Lohn als sie, aber sogar deren Tagesverdienst reichte nicht zum Kauf von zwei Kilogramm Brot. «Fabrikler» ernährten sich von Milch, Kartoffeln, Mais, so genanntem «Türggemues», Kaffee und Kartoffelbranntwein. Fleisch gab es nur am Sonntag. Männer und Frauen arbeiteten häufig so lange in der Fabrik, bis sie sich eine Existenz als Heimarbeiter – Heimweber mit eigenem Webstuhl – geschaffen hatten. Dies entsprach ihrem Bedürfnis nach Selbstständigkeit und gestattete ihnen, die Arbeit innerhalb der Familie frei einzuteilen. Um das Einkommen aus der Heimarbeit aufzubessern, wurden die Kinder zur Fabrik geschickt.

Die mechanische Weberei – ein Weg mit Hindernissen

Im Gegensatz zur technischen Revolution in der Baumwollspinnerei verlief die Mechanisierung der Weberei sehr zögerlich. Seit der Erfindung des fliegenden Schützen 1733, mit dessen Hilfe das Weberschiffchen mechanisch durchs Webfach geschleudert werden konnte, war die Produktivität der Heimweber beträchtlich gesteigert worden. Demgegenüber konnte sich der 1784 erfundene mechanische Webstuhl lange nicht durchsetzen. Die Errichtung

Vom Ancien Régime zu den Anfängen der modernen Schweiz

der ersten mechanischen Weberei um 1830 löste zudem einen schweren Zwischenfall aus, den «Brand von Uster»:

Am 22. November 1832, als sich der «Ustertag» (vgl. S. 261), zum zweiten Mal jährte, zogen Hunderte von aufgebrachten Heimwebern, Kleinbauern und Arbeitern vor die Spinnerei Corrodi und Pfister in Uster und verlangten die Zerstörung der neu eingerichteten Webmaschinen. In der Folge warfen Dutzende die Fenster ein, drangen ins Innere, schlugen auf die Maschinen ein und warfen brennende Stroh- und Reisigbündel in die Säle, bis die Fabrik in Flammen aufging. Zwei Jahre zuvor hatten noch Arbeiter und Handwerker am selben Ort gemeinsam mit den Unternehmern den Sturz der aristokratischen Regierung betrieben. Die damals erhobene Forderung nach einem Verbot der Webmaschinen hatten die Versammlungsleiter zwar ins Manifest aufnehmen müssen, sie blieb aber nach dem Erfolg der Liberalen ohne Folgen. Unter den Heimwebern waren nicht wenige ehemalige Heimspinner, die schon einmal durch die Mechanisierung ihre Existenz verloren hatten. Die feindliche Stimmung in der Bevölkerung verzögerte die neue Technik. Trotz sinkender Löhne blieben viele Heimweberfamilien ihrem Beruf noch jahrzehntelang treu, vor allem wenn sie sich auf Nischenprodukte spezialisieren konnten. 1840 waren in den Schweizer Fabriken 824, 1853 3965 Webmaschinen in Betrieb.

Aus Spinnereien werden Maschinenfabriken

Bis 1834 war der Export von Maschinen aus Grossbritannien verboten. Die Schweizer Spinnereiunternehmer behalfen sich einerseits mit weniger entwickelten französischen Produkten, sie versuchten anderseits über Werkspionage, Schmuggel und die Abwerbung von Spezialisten an die Geheimnisse der britischen Spitzentechnik heranzukommen. Grosse Spinnereien richteten Werkstätten ein, in denen die eigenen Maschinen gewartet und verbessert werden konnten. Bei Escher-Wyss in Zürich stammten alle Maschinen seit 1820 aus eigener Produktion. Seit 1828 wurden auch in fremdem Auftrag Maschinen hergestellt, und 1835 arbeiteten bereits 100 Mechaniker für diesen Firmenzweig. Zwei Jahre später verliess das erste Schweizer Dampfschiff die Montagehalle von Escher-Wyss, während die Garnproduktion aufgegeben wurde. Auch die renommierten Maschinenfabriken J.J. Rieter im Tösstal und Kaspar Honegger in Siebnen entwickelten sich aus Spinnereiunternehmen. Ihrerseits wurde die Maschinenindustrie zum Geburtshelfer für die Metallindustrie (Giesserei). Sulzer, von Roll und Fischer lieferten Metallteile für den Maschinenbau.

Bilanz der Industriellen Revolution in der Schweiz

In der Schweiz setzt die Industrielle Revolution nach 1800 in Zürich und den angrenzenden Kantonen ein, und zwar ausschliesslich im engen Sektor der *Baumwollspinnerei*. Eine rasante, sich beschleunigende technische Entwicklung, dynamisches Wachstum und intensiver Wettbewerb mit strenger Selektion kennzeichnen die Zeit nach 1820. Bis 1850 gehen aber mehr Arbeitsplätze in der Heimindustrie verloren, als in den Fabriken angeboten werden. Nur vier Prozent der Erwerbstätigen arbeiten in der Fabrik. Erst nach und nach zieht die *Schrittmacherindustrie* weitere Sektoren nach sich, die mechanische Weberei und die Maschinenindustrie. In der zweiten Jahrhunderthälfte kommt eine Kettenreaktion in Gang, die immer neue Sektoren erfasst.

Weil die Schweiz weder über Kohle- und grössere Eisenvorkommen noch über andere Rohstoffe verfügt, etabliert sich ausschliesslich verarbeitende Industrie. Die Unternehmer kombinieren arbeitsintensive Gewerbe mit fortschrittlicher Technologie. Hergestellt werden hochwertige Produkte, die hohe Preise erzielen, keine billigen Massenwaren mit hohen Umsätzen. Die bevorzugten Branchen zeichnen sich durch *hohe Wertschöpfung* aus.

Die erforderlichen *qualifizierten Arbeitskräfte* stehen wegen der Heimindustrie und ihrer Krise in genügender Zahl zur Verfügung. Ihre Löhne liegen erheblich tiefer als die ihrer Genossen in Grossbritannien und in der Region Mülhausen. Trotzdem leben sie eher besser, weil sie häufig über einen Garten und einen Kartoffelacker verfügen.

Da der Import von Kohle wegen der hohen Transportkosten zu teuer käme, setzen die Schweizer Fabrikanten Dampfmaschinen höchstens als Kraftreserve ein, an ihrer Stelle greifen sie, durch den Flussreichtum des Landes begünstigt, auf die *traditionelle Wasserkraft* zurück. Deshalb säumen die Fabriken die Flüsse. Sie stehen auf dem Land, wo der Rückgang der Heimindustrie Arbeitskräfte freisetzt und wo eine enge Verbindung mit der Landwirtschaft möglich ist. Es entstehen keine *industriellen Ballungsräume* in den Städten wie in Grossbritannien oder im Ruhrgebiet.

Weil der Binnenmarkt klein ist und weil es keinen Zentralstaat gibt, der die einheimische Produktion vor der ausländischen Konkurrenz schützen könnte, muss sich die Schweizer Industrie auf dem europäischen und bald auch auf dem Weltmarkt behaupten. Der *Exporthandel* kann das Netz von Handelsbeziehungen nutzen, das die Verleger geknüpft haben. Der Exportwert pro Kopf der Bevölkerung liegt 1830 über dem britischen Vergleichswert. Die Unternehmer finanzieren ihre Investitionen so weit möglich mit eigenen Ersparnissen.

Zur Erweiterung der Kapitalbasis werden häufig Teilhaber in die Firmen aufgenommen. Die übrigen Mittel beschaffen sie sich über persönliche Vermittlung, weil sie an das grosse Kapital der Handelshäuser und Banken nicht herankommen.

Das politische Umfeld ist für die Entwicklung der Industrie nach 1803 ungünstig. Behindernd sind die Vorherrschaft der Stadt über das Land, wo sich die Industrie entwickelt, und die Kleinstaaterei, die Handel und Verkehr lähmt (vgl. S. 260). Die wirtschaftliche Modernisierung geht der politischen voran.

Traditionelle Industriesektoren

In anderen bedeutenden Industriesektoren blieb es vorderhand bei der herkömmlichen protoindustriellen Fertigung. Weil die traditionsreiche Schweizer *Leinenindustrie* im Bernbiet und in der Innerschweiz den Zeitpunkt für die Mechanisierung verpasst hat, war sie zum Niedergang verurteilt. Sogar der einheimische Markt wurde um 1850 von britischen und belgischen Fabrikaten beherrscht. Auch die stolze *Indiennedruckerei* stagnierte. Während die Westschweizer Manufakturen das Terrain mehr und mehr an die Buntweberei preisgeben mussten und erst noch den wichtigsten Absatzmarkt verloren, als die Protektionspolitik des Deutschen Zollvereins einsetzte, entstand im Glarnerland ein neues, erfolgreiches Produktionsgebiet, das in Italien, auf dem Balkan, im Nahen Osten und in Amerika neue Märkte für den Schweizer Stoffdruck erschloss.

Ganz anders die *Seidenindustrie* und die *Uhrenindustrie*: Sie konnten ihre Leistungsfähigkeit kontinuierlich steigern, auch wenn die Verlagsproduktion beibehalten wurde. Auf dem Jacquard-Webstuhl, der 1815 eingeführt wurde, konnten mit Hilfe einer Lochkartensteuerung komplizierte Farbmuster hergestellt werden. Der aufwendigen Technik und des teuren Rohstoffs wegen war der Kapitalbedarf sogar höher als im Baumwollsektor. Ab 1830 setzte ein starkes Wachstum ein: Sowohl in der Seidenbandweberei in der Region Basel als auch in der Seidentuchweberei in Zürich und Umgebung wurde die Anzahl Webstühle in der ersten Jahrhunderthälfte verdoppelt; in Zürich auf 11 000 (1843) und in Basel auf 5000 (1843). Im gleichen Zeitraum gelang in Genf und im Jura eine starke Steigerung des Exports von Luxusuhren. Die Zahl der Beschäftigten in der Schweizer Uhrenproduktion stieg von 9000 um 1800 auf 23 000 um 1850. Die Fertigung blieb noch lange protoindustriell, aber die Erfindung des Pantografen 1839 in der Firma Vacheron und Constantin vereinfachte das Kopieren von Modellen und bedeutete einen ersten Schritt auf dem langen Weg zur Herstellung der Serienuhr. Auf bescheidenem Niveau verschaffte die florierende, gewerblich organisierte *Strohflechterei* gegen 70 000 Personen in den ländlichen Gebieten der Kantone Freiburg, Aargau und Tessin Arbeit.

Handel und Verkehr: Zunahme trotz Hindernissen
Verkehrszunahme

Mit dem Ausbau der Textil- und der Uhrenindustrie wurde die Schweiz zum klassischen *Exportland*. Die verarbeitende Industrie war nicht nur auf die Ausfuhr ihrer Waren, sondern auch auf die Einfuhr der Rohstoffe angewiesen. Zwischen 1817 und 1849 hat sich das Import- und Transitvolumen verdoppelt und der Ertrag der Grenzzölle verdreifacht. Die Verkehrszunahme bewältigten die Kantone durch Übernahme kommunaler Strassen und durch den Ausbau der Hauptachsen. Die wichtigen Alpenpässe konnten bald mit Fuhrwerken passiert werden. Seit 1842 fuhr die fünfspännige Gotthardpost mit ihren zehn Plätzen im Sommer täglich in beiden Richtungen über die 1830 errichtete neue Teufelsbrücke. Die Fahrzeit von Luzern bis Mailand betrug 31,5 Stunden.

Rückstand im Eisenbahnbau

Im Eisenbahnbau freilich hinkte die Schweiz hinter der Entwicklung her. 1844, bei der Eröffnung der Eisenbahnlinie Strassburg–Basel, als die ersten 1,8 Schienenkilometer der

*Strohflechterfamilie im Freiamt (Aargau) um 1830.
In der Strohhutindustrie mit Zentrum in Wohlen waren 1857 25 000 Heimarbeiterinnen und Heimarbeiter beschäftigt.
(Unsigniertes Ölbild, Schweizerisches Landesmuseum, Zürich)*

Vom Ancien Régime zu den Anfängen der modernen Schweiz

> Zur Bezahlung der vielen Gebühren musste der geplagte Kaufmann eine ganze Menge verschiedener Münzsorten mitführen. Gemäss Bollmanns «Handbuch für Reisende» von 1837 galt der Louis d'or, die beliebteste ausländische Münze, in:
>
> – Graubünden 13 3/5 Gulden zu 70 Blutzger oder 60 Kreuzer
> – Luzern   12 Gulden zu 40 Schilling
> – Tessin   34 Lira zu 20 Soldi austriaci
> – Zürich   10 Gulden zu 40 Schilling
> – Genf   51 Florins oder 14 Livres, 10 Sols und 6 Deniers.

Die neue Gotthardstrasse (Tremola) nach ihrer Eröffnung 1831. Die zwischen 1827 und 1830 gebaute und weitum bewunderte Fahrstrasse war sechs Meter breit und erlaubte die Aufnahme des Postkutschendienstes. (Kupferstich von J. Du Bois)

Schweiz freigegeben wurden, verfügte Grossbritannien bereits über ein Netz von 4000 Kilometern. An Projekten hat es auch in der Schweiz nicht gefehlt, aber so lange der Bund so schwach blieb, kamen sich die Kantone dauernd in die Quere. Als erste schweizerische Linie wurde 1847 die «Spanisch-Brötli-Bahn» Zürich–Baden eröffnet.

Vierhundert Binnenzölle

Der exzessive Partikularismus und Kantönligeist wirkte sich auch auf den Strassenverkehr und die durchwegs private Post verheerend aus. Ein Wildwuchs von Strassen-, Brücken-, Tor- und Marktzöllen, von Kaufhausgebühren, Ohmgeldern (Weinsteuern) und Transportpatenten lähmten die Warentransporte.

An rund 400 kantonalen, kommunalen und privaten Zollposten wurden die Kaufleute aufgehalten und geschröpft. Mit mehrfachem Umladen, Kontrollieren und Warten ging kostbare Zeit verloren. In einem Bericht zuhanden der **Tagsatzung** wird geklagt, die Fuhrleute würden in Aarberg eineinhalb, in Gümmenen zwei und in Murgenthal und Lausanne bis zu sechs Stunden aufgehalten. 11 verschiedene Fuss- und 60 Ellenmasse, 87 Mengenmasse für trockene Früchte, 81 Hohlmasse für Flüssigkeiten machten ständiges Nachmessen nötig.

Ein Toggenburger Fabrikant rechnete mit Transportkosten, die zehnmal höher waren als die seiner Konkurrenten im Ausland. Die Rohstoffe, die er in Genf kaufte, liess er aus Kostengründen um die Schweiz herum durch Frankreich und Deutschland transportieren. Dass der ausländische Transitverkehr die Schweiz mied, versteht sich von selbst.

Die Regeneration in den Kantonen

Der Siegeszug der Liberalen
Ein unerwarteter Umschwung

Noch heute erinnert die «Piazza della Riforma» im Herzen Luganos mit ihrem Namen an jene stürmischen Tage von 1830, welche dem Tessin noch vor dem Ausbruch der Julirevolution in Paris als erstem Kanton eine moderne rechtsstaatliche Verfassung beschieden haben. Mit seinen Publikationen hatte der Lehrer und spätere Bundesrat Stefano Franscini den Funken gezündet. Aber im Unterschied zur Helvetischen Revolution war diesmal ein grosser Teil der Bevölkerung aktiv am Umsturz der alten Ordnung beteiligt. Wenige Wochen später brach in Paris die *Julirevolution* aus. Durch kluge Mässigung schuf sie sich Freunde in ganz Europa und gab den Reformwilligen in der Schweiz Auftrieb. Die Ereignisse in Frankreich beschleunigten jene friedliche Revolution in den Kantonen, die man als *Regeneration* bezeichnet. Regeneriert, zu neuem Leben erweckt, wurden die Verfassungsideen aus der Zeit der Helvetik, von denen die Restauration nur ein schmales Rinnsal an Institutionen und Traditionen übrig gelassen hatte. Was auf gesamtschweizerischer Ebene noch 15 Jahre früher mit Billigung der Mehrheit systematisch ausgemerzt worden war, setzte jetzt die Öffentlichkeit in den Kantonen durch. Viele Kantone wurden während der folgenden Jahre zu Laboratorien, in denen neue Institutionen getestet werden konnten, bevor sie 1848 auch im neuen Bundesstaat verwirklicht wurden.

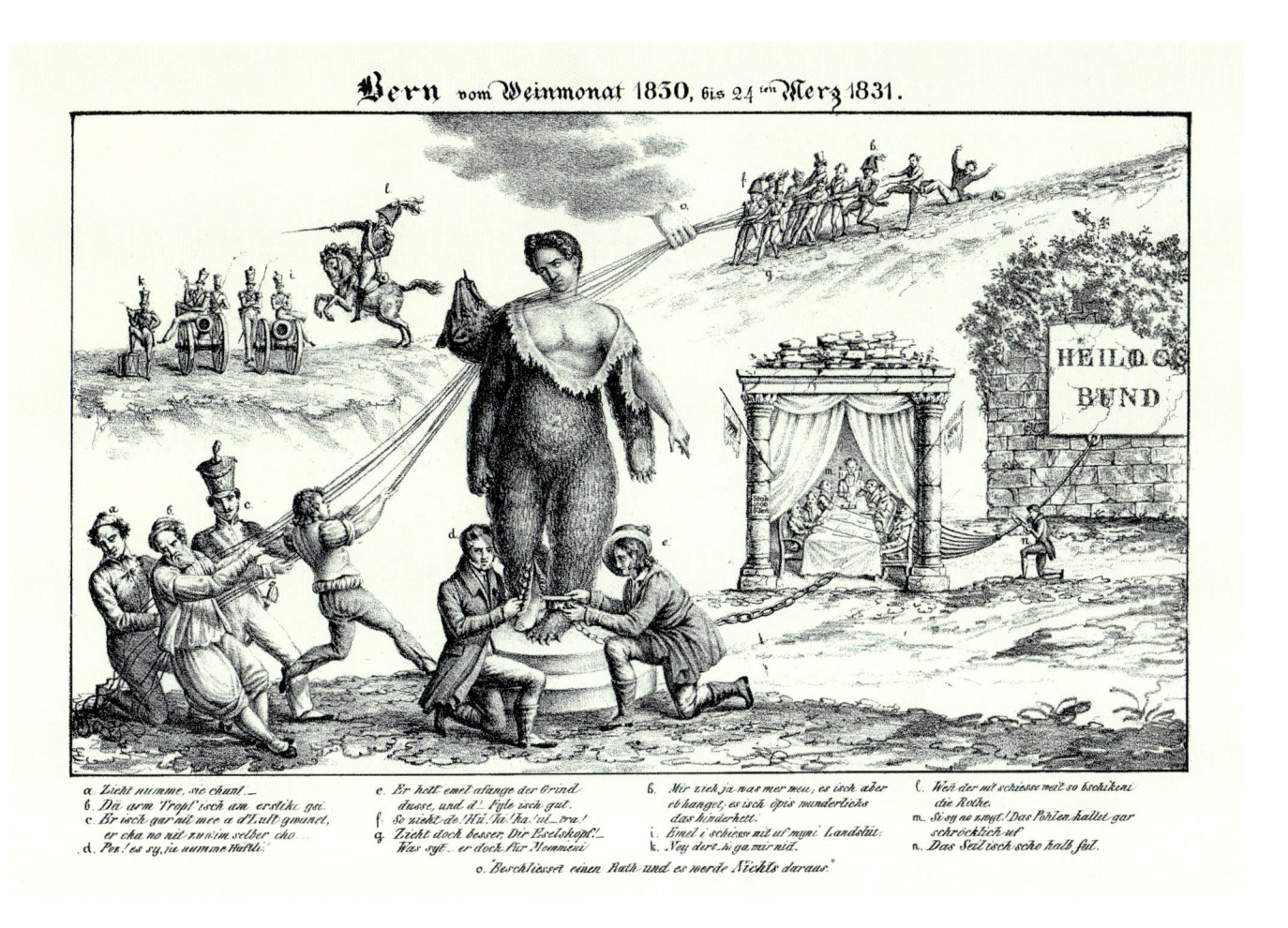

Ablauf und treibende Kräfte

Der Umsturz folgte überall einem ähnlichen Muster: Angehörige des ländlichen Bildungs- oder Besitzbürgertums rufen die Landbevölkerung an einem Ort ausserhalb der Hauptstadt zu einer Art Landsgemeinde zusammen, beklagen das rückständige Geschlechterregiment und die Privilegien des Hauptortes und legen eine Petition vor, in der die politische und wirtschaftliche Gleichberechtigung der Landbevölkerung verlangt wird. Die Versammlung schliesst mit der ultimativen Forderung nach *Verfassungsrevision* durch einen eigens zu wählenden Verfassungsrat. Die machtvollste Demonstration ereignete sich im zürcherischen Uster, wo nach geheimen Vorbereitungen 8000 Landbewohner hinströmten.

Dank ihrem Bevölkerungs- und Wirtschaftswachstum hatten die ländlichen Regionen auf Kosten der Hauptstädte an Gewicht gewonnen. Die aufstrebenden Eliten der Landstädte, Advokaten, Ärzte, Müller, Kaufleute, Fabrikanten, Publizisten und Pfarrer, wollten an der Macht teilhaben. Ihre Forderung nach Verfassungsreform wurde von aufgeklärten, liberalen Bürgern in der Hauptstadt unterstützt. Künftig sollte eine juristisch gebildete Elite als Vertretung des souveränen Volkes die Staatsgeschäfte leiten. Im Bündnis mit der bäuerlichen und gewerblichen Landbevölkerung, der eine wirtschaftliche Besserstellung versprochen wurde, erreichte die neue Elite den Sturz des alten Regiments. Dieses gab im allgemeinen kampflos nach. Aus den anschliessenden Neuwahlen ging eine Volksvertretung hervor, welche die ländliche Bevölkerungsmehrheit besser berücksichtigte. Diese schuf die neue Kantonsverfassung. Ihre Ausrichtung war durch die Forderungskataloge aus den Volksversammlungen vorgegeben.

Eine ganze Dominoreihe fällt

In weniger als einem Jahr hat die Regeneration in elf Kantonen (Tessin, Thurgau, Aargau, Luzern, Zürich, St. Gallen, Freiburg, Waadt, Solothurn, Bern und Schaffhausen) das alte Regiment weggefegt und für neue Verfassungen gesorgt. Als resistent erwiesen sich Kantone mit Landsgemeinde, mit Agrarstruktur und mit katholischer Bevölkerung. Der Widerstand des aristokratischen Regimes provozierte in zwei Kantonen *Sezessionstendenzen*. In *Basel* erinnerten Vertreter des Landvolkes an den im Rathaus von Liestal verwahrten Freiheitsbrief der Helvetischen Revolution (vgl. S. 238) und forderten die Ausarbeitung einer gerechteren Verfassung durch einen demokra-

Die Häutung des Berner Bären 1830/31. Das liberale Flugblatt beleuchtet die Regeneration in Bern bis zur Abschaffung der Zensur am 24. März 1831. Aus der Bärenhaut, Symbol des patrizischen Bern, kommt, als Symbol für die liberale Republik, ein Jüngling oder eine Jungfrau zum Vorschein. Oben links weigern sich Kanoniere, auf die eigenen Mitbürger zu schiessen. Im ruinenhaften Gebäude tagt die alte Obrigkeit, deren Verbindung zur Heiligen Allianz eben gekappt wird.

Vom Ancien Régime zu den Anfängen der modernen Schweiz

tisch zu wählenden Verfassungsrat. Die Ratsherren in der Stadt waren gerade noch bereit, der mehr als doppelten Mehrheit der Landbevölkerung eine knappe Mehrheit der Sitze im Grossen Rat einzuräumen, aber sie wollten die Verfassungsreform nicht aus der Hand geben und erst recht nicht auf die Zunftordnung verzichten, die es den ländlichen Handwerkern verwehrte, ihre Produkte in der Stadt feilzubieten, obwohl ihre städtischen Berufsgenossen im ganzen Kanton verkaufen durften. Weil beide Seiten auf ihrem Standpunkt beharrten, kam es zum Bürgerkrieg und zur Entsendung eidgenössischer Friedenstruppen. Als der Basler Rat 1832 46 trennungswilligen Gemeinden die öffentliche Verwaltung entzog, schlossen sich diese in Liestal zu einem neuen Kanton zusammen. Jetzt entschieden die Waffen endgültig. Nach einer verlustreichen Niederlage der Basler anerkannte die **Tagsatzung** 1833 die Trennung in die zwei Halbkantone Basel-Stadt und Basel-Landschaft. In *Schwyz* kam es aus ähnlichen Gründen vorübergehend zur Spaltung des Kantons. Durch Vermittlung der Tagsatzung erreichten die benachteiligten «äusseren Bezirke» eine Verfassungsrevision in ihrem Sinne. In Glarus (1836) und Genf (1841) wurde die Regeneration später nachvollzogen.

Die Regenerationsverfassungen

Weil die Verfassungen der Restaurationszeit grundsätzlich keine Revisionsbestimmungen enthielten, konnte die alte Ordnung nur durch einen revolutionären, naturrechtlich begründeten Umsturz beseitigt werden. Deswegen stützten sich die neuen Verfassungen auf die *Volkssouveränität*. Die zurückgesetzte Landbevölkerung wurde besser gestellt. Sie erhielt eine Mehrheit der Sitze im Grossen Rat, aber es brauchte noch einige Vorstösse und etliche Jahre, bis die Sitze im Verhältnis zum Bevölkerungsanteil verteilt wurden.

Trotz der erklärten Rechtsgleichheit und der Abschaffung aller Privilegien enthielt das Wahlrecht noch viele Diskriminierungen. Das *aktive Wahlrecht* war zum Teil noch immer von einem gemilderten **Zensus** abhängig. Nicht stimmberechtigt blieben ferner die vielen Armengenössigen, die Juden, häufig Knechte und Gesellen. In Luzern, wo das Stimmrecht zusätzlich an die katholische Konfession gebunden war, hatten von 125 000 Männern bloss 23 000 das Stimmrecht. Frauen blieben diskussionslos von den Wahlgängen ausgeschlossen. Auch die neue Führungsschicht empfand eine heimliche Angst vor der Bevölkerungsmehrheit. In fünf Kantonen wurde ein Teil der Grossratsmandate noch immer durch Selbstergänzung der Gewählten besetzt, in anderen Kantonen galten indirekte Wahlverfahren. Schliesslich brachten Klauseln, welche Verfassungsrevisionen für drei bis zwölf Jahre verboten, Sicherheit auf Zeit.

In den Regenerationskantonen galt das *Repräsentativsystem:* Die Gewalten sind geteilt, aber nicht gleichberechtigt. Höchste Behörde ist der aufgewertete Grosse Rat, der als Vertretung des Volkes für die Gesetzgebung und die Wahl des abgewerteten Kleinen Rates zuständig ist. Dieser entspricht schon weitgehend dem heutigen Regierungs- oder Staatsrat. Seine Exekutivaufgaben sind präzise umschrieben, wie es der Rechtsstaat verlangt. Die Regierung funktioniert noch immer als *Kollegialbehörde* mit kollektiver Verantwortung, doch ist jetzt jedes Mitglied – entsprechend dem *Departementalprinzip* – für einen Verwaltungszweig zuständig.

Die neuen Verfassungen unterlagen der Volksabstimmung; darüber hinaus war das Volk nicht an der Rechtssetzung beteiligt. Einzig in St. Gallen setzte die Bevölkerung der ärmeren und katholischen Landbezirke aus Misstrauen gegen die liberale Elite das so genannte Veto durch, das der Bevölkerung das Recht gab, neue Gesetze durch eine Volksabstimmung zu Fall zu bringen. Dieses frühe *fakultative Referendum* war äusserst restriktiv gefasst: Wer nicht stimmte, wurde zu den Befürwortern gezählt. Von den 194 Gesetzen, die in dreissig Jahren beschlossen wurden, wurden 40 angefochten, jedoch nur viermal mit Erfolg. Trotzdem stellt das Vetorecht eine wichtige direktdemokratische Bresche im Repräsentativsystem dar. Es wurde in der Folge in drei weiteren Kantonen nachgeahmt und war in der zweiten Jahrhunderthälfte ein Ansatzpunkt für die Demokratische Bewegung (vgl. S. 292 f.).

Liberale und Radikale

Die treibenden Kräfte dieser Veränderung waren der liberalen Idee verpflichtet. Der *Liberale* strebt nach grösstmöglicher Freiheit und Verantwortung des Individuums, er vertraut auf die *Selbstregulierungskräfte* in Wirtschaft und Gesellschaft und möchte den Bereich der staatlichen Regelungen eng begrenzen. Theoretisch fusst der liberale Staat auf der Volkssouveränität, in der Praxis beschränken sich die Volksrechte auf die Wahl von Repräsentanten, die die politische Macht stellvertretend für das Volk ausüben. Einschränkungen im Wahlrecht begünstigen das *Besitz- und Bildungsbürgertum*. Einmal an der Macht, bemühen sich die Liberalen um Absicherung des Erreichten und nähern sich den Konservativen.

Zwischen der herrschenden liberalen Elite, dem so genannten Kapazitätenregiment, und der breiten Volksmasse war bald ein tiefer Graben aufgerissen. Diese Kluft versuchten die *Radikalen,* die sich nach 1830 vom klassischen Liberalismus absonderten, zu überbrücken. Der Radikale verpflichtet den Staat bis zur Wurzel (lateinisch radix) auf das Prinzip der *Volkssouveränität* und der Demokratie; daher muss das Parlament aus *direkten Wahlen* hervorgehen, an denen sich alle Männer gleichberechtigt beteiligen können. Der Staat hat die *Wohlfahrt* des ganzen Volkes zu befördern, etwa durch Verbesserung der Volksbildung oder durch den Ausbau sozialer Einrichtungen, immer unter strikter Respektierung des Privateigentums. Die Radikalen wollen den Einfluss des Klerus in der Politik und in den Schulen beschneiden und die Kirche unter staatliche Kontrolle zwingen.

Während sich die Liberalen auf den Waadtländer, allerdings hauptsächlich in Frankreich tätigen Theoretiker und Politiker Benjamin Constant und das Vorbild des britischen Parlamentarismus stützten, beruhte die radikale Theorie auf den republikanischen Ideen der Französischen Revolution und auf ihrer Weiterentwicklung durch den an die Berner Universität berufenen Rechtsgelehrten Ludwig Snell.

Die konservative Gegenbewegung

Gegen die Verwirklichung der liberalen und radikalen Ideen stemmten sich die Konservativen: einerseits die bisher Privilegierten, die aristokratischen Familien in den Hauptstädten, weite Teile des Klerus, vorab des katholischen, anderseits Teile der bäuerlichen Bevölkerung. Sie wollen am Bestehenden und an den alten Institutionen festhalten, weil sie sie als Teil einer von Gott gestifteten Weltordnung verstehen. Politische Herrschaft muss auf Tradition und auf einem religiösen Fundament beruhen, niemals auf rationalen Erwägungen. Der Liberalismus und besonders der Radikalismus war für sie eine Bedrohung des christlichen Glaubens. Während sich die konservativen Kreise im reformierten Basel gegen die Landbevölkerung abschlossen, entwickelte sich der Konservativismus in den katholischen Gebieten, in denen die Landbevölkerung tief in der kirchlichen Tradition verwurzelt war, zu einer volkstümlichen Bewegung. Ihren Führern gelang es, erfolgreich gegen die liberalen Neuerer zu mobilisieren, indem sie ihre konservativen Ziele mit der radikalen Forderung nach einem demokratischen Wahlrecht verbanden.

Vorübergehend brachte auch im protestantischen Zürich eine ländliche Volksmehrheit die Konservativen an die Macht: Im *«Züriputsch»* von 1839 erzwangen bewaffnete Bauern mit einem Aufmarsch in der Hauptstadt den Sturz der liberalen Regierung. Auslöser waren die liberale Reform der Volksschule und die Berufung des aufgeklärten Theologen David Friedrich Strauss an die neugegründete Universität. Das fehlende Verständnis der liberalen Regierung für die sozialen Nöte der kleinbäuerlichen und industriellen Landbevölkerung hatte die Entfremdung vorbereitet. Die neue konservative Regierung versuchte, die «Entchristlichung» von Schule und Erziehung rückgängig zu machen, entfernte Professor Strauss und liess die neuen Lesefibeln durch den alten Katechismus ersetzen. Sie hat aber auch die Maschinenstürmer von Uster begnadigt. Die liberale Verfassung blieb jedoch unangetastet, und in den Wahlen von 1844/45 schwangen die Liberalen und Radikalen wieder obenauf.

Weit tiefere Spuren hinterliess der konservative Umschwung von 1841 in *Luzern*. Ein Volksentscheid ergab eine grosse Mehrheit für die von den ländlichen Konservativen verlangte Verfassungsrevision. Im direkt gewählten Verfassungsrat waren die weitgehend städtischen Liberalen gerade noch mit 10 Prozent vertreten. Die neue Verfassung, die dem Papst zur Genehmigung vorgelegt wurde, erklärte den Katholizismus wieder zur *Staatsreligion*: Vier Vertreter der Kirche durften im neunköpfigen Erziehungsrat Einsitz nehmen. Anderseits wurden die demokratischen Rechte erweitert. Fortan sollte der Grosse Rat direkt, ohne **Zensus** und Selbstergänzung, gewählt werden. Aus St. Gallen übernahm man die Einrichtung des Vetos. Dass die Gewaltenteilung, die meisten Individualrechte und die modernen Regierungs- und Verwaltungsprinzipien beibehalten wurden, zeigt, dass diese Errungenschaften der Revolution Allgemeingut geworden waren. 1844 erfasste die konservative Gegenbewegung auch das Wallis.

Erfolge der Radikalen

Der Reformeifer der Liberalen erlahmte allmählich. Mit wachsender Unzufriedenheit stellte die ländliche Bevölkerungsmehrheit in den Regenerationskantonen fest, dass ihre wirtschaftlichen und sozialen Forderungen von 1830/31, entgegen den Versprechungen, meist unerfüllt blieben. Immer weniger verstanden wurde die beschwichtigende Politik der liberalen Regierungen gegenüber den ausländischen Mächten und dem konservativen Lager in der Schweiz. Als sich die liberale Mehrheit in den Grossen Räten weigerte, die Standesdelegierten in der **Tagsatzung** für die Ausweisung der **Jesuiten** stimmen zu lassen, entlud sich die Spannung 1845/46 in den Kantonen Waadt, Bern und Genf in neuen Revolutionen.

In den drei Kantonen setzten grosse Volksversammlungen die revolutionäre, in der Verfassung nicht vorgesehene Auflösung des Grossen Rates durch. Zuvor war es in der Stadt Genf zu einem eigentlichen Bürgerkrieg gekommen.

Die neuen Verfassungen der Kantone Waadt, Bern und Genf waren durchwegs demokratischer und sahen ein *direktes allgemeines Wahlrecht* der Männer ohne Einschränkungen vor. Bern war der erste Kanton, der

Konservative Propaganda: Flugblatt des «Sonderbundes» (1847; vgl. S. 269). Der Tempel verkörpert die von Gott geschützte Rechtsstaatlichkeit, an welche sich die sieben Sonderbundskantone halten. Der Löwe schützt den Bundesvertrag von 1815. Das zerbrochene Liktorenbündel mit dem Datum 13. Januar 1841 erinnert an die Aufhebung der katholischen Klöster (vgl. S. 268 f.), die einen Bruch des Bundesvertrages bedeutete.

Vom Ancien Régime zu den Anfängen der modernen Schweiz

Das neue Verhältnis des Herrn Schullehrers zum Pfarrer.
Karikatur des Konservativen David Hess um 1835.
Liberale Lehrer und die laizistische Schule werden als verkörperte Gottlosigkeit dargestellt, denen sich die Geistlichkeit unterwerfen muss. Die Welt steht Kopf, und Spinnen weben um die Bibel ihr Netz. An der Tafel mahnt der Vers: «Denn es wird eine Zeit sein, da sie die heilsame Lehre nicht leiden werden; sondern nach eigenen Lüsten werden sie sich selbst Lehrer aufladen, nach dem ihnen die Ohren jücken.»

geheime Wahlen anordnete. Das Vetorecht, das den radikalen Reformern als Fortschrittshemmer galt, wurde nirgends statuiert. An seine Stelle trat in der Waadt zum ersten Mal die *Volksinitiative*, wie heute mit Auslösung durch Unterschriftensammlung und abschliessendem Urnengang. Wie viele andere holte man sich auch diese Anregung aus dem revolutionären französischen Verfassungsrecht von 1793.

Die liberale Bildungsoffensive

Verantwortlich für die Schule ist der Staat

«Volksbildung ist Volksbefreiung», lautet eine Devise der Aufklärung. Umgekehrt gilt aber auch: Die Beteiligung der Bürger an der Politik, wie sie die Volkssouveränität verlangt, lässt sich nur verwirklichen, wenn alle über eine elementare Schulbildung verfügen. Wie seinerzeit die Helvetische Republik betrachteten die liberalen Regierungen in den Regenerationskantonen die Schule als eine Aufgabe des Staates, die dem Einfluss der Kirche entzogen werden müsse. Die Bildungsoffensive der Dreissigerjahre bestand im systematischen Ausbau und in der Verbesserung der Schule und mündete im Versuch, das ganze Schulwesen in einem kantonalen Gesetz zu ordnen. Das Zürcher Schulgesetz von 1832 setzte der Volksschule das Ziel, «Kinder aller Volksklassen nach übereinstimmenden Grundsätzen zu geistig tätigen, bürgerlich brauchbaren und sittlich-religiösen Menschen» zu formen. Es durfte also keine Standesschule mehr geben, Kinder aus Stadt und Land sollten gleich behandelt werden. Daraus ergab sich die Statuierung der Schulpflicht und die Forderung nach Unentgeltlichkeit des Unterrichts. Dieser sollte aus den Kindern nützliche Glieder der Gesellschaft formen, die ihre Aufgaben im Staat und im Berufsleben erfüllen konnten. Schliesslich erhob die Staatsschule über die Wissensvermittlung hinaus den Anspruch, sittlich zu erziehen.

Lässt sich die Schulpflicht durchsetzen?

Die Durchsetzung der Schulpflicht sollte noch viele Jahrzehnte in Anspruch nehmen und dauerte bis ins 20. Jahrhundert. Vor allem Familien auf dem Land konnten und wollten nicht auf die Arbeitskraft und das Einkommen der Kinder verzichten. Eltern ohne rechte Schulbildung fürchteten, dass ihnen ihre Kinder entfremdet würden; kirchlich gebundene Kreise beklagten die Verweltlichung der Schule. Widerstand leisteten ferner die Fabrikanten, die damals fast zur Hälfte Kinder beschäftigten. Verzögerungen bewirkte die Geldnot der Gemeinden, die den Schulhausbau nicht bezahlen konnten oder an den ohnehin miserablen Lehrerlöhnen sparten. Während für die Kinder in der sechsjährigen *Alltagsschule* des Kantons Zürich Lohnarbeit zumindest theoretisch verboten war, standen die Absolventen der anschliessenden zweijährigen *Repetierschule* mit ihrer geringen Stundenzahl schon im Arbeitsleben. In den Kantonen ohne Regeneration setzten die Schulreformen erst viel später ein. In Appenzell Innerrhoden zum Beispiel, wo das erste Schulgesetz und die Schulpflicht erst 1858 erlassen wurden, blieben bis zu zwei Drittel der Kinder dem Unterricht fern.

Der Unterricht wird effizient

Die alte Dorfschule, in welcher der kaum schreibkundige Schulmeister, im Lehnstuhl sitzend und die Pfeife schmauchend, sich bloss einen Schüler nach dem andern vornahm, während der Rest der Klasse sich die Zeit vertrieb, sollte endgültig der Vergangenheit angehören. Zur Disziplinierung der Schülerinnen und Schüler gehörte die Zuweisung fester Sitzplätze, die nur mit Erlaubnis des Lehrers verlassen werden durften. Ein Lehrer hatte 80 bis 120 Schülerinnen und Schüler zu unterrichten. Diese wurden in sechs gesondert sitzende *Jahrgangsklassen* und nach Geschlechtern getrennt. Wer nicht folgsam war, hatte sich auf die Strafbank zu setzen oder wurde vor die Türe gestellt. Dank einem ausgeklügelten hierarchischen Kontrollsystem konnte der Lehrer von seinem erhöhten Katheder aus auch die Arbeit jener fünf Jahrgangsklassen überwachen, die er nicht gerade selbst unterwies. Zu diesem Zweck wurden gelegentlich besonders tüchtige Schülerinnen und Schüler für eine bestimmte Zeit als Aufseher und Hilfslehrer eingesetzt. Statt das Lesen durch mechanisches Buchstabieren weitgehend unverstandener Bibelpassagen einzuhämmern, wurde die Lesetechnik in einzelne Teilfertigkeiten und Elemente zerlegt und mit Hilfe eigens geschaffener Lesefibeln mit systematisch gegliederten, altersgerechten Lernsequenzen eingeübt. Anfang und Ende des Schultages, Eingangsgebet und Schlusslied, wurden vom Glockenschlag im Uhrtürmchen diktiert. Die Analogie zum Fabrikalltag ist kein Zufall: Hier und dort war man bestrebt, die Zeit optimal zu nutzen, durch *Disziplinierung* und Selbstkontrolle höhere Leistungen zu erzielen.

Seminare für eine neue Lehrergeneration

Von den 40 Lehrern, die 1832 im Glarnerland unterrichteten, verfügte nur die Hälfte über eine Fachausbildung. Durch Gründung von Lehrerbildungsanstalten wollten die Regenerationskantone den Lehrberuf professionalisieren. Mit 18 oder 19 Jahren kam der Absolvent mit seinem Diplom in eine Landgemeinde und hatte etwa hundert Schüler zu unterrichten. Nicht selten wurde er zum Antipoden des Pfarrers, der bis dahin ein lokales Bildungsmonopol besessen hatte. Dem Repräsentanten des Glaubens stand mit dem Lehrer ein Verfechter der modernen wissenschaftlichen Erkenntnis gegenüber, die viele Glaubenswahrheiten in Frage stellte. Als unermüdlicher, aber durchaus pragmatischer Neuerer schuf sich Thomas Scherr, der Gründer des Zürcher Lehrerseminars in Küsnacht, Feinde in der konservativen Bevölkerung, sodass seine Entlassung zu den Hauptforderungen der Putschführer von 1839 (vgl. S. 263) gehörte. Die neue Lehrergeneration kämpfte an vorderster Front in der liberal-radikalen Bewegung.

Neue Universitäten, Hochburgen liberalen Geistes

Höhere Bildung vermittelten die Sekundar- oder Bezirksschulen, die nach und nach in den grösseren Gemeinden oder Bezirken eröffnet wurden; ein *Gymnasium* hingegen, das meist als Kantonsschule geführt wurde, befand sich im Allgemeinen nur im Kantonshauptort. Mädchen und Frauen wurden weder an Mittel- noch an Hochschulen zugelassen; die wenigen *Töchterschulen* in den grösseren Städten waren Standesschulen für Bürgertöchter. 1833 wurde die Universität Zürich, 1834 jene von Bern gegründet. Später bemühte sich auch die alte Basler Universität um den Anschluss an die neue Zeit. Der Grossteil der Professoren wurde aus Deutschland berufen, viele von ihnen waren liberal gesinnte Gelehrte von Rang. Wegen ihrer liberalen Ausrichtung gerieten die Hochschulen in Zürich und Bern bald ins Kreuzfeuer der Konservativen. Deutsche Fürsten verboten ihren Untertanen das Studium an diesen Instituten. Nach dem konservativen Umschwung in Zürich konnte die Schliessung der Hochschule knapp verhindert werden. Erst als die Liberalen und Radikalen auch auf Bundesebene siegten, erhielten die neuen Hochschulen einen sicheren Boden.

Die Entstehung eines schweizerischen Nationalbewusstseins

Eine nationale Öffentlichkeit
Neu gegründete Vereine

Trotz obrigkeitlichen Argwohns wurden bereits in der Zeit des Ancien Régime rund 400 Gesellschaften gegründet mit dem Ziel, die Ideen der Aufklärung zu verbreiten. Zwischen 1810 und 1830 begann sich der Gründungsrhythmus zu beschleunigen. Allein bis zur Mitte des Jahrhunderts sind gegen 5000 neue Vereine entstanden, bis zur Jahrhundertwende 30 000. Viele von ihnen begnügten sich nicht mehr mit einem lokalen Wirkungskreis, sondern strebten nach dem nationalen Zusammenschluss. Schon in der Restaurationszeit hatte sich das Vereinswesen dermassen eingebürgert, dass die konservativen Regierungen die Gesellschaften gewähren liessen, solange sie nicht direkt politisch agierten. Liberal gesinnte Bürger fanden sich darum häufig in kulturellen und gemeinnützigen Organisationen zusammen. Trotz hierarchischer Vereinsordnungen beteiligte sich eine Mehrheit der Mitglieder aktiv an den Versammlungen. Erst in den späteren Massenvereinen steht eine aktive Elite der passiven Mehrheit gegenüber.

Elitäre Gesellschaften

Zu den frühesten Gesellschaften dieser Art gehören die häufig pietistisch gefärbten Wohltätigkeitsvereine. Sie übernahmen viele soziale Aufgaben, die heute zum Pflichtenheft des Wohlfahrtsstaates gehören. Auf nationaler Ebene wirkte ab 1810 die «Schweizerische Gemeinnützige Gesellschaft». Von der ersten Stunde an dabei waren auch die wissenschaftlichen und kulturellen Vereine, etwa die Lesezirkel oder die Naturforschenden Gesellschaften. An den Jahresversammlungen der traditionsreichen «Helvetischen Gesellschaft» (vgl. S. 232), die nach mehrjährigem Unterbruch 1819 wieder aufgenommen wurden, traf sich die liberale Prominenz zum Gedankenaustausch. Wichtige nationale Zusammenschlüsse waren die «Schweizerische Künstlergesell-

Der Pädagoge und Schulreformer Ignaz Thomas Scherr (1801 bis 1870) schuf die neuen Strukturen des Zürcher Schulwesens. Nach dem «Züriputsch» von 1839 wurde er entlassen.

Vom Ancien Régime zu den Anfängen der modernen Schweiz

schaft» (1806, nach 1809 Kunstverein), die «Schweizerische Geschichtsforschende Gesellschaft» (1811) und die Studentenverbindung «Zofingia» (1819).

Massengesellschaften

In den Schützenvereinen wurde erstmals eine breitere Öffentlichkeit organisiert. Der 1824 gegründete «Schweizerische Schützenverein» liess die alte Tradition der *Schützenfeste* wieder aufleben. Mit ihrem grossen Publikumsaufmarsch boten die Feiern eine ideale Plattform für die Propagierung liberaler und nationaler Parolen. Grossen Applaus erhielten radikale Festredner, die zur Neugründung des Schweizerbundes aufriefen, etwa 1844 in Basel, als gleichzeitig des 400. Jubiläums der Schlacht von St. Jakob (vgl. S. 147) gedacht wurde. An dieser Landsgemeinde einer künftigen Schweiz mit einer Festhütte für 5000 Menschen sollen Zehntausende teilgenommen haben. Seit der Regeneration gab es auch Vereine mit ausgeprägt politischem Profil, zum Beispiel den «Schweizerischen Nationalverein» von 1831, der für eine *Bundesrevision* auf der Basis der Volkssouveränität eintrat, und die radikale Studentenverbindung «Helvetia» von 1832.

Die Gesellschaftsgründungen halfen das Terrain für die Regeneration und die Bundesstaatsgründung vorbereiten. Bedeutsamer noch als die direkte politische Propaganda war ihr Beitrag zur Entstehung einer nationalen Öffentlichkeit. In den Vereinen trafen sich gleichgesinnte Bürger aus verschiedenen Landesteilen zum freien Ideenaustausch und nahmen den demokratischen Bundesstaat vorweg.

Immer mehr Zeitungen

Zwischen 1815 und 1848 vervierfachte sich die Zahl der Zeitungs- und Zeitschriftentitel auf 200. Zur sprunghaften Zunahme um 1830 trugen das Bevölkerungswachstum, die Verbesserung der Schulbildung und die Durchsetzung der Pressefreiheit in den regenerierten Kantonen bei. Neben einer Mehrheit von Fachzeitschriften und apolitischen Anzeigenblättern wuchs auch eine politische Presse heran. Landesweit beachtet wurde unter anderem die oppositionelle «Appenzeller Zeitung», die ein liberaler Arzt und Druckereibesitzer aus Trogen seit 1828 herausgab und die gut 1000 Abonnenten erreichte. Zu den renommierten liberalen Zeitungen gehörten ferner die 1780 gegründete «Neue Zürcher Zeitung» von Paul Usteri und der «Nouvelliste Vaudois» des Historikers Charles Monnard. In den Vierzigerjahren hatten die Parteiblätter bereits regen Anteil am hart ausgetragenen Streit zwischen Konservativen und Radikalen. Zum ersten Mal entstand eine *nationale politische Debatte*.

Sehnsucht nach einer stärkeren Schweiz
Liberale Zwergrepubliken – umkreist von mächtigen Traditionsmonarchien

So unterschiedlich die schweizerische Politik im Ancien Régime, in der Revolutions- und in der Restaurationszeit sein mochte, in einer Hinsicht blieb sie sich immer gleich. Alle Generationen mussten erfahren, dass sie in einem kleinen, schwachen Land lebten, den Übergriffen der grossen Mächte ausgesetzt, dazu verurteilt, sich der jeweiligen Vormacht zu beugen. Der Erfolg der Regenerationsbewegung verschärfte den Gegensatz zu den Nach-

Eidgenössisches Schützenfest in Zürich im Sommer 1834

barstaaten, wo die liberalen Strömungen entweder – wie in Deutschland und Italien – von Anfang an unterdrückt wurden oder aber – wie in Frankreich – allmählich versandeten. Dies wurde in der Emigrantenfrage manifest.

1829 war das Press- und Fremdenkonklusum von 1823 (vgl. S. 250) nicht mehr erneuert worden; deshalb fanden viele politische Flüchtlinge aus Deutschland, Italien und Polen nach dem Scheitern der liberalen Aufstände von 1830 in den Regenerationskantonen Schutz vor ihren Verfolgern. Den liberalen Lehrern und Dozenten aus Deutschland verdankt die Bildungsoffensive der Regeneration zu einem guten Teil ihren Erfolg. Mit einer Flut von Beschwerden versuchten die konservativen Grossmächte die Emigranten wieder aus der sicheren Schweiz zu vertreiben. Die Flüchtlinge benützten, so hiess es, das Asyl mit dem geheimen Einverständnis der Gastkantone, um ungestraft in ihrer Heimat zu agitieren. Dass 100 deutsche Arbeiter in der Wirtschaft «zum Steinhölzli» (1834) in Bern Papierfähnchen mit den Farben der deutschen Fürsten zerrissen und das schwarzrotgoldene Banner der Republik entrollten, nahm Metternich zum Anlass, die diplomatischen Beziehungen mit Bern abzubrechen, in der vergeblichen Hoffnung, den Sturz der liberalen Regierung herbeizuführen. Obwohl die Vorwürfe der Mächte masslos aufgebauscht waren und einige Vorfälle durch Lockspitzel der Mächte provoziert worden waren, zeigten sich die liberalen Regierungen und die Tagsatzung meist nachgiebig, übten sich in demütigen Entschuldigungen, freilich ohne übertrieben eilfertig zu handeln.

In der Bevölkerung waren die Emigranten meist populär. Als der Genuese Giuseppe Mazzini, der für ein einheitliches und republikanisches Italien kämpfte, 1834 mit ein paar hundert Anhängern einen erfolglosen Handstreich nach Savoyen unternahm, wurde er von der Tagsatzung auf österreichischen Druck aus der Schweiz ausgewiesen. Dank guter Schweizer Freunde konnte er jedoch in Grenchen untertauchen und wurde sogar ins Grenchner Bürgerrecht aufgenommen. Als die Solothurner Regierung die Abschiebung nach England verfügte, nahmen die Grenchner an einem Volksfest von ihrem Gast Abschied. Eine offizielle Delegation begleitete ihn mit dem Gemeindebanner bis zur Grenze. Ein ähnlicher Vorfall brachte die Schweiz gar an den Rand des Krieges. Der Neffe Napoleons I. und spätere französische Kaiser, *Louis-Napoleon Bonaparte*, war mit seiner Mutter im Thurgauer Exil auf Schloss Arenenberg aufgewachsen. Bonaparte, der in Thun zum Artilleriehauptmann ausgebildet worden war, genoss in der liberalen Öffentlichkeit viel Sympathie und erhielt 1832 das Thurgauer Ehrenbürgerrecht.

Das hinderte ihn nicht, als französischer Thronprätendent aufzutreten. Als er 1838 eine provokative Rede am St. Galler Schützenfest hielt, verlangte die französische Regierung seine Ausweisung. Weil sich die Tagsatzung diesmal nicht nachgiebig zeigte, liess Frankreich nach Rücksprache mit den übrigen Mächten eine Armee von 25 000 Mann an der Juragrenze aufrücken. Die Tagsatzung hatte bereits einen General ernannt, als Bonaparte in letzter Stunde freiwillig nach England fuhr.

Die öffentliche Meinung sah in den Flüchtlingen Freiheitskämpfer, die es zu schützen galt. Durch die Interventionen der Grossmächte wurde man sich der eigenen Schwäche bewusst. Man sehnte sich nach einer stärkeren Schweiz, die ihre Unabhängigkeit und Würde selbstbewusst verteidigen konnte.

Der Streit um die Bundesreform

Der Wille zur Bundesreform

In der ersten Hälfte des 19. Jahrhunderts wurden grosse Teile der Schweiz von einem kräftigen wirtschaftlichen Modernisierungsschub erfasst (vgl. S. 256 ff.). Gleichzeitig liessen erfolgreiche Schulreformen und eine Welle von Vereins- und Zeitungsgründungen eine nationale Öffentlichkeit entstehen (vgl. S. 265 f.). Gegenüber den modernen Repräsentativverfassungen (vgl. S. 262), die in der Mehrheit der Kantone galten, erschien der Bundesvertrag von 1815 als Relikt, das den Anforderungen der Zeit immer weniger gewachsen war. Nach innen behinderten die unnachgiebig durchgesetzten Sonderinteressen der Kantone Handel und Gewerbe. Die Tagsatzung war nicht im Stande, das Dickicht von Binnenzöllen, Währungen, Masseinheiten und Gewerbebestimmungen zu lichten. Nach aussen war die Schweiz unfähig, mit der nötigen Geschlossenheit aufzutreten. Politische Interventionen und protektionistische Wirtschaftsmassnahmen des Auslandes nahm die Tagsatzung ohnmächtig hin. Aus diesen Gründen trat die Elite der modernen Schweiz mit wachsender Überzeugung für eine Revision des Bundesvertrages von 1815 ein.

Ein erster Versuch

Nach erfolgreicher Regeneration stellte der Thurgau 1831 an der Tagsatzung Antrag auf Revision des Bundesvertrags von 1815. Er konnte auf die Unterstützung der regenerierten Kantone zählen, ab 1832 insbesondere auf jene, die sich im *Siebnerkonkordat* zusammenschlossen, um sich ihre neuen Verfassungen gegenseitig zu gewährleisten, nachdem die konservativen Kantone diese Bundespflicht verweigert hatten. Neben dem Thurgau gehörten ihm die Kantone Zürich, Bern, Luzern,

Louis-Napoleon Bonaparte (1808–1873) war der Neffe Napoleons I. und seit 1832 Thronprätendent der Bonapartes. 1848 wurde er zum französischen Präsidenten gewählt, 1851 übernahm er durch einen Staatsstreich die Alleinherrschaft und ernannte sich ein Jahr später zum Kaiser. Die Niederlage gegen Preussen führte 1870 zu seinem Sturz.

Emma Herwegh-Siegmund (1817–1904), porträtiert von Friederike Miethe. Emma Siegmund wurde als Tochter eines wohlhabenden Kaufmanns in Berlin geboren. Die ehemals jüdische Familie war zum Protestantismus konvertiert. Die hochgebildete Frau konnte ihre demokratischen Ideen nur über ihren Ehemann, den revolutionären Schriftsteller Georg Herwegh, in die liberale Bewegung fliessen lassen. Zusammen mit ihm musste sie aus Deutschland in die Schweiz fliehen, wo sie im jungen Kanton Basel-Landschaft 1843 politisches Asyl erhielt.

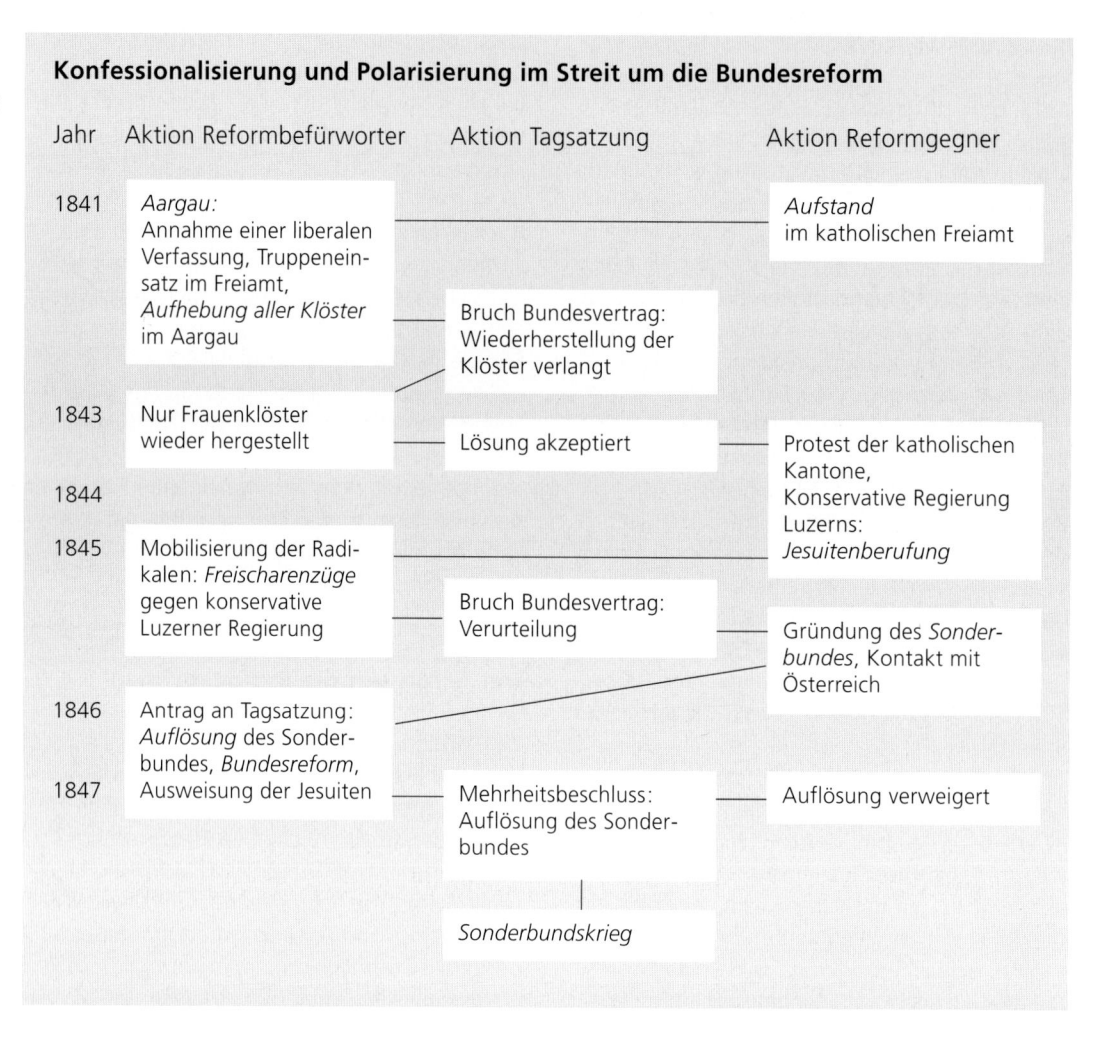

Vom Ancien Régime zu den Anfängen der modernen Schweiz

Konfessionalisierung und Polarisierung im Streit um die Bundesreform

Jahr	Aktion Reformbefürworter	Aktion Tagsatzung	Aktion Reformgegner
1841	Aargau: Annahme einer liberalen Verfassung, Truppeneinsatz im Freiamt, *Aufhebung aller Klöster* im Aargau	Bruch Bundesvertrag: Wiederherstellung der Klöster verlangt	*Aufstand* im katholischen Freiamt
1843	Nur Frauenklöster wieder hergestellt	Lösung akzeptiert	Protest der katholischen Kantone, Konservative Regierung Luzerns:
1844			*Jesuitenberufung*
1845	Mobilisierung der Radikalen: *Freischarenzüge* gegen konservative Luzerner Regierung	Bruch Bundesvertrag: Verurteilung	Gründung des *Sonderbundes*, Kontakt mit Österreich
1846	Antrag an Tagsatzung: *Auflösung* des Sonderbundes, *Bundesreform*, Ausweisung der Jesuiten		
1847		Mehrheitsbeschluss: Auflösung des Sonderbundes	Auflösung verweigert
		Sonderbundskrieg	

Der aargauische Seminardirektor und spätere Regierungsrat Augustin Keller (1805–1883) war, obwohl katholischer Herkunft, ein Exponent des radikalen Kampfes gegen die katholischen Klöster, die er für Feinde des Fortschritts hielt. Von ihm stammt der Satz: «Wo der Mönch steht, wächst das Gras nicht.» Keller setzte sich auch entschieden für die Emanzipation der aargauischen Juden ein (vgl. S. 134).

Solothurn, Aargau und St. Gallen an. Auf der Gegenseite schlossen die Urkantone, Neuenburg und Basel-Stadt (das Wallis ohne Ratifikation) im gleichen Jahr den konservativen *Sarner Bund* mit dem Ziel, die Revision zu verhindern. Sie machten geltend, dass der Bundesvertrag, der keine Revisionsklausel enthielt, nur mit der Zustimmung *aller* Partner revidiert werden könne. Obwohl diese Position auch von Österreich nachdrücklich unterstützt wurde, ergab sich eine Mehrheit von dreizehneinhalb Ständen für den Thurgauer Antrag. Das von einer Kommission daraufhin entwickelte Reformprojekt ging jedoch den Konservativen zu weit, den Radikalen zu wenig weit und landete daher bei den Akten. Die Bundesreform wurde einstweilen sistiert. Immerhin hatte die Diskussion einigermassen klare Fronten geschaffen.

Polarisierung und Konfessionalisierung

In den Vierzigerjahren begann sich die Auseinandersetzung zwischen Befürwortern und Gegnern der festgefahrenen Bundesreform zu verschärfen. Die Polarisierung hatte zur Folge, dass in beiden Lagern jeweils die extremeren Positionen die Oberhand gewannen: unter den Befürwortern die Radikalen auf Kosten der Liberalen, unter den Gegnern die *Ultramontanen*, das heisst die politisch auf Rom und das katholische Österreich eingeschworenen Katholiken auf Kosten der gemässigten Konservativen. Um ihre Anhänger zu mobilisieren, versuchten beide Seiten den Konflikt ins Konfessionelle zu verlagern. Die Befürworter der Bundesreform wurden als Feinde des Glaubens und der katholischen Kantone verschrien, die Gegner als Feinde des Fortschritts und als Rom hörige Verräter an der freien Schweiz. Basel-Stadt und Neuenburg, die beiden konservativen Kantone mit reformiertem Bekenntnis, passten nicht in dieses Schema, schieden deshalb aus dem konservativen Block aus und verhielten sich neutral.

Der Aargauer Klosterstreit

1841 entschied sich eine grosse Mehrheit der Stimmbürger des Kantons Aargau, unter ihnen auch liberale Katholiken, für die Aufhebung der konfessionellen Parität im Grossen Rat, die der katholischen Minderheit die Hälfte der Sitze zugewiesen hatte. Den Aufstand, der darauf im katholischen Freiamt ausbrach, schlugen Regierungstruppen nieder. Im Grossen Rat warf der Führer der Radikalen den aargauischen Klöstern vor, die Bevölkerung aufgehetzt zu haben, worauf der Rat – trotz offensichtlicher Verletzung des Bundesvertrags (vgl. S. 250) – beschloss, die acht Klöster aufzuheben. Die katholischen Kantone durchlief ein Schrei der Empörung, der päpstliche und der österreichische Gesandte legten formellen Protest ein, aber in der Tagsatzung reichte es mit zwölf und zwei halben Stimmen bloss für eine knappe Verurteilung. Nach einem Hin und Her von zwei Jahren bequemte sich der Aargau zur Wiederherstellung der offensichtlich unbeteiligten vier Frauenklöster. Die Tagsatzung gab sich mehrheitlich damit zufrieden; nicht so die katholischen Kantone unter der Führung Luzerns.

Jesuitenberufung nach Luzern

In diese aufgeheizte Stimmung platzte 1844 die Nachricht, die konservative Regierung von Luzern wolle die Priesterausbildung in die Hände der Jesuiten legen. Diese galten den Radikalen und Liberalen als Finsterlinge, als gewissenlose Reaktionäre, als Todfeinde des Liberalismus und als willfährige Werkzeuge in den Händen des Papstes. Wegen der politischen Wirkung, die eine Berufung haben konnte, hatte der Jesuitengeneral ernste Bedenken angemeldet, und Metternich versuchte sie gar zu hintertreiben, weil er eine heftige Reaktion und Angriffe auf die Konservativen befürchtete. Diese Mahnungen wurden in den Wind geschlagen.

Radikale Agitation: Die Freischaren

Nachdem Luzerns Liberale vergeblich versucht hatten, die Berufung durch ein Volksveto zu vereiteln, zogen sie noch 1844 mit Waffengewalt zum «ersten Freischarenzug» aus, um die konservative Regierung zu stürzen. Doch die schlecht vorbereitete, stümperhaft durchgeführte Aktion scheiterte kläglich. Die Führer wurden gefasst und zu langjährigen Gefängnisstrafen verurteilt; zukünftigen Freischärlern wurde die Todesstrafe angedroht. Das heizte die explosive Stimmung an. Die Radikalen in den anderen Kantonen erkannten, welche Waffe ihnen durch die Jesuitenberufung zugespielt worden war. Mit Broschüren, Pamphleten und Karikaturen wurden Ängste geschürt und Hass gesät, mit Petitionen für ein Jesuitenverbot geworben. Die Auseinandersetzung um die Jesuiten wurde zur Entscheidungsfrage zwischen Fortschritt und Rückständigkeit hochstilisiert und mit der Frage nach der Revision des Bundesvertrags verknüpft. Die liberalen Regierungen gerieten unter Druck der Radikalen, weil sie nicht in gewünschtem Sinne Partei ergriffen.

1845 brachen 3000 Freiwillige aus verschiedenen Kantonen zu einem *zweiten Freischarenzug* gegen die Luzerner Regierung auf, nachdem sie unter den Augen ihrer Regierungen in den kantonalen Zeughäusern Waffen und Munition erbeutet hatten. Wider Erwarten erlitten sie eine blutige Niederlage; über 100 Freiwillige fielen, 1800 wurden gefangen. Einmütig verurteilte die Tagsatzung die gewalttätige Aktion. Verschärft wurde der Konflikt im Sommer, als die Jesuiten tatsächlich in Luzern eintrafen und ein ehemaliger Freischärler den führenden konservativen Luzerner Politiker Josef Leu erschoss.

Konservative Schutzvereinigung

Die folgende Beschleunigung der Ereignisse fällt in die Hunger- und Rezessionsjahre nach 1845 (vgl. S. 251 f.). Zur Abwehr weiterer Anschläge und zur gegenseitigen Verteidigung der Souveränität gründeten die katholisch-konservativen Kantone Luzern, Uri, Schwyz, Unterwalden, Zug, Freiburg und Wallis 1845 eine «Schutzvereinigung». In einem künftigen Konflikt wollten die Bündnispartner weitgehende Vollmachten an einen Kriegsrat übertragen. Für diesen Fall bemühten sie sich jetzt schon um eine militärische und finanzielle Unterstützung durch Österreich, Frankreich und Sardinien. Die Vertreter der radikalen Kantone warfen den konservativen an der Tagsatzung vor, dieser «Sonderbund» verletzte den Bundesvertrag und sei aufzulösen. Für eine entsprechende Mehrheit fehlten zunächst noch zwei Stimmen. Nach dem radikalen Umsturz in Genf 1846 und einem radikalen Wahlsieg in St. Gallen 1847 war jedoch die notwendige Mehrheit beisammen: Zwölf und zwei halbe Kantone, in denen rund drei Viertel der Schweizer Bevölkerung lebten, votierten nun an der Tagsatzung für die Auflösung des Sonderbundes, für die Ausweisung der Jesuiten und eine Wiederaufnahme der Bundesvertragsrevision. Gegen die Auflösung stimmte ausser den Betroffenen nur Appenzell Innerrhoden. Basel und Neuenburg enthielten sich der Stimme.

Der Sonderbundskrieg (1847)

Nachdem sich die Sonderbundskantone geweigert hatten, ihr Bündnis aufzulösen, beschloss die Tagsatzung, militärische Gewalt anzuwenden. Geografisch und militärisch allerdings präsentierte sich die Lage für den Sonderbundsgeneral Johann-Ulrich von Salis-Soglio höchst ungünstig. Er verfügte über mangelhaft ausgebildete, ungenügend bewaffnete Truppen und war in seiner Handlungsfreiheit erst noch durch den Kriegsrat behindert. Mehrere Munitionstransporte aus dem Ausland waren von den Gegnern abgefangen worden. Demgegenüber stand dem General der Tagsatzung, *Guillaume-Henri Dufour* aus Genf, ein wohl ausgebildetes und ausgerüstetes, zahlenmässig überlegenes Heer zur Verfügung. Die einzige Chance des Sonderbundes bestand in einer ausländischen Intervention. Dazu waren Österreich, Frankreich und Sardinien auch bereit, doch verzögerte sich der Interventionsentscheid durch das Misstrauen zwischen Frankreich und Österreich, die

Johann-Ulrich von Salis-Soglio (1790–1871), Kommandant der Truppen des Sonderbundes

Guillaume-Henri Dufour (1787–1875), Kommandant der eidgenössischen Truppen im Sonderbundskrieg

Vom Ancien Régime zu den Anfängen der modernen Schweiz

Hinhaltetaktik der liberal gesinnten britischen Diplomatie und die Tatsache, dass man nicht mit einer raschen Kriegsentscheidung rechnete. Gerade zu einer solchen kam es aber. Dufour riegelte das Wallis ab, besetzte Freiburg und liess seine Truppen konzentrisch auf Luzern marschieren. Nach bloss 26 Tagen war die Sonderbundsarmee besiegt. Dank Dufours zielstrebiger Kriegsführung und seiner klugen Mässigung waren auf beiden Seiten insgesamt nur etwa 130 Tote und 400 Verletzte zu beklagen. Während der militärischen Besetzung wurden in den besiegten Kantonen neue Regierungen eingesetzt; in Freiburg, Luzern und im Wallis kam die liberale Minderheit an die Macht. Die neuen Gesandten aus den Sonderbundskantonen stimmten der Ausweisung der Jesuiten und der Neuaufnahme der Revisionsarbeiten mehrheitlich zu.

Die Bundesverfassung von 1848

Eine Verfassung in acht Wochen
Eine Tagsatzungskommission erhält den Auftrag

Noch im Sommer 1847, als die Mehrheit für eine Reform zustande kam, dachte die **Tagsatzung** bloss an eine Revision des geltenden Bundesvertrages von 1815. Deshalb blieb die Souveränität der Kantone in Kraft, und die Tagsatzung vertraute das Geschäft einer Kommission aus ihren eigenen Reihen an, die ihre Arbeit wegen der Sonderbundskrise erst im folgenden Winter in Angriff nahm. Es wurden also Würdenträger in geheimen Verhandlungen auf Lösungssuche geschickt; die Öffentlichkeit blieb ausgeschlossen, und auch Petitionen waren nicht vorgesehen. Nur die Radikalen hätten es vorgezogen, von der Souveränität des Gesamtvolkes auszugehen und einen nationalen Verfassungsrat zu wählen. Fast alle mehrheitlich jüngeren «Verfassungsväter» gehörten Kantonsregierungen an oder verfügten über Verwaltungs- und Gerichtspraxis. Sie neigten zu pragmatischen Lösungen und zu Kompromissen und legten wenig Wert auf die theoretische Geschlossenheit ihrer Konzepte.

Ein schneller und kühner Streich

Von der geschlossenen Front der Grossmächte mit ihren unverhüllten Interventionsdrohungen liess sich die Kommission in keinem Zeitpunkt einschüchtern. Diese wollten die Revision verhindern, wenn auch nur ein Stand dagegen Stellung bezöge. Durch rasches Handeln wollte die Kommission das Ausland vor vollendete Tatsachen stellen. Am 17. Februar 1848 nahm sie ihre Arbeit auf. Als fünf Tage später in Paris die Revolution ausbrach und in wenigen Wochen ganz Europa in Brand setzte, nutzte das Gremium die Gunst der Stunde zum kühnen Streich: Was noch im Juli 1847 bei Eröffnung der Tagsatzung als utopisch anmutete, war plötzlich in Griffnähe gerückt, weil innere und äussere Feinde, der Sonderbund und die österreichische Regierung, beseitigt waren. Statt am alten Vertrag zu werkeln, schuf die Kommission in acht Wochen den neuen Bundesstaat. Im Juni stimmte die Tagsatzung dem Verfassungswerk zu, im Juli und August folgten die Abstimmungen in den einzelnen Kantonen: fünfzehneinhalb sagten ja, sechseinhalb (die drei Urkantone, Zug, Wallis, Tessin und Appenzell Innerrhoden) lehnten ab. In Luzern kam die Zustimmung allerdings nur zustande, weil man die Zahl der Nichtstimmenden zu den Ja-Stimmen hinzufügte, in Freiburg unterliess man die Volksbefragung und beschränkte sich auf eine Abstimmung im Grossen Rat. Nachdem mehr als zwei Drittel der Stände und über sieben Achtel der Bevölkerung die neue Bundesverfassung angenommen hatten, wurde sie durch die Tagsatzung im September 1848 in Kraft gesetzt.

Weil der Bundesvertrag von 1815 keine Revisionsmöglichkeit vorsah, leiteten die Konservativen daraus ab, dass dieser Vertrag bis in alle Ewigkeit gültig bleiben oder höchstens mit Zustimmung aller Beteiligten revidiert werden könne. Für die liberalen und radikalen Sieger war indessen der Wille der grossen Mehrheit des Schweizervolkes entscheidend; die Volkssouveränität stand über einem veralteten Vertragswerk. In der Schlussabstimmung in der Tagsatzung fiel keine Gegenstimme, aber dreieinhalb Kantone übten Stimmenthaltung.

50 Jahre lang war die Schweiz das Land der Bürgerkriege, der Staatsstreiche und der Revolutionen gewesen und hatte sich den Ruf eines permanenten Unruheherdes erworben. Ob die neue Ordnung lebensfähig sein würde, schien den zeitgenössischen Beobachtern höchst ungewiss. Selbst die Verfassungsschöpfer hielten viele Lösungen noch für verbesserungsbedürftig.

Der Verfassungsinhalt
Bund oder Kantone: Wer ist souverän?

Der Ersatz des Bundesvertrages durch eine zehnmal längere Verfassung hatte zur Folge, dass ein Teil der Souveränität von den Kantonen zum Gesamtstaat floss. Einige wollten diesem gar die gesamte Souveränität zuerkennen, aber die Kommissionsmehrheit zog es vor, sie auf Bund und Kantone aufzuteilen. Dementsprechend behalten die Kantone alle Kompetenzen, die der Bund nicht ausdrücklich für sich beansprucht. Um mit der heutigen Rechtswissenschaft zu sprechen: *Die Kantone sind im Rahmen der Bundessouveränität autonom.* Umgekehrt kann sich der Bund als Verfassungsgeber selbst neue Kompetenzen über-

Einheit und Vielfalt im Bundesstaat: Bundessiegel mit Kantonswappen, Kleidern der Kantonsweibel, Einwohnerzahlen der Kantone und Distanzen zwischen den Kantonshauptorten (1851)

tragen, auch wenn eine Minderheit der Stände dagegen opponiert. Die Minorität der Neinsager kann die Mehrheit des Volkes und der Stände nicht blockieren.

Im Innern einheitlicher

Seit 1830 hatte sich die politische Ordnung in den Kantonen stark auseinander entwickelt; in der Bundesverfassung wird dafür gesorgt, dass diese wieder einheitlicher werden. Die Kantone gewährleisten sich ihre Verfassungen nicht mehr gegenseitig. Zuständig dafür ist der Bund. Seine Garantie ist aber an drei Bedingungen gebunden. Die Verfassungen müssen bundeskonform sein, ein Minimum an demokratischer Beteiligung vorsehen und von der Volksmehrheit revidiert werden können. Auch die Sonderbundskrise hat Spuren hinterlassen: Politische Sonderbündnisse zwischen den Kantonen sind grundsätzlich untersagt. Falls unter ihnen Streit ausbricht, gibt der Bund die Lösung vor; das schwerfällige Schiedsgerichtsverfahren entfällt.

Nach aussen stärker

In den vergangenen 50 Jahren war die Schweiz dem Diktat und den Interventionen der europäischen Grossmächte ohnmächtig ausgeliefert. In Zukunft sollte der Bund nach aussen geschlossen und stark auftreten können. Er allein entscheidet über Krieg und Frieden und ist zuständig für Staatsverträge, Bündnisse mit dem Ausland und für den Verkehr mit auswärtigen Regierungen. Seine militärischen Befugnisse werden gestärkt, auch wenn die Armee weiterhin aus kantonalen Kontingenten besteht. Mit der Tradition der Solddienste macht die Bundesverfassung ein für alle Mal Schluss: Den Kantonen wird verboten, mit fremden Kriegsherren Militärkapitulationen abzuschliessen.

Freie Bürger im ganzen Land?

Aus den regenerierten Kantonsverfassungen übernimmt die Bundesverfassung *Freiheitsrechte,* fasst sie aber nicht als Menschen-, sondern als Bürgerrechte, auf die nur Schweizer Bürger Anspruch haben. Die Frauen bleiben noch immer unerwähnt. Zur Verschmelzung der Nation trägt die *Niederlassungsfreiheit* bei. Die Schweizer Bürger können im ganzen Land Wohnsitz nehmen und wie Kantonsbürger Grundbesitz erwerben und Gewerbe betreiben. Sie erhalten an ihrem Wohnort das nationale und kantonale Stimmrecht, bloss das kommunale bleibt ihnen noch vorenthalten. Es gilt auch *Kultusfreiheit*: Katholiken und Protestanten dürfen fortan in allen Orten Gottesdienst halten. Niederlassungs- und Kultusfreiheit erleichtern die Binnenwanderung von armen Agrarzonen in wohlhabende Industriegebiete.

Diskriminierungen fallen nur teilweise: Einerseits werden 18 000 Heimatlose eingebürgert, die bis anhin, von Kanton zu Kanton vertrieben, in Wäldern und Höhlen Unterschlupf suchen mussten. Anderseits wird den Juden die Niederlassungsfreiheit auch weiterhin verweigert. Wirtschaftlich gesehen, denken die Verfassungsschöpfer noch immer in kantonalen Dimensionen. Die Vereinheitlichung der kantonal geregelten Handels- und Gewerbefreiheit und ihre Ausdehnung auf den Bund wird nicht einmal diskutiert.

Was bedeutet Wohlfahrt?

Zu den Bundeszwecken gehört die «Beförderung der gemeinsamen Wohlfahrt». Die Gesetzgeber wollen in erster Linie die Wirtschaft fördern; an die soziale Absicherung des Einzelnen ist hingegen noch nicht gedacht. Nun endlich fallen die Handelshemmnisse, die die Kantone aufgebaut hatten. Die Binnenzölle werden gegen Entschädigung beseitigt, die Erhebung der *Aussenzölle* wird Hoheitsrecht und Haupteinnahmequelle des Bundes. An ihn fallen auch das Post- und das Münzregal und die Befugnis, Masse und Gewichte festzulegen. Schliesslich kann der Bund «*öffentliche Werke*» einrichten, worunter vor allem der Ausbau der Infrastruktur verstanden wurde, die Verbesserung der Land- und Wasserstrassen, Gewässerkorrektionen und der Bau von Eisenbahnlinien. Gegen den Wunsch der Radikalen bleibt die Schule Aufgabe der Kantone, lediglich im Hochschulsektor darf der Bund aktiv werden.

Zelotenpredigt: ein fanatischer Jesuit und sein Publikum. Antijesuitische Karikatur von Martin Disteli. Entwurf zu einem Taschentuch, um 1834.

Vom Ancien Régime zu den Anfängen der modernen Schweiz

Die Kompromisslösung: Zwei Kammern

Im zweiten Teil der Bundesverfassung werden die Bundesbehörden dargestellt, deren Dreiteilung der Forderung nach Gewaltentrennung entspricht. Höchste Gewalt ist wie in allen Regenerationsverfassungen die Volksvertretung, die als **Legislative** und als Wahlbehörde angelegt ist. Das kleinste Gewicht hat das *Bundesgericht*.

Als über die Ausgestaltung des künftigen Bundesparlamentes diskutiert wurde, prallten Föderalisten und Radikale hart aufeinander. Erstere hielten an einer Versammlung von Kantonsdelegierten fest, Letzteren schwebte ein national gewähltes Parlament vor. Trotz gereizter Stimmung glückte der Kompromiss. Die beiden Lager einigten sich schliesslich auf ein Zweikammersystem nach dem Muster des nordamerikanischen Kongresses. In den Ständerat entsenden alle Kantone zwei, die Halbkantone einen Vertreter. Im *Nationalrat*, der bundesweit direkt und ohne **Zensus** im Majorzverfahren gewählt wird, sind die Kantone entsprechend ihrem Bevölkerungsanteil vertreten. Die beiden Kammern sind im Gegensatz zum amerikanischen Vorbild gleichberechtigt und treffen sich zu gemeinsamen Sitzungen als Vereinigte *Bundesversammlung*, um den Bundesrat, das Bundesgericht und im Kriegsfall den General zu wählen.

*Eine **Exekutive** nach kantonalem Muster*

Das Fehlen einer Regierung und die Schwächen des Vorortssystems waren nur allzu deutlich in Erinnerung. Während des «Züriputsches» war die **Tagsatzung** wochenlang lahmgelegt. Die Kommission beschloss, sich an das erprobte Modell der radikalen Kantone anzulehnen. Die **Exekutive** ist dem *Bundesrat*, einem siebenköpfigen Kollegium von Gleichberechtigten, anvertraut. Obwohl jeder ein Departement zu leiten hat, tragen sie die Verantwortung gemeinsam. Dem Kollegium steht der Bundespräsident vor, der über keine weiteren Kompetenzen verfügt. Er wird jährlich von der Bundesversammlung gewählt. Der Vorschlag, den Bundesrat vom Volk wählen zu lassen, unterlag knapp.

Offen für zukünftige Entwicklungen

Dank ihrem dritten Teil, der das *Revisionsverfahren* regelt, ist die Bundesverfassung offen für zukünftige Entwicklungen. Auch der Übergang zu einer neuen Ordnung muss sich nicht im rechtsfreien Raum bewegen. Nicht nur die Parlamentskammern, auch 50 000 Bürger, etwa ein Achtel der Stimmberechtigten, können eine Volksabstimmung veranlassen, in der über die Einleitung eines Revisionsverfahrens entschieden wird. Das Verfahren ist ziemlich schwerfällig: Es beginnt mit der Neuwahl des Parlamentes, das die neue Verfassung auszuarbeiten hat, und endet mit dem Urnenentscheid von Volk und Ständen, dem *obligatorischen Verfassungsreferendum.* Die Unterscheidung von Teil- und Totalrevision fehlt noch.

Rückschritt und Fortschritt: Das spätere Bild der Zeit

Die Zeit zwischen 1815 und 1848 leitet für die Schweiz tiefgreifende politische, wirtschaftlich-technische und gesellschaftlich-kulturelle Umwälzungen ein. Insofern bildet sie einen Gegensatz zur ereignisärmeren, oberflächlich stabileren Zeit des Ancien Régime. Anders als die Helvetik, die mit ihrem hektischen Veränderungsrhythmus nicht auf Dauer angelegt war, gibt die Epoche zwischen 1815 und 1848 auch die Richtung für die folgende vor.

Der nationalen Geschichtsschreibung, die Ende des 19. Jahrhunderts einsetzte, erschien die Gründung des Bundesstaates von 1848 als epochaler Fluchtpunkt, auf den alle Linien zulaufen. Noch heute ist es schwierig, sich dieser suggestiven Perspektive zu entziehen. Der demokratische Fortschritt und der Erfolg der nationalen Umgestaltung der Schweiz stehen in offensichtlichem Gegensatz zur Entwicklung in den Nachbarstaaten, wo die Revolutionen 1848 scheiterten und der monarchische Machtstaat für längere Zeit erhalten blieb. Selbst die Besiegten des Sonderbundskrieges haben die Lösungen von 1848 im Nachhinein gutgeheissen. Bald konnte sich niemand eine Rückkehr zu den Zuständen vor 1848 vorstellen.

In Darstellungen, die einseitig auf Verfassungszustände fixiert sind, wird die Epoche in eine rückwärts gewandte Restauration bis 1830 und in einen anschliessende, vorwärts gewandte Regeneration geteilt. Die kulturelle und die wirtschaftliche Entwicklung passen überhaupt nicht in diesen Raster. Die bereits nach 1800 einsetzende Industrielle Revolution greift aber auch ohne tiefe Zäsur über die Gründung des Bundesstaates hinaus.

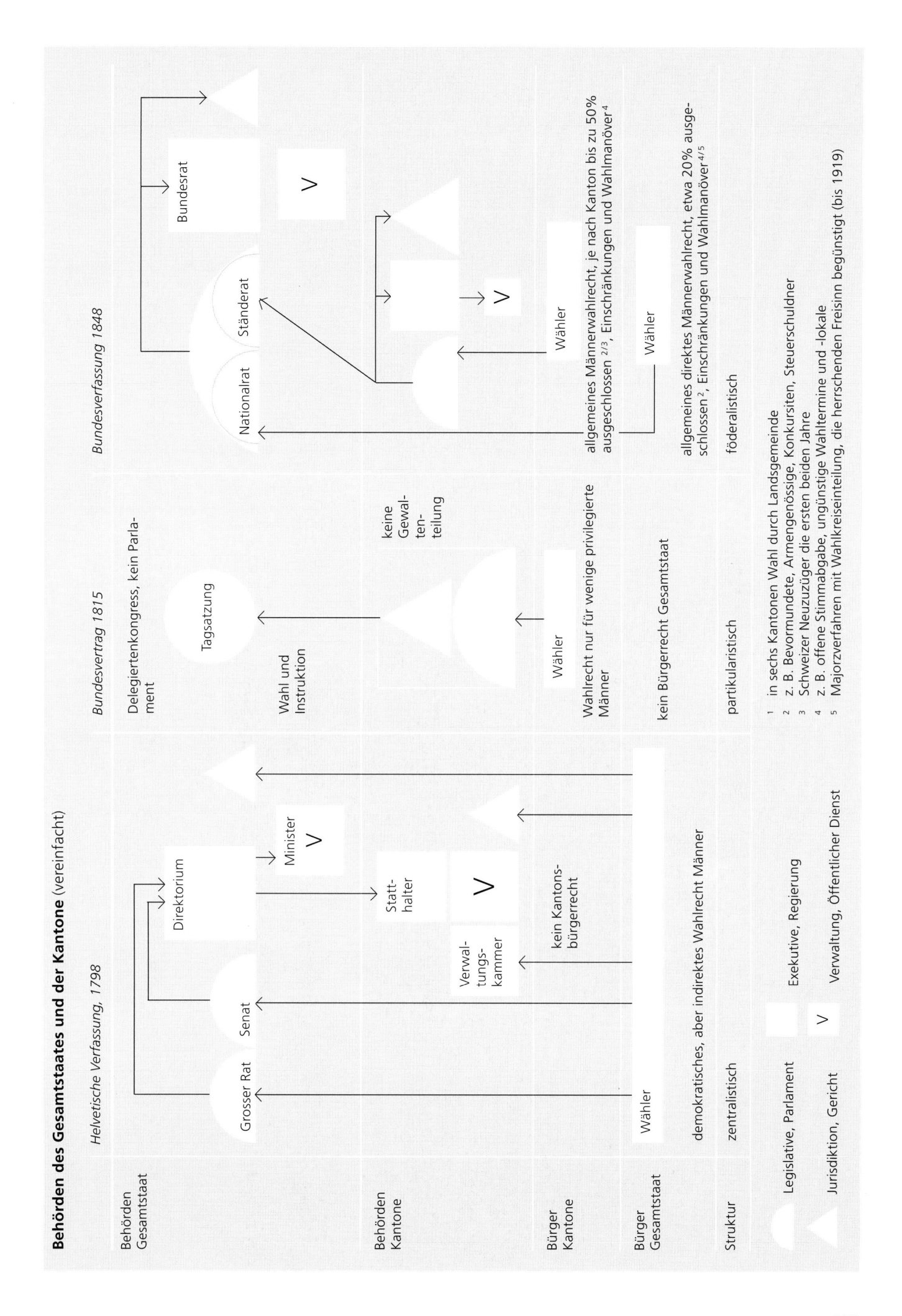

Behörden des Gesamtstaates und der Kantone (vereinfacht)

Helvetische Verfassung, 1798

Behörden Gesamtstaat: Grosser Rat, Senat, Direktorium, Minister

Behörden Kantone: Statthalter, Verwaltungskammer

Bürger Kantone: kein Kantonsbürgerrecht

Bürger Gesamtstaat: Wähler — demokratisches, aber indirektes Wahlrecht Männer

Struktur: zentralistisch

Bundesvertrag 1815

Delegiertenkongress, kein Parlament: Tagsatzung

Wahl und Instruktion

keine Gewaltenteilung

Wähler — Wahlrecht nur für wenige privilegierte Männer

kein Bürgerrecht Gesamtstaat

Struktur: partikularistisch

Bundesverfassung 1848

Bundesrat

Nationalrat, Ständerat

Wähler — allgemeines Männerwahlrecht, je nach Kanton bis zu 50% ausgeschlossen [2], Einschränkungen und Wahlmanöver [4]

Wähler — allgemeines direktes Männerwahlrecht, etwa 20% ausgeschlossen [2], Einschränkungen und Wahlmanöver [4,5]

Struktur: föderalistisch

---

[1] in sechs Kantonen Wahl durch Landsgemeinde
[2] z. B. Bevormundete, Armengenössige, Konkursiten, Steuerschuldner
[3] Schweizer Neuzüger die ersten beiden Jahre
[4] z. B. offene Stimmabgabe, ungünstige Wahltermine und -lokale
[5] Majorzverfahren mit Wahlkreiseinteilung, die herrschenden Freisinn begünstigt (bis 1919)

Legende:
- Legislative, Parlament
- Exekutive, Regierung
- Verwaltung, Öffentlicher Dienst
- Jurisdiktion, Gericht

Jean-Claude Wacker

Die Schweiz von 1848 bis zur Gegenwart

Die Schweiz von 1848 bis zur Gegenwart

Der europäische Rahmen: Europa zwischen 1848 und der Gegenwart

Zum Titelbild (vgl. S. 339): Ein Soldat hält während des Zweiten Weltkriegs Wache an der Schweizer Grenze. Die Bahnlinie, an der er steht, verbindet die Schweiz mit dem Ausland. – Das Bild wirft zunächst Fragen zur Geschichte der Schweiz im Zweiten Weltkrieg auf: Lag es am Soldaten, dass diese nicht angegriffen wurde? Wer und was konnte die Grenze überschreiten, wer nicht? Darüber hinaus weist das Bild auf allgemeinere Fragen hin: Die Schweizer Grenze ist – gerade hier – zu Beginn des 19. Jahrhunderts entstanden. Welche Rolle spielt für die heutige Schweiz die Abgrenzung, welche die Verbindung zu andern Ländern und Völkern? Wie wird es in Zukunft sein? – Die abgebildete Bahnstrecke Boncourt–Delle ist übrigens heute stillgelegt.

Von 1848 zum Ersten Weltkrieg

Die zweite Hälfte des 19. Jahrhunderts war geprägt vom Fortgang der Industrialisierung, vom Durchbruch des nationalstaatlichen Prinzips und von der imperialen Ausbreitung der europäischen Mächte in Afrika und Asien sowie auf den Weltmeeren. Europa wandelte sich von einem noch agrarisch geprägten zu einem industriellen Kontinent mit Millionenstädten und einem länderverbindenden Eisenbahnnetz. Der technisch-wirtschaftliche Entwicklungsstand und der Zugang zu Rohstoffen und Absatzmärkten wurden zu wichtigen Faktoren der internationalen Politik. In Italien (1859 bis 1870) und Deutschland (1866–1871) traten grosse und relativ einheitliche Nationalstaaten an die Stelle der zahlreichen selbstständigen Fürstentümer. Dadurch veränderte sich das europäische Mächtesystem, in dessen Mitte nun das neue Deutsche Reich stand. Die Idee des vor allem auf der gemeinsamen Sprache basierenden Nationalstaates, die in Italien und Deutschland zum Erfolg gelangt war, stellte zunehmend auch die Existenz der traditionellen Vielvölkerstaaten der österreichisch-ungarischen Doppelmonarchie, des russischen Zaren und des osmanischen Sultans in Frage. Die wirtschaftlich-technische Entwicklung, die Konkurrenzsituation der europäischen Grossmächte und eine national geprägte Zivilisationsideologie führten zur Bildung grosser europäischer Kolonialreiche in Afrika und Asien. Die Errichtung dieser «Imperien» bewirkte jedoch keine Sättigung des Machtstrebens der Grossmächte, sondern stachelte dieses eher noch an, weil sie zusätzliche Konfliktherde schuf. Das Deutsche Reich strebte nach Weltmacht.

Zu Beginn des 20. Jahrhunderts kristallisierten sich immer deutlicher der «Entente-Block» (Grossbritannien, Frankreich, Russland) und der «Block der Mittelmächte» (Deutsches Reich, Österreich-Ungarn) heraus, während die kleineren Staaten meist eine abwartende oder dilatorische Position einnahmen. Die Rivalität um das Erbe des Osmanischen Reiches auf dem Balkan liess schliesslich Österreich-Ungarn und Russland, beide innerlich schwer bedroht, die Flucht nach vorn ergreifen, und zog nicht nur diese, sondern auch deren Verbündete in den Strudel des Ersten Weltkriegs (1914–1918).

Vom Ersten zum Zweiten Weltkrieg (1918–1945)

Der Erste Weltkrieg endete mit dem Sieg der durch die USA verstärkten Entente-Mächte, aus deren Reihen allerdings Russland 1917 nach der kommunistischen Revolution ausgeschieden war. Es gelang jedoch nicht, eine dauerhafte stabile Friedensordnung zu schaffen. Die im Völkerbund verfolgten Ansätze zu einer kollektiven Sicherheitspolitik waren zu schwach, zumal sich die USA in die Isolation zurückzogen. Die Sowjetunion ging innen- und wirtschaftspolitisch ihre eigenen Wege, wirkte aber durch ihren Anspruch als Bannerträgerin einer kommunistischen Weltrevolution bedrohlich. Die Weltkriegssieger Frankreich und Grossbritannien waren zur Ausübung einer Hegemonie über Europa zu schwach, zumal die «Grande Nation» durch innenpolitische Instabilität, die Briten durch die Unabhängigkeitsaspirationen ihrer Kolonien absorbiert wurden. In das Zentrum des politischen Handelns traten daher zunehmend die «revisionistischen» Mächte Deutschland, Italien und Japan, welche die Nachkriegsordnung in Frage stellten und imperiale Konzeptionen entwickelten, welche jene der Vorkriegszeit weit in den Schatten stellten. Der japanische Angriff auf China (1937) und der deutsche Angriff auf Polen (1939) führten in den Zweiten Weltkrieg. Dabei gelang es dem Deutschen Reich, dem sich Italien anschloss, durch eine Serie von «Blitzkriegen», raschen Schlägen gegen relativ isolierte und überraschte Gegner, die Vormachtstellung über West- und Mitteleuropa zu gewinnen, während Japan fast gleichzeitig die amerikanische Wirtschaftsblockade militärisch durchbrach und in den ostasiatisch-pazifischen Raum vorstiess. Das Scheitern des deutschen Blitzkrieges in Russland (Ende 1941) führte jedoch dazu, dass sich das Deutsche Reich und Italien einer grossen Koalition der Sowjetunion, Grossbritanniens, der USA und weiterer Staaten gegenübersahen, der sie auf die Dauer nicht gewachsen waren. Gleichzeitig führte die materiell-technische Überlegenheit der USA zur Zurückdrängung der japanischen Streitkräfte. Mit den Atombombenabwürfen auf Hiroshima und Nagasaki wurde nicht nur Japan zur Kapitulation gezwungen, sondern auch ein neues militärisches Zeitalter eingeleitet. In Europa endete der Krieg mit der vollständigen Besetzung Italiens und Deutschlands durch die Truppen der Siegermächte. Die sich schon am Kriegsende abzeichnenden Gegensätze zwischen den Siegern – der Sowjetunion auf der einen, den USA und Grossbritannien auf der andern Seite – führten jedoch dazu, dass man sich nicht auf eine gemeinsam getragene Friedensordnung einigen konnte.

Vom Zweiten Weltkrieg zur Gegenwart

Die Zeit zwischen dem Zweiten Weltkrieg und der Gegenwart war durch eine rasante Entwicklung im Bereich der Wissenschaft, der Technik und der Wirtschaft gekennzeichnet, welche die ganze Welt erfasste. Besonders markant waren die Wandlungen in der Kommunikation und Information, bei den Verkehrsmitteln, in der Datenverarbeitung und in der Medizin. Distanzen und Transportprobleme verloren an Bedeutung. Mit dieser Entwicklung verknüpft waren ein weltweit starkes Bevölkerungswachstum, ein wachsender Bedarf an Rohstoffen und Energieträgern, besonders an Erdöl, und eine zunehmende Belastung des ökologischen Gleichgewichts. Die enorm gestiegene Menge von Gütern und Dienstleistungen aller Art schuf einen zuvor nie gekannten Wohlstand, allerdings keineswegs für alle im gleichen Umfang. Der Entwicklung zum «Weltdorf», in welchem Grenzen keine Rolle mehr spielten, standen allerdings sehr gewichtige politische Gegensätze im Wege.

Die politische Hauptrolle als «Supermächte» spielten die grossen Sieger des Zweiten Weltkriegs, die Sowjetunion und die USA, welche über die weitaus bedeutendsten Waffenarsenale verfügten. Zwischen ihnen herrschte – mit wechselnder Intensität – der «Kalte Krieg», ein gegenseitiges misstrauisches Beharren in Drohpositionen unter fast ständigem Drehen an der Rüstungsspirale, jedoch ohne das Wagnis, zum direkten «heissen Krieg» überzugehen. Direkter Anlass zum Ausbruch des Kalten Krieges in den Jahren 1945/47 war die Frage nach dem Schicksal Polens und Deutschlands. Die völlig unterschiedlichen Vorstellungen beider Seiten über die «richtige» Ordnung von Staat, Wirtschaft und Gesellschaft trugen zur Verhärtung wesentlich bei und führten am Ende der Vierzigerjahre zur Spaltung Europas durch den «Eisernen Vorhang», wobei es zur faktischen Teilung Deutschlands in zwei Staaten kam. Die Sowjetunion setzte ihr Gesellschaftssystem in den von ihr militärisch kontrollierten ost- und mittelosteuropäischen Staaten durch und degradierte diese zu «Satelliten». Die USA engagierten sich dauerhaft in Westeuropa und begründeten mit den sich bedroht fühlenden europäischen Staaten den Nordatlantikpakt (NATO). Innerhalb der nichtkommunistischen Staaten Europas wurden die Bestrebungen zur Verhinderung von neuen Konflikten, zur Erleichterung des Güteraustausches und zur Absicherung der liberal-demokratischen Staatsform stärker; sie fanden ihren Ausdruck in einer Reihe von Abkommen sowie in der Schaffung von europäischen Organisationen, unter denen die Europäische Gemeinschaft (ab 1994 Europäische Union) die grösste Bedeutung gewann.

Die kommunistische Machtübernahme in China (1948/49), der Koreakrieg (1950–1953) und die politische und soziale Unsicherheit in vielen Staaten und Kolonien Asiens, Afrikas und Lateinamerikas bewirkten, dass sich der «Ost-West-Konflikt» rasch über die ganze Welt ausdehnte. Beide Seiten bemühten sich, die politische und militärische Kontrolle über einen möglichst grossen Teil der Erde zu gewinnen, indem sie mit ihnen sympathisierende Regierungen an die Macht brachten oder an der Macht hielten. Angesichts der Rivalität der beiden Blöcke konnten die 1945 gegründeten Vereinten Nationen (UNO) ihre Aufgabe, den Frieden zu sichern, nur unvollkommen wahrnehmen, obwohl ihr fast alle Staaten beitraten. Immerhin bildete der Sicherheitsrat der UNO ein wichtiges Forum für die Bemühungen beider Supermächte, die Eskalation von Konflikten zum direkten militärischen Schlagabtausch zu verhindern.

Der Ausgang des Zweiten Weltkrieges leitete nicht nur in den Kalten Krieg, sondern auch in die Dekolonisation, die Auflösung der europäischen Kolonialreiche, über. Die geschwächten europäischen Staaten waren auf die Dauer nicht in der Lage, gegenüber den stärker werdenden Unabhängigkeitsbewegungen ihre Herrschaft zu behaupten. Die Voraussetzungen der imperialistischen Politik im 19. Jahrhundert – militärische Dominanz, Herrschaft als notwendige Voraussetzung zur wirtschaftlichen Erschliessung, Akzeptanz der Überlegenheit des «weissen Mannes» – waren nicht mehr gegeben. Die bisherigen Kolonien und Protektorate wurden zu selbstständigen Staaten, was allerdings informelle Einflüsse der ehemaligen Kolonialherren wie auch der beiden Supermächte keineswegs ausschloss. Als wichtigstes der Probleme, mit welchen diese neuen Staaten belastet waren, erwies sich die wirtschaftliche Entwicklung, weshalb denn auch kollektiv von den «Entwicklungsländern» gesprochen wurde. Als weiterer Begriff bürgerte sich «Dritte Welt» zur Abgrenzung von der amerikanisch geführten «ersten» und der sowjetisch geführten «zweiten» Welt ein.

Je unterschiedlicher sich die Länder der «Dritten Welt» entwickelten, desto fragwürdiger wurde allerdings diese Klassifikation. Sie

Die Schweiz
von 1848 bis zur
Gegenwart

wurde völlig obsolet mit dem Zusammenbruch des sowjetischen Herrschaftssystems und der Auflösung der Sowjetunion selbst, die am Ende der Achtzigerjahre einsetzte und 1991 zu einem vorläufigen Abschluss kam. Das sowjetische Gesellschaftssystem geriet im Rennen um den wirtschaftlich-technischen Fortschritt immer mehr ins Hintertreffen und konnte dieses Manko letztlich nicht mehr durch die von seinem militärischen Potential ausgehende Drohung kompensieren. Dadurch ergab sich in Europa eine völlig neue Lage. Während in Russland selbst sowie in den ehemaligen asiatischen und transkaukasischen Sowjetrepubliken eine sehr unsichere politische und wirtschaftliche Entwicklung einsetzte, suchten die bisherigen ost- und mittelosteuropäischen «Satellitenstaaten» einen möglichst engen Anschluss an die westliche Staatenwelt, vor allem an die NATO und die Europäische Union, und gestalteten ihre Wirtschafts- und Gesellschaftsordnung entsprechend um. Die Gefahr eines «grossen Krieges», die latent während fast fünfzig Jahren bestanden hatte, nahm ab, was sich auch in konkreten Abrüstungsschritten ausdrückte. Dagegen konnten im Rahmen der allgemeinen Umwälzung lokale Gegensätze, die bisher im Schatten des Drohpotentials der Supermächte gestanden hatten, zu militärisch ausgetragenen Konflikten aufflammen, beispielsweise im auseinander brechenden Vielvölkerstaat Jugoslawien. Als wichtigste Aufgabe für die Zukunft Europas zeichnete sich daher am Ende des zweiten Jahrtausends die Eingliederung der osteuropäischen Staatenwelt in das System der friedlichen Zusammenarbeit und Konfliktlösung ein, wie es sich in Westeuropa seit dem Zweiten Weltkrieg herausgebildet hatte. Hinzu kam die Aufgabe, globale Probleme, vor allem jenes des Schutzes der natürlichen Umwelt des Menschen, zu lösen.

«Was ist die Schweiz für die Welt?» (Zeichnung von Hans Moser im «Nebelspalter», 1990)

Was ist die Schweiz ...

... für die Welt?

Von der Bundesstaatsgründung zum Landesstreik
1848 bis 1918

Die Schweiz wird zum Industriestaat

Die Bundesstaatsgründung als Impuls

Die zweite Hälfte des 19. Jahrhunderts war eine Phase des Wachstums. Die Bevölkerung nahm von 2,4 Millionen (1850) auf 3,9 Millionen (1914) zu. Der jährliche Geburtenüberschuss betrug zwischen 1850 und 1860 13 400, zwischen 1900 und 1910 dagegen 36 000. Die Geburtenrate blieb nahezu gleich, aber die Sterberate nahm ab: Die Schweizer wurden im Durchschnitt älter. Überwog bis gegen 1890 die Auswanderung die Einwanderung, so kehrte sich danach das Verhältnis um. Ganz offensichtlich konnte die Schweiz zu Beginn des 20. Jahrhunderts mehr Menschen ernähren und gesund erhalten als in der Mitte des 19. Jahrhunderts.

Durch die Bundesverfassung von 1848 wurde die Schweiz zu einem einheitlichen Wirtschaftsgebiet. Die über 400 bisherigen Zollstationen, die den Güter- und Personenverkehr erschwert hatten, fielen weg. Der Prozess der Industrialisierung, der bereits um 1800 begonnen hatte, wurde dadurch wesentlich begünstigt. Die bereits bestehenden Industriezweige – Textilien und Uhren – dehnten ihre Produktion aus, fast oder ganz neue – Maschinen, Chemie – entwickelten sich. Waren um 1850 noch 55 Prozent der Beschäftigten in der Landwirtschaft tätig, so waren es 1910 noch 25 Prozent. Innerhalb der industriellen Tätigkeit erfolgte eine Verschiebung von der Heimindustrie (Heimarbeit) zur Fabrikindustrie: 1850 gab es dreimal mehr Heimarbeiter als Fabrikarbeiter, 1910 hatten die «Fabrikler» dagegen ein fast siebenfaches Übergewicht. Damit verbunden war eine geografische Konzentration der Industriebetriebe: Während sich die Textilindustrie entlang den für den Antrieb nützlichen Wasserläufen dezentral entwickelt hatte (vgl. S. 256 ff.), wurden die Anlagen der neuen

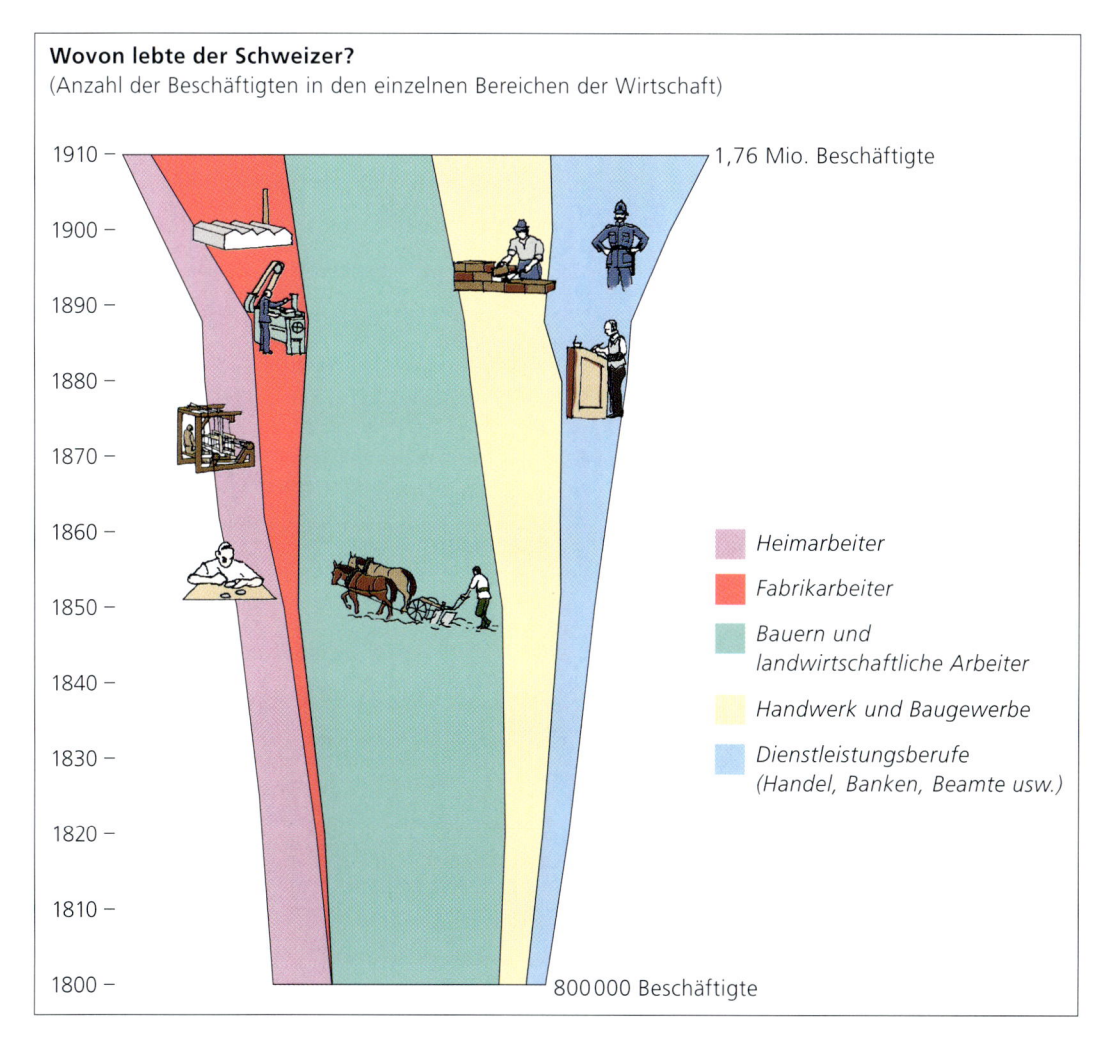

Wovon lebte der Schweizer?
(Anzahl der Beschäftigten in den einzelnen Bereichen der Wirtschaft)

1910 – 1,76 Mio. Beschäftigte
1800 – 800 000 Beschäftigte

- *Heimarbeiter*
- *Fabrikarbeiter*
- *Bauern und landwirtschaftliche Arbeiter*
- *Handwerk und Baugewerbe*
- *Dienstleistungsberufe (Handel, Banken, Beamte usw.)*

Die Schweiz von 1848 bis zur Gegenwart

Industriezweige im Umkreis der Städte, die zugleich Verkehrsknotenpunkte waren, angelegt. Damit kam auch die Schweiz – im Vergleich zu andern Industriestaaten eher spät – zu Grossstädten. In diesen liess sich auch der moderne Dienstleistungssektor – Banken, Versicherungen – vorzugsweise nieder. 1850 lebten nur 6 Prozent der Schweizer in Gemeinden mit über 10 000 Einwohnern, 1910 waren es 26 Prozent. Die Dampfmaschine und die mechanische Nutzung der Wasserkraft wurden gegen das Ende des Jahrhunderts zunehmend durch den Elektromotor abgelöst; Elektrizitätsproduktion und Elektroindustrie errangen in dem kohlearmen, aber wasserreichen Land eine wichtige Rolle.

Der wirtschaftliche Aufschwung erfolgte nicht gleichmässig, sondern war durch Konjunktureinbrüche, Krisen und Aufschwünge gekennzeichnet. Eine erste Wachstumsphase wurde in der Mitte der Sechzigerjahre durch einen scharfen Einbruch abgelöst. Auf eine Hochkonjunktur zu Beginn der Siebzigerjahre folgte eine lange, kaum unterbrochene Depression, die erst Ende der Achtzigerjahre in einen neuen Aufschwung überging. Dieser leitete in eine Phase langfristigen Wachstums bis zum Ersten Weltkrieg über, in welchem allerdings kürzere Einbrüche nicht fehlten. Hauptmotor der wirtschaftlichen Entwicklung war eine leistungsfähige, diversifizierte und auf Spezialisierung ausgerichtete Exportwirtschaft, die das Wachstum des Binnenmarktes, etwa der Bauwirtschaft, nach sich zog. Das bedeutete freilich auch, dass die schweizerische Wirtschaft mehr als früher von der internationalen Konjunkturlage abhängig war.

Alte und neue Industrien

Die maschinelle Textilindustrie (vgl. S. 256 ff.) war um 1850 noch unangefochten der «leading sector» der schweizerischen Industrialisierung und Trägerin des technologischen Wandels. Die Baumwollspinnerei und die direkt mit ihr verbundene Baumwollweberei bildeten bis 1870 die modernen Wachstumsbranchen und verliehen den anderen Bereichen der gewerblichen Produktion (Handwerk und Maschinenindustrie) wichtige Wachstumsimpulse. Daneben konnte sich die Heimarbeit in einzelnen Sektoren behaupten. So erlebte die Stickerei durch die ständige Anpassung an die Weltmode, die Perfektionierung ihrer Apparaturen und die Qualität ihrer Produkte eine Blütezeit. Ihr Wettbewerbsvorteil lag darin, dass die Handarbeit bei den feinen und in kleiner Stückzahl herzustellenden Stoffen der Maschinenarbeit überlegen war. Vor allem die Kantone St. Gallen und Appenzell Ausserrhoden verdankten ihre wirtschaftliche Prosperität, die bis

Spitzenkleider der St. Galler Stickereiindustrie. Aus dem Modekatalog «Harper's Bazaar» (1867–1898), New York

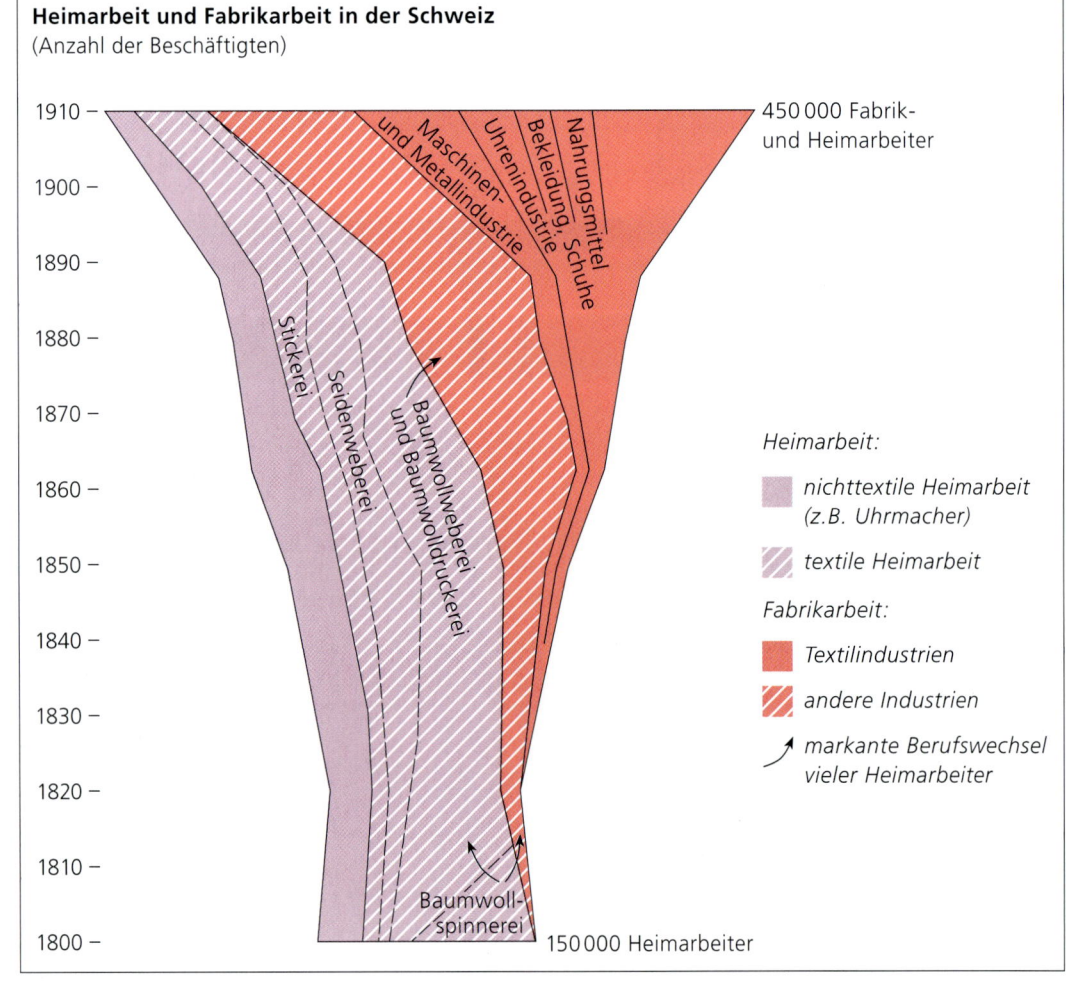

Heimarbeit und Fabrikarbeit in der Schweiz
(Anzahl der Beschäftigten)

450 000 Fabrik- und Heimarbeiter

150 000 Heimarbeiter

Heimarbeit:
- nichttextile Heimarbeit (z.B. Uhrmacher)
- textile Heimarbeit

Fabrikarbeit:
- Textilindustrien
- andere Industrien
- markante Berufswechsel vieler Heimarbeiter

Wohnhaus (vorn) und Giessereigebäude (hinten) der Firma Sulzer 1834

zum Ersten Weltkrieg anhielt, der Stickerei. Auch die Seidenverarbeitung zeigte eine ausgesprochene Wachstumsdynamik. Zürich entwickelte sich gar zum zweitgrössten Seidenstoffproduzenten der Welt. Was im Osten der Schweiz die Textilindustrie, das war im Westen die Uhrenindustrie (vgl. S. 259). Insbesondere im Jura, am Jurasüdfuss und im Kanton Genf bildete die Uhrenindustrie das Rückgrat der industriellen Entwicklung. Auch hier wurden seit den ersten Jahrzehnten des 19. Jahrhunderts maschinelle Verfahren eingesetzt. Doch diese Entwicklung setzte sich nur langsam fort; in der Mitte der Fünfzigerjahre waren noch drei Viertel der jurassischen Uhrenarbeiter zu Hause tätig. Die wirtschaftlichen Erfolge der Textil- und Uhrenindustrie beruhten einerseits auf der Qualität der Ware, anderseits aber auch darauf, dass die Unternehmer es verstanden, die Produktionskosten, das heisst die Löhne, niedrig zu halten.

Der dynamischste Teil der schweizerischen Volkswirtschaft in der zweiten Hälfte des 19. Jahrhunderts war die schweizerische Maschinenindustrie. Die fortwährende Mechanisierung der Textilindustrie, der Bau der Eisenbahnen und die Umstellung von Wasserkraft auf Dampfkraft liessen in der Schweiz die Nachfrage nach Maschinen rasch ansteigen. Nach 1848 trat die Maschinenindustrie aus dem Schatten der dominierenden Textilindustrie heraus und entwickelte sich innert kurzer Zeit zu einer Exportindustrie von internationaler Bedeutung. Die Firma Escher-Wyss in Zürich (vgl. S. 258), die ihren Spinnereibetrieb bereits 1810 durch eine eigene mechanische Werkstätte erweitert hatte, wandelte sich immer mehr zur eigentlichen Maschinenfabrik und beschäftigte 1855 bereits über tausend Arbeiter. Der Maschinenbau seinerseits beeinflusste nachhaltig die Entstehung einer eigentlichen Metallindustrie, die sich aus kleinen Handwerksbetrieben entwickelte. So profitierte auch der Winterthurer Johann Jakob Sulzer von der steigenden Nachfrage nach Messinggussstücken, erkannte frühzeitig die Zukunft des billigen Eisengusses und baute schliesslich bereits 1834 eine neue Giesserei, die schon bald hundert Arbeiter beschäftigte. Knapp zwanzig Jahre später begann Sulzer mit Hilfe des englischen Ingenieurs Charles Brown mit der Fertigung von Dampfmaschinen und erreichte in den Sechzigerjahren in diesem Bereich eine international führende Stellung. Die Errichtung des Eidgenössischen Polytechnikums (seit 1911 Eidg. Technische Hochschule, ETH) 1854 in Zürich garantierte die wissenschaftliche Ausbildung der künftigen Schweizer Ingenieure und beendete bald einmal die Abhängigkeit von in Grossbritannien ausgebildeten Technikern. Durch den Bau der Eisenbahnen profitierte die Maschinenindustrie von den deutlich verbesserten Verkehrsverhältnissen, was den Export förderte. Die wichtigsten Produktionszweige bildeten der Dampfmaschinen- und Schiffsbau, die Herstellung von Turbinen und Heizungen und der Textilmaschinenbau. International rückte die zürcherische Maschinenindustrie an die Spitze und wurde an der Weltausstellung in Wien 1873 mehrfach ausgezeichnet. Aus Kopisten britischer Originale war eine technische Pioniernation geworden. Eigentliches Zentrum war der Raum Zürich, lagen doch die meisten grösseren Metall- und Maschinenfabriken in einem Umkreis von höchstens 40 Kilometern um die Stadt Zürich. Der Aufstieg der Maschinenindustrie weist ein Merkmal auf, das für die Entwicklung der schweizerischen Exportwirtschaft typisch werden sollte, nämlich die Notwendigkeit, auf die ausländische Konkurrenz mit der Entwicklung technisch anspruchsvoller Produkte zu reagieren. Wo dieser Übergang nicht gelang, kam es früher oder später zu Branchenkrisen.

Im langfristigen Wirtschaftsaufschwung nach 1885, der auch als «Zweite Industrielle

Die Schweiz von 1848 bis zur Gegenwart

Revolution» bezeichnet wird, entwickelten sich weitere neue Industriezweige, die wissenschaftliche Erkenntnisse in gewinnbringende Innovationen umsetzen konnten. In der Schweiz waren dies vor allem die chemische Industrie in Basel und die Elektroindustrie, die sich bald nicht mehr nur mit der Erzeugung und motorischen Nutzung der elektrischen Energie beschäftigte, sondern immer neue Anwendungsgebiete der Elektrizität erschloss. Auch die chemische Industrie war zunächst eng mit der Entwicklung der Textilindustrie verknüpft. Im 16. Jahrhundert hatten protestantische Flüchtlinge aus Frankreich das Seidenbandgewerbe in Basel eingeführt. Der fürs Färben notwendige Farbstoff kam aus dem Elsass, wo sich unter anderem mit Hilfe von Basler Kapital eine eigentliche Farbstoffindustrie entwickelte. 1859 begann in Basel selbst mit der Gründung der kleinen Farbstofffabrik von Alexander Clavel der Aufschwung der Produktion von synthetischen Farben. Fast gleichzeitig folgte Johann Rudolf Geigy mit der industriellen Herstellung von Anilinfarben. Die chemischen Fabriken profitierten von der fehlenden Patentgesetzgebung, was es ihnen erlaubte, zunächst ohne eigene Forschung Patente ausländischer Firmen auszubeuten. Die Rheinstadt, nicht nur wegen der günstigen Verkehrslage, sondern auch wegen ihrer in der Nähe angesiedelten Seidenfärberei und Stoffdruckerei ein idealer Standort, wurde zum Zentrum der chemischen und pharmazeutischen Industrie der Schweiz; neben Geigys Unternehmen entstanden CIBA (1884), Sandoz (1886) und Hoffmann-La Roche (1896).

Zu den neuen Industrien, die sich nach 1880 entwickelten, gehörte auch die fabrikmässige Herstellung von Nahrungs- und Genussmitteln. Sie profitierte dabei von den durch die fortschreitende Industrialisierung veränderten Lebens- und Essgewohnheiten. Vor allem bei Fabrikarbeitern, die aus Zeit- und Geldmangel oft unzulänglich ernährt waren, fanden die industriell verarbeiteten Lebensmittel, wie Suppenwürfel oder Konserven, reissenden Absatz. Der Müller Julius Maggi (1846 bis 1912) fand dadurch einen neuen Markt. Er produzierte 1883 Erbsen- und Bohnenmehl, das bei kurzer Kochzeit eine billige und eiweissreiche Nahrung bot. Kurze Zeit später brachte er die erste Fertigsuppe in die Verkaufsläden. Sein Unternehmen wuchs schnell an. Bei seinem Tod im Jahre 1912 war die Firma bereits zu einem international tätigen Konzern mit Betrieben in Deutschland, Österreich, Frankreich und Italien angewachsen. Noch grössere Dimensionen nahm die von Henri Nestlé 1867 in Vevey gegründete Milchpulverfabrik an, die bald zur Kondensmilchproduktion überging und durch zahlreiche Firmenübernahmen zu einem der weltweit bedeutendsten Nahrungsmittelhersteller wurde.

Der Eisenbahnbau

Die erste kommerzielle Eisenbahnlinie der Welt zwischen Manchester und Liverpool wurde 1830 eröffnet, was in Grossbritannien ein eigentliches «Eisenbahnfieber» auslöste. Bis 1850 war die Gesamtlänge der Strecken bereits auf 6500 Meilen angewachsen. In der Schweiz gab es zu diesem Zeitpunkt erst die zwei Kilometer lange Verbindung Basels mit der französischen Bahnlinie Strassburg–St-Louis und die 1847 eröffnete Schweizer Bahnstrecke zwischen Baden und Zürich, die «Spanisch-Brötli-Bahn». Nach der Gründung des Bundesstaates favorisierte der Bundesrat zunächst die Idee einer Staatsbahn, die jedoch wegen der unterschiedlichen regionalen und

Die Sulzer-Fabrikgebäude um 1862: links die Maschinenfabrik, rechts die Giesserei; ganz rechts das erweiterte Wohnhaus und dahinter die alte Giesserei

Das Werkgelände der Firma Sulzer um 1970; im Hintergrund das Verwaltungshochhaus. Produktions- und Standortveränderungen bewirkten in den Neunzigerjahren die Planung für eine völlige Neuüberbauung des Fabrikgeländes.

wirtschaftlichen Interessen bald fallen gelassen wurde. Durch das Eisenbahngesetz von 1852 bekamen die Kantone das Recht, selbst Eisenbahnlinien zu errichten oder die Bewilligung privaten Gesellschaften zu übertragen, was zur Regel wurde. Der Bund behielt durch die Genehmigungspflicht für die kantonalen Konzessionen lediglich ein gewisses Mitspracherecht.

Nun folgte das schweizerische «Eisenbahnfieber». 1861 umfasste das schweizerische Eisenbahnnetz 1051 km, 1880 2575 km, 1910 4716 km. Die ersten Linien wurden im Mittelland angelegt und verbanden die grossen Städte miteinander. Es folgten Linien zu den kleineren Ortschaften. Jedes Dorf kämpfte um seinen Bahnanschluss als das Tor zur Welt, freilich nicht immer mit Erfolg. Erbauer und Betreiber waren private Gesellschaften, die miteinander rivalisierten und deren Fahrpläne an den Anschlusspunkten nicht immer gute Verbindungen ermöglichten. In einzelnen Fällen mussten auch unter politischem Druck technisch eher ungünstige Linienführungen gewählt werden. Dennoch entstand bis in die Mitte der Siebzigerjahre ein zusammenhängendes Eisenbahnnetz. Allerdings erwies sich lange nicht jede Linie als Goldgrube. Das führte zu Zusammenschlüssen der kleineren Bahnbetreiber, wodurch das Risiko besser abgedeckt wurde. So kristallisierten sich vier grosse Bahngesellschaften heraus: die Vereinigten Schweizerbahnen in der Ostschweiz, die Jura-Simplon-Bahn in der Westschweiz, die Nordostbahn im östlichen Mittelland und die Schweizerische Centralbahn im Raum Basel–Luzern–Bern. Eine Rendite für die Aktionäre warfen allerdings nur die beiden Letzten ab. Zu einem völligen Fiasko wurde der Versuch, durch den Bau einer «Nationalbahn» von Singen über Winterthur vorbei an Zürich und weiter über Lenzburg bis nach Zofingen den etablierten Bahngesellschaften und der Limmatstadt das Wasser abzugraben. Noch vor der vollständigen Inbetriebnahme musste die Gesellschaft, die dafür 32 Millionen Franken ausgegeben hatte, 1878 Konkurs anmelden. Die Nordostbahn übernahm die erbauten Streckenteile als Lokallinien aus der Konkursmasse für 4 Millionen!

Lange Zeit hatte man es für unmöglich gehalten, grosse Alpendurchstiche durchführen zu können. Als jedoch Frankreich und Österreich mit dem Bau des Mont-Cenis-Tunnels und der Brennerbahn solche Projekte zu verwirklichen begannen, war die Gefahr einer Umfahrung der Schweiz gross. Projekte für einen Alpendurchstich gab es vom Splügen im Osten bis zum Simplon im Westen. Der Bund bevorzugte allerdings aus staatspolitischen Überlegungen heraus eine Linienführung, die den Kanton Tessin berühren sollte. Ernsthaft zur Diskussion standen somit nur der Lukmanier und der Gotthard. 1869 einigten sich die Central- und die Nordostbahn sowie die Städte Basel und Zürich über den Bau der Gotthardlinie und die Gründung einer Gotthardbahngesellschaft. Das notwendige Kapital war jedoch weder von privaten Geldgebern noch den Kantonen allein aufzubringen. Verhandlungen des

Die Gotthardroute in Gestalt einer Frauenfigur, welche das europäische Schienennetz verbindet. (Plakat um 1900)

Die Schweiz von 1848 bis zur Gegenwart

Bundesrates mit dem Norddeutschen Bund, den Ländern Baden, Württemberg (ab 1871 im Deutschen Reich vereinigt) und Italien, die an einer solchen Alpentransversale interessiert waren, führten zum Abschluss des Gotthardbahnvertrages, welcher der Gesellschaft namhafte Subventionen der Vertragsstaaten einbrachte, Italien und Deutschland dafür die Meistbegünstigungsklausel gewährte: Die Gesellschaft hatte alle Tarifvorteile, die sie anderen gewährte, auch den Vertragspartnern zu gewähren. Ferner behielt sich die Schweiz die notwendigen Massnahmen zur Wahrung ihrer militärischen Sicherheit und Neutralität vor. Eine innenpolitische Konsequenz bestand in einem neuen Gesetz (1872), das die Erteilung von Konzessionen zum Bau von Eisenbahnen allein dem Bund zusprach.

Der Bau des fast 15 Kilometer langen Haupttunnels und der über zahlreiche Brücken und durch viele Galerien und Tunnels, darunter erstmals in der Bahngeschichte Kehrtunnels, führenden Zufahrtsrampen begann 1872. Eine grosse Zahl von Arbeitskräften war erforderlich. Beim Bau des Haupttunnels waren durchschnittlich etwa 2500 Arbeiter (Spitzenwert: 3500), bei den Zufahrtsstrecken 8000 (Spitzenwert: 14 000) beschäftigt. Sie stammten überwiegend aus Italien. Die Taglöhne betrugen zwischen 3,5 und 4 Franken, was etwa dem Einkommen eines schweizerischen Bahnangestellten entsprach, jedoch hatten die Bauarbeiter die Lebensmittel zu überhöhten Preisen bei der Unternehmung zu kaufen. Die Wohn-, Gesundheits- und Sicherheitsverhältnisse waren katastrophal, und zwar nicht nur wegen der weniger entwickelten entsprechenden Technik, sondern auch, weil der leitende Unternehmer, der Genfer Louis Favre, seine Konkurrenten durch eine Billigofferte ausgestochen hatte und nun an allen Ecken und Enden sparte. Durch Unfälle kamen über 300 Arbeiter ums Leben, etwa 900 wurden schwer verletzt, wobei die Hälfte invalid blieb. Staub und Schmutz führten zu Erkrankungen der Atemwege, zu Typhus und zu Wurmbefall. All das führte im Juli 1875 zu einem spontanen Streik in Göschenen, wobei eine bessere Lüftung und eine zwanzigprozentige Lohnerhöhung gefordert wurden. Die Urner Bürgerwehr, die etwa 30 Mann umfasste, rückte aus und schoss in die demonstrierende Menge, wobei vier Arbeiter getötet wurden.

Am 28. Februar 1880 gelang der Tunneldurchbruch, am 1. Januar 1882 wurde der provisorische Bahnbetrieb aufgenommen. 1883 fuhren 250 000 Passagiere und 1,5 Millionen Tonnen Güter (Bruttolast) durch den Alpendurchstich. 1908 waren es 750 000 und 3,5 Millionen Tonnen. Die Gotthardbahn rentierte. Als zweite Alpentransitbahn folgte 1906 die Linie durch den Simplon, die 1913 durch die Vollendung des Lötschbergtunnels einen Anschluss an den Norden des Landes fand.

Spekulationen und industrielle Krisen brachten in den Achtzigerjahren verschiedene Eisenbahngesellschaften an den Rand des Ruins, der jeweils nur durch öffentliche Gelder von Kantonen und Bund vermieden werden konnte. Die massive ausländische Kapitalbeteiligung liess Abhängigkeitsgefühle aufkommen. Die Sicherheitsvorkehrungen bei manchen Linien liessen zu wünschen übrig; teilweise herrschten auch in den Belegschaften soziale Spannungen, die zu Streiks führten. Schliesslich erschwerten betriebliche und technische Probleme den Verkehrsfluss zwischen den Netzen der einzelnen Gesellschaften. All das gab den Anhängern einer Verstaatlichung der Bahnen Auftrieb. 1897 stimmten National- und Ständerat einem Bundesgesetz zu, das die Übernahme der fünf grössten Eisenbahngesell-

---

Die Gotthardbahn – wer kann das bezahlen?

Budgetierte Totalkosten für die projektierte Strecke Luzern–Chiasso mit Zufahrtsstrecken Zug–Arth-Goldau, Bellinzona–Locarno und Bellinzona–Pino(–Luino), total 294 km: 187 Mio. Fr.

Aktienkapital	34 Mio. Fr.
Obligationen	68 Mio. Fr.
Subventionen:	
– Italien	45 Mio. Fr.
– Deutsches Reich	20 Mio. Fr.
– Schweizerische Eidgenossenschaft	20 Mio. Fr.
Total	187 Mio. Fr.

Im Verlauf des Baus zeigte es sich, dass man die technischen Schwierigkeiten unterschätzt hatte. Neue Berechnungen ergaben Totalkosten von 289 Mio. Franken, was eine Budgetüberschreitung von 102 Mio. bedeutete. Eine Konferenz der Vertragspartner beschloss 1878, auf die Zufahrtsstrecken Zug–Arth-Goldau und Luzern–Immensee (Verbindung nun über Rotkreuz) vorerst zu verzichten und vorläufig, abgesehen vom Haupttunnel, nur einen einspurigen Betrieb zu führen. Dadurch reduzierten sich die Mehrkosten, die folgendermassen verteilt wurden:

Zusätzliches Aktien- und Obligationenkapital der Gesellschaft	12 Mio. Fr.
Zusätzliche Subventionen:	
– Deutsches Reich	10 Mio. Fr.
– Italien	10 Mio. Fr.
– Schweizerische Eidgenossenschaft	8 Mio. Fr.
Total	40 Mio. Fr.

Bei der schweizerischen Zusatzsubvention ergaben sich auf Grund der parlamentarischen Beratungen noch Modifikationen; Italien leistete noch einen kleinen zusätzlichen Beitrag zur rechtzeitigen Fertigstellung der Strecke Bellinzona–Lugano. Die Gesamtkosten beliefen sich, ohne die später doch noch gebauten Zufahrtslinien, somit auf etwa 230 Mio. Franken. Zum Vergleich: Die gesamten Einnahmen des Bundes betrugen damals pro Jahr etwa 15 Mio. Franken.

schaften durch den Bund vorsah. Nach einem Abstimmungskampf, den die Befürworter unter dem Schlagwort «Die Schweizerbahnen dem Schweizervolk» austrugen, wurde die Vorlage auch vom Volk 1898 angenommen. 1903 wurden die Nordostbahn, die Vereinigten Schweizerbahnen, die Schweizerische Centralbahn und die Jura-Simplon-Bahn zu den Schweizerischen Bundesbahnen (SBB) zusammengeschlossen. Die Gotthardbahn konnte erst 1909 nach langen Verhandlungen übernommen werden. Gegen den Verzicht auf die Kapitalbeteiligungen und die Nutzungserträge der Partnerstaaten des Gotthardbahnvertrags wurde die Meistbegünstigung auf den gesamten Transitstreckenbereich von Basel bis Chiasso ausgedehnt. Die ausgehandelten Kaufsummen für die Privatbahnen beliefen sich auf 964 Millionen Franken und wurden von vielen als zu hoch betrachtet, weil die Besitzer seit dem Einsetzen der Verstaatlichungsdiskussion nur noch wenig in ihre Anlagen investiert hatten. In der Folge übernahmen die SBB nur noch wenige kleinere Privatbahnen.

Der Dienstleistungsbereich: Handel, Banken, Versicherungen, Tourismus

1850 waren 10 Prozent aller Erwerbstätigen im Dienstleistungsbereich tätig, 1910 28 Prozent – etwas mehr als in der Landwirtschaft. Die Entwicklung der Industrie und das Bevölkerungswachstum kurbelten den Handel an – man brauchte mehr Rohstoffe und Nahrungsmittel. Die ersten Textilfabriken waren noch mit recht bescheidenen Mitteln aufgebaut worden; Selbstfinanzierung und Darlehen von Privatbankiers genügten. Anders war es beim Eisenbahnbau, der viel grössere Investitionen erforderte. An Kapital fehlte es in der Schweiz zwar nicht, doch wäre ein einzelner Investor oder ein Privatbankier ein viel zu grosses Risiko eingegangen, wenn er sein Geld in ein Eisenbahnprojekt gesteckt hätte. Daher drängte sich die Gründung von Grossbanken in der Rechtsform der Aktiengesellschaft auf, wenn man die Finanzierung nicht ausländischen Banken überlassen wollte. Durch die Ausgabe von Aktien konnte einerseits viel Kapital zusammengebracht, anderseits das Risiko auf viele Schultern verteilt werden. So wurde 1856 in Zürich unter der Führung des Nordostbahndirektors Alfred Escher (vgl. S. 292) die Schweizerische Kreditanstalt gegründet. Die beiden andern 1997 bestehenden Grossbanken gehen ebenfalls auf Bankgründungen im 19. Jahrhundert zurück: die Schweizerische Bankgesellschaft auf die «Bank in Winterthur» (1862), der Schweizerische Bankverein auf den «Basler Bankverein» (1872). Die günstigen steuerlichen Verhältnisse und die Schaffung staatlich regulierter Börsen liessen die Schweiz zu einem internationalen Finanzplatz werden. Auch der Kreditbedarf der Handwerker und Bauern nahm zu; die Klage, dass die «Herrenbanken» für die Wünsche des kleinen Mannes kein Gehör hätten, führte im Zusammenhang mit der demokratischen Bewegung (vgl. S. 292 f.) zur Gründung zahlreicher Kantonalbanken. Die Haftungsrisiken, die sich durch die Entwicklung der Industrie ergaben, förderten die Entwicklung von Versicherungen.

Die Schönheiten der schweizerischen Bergwelt waren bereits im 18. Jahrhundert entdeckt worden und lockten seither Naturfreunde ins Land. Erst der Eisenbahnbau ermöglichte jedoch die Entwicklung des Tourismus auf breiterer Ebene. Die rasch aufkommende Luxushotellerie orientierte sich ganz nach den Bedürfnissen des europäischen Adels und des Grossbürgertums, was allein schon in den klingenden Namen der Hotels zum Ausdruck kam; die schweizerische Kundschaft spielte eine geringfügige Rolle. Indessen schuf der Tourismus Arbeitsplätze und verlockte zu weiteren Investitionen, so in den Bau von Gebirgsbahnen, etwa der Rhätischen Bahn oder der Jungfraubahn.

Die Landwirtschaft

Die Lage der selbstständigen Bauern nach der Jahrhundertmitte war recht günstig. Sie profitierten von der Erweiterung des Binnenmarktes, von den Meliorationen, die seit dem Ende des 18. Jahrhunderts im Gang waren (vgl. S. 252), und von der steigenden Nachfrage einer wachsenden Bevölkerung nach Nahrungsmitteln. Das galt allerdings nicht für die grosse Zahl der Landarmen und Landlosen in den Dörfern, die nun zunehmend in die Industrie oder nach Übersee abwanderten. Die ausgesprochen personalintensive Produktionsweise musste allerdings auf die Dauer proble-

«Die Opfer der Arbeit». Denkmal für die beim Bau der Gotthardbahn umgekommenen Arbeiter von Vincenzo Vela (1882, Bronzeguss, 3,2 x 2,4 m). Ein Exemplar befindet sich in Rom, ein zweites beim Bahnhof Airolo.

Die Schweiz von 1848 bis zur Gegenwart

matisch werden, da die Löhne für die Knechte und Mägde mit jenen, die in der Industrie bezahlt wurden, nicht Schritt halten konnten. Eine eigentliche Krise trat in den Siebzigerjahren ein. Die allgemeine Depression verringerte die Kaufkraft der Konsumenten, während gleichzeitig der Ausbau der Verkehrsmittel nun den Import billigen Getreides aus Übersee und Osteuropa ermöglichte. Zudem begann die epidemische Ausbreitung der Reblaus, welche die Grundlage des Weinbaus buchstäblich zerstörte. Viele Bauern, die zuvor ihre Betriebe durch Kreditaufnahme ausgebaut hatten, gerieten in Schulden; Zwangsversteigerungen nahmen stark zu (vgl. S. 253 f.).

Die Bauern reagierten darauf mit einer Umstellung in der Produktion. Getreide- und Weinanbau im Mittelland gingen stark zurück, während die Vieh- und Milchwirtschaft ausgebaut wurden. Aus dem «gelben» wurde ein «grünes» Mittelland. Verteilte sich der Wert der gesamten landwirtschaftlichen Produktion der Schweiz in den Siebzigerjahren noch ungefähr hälftig auf pflanzliche und auf tierische Produkte, so betrug das Verhältnis 1913 1 zu 3. Der Vorteil der Viehwirtschaft bestand darin, dass die zu erzielenden Preise bedeutend stabiler waren und dass dafür weniger Personal benötigt wurde. Bis zum Ersten Weltkrieg nahm der Anteil der landwirtschaftlich tätigen Bevölkerung weiter ab, während die Zahl der Landwirtschaftsbetriebe ziemlich stabil blieb. Dafür nahm der Einsatz landwirtschaftlicher Maschinen zu. Gleichzeitig begannen die Bauern, sich auf verschiedenen Ebenen zu organisieren. Der Schweizerische Bauernverband (gegründet 1897) kämpfte für den staatlichen Schutz und die Förderung der Landwirtschaft. Genossenschaften kümmerten sich vor allem um die Verwertung und Vermarktung landwirtschaftlicher Produkte. Landwirtschaftliche Schulen förderten die beruflichen Qualifikationen. Die durchschnittliche Produktivität der bäuerlichen Arbeit wuchs zwischen 1870 und 1913 um 40 Prozent. Latent blieb der Bauernstand freilich gefährdet: durch die Gefahr der Überproduktion und der Preiszusammenbrüche sowie durch die Verschuldung gegenüber den Sparkassen und Banken.

Wirtschaftspolitik

Die wichtigste wirtschaftspolitische Leistung des jungen Bundesstaates bestand in der Schaffung klarer Rahmenbedingungen: Es gab nun ein einheitliches Postwesen, ein einheitliches Mass- und Gewichtssystem und eine einheitliche Währung, die 1860 durch eine Gold/Silber-Parität definiert wurde und seit 1865 mit der französischen, der italienischen und der belgischen Währung der «Lateinischen Münzunion» angehörte. Der seit den Siebzigerjahren aufkommenden Tendenz der Banken, Banknoten auszugeben, begegnete der Bund zunächst mit einem Gesetz über die Ausgabe und Einlösung von Banknoten (1882) und schliesslich mit der Gründung der Nationalbank (1907), die ein Monopol auf die Banknotenausgabe erhielt. Die Bundesverfassung von 1874 hielt die Handels- und Gewerbefreiheit ausdrücklich fest. Weiter förderte der Bund die Rechtsvereinheitlichung durch die Schaffung eines eidgenössischen Obligationenrechts (1883), eines Schuld-, Betreibungs- und Konkursrechts (1889) und eines Zivilrechts (1912).

Traditionelle Landwirtschaft: Eine Bergbauernfamilie beim Heuen auf dem Monti di Olivone um 1910 (Foto: Roberto Donetta)

Schliesslich erwies sich der Bundesstaat als politisch sowohl nach innen wie nach aussen stabil; Investoren mussten kaum fürchten, ihr Vermögen durch Bürgerkriegswirren oder Revolutionen zu verlieren.

Das wirtschaftspolitische Instrumentarium des Bundesstaates beschränkte sich auf die Gesetzgebung, vor allem im sozialen Bereich (vgl. S. 289) und auf die Zollpolitik. Die finanziellen Möglichkeiten, etwa durch die Vergabe von **Subventionen** oder durch die Errichtung öffentlicher Werke, waren dagegen begrenzt, überstiegen doch die Bundeseinnahmen auch vor dem Ersten Weltkrieg noch nicht 2 Prozent des Volkseinkommens. Im Mittelpunkt der wirtschaftspolitischen Diskussion standen die Zölle. Sie lieferten dem Bund den Löwenanteil seiner Einnahmen. Seit der Mitte der Siebzigerjahre forderten zudem Gewerbe und Landwirtschaft **protektionistische** Massnahmen. Die Exportwirtschaft lehnte solche ab, sah sich aber zunehmend mit der aufkommenden Schutzzollpolitik der Grossmächte, ihrer wichtigsten Absatzmärkte, konfrontiert. Die schweizerische Zollpolitik entwickelte sich so zu einem Gemisch von Fiskal-, Schutz- und Kampfzöllen, die nur errichtet wurden, um in bilateralen Verhandlungen Handelsverträge mit beidseitigem Zollabbau zu erreichen.

Die sozialen Verhältnisse

Formen des Zusammenlebens

In der vorindustriellen Zeit fielen Wohn- und Arbeitsort in der Regel zusammen. Die Familie des Bauern oder des Handwerksmeisters umfasste ein «ganzes Haus» von Eltern und Kindern, eventuell Grosseltern, unverheirateten Angehörigen, Knechten, Mägden, Lehrlingen und Gesellen, von denen jeder das Seine zum Überleben des Haushalts beizutragen hatte.

Die Industrialisierung führte zur weitgehenden Auflösung dieses «ganzen Hauses» und zur Reduktion der Lebensgemeinschaft auf die «Kernfamilie» von Eltern und Kindern. Parallel dazu lief die Trennung von Berufstätigkeit und Privatleben. Am ausgeprägtesten kam dies bei der Fabrikarbeiterschaft zum Ausdruck, wo der Arbeitsort oft weit entfernt vom Wohnort lag. Die Tradition des «ganzen Hauses» fand hier allenfalls in der Form seine Fortsetzung, dass Mann, Frau und halbwüchsige Kinder oft in derselben Fabrik arbeiteten. Angesichts der langen Arbeitszeiten und der weiten Wege wurden die Fabrikarbeiterfamilien, besonders die Frauen, dadurch hoffnungslos überfordert. Ungeeignete Betreuung durch irgendwelche Pflegepersonen, einseitige Ernährung und schlechte Wohnverhältnisse führten zu einer hohen Säuglings- und Kindersterblichkeit.

Handwerkerfamilien wohnten meist noch im Haus oder allenfalls im Nachbarhaus ihres Betriebs, allerdings immer seltener mit ihren Gesellen zusammen. Erst recht lebten Unternehmer, Erwerbstätige im tertiären Sektor, höhere Angestellte in der Industrie, Akademiker und Lehrer mit ihren direkten Familienangehörigen entfernt von ihrem Arbeitsort im eigenen Haus oder in einer Mietwohnung. In diesem Milieu bildete sich der Idealtypus der «bürgerlichen Familie» mit klarer Rollenverteilung heraus: Der Mann sorgte für das Familieneinkommen und vertrat seine Angehörigen nach aussen, die Frau organisierte, assistiert von einem Dienstmädchen oder auch einem ganzen Stab von Dienstboten, den Haushalt, erzog die Kinder und sorgte für ein angenehmes familiäres Ambiente, in welchem Bildung und Harmonie gross geschrieben wurden. Die Knaben erhielten eine Berufsbildung oder besuchten höhere Schulen, die Mädchen wurden auf ihre künftige Rolle als Ehefrauen, zu der durchaus Allgemeinbildung wie etwa Fremdsprachenkenntnisse, Klavierspiel oder Beherrschung textiler Handarbeiten, nicht aber berufliche Fähigkeiten gehörten, vorbereitet.

Die «Privatisierung» des Familienlebens bewirkte, dass übliche soziale Kontrollmechanismen entfielen. In der traditionellen Dorfgemeinschaft war es beispielsweise üblich gewesen, dass ein junger Mann ein Mädchen, das

Arbeiterquartier in Basel um 1870

Die Schweiz von 1848 bis zur Gegenwart

von ihm ein Kind erwartete, heiratete. In der anonymer gewordenen Gesellschaft des späten 19. Jahrhunderts brauchte er dies nicht mehr zu tun; es war auch recht leicht, Unterhaltspflichten etwa durch Auswanderung zu entgehen. Dadurch wurde eine uneheliche Geburt für eine Frau zur gesellschaftlichen und auch wirtschaftlichen Katastrophe; kein Wunder, dass die ganze Erziehung der Mädchen darauf angelegt war, sie durch Abschirmung von einer solchen Schande zu bewahren.

Die Lage der Industriearbeiterschaft

Die Arbeit in den Fabriken war durch rigorose disziplinarische Vorschriften – auch zum Schutz der Arbeitnehmer –, durch Unfallgefahr und durch unhygienische Verhältnisse gekennzeichnet. Die Arbeitszeit war in der Frühzeit in der Industrialisierung ausgesprochen lang; sie konnte bis zu 16 Stunden betragen. Die soziale Absicherung bei Krankheit, Invalidität oder altersbedingter Arbeitsunfähigkeit war rudimentär oder gar nicht vorhanden. Die niedrigen Löhne führten zur vollen Berufstätigkeit beider Ehepartner. Da in der Regel keine eigenen finanziellen Reserven vorhanden waren, führte Verdienstausfall rasch zu Not und Verelendung. Alkoholismus war häufig.

Die mit der «Zweiten Industriellen Revolution» (vgl. S. 281 f.) verbundene Konzentration der Arbeitsplätze führte zur Bildung von Grossstädten. Dabei ergab sich eine deutliche Ausscheidung von «bürgerlichen» und Arbeiterquartieren; einzig die Handwerker sorgten noch für eine gewisse Durchmischung. Die Arbeitergebiete lagen im Allgemeinen in der Nähe der Industriebetriebe und zeichneten sich durch eine dichte Überbauungsweise durch Wohnblocks mit engen Hinterhöfen und wenig Lichteinfall aus. Gemessen an der Grösse des Wohnraums und der bescheidenen Ausstattung, waren die Wohnungen nicht besonders billig, da die Nachfrage als Folge des raschen Bevölkerungswachstums gross war. Die Wohnungen waren daher häufig überbelegt, da die Arbeiterfamilien durch Untervermietung ihr bescheidenes Einkommen zu erhöhen versuchten. Ungenügende oder gar nicht vorhandene Abwasser- und Kanalisationssysteme sowie verschmutztes Trinkwasser, das zunächst noch aus Brunnen oder Pumpen von der Strasse bezogen wurde, führten zu Cholera- und Typhusepidemien; Feuchtigkeit und schlechte Luft begünstigten die Tuberkulose.

Entstanden derartige Arbeiterquartiere auf dem Boden politisch noch selbstständiger früherer Bauerngemeinden, so waren diese den sich nun ergebenden Belastungen ihrer Infrastruktur durch Strassen, Schulen, Wasserleitungen in keiner Weise gewachsen. Zählte die vor der Zürcher Stadtgrenze gelegene Gemeinde Aussersihl 1860 2500 Einwohner, so waren es 1893 30 000 – mehr als in der Stadt selbst. In diesem Jahr wurde Zürich mit einem Kranz von Vorortsgemeinden vereinigt; «Gross-Zürich» zählte nun 120 000 Einwohner, 1914 bereits 200 000. Basel, das als Folge der Kantonsteilung von 1833 kaum Eingemeindungen vornehmen konnte, überschritt um die Jahrhundertwende die Hunderttausendergrenze.

Die allmähliche Besserstellung der Arbeiterschaft ergab sich aus dem Steigen der Reallöhne, aus der Sozialgesetzgebung und aus der Selbstorganisation. Zwischen 1840 und 1900 verdoppelte sich das reale Einkommen eines Arbeiters. Hatte eine Arbeiterfamilie um 1870 noch 58 Prozent ihres Einkommens für Nahrungsmittel und 16 Prozent für die Miete aufgewendet, so waren es 1910 noch 49 Prozent und 14 Prozent, während nun immerhin 5 Prozent für «Bildung und Unterhaltung» erübrigt werden konnten. Zwischen 1900 und dem Ersten Weltkrieg wurden allerdings die Lohnsteigerungen im Durchschnitt durch die Teuerung völlig kompensiert – einer der Gründe für die in dieser Zeit intensiv geführten Arbeitskämpfe. Vor allem zeigten sich nun Unterschiede in den einzelnen Branchen: Während die Maschinenindustrie und die chemische Industrie relativ gute Löhne bezahlten, war dies in der Textil-

Arbeiter und Meister in einer Werkhalle der Firma Brown-Boveri (heute ABB) 1891

industrie und in den handwerklichen Berufen weniger der Fall. Noch weiter zurück lagen die Löhne der Heimarbeiter und der Knechte und Mägde auf dem Land.

Die Sozialgesetzgebung entwickelte sich zunächst in den früh industrialisierten Kantonen wie Glarus. Sie versuchte, durch das Verbot der Kinderarbeit, durch die Festsetzung von Maximalarbeitszeiten und durch Vorschriften über Sicherheit und Hygiene die negativen Auswirkungen der Industrialisierung, vor allem den Zerfall der Familie, zu reduzieren, griff jedoch nicht in das Lohngefüge ein. Zu einem Markstein wurde das Eidgenössische Fabrikgesetz von 1877: Es setzte die maximale tägliche Arbeitszeit auf elf, die wöchentliche auf 66 Stunden fest, untersagte die Kinderarbeit (unter 14 Jahren) ganz und verbot die Nacht- und Sonntagsarbeit für Frauen und Jugendliche. Wöchnerinnen durften sechs Wochen vor und sechs Wochen nach der Niederkunft nicht arbeiten. Ein Fabrikinspektorat hatte die Betriebe auf ihre Sicherheitsmassnahmen hin zu kontrollieren. Auf die Bereiche der Landwirtschaft, der Heimarbeit und des Handwerks fand das Gesetz freilich keine Anwendung. Die Einführung einer obligatorischen Kranken- und Unfallversicherung, wie sie das Deutsche Reich 1881 einführte, liess auf sich warten. Nachdem ein erstes entsprechendes Gesetz 1900 vom Volk abgelehnt worden war, beschränkte man sich in einem zweiten 1912 auf eine obligatorische Unfallversicherung, während die Krankenkassen privat blieben und vom Bund lediglich **Subventionen** erhielten. Bezahlte Ferien blieben dagegen bis ins zwanzigste Jahrhundert für die meisten unselbstständig Erwerbstätigen ein Fremdwort. Selbst als sozialpolitische Forderung tauchten sie erst nach 1900 auf.

Die ersten Arbeitervereinigungen umfassten nur die Arbeiter einer Berufsrichtung in einer Stadt oder einem Kanton. Bereits 1818 gründeten die Typografen in Aarau eine eigene Kranken- und Invalidenkasse. 1833 streikten erstmals in der Schweiz die Schreiner in Genf und gründeten dabei eine «Widerstandskasse». Aus den Arbeitervereinigungen wurden allmählich Gewerkschaften. Voran gingen die Facharbeiter, die meistens in kleinen Betrieben arbeiteten und dank ihrer guten Ausbildung nicht so leicht zu ersetzen waren: die Typografen, Schreiner, Uhrmacher und andere. Die Bildung entsprechender Organisationen etwa für die grossteils ungelernten Textilarbeiter bereitete wesentlich grössere Schwierigkeiten. Mit der Zeit schlossen sich die lokalen und kantonalen Fachgewerkschaften auf nationaler Ebene zusammen, etwa zum Schweizerischen Typografenbund (1858), zum Schweizer Holzarbeiterverband (1873) und anderen. Hauptziel war es nun, für die Mitglieder einen gemeinsamen, möglichst günstigen Gesamtarbeitsvertrag mit den Arbeitgebern der Branche abzuschliessen (vgl. S. 295), denn eine Gewerkschaft war als Vertragspartner viel stärker als der einzelne Arbeitnehmer. 1880 entstand als Dachorganisation der Schweizerische Gewerkschaftsbund. Das wachsende Interesse der katholischen Kirche an der Arbeiterschaft führte dazu, dass gegen Ende des 19. Jahrhunderts die christlichen Gewerkschaften gegründet wurden. Sie wurden 1907 im Christlich-nationalen Gewerkschaftsbund zusammengefasst. Von der Arbeiterschaft getragene Konsumgenossenschaften bildeten eine Konkurrenz zum Einzelhandel, während seit Beginn des 20. Jahrhunderts Wohnbaugenossenschaften zum Kampf gegen die vielfach als Spekulanten verschrieenen privaten Hausbesitzer antraten. Die Grossstädte setzten sich durch Bauvorschriften, Sanierungsmassnahmen und kommunalen Wohnungsbau ebenfalls für eine Besserung der Wohnverhältnisse ein.

Die Frau in der Industriegesellschaft

Das Ideal der bürgerlichen Familie widerspiegelte sich in der Gesetzgebung. Die verschiedenen kantonalen Zivilrechte stellten die Frau unter die Vormundschaft ihres Mannes und entzogen ihr die Verfügung über das eingebrachte Vermögen. In manchen Kantonen war auch die Handlungsfreiheit der ledigen oder verwitweten Frauen eingeschränkt, indem ihr Vermögen von einem Beistand zu verwalten war – eine Einrichtung, die 1881 allerdings aufgehoben werden musste. Auch das gesamtschweizerische Zivilgesetzbuch von 1912 definierte noch den Mann als Haupt der ehelichen Gemeinschaft, der für das Einkommen der Familie zu sorgen hatte, während die Frau den Haushalt führen sollte und nur mit Zustimmung des Mannes einer Berufstätigkeit nachgehen durfte.

Auch wenn sich die Arbeiterschaft im politisch-gesellschaftlichen Bereich vom Bürgertum scharf abgrenzte (vgl. S. 294 ff.), so entwickelte sie doch kein alternatives Familienideal. Wenn die Frau eines Arbeiters berufstätig war, so nicht, um «sich selbst zu verwirklichen», sondern aus schlichtem wirtschaftlichem Zwang. Dabei war das Spektrum der Verdienstmöglichkeiten begrenzt. Während es in der Textil-, der Uhren- und der Nahrungsmittelindustrie recht viele Arbeitsplätze für Frauen gab, war dies in der Maschinen- und in der chemischen Industrie kaum der Fall. Überall aber wurde Frauenarbeit wesentlich schlechter – im Durchschnitt etwa um ein Drittel weniger – bezahlt als vergleichbare Männerarbeit. Hinzu kam, dass die Haushaltführung ohne moderne Hilfsmittel und die Kinderbetreuung bereits sehr arbeitsintensiv waren. Wenn es möglich war, verzichtete die Arbeiterfrau daher auf Vollzeitarbeit und versuchte, das schmale Familienbudget

Herman Greulich (1842–1925) war einer der wichtigsten Führer der Schweizerischen Arbeiterbewegung. Er stammte aus Breslau (Schlesien, heute Wroclaw), lernte den Beruf eines Buchbinders und kam als wandernder Handwerker in die Schweiz, wo er später in Hirslanden bei Zürich eingebürgert wurde.

Bürgerliche Erziehung: Mädchen beim Klavierspiel um 1890

Susanna Orelli-Rinderknecht (1845–1939) wurde als Bauerntochter in Oberstrass bei Zürich geboren und heiratete den Mathematikprofessor Johannes Orelli, der 1885 starb. Nach dessen Tod setzte sie sich in der Trinkerfürsorge und im «Blauen Kreuz» gegen den Alkoholismus ein. 1894 gründete und leitete sie (bis 1920) den seit 1910 so benannten Frauenverein für alkoholfreie Wirtschaften, der eine Kette alkoholfreier Gaststätten aufbaute und betrieb. Ihre Laufbahn zeigt die Möglichkeiten, aber auch die engen Rahmenbedingungen – finanzielle Unabhängigkeit und anerkannter Status als «bürgerliche Witwe» – für die Karriere einer initiativen Frau.

etwa durch Näh- oder Putzarbeiten aufzubessern.

Auch die Möglichkeiten schulentlassener Töchter waren beschränkt. Nur in wenigen Städten gab es höhere Bildungsanstalten für Mädchen, die ein Studium oder etwa eine Tätigkeit als Lehrerin ermöglichten. Im Normalfall arbeitete die Bauerntochter auf dem eigenen Hof oder als Magd, die Handwerkertochter im eigenen Betrieb, während sich die Tochter aus «gutem Haus» gesellschaftlichen Tätigkeiten und künstlerischen Hobbys widmete. Viele Mädchen lernten in einem «Welschlandjahr» Französisch. Die Arbeitertochter stieg in einen Anlernberuf ein, etwa als Fabrikarbeiterin, als Verkäuferin in einem der aufkommenden Warenhäuser oder – Zeichen der Moderne – als Bürofräulein oder Telefonistin. Erwartet und vielfach auch gefördert wurde in allen Fällen die gelegentliche Eheschliessung, welche diese Lebensphase abschliessen sollte.

Die innenpolitische Entwicklung: Von den «Lagern» zu den Parteien

Bei der Beschreibung des politischen Kräftespiels in einer Demokratie geht man meist von der Analyse der Programme und der Wählerzahl der einzelnen Parteien aus. Im Fall des jungen Bundesstaates ist dies schwierig. Schon der Begriff «Partei» hatte den negativen Beigeschmack der Volksspaltung in sich und wurde vor allem als Bezeichnung für politische Gegner gebraucht; sich selbst hielt ein Politiker für einen Repräsentanten des ganzen Volkes. Tatsächlich gab es auf eidgenössischer Ebene keine auch nur parteiähnliche Organisation. Die einzigen gesamtschweizerischen Organisationen, die auf die künftigen Politikergenerationen einen prägenden Einfluss ausübten, waren die Studentenverbindungen; ein Grossteil der eidgenössischen Parlamentarier bestand aus «alten Herren». Seit den Sechzigerjahren bildeten sich zwar in den eidgenössischen Räten «Fraktionen», doch waren diese kaum institutionalisiert und in ihrer Zusammensetzung sehr locker. Anders war es in den Kantonen. Zwar gab es auch hier keine eigentliche Parteiorganisationen, sondern höchstens Parteikomitees, doch war ein grosser Teil der Bürger in allen möglichen Vereinen mit klarer politischer Ausrichtung organisiert. Auch die Zeitungen hatten meist eine eindeutige, allgemein bekannte Ausrichtung. Sie dienten nicht nur der Informationsvermittlung, sondern vor allem der Sammlung des eigenen politischen Anhangs. Unter diesen Umständen ist es sinnvoller, bis zum Ende des 19. Jahrhunderts nicht von Parteien, sondern von «politischen Lagern» zu sprechen, in welchen jeweils verschiedene Strömungen unterschieden werden müssen.

Der «Freisinn»

Die überwiegende Mehrheit der Parlamentarier sowie alle Bundesräte bis zum Jahr 1891 können als «freisinnig» bezeichnet werden. Was hatten sie gemeinsam? Sie bejahten den 1848 geschaffenen schweizerischen Nationalstaat als ihr Vaterland, sie stellten ihn grundsätzlich über die Autonomie der Kantone, aber auch über jedwede übernationale Organisation oder Beziehung. Sie bejahen die liberalen Grundrechte, sie setzten auf die Fähigkeit des einzelnen Individuums, sich selbst ein Urteil zu bilden. Sie bejahten den wirtschaftlichen, technischen und wissenschaftlichen Fortschritt. Sie standen in kritischer Distanz zu den Kirchen, besonders zur katholischen, die für sie nicht nur fortschrittsfeindlich, sondern infolge ihrer Bindung an Rom letztlich auch unschweizerisch war.

Daneben gab es innerhalb des freisinnigen Lagers markante Unterschiede. Die «Liberalen» betonten vor allem die Notwendigkeit der freien Entfaltung des Individuums und traten deshalb für eine eher schwache Staatsgewalt, die primär diese Freiheit zu schützen habe, ein. Volksrechten, die über die Wahl der **Legislative** hinausgingen, standen sie skeptisch gegenüber. Sie waren zum Brückenschlag mit den in einzelnen Kantonen noch starken protestantisch-konservativen Kräften bereit, welche einer starken antikirchlichen Bundesgewalt ebenfalls nichts abgewinnen konnten. Liberale und Protestantisch-Konservative bildeten in den Räten eine allerdings stark fluktuierende «Zentrumsgruppe», innerhalb der bedeutende Wirtschaftsführer hervorragten. Demgegenüber betonten die «Radikalen» die Gleichheitsidee im Sinne Rousseaus und vertrauten auf den gesunden Sinn des Volkes für das Richtige und Gute. Der Staat hatte die Aufgabe, gegenüber den Ansprüchen herausragender Individuen, gerade auch der Wirtschaftsführer, das Interesse des «Ganzen», des «kleinen Mannes», durchzusetzen. Dementsprechend waren sie auch für sozialpolitische Massnahmen offen. Allerdings waren die Radikalen in der Frage gespalten, auf welcher Ebene – der gesamteidgenössischen oder der kantonalen – nun der «starke Staat» seine Aufgaben erfüllen solle – es gab radikale Zentralisten und, vor allem in der Westschweiz, radikale Föderalisten. Aus dem radikalen Flügel des Freisinns entwickelten sich in manchen Kantonen die «Demokraten». Sie forderten die konkrete Umsetzung der radikalen Ideologie, das heisst den Einbezug des Volkes in den Gesetzgebungsprozess durch Elemente der direkten Demokratie: Volkswahl der **Exekutive** und anderer Behörden, Referendum und Initiative. Seit den Siebzigerjahren widerspiegelten «radikal» und «demokratisch» nur noch den unterschiedlichen Sprachgebrauch in den ein-

Paul Klee, «Das Konzert der Parteien», Karikatur im «Grünen Heinrich», 1907. Das liberale «Urtier» wird vom katholisch-konservativen Stier und vom sozialdemokratischen roten Panther bedroht.

zelnen Kantonen, bezeichneten aber die gleiche politische Tendenz.

Die Radikal-Demokraten beschritten auch als erste den Weg zu einer festeren Organisation. Als sie nämlich bei den Nationalratswahlen von 1878 gegenüber dem «liberalen Zentrum» und den Katholisch-Konservativen in die Minderheit gerieten, begründeten sie die nun ziemlich geschlossen operierende «radikaldemokratische Fraktion» der Bundesversammlung. Das zahlte sich in doppelter Weise aus. Einerseits gewannen sie die nächsten Wahlen von 1881 – und auch alle weiteren bis 1917 –, anderseits suchten immer mehr Angehörige des «liberalen Zentrums» Zuflucht in dieser machtvollen Gruppierung, während sich 1893 nur noch eine eher bescheidene Truppe als «liberale Fraktion» konstituierte. Der Zustrom von rechts ermöglichte nun den Zusammenschluss der kantonalen radikal-demokratischen wie auch – der meisten – liberalen Gruppierungen auf eidgenössischer Ebene in der Freisinnig-Demokratischen Partei der Schweiz (1894), was Auseinandersetzungen der beiden Flügel im kantonalen Rahmen keineswegs ausschloss. Im eidgenössischen Bereich fühlten sich die sozial engagierten Vertreter des linksradikalen Flügels nun allerdings gegenüber den Vertretern der Wirtschaft marginalisiert, traten aus der Fraktion aus und begründeten mit den ersten Repräsentanten der Sozialdemokratie die «demokratisch-sozialpolitische Fraktion».

Wenn vielerorts der Abschnitt der Schweizer Geschichte zwischen 1848 und 1891 oder sogar 1919 als «Herrschaft des Freisinns» bezeichnet wird, so darf man sich darunter keineswegs ein ödes Einparteienregime vorstellen. Die Innenpolitik war vielmehr kampferfüllt. Neuwahlen in den Bundesrat waren in aller Regel umstritten, Wiederwahlen keineswegs gesichert, im Parlament erfolgreiche Gesetzesvorlagen scheiterten – nach 1874 (vgl. S. 294) – recht häufig in der Volksabstimmung.

Die Katholisch-Konservativen

Die Katholisch-Konservativen waren zunächst die Geschlagenen des Sonderbundskrieges und damit zur politischen Opposition verurteilt. Ihr Ziel war erst einmal Schadensbegrenzung. Gegenüber der Nationalstaatsideologie des Freisinns beriefen sie sich auf die althergebrachte Selbstständigkeit der Kantone und widersetzten sich Bestrebungen zur Verstärkung der bundesstaatlichen Gewalt. Dem wirtschaftlich-technischen Fortschritt stellten sie die bäuerliche Tradition entgegen, dem liberalen Prinzip der Freiheit das Prinzip der katholischen Wahrheitsgewissheit. Eine Chance, sich mit diesem Programm auf gesamtschweizerischer Ebene durchzusetzen, hatten sie angesichts der Mehrheitsverhältnisse allerdings nicht. Unmittelbar nach dem Sonderbundskrieg beherrschten sie nur noch die Kantone Uri, Schwyz, Unterwalden und Appenzell Innerrhoden. Indessen gelang es ihnen, durch Wahlsiege bis 1871 die Mehrheit in den übrigen ehemaligen Sonderbundskantonen Zug, Freiburg, Wallis und Luzern, wo sich in der Zwischenzeit liberal-radikale Regierungen mit teilweise fragwürdigen Mitteln etabliert

Die Schweiz von 1848 bis zur Gegenwart

hatten, zurückzuerobern. Damit war ein katholisch-traditionalistisch-bäuerliches Bollwerk im Umfang des ehemaligen Sonderbundes entstanden, dessen Selbstverständnis weiterhin defensiv war und das sich auch politisch entsprechend verhielt.

Gelegenheit zur Ausweitung des katholisch-konservativen Aktionsfeldes bot der nach 1870 einsetzende «Kulturkampf» (vgl. S. 192). Die Proklamation des Dogmas von der Unfehlbarkeit des Papstes in allen Fragen der kirchlichen Lehrmeinung durch das Erste Vatikanische Konzil (1870) war eine Provokation für den Freisinn, die darauf einsetzende Kirchenpolitik der Radikalen, die in der Bundesverfassung von 1874 (vgl. S. 294) und in Repressionsmassnahmen auf kantonaler Ebene ihren Ausdruck fanden, war eine Provokation für die romtreuen Katholiken. Vor allem jene in den konfessionell gemischten Gebieten wie etwa Solothurn, Genf, Aargau, St. Gallen, Graubünden oder dem Berner Jura fühlten sich existenziell bedroht und wandten sich dem katholisch-konservativen Lager zu. Damit wurde der politische Katholizismus zu einer gesamtschweizerischen Bewegung, die sich freilich gegenüber dem herrschenden Freisinn in einer eher noch akzentuierteren Opposition befand.

Die sich gegen das Ende des Jahrhunderts verstärkende Industrialisierung führte zur Auswanderung von Katholiken aus bäuerlichen Gebieten in die ursprünglich rein protestantischen Industriegebiete; eine «katholische **Diaspora**» entstand. Diese Katholiken genossen an ihrem neuen Wohnort zwar durchaus alle bürgerlichen Rechte, sie waren aber im Durchschnitt wirtschaftlich schlechter gestellt und wurden auch gesellschaftlich kaum integriert (vgl. S. 192 f.). Damit waren die Voraussetzungen für die Selbstorganisation der neu entstandenen katholischen Minderheiten und eine weitere Ausdehnung des politischen Katholizismus gegeben.

Dieser bezahlte allerdings diese Ausdehnung mit zunehmender Heterogenität. Die ausgesprochen föderalistische Einstellung eines Urners wurde von einem katholischen Aargauer, der sich vor allem mit einer radikal-antikatholischen Kantonsregierung auseinander zu setzen hatte, nicht unbedingt geteilt. Der katholische Arbeiter in einer zürcherischen Maschinenfabrik konnte mit dem antirationalistischen und technikfeindlichen Weltbild der ultramontanen Ideologen wenig anfangen; er erwartete von seiner Partei vor allem die Verbesserung seiner sozialen Lage. Die katholischen Parteien in den Kantonen der Diaspora bezeichneten sich denn auch in der Regel nicht als «konservativ», sondern als «christlich-sozial» oder ähnlich. Während sich in der Bundesversammlung bereits 1882 eine katholisch-konservative Fraktion organisiert hatte, kam die Gründung einer gesamtschweizerischen Organisation, der «Schweizerischen Konservativen Volkspartei» (heute: Christlich-Demokratischen Volkspartei), erst 1912 nach mehreren gescheiterten Versuchen zustande.

Die «demokratischen Bewegungen» und die Bundesverfassung von 1874

Der Bundesstaat von 1848 wie auch die meisten Kantone waren im Wesentlichen repräsentative Demokratien: Die Bürger wählten die Legislative, die ihrerseits Exekutive und **Judikative** bestimmten. Allerdings bestanden bereits direktdemokratische Elemente. Sowohl die Bundesverfassung wie die meisten Kantonsverfassungen gaben dem Volk das Recht, über eine Unterschriftensammlung (Initiative) eine

Alfred Escher

Alfred Escher – der Idealtyp eines «Bundesbarons»

Alfred Escher (1819–1882) verkörperte den – für die damalige Zeit neuen – Typus des Wirtschaftsführers und politischen «Leaders», der halb scherzhaft, halb respektvoll als «Bundesbaron» bezeichnet wurde. Als Sohn eines reichen Kaufmanns, der jedoch im Gegensatz zur konservativen stadtzürcherischen Elite stand, trat er 1844 in den Zürcher Grossen Rat (**Legislative**; ab 1869 Kantonsrat) ein, dem er bis zum Tod angehörte. 1848–1855 war er zudem Mitglied des Zürcher Regierungsrates (**Exekutive**). In dieser Eigenschaft gründete er den Lehrmittelverlag des Kantons Zürich (1851). 1853 gründete er die Nordostbahngesellschaft, 1856 die Schweizerische Kreditanstalt (Credit Suisse), die er beide bis zum Tod präsidierte. Von 1848 bis 1882 war er Mitglied des schweizerischen Nationalrates. 1871 wurde er zudem Präsident der Gotthardbahngesellschaft. In den Fünfziger- und Sechzigerjahren beherrschte Escher, ein kühler Planer und rastloser Arbeiter, dank seinen Ämtern und seinem wirtschaftlichen Gewicht die zürcherische Politik und übte auch auf die eidgenössische einen massgebenden Einfluss aus. Aus dem radikalen Flügel hervorgegangen, verlegte er den politischen Standort allmählich ins liberale Zentrum. Unangreifbar war er indessen nicht: Der demokratische Umschwung im Kanton Zürich (1867–1869; vgl. S. 293) erschütterte seine politische Stellung, die Finanzierungsprobleme beim Gotthardbahnbau (vgl. S. 284) führten 1878 zu seinem Rücktritt als Präsident der Gotthardbahn. Zu den Eröffnungsfeierlichkeiten der Gotthardlinie lud man ihn nicht einmal ein – wenige Monate später starb er.

Totalrevision der Verfassung einzuleiten und über die neue Verfassung abzustimmen. In einzelnen Kantonen bestand zudem die Möglichkeit, dass eine Mindestzahl von Bürgern eine Abstimmung über ein missliebiges neues Gesetz verlangte (fakultatives Referendum). Eine indirekte Wirkung ging von den Landsgemeindekantonen aus: Als unmittelbar nach dem Sonderbundskrieg Schwyz und Zug die Landsgemeinde abschafften, führten sie dafür das obligatorische (Schwyz) beziehungsweise das fakultative (Zug) Gesetzesreferendum ein.

Zu einer fast revolutionär anmutenden «demokratischen Bewegung» kam es in den Sechzigerjahren vor allem in deutschschweizerischen protestantischen Kantonen des Mittellandes, wo sich auf der Basis der repräsentativen Demokratie ein liberales, wirtschaftlich gut situiertes «Establishment» in Parlament und Regierung eingerichtet hatte und die wesentlichen Stellungen in Verwaltung und Justiz an eine Klientel von Gesinnungsgenossen vergab. Der wirtschaftliche Einbruch nach 1865, einzelne Skandale, Unglücksfälle wie die Zürcher Cholera-Epidemie (1867) führten zur Bildung einer allerdings recht heterogenen Oppositionsbewegung, die von den Eliten ausserhalb der Hauptstadt – im Kanton Zürich namentlich jener Winterthurs – über Intellektuelle, Ärzte, Advokaten, Lehrer, verschuldete Bauern, Gewerbetreibende bis zum Industriearbeiterproletariat reichte. Gemeinsamer Nenner war die Devise «Alles durch das Volk». Konkret bedeutete dies die Einführung des fakultativen oder obligatorischen Referendums gegenüber Gesetzeserlassen oder wesentlichen finanziellen Beschlüssen der **Legislative,** die Einrichtung der Gesetzesinitiative, die Volkswahl der **Exekutive,** der Richter, der Lehrer und der Exponenten der Verwaltung, etwa der Bezirksstatthalter. Hinzu kamen sozialpolitische Postulate wie die Unentgeltlichkeit der Schulbildung, höhere Steuern für die hohen Einkommen und die Schaffung von Kantonalbanken, welche dem «kleinen Mann» günstige Kredite gewähren sollten. Trotz heftiger Agitation in Volksversammlungen und Pamphleten hielten sich die demokratischen Bewegungen an die bestehende Rechtsordnung: Sie sammelten die notwendige Zahl von Unterschriften, das Volk entschied sich für eine Totalrevision der Kantonsverfassung, ein neu gewählter Verfassungsrat arbeitete die neue Konstitution aus, die dann in einer zweiten Volksabstimmung angenommen wurde. In der Folge pendelte sich im Allgemeinen ein gewisses Gleichgewicht zwischen den «Liberalen» und den «Demokraten» im Kanton ein – die Ersteren fanden sich mit den nun eingeführten Volksrechten ab und machten von ihnen selbst Gebrauch, die Letzteren setzten sich zwar für sozialpolitische Forderungen ein, stellten aber die wirtschaftlichen Strukturen grundsätzlich nicht in Frage. Bezeichnenderweise konnte sich der Freisinn die offene Spaltung in «Liberale» und «Demokraten» fast nur in jenen Kantonen leisten, in denen er sich nicht mit dem katholisch-konservativen Erbfeind konfrontiert sah.

Der Erfolg der demokratischen Bewegung in vielen Kantonen warf die Frage auf, ob Elemente der direkten Demokratie auch auf Bundesebene eingeführt werden sollten. Das war nur über eine Totalrevision der Bundesverfassung möglich, für die auch andere Gründe sprachen. Der eben ausgebrochene Kulturkampf (vgl. S. 192 und S. 292) führte zur Forderung, das bereits seit 1848 bestehende Jesuitenverbot durch weitere Ausnahmebestimmungen gegen die katholische Kirche zu ergänzen. Die Grenzbesetzung von 1870/71 (vgl. S. 300) hatte erhebliche Mängel im Heerwesen, die man auf die noch immer beträchtlichen Kompetenzen der Kantone zurückführte, aufgezeigt. Ebenfalls drängte sich eine Vereinheitlichung des Rechtswesens auf. Die nun in Angriff genommene Totalrevision segelte unter dem Schlagwort «Ein Recht, eine Armee!». Sie stiess jedoch nicht nur auf den erwarteten Widerstand der Katholisch-Konservativen, son-

Gedenkblatt auf die Annahme der revidierten Bundesverfassung von 1874

Die Schweiz von 1848 bis zur Gegenwart

dern auch auf jenen der föderalistisch gesinnten französischen Schweiz und wurde 1872 vom Volk knapp verworfen. Daraufhin nahm die Parlamentsmehrheit einige als zu zentralistisch empfundene Bestimmungen zurück, steigerte dafür die kulturkämpferischen Bestimmungen noch, sodass sich der zuvor entzweite Freisinn im Kampf gegen die katholisch-konservativen Gegner – «eingefleischte Feinde des Vaterlandes» nach Alfred Escher – wieder zusammenfand und im zweiten Anlauf für die noch heute gültige Bundesverfassung von 1874 eine klare Mehrheit fand.

Die neue Bundesverfassung wies dem Bund die Verantwortung für die militärische Ausbildung und Bewaffnung zu. Sie stärkte die Stellung des Bundesgerichts, ermöglichte die Rechtsvereinheitlichung und die Gesetzgebung im Bereich des Arbeiterschutzes. Die gegen die katholische Kirche gerichteten «Ausnahmeartikel» wurden verstärkt: Neben das bereits seit 1848 bestehende Jesuitenverbot – das nun auf andere Orden ausgedehnt werden konnte – traten das Verbot, neue Klöster zu errichten, sowie die Bestimmung, dass neue Bistümer nur mit der Zustimmung des Bundes gegründet werden durften. Zivilstandsangelegenheiten wurden zur ausschliesslichen Staatssache. Am nachhaltigsten auf die Zukunft wirkte sich die Einführung des fakultativen Referendums aus: 30 000 Stimmbürger – damals etwa fünf Prozent der Stimmberechtigten – oder 8 Kantone konnten eine Volksabstimmung über ein Gesetz oder einen Bundesbeschluss, den der National- und der Ständerat gefällt hatten, verlangen.

In der politischen Praxis erwies sich das fakultative Referendum nicht als Motor, sondern als Bremse. Psychologisch wurde es zu einem Mittel des «kleinen Mannes», den «Herren in Bern» – Bundesrat, National- und Ständerat – zu zeigen, dass er keineswegs alles schlucke, was diese ihm vorsetzten. Politisch erwies es sich als Waffe der parlamentarischen Minderheiten. Zwischen 1874 und 1891 konnte die radikal-demokratische Parlamentsmehrheit ihre durch ein Referendum angefochtenen Vorlagen nur sechsmal beim Volk durchbringen, während dreizehnmal die Gegner – meist eine Allianz verschiedenster konservativ-föderalistischer Gruppen – triumphierten. Dabei ging es um ganz unterschiedliche und teilweise banale Sachfragen; so scheiterten ein Epidemie- und ein Banknotengesetz ebenso wie die Schaffung eines – als «Schulvogt» verteufelten – eidgenössischen Sekretariates für Primarschulfragen und die Einrichtung einer Gesandtschaft in Washington, welche die gewaltige Summe von 10 000 Franken gekostet hätte. Am schlechtesten erging es freilich einem Pensionsgesetz für die Bundesbeamten, das nur ein Fünftel der Stimmenden befürwortete.

Aus diesen für die Parlamentsmehrheit negativen Erfahrungen ergaben sich zwei Konsequenzen. Mit der Einführung der Volksinitiative für eine Teilrevision der Bundesverfassung (1891), die 50 000 Unterschriften benötigte, wurde «dem Volk» die Möglichkeit gegeben, nicht nur verhindernd, sondern auch anregend in das politische Geschehen einzugreifen. Auch hier waren die Ergebnisse eher ernüchternd. Die erste Volksinitiative richtete sich gegen das jüdische Schlachtritual, das «Schächten», und damit gegen eine kleine Minderheit (vgl. S. 135). Sie war – im Unterschied zu den meisten späteren Initiativen – erfolgreich. In der Folge wurde das Initiativrecht vor allem zu einer Waffe der politischen Linken und ausserparlamentarischer Gruppen. Direkte Erfolge waren eher selten; immerhin provozierten die Initiativen oft «gemässigtere» parlamentarische Gegenvorschläge oder lösten eine politische Diskussion aus, die indirekt in einen Gesetzgebungsprozess überleitete.

Die zweite Konsequenz bestand in der Annäherung des Freisinns an den traditionellen «Erbfeind», die Katholisch-Konservativen. Es war offenkundig geworden, dass man in einer Referendumsdemokratie eine so starke Kraft wie den politischen Katholizismus nicht ausklammern konnte, auch wenn dies im Parlament selbst numerisch durchaus möglich war. Die Annäherung schien aber auch geboten, weil sich mit der Sozialdemokratie ein als noch gefährlicher empfundener Feind ankündigte (vgl. S. 295 ff.). Sie schien auch vertretbar, weil die Katholisch-Konservativen die Existenz des Bundesstaates nicht mehr in Frage stellten und der Kulturkampf mittlerweile abgeflaut war. Mit der Wahl des konservativen Luzerners Josef Zemp in den Bundesrat (1891) wurde der erste Schritt zur «Konkordanzdemokratie» getan, die mit der Schaffung der «Zauberformel» 1959 (vgl. S. 356 f.) ihren – zumindest vorläufigen – Abschluss finden sollte. Es wurde immer deutlicher, dass in der halbdirekten Demokratie der Schweiz grosse referendumsfähige Gruppen in die Regierungspolitik einbezogen werden müssen, um ein Scheitern umfangreicher gesetzgeberischer Vorhaben in der Volksabstimmung zu verhindern.

Die Politisierung der Arbeiterschaft

Die besonderen sozialen Probleme, welche die Industrialisierung aufwarf, wurden in der Schweiz schon in der Jahrhundertmitte bemerkt und führten zu einer lebhaften Diskussion. Engagierte Einzelgänger wie etwa der Zürcher Karl Bürkli entwarfen alternative Modelle zur liberalen Wirtschaftsordnung, wobei sie sich von staats- wie auch genossenschaftssozialistischen Ideen beeinflussen liessen. Mit dem Wort «Sozialismus» war man rasch bei der Hand; man verstand darunter

Josef Zemp (1834 bis 1908) war der erste Vertreter der Konservativen im Bundesrat. Er stammte aus dem Entlebuch (Luzern), wurde 1872 Nationalrat und Ende 1891 in den Bundesrat gewählt, dem er bis kurz vor seinem Tod angehörte. Seine Wahl war ein Symbol für die Annäherung zwischen Freisinnigen und Konservativen.

einfach einen Weg, der zur Lösung des Armutsproblems führte. Neben den sich allmählich formierenden, nach Berufsbranchen organisierten Gewerkschaften (vgl. S. 289) entstanden zahlreiche «Arbeitervereine», die in irgendeiner Weise Fabrikarbeiter, aber auch Handwerksgesellen zur Verbesserung ihrer Lage inspirieren wollten.

Wesensmerkmal all dieser Organisationen war, dass sie den schweizerischen Bundesstaat und dessen 1848 geschaffene Struktur nicht in Frage stellten. Sie verstanden sich auch nicht als ausschliesslich politische Vereinigungen, sondern strebten gleichzeitig Bildung, Selbsthilfe, Geselligkeit und Sozialreform an. Die meisten waren nur in lokalem Rahmen tätig. Gesamtschweizerische Bedeutung erlangte der 1838 gegründete «Grütlibund» (nach dem «Rütli», dem angeblichen Ort der Bundesgründung 1291, genannt), dessen Motto «Durch Bildung zur Freiheit» lautete. Seine Anhängerschaft bestand zunächst vor allem aus Handwerkern, während später die Industriearbeiterschaft zunahm. Er verstand sich jedoch nie als Organisation im Dienste einer bestimmten Klasse, sondern als Gesinnungsgemeinschaft im Dienst der Gesamtheit. In den Achtzigerjahren brachte er es auf über 16 000 Mitglieder, um die Jahrhundertwende waren es noch etwas über 10 000.

Von der Bildung einer besonderen Arbeiterpartei im modernen Sinn konnte noch nicht die Rede sein. Parteien waren in der Schweiz der Fünfziger- und Sechzigerjahre noch nicht üblich. Eine solche schien aus der Perspektive der Grütlianer und ähnlicher Organisationen auch nicht notwendig. Vielmehr sahen sie ihre politische Verankerung im Linksflügel des freisinnigen Lagers, bei den Radikalen und Demokraten, zu denen sie enge Beziehungen unterhielten. Die Bemühungen französischer und britischer Sozialisten, eine «Internationale Arbeiter-Assoziation» («Erste Internationale», 1864–1872) zu bilden, stiessen im Ganzen auf ein geringes Echo. Auch Versuche, einen Dachverband sämtlicher schweizerischer Arbeiterorganisationen unter Einschluss der Gewerkschaften zu bilden, hatten wenig Erfolg. Zwar entstand 1873 der «Schweizerische Arbeiterbund» mit 125 Sektionen – darunter als grösster der Grütliverein –, doch litt er unter seiner heterogenen Zusammensetzung und löste sich sieben Jahre später wieder auf, nachdem er mit der Annahme des Fabrikgesetzes 1877 immerhin ein wichtiges Ziel erreicht hatte. Sein unmittelbarer Ersatz war der Schweizerische Gewerkschaftsbund, der aber nur Gewerkschaften zu Mitgliedern hatte. In den Achtzigerjahren reifte daher der Gedanke, parallel dazu eine eigene politische Partei zu gründen. 1888 genehmigte ein Kongress verschiedener Arbeitervereinigungen die Gründung der «Sozialdemokratischen Partei der Schweiz», deren Programm der Berner Jurist Albert Steck ausgearbeitet hatte. Etwa sechzig dieser Vereine schlossen sich der neuen Partei an, die nun den Weg zu einem mühsamen, aber erfolgreichen Aufstieg unter die Füsse nahm. Zur gleichen Zeit entwickelten sich die Bestrebungen zu klareren Strukturen und deutlicheren Abgrenzungen im Freisinn und bei den Katholisch-Konservativen (vgl. S. 291 f.).

Die Formierung der breit gefächerten Arbeiterbewegung zu einer politischen Partei hatte verschiedene Ursachen. Ein wichtiges Vorbild lieferten die deutschen Sozialdemokraten, die damals trotz der gegen sie gerichteten «Sozialistengesetze» dank ihrer straffen Organisation überlebten – unter anderem auch deshalb, weil sie von der wesentlich liberaleren Schweiz aus publizistisch agieren konnten. Durch die «Zweite Industrielle Revolution» (vgl. S. 281 f.) erfolgte die geografische Konzentration der Arbeiterschaft, was zu besonderen Problemen führte und die Bildung einer besonderen Partei begünstigte. Schliesslich litten gerade die Arbeiter unter den Auswirkungen der langwierigen Depression seit der Mitte der Siebziger-

Ein wichtiges Ziel der Gewerkschaften war der Abschluss von Gesamtarbeitsverträgen, weil sich dadurch die Position des einzelnen Arbeitnehmers verbesserte.

Die Schweiz von 1848 bis zur Gegenwart

Die Schweiz der zwei Lager: Bürgertum und Arbeiterschaft

Hatten die ersten vierzig Jahre des Bundesstaates im Zeichen des freisinnig-konservativen Gegensatzes gestanden, so standen zumindest die nächsten fünfzig im Zeichen der Kluft zwischen «Bürgertum» und Arbeiterschaft. Dass es dazu kam, lag nicht an den zunächst bescheidenen Mitgliederzahlen und bescheidenen Wahlerfolgen der Sozialdemokratischen Partei. Es lag auch nicht an ihrem ersten, mehr sozialreformerischen als revolutionären Parteiprogramm, das zwar die Verstaatlichung einzelner Wirtschaftszweige vorsah, diese aber nur auf gesetzlichem Weg erreichen wollte. Entscheidend war vielmehr die sich abzeichnende Radikalisierung und Internationalisierung der Arbeiterbewegung. Sozialdemokratische Partei und Schweizerischer Gewerkschaftsbund empfanden sich als Glieder einer internationalen Bewegung. Seit 1890 feierten sie den 1. Mai als Kampftag der Arbeiterschaft, seit 1891 unter einer roten Fahne – ohne Schweizerkreuz! Die anziehende Konjunktur lockte vor allem deutsche und italienische Arbeitskräfte in die Schweiz, die aus ihrem Heimatland an härtere Bandagen in den sozialen Kämpfen gewohnt waren; von den Mitgliedern des Schweizerischen Gewerkschaftsbundes waren zeitweise die Hälfte Ausländer; auch die Sozialdemokratische Partei nahm solche auf. Die Zahl der Streiks nahm deutlich zu.

Aus der Sicht des Freisinns wie auch der Katholisch-Konservativen stellten die Sozialdemokraten das höchste Gut, nämlich den 1848 geschaffenen schweizerischen Nationalstaat, in Frage; die Interessen einer sozialen Klasse galten für sie mehr als das Interesse der Nation. Zum gemeinsamen Nenner aller Gegner der Sozialdemokraten wurde das Bekenntnis zum Vaterland. Auf die Einführung des 1. Mai antwortete man mit der glanzvollen Feier der sechshundertjährigen Existenz der Eidgenossenschaft, deren Gründungsdatum nun auf den 1. August 1291 gelegt wurde (vgl. S. 139). Das Datum bürgerte sich wenige Jahre später als jährlich begangener Nationalfeiertag ein. Das Rütli, Tell und Winkelried rangierten nun im bürgerlichen Geschichtsbild deutlich vor den liberalen Bundesstaatsgründern, galt es doch, auch die konservativen Innerschweizer, deren Bekenntnis zum Nationalstaat ja noch eher neueren Datums war, bei der Stange zu halten. Gefährdet schienen über das Vaterland hinaus spezifisch liberale Grundwerte wie das Privateigentum, aber auch spezifisch konservative wie die Religion, die ja nach Karl Marx Opium fürs Volk war. Die Gründung der Freisinnig-Demokratischen Partei der Schweiz (1894; vgl. S. 291) bedeutete denn auch eine bewusste Abgrenzung gegen die politische Linke. In eine schwierige Lage gerieten die sozialpolitisch engagierten Gruppen ausserhalb der Sozialdemokratie, etwa der linke Flügel des Freisinns und der Grütliverein. Der letztere bekannte sich nun auch zum «Sozialismus» und vereinigte sich 1901 mit der Sozialdemokratischen Partei. Nachdem 1890 erstmals ein Sozialdemokrat in den Nationalrat gewählt worden war, entstand 1896 aus Grütlianern, Sozialdemokraten und einigen Linksfreisinnigen die «sozialpolitisch-demokratische Fraktion», die zwischen 7 und 11 Ratsmitglieder (von 147 bzw. 167) zählte.

Das Parteiprogramm der Sozialdemokraten von 1904 verschärfte die Distanz zum «Bürgertum». Man stellte sich nun auf den Boden des Marxismus, bezeichnete sich als Klassenpartei und proklamierte den Klassenkampf, an dessen Ende die Diktatur des Proletariats und die Enteignung der Besitzenden stehen sollte. Allerdings wollte man dieses Ziel auf demokratischem Weg, über Wahlsiege und erfolgreiche Volksinitiativen, erreichen. Die Proklamation des Klassenkampfes hatte eine innere und eine äussere Wirkung. Nach innen diente es der Sammlung und Integration der Arbeiterschaft in die Sozialdemokratische Partei, in die parallel marschierenden Gewerkschaften und in die nun wie Pilze aus dem Boden schiessenden kulturellen und sportlichen Arbeitervereinigungen. Nach aussen war es eine Kampfansage, die das «Bürgertum» ernst nehmen musste, zumal sich die Sozialdemokratie regen Wachstums erfreute. 1913 zählte sie 31 000 Mitglieder, 1911 kam sie bei den Nationalratswahlen auf 17 Sitze und konnte es sich nun leisten, eine eigene Fraktion zu bilden, worauf die «sozialpolitisch-demokratische Fraktion» in der Bedeutungslosigkeit versank. Die Schweiz zerfiel gesellschaftlich weitgehend in zwei Lager mit eigenen Wohnquartieren, eigenen Einkaufsgewohnheiten – die einen in der Konsumgenossenschaft, die andern beim Detaillisten –, eigenen Zeitungen und eigenen Freizeitbeschäftigungen. Nichts schien den klassenbewussten Proletarier mehr mit dem vaterlands- und eigentumsliebenden «Bürger» zu verbinden.

Als wichtigste Konfliktpunkte zwischen Arbeiterschaft und Bürgertum erwiesen sich die Streiks und die Frage des Wahlrechts. Das beginnende 20. Jahrhundert war an sich eine Zeit wirtschaftlichen Wachstums, doch die Unternehmer waren nicht ohne weiteres bereit, die Löhne dementsprechend zu erhöhen oder die Arbeitszeit zu senken. Vor allem aber war das Wachstum je nach Branche unterschiedlich. Zu Arbeitskonflikten kam es weniger in den ausgesprochen dynamischen

Postkarte zum Schweizerischen Arbeiter-Sängertag in Arbon 1902. Sie zeigt die Diskrepanz zwischen sozialistischer Ideologie und der Realität des Vereinslebens, das von der schweizerischen Tradition viel stärker geprägt war, als es sowohl die sozialistischen Theoretiker wie auch das Bürgertum wahrhaben wollten.

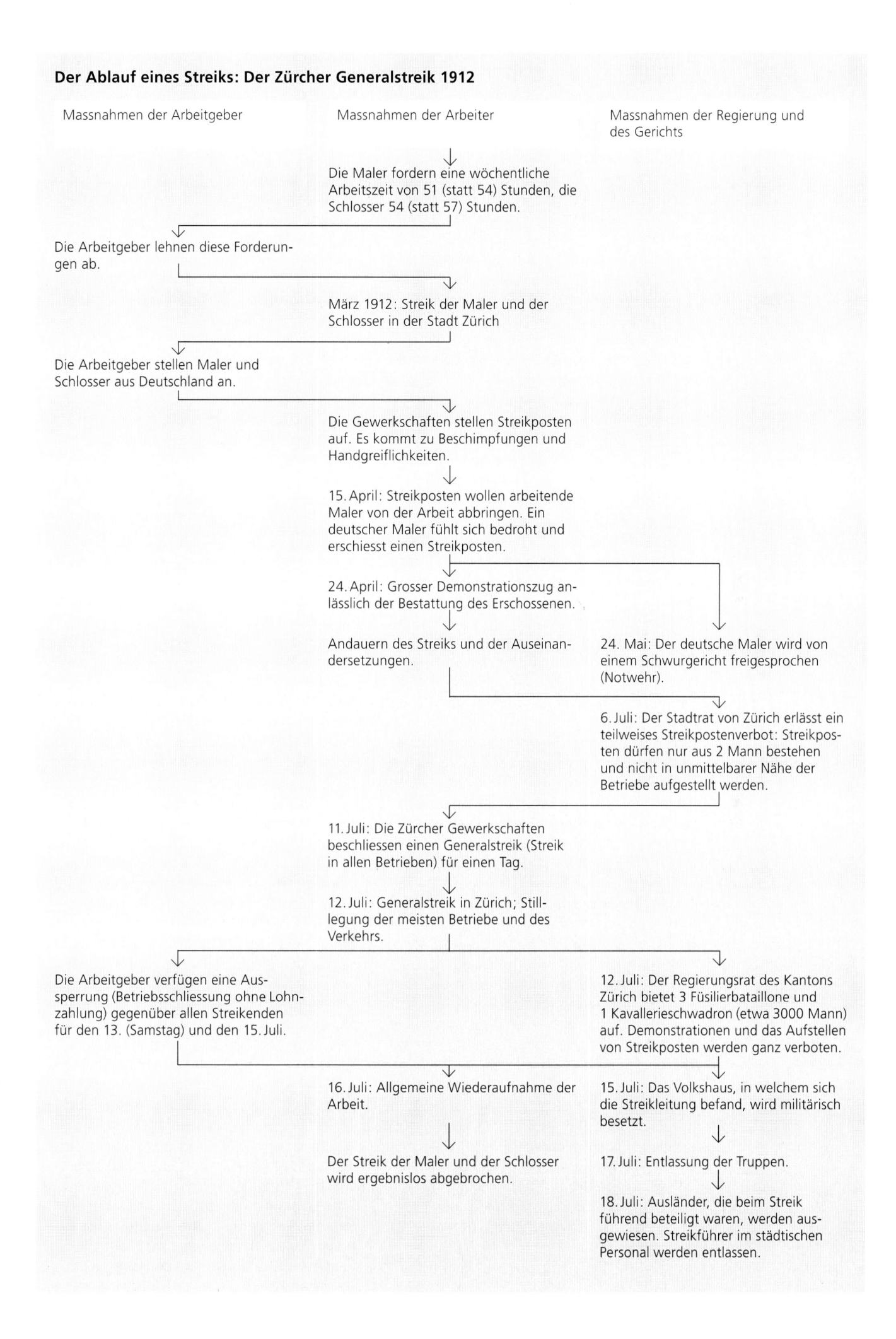

Der Ablauf eines Streiks: Der Zürcher Generalstreik 1912

Massnahmen der Arbeitgeber	Massnahmen der Arbeiter	Massnahmen der Regierung und des Gerichts
	Die Maler fordern eine wöchentliche Arbeitszeit von 51 (statt 54) Stunden, die Schlosser 54 (statt 57) Stunden.	
Die Arbeitgeber lehnen diese Forderungen ab.		
	März 1912: Streik der Maler und der Schlosser in der Stadt Zürich	
Die Arbeitgeber stellen Maler und Schlosser aus Deutschland an.		
	Die Gewerkschaften stellen Streikposten auf. Es kommt zu Beschimpfungen und Handgreiflichkeiten.	
	15. April: Streikposten wollen arbeitende Maler von der Arbeit abbringen. Ein deutscher Maler fühlt sich bedroht und erschiesst einen Streikposten.	
	24. April: Grosser Demonstrationszug anlässlich der Bestattung des Erschossenen.	
	Andauern des Streiks und der Auseinandersetzungen.	24. Mai: Der deutsche Maler wird von einem Schwurgericht freigesprochen (Notwehr).
		6. Juli: Der Stadtrat von Zürich erlässt ein teilweises Streikpostenverbot: Streikposten dürfen nur aus 2 Mann bestehen und nicht in unmittelbarer Nähe der Betriebe aufgestellt werden.
	11. Juli: Die Zürcher Gewerkschaften beschliessen einen Generalstreik (Streik in allen Betrieben) für einen Tag.	
	12. Juli: Generalstreik in Zürich; Stilllegung der meisten Betriebe und des Verkehrs.	
Die Arbeitgeber verfügen eine Aussperrung (Betriebsschliessung ohne Lohnzahlung) gegenüber allen Streikenden für den 13. (Samstag) und den 15. Juli.		12. Juli: Der Regierungsrat des Kantons Zürich bietet 3 Füsilierbataillone und 1 Kavallerieschwadron (etwa 3000 Mann) auf. Demonstrationen und das Aufstellen von Streikposten werden ganz verboten.
	16. Juli: Allgemeine Wiederaufnahme der Arbeit.	15. Juli: Das Volkshaus, in welchem sich die Streikleitung befand, wird militärisch besetzt.
	Der Streik der Maler und der Schlosser wird ergebnislos abgebrochen.	17. Juli: Entlassung der Truppen.
		18. Juli: Ausländer, die beim Streik führend beteiligt waren, werden ausgewiesen. Streikführer im städtischen Personal werden entlassen.

Die Schweiz von 1848 bis zur Gegenwart

Bereichen wie der Maschinenindustrie, sondern eher im kleingewerblich-handwerklichen Bereich. Die Ziele der Streikenden waren höhere Löhne und kürzere Arbeitszeiten; politische Veränderungen wurden damit nicht angestrebt. Das wichtigste Mittel gegen die Streikenden war für die Arbeitgeber der Einsatz von Streikbrechern, die mitunter sogar aus dem Ausland herangeführt wurden. Die Gewerkschaften reagierten darauf mit dem Aufstellen von Streikposten, was oft zu Gewaltakten führte, und – als letzte Möglichkeit – mit dem Generalstreik, das heisst der Arbeitsniederlegung aller Gewerkschafter innerhalb einer Region als Zeichen der Solidarität. Der Staat antwortete darauf, wenn die Polizei nicht ausreichte, mit dem Einsatz von Truppen. Die militärische Wiederherstellung von Ruhe und Ordnung wirkte sich in doppeltem Sinn jeweils zu Ungunsten der Streikenden aus: Ihre Demonstrationen wurden auseinander getrieben, wobei es oft Verletzte gab, der Streik verlor seine Dynamik und musste abgebrochen werden. Der Eindruck, die Armee sei nicht das Instrument des Volkes, sondern des Klassenfeindes, wurde dadurch natürlich verstärkt. Das **Majorz**wahlrecht benachteiligte die Sozialdemokraten, die sich in den meisten Wahlkreisen einer übermächtigen Koalition der bürgerlichen Parteien gegenüber sahen. Sie forderten daher mit mehreren Initiativen den Übergang zum **Proporz**wahlrecht, doch wurden diese allesamt abgelehnt, wenn auch immer knapper.

Allerdings waren die sich gegenüberstehenden Lager in Wahrheit nicht so homogen, wie es die Pressepolemiken vermuten liessen. Die Anhängerschaft des Freisinns umfasste nach wie vor eine sehr breite Palette – von den Bauern über die Unternehmer und den selbstständigen Mittelstand bis zu den Angestellten und Beamten. Dem politischen Katholizismus gehörten, geeint durch das Taufbuch, Bauern, Mittelständler und Arbeiter an. Auf der anderen Seite erwiesen sich die Sozialdemokraten, die nun in immer mehr kantonalen und kommunalen Parlamenten, Exekutiven und Gerichten auftauchten, meist keineswegs als anarchische Revoluzzer, sondern als Pragmatiker und fähige Verwalter, die etwa in den Bereichen des Wohnungsbaus, der öffentlichen Hygiene oder der Fürsorge viel leisteten. Im Unterschied zum Bund gingen einzelne Kantone und Stadtgemeinden bei der Wahl ihrer Parlamente zunehmend zum **Proporz**wahlrecht über, womit auf dieser Ebene ein wichtiges sozialdemokratisches Postulat erfüllt wurde. Die Frage war, ob sich in den beiden Lagern die Kräfte des Ausgleichs oder der Konfrontation durchsetzen würden.

Aussenpolitik: Kurs auf Neutralität

Die Grenzen werden abgesteckt

Bereits im Bundesvertrag von 1815 war festgelegt worden, dass die Armee der Behauptung der Unabhängigkeit und Neutralität zu dienen habe. Die Verfassungen von 1848 und 1874 übertrugen dem Bundesrat die Aufgabe, Massnahmen zur Erreichung dieser Ziele zu treffen, wobei die Letztere dazu auch «Kriegserklärungen und Friedensschlüsse» zählte. Die Schweiz hatte sich also eigener Eingriffe in militärische Auseinandersetzungen anderer Mächte zu enthalten, anderseits das eigene Territorium zu verteidigen. Damit war der Inhalt einer «Neutralitätspolitik» jedoch noch nicht vollumfänglich umschrieben. Diese musste vielmehr im Lauf der Zeit entwickelt und den jeweiligen Umständen angepasst werden.

Die Nichteinmischung in fremde Auseinandersetzungen war zunächst nicht völlig unbestritten. 1848/49 sympathisierten viele Tessiner mit den Mailändern, die sich gegen die österreichische Herrschaft erhoben hatten, und eilten ihnen zu Hilfe, während manche Radikale in der deutschen Schweiz den republikanischen Aufständischen in Baden Unterstützung gewährten. Nach dem Zusammenbruch dieser Revolutionsversuche gewährte die Schweiz vielen politischen Flüchtlingen Asyl. All das führte 1850 zu preussisch-österreichischen Interventionsplänen, die jedoch an der ablehnenden Haltung der Westmächte scheiterten. Auch in den folgenden Jahrzehnten führte die liberale Haltung gegenüber politischen Emigranten zu diplomatischen Auseinandersetzungen, etwa als in den Achtzigerjahren viele deutsche Sozialdemokraten als Folge der gegen sie gerichteten Gesetze im Deutschen Reich ihr Aktionsfeld in die Schweiz verlegten.

Die Verteidigung des eigenen Territoriums war nur dann möglich, wenn dieses eindeutig umschrieben war. Dies war in einem Fall nicht ganz klar, nämlich in jenem des Kantons Neuenburg. Dieser – seit 1815 Mitglied der Eidgenossenschaft – war ein Fürstentum; Fürsten aber waren seit 1707 die Könige von Preussen (Personalunion). Solange die Schweiz ein lockerer Staatenbund war, spielte dies keine Rolle, da der Bundesvertrag den Kantonen keinerlei Vorschriften über ihre Verfassung machte. Dies änderte sich durch die Verfassung von 1848, welche verlangte, dass die Kantone «nach republikanischen – repräsentativen oder demokratischen – Formen» regiert werden müssten. Auch das schien kein Problem, da kurz zuvor in Neuenburg die Republik ausgerufen und der Fürst abgesetzt worden war. Der im fernen Berlin weilende König von Preussen akzeptierte seine Absetzung indessen nicht. Zum Eklat kam es 1856, als die Neuenburger Monarchisten einen Putsch unternahmen, damit jedoch nach zwei Tagen scheiterten; etwa 500 von ihnen wurden gefangen genommen. Der König von Preussen forderte nun ultimativ die Freilassung seiner Anhänger und mobilisierte Truppen, ebenso die Schweiz. Die Suppe wurde indessen nicht so heiss gegessen, wie sie gekocht wurde. Frankreich und Grossbritannien grollten Preussen wegen dessen eher prorussischen Neutralität im soeben beendeten Krimkrieg und vermittelten. Schliesslich verzichtete der König von Preussen auf all seine Herrschaftsrechte in Neuenburg, während die Schweiz die gefangenen Monarchisten freiliess.

1860 schien sich gar die Möglichkeit einer Erweiterung des schweizerischen Territoriums zu bieten. Soeben hatte Sardinien-Piemont mit Hilfe Napoleons III. Österreich besiegt, musste diesem aber zum Dank dafür Savoyen und Nizza abtreten. Indessen war 1815/16 Nordsavoyen durch internationale Verträge militärisch neutralisiert und der Schweiz im Konfliktsfall ein Besetzungsrecht zugesprochen worden. Aus diesem glaubte der Bundesrat ein Mitbestimmungsrecht über das Schicksal des Gebiets südlich des Genfersees ableiten zu dürfen. Einige Politiker gingen noch weiter und forderten den Anschluss Nordsavoyens an die Schweiz, das immerhin einst bernisch-wallserisch gewesen war (vgl. S. 175 ff.) und in dem die Bevölkerung selbst Sympathien für eine solche Lösung zu bekunden schien. Ein konkretes Interesse hatte vor allem Genf, das die wirtschaftliche Abschnürung durch Frankreich befürchtete. Indessen hielt Napoleon III. die Schweiz diplomatisch hin, bis die Übergabe an Frankreich vollzogen war, gewährte dann immerhin Genf eine Erweiterung der Zollfreizone im französisch-savoyischen Hinterland. Der «Savoyerhandel» hatte zwar die öffentliche Meinung in der Schweiz erregt, auf ein militärisches Abenteuer gegen den bisherigen Protektor Frankreich wollte sich die grosse Mehrheit aber doch nicht einlassen. Man musste erkennen, dass nicht mehr wie 1848 reaktionäre Monarchen und revolutionäre Freiheitskämpfer das politisch-militärische Geschehen in Europa bestimmten, sondern die kühlen Machtpolitiker in den Kabinetten der Grossmächte. Dem hatte man sich durch eine Politik des Stillhaltens und der guten Beziehungen auf alle Seiten anzupassen.

«Helvetia mediatrix» – die vermittelnde Schweiz

Neutralität brauchte sich indessen nicht auf passives Abseitsstehen zu beschränken. Sie bot auch die Möglichkeit, in einem durch mannigfache Spannungen geprägten Europa den Mächten eine Plattform zur Zusammenarbeit und zur Erhaltung des Friedens anzubieten. Die Schweiz als «Helvetia mediatrix» leistete damit sowohl den Grossmächten wie auch sich selbst einen Dienst; je höher die Nützlichkeit der schweizerischen Neutralität eingeschätzt wurde, desto grösser waren die Chancen, dass diese auch bei einem militärischen Konflikt respektiert würde.

Die Idee einer in diesem Sinne aktiven Neutralitätspolitik reifte allmählich. Als 1859 Frankreich, Österreich und Sardinien-Piemont Zürich als Ort ihrer Friedensverhandlungen wählten, geschah dies ohne schweizerisches Dazutun. Im gleichen Krieg, der in Zürich beendet wurde, hatte der Genfer Henry Dunant die Schlacht bei Solferino erlebt. 1862 erschien seine Schrift «Un souvenir à Solferino», in welcher er die Lage der Verwundeten sehr genau schilderte, aber auch konkrete Vorstellungen über die Gründung von vorbereiteten Hilfsgesellschaften mit freiwilligem Sanitätspersonal entwickelte, dessen Einsatz durch ein völkerrechtliches Abkommen zu sichern war.

Dunants Schrift bewirkte, dass die Genfer Gemeinnützige Gesellschaft 1863 ein «Comité international de secours aux militaires blessés» bildete. Dieses Komitee lud zu einer internationalen Konferenz nach Genf ein, die Ende Oktober 1863 stattfand. Die Beschlüsse dieser *Genfer Konferenz* wurden zur Grundlage der Internationalen Bewegung des Roten Kreuzes. In jedem Land wurden durch private Komitees nationale Hilfsgesellschaften gebildet, die Sanitäter ausbildeten. Im Kriegsfall hatten die Hilfs-

«Schweizer zum Kampf», Lithographie von J. L. Lugardon aus Anlass des Konflikts zwischen der Schweiz und Preussen 1856/57. Das Vorbild von Eugène Delacroix' «La liberté amène le peuple» ist unverkennbar.

Die Schweiz von 1848 bis zur Gegenwart

gesellschaften der neutralen Staaten jene der kriegführenden Staaten zu unterstützen. Die Konferenz ersuchte ferner die Regierungen der europäischen Staaten, in Kriegszeiten sowohl die freiwilligen Helfer wie auch die offizielle Militärsanität, die Spitäler und die Verwundeten grundsätzlich zu neutralisieren und nicht anzugreifen.

Dieses Ziel war nur über ein völkerrechtliches Abkommen der Staaten zu erreichen. Am 8. August 1864 trat in Genf die von 16 Staaten beschickte – 15 europäischen und der USA – «Conférence internationale pour la Neutralisation du Service de Santé militaire en campagne» zusammen. Die offizielle Einberufung erfolgte durch den schweizerischen Bundesrat, die massgebenden Vorarbeiten nahm das Genfer «Comité» vor. Die Konferenz beschloss die *1. Genfer Konvention:* Nach dieser waren Sanitäter aller Art, Ambulanzfahrzeuge, Militärspitäler im Kriegsfall neutralisiert, wofür sie mit einem roten Kreuz auf weissem Grund zu kennzeichnen waren. Das Sanitätspersonal konnte auch nach einer feindlichen Besetzung seine Funktion weiter ausüben. Verwundete und kranke Soldaten mussten ohne Unterschied der Nationalität gepflegt werden. Die meisten übrigen Staaten traten der 1. Genfer Konvention ebenfalls bei. Das «Comité» selbst bestand weiter und bemühte sich in der Folge vor allem um die Förderung und Koordination der Hilfsgesellschaften; seit 1875 nannte es sich «Internationales Komitee vom Roten Kreuz» (IKRK).

1929 und 1948 wurde das humanitäre Kriegsvölkerrecht in zwei weiteren Genfer Abkommen wesentlich erweitert. 1929 erhielten die «Schutzmächte», welche als Neutrale die Interessen einer Kriegspartei im Gebiet der andern wahrnehmen, das Recht, die Kriegsgefangenen des von ihnen vertretenen Staates zu besuchen und festzustellen, ob die Vorschriften über die Behandlung der Kriegsgefangenen – die in den Haager Konferenzen von 1899 und 1907 festgehalten worden waren – befolgt würden. Diese Aufgabe wurde von den Schutzmächten, etwa der Schweiz, in der Folge sehr häufig den IKRK-Delegierten übertragen. Auch wurde eine Zentralauskunftsstelle für Kriegsgefangene durch das IKRK eingerichtet. 1949 wurde das Recht des IKRK, durch Delegierte die Kriegsgefangenenlager zu inspizieren, direkt festgehalten; das IKRK musste also nicht mehr im Namen einer Schutzmacht auftreten. Das IKRK hat seither sowohl der zuständigen Regierung wie dem Heimatstaat der Kriegsgefangenen vertraulichen Bericht zu erstatten, ob die Genfer Abkommen eingehalten werden. Es erhielt auch das Recht, Lager mit Zivilinternierten zu inspizieren. Damit wurde das IKRK, obwohl rechtlich nach wie vor ein ausschliesslich aus Schweizern bestehender privater Verein, zu einer völkerrechtlich anerkannten internationalen Institution.

Eine direkte humanitäre Aktion grösseren Ausmasses unternahm die Schweiz gegen das Ende des deutsch-französischen Krieges von 1870/71. Die völlig erschöpfte und von deutschen Kräften eingekesselte französische «Ostarmee» des Generals Bourbaki ersuchte an der Neuenburger Grenze mit Erfolg um Internierung in der Schweiz. Am 1. Februar 1871 überschritten 87 000 ausgehungerte, halb erfrorene Soldaten die Schweizer Grenze, wobei sie ihre Waffen abgeben mussten und auf die schweizerischen Kantone verteilt wurden. Eine Welle der Hilfsbereitschaft aus der Bevölkerung schlug ihnen entgegen. Nach dem deutsch-französischen Friedensschluss kehrten die Internierten bis zum 24. März in ihre Heimat zurück.

Durch den Abschluss der 1. Genfer Konvention, die Internierung der Bourbaki-Armee und die Vertretung mehrerer deutscher Staaten als Schutzmacht in Paris während des Krieges hatte die Schweiz an internationalem Ansehen gewonnen. Bern wurde nun zum Sitz mehrerer internationaler Institutionen: der Internationalen Telegrafenunion (1869), des Weltpostvereins (1874), des Patentamtes (1883), der Union zum Schutz der literarischen und künstlerischen Werke (1886) und des Zentralamtes des internationalen Eisenbahntransports (1890). Allein in den Jahren von 1890 bis 1903 beteiligte sich die Schweiz an vierzehn internationalen Schiedsverfahren; die Zahl der in der Schweiz abgehaltenen internationalen Konferenzen nahm zu.

Zu Beginn des 20. Jahrhunderts zeichneten sich unter den europäischen Grossmächten immer deutlicher zwei Blöcke ab (vgl. S. 276). Die Kriegsgefahr, namentlich auch zwischen Frankreich und dem Deutschen Reich, nahm zu. Um nicht in einen allfälligen Krieg einbezo-

Henry Dunant (1828–1910) um 1863

Einladung zur Zusammenkunft der Mitglieder der Genfer Gemeinnützigen Gesellschaft vom 9. Februar 1863 mit einem Referat Henry Dunants

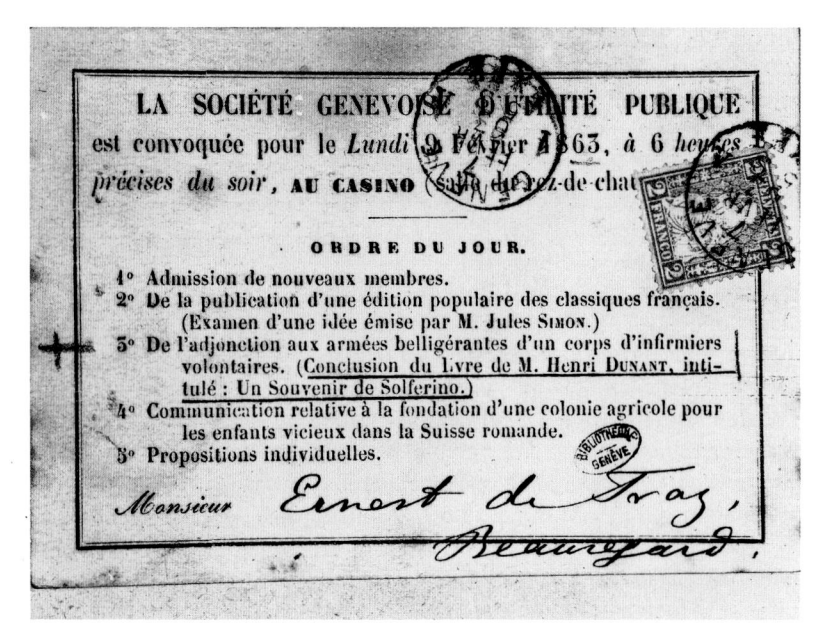

gen zu werden, betonte die Schweiz einerseits ihre Neutralität, andererseits aber auch ihre Fähigkeit und Bereitschaft, ihr Territorium selbst zu verteidigen, um nicht auf der einen oder andern Seite vorsorgliche Besetzungsgelüste zu erregen. Diesem Zweck dienten eine neue Militärorganisation (1907) und eine darauf beruhende Heeresreform (1911), aber auch etwa die grossen Manöver von 1912, zu denen Kaiser Wilhelm II. als Gast erschien. Der kaiserliche Besuch löste in der Deutschschweiz Begeisterungsstürme aus, nicht dagegen in der Westschweiz. Damit zeichnete sich bereits der «Graben zwischen Deutsch und Welsch» ab, der sich während des Ersten Weltkriegs vertiefen sollte.

Die Schweiz während des Ersten Weltkrieges (1914–1918)

Der militärische Verlauf

Am 31. Juli 1914, einen Tag vor der deutschen Kriegserklärung an Russland, mobilisierte der Bundesrat die Armee. Am 3. August wählte die Bundesversammlung den bisherigen Korpskommandanten Ulrich Wille zum General und erteilte dem Bundesrat ausserordentliche Vollmachten, alle Massnahmen zu treffen, «die für die Behauptung der Sicherheit, Integrität und Neutralität der Schweiz und zur Wahrung des Kredits und der wirtschaftlichen Interessen des Landes erforderlich werden». Aus der Ratslinken wurde der Zusatz «insbesonders auch zur Sicherung des Lebensunterhaltes» vorgeschlagen und aufgenommen. Der Schwerpunkt der Macht lag nun während des Krieges bei der Exekutive.

Das Gebiet der Schweiz stiess an zwei Punkten unmittelbar an die Fronten der Kriegsparteien: an der Grenze des heutigen Kantons Jura bei Pruntrut an die deutsch-französische Front und – ab 1915 – beim Stilfserjoch im Südosten Graubündens an die italienisch-österreichische Front. Die schweizerische Armee hatte den Auftrag, Durchbruchsversuche der einen oder andern Kriegspartei über schweizerisches Gebiet in die Flanke des Gegners zu verhindern. Tatsächlich wurden solche Versuche nicht unternommen; es kam auch zu keinen nennenswerten Grenzverletzungen. Der Gesamtbestand der aufgebotenen Truppen betrug zunächst 220 000 Mann, konnte dann aber während der über vierjährigen Kriegsdauer auf etwa 50 000 reduziert werden. Neben dem Grenzschutz kamen einzelne Truppeneinheiten immer wieder bei der Aufrechterhaltung von Ruhe und Ordnung im Innern zum Einsatz (vgl. S. 304 ff.).

Die von niemandem vorhergesehene lange Kriegsdauer führte in der Armee zu Unzufriedenheit, jedoch nicht zu Ungehorsam. Die gesellschaftliche Kluft zwischen Offizieren und Soldaten, die Eintönigkeit des Dienstes mit dem täglichen Drill und die langen Dienstzeiten belasteten die Wehrmänner; im Durchschnitt kam ein Soldat auf 500 Diensttage. Die soziale Absicherung war völlig ungenügend. Die Soldaten erhielten einen Tagessold von zwei Franken, was den Kosten für drei Gläser Bier und ein Päckchen Zigaretten entsprach, aber keinerlei Entschädigung für den ausfallenden Lohn. Eine soziale Unterstützung erfolgte nur auf Antrag hin, was jedoch viele als entwürdigend empfanden. An der Stelle des abwesenden Gatten hatte nun die Frau das Geschäft oder den Bauernhof zu führen oder aber durch Lohnarbeit die Familie durchzubringen und oft zu sparen, wo es nur ging.

Der «Graben zwischen Deutsch und Welsch»

Die Neutralitätspolitik eines Staates verlangt vom einzelnen Bürger keine «neutrale Gesinnung»; dieser darf seine Sympathien der einen oder andern Kriegspartei zuwenden. Entwickeln sich allerdings in einzelnen Landesteilen unterschiedlich ausgerichtete Kollektivsympathien, so können der politische Kurs des Staa-

Spielkartenkarikatur auf den «Graben zwischen Deutsch und Welsch» im «Nebelspalter» 1915 mit traditionellen Klischeevorstellungen in Gegensatzpaaren

Die Schweiz von 1848 bis zur Gegenwart

tes und die innere Geschlossenheit der Bevölkerung in Frage gestellt werden. Dies war während des Ersten Weltkriegs der Fall. Die deutschsprachige Schweiz sympathisierte überwiegend mit den Mittelmächten, die französische und die italienische mit den Entente-Staaten (vgl. S. 276). Man übernahm die Kriegsschuldthesen und die propagandistischen Einseitigkeiten der nahestehenden Kriegspartei und vertrat sie in den Medien und in der öffentlichen Diskussion. Die Ursachen dafür waren primär die sprachlichen und kulturellen Affinitäten, aber auch persönliche Bindungen durch Verwandtschaften und Freundschaften oder frühere Studienaufenthalte. In der deutschsprachigen Schweiz spielte die grosse Zahl deutscher Staatsbürger, die hier lebten und etwa als Hochschullehrer einflussreiche Positionen einnahmen, eine wesentliche Rolle. Auf der französischen Seite zeigten sich Majorisierungs- und Germanisierungsängste gegenüber der deutschschweizerischen Mehrheit.

Der sich so öffnende «Graben» machte sich vor allem durch eine vehemente westschweizerische Kritik am Bundesrat und an der Armeeführung bemerkbar. Man bezichtigte die Landesregierung, ganz besonders aber General Wille, der Deutschfreundlichkeit. Tatsächlich hatte Wille enge verwandtschaftliche und persönliche Beziehungen zum Deutschen Reich. Verschärft wurde die Stimmung, als zwei Nachrichtenoffiziere 1916 der Zusammenarbeit mit den Mittelmächten beschuldigt, vor Gericht jedoch freigesprochen wurden («Oberstenaffäre»). Es gab in der Westschweiz deutschfeindliche Demonstrationen.

Zu einer gewissen Wende kam es in den Jahren 1916 und 1917. Ein Teil der Deutschschweizer, auch der deutschschweizerischen Presse, ging gegenüber den Mittelmächten auf Distanz, wobei die Entwicklung der Kriegslage möglicherweise mitspielte. Im Bundesrat fand die entscheidende Schwenkung im Juni 1917 im Zusammenhang mit der «Hoffmann-Grimm-Affäre» statt. Der zu Deutschland neigende Bundesrat Arthur Hoffmann, Vorsteher des aussenpolitischen Departementes, erhielt im Mai vom in St. Petersburg weilenden sozialdemokratischen Nationalrat Robert Grimm Informationen, dass Russland möglicherweise friedensbereit sei, sofern das Deutsche Reich nicht zu hohe Forderungen stellen sollte. Er antwortete nach Konsultation der deutschen Gesandtschaft, dass auch von deutscher Seite her die Aussichten auf einen Verständigungsfrieden günstig seien. Hoffmanns Telegramm fand den Weg in eine schwedische Zeitung und löste bei den Entente-Staaten energischen Protest aus. Seine Aktion wurde als Begünstigung eines deutsch-russischen Sonderfriedens, der die Stellung der Westmächte verschlechtert hätte, und damit als Bruch der Neutralitätspolitik betrachtet. Zu allem hinzu hatte Hoffmann im Alleingang gehandelt und die andern Bundesräte nicht informiert. Unter diesen Umständen trat Hoffmann zurück. Sein Nachfolger wurde der frankophile Genfer Gustave Ador. Wenige Monate später wurde auch noch der als deutschfreundlich geltende Bundesrat Forrer zum Rücktritt genötigt. Im Bundesrat standen nun vier «Lateiner» – zwei Westschweizer, ein Tessiner, ein Rätoromane – drei Deutschschweizern gegenüber; von einer Majorisierung der Minderheiten konnte zumindest hier nicht mehr die Rede sein.

Der «Graben» zwischen «Deutschfreunden» und «Entente-Freunden» wurde während des letzten Kriegsjahres durch die zunehmenden sozialen Spannungen überdeckt, nach dem Krieg aber bei der Debatte über den Beitritt zum Völkerbund wieder manifest (vgl. S. 318 f.).

Die wirtschaftliche Entwicklung

Seit dem Kriegseintritt Italiens (1915) war die Schweiz völlig von kriegführenden Mächten umschlossen. Da sie ihre Rohstoffe und den Energieträger Kohle, aber auch über zwei Fünftel der Nahrungsmittel aus dem Ausland bezog, war sie darauf angewiesen, den Handel mit beiden Kriegsparteien aufrecht zu erhalten. Diese waren einerseits an kriegswichtigen schweizerischen Exportgütern durchaus interessiert, achteten aber argwöhnisch darauf, dass die von ihnen gelieferten Produkte nicht direkt oder indirekt – auf dem Wege der Verarbeitung – an ihren Kriegsgegner weitergeleitet wurden. Sowohl die Mittelmächte wie auch die Entente-Staaten verhängten daher über alle Lieferungen in die Schweiz eine strikte Kontrolle. Dabei hatten die letzteren den stärkeren Hebel in der Hand, da sie auch den Handel der Schweiz mit neutralen und überseeischen Staaten und damit etwa 80 Prozent des Aussenhandels kontrollierten. Der Preis der Neutralität war also die verlorene Wirtschaftsfreiheit.

Die Einfuhren der Schweiz wurden dadurch knapp und somit teuer. Eine nennenswerte kriegswirtschaftliche Vorbereitung, etwa eine Preiskontrolle und ein Rationierungssystem, bestand jedoch nicht, sodass die Teuerung ungehemmt auf die Konsumenten abgewälzt werden konnte. Erst 1917 wurden einzelne Lebensmittel rationiert, um die Nachfrage zu reduzieren, was den weiteren Preisauftrieb jedoch nicht verhinderte. Auch auf die Erhöhung der sozialen Sicherheit, etwa den Kündigungsschutz für Wehrmänner, wurde verzichtet.

Von der wirtschaftlichen Entwicklung profitierten all jene Unternehmer, welche kriegswichtige Produkte produzieren und exportieren konnten; in diesen Bereichen stiegen Umsätze

General Ulrich Wille (1848–1925). Seine Vorfahren hiessen ursprünglich Vuille und stammten aus La Sagne (Neuenburg), wanderten jedoch im 18. Jahrhundert nach Deutschland aus, wo sie auch den Familiennamen abänderten. Willes Vater kehrte 1851 als vermögender Kaufmann und Anhänger des 1848/49 unterlegenen Liberalismus in die Schweiz zurück. Wille wurde nach abgeschlossenem Studium der Rechtswissenschaft 1869 Instruktionsoffizier in der Schweizer Armee. 1904 wurde er Kommandant eines Armeekorps, 1914 General und damit Kommandant der Schweizer Armee.

und Gewinne enorm. Es gab Gesellschaften, die eine Aktionärsdividende von 25 Prozent bezahlten. Zu den Profiteuren gehörten auch die Bauern, deren Einkünfte sich dank der steigenden landwirtschaftlichen Preise real mehr als verdoppelten. Allerdings wurden gerade sie durch militärische Dienstleistungen sehr stark in Anspruch genommen. Der Tourismus brach völlig zusammen; auch das Gewerbe und der Binnenhandel litten unter der rückläufigen Nachfrage. Die Hauptbetroffenen waren jedoch die Unselbstständigerwerbenden mit mittleren oder niedrigen Löhnen. Während der Preisindex von 1914 bis 1918 von 100 auf 204 stieg, stieg der Lohnindex nur von 100 auf 162. Da das Angebot an neuen Stellen in der Exportwirtschaft durch den Verlust an bisherigen Arbeitsplätzen und durch die steigende Nachfrage – viele Frauen von Wehrdienstleistenden drängten auf den Arbeitsmarkt – kompensiert wurde, brauchten die Arbeitgeber die Löhne nicht der Teuerung anzupassen. Hinzu kam der Verlust an sozialer Sicherheit – das unmittelbar vor dem Krieg revidierte Fabrikgesetz wurde nicht in Kraft gesetzt, vielerorts musste massiv Überzeitarbeit ohne Lohnzuschlag geleistet werden. Einen Kündigungsschutz gab es nicht. Eine grosse Zahl von Familien geriet in existenzielle Not; im Sommer 1918 waren fast 700 000 Personen von nicht ganz vier Millionen Einwohnern auf die – geringe – öffentliche Hilfe angewiesen. Der schlechte Gesundheitszustand vieler dürfte dazu beigetragen haben, dass die in der zweiten Jahreshälfte 1918 grassierende «Spanische Grippe» über 21 000 Todesopfer forderte. Das soziale Gefälle, das schon vor Kriegsbeginn bestanden hatte, wurde durch die Entwicklung während des Krieges ganz wesentlich vergrössert.

**Das nationale Trauma:
Der Landesstreik von 1918**
Die Arbeiterbewegung im Krieg

Wie in den meisten andern Staaten führte der Kriegsausbruch 1914 zunächst unter den Parteien zu einem «Burgfrieden»: Man wollte in der Stunde der Gefahr die inneren Auseinandersetzungen zurückstellen. Alle Parteien, auch die Sozialdemokraten, befürworteten die Landesverteidigung. Diese Solidarität begann jedoch zu bröckeln, je mehr die soziale Notlage breiter Schichten zunahm. Diese führte der Arbeiterbewegung neue Anhänger zu. Der Schweizerische Gewerkschaftsbund wuchs während des Krieges von 65 000 auf 177 000 Mitglieder. Die Sozialdemokratie verzeichnete auf regionaler Ebene erhebliche Wahlerfolge. Im Kanton Zürich, wo man 1917 vom **Majorz**- zum **Proporz**wahlrecht überging, steigerte sie ihre Vertreterzahl in der kantonalen **Legislative** von 43 auf 82 Sitze (von 223). In der Stadtzürcher **Exekutive** waren von neun Stadträten bereits vier Sozialdemokraten.

Die innere Entwicklung der Arbeiterbewegung wurde durch die sozialpolitische Lage im Lande selbst, durch politische Ideen von deutschen und russischen, sozialistisch gesinnten Emigranten und durch die Vorbildwirkung der russischen Revolution 1917 beeinflusst. Trotz ihrer gewachsenen Anhängerschaft war der Einfluss der Sozialdemokratischen Partei und der Gewerkschaften, im Gegensatz etwa zu den Bauern, gering. Die wesentlichen Voll-

Else Züblin-Spiller (1881–1948) erkannte die Not vieler Wehrmänner während des Ersten Weltkrieges und organisierte das private Stiftungswerk «Wehrmannsfürsorge» sowie die «Soldatenstuben» als alkoholfreie Aufenthaltslokale. Gestützt auf ihre Erfahrungen baute sie nach dem Krieg den «Schweizerischen Volksdienst» auf, der eine grosse Zahl von Kantinen für die Arbeitnehmer in Fabriken und Büros aufbaute.

Verbilligte Kartoffelabgabe an die notleidende Bevölkerung in Zürich im Herbst 1917

Die Schweiz von 1848 bis zur Gegenwart

Die Konferenzen von Zimmerwald (1915) und Kiental (1916)

Die Schweiz war während des Ersten Weltkrieges Zufluchtsort vieler sozialistischer Revolutionäre, besonders aus Deutschland und Russland. Unter ihnen tauchte der Gedanke auf, eine internationale Konferenz sozialistischer Kriegsgegner zu organisieren. An der Konferenz von Zimmerwald (Kanton Bern) nahmen neben Emigranten wie Lenin und Trotzki auch schweizerische Sozialdemokraten des «Zentrums» und des linken Flügels teil; den Vorsitz führte Robert Grimm. Ziel der Konferenz war es, durch die Wiedererweckung des Klassenkampfes den Völkern zu zeigen, dass der wahre Feind nicht die Angehörigen der gegnerischen Nation, sondern die Kapitalisten aller Länder seien, und so die Beendigung des Krieges einzuleiten. In der Frage der Methoden, vor allem der Anwendung revolutionärer Gewalt, gab es jedoch unterschiedliche Auffassungen zwischen den «Radikalen» um Lenin und den «Zentristen» um Grimm. Daran änderte sich auch an der folgenden Konferenz im bernischen Kiental nichts. Von den Konferenzen ging ein gewisser Einfluss auf den linken Flügel der schweizerischen Arbeiterbewegung aus.

machten lagen beim Bundesrat, in dem die Sozialdemokraten nicht vertreten waren. Solange das **Majorz**wahlrecht bestand, waren auch die Aussichten, durch Wahlerfolge den Einfluss in der **Legislative** zu vergrössern, gering. Mehrere Initiativen, etwa eine neue für die Einführung des **Proporz**wahlrechtes, welche die Partei schon vor dem Krieg eingereicht hatte, wurden vom Bundesrat einfach aufs Eis gelegt und nicht zur Abstimmung gebracht. Spontane Unruhen in der Bevölkerung, die von der Armee niedergeworfen wurden, zeigten die wachsende Erbitterung über die Lage. Kommunistische Emigranten wie Lenin vertraten die Notwendigkeit der Machtübernahme durch die Arbeiterklasse auf revolutionärem Wege. Das Beispiel der russischen Revolution zeigte, dass dies möglich war.

Unter diesen Umständen kam es innerhalb der Sozialdemokratischen Partei wie auch der Gewerkschaften zu einer Flügelbildung. Ein «rechter», gemässigter Flügel trat weiterhin für den Weg über Wahlerfolge und Initiativen zur Macht ein. Bei aller Kritik am Einsatz der Armee im Einzelnen befürwortete er doch deren Existenz grundsätzlich. Er errang einen späten Erfolg, als im Oktober 1918 die Initiative über die Proporzwahl doch endlich zur Abstimmung kam, die diesmal ein deutliches Ja erbrachte. Ein «Zentrum», dessen Exponent Robert Grimm war, sah das wichtigste Mittel im möglichst umfassenden «politischen Massenstreik». Dieser sollte, im Unterschied zu den traditionellen Arbeitsniederlegungen, nicht nur zu sozialpolitischen Verbesserungen, sondern zu grundlegenden Umwälzungen, zum Zusammenbruch der kapitalistischen Wirtschaftsordnung und des Bürgertums führen. Ein «linker Flügel» schliesslich setzte sich in der Gefolgschaft Lenins für eine Machtübernahme durch den revolutionären Kampf ein. Seine wichtigsten Vertreter waren Fritz Platten und Ernst Nobs. Zentrum und Linke lehnten die Armee grundsätzlich ab. Während der Rechtsflügel wohl nach wie vor über die meisten Anhänger verfügte, traten das «Zentrum» und der Linksflügel agitatorisch und publizistisch weitaus mehr ins Rampenlicht. Sie dominierten vor allem in den Grossstädten Zürich und Basel.

Die Eskalation im Jahr 1918

Im Januar 1918 plante der Bundesrat eine «Zivildienstvorlage»: Zur Steigerung der Produktion sollte ihm das Recht eingeräumt werden, alle in der Schweiz wohnhaften Personen zwischen 14 und 60 Jahren zu einem Arbeitsdienst von vier Wochen aufbieten zu dürfen. Die Arbeiterorganisationen witterten dahinter eine «Militarisierung der Arbeiterklasse», Streikdrohungen wurden laut, worauf der Bundesrat Truppen aufbot. Zur Koordination der Massnahmen zwischen Sozialdemokratischer Partei und Gewerkschaften und zur Verschärfung des politischen Kurses gründete Robert Grimm nun ein gemischtes Komitee, dessen Existenz im Nachhinein von der Parteiführung und dem Gewerkschaftsbund abgesegnet wurde. Nach seinem ersten Sitzungsort Olten wurde es als «Oltener Aktionskomitee» (OAK) bezeichnet, obwohl es in der Folge meistens in Bern tagte. Obwohl die Zivildienstvorlage in der Folge in der Schublade verschwand, blieb das OAK eine permanente Einrichtung. Als der Bundesrat im April eine Erhöhung des Milchpreises von 32 auf 40 Rappen pro Liter ankündigte, drohte es mit einem landesweiten Generalstreik. Schliesslich einigte man sich auf einen Kompromiss von 36 Rappen.

Der Anstieg der Teuerung und eine weitere Verknappung der Lebensmittel verschärften im Sommer 1918 die Spannungen. Das OAK rief zu Demonstrationen auf und richtete an den Bundesrat ein Aktionsprogramm, in welchem unter anderem eine Ausdehnung der Rationierung und eine aktive Preis- und Lohnpolitik gefordert wurden. Ein Kongress der schweizerischen Arbeiterorganisationen beauftragte das OAK, die notwendigen organisatorischen Vorbereitungen für einen landesweiten Generalstreik zu treffen und diesen allenfalls auszulösen. Der Bundesrat seinerseits bereitete sich nun ebenfalls auf einen möglichen Landesstreik vor: Er wollte in diesem Fall die Arbeitswilligen schützen, Ausschreitungen verhindern und die Arbeitskräfte im öffentlichen Dienst, etwa die Eisenbahner, unter Militärpflicht stellen und diesen damit ein Streikverbot auferlegen. All das war nur durch ein Truppenaufgebot möglich. Damit waren gewissermassen beidseits die Waffen für die Auseinandersetzung geschmiedet; man brauchte sie jetzt nur noch zu ergreifen.

Die Ereignisse im Herbst 1918 wurden vor allem durch die Entwicklung der internationalen Lage auf der einen Seite, durch jene in Zürich auf der andern bestimmt, während sich das OAK eher zurückhielt. Der Sieg der Entente-Mächte begann sich abzuzeichnen, in Deutschland kam es zu revolutionären Unruhen, die zum Sturz des Kaisers führten. Von der jungen sowjetrussischen Regierung ging eine intensive Propaganda, die das unterdrückte Proletariat aller Länder zum sozialen Umsturz aufforderte, in ganz Westeuropa aus, wobei die sowjetrussische Vertretung in der Schweiz eine wichtige Rolle als Drehscheibe spielte. Die Entente-Regierungen, die sich den militärischen Sieg nicht durch eine Revolution entreissen lassen wollten, drängten die Schweiz, die sowjetrussische Vertretung in Bern zu schliessen. Gerade Sowjetrussland aber hatte es der radikalen Zürcher Linken angetan. In Zürich hatten soeben die bis anhin sehr zurückhaltenden Bankangestellten Ende September für höhere Löhne gestreikt. Die Arbeiterschaft hatte sie mit einem lokalen Generalstreik unterstützt und ihnen zum Erfolg verholfen. Die bestürzten bürgerlichen Parteien sahen in dem Vorkommnis eine Generalprobe für einen geplanten Umsturz. Am 28. Oktober erliess die Sozialdemokratische Partei eine Proklamation zum Jahrestag der kommunistischen Revolution in Russland: «Schon rötet die nahende Revolution den Himmel über Zentraleuropa. Der erlösende Brand wird das ganze morsche, blutdurchtränkte Gebäude der kapitalistischen Welt erfassen.» In Zürich planten die Arbeiterorganisationen umfangreiche Feiern zum Jahrestag des russischen Umsturzes. Das und mysteriöse Bombenfunde in Seebach bei Zürich liessen den Zürcher Regierungsrat fürchten, zumindest hier stehe der Ausbruch einer revolutionären Entwicklung unmittelbar bevor. Vorsichtshalber verlegte er seinen Sitz in die zürcherische Militärkaserne. Allerdings zeigte es sich später, dass hinter dem revolutionären Vokabular und den Aktivitäten kleiner konspirativer Gruppen keine gross angelegte Aufstandsplanung vorhanden war. Die Befürchtungen auf bürgerlicher Seite waren grösser als die effektive Gefahr.

Der Landesstreik

Die Initiative ging nun an den Armeekommandanten, General Wille, über. Er betrachtete die Lage in Zürich ebenfalls als sehr gefährlich und forderte ein angemessenes Truppenaufgebot, was der Bundesrat zunächst ablehnte. Darauf zog er das einzige im Raum Zürich liegende Bataillon ab, wodurch der Zürcher Regierungsrat in Angst geriet und nun auch den Bundesrat um die Entsendung von Truppen ersuchte. Im Bundesrat setzte sich nun ebenfalls die Auffassung durch, zur Vorbeugung gegen revolutionäre Unruhen sei ein massives Truppenaufgebot das Beste, zumal man sich gleichzeitig entschloss, die sowjetrussische Mission zu schliessen. Am 6. November wurden 95 000 Mann mobilisiert und auf die grösseren Städte verteilt; 20 000 davon gingen nach Zürich. Die Truppen stammten überwiegend aus ländlichen Gebieten; viele Soldaten starben an der grassierenden Grippeepidemie.

Die Arbeiterschaft empfand den Aufmarsch als Provokation; das OAK musste handeln, allein schon um nicht wilde Gegenaktionen ins Kraut schiessen zu lassen. Es beschloss, am Samstag, dem 7. November, in 19 Städten einen Generalstreik als Zeichen des Protests durchzuführen. Die radikalisierte Zürcher Arbeiterschaft beschloss am 9. November die unbefristete Fortsetzung des Streiks. Nach ergebnislosen Verhandlungen mit dem Bundesrat schloss sich das OAK den Zürchern an und proklamierte am 11. November den unbefristeten, landesweiten Generalstreik. Ein solcher brauchte nun allerdings auch ein Ziel. Entsprechend der Auffassung Grimms über die Funktion des «politischen Massenstreiks» verfasste das OAK ein Programm von Forderungen als Voraussetzung für eine Beendigung des Streiks.

Die Forderungen des Oltner Aktionskomitees im Landesstreik von 1918
1. Sofortige Neuwahl des Nationalrates auf der Grundlage des **Proporzes**
2. Aktives und passives Frauenwahlrecht
3. Einführung der «allgemeinen Arbeitspflicht»
4. Einführung der 48-Stunden-Woche in allen öffentlichen und privaten Unternehmungen
5. Reorganisation der Armee im Sinne eines Volksheeres
6. Sicherung der Lebensmittelversorgung im Einverständnis mit den landwirtschaftlichen Produzenten
7. Einführung einer Alters- und Invalidenversicherung
8. Staatsmonopole für Import und Export
9. Tilgung aller Staatsschulden durch die Besitzenden

Robert Grimm (1881 bis 1958) wurde zum führenden Politiker der schweizerischen Arbeiterschaft während des Ersten Weltkrieges. Er war Sohn eines Schlossers und einer Weberin aus Wald (Zürich). Grimm wurde Buchdrucker und erwarb autodidaktisch ein reiches Wissen. 1909–1918 war er Chefredaktor der «Berner Tagwacht», 1918–1938 Gemeinderat (Exekutive) der Stadt Bern, 1938–1946 Regierungsrat des Kantons Bern, 1946–1953 Direktor der Bern–Lötschberg–Simplon-Bahn. 1911–1919 und 1920 bis 1955 gehörte er dem schweizerischen Nationalrat an. Das Bild zeigt Grimm in späteren Jahren.

Die Schweiz von 1848 bis zur Gegenwart

Der Bundesrat erklärte, ein Teil der Forderungen könne erfüllt werden, doch müsse der Streik zuerst beendet werden. Am 13. November forderte er das OAK ultimativ zum Streikabbruch auf. Dieses gab nach; in der Nacht vom 14. auf den 15. November endete der Landesstreik.

Massgebend für den Entscheid des OAK war die Tatsache, dass die Streikparole in den Grossstädten zwar gut, in den kleineren Städten dagegen weniger oder gar nicht befolgt wurde. Auch begann die Streikfront eher abzubröckeln. Die Hoffnung auf ein Überlaufen der Soldaten erfüllte sich nicht. Die Armee löste zwar Demonstrationen auf, schützte die öffentlichen Gebäude und sorgte für einen minimalen Eisenbahnverkehr, ging jedoch nicht aktiv gegen die Streikenden, ihre Zeitungen und ihre Organisationszentren vor. Verschiedenenorts bildeten sich dagegen Bürgerwehren und ähnliche militante Kräfte, welche gegen die Arbeiterschaft offensiv vorgehen wollten, was zu bürgerkriegsartigen Auseinandersetzungen hätte führen können. Schliesslich war die Gefahr einer militärischen Intervention der Entente-Mächte nicht auszuschliessen. Dass der Generalstreik fast unblutig verlief, war einerseits auf das entschiedene Auftreten der Armee, andererseits auf die Disziplin der Streikenden, die sich nicht zu Gewalttakten hinreissen liessen, zurückzuführen. In Zürich wurde ein Soldat durch eine verirrte Kugel getötet, in Grenchen wurden drei Demonstranten erschossen, als der Landesstreik bereits abgebrochen war.

Die Folgen

Gegen die Organisatoren des Landesstreiks ermittelte die Militärjustiz. Man warf ihnen im Wesentlichen vor, Beamte – die im Unterschied zu privaten Arbeitnehmern nicht streiken durften – zum Streik und Soldaten zur Meuterei aufgefordert zu haben. Im Hauptprozess gegen führende Mitglieder des OAK wurden vier von ihnen, darunter Grimm, zu vierwöchigen bis halbjährigen Gefängnisstrafen verurteilt, während 17 freigesprochen wurden. In weiteren Nebenprozessen erhielten weitere 127 Personen, hauptsächlich Mitglieder lokaler Streikleitungen, kurze Gefängnisstrafen oder Bussen.

Zwei Forderungen des OAK wurden rasch erfüllt: Neuwahlen nach dem **Proporz**wahlrecht, wodurch die Sozialdemokraten ihre Sitzzahl verdoppelten, und die Einführung der 48-Stunden-Woche. Die Diskussion über die künftige Strategie der Arbeiterschaft führte zur Abspaltung des linken Flügels, der 1921 die Kommunistische Partei der Schweiz begründete (vgl. S. 313). Die Bürgerwehren und vaterländischen Verbände blieben als Vertreter eines dezidiert antisozialistischen Kurses innerhalb der bürgerlichen Parteien zum Teil bestehen und beeinflussten das politische Klima in den folgenden Jahrzehnten erheblich.

In seinem Verlauf war der schweizerische Landesstreik in manchem eine Komödie der Irrungen zwischen Revolutionsrhetorik und Revolutionsfurcht. Dahinter standen jedoch tiefe gesellschaftliche Probleme. Für die Zeitgenossen wurde er zum Trauma, das den Graben zwischen den sozialen Gruppen vertiefte: Die Arbeiter hatten der grässlichsten Fratze des Kapitalismus ins Auge gesehen, die Bürgerlichen dem Drachen der alles verschlingenden Revolution. Ein besonders gutes Vorzeichen für die weitere politische Entwicklung war das nicht. Jahrzehntelang prägte die Zerreissprobe das politische und das soziale Klima der Schweiz.

Generalstreik in Zürich. Truppen halten die Zugänge zum Paradeplatz und zu den Banken besetzt.

Der lange Weg zum Frauenstimmrecht

Worum ging es?

Der Kampf um das Stimm- und Wahlrecht war ein wichtiger Teil des Emanzipationsprozesses der Frau im 19. und vor allem im 20. Jahrhundert. Er war mit andern Postulaten – zivilrechtliche Gleichstellung, Gleichheit der Bildungschancen, gleiche Löhne – verknüpft, denn stimmende und wählende Frauen hatten eine viel bessere Chance, ihre Anliegen politisch durchzusetzen. Umgekehrt widerlegten etwa berufliche Erfolge von Frauen die traditionelle Auffassung, diese seien zur politischen Mitsprache nicht befähigt.

Um die Jahrhundertwende besassen erst die Frauen in vier Staaten der USA, in Australien und in Neuseeland das Stimm- und Wahlrecht. In den meisten europäischen Ländern erlangten die Frauen teils nach dem Ersten, teils nach dem Zweiten Weltkrieg die politische Gleichberechtigung. Die Schweiz war 1971 der zweitletzte Staat Europas – nur Liechtenstein folgte noch später –, welcher das Frauenstimmrecht einführte. Der Hauptgrund lag wohl, neben einer generell eher konservativen Mentalität, im System der direkten Demokratie. Während in den meisten Staaten das Frauenstimmrecht durch einen Parlamentsbeschluss eingeführt wurde, war in der Schweiz dazu eine Volksabstimmung notwendig. Die eidgenössischen und kantonalen Parlamente waren denn auch sehr viel früher zur Einführung des Frauenstimm- und -wahlrechts bereit als die stimmenden Männer.

Die Anfänge

Die Bemühungen der im 19. Jahrhundert entstandenen Frauenorganisationen konzentrierten sich zunächst nicht auf die Frage der politischen Rechte, sondern auf andere Bereiche:

– Die zivilrechtliche Besserstellung: In den meisten Kantonen unterstanden die Frauen der «Geschlechtervormundschaft». Sie waren rechtlich den Kindern gleichgestellt und konnten nicht einmal ihr ererbtes oder erworbenes Vermögen selbstständig verwalten. Das erste gesamtschweizerische Zivilgesetzbuch von 1912 schaffte diese Form der Bevormundung ab, bestätigte jedoch die Rolle des Ehegatten als Haupt der Familie.

– Die soziale Besserstellung: Die Industrialisierung hatte zu zahlreichen sozialen Problemen geführt (vgl. S. 288 ff.), welche gerade auch die Frauen betrafen. Verschiedene Frauenorganisationen bemühten sich um die soziale Wohlfahrt im Allgemeinen wie auch die soziale Besserstellung der Frau im Besonderen. Das Spektrum reichte von der Gründung alkoholfreier Restaurants bis zu Müttererholungsheimen. Im Einzelnen waren Zielsetzungen und soziale Verankerung der verschiedenen Vereinigungen unterschiedlich: Es gab bürgerlich, katholisch und sozialdemokratisch geprägte Organisationen.

– Die berufliche Besserstellung: Vor allem ledige Frauen strebten nach qualifizierten, etwa akademischen Berufen. Tatsächlich öffneten die Universitäten den Frauen bereits vor dem Ende des 19. Jahrhunderts ihre Tore. Bedeutend grösseren Widerstand leisteten dagegen die akademischen Standesorganisationen. Dagegen behauptete sich in der Bevölkerung die Auffassung, Mädchen brauchten keinen Beruf zu lernen, da sie ja doch heiraten würden, bis in die Zeit nach dem Zweiten Weltkrieg.

Einzelne Gruppen forderten indessen bereits im 19. Jahrhundert ausdrücklich auch das Frauenstimm- und -wahlrecht, so die von der

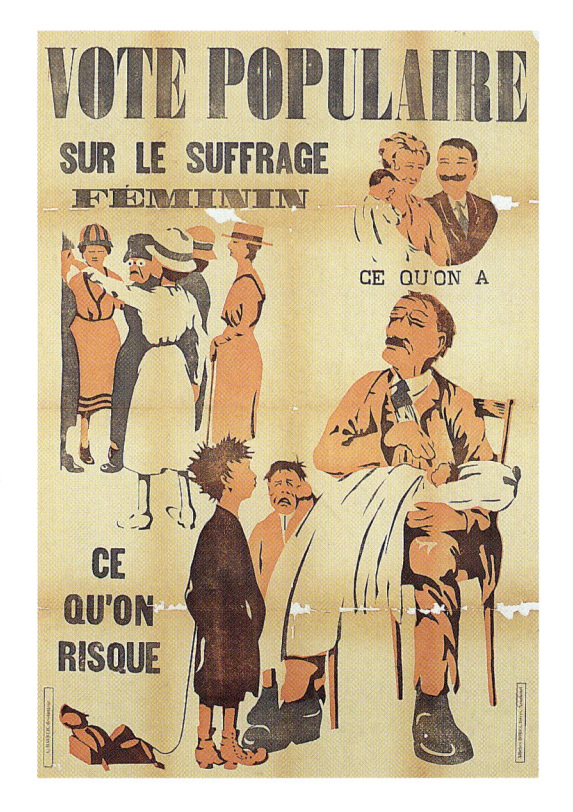

Plakat anlässlich einer Frauenstimmrechtsabstimmung 1920. Das Hauptargument der Frauenstimmrechtsgegner war die Erhaltung der traditionellen Rollenverteilung und damit der Familie.

Genferin Marie Goegg-Pouchoulin gegründete kurzlebige «Association Internationale des Femmes» (1868–1870) oder der Schweizerische Arbeiterinnenverband (1893).

Verstärkte Bemühungen und langes Warten

Um die Jahrhundertwende setzte, trotz Differenzen in den politischen Auffassungen, eine intensive Zusammenarbeit der schweizerischen Frauenorganisationen ein. 1896 fand in Genf anlässlich der Landesausstellung der erste Schweizerische Frauenkongress statt, 1900 wurde als Dachorganisation der «Bund Schweizerischer Frauenvereine» gegründet, 1928 führten die Frauen die erste «Schweizerische Ausstellung für Frauenarbeit» (SAFFA) in Bern durch, die zu einem grossen Erfolg wurde. Seit 1909 bestand mit dem Schweizerischen Frauenstimmrechtsverband eine Organisation, die sich ganz auf die Erlangung der politischen Rechte konzentrierte.

In der Notlage des Ersten Weltkrieges wuchs die Bedeutung der Tätigkeit der Frauen. Nicht nur war ihr sparsames Haushalten besonders gefragt, sondern sie mussten auch vielerorts, von der Feldarbeit über die Fabrik bis zur Fürsorge, dort einspringen, wo die Militärdienst leistenden Männer fehlten. Wie in andern Ländern rechneten auch in der Schweiz viele Frauen damit, dafür mit der politischen Gleichberechtigung belohnt zu werden. Tatsächlich reichten denn auch 1919 die Nationalräte Greulich (Sozialdemokrat) und Göttisheim (Freisinn) eine Motion ein, die den Bundesrat beauftragte, einen Antrag zur Einführung des Frauenstimmrechts auszuarbeiten. Die Motion wurde angenommen. Der Bundesrat wartete indessen einmal ab, welches Ende ähnliche Vorstösse in einzelnen Kantonen nahmen. Nachdem zwischen 1919 und 1927 in zehn kantonalen Abstimmungen das Frauenstimmrecht überall deutlich verworfen worden war, entschloss er sich, gar nichts zu tun.

Während die Sozialdemokraten – allerdings nicht alle ihrer Anhänger – und Teile des Freisinns das Frauenstimmrecht befürworteten, lehnten es vor allem die bäuerlich-konservativen Kreise ab. Man befürchtete vor allem den Zerfall der Familie, die einer klaren Rollenverteilung bedürfe. Zudem würde das Frauenstimmrecht nur der politischen Linken nützen, da die bürgerliche Frau und vor allem die Bäuerin gar nicht zur Urne gehen würde. Hinzu kamen eher psychologisch zu ergründende Befürchtungen, die sich etwa in den Plakaten gegen das Frauenstimmrecht widerspiegelten, wo man Teppichklopfer und spitznasige alte Jungfern als Symbole der ungeliebten Neuerung zu sehen bekam.

Die durch Wirtschaftskrise und rechtskonservative Tendenzen gekennzeichneten Dreissigerjahre waren für die Propagierung der Frauenrechte ein höchst steiniger Boden. Der Zweite Weltkrieg brachte dagegen für die Frauen ähnliche Bewährungsproben wie der Erste. 1945 reichte denn auch der sozialdemokratische Nationalrat Oprecht ein Postulat ein, der Bundesrat möge die schubladisierte Motion Greulich/Göttisheim endlich behandeln. In Genf (1952) und Basel-Stadt (1954) wurden unter den Frauen Konsultativabstimmungen durchgeführt, welche die Meinung, diese wollten das Stimmrecht gar nicht, widerlegten. Das verhinderte indessen nicht, dass zwischen 1946 und 1957 in weiteren acht kantonalen Abstimmungen, darunter auch in Genf und Basel-Stadt, die politische Gleichberechtigung erneut verworfen wurde.

Dennoch ergriff nun der Bundesrat die Initiative und legte dem Parlament 1957 eine Botschaft über die Einführung des Frauenstimmrechts vor. Beide Kammern stimmten zu, doch das eidgenössische Männervolk sagte 1959 mit Zweidrittelsmehrheit Nein. Immerhin hatten drei Westschweizer Kantone – Genf, Waadt und Neuenburg – angenommen, wo man nun auch gleich das Frauenstimmrecht auf kantonaler Ebene einführte. Dieser Dammbruch war zusammen mit der Ende der Sechzigerjahre einsetzenden jugendlichen Protestbewegung (vgl. S. 358 ff.) wirkungsvoll. Junge Frauen, denen die Politik der etablierten Frauenverbände zu zögerlich war, ergriffen die Initiative; eine grosse Protestdemonstration in Bern war die Folge. In einer Reihe von deutschschweizerischen Kantonen wurde das Frauenstimmrecht nun ebenfalls eingeführt. Bundesrat und Parla-

Das befürwortende Plakat des Aktionskomitees für das Frauenstimmrecht in Zürich (1947) knüpft an die Erfahrungen während der Zeit des Zweiten Weltkrieges an, als die Mithilfe der Frauen in fast allen Bereichen eine Notwendigkeit war. Der Appell blieb allerdings erfolglos.

ment beeilten sich, eine entsprechende Vorlage auszuarbeiten, welche in der Volksabstimmung 1971 mit Zweidrittelsmehrheit angenommen wurde. Auch die übrigen Kantone führten das Frauenstimmrecht nun ein; einzig Appenzell Innerrhoden musste 1990 durch einen Bundesgerichtsentscheid dazu gezwungen werden.

Frauen in der Politik

Nach der Annahme des Frauenstimmrechts stellte sich die Frage des konkreten Verhaltens der Frauen in der Politik: Wie würden sie abstimmen und wählen; würden sie nun auch für die politischen Ämter kandidieren und gewählt werden?

Ein grundsätzlich anderes Stimm- und Wahlverhalten der Frauen im Vergleich zu den Männern war nicht zu beobachten. Bei den eidgenössischen Wahlen gab es nach 1971 keine markanten Veränderungen; bei Abstimmungen differierten, wie Befragungen ergaben, die Meinungen der Männer und der Frauen meist nur um Nuancen. Die Stimmbeteiligung der Frauen war zunächst niedriger als jene der Männer, doch glichen sich die Durchschnittswerte mit der Zeit an. 1971 wurden 10 Frauen in den Nationalrat (5 Prozent), 1 in den Ständerat (2 Prozent) gewählt, 1995 waren es 43 (22 Prozent) und 8 (18 Prozent). In den kantonalen Parlamenten betrug der Frauenanteil Anfang 1996 22 Prozent (Genf: 36 Prozent; Glarus 8 Prozent), in den kantonalen Regierungen 11 Prozent. Manchen Frauen ging diese Zunahme zu langsam von sich, sodass sie die gesetzliche Fixierung eines minimalen Frauenanteils («Quotenregelung») forderten. Dieses Begehren wurde nicht erfüllt, doch legten einzelne Parteien, besonders die Grünen und die Sozialdemokraten, intern über ihre Wahllisten solche Quoten fest; Frauen aus ihren Reihen waren denn auch überdurchschnittlich erfolgreich.

Nicht durchwegs glücklich verliefen die Wahlen von Frauen in den Bundesrat. 1983 scheiterte die Kandidatur einer Sozialdemokratin. 1984 wurde die freisinnige Elisabeth Kopp gewählt; sie übernahm das Justizdepartement. Nachdem sie zunächst gute Kritiken erhalten hatte, wurde Ende 1988 bekannt, dass sie ihren als Rechtsanwalt tätigen Gatten gewarnt hatte, dass gegen eine Firma, in der er Verwaltungsratspräsident war, demnächst eine Strafuntersuchung eröffnet würde, worauf dieser eilends von diesem Amt zurückgetreten war. Da sie diesen Sachverhalt zunächst nicht zugab, verlor sie das Vertrauen auch ihrer eigenen Partei und musste im Januar 1989 zurücktreten. Abgesehen vom persönlichen Fehler der Bundesrätin, zeigte sich hier das Problem, dass die politische Karriere einer Frau viel eher durch die Tätigkeit ihres Gatten als jene eines Mannes durch dessen – oft nicht berufstätige – Gattin beeinträchtigt werden kann.

Als 1993 ein sozialdemokratischer Bundesratssitz frei wurde, stand die Forderung im Raum, wieder eine Frau in den Bundesrat zu wählen. Die Sozialdemokraten unterbreiteten einen entsprechenden Vorschlag, doch wählte die Vereinigte Bundesversammlung einen männlichen Sozialdemokraten, der gar nicht kandidiert hatte. Sowohl der parteiinterne wie der äussere Druck auf den Gewählten wurde jetzt aber so gross, dass dieser die Wahl nicht annahm. In einer zweiten Runde wurde nun doch eine sozialdemokratische Frau (Ruth Dreifuss) gewählt, wenn auch nicht die ursprünglich vorgeschlagene. Die im Einzelnen kabarettistisch anmutenden Vorgänge zeigten, dass trotz Gleichberechtigung die Geschlechterfrage aus der Politik noch nicht verschwunden war. (Zur Entwicklung der sozialen Stellung der Frau vgl. S. 362.)

Demonstrationszug vor dem Bundeshaus anlässlich der Schweizerischen Ausstellung für Frauenarbeit (SAFFA) in Bern 1928

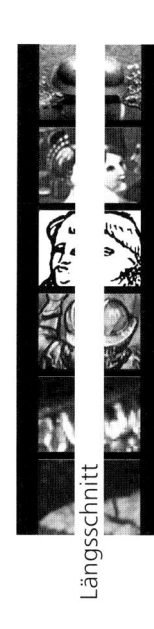

Die Schweiz von 1848 bis zur Gegenwart

Die Schweiz zwischen den Weltkriegen
1919 bis 1939

Grundprobleme

Die Zeit zwischen den beiden Weltkriegen war eine ausgesprochene Krisenzeit, die ihr Ende in einem neuen, nach den Gräueln des Ersten – damals noch nicht nummerierten – Weltkrieges zunächst nicht für möglich gehaltenen, noch viel verheerenderen Zweiten Weltkrieg fand. Die generelle Unsicherheit und Ungewissheit kam in drei Bereichen zum Ausdruck:

Die durch die Friedensverträge von 1919 geschaffene Nachkriegsordnung war instabil. Zwei Grossmächte, die USA und die Sowjetunion, standen – die eine freiwillig, die andere fern gehalten – abseits. Italien war vom Ergebnis unbefriedigt; das geschlagene Deutsche Reich strebte nach einer Revision, wobei die Frage der Mittel zunächst noch offen war. Grossbritannien und Frankreich als Siegermächte traten als Wahrer des Status quo auf, sahen ihre Machtposition jedoch durch die sich anbahnenden Selbstständigkeitsregungen in ihren Kolonialreichen in Frage gestellt. Der zur Wahrung des Friedens geschaffene Völkerbund erwies sich aus verschiedenen Gründen als schwach.

Die auf stabilen Währungen und auf einem weitgehend freien Welthandelsverkehr beruhende Weltwirtschaftsordnung der Vorkriegszeit wurde nicht wieder hergestellt. Der **Protektionismus** dominierte. Die Währungsentwicklung der einzelnen Staaten schwankte zwischen rigider Stabilitätspolitik und völliger Geldentwertung; die Möglichkeiten des internationalen Kapitalverkehrs waren beschränkt. Die Entwicklung zum staatlichen **Interventionismus** wurde durch die Weltwirtschaftskrise der Dreissigerjahre und den Übergang zu diktatorischen Regierungsformen verstärkt.

Die demokratische Staatsform, die unmittelbar nach dem Kriegsende in den meisten Staaten dominierte, wurde in Frage gestellt. In Deutschland gab es starke monarchistisch-restaurative Kräfte. Die Sowjetunion und die von ihr gelenkte «Kommunistische Internationale» stellten dem Modell der liberalen Demokratie jenes der Diktatur des Proletariates gegenüber. Die faschistischen Bewegungen strebten die Überwindung der Klassengegensätze und die Einigung der als Kampfgemeinschaft verstandenen Nation unter charismatischen Führern an. Vom Ende der Zwanzigerjahre an gingen die meisten süd-, mittel- und osteuropäischen Staaten zu autoritären Regimes mit mehr oder weniger faschistischen Zügen über.

Auch für die Schweiz, obwohl sie durch den Ersten Weltkrieg und seinen Ausgang nicht direkt betroffen war, ergaben sich wesentliche Fragen:
– Sollte die Schweiz angesichts der weltpolitischen Unsicherheit auf ihrer traditionellen, strikten Neutralitätspolitik beharren oder versuchen, vermehrt zur Wahrung des Friedens beizutragen? War der Beitritt zum Völkerbund ein solcher Beitrag oder war er ein Eintritt in das Lager der Sieger?
– Wie sollte sich die Schweiz als klassisches Exportland im Rahmen eines weltweiten Protektionismus behaupten?
– War die spezifisch schweizerische Form der Demokratie in der Lage, die anstehenden Probleme zu meistern? Würde sie die Traumata des Landesstreiks und des deutsch-welschen Gegensatzes überwinden?

**Auf unsicherem Boden:
Die wirtschaftliche Entwicklung**

1919 zählte die Schweiz 3,87 Millionen Einwohner, 1939 waren es 4,21. Diese im Vergleich zur Vorkriegszeit bescheidene Zunahme erklärt sich aus den rückläufigen Geburtenzahlen: 1910 kamen auf 1000 Einwohner noch 25 Geburten, 1920 noch 20, 1939 noch 15. Da die Einwanderung gering war, prophezeiten einige Statistiker bereits das Aussterben der Schweizer.

Hatten 1919 noch 26 Prozent von der Landwirtschaft gelebt, waren es 1939 noch 21 Prozent, während der Anteil des sekundären Sektors von 44 Prozent stabil blieb und jener des tertiären von 30 Prozent auf 35 Prozent zugenommen hatte. Unter den Grossstädten hatte Zürich, auch dank Eingemeindungen, seine Einwohnerzahl von 211 000 auf 331 000 gesteigert; jene Basels war von 134 000 auf 162 000 geklettert, jene Genfs dagegen von 137 000 auf 124 000 gesunken. Das reale Volkseinkommen stieg von 1924 bis 1939 um 21 Prozent.

Dieses aufs Ganze gesehen im Vergleich zur Zeit nach 1945 eher bescheidene Wachstum vollzog sich jedoch keineswegs kontinuierlich. Nach dem Ende des Ersten Weltkriegs setzte zunächst ein rascher Konjunkturanstieg ein.

Man konnte nun ohne weiteres Waren aus dem Ausland kaufen; umgekehrt bestand dort nach der Kriegszeit ein Nachholbedarf an Waren aus der vom Krieg verschonten Schweiz. Dann aber setzte in den meisten Nachbarstaaten eine extreme **Inflation** ein, wodurch die schweizerischen Produkte zu teuer wurden. Auf die kurze Blüte folgte 1921/22 ein ebenso kurzer, aber scharfer Konjunktureinbruch. Hatte man 1920 noch 6000 Arbeitslose gezählt, so waren es 1922 durchschnittlich 67 000. Zwischen 1923 und 1929 kam es, parallel zu den wichtigen Handelspartnern wie etwa Deutschland oder den USA, zu einem Wirtschaftsaufschwung, den «goldenen Zwanzigerjahren». Die Löhne stiegen leicht, die Preise blieben stabil, 1929 zählte man nur noch 8000 Arbeitslose. Sehr stark entwickelte sich der Wohnungsbau; 1926 wurden in der ganzen Schweiz 11 000, 1932 19 000 neue Wohnungen fertig gestellt. An die Stelle der für die Vorkriegszeit typischen, eng gedrängten Spekulationsbauten trat eine moderne Stadtplanung, die Raum für Licht und Grünflächen liess; eine wichtige Rolle spielte dabei der genossenschaftliche Wohnungsbau.

Die Ende 1929 einsetzende Weltwirtschaftskrise führte bis 1936 zu einem Exporteinbruch von etwa 65 Prozent. Im Unterschied zu den Nachbarländern sanken die Preise und die Löhne zunächst nur wenig, was die Exportgüter relativ verteuerte und die Absatzschwierigkeiten erhöhte. Die Binnenkonjunktur hielt noch bis 1934 an, zumal viel Geld in die Schweiz floss und angelegt wurde, brach dann aber ebenfalls ein, was zu einem weiteren Lohn- und Preisabbau führte. 1936 zählte man durchschnittlich 93 000 Ganzarbeitslose, im Januar sogar 124 000, was einer Arbeitslosenrate von 6,5 Prozent entsprach. In der Landwirtschaft, wo die Preise schon seit den Zwanzigerjahren rückläufig waren, kam es zum Zusammenbruch vieler Betriebe.

Es bestanden damals keine freien Wechselkurse. Die Nationalbanken definierten den Kurs ihrer Währungen durch die Menge an Gold, über die sie verfügten. Die meisten Staaten werteten in der Krisenzeit ihre Währungen massiv ab, was zwar eine Verteuerung der Importgüter und für die Besitzenden einen Vermögensverlust bedeutete, jedoch zu einer Verbilligung der Exporte führte. Die Schweiz zögerte und wertete den Schweizer Franken erst 1936 um 30 Prozent ab. Tatsächlich nahm nun der schweizerische Export zu, wobei die Metall- und Maschinenindustrie wesentlich mehr profitierte als die Textilindustrie. 1938 erreichte das Exportvolumen wieder zwei Drittel desjenigen von 1929. Die Preise stiegen an, die Löhne nur wenig, aber die Arbeitslosenzahl ging bis 1939 auf 40 000 zurück.

In der Aussenwirtschaftspolitik musste der Bundesrat der zunehmenden Devisenbewirtschaftungspolitik der meisten Staaten Rechnung tragen, um überhaupt Exporte zu ermöglichen. An die Stelle der früheren Handelsverträge traten kurzfristige Abkommen über den Waren- und Devisenverkehr, wobei die beiden Vertragspartner jeweils ihre Notenbank als Verrechnungsstelle einsetzten («Clearing-System»; vgl. S. 331). Die Wirtschaftspolitik im Innern war von einem punktuellen **Interventionismus** gekennzeichnet, der jeweils mit Unterstützungsgeldern (etwa **Subventionen** an die Landwirtschaft) oder Verboten (etwa jenem, neue Hotels zu bauen) bedrohten Branchen zu Hilfe

Demonstration von Arbeitslosen in Bern, Anfang Dreissigerjahre (Foto: Paul Senn)

Die Schweiz
von 1848 bis zur
Gegenwart

kam und Strukturerhaltung betrieb, aber nur beschränkt – etwa über Schaffung der Exportrisikogarantie – Impulse vermittelte. Im Übrigen dominierte, zumindest bis 1936, die Sorge um die Währungsstabilität und die Vermeidung von staatlichen Defiziten. Die Binnenwirtschaft war in vielen Bereichen kartellartig organisiert und eher auf die Bewahrung des Bestehenden ausgerichtet.

Lohnabbau und Arbeitslosigkeit kennzeichneten somit die soziale Lage der Dreissigerjahre. Nur in der Hälfte der Kantone bestand eine obligatorische, zum Teil allerdings lückenhafte Arbeitslosenversicherung, die zunächst während 90, später während 120 Tagen an die Arbeitslosen Unterstützungsgelder entrichtete. Wer dann immer noch arbeitslos war, musste von der Fürsorge unterstützt werden. Der entsprechende Aufwand belastete die kommunalen Haushalte ausserordentlich. Nicht selten wurde von der Möglichkeit Gebrauch gemacht, Arme in ihre Heimatgemeinde abzuschieben. Der Anteil der Frauen unter den Erwerbstätigen ging zurück; angesichts des Arbeitsplätzemangels wurde vielerorts versucht, mit dem Vorwurf des «Doppelverdienertums» verheirateten Frauen die Berufstätigkeit zu verbieten.

Innenpolitik: Die Lage

Das Proporzwahlrecht

Nach gescheiterten früheren Versuchen wurde im Oktober 1918, kurz vor Kriegsende und Landesstreik, eine Initiative auf Einführung des **Proporz**- anstelle des **Majorz**wahlrechtes für den Nationalrat angenommen (vgl. S. 304). Dadurch erhielten auch kleinere Parteien zumindest in den grösseren Kantonen echte Wahlchancen, während eine einzelne Partei kaum mehr die absolute Mehrheit im Parlament erringen konnte. In den vorgezogenen Wahlen von 1919 sanken die Freisinnigen von 101 auf 61 Sitze, während die Katholisch-Konservativen ihren Besitzstand von 41 hielten und die Sozialdemokraten von 20 auf 41 aufstiegen. Die erstmals kandidierende Bauern- und Bürgerpartei, deren Anhänger überwiegend vom Freisinn abgesprungen waren, erreichte auf Anhieb 28 Sitze. Die restlichen 18 Sitze (von 189) entfielen auf kleinere Gruppen. An dieser Sitzverteilung sollte sich während der ganzen Zwischenkriegszeit und weit darüber hinaus nur wenig ändern.

An die Stelle der bisherigen freisinnigen Parlamentsherrschaft trat ein «Bürgerblock» aus Freisinn, Katholisch-Konservativen und Bauernpartei, der sich gegenüber der nach wie vor zur Opposition verurteilten Sozialdemokratie als Verteidiger der bestehenden Staats- und Gesellschaftsordnung verstand. Aus ihm gingen auch die Bundesräte hervor, zunächst fünf Freisinnige und zwei Katholisch-Konservative; Ende 1929 machte ein Freisinniger einem Vertreter der Bauernpartei Platz.

Die Lager

Der scharfe Gegensatz zwischen Arbeiterbewegung und Bürgertum, der sich im späten 19. Jahrhundert herausgebildet hatte, blieb bestehen; der Graben war durch den Landesstreik vertieft worden. Die Sozialdemokratie als Vorkämpferin der Arbeiterbewegung trat weiterhin für eine sozialistische Umgestaltung der Wirtschaft und die «Diktatur des Proletariats» ein; die Armee wurde als Instrument des Bürgertums abgelehnt. In der Praxis erwies sich

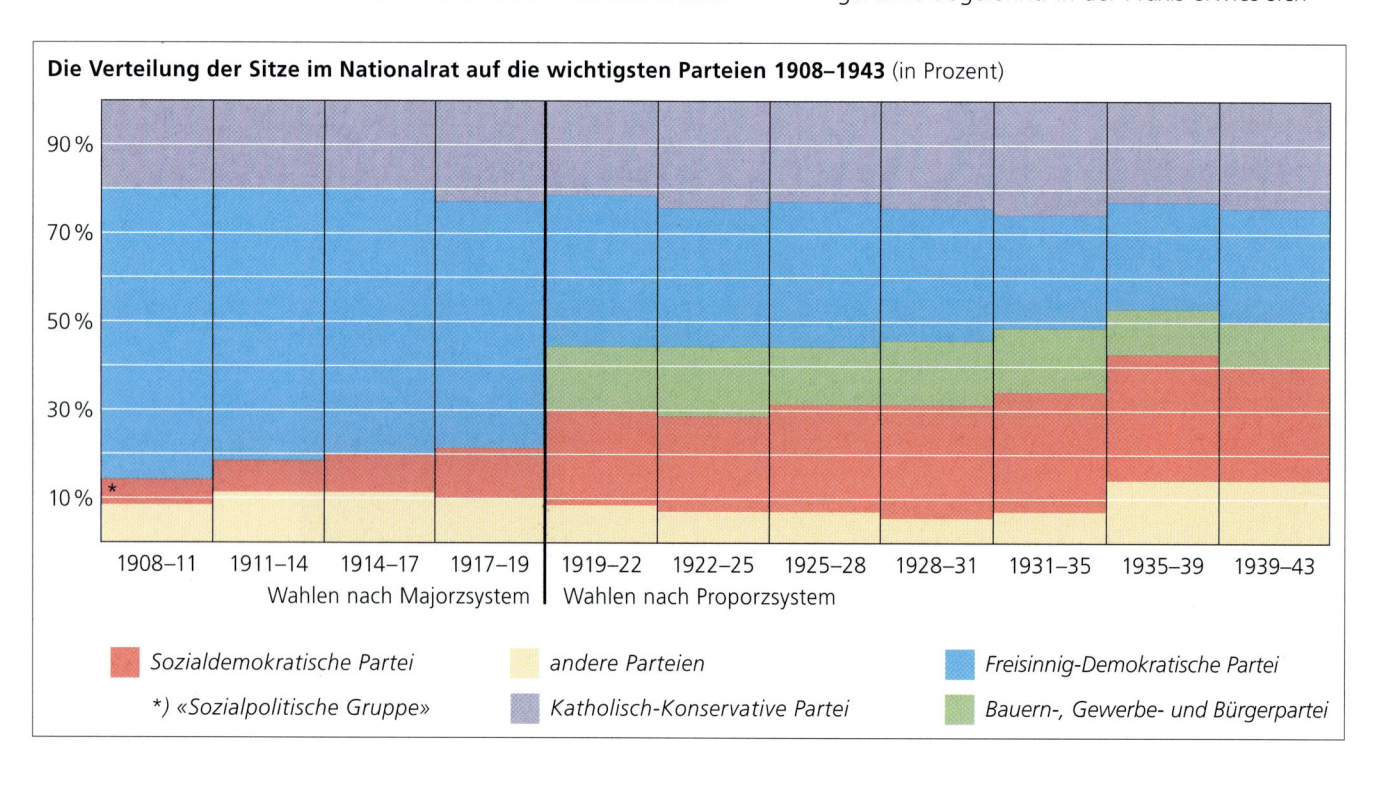

Die Verteilung der Sitze im Nationalrat auf die wichtigsten Parteien 1908–1943 (in Prozent)

- Sozialdemokratische Partei
- *) «Sozialpolitische Gruppe»
- andere Parteien
- Katholisch-Konservative Partei
- Freisinnig-Demokratische Partei
- Bauern-, Gewerbe- und Bürgerpartei

1908–11, 1911–14, 1914–17, 1917–19: Wahlen nach Majorzsystem
1919–22, 1922–25, 1925–28, 1928–31, 1931–35, 1935–39, 1939–43: Wahlen nach Proporzsystem

die Partei allerdings weit mehr reform- als revolutionsorientiert. Dies zeigte sich etwa in jenen Gemeinden und Kantonen, wo sie zunehmend Exekutivmitglieder stellte – in einigen Städten sogar die Regierungsmehrheit –, aber auch auf Bundesebene, wo sie sich durchaus demokratischer Mittel – parlamentarische Vorstösse, Initiative und Referendum – bediente und seit dem Ende der Zwanzigerjahre auch den Einzug in den Bundesrat anstrebte – freilich erfolglos. Schon 1921 spaltete sich wegen der Frage eines Beitritts zur «Kommunistischen Internationale» der linke Flügel ab und gründete zusammen mit den «Altkommunisten» die «Kommunistische Partei der Schweiz». Diese spielte auf eidgenössischer Ebene eine geringe Rolle, rang jedoch in den Grossstädten mit den Sozialdemokraten bis in die Dreissigerjahre intensiv um die Führung des «Proletariates». 1940, während des Zweiten Weltkrieges, wurde die Partei verboten.

Das «bürgerliche Lager» war stärker, aber eher heterogener. Ein «Reformflügel», der einen Teil des Freisinns umfasste, war bestrebt, die Tradition als liberaldemokratische Volkspartei gerade auch des Mittelstandes zu wahren, trat für die Erfüllung gewisser sozialpolitischer Postulate und für das Frauenstimmrecht ein und bejahte die Mitgliedschaft im Völkerbund. Demgegenüber propagierte der «Rechtsfreisinn» den unablässigen Kampf gegen «die Linke», besonders gegen die im Gefolge des Landesstreiks eingegangenen Zugeständnisse. In seinem Umkreis operierten ausserparlamentarische Organisationen wie der «Vaterländische Verband», in welchem sich die während des Landesstreiks gebildeten «Bürgerwehren» zusammenfanden, oder der gegen den Völkerbund gerichtete «Volksbund für die Unabhängigkeit der Schweiz». Auch die Bauern-, Gewerbe- und Bürgerpartei (BGB) ordnete sich in diesem Lager ein; ihr Chefideologe Ernst Laur, der Sekretär des Schweizerischen Bauernverbandes, definierte die Bauernschaft als die eigentliche Bastion des Vaterlandes gegen die «rote Flut», was sich auch für die Forderung nach agrarprotektionistischen Massnahmen sehr gut eignete. Die Konservative Volkspartei verstand sich nach wie vor als Kämpferin sowohl gegen Sozialismus als gegen Liberalismus, musste allerdings auch auf ihren christlichsozialen Flügel in den städtischen Gebieten Rücksicht nehmen. Gemeinsame wirtschaftsprogrammatische Basis für ihre ländlich-konservativen Stammlandschaften wie auch ihre katholisch-gewerkschaftlichen Aussenposten war zeitweise die Idee einer korporativen Wirtschaftsordnung, des «Ständestaates», durch den sowohl der Klassenkampf wie auch die Vereinzelung und Verunsicherung in der liberal-kapitalistischen Wirtschaftsordnung überwunden werden sollten.

Innenpolitik: Die Entwicklung

Blockade (1919–1931)

War der Ausgang politischer Verhandlungen im Parlament angesichts der Mehrheitsverhältnisse im Allgemeinen abzusehen, so galt das für die Volksabstimmungen nicht. Hier kristallisierte sich ein Patt heraus; keine Seite konnte die eigenen Anliegen durchbringen, jede konnte die Anliegen der Gegenseite verhindern.

Während der «bürgerliche Reformflügel» tendenziell schwächer wurde, konzentrierte sich der bürgerlich-konservative Block darauf, sozialpolitische oder sozialistisch anmutende Vorstösse zu bekämpfen. Sozialdemokratische Initiativen für eine einmalige Vermögensabgabe (1922), eine Mitbestimmung des Volkes beim Zolltarif (1923) und eine Alters- und Hinterlassenenversicherung (AHV; 1925) wurden abgelehnt. Ein fast gleichzeitig vorgelegter Grundsatzartikel, die den Bundesrat mit der Schaffung einer AHV beauftragte, wurde zwar angenommen, das entsprechende Ausführungsgesetz jedoch 1931 ebenfalls verworfen. Umgekehrt konnte der «Rechtsblock» sich aber auch nicht durchsetzen. 1919, unter dem Eindruck des Landesstreiks und in einem wirtschaftlich günstigen Moment, beschloss das Parlament die Einführung der 48-Stunden-Woche in Industriebetrieben. Die wesentlich ungünstigere Lage 1922 benützte der Rechtsblock, das Gesetz durch das Parlament in dem Sinne zu ändern, dass in Krisenzeiten die Arbeitszeit auf 54 Stunden erhöht werden dürfe. Nun ergriff die Linke das Referendum und setzte sich in der Abstimmung 1924 durch. Ebenso scheiterte 1922 in der Volksabstimmung ein Staatsschutzgesetz, das Gefängnisstrafen bereits für die Absicht zum Aufruf zur Störung der öffentlichen Ordnung vorsah und sich – in Erinnerung an den Landesstreik – primär gegen die Linke richtete. Der offensichtlich unsichere Ausgang von Volksabstimmungen führte dazu, dass Bundesrat und Parlament vor allem bei den verfassungsrechtlich nicht abgestützten wirtschaftspolitischen Interventionen von 1930 an immer häufiger von der Möglichkeit dringlicher Bundesbeschlüsse Gebrauch machten, die damals dem Referendum entzogen waren. Erst 1949 wurde durch eine Verfassungsinitiative «Rückkehr zur direkten Demokratie» die Regelung eingeführt, dass über einen solchen Beschluss nach einem Jahr abgestimmt wird. Im Jahr 1932 gab es keine einzige Volksabstimmung. Zu «grossen Würfen» kam man unter diesen Umständen nicht. Je mehr sich die wirtschaftliche Krise verschärfte, desto mehr kam der Gedanke auf, nur durch eine grundlegende «Erneuerung» könne die Schweiz ihre Probleme lösen. Die gesamteuropäische Krise der Demokratie ging auch an der Schweiz nicht vorbei.

Plakat für das Gesetz über die Alters- und Hinterlassenenversicherung (1931), die unter anderem aus den Erträgen der Tabaksteuer finanziert werden sollte. Die Vorlage wurde jedoch abgelehnt.

Die Schweiz von 1848 bis zur Gegenwart

Krise (1932–1935)
Faschismus in der Schweiz?

Seit 1930 tauchten eine ganze Reihe von «Erneuerungsbewegungen» oder «Fronten» auf, die sich zunächst als ausserparlamentarische Kräfte verstanden, ab 1933 dann aber in die Wahl- und Abstimmungskämpfe eingriffen. Sowohl in ihrer Programmatik wie in ihrem Auftreten gehören sie in den Kreis der damals in zahlreichen Staaten Europas auftretenden halb- und ganzfaschistischen Organisationen, die durch die Erfolge des Faschismus in Italien und des Nationalsozialismus in Deutschland Auftrieb erhielten. Die Skala der zahlreichen Gruppierungen in der Schweiz reichte von eher behäbig-konservativen Vereinigungen bis zu reinen Kopien ausländischer Vorbilder, etwa den «Nationalsozialistischen Eidgenossen». Weitaus die grösste Resonanz erlangten in der deutschen Schweiz die «Nationale Front» – ein Zusammenschluss aus «Neuer» und «Nationaler Front» – und die «Union nationale» in Genf. Die Führung lag meist bei jungen Akademikern und Studenten, Anhänger fanden sich im selbstständigen Mittelstand und im bäuerlichen Bereich.

In ihrem Selbstverständnis versuchten die Fronten die parteipolitischen Gräben durch die Schaffung einer «neuen Volksgemeinschaft» zu überwinden; die Wahl- und Referendumsdemokratie sollte durch eine «höhere Form» der Demokratie mit starker Führung ersetzt werden. Vor allem die durch die Sozialdemokratie dem Vaterland entfremdeten Arbeiter sollten für dieses zurückgewonnen werden. Das versagende kapitalistische System, das das Seine zur inneren Entzweiung beigetragen hatte, war durch eine korporative Wirtschaftsordnung, die Arbeitgeber und Arbeitnehmer zusammenführte, zu ersetzen. So vage all dies war, so war es jedenfalls nur über eine Totalrevision der Bundesverfassung zu erreichen, die dann über eine Initiative auch angestrebt wurde. Der eigentliche Kampf richtete sich gegen alles, was in irgendeiner Weise «international» war und daher die Nation in Frage stellte: den Marxismus, die Sozialdemokratie und die Kommunisten, die Juden (vgl. S. 136 f.), die **Freimaurer**, die **Pazifisten** und andere mehr. Der penetrante Antisemitismus stand mit der effektiv bescheidenen Stellung der Juden in der schweizerischen Gesellschaft in einem ausgesprochenen Missverhältnis. Neu war das äussere Erscheinungsbild der Fronten: Aufmärsche mit Fahnen und Uniformen, die gegenseitige Begrüssung mit erhobener Hand und «Kamerad», Fackelzüge, gewaltsame Störung von Versammlungen Andersdenkender oder missliebigen Theater- und Kinovorstellungen, Herausprügeln politischer Gegner aus den eigenen Veranstaltungen. Dabei knüpften sie einerseits an angebliche alteidgenössische Vorbilder aus der Zeit vor der Französischen Revolution – mit deren Idealen von individueller Freiheit und Gleichheit nach ihrer Meinung alles Übel angefangen hatte –, anderseits an die erfolgreichen Vorbilder in Italien und Deutschland an.

Zu irgendeiner Annäherung der Fronten an die Linksparteien kam es nie. Dagegen wurden sie zunächst vor allem vom rechtskonservativen Teil des Bürgertums als willkommener Bündnispartner begrüsst, zumal zum Teil Verbindungen zwischen ihnen und den im Anschluss an das Kriegsende gegründeten älteren Organisationen wie dem «Vaterländischen Verband» bestanden. Das geschah besonders dort, wo die politische Linke an der Macht war, etwa in den Städten Zürich und Genf. Für die Zürcher Gemeindewahlen im Herbst 1933 wurde eine vor allem vom Freisinn und von der Nationalen Front getragene Allianz geschmiedet, welche die sozialdemokratische Mehrheit in **Legislative** und Exekutive brechen sollte. In Genf kam es im November 1932 zu einem Truppeneinsatz, als sozialdemokratische Demonstranten eine

Aufmarsch der «Nationalen Front», der wichtigsten unter den «Fronten» 1935. Die Parteifahne war das durchgezogene Schweizer Kreuz im roten Feld. Parteiuniformen durften zu diesem Zeitpunkt auf Grund eines bundesrätlichen Verbots nicht mehr getragen werden.

Versammlung der «Union nationale» in der Halle von Plainpalais sprengen wollten. Die Truppen – eine ungeübte Rekruteneinheit – sollten Zusammenstösse verhindern, gerieten jedoch als Folge einer völlig ungenügenden Einsatzplanung in Bedrängnis und schossen in die Reihen der Demonstrierenden, was 13 Todesopfer und 65 Verletzte forderte. Als 1933 die Sozialdemokraten die Genfer Wahlen gewannen, bildete sich gegen diese eine oppositionelle Allianz der «Union» und der bürgerlichen Parteien, die in den Wahlen von 1936 erfolgreich war.

In der politischen Wirklichkeit wurden die Fronten demnach keineswegs zu einem einigenden Ferment der Nation, sondern zur Speerspitze am rechten Flügel der bürgerlichen Parteien. Allerdings mussten diese bald erkennen, dass diese Speerspitze nicht der Linken, sondern ihnen selbst Wähler entriss, nämlich alle jene, welche die traditionellen bürgerlichen Kräfte als zu matt und zu verbraucht im Kampf gegen die angeblich vaterlandslose Linke empfanden. Bei den Zürcher Gemeindewahlen gewann die «Nationale Front» 10 von 125 Sitzen, jedoch ausschliesslich auf Kosten ihrer bürgerlichen Allianzpartner. Dies und die zunehmend als bedrohlich empfundene nationalsozialistische Diktatur in Deutschland bewirkten, dass die bürgerlichen Parteien und Organisationen von 1934 an auf Distanz gingen und die Fronten allmählich in Isolation und Niedergang gerieten. In Genf setzte dieser Prozess erst nach 1936 ein; die welschen Erneuerungsbewegungen hatten sich eher an italienischen und französischen, nicht an deutschen Vorbildern orientiert. 1937 verlieh die Universität Lausanne Mussolini die Würde eines Ehrendoktors.

Warum kein Faschismus in der Schweiz?
Ihren Höhepunkt erreichte die politische Krise 1934. Bundesrat und Parlament führten auf dem Dringlichkeitsweg eine ganze Reihe von neuen Steuern (z.B. eine direkte Bundessteuer als «Krisensteuer») ein. Ein angesichts der Spannungen beschlossenes Gesetz zum Schutz der öffentlichen Ordnung stiess auf den Widerstand sowohl der Linken wie auch der Fronten und scheiterte in der Volksabstimmung, worauf der zuständige Bundesrat zurücktrat. Ein weiterer folgte wenige Tage später und schien sich für neue Aufgaben bereit zu halten, denn praktisch gleichzeitig lancierte die Nationale Front eine Initiative zur Totalrevision der Bundesverfassung. Diese stiess zunächst auf viel Unterstützung, so bei den ebenfalls Erneuerung anstrebenden Jungliberalen und Jungkonservativen, aber auch in der Konservativen Volkspartei, für welche die bestehende Verfassung immer noch ein Geschöpf der liberalen Sieger des Sonderbundskrieges war. Demgegenüber lehnten die Sozialdemokraten, obwohl nach wie vor in der Opposition stehend, das Volksbegehren entschieden ab. Die Initiative wurde denn auch im September 1935 mit einer Mehrheit von 70 Prozent verworfen; mit entscheidend war, dass sich die Initianten nicht auf einheitliche Modellvorstellungen über eine neue Verfassung hatten einigen können.

Im Vergleich zu vielen andern europäischen Staaten waren die halb- und ganzfaschistischen Bewegungen in der Schweiz wenig erfolgreich und kurzlebig. Dazu führte eine Reihe von Gründen:
– Der traditionelle Föderalismus widersprach dem von den «Fronten» vertretenen Einheitsgedanken, dem die Fronten selbst nicht gerecht wurden: Es gab nie eine frontistische Organisation, welche die gesamte Schweiz umfasste. Die zahlreichen frontistischen Gruppen waren unter sich zerstritten.
– Die Forderung nach starker Führung widersprach der republikanisch-demokratischen Tradition der Schweiz. Bezeichnenderweise vermochte sich denn auch selbst innerhalb der einzelnen frontistischen Organisationen keine anerkannte Führerpersönlichkeit durchzusetzen. Vielmehr trugen Führungskämpfe rasch zur zunehmenden Zersplitterung bei.
– Die Arbeiterschaft erwies sich gegenüber der frontistischen Ideologie als unzugänglich; für sie waren Sozialdemokratie und Gewerkschaften keineswegs vaterlandsfeindliche Organisationen, sondern ihre traditionellen Interessenvertreter.
– Den «Fronten» der deutschen Schweiz gelang es nie, glaubwürdig auf Distanz zum deutschen Nationalsozialismus zu gehen, dessen völkische Ideologie alle Deutschsprachigen

Flugblatt der bürgerlichen Parteien und der «Erneuerungsbewegungen» anlässlich der Zürcher Gemeindewahlen vom 24. September 1933. Erfolgreich waren jedoch die Sozialdemokraten (vgl. S. 356).

Die Schweiz von 1848 bis zur Gegenwart

und damit auch die Deutschschweizer einbezog. Damit entstand die Paradoxie, dass eine Bewegung, die sich als Vorkämpferin der Nation gab, in der Nähe zu einem Nachbarstaat stand, der die Existenz dieser Nation in Frage stellte.
– Die von den «Fronten» ursprünglich angestrebte Überbrückung der politischen Gräben kam zustande, aber auf völlig anderem Wege und in anderer Form (vgl. S. 317 ff.). Für einzelne der frontistischen Forderungen und Grundhaltungen – Ausländerpolitik, Armeeförderung, Antisemitismus, Antiliberalismus, korporative Ideen – waren die traditionellen bürgerlichen Parteien bis zu einem gewissen Grad offen; insofern waren die Fronten überflüssig. Junge Politiker fanden auch in den Reihen der sehr aktiven Jungliberalen und Jungkonservativen ein Diskussionsforum für Erneuerungsideen. Das angesichts der Wirtschaftskrise beträchtliche Lager der Protestwähler wurde vom Landesring der Unabhängigen (vgl. S. 317) zu einem guten Teil absorbiert.

Stabilisierung (1935–1939)
Annäherung politisch-sozialer Kräfte

Die Abstimmung über die Totalrevision der Bundesverfassung wurde zu einem politischen Wendepunkt. Einerseits hatten die «Erneuerungsbewegungen» ihr Pulver nun im Wesentlichen verschossen, anderseits vollzog sich nun eine Annäherung der Sozialdemokratie an die bestehende Gesellschaftsordnung. Entscheidend dafür waren das Schicksal der Parteifreunde in Deutschland, die bedrohlicher werdende aussenpolitische Lage und die Tatsache, dass die sozialdemokratischen Postulate auch jetzt nicht im Alleingang durchgesetzt werden konnten. In Deutschland hatten die Nationalsozialisten 1933 das bürgerliche Lager weitgehend absorbiert und die isolierten Sozialdemokraten eliminiert – musste man sich da nicht in der Schweiz dem Bürgertum annähern, um Gleiches zu verhindern? Das nationalsozialistische Deutschland rüstete auf – sollte man weiter auf der grundsätzlichen Ablehnung der Armee beharren? Die «Kriseninitiative», die keineswegs eine sozialistische Umgestaltung, sondern lediglich eine antizyklische Konjunkturpolitik und eine Erhaltung der Kaufkraft durch Verzicht auf Lohnabbau, im Wesentlichen also eine Wirtschaftspolitik im Sinn des englischen Ökonomen Keynes, verlangte, wurde nach erbittertem bürgerlichem Widerstand zwar eher knapp, aber eben doch (1935) verworfen. Die Sozialdemokraten zogen in dem im gleichen Jahr revidierten neuen Parteiprogramm die Konsequenzen. Die Forderung nach der «Diktatur des Proletariats» wurde gestrichen, die Notwendigkeit der Armee grundsätzlich anerkannt, die Sozialisierungsforderung auf Unternehmungen mit monopolistischem Charakter beschränkt. Gleichzeitig versuchte sie, aus dem «Ghetto» als reine Arbeiterpartei auszubrechen und vermehrt den unselbstständigen Mittelstand und die Bauern anzusprechen. Das Ziel, auch in den Bundesrat einzuziehen, wurde bekräftigt.

Eine ähnliche Politik verfolgten die als Folge der Wirtschaftskrise gestärkten Gewerkschaften. Der nach 1936 zögernd einsetzende Wirtschaftsaufschwung führte bei den Metall- und Uhrenarbeitern zu Lohn- und Ferienforderungen, was Arbeitskonflikte heraufzubeschwören schien. Als der Bundesrat daraufhin plante, bei

Die «Kriseninitiative»: Sozialdemokraten und Gewerkschaften forderten eine Eindämmung des Lohnabbaus, planmässige Arbeitsbeschaffung und eine ausreichende Arbeitslosenversicherung. Sie wurde bei einer Stimmbeteiligung von 84 Prozent mit einer Nein-Mehrheit von 57 Prozent abgelehnt.

Die Gegner der Kriseninitiative brachten diese mit der sowjetischen Planwirtschaft in Verbindung und stellten sich selbst als Nachfahren der alteidgenössischen Freiheitskämpfer dar. Die Initiative war damit als «unschweizerisch» gebrandmarkt.

Arbeitskämpfen ein obligatorisches und verbindliches staatliches Schiedsgericht einzuführen, stiess er bei beiden Konfliktparteien, die um ihre Autonomie fürchteten, auf Widerstand. Der Schweizer Metall- und Uhrenarbeiterverband und der entsprechende Arbeitgeberverband handelten daher 1937 ein «Friedensabkommen» aus, das die Ära der auf Gesamtarbeitsverträgen und Schiedsgerichtsbarkeit beruhenden Sozialpartnerschaft (ohne staatliche Beteiligung) einleiten sollte. Die Bedeutung des Vertrages lag darin, dass beide Seiten sich nicht mehr als Gegner, sondern als Partner betrachteten, wenn auch mit unterschiedlichen Interessen. Der Grundsatz von Treu und Glauben wurde durch den beidseitigen Verzicht auf Kampfmassnahmen während der Dauer der Gesamtarbeitsverträge konkretisiert; Streik und Aussperrung waren demzufolge unter Androhung von **Konventionalstrafen** nicht zugelassen. Für die Regelung von Konflikten wurde ein detailliertes Schiedsverfahren festgelegt. Das Abkommen, wiewohl zunächst nur auf eine, allerdings wichtige Branche bezogen, hatte Signalwirkung. Die Arbeiterschaft erhielt gesicherte Lohn- und Arbeitsverhältnisse, der Graben zwischen Arbeiterschaft und Bürgertum wurde an einer wichtigen Stelle nicht gerade eingeebnet, aber doch überbrückt. Die Sozialdemokraten und Gewerkschafter sahen denn auch in dem Abkommen einen wesentlichen Schritt in der politischen und gesellschaftlichen Integration der Arbeiterschaft im politischen System der Schweiz.

Einen neuen politischen Akzent setzte der «Landesring der Unabhängigen». Der Kaufmann Gottlieb Duttweiler (1888–1962) hatte 1925 die Migros AG (seit 1941 Genossenschaft) gegründet, die zunächst mit fahrenden und dann auch mit stabilen Läden die wichtigsten Nahrungsmittel zu Tiefpreisen verkaufte. Sein Unternehmen stiess sowohl bei den traditionellen Detaillisten wie bei der politischen Linken, die ihre Konsumgenossenschaften gefährdet sah, auf Widerstand. Im Rahmen der damals dominierenden protektionistischen Strukturerhaltungspolitik bemühten sich Bund und Kantone, dem Unternehmen alle möglichen Hindernisse, etwa durch ein Filialgründungsverbot, in die Wege zu legen. Als Antwort darauf portierte Duttweiler eine eigene Nationalratsliste von parteiungebundenen Politikern, die bei den Wahlen von 1935 auf Anhieb sieben Sitze – die im Abstieg befindliche «Nationale Front» kam nur auf einen! – gewann. Eine parteiähnliche Struktur gab sich die Bewegung 1936. Ihr zentrales Anliegen war der Kampf für eine freie Marktwirtschaft und gegen den staatlichen **Interventionismus**; im Übrigen war sie programmatisch sehr offen und weiterhin bestrebt, «unabhängige Köpfe» in die politischen Gremien zu bringen. Damit sammelte der Landesring auch jene Bürger, denen das traditionelle Parteiengefüge verkrustet erschien und eine unkonventionelle, aber ideologisch nicht fixierte und schon gar nicht ausländischen Vorbildern nacheifernde Oppositionsbewegung gerade gelegen kam.

Landesverteidigung

Die innenpolitische Entwicklung wurde nun immer stärker durch die bedrohliche aussenpolitische Lage geprägt. Dies schlug sich in ausserordentlichen Rüstungsanstrengungen nieder. Bis 1935 hatte das Militärbudget immer weniger als 100 Millionen Franken betragen, wobei etwa ein Viertel für Materialbeschaffungen zur Verfügung stand. Zwischen 1936 und 1939 wurden neben dem auf 127 Millionen (1939) angewachsenen ordentlichen Budget Rüstungskredite von insgesamt rund 800 Millionen bewilligt, von denen bis zum Kriegsausbruch jedoch erst 300 Millionen ausgegeben waren. Die militärischen Dienstzeiten wurden verlängert (vgl. S. 184). Parallel dazu liefen die Anstrengungen im Bereich der «geistigen Landesverteidigung», die vom Bundesrat und von privaten Kreisen getragen wurden. Gegenüber den völkischen Ideologien in Nord und Süd wurde die Besonderheit des schweizerischen Staatsgedankens hervorgehoben und damit

Kappeler Milchsuppe redivivus

„.... sie ischt wahrhaftig nüd schlecht!"

Die Annäherung der Parteien und sozialen Gruppen in einer Karikatur des «Nebelspalter» 1938. Auch hier wird auf die Geschichte Bezug genommen: Bei der legendären «Kappeler Milchsuppe» von 1529 hatten sich die konfessionellen Parteien versöhnt – allerdings nur vorübergehend.

Die Schweiz von 1848 bis zur Gegenwart

das Existenzrecht der Schweiz unterstrichen. Als wesentlich galten die demokratisch-föderalistische Struktur, die historische Verankerung, der bäuerlich-alpine Kern und die durch die Mehrsprachigkeit gegebene Verbindung zu den verschiedenen europäischen Kulturräumen. Im Einzelnen wurden dabei durchaus unterschiedliche Akzente gesetzt; liberale und sozialdemokratische Kreise betonten den liberal-freiheitlichen Charakter des Bundesstaates, konservative griffen vor allem auf die Heldengeschichte des Spätmittelalters zurück. Spätere Kritiker sahen in der «geistigen Landesverteidigung» einen einengenden «helvetischen Totalitarismus», während demgegenüber angeführt wurde, angesichts der aussenpolitischen Lage und der Propaganda der Diktaturen jenseits der Grenze sei eine «Gegenideologie» zur inneren Einigung notwendig gewesen.

Zum Höhepunkt der «geistigen Landesverteidigung» wurde die Landesausstellung von 1939 in Zürich. Es war angesichts der wirtschaftlichen Lage – die Vorbereitungen begannen Anfang 1936 – eine bedeutende Leistung, dass sie überhaupt zustande kam. Die Ausstellung verband eine imponierende Schau der wirtschaftlich-technischen Leistungen mit einer Darstellung der schweizerischen Kultur und Eigenart und viel Folklore. Dabei wurden die Vorzüge des eigenen Landes in Abgrenzung zu allem «Fremden» hervorgehoben; Kritik oder Hinweise auf offene Probleme waren nicht gefragt. Die «Landi» vermittelte eine Form der Selbstbestätigung, die nach der halbwegs überwundenen Wirtschaftskrise und angesichts der immer schwieriger werdenden aussenpolitischen Lage offenbar ein Bedürfnis war: Drei oder vier Millionen Besucher hatte man erwartet, weit über zehn Millionen kamen. Für die meisten von ihnen wurde sie zu einem tiefen Erlebnis für Jahrzehnte. In die Schlussphase der Ausstellung fielen Kriegsausbruch und Mobilmachung.

Die Schweiz und die kollektive Friedenssicherung

In der Zeit vor dem Ersten Weltkrieg war der Friede durch das Gleichgewicht der an die Schweiz angrenzenden Grossmächte – des Deutschen Reiches und Frankreichs – bewahrt worden. Beide waren an einer neutralen Schweiz, die sich im Notfall verteidigte und sich nicht dem gegnerischen Lager anschloss, interessiert gewesen. Der Ausgang des Ersten Weltkrieges änderte an der Grenzlage der Schweiz zu den beiden Staaten grundsätzlich nichts. Die in Versailles ausgehandelten Friedensverträge sahen indessen eine ganz neue Form der Friedenswahrung und Konfliktregelung vor, nämlich durch ein System der kollektiven Sicherheit, den Völkerbund. Er sollte Konflikte friedlich schlichten und Sanktionen gegen einen Friedensbrecher ergreifen. Für die Schweiz stellte sich die Frage eines Beitritts, die durch die Wahl Genfs als Sitz der Organisation besonders aktuell wurde. Dabei sicherten die Grossmächte der Schweiz als neutralem Staat eine Sonderbehandlung zu: Sie sollte lediglich Sanktionen nichtmilitärischer Art mittragen müssen. Immerhin bedeutete ein Beitritt der Schweiz doch, wie es damals formuliert wurde, den Übergang von der «integralen» zur «differenziellen» Neutralität.

Bundesrat und Parlament stimmten dem Beitritt zu, unterstellten die Frage jedoch der Volksabstimmung. Der Abstimmungskampf war ausserordentlich heftig. An der Spitze der Befürworter standen die West- und Süd-

Wandbild von Otto Baumberger in der «Höhenstrasse» der Landesausstellung von 1939. Abschluss des von rechts her kommenden Bild- und Schriftbandes über die schweizerische Geschichte; ein Dokument des damaligen Geschichts- und Selbstverständnisses.

schweizer, aber auch weite Kreise des deutschsprachigen liberalen Bürgertums. Für sie galt es, den Anschluss an die moderne Form der Konfliktregelung zu finden. Die Gegnerschaft war heterogen; zu ihr gehörten einerseits die Sozialdemokraten, anderseits bürgerlichkonservative, traditionell deutschfreundliche Kreise. Aus ihrer Sicht war der Völkerbund keine wirklich universale Gemeinschaft, sondern der Klub der Sieger. Das Deutsche Reich und die Sowjetunion, aber auch die USA waren fern geblieben. Bei der Abstimmung (1920) fiel vor allem die Zustimmung der Kantone (elfeinhalb zu zehneinhalb) hauchdünn aus.

Die Zugehörigkeit zum Völkerbund brachte der Schweiz zunächst eine gewisse diplomatische Aufwertung. 1924 präsidierte Bundesrat Giuseppe Motta den Völkerbundsrat, 1925 fand die Konferenz von Locarno statt, bei welcher sich das Deutsche Reich an Frankreich annäherte und so die Aufnahme in den Völkerbund (1926) vorbereitete. Problematisch wurde die Mitgliedschaft für die Schweiz, als Japan (1933), das Deutsche Reich (1933) und Italien (1935) aus dem Völkerbund ausschieden und dessen Universalität damit zunehmend fragwürdig wurde. Die Gefahr, dass der Völkerbund mit zwei Nachbarstaaten der Schweiz in Konflikt und dadurch auch diese selbst in eine schwierige Lage geraten könnte, nahm zu.

Die Tatsache, dass dafür die Sowjetunion 1934, als Stalins Säuberungen und Deportationen gerade einen Höhepunkt erreichten, in den Völkerbund aufgenommen wurde, war aus schweizerischer Sicht eine höchst zweifelhafte Kompensation. 1918 hatte die Schweiz die sowjetische Botschaft aus der Schweiz ausgewiesen, weil sie sie revolutionärer Umtriebe im Zusammenhang mit dem Landesstreik verdächtigte. Viele Russlandschweizer hatten nach der Oktoberrevolution ihr Hab und Gut verloren. Als dann ein heimgekehrter Russlandschweizer 1923 einen an der Meerengenkonferenz in Lausanne weilenden sowjetischen Diplomaten erschoss und von einem Geschworenengericht freigesprochen wurde, sanken die schweizerisch-sowjetischen Beziehungen unter den Gefrierpunkt. Der sowjetische Boykott schweizerischer Waren und die schweizerische Einreisesperre für Sowjetbürger wurden zwar 1927 aufgehoben, zur Aufnahme diplomatischer Beziehungen kam es bis zum Ende des Zweiten Weltkriegs jedoch nicht. Bundesrat Motta widersetzte sich denn auch, freilich vergeblich, der Aufnahme der Sowjetunion in den Völkerbund. Als 1935 der Völkerbund auf den Angriff Italiens gegen Äthiopien mit – nicht sehr wirksamen – wirtschaftlichen Sanktionen reagierte, gab der Bundesrat die Idee der kollektiven Sicherheit praktisch preis, indem er die Teilnahme an den Sanktionen weitgehend ver-

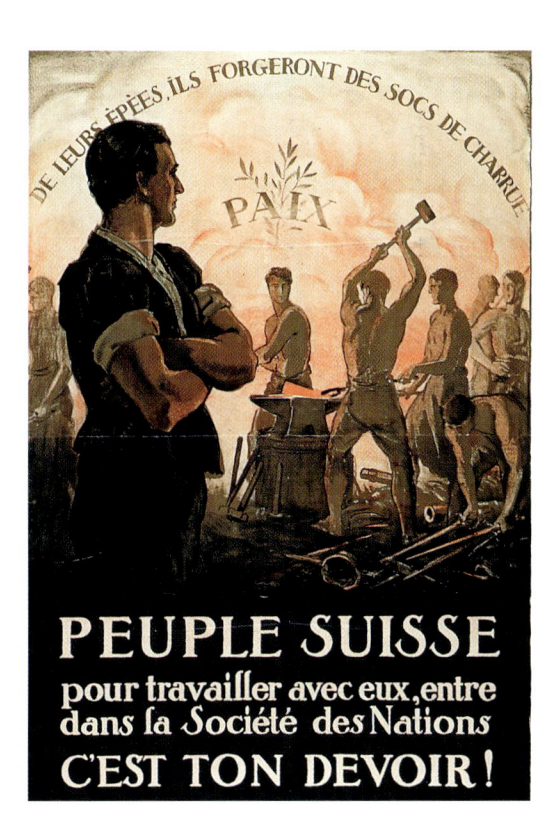

Plakat zum Eintritt der Schweiz in den Völkerbund (1920)

weigerte. 1938 ersuchte die Schweiz den Völkerbund denn auch offiziell von der Befreiung von jeglicher Sanktionspflicht und erhielt die faktische Zustimmung der immer machtloser werdenden Organisation. Damit war die «integrale Neutralität» zurückgewonnen worden.

Durch den zunehmenden Gegensatz zwischen den Westmächten einerseits, dem Deutschen Reich und Italiens anderseits war etwa dieselbe Lage wie vor dem Ersten Weltkrieg eingetreten; insofern war die Rückkehr zur absoluten und wieder stärker bewaffneten (vgl. S. 317) Neutralität konsequent. Allerdings verschob sich das Schwergewicht der Macht immer mehr zugunsten der Achsenmächte, die ihren Herrschaftsraum sukzessiv erweiterten. Im März 1938 kam es zum «Anschluss» Österreichs an das Deutsche Reich. Damit war die Schweiz an drei Himmelsrichtungen von einer italienisch-deutschen Klammer umgeben; zudem erschien das Verschwinden Österreichs auch ein Schritt in der «Sammlung aller Deutscher» in einem Reich – und zu diesen Deutschen gehörten gemäss manchen propagandistischen Landkarten auch die Deutschschweizer.

Das Verhältnis zum nationalsozialistischen Deutschland gestaltete sich zunehmend schwierig. Einerseits war dieses der wichtigste Handelspartner der Schweiz, was in der wirtschaftlichen Krisenzeit ins Gewicht fiel. Anderseits wurde das nationalsozialistische Herrschaftssystem in der schweizerischen Öffentlichkeit überwiegend abgelehnt – von der Linken von Anfang an, von den bürgerlichen Kreisen seit 1934/35. Eine Ausnahme bildeten deutschfreundliche konservative Gruppen, die

Die Schweiz von 1848 bis zur Gegenwart

Überreste der «Fronten» und ein Teil der deutschen Kolonie, die sich der «Auslandorganisation der NSDAP» anschloss. Während die völkische Ideologie und die Expansionstendenzen des Reiches in der Schweiz Besorgnis erregten, wurde die deutsche Regierung wegen der kritischen Berichterstattung der Schweizer Presse und der Tätigkeit der politischen Emigranten verschiedentlich beim Bundesrat vorstellig. Dieser betrieb im Ganzen eine Politik der Behutsamkeit, indem er einerseits gegen offenkundige Rechtsbrüche und Einmischungen vorging, anderseits aber die Wogen auch wieder zu glätten bestrebt war. Als die deutsche Geheimpolizei einen Emigranten aus Basel entführte (1935), erreichte der Bundesrat dessen Rückgabe. Anlässlich der Ermordung des Landesleiters der schweizerischen Sektion der Auslandorganisation der NSDAP, Wilhelm Gustloff, durch einen jüdischen Attentäter in Davos (1936) wurde der Umfang der Agitation innerhalb der deutschen Kolonie sichtbar. Der Bundesrat untersagte darauf die Ernennung eines neuen Landesleiters, nahm es aber ein Jahr später hin, dass faktisch ein Diplomat der deutschen Botschaft diese Funktion übernahm.

Gegenüber der deutsch-italienischen Machtentfaltung betrieb die Schweiz, von den wirtschaftlichen Beziehungen abgesehen, eine Politik der Einigelung. Der Bundesrat betonte nach innen wie nach aussen seine Bereitschaft, die Neutralität und die Unabhängigkeit gegebenenfalls zu verteidigen – «man werde nicht ins Ausland wallfahrten gehen», hiess es in Anspielung auf die Unterwerfung des tschechischen Präsidenten Hácha im März 1939 –, hielt sich aber sonst mit Stellungnahmen zum weltpolitischen Geschehen zurück und verhielt sich gegenüber Flüchtlingen bereits sehr restriktiv (vgl. S. 335 ff.). Da die Kriegswahrscheinlichkeit zunahm, führte der Bundesrat 1939 mit beiden Mächtegruppen Verhandlungen über den Transithandel im Kriegsfall, ohne allerdings verbindliche Zusagen zu erreichen. Die Ausfuhr von Kriegsmaterial wurde im April 1939 grundsätzlich verboten, doch behielt sich die Regierung Ausnahmebewilligungen vor. Unter diesen Umständen konnte der Kriegsausbruch am 1. September 1939 keine Überraschung sein.

Aus der Rede von Bundespräsident Johannes Baumann vor dem Nationalrat am 21. März 1938 (nach dem «Anschluss» Österreichs)

«Die Veränderung, die die politische Karte Europas dieser Tage erfahren hat, kann keine Schwächung der politischen Lage der Schweiz zur Folge haben … Keiner unserer drei Nachbarstaaten kann den Untergang der Schweiz wünschen oder anstreben. Keiner von ihnen bedroht unsere demokratischen Einrichtungen … Der Wille des Schweizervolkes, … seine Unabhängigkeit unter Einsatz seines Blutes zu behaupten, ist einhellig und unerschütterlich … Mehr als je müssen die Bestrebungen zur Anerkennung unserer umfassenden Neutralität fortgesetzt und zum Ziele geführt werden … Ferner ist es eine Notwendigkeit, dass wir mit allen unseren Nachbarn korrekte und freundschaftliche Beziehungen zu unterhalten bestrebt sind. Der Kampf der gegensätzlichen politischen Systeme in andern Ländern berührt unseren Staat nicht. Es steht jedem Volk frei, sich seine eigenen inneren Einrichtungen zu geben.»

Selbstgefühl und Abwehrhaltung an der Schweizerischen Landesausstellung von 1939. Der Eingang zur «Höhenstrasse» war mit den Fahnen aller Gemeinden der Schweiz geschmückt. In der Höhenstrasse selbst wurde der «achte Schweizer» angeprangert, der eine Ausländerin heiratete. Die Hochhaltung alles Schweizerischen und die Distanz zu allem Fremden kam auch in der nebenstehenden Stellungnahme des Bundesrates zum Ausdruck.

Die Schweiz während des Zweiten Weltkrieges
1939 bis 1945

Grundprobleme

Die Geschichte der Schweiz während des Zweiten Weltkrieges ist verschieden dargestellt worden. In der Nachkriegszeit dominierten die staatlichen Berichte zu einzelnen Fragen und die Erinnerungsliteratur. Einen grossangelegten Gesamtüberblick auf Grund der zunächst nur ihm zugänglichen Akten verfasste der Basler Professor Edgar Bonjour in den Sechzigerjahren. Die allmähliche Öffnung der Archive ermöglichte von den Siebzigerjahren an zahlreiche Spezialuntersuchungen. Die im Zusammenhang mit den «nachrichtenlosen Vermögen» (vgl. S.138) ausbrechende aus- und inländische Kritik an der schweizerischen Politik während des Krieges führte 1996 zur Einsetzung einer neunköpfigen Expertenkommission zur Abklärung vor allem der damaligen Wirtschafts- und Währungspolitik. Die Ergebnisse der durch die Experten und ihre Mitarbeiter veranstalteten Forschungen stehen zur Zeit (1997) im wesentlichen noch aus. Sie werden möglicherweise die im Folgenden wiedergegebenen Fakten ergänzen oder modifizieren, vor allem aber zusätzliche Tatsachen ans Licht bringen. Insofern sind die nachstehenden Darlegungen, die sich auf den aktuellen Forschungsstand stützen, provisorisch. An den grundsätzlichen Fragen und Problemen, mit denen sich die Schweiz während des Zweiten Weltkriegs auseinandersetzen musste, dürfte sich dadurch allerdings kaum etwas ändern.

Überblick über die Lage der Schweiz

Die Lage der Schweiz während des Zweiten Weltkrieges lässt sich in drei Phasen unterteilen. Vom September 1939 bis zum Juni 1940 und vom September 1944 bis zum Mai 1945 grenzte sie an die beiden kriegführenden Parteien an. In diesen Phasen bestand die Gefahr, dass die eine oder andere Partei das Territorium der Schweiz für einen Flankenangriff benützen oder – zur Abwehr eines solchen – vorsorglich besetzen könnte. In der mittleren Phase, während der längsten Zeit des Krieges, war die Schweiz von den Achsenmächten Deutschland und Italien praktisch völlig eingeschlossen; dass sie bei Genf an den vom Deutschen Reich bis zum November 1942 unbesetzten Teil Frankreichs angrenzte, änderte daran wenig. Trotz ihrer Lage konnte sie ihre Souveränität im Wesentlichen bewahren: Sie wurde nicht von fremden Truppen besetzt, sie behielt ihre eigene Regierung und ihre eigene Verfassung, sie unterhielt mit fast allen Staaten diplomatische und wirtschaftliche Beziehungen. Lediglich ihren Luftraum konnte sie nicht schützen. Im Ganzen überstand die Schweiz die Kriegszeit wesentlich besser als die anderen europäischen Völker. Die zentrale Frage lautet daher: Warum gelang ihr dies?

Die Schweiz in der Optik der Achsenmächte

Die Schweiz blieb im Wesentlichen deshalb unversehrt, weil sie von den Achsenmächten nicht angegriffen wurde. Ein alliierter Angriff wäre nur in der Anfangs- oder Schlussphase des Krieges möglich gewesen, an einen Kriegseintritt der Schweiz aus eigenem Antrieb dachte niemand im Ernst.

In der Optik der Achsenmächte gab es zweifellos Argumente dafür, die Schweiz direkt in ihr Herrschaftsgefüge einzubeziehen. In der «völkischen» faschistisch-nationalsozialistischen Staatsauffassung war der föderalistische Viersprachenstaat Schweiz überholt. Die halbdirekte Demokratie widersprach der Idee des Führerstaates. Die Sympathien der schweizerischen Bevölkerung und ihrer Medien lagen überwiegend auf der Seite der Alliierten, der schweizerische Landessender Beromünster sandte objektive Nachrichten aus, die, trotz Verboten, auch in Deutschland Hörer fanden. Die militärische Überlegenheit Deutschlands stand zumindest bis zum Feldzug gegen die Sowjetunion ausser Frage. Später standen für eine allfällige «Aktion Schweiz» zwar immer weniger Mittel zur Verfügung, doch zeigte etwa das deutsche Vorgehen gegen Italien nach dem Sturz Mussolinis, dass das Reich immer noch zu militärischen Schlägen in der Lage war. Zudem war die Rohstoff- und Energieversorgung weitgehend von deutschen Lieferungen abhängig; ein Stopp der Kohlezufuhr musste die schweizerische Industrie binnen kurzem in den Zusammenbruch treiben.

Anderseits gab es für die Achsenmächte auch Gründe, die Schweiz mindestens bis zum «Endsieg» in ihrem bisherigen Zustand zu belassen. Eine militärische Gefahr ging von ihr nicht aus. Die schweizerische Präzisionsindustrie konnte kriegswirtschaftlich wertvolle Dienste leisten, der Bankenplatz Schweiz bot sich als Kreditvermittler und Austauschplatz «schmutzigen» Goldes gegen «saubere»

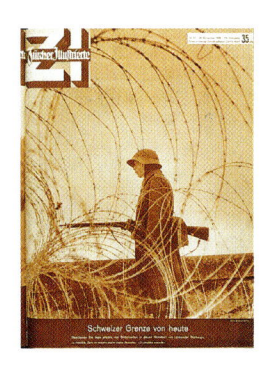

Titelblatt der «Zürcher Illustrierten» vom 24. November 1939

Die Schweiz von 1848 bis zur Gegenwart

harte Devisen an, deren man auch im Krieg bedurfte, mit den Alpenbahnen standen für die Alliierten nur schwer angreifbare Transitstrecken zur Verfügung. Auf die Schutzmachtfunktionen der Schweiz und die Leistungen des Internationalen Komitees vom Roten Kreuz wollte man, solange der Krieg andauerte, kaum verzichten.

Welche Überlegungen sich auf der Seite der Achsenmächte durchsetzten, hing von der weltweiten militärischen Entwicklung sowie vom Verhalten der Schweiz ab. Bei der Beurteilung mittlerer und kleinerer Staaten liess sich die deutsche Führung primär von strategischen, nicht von ideologischen Überlegungen leiten. Das zeigte sich etwa in der Eroberung Norwegens, die mit der Hochschätzung der «nordischen Rasse» nur schwer vereinbar war, oder in der unterlassenen Hilfeleistung an Finnland gegen die Sowjetunion, obwohl sich eine solche vorzüglich aus der antikommunistischen Weltanschauung heraus hätte begründen lassen. Am intensivsten beschäftigte sich die deutsche Führung mit der Planung eines militärischen Vorgehens gegen die Schweiz in der Zeit unmittelbar vor und nach dem Waffenstillstand mit Frankreich im Juni 1940, als ein gewisser Schwebezustand bestand: Die Herstellung einer direkten Verbindung zwischen deutschen und italienischen Truppen im Raum um Genf war nicht gelungen, ein kleiner Teil der Schweiz grenzte weiterhin an das unbesetzte Frankreich, der Kurs der künftigen französischen Regierung stand noch nicht fest, wie die schweizerische Führung auf die veränderte Lage reagieren würde, musste sich erst noch zeigen. Indessen erwiesen sich deutsche Befürchtungen, durch das unbesetzte Frankreich könnte sich rhoneaufwärts gewissermassen ein «geheimer alliierter Arm» zur Schweiz bilden, bald als unbegründet. Von da an bestand kaum mehr ein strategisches Bedürfnis nach der Besetzung der Schweiz. In Sicherheit wiegen durfte sich diese deswegen allerdings nicht. Einerseits hielt das Deutsche Reich wirtschaftliche Druckmittel in der Hand, andererseits zeigte etwa der Feldzug gegen Jugoslawien im April 1941, dass es unter Umständen auch gegen Staaten militärisch vorging, die nicht auf dem «strategischen Menüplan» standen, wenn sich diese den deutschen Wünschen widersetzten.

Wie viel Anpassung, wie viel Widerstand?

Ein Kleinstaat, der überleben will, muss sich den machtpolitischen Realitäten anpassen. Das galt für die Schweiz in ihrer aussenpolitisch extrem schwierigen Situation in besonderem Masse. Anderseits kann die Anpassung auch zur Selbstaufgabe werden, wenn der Kleinstaat auf seinen Wesenskern, der seine Existenz überhaupt rechtfertigt, verzichtet. Auch dieses Problem stellte sich für die Schweiz, angesichts der unterschiedlichen Staatsauffassungen, damals in grosser Schärfe. Die Frage war demnach nicht «Anpassung oder Widerstand?», sondern «Wie viel Anpassung, wie viel Widerstand?».

Ein Anpassungswille im Sinne einer inneren Bereitschaft, das nationalsozialistische Herrschaftsmodell mehr oder weniger unverändert auf die Schweiz zu übertragen oder diese ganz dem Deutschen Reich «anzuschliessen», war wohl nur bei zahlenmässig kleinen Gruppen vorhanden, die allerdings wegen ihrer Beziehungen zum deutschen Regime unter Umständen gefährlich werden konnten. Die grosse Mehrheit der Bevölkerung und der massgebenden Politiker war jedoch entschlossen, an der Souveränität und den Grundprinzipien der Verfassung festzuhalten. Indessen stellte sich die Frage, ob diese Prinzipien nicht während des Krieges eingeschränkt werden müssten, um sie für die Nachkriegszeit zu erhalten. Brauchte man jetzt nicht anstelle des ausgedehnten Parlaments- und Referendumsbetriebes eine starke Führung? Musste man die Freiheit der Medien nicht einschränken, um den mächtigen Nachbarn nicht unnötig zu reizen? Konnte man anderseits mit diesen Einschränkungen nicht auch zu weit gehen, sodass sich das Volk fragen musste, was denn eigentlich noch zu bewahren und allenfalls zu verteidigen sei?

Die Frage «Wie viel Anpassung, wie viel Widerstand?» stellte sich nicht nur im politischen, sondern auch im militärischen Bereich. War angesichts des Kräfteverhältnisses die Drohung, bei einem Angriff Widerstand leisten zu wollen, überhaupt glaubwürdig? Sollte man die Armee demobilisieren? Sollte man versuchen, den eigenen Luftraum zu verteidigen und Flugzeuge beider Kriegsparteien abzuschiessen? Sollte man in der Nacht verdunkeln und damit alliierten Bomberkommandos das Auffinden des Wegs nach Deutschland erschweren? Sollte man den Achsenmächten Waffen liefern, um dafür Kohle zu erhalten?

Die letzte Frage führt zur Wirtschaft, wo die Anpassung an die machtpolitischen Realitäten am augenfälligsten war. Die Schweiz war davon abhängig, dass die Achsenmächte Rohstoffe und Nahrungsmittel entweder selbst lieferten oder aber passieren liessen. Erfolgten diese Lieferungen nicht, so drohten Hungersnot und Massenarbeitslosigkeit. Erfolgten sie, so waren Gegenleistungen fällig in Form von kriegswichtigen industriellen Produkten. Verletzte man dadurch aber nicht die Neutralität? Trug man damit nicht dazu bei, dass die Achsenmächte, deren Erfolg man nicht wünschte, den Krieg zumindest verlängern konnten? Verärgerte man damit nicht die Alliierten? Erntete man damit letztlich nicht wirtschaftliche Gewinne auf Kosten der Opfer des Krieges?

Titelblatt der «Schweizer Illustrierten» vom 30. November 1942

Vom Kriegsbeginn zur Einschliessung

Zwei Tage vor dem deutschen Angriff auf Polen wählte die Vereinigte Bundesversammlung am 30. August 1939 den bisherigen Korpskommandanten Henri Guisan zum General. Gleichzeitig übertrug sie dem Bundesrat die Vollmacht, «die zur Behauptung der Sicherheit, Unabhängigkeit und Neutralität der Schweiz, zur Wahrung des Kredits und der wirtschaftlichen Interessen des Landes und zur Sicherung des Lebensunterhalts erforderlichen Massnahmen zu treffen». Dieser «Vollmachtenbeschluss» ermöglichte dem Bundesrat ein rasches Handeln auch ausserhalb der verfassungsmässigen Kompetenzen. Zwar wurde dem Bundesrat eine parlamentarische Vollmachtenkommission beigegeben, doch es lag im Ermessen des Bundesrates, diese zu Beschlüssen beizuziehen oder lediglich über solche in Kenntnis zu setzen. Während der gesamten Kriegszeit stand somit der Bundesrat im Zentrum des Geschehens. Am 31. August erklärte dieser, dass die Schweiz ihre traditionelle Neutralität beizubehalten gedenke, am 1. September wurde die allgemeine Mobilmachung befohlen, die sich in den folgenden Tagen problemlos vollzog.

Die schweizerische Armee umfasste 1939 bei voller Mobilmachung 430 000 Soldaten und 200 000 Hilfsdienstpflichtige. Der Wehrwille war gut, die Bewaffnung teilweise veraltet. Der Rückstand, der sich aus der völligen Vernachlässigung der Rüstung bis Mitte der Dreissigerjahre ergeben hatte, war noch nicht aufgeholt. Die Armee besass nur wenige Panzer und Panzerabwehrwaffen. Mit der Bildung einer Fliegerabwehr hatte man gerade begonnen. Von den 21 Fliegerkompanien mussten 5 wieder heimgeschickt werden, weil es an Flugzeugen fehlte. Immerhin hatte man noch in letzter Minute achtzig moderne deutsche Jagdflugzeuge bestellt, die dann auch, trotz des Krieges, im Winter 1939/40 geliefert wurden.

Wie im Ersten Weltkrieg stellte man sich auf mögliche deutsche oder französische Flankenangriffe über schweizerisches Gebiet ein. Präzise Verteidigungspläne gegen Frankreich bestanden nicht. Gegen einen deutschen Vorstoss wollte man sich auf einer Linie vom Gempenplateau südlich von Basel über Brugg–Limmat–Zürichsee–Walensee–Rheintal verteidigen. Da man einen deutschen Angriff für weit wahrscheinlicher als einen französischen hielt, verfassten Stabsoffiziere Guisans – ohne Wissen des Gesamtbundesrates – und des französischen Generalstabs Pläne über eine Zusammenarbeit in einem solchen Fall: Französische Truppen sollten dann der Schweiz zu Hilfe eilen und den Raum um das Gempenplateau besetzen. Nach dem militärischen Zusammenbruch Frankreichs im Juni 1940 fielen diese Pläne in deutsche Hände (Aktenfund von La Charité) und konnten nun als Beweis für ein neutralitätswidriges Verhalten der Schweiz dienen – ein nicht ungefährliches Druckmittel.

Nach dem deutschen Sieg über Polen und während des Andauerns der «drôle de guerre» an der deutsch-französischen Front wurden etwa drei Fünftel der Armee demobilisiert; es zeigte sich, dass die Schweiz ihr gemessen an der Bevölkerungszahl grosses Heer allein schon aus wirtschaftlichen Gründen nicht ständig vollzählig unter der Fahne behalten konnte. Der deutsche Angriff auf Frankreich im Mai 1940 löste eine zweite Generalmobilmachung aus. Da – unzutreffende – Gerüchte über eine

Erster Mobilmachungstag 1939. Die Motorisierung der Armee steckte noch in den Anfängen; das Pferd als Reit-, Zug- und Tragtier war nicht wegzudenken.

Die Schweiz von 1848 bis zur Gegenwart

deutsche Truppenkonzentration an der Schweizer Grenze umgingen, kam es in der Bevölkerung zu panikartigen Erscheinungen. Zehntausende verliessen die Grenzregionen mit Auto oder Bahn in Richtung Zentral- oder Westschweiz.

Die Krise des Sommers 1940

Der unvorhergesehene, ja unvorstellbar gewesene militärische Zusammenbruch Frankreichs nach wenigen Kriegswochen löste in der schweizerischen Öffentlichkeit einen eigentlichen Schock aus. Auf dem Kontinent schien sich eine deutsch-italienische Vorherrschaft auf Dauer zu etablieren; wie Grossbritannien – gemäss seiner Ankündigung – den Krieg konkret fortsetzen wollte, war nicht abzusehen. Offensichtlich war, dass die bisherige militärische Abwehrkonzeption unbrauchbar geworden war, offensichtlich auch, dass von Seiten der Achsenmächte mit starkem wirtschaftlichem Druck gerechnet werden musste; bereits war eine Kohleblockade verfügt worden. Die Auffassung, dass die Schweiz aus dieser veränderten Lage die Konsequenzen ziehen müsse, dass es nicht mehr so weiter gehen könne wie bisher, war durch alle politischen Gruppen verbreitet. Sie kam in der Radioansprache des Bundespräsidenten Marcel Pilet-Golaz vom 25. Juni 1940 zum Ausdruck.

Marcel Pilet-Golaz

Die Rede von Bundespräsident Marcel Pilet-Golaz am 25. Juni 1940 (Zusammenfassung)

1. Der Waffenstillstand des Deutschen Reiches und Italiens mit Frankreich bedeutet, dass unsere drei grossen Nachbarn den Weg des Friedens beschritten haben. Allerdings hat Grossbritannien angekündigt, es werde den Krieg fortsetzen. Sorglosigkeit wäre daher verfehlt.

2. Die Neuordnung Europas nach dem Krieg wird sicher anders sein als vor dem Krieg. Die wirtschaftliche Anpassung an die veränderten Verhältnisse wird schwierig sein. Daher müssen sich die Schweizer auf Anstrengungen und Opfer gefasst machen. Die schweizerischen Traditionen sollen gewahrt bleiben, aber sie sollen Neuerungen nicht verhindern.

3. In diesen Schwierigkeiten muss der Bundesrat rasch und mit eigener Machtbefugnis handeln können. Die Bürger müssen dem Bundesrat vertrauen. Es geht jetzt nicht darum, zu diskutieren und zu kritisieren, sondern sich hinter den Bundesrat zu stellen. Persönliche, regionale und politische Meinungsverschiedenheiten müssen in den Hintergrund treten.

4. Da der Krieg nicht mehr an den Grenzen tobt, können die Truppen teilweise entlassen werden. Der Bundesrat wird alles tun, um auch in dieser Situation Arbeit zu schaffen. Auch dabei ist die Solidarität aller Bürger notwendig.

5. Die Schweizer müssen ihre persönliche Einstellung ändern. Sie müssen sich damit abfinden, dass wenig mit viel Leistung erkämpft werden muss. Sie müssen etwas tun, nicht etwas erwarten. Sie müssen solidarisch, nicht egoistisch sein.

Die mit andern Bundesräten abgesprochene Rede Pilet-Golaz' wurde keineswegs, wie später oft behauptet, in der Öffentlichkeit durchwegs negativ aufgenommen. Abgesehen von der zumindest für die Deutschschweizer wenig volksnahen Rhetorik des Bundespräsidenten, blieben jedoch vor allem zwei Fragen im Raum stehen: Unterstrich der Bundesrat im dritten Punkt einfach die Notwendigkeit einer starken Führung in der gegenwärtigen Phase der Ungewissheit oder strebte er einen eigentlichen Umbau der Verfassung an – wenn ja, welchen? Und wie würden sich Bundesrat und Armeeführung verhalten, wenn nun auf die isolierte Schweiz ein Angriff erfolgen würde?

Dass nun die verschiedensten Gruppen glaubten, das richtige Rezept gefunden zu haben, erleichterte die Lage nicht eben. Eine Gruppe von Offizieren plante, im Fall einer sich abzeichnenden Kapitulationsbereitschaft die Führung zu übernehmen und den Krieg bis zum Sieg oder bis zum bittern Ende zu führen; auch eine Gefangennahme des Bundesrates wurde erwogen. Die eher dilettantisch aufgezogene «Offiziersverschwörung» wurde bald entdeckt und ihre Führer wurden mild bestraft. Auf der andern Seite witterten die Exponenten der nun kurzfristig wieder aufblühenden «Fronten» (vgl. S. 314 ff.) Morgenluft, die bis zu Anschlussplänen und Landesverrat führte. Weniger weit gingen die Forderungen des konservativen «Volksbundes für die Unabhängigkeit der Schweiz», der in der Vorkriegszeit die Zugehörigkeit zum Völkerbund intensiv bekämpft hatte und dem Exponenten der Wirtschaft und der Armee angehörten. Aus ihm ging die «Eingabe der 200» hervor, die «Gesinnungsneutralität» im Pressebereich und die Absetzung der als deutschkritisch geltenden Chefredaktoren der «Neuen Zürcher Zeitung», der «Basler Nachrichten» und des «Bund» verlangte.

Der Bundesrat unter Pilet-Golaz' Führung versuchte in diesen Monaten, jede Provokation des Deutschen Reiches, dessen militärische Überlegenheit evident war und mit dem schwierige Wirtschaftsverhandlungen geführt wurden, zu vermeiden. Daher sollten auch die deutschfreundlichen Kreise nicht brüskiert werden. Die «Eingabe der 200», die mit der – allerdings schon eingeschränkten (vgl. S. 334 f.) – Pressefreiheit ein Kernstück der schweizerischen Demokratie in Frage stellte, wurde zwar nicht gutgeheissen, aber auch nicht öffentlich abgelehnt, sondern einfach zu den Akten genommen. Im September empfing der Bundespräsident drei Repräsentanten der kleinen und völlig auf das nationalsozialistische Deutschland ausgerichteten «Nationalen Bewegung der Schweiz», die ihre neu gewonnene Salonfähigkeit sofort in einer Pressemitteilung ausschlachtete. Weit mehr als die Rede vom 25. Juni wurde der «Frontistenempfang» in der Öffentlichkeit als Zeichen einer Kapitulationsbereitschaft verstanden.

In diesen Monaten wurde General Guisan in der Bevölkerung zum Symbol des Widerstandsgedankens. Am 25. Juli versammelte er die höheren Truppenkommandanten, knapp 500 Personen, zu einem Rapport auf das symbolträchtige Rütli. Der Text der kurzen Rede ist nicht erhalten; im Wesentlichen ging es darum, die Offiziere über die neue militärische Konzeption des «Réduit» zu orientieren. Darüber hinaus aber war damit die grundsätzliche Botschaft verbunden, dass die Schweiz im Falle eines Angriffs nicht kampflos beigeben würde.

Die für das Deutsche Reich erfolglose «Schlacht um England», die Kämpfe in Nordafrika und der italienische Angriff auf Griechenland zeigten, dass der Krieg keineswegs abgeschlossen war. Man konnte daher die Frage einer innenpolitischen Neugestaltung mit Blick auf die deutsche Hegemonie getrost vertagen. Mit dem Angriff auf die Sowjetunion (22. Juni 1941) lud sich das nationalsozialistische Deutschland schliesslich eine Last auf, unter der es zerbrechen sollte. Damit nahm die Gefahr eines deutschen Angriffs auf die Schweiz ab. An deren konkreter Lage änderte sich dadurch allerdings wenig; hier ging es weiterhin um das tägliche Überleben.

Die eingeschlossene Schweiz: Die militärische Lage

Das «Réduit»

Eine das ganze Land umfassende Rundumverteidigung gegen einen allfälligen deutsch-italienischen Angriff war aussichtslos und somit unglaubwürdig. Daher wurde, wie Guisan am Rütli-Rapport mitteilte, der hauptsächliche Verteidigungsraum auf das Alpengebiet als «Réduit» reduziert. Angelehnt an die Eckpfeiler Sargans und St-Maurice mit der Festung Gotthard im Zentrum sollte ein fast lückenloses Befestigungssystem entstehen. Steilwände, Schluchten, Schnee, Eis und Berge sollten zu Verbündeten der Armee werden. Damit wurde einem allfälligen Feind signalisiert, dass ein Krieg lang und kostspielig sein und erst noch in einem Gebiet ausgetragen würde, wo Panzer und Flugzeuge kaum eine wesentliche Rolle spielen könnten. Hinzu kam die Drohung, im Notfall die wichtigen Alpentunnels und -übergänge zu zerstören.

Anderseits bedeutete das Konzept auch, dass im Ernstfall ein grosser Teil des Landes mit dem Gros der Bevölkerung und der Industrie mehr oder weniger kampflos preisgegeben werden sollte. In welcher psychischen Verfassung würden die Soldaten im Gebirge kämpfen, wenn sie wüssten, dass sich ihre Familien unter feindlicher Besetzung befänden? Wie lange würden die Vorräte reichen, damit man ohne Hilfe von aussen in den Bergen durchhalten konnte? Auch hohe Offiziere standen daher dem «Réduit-Plan» kritisch gegenüber. Sie hatten allerdings kaum eine Alternative anzubieten.

Nachdem seit dem Juni 1940 die Waffen an den Grenzen der Schweiz geschwiegen hatten, schritt man zu einer Teildemobilisation. Eine vollständige Mobilisierung über Jahre hinweg wäre wirtschaftlich, finanziell und psychologisch völlig untragbar gewesen. Zudem benötigte die Exportwirtschaft nun Arbeitskräfte (vgl. S. 330 f.) In den folgenden Jahren wechselten für den Schweizer Soldaten Aktivdiensttage – sei es an der Grenze oder im Réduit – und zivile Arbeitstage; der Truppenbestand schwankte zwischen 70 000 und 200 000 Mann. Auf die Probe gestellt wurde das Réduit-Konzept nicht; welche Abschreckungswirkung von ihm effektiv auf das Deutsche Reich ausging, ist unbekannt. Psychologisch

Stimmen zur Lage und zur Zukunft der Schweiz 1940

Aus einer Erklärung der Sozialdemokratischen Fraktion der Bundesversammlung vom 18. Juli 1940:

«Das Schicksal des Landes ist ungewiss. Niemand kennt den kommenden Tag. Gefahren militärischer und politischer Natur, wirtschaftlicher und sozialer Art, umgeben uns. Die Voraussetzungen der bisherigen traditionellen Neutralitätspolitik sind zerstört. Eine Neuorientierung der Innen- und Aussenpolitik der Schweiz drängt sich auf.»

Aus einem Artikel der «Neuen Zürcher Zeitung» (28. Juni 1940):

«Wer bis jetzt noch glaubte, in halber Verschlafenheit seinen alten Weg ziehen zu können, wird sich endlich die Augen ausreiben müssen, damit er die Strasse findet, die in die Zukunft führt ... Auch die demokratischen Formen unterliegen ständiger Wandlung. Die gegenwärtig herrschende ... so genannte reine Demokratie ... droht zu einer mechanisierten Wählerei und Abstimmerei zu entarten ... Die Forderung von heute ist eine die Freiheit nicht ausschliessende Einigkeit.»

Aus dem «Zürcher Bauer» (2. Juli 1940):

«Dann glaubten viele, es gehe nun im alten Tramp weiter. Aber sie täuschten sich. Jetzt ist die grosse Zeitenwende in Europa, ja in der ganzen Welt, Wirklichkeit geworden, ernsthafteste, nackteste Wirklichkeit.»

General Henri Guisan in vorbereitenden Notizen zum «Rütli-Rapport» vom 25. Juli 1940:

«Was in Europa geschieht, wird Rückwirkungen auf unser Land haben, auf unsere politische Ordnung und vielleicht auf eine Änderung der Verfassung. Wir müssen uns entwickeln, um uns an die Bedingungen des neuen Europa anzupassen. Aber diese Entwicklung muss durch uns selbst geschehen, ohne das Ausland zu kopieren. Ich bin überzeugt, dass der Sinn der alten Parteien überholt ist».

Die Schweiz von 1848 bis zur Gegenwart

trug es zur Ausbildung eines Durchhaltewillens in der Bevölkerung bei. Es ist jedoch unwahrscheinlich, dass allein das Réduit-Konzept die Schweiz aus dem Krieg herausgehalten hat.

Der Luftraum

Im Verlauf des deutschen Frankreichfeldzuges kam es zu etwa 200 deutschen Verletzungen des schweizerischen Luftraums. Die Schweizer Luftwaffe schoss 11 Flugzeuge ab oder zwang sie zur Landung; auf schweizerischer Seite gingen drei Flugzeuge verloren. Unter deutschem Druck gab die Schweiz die überlebenden deutschen Besatzungsmitglieder und die intakten Flugzeuge zurück und entschuldigte sich für die «Zwischenfälle»; in einzelnen Fällen war nicht klar, ob die Schweizer Flugzeuge in der Hitze des Gefechts den schweizerischen Luftraum verlassen hatten. Schliesslich wies der General die Flieger an, sich aus dem Grenzbereich zurückzuziehen und künftigen Luftkämpfen aus dem Weg zu gehen. Die kleine Luftwaffe sollte für den allfälligen Ernstfall aufgespart und nicht vorzeitig verschlissen werden.

In der Folge spielten deutsche Flugzeuge im schweizerischen Luftraum kaum mehr eine Rolle, umso mehr aber alliierte Bomberkommandos auf dem Weg nach Deutschland. Im Ganzen gab es etwa 900 deutsche und 5600 alliierte Luftraumverletzungen. Die Schweizer Luftwaffe konnte nur wenige, meist bereits havarierte Flugzeuge zur Landung zwingen; ebenso erfolglos war die Fliegerabwehr. Praktisch musste der schweizerische Luftraum preisgegeben werden. Seit dem November 1940 bestand zwischen 22 Uhr und 6 Uhr ein landesweites Verdunkelungsgebot, das auf deutsches Begehren angeordnet wurde. Es erschwerte den alliierten Bombern die Orientierung auf dem Weg nach Deutschland, gefährdete allerdings auch die Schweizer Städte, besonders im Grenzgebiet, die ja nun von Piloten nicht leicht als schweizerisch identifiziert werden konnten. Als die Alliierten im September 1944 die Schweizer Grenze erreichten, wurde die Verdunkelung aufgehoben.

In 77 Fällen wurden alliierte Bomben über der Schweiz abgeworfen, wobei 84 Menschen getötet, 260 verletzt und ein Sachschaden von 61 Millionen Franken angerichtet wurde. Der folgenschwerste ereignete sich am 1. April 1944 am heiterhellen Tag über Schaffhausen, wo 40 Menschen den Tod fanden und 33 verletzt wurden (vgl. S. 329). Die alliierten Regierungen erklärten all diese Bombardements als Folge von Irrtümern der Piloten; der gelegentlich geäusserte Verdacht, es habe sich dabei auch um gezielte Aktionen gegen für Deutschland arbeitende Industriebetriebe gehandelt, konnte nie erhärtet werden.

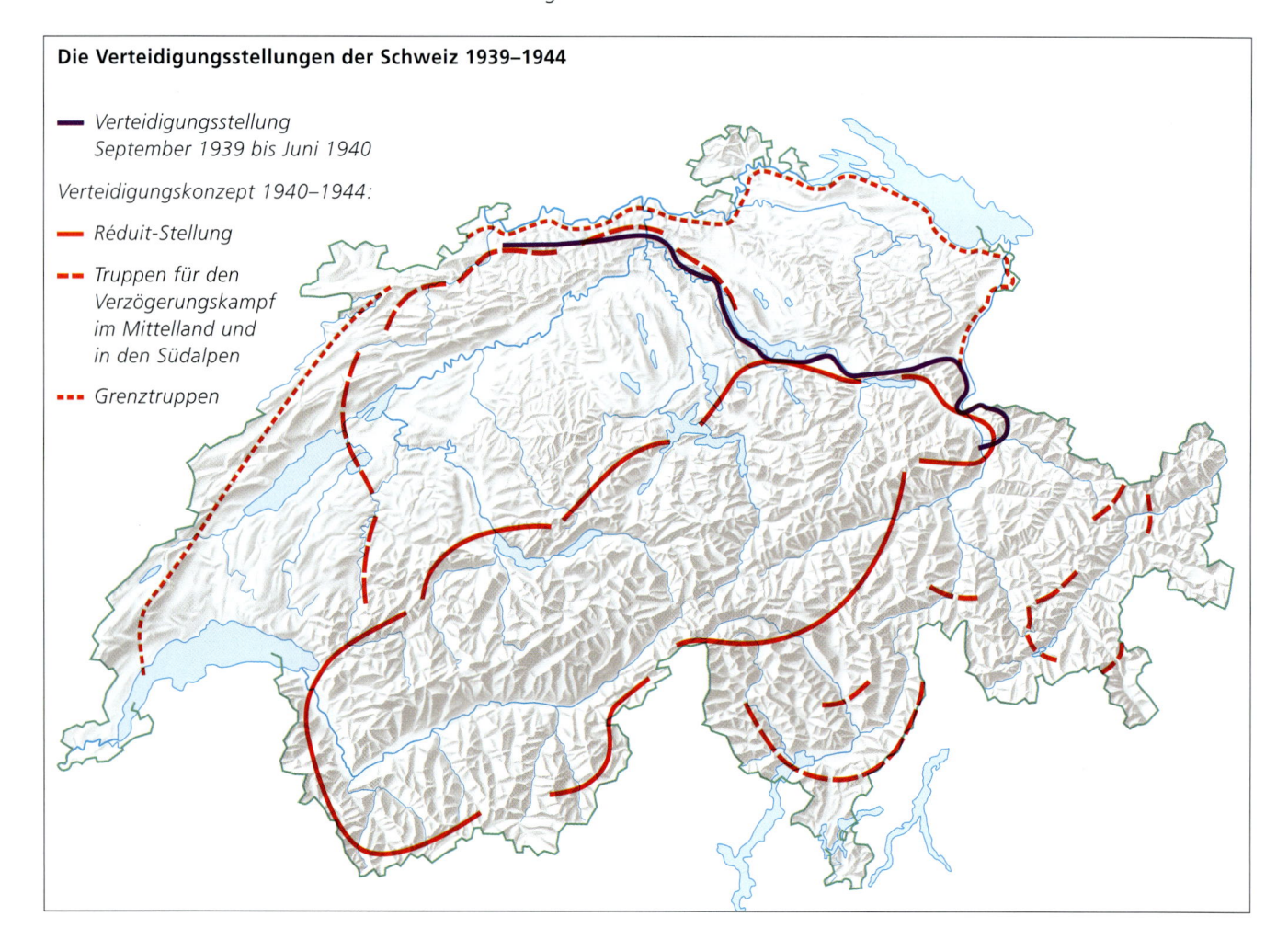

Die Verteidigungsstellungen der Schweiz 1939–1944

— *Verteidigungsstellung September 1939 bis Juni 1940*

Verteidigungskonzept 1940–1944:

— *Réduit-Stellung*

--- *Truppen für den Verzögerungskampf im Mittelland und in den Südalpen*

··· *Grenztruppen*

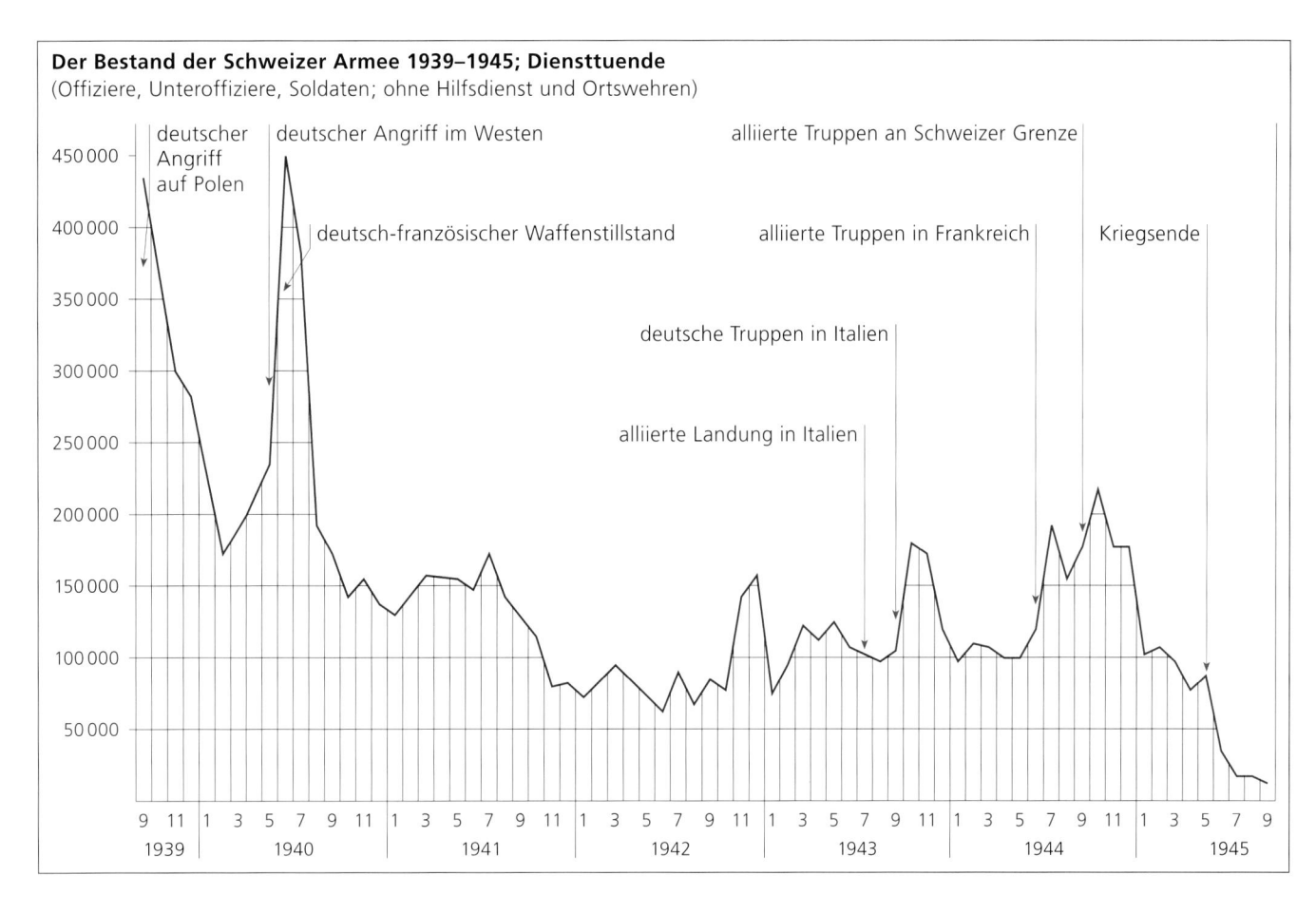

Der Bestand der Schweizer Armee 1939–1945; Diensttuende
(Offiziere, Unteroffiziere, Soldaten; ohne Hilfsdienst und Ortswehren)

Beschriftungen im Diagramm:
- deutscher Angriff auf Polen
- deutscher Angriff im Westen
- deutsch-französischer Waffenstillstand
- alliierte Landung in Italien
- deutsche Truppen in Italien
- alliierte Truppen in Frankreich
- alliierte Truppen an Schweizer Grenze
- Kriegsende

Spionage und «Fünfte Kolonne»

Als neutrales Land war die Schweiz eine Plattform für Nachrichtendienste sowohl der Achsenmächte wie der Alliierten. Solange sich diese nicht gegen die Schweiz selbst richteten, unternahm die Schweiz wenig gegen sie. Eine eigentliche Spionagetätigkeit gegenüber schweizerischen militärischen Einrichtungen wurde fast ausschliesslich von deutscher Seite betrieben. Sie operierte überwiegend mit Schweizern, die sich aus materiellen oder ideologischen Gründen zur Verfügung stellten und ihr Wissen deutschen Agenten, etwa Konsulatsangestellten, weiter gaben. Unmittelbar vor und nach Kriegsausbruch fuhr beispielsweise ein Adjutantunteroffizier mit dem Auto die gesamte Grenze von Altstätten (St. Gallen) bis Vallorbe (Waadt) ab und hielt seine Beobachtungen in Notizen und Karteneintragungen für seine Auftraggeber fest. 1941 wurden Mobilmachungsunterlagen entwendet, worauf ein Drittel aller Füsilierbataillone den Korpssammelplatz ändern musste. Zur Abschreckung wurde die im Militärstrafrecht für den Kriegsfall vorgesehene Todesstrafe auf den Aktivdienst ausgedehnt. Im Ganzen wurden 917 Urteile wegen Landesverrats, Spionage usw. gefällt, darunter 33 Todesurteile, von denen 17 vollstreckt wurden, die ersten im November 1942. In einzelnen Fällen wurde in der Rückschau kritisiert, es sei an «kleinen Fischen» ein Exempel statuiert worden.

Marcel Pilet-Golaz (1889–1958) – vom Aussenminister zur Unperson (Bild S. 324)

Der Waadtländer Jurist, Mitglied der Freisinnigen Partei, wurde Ende 1928 in den Bundesrat gewählt, wo er ab 1930 das Post- und Eisenbahndepartement leitete. 1934 und 1940 war er Bundespräsident. Nach dem Tod des Bundesrates Giuseppe Motta im März 1940 übernahm er die Leitung des Politischen Departementes, des heutigen Departementes für auswärtige Angelegenheiten. Intellektuell beschlagen und rhetorisch brillant, wirkte er elitär und hochmütig – das Gegenstück zu seinem Waadtländer Landsmann und Intimfeind Henri Guisan. In der verklärenden Geschichtsschreibung der Nachkriegszeit wurde Pilet-Golaz zur Negativfigur, zum Prototyp des «Anpassers», wenn nicht Landesverräters. Für die schweizerische Politik verantwortlich war indessen der Gesamtbundesrat. Es war Pilet-Golaz' Aufgabe als Aussenminster, für ein möglichst gutes Verhältnis zum Deutschen Reich zu sorgen. Obwohl ihm einzelne Pannen unterliefen, gelang es ihm im Ganzen, die Gratwanderung zwischen Anpassung und Bewahrung der Souveränität erfolgreich zu meistern; auf deutscher Seite galt er keineswegs als Kollaborateur, sondern als finessenreicher und schwer zu packender Gegenspieler. 1943 wurde Pilet-Golaz von der Vereinigten Bundesversammlung mit mehr als zwei Drittel der Stimmen wiedergewählt. Nachdem die Bemühungen um die Aufnahme diplomatischer Beziehungen mit der Sowjetunion auch an deren Abneigung gegen seine Person – die Sowjetunion warf ihm eine «profaschistische» Haltung vor – scheiterten, trat er auf Ende 1944 zurück. Die Historiker Jean-Claude Favez und Michèle Fleury urteilen über ihn (1991): «Während Guisan jenes Heldentum verkörpert, von dem die Schweizer wünschten, sie hätten es den Nazis gegenüber ununterbrochen gezeigt, ist Pilet dazu verurteilt, das Symbol jener Politik zu bleiben, die sie wirklich geführt haben.»

Die Schweiz von 1848 bis zur Gegenwart

Der 1940 wieder aufgeblühte «Frontenfrühling» (vgl. S. 324) verlor seine Blüten recht rasch; immerhin bestanden eine Reihe schweizerischer Organisationen, die in der Nähe zum Nationalsozialismus und in enger Tuchfühlung zum Deutschen Reich standen, zum Teil auch in Spionagefälle verwickelt waren. Zwischen Ende 1940 und 1943 wurden alle diese Organisationen verboten. Einige ihrer Exponenten wanderten nach Deutschland aus. Etwa 900 Schweizer kämpften freiwillig auf deutscher Seite. Sie wurden der Waffen-SS zugeteilt und an der Ostfront eingesetzt. Ihre Motive waren nationalsozialistische Überzeugung, die Absicht, den Kommunismus zu bekämpfen, oder Abenteuerlust. Etwa 300 von ihnen kamen um; die nach dem Krieg Zurückkehrenden wurden wegen verbotenen Kriegsdienstes im Ausland zu meist kurzen Strafen verurteilt.

In der Schweiz lebten zur Kriegszeit etwa 80 000 deutsche Staatsbürger. Seit 1933 versuchten die nationalsozialistischen Auslandorganisationen, diese zu erfassen und der deutschen Aussenpolitik dienstbar zu machen, was ihnen bei etwa einem Drittel gelang. Die in zwar geschlossenen, aber grossen Versammlungen – etwa in Sportstadien – abgehaltenen Veranstaltungen mit Hakenkreuzfahnen und Reichsrednern erweckten sowohl in der Regierung wie in der Bevölkerung den Verdacht, diese «Fünfte Kolonne» könnte im Konfliktsfall die Schweiz von innen her gefährden. Verboten wurden die nationalsozialistischen deutschen Organisationen jedoch erst am Kriegsende; ihre Exponenten wurden 1946 ausgewiesen.

Der Mann im Aktivdienst – die Frau «stellt ihren Mann.»
(Foto: Paul Senn)

Die eingeschlossene Schweiz: Die Wirtschaft

Die Anbauschlacht

Seit dem 19. Jahrhundert war der Ackerbau weitgehend von der einträglicheren Vieh- und Milchwirtschaft abgelöst worden. Die Ackerfläche sank von 300 000 ha (1850) auf 110 000 ha (1914), stieg bis 1939 allerdings wieder auf 180 000 ha an. Trotzdem blieb die Schweiz von landwirtschaftlichen Importen abhängig. Auf Grund der durch den Kriegsverlauf eingetretenen Situation beschloss der Bundesrat im Sommer 1940 ein «schweizerisches Anbauwerk», ein zeitlich beschränktes Autarkieprogramm. Er konnte dabei auf einen von ETH-Professor Friedrich Traugott Wahlen bereits vor dem Krieg entwickelten Plan, die Ackerbaufläche auf 300 000 ha zu vergrössern und die Viehzucht um ein Fünftel zu reduzieren, zurückgreifen. Zudem sollte der Boden durch geeignete Sortenwahl und bessere Arbeitstechnik so intensiv wie möglich genutzt werden. Die Verwirklichung des Planes begann im Winter 1940/41. Parks und Sportanlagen verwandelten sich nun in Getreidefelder oder Kartoffeläcker. Bei Kriegsende betrug die angebaute Fläche 360 000 ha, wobei 60 000 ha durch Entwässerung und 10 000 ha durch Waldrodungen gewonnen worden waren. Der Getreideertrag stieg von 0,28 Millionen Tonnen (1939) auf 0,53 Millionen (1944), jener an Kartoffeln von 0,77 Millionen Tonnen (1938) auf 1,82 Millionen (1944). Der Rückgang der Getreideimporte von 1,15 Millionen Tonnen auf 0,15 Millionen konnte damit allerdings keineswegs kompensiert werden. Autark wurde die Schweiz während des Zweiten Weltkriegs nie; der Selbstversorgungsgrad stieg – bei gesunkener Gesamtmenge des Verbrauchs – von 52 auf 59 Prozent. Dagegen ging von der «Anbauschlacht» eine psychologische Wirkung aus; der Durchhaltewille wurde gestärkt.

Vor allem in den Voralpen- und Alpengebieten, wo seit Generationen kein Ackerbau mehr betrieben worden war, gestaltete sich die Durchführung des «Plan Wahlen» schwierig. Grosse Probleme boten die Festlegung der auf anderthalb Jahre angelegten Produktionspläne sowie die Beschaffung von Saatgut, wo eine grosse Auslandabhängigkeit bestand. Auch Pflanzenschutzmittel und Benzin waren schwer erhältlich; ein Drittel der wenigen Traktoren musste auf Ersatztreibstoffe umgestellt werden. Schwierig war auch die Bereitstellung von Arbeitskräften. Das Anbauwerk erforderte rund 7 Millionen zusätzliche Arbeitstage pro Jahr; die nach wie vor teilmobilisierte Armee entzog der Landwirtschaft indessen Arbeitskräfte und auch Pferde. Der Bundesrat führte daher die Arbeitsdienstpflicht ein, der alle Schweizerinnen und Schweizer zwischen 16

Henri Guisan (1874–1960) – ein landesväterlicher General

Der Sohn eines Landarztes wurde Berufsmilitär, stieg zum Korpskommandanten auf und wurde 1939 ohne ernsthaften Gegenkandidaten zum General, also zum Oberbefehlshaber der Schweizer Armee, gewählt. Guisan führte die Armee vor allem mit Hilfe eines von vornehmlich aus Westschweizern bestehenden persönlichen Stabes. Das Verhältnis zu seinem Generalstabschef Jakob Huber war distanziert, jenes zum Bundesrat, auch zum Chef des Militärdepartements Karl Kobelt, ziemlich gespannt. Das lag weniger an divergierenden politischen Auffassungen als vielmehr an der von Eitelkeit nicht freien Selbstgewissheit des Generals, der über seine Aufgabe hinaus immer wieder Ausflüge in die Politik unternahm, die nicht stets glücklich verliefen. Dazu gehörten sowohl die Absprachen mit Frankreich 1939/40 wie auch eine geheime Zusammenkunft mit dem deutschen SS-General Walter Schellenberg im März 1943 über die Bereitschaft der Schweiz, sich allenfalls auch gegen die Alliierten zu verteidigen. Hervorragend war jedoch Guisans «Imagepflege». Er wusste zu repräsentieren und gleichzeitig durch seine Leutseligkeit Menschen aller Schichten und Klassen zu beeindrucken. Dies liess ihn in einem Staat ohne König oder Staatspräsident zu einer eigentlichen Symbolfigur der nationalen Geschlossenheit und des Widerstandsgeistes werden.

Henri Guisan

und 65 Jahren unterstanden. Neben Jugendlichen, Studenten und Frauen schlossen auch Flüchtlinge und Internierte (vgl. S. 357) die Lücken. 1944 waren 145 000 zusätzliche Helfer im Einsatz.

Die Produktionskosten stiegen – zumindest nach der Meinung der Bauern – und geboten deshalb höhere Verkaufspreise. Da sich dies mit dem für die Kriegszeit erlassenen Preisstopp schlecht vertrug, versprach man den Bauern für die Nachkriegszeit Preisgarantien. Die auf einen umfassenden Preis- und Absatzschutz ausgerichtete Landwirtschaftspolitik der Nachkriegszeit nahm hier ihren Anfang (vgl. S. 254).

Aussenhandel

Die Ziele der schweizerischen Kriegswirtschaft waren das Überleben der Bevölkerung, die Erhaltung der Arbeitsplätze und die Wahrung der Verteidigungsbereitschaft. Ohne Handel mit anderen Staaten konnte das rohstoffarme und traditionell exportorientierte Land keines dieser Ziele erreichen. Demgegenüber verfolgten beide Kriegsparteien die Absicht, von der Schweiz für ihre eigene Kriegswirtschaft möglichst grosse Vorteile zu erhalten, diese der Gegenseite jedoch vorzuenthalten. Welcher Partei dies besser gelang, hing von der militärischen Lage ab. Mit diesen Gegebenheiten musste sich die schweizerische Aussenwirtschaftspolitik arrangieren.

Das Deutsche Reich war schon vor dem Krieg der wichtigste Handelspartner der Schweiz gewesen, doch konnte diese bis zum Zusammenbruch Frankreichs mit beiden Kriegsparteien einen ausgewogenen Handelsverkehr pflegen. Den Export von Rüstungsgütern wollte der Bundesrat bei Kriegsbeginn zunächst ganz unterbinden. Er tat dies jedoch nicht, weil die schlechter vorbereiteten alliierten Staaten Frankreich und Grossbritannien dringend auf schweizerische Lieferungen angewiesen waren. Zwischen dem September 1939 und dem Juni 1940 lieferte die Schweiz

Die südliche Altstadt Schaffhausens kurz nach der Bombardierung am 1. April 1944 (vgl. S. 326)

Die Schweiz von 1848 bis zur Gegenwart

den Alliierten Kriegsmaterial im Wert von 264 Millionen Franken, dem Deutschen Reich dagegen nur solches von 1 Million Franken.

Mit der Einschliessung durch die Achsenmächte änderte sich diese Situation völlig. Die im Juni verfügte deutsche Kohleblockade zeigte, wie erpressbar die Schweiz geworden war: Ohne deutsche Kohle und deutsche Rohstoffe aus Deutschland lief nichts, gab es keine Exporte, keine Vollbeschäftigung, kein Réduit – auch der Festungsbau benötigte Energie und Material –; soziale und politische Unruhen waren in der ohnehin schwierigen Lage nicht auszuschliessen. Gegenüber schweizerischen Neutralitätsvorbehalten konnte die deutsche Seite zudem darauf hinweisen, dass diese Neutralität die Schweiz bisher ja auch nicht daran gehindert habe, Rüstungsgüter an die Alliierten zu liefern. Unter diesen Rahmenbedingungen vollzogen sich die deutsch-schweizerischen Wirtschaftsverhandlungen. Immerhin hatte die Schweiz auch ihre Trümpfe: Sie war ein moderner, durch die Neutralität einigermassen geschützter Industriestaat mit einer stabilen Währung, einem funktionierenden Bankensystem und leistungsfähigen Alpentransversalen. Am 9. August 1940 gelang der Abschluss eines schweizerisch-deutschen Wirt-

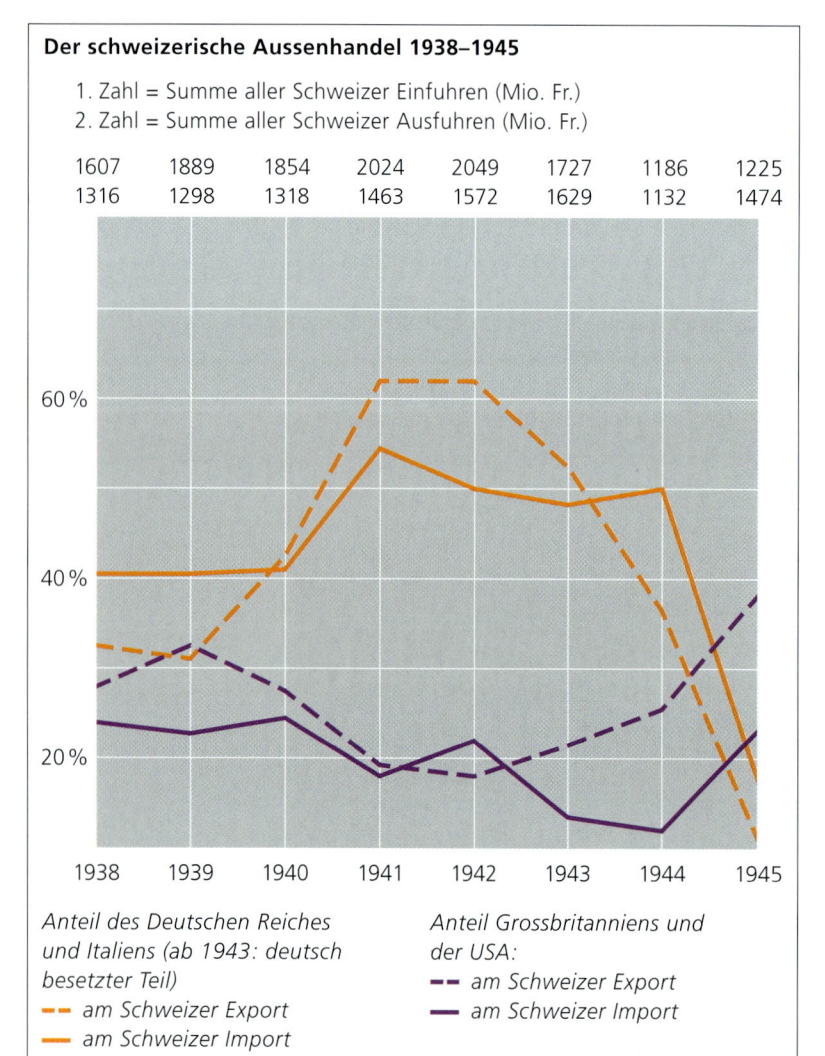

> **Aus einem Rückblick des sozialdemokratischen Ständerates und Zürcher Stadtpräsidenten Emil Klöti**
> «In den vier Jahren, da die Schweiz völlig durch das Machtgebiet der Achsenmächte umschlossen war, stand die Frage, welche Mächtegruppe den Endsieg erringen werde, nicht mehr im Vordergrund. Die dringendste, ja unmittelbar lebenswichtige Frage war nun, von Hitler-Deutschland zu erwirken, dass es der Schweiz die absolut notwendigen Rohstoffe und Lebensmittel teils selbst liefere, teils durch das von ihm besetzte Gebiet von andern Ländern liefern lasse.»

schaftsabkommens, das in der Folge mehrmals verlängert wurde. Demzufolge lieferte das Deutsche Reich Kohle (pro Jahr fast 2 Millionen Tonnen), Eisen, Mineralöl und andere Rohstoffe. Die schweizerische Exportindustrie wurde dafür zu einem grossen Teil in die deutsche Kriegswirtschaft integriert. 50 Prozent der optischen, 60 Prozent der Waffen- (Patronen, Zünder, Granaten, Infanterie- und Fliegerabwehrgeschütze), 40 Prozent der Maschinen- und 70 Prozent der Elektromotorenindustrie arbeiteten für das Deutsche Reich; hinzu kamen Lebensmittel wie Frischmilch, Käse und Fleisch, aber auch drei Viertel der Aluminiumproduktion. Der Anteil der eigentlichen Rüstungsgüter am Gesamtexport betrug bis zum Herbst 1944 etwa 25 Prozent oder 590 Millionen Franken. Zudem hielt die Schweiz die Transportwege durch die Alpen offen.

Ein beschränkter, von den Achsenmächten kontrollierter Handelsverkehr mit Grossbritannien und den überseeischen Gebieten bestand (über Genua und Spanien) weiter; die Schweiz legte sich auch eine kleine Handelsflotte zu. Das Deutsche Reich hatte ein Interesse daran, dass sich die Schweiz mit jenen Gütern versorgen konnte, die es nicht selbst liefern konnte. Die Schweiz bezog aus dem alliierten Machtbereich vor allem Nahrungsmittel und überseeische Rohstoffe, exportierte dafür Präzisionsinstrumente und Spezialmaschinen, jedoch kein Kriegsmaterial. Allerdings konnte Grossbritannien auf geheimen Wegen in der Schweiz doch Rüstungsgüter im Wert von etwa 70 Millionen Franken besorgen.

Ein zeitgenössischer Witz sagte, die Schweizer arbeiteten während sechs Tagen in der Woche für das Deutsche Reich und beteten am siebenten für den Sieg der Alliierten. Tatsächlich brachte der Handelsverkehr mit den Achsenmächten Arbeit und Brot. Einigen brachte er noch etwas mehr; der im Rüstungsbereich tätige Unternehmer Emil Bührle

Der schweizerische Aussenhandel 1938–1945

1. Zahl = Summe aller Schweizer Einfuhren (Mio. Fr.)
2. Zahl = Summe aller Schweizer Ausfuhren (Mio. Fr.)

1607	1889	1854	2024	2049	1727	1186	1225
1316	1298	1318	1463	1572	1629	1132	1474

Anteil des Deutschen Reiches und Italiens (ab 1943: deutsch besetzter Teil)
- - - *am Schweizer Export*
— *am Schweizer Import*

Anteil Grossbritanniens und der USA:
- - - *am Schweizer Export*
— *am Schweizer Import*

erhöhte sein Einkommen während des Krieges von 6,8 auf 56 Millionen Franken und sein Vermögen von 8,5 auf 170 Millionen.

Kredit und Gold

Zwischen dem Deutschen Reich und der Schweiz herrschte kein freier Geldverkehr. Da die deutsche Regierung die Ausfuhr von Devisen verboten hatte, wurden Zahlungen auf Grund eines deutsch-schweizerischen Verrechnungsabkommens durchgeführt. Zahlungen für gelieferte Waren durften nur über die beiden Notenbanken – die Schweizerische Nationalbank und die Deutsche Reichsbank – abgewickelt werden. Wer Waren aus Deutschland bezog, bezahlte das Geld dafür der Nationalbank, wer Waren nach Deutschland lieferte, bekam sein Geld von der Nationalbank. Die deutschen Käufer und Lieferanten verkehrten entsprechend mit der Reichsbank. Die beiden Banken wiederum verrechneten gegenseitig ihre Guthaben («Clearing»). Indessen lieferte die Schweiz dem Deutschen Reich wertmässig bedeutend mehr als es von ihm bezog. Das war nur dadurch zu kompensieren, dass die Schweiz dem Deutschen Reich einen ständigen wachsenden, zinslosen Überziehungskredit gewähren musste, den dieses mit der Drohung, ansonsten seine Lieferungen zu stoppen, erzwang. Natürlich bestand je länger je mehr die Gefahr, dass ein unterliegendes Deutsches Reich seine Schulden nie mehr zurückzahlen könnte; immerhin konnte man dann noch auf die deutschen Privatguthaben in der Schweiz zurückgreifen. Bei Kriegsende stand das Deutsche Reich mit 1,19 Milliarden Franken in der Kreide. 1952 bezahlte die 1949 geschaffene Bundesrepublik Deutschland gegen die Freigabe der deutschen Vermögenswerte 665 Millionen Franken an die Schweiz.

Die schweizerische Geld- und Goldpolitik während des Krieges war durch zwei Voraussetzungen geprägt: die internationale Rolle des Schweizer Frankens und das Bestehen zweier voneinander getrennter Geldmärkte, nämlich des schweizerisch-alliierten und des schweizerisch-kontinentaleuropäischen.

Der Schweizer Franken war eine äusserst begehrte Währung: Er wurde überall angenommen, war frei konvertierbar und galt als stabil. Gesichert war diese Stabilität allerdings nicht. Einmal wuchs der landeseigene Geldbedarf, unter anderem wegen der Deutschland gewährten Clearing-Kredite und der gestiegenen Weltmarktpreise. Zum andern konnte die Frankenvermehrung im internationalen Geldgeschäft die Frage nach der Sicherheit dieser Währung aufwerfen und diese damit gefährden.

Das Ziel der schweizerischen Währungspolitik war die Wahrung der Stabilität des Frankens. Man wollte eine inflationäre Entwicklung im Landesinnern, die wie im Ersten Weltkrieg zu schweren sozialen Problemen führen konnte, verhindern. Für ihre Einkäufe auf dem teuer gewordenen Weltmarkt, die ihr das wirtschaftliche Überleben ermöglichten, war die Schweiz auf eine stabile Währung angewiesen. Schliesslich war die Stabilitätspolitik auch ein Mittel, um für die kriegführenden Parteien, besonders die Achsenmächte, einen Angriff auf die Schweiz unattraktiv zu machen. Ein solcher hätte zweifellos zum Zusammenbruch des internationalen Frankenkurses geführt und damit auch den Angreifer einer wichtigen Trumpfkarte beraubt.

Stabil blieb der Franken aber nur, wenn er ausreichend gedeckt war. Dafür kam – mangels anderer stabiler und frei konvertierbarer Währungen – praktisch nur Gold in Frage. Der Ankauf von Gold bot zusätzlich die Chance, eigene Zahlungen mit Gold statt mit schweizerischen Franken abzuwickeln und damit das Inflationsrisiko zu reduzieren. Verantwortlich für die Gold- und Währungspolitik war die gegenüber dem Bundesrat weitgehend autonome Schweizerische Nationalbank. Der Goldhandel der Geschäftsbanken spielte vergleichsweise eine geringfügige Rolle und wurde im Verlauf des Krieges zunehmend eingeschränkt.

Erschwerend kam hinzu, dass die Schweiz auf zwei getrennten Geldmärkten operieren musste. Die schweizerischen Vermögenswerte im alliierten Machtbereich, darunter auch zwei Drittel der Goldreserven, die man aus Sicherheitsgründen dorthin verlagert hatte, waren blockiert. Zwar kaufte die Nationalbank während des Krieges grosse Mengen Gold gegen Schweizer Franken von Grossbritannien und den USA, doch konnte sie dieses Gold nirgendwo einsetzen und vor allem nicht nach Kontinentaleuropa transferieren. Praktisch handelte es sich bei diesen Goldkäufen einfach um eine stabilitätspolitische Massnahme und um Sicherheiten gegen Frankenkredite.

Im europäischen Bereich war zunächst ein Goldabfluss aus der Schweiz, vor allem nach Portugal, zu registrieren. Erst ab 1941, als sich der Krieg in die Länge zu ziehen begann, nahm das Interesse des Deutschen Reiches an Goldverkäufen gegen Schweizer Franken zu. Mit diesen Schweizer Franken konnte das Deutsche Reich bei Drittstaaten strategisch wichtige Güter, vor allem seltene Rohstoffe, einkaufen. Nach den – allerdings nicht direkt überlieferten – Worten des deutschen Reichswirtschaftsministers Funk im Juni 1943 war dieser Goldumtausch für das Deutsche Reich so wichtig, dass es nicht zwei Monate lang darauf hätte verzichten können. So entwickelte sich ein schwungvoller Goldhandel zwischen der Schweizerischen Nationalbank und der Deutschen Reichsbank, der seinen Höhepunkt 1943 erreichte und praktisch bis Kriegsende andauerte, seit dem Sommer 1944

Die Schweiz
von 1848 bis zur
Gegenwart

allerdings mit stark reduzierten Beträgen. Darüber hinaus diente Bern dem Deutschen Reich auch als Marktplatz für direkte Goldverkäufe an Drittstaaten. Ein Teil des erworbenen Goldes blieb in den Tresoren der Nationalbank, ein Teil diente als Zahlungsmittel im In- und vor allem im Ausland. Der Gewinn bei all diesen Goldtransaktionen stand nicht im Zentrum des Interesses und blieb eher bescheiden; er betrug etwa 20 Millionen Franken.

In der Bilanz präsentierte sich der Goldhandel der Schweiz mit den beiden Kriegsparteien ziemlich ausgewogen, wenn man den dem Deutschen Reich zusätzlich gewährten Clearing-Kredit von schliesslich über einer Milliarde mitberücksichtigt. Problematisch war dagegen die Herkunft des vom Deutschen Reich gelieferten Goldes. Durch die Eroberung Belgiens und der Niederlande war dieses in den Besitz grosser Teile der Goldreserven dieser Staaten gelangt, von denen vieles nun über die Goldverkäufe in die Schweiz gelangte. Ein heute (1997) noch nicht bezifferbarer, sicher viel kleinerer Teil des deutschen «Raubgoldes» stammte aus Konfiskationen von Privaten und als «Totengold» von ermordeten Opfern – Juden und anderen – in den Vernichtungslagern. Die Frage, ob und wieviel Gold solcher Herkunft in die Schweiz kam, harrt zur Zeit ebenfalls noch der Lösung.

Da sich die Nachricht von der Konfiskation des belgischen Goldes schon 1941 verbreitete, nahmen die Nationalbanken anderer neutraler Staaten das deutsche Gold zeitweise nicht mehr als Zahlungsmittel an. Die Schweizerische Nationalbank kümmerte sich bis 1943 überhaupt nicht um die Herkunftsfrage; danach gab sie sich jeweils mit deutschen Versicherungen, alles angebotene Gold stamme aus deutschen Vorkriegsbeständen, zufrieden. Dadurch übernahm sie faktisch die Rolle einer «Goldwaschanlage». Ihre Vertreter verteidigten sich später, es sei ihnen – angesichts der leicht durchführbaren Umschmelzung und Neuprägung von Goldbarren – als Käufer nicht möglich und auch nicht ihre Aufgabe gewesen, die Herkunft des gelieferten Goldes zu prüfen.

Da die Alliierten seit 1943 verschiedentlich erklärt hatten, jeglicher Handel mit deutscher Beute sei null und nichtig, forderten sie nach dem Kriegsende von der Schweiz die Rückgabe des «Raubgoldes». Im Washingtoner Abkommen (1946; vgl. S. 367) verpflichtete sich die Schweiz zu einer einmaligen und abschliessenden Zahlung von 250 Millionen Franken in Gold an die Alliierten – allerdings wusste man zu diesem Zeitpunkt nur vom belgischen, nicht aber vom niederländischen in die Schweiz gelangten Gold. Die Schweiz verpflichtete sich dabei auch, nachrichtenlose Vermögenswerte in der Schweiz zu identifizieren und den Opfer-

und Flüchtlingsorganisationen auszuhändigen. Die Schweiz kam dieser Aufgabe jedoch nur in sehr gemächlicher und unvollständiger Weise nach. Das Insistieren jüdisch-amerikanischer Organisationen auf dieser Thematik löste 1996 eine intensive Debatte über die schweizerische Wirtschafts- und Währungspolitik im Zweiten Weltkrieg aus. Überlebende der Judenvernichtung in Amerika strengten Schadenersatzklagen gegen schweizerische Banken an; gleichzeitig wurden diesen von verschiedenen amerikanischen Politikern Boykottaktionen angedroht. Der Bundesrat setzte eine Diplomatengruppe («Task Force») ein, um die offiziellen Reaktionen der Schweiz zu koordinieren und den Schaden und Ansehensverlust in Grenzen zu halten. Die Schweizer Banken, denen sich in der Folge auch andere Unternehmungen anschlossen, eröffneten 1997 einen humanitären Fonds für Überlebende der Verfolgungen durch den Nationalsozialismus mit einer Ersteinlage von 100 Millionen Franken. Sowohl zur Untersuchung der Wirtschafts- und Währungspolitik während des Krieges wie auch zur Geschichte der «nachrichtenlosen Vermögen» wurden Expertenkommissionen eingesetzt.

Die eingeschlossene Schweiz: Das Leben

Leben mit der Rationierung

Da der Kriegsausbruch 1939 nicht überraschend kam, war die Kriegswirtschaft – im Gegensatz zu 1914 (vgl. S. 302) – vorbereitet worden. Am 1. November 1939 trat die allgemeine Rationierung für eine Reihe wichtiger Lebensmittel, zum Beispiel Zucker, Reis, Mehl, Teigwaren, Fett, Öl, in Kraft. Jede Person erhielt eine Rationierungskarte, die zum Bezug einer bestimmten Menge der einzelnen Produkte berechtigte. Das Punktsystem nahm Rücksicht auf die verschiedenen Verbraucherbedürfnisse; es unterschied zwischen Kindern, Jugendlichen, Schwangeren, Normalverbrauchern und Schwerarbeitern. Auch Mahlzeitencoupons für Gaststätten wurden eingeführt. Der Konsument kaufte mit den Coupons seiner Karte nach Belieben bei einem Detaillisten ein, der beim Grossisten nur so viele Waren nachbeziehen durfte, wie ihm auf Grund der eingenommenen Coupons zustand. Die Zuteilungen waren knapp bemessen und änderten sich je nach Versorgungslage. Nur Geflügel, Fische, Obst, Kartoffeln und Gemüse mussten nie rationiert werden. Natürlich musste auch bezahlt werden, doch erliess der Bund einen generellen Preis- und Mietzinssteigerungstopp. Preiserhöhungen, die vor allem die teuer gewordenen Importgüter betrafen, mussten von einer Preiskontrolle bewilligt werden. Erst

Der Goldhandel während des Zweiten Weltkrieges (in Millionen Schweizer Franken)

1. *Der Goldbestand der Schweizerischen Nationalbank (SNB)*

a) Goldreserven im Juni 1940

– in der Schweiz	730
– im Ausland	1400
Total	2130

b) Entwicklung der Goldreserven in der Schweiz

Ende Oktober 1941	680
Ende Dezember 1942	750
Ende Dezember 1943	890
Ende Dezember 1944	1055

2. *Der Goldhandel der Schweizerischen Nationalbank 1939–1945*

Handelspartner	Ankauf der SNB	Verkauf der SNB	Saldo
Deutsches Reich	1230	20	+ 1210
Italien	50	0	+ 50
Ungarn	0	13	- 13
Rumänien	10	112	- 102
Spanien	0	185	- 185
Portugal	85	537	- 452
USA	2174 [1]	576 [2]	+ 1598 [3]
Grossbritannien	640	0	+ 640

[1] davon 552 Mio. vor dem Kriegseintritt der USA (Dezember 1941)
[2] ausschliesslich vor dem Kriegseintritt der USA
[3] Saldo Dezember 1941–1945: +1622

3. *Goldtransfers der Deutschen Reichsbank in die Schweiz 1939–1945*

Verkauf an die Schweizerische Nationalbank (SNB)		1210
Verkauf an Drittstaaten:		
– Portugal	212	
– Schweden	87	
– Bank für internationalen Zahlungsausgleich	58	
– Rumänien	38	
– andere	8	
Total Drittstaaten		403
Verkauf an schweizerische Geschäftsbanken		103
Total der Einfuhren		1716

4. *Herkunft des deutschen Goldes*

	total vom Deutschen Reich angeeignet	davon in die Schweiz gebracht	davon an die SNB verkauft
belgische Währungsreserven	960	532	379
niederländische Währungsreserven	701	562	400
übrige Bestände*		622	431

* Vorkriegsbesitz der Deutschen Reichsbank, frühere österreichische und tschechoslowakische Nationalbanken, «Konfiskations- und Totengold» insgesamt

(Alle Zahlen nach M. Fior, Die Schweiz und das Gold der Reichsbank, Zürich 1997)

Die Schweiz von 1848 bis zur Gegenwart

1948, drei Jahre nach Kriegsende, konnte die Rationierung ganz aufgehoben werden.

Die Rationierung veränderte die Essgewohnheiten der Bevölkerung. Der Fleischkonsum ging deutlich zurück. Eine besondere B-Karte enthielt statt des für viele zu teuren Fleisches mehr Brot, Milch und Käse; ihre Einlösung kostete im Ganzen etwa 25 Prozent weniger als die normale A-Karte. Man konnte mit den Rationierungskarten ohne Hunger durchkommen, wenn man den Haushalt gut organisierte. Aufklärungsschriften unter der Devise «Verzichten – Sparen – Haushalten» wandten sich denn auch an die Hausfrauen und orientierten über die Möglichkeiten der Restenverwertung, des Einmachens und Dörrens. Auch das Kochen musste geplant werden, denn auch das Gas war rationiert. Mangel herrschte auch an Brennmaterial. Da die hochwertige Importkohle vor allem der Industrie zugeteilt wurde, mussten sich die Haushalte für die Raumheizung mit einer für den ganzen Winter zugeteilten Menge von Holz, Torf und der minderwertigen Inlandkohle begnügen. Der private Motorfahrzeugverkehr kam wegen des Benzinmangels fast völlig zum Erliegen; öffentliche Fahrzeuge wurden mit Holzvergasern ausgerüstet. Sehr wichtig und gut organisiert war die Wiederverwertung von Altstoffen. Ein besonderes Büro für Altstoffwirtschaft liess das ganze Land nach Alteisen durchsuchen. In der zweiten Kriegshälfte konnte die Schweiz über 50 Prozent ihres Eisenbedarfs mit dem Schrottanfall decken.

Eine besondere Justizbehörde musste gegen den Schwarzhandel mit rationierten Waren und gegen Korruption vorgehen; bis 1943 wurden 65 000 zum grossen Teil allerdings nur leichte Vergehen gegen das Kriegswirtschaftsgesetz aufgedeckt. Als im September 1942 ein Müller und Käsereibesitzer in Steinen bei Schwyz verhaftet wurde, weil er 5 Tonnen Hirse, 2,5 Tonnen Mais, 1 Tonne Butter und 500 Kilogramm Käse schwarz verkauft hatte, nahmen die Dörfler drei mit der Untersuchung beauftragte Beamte gefangen. Man bot Truppen auf, die allerdings nicht zum Einsatz kamen, da die Schwyzer Polizei mittlerweile für Ordnung gesorgt hatte.

Die finanzielle Lage mancher Familien, deren Ernährer 1939 mobilisiert worden war, drohte zunächst prekär zu werden. Seit dem 1. Februar 1940 galt jedoch eine neue Lohnersatzordnung für Militärdienst leistende Arbeitnehmer (im Juni ergänzt durch eine entsprechende Ordnung für Selbstständigerwerbende). Finanziert wurde sie durch Arbeitgeber- und Arbeitnehmerbeiträge (je 2 Prozent der Lohnsumme) sowie mit Zahlungen des Bundes und der Kantone. Bezahlt wurde zwischen 80 und 90 Prozent des ausgefallenen Lohnes. Der gesamte Aufwand betrug bis zum Kriegsende 1,157 Milliarden Franken – zwanzig Mal mehr als im Ersten Weltkrieg (vgl. S. 301).

Rationierung und Lohnersatzzahlungen trugen ganz wesentlich dazu bei, dass soziale Spannungen während des Krieges ausblieben. Die Bevölkerung empfand sich im Ganzen als solidarische Schicksalsgemeinschaft, und wenn auch jeder vermutlich beim Kriegsende erleichtert aufatmete, erschien manchen doch in der Rückschau die Epoche des Weltkrieges als eine Zeit, in welcher mitmenschliche Werte mehr gegolten hatten als in den folgenden Jahrzehnten des wirtschaftlichen Aufschwungs.

Leben mit der Zensur

Die schweizerischen Medien – Zeitungen, Radio und Film – waren während des Krieges nicht frei, sondern unterstanden einer Zensurbehörde. Diese, die «Abteilung Presse und Funkspruch», wurde von hohen Offizieren geleitet und unterstand zunächst dem General, ab 1942 dem Justizdepartement. Die Zensur widersprach Art. 55 der Bundesverfassung (Pressefreiheit), rechtlich begründet wurde sie mit Art. 2 der Verfassung («Aufgabe des Bundes, die Unabhängigkeit des Landes zu wahren») und mit dem Vollmachtenbeschluss des Parlaments zu Kriegsbeginn (vgl. S. 323).

Das Ziel der Medienpolitik war, die innere Geschlossenheit des Volkes zu fördern und dazu beizutragen, die Schweiz aus dem Krieg herauszuhalten:
– Die Berichterstattung über militärische Vorgänge, etwa Truppenverschiebungen, Festungsbauten, war verboten. Die Armee musste positiv dargestellt werden.
– Die aussenpolitische Linie des Landes, die Neutralitätspolitik, durfte nicht in Frage gestellt werden.
– Die Kommentierung der weltpolitischen Vorgänge hatte zurückhaltend und ausgewogen zu erfolgen; nicht klar erhärtete Tatsachen sollten nicht veröffentlicht werden. Man wollte

Rationierungskarten während des Zweiten Weltkrieges. Für das Essen in Restaurants wurden Mahlzeitencoupons abgegeben.

Entscheidungen der Zensurbehörde

Aus einem Rundschreiben der Abteilung Presse und Funkspruch an die Zeitungsredaktionen vom 2. Juni 1943:

«Am 22. Mai hat die Abteilung Presse und Funkspruch die Presse ersucht, die Vorschriften des Grunderlasses strikte zu beachten und der neutralen Haltung unseres Landes in verstärktem Masse Rechnung zu tragen. In Ergänzung hiezu ersuchen wir Sie, besonders auch Ziffer 4 zum Grunderlass zu beachten, wonach es der Schweizer Presse verboten ist, sich zur Trägerin ausländischer Propaganda zu machen. In letzter Zeit sind verschiedene Artikel über die Behandlung von Juden und der polnischen katholischen Geistlichkeit erschienen, ohne jede sichere Quellenangabe. So selbstverständlich es ist, dass sich unser Gewissen gegen jede unmenschliche Behandlung regt, so müssen wir uns streng an die Vorschriften des Pressenotrechtes halten, welche uns zur Pflicht machen, Gerüchte und die ausländische Propaganda zu unterdrücken.»

Aus dem Zensurentscheid zum Drehbuch des Films «S Margritli und d Soldate» (1940):

«Verlangte Kürzungen: ‹Die Szene, in der ein Soldat einen Schinken aus der Rauchkammer stiehlt. Sämtliche Szenen während des Umzugs durch Estavayer, in denen sich Korporal Guggisberg vom Orchester Teddy Stauffer befindet… Die Silhouetten der fremden Flieger in der Szene mit dem abgestürzten fremden Flugzeug, sodass die fremden Flieger nicht erkannt werden können… Die Szene, in der sich der Wachtmeister mit dem Soldaten streitet, bis er eine Schaufel Erde angeworfen erhält.›»

vor allem Konflikte mit den Achsenmächten als Folge von Pressepolemiken vermeiden.

Für den Textteil der Presse galt das Prinzip der Nachzensur: Die Zeitungen erschienen frei, doch konnten sie bei Verstössen gegen die Anordnungen der Zensurbehörden bestraft werden. Die Strafen reichten von der blossen Beanstandung über die Unterstellung unter Vorzensur bis zum – befristeten oder unbefristeten – Verbot über eine Zeitung. Während des Krieges wurden zwanzig Verbote verfügt. Für Bilder und Filme bestand praktisch Vorzensur; man legte die Fotografien und Drehbücher vor der Veröffentlichung oder Verfilmung den Zensurbehörden vor. Das Radio verstand seinen Auftrag kaum in der Kommentierung, sondern vor allem in der Unterhaltung und in der Information; zu einer auch im Ausland viel gehörten Sendung wurde die «Weltchronik», in welcher der Historiker Jean-Rodolphe von Salis einmal in der Woche während einer Viertelstunde die Kriegsereignisse zusammenfasste und würdigte. Ausländische Publikationen konnten beschlagnahmt, das Abspielen ausländischer Filme konnte verboten werden; Störsender gegen ausländische Radiostationen gab es dagegen nicht.

Über die innenpolitischen Vorgänge – abgesehen von den militärischen – war die Schweizer Bevölkerung im Ganzen durchaus gut informiert; auch die parteipolitischen Auseinandersetzungen in der Presse wurden keineswegs unterbunden. Auch über die Entwicklungen an den diversen Fronten des Weltkrieges wusste man Bescheid. Dagegen verbreitete sich die Kenntnis etwa über die deutschen Massenvernichtungslager in Osteuropa höchstens gerüchteweise. Dass Zensur notwendig sei, wurde während der Kriegszeit kaum in Frage gestellt; der Verzicht darauf hätte beispielsweise bedeutet, dass eine Zeitung offen etwa den Kriegseintritt der Schweiz oder den Anschluss an das Deutsche Reich hätte fordern dürfen. Umstritten waren allenfalls einzelne Zensurmassnahmen. Vielfach wurde aber auch eine strengere Zensurpraxis gefordert. So trat General Guisan für eine generelle Vorzensur ein; er pflichtete auch den pressepolitischen Forderungen der Autoren der «Eingabe der 200» (vgl. S. 324) bei.

Leben mit Flüchtlingen? – Die Flüchtlingspolitik

Auf dem «Höhenweg» an der schweizerischen Landesstellung 1939, welcher dem Besucher die Wesensmerkmale der Schweiz vor Augen führte, hatte man lesen können: «Die Schweiz als Zufluchtsort Vertriebener, das ist unsere edle Tradition. Das ist nicht nur unser Dank an die Welt für den Jahrhunderte langen Frieden, sondern auch besonderes Anerkennen der grossen Werte, die uns der heimatlose Flüchtling von jeher gebracht hat.»

Dieses Selbstlob entsprach der bereits damals betriebenen Flüchtlingspolitik kaum. Die Errichtung faschistischer Diktaturen zuerst in Italien, dann in Deutschland führte dazu, dass Menschen aus politischen Gründen aus ihrer Heimat flohen und zum Teil in die Schweiz kamen. Ihre Zahl war nicht gross. Jüdische Auswanderer aus Deutschland gingen im Allgemeinen nach Übersee oder nach Palästina. Die Situation änderte sich im Verlauf des Jahres 1938 durch den «Anschluss» Öster-

Die Schweiz von 1848 bis zur Gegenwart

> **Der «Fall Grüninger»**
>
> Paul Grüninger (1891–1972) war seit 1925 Polizeikommandant des Kantons St. Gallen. Als nach dem März 1938 österreichische Juden die dortige Schweizer Grenze zu überschreiten versuchten, unterlief Grüninger die bundesrätlichen Abweisungsgebote durch verschiedene Massnahmen: Er fälschte Einreisedaten, manipulierte Zahlen, lotste Flüchtlinge über die Grenze und gab den Behörden falsche Auskünfte. Er rettete so mehreren hundert, vielleicht einigen tausend Menschen das Leben. Nachdem seine Handlungen im April 1939 entdeckt worden waren, wurde er fristlos entlassen, gebüsst und nie mehr eingestellt. Grüninger hatte gegen Bundesgesetze und behördliche Anweisungen verstossen, doch konnte er sich auf übergeordnetes Naturrecht berufen, was ihm allerdings nichts nützte. Rehabilitiert wurde er erst 1993.

reichs im März und durch die antijüdischen Ausschreitungen in Deutschland, etwa die «Reichskristallnacht» im November. Für viele Juden wurde nun klar, dass ihr Leben unmittelbar gefährdet war, und sie versuchten, so rasch als möglich, ohne ihren Besitz, zu fliehen. Das Deutsche Reich, das ja die Juden los werden wollte, hatte dagegen nichts einzuwenden.

Die schweizerische Flüchtlingspolitik war zu diesem Zeitpunkt längst sehr restriktiv; die Schweiz sollte für Flüchtlinge allenfalls Transitland, nicht aber Niederlassungsland sein. Gründe dafür waren zunächst die noch immer hohen Arbeitslosenzahlen und die Furcht vor einer wirtschaftlichen Belastung. Hinzu kam aber auch eine verbreitete antisemitische Grundstimmung; viele stellten die Frage, ob Juden auch gute Schweizer sein könnten und bezweifelte vor allem die Assimilierbarkeit einer grösseren Zahl von jüdischen Einwanderern. Dass diese weiterziehen würden, war angesichts der sich abzeichnenden bedrohlichen Lage und der keineswegs judenfreundlicheren Haltung anderer Länder höchst ungewiss. Eine internationale Flüchtlingskonferenz in Evian (1938) scheiterte an der Weigerung der traditionellen Einwandererländer wie den USA, mehr Verfolgte aus Deutschland aufzunehmen. Infolgedessen beschloss der Bundesrat, die legale und illegale Einwanderung von Juden zu verhindern. Im legalen Bereich drohte die Schweiz dem Deutschen Reich mit der Einführung einer allgemeinen Visumspflicht – jeder in die Schweiz einreisende Deutsche, ob Jude oder nicht, hätte nun eine individuelle Einreiserlaubnis benötigt. Da das Deutsche Reich damit nicht einverstanden war, einigte es sich mit der Schweiz im Oktober 1938, alle Pässe jüdischer Deutscher – zu denen nun auch die jüdischen Österreicher gehörten – mit einem «J» zu kennzeichnen (vgl. S. 136), so dass die schweizerischen Behörden Juden an den Grenzübergangsstellen erkennen und zurückweisen konnten. Die illegale Einwanderung wurde durch Grenzkontrollen und Rückweisung verhindert. Dass die zurückgewiesenen Juden fast alle der Ausrottung anheimfallen würden, war 1938 nicht mit Sicherheit vorauszusehen, wohl aber, dass ihre Existenz sehr gefährdet war. Wie in andern Fällen auch versuchte man später, die Verantwortung für diese Flüchtlingspolitik einer einzelnen Person, dem Chef der Polizeiabteilung im Justizdepartement Heinrich Rothmund, anzulasten. Indessen lag die Verantwortung dafür beim Gesamtbundesrat, der damit in der Öffentlichkeit damals auch gar nicht auf grössere Kritik stiess.

Mit dem Kriegsausbruch 1939 und der Einschliessung der Schweiz durch die Achsen-

Flüchtlingslager-Baracke bei St. Margrethen

«Schutzsuchende Ausländer» in der Schweiz 1939–1945:	
1. Emigranten	9 909
2. Militärpersonen	103 869
3. Politische Flüchtlinge	251
4. Zivilflüchtlinge	55 018 *
5. Kinder in Erholungsaufenthalten	59 785
6. Grenzflüchtlinge	66 549
Total	295 341

* nach anderen Angaben 51 129

Total der «schutzsuchenden Ausländer» in der Schweiz zu einem bestimmten Zeitraum:		
Ende 1942	26 000	(davon 9615 Zivilflüchtlinge)
Ende 1943	73 000	(davon 26 152 Zivilflüchtlinge)
Ende 1944	98 000	(davon 46 459 Zivilflüchtlinge)
Mai 1945	115 000	

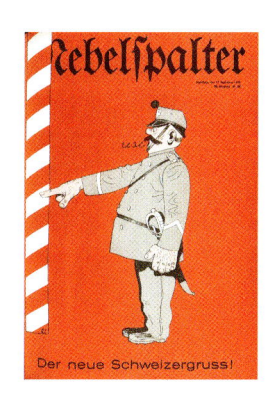

Karikatur des «Nebelspalter» auf die Flüchtlingspolitik vom 17. September 1942

mächte änderte sich die Lage für die schweizerische Flüchtlingspolitik insofern, als mit neuen Kategorien von Flüchtlingen zu rechnen war, etwa mit an die Schweizer Grenze abgedrängten Soldaten. Die Schweiz nahm während des Krieges denn auch sehr viel mehr Flüchtlinge auf als vor dem Krieg.

Die Emigranten waren Flüchtlinge, die bereits vor Kriegsbeginn in die Schweiz gekommen waren; die grosse Mehrheit unter ihnen stammte aus Deutschland und Österreich. Die Militärpersonen waren internierte Angehörige fremder Armeen, entwichene Kriegsgefangene und Deserteure. Zu ihrer Aufnahme war die Schweiz völkerrechtlich verpflichtet. So wurde am 19./20. Juni 1940 der grösste Teil des 45. französischen Armeekorps bei Ocourt (Jura) zur Schweizer Grenze abgedrängt und ersuchte um Internierung in der Schweiz. Die etwa 30 000 Franzosen konnten bald nach dem deutsch-französischen Waffenstillstand zurückkehren, während die 10 000 Angehörigen der 2. polnischen Division (einer aus geflohenen Polen gebildete Einheit) bis zum Kriegsende in der Schweiz blieben. Der Umsturz in Italien 1943 führte zur Flucht von etwa 20 000 italienischen Soldaten und solchen, die sich dem Militärdienst in dem noch von Mussolini geführten Norditalien entziehen wollten, in die Schweiz.

Bei den Kindern handelte es sich um solche, die durch das Schweizerische Rote Kreuz oder andere Hilfswerke vorübergehend in der Schweiz betreut wurden, um ihren Gesundheits- und Ernährungszustand zu verbessern; sie kamen vor allem aus Frankreich und Belgien. Die Grenzflüchtlinge lebten nahe der Schweizer Grenze und begaben sich während Kriegshandlungen für kurze Zeit auf Schweizer Gebiet. Sie belasteten die Schweiz kaum.

Der geringe Anteil der «politischen Flüchtlinge», die gemäss Asylgesetzgebung aufgenommen werden mussten, zeigt, dass die Behörden diesen Begriff sehr eng auslegten. Ihre Zahl betrug Ende 1941 ganze 241. So galten «Flüchtlinge nur aus Rassegründen», also vor allem Juden, bis zum Sommer 1944 nicht als politische Flüchtlinge, sondern als «Zivilflüchtlinge», die keinen Rechtsanspruch auf Aufnahme hatten. 1942 setzte eine neue Flüchtlingswelle zur Schweiz hin ein, als sowohl in Frankreich wie in Deutschland die Deportation der Juden in die osteuropäischen Vernichtungslager einsetzte. Daraufhin verschärfte die Schweiz im Sommer 1942 die Aufnahmepraxis gegenüber Zivilflüchtlingen massiv; man versprach sich davon eine abschreckende Wirkung. In einer Rede vor der Landsgemeinde der «Jungen Kirche» im Zürcher Hallenstadion prägte Bundesrat Eduard von Steiger, der Chef des Justizdepartements, das Wort vom «schon stark besetzten Rettungsboot». Man fürchtete Kosten und Ernährungsprobleme, aber auch, dass man die Flüchtlinge nach dem Krieg nicht mehr los würde. Dagegen spielte das Argument, man dürfe das Deutsche Reich durch die Aufnahme von Flüchtlingen nicht provozieren, eine ganz untergeordnete Rolle. Die zunehmenden Informationen über das den Juden in Osteuropa drohende Schicksal wurden möglichst geheim gehalten.

Die Abweisung und Rückschaffung von Zivilflüchtlingen führte zu einer öffentlichen Debatte, die in einer grossen Diskussion im Nationalrat im September 1942 gipfelte. Während die Sozialdemokraten auf eine Fraktionserklärung verzichteten, unterstützten die grossen bürgerlichen Parteien die Flüchtlingspolitik des Bundesrates, ebenso die Kantons-

Die Schweiz von 1848 bis zur Gegenwart

regierungen. Dagegen gab es private Organisationen, vor allem aus den Kreisen der Kirche und der Arbeiterschaft, die sich mit viel persönlichem Engagement für eine grosszügigere Flüchtlingspolitik einsetzten. Der Bundesrat gewährte aber nur Ausnahmen für Kinder, Familien mit Kleinkindern und Personen über sechzig Jahren. Erst von Mitte 1943 an wurde die Bereitschaft der Landesregierung, Zivilflüchtlinge aufzunehmen, wesentlich grösser, was wohl durch den stärkeren Druck der Alliierten, den Wandel der Kriegslage und das voraussehbare Kriegsende bedingt war. Vollständig besetzt war das «Rettungsboot» 1942 also doch nicht gewesen.

Unter den bereits vor Kriegsbeginn in der Schweiz ansässigen Emigranten befanden sich 6654 Juden; während des Krieges wurden 21 858 Juden als Zivilflüchtlinge aufgenommen, wobei die jüdischen Gemeinden – die selbst nur etwa 18 000 Mitglieder hatten – in der Schweiz einen Grossteil der Kosten zu übernehmen hatten. Die Zahl der aktenmässig erfassten Rückweisungen an der Grenze betrug nach heutigem (1997) Forschungsstand 24 000; hinzuzurechnen wären dazu noch 14 000 verweigerte Visaerteilungen. Manche Abgewiesene begingen Selbstmord. Kaum berechenbar ist die Zahl jener, welche die Schweizer Grenze nicht erreichten oder die Flucht auf Grund der schweizerischen Abschreckungsstrategie schon gar nicht versuchten (vgl. S. 135 f.).

Der Fall Zagiel

Dem jungen jüdischen Paar Simon und Céline Zagiel aus Belgien gelang es, die schweizerische Grenze unbemerkt zu überschreiten. Die Nacht von 17. auf dem 18. August 1942 verbrachte es auf dem jüdischen Friedhof in Bern, wo es vom Gärtner entdeckt wurde. Dieser brachte sie ins Berner Amtshaus. Obwohl der Präsident der jüdischen Gemeinde zusicherte, für die beiden aufkommen zu wollen, wurden sie von der Berner Polizei über die Grenze in die deutsch-besetzte Zone Frankreichs gebracht. Der Fall signalisierte eine Verschärfung der Flüchtlingspolitik, weil man bisher Flüchtlingen, die sich im Landesinnern gemeldet hatten, Asyl gewährt hatte. Er führte zu zahlreichen Protesten und zu einer Milderung der Aufnahmepraxis, die jedoch nur bis Ende September anhielt, als die Flüchtlingszahlen stark zunahmen. – Das Paar fiel jenseits der Grenze einer deutschen Patrouille in die Hände und wurde über Drancy nach Auschwitz deportiert, wo Céline erschossen wurde und Simon die Zwangsarbeit nicht lebend überstand.

Regina Kägi-Fuchsmann (1889–1972) begründete das Schweizerische Arbeiterhilfswerk, das nach 1933 zunächst vor allem deutsche Emigranten beiseite stand. Während des Zweiten Weltkrieges setzte sie sich einerseits für die Einlassung von Verfolgten in die Schweiz ein und unterstützte diese, anderseits organisierte sie Hilfsaktionen für die Internierten im besetzten Frankreich. Nach dem Zweiten Weltkrieg dehnte das Hilfswerk seine Tätigkeit auf Nachkriegseuropa und die Entwicklungsländer aus.

Die Schweiz in der Welt: Schutzmacht und Rotes Kreuz

Kriegsausbruch zwischen zwei Staaten bedeutet gleichzeitig den Abbruch ihrer diplomatischen Beziehungen. Im nunmehrigen Feindesland bleiben aber Zivilpersonen und Besitzungen zurück; hinzu kommen allenfalls Kriegsgefangene. Damit sich jemand um die Menschen und Güter kümmert, übertragen die sich bekämpfenden Staaten ihre Interessenvertretung einem unbeteiligten dritten Staat als «Schutzmacht». Als einer der wenigen neutral gebliebenen Staaten war die Schweiz im Zweiten Weltkrieg als Schutzmacht sehr gefragt; sie vertrat im Ganzen 43 Staaten in 273 Ländern. In vielen Fällen konnte etwa die Heimschaffung verwundeter Kriegsgefangener erreicht werden.

Ausserordentlich hohe Anforderungen wurden an das von Genf aus wirkende Internationale Komitee vom Roten Kreuz (vgl. S. 300) gestellt. Es half den Kriegsgefangenen durch Lagerinspektionen, durch die Organisation des Briefwechsels mit ihren Angehörigen, durch einen internationalen Suchdienst und durch Lebensmittellieferungen in Hungergebiete. In zwei Bereichen war das IKRK allerdings zur Tatenlosigkeit verurteilt. Da die Sowjetunion dem Genfer Abkommen von 1929 über die Behandlung von Kriegsgefangenen nicht beigetreten war, konnte es weder die Lager mit deutschen Kriegsgefangenen in der Sowjetunion noch jene in Deutschland mit sowjetischen Kriegsgefangenen inspizieren. Erst recht keinen Zugang hatte es zu den deutschen Konzentrations- und Vernichtungslagern, von deren Existenz es allerdings wusste. Um seine vorhandenen Arbeitsmöglichkeiten nicht zu gefährden und etwa einen Austritt des Deutschen Reiches aus der Genfer Konvention zu provozieren, verzichtete das IKRK auf einen öffentlichen Protest oder energische Demarchen – eine Haltung, die ihm später als zu zögerlich angekreidet wurde.

Die Quellen sowohl auf deutscher wie auf alliierter Seite belegen, dass die Schutzmachtdienste der Schweiz und die Leistungen des IKRK geschätzt wurden. Sie waren zweifellos Aktivposten der schweizerischen Neutralitätspolitik.

Das Kriegsende

Im September 1944 erreichten die alliierten Truppen in Frankreich die Schweizer Grenze. Militärisch bedeutete dies das Ende des Réduits; die Truppen hatten jetzt vor allem die Grenze im Nordwesten und im Norden zu schützen und Grenzverletzungen zu verhindern. Von den deutschen Truppenverbänden, die nun

Schutz in der Schweiz suchten, nahm man Angehörige der Wehrmacht auf, wies aber Mitglieder der Waffen-SS ab. Abgewiesen wurden auch Exponenten der zusammenbrechenden Regimes, so der einstige Duce Italiens, Benito Mussolini, an der Grenze bei Como. Im Aussenhandel musste sich die Schweiz umstellen, da sie nun vor allem auf alliierte Rohstofflieferungen angewiesen war. Am 1. Oktober 1944 wurden die Kriegsmateriallieferungen an das Deutsche Reich aufgegeben. Ein am 8. März 1945 unterzeichnetes Abkommen zwischen den Alliierten und der Schweiz nötigte diese, den Wirtschaftsverkehr mit dem Deutschen Reich praktisch völlig einzustellen und sich so in den letzten Kriegsmonaten wirtschaftlich ins alliierte Lager einzuordnen. Das Kriegsende im Mai löste allgemeine Erleichterung und ein Gefühl der Dankbarkeit dafür aus, dass das Land nicht in die Unsumme an Menschenopfern und Zerstörungen, die der Zweite Weltkrieg gefordert hatte, einbezogen worden war.

Hat sich die Schweiz während des Zweiten Weltkrieges richtig verhalten?

Ziel der schweizerischen Politik während des Krieges war die Erhaltung der Schweiz als selbstständiger Staat mit gesicherten Lebensgrundlagen. Ihm hatte sich alles andere unterzuordnen, von den Beziehungen zu den anderen Staaten über die Wirtschafts- und Pressepolitik bis zum Verhalten gegenüber den Flüchtlingen. Aus dieser Sicht war die schweizerische Politik, vielleicht auch vom Glück begünstigt, ausserordentlich erfolgreich. Die schweizerische Bevölkerung profitierte davon: Sie lebte wesentlich besser als jene in den umliegenden Staaten, sie hatte nur minime Zerstörungen zu beklagen, sie behielt – mit einigen nach dem Krieg aufgehobenen Einschränkungen – ihre demokratisch-föderalistische Verfassung, sie verfügte nach dem Krieg über einen intakten Produktionsapparat. Selbstverständlich auferlegte die Kriegszeit der Bevölkerung auch zahlreiche Einschränkungen und Belastungen, doch waren diese viel geringer, als wenn die Schweiz annektiert oder Kriegsschauplatz geworden wäre.

Vor allem in populären Darstellungen in den Nachkriegsjahrzehnten wurde indessen die Frage nach den Ursachen des Erfolgs sehr einseitig beantwortet; die Zeit des Aktivdienstes wurde zum Mythos. Der Mythos bestand darin, dass man die Bewahrung der schweizerischen Souveränität ausschliesslich der abschreckenden Wirkung der schweizerischen Armee zuschrieb und zudem das gesamte Volk mit der Aura nicht nur des bedingungslosen Widerstandswillens, sondern auch der makellosen Tugendhaftigkeit inmitten eines Ozeans von Kriegsverbrechen umgab, von der sich höchstens einige Verräter und «Anpasser» unangenehm, aber wenigstens deutlich abhoben. Forschungsergebnisse, die ein differenzierteres Bild zeichneten, stiessen nicht auf sehr viel Echo oder auf heftigen Widerstand. Erst in den Achtziger- und Neunzigerjahren setzte dann, vor allem im Zusammenhang mit der Wirtschafts- und Flüchtlingspolitik, aber auch mit der Debatte über die Existenzberechtigung der Armee (vgl. S.184 f.), eine intensivere und kritischere Diskussion ein. Dabei drohte allerdings gelegentlich die Gefahr, dass die Kritik ins andere Extrem umschlug, dass vergessen wurde, unter welchen Rahmenbedingungen in den Jahren des Zweiten Weltkrieges Politik gemacht werden musste. Entscheidend für ein Urteil sind letztlich immer die Massstäbe, an denen eine Politik gemessen wird. Je höher man die moralischen Kriterien setzt – gleichmässige Anwendung der Neutralitätsmaximen, Verzicht auf die Kriegsförderung durch Waffenexporte, rücksichtslose Anprangerung von Menschenrechtsverletzungen und Diktaturen, unbeschränkte Offenheit für Verfolgte, Verzicht auf jegliche Einschränkung von Freiheitsrechten –, desto schärfer fällt die Kritik aus. Es bleibt dann die Frage, ob ein Mehr an Moral mit der gleichen Chance auf Erfolg möglich gewesen wäre – und ob die Politik der Gegenwart moralischen Massstäben in höherem Masse genügt.

Das Land blieb unversehrt... Grenzwache an der Bahnlinie Pruntrut–Delle. (Foto: Hans Staub)

Die Schweiz
von 1848 bis zur
Gegenwart

Die Schweiz seit 1945

Die Entwicklung zur Wohlstandsgesellschaft

Von der Krisenerwartung zur Hochkonjunktur (1945–1973)

Die Ziele der Wirtschaftspolitik werden häufig mit dem «magischen Fünfeck» umschrieben: Wirtschaftswachstum, Vollbeschäftigung, ausgewogene Einkommensverteilung, ausgeglichene Zahlungsbilanz im Aussenwirtschaftsverkehr, Geldwertstabilität. Diese Ziele wurden bis zu Beginn der Siebzigerjahre weitgehend erreicht; als grösstes Problem galt damals die Inflationsbekämpfung.

1945 erwartete man in der Schweiz keineswegs einen solchen «Boom», sondern eher einen Rückfall in die Krisenzeit der Zwanziger- und Dreissigerjahre. Man befürchtete, dass es zu ähnlich grossen sozialen Auseinandersetzungen kommen könnte wie am Ende des Ersten Weltkrieges. Dies schien sich zunächst zu bestätigen. Im Jahre 1946 beteiligten sich insgesamt 15 173 Arbeiter und Arbeiterinnen an Streiks, eine Zahl, die zuletzt 1920 übertroffen worden war. Ebenfalls weit über dem Durchschnitt lagen die ausgezählten Streiktage (184 483). Am Ende der Vierzigerjahre setzte jedoch ein von nur kurzen und schwachen Stagnationsperioden unterbrochener, zuvor nie gekannter, wirtschaftlicher Aufschwung ein, der bis 1973/74 anhielt. Eine Reihe von Gründen war dafür verantwortlich:
– Die Industrieanlagen der Schweiz waren unzerstört. Die Verkehrsträger funktionierten, die wirtschaftlichen Strukturen hatten den Krieg ohne grössere Schäden überstanden. Damit verfügte die Schweiz über einen intakten Produktionsapparat. Auch Kapitalreserven waren in grossem Umfang vorhanden. Die Schweiz konnte produzieren und investieren.
– Der von den USA geförderte wirtschaftliche Wiederaufstieg der westeuropäischen Staaten, besonders der Bundesrepublik Deutschland («Wirtschaftswunder»), führte zu einer zunehmenden Nachfrage nach schweizerischen Exportprodukten und schweizerischem Kapital. Der Konkurrenzdruck aus dem Ausland war dagegen relativ gering.
– Die auf den Export ausgerichtete schweizerische Wirtschaft profitierte von der Liberalisierung des Welthandels und des Kapitalverkehrs (Lockerung oder Abschaffung von Devisenvorschriften).
– Der wirtschaftliche Aufstieg belebte den Binnenmarkt, vor allem die Produktion von Konsumgütern und die Bauwirtschaft. Die Modernisierung der Produktionsanlagen wurde dagegen in manchen Unternehmen verzögert, da die Arbeitskräfte relativ billig und der Konkurrenzdruck nicht sehr hoch waren.
– Zunächst die bedrohliche weltpolitische Lage, dann aber vor allem der wirtschaftliche Aufschwung förderten seit dem Ende der Vierzigerjahre den Arbeitsfrieden und stabile soziale Verhältnisse. Das Verhältnis zwischen den Kontrahenten im Arbeitsprozess, der Arbeiterschaft und den Arbeitgebern, änderte sich. An die Stelle des Klassenkampfes trat, ganz nach dem Vorbild des Friedensabkommens von 1937 (vgl. S. 316 f.), das friedliche Verhandlungsverfahren. Gewerkschaften und Arbeitgeberverbände waren nun nicht mehr Gegner, sondern wurden Sozialpartner. Im Jahre 1950 erfassten die Gesamtarbeitsverträge (GAV) bereits etwa die Hälfte aller Arbeitnehmer und Arbeitnehmerinnen. Ihre Zahl nahm beständig zu, sodass 1977 etwa 1,5 Millionen Arbeitnehmer und Arbeitnehmerinnen den GAV unterstellt waren. Streiks bildeten nach 1950 eine seltene Ausnahme; die Schweiz hatte im europäischen Vergleich die niedrigste Streikrate zu verzeichnen.
– Allmählich stellte sich Vertrauen in Dauer und Solidität des Aufschwungs auf breiter Front ein; eine Zuversicht, die sich, je länger der Aufschwung dauerte, zu einem immer stärker werdenden Optimismus steigerte.

Angesichts des anhaltenden wirtschaftlichen Wachstums und des zunehmenden Mangels an Arbeitskräften verloren Verteilungskämpfe immer mehr an Bedeutung. Die Verhandlungen zwischen den Arbeitgeber- und den Arbeitnehmerorganisationen endeten meistens zur beidseitigen Zufriedenheit. Da die schlecht bezahlten Arbeiten nun immer mehr von Ausländern ausgeführt wurden, konnte mancher Schweizer seine soziale Stellung verbessern. Der Anteil der Frauen im Arbeitsprozess nahm zu, doch waren deren Löhne deutlich niedriger als jene der Männer.

Landwirtschaft, Industrie, Dienstleistungen

Das Wirtschaftswachstum der Nachkriegszeit veränderte die Erwerbswelt gründlich. Nur kleine Teile der Bevölkerung blieben den kleingewerblichen und landwirtschaftlichen Produk-

Plakat der Fluggesellschaft Swissair aus dem Jahr 1948 (Hermann Eidenbenz). – Die 1931 gegründete Fluggesellschaft entschied sich nach dem Zweiten Weltkrieg – nach einigem Zögern – für die Expansion zur weltumspannenden Luftlinie. Sie wurde zum Symbol des Ausbruchs der Schweiz aus der Enge der Kriegszeit und des wirtschaftlichen Aufstiegs.

tionsformen der Vergangenheit verbunden. Die Schweiz, die hauptsächlich wegen ihrer dezentralisierten Wirtschaftsstruktur während langer Jahre viele kleinere und mittlere Selbstständigerwerbende zählte, entwickelte sich in der Nachkriegszeit zu einem Land der Arbeiter und Angestellten.

Die Gliederung der Erwerbstätigen in die drei Beschäftigungssektoren (vgl. S. 343) verdeutlicht diese Umschichtung: Der Anteil der im ersten Sektor (Landwirtschaft) Tätigen verlor von einem Beschäftigungsanteil von über drei Viertel vor der Industrialisierung im Verlaufe der wirtschaftlichen Entwicklung ständig an Gewicht. Von 1950 bis 1993 ging der Beschäftigungsanteil des primären Sektors von 21 Prozent auf 4 Prozent zurück (zur Entwicklung der Landwirtschaft im Einzelnen vgl. S. 254 f.).

In der Phase der Industrialisierung waren die in der Landwirtschaft freigesetzten Arbeitskräfte vorwiegend in den sekundären, industriellen Sektor abgewandert. Die Hauptursache für dessen Expansion war einerseits die Nachfrage, anderseits die Tatsache, dass die Arbeitskraft infolge des Zustroms von Ausländern relativ billig blieb. Mit einem Anteil von knapp 46 Prozent Anfang der Sechzigerjahre hatte der sekundäre Sektor allerdings seinen Höhepunkt erreicht. Der Umbruch in den Siebzigerjahren liess dann umso härter spürbar werden, dass man die Modernisierung und die Rationalisierung zu lange aufgeschoben hatte. Die Maschinenindustrie hatte schon in der Zwischenkriegszeit die älteren Textil- und Bekleidungsfirmen beschäftigungsmässig überholt. Einzig die Rekrutierung billiger ausländischer Arbeitskräfte zögerte den Niedergang der Textilindustrie nochmals hinaus. In den späten Sechzigerjahren setzte jedoch eine Branchenkrise ein, die sich in den Siebzigern vertiefte. Gegenüber der weitaus billigeren Konkurrenz aus Südeuropa und später aus Asien hatte die einheimische Produktion geringe Chancen.

Von den Sechzigerjahren an lag der Schwerpunkt der Entwicklung im dritten, dem Dienstleistungssektor. 1990 arbeiteten bereits über 60 Prozent der Beschäftigten in diesem Bereich. Besonders wichtig war dabei der «Bankenplatz Schweiz». Die günstige Entwicklung der Wirtschaft, die politische Stabilität, die im Vergleich zu den Nachbarstaaten niedrige Steuerbelastung und die Stabilität des Frankens machten die Schweiz zu einem attraktiven Ort für in- und ausländische Kapitalanleger. Dadurch trat das schweizerische Bankwesen in eine neue Phase des Wachstums und des Wandels ein. Das 1934 geschaffene Bankgeheimnis, durch welches die Auskunfterteilung der Bank an Dritte (mit bestimmten Ausnahmen) unter Strafe gestellt wurde, erwies sich als zusätzlicher Magnet. Der Finanzplatz Schweiz gewann immer mehr an Bedeutung. Anlagen in Schweizer Franken erwiesen sich als inflationssicher und begünstigten den Zustrom von Kapital. Von 1945 bis zum Ende der Achtzigerjahre verfünfzigfachte sich die Bilanzsumme der verschiedenen Bankinstitute. Die Zahl der Bankniederlassungen stieg bis 1990 sprunghaft auf fast 5700 Geschäftsstellen an, davon rund 5500 im Inland. 1996 waren die Banken unter allen Wirtschaftszweigen des Landes die grössten Steuerzahler des Bundes und beschäftigten 3,5 Prozent aller Erwerbstätigen. Allerdings setzte in den Neunzigerjahren ein Konzentrationsprozess ein, der 1997 einen spektakulären Höhepunkt mit der Fusion der zwei Grossbanken Bankverein und Bankgesellschaft fand. Die Tatsache, dass immer wieder auf fragwürdige Weise erworbenes Geld, sei es nun das Vermögen von Diktatoren oder von kriminellen Organisationen, auf Schweizer Bankkonten gelangte, führte zwar im In- und Ausland zu gelegentlicher Kritik an den Banken und vor allem am Bankgeheimnis. Eine sozialdemokratische Volksinitiative, die das Letztere einschränken wollte, wurde indessen 1984 massiv abgelehnt.

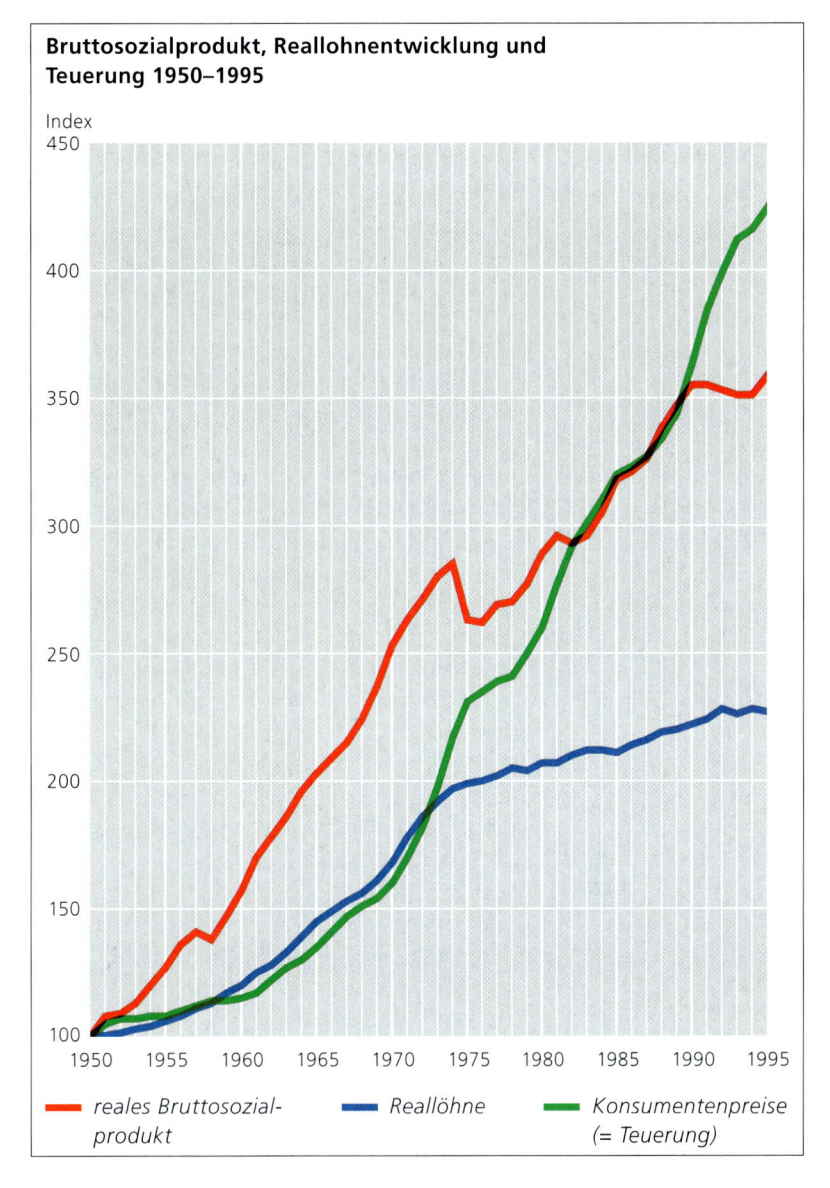

Bruttosozialprodukt, Reallohnentwicklung und Teuerung 1950–1995

— reales Bruttosozialprodukt
— Reallöhne
— Konsumentenpreise (= Teuerung)

Die Schweiz von 1848 bis zur Gegenwart

Steigender Wohlstand für alle

Das Wirtschaftswunder der Nachkriegszeit führte in der schweizerischen Gesellschaft zu einer enormen Steigerung des materiellen Wohlstandes. Wie in allen Staaten Westeuropas veränderte sich auch die schweizerische Alltags- und Arbeitswelt. Noch nie zuvor hatten so gut wie alle Schichten über so viel Einkommen, Freizeit, Bewegungsmöglichkeiten und Gelegenheit zur Ausgestaltung ihres Daseins verfügt. Mehr und mehr Haushalte verfügten nun über warmes Wasser für Küche und Bad. Nach und nach wurden Kühlschränke, Waschmaschinen, Fernseher und Autos auch für Angehörige der unteren Einkommensschichten erschwinglich. Die Fläche des Wohnraums pro Person nahm zu. Zu einem eigenen Haus reichte es der grossen Mehrheit jedoch nicht, da die Bodenpreise und die Baukosten oft noch stärker wuchsen als die Löhne.

Nicht nur im Haushalt, sondern auch in der Wirtschaft wurde die Arbeitszeit (von durchschnittlich 48 auf 41 Stunden) kürzer, die Zeit für Erholung und Vergnügen – auch dank der anfangs der Sechzigerjahre aufkommenden Fünf-Tage-Woche – länger. 1950 leisteten sich 50 Prozent der Familien eine Ferienreise, 1965 waren es bereits 80 Prozent. Die Freizeitgesellschaft entstand. Eine neue Freizeitbeschäftigung, das Fernsehen, eroberte die Wohnstuben schon seit den Fünfzigerjahren.

Die Bevölkerung erlebte zudem einen individuellen sozialen Aufstieg. Die bessere materielle und oft auch soziale Lage schlug sich in einem veränderten Bewusstsein nieder. Die scharfen Gegensätze zwischen dem selbstständig erwerbenden «Bürgertum» und der «Arbeiterklasse» verschwanden. Aus dem «Büezer» und der Fabrikarbeiterin wurden Mitarbeiter und Angestellte mit Chancen zum weiteren Aufstieg. Ältere Leitbilder der Arbeiterbewegung begannen zu zerfallen, Arbeiterorganisationen in Politik und Kultur verloren ihr eigenständiges Profil und ihre Mitglieder.

Das Hauptproblem des ständigen Wachstums war die **Inflation,** was sich erstmals um 1960 deutlich zeigte. Wohlstand und Bevölkerungswachstum führten zu einer zunehmenden Nachfrage, etwa nach Wohnungen oder Infrastrukturanlagen wie beispielsweise Hallenbädern. Dadurch stiegen die Baukosten und die Bodenpreise. Arbeitskräftemangel und Teuerung bewirkten nominale und reale Lohnerhöhungen. Verstärkt wurde dieser Effekt durch den Zustrom ausländischen Kapitals. Da die Teuerung oft gleich gross war wie die Zinsen, flüchteten viele Kapitalanleger in den Kauf von Sachwerten, vor allem Boden, was wiederum die Bautätigkeit noch mehr ankurbelte und die Bodenpreise erneut steigen liess. 1961 und 1962 erliess der Bundesrat verschiedentlich Appelle an die Unternehmer, bei Investitionen und Einstellung ausländischer Arbeitskräfte Mass zu halten, doch erst dringliche Bundesbeschlüsse, die die Bautätigkeit und die Kreditschöpfung eindämmten, bewirkten vorübergehend eine gewisse Dämpfung der überhitzten Konjunktur. Um 1970 machte die Jahresteuerung erneut gegen 10 Prozent aus. Nun schritt der Bundesrat zu einer Aufwertung des Schweizer Frankens. 1973 folgte weltweit der Übergang zu flexiblen Wechselkursen. Der Aussenwert des Frankens schnellte empor und dämpfte die ausländische Nachfrage nach schweizerischen Produkten. Die Inlandnachfrage wurde durch die Preisüberwachung bekämpft.

Zwischen Erholung und Rezession (1974–1996)

Bereits 1973 wurden erste Anzeichen einer binnenwirtschaftlichen Entspannung sichtbar. Als im Oktober 1973 die arabischen Staaten im Zusammenhang mit einem neuen israelisch-arabischen Krieg die Erdöllieferungen zunächst stark reduzierten und danach zusammen mit den übrigen Erdöl produzierenden Staaten die Rohölpreise auf das Vierfache erhöhten, kam es zu einer «Abkühlung» der Wirtschaft, die bald in eine eigentliche **Rezession** überging. Der Umbruch in den frühen Siebzigerjahren liess die aufgeschobene Modernisierung und Rationalisierung umso schärfer ans Tageslicht treten (vgl. S. 341). Durch die lange Überkonjunktur hatten Branchen sowie technische und betriebswirtschaftliche Methoden überleben können, die bei einem kühleren Konjunkturklima und stärkerem Wettbewerb längst hätten verschwinden müssen. Die schweizerische Wirtschaft war dadurch anfälliger gegen ausländische Konkurrenz und internationale Rezession geworden. Ausserdem war das Management mancher Firma überfordert. Der prozentuale Rückgang des **Bruttosozialproduktes** war grösser als in allen andern Mitgliedstaaten der OECD. In den Jahren 1974–1976 gingen 8 Prozent (250 000) der Arbeitsplätze verloren. Viele Unternehmen mussten Kurzarbeit einführen oder gar schliessen, wenn sie nicht an grössere Unternehmen verkaufen konnten. Dass daraus keine so umfangreiche Arbeitslosigkeit wie in den Nachbarländern entstand, war vor allem darauf zurückzuführen, dass nun die ausländischen Arbeitskräfte als Konjunkturpuffer herzuhalten hatten (vgl. S. 347). Dies führte dazu, dass die Schweiz trotz Rezession lediglich 32 000 gemeldete arbeitslose Männer und Frauen und 136 000 mit Kurzarbeit kannte. Der «Export» der Arbeitslosigkeit kaschierte den Ernst der Situation.

Nach 1977 setzte zuerst noch zögernd eine Erholung der Wirtschaft ein. Der starke Abschwung von 1974 bis 1976 wurde in kurzer

Wovon lebte der Schweizer (1910–1994)?

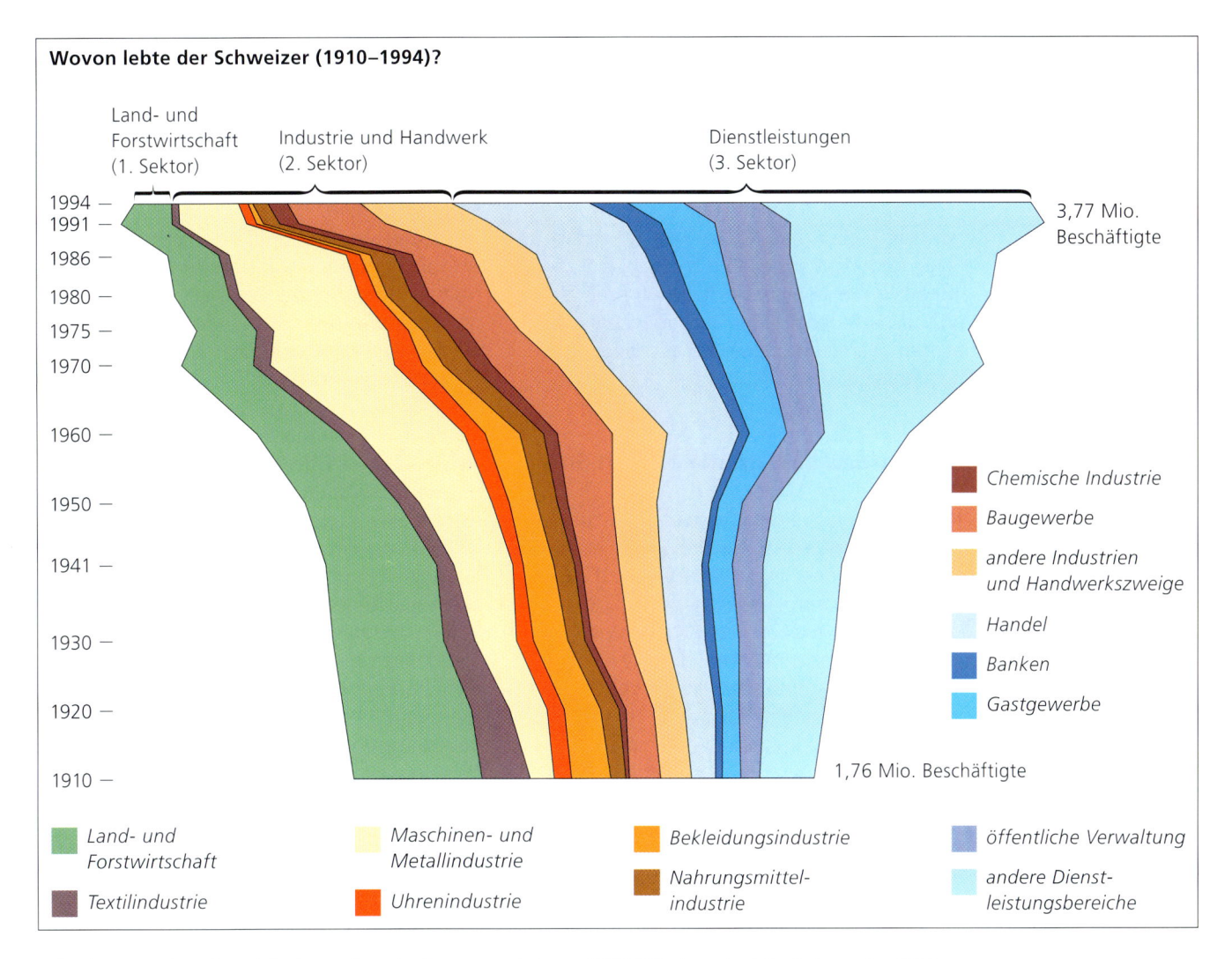

Land- und Forstwirtschaft (1. Sektor)
Industrie und Handwerk (2. Sektor)
Dienstleistungen (3. Sektor)

1994 — 3,77 Mio. Beschäftigte
1991 —
1986 —
1980 —
1975 —
1970 —
1960 —
1950 —
1941 —
1930 —
1920 —
1910 — 1,76 Mio. Beschäftigte

- Chemische Industrie
- Baugewerbe
- andere Industrien und Handwerkszweige
- Handel
- Banken
- Gastgewerbe
- Land- und Forstwirtschaft
- Textilindustrie
- Maschinen- und Metallindustrie
- Uhrenindustrie
- Bekleidungsindustrie
- Nahrungsmittelindustrie
- öffentliche Verwaltung
- andere Dienstleistungsbereiche

Zeit überwunden. Der Arbeitsmarkt erholte sich ebenfalls rasch und zeigte schon bald wieder die gewohnte angespannte Lage. Die Teuerung blieb unter dem internationalen Durchschnitt.

Eine grosse Konsumwelle kennzeichnete die Achtzigerjahre. Vor allem in der zweiten Hälfte wuchs die Kaufkraft. Die Beschäftigung stieg jedes Jahr um 0,5 Prozent, und der Arbeitsmarkt war dermassen ausgetrocknet, dass Personalmanager zeitweise auf Stelleninserate verzichteten, weil sich ohnehin keine Kandidaten meldeten. Die Frauen nutzten die Chancen der Nachfrage nach Arbeitskräften. In den meisten Branchen wuchs die Beschäftigung der Frauen seit 1986 schneller als diejenige der Männer. Vor allem als Teilzeitbeschäftigte stiegen viele Frauen wieder in den Arbeitsprozess ein. Die gesellschaftlichen Veränderungen blieben freilich ohne entsprechende Konsequenzen bezüglich Karriere und Lohn. Weibliche Vornamen auf den Beförderungslisten vieler Firmen blieben nach wie vor die Ausnahme.

Nach einer Zeit der fast ungebrochenen wirtschaftlichen Prosperität von 1982 bis 1989 begann es in der Schweizer Wirtschaft zu Beginn der Neunzigerjahre zu kriseln. Die **Inflation** stieg vorübergehend von 1 Prozent auf 5 Prozent an und die Zinsen folgten. In den Jahren 1992/93 ging das Wachstum der Wirtschaft stark zurück, und die Arbeitslosenzahlen schnellten in ungeahnte Höhen. Die Nationalbank bekämpfte nun die Teuerung mit Erfolg, doch führte dies dazu, dass der Kurs des Schweizer Frankens gegenüber anderen wichtigen Währungen ständig stieg. Dadurch wurde die Schweiz sowohl für Touristen wie für Investoren noch mehr als früher zu einem ausgesprochen teuren Land. Gleichzeitig wurde der Welthandel durch den Abbau von Zöllen und anderen Handelsschranken weiter liberalisiert; man sprach von der «Globalisierung der Wirtschaft». Unter diesen Umständen suchten die Unternehmen neue Rationalisierungspotenziale und investierten dementsprechend in Maschinen oder verlegten die Arbeitsplätze in kostengünstigere Länder des Fernen Ostens oder in Osteuropa. Erstmals kam es nicht nur im industriellen, sondern auch im Dienstleistungssektor zu massivem Personalabbau. Aufsehen erregten spektakuläre Fusionen von Unternehmungen (1996 wurde aus Ciba-Geigy und Sandoz Novartis; 1997 schlossen sich Bankverein und Bankgesellschaft zusammen), mit denen einerseits eine verbesserte Konkurrenzfähigkeit auf dem Weltmarkt, andererseits aber auch Einsparungen im personellen Bereich angestrebt wurden. Die Gesellschaft

Die Schweiz von 1848 bis zur Gegenwart

hatte sich nun mit einem neuen Problem auseinander zu setzen: Wenn die Wirtschaft leicht wuchs, blieb eine Sockelarbeitslosigkeit zurück, wenn die Wirtschaft stagnierte, nahm die Arbeitslosigkeit zu. Da entgegen jahrzehntelangem Brauch die Teuerung nicht mehr durch Lohnerhöhungen kompensiert wurde, mussten viele Arbeitnehmer sich mit einem Reallohnverlust abfinden. Für eine Gesellschaft, in der sich nur noch die Ältesten an die Weltwirtschaftskrise der Dreissigerjahre erinnerten, waren dies neue und bestürzende Phänomene.

Der Ausbau der sozialen Sicherheit

Am Ende des Zweiten Weltkriegs war für viele Schweizer der Lebensabend materiell noch nicht abgesichert. In der Regel war auf die persönliche Vorsorge verwiesen worden: «Spare in der Zeit, so hast du in der Not!» Das Sparen allein konnte aber nie alle Probleme des Alters lösen. Der Staat und sozial aufgeschlossene Unternehmen gingen dazu über, Pensionskassen zu schaffen. In Kantonen und Gemeinden hatte es ebenfalls schon vereinzelte Ansätze gegeben, die Gemeinschaft für die Altersvorsorge herbeizuziehen. Eine allgemeine Altersversicherung kannten jedoch nur einzelne Kantone. Erst mit der Einführung der Alters- und Hinterlassenenversicherung (AHV) 1947/48 wurde die gesamte Bevölkerung erfasst, unabhängig von Alter, Geschlecht, Nationalität oder Erwerbstätigkeit.

Wegweisend für die Entstehung der AHV war die Einführung der Lohn- und Verdienstersatzordnung für die im Aktivdienst stehenden Wehrmänner, die im Zweiten Weltkrieg die finanzielle Belastung der unteren Einkommensschichten milderte. Diese erste schweizerische Solidarversicherung nahm viele Prinzipien vorweg, die später für die AHV ausschlaggebend waren. Übernommen wurde vor allem die Beitragsordnung, die sämtliche erwerbstätigen Personen, aber auch die Arbeitgeber für beitragspflichtig erklärte. Eine gewisse Rolle spielte auch die Furcht vor sozialen Unruhen nach dem Kriegsende. In seiner Neujahrsrede 1944 räumte Bundesrat Stampfli der Schaffung einer Altersversicherung denn auch erste Priorität ein und versprach deren Einführung bis 1948. Das entsprechende Gesetz gelangte wegen eines von konservativen Gruppen eingereichten Referendums zur Volksabstimmung, wurde dann aber mit einer Mehrheit von 80 Prozent angenommen.

Die AHV ist obligatorisch. Es besteht sowohl eine Beitragspflicht wie auch ein Rechtsanspruch auf eine Rente. Die Finanzierung erfolgt auf der Basis des Umlageprinzips, bei dem die Beiträge der Arbeitnehmer, der Arbeitgeber, des Bundes und der Kantone sowie die Zinsen des als Sicherheitsreserve angelegten Ausgleichsfonds zur Deckung der jeweiligen Renten herangezogen werden. Damit zahlen im Wesentlichen die Arbeitenden für die Pensionierten (Generationenvertrag). Die Bundesbeiträge werden zum Teil aus der Tabak- und der Alkoholsteuer bestritten.

Allerdings war und ist die AHV-Rente kein existenzsicherndes Einkommen. Die ersten im Januar 1948 ausbezahlten Renten betrugen 40 bis 125 Franken pro Monat. Das Wirtschaftswachstum liess jedoch Verbesserungen zu. Bedingt durch steigende Erwerbseinkommen, wuchsen die AHV-Einnahmen unerwartet stark an. Da die AHV nicht nur der Sicherung eines von den schlimmsten finanziellen Engpässen befreiten Lebensabends, sondern auch der Erhaltung und Festigung des sozialen Friedens diente, gingen in den Fünfziger- und Sechzigerjahren mehrere Revisionen nahezu unbestritten über die politische Bühne, und die Renten wurden oppositionslos erhöht. Die weitere Entwicklung der Altersvorsorge führte jedoch zu grösseren politischen Auseinandersetzungen. In Parlamentsvorstössen und Volksinitiativen in der zweiten Hälfte der Sechzigerjahre verdichtete sich der Wunsch der linken Parteien, die

Die Entwicklung der Arbeitslosigkeit 1945–1995

AHV ähnlich wie in Schweden zu einer staatlichen Volkspension auszubauen, die einen namhaften Teil des zuvor erzielten Erwerbseinkommens zu sichern hätte. Im Dezember 1969 reichte die Partei der Arbeit (PdA; vgl. S. 355) eine Initiative ein, in der sie die Einführung einer eigentlichen Volksrente forderte. Die AHV sollte so ausgebaut werden, dass ihre Leistungen mindestens 60 Prozent des Durchschnittseinkommens der fünf ertragreichsten Jahre beruflicher Tätigkeit erreichten. Dieses Ziel stiess auf erbitterten Widerstand vor allem der Arbeitgeberverbände und aller übrigen Parteien. Die bürgerlichen Parteien stellten dem Konzept der PdA ein «Drei-Säulen-Modell» als Alternative gegenüber. Dieses siegte schliesslich in der Volksabstimmung vom 3. Dezember 1972, während die PdA-Initiative massiv verworfen wurde. Durch die Ausrichtung der Altersvorsorge auf dieses Konzept der drei Säulen (staatliche AHV, obligatorische berufliche Vorsorge über private Pensionskassen und individuelles Sparen) konnte der weitere Ausbau einer existenzsichernden Altersvorsorge vorangetrieben werden. Sie sollte die Beibehaltung des gewohnten Lebensstils nach Beendigung der Erwerbstätigkeit ermöglichen. In zwei Stufen, 1973 und 1975, fand eine Verdoppelung der AHV-Renten statt. 1985 trat das Gesetz über die berufliche Vorsorge in Kraft.

Die seit 1960 wirksame Invalidenversicherung (IV) schloss eine grosse Lücke im System des Wohlfahrtsstaates. Wohl unterstützten Pensions- und Hilfskassen sowie private Hilfswerke wie Pro Juventute und Pro Infirmis die von Invalidität Betroffenen. Mit der IV als Volksversicherung wurde jedoch nun die ganze Bevölkerung gegen das Risiko der Invalidität abgesichert. Die IV begnügt sich nicht mit der Auszahlung von Invaliditätsrenten, sondern gewährt auch Mittel zur Wiedereingliederung ins Berufsleben.

In der Wachstumsphase zwischen 1950 und 1973 hatte die Arbeitslosenversicherung (ALV) ihre Bedeutung mangels Arbeitslosigkeit weitgehend eingebüsst; bei Beginn der **Rezession** 1974 war die Zahl der Versicherten auf weniger als einen Fünftel der Unselbständigerwerbenden gesunken. Die Krise führte jedoch vielen die Notwendigkeit eines Obligatoriums drastisch vor Augen, weshalb dieses 1976 in einer Volksabstimmung mit grossem Mehr angenommen wurde. Das Obligatorium stellte die ALV auf eine neue Grundlage. Die Finanzierung erfolgte durch Lohnprozente; die Versicherung hatte nun auch Massnahmen zu treffen, um die Beschäftigung der Arbeitslosen zu fördern.

In den Neunzigerjahren gerieten die staatlichen Sozialversicherungen unter finanziellen Druck. Verantwortlich dafür waren auf der einen Seite die demographische Entwicklung, auf der andern die wirtschaftliche Rezession. Durch die «Überalterung» der Bevölkerung verschlechterte sich das zahlenmässige Verhältnis zwischen den Zahlenden und den Rentnern; für das Jahr 2020 wurde prophezeit, dass auf drei Arbeitende ein Pensionsbezüger käme (vgl. dazu S. 346). Die zunehmende Arbeitslosigkeit führte zu einer starken Mehrbelastung der Arbeitslosenversicherung, aber auch zu häufigerem invaliditätsbedingtem Ausscheiden aus dem Arbeitsprozess. Das alles warf die Frage auf, ob sich die Schweiz ihr «soziales Netz» noch leisten könne, ob dieses nicht Luxus vergangener Tage sei. 1995 wurde in einer Volksabstimmung beschlossen, das AHV-Rentenalter für Frauen von 62 auf 64 Jahre zu erhöhen, während jenes für die Männer bei 65 Jahren blieb. Auf der andern Seite wurde gewarnt, dass ein Abbau der sozialen Sicherheit die Wirtschaft noch mehr in Mitleidenschaft ziehen könnte. Das kontinuierliche Wirtschaftswachstum nach dem Zweiten Weltkrieg hatte den Ausbau des Sozialstaates ermöglicht, ohne grosse Konflikte hervorzurufen. Da nun eine längere Stagnation einsetzte und kein Mehrprodukt zu verteilen war, verschärften sich die Auseinandersetzungen über Ausbau oder Abbau des Sozialstaates.

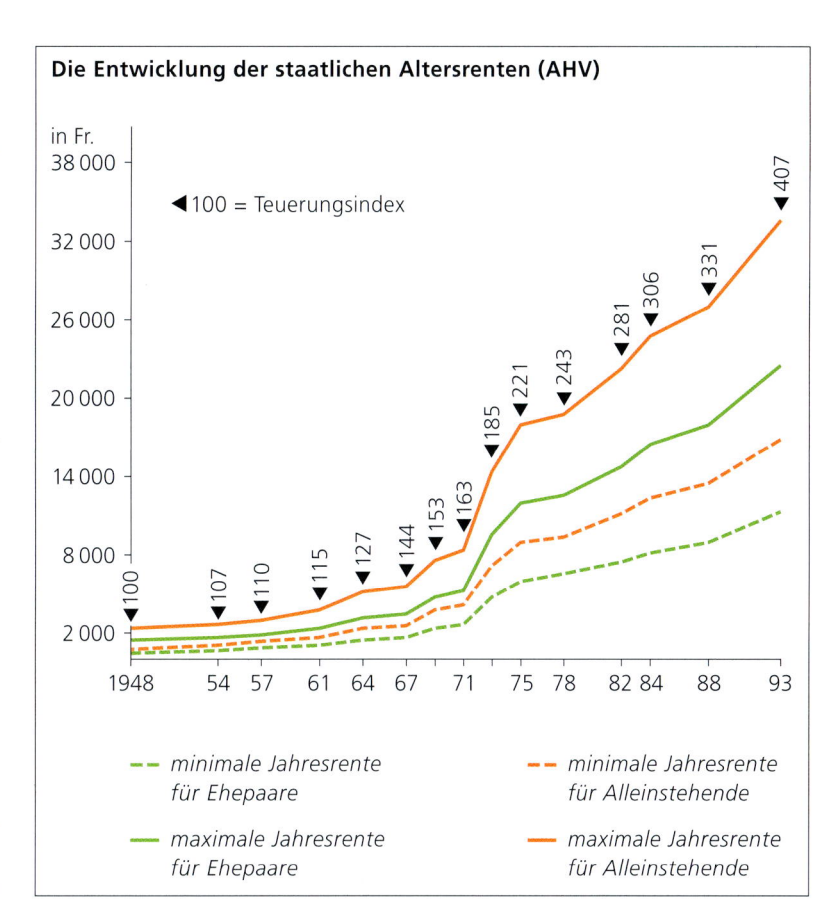

Bereits in den wirtschaftlich günstigen Achtzigerjahren wurde man auf das Phänomen der «neuen Armut» aufmerksam. Viele schlecht Ausgebildete oder alte Leute hatten Mühe, mit ihren niedrigen Löhnen oder Renten hohe fixe Kosten wie Wohnungsmiete und Krankenkassenbeitrag zu bezahlen. Nach einer 1982 vorgenommenen Untersuchung mussten 570 000 Menschen als «arm» bezeichnet werden (Einkommen unter 14 000 Fr. im Jahr). Durch die zunehmende Arbeitslosigkeit der Neunzigerjahre entstand zudem die Gruppe der «Ausgesteuerten», die nach langer Arbeitslosigkeit von der Arbeitslosenversicherung keine Unterstützung mehr erhielten und so der Fürsorge anheim fielen. Schwierig wurde die Lage auch für allein erziehende Mütter, für Behinderte und für Angehörige von Randgruppen der Gesellschaft, etwa Süchtige und Aids-Kranke.

Für die künftige Sozialpolitik stellte sich neben den konjunkturbedingten Problemen die Frage, wie man der Überforderung vieler Menschen durch den raschen und oftmals harten Wandel in der Gesellschaft begegnen könne.

Wandel in der Gesellschaft

Die Bevölkerung wächst

In der Nachkriegszeit war in der Schweiz ein geradezu spektakuläres Bevölkerungswachstum zu verzeichnen. Die in den Sechzigerjahren gemessene jährliche Wachstumsrate betrug im Durchschnitt 1,45 Prozent und war die höchste in ganz Westeuropa. Die Bevölkerungszahl erhöhte sich von 4,4 Millionen Einwohnern im Jahre 1945 auf 6,3 Millionen 1970 und erreichte schliesslich 1995 den Stand von 7,1 Millionen. Bevölkerungszunahmen können auf drei Faktoren zurückgeführt werden: auf das Wachstum der durchschnittlichen Geburtenzahl pro Frau («Fertilitätsrate»), auf die Zunahme der Lebenserwartung und auf einen Aktivsaldo in der Wanderungsbilanz (Anzahl Einwanderer minus Anzahl Auswanderer). In der Schweiz spielten alle Faktoren eine Rolle, jedoch nicht zur gleichen Zeit dieselben.

Die Lebenserwartung stieg. 1880 hatten die Frauen eine durchschnittliche Lebenserwartung von 44 Jahren, die Männer kamen auf 41. 1945 war diese auf 67 und 63 Jahre gestiegen, 1990 auf 81 und 74. Das bewirkte eine Zunahme des Anteils der nicht mehr Erwerbstätigen an der Gesamtbevölkerung; man begann von einem «dritten Alter» zu sprechen.

Im Vergleich zur kinderarmen Krisenzeit der Dreissigerjahre nahm die Geburtenzahl vom Kriegsbeginn 1939 bis zur Mitte der Sechzigerjahre zu. «Grossfamilien» mit mehr als vier Kindern wurden allerdings immer mehr zur Ausnahme. Massgeblich zum durchschnittlichen Geburtenanstieg trug zunächst die familienfreundliche Sozialpolitik der Kriegszeit und danach der wirtschaftliche Aufschwung bei. Immer mehr junge Paare heirateten früh und begannen ihren Traum von einem bürgerlich geprägten Familienidyll zu verwirklichen, wobei dies meist noch das Ausscheiden der Frau aus dem Arbeitsprozess bedeutete. Der «Babyboom» endete 1964/65 mit dem «Pillenknick», der eine Trendwende einleitete. Die Erfindung der empfängnisverhütenden Pille erleichterte die Verhinderung von Schwangerschaften. Parallel dazu gewannen im Leben der Frauen neben «Küche und Kinder» andere Ziele an Bedeutung, etwa die berufliche Karriere. Frau und Mann wollen nicht unbedingt gar keine Kinder, aber nicht so viele und nicht so früh. Im Kanton Luzern wurden 1980, gemessen an der Zahl der 15- bis 44-jährigen Ehefrauen, um fast die Hälfte weniger Kinder geboren als 1960.

Hatten um die Jahrhundertwende die Kinder und Jugendlichen (bis 19 Jahre) noch 41 Prozent der Bevölkerung gebildet, so waren es 1990 noch 23 Prozent. Die über 65-Jährigen dagegen waren 1900 auf 6 Prozent gekommen, machten 1990 jedoch bereits 15 Prozent der Bevölkerung aus. In Zukunft muss mit einer grösseren Überalterung der Gesellschaft gerechnet werden.

Die zu Beginn der Fünfzigerjahre noch recht grosse Zahl der Auswanderer ging, von vorübergehenden Auslandaufenthalten abgesehen, stark zurück. Demgegenüber nahm die Einwanderung zu und wurde von der Mitte der Sechzigerjahre an zum stärksten Motor der Bevölkerungszunahme. Sie vollzog sich jedoch nicht gleichmässig, sondern hing von der staatlichen Einwanderungspolitik ab: einerseits von der Zulassung ausländischer Arbeitskräfte, anderseits von der Gewährung des Familiennachzugs und der Möglichkeit der Familiengründung. Da die einwandernden Ausländer im Durchschnitt jünger waren als die Durchschnittsschweizer, bekamen sie im Durchschnitt auch mehr Kinder. Ohne die Kinder der Ausländer wäre die «Überalterung» der Bevölkerung der Schweiz noch wesentlich grösser!

Einwanderung: Man rief Arbeitskräfte, und es kamen Menschen

Seit dem Durchbruch der Industrialisierung in den Achtzigerjahren des 19. Jahrhunderts war die Schweiz zu einem Einwanderungsland geworden. Die vergleichsweise besseren Lebensbedingungen zogen ausländische Arbeitskräfte, vor allem aus Oberitalien und Süddeutschland, an. Beim Ausbruch des Ersten Weltkriegs betrug der Anteil der Ausländer an der Gesamtbevölkerung 15 Prozent. Danach erfolgte bis zum Zweiten Weltkrieg ein starker Rückgang auf 5 Prozent. Dazu trug nicht nur die schlechte Wirtschaftslage der Dreissigerjahre, sondern auch eine ziemlich rigorose Ausländergesetzgebung bei. Diese wurde nach dem Zweiten Weltkrieg im Wesentlichen beibehalten. Ihr Ziel war, ausländische Arbeitskräfte nach Bedarf zuzulassen, Familiennachzug und

Familiengründung aber möglichst zu verhindern, die Möglichkeit zur Wegweisung offen zu halten und so politische und soziale Komplikationen zu vermeiden. Abgesehen von den im Ausland wohnhaften «Grenzgängern» unterschied man drei Kategorien von Ausländern. Die «Saisonniers» durften nur während neun Monaten in der Schweiz arbeiten und hatten danach für mindestens drei Monate in ihre Heimat zurückzukehren; Familiennachzug war ihnen nicht erlaubt. Jahresaufenthalter erhielten eine einjährige Aufenthaltsbewilligung, die verlängert werden konnte, wenn sie ihren Arbeitsplatz behielten. Stellenwechsel waren ihnen nur unter besonderen Voraussetzungen möglich. Familiennachzug war möglich, sofern die wirtschaftlichen Verhältnisse den Familienunterhalt erlaubten. Jeder Arbeitgeber hatte für die Anstellung von Saisonniers und Jahresaufenthaltern ein Bewilligungsgesuch an die Fremdenpolizei zu stellen. Erst nach etwa sechs Jahren konnte der Jahresaufenthalter um eine Niederlassungsbewilligung ersuchen, die ihn arbeitsrechtlich den Schweizern gleichstellte. Doppelt so lange dauerte es, bis er sich um das schweizerische Bürgerrecht bewerben konnte, wobei kein Rechtsanspruch auf die Erteilung bestand. Mit all diesen Schranken schien die Gefahr einer neuen «Überfremdung» gebannt.

Die wirtschaftliche Entwicklung widerlegte jedoch solche Hoffnungen. Die Knappheit an Arbeitskräften führte dazu, dass in den Fünfziger- und noch mehr in den Sechzigerjahren die Arbeitgeber vehement auf eine lockere Einwanderungspraxis drangen und sich auch durchsetzten. Als wichtigstes Rekrutierungsgebiet wurde Oberitalien, dessen wirtschaftliche Lage sich ebenfalls verbessert hatte, bald einmal von Süditalien und Spanien abgelöst. In der Regel übernahmen die Ausländer schlecht bezahlte und oft auch unangenehme Arbeiten, zu denen sich gar keine Schweizer mehr bereit fanden. Der Anteil der Ausländer an der Wohnbevölkerung wuchs von 6 Prozent im Jahre 1950 auf 11 Prozent im Jahre 1960 und 16 Prozent im Jahre 1970. Ihr Anteil am Total aller Arbeitskräfte war wesentlich höher; er betrug 1960 16 Prozent und 1970 25 Prozent. Nur ein Fünftel von ihnen besass indessen um 1970 eine Niederlassungsbewilligung. Daher war es in den Jahren der Rezession nach 1973 leicht, durch die Nichtwiederanstellung von Saisonniers und Jahresaufenthaltern den Verlust an Arbeitsplätzen zu kompensieren und eine grössere Arbeitslosigkeit in der Schweiz zu verhindern (vgl. S. 342). Das erneute Wirtschaftswachstum der Achtzigerjahre führte auch zu einer erneuten Einwanderung. War der Anteil der Ausländer an der Bevölkerung 1980 auf 14 Prozent, jener der ausländischen Arbeitskräfte am Total der Arbeitskräfte auf 21 Prozent gesunken, so stieg er bis 1992 wieder auf 18

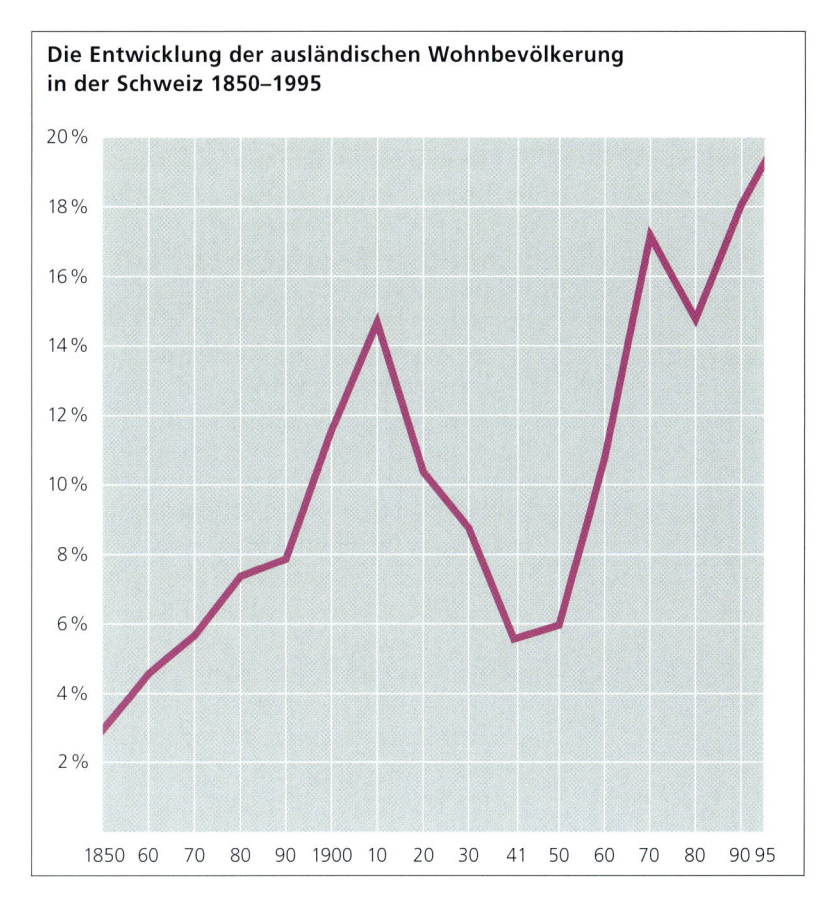

Die Entwicklung der ausländischen Wohnbevölkerung in der Schweiz 1850–1995

und 27 Prozent. Unter den Herkunftsländern der Neuankömmlinge dominierten nun Jugoslawien und seine Nachfolgestaaten, Portugal und die Türkei. Gleichzeitig vergrösserte sich die Zahl jener Ausländer, die sich seit längerem in der Schweiz aufhielten und nun über eine Niederlassungsbewilligung verfügten; 1993 waren es 58 Prozent von allen. Das bedeutete, dass die Schweiz ihre Beschäftigungsprobleme, wie sie sich nach 1990 in erschreckendem Masse stellten, nicht mehr wie in den Siebzigerjahren durch «Export» lösen konnte.

Max Frischs Wort «Man rief Arbeitskräfte, und es kamen Menschen» weist darauf hin, dass die sozialen Aspekte der Masseneinwanderung zunächst ganz ungenügend erkannt wurden. Sich an die schweizerischen Sitten und Sprachen zu gewöhnen und dennoch ein Stück der eigenen kulturellen Identität zu bewahren, war für die Einwanderer schwierig, meist umso schwieriger, je weiter her sie kamen. Auch für ihre Kinder – die «zweite Ausländergeneration» – war es oft schwer, sich zwischen den Erwartungen der Schule und der Arbeitgeber, der Lebensweise der gleichaltrigen Schweizer und den Traditionen und Regeln des Elternhauses zurechtzufinden. In grossen Teilen der schweizerischen Bevölkerung führte die Masseneinwanderung zu Abwehrreflexen und Ausländerfeindlichkeit; man fürchtete die Infragestellung schweizerischer Werte – sei es nun durch ausländische Kinder in den Schulen oder durch ausländische Kriminelle –, aber auch die Konkurrenz um Arbeitsplatz und

Die Schweiz von 1848 bis zur Gegenwart

Wohnraum. Diese Tendenzen entluden sich in Initiativen zur Verhinderung der «Überfremdung» und im Wachstum einwanderungsfeindlicher Parteien (vgl. S. 360).

Eine besondere Form der Einwanderung war die seit der zweiten Hälfte der Achtzigerjahre auftretende «Asylantenschwemme». Das schweizerische Recht gewährt politisch Verfolgten grundsätzlich Asyl, das heisst Sicherheit. Nun kamen Menschen auf allen möglichen Wegen aus politischen Krisengebieten – etwa Sri Lanka, Kurdistan, Bosnien – in die Schweiz, Gebieten, die gleichzeitig sehr arm waren. Waren diese Leute nun unter höchster Bedrohung geflüchtet oder handelte es sich einfach um «Wirtschaftsflüchtlinge», die sich auf diesem Weg unter Umgehung der Einwanderungsgesetze ein Plätzchen an der Sonne sichern wollten? Sowohl die gesetzlichen Grundlagen wie auch die organisatorischen Voraussetzungen reichten zunächst zu einer speditiven Lösung des Problems nicht aus. Da jeder Fall individuell zu prüfen war, mussten die «Asylbewerber» oft jahrelang auf einen Entscheid warten. Dieser fiel in der Regel negativ aus; die «Anerkennungsquote» lag zeitweise unter 5 Prozent. 1991 wurden 41 000 Asylgesuche neu gestellt, 900 gutgeheissen und 29 000 abgewiesen; 62 000 Bewerbungen waren hängig. Die Abweisung führte indessen nicht automatisch zur «Rückschaffung»; diese ist völkerrechtlich verboten, wenn der Abgewiesene in seinem Heimatland nun mittlerweile wirklich bedroht wäre. Nebst dem moralischen Problem (man musste ganze Familien fortschicken, die sich mittlerweile gut eingelebt hatten) führte auch die Frage, ob die Asylbewerber arbeiten sollten (was Schweizer Arbeitsplätze gefährdete) oder nicht (was den Staat Geld kostete), zu erregten Debatten. Dass sich unter den Asylbewerbern auch «Kriminaltouristen» und Drogenhändler befanden, trug ebenfalls nicht zur Versachlichung der Diskussion bei. Bis zur Mitte der Neunzigerjahre ging die Zahl der Asylbewerber zurück; 1995 wurden 17 000 Gesuche eingereicht, während nun der Anteil der als «echt» anerkannten Bewerber auf 15 Prozent anstieg. Hatte sich die relativ strenge Aufnahmepraxis herumgesprochen oder aber die Nachricht, dass die Schweiz nicht mehr unbedingt ein wirtschaftliches Wunderland war?

Von Stadt und Dorf zur Agglomeration

Die Bevölkerungszunahme verteilte sich nicht gleichmässig auf alle Landesteile. Einwanderung, Bevölkerungswachstum und Binnenwanderung führten zu starken Konzentrationen in und um die Städte. Dagegen stagnierte die Bevölkerung im Alpen- und im Voralpengebiet; manche Dörfer entvölkerten sich, Schulen mussten mangels Kindern geschlossen werden. Ursache dieser Entwicklung war letztlich der Übergang von der Landwirtschafts- zur Industrie- und vor allem zur Dienstleistungsgesellschaft (vgl. S. 341). Profiteure der Entwicklung schienen zunächst die Grossstädte zu sein, deren Einwohnerzahl in den Fünfzigerjahren weiter zunahm. Aber schon da zeigte es sich, dass viele Zuwanderer in der Stadt selbst keinen Platz fanden; die Einwohnerzahl in den Gemeinden im Umkreis der Städte wuchs nämlich noch wesentlich stärker. Stadt und Nachbargemeinden wurden zu Agglomeratio-

Vom Dorf zum Stadtteil: Schwamendingen bei Zürich um 1920...

nen, wobei die Gemeindegrenzen meist kaum mehr sichtbar waren, sich dagegen immer mehr eine Funktionsteilung abzeichnete. Arbeitsplätze, insbesondere des Dienstleistungssektors, konzentrierten sich mehr und mehr in den Kernzonen der Stadt, während die äusseren Gemeinden überwiegend zu Wohn- und Schlaforten wurden. Von den Sechzigerjahren an nahm die Bevölkerung der Grossstädte ab, während jene der Agglomerationsgemeinden erst recht zunahm und auch immer mehr ehemalige Bauerndörfer in die Agglomeration einbezogen wurden. 1990 wohnten nur noch 39 Prozent der Agglomerationsbevölkerung in der Stadt selbst.

In den Ballungsgebieten winkte der jüngeren Generation die Aussicht auf individuelle Unabhängigkeit, höheres Einkommen und sozialen Aufstieg. Die Agglomerationen boten sowohl den Unternehmungen als auch der Bevölkerung zahlreiche wirtschaftliche Vorteile, die in den Kleinstädten oder gar auf dem Land nicht vorhanden waren: bessere Verkehrsverhältnisse und Absatzmärkte für die Unternehmungen sowie ein reichhaltiges wirtschaftliches, kulturelles und gesellschaftliches Angebot dank der Stadtnähe. Die Städte und die stadtnahen Ortschaften wuchsen in die Breite und in die Höhe, und die gewohnten Gebäudeformen, die den Charakter einer Ortschaft jahrhundertelang geprägt hatten, machten kahlen kubischen Wohn- und Geschäftshäusern Platz.

Anderseits schuf die Agglomerationsbildung auch Verkehrs- und Finanzprobleme. Immer mehr Menschen wurden zu so genannten Pendlern. Sie wohnten in den Agglomerationsgemeinden, versteuerten dort ihr Einkommen, arbeiteten jedoch in der Stadt und nutzten auch das dortige infrastrukturelle und subventionierte kulturelle Angebot. Da vor allem die wenig verdienenden und daher wenig Steuern entrichtenden Bürger in der Stadt zurückblieben, die infrastrukturellen Ausgaben für Verkehr und vieles andere dagegen anstiegen, gerieten die Städte zunehmend in finanzielle Schwierigkeiten. Steuererhöhungen waren dabei eine problematische Lösung, denn solche trieben die wohlhabende Bevölkerung erst recht in die Agglomerationsgemeinden. Eingemeindungen, wie sie noch in der Zwischenkriegszeit üblich gewesen waren, und damit die völlige politische Verschmelzung der Agglomeration wurden nicht ernsthaft diskutiert. Man suchte vielmehr nach Lösungen über die Bildung von Zweckverbänden und einen kantonalen Finanzausgleich.

Durch die Trennung von Wohn- und Arbeitsort ergaben sich enorme Verkehrsbedürfnisse. Zusammen mit der zunehmenden Automobilisierung (vgl. S. 350 f.) führte dies zu einer Erweiterung des Strassennetzes, zum Bau von Parkhäusern und Verkehrsregelungsanlagen aller Art. Es zeigte sich jedoch, dass ein ganz auf dem Auto basierender Pendlerverkehr nicht zu bewältigen war und zu schweren Umweltproblemen führte. In den Achtzigerjahren setzte daher der Ausbau der öffentlichen Verkehrsmittel ein, der die Pendler vom Steuerrad in Bahn, Tram und Bus locken sollte. Der Erfolg war je nach Region unterschiedlich.

Der Preis, den viele für diese Entwicklung bezahlten, bestand im Verlust natürlicher Umwelt und sozialer Geborgenheit und in einer gewissen Vereinsamung inmitten von

... und 1967

Die Schweiz von 1848 bis zur Gegenwart

Menschen. Der Verzicht auf Heirat und die Zunahme der Scheidungen bewirkten, dass die Zahl allein lebender Menschen – der «Singles» – zunahm. Immer mehr wurden auch die herkömmlichen Bindungen aufgelöst. Werte wie Religion, Nation, Heimat, Nachbarschaft, die früher sehr wichtig gewesen waren, büssten an Bedeutung ein. Viele Menschen wurden dadurch verunsichert und suchten nach vermeintlichen Sündenböcken für die negativen Seiten des Wandels.

Ein Volk von Automobilisten?

Bis weit in die Fünfzigerjahre war das eigene Automobil noch ein ausgesprochenes Luxusprodukt. Im Zweiten Weltkrieg kam der private Motorfahrzeugverkehr auf Grund des Sonntagsfahrverbotes, der Benzinrationierung und der Knappheit an Pneus beinahe zum Erliegen. Zum fast selbstverständlichen Besitz eines jeden wurde das Auto durch den wirtschaftlichen Aufschwung und durch die Trennung von Wohn- und Arbeitsort. Das Auto wurde aber auch zunehmend zum Symbol von Freiheit. Es schuf für viele ein neues Lebensgefühl, Reisemöglichkeiten und die Verwirklichung des erträumten Wohnens auf dem Land, was freilich die dezentrale Besiedelung verstärkte und den Individualverkehr weiter anschwellen liess. Die Städte begannen sich auf die Verkehrsbedürfnisse hin zu verändern. 1948 wurden die ersten Stoppstrassen errichtet, ihnen folgten moderne Signalanlagen, Parkingmeter und Parkhäuser.

Relativ spät begann der Bau von Nationalstrassen («Autobahnen»). Obwohl die herkömmlichen Strassen durch Verbreiterungen und den Einbau von Hartbelag den neuen Erfordernissen angepasst wurden, vermochten sie den anfallenden Verkehr kaum noch zu bewältigen. Zur enorm anwachsenden Zahl inländischer Motorfahrzeuge trat eine starke Belastung durch den Touristen- und Gütertransitverkehr.

1958 nahm das Volk einen Verfassungsartikel an, durch den der Bund die Kompetenz erhielt, ein Netz von Nationalstrassen anzulegen. Das Ziel bestand darin, alle wichtigen Städte der Schweiz miteinander zu verbinden. Der geschätzte Landbedarf betrug über 3000 Hektaren und betraf etwa zu 75 Prozent Zonen besten Kulturlandes.

Anfänglich gab es kaum Opposition gegen den Bau der Nationalstrassen, sieht man einmal von lokalen Widerständen gegen gewisse Linienführungen ab. Auch die Bauern, die vor der Volksabstimmung gegen den Verlust ihres Kulturlandes murrten, opferten ihr Land im Hinblick auf die Entschädigungen und im Vertrauen darauf, dass nun die Sicherheit auf den Landstrassen zunähme. Mit dem Erwachen des Umweltbewusstseins in den Siebzigerjahren wuchs die Opposition gegen den Nationalstrassenbau auf breiter Ebene. Die einst vorherrschende Auffassung, der Bau einer Nationalstrasse löse alle vorhandenen Verkehrsprobleme, begann der Einsicht zu weichen, dass leistungsfähigere Strassen eben auch zusätzlichen Verkehr anzogen. Es zeigte sich, dass die grosse Mobilität ihren Preis hatte. Neben den direkten Aufwendungen für Bau und Unterhalt entstanden andere, «externe Kosten» wie etwa die Luftverschmutzung, die jedoch nicht von den eigentlichen Verursachern, sondern von der Gesellschaft insgesamt bezahlt wurden.

Wohnbau in der Agglomeration: Wohnblöcke in Le Lignon (Gemeinde Vernier) bei Genf

Parallel zur Zunahme der Personenwagen entwickelte sich der Lastwagenverkehr. Er verdankte sein Wachstum den zunehmenden Konsumbedürfnissen, vollzog sich aber auch auf Kosten des Gütertransports der Bahn. Die mit dem Auto und den Lastwagen verbundene Umweltproblematik führte in den Achtzigerjahren zur Absicht, den Verkehr zumindest über grössere Strecken auf die schwer defizitäre, aber umweltfreundliche Bahn umzulagern. Dazu dienten einerseits zusätzliche Steuern wie die «Schwerverkehrsabgabe» für die Lastwagenbesitzer, anderseits umfangreiche und kostspielige Projekte zum Ausbau des Eisenbahnnetzes («Bahn 2000», Bau von Alpenbasistunnels). 1994 wurde eine Volksinitiative angenommen, welche verlangte, dass der alpendurchquerende Gütertransitverkehr innerhalb einer Frist von zehn Jahren von der Strasse auf die Eisenbahnschiene verlagert werden müsse. Das bedeutete nun allerdings eine Diskriminierung der ausländischen Lastwagenbesitzer gegenüber den schweizerischen, weil der Bahntransport zusätzliche Kosten verursacht. Trotz der zunehmend schwierigeren Wirtschaftslage war Mitte der Neunzigerjahre keine reale Trendwende «Weg vom Auto» auszumachen.

Zunehmende Sorge um die Umwelt

Wachstum und Umwelt

Bevölkerungswachstum, vor allem aber Wirtschaftswachstum belastet die Natur in verschiedener Hinsicht:
– Der Mensch braucht mehr Boden: für seine Häuser, für seine Strassen, aber auch für die Landwirtschaft. Unberührte Natur und mit ihr viele Pflanzen- und Tierarten verschwinden. Die Landschaft verliert ihr bisheriges Gesicht, Grün weicht dem Beton.
– Der Mensch produziert mehr Abfall. Dieser landet im oder auf dem Boden (Müllhalden), in der Luft (Kehrichtverbrennung, Abgase) oder im Wasser (Abwasser aus Industrie und Haushalten). Boden, Luft und Wasser können so verschmutzt und vergiftet werden.
– Der Mensch braucht mehr Energie. Sowohl die Erschliessung der Energiequellen wie auch ihre Verwertung ist mit Eingriffen in die Natur verbunden (Luftverschmutzung, radioaktive Abfälle, Stauseen). Ein Nebenprodukt des Energieverbrauchs ist häufig Lärm.

Allerdings kann der Mensch die Umweltbelastung auch reduzieren. Technische Massnahmen – seien es nun bessere Motoren, Kläranlagen oder Luftfilter – können den Energieeinsatz optimieren und die Produktion von unerwünschtem Abfall reduzieren. Gesetzliche Massnahmen – vom Verbot, chemische Abfälle einfach ins Wasser zu werfen, bis zu Vorschriften über den umweltgerechten Strassenbau – sind geeignet, Umweltbelastungen ganz zu verhindern oder doch zu reduzieren. Ökonomische Anreize – sei es nun eine Abfallgebühr oder eine Treibstoffabgabe – können den Bürger anhalten, mit den Ressourcen sparsam umzugehen.

Bereits im 19. Jahrhundert hatte sich die schweizerische Politik mit Umweltfragen beschäftigt. Die katastrophalen Folgen der Entwaldung führten zum ersten Forstgesetz von 1875. Dadurch wurden Rodungen bewilligungspflichtig und mussten durch entsprechende Aufforstungen kompensiert werden. In den Fünfzigerjahren traten dann vor allem der Gewässerschutz und – im Zusammenhang mit Stauseeprojekten – der Naturschutz in den Vordergrund; bereits 1914 war im Unterengadin der Schweizerische Nationalpark gegründet worden. Vom Beginn der Siebzigerjahre an setzte eine umfassendere Diskussion über das Verhältnis von Wirtschaftswachstum, Mensch und Natur ein. Ursachen dafür waren die grundsätzliche Infragestellung der «Konsumgesellschaft» durch die «68er-Bewegung» (vgl. S. 358 ff.), die konkret festgestellten Umweltbelastungen mit ihren Folgen sowie die pessimistischen Aussagen namhafter Wissenschafter über die Folgen der Verschleuderung von Energiequellen und Rohstoffen (z.B. des Club of Rome).

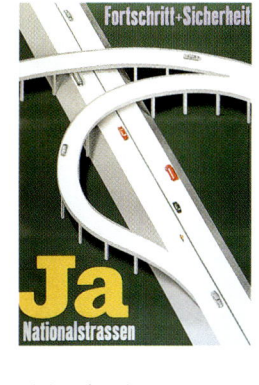

Raumplanung

Wirtschaftswachstum und Bevölkerungszunahme führten zu einem zunehmenden Bedarf an Häusern und Strassen. Zwischen 1945 und 1995 wurde durchschnittlich pro Sekunde ein Quadratmeter überbaut, was einen Verlust an Kultur- und Naturland von mehr als der Grösse des Kantons Aargau ergab. Viele der Hoch- und Tiefbauten waren auch ästhetisch fragwürdig. Sparsamer Umgang mit dem nicht vermehrbaren Gut «Boden» schien geboten. Das Mittel dazu war die Raumplanung, die Einteilung des Landes in verschiedenartige Zonen: Bauzonen, Landwirtschaftszonen und Freihaltezonen, die natürlich mit der Erschliessung durch Strassen, Werkleitungen usw. kombiniert werden musste. Es blieb jedoch zunächst völlig den Kantonen überlassen, ob und wie sie Raumplanung betreiben wollten. In den Sechzigerjahren stiess vor allem die vielfach kaum geregelte Überbauung alpiner Ferienorte auf Kritik; man bedauerte nicht nur die Verschandelung des Landschaftsbildes, sondern fürchtete auch, der Tourismus säge so am Ast, auf dem er sitze. 1969 erhielt der Bund den Verfassungsauftrag, durch Raumplanungsmassnahmen für eine sparsame Bodennutzung zu sorgen. Da diese Aufgabe indessen die unbeschränkte Verfügungsgewalt der Grundeigentümer in Frage stellte, war die Konkretisierung

Plakat für den Nationalstrassenbau (1961, in Zusammenhang mit einer Abstimmung über die Erhöhung des Treibstoffzolles)

Die Schweiz von 1848 bis zur Gegenwart

schwierig. Ein entsprechendes Gesetz trat erst zehn Jahre später in Kraft. Es verpflichtete die Kantone, durch eigene Richt- und Nutzungspläne Naturschutz- und Landwirtschaftsgebiete auszuscheiden und die Bautätigkeit in einer rationellen und umweltschonenden Form zu kanalisieren.

Woher die Energie?

Der Endenergieverbrauch in der Schweiz steigerte sich zwischen 1945 und 1995 um 800 Prozent. Woher stammte diese Energie? Zunächst dominierte noch die Kohle. Diese musste jedoch aus dem Ausland importiert werden, was während des vergangenen Krieges wesentlich zur wirtschaftlichen Abhängigkeit von Deutschland beigetragen hatte (vgl. S. 329f.). Die Energiepolitik der Nachkriegszeit zielte daher vor allem auf die maximale Ausnützung der im Lande vorhandenen Wasserkraft zur Elektrizitätsgewinnung. Hatte man sich vor dem Krieg eher dem Bau der grossen Flusskraftwerke gewidmet, so wandte man sich nun vor allem den Alpentälern zu. 1955 standen 17 Grosskraftwerke im Bau, Druckstollen wurden freigesprengt, Staumauern in Rekordzeit errichtet. Die Wasser der schweizerischen Flüsse und Bergbäche, die jahrtausendelang natürlich zu Tal gerauscht waren, wurden gebändigt. Die Nutzbarmachung der Alpentäler für die Produktion elektrischer Energie fand allerdings ihre Grenze, wenn grössere bewohnte Siedlungen unter Wasser gesetzt werden sollten. Pläne, das Rheinwaldgebiet und das Urserental zu Stauseen umzugestalten, scheiterten am lokalen Widerstand.

Als wichtigster Energieträger setzte sich jedoch zur gleichen Zeit das Erdöl durch, das einerseits für den stark zunehmenden Individualverkehr benötigt wurde, anderseits auch die Kohle als Heizstoff ersetzte. Das bedeutete indessen erneut eine weitgehende Energieabhängigkeit vom Ausland und von den nicht beeinflussbaren Weltmarktpreisen, was sich während des «Erdölschocks» 1973/74 (vgl. S. 342) empfindlich auswirkte. Mit Öl betriebene Wärmekraftwerke waren zudem ökologisch problematisch. Da jedoch der weiteren Ausnutzung der Wasserkraft offensichtliche Grenzen gesetzt waren, setzte man nun vor allem auf den Bau von Kernkraftwerken zur Elektrizitätserzeugung. Bereits 1969 konnte das Kernkraftwerk Beznau, 1971 Mühleberg mit der Stromproduktion beginnen. Die Versor-

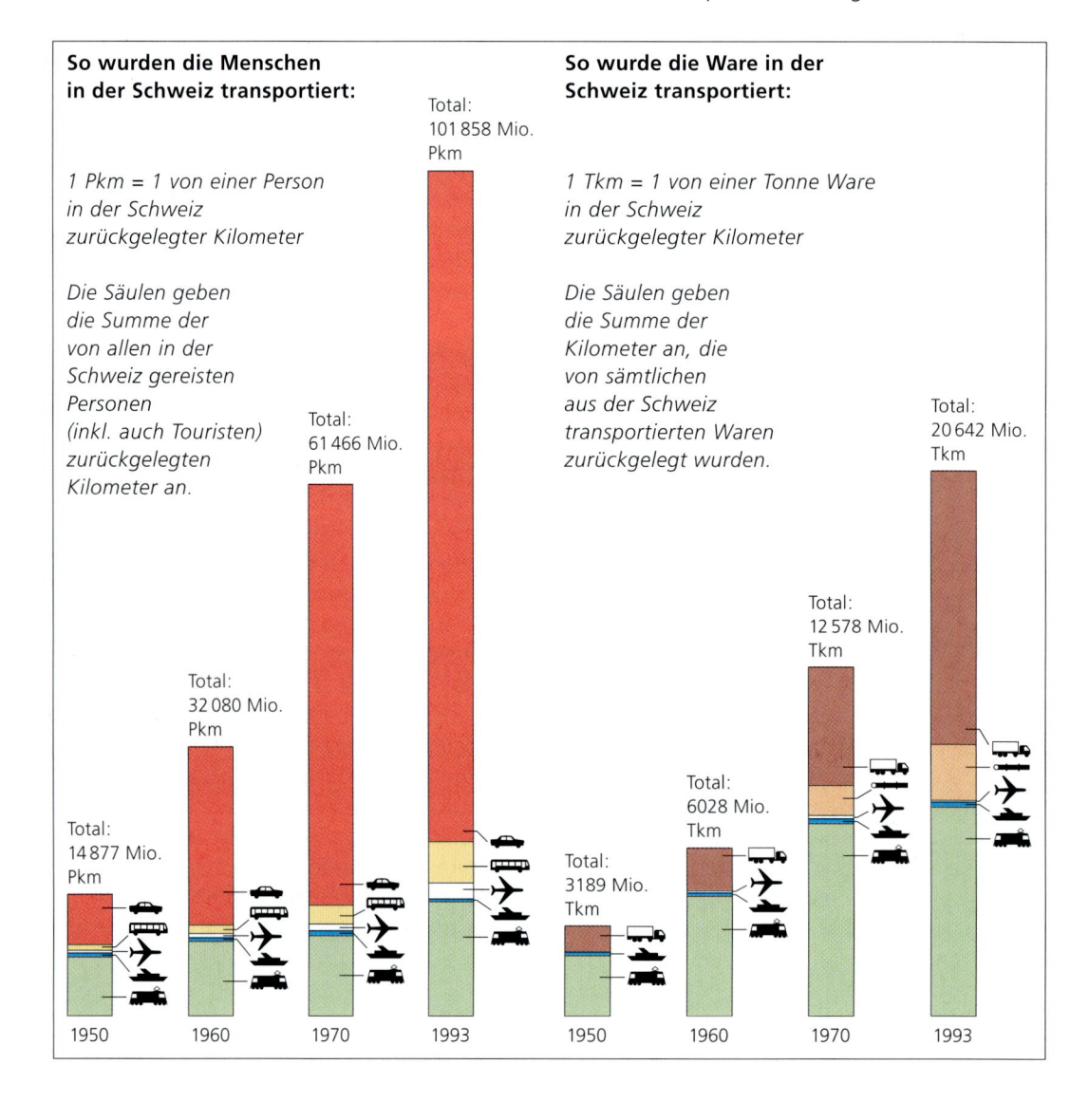

So wurden die Menschen in der Schweiz transportiert:

1 Pkm = 1 von einer Person in der Schweiz zurückgelegter Kilometer

Die Säulen geben die Summe der von allen in der Schweiz gereisten Personen (inkl. auch Touristen) zurückgelegten Kilometer an.

- 1950: Total 14 877 Mio. Pkm
- 1960: Total 32 080 Mio. Pkm
- 1970: Total 61 466 Mio. Pkm
- 1993: Total 101 858 Mio. Pkm

So wurde die Ware in der Schweiz transportiert:

1 Tkm = 1 von einer Tonne Ware in der Schweiz zurückgelegter Kilometer

Die Säulen geben die Summe der Kilometer an, die von sämtlichen aus der Schweiz transportierten Waren zurückgelegt wurden.

- 1950: Total 3189 Mio. Tkm
- 1960: Total 6028 Mio. Tkm
- 1970: Total 12 578 Mio. Tkm
- 1993: Total 20 642 Mio. Tkm

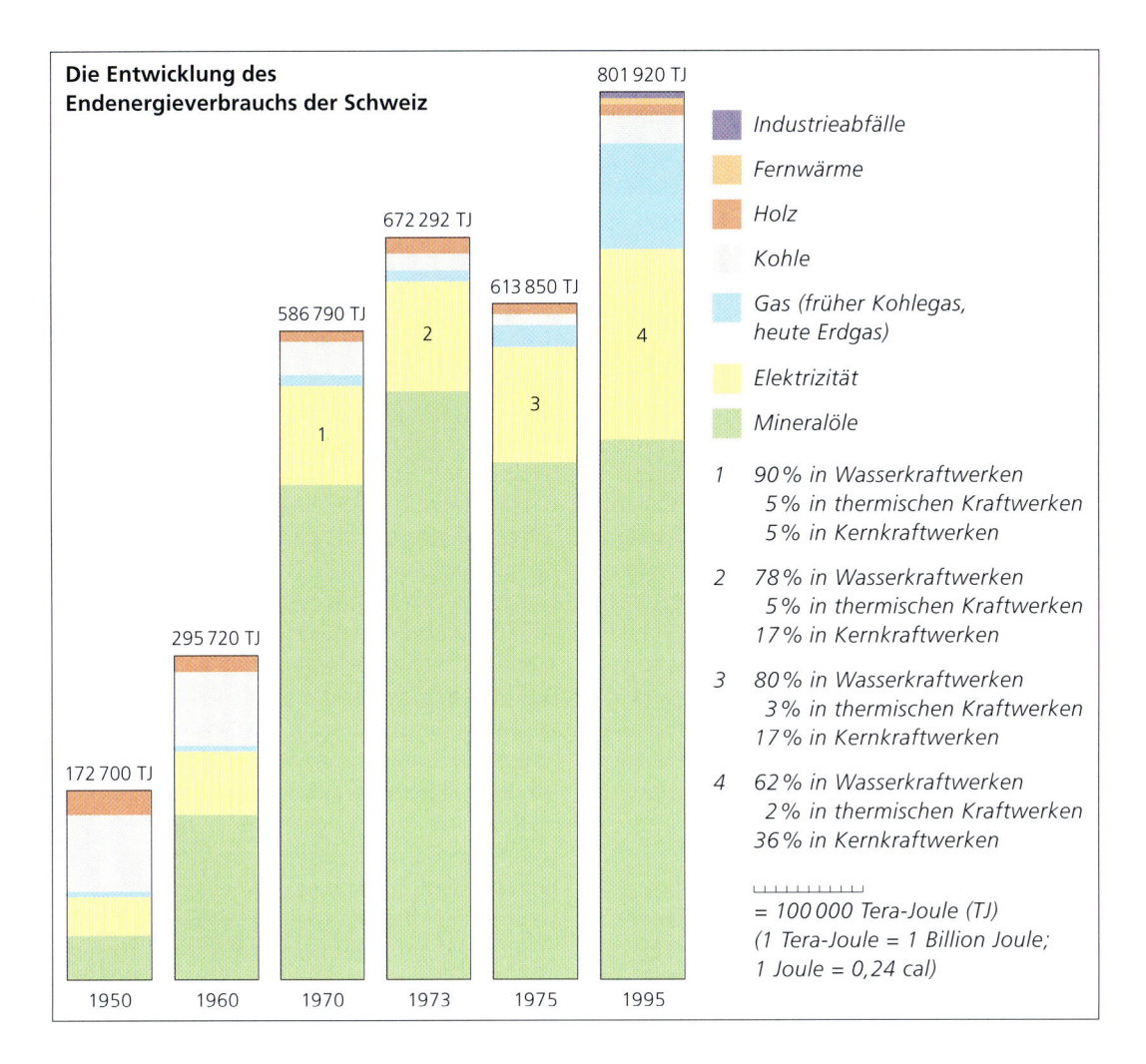

Die Entwicklung des Endenergieverbrauchs der Schweiz

Industrieabfälle
Fernwärme
Holz
Kohle
Gas (früher Kohlegas, heute Erdgas)
Elektrizität
Mineralöle

1   90 % in Wasserkraftwerken
    5 % in thermischen Kraftwerken
    5 % in Kernkraftwerken

2   78 % in Wasserkraftwerken
    5 % in thermischen Kraftwerken
    17 % in Kernkraftwerken

3   80 % in Wasserkraftwerken
    3 % in thermischen Kraftwerken
    17 % in Kernkraftwerken

4   62 % in Wasserkraftwerken
    2 % in thermischen Kraftwerken
    36 % in Kernkraftwerken

⊔⊔⊔⊔⊔⊔⊔⊔⊔⊔ = 100 000 Tera-Joule (TJ)
(1 Tera-Joule = 1 Billion Joule;
1 Joule = 0,24 cal)

Werte: 172 700 TJ (1950), 295 720 TJ (1960), 586 790 TJ (1970), 672 292 TJ (1973), 613 850 TJ (1975), 801 920 TJ (1995)

gung mit atomarem Brennstoff wurde durch Verhandlungen mit den Uran exportierenden Ländern sichergestellt.

Schon bald begannen sich jedoch Widerstände gegen die neue Energiequelle zu regen, sodass sich der Bau weiterer Werke verzögerte. Im Zentrum der Bedenken standen die Unfallgefahr und die Frage nach dem Schicksal der entstehenden radioaktiven Abfälle. In zweiter Linie befürchtete man eine Erhöhung der Strahlenintensität in der Umgebung der Kraftwerke, negative Auswirkungen der Wasserdampffahnen auf das Klima und eine zusätzliche Abhängigkeit von den Uran produzierenden Staaten. Entscheidend war die Auseinandersetzung um den Bau eines Kernkraftwerks in Kaiseraugst bei Basel. Nach langen politischen und juristischen Auseinandersetzungen besetzten 1975 Kernkraftgegner das vorgesehene Baugelände. Die Frage eines allfälligen polizeilichen oder gar militärischen Vorgehens löste in der Nordwestschweiz eine tief gehende Solidaritätswelle aus; «Kaiseraugst» wurde zum Symbol des «Volkswiderstandes gegen die Atom-Lobby». Da der Widerstand gegen die andern geplanten Kernkraftwerke in Gösgen und Leibstadt nicht dieselbe Breite erreichte, wurde deren Vollendung (1979 und 1984) vorangetrieben, Kaiseraugst dagegen zurückgestellt. Die Katastrophe des sowjetischen Kernkraftwerks von Tschernobyl (1986) löste schliesslich eine von breiten Kreisen getragene Bewegung zum «Ausstieg aus der Atomenergie» aus. Da der Bau neuer Kernkraftwerke politisch unmöglich geworden war, resignierte der Bundesrat und entschädigte das Kernkraftwerkunternehmen, das sich nach wie vor im Besitz einer Baukonzession befand, für die aufgelaufenen Kosten mit 350 Millionen Franken. 1990 war eine Volksinitiative, die ein zehnjähriges Moratorium für den Bau von Kernkraftwerken forderte, in der Volksabstimmung erfolgreich. In der Folge konzentrierte sich die «Atomdiskussion» vor allem auf die Frage, wo allenfalls radioaktive Abfälle sicher gelagert werden könnten.

Das Energieproblem war damit allerdings nicht vom Tisch und war auch nicht durch etwas naive Sparappelle – ein Bundesrat demonstrierte am Fernsehen das Energie sparende Kochen eines Eis – zu lösen. «Alternativenergien», etwa die Solarenergie, erreichten nur marginale Anteile am Gesamtenergiekonsum. In erster Linie bezog der Schweizer die benötigte Energie weiter aus fossilen Brennstoffen, ungeachtet ihrer ökologischen Problematik. Elektrizität kaufte man im Winter ein, vor allem aus Frankreich, das den Bau von Kernkraftwerken weiter vorantrieb.

Die Schweiz von 1848 bis zur Gegenwart

Wohin mit dem Abfall?

Die Verschmutzung der Gewässer nahm bereits in den Fünfzigerjahren vielerorts einen Besorgnis erregenden Umfang an. Dennoch blieb der Bau von Kläranlagen noch lange dem Belieben der Kantone überlassen; vor allem jene, deren Flüsse das Schmutzwasser in einen andern Kanton oder ins Ausland transportierten, hielten dies keineswegs für notwendig, so etwa Glarus oder Basel-Stadt. Erst 1971 kam es zu einer Gesetzesrevision, welche die Kantone zwang, innerhalb von zehn Jahren alle Abwässer zu reinigen; in der Folge mussten freilich die Fristen verlängert und Ausnahmen zugestanden werden. Immerhin verbesserte sich in den Siebziger- und Achtzigerjahren der Zustand mancher Gewässer markant, ein Zeichen, dass technischer Umweltschutz – konkret die Kläranlagen – durchaus wirksam sein kann.

Zu Beginn der Siebzigerjahre wurde jedoch ersichtlich, dass nicht nur die Gewässer, sondern auch die Luft und der Boden gefährdet waren. Fabrikbetriebe, vor allem aber Heizungen und Automobile, produzierten Abgase, welche die menschlichen Organe, Tiere und Pflanzen, aber auch Gebäude empfindlich schädigten. Durch die Luft oder durch die Lagerung auf Abfallhalden gelangten Schwermetalle und andere Giftstoffe in den Boden und damit in den natürlichen Kreislauf. Mit grossem Mehr stimmte das Volk daher 1971 einem neuen Verfassungsartikel zu, welcher den Bund zur Umweltgesetzgebung ermächtigte. Die Ausarbeitung eines entsprechenden Gesetzes erwies sich allerdings als harter Brocken, da vor allem die Organisationen der Hauseigentümer und der Automobilisten einschneidende Massnahmen ablehnten. Erst die Feststellung eines verbreiteten «Waldsterbens», das heisst einer abnormen Entwicklung vieler Laub- und Nadelbäume, die mit einer gewissen Wahrscheinlichkeit auf die Luftverschmutzung zurückgeführt werden konnte, führte 1985 zur Inkraftsetzung des Umweltschutzgesetzes. Nun war es möglich, durch technische Auflagen an die Kamin-, Heizungs- und Automobilkonstrukteure den Schadstoffausstoss wesentlich zu reduzieren. Gleichzeitig nahmen allerdings die Warnungen zu, die besagten, dass die zunehmende Belastung der Atmosphäre durch Kohlendioxid, das unvermeidliche Endprodukt jedes Verbrennungsprozesses, zu einem «Treibhauseffekt» und zu einer säkularen Erwärmung des Klimas zu führen drohe. Zudem nahm die «Waldsterben-Debatte» zeitweise geradezu hysterische Züge an – der Tod aller Wälder schien nur noch eine Frage von ein paar Jahren –, sodass dann, als sich die Prognose nicht erfüllte, wieder allgemeine Gleichgültigkeit eintrat, obwohl die Meldungen aus dem Forst nach wie vor nicht optimistisch tönten.

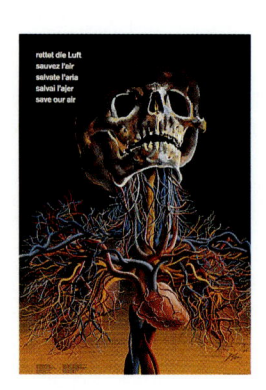

Plakat der Aktion «Rettet die Umwelt» (Hans Erni, 1985)

Was wird aus der Umweltpolitik?

Vor allem in den Achtzigerjahren wurde in vielen Meinungsumfragen die Umweltgefährdung als das gravierendste Problem der Gegenwart bezeichnet. Ständiges Wirtschaftswachstum schien mit der Erhaltung der Natur und den natürlichen Ressourcen unvereinbar; zumindest sollte ein qualitatives Wachstum («Lebensqualität») an die Stelle des rein quantitativ definierten Wachstums des **Bruttosozialprodukts** treten. Als dann aber in den Neunzigerjahren das quantitative Wachstum zum Stillstand kam und dafür die Arbeitslosenrate stieg, verlor der Umweltschutz viel von seiner Popularität. Eine blosse Zeiterscheinung war er allerdings wohl nicht, werden doch durch Erfindungen und technische Neuerungen auch neue Umweltfragen aufgeworfen. In den Neunzigerjahren stand die Gentechnologie mit ihren Möglichkeiten und Gefahren im Zentrum der Diskussion. Indessen zeigte es sich auch, dass die Umweltprobleme je länger, je weniger auf nationaler Ebene lösbar sind. Konnte man den Schutz der Gewässer und die Raumplanung noch im Alleingang regeln, so ist dies beim Schutz der Atmosphäre oder bei der Gentechnologie nicht möglich oder wenig sinnvoll. So stellt sich für die Zukunft die Frage, ob der «Globalisierung» der Wirtschaftsbeziehungen eine Globalisierung des Umweltschutzes folgen wird und ob die Schweiz dazu etwas beitragen kann und will.

Zwischen Konkordanz und Diskordanz: Die innenpolitische Entwicklung

Kalter Krieg in der Schweiz?

In den Dreissigerjahren und vor allem während des Zweiten Weltkriegs hatte sich die Schweiz in einer ausgesprochen defensiven Position befunden; sie war zum «Igel» geworden. Diese Mentalität wurde nun auf die Situation des «Kalten Krieges», des sich von 1947 an zuspitzenden Gegensatzes zwischen dem von der Sowjetunion angeführten Ostblock und dem von den USA angeführten Westblock, übertragen. Das militärische Potential des Kremls und die rücksichtslose Eingliederung der osteuropäischen Staaten unter die sowjetische Hegemonie erregten Furcht und Betroffenheit. Dies galt nicht nur für das Bürgertum, sondern ebenso für die Sozialdemokraten und Gewerkschafter, deren Gesinnungsgenossen in Osteuropa von den Verfolgungen ja ebenfalls betroffen wurden. Da gleichzeitig die liberale Wirtschaftsordnung Wohlstand bescherte, gab es auch keinen ökonomischen Grund, sich auf das sowjetische Wirtschaftsmodell einzulassen. Zwar blieb die Schweiz militärisch und aussenpolitisch neutral und verzichtete auf einen Beitritt zur NATO, doch identifizierte sich der weitaus überwiegende Teil der Bevölkerung mit «dem Westen». Die Schweiz wirkte wie ein Zuschauer an einem Fussballspiel, der sich von der Tribüne aus voll und ganz für die eine Mannschaft engagiert, aber keineswegs das Spielfeld betritt. Die sowjetfreundliche «Partei der Arbeit» und ihre Anhänger wurden zumindest in der Deutschschweiz gesellschaftlich völlig ausgegrenzt.

Die antikommunistische Stimmung erreichte ihren Höhepunkt, als im November 1956 sowjetische Panzer die reformerische ungarische Regierung unter Imre Nagy und mit ihr eine grosse Volksbewegung niederwalzten. Zehntausende von Schweizern solidarisierten sich in einer beispiellosen Mobilisierung mit den unterworfenen Ungarn. Es fanden Solidaritätsdemonstrationen und umfangreiche Hilfsaktionen statt, die vor allem von der studentischen Jugend organisiert wurden. Höhepunkt der Bewegung war der 20. November 1956. Mit drei Schweigeminuten gedachte die schweizerische Bevölkerung des sowjetischen Einmarsches in die Volksrepublik Ungarn.

Nicht nur politisch, sondern auch wirtschaftlich und kulturell ging man auf Distanz: An den Olympischen Spielen von Melbourne nahm man nicht teil, weil die Sowjetunion dabei war, der «Osthandel» galt als moralisch verwerflich und wurde vehement kritisiert. Über zehntausend ungarische Flüchtlinge kamen in die Schweiz und erfuhren im Ganzen eine wohlwollende Aufnahme. Zu einer neuen Solidaritätswelle kam es 1968, als die reformkommunistische Regierung der Tschechoslowakei durch den Einmarsch sowjetischer Truppen abgesetzt wurde.

Das politische Klima begünstigte eine Verschärfung der Staatsschutzgesetze. Bereits am 5. September 1950 fällte der Bundesrat einen Beschluss über «Bundesbedienstete, denen nach ihrer politischen Tätigkeit das für ihre Stellung erforderliche Vertrauen nicht mehr entgegengebracht werden kann». Bis Ende Jahr sollten im Bereich von Bundesverwaltung und -betrieben über 500 Personen auf ihre Vertrauenswürdigkeit hin überprüft werden. Im Oktober 1950 verabschiedeten National- und Ständerat einen Zusatz zum Strafgesetz, das nun mit Strafe bedrohte, wer die verfassungsmässige Ordnung «rechtswidrig zu stören oder zu ändern» beabsichtigte. Eine geheime, erst im Jahre 1990 aufgehobene «Verordnung über die Wahrung der Sicherheit des Landes» von 1951 hätte dem Bundesrat im Krisen- oder Kriegsfall erlaubt, politisch «gefährliche» Schweizerinnen und Schweizer in speziellen Lagern zu internieren. All diese Massnahmen richteten sich praktisch ausschliesslich gegen wirkliche oder mutmassliche Sympathisanten der Sowjetunion. Die Bundesanwaltschaft und die politische Polizei setzten ihre bereits im Zweiten Weltkrieg aufgenommene Tätigkeit, politisch verdächtige Personen zu überwachen und zu registrieren, in grösserem Umfang fort. Die in den Siebziger- und Achtzigerjahren eintretende weltpolitische Entspannung führte nicht etwa zu einer Reduktion, sondern zu einer Ausdehnung der Observierung – wer zum Beispiel in einen osteuropäischen Staat reiste, wurde auf einer «Fiche» festgehalten. Bekannt wurde diese weitgehend sinn- und ziellos gewordene Form von Staatsschutz erst 1989 im Zusammenhang mit dem Rücktritt der Bundesrätin Elisabeth Kopp (vgl. S. 309): Eine parlamentarische Untersuchungskommission stellte fest, dass die Bundespolizei in Zusammenarbeit mit den kantonalen und kommunalen Polizeiorganen über Jahrzehnte hinweg systematisch Organisationen sowie Einzelpersonen bespitzelt und über 900 000 Dossiers angelegt hatte. So erstaunlich der Umfang dieser Bespitzelung war, so grotesk waren mittlerweile die Kriterien für das, was als «subversiv» eingestuft wurde, geworden. Da man bei dieser Gelegenheit auch erfuhr, dass während Jahrzehnten eine «Geheimarmee» vorbereitet worden war, die angeblich im Falle einer feindlichen Besetzung einen Partisanenkrieg hätte führen sollen, ergab sich

Die Partei der Arbeit

Die Partei der Arbeit (PdA) wurde 1944 als Nachfolgerin der 1940 verbotenen Kommunistischen Partei gegründet und umfasste zunächst Altkommunisten und abgesprungene Sozialdemokraten. Sie vermochte die kurzfristige positive Stimmung, die unmittelbar nach dem Krieg gegenüber der siegreichen Sowjetunion aufkam, auszunützen und sich in den Kantonen Genf, Waadt, Neuenburg, den beiden Basel und in Zürich zu etablieren. Bei den Nationalratswahlen von 1947 eroberte sie auf Anhieb 5,1 Prozent der Wählerstimmen und sieben Sitze. Der aufkommende Kalte Krieg, Streitigkeiten in der Führung, vor allem aber die prosowjetische Haltung der Partei führten dazu, dass sie schon bald deutlich an Wählerstimmen verlor. Die Ereignisse in Ungarn 1956 führten zu einer Austrittswelle und liessen die Partei in der deutschen Schweiz zu einer politischen Sekte degenerieren. Sie wurde in den Sechziger- und Siebzigerjahren von anderen linken Parteien überflügelt, die sich im Gefolge der Studentenbewegungen von 1968 entwickelten. In der französischen Schweiz bewahrte die Partei dagegen eine ziemlich stabile Anhängerschaft.

Die Schweiz von 1848 bis zur Gegenwart

eine breite Vertrauenskrise gegenüber der Führung der Staatsschutzorgane.

Die Furcht vor der Sowjetunion und der dominante Antikommunismus der Fünfziger- und Sechzigerjahre bargen die Gefahr einer politischen Horizontverengung in sich. Eine Auseinandersetzung mit der eigenen Geschichte während des Zweiten Weltkrieges unterblieb weitgehend. Das Bild des Generals Henri Guisan blieb in den Wirtsstuben hängen; als er 1960 starb, erhielt er ein Heldenbegräbnis wie nie ein Schweizer zuvor, während vom Tod des zur Unperson gewordenen Pilet-Golaz (1958; vgl. S. 327) praktisch keine Notiz genommen wurde. Politische Kritik und unkonventionelle Vorschläge wurden gerne mit dem Ratschlag «Moskau einfach» beantwortet. Der Volkszorn über die Niederschlagung des ungarischen Aufstandes entlud sich auch in der Verfemung der isolierten PdA-Anhänger, die persönliche Drangsalierung und Stellenverluste hinnehmen mussten. Nicht selten gebärdete man sich gewissermassen «westlicher als der Westen»: Der Protest gegen die Sowjetunion durch Nichtteilnahme an den Olympischen Spielen von 1956 (S. 355) verpuffte, weil die meisten westlichen Staaten teilnahmen, Auftrittsverbote für Künstler aus der Sowjetunion, die im übrigen Europa wohlgelitten waren, wirkten eher kurios, die Agitation gegen den «Osthandel» verlor ihre Basis, als sich in den Sechzigerjahren bei den westeuropäischen Unternehmern, auch den schweizerischen, ein grösseres Interesse am sowjetischen Markt einstellte.

Der Weg zur Konkordanzdemokratie

Bis 1891 hatte der Freisinn alle sieben Bundesräte gestellt, was allerdings zu einer zunehmenden Blockierung der Regierungstätigkeit durch Referenden der konservativen Opposition geführt hatte. Der Einzug eines ersten (1891) und später eines zweiten (1919) Katholisch-Konservativen in den Bundesrat leitete den Übergang der ehemaligen Gegner des Bundesstaates von 1848 in das Regierungslager ein. 1929 trat die durch das **Proporz**wahlrecht geschwächte Freisinnige Partei einen weiteren Bundesratssitz an die am Ende des Ersten Weltkrieges gegründete Bauern-, Gewerbe- und Bürgerpartei (seit 1971: Schweizerische Volkspartei) ab. Damit stand eine relativ breite bürgerliche Regierungskoalition im Verhältnis von 4 zu 2 zu 1 der sozialdemokratischen Opposition gegenüber. Seit der Annäherung der verfeindeten Lager in der zweiten Hälfte der Dreissigerjahre wurde zunehmend der Ruf laut, auch der Sozialdemokratie einen Bundesratssitz einzuräumen. Verwirklicht wurde dies jedoch erst, als Ende 1943 die Sozialdemokraten bei den Nationalratswahlen mit 56 Mandaten die stärkste Fraktion bilden konnten. Die Freisinnigen verzichteten auf ihren vierten Bundesratssitz zu Gunsten des vormaligen Zürcher Stadtpräsidenten Ernst Nobs.

Damit schien der Weg zu einer proportionalen Verteilung der Bundesratssitze auf die vier grossen Parteien vorgezeichnet. Als aber 1953 der sozialdemokratische Bundesrat Max Weber nach dem Scheitern einer von ihm vorgelegten Finanzvorlage zurücktrat, sah sich seine Partei erneut auf die Oppositionsplätze verwiesen. Die Periode eines wiederum rein bürgerlichen Bundesrates blieb jedoch ein Intermezzo. Es folgten taktische Manöver der drei grossen Parteien. Sozialdemokraten und Katholisch-Konservative waren nicht gewillt, eine neue freisinnige Vormachtstellung mit wiederum vier Bundesratssitzen hinzunehmen. Gleichzeitig benützten die Letzteren die Gelegenheit, sich von der konservativen Position auf der politischen Rechten ins Zentrum zu verschieben und eine Scharnierposition zwischen Sozialdemokratie und Freisinn einzunehmen. Die Partei nannte sich seit 1957 «konservativ-christlichsozial», seit 1970 «christlich-demokratisch». Nachdem sie 1954 mit sozialdemokratischer Unterstützung dem Freisinn ein drittes Bundesratsmandat – abmachungsgemäss befristet bis zu einer erneuten Regierungsbeteiligung der Sozialdemokraten – abgenommen hatte, einigte sie sich mit diesen 1959, als der Rücktritt von vier Bundesräten den nötigen Freiraum bot, auf die «Zauberformel» (2 Freisinnige, 2 Konservativ-Christlichsoziale, 2 Sozialdemokraten, 1 Vertreter der Bauern-, Gewerbe- und Bürgerpartei). Angesichts der Mehrheitsverhältnisse blieb den Freisinnigen nichts anderes übrig, als in den sauren Apfel zu beissen.

Die Zauberformel war indessen nicht nur das Resultat politischer Winkelzüge, sondern

Gemeindewahlen in Zürich 1946: Auf einer gemeinsamen Liste kandidierten fünf Sozialdemokraten und der kommunistische PdA-Vertreter Woog; alle wurden gewählt, womit die Linke die Mehrheit in der Exekutive ausbaute. Der Ausbruch des Kalten Krieges führte ein Jahr später zum Bruch zwischen den beiden Parteien (vgl. S. 315).

die Konsequenz der politischen und gesellschaftlichen Entwicklung:
– In der Wirtschafts- und der Sozialpolitik hatten sich die Parteien angenähert. Während in der Sozialdemokratie die sozialistischen Zielvorstellungen angesichts des wachsenden Wohlstandes verblassten, spielte der sozialpolitisch engagierte, vor allem in den Städten der katholischen Diaspora vertretene Arbeiter- und Angestelltenflügel bei den Konservativ-Christlichsozialen eine zunehmende Rolle. Auch die Freisinnigen stellten die Grundlagen des Sozialstaates, etwa die AHV, nicht mehr in Frage.
– In der Aussen- und der Sicherheitspolitik bestand weitgehend Einigkeit; die Existenzberechtigung der Armee wurde von den Sozialdemokraten nicht in Frage gestellt.
– Auch gesellschaftlich näherte man sich einem Ausgleich an; die deutlichen Schranken zwischen «Arbeiterschaft» und «Bürgertum» wurden geringer (vgl. S. 342). Die grossen Parteien verstanden sich denn nun auch als «Volksparteien» und nicht als Vertreter abgrenzbarer Klassen oder Gruppen.
– In der Referendumsdemokratie war es schwierig, auf die Dauer eine grosse Partei aus der Regierungsverantwortung auszuschliessen, weil diese durch Referenden den politischen Prozess weitgehend lahm legen konnte. In den Kantonen hatten sich denn auch in den Exekutiven längst ähnliche «Zauberformeln» eingebürgert.

Damit war die Schweiz praktisch ohne ernstzunehmende parlamentarische Opposition, denn die vier Regierungsparteien vereinigten 85 Prozent der Wähler auf sich. Die auf der «Zauberformel» basierende «Konkordanzdemokratie» erwies sich allerdings als nicht unproblematisch:
– Die Regierung sah sich kaum einer wirkungsvollen parlamentarischen Kontrolle ausgesetzt. So konnte sie das Parlament und dessen Beschlüsse weitgehend ignorieren und Fehler vertuschen. Ein erstes Beispiel, das die Öffentlichkeit stark bewegte, war der «Mirage-Skandal»: Im Juni 1961 hatte das Parlament einen Kredit von 871 Millionen Franken für die Beschaffung von 100 Kampfflugzeugen des Typs Mirage bewilligt. Dieses Mehrzweckflugzeug sollte in erster Linie Raumschutz- und Aufklärungsaufgaben erfüllen. Im April 1964 verlangte der Bundesrat jedoch zusätzliche 576 Millionen Franken. In aller Stille, ohne das Parlament zu informieren, hatten die verantwortlichen Beamten das Flugzeug mit zusätzlichen Schikanen ausgestattet, wodurch die Mirage in einen spezialisierten Jagdbomber umgewandelt worden war. Die Zeitungen berichteten ausführlich über diesen Skandal. Das Parlament bildete eine Untersuchungskommission, die zum Schluss kam, dass Beamte im Militärdepartement und hohe Militärs Parlament und Öffentlichkeit bewusst desinformiert und die Kostenüberschreitungen, die schon 1961 feststanden, verschwiegen hatten. Schliesslich reduzierte man die Bestellung auf 57 Flugzeuge.
– Das politische Interesse in der Bevölkerung nahm ab, die Identifikation des einzelnen Bürgers mit einer Partei wurde geringer. Die durchschnittliche Stimmbeteiligung ging zurück. Die Parteien, im sicheren Besitz der Regierungsbeteiligung, waren weniger als früher gezwungen, sich der Sorgen und Wünsche des «kleinen Mannes» anzunehmen.
– Parteien und Parlament verloren an Bedeutung gegenüber den Interessenverbänden, etwa den Organisationen der Arbeitgeber, den Gewerkschaften oder dem Bauernverband. Da diese nicht in die Regierungsverantwortung eingebunden waren und über sehr viel grössere finanzielle Mittel verfügten, konnten sie von den Möglichkeiten der direkten Demokratie – Initiative und Referendum – regen Gebrauch machen und auf den Ausgang von Abstimmungen beträchtlichen Einfluss ausüben.
– Schliesslich stellte sich immer mehr die Frage, wie «konkordant», das heisst einträchtig, die Bundesräte und ihre Parteien überhaupt waren. Die seit der Mitte der Siebzigerjahre zunehmenden wirtschaftlichen und politischen Probleme führten dazu, dass die Parteien auseinander drifteten, sich zu profilieren versuchten und, ungeachtet ihrer Regierungsvertretung, bei wichtigen Fragen in die Opposition gingen. Am häufigsten war dies bei den Sozialdemokraten und bei der Schweizerischen Volkspartei der Fall. Auch Gegensätze unter den einzelnen Bundesräten wurden nicht mehr im kleinen

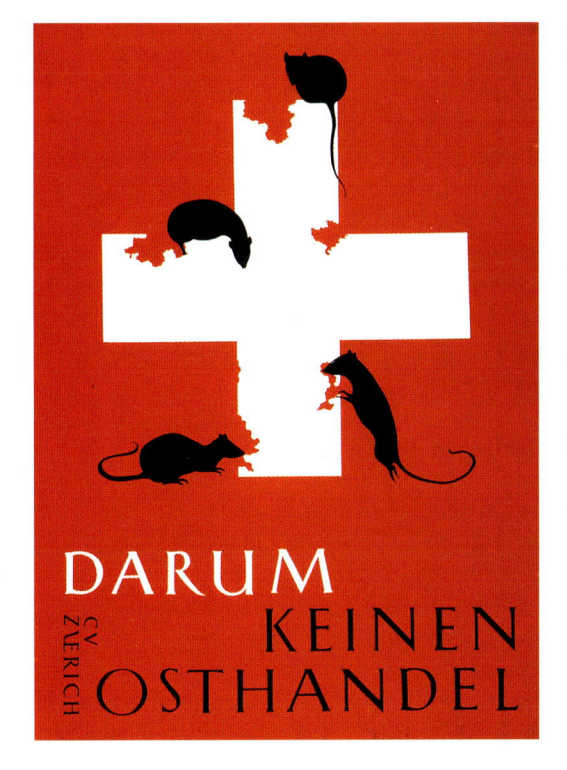

Die öffentliche Meinung war bis zur Mitte der Sechzigerjahre von einem strikten Antikommunismus geprägt. Dazu gehörten auch Kampagnen gegen den «Osthandel», das heisst den Handel mit den Staaten des Warschauer Paktes. Diese hörten allerdings auf, als sich im Rahmen der internationalen Entspannungspolitik die Absatzmöglichkeiten in diesem Raum vergrösserten.

Die Schweiz von 1848 bis zur Gegenwart

Flugblatt, das nach einem Krawall im Anschluss an ein Konzert der «Rolling Stones» im Zürcher Hallenstadion am 14. April 1967 erschien. Das Flugblatt wurde von der «Jungen Sektion der Partei der Arbeit» – die sich bald darauf mit ihrer Mutterpartei zerstritt – herausgegeben. Es zeigt Kritik und Forderungen eines Teils der Jugendlichen. Musik und Texte der «Rolling Stones» hatten eine gewisse katalysatorische Wirkung.

Kreis, sondern unter Einbezug der Medien ausgetragen.

Die Zauberformel wurde zunehmend in Frage gestellt, doch fehlte eine Alternative. Trotz gelegentlichen Kokettierens mit dem «Jungbrunnen der Opposition» war letztlich keine Partei bereit, auf Macht, Einfluss und Karrieremöglichkeiten, die sich durch die Regierungsbeteiligung nun einmal boten, zu verzichten. Umgekehrt war auch keine stark genug, eine andere aus dem Bundesrat zu verdrängen.

Unruhige Jugend

In den Sechzigerjahren wuchs das Unbehagen vieler Jugendlicher gegenüber der Wohlstandsgesellschaft. Ein Generationenkonflikt mit einigem politischem Sprengstoff entbrannte. Zum Entsetzen vieler älterer Schweizer, welche die Arbeitslosigkeit der Dreissigerjahre, die Bedrohung im Zweiten Weltkrieg und die Unsicherheit der Nachkriegsjahre erlebt hatten und sich nun der politischen Harmonie und des wirtschaftlichen Aufstiegs erfreuten, sah sich die errungene gesellschaftliche Ordnung einer eigentlichen Fundamentalkritik ausgesetzt:

– Kritik der «Konsumgesellschaft»: Die bestehende Wirtschaftsordnung ist darauf ausgerichtet, dass die Menschen ständig noch mehr Waren produzieren, kaufen und verbrauchen. Nach dem Sinn des Lebens und des Arbeitens wird nicht gefragt.

– Kritik der Wirtschaftsordnung: Die bestehende kapitalistische Wirtschaftsordnung ist undemokratisch; Arbeiter und Angestellte haben im Betrieb nicht mitzureden. Sie ist zudem ungerecht, indem sie den westlichen Ländern zwar Wohlstand, der «Dritten Welt» dagegen bittere Not verschafft.

– Kritik der Staatsordnung: Der Staat ist nur der Form nach demokratisch. Wahl- und Abstimmungsresultate sind durch Werbung manipulierbar. Die wahre Macht liegt bei den Wirtschaftsführern, den Bankiers und Unternehmern. Im Wesentlichen ist die Ordnung autoritär, basiert auf Zwang, sei es nun in der Familie, in der Schule oder in der Armee.

– Kritik an der «freien Welt»: Die USA streben ihren eigenen Nutzen, nicht die Freiheit aller Völker an. Während sie sich einerseits mit allen möglichen Diktatoren verbünden, unterdrücken sie, etwa in Vietnam, Befreiungsbewegungen des Volkes.

– Kritik an der «herrschenden Moral»: Die ältere Generation führt ein spiessbürgerliches, unfreies Leben. Sie lässt sich von der Werbung, den Massenmedien und der Mode leiten. Sie vertritt Moralvorschriften, an die sie nicht mehr glaubt.

Äusseren Ausdruck fand diese Fundamentalkritik etwa im bewussten Tragen langer Haare, in der Befreiung von sexuellen Tabus, im Hören von Rock- und Popmusik und im «Aussteigen» aus der Familie in neue Wohngemeinschaften, so genannte WGs. Politisch manifestierte sie sich schliesslich in der Studentenbewegung, der Opposition auf der Strasse und der Gründung neuer politischer Gruppen, der «Neuen Linken».

Als Alternative zur liberalkapitalistischen Wirtschaftsordnung wurden neomarxistische Modelle diskutiert, als Alternative zur Identifikation mit den USA eine solche mit den Völkern der zum Teil noch unter Kolonialherrschaft befindlichen «Dritten Welt». Die

1. Mai-Umzug 1970 in Zürich. Auf dem Transparent Wilhelm Tell, Ho Chi Minh (Staatschef Nordvietnams) und eine Delacroix nachempfundene Freiheitsfigur

politischen Mittel waren Demonstrationen verschiedenster Art, von Umzügen mit Transparenten und Sprechchören über «Sit-ins» auf Tramgeleisen oder in Amtshäusern bis zu Störungen des Lehrbetriebs in Universitäten und Schulen. Träger der «68er-Bewegung» waren vor allem Studenten und Mittelschüler beiderlei Geschlechts; die Lehrlinge und Lehrtöchter wurden in geringerem Mass erfasst.

1968 erreichte die Jugendbewegung wie in den meisten Ländern Europas ihren Höhepunkt. Wichtigster Konfliktpunkt in der Schweiz war die Forderung nach «autonomen Jugendzentren», die von den Jugendlichen selbst verwaltet werden sollten. So wurde in Zürich die Überlassung eines leer stehenden Warenhauses, des «Globus-Provisoriums» an der Bahnhofbrücke, gefordert. Als der Zürcher Stadtrat dies nach längerem Schwanken ablehnte, kam es zu einem unkontrollierten Demonstrationszug, wobei gefährliche Wurfgeschosse gegen die Wache haltenden Polizisten geworfen wurden. Diese lösten die Ansammlung mit Wasser und Gummiknüppeln auf; es gab Dutzende von Verletzten. Der Schreck in der Schweizer Bürgerschaft sass tief, einerseits über das Ausmass und die Aggressivität der Demonstranten, aber auch über die Brutalität der Polizei, die bereits Verhaftete und Wehrlose zusammengeschlagen hatte. Die «heile Welt Schweiz» hatte einen Riss erhalten.

Mit dem Abebben des Vietnamkriegs, der für viele Jugendliche zu einem eigentlichen politischen Schlüsselerlebnis geworden war, und den nach 1973 zunehmenden wirtschaftlichen Problemen, die gesellschaftspolitische Utopien in den Hintergrund treten liessen, verlor die Jugendbewegung viel von ihrer Stosskraft. Sie zersplitterte in zahllose Grüppchen von geringer Konstanz; die grosse Mehrheit der «Jugendbewegten» integrierte sich in eine mittlerweile in vielem toleranter gewordene Gesellschaft. Dass aber nach wie vor ein Jugendproblem bestand, zeigten erneute Unruhen zwischen 1980 und 1982. Sie eskalierten wiederum in Zürich, wo die Forderung nach einem «autonomen Jugendzentrum» nach wie vor unerfüllt war. Im Unterschied zu 1968 vermochten sich die Protestierenden intellektuell schlecht zu artikulieren; Träger der Bewegung waren nun vor allem Lehrlinge und «Ausgestiegene», während Universitäten und Gymnasien kaum erfasst wurden. Das Drogenproblem spielte im Umfeld der Demonstranten bereits eine zentrale Rolle.

Die Protestierenden von 1968 hatten Versuche mit zuvor kaum bekannten und zudem illegalen Drogen wie Marihuana und LSD angestellt, da diese angeblich «das Bewusstsein erweiterten». Der Drogenkonsum überdauerte den Zerfall der 68er-Bewegung und etablierte sich vor allem in den Kreisen der sozial gefährdeten Jugendlichen, wobei weitere Drogen mit noch höherem Suchtpotenzial wie Heroin hinzukamen. Der Staat reagierte mit einer Mischung von Repression, Aufklärung und Therapieangeboten, die indessen nicht verhindern konnte, dass sich vor allem in den Grossstädten «Szenen» von Drogenabhängigen bildeten, mit denen wiederum ein

Die Schweiz von 1848 bis zur Gegenwart

kriminelles Umfeld von gewaltigem Umfang verbunden war, weil die Beschaffung illegaler Drogen teuer war. Der umstrittene Vorschlag, mindestens der Kriminalität die Spitze zu brechen, indem man den Schwerabhängigen das Heroin von Staats wegen verabreichte, wurde in der Mitte der Neunzigerjahre in erste Versuche umgesetzt.

Oppositionsgruppen
Der Landesring der Unabhängigen

Neben den vier grossen Parteien, deren Wähleranteil bis gegen Ende der Sechzigerjahre nie unter 80 Prozent sank, führten die übrigen auf Bundesebene bloss eine Randexistenz. Die vor allem in der Westschweiz verwurzelten Liberaldemokraten und die Evangelische Volkspartei verstanden sich, obwohl in der Regierung nicht vertreten, nicht als eigentliche Oppositionsparteien; die Partei der Arbeit war isoliert (vgl. S. 355). Die Rolle einer oppositionellen Kraft fiel während längerer Zeit in erster Linie dem Landesring der Unabhängigen zu (vgl. S. 317). Nach dem Krieg profilierte sich die Partei als Vorkämpferin für eine liberale Demokratie, gegen **Protektionismus** – besonders gegen die Landwirtschaftspolitik – und gegen alle Versuche des politischen und wirtschaftlichen Lobbyismus. Zudem wollte sie nicht parteigebundenen Persönlichkeiten die Möglichkeit bieten, in der Politik mitzuwirken. Die enge Beziehung, die die Partei zum Grossverteiler Migros unterhielt, machte sie dank der ihr zufliessenden Mittel referendumsfähig, warf aber auch Probleme auf. Solange der Landesring praktisch die einzige Oppositionspartei war, konnte er auch erfolgreich das Protestwählerpotential ansprechen. Die Nationalratswahlen von 1967 brachten der Partei mit 9,1 Prozent Wähleranteil (16 Mandate) den grössten Erfolg. Der Aufstieg anderer, programmatisch eindeutigerer Oppositionsgruppen führte zum Niedergang.

«Überfremdungsparteien»

Bereits um 1960 erhob sich Kritik an der liberalen Einwanderungspraxis des Bundes. In der Arbeiterschaft, wo man sich durch die Anwesenheit der ausländischen Arbeitskräfte am unmittelbarsten betroffen fühlte, entstand Unmut. Im Verlauf der Sechzigerjahre erreichte die fremdenfeindliche Stimmung einen ersten Höhepunkt. Der Protest richtete sich zwar gegen Ausländer, zeigte aber auch, dass untergründig diffuse Ängste vor den Entwicklungen in der modernen Gesellschaft die Ursache des Unbehagens waren. Viele sehnten sich nach ihren früheren geordneten und einfachen Verhältnissen zurück und sahen sich durch die Fremden bedroht. Die Verunsicherung betraf auch viele Gewerkschafter, weil sie über die Konkurrenz unter den Arbeitern und den sich daraus ergebenden Lohndruck beunruhigt waren.

Die ersten politischen Gruppierungen, die sich gegen die starke Zuwanderung von ausländischen Arbeitskräften wandten, entstanden Mitte der Sechzigerjahre. Die «Nationale Aktion für Volk und Heimat» (NA, seit 1990 «Schweizer Demokraten») und die «Republikanische Bewegung», die sich 1970 von der NA abspaltete, sammelten verunsicherte Kleinbürger und Arbeiter, indem sie die Anwesenheit von mehr als einer Million Ausländer als augenfälliges Alarmsignal begriffen. Die politischen Mittel dieser Gruppen waren einerseits die Teilnahme an Wahlen, anderseits die Benützung des Initiativrechts. Die nach dem Nationalrat und Publizisten James Schwarzenbach genannte «Schwarzenbach-Initiative» forderte, die Zahl der Ausländer dürfe in keinem Kanton 10 Prozent der kantonalen Wohnbevölkerung übersteigen. Der 1970 ausgetragene Abstimmungskampf war ausserordentlich heftig, wobei sich unübliche Fronten bildeten: Bundesrat, Arbeitgeberverbände, Regierungsparteien und – nach einigem internen Rumoren – auch die Gewerkschaften standen den Überfremdungsgegnern gegenüber. Um dem Anliegen der Initianten die Spitze zu brechen, begrenzte die Landesregierung die Gesamtzahl der jährlichen Arbeitsbewilligungen für Ausländer. In den Augen vieler ging es jedoch um mehr als Ausländerzahlen, nämlich um die Zukunft der Schweiz. Bei einer Rekordstimmbeteiligung von 74 Prozent wurde die Initiative knapp (46 Prozent Ja-Stimmen) abgelehnt. Dagegen errangen die Überfremdungsparteien bei den Nationalratswahlen von 1971 11 Mandate. Die rückläufige Ausländerzahl als Folge der nach 1973 einsetzenden **Rezession** (vgl. S. 342) führten zum Verschwinden der Republikaner und zu Mandatsverlusten der Nationalen Aktion; auch weitere Anti-Überfremdungsinitiativen fanden nicht mehr die gleiche Resonanz. Als sich in den Achtzigerjahren das Unbehagen über die Zuwanderung erneut steigerte, sahen sich die «Schweizer Demokraten» der Konkurrenz der «Freiheitspartei» (vgl. S. 361 f.) und der Schweizerischen Volkspartei ausgesetzt, deren gegen die «illegalen Asylanten» gerichtete Volksinitiative 1996 erneut auf einen Stimmenanteil von 46 Prozent kam.

Die «Neue Linke»

Aus der Jugendbewegung von 1968 gingen eine ganze Reihe von politischen Gruppierungen hervor, die sich an einer der sozialistischen Varianten – Sowjetkommunismus, Trotzkismus, Maoismus, Titoismus usw. – orientierten. Grössere Resonanz und längere Existenz war allein den 1972 gegründeten «Progressiven Organisationen der Schweiz» (POCH) beschieden. Ihren Schwerpunkt hatten sie in den Städten

Gottlieb Duttweiler (1888–1962) begründete den Migros-Genossenschaftsbund und den Landesring der Unabhängigen (vgl. S. 317).

James Schwarzenbach (1911–1994; Nationalrat 1967–1978) war ein konservativer Publizist und trat Ende der Sechzigerjahre an die Spitze der Bewegung gegen die Überfremdung. Das Bild zeigt ihn bei einer Rede auf dem Schlachtfeld von Sempach.

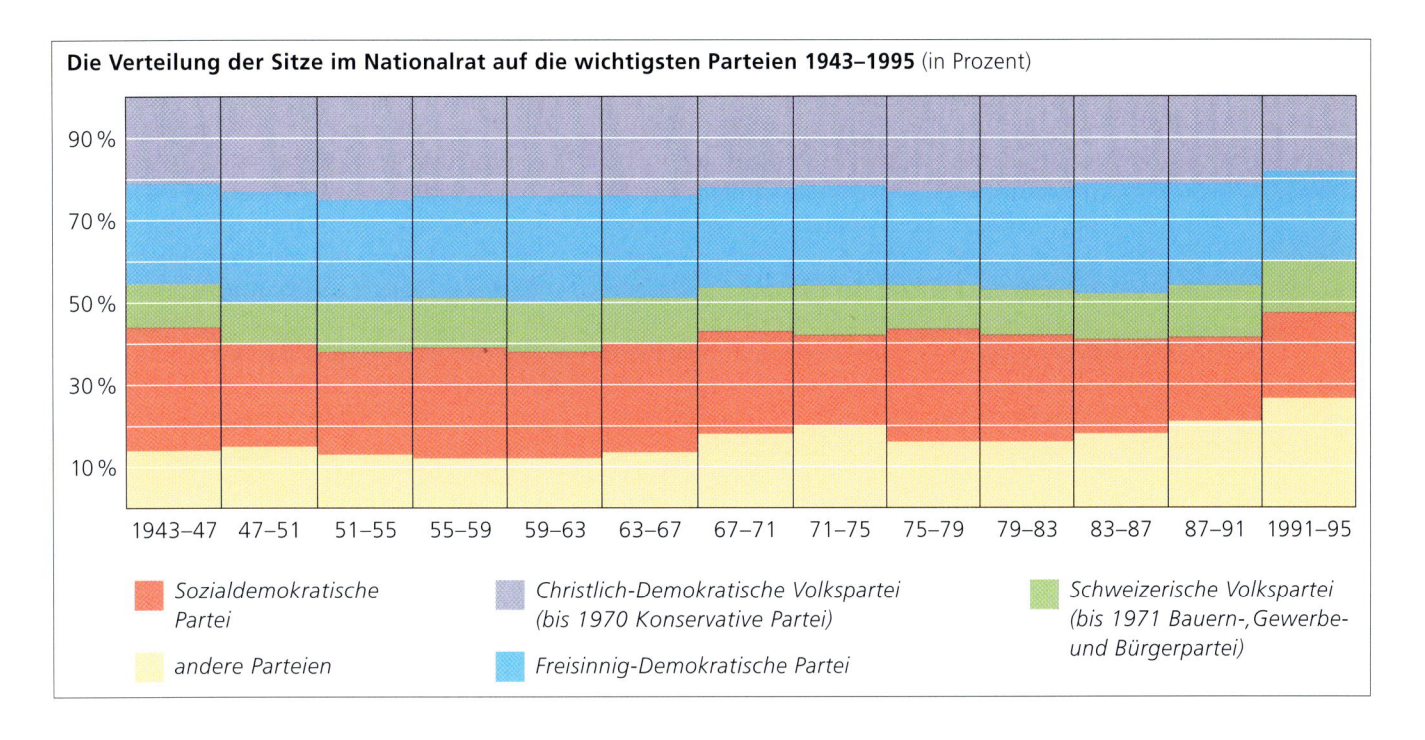

Die Verteilung der Sitze im Nationalrat auf die wichtigsten Parteien 1943–1995 (in Prozent)

- Sozialdemokratische Partei
- andere Parteien
- Christlich-Demokratische Volkspartei (bis 1970 Konservative Partei)
- Freisinnig-Demokratische Partei
- Schweizerische Volkspartei (bis 1971 Bauern-, Gewerbe- und Bürgerpartei)

der deutschen Schweiz, vor allem in Basel und Zürich. Sie verstanden sich zunächst als streng marxistisch-sozialistische, aber nicht auf die Sowjetunion hin orientierte Bewegung. Mit dem Abflauen des öffentlichen Interesses an den oft nur schwer verständlichen Theoriediskussionen verlegten sie sich auf den Einsatz für Minderheiten aller Art und die konsequente Frauenförderung. Die «Progressiven» blieben jedoch eine intellektuelle Kleingruppe ohne Massenbasis und kamen nie über drei Nationalratssitze hinaus. Vom Ende der Achtzigerjahre an kam es zur allmählichen Auflösung der einzelnen Kantonalverbände; manche Exponenten wechselten zu den Sozialdemokraten oder zur Grünen Partei.

Grüne und «Anti-Grüne»

Die in den Siebzigerjahren aufkommende zunehmende Besorgnis über die Entwicklung der Umwelt (vgl. S. 351 ff.) wurde zunächst vor allem von überparteilichen Verbänden (Bund für Naturschutz, Bund für Heimatschutz, Gesellschaft für Umweltschutz) getragen. Die Frage, ob es zweckmässig sei, eine spezifische «Umweltschutzpartei» zu gründen, oder ob man den Umweltschutzgedanken nicht in die bestehenden Parteien hineintragen müsse, war umstritten. Am Ende der Siebzigerjahre bildeten sich zunächst auf kantonaler Ebene verschiedene, zum Teil miteinander konkurrierende «grüne Gruppen», die rasch Anfangserfolge zu verzeichnen hatten. Wahlerfolge auf kantonaler Ebene führten zur Bildung einheitlicher kantonaler Organisationen und zum Zusammenschluss auf schweizerischer Ebene (1983; seit 1986 «Grüne Partei der Schweiz»). Die «Grünen» entwickelten sich rasch zur grössten Oppositionspartei; 1991 errangen sie 14 Nationalratsmandate. In einzelnen Städten und Kantonen konnten sie auch in die Exekutive eindringen. Die wirtschaftliche Flaute, die das Umweltproblem im öffentlichen Bewusstsein in den Hintergrund treten liess, führte jedoch zu einem Rückgang des Wähleranteils.

Als Gegenkraft konstituierte sich 1985 die «Auto-Partei» (seit 1994: Freiheitspartei). Sie beurteilte generell alle Umweltschutzmassnahmen sehr kritisch und wandte sich besonders gegen jede Einschränkung des Individualverkehrs. 1991 gewann sie acht Nationalratssitze, 1995 kam sie auf sieben.

Die Stabilität der Regierungsparteien

Trotz der ständigen Kritik an «Bern» und an der Zauberformel konnten sich die vier Bundesratsparteien erstaunlich gut behaupten. Keiner der neuen Oppositionsparteien gelang es, auch nur die kleinste Regierungspartei – die Schweizerische Volkspartei – an Stimmen und Mandaten zu erreichen. Meistens begannen sie mit spektakulären Anfangserfolgen, mussten in der Folge dann aber froh sein, den gewonnenen Besitzstand halten zu können. Warum?
– Da jeder Kanton für die Nationalratswahlen einen eigenen Wahlkreis bildet, ist ein Wahlerfolg für eine neue Partei in einem kleineren Kanton, der vielleicht fünf Nationalräte stellt, sehr schwer zu erreichen. Die Erfolge der neuen Oppositionsparteien beschränkten sich daher auf die grossen Kantone. Der Einzug in den Ständerat, in welchem jeder Kanton nur zwei Sitze hat, stellt eine noch grössere Hürde dar.
– Da die neuen Parteien zunächst ein drängendes Problem in den Mittelpunkt stellten, galten sie als «Ein-Themen-Partei», während die traditionellen Parteien den Anspruch erhoben, auf alle Fragen profunde Antworten zu wissen. Zwar bemühten sich alle «Neuen» durchaus

Die Schweiz
von 1848 bis zur
Gegenwart

um eine Verbreitung ihrer programmatischen Basis. Die Überfremdungsparteien verknüpften die Einwanderungsfrage mit ökologischen Überlegungen zur Bevölkerungszunahme, die Grüne Partei forcierte die Frauenförderung, die Auto-Partei schlug ebenfalls in die Überfremdungskerbe und empfahl sich als die einzige zuverlässige Kraft für die Schweiz und gegen «die Roten und Grünen». Dennoch wurden sie in der Öffentlichkeit bei ihren «Startnummern» behaftet; verloren diese an Aktualität, so verloren sie auch Stimmen.

– Die etablierten Parteien passten sich den neuen Trends flexibel an. Als die Umweltprobleme ins Zentrum der Diskussion traten, zögerten sie nicht, mehr oder weniger verbindliche ökologische Postulate in ihre Parteiprogramme aufzunehmen und sich als «umweltbewusst» zu empfehlen. Wie die «Progressiven» und die Grünen betrieben auch die Sozialdemokraten den vermehrten Einbezug der Frauen in die Politik. Demgegenüber besetzte die Schweizerische Volkspartei das Terrain der Auto-Partei und der Schweizer Demokraten, indem sie als Vorkämpferin für alles Schweizerische und gegen Einwanderer, Asylsuchende und europäische Integrationsbestrebungen in die Arena stieg.

– Wirklichen Einfluss auf das politische Geschehen erreicht eine Partei über die Exekutive. Bereits das Vordringen in die städtischen und kantonalen Regierungen erfordert einen erheblichen Wähleranteil, da meist das **Majorz**wahlrecht gilt. Der Einzug einer Oppositionspartei in den Bundesrat wäre mit dem Ende der «Zauberformel» verbunden.

Zu neuen Ufern?

Die Jahre zwischen 1965 und 1975 waren eine Zeit relativ intensiver Modernisierung von Staat und Gesellschaft, nachdem zuvor – im Kontrast zur wirtschaftlichen Entwicklung – sich die politische Führung eher zurückgehalten hatte. Eine gewisses Symptom für diesen Wandel war die Landesausstellung in Lausanne (1964). Diese wies – im Gegensatz zum martialischen und selbstgewissen Pathos ihrer Vorgängerin von 1939 – einerseits durchaus auf Errungenschaften hin, anderseits aber auch mit welschem Witz und Charme auf anstehende Defizite. Eine Reihe alter Postulate wurde endlich erfüllt. Zu ihnen gehörte die Einführung des Frauenstimmrechts (vgl. S. 308 f.). Ende der Sechzigerjahre führten eine ganze Reihe von Kantonen das Frauenstimmrecht ein, so dass bei der entsprechenden eidgenössischen Abstimmung im Jahr 1971 das Ja vorauszusehen war. Wie rasch sich der Meinungswandel vollzog, zeigt das Beispiel des Kantons Zürich: 1966 lehnten die Zürcher Männer das Frauenstimmrecht mit 107 000 zu 93 000 ab, 1970 nahmen sie es mit 116 000 zu 57 000 an.

Der Kampf um das Frauenstimmrecht 1971...

... und die etwas «sexistische» Interpretation seiner Annahme in der Boulevard-Zeitung «Blick»

1973 wurden die «konfessionellen Ausnahmeartikel» (Verbot der Lehrtätigkeit von **Jesuiten**; Genehmigungspflicht für die Gründung neuer Klöster) in der Bundesverfassung, die von den Katholiken von jeher als Diskriminierung empfunden worden waren, ersatzlos gestrichen. Dem weitherum beklagten Akademiker- und Lehrermangel begegnete man mit der Gründung zahlreicher neuer Mittelschulen. Ein neuer Verfassungsartikel ermächtigte den Bund, die wissenschaftliche Forschung zu fördern. Eine durch Motionen in den beiden Räten angeregte Totalrevision der Bundesverfassung sollte in Form einer breit angelegten öffentlichen Diskussion Bürger und Bürgerinnen politisch engagieren. Ein Lösungsansatz für die seit Jahrzehnten schwelende Jurafrage (vgl. S. 365 f.) wurde gefunden.

Die wirtschaftliche Wende nach 1973 leitete eine gewisse Stagnation ein. Der von einer unkonventionell zusammengesetzten Kommission verfasste Entwurf einer neuen Bundesverfassung stiess bei den Interessenverbänden auf heftige Opposition, sodass er schubladisiert wurde. Andere «grosse Würfe», etwa eine «Gesamtverkehrskonzeption» und eine «Gesamtenergiekonzeption», scheiterten. Vom Erlass des Umweltschutzartikels in der Verfassung bis zum Inkrafttreten eines Umweltschutzgesetzes (vgl. S. 354) dauerte es vierzehn Jahre. Konsequent weiter verfolgt wurde die zivilrechtliche Gleichstellung der Frau, zunächst 1981 in einem Verfassungsartikel, anschliessend in der Revision des Eherechtes, das nun ganz unter dem Leitgedanken der Partnerschaft stand. Auch im Bildungsbereich wurde die Gleichberechtigung der Geschlechter durchgesetzt. Sehr viel schwieriger war die Durchsetzung des Prinzips gleichen Lohns für Mann und Frau für gleichwertige Arbeit. Während die Arbeitgeber den Grundsatz der individuellen Lohnvereinbarung hochhielten, mussten Frauen den mühsamen Weg zum Gericht antreten, um die Gleichwertigkeit ihrer Arbeit mit jener besser bezahlter Männer zu beweisen. Die zunehmende Sorge um den Arbeitsplatz war der Realisierung von Teilzeitarbeitsmodellen, die den Bedürfnissen verheirateter Frauen entgegen kommen, nicht förderlich.

Die Bemühungen um die Förderung des öffentlichen Verkehrs gipfelten 1992 in einem vom Volk angenommenen «NEAT» (das heisst «Neue Eisenbahn-Alpentransversale»)-Projekt, zwei Eisenbahnbasistunnels (Gotthard und Lötschberg) zu bauen. Auch die Annahme einer Volksinitiative zum Schutz der Alpen vor dem Transitlastwagenverkehr und das Bestreben, mit der Europäischen Union zu einer Übereinkunft über den Transitverkehr zu gelangen, sprachen für diesen Bau. In der Folge aber zeigte sich, dass die Finanzierung des Unternehmens keineswegs gesichert war, worauf sofort Diskussionen ausbrachen, wo das Unternehmen «abspecken» könne und ob man sich nicht besser auf einen Tunnel beschränken würde, wodurch sich – ähnlich wie bei den Bahnbaudiskussionen des 19. Jahrhunderts – die Vertreter der einzelnen Regionen heftig in die Haare gerieten. Auch diese Frage war Ende 1997 nicht entschieden.

Die nach 1990 einsetzende wirtschaftliche **Rezession** führte zu zunehmenden Defiziten im Bundeshaushalt, dessen Sanierung von allen Seiten laut gefordert wurde. Umstritten war, ob dies durch zusätzliche Einnahmen wie Steuern oder eine Reduktion der Ausgaben zu bewerkstelligen sei. Immer mehr zeigte sich ein Führungsproblem: Die Gegensätze innerhalb des Bundesrates waren grösser als zuvor und wurden zunehmend in die Öffentlichkeit getragen. Das Parlament betätigte sich vor allem als Bremsklotz und Entschärfer bundesrätlicher Vorlagen, entfaltete dagegen selbst wenig Initiative. Die Parteien erwiesen sich im politischen Gefecht als relativ schwach, einerseits wegen der abnehmenden parteipolitischen Bindung der Bürger, andererseits wegen der mitgliedermässigen wie auch finanziellen Dominanz der grossen Interessenverbände, die den Volksabstimmungen den Stempel aufdrückten, wobei ein Nein allemal leichter als ein Ja durchzusetzen war. Hatten sich die Achtzigerjahre noch durch eine verbreitete politische Apathie, eine Fixierung auf Sicherheit, Erhaltung des Status quo und eine manchmal geradezu insular anmutende Selbstgewissheit gegenüber allen andern Staaten ausgezeichnet, so mehrten sich in den Neunzigerjahren angesichts der Rezession, der steigenden Arbeitslosigkeit, der «Globalisierung» sowohl der Wirtschaft wie auch der Kommunikation sowie der europäischen Integrationsproblematik Anzeichen der Verunsicherung und des Pessimismus im Blick auf die Zukunft.

(Fortsetzung S. 367)

Wohin führt der Weg der Schweiz? (Foto: Michael von Graffenried)

Die Entstehung des Kantons Jura

Die Entwicklung bis zum Zweiten Weltkrieg

Das vom Bundesstaat 1848 übernommene Gefüge von 19 Voll- und 6 Halbkantonen wurde im 20. Jahrhundert nur an zwei Stellen ernsthaft angefochten: durch die vergeblichen Bestrebungen, die beiden Halbkantone Basel-Stadt und -land wieder zu vereinigen, sowie durch die Separationsbewegung des Berner Juras. Der Wiener Kongress (1815) teilte den Jura als Teil des ehemaligen Bistums Basel – mit Ausnahme des Birsecks – dem protestantischen Kanton Bern zu. Die Grossmächte wollten damit Bern für den Verlust der Waadt und des bernischen Aargaus entschädigen. Schon bald regte sich erster Widerstand. 1826 trafen sich drei jurassische Liberale in den Ruinen des Schlosses Morimont im benachbarten Elsass, um im jurassischen «Rütlischwur» die Befreiung des Juras von der bernischen Oligarchie zu geloben. Immer wieder kam es im Jura zu Unruhen, da nach 1815 ungefähr 25 000 Deutschsprachige – vor allem Bauern – in den Südjura einwanderten. Sie ersetzten die einheimischen Jurassier, die vermehrt in die aufkommende Uhrenindustrie abwanderten. Diese massive Einwanderung führte jedoch im Jura zu einem Gefühl der Bedrohung und Gefährdung der französischen Sprache und Kultur. Mehrmals besetzten Berner Truppen in den Jahren 1832 bis 1850 den Jura, um Ruhe und Ordnung aufrechtzuerhalten.

Schwerwiegend waren schliesslich die religiösen Auseinandersetzungen im «Kulturkampf» (1873/74), den die Berner im Nordjura mit besonderer Rücksichtslosigkeit betrieben; sie schreckten auch nicht davor zurück, alle romtreuen, den Eid auf die bernische Verfassung verweigernden, katholischen Priester zu verhaften oder zu vertreiben und sie durch vom Staat eingesetzte Priester zu ersetzen. Hinzu kamen ökonomische und soziale Probleme. Bis in die Sechzigerjahre des 19. Jahrhunderts hinein waren die Jurassier gegenüber dem alten Kantonsteil steuerlich benachteiligt. Man beklagte auch die zögernde Erschliessung der Region durch Eisenbahnen und Strassen. Der traditionell protestantische Südjura blieb von diesen Auseinandersetzungen beinahe unberührt. Während das benachbarte Biel und die Bezirke St-Imier und Moutier zu Zentren der

Fest des jurassischen Volkes in Delsberg. Dieses jährlich abgehaltene Fest bildete einen Schwerpunkt in der Bewegung für die Selbstständigkeit des Juras.

Uhrenindustrie aufstiegen, blieben die katholischen Landesteile hinter diesem ökonomischen Aufschwung weit zurück. Gleichzeitig führte der wachsende Bedarf an Arbeitskräften so viele Einwanderer aus dem alten Kantonsteil in die Uhrmacherdistrikte, dass dort heute rund die Hälfte der Bevölkerung altbernischer Herkunft sein dürfte, wenn sie sich auch sprachlich integriert hat.

Die Vertiefung des Grabens (siehe S. 302) zwischen der deutschen und der französischen Schweiz führte im Ersten Weltkrieg schliesslich zu einer erneuten Separationsbewegung im Jura. Es kam zu verschiedenen sowohl separatistischen als auch berntreuen Kundgebungen. Die Depression in den Dreissigerjahren und der Ausbruch des Zweiten Weltkriegs liessen diese Probleme vorerst in den Hintergrund treten.

Die Radikalisierung des Konflikts

Die latenten Spannungen zwischen dem Nordjura und dem Kanton Bern eskalierten 1947, als der Grosse Rat von Bern den Antrag des Regierungsrates verwarf, dem jurassischen Regierungsrat Georges Moeckli die wichtige Bau- und Eisenbahndirektion zu übertragen. Die Begründung: Seine französische Muttersprache würde ihn daran hindern, mit den bernischen Landgemeinden Kontakt aufzunehmen. Im Jura war man entrüstet. Zum ersten Mal ergriff die Protestwelle nicht nur den Norden, sondern auch den Süden mit annähernd gleicher Stärke. Als auch ein Wiedererwägungsantrag vom Grossen Rat knapp abgelehnt wurde, kam es zur Gründung des «Comité de Moutier», das sich aus allen Parteien und Verbänden konstituierte und eine Teilautonomie verlangte. Durch eine bernische Verfassungsrevision (Anerkennung des «jurassischen Volkes» und des Französischen als zweiter Amtssprache; Garantie von zwei der insgesamt neun Regierungsratsitze für den Jura) und die Anerkennung der jurassischen Flagge konnte der Konflikt vorerst entschärft werden, doch die konsequenten Separatisten empfanden dieses Entgegenkommen als ungenügend und steuerten nun erst recht dem Ziel der völligen Loslösung von Bern entgegen. Im «Rassemblement Jurassien» (RJ) schufen sie sich erstmals eine solide, bald den ganzen Jura umspannende Organisation. Als Gegenkraft bildete sich eine vor allem im Südjura verankerte antiseparatistische Organisation der «Berntreuen», die «Union des Patriotes Jurassiens». Auf beiden Seiten gab es auch kämpferisch gestimmte Jugendorganisationen, nämlich die separatistischen «Béliers» und die antiseparatistischen «Sangliers». Das RJ reichte zunächst eine kantonale Volksinitiative ein, die eine Befragung der Jurassier über eine Trennung von Bern verlangte. Das Begehren wurde jedoch 1959 von den Stimmbürgern deutlich verworfen. Nur die drei katholischen Bezirke des Nordjuras – Pruntrut, Delsberg und die Freiberge – sprachen sich mit grosser Mehrheit für das Begehren aus. Das RJ änderte nun seine Taktik. Durch umfassende Organisation seiner Anhänger, durch unablässige Propaganda und vor allem durch die ständige Störung der öffentlichen Ordnung wurde versucht, die Gegner im Jura, in Bern und in der übrigen Schweiz mürbe zu machen. Als der Bund plante, in den Freibergen einen Waffenplatz einzurichten, kam es zu ersten Brand- und Sprengstoffanschlägen des Front de Libération Jurassien (FLJ). Am 30. August 1964 marschierten 6000 Separatisten am Mobilmachungsgedenktag für 1914 in Les Rangiers auf und störten Fahnen schwingend und mit Sprechchören den Festakt. Bundesrat Paul Chaudet, der Vorsteher des Militärdepartements, sowie der Berner Militärdirektor wurden beschimpft, am Reden gehindert und gar tätlich angegriffen. Das politische Klima wurde vergiftet, ohne dass ein Weg aus der Sackgasse deutlich wurde. Die Berner Regierung verweigerte ein Gespräch mit den Separatisten, lehnte eine grössere Autonomie ab und hoffte auf ein Erlahmen der Separatistenbewegung.

Die endgültige Trennung von Bern

Am Ende der Sechzigerjahre änderte die Berner Regierung ihre Haltung. Sie schlug eine Ergänzung der bernischen Staatsverfassung vor, die

Demonstration berntreuer Jurassier vom 10. Oktober 1978 in Reconvilier (Bern)

dem Jura das Selbstbestimmungsrecht einräumen sollte. Als im Kanton Bern und im Jura dieser Verfassungszusatz mit grossem Mehr vom Volk gutgeheissen wurde, kam es zu einem dreistufigen Trennungsverfahren, das darauf angelegt war, nur Gebiete mit separatistischer Mehrheit von Bern loszulösen. So nahm der Trennungsprozess seinen Lauf und führte zur Spaltung des Juras längs der alten konfessionellen Scheidelinie. Am 23. Juni 1974 ergab das erste Juraplebiszit, das nur in den sieben Jurabezirken durchgeführt wurde, eine knappe Mehrheit für einen eigenen Kanton. Am 16. März 1975 entschieden sich in einer zweiten Abstimmung die drei Südbezirke Courtelary, Neuenstadt und Moutier für eine «Lösung» vom künftigen Kanton und für den Verbleib bei Bern. Am 7. September 1975 entschieden sich schliesslich acht Grenzgemeinden des Bezirks Moutier für den zukünftigen Kanton Jura, eine Gemeinde des Bezirks Delsberg für Bern. Nachdem sich der Norden eine eigene Verfassung gegeben hatte, wurde er im September 1978 durch eine eidgenössische Volksabstimmung als 23. Kanton in den Bund aufgenommen. Dennoch war das Juraproblem noch nicht vollständig gelöst. Das RJ und die unterlegene Minderheit in den südlichen Bezirken waren mit der Teilung nicht einverstanden. Umstritten blieb die Frage des Kantonswechsels weiterer Gemeinden. 1996 wechselte das weniger als hundert Einwohner zählende Dorf Vellerat vom Kanton Bern zum Kanton Jura. Dazu brauchte es eine eidgenössische Volksabstimmung!

Die Juraplebiszite ergaben, dass das zwischen dem Jura, Baselland und Solothurn gelegene deutschsprachige Laufental nicht zum neuen Kanton Jura wechseln wollte. Sie liessen diesem die Möglichkeit offen, sich einem Nachbarkanton anzuschliessen oder bei Bern zu bleiben. Nach langen Auseinandersetzungen entschied sich das Tal 1989 für den Kanton Basel-Landschaft.

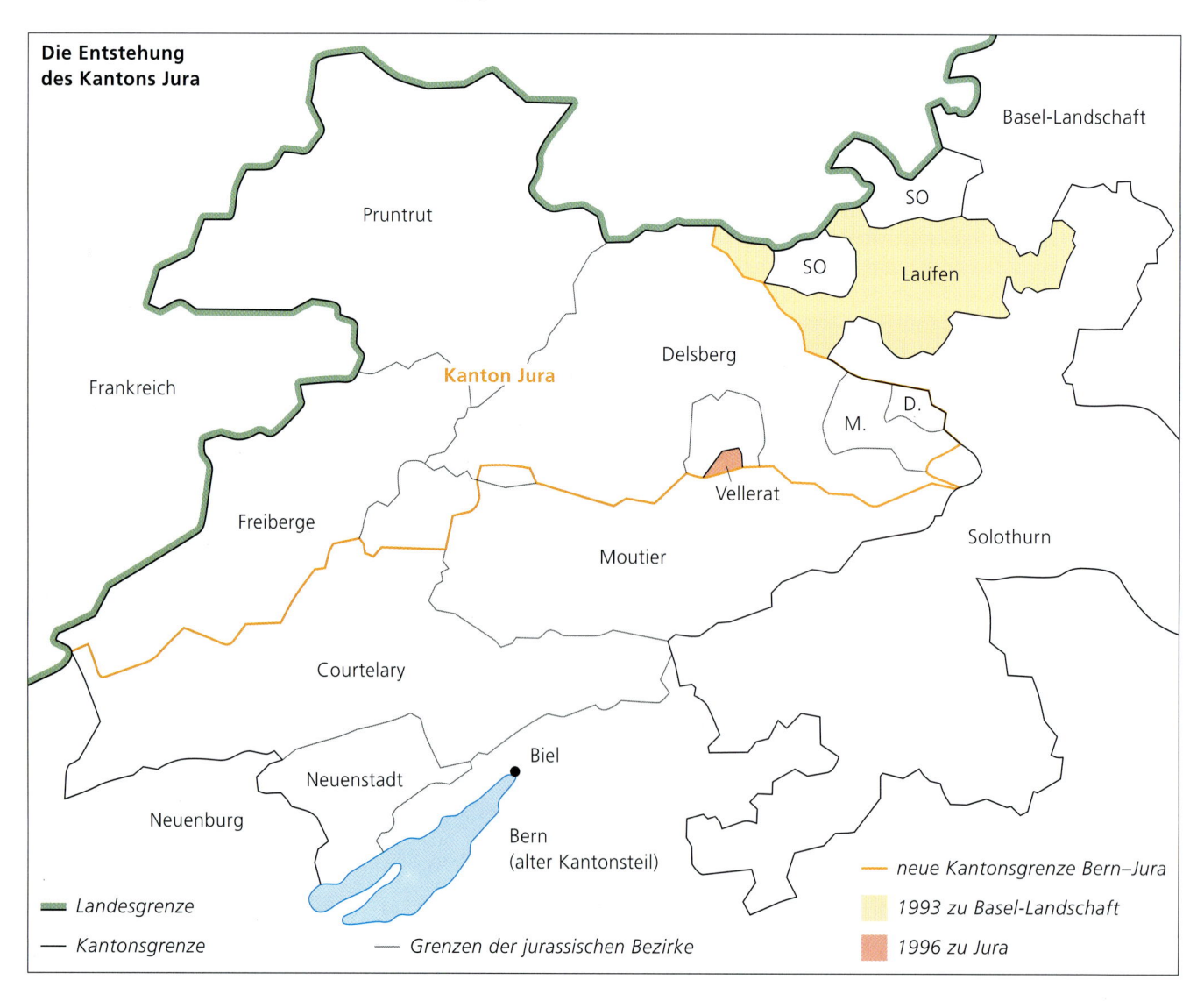

Die Entstehung des Kantons Jura

(Fortsetzung von S. 363)

Aussenpolitik:
Von der Isolation in die Isolation?

«Neutralität und Solidarität»

Am Ende des Krieges war die Schweiz stärker isoliert, als die öffentliche Meinung dies wahrnahm. Wegen ihrer Wirtschaftsbeziehungen zum Deutschen Reich wurde sie von den Alliierten als Kriegsgewinnler, Blockadebrecher oder Waffenhändler im Dienst der Nazis angesehen. Ihre Neutralität wurde von Seiten der Alliierten als opportunistisches Abseitsstehen bezeichnet. Grossbritannien und die USA führten «schwarze Listen» über Schweizer Firmen, die als Lieferanten der deutschen Armee galten und deshalb nach dem Krieg von den Westmächten boykottiert werden sollten. Hinzu kam, dass die Schweiz 1944 von den Lebensmittelzufuhren aus den alliierten Gebieten abhängig wurde. Mit der Sowjetunion hatte die Schweiz seit 1918 überhaupt keine normalen diplomatischen Beziehungen unterhalten. Als die Schweiz dies im Herbst 1944 – der Sieger des Zweiten Weltkriegs zeichnete sich schon sehr deutlich ab – ändern wollte, verhielt sich die Sowjetunion abweisend. Erst 1946 kam es zur Aufnahme eines normalen diplomatischen Verkehrs mit der gegenseitigen Akkreditierung von Botschaftern.

Die Schweiz war auf das Wohlwollen der Alliierten angewiesen. Es bedurfte weit gehender Zugeständnisse an die Siegermächte, um die lebensnotwendigen Wirtschaftskontakte mit dem Ausland wieder aufnehmen zu können. Bereits 1945 hatten die Amerikaner verlangt, dass die deutschen Guthaben bei den schweizerischen Banken blockiert würden. Sie befürchteten, dass sich die von der Justiz noch nicht gefassten Nazigrössen des Geldes bemächtigen könnten. Anderseits schuldete das nun nicht mehr existierende Deutsche Reich der Schweiz aus der Kriegszeit noch über eine Milliarde Schweizer Franken. Unter starkem wirtschaftlichem und politischem Druck der Westalliierten lenkten die Schweizer Behörden im «Washingtoner Abkommen» vom 25. Mai 1946 ein und traten den Alliierten 250 Millionen Schweizer Franken in Gold ab. Dafür erhielt die Schweiz die Hälfte aus dem Liquidationserlös der deutschen Guthaben, während die andere Hälfte an die Besatzungsmächte in Deutschland fiel. Die Schweizer Guthaben in den Vereinigten Staaten wurden freigegeben und die «schwarzen Listen» über Schweizer Unternehmen aufgehoben (vgl. S. 332).

Das Motto der schweizerischen Aussenpolitik, deren Repräsentant Bundesrat Max Petitpierre (1945–1961, Vorsteher des Departements des Äusseren) war, lautete nun «Neutralität – Solidarität – Universalität». Die Schweiz blieb neutral und hielt sich demzufolge weiter von allen politischen und militärischen Bündnissen fern. Die Solidarität kam in karitativen Leistungen, zunächst im kriegversehrten Nachkriegseuropa, später in der Dritten Welt und in der Mitarbeit in humanitären Organisationen zum Ausdruck. Universalität bedeutete den Willen, möglichst mit allen Staaten ungeachtet ideologischer Unterschiede normale Beziehungen aufrechtzuerhalten oder aufzunehmen und bei Konflikten die schon früher geschätzten «guten Dienste» anzubieten.

Der ausbrechende Kalte Krieg erleichterte und erschwerte die Verwirklichung dieser Politik zugleich. Die Erleichterung bestand darin, dass sich die Schweiz in die westeuropäische Nachkriegsordnung integrieren konnte. Angesichts des Gegensatzes zum Ostblock hatten die Westmächte Wichtigeres zu tun, als sich mit der Vergangenheit eines Staates herumzuschlagen, dessen wirtschaftliche und ideologische Ausrichtung völlig eindeutig war. Die Schweiz festigte ihre internationale Rolle als neutraler, vermittelnder und zuverlässiger Staat in der Zeit des Kalten Krieges, etwa mit der Durchführung zahlreicher internationaler Konferenzen wie etwa der Viermächtekonferenz (Sowjetunion, USA, Frankreich und Grossbritannien) 1955 in Genf. Wie früher übernahm sie auch Schutzmacht-Mandate zwischen verfeindeten Staaten.

Die Erschwerung bestand darin, dass die Schweiz trotz Neutralität und Universalität im Zweifel für den Westen optieren musste. So wurde sie etwa während des Koreakrieges unter schwerem amerikanischem Druck durch das Hotz-Linder-Abkommen (1951) gezwungen, den Wirtschaftsverkehr mit der Sowjetunion völlig einzustellen. In der Frage der Anerkennung geteilter Staaten stellte die Schweiz sich in der Regel ebenfalls ins westliche Lager; sie nahm mit der Deutschen Demokratischen Republik, mit Nordvietnam und mit Nordkorea erst Beziehungen auf, als die Westmächte dies auch taten (1971–1974). Dagegen anerkannte die Schweiz im Einklang mit Grossbritannien, aber im Gegensatz zu den USA, schon früh die Volksrepublik China.

Sicherheit!

Die Notwendigkeit einer eigenen, möglichst starken Armee blieb nach 1945 weitgehend unbestritten. Da man das unbeschädigte Überstehen des Zweiten Weltkrieges ausschliesslich auf die Abschreckungswirkung der Armee zurückführte, wurde diese zu einem nahezu unantastbaren Mythos. Umstritten waren allenfalls strategische Konzeptionen und der finanzielle Aufwand. Zwar zeigte es sich bald, dass im Gegensatz zum 19. und zur ersten Hälfte des 20. Jahrhunderts mit einem Krieg unter den Nachbarstaaten kaum mehr zu rech-

Die Schweiz von 1848 bis zur Gegenwart

nen war und dass von diesen auch keine Bedrohung der Schweiz ausging. Indessen nahm man an, dass beim Übergang vom «kalten» zu einem «heissen» Krieg Truppen des Ostblocks in den süddeutschen und österreichischen Raum vorstossen und dabei auch die Schweiz – etwa im Rahmen von Umfassungsstrategien – bedrohen könnten. Eine starke Rüstung sollte gegenüber einer solchen Absicht klarstellen, dass der militärische Eintrittspreis in die Schweiz hoch sei und sich ein Angriff gegen sie nicht lohne.

Indessen bestand die Abwehrkonzeption der im Bereich der konventionellen Waffen unterlegenen Westmächte in der Drohung mit «massiver Vergeltung», das heisst mit dem Einsatz von Atomwaffen bei einem Angriff des Ostblocks. Da die Schweiz dem westlichen Verteidigungsbündnis, der NATO, nicht angehörte und daher auch nicht unter deren atomarem Schirm stand, wurde die Frage aufgeworfen, ob die Schweiz nicht zur Erhöhung des «Eintrittspreises» sich eigene Atomwaffen zulegen müsse. Dagegen wurden zwei Volksinitiativen aus pazifistischen Kreisen lanciert, die jedoch in der Volksabstimmung 1962 scheiterten. Man wollte sich alle Optionen offen halten; zudem hatten die Gegner den Abstimmungskampf zur Grundsatzfrage über die Existenz einer Landesverteidigung hochstilisiert. Die weitere Entwicklung zeigte, dass man auf atomare Optionen verzichten musste. 1968 verabschiedete die UNO den Atomwaffensperrvertrag. Er räumte den USA, der Sowjetunion, China, Grossbritannien und Frankreich das Recht auf den Besitz atomarer Waffen ein und verpflichtete die anderen Vertragsstaaten, selbst kein Nuklearpotential aufzubauen. Der Bundesrat unterschrieb diesen Vertrag 1969; von der Bundesversammlung ratifiziert wurde er erst 1976.

Die nach 1985 einsetzende Umwälzung im Ostblock, die zur Auflösung der Sowjetunion und des Warschauer Paktes führte, stellte die traditionelle Sicherheitskonzeption in Frage. Eine von der «Gruppe für eine Schweiz ohne Armee» lancierte Initiative auf völlige Abschaffung der Armee erzielte in der Volksabstimmung 1989 einen überraschend hohen Ja-Stimmen-Anteil von 37 Prozent. Die internationale Entwicklung zeigte, dass zumindest in Europa der «grosse Krieg» zweier Machtblöcke unwahrscheinlich geworden war. Dagegen nötigten die bürgerkriegsartigen Zustände in manchen Gebieten, etwa im ehemaligen Jugoslawien, zu gemeinsamen Befriedungsaktionen, wozu auch Truppenkontingente zur Trennung der jeweiligen Kampfparteien benötigt wurden. Der Bundesrat versuchte denn auch, die «Sinnkrise» der Armee durch den Versuch zu lösen, der UNO analog zu andern Staaten solche «Blauhelm»- oder «Blaumützen»-Truppen zur Verfügung zu stellen. Konservative Kreise empfanden diesen Vorschlag aber als Anschlag auf die schweizerische Neutralität; 1994 wurde das Projekt in einer Volksabstimmung abgelehnt. Der Entscheid konnte indessen nicht darüber hinwegtäuschen, dass die Sicherheitspolitik der Schweiz immer mehr mit ihrer Bereitschaft zur internationalen Zusammenarbeit verknüpft war. Die Idee des «Réduit» hatte ausgedient.

Die Schweiz und die Vereinten Nationen (UNO)

Nach dem Zweiten Weltkrieg stellte sich die Frage, ob die Schweiz der Nachfolgeorganisation des Völkerbundes, der UNO, beitreten solle. Als neutraler Staat hatte die Schweiz sich nicht aktiv am Kampf gegen Hitler beteiligt und wurde aus diesem Grunde nicht an die UNO-Gründungsversammlung in San Francisco eingeladen. Als eine vertrauliche Anfrage, ob die Schweiz als dauernd neutraler Staat von gewissen Mitgliedspflichten entbunden werden könne, von der UNO negativ beantwortet wurde, verzichtete der Bundesrat 1946 auf ein Beitrittsgesuch.

Um einer erneuten Isolierung vorzubeugen, begann der Bundesrat jedoch gleichzeitig, eine Politik der Annäherung an die UNO einzuschlagen und in Teilorganisationen mitzuwirken. Damit konnte die Schweiz in Fachbereichen wie Ernährung, Erziehung oder Gesundheit ihre Solidarität mit der Völkergemeinschaft unter Beweis stellen. Gleichzeitig gelang es dem Bundesrat, den europäischen UNO-Sitz in

Beitritt zum Europäischen Wirtschaftsraum: Ja ... (Abstimmungsinserat 1992)

Genf anzusiedeln. Die UNO, als Rechtsnachfolgerin des Völkerbundes, übernahm 1946 dessen Gebäude und Einrichtungen. Zusätzlich liessen sich in der Rhonestadt weitere UNO-Gremien und eine ganze Anzahl von Spezialorganisationen nieder, womit die Schweiz als ein Zentrum der multilateralen Diplomatie stark aufgewertet wurde. Als dritte Massnahme akkreditierte der Bundesrat schliesslich 1948 einen «Ständigen Beobachter» am Sitz der Vereinten Nationen in New York. Dies bedeutete, dass die Schweiz in der Generalversammlung, im Wirtschafts- und Sozialrat und im Sicherheitsrat die Debatten mitverfolgen konnte.

In der ersten Hälfte der Sechzigerjahre begann der Bundesrat vorsichtig, den aussenpolitischen Spielraum der Schweiz zu erweitern, verstärkte die Zusammenarbeit mit der Dritten Welt und rollte die Frage einer Mitgliedschaft der Schweiz bei der UNO neu auf. Entscheidend war dabei, dass die UNO mit der Aufnahme der ehemaligen Kolonien zu einer wirklich universalen Institution geworden war, der nur noch ganz wenige Staaten nicht angehörten. Nach einer langen Phase von Kommissionsverhandlungen und Zwischenberichten kam der Bundesrat 1977 zum Schluss, «dass ein Beitritt der Schweiz zur UNO wünschbar» sei. Damit hatte sich nun allerdings nicht nur das Parlament, sondern auch das Volk zu befassen, dessen Mitspracherechte im Bereich der Aussenpolitik gleichzeitig ausgebaut wurden. Hatte bisher nur ein fakultatives Referendum für Staatsverträge von mehr als 15 Jahren Dauer bestanden, so kam durch eine Verfassungsänderung 1977 die obligatorische Abstimmung über den Beitritt zu Organisationen für kollektive Sicherheit (etwa die UNO) und supranationale Institutionen (etwa die Europäische Union) hinzu. Es zeigte sich, dass das Volk in aussenpolitischen Fragen konservativer eingestellt war als Bundesrat und Parlament. 1981 beantragte der Bundesrat den Beitritt der Schweiz zur UNO. In der Folge stimmten die beiden Kammern zu, das Volk aber sagte 1986 mit Dreiviertelsmehrheit nein. Wesentliche Argumente für die Ablehnung waren, die UNO arbeite zu ineffizient und kostspielig und gefährde die Neutralität und die traditionellen, allerdings längst nicht mehr sehr gefragten «guten Dienste» der Schweiz.

**Die Schweiz
und die europäische Integration**

Obwohl Winston Churchill 1946 in Zürich die Schaffung der «Vereinigten Staaten von Europa» vorgeschlagen hatte, blieb die Schweiz gegenüber allen europäischen Integrationsbestrebungen sehr zurückhaltend. Selbst dem 1949 gegründeten Europarat, der vor allem im Bereich des Rechts und der Sozialpolitik über Konventionen der Mitgliedstaaten die Verwirklichung von verbindlichen Standards anstrebte, trat sie erst 1963 bei. Man fürchtete um die Neutralität sowie die «fremden Richter» in Strassburg, an die sich ein Schweizer auf Grund der Menschenrechtskonvention wenden konnte. Die Letztere konnte ohnehin erst ratifiziert werden, nachdem man die konfessionellen Ausnahmeartikel abgeschafft und das Frauenstimmrecht eingeführt hatte.

Zur wichtigsten Frage wurde das Verhältnis zur 1957 gegründeten Europäischen Wirtschaftsgemeinschaft (EWG; ab 1967: Europäische Gemeinschaft/EG, ab 1994: Europäische Union/EU). Für die Schweiz stand ein Beitritt zunächst ausser Frage; sie lehnte vor allem die einheitliche Aussenwirtschaftspolitik, die Agrarpolitik und das Fernziel eines europäischen Bundesstaates ab. Daher unterstützte sie 1960 die Gründung eines weniger ambitiösen «Konkurrenzunternehmens», der «Europäischen Freihandelszone» (EFTA; 1960), der neben ihr Österreich, Schweden, Dänemark, Norwegen, Grossbritannien und Portugal angehörten. Später kamen Finnland, Island und Liechtenstein hinzu. Die EFTA baute die Handelsschranken unter den Mitgliedern ab, liess diesen in der Wirtschaftspolitik gegenüber Drittstaaten freie Hand und verfolgte keine höher gesteckten politischen Ziele. In den folgenden Jah-

*... oder Nein?
(Abstimmungsinserat 1992)*

Die Schweiz von 1848 bis zur Gegenwart

zehnten bewies die EG jedoch, obwohl sie von inneren Krisen keineswegs verschont blieb, die grössere Anziehungskraft. Zu den sechs Gründungsmitgliedern gesellten sich bis 1986 sechs weitere Staaten, darunter auch die bisherigen EFTA-Mitglieder Grossbritannien, Dänemark und Portugal. Die Schweiz sicherte sich den Zugang zum grossen EG-Markt durch einen bilateralen Handelsvertrag im Jahre 1972, wobei der Agrarbereich ausgeklammert wurde.

1985 beschloss die EG, bis 1992 alle noch bestehenden Schranken im Handel und im Verkehr unter den Mitgliedern abzubauen (Vereinheitlichung der indirekten Steuern, technische Vereinheitlichungen usw.). Auch Hindernisse für die Niederlassung von Firmen und Personen sollten ganz verschwinden. 1991/92 wurde im Vertrag von Maastricht sogar das Ziel ins Auge gefasst, auf die Jahrtausendwende hin eine einheitliche europäische Währung anstatt der Landeswährungen einzuführen und auch die Aussenpolitik der Mitglieder stärker zu koordinieren. Damit wollte man dem Fernziel, einen europäischen Bundesstaat zu schaffen, erneut einige Schritte näher kommen.

Die noch verbliebenen EFTA-Staaten, darunter die Schweiz, standen vor der Frage, wie sie eine Isolation gegenüber der immer mächtigeren und einheitlicheren Europäischen Gemeinschaft vermeiden könnten. Hatten bisher bilaterale Verträge genügt, um den Zugang zum Markt der EG-Staaten offen zu halten, so drohten nun auf Grund der weitergehenden Vereinheitlichungsabsichten Schwierigkeiten für all jene, die nicht dabei waren. 1992 wurde zwischen ihnen und der EG die Schaffung eines «Europäischen Wirtschaftsraumes» (EWR) vereinbart.

Ausgespart wurden die Landwirtschafts- und die Währungspolitik. Die bisherigen EFTA-Staaten hatten das bisher geschaffene EG-Recht zu übernehmen; auch neues Recht war von den EG-Instanzen auszuarbeiten, doch hatten die bisherigen EFTA-Staaten ein Vetorecht für ihren Bereich.

Das Abkommen wurde 1992 unterzeichnet, worauf in der Schweiz ein erbitterter Abstimmungskampf folgte. Die Befürworter wiesen vor allem auf die wirtschaftlichen Vorteile und die Gefahr einer Isolation hin. Die Gegner bekämpften vor allem den freien Personenverkehr als Startschuss zu einer Masseneinwanderung; zudem rechnete man mit einer Zunahme des alpenquerenden Lastwagenverkehrs. Darüber hinaus fürchtete man generell um die Unabhängigkeit und Souveränität, wobei vielfach eine Analogie zur Situation im Zweiten Weltkrieg gesehen und zum Kampf gegen die «EG-Diktatoren in Brüssel» aufgerufen wurde. Zur Verunsicherung trug auch der Bundesrat bei, als er wenige Monate vor der Abstimmung ein Gesuch zum EG-Beitritt einreichte. Die Mitgliedschaft im EWR schien somit eher als Trainingslager auf eine Vollmitgliedschaft hin gedacht. Manche, für die ein EWR-Beitritt eher ein «Bis hierhin und nicht weiter!» gewesen wäre, wurden skeptisch. Am 6. Dezember 1992 wurde der EWR in der Volksabstimmung knapp abgelehnt – die deutsche Schweiz verwarf deutlich, die französische nahm sehr klar an.

Da die übrigen angefragten Staaten dem EWR beitraten und Schweden, Finnland und Österreich wenige Jahre später Vollmitglieder der EU wurden, sah sich die Schweiz nun von einer 400 Millionen Menschen umfassenden Rechts- und Wirtschaftsgemeinschaft umschlossen, deren zentrale Rolle überdies durch die Beitrittsgesuche osteuropäischer Staaten verstärkt wurde. Mit ihrem Nein isolierte sich die Schweiz von zentralen Prozessen der europäischen Entwicklung. Der Bundesrat stellte daraufhin bilaterale, das heisst zweiseitige Verhandlungen mit der EU über verschiedene Bereiche in den Vordergrund. Sie hatten zum Ziel, die drohenden wirtschaftlichen Nachteile der Nichtteilnahme am europäischen Binnenmarkt so weit als möglich zu begrenzen. Im Herbst 1994 stimmte der EU-Aussenministerrat der Aufnahme bilateraler Verhandlungen mit der Schweiz zu; diese waren Ende 1997 noch nicht abgeschlossen. Besonders umstritten war die Frage des alpenquerenden Transitgüterverkehrs, den der Bundesrat durch tarifliche Belastungen der Lastwagen möglichst auf die Schiene verlegen wollte (vgl. S. 362). Grundsätzlich stellte sich das Problem, ob die Schweiz durch solche Verhandlungen mehr erreichen konnte als durch einen EWR- oder EU-Beitritt. Die Frage der künftigen schweizerischen Aussenpolitik blieb somit offen.

Helvetias Mühe mit dem europäischen Kleid (Zeichnung des Karikaturisten Raymond Burki)

> **Der Inhalt des EWR-Abkommens von 1992**
>
> Ziel des EWR-Vertrages war eine «anhaltende und ausgeglichene Stärkung des Handels und der wirtschaftlichen Beziehungen zwischen den Vertragspartnern». Dieses Ziel sollte durch folgende Massnahmen erreicht werden:
> 1. Die Verwirklichung eines freien Waren-, Personen-, Dienstleistungs- und Kapitalverkehrs (vier Freiheiten)
> 2. Die Schaffung einer ungestörten Wettbewerbsordnung
> 3. Engere Zusammenarbeit in Forschung und Entwicklung, Umweltfragen sowie Bildungs- und Sozialpolitik
> 4. Flankierende Massnahmen: gleiche Rechte für Mann und Frau, Umweltschutz, Forschung, Bildung, Sozialpolitik, Förderung kleiner und mittlerer Betriebe und des Tourismus

Anhang

Lexikon wichtiger Begriffe
(im Buchtext halbfett)

Ablass
Einer Person, die eine Sünde begeht, kann zwar die Schuld vergeben werden, sie muss aber gemäss der römisch-katholischen Lehre mit einer Bestrafung im Jenseits rechnen, beispielsweise mit einem längeren Aufenthalt im «Fegfeuer» (Purgatorium). Schon früh sanktionierte die Kirche disziplinarische Vergehen mit Bussen, dem «Ablass». Im 12. Jahrhundert wurde der Geltungsbereich des Ablasses ausgedehnt. Die Kirche ermöglichte es den Gläubigen nun, auch die drohenden «zeitlichen» (etwa den Fegfeueraufenthalt, im Unterschied zum allfälligen ewigen Aufenthalt in der Hölle nach dem Jüngsten Gericht) Sündenstrafen durch bestimmte Leistungen (Gebete, gute Werke und Spenden) im Voraus abzubüssen; später konnten derartige Ablässe sogar für bereits verstorbene Personen gegen Bezahlung erworben werden. Im Verlauf des Spätmittelalters wurde der Ablasshandel zu einer wichtigen Einnahmequelle der Kirche. Martin Luther und andere Reformatoren kritisierten den Ablass heftig und schafften ihn ab.

Artes liberales
Lateinisch, wörtlich: freie Künste. Seit der Spätantike während des ganzen Mittelalters Sammelbezeichnung für die Fächer Grammatik, Rhetorik, Dialektik, Arithmetik, Geometrie, Astronomie und Musik. Diese Fächer galten als Voraussetzung für das Studium der Theologie, Rechtswissenschaft und Medizin, wurden im Spätmittelalter aber auch zu einer selbstständigen philosophischen Fakultät an den Universitäten.

Bann, Exkommunikation
Der Bann war die schwerste Kirchenstrafe, welche entweder den Ausschluss von den Sakramenten nach sich zog oder sogar jede Beziehung zur Kirche auflöste.

Benediktiner, Benediktinerinnen
Der Orden der Benediktiner umfasst die klösterlichen Gemeinschaften von Mönchen, die nach der Regel des heiligen Benedikt von Nursia (etwa 480 bis 560) leben. Die Benediktinerregel, in deren Mittelpunkt Arbeit und Gebet («Ora et labora!») stehen, setzte sich im 8. und 9. Jahrhundert in den meisten westeuropäischen Klöstern durch. Auf Benedikts Schwester Scholastica geht die Regel der Benediktinerinnen zurück.

Bistum
Ein Bistum oder eine Diözese ist im Bereich der christlichen Kirche der territorial abgegrenzte geistliche Herrschafts- und Verantwortungsbereich eines Bischofs. Der Bischof hat in seinem Bistum für die Ausbildung der Priester zu sorgen, deren Tätigkeit zu überwachen und das Gemeindeleben zu fördern.

Bruttosozialprodukt, Bruttoinlandprodukt
Das Bruttosozialprodukt (BSP) zu Marktpreisen ist die Summe aller im Laufe eines Jahres von inländischen Produktionsfaktoren produzierten Waren und Dienstleistungen. Das Bruttoinlandprodukt (BIP) ist die Summe aller im Laufe eines Jahres im Inland erzeugten Waren und Dienstleistungen. Das BIP umfasst im Unterschied zum BSP auch die Einkommen der Grenzgänger, die in der Schweiz arbeiten und im Ausland wohnen, dagegen nicht die Kapitalerträge aus dem Ausland. Das BSP eignet sich besser, die Einkommensseite darzustellen, das BIP gibt vor allem die Produktionsseite wieder.

Deflation
Siehe Inflation.

Diaspora
Diaspora (wörtlich: «Zerstreuung») bezeichnet die Lage einer religiösen oder konfessionellen Gruppe, die in ihrem Wohngebiet eine Minderheit unter Andersgläubigen bildet, häufig aber anderswo ein eigenes religiöses Zentrum oder einen Schwerpunkt hat. Der Begriff kann auch auf politische oder soziale Gruppierungen übertragen werden.

Diözese
Siehe Bistum.

Direktorium
Zwischen 1795 und 1799, während der letzten Phase der Revolutionszeit, war die Regierungsgewalt in Frankreich einem fünfköpfigen Direktorium anvertraut. Seine Mitglieder bildeten ein Kollegium Gleichberechtigter. Durch die Machtübernahme Napoleons wurde die Direktorialverfassung und damit das Direktorium abgeschafft.

Domherr, Domkapitel
Ein Bischof verfügte im Mittelalter über Berater, welche der Kathedrale oder Domkirche, der wichtigsten Kirche des Bistums, zugeordnet waren. Diese Domherren bildeten das Domkapitel (von

lateinisch «capitulum», «Hauptversammlung einer geistlichen Körperschaft»). Das Domkapitel war an der Bischofswahl beteiligt und verfügte über die Einkünfte, welche aus dem Kirchendienst und frommen Stiftungen stammten. Im Spätmittelalter konnten meistens nur adlige Personen dieses begehrte Amt erhalten.

Dominikaner, Dominikanerinnen

Der Orden der Dominikaner («Ordo fratrum praedicatorum»; wörtlich: Orden der Predigerbrüder) wurde vom Spanier Domingo Guzman (um 1170–1221) 1215/17 ins Leben gerufen und breitete sich im 13. Jahrhundert rasch aus. Der zentral geleitete Orden gründete seine Klöster vorwiegend in den Städten und widmete sich vor allem der Seelsorge und der Predigt. Da das Armutsgebot nicht nur für den einzelnen Mönch, sondern auch für das Kloster als Ganzes galt, zählt man die Dominikaner zur Gruppe der «Bettelorden». 1259 wurde eine Regel für die Dominikanerinnenklöster geschaffen, welche der Gesamtleitung des Ordens unterstehen.

Exekutive

Die das Gesetz vollziehende Gewalt im Staat, die von der Regierung mit Unterstützung der Verwaltung ausgeübt wird. Gemäss dem rechtsstaatlichen Prinzip der Gewaltenteilung darf sie nicht in der gleichen Hand liegen wie die gesetzgebende oder die Recht sprechende Gewalt.

Exkommunikation

Siehe Bann.

Flurzwang

Die Dreizelgenwirtschaft erforderte einen ordnungsgemässen Fruchtwechsel auf den drei verschiedenen Zelgen. Die Bauern eines Dorfes waren gezwungen, innerhalb einer Zelge gleichen Fruchtbau zu betreiben und somit Anbau und die Fristen der Bestellung und Ernte abzusprechen.

Franziskaner

Der Orden der Franziskaner («Ordo fratrum minorum»; wörtlich: Orden der «geringeren» Brüder) geht auf die um Franziskus von Assisi (1181/82–1226) entstandene Mönchsgemeinschaft zurück, die 1223 eine Regel erhielt. Im Zentrum des klösterlichen Lebens stand die strenge Befolgung des Armutsgebotes. Da dieses auch für das Kloster als Ganzes galt und dieses daher auf milde Gaben angewiesen war, gehörten die Franziskaner zur Gruppe der «Bettelorden». Der zentral geleitete Orden breitete sich im 13. Jahrhundert rasch aus und widmete sich vor allem der Predigt. Zum weiblichen Zweig siehe «Klarissen».

Freimaurer

Eine im späten 17. Jahrhundert in England entstandene internationale Bewegung, die sich in ihrer Symbolik an die mittelalterlichen Bauhütten anschloss und das Gedankengut der Aufklärung, der Toleranz und der Brüderlichkeit zu verbreiten suchte. Die Freimaurerei wurde vor allem von streng kirchlichen sowie von nationalistischen Kreisen bekämpft.

Frondienste

Das Wort bedeutet «Herrendienste» und bezeichnet die unentgeltlichen Arbeiten, welche die Hörigen für ihren Herrn jedes Jahr leisten mussten, beispielsweise Feldarbeiten, Warentransporte oder Mithilfe bei Bauvorhaben (Burgen, Strassen).

Fünf Orte

In der Reformationszeit aufgekommene Bezeichnung für die katholischen innerschweizerischen Orte Luzern, Uri, Schwyz, Unterwalden (Nid- und Obwalden), Zug.

Fünfte Kolonne

Gruppe von potentiellen oder aktiven Verrätern, die während eines Konflikts im Dienste eines auswärtigen Gegners einen Aufstand vorbereiten oder durchführen. Der Begriff entstand im Spanischen Bürgerkrieg (1936–1939).

Gemeine Herrschaften

Von mehreren eidgenössischen Orten beherrschte Untertanengebiete in der Zeit zwischen 1415 und 1798.

Halbarte (auch: Hellebarde)

Infanteristische Waffe im Spätmittelalter und in der frühen Neuzeit, bestehend aus einem 2 bis 2,5 Meter langen Holzschaft und einem eisernen Beil, die zum Schlagen und Stechen benützt wurde.

Hochwachtensystem

Ein vor allem im 17. Jahrhundert in den einzelnen Orten entwickeltes Melde- und Alarmnetz. Die Hochwachten wurden als Holztürme an exponierten Punkten angelegt und meldeten durch Rauchzeichen und optische Signale besondere Vorkommnisse aus dem von ihnen überwachten Gebiet oder gaben solche Signale weiter.

Humanismus, Humanisten

Eine von Gelehrten und Schriftstellern getragene Bildungsbewegung zwischen dem 14. und dem 16. Jahrhundert, welche die Erziehung des einzelnen Individuums in den Mittelpunkt stellte. Diese erfolgte vorwiegend als sprachliche Bildung durch die unmittelbare und vorurteilslose Auseinandersetzung mit literarischen Meisterwerken der lateinischen und griechischen Antike. Daraus ergab sich ein Interesse an der Sammlung von Texten des Altertums und der Rekonstruktion ihres Originalzustandes mit Hilfe der philologischen Forschung. Der Humanismus steht in engem Zusammenhang mit der kulturellen Entwicklung der Renaissance.

Indoeuropäisch, indogermanisch

Die indoeuropäischen Sprachen haben sich vermutlich im 3. Jahrtausend v.Chr. aus einer «Grundsprache» – deren Lokalisierung umstritten ist – entwickelt und sich zwischen Europa und Indien verbreitet. Die Gemeinsamkeiten der indoeuropäischen Sprachen bestehen im Wortschatz und in der Morphologie, d.h. der Flexion der Substantive und Verben. Zum Kreis der indoeuropäischen Sprachen gehören unter anderen das Altindische, das Griechische, das Italische mit Latein und dessen Nachfolgesprachen (z.B. Französisch, Italienisch), die germanischen Sprachen (z.B. Deutsch, Englisch), die slawischen Sprachen (z.B. Polnisch, Russisch), die baltischen Sprachen (z.B. Litauisch) und das Keltische.

Inflation

Inflation (Teuerung) bezeichnet das Steigen des durchschnittlichen Preisniveaus in einem Land. Sie ist gleichbedeutend mit einer Geldentwertung, einem Sinken der Kaufkraft. Eine Inflation tritt ein, wenn die Geldmenge stärker wächst als die gleichzeitig produzierte und nachgefragte Menge an Gütern und Dienstleistungen, wobei die Ursachen dieser Entwicklung verschieden sein können. Auch die Abnahme der Güterproduktion bei gleich bleibender Geldmenge – etwa nach schweren Kriegszerstörungen – führt zur Inflation. Die umgekehrte Entwicklung wird als Deflation bezeichnet.

Inkunabeln

Sammelbezeichnung für alle Druckwerke (Bücher, Flugblätter) aus der Zeit vor 1500, als die Kunst des Buchdrucks noch in den «Windeln» lag, d.h. in den Anfängen steckte. Der Name ist abgeleitet vom lateinischen «incunabula», «Windeln, Wiege»; die deutsche Lehnübersetzung lautet «Wiegendruck».

Inquisition, Ketzer

Wer die offizielle Lehre der römisch-katholischen Kirche ablehnte, wurde anfänglich bloss aus der Gemeinde ausgeschlossen. Seit dem 12. Jahrhundert breiteten sich – von Osteuropa kommend – Sekten in Italien und Südfrankreich aus, deren Anhänger sich als «Katharoi» (von griechisch «Katharoi», «Reine») bezeichneten; davon stammt das deutsche Wort «Ketzer» ab. Die Päpste organisierten mehrere Kreuzzüge, um diese Ketzer auszurotten, und im 13. Jahrhundert richteten sie eine eigene Behörde – die Inquisition – ein, welche ketzerische Personen (auch als «Häretiker» bezeichnet) aufspüren sollte; der Name stammt vom lateinischen «inquirere», «suchen, aufspüren». Inquisitoren hatten als «religiöse Geheimpolizisten» besondere Vollmachten: Sie durften verdächtige Personen, die als Ketzer denunziert worden waren, foltern lassen und in besonders schweren Fällen die Angeklagten zum Tode verurteilen. Das Urteil wurde anschliessend von der weltlichen Macht vollstreckt. Die Inquisition diente den späteren Hexenverfolgungen, welche allerdings nicht nur Irrglauben, sondern auch Zauberei ahnden wollten, als Vorbild.

Interdikt

Das Interdikt war eine Strafmassnahme der katholischen Kirche: Alle kirchlichen Amtshandlungen – vor allem die Messe und die Sakramente (vgl. Sakramente) – wurden für eine bestimmte Zeit fehlbaren Personen, auch ganzen Gebieten und Nationen, verweigert. In der Zeit des Grossen Schismas (1378–1415; vgl. «Schisma») belegten die sich bekämpfenden Päpste die Anhänger ihrer Gegner jeweils mit dem Interdikt.

Interventionismus

Staatlicher Eingriff in das Wirtschaftsgeschehen, etwa zur Milderung sozialer Diskrepanzen, zur Korrektur von Marktentwicklungen, zur Belebung oder Verlangsamung der Konjunktur usw. Mittel staatlicher Interventionen sind etwa Verbote und Vorschriften, steuerpolitische Massnahmen, Subventionen und staatliche Investitionen.

Investitur, Investiturstreit

Im Frühmittelalter beeinflussten Adlige in starkem Masse die Kirchenpolitik, indem sie Bischöfe sowie Äbte ernannten und Kirchen für den eigenen Bedarf gründeten. Seit dem 11. Jahrhundert verlangten reformwillige Kleriker aber eine scharfe Trennung von weltlicher und geistlicher Macht: Der Kauf von kirchlichen Ämtern («Simonie») und deren Vergabe durch Laien («Investitur», «Einweisung in ein Amt oder einen Besitz») sollten für immer verboten sein. Der Kaiser als weltliches Oberhaupt war mit dieser Einschränkung seiner Rechte nicht einverstanden. Von 1076 an kam es deswegen zu häufigen, auch kriegerischen Auseinandersetzungen zwischen der kaiserlichen und der päpstlichen Partei. Ein Kompromiss wurde 1122 im so genannten «Wormser Konkordat» gefunden. Inskünftig konnte eine unabhängige, kirchliche Kommission in Anwesenheit des Kaisers oder seines Vertreters selbstständig einen Bischof wählen und ihn in sein Amt einweisen; erst danach «investierte» der Kaiser den kirchlichen Würdenträger mit dem Szepter, dem Zeichen der weltlichen Herrschaft.

Jahrzeitmesse

Auf Grund einer Schenkung (Stiftung) wird für einen Verstorbenen oder eine Verstorbene einmal jährlich eine Messe zum Heil seiner/ihrer Seele gelesen.

Jesuiten

Der Spanier Ignatius von Loyola (1491 bis 1556) gründete in der Zeit der so genannten «Gegenreformation» die «Societas Jesu» (Gesellschaft Jesu), deren Regel vom Papst 1540 bestätigt wurde. Die Mitglieder des Jesuitenordens waren überwiegend Priester, die vor allem in der Mission und im höheren Schuldienst zum Einsatz kamen. Das zusätzliche Gelübde des Gehorsams gegenüber dem Papst liess den Orden vor allem in den Augen der Kritiker als eigentliche päpstliche Kampftruppe gegen alle Gegner des römischen Katholizismus (Protestantismus, Aufklärung, Liberalismus) erscheinen. Unter politischem Druck hob der Papst den Orden 1773 auf, rief ihn aber 1814 wieder ins Leben.

Jiddisch

Jiddisch (wörtlich: «jüdisch») ist die Sprache der Aschkenasim, der in Nord-, Mittel- und Osteuropa beheimateten Juden. Diese entstand zwischen dem 9. und dem 12. Jahrhundert. Sie setzt sich aus 85 Prozent deutschen, 10 Prozent hebräischen und 5 Prozent slawischen Wörtern zusammen; geschrieben wird sie mit hebräischen Schriftzeichen. Die Massenermordung der osteuropäischen Juden während des Zweiten Weltkriegs sowie die Auswanderung der Juden aus Europa führten dazu, dass die jiddische Sprache heute vom Aussterben bedroht ist.

Judikative

Die Recht sprechende Gewalt im Staat, die von unabhängigen Gerichten ausgeübt wird. Gemäss dem rechtsstaatlichen Prinzip darf sie nicht in der gleichen Hand liegen wie die gesetzgebende oder die vollziehende Gewalt.

Juste milieu

Bezeichnung für die opportunistische Politik König Louis-Philippes in Frankreich nach 1830, der einen Mittelweg zwischen Konservativismus und Liberalismus einzuschlagen versuchte, sowie für politische Gruppen mit dieser Grundhaltung.

Kalif, Kalifat

Der Kalif war der politische und geistliche Nachfolger des Propheten Mohammed, verfügte allerdings nicht über eine theologische Entscheidungsgewalt in der Art des römischen Papstes. Durch die auf Mohammed folgende arabische Expansion entstand ein vom Kalifen regiertes islamisch-arabisches Grossreich; das Kalifenamt (Kalifat) wurde erblich. Politischer Zerfall und religiöse Spaltungen führten zur Bildung verschiedener Kalifate. Seit dem 16. Jahrhundert bis zum Ende des Ersten Weltkriegs verstanden sich die Sultane des Osmanischen Reiches auch als Kalifen.

Kapuziner

Der Kapuzinerorden entstand als Zweig des Franziskanerordens und verselbstständigte sich 1525/28 als Ordo fratrum minorum capuccinorum, benannt nach der für seine braune Ordenstracht typischen Kapuze. Ihr Ziel war die Rückbesinnung auf das Armutsideal des heiligen Franziskus von Assisi. Im Vordergrund ihrer Tätigkeit stand die Seelsorge und die Predigt vor allem für die einfachen Bevölkerungsschichten.

Ketzer

Siehe Inquisition.

Klarissen

Diese weibliche Ordensgemeinschaft wurde von Klara von Assisi (1193–1253), einer Anhängerin des heiligen Franziskus, gestiftet und orientierte sich am franziskanischen Armutsideal. Die Klarissenklöster waren rechtlich selbstständig, wurden aber von Franziskanern betreut.

Kollator, Kollatur

Die Kollatur oder das Patronat bezeichnet das Recht, in einer Gemeinde den Pfarrer einzusetzen. Es geht in der Wurzel im Allgemeinen auf die Stiftung der Kirche durch einen Kollator (lateinisch: con-lator, der «Zusammenträger» des Stiftsgutes) oder Patron zurück, kann jedoch durch Vertrag oder Erbfolge an einen beliebigen Inhaber übertragen werden. Der Bischof hat lediglich das Recht, den Vorgeschlagenen zu bestätigen oder wegen mangelnder Eignung abzulehnen. In der Reformationszeit eigneten sich die reformierten Regierungen der Orte die Kollatur über möglichst viele der ihnen unterstellten Pfarrgemeinden an.

Konstitutionelle Monarchie

Eine Königsherrschaft, in der die Machtbefugnisse der Krone durch eine Verfassung (französisch und englisch: constitution) eingeschränkt werden. Diese regelt die Mitwirkung der Volksvertretung bei der Gesetzgebung.

Konventionalstrafe

In einem Vertrag festgesetzte Strafe, die ein Vertragspartner, der gegen eine Vertragsbestimmung verstösst, zu leisten hat.

Konzil

Ein Konzil ist eine Versammlung von Bischöfen und anderen kirchlichen Amtsträgern zur Regelung theologischer und kirchenorganisatorischer Fragen. Seit dem 4. Jahrhundert unterscheidet man zwischen regionalen Synoden und ökumenischen, d.h. die Gesamtkirche umfassenden Konzilien, die seit dem 12. Jahrhundert unter der Leitung des Papstes stattfanden. Die spätmittelalterlichen Konzilien verstanden sich als oberste, auch dem Papst übergeordnete Instanz der Kirche. Nach der Kirchenspaltung des 16. Jahrhunderts setzte sich im römisch-katholischen Bereich die Auffassung durch, dass Konzilien vom Papst einberufen, geleitet und entlassen werden müssten. Protestantische Konzilien gibt es nicht.

Kurfürsten

Im Verlauf des 12. und 13. Jahrhunderts wurde der Kreis derjenigen Fürsten, die den deutschen König «küren» («wählen») konnten, auf sieben Personen eingeschränkt: die Erzbischöfe von Köln, Mainz und Trier, den Pfalzgrafen bei Rhein, den Herzog von Sachsen, den Markgrafen von Brandenburg und den König von Böhmen. Die «Goldene Bulle» von Kaiser Karl IV. regelte im Jahre 1356 die Wahl des deutschen Königs durch die sieben Kurfürsten. Siehe auch «Reich».

Lateinisches Recht

In der römischen Kaiserzeit verliehenes minderes Bürgerrecht, das dessen Träger in bestimmten Teilen des Rechts den römischen Vollbürgern gleichstellte. Mitglieder hoher Behörden von Gemeinden latinischen Rechts stiegen zu römischen Vollbürgern auf.

Legislative

Die gesetzgebende Gewalt, die von gewählten Volksvertretern – heute auch Vertreterinnen – in einer Versammlung, dem Parlament, ausgeübt wird. Gemäss dem rechtsstaatlichen Prinzip der Gewaltenteilung darf sie nicht in der gleichen Hand liegen wie die vollziehende oder die Recht sprechende Gewalt.

Leutpriester

«Leutpriester» ist die mittelhochdeutsche Bezeichnung für den Vikar oder den Pfarrer, der eine Gemeinde als «Weltgeistlicher» und Seelsorger betreut, im Gegensatz zu den für sich lebenden Mönchen. Klöster und Stifte, die einen Predigtauftrag zu erfüllen hatten, diesen aber nicht durch ihre Mönche wahrnehmen wollten, stellten dafür oft einen Leutpriester an.

Lichtmess

Lichtmess ist eine volkstümliche Bezeichnung für das Fest der Darstellung oder Darreichung des Jesuskindes im Tempel (Lukas 2, 22 ff.) am 2. Februar. Im bäuerlichen Leben ist Lichtmess der Beginn des Arbeitsjahres und der Feldarbeit.

Majorz

Im Majorz- oder Mehrheitswahlrecht gelten jener (Einerwahlkreise) oder jene Kandidaten bzw. Kandidatinnen als gewählt, die am meisten Stimmen (absolutes oder relatives Mehr) erhalten haben. In parteipolitisch klar strukturierten Gebieten erhält dadurch die stärkste Partei die Chance, dass alle ihre Kandidaten gewählt werden, während alle andern Parteien leer ausgehen. Vgl. dazu «Proporz»!

Martini

Der Tag des heiligen Martin (11. November) ist ein wichtiger Feiertag, an welchem das bis Weihnachten dauernde «Adventfasten» beginnt. Dementsprechend begeht man den Vorabend mit entsprechenden Festessen, Bescherungen, Umzügen usw. Am Martinstag beginnen und enden Dienstverhältnisse, Pacht- und Zinsfristen; die Zinsen müssen abgeliefert werden.

Märtyrer

Das Wort (wörtlich: «Zeugen») bezeichnet all jene Christen, die für ihren Glauben den Tod erlitten. Der Grossteil der Märtyrer und Märtyrerinnen gehörte zu den Christen im Römischen Reich, die es ablehnten, den Eid auf den Kaiser zu leisten oder diesem zu opfern, dadurch ihren christlichen Glauben bezeugten und auf oft grauenvolle Weise hingerichtet wurden. Ihre Geschichte wurde im Mittelalter in zahlreichen lateinischen «Viten» (Lebensberichten) überliefert, die später oft in die Volkssprachen übersetzt wurden und sehr beliebt waren. Ein grosser Teil der im Christentum verehrten Heiligen sind Märtyrer der christlichen Frühzeit. – Der Begriff wird heute auch im übertragenen Sinn für jemanden gebraucht, der trotz Folter und Todesdrohung zu seiner Überzeugung steht und dafür stirbt.

Messe

Die Messe war in der gesamten christlichen Kirche bis zur Reformationszeit die zentrale Feier, welche an das letzte gemeinschaftliche Mahl Jesu und seiner Jünger anknüpfte. Die Messliturgie entstand in den Grundzügen in der Spätantike und gliederte sich in Eröffnung, Wortgottesdienst mit fakultativer Predigt, Eucharistie (Wandlung von Brot und Wein in Fleisch und Blut Christi; Kommunion) und Entlassung; von der Letzteren stammt das Wort (lat. missa: «Entlassung»). Die vorgeschriebenen Messtexte waren teils immer gleich (das «Ordinarium»), teils von Tag zu Tag verschieden (das «Proprium»). Im Hochmittelalter entstanden neben der am Hochaltar der Kirche gefeierten Gemeindemesse verschiedene Formen von nichtöffentlichen Privatmessen, die auch vom Priester allein zugunsten Verstorbener abgehalten werden konnten (s. Jahrzeitmesse).

Norddeutscher Bund

Nach dem Sieg über Österreich 1866 gründete Preussen zusammen mit den norddeutschen Mittel- und Kleinstaaten den Norddeutschen Bund, der den Charakter eines Bundesstaates unter ausgeprägter preussischer Führung hatte. Durch den Anschluss der süddeutschen Staaten 1871 wurde der Norddeutsche Bund zum Deutschen Reich, seine Verfassung zur Reichsverfassung.

Orden

Unter einem Orden im religiösen Sinn versteht man einen Verband von geistlichen Gemeinschaften wie Klöstern oder Stiften (vgl. «Stift»), welche auf der Basis einer gemeinsamen Regel und eines persönlichen Gelübdes eine kirchlich-monastische Lebensweise befolgen und sich meist auch einer gemeinsamen Oberleitung unterstellen. Regel und Zielsetzung werden im Allgemeinen auf den Ordensgründer oder die -gründerin zurückgeführt. Als Spezialform entwickelten sich seit dem 12. Jahrhundert die Ritterorden (z.B. Johanniter, Deutscher Orden), die als ihre wesentliche Zielsetzung den Kampf für den christlichen Glauben bezeichneten. Im Verlauf des Spätmittelalters und der frühen Neuzeit wurde die Zugehörigkeit zu manchen Ritterorden allmählich zu einer reinen Auszeichnung ohne konkrete Konsequenzen; daraus ergab sich die moderne Bedeutung des Wortes als Ehrung durch ein Staatsoberhaupt u.ä.

Pazifisten, Pazifismus

Grundsätzliche Gegner aller Kriegshandlungen, auch solcher zum Zweck der Verteidigung. Pazifisten lehnen daher oft die persönliche Teilnahme am Militärdienst ab.

Pfründe

Die mittelalterliche und frühneuzeitliche Kirche kannte für ihre Amtsträger keine Gehälter im modernen Sinn. Zur Versorgung eines Priesters, Bischofs oder sonstigen Würdenträgers diente ein mit dem Amt gekoppeltes Vermögen, die Pfründe, von deren Erträgen der Amtsinhaber lebte. Bei der Ausstattung eines kirchlichen Amtes konnte es sich um Güter, ein Gemisch von Naturaleinkünften und Geldzinsen sowie nutzbare Rechte handeln.

Plebiszit

Plebiszit bedeutet Volksabstimmung. Während in demokratischen Staaten die Verfassung zwingend vorschreibt, in welchen Fällen eine Abstimmung stattfinden muss, neigen Regenten in autoritären Systemen dazu, von Fall zu Fall zur Stützung der eigenen Macht und zur Wahrung des demokratischen Scheins Plebiszite anzusetzen, deren Ergebnis jedoch meist zum Vornherein feststeht. Das Vorbild lieferte Napoleon I.

Pogrom

Das aus dem Russischen stammende Lehnwort (ursprünglich «Verwüstung, Unwetter») bezeichnet staatlich gelenkte oder geduldete Ausschreitungen radikaler Gruppen gegen ethnische oder religiöse Minderheiten, insbesondere gegen Menschen jüdischen Glaubens.

Proporz

Im Proporz- oder Verhältniswahlrecht stellen innerhalb eines Wahlkreises die Parteien Listen mit Kandidaten bzw. Kandidatinnen auf. Die im Wahlkreis zu vergebenden Sitze werden proportional zu den erzielten Stimmenzahlen auf die Parteien verteilt. Dadurch wird erreicht, dass die Parteien entsprechend ihrer zahlenmässigen Stärke im Parlament vertreten sind. Vgl. «Majorz»!

Protektionismus

Eine protektionistische Wirtschaftspolitik verfolgt das Ziel, die ganze inländische Wirtschaft oder einzelne Zweige derselben (etwa die Landwirtschaft) mit ihren Produkten vor ausländischer Konkurrenz zu schützen. Dies geschieht etwa durch Einfuhrverbote oder -kontingentierungen, durch Zölle oder durch technische Vorschriften.

Reich, Reichsstadt, reichsfrei

Der Karolinger Karl der Grosse wurde an Weihnachten 800 vom Papst zum Kaiser gekrönt; damit galt er als Nachfolger der römischen Kaiser und als weltliches Oberhaupt der katholischen Christenheit. Die damit geschaffene mittelalterliche «Romtradition» wurde von den Nachfolgern Karls weitergeführt. In den folgenden Jahrhunderten veränderte sich die Bezeichnung für das Reich: Im Verlauf des 10. bis 12. Jahrhunderts wurde es zum «Heiligen Römischen Reich», seit 1471 hiess es «Heiliges Römisches Reich Deutscher Nation». Das Reich entsprach aber nie einem deutschen Nationalstaat, sondern überwölbte theoretisch alle Herrschaftsgebiete christlicher Fürsten im Abendland. Die Führung des Reichs war nicht erblich. Dennoch bildeten sich zeitweise Dynastien heraus, da der herrschende Kaiser versuchte, zu seinen Lebzeiten die Nachfolge seines Sohnes vorzubereiten. Die Fürsten wählten dessen Nachfolger als «König», der dann versuchen musste, vom Papst zum Kaiser gekrönt zu werden. Im Verlauf des 14. Jahrhunderts setzten sich die Kurfürsten (vgl. Kurfürsten) als Wahlbehörde durch; gleichzeitig verzichteten die Herrscher immer häufiger auf die Krönung durch den Papst. Seit der Mitte des 15. Jahrhunderts stammten die Könige und Kaiser traditionellerweise aus dem Hause Habsburg.

Das hohe Ansehen des Reichs brachte es mit sich, dass die eidgenössischen Städte und Orte danach strebten, Reichsstädte oder reichsfreie Orte zu sein. Damit waren nämlich besondere Privilegien verbunden, so die direkte Unterstellung unter die kaiserliche Herrschaft, sodass fürstliche Zwischengewalten umgangen werden konnten, und eine selbstständige Verwaltung des eigenen Herrschaftsgebietes. Deshalb kritisierten die Eidgenossen zwar oft die Reichsoberhäupter aus dem Hause Habsburg und lehnten auch einen Ausbau der Reichsgewalt ab, hielten aber bis 1648 an der Zugehörigkeit zum Reich fest.

Reliquien

Körperliche Überreste von Heiligen sowie Gegenstände, die mit Jesus Christus selbst, Maria oder einem Heiligen in Zusammenhang standen. Sie galten als wundertätig, besassen einen entsprechend hohen Wert und veranlassten Wallfahrten von Pilgern, die von ihnen Hilfe erwarteten. Sie wurden sorgfältig in kunstvoll angefertigten Reliquienbehältern, den Reliquiaren, untergebracht, im Kirchenschatz aufbewahrt und an Festtagen zur Schau gestellt.

Rezession

Unter Rezession versteht man eine rückläufige wirtschaftliche Entwicklung, gekennzeichnet durch eine Verminderung der Produktion und des Austauschs von Gütern und Dienstleistungen, meist verbunden mit zunehmender Arbeitslosigkeit.

Sakrament

Sakrament bezeichnet primär die zentrale, geheimnisvolle Wahrheit des christlichen Glaubens: die Menschwerdung Gottes, den Opfertod des Gottessohnes und dessen Auferstehung. Bereits in der Spätantike bestand die Vorstellung, dass dieses Geheimnis im Gottesdienst erfahrbar und nachvollziehbar sei. Daraus entwickelte sich im Mittelalter die Lehre von den sieben gnadenvermittelnden Sakramenten: Taufe, Firmung, Ehe, Busse («Beichte»), Eucharistie (im Rahmen der Messfeier), Priesterweihe, Letzte Ölung. Die Spendung der Sakramente konnte nur durch geweihte Priester erfolgen.

Schächten

Das Wort ist abgeleitet vom Hebräischen «schachat» («schlachten»). Das Alte Testament verbietet, Tierblut zu essen, «denn das Blut ist die Seele». Die jüdischen Religionsgesetze erlauben deshalb nur den Genuss von Fleisch, das von ausgebluteten Tieren stammt, welche mit Hilfe eines einzigen Schnitts durch Halsschlagader, Luft- und Speiseröhre geschlachtet wurden; ähnliche Vorschriften gelten auch im Islam.

Schisma

Schisma (griechisch; «Trennung») bezeichnet im weiteren Sinne jede Spaltung oder Absplitterung innerhalb der christlichen Kirche, im engeren eine Spaltung an der Spitze der römisch-katholischen Kirche, dem Papsttum. Zu solchen Spaltungen kam es, wenn Papstwahlen nicht eindeutig ausfielen, zwei Anwärter sich als gewählt betrachteten und bekämpften. Zum bekanntesten Schisma kam es 1378, als von zwei rivalisierenden Kardinalsgruppen zwei verschiedene Päpste gewählt wurden, von denen der eine in Rom, der andere in Avignon seinen Sitz nahm. Nach einem fehlgeschlagenen Konzilsversuch kam 1410 noch ein dritter Papst mit Sitz in Pisa hinzu. Erst dem Konzil von Konstanz gelang es 1415, die drei Rivalen abzusetzen oder zur Abdankung zu bewegen, worauf ein neu gewählter Papst seinen Sitz in Rom einnahm.

Stand

Bezeichnung für eine grosse Gruppe von Menschen in einem hierarchisch gegliederten Gesellschaftssystem. Die Mitglieder eines jeweiligen Standes grenzten sich durch Abstammung, Beruf, Rang, Prestige und Lebensführung von anderen Ständen ab. Jeder Stand hatte seine besonderen Rechte. Seit dem 11. Jahrhundert verbreitete sich in Westeuropa die Lehre von den drei Ständen (Adel, Klerus und so genannter «Dritter Stand»). Die Französische Revolution und die im 19. Jahrhundert gegründeten Nationalstaaten hoben die ständische Gesellschaftsordnung auf. Seither wird mit dem Begriff oft in allgemeinerem Sinn die soziale Herkunft bezeichnet; in der politischen Terminologie der Schweiz ist «Stand» auch ein Synonym für «Kanton» (z.B. «Ständerat» als Vertretung der Kantone; «Ständemehr» als Kantonsmehr in Volksabstimmungen).

Ständestaat

Vor allem in der Zeit zwischen den beiden Weltkriegen wurde die Idee des Ständestaates als Alternative sowohl zum sozialistischen wie zum liberalkapitalistischen Wirtschaftsmodell entwickelt mit dem Ziel, den «Klassenkampf» zu überwinden. Unter staatlicher Mithilfe sollten sich Arbeitnehmer und Arbeitgeber einzelner Branchen zu Berufsständen oder Korporationen zusammenschliessen und darin ihre unterschiedlichen Interessen zu einem Ausgleich bringen. Über die Frage, wie weit dann auch die gesamtstaatlichen Organe aus diesen Korporationen heraus bestimmt werden sollten, bestanden unterschiedliche Auffassungen. Vor allem die katholische Soziallehre vertrat die Idee des Ständestaates intensiv. Ein Versuch zur Realisierung wurde in Österreich 1933 bis 1938 unternommen, während im faschistischen Italien ständestaatliche Einrichtungen eher die Funktion hatten, die staatliche Allmacht zu verhüllen.

Stift

Ein Stift war eine lockere Gemeinschaft von Geistlichen, deren Mitglieder mobil und nicht zur persönlichen Armut verpflichtet waren, über persönliches Eigentum verfügten und Einkünfte aus Pfründen bezogen. Ein Stift (oft: Chorherrenstift) entstand bei Bischofskirchen, Wallfahrtsorten und Stätten mit wichtigen Reliquien. Die Lebensregeln waren im Allgemeinen weniger streng als in den eigentlichen Mönchs- und Nonnenorden.

Subvention

Staatliche finanzielle Unterstützung an Private oder Organisationen, deren Tätigkeit als im Interesse des Staates und der Allgemeinheit liegend beurteilt wird.

Tagsatzung

Regelmässige Gesandtenkonferenz der Orte der alten Eidgenossenschaft, die sich im 15. Jahrhundert entwickelte und bis 1798 und dann wieder 1803–1848 bestand.

Talmud

Das Wort bedeutet im Hebräischen «Lehre» und bezeichnet die von Rabbinern verfassten Gesetzessammlungen, in denen die Thora (vgl. unten) kommentiert, interpretiert und auf das tägliche Leben angewandt wird.

Thora
Das Wort bedeutet im Hebräischen «Gesetz, Weisung» und bezeichnet die ersten fünf Bücher des Alten Testaments. Sie wurden der Überlieferung nach von Moses verfasst und bilden den Kern des jüdischen Glaubens und Gesetzes.

Trikolore
Das revolutionäre Frankreich ersetzte das Lilienbanner des Königs durch die dreifarbige blauweissrote Revolutionsflagge mit senkrechten Bahnen. Die Trikolore vereinte die Pariser Stadtfarben Blau-Rot mit dem königlichen Weiss. Das Beispiel wurde von den französischen Tochterrepubliken nachgeahmt. Im Verlauf des 19. und 20. Jahrhunderts wurden, durch den Übergang zur Republik oder durch die Neugründung eines Staates, Trikoloren zur häufigsten Form von Nationalflaggen.

Urbar
In einem Urbar sind die Grundstücke, die zu einer feudalen Herrschaft gehören, sowie die Abgaben und Leistungen, die dem Grundherrn zu erbringen sind, verzeichnet.

Vasall
Das keltische Wort «gwas» («Knecht, Gefolgsmann») wurde im Lateinischen mit «vassus» wiedergegeben; seit dem 13. Jahrhundert ist es als deutsches Lehnwort nachweisbar. Ein Vasall war ein freier Mann, der sich als Gefolgsmann in den Dienst eines höher gestellten, adligen Herrn begab, einen Treueid leistete und zu bestimmten Leistungen – meistens militärischer Art – verpflichtet war. Im Gegenzug erhielt der Vasall ein Lehen (vgl. S. 66) und hatte Anspruch auf Schutz und Hilfe seines Herrn.

Waldenser
In Lyon gründete der Kaufmann Peter Waldes in der zweiten Hälfte des 12. Jahrhunderts eine Bruderschaft von Laien, welche nach urchristlichem Vorbild in Armut lebten, der Bevölkerung die Bibel in der Volkssprache erläuterten, predigten und sich für die Bedürftigen einsetzten. Zwar hatte die Bewegung grossen Erfolg, die Päpste aber verboten die Bruderschaft der Waldenser umgehend, exkommunizierten die Anhänger und organisierten Kreuzzüge gegen diese «Ketzer» (vgl. Inquisition).

Weltgeistlicher
Siehe Leutpriester.

Zensus
In einer Verfassung mit Zensuswahlrecht wird die Erteilung der – aktiven und passiven – Wahlberechtigung von der Höhe des Steueraufkommens, d.h. dem Nachweis eines bestimmten Einkommens oder Vermögens, gemacht. Hinter der Idee des im 19. Jahrhundert häufigen Zensuswahlrechts stand die Meinung, dass nur eine gewisse finanzielle Unabhängigkeit einen selbständigen Wahlentscheid erlaube. Im weiteren Sinn sind auch Systeme mit gestufter Stimmkraft entsprechend dem Vermögen als Zensuswahlrecht zu bezeichnen.

Zisterzienser, Zisterzienserinnen
Der Zisterzienserorden entstand um 1100 in Burgund; benannt wurde er nach dem Gründungskloster Cîteaux. Die Zisterzienser wollten das ursprüngliche benediktinische Ideal des Lebens in klösterlicher Arbeit, persönlicher Besitzlosigkeit und Einsamkeit wieder realisieren. Die an Zahl rasch zunehmenden Zisterzienserklöster entwickelten sich vor allem zu Pionieren in der Organisation der Landwirtschaft, besonders in der Pferde- und der Fischzucht sowie im Weinbau. Das asketische Leben begünstigte die Reinvestierung der erzielten Überschüsse. Bereits um 1120 entstand das erste Zisterzienserinnenkloster; der weibliche Zweig des Ordens breitete sich vor allem im 13. Jahrhundert stark aus.

Zölibat
Der (auch: das) Zölibat ist die Verpflichtung zum ehelosen, keuschen Leben. In der christlichen Kirche war die zölibatäre Lebensweise zunächst ein Merkmal des Mönchtums. Im Verlauf des Mittelalters erhob die römisch-katholische Kirche zunehmend auch gegenüber den weltlichen Geistlichen, also den Bischöfen und Priestern, die Zölibatsforderung, wobei wohl das Vorbild des Mönchtums, das Ideal einer möglichst sündenfreien Lebensweise und die Vermeidung einer Vererbung von Kirchengut eine Rolle spielten. Im Spätmittelalter wurde das Zölibatsgebot praktisch auf ein Eheverbot reduziert, während eheähnliche Verhältnisse geduldet wurden. Die Reformatoren schafften das Zölibat ab, während das Konzil von Trient es für die römisch-katholische Kirche bekräftigte.

Zugewandte Orte
Gebiete, die mit der Eidgenossenschaft der dreizehn Orte vor 1798 in einem – im Einzelnen sehr unterschiedlichen – Vertragsverhältnis standen, aber nicht vollberechtigte Mitglieder waren.

Zunft
Die Zunft (auch: Gilde, Innung, Zeche u.a.) ist ein Zusammenschluss von Handwerksmeistern derselben Branche innerhalb einer Stadt. Ihr Zweck ist primär die Regelung beruflicher Angelegenheiten: Ausbildung, Preisgestaltung, Abgrenzung gegenüber anderen Handwerken, Qualitätskontrolle, oft auch die Zahl der zugelassenen Gesellen pro Betrieb und anderes mehr. Darüber hinaus erfüllte die Zunft auch soziale und religiöse Aufgaben. Zünfte bestanden in allen mittleren und grösseren Städten. Wo die Handwerker auch politische Rechte erhielten, wurden meist mehrere Handwerkervereinigungen zu «politischen Zünften» zusammengefasst, von denen jede eine Delegation in den städtischen Rat abordnete.

Historisch fassbar werden die Zünfte zwischen dem 12. und dem 14. Jahrhundert; sie verloren ihre Funktionen durch die Einführung der Wirtschaftsfreiheit im Zusammenhang mit der Französischen Revolution. Heute noch bestehende Zünfte pflegen vor allem Tradition und Geselligkeit.

Abkürzungen für die schweizerischen Kantone

AG	Aargau
AI	Appenzell Innerrhoden
AR	Appenzell Ausserrhoden
BE	Bern
BL	Basel-Landschaft
BS	Basel; seit 1833 Basel-Stadt
FR	Freiburg
GE	Genf
GL	Glarus
GR	Graubünden
JU	Jura
LU	Luzern
NE	Neuenburg
NW	Nidwalden
OW	Obwalden
SG	St. Gallen
SH	Schaffhausen
SO	Solothurn
SZ	Schwyz
TG	Thurgau
TI	Tessin
UR	Uri
VD	Waadt
VS	Wallis
ZG	Zug
ZH	Zürich

Orts- und Personenregister

Im nachfolgenden Register sind alle im Text erwähnten Ortschaften sowie die schweizerischen Kantone erfasst, nicht dagegen Landschaften, Länder, Gewässer und Berge. Die bei den Ortschaften angegebene Kantonszugehörigkeit bezieht sich auf die Gegenwart. Adlige Personen, die vor 1400 geboren wurden, sowie alle Personen aus herrscherlichem Geschlecht sind unter ihren Vornamen aufgeführt.

Aachen 60
Aarau (Aargau) 230, 239, 240
Aarberg (Bern) 260
Aargau 18, 41, 85, 86, 92, 93, 134, 146, 148, 191, 226, 229, 232, 241, 248, 249, 259, 261, 268, 269, 292, 351, 364
Aarwangen (Bern) 248
Ador, Gustave 302
Aesch (Baselland) 61
Aëtius 27
Agaunum siehe St-Maurice
Agnes von Habsburg 142
Albrecht I. von Habsburg, dt. König 19, 96
Albrecht IV. von Habsburg, Herzog von Österreich 132
Alexander I., Zar von Russland 238, 249
Alexandria 70
Allschwil (Baselland) 133
Altdorf (Uri) 7, 222
Altstätten (St. Gallen) 327
Altstetten (Zürich) 12
Altenburg 16
am Grund, Heimo 146
Amstein (Familie im Kanton Obwalden) 114
Amstein, Arnold 122
Amstein, Heinrich 122
Angenstein (Baselland) 61
Anjou-Plantagenêt (frz.-engl. Herrscherfamilie) 102
Aosta 18
Appenzell (Ort und Kanton) 62, 140, 143, 145, 148, 153, 167, 168, 172, 174, 175, 187, 201, 226, 227, 228
Appenzell Ausserrhoden 165, 211, 233, 280
Appenzell Innerrhoden 10, 165, 211, 251, 264, 269, 270, 291, 309
Aquae Helveticae siehe Baden
Arbedo (Tessin) 145
Arbon (Thurgau) 7, 14, 23, 296
Arenenberg (Thurgau) 267
Arolla (Wallis) 7
Arth-Goldau (Schwyz) 284
Athen 70
Attinghausen (Uri) 62
Attinghausen, Johann von 142, 143
Augsburg 140
Augst (lat.: Augusta Raurica; Basselland) 10, 16, 18, 19, 20, 21, 23, 70
Augustin 125
Augustus, röm. Kaiser 17, 19, 24
Aulus Caecina 21
Auschwitz 338
Aussersihl (Zürich) 288
Avenches (lat.: Aventicum; Waadt) 16, 18, 19, 20, 21, 22, 23, 32, 70
Avignon 102, 103

Bachmann, Niklaus Franz von 182
Baden (lat.: Aquae Helveticae; Aargau) 21, 22, 23, 96, 127, 133, 140, 146, 157, 174, 178, 228, 229, 260, 282, 298
Baden, Markgraf von 140
Bagdad 54
Baldegg (Luzern) 193
Balthasar, Franz Urs von 232
Barth, Karl 194
Basel (Ort und Kanton) 15, 16, 17, 18, 23, 28, 33, 34, 57, 58, 69, 70, 71, 73, 74, 77, 78, 81, 87, 88, 90, 92, 93, 111, 113, 114, 115, 117, 126, 127, 128, 130, 132, 133, 135, 140, 147, 150, 151, 153, 157, 165, 167, 168, 169, 171, 172, 173, 175, 177, 190, 193, 198, 207, 208, 219, 223, 224, 228, 231, 234, 238, 239, 241, 250, 259, 261, 263, 266, 269, 282, 283, 285, 287, 288, 304, 310, 320, 323, 353, 355, 361
Basel-Landschaft 61, 88, 117, 251, 262, 267, 364, 366
Basel-Stadt 251, 262, 268, 308, 354, 364
Baulmes (Waadt) 41
Baumann, Johannes 320
Bellelay (Bern) 44
Bellinzona (Tessin) 29, 57, 122, 145, 155, 157, 284
Benedikt von Nursia 82, 191
Bergeten (Glarus) 53, 57
Bern (Ort und Kanton) 12, 13, 16, 18, 45, 47, 48, 52, 69, 70, 71, 72, 73, 74, 75, 76, 77, 78, 82, 94, 110, 113, 115, 121, 130, 140, 143, 146, 148, 149, 150, 151, 152, 155, 157, 158, 165, 167, 168, 172, 173, 174, 175, 177, 178, 183, 187, 192, 195, 198, 205, 208, 209, 213, 218, 220, 224, 226, 227, 228, 230, 237, 239, 240, 241, 242, 246, 247, 248, 249, 250, 261, 263, 265, 267, 283, 294, 300, 304, 305, 308, 309, 311, 322, 332, 338, 361, 364, 365, 366
Bernard von Clairvaux 82
Beromünster (Luzern) 88, 113, 321
Berthold II. von Zähringen, Herzog von Schwaben 93
Berthold von Regensburg 80
Besenval (Familie) 200
Bex (Waadt) 198
Beznau (Aargau) 352
Biberach 140
Bibracte 16
Biel (Bern) 41, 78, 124, 157, 167, 168, 173, 219, 224, 228, 229, 250, 364
Bifrun, Jachiam 44
Bipp (Bern) 126
Birmenstorf (Aargau) 41
Bodmer, Johann Jakob 232
Bois-de-Châtel (Waadt) 16
Bonaparte, Napoleon, siehe Napoleon I.
Bonaparte, Louis-Napoleon, siehe Napoleon III.
Bondeli, Julia 232

Bonifaz VIII., Papst 102
Bonjour, Edgar 321
Bonstetten, Albrecht von 104, 156
Borromeo, Carlo 189
Boscéaz siehe Orbe
Bosco/Gurin (Tessin) 62, 64
Bourbaki, Charles Denis 183, 300
Bourges 207
Bräker, Ulrich 231
Brand, Margarethe 127
Braunwald (Glarus) 53
Brescia 90
Brienz (Bern) 62
Brig (Wallis) 181, 208
Brixen 148
Brötli, Johannes 188
Brown, Charles 281
Brügge 71, 73
Brügli, Heinrich 127
Brüssel 370
Brugg (Aargau) 93, 323
Brun, Rudolf 132, 142
Brune, Guillaume 219, 241
Brunschwig, Abraham 133
Budapest 162
Bührle, Emil 330
Bülach (Zürich) 28
Büren an der Aare (Bern) 170
Bürglen (Uri) 111
Bürkli, Karl 294
Bullinger, Heinrich 174, 175, 190, 197
Burckhardt (Familie) 224
Burgdorf (Bern) 70, 94, 113, 226, 243
Bursinel (Waadt) 183
Buxtorf, Johannes 133
Byzanz siehe Konstantinopel

Caesar, Gaius Julius 15, 16, 17
Cahors 131
Calvin, Johannes 175, 190
Caracalla, röm. Kaiser 18
Carona (Tessin) 45
Castelmur (Graubünden) 61
Cazis (Graubünden) 85
Céligny (Genf) 41
Charité-sur-Loire, La 323
Châtillon-sur-Glâne (Freiburg) 13
Chaudet, Paul 365
Chiasso (Tessin) 122, 284, 285
Chiavenna 18, 229
Chillon (Waadt) 60, 61
Chlodwig I., fränkischer König 27, 28
Chur (Graubünden) 29, 40, 42, 81, 87, 88, 96, 154, 190
Churchill, Winston 369
Cîteaux 83
Clara von Ratwiler 127
Claudia, Prinzessin von Frankreich 167
Claudius, römischer Kaiser 19
Clavel, Alexander 282

Cluny 82
Coelestin III., Papst 54
Colonia Julia Equestris siehe Nyon
Columban (Missionar) 32
Como 80, 122, 190, 339
Constant, Benjamin 263
Córdoba 56
Cossonay (Waadt) 199
Cotencher (Neuenburg) 10
Cranach, Lucas 163

David, König von Israel 129
Davel, Abraham 236
Davos (Graubünden) 62, 211, 320
Delsberg (Jura) 28, 41, 364, 365, 366
Diesbach, François Romain de 182
Diesbach, Philippe Nicolas Ladislas de 182
Diesbach, Ludwig von 127
Diesbach, Niklaus von 74
Diokletian, römischer Kaiser 22, 25
Disentis (Graubünden) 29, 83, 120, 193
Disteli, Martin 202, 244, 271
Döffingen 144
Domitian, römischer Kaiser 17
Dornach (Solothurn) 133
Drachenloch (St. Gallen) 10
Drancy 338
Dreifuss, Ruth 309
Drusus 17
Dufour, Guillaume-Henri 269, 270
Dunant, Henry 299, 300
Duttweiler, Gottlieb 317, 360

Eberhard, Graf von Habsburg-Neukyburg 94, 96
Echallens (Waadt) 41, 157, 229
Econe (Wallis) 196
Edlibach, Gerold 159
Eglisau (Zürich) 90
Einsiedeln (Schwyz) 62, 82, 85, 86, 104, 110, 112, 123, 139, 142, 169, 172, 191, 193, 194, 223
Elisabeth von Oye 84
Elisabeth von Thüringen 85
Elisabeth von Wetzikon 84
Endingen (Aargau) 133, 134, 135
Engelberg (Obwalden) 62, 84, 85, 86, 96, 157, 168, 193, 229
Erasmus von Rotterdam 171, 186
Erlach, Hieronymus von 218
Erstfeld (Uri) 15, 57
Eschenz (Thurgau) 23
Escher, Alfred 285, 292, 294
Escher, Hans Caspar 203, 256
Escher, Hans Conrad 252
Escher, Johann Jakob 203
Esslingen 140
Etterlin, Petermann 153, 154
Euler, Leonhard 230, 231
Evian 336

Fahr (Aargau) 85
Farel, Guillaume 175
Farnsburg (Baselland) 238, 239
Favez, Jean-Claude 327
Favre, Louis 284
Felix (Märtyrer) 25
Fellenberg, Philipp Emanuel von 243
Ferdinand I., deutscher König und Kaiser 162, 173
Ferdinand V., König von Aragon 102, 162

Ferenbach, Hans 110
Fleury, Michèle 327
Flims (Graubünden) 41
Florenz 73, 74, 101
Flüe, Niklaus von 112, 152
Flüeli-Ranft (Obwalden) 152
Forrer, Ludwig 301
Franco, Francisco 193
Frankfurt a.M. 140
Franscini, Stefano 260
Franz I., König von Frankreich 155
Fraubrunnen (Bern) 239
Frauenfeld 229
Freiburg (Stadt und Kanton) 13, 41, 45, 47, 69, 70, 71, 72, 73, 76, 83, 94, 113, 128, 138, 140, 143, 151, 152, 157, 167, 168, 169, 173, 174, 175, 182, 188, 189, 190, 192, 201, 208, 220, 224, 227, 228, 239, 259, 261, 269, 270, 291
Fridolin (Missionar) 32
Friedrich I. Barbarossa, deutscher König und Kaiser 94
Friedrich II., deutscher König und Kaiser 52, 73
Friedrich III., deutscher König und Kaiser 101, 147, 151
Friedrich der Schöne, Herzog von Österreich 139
Friedrich IV., Herzog von Österreich 146
Friedrich, Kurfürst von Sachsen 163
Friedrich von Staufen, Herzog von Schwaben 93
Friedrich VII., Graf von Toggenburg 147
Frisch, Max 347
Froben (Druckerei) 133
Froschauer, Christoph 186
Froburg (Solothurn) 61
Fryen, Johannes 122
Füssli, Johann Heinrich 237

Galba, römischer Kaiser 21
Gallus (Eremit) 32, 37
Geigy, Johann Rudolf 282
Genf (lat.: Genava; Ort und Kanton) 14, 15, 16, 18, 25, 27, 34, 41, 47, 60, 70, 73, 77, 78, 81, 87, 114, 150, 152, 163, 165, 167, 168, 174, 175, 177, 192, 198, 205, 208, 219, 226, 228, 231, 232, 233, 234, 237, 238, 241, 250, 251, 259, 260, 262, 263, 264, 269, 281, 289, 292, 299, 300, 308, 314, 318, 321, 322, 338, 355, 367, 369
Gengenbach, Pamphylus 170
Gent 73
Genua 56, 91, 330
Gersau (Schwyz) 168, 229
Gessler 149
Gessner, Konrad 43, 207, 208
Giornico (Tessin) 87
Gisela von Spiegelberg 84
Givet 182
Glarean (Loriti), Heinrich 112, 171
Glarus (Ort und Kanton) 41, 42, 53, 57, 112, 142, 143, 144, 148, 157, 167, 168, 172, 174, 175, 187, 227, 228, 259, 262, 282, 309, 354, 389
Glaser, Anthoni 168
Gleser, Johann Heinrich 138
Goegg-Pouchoulin, Marie 308
Göschenen (Uri) 284
Gösgen (Solothurn) 353

Goethe, Johann Wolfgang von 218
Göttisheim, Ernst 308
Gossau (Zürich) 221
Gotthard siehe St. Gotthard
Gouret, Elie 199
Gozbert, Abt 39
Granada 56, 102
Grandson (Waadt) 151, 157, 229
Grandval siehe Moutier
Graubünden 15, 40, 41, 42, 44, 47, 48, 61, 62, 81, 85, 87, 88, 93, 117, 153, 157, 167, 168, 172, 174, 177, 187, 197, 242, 248, 250, 253, 260, 292, 301
Grauholz (Bern) 239
Gregor VII., Papst 55
Grenchen (Solothurn) 267, 306
Grenoble 94
Greulich, Herman 289, 308
Greyerz (Ort und Grafen von) 62, 167, 168, 175
Grimald, Abt 37
Grimm, Robert 302, 303, 304, 305, 306
Grosser St. Bernhard (Pass) 17, 18, 60, 96, 246
Grüningen (Zürich) 119, 203
Grüninger, Paul 336
Gümmenen (Bern) 260
Guisan, Henri 184, 323, 325, 327, 329, 335, 356
Gundobad, burgundischer König 27, 31
Gustav Adolf, König von Schweden 164, 177
Gustloff, Wilhelm 320
Gutenberg, Johannes 113
Guyer, Jakob («Kleinjogg») 231, 232
Gwalther, Regula 209
Gwalther, Rudolf 209

Habsburg (Ort und Grafen von; Aargau) 69, 93, 94, 96, 97, 101, 102, 114, 139, 140, 143, 144, 151, 153, 167, 172, 173, 174
Hácha, Emil 320
Hadlaub, Johannes 91
Hagenbach, Franz 239
Hagenbach, Peter von 150, 151
Hall (Tirol) 121
Hallau (Schaffhausen) 112, 171, 188
Haller, Albrecht von 222, 229, 230, 231, 232
Hallstatt 13, 14
Harald Blauzahn, dänischer König 149
Hargreaves, James 256
Hartmann von Aue 90
Hausen (Aargau) 19
Hauterive (Freiburg) 83
Hedingen (Zürich) 59
Heidegger, Johann Caspar 203
Heimgartner, Bernarda 193
Heinrich II., deutscher König und Kaiser 169
Heinrich III., deutscher König und Kaiser 58
Heinrich IV., deutscher König und Kaiser 55, 93, 163, 177
Heinrich VI., deutscher König und Kaiser 54
Heinrich (VII.), deutscher König 97
Heinrich VII., deutscher König und Kaiser 139
Heinrich IV., König von Frankreich 163, 177
Hemmerlin, Felix 149, 158
Hermetschwil (Aargau) 85

Herwegh, Emma 267
Herzog, Hans 183
Herzogenbuchsee (Bern) 12
Hildegard von Bingen 85
Hirzel, Kaspar 231
Hitler, Adolf 330, 368
Ho Chi Minh 359
Hochholtzer, Samuel 210
Hoffmann, Arthur 302
Hofmeister, Rudolf 231
Hofwil (Bern) 243
Hohenburg, Richard von 128
Holbein, Ambrosius 127
Holzhalb, David 203
Holzhalb, Leonhard 209
Holzhalb-Krieg, Cleophea 209
Hombrechtikon (Zürich) 110
Homburg (Baselland) 238
Honegger, Kaspar 258
Horgen (Zürich) 237
Huber, Jakob 329
Hünenberg (Zug) 114
Hünenberg, Götz von 114
Huizinga, Johan 100
Hunwil (Familie; Obwalden) 114

Immensee (Schwyz) 284
Ingenbohl (Schwyz) 193
Interlaken (Bern) 94, 249
Irgenhausen (Zürich) 23
Isabella, Königin von Kastilien 102, 162
Isabella von Chalon 140
Iselin, Isaak 133, 231, 232
Isny 140
Isone (Tessin) 155
Istanbul siehe Konstantinopel

Jerusalem 56, 62, 87, 104, 169
Johanna von Kastilien und Aragon 102
Johannes XXI., Papst 125
Johannes (XXIII.), Papst 146
Johannes Paul II., Papst 196
Johannes von Winterthur 139, 149
Julius II., Papst 155, 171
Jura (Kanton) 47, 239, 301, 364, 365, 366
Justinger, Konrad 110, 111, 149
Justinian I., römischer Kaiser 27

Kägi, Regina 338
Kaiseraugst 23, 25, 353
Kappel am Albis (Zürich) 83, 174
Karl der Grosse, fränkischer König und Kaiser 33, 34, 37, 54, 60, 129, 158
Karl IV., deutscher König und Kaiser 101
Karl V., deutscher König und Kaiser 102, 162, 167, 168, 173
Karl VIII., König von Frankreich 155
Karl der Kühne, Herzog von Burgund 47, 101, 102, 121, 150, 151, 158
Katharina von Savoyen 140
Kaufbeuren 140
Keller, Augustin 268
Keller, Gottfried 91
Kesslerloch (Schaffhausen) 12
Keynes, John 316
Kiental (Bern) 304
Kleist, Heinrich von 218
Klöti, Emil 330
Kobelt, Karl 329
Köln 69, 71, 73, 76
Königsfelden (Aargau) 19

Köniz (Bern) 83
Kolumbus, Christoph 162
Konolfingen (Bern) 159
Konrad II., deutscher König 92
Konrad von Würzburg 90
Konstantin der Grosse, römischer Kaiser 25
Konstantinopel (auch: Byzanz, Istanbul) 26, 54, 55, 70, 102, 153, 162, 234
Konstanz 23, 32, 33, 37, 69, 81, 84, 91, 103, 111, 118, 139, 140, 146, 153, 171, 172, 188, 190, 191
Kopp, Elisabeth 309, 355
Küsnacht (Zürich) 204, 237, 265
Kuno von Stoffeln 107
Kunz, Heinrich 257
Kyburg (Ort und Grafen von; Zürich) 93, 94, 96, 114, 140, 142, 203

La Tène (Neuenburg) 13
Laharpe, Frédéric-César 238, 239, 246, 249
Langenstein, Berbelin 127
Langenthal 233
Laupen (Bern) 72, 143
Laur, Ernst 254, 313
Lausanne (lat.: Lousonna; Waadt) 18, 22, 32, 81, 87, 92, 93, 94, 114, 135, 140, 175, 190, 207, 208, 236, 239, 246, 260, 315, 319, 362
Lausen (Baselland) 30
Lavater, Johann Caspar 230, 237
Lavater, Ludwig 197
Lefebvre, Marcel 196
Leibstadt (Aargau) 353
Lengnau (Aargau) 133
Lenin, Wladimir I. 304
Lenzburg (Ort und Grafen von; Aargau) 12, 92, 93, 94, 97, 283
Leopold I. von Habsburg, Herzog von Österreich 139
Leopold III. von Habsburg, Herzog von Österreich 110, 144
Leu, Josef 269
Leuenberger, Niklaus 207
Lichtenberger, Johann 109
Liestal (Baselland) 226, 238, 261, 262
Lindau 140
Livius 15
Locarno (Tessin) 87, 157, 175, 201, 284, 319
Lörrach 232
London 234
Lothar III., deutscher König und Kaiser 94
Lousonna siehe Lausanne
Luchsingen (Glarus) 41
Ludwig der Fromme, fränkischer König und Kaiser 33, 34, 37
Ludwig II., der Deutsche, fränkischer König 34, 37, 84
Ludwig IV. der Bayer, deutscher König 139
Ludwig XI., König von Frankreich 147, 150, 151
Ludwig XII., König von Frankreich 155
Ludwig XIV., König von Frankreich 177, 203, 234
Ludwig Eugen, Prinz von Württemberg 232
Ludwig Sforza, Herzog von Mailand 155
Lübeck 73
Lugano (Tessin) 157, 260, 284
Luino 283
Luther, Martin 162, 163, 172, 173, 186

Luxemburger (deutsche Herrscherfamilie) 101, 139, 146
Luzern (Ort und Kanton) 57, 58, 72, 77, 79, 81, 88, 96, 97, 119, 123, 128, 130, 140, 142, 143, 144, 146, 148, 151, 152, 157, 167, 168, 173, 188, 201, 202, 205, 208, 209, 220, 224, 228, 242, 248, 249, 250, 259, 260, 261, 262, 263, 267, 268, 269, 270, 283, 284, 291, 294, 346
Lyon 32, 110

Maastricht 370
Madrid 163
Magdenau (St. Gallen) 85
Maggi, Julius 282
Mailand 23, 41, 42, 44, 55, 71, 73, 80, 96, 101, 122, 154, 155, 175, 177, 189, 190, 208, 259
Mainz 42, 140
Malplaquet 178
Manesse (Familie in Zürich) 91
Manuel, Niklaus 105, 170
Marc Aurel, römischer Kaiser 22
Margarethe von Zürich (Nonne) 111
Maria (Gattin Heinrichs II.) 169
Maria von Burgund 151, 162
Marignano 154, 155
Marin-Epagnier (Neuenburg) 13
Marseille (lat.: Massilia) 14
Martigny (lat.: Octodurus/Octodurum; Wallis) 19, 23, 25, 32
Marx, Karl 296
Mauritius (Märtyrer) 25, 32, 89, 171
Maximilian I., deutscher König 151, 153, 154, 155, 162
Mazzini, Giuseppe 267
Medeglia (Tessin) 155
Mehmet II. osmanischer Sultan 151
Meiss, Rudolf, 122
Melbourne 355
Meltinger, Ulrich und Verena 127
Menachem (Familie) 131, 132
Mendelssohn, Moses 133
Mendrisio (Tessin) 7, 157
Menzingen (Zug) 193
Mesocco (Graubünden) 117
Metternich, Clemens Wenzel 216, 217, 267, 269
Metz 140
Meyerin, Elli 131
Mistail (Graubünden) 87
Moeckli, Georges 365
Möhlin (Aargau) 7
Mollis (Glarus) 41
Monnard, Charles 266
Mont Vully (Freiburg) 13, 16
Montreux (Waadt) 60
Morbegno 46
Morgarten (Schwyz) 139, 140, 142
Morges (Waadt) 41
Motta, Giuseppe 319, 327
Moudon (lat.: Minnodunum; Waadt) 24, 41, 71, 94
Moutier (auch: Grandval; Bern) 32, 40, 92, 364, 366
Mozart, Wolfgang Amadeus 248
Mühleberg (Bern) 352
Mülhausen 148, 150, 157, 167, 168, 173, 228, 229, 234, 238, 241, 258
Müller, Johannes von 241

379

Münchenwiler (Bern) 82
Müstair (Graubünden) 33, 36, 42, 87
Murbach 94, 140
Murg (St. Gallen) 41
Murgenthal (Aargau) 260
Muri (Aargau) 82, 85, 86, 93
Murten (Freiburg) 41, 69, 94, 138, 140, 151, 157, 229
Musso 46
Mussolini, Benito 193, 315, 321, 337, 339

Nagy, Imre 355
Nancy 151, 158
Nantes 163, 177, 183
Napoleon I. (auch: Bonaparte) 216, 238, 246, 247, 248, 249, 250, 256
Napoleon III. (auch: Bonaparte, Louis-Napoleon) 217, 267, 299
Necker, Jacques 231, 232
Necker-Curchod, Suzanne 231, 232
Neisideller, Chuonrat 127
Nellenburg (Ort und Grafen von) 61, 93
Nestlé, Henri 282
Neuenburg (Ort und Kanton) 10, 13, 47, 70, 91, 157, 167, 168, 175, 229, 234, 244, 250, 268, 269, 298, 299, 300, 302, 308, 355
Nero, römischer Kaiser 21
Neunkirch (Schaffhausen) 171
Neuthal (Zürich) 257
New York 280, 369
Nidwalden 138, 167, 241
Nizza 299
Nobs, Ernst 304, 356
Nördlingen 140
Notker Balbulus 37
Notker Labeo 86
Novara 155
Nürnberg 106, 140
Nyon (lat. Colonia Julia Equestris) 16, 18, 19, 20

Obwalden 122, 145, 167
Ochs, Peter 238, 240, 241, 246
Ocourt (Jura) 337
Octodurus/Octodurum siehe Martigny
Oechsli, Wilhelm 149
Oftringen (Aargau) 41
Olten (Solothurn) 23, 226, 304
Oprecht, Hans 308
Orbe (lat.: Urba, auch Boscéaz; Waadt) 18, 23, 157
Orelli, Susanna 290
Orgetorix 16
Orléans 54
Ormalingen (Baselland) 113
Othon von Grandson 44
Otmar, Abt 37
Otto I., der Grosse, deutscher König und Kaiser 33
Ottokar, König von Böhmen 96

Paracelsus 115
Paris 54, 71, 104, 207, 217, 237, 238, 239, 240, 246, 247, 248, 260, 270, 300
Payerne (Waadt) 82, 87, 92, 140
Pellis, Marc-Antoine 256
Pestalozzi, Johann Heinrich 231, 237, 242, 243
Peter II., Graf von Savoyen 72, 94
Petitpierre, Max 367

Pfäfers (St. Gallen) 29, 33
Pfäffikon (Zürich) 202
Pfenninger, Matthias 221
Pfyffer, Kaspar 202
Pfyn (Thurgau) 23
Philipp d. Schöne, Sohn Maximilians I. 102
Philipp II., König von Spanien 163, 164, 175, 204
Pictet-de Rochement, Charles 250
Pierre Pertuis (Bern) 18
Pilet-Golaz, Marcel 324, 327, 356
Pino 284
Pippin der Jüngere, fränkischer König 33
Pirckheimer, Willibald 127
Pirmin, Abt 33
Pius II., Papst 148
Pius IX., Papst 192
Platten, Fritz 304
Platter, Thomas 124, 127
Poschiavo (Graubünden) 7
Poseidonios 15
Promenthoux (Waadt) 114
Pruntrut (Jura) 7, 190, 208, 301, 339, 365

Ragaz, Leonhard 194
Rapperswil (St. Gallen) 90, 91, 157, 168, 174, 177, 178
Raron (Wallis) 62
Ravensburg 140
Reding, Ital 227
Regensberg (Zürich) 96
Regensburg 80, 140
Regula (Märtyrerin) 25
Reichenau 33
Rengger, Albrecht 246
Reutlingen 140
Rheinau (Zürich) 16, 34
Rheinfelden (Aargau) 58, 93, 94
Richelieu, Armand 164
Rieter, Johann Jakob 258
Ringoltingen, Antonia von 127
Ringoltingen, von (Familie) 115
Riva San Vitale (Tessin) 25
Roll, von (Firma) 258
Rom 14, 16, 35, 54, 55, 62, 70, 103, 110, 114, 169, 192, 196, 268, 285, 290
Romainmôtier (Waadt) 32, 81, 82, 87
Romanus (Eremit) 32
Romont (Freiburg) 94, 175
Rorbas (Zürich) 26
Rothenburg (Luzern) 144
Rothmund, Heinrich 336
Rottweil 148, 167, 168
Rougemont (Waadt) 62, 82, 94, 114
Rousseau, Jean-Jacques 218, 231, 237
Rudolf I., König von Burgund 34, 92
Rudolf II., König von Burgund 34, 92
Rudolf III., König von Burgund 34, 92
Rudolf von Rheinfelden, deutscher Gegenkönig 93
Rudolf IV., Graf von Habsburg, als Rudolf I. deutscher König 94, 96, 97, 101, 138, 142
Rudolf (Sohn Rudolfs IV.) 96
Rudolf von Fenis 91
Rüderswil (Bern) 207
Rüdli (Familie in Obwalden) 114
Rüeggisberg (Bern) 82, 94
Rüti (Zürich) 83
Rütli (Uri) 295, 296

Sacconay, Jean de 183
Säckingen 32
Salazar, Antonio 193
Salins 121, 200
Salis, Jean-Rodolphe von 335
Salis-Soglio, Johann Ulrich von 269
Samnaun (Graubünden) 7
San Vittore (Tessin) 87
Santiago de Compostela 62
Sargans (St. Gallen) 41, 42, 325
Sarnen (Obwalden) 149
Satigny (Genf) 7
Saussure, Horace-Bénédict de 230
Savoyen (Grafen/Herzöge von) 44, 60, 61, 69, 72, 89, 94, 96, 114, 130, 140, 167, 175, 177
Sax-Misox (Freiherren von) 62
Saxo Grammaticus 149
Seligmann 131
Sempach (Luzern) 144, 149, 360
Sermuz bei Yverdon (Waadt) 16
Siders (Wallis) 41
Sigismund, burgundischer König 32
Sigmund, deutscher König und Kaiser 146
Sigmund von Habsburg, Herzog von Österreich 148, 150
Simler, Josias 168, 169
Simplon-Pass 96, 246, 283, 284
Singen 283
Sinner, Fredrich von 223
Sitten (Wallis) 25, 32, 41, 60, 81, 92, 93, 94, 96, 114, 190, 208
Snell, Ludwig 263
Socin (Familie in Basel) 224
Solferino 299
Solothurn (Ort und Kanton) 23, 25, 45, 61, 77, 82, 94, 133, 138, 140, 144, 152, 157, 167, 168, 169, 173, 174, 175, 192, 200, 206, 208, 220, 224, 228, 229, 239, 241, 261, 267, 268, 292, 366
Soncino 90
Sorengo (Tessin) 41
Speyer 140
Spiringen (Uri) 111, 112
Sprecher (Familie in Davos) 211
Süsskind von Trimberg 130, 131
Sulzer, Johann Jakob 281
Suworow, Alexander 242

Schaffhausen (Stadt und Kanton) 58, 71, 87, 111, 124, 125, 140, 153, 167, 168, 171, 172, 173, 188, 224, 261, 326, 329
Schärer, Johann Jakob 200
Schattdorf (Uri) 41
Schauenburg, Antoine-Henri 242
Schellenberg, Walter 329
Scherr, Ignaz Thomas 265
Scheuchzer, Johann Jakob 208
Schibi, Christian 202
Schiller, Friedrich 149
Schilling, Diebold 57, 68, 116, 158, 180
Schinznach (Aargau) 41, 232
Schlettstadt 140
Schodoler, Werner 120
Schriber, Hans 149
Schuls (Scuol; Graubünden) 41
Schwamendingen (Zürich) 348
Schwarzenbach, James 360
Schweinsberg (Bern) 62

Schwyz (Ort und Kanton) 7, 96, 97, 120, 138, 139, 140, 142, 143, 144, 145, 147, 148, 149, 152, 157, 167, 168, 173, 180, 227, 228, 240, 248, 262, 269, 291, 293, 334

St-Brais (Jura) 10
St. Gallen (Ort und Kanton) 10, 30, 32, 34, 37, 39, 41, 42, 62, 70, 73, 74, 76, 77, 85, 86, 93, 108, 140, 145, 148, 153, 154, 157, 165, 167, 168, 169, 171, 173, 174, 178, 191, 198, 219, 223, 224, 228, 233, 248, 256, 261, 262, 267, 268, 269, 280, 292, 327, 336
St. Gotthard (Heiliger und Pass) 18, 29, 42, 94, 96, 97, 120, 140, 144, 145, 242, 283, 284, 325, 362
St-Imier 364
St. Jakob an der Birs (Basel-Stadt) 147, 232
St. Jakob an der Sihl (Zürich) 147
St. Jost (Bürgenstock; Nidwalden) 110
St. Katharinental (Thurgau) 125
St-Maurice (lat.: Agaunum; Wallis) 25, 32, 34, 35, 88, 89, 94, 105, 325
St. Peter 94
St. Urban (Luzern) 81, 82, 83
St-Ursanne (Jura) 32
Stabio (Tessin) 31
Staël, Germaine de 232, 248
Stäfa (Zürich) 237
Stagel, Elsbeth 111
Stampfli, Walter 344
Stans (Nidwalden) 7, 116, 146, 152, 242
Stapfer, Philipp Albert 243, 244, 246
Stauffer, Teddy 335
Steck, Albert 295
Steiger, Eduard von 337
Steiger, Niklaus Friedrich von 241, 248
Stein am Rhein (Schaffhausen) 71, 157, 203, 210
Steinen (Schwyz) 334
Stockalper, Kaspar Jodok 181
Stoos (Appenzell Ausserrhoden) 180
Strassburg 140, 150, 151, 177, 259, 282, 369
Strauss, David Friedrich 263
Stuppa, Peter 183
Styger, Paul 241

Tacitus 21
Tavannes (Bern) 18
Tell, Wilhelm 138, 139, 149, 153, 154, 206, 240, 249, 296, 359
Tellikon, Elsbeth 111
Tessin 25, 28, 31, 34, 45, 47, 48, 62, 64, 81, 87, 145, 155, 229, 248, 259, 260, 261, 270, 283
Thalheim (Aargau) 41, 203
Thayngen (Schaffhausen) 12
Theben 25
Theodor (auch: Theodul), Bischof 25
Theodosius I., römischer Kaiser 25
Theuderich, Priester 32
Thun (Bern) 13, 94, 183, 267
Thurgau 90, 93, 145, 148, 157, 169, 174, 229, 248, 261, 267, 268
Thusis (Graubünden) 60
Tiberius (röm. Kaiser) 17
Toggenburg, Grafen von 145, 147, 178
Toko 149
Travers, Gian 46

Trient 163, 190
Trier 140
Trogen (Appenzell Ausserrhoden) 266
Trotzki, Leo 304
Trub (Bern) 94
Tschernobyl 353
Tschudi, Aegidius 149
Türst, Konrad 156
Tuotilo 37
Turicum siehe Zürich

Udalrichinger (Familie) 93
Uli, Hans Jakob 203
Ulm 140
Ulrich von Zazikhoven 90
Unspunnen (Bern) 248, 249
Unterwalden 96, 138, 139, 140, 142, 143, 144, 148, 149, 152, 157, 168, 173, 226, 228, 269, 291
Urba siehe Orbe
Uri 34, 62, 84, 96, 97, 120, 138, 139, 140, 142, 143, 144, 145, 146, 148, 149, 152, 157, 167, 168, 173, 228, 240, 241, 249, 269, 291
Ursicinus (Eremit) 32
Ursus (Märtyrer) 25, 169
Uster (Zürich) 235, 258, 261, 263
Usteri, Paul 266

Vadian (von Watt, Joachim) 115, 171
Vättis (St. Gallen) 10
Valentinian I., römischer Kaiser 23
Vallorbe 327
Valois (frz. Königsfamilie) 102
Varese 122
Vaz, Freiherren von 62, 96
Vellerat (Jura) 366
Venedig 56, 73, 101, 154
Verena (Märtyrerin) 25
Vernier (Genf) 350
Versailles 318
Vespasian, römischer Kaiser 21
Vevey (Waadt) 128, 282
Victor (Märtyrer) 25
Vienne 94
Viflin 114
Vigée-Lebrun, Elisabeth 248
Villmergen (Aargau) 177, 178
Vindonissa siehe Windisch
Visconti, Gian Galeazzo 145
Vitellius, römischer Kaiser 21
Vitudurum siehe Winterthur

Waadt (auch: Waadtland) 23, 32, 41, 47, 82, 90, 94, 167, 168, 175, 177, 198, 212, 226, 229, 237, 238, 239, 240, 248, 249, 252, 256, 261, 263, 264, 308, 355, 364
Wädenswil (Zürich) 83
Wahlen, Friedrich Traugott 254, 328
Waldmann, Hans 167
Waldenburg (Basel-Landschaft) 238
Walenstadt (St. Gallen) 147
Wallis 16, 18, 19, 21, 25, 32, 34, 41, 42, 47, 58, 60, 79, 88, 90, 96, 121, 152, 153, 154, 157, 167, 168, 169, 175, 177, 181, 195, 196, 197, 229, 246, 250, 263, 268, 269, 270, 291
Washington 294, 367
Watt, Gebrüder 74
Watt, Joachim von, siehe Vadian
Weber, Max (Bundesrat) 356

Weber, Max (Soziologe) 211
Weesen (St. Gallen) 174
Werner von Homberg 90, 91
Wetter, Laurent und Rodolphe 233
Wettingen (Aargau) 120, 166
Wettstein, Johann Rudolf 177
Wichtelmann, Peter 131
Wien 171, 172, 281
Wilhelm II., deutscher Kaiser 301
Willading, Margarethe 218
Wille, Ulrich 301, 302, 305
Willin, Margreth 111
Windisch (lat.: Vindonissa; Aargau) 16, 18, 19, 20, 21, 23, 32
Winkelried, Arnold von 149, 296
Winterthur (lat.: Vitudurum; Oberwinterthur; Zürich) 18, 22, 23, 41, 58, 61, 78, 203, 283, 285, 293
Wiss, Elsbeth (Eremitin) 112
Wittelsbacher (deutsche Herrscherfamilie) 101, 139
Wittenwiler, Heinrich 118
Wolf, Caspar 222
Wolhusen (Luzern) 144
Woog, Edgar 356
Worms 27, 140, 153, 172
Würenlos (Aargau) 166
Wyss, Salomon von 256

Yverdon (Waadt) 16, 23, 199

Zähringen (Grafen bzw. Herzöge von) 62, 93, 94, 95, 97, 114
Zagiel, Simon und Céline 338
Zemp, Josef 294
Zigerli (Berner Familie) 115
Zillis (Graubünden) 87, 88
Zimmermann, Niklaus 206
Zimmerwald (Bern) 304
Zofingen (Aargau) 283
Züblin, Else 303
Zürich (lat.: Turicum; Ort und Kanton) 13, 18, 19, 22, 23, 25, 26, 28, 29, 32, 34, 36, 42, 59, 69, 70, 71, 73, 76, 77, 78, 82, 83, 85, 87, 89, 91, 93, 94, 111, 114, 115, 119, 123, 124, 125, 128, 130, 132, 135, 140, 142, 143, 144, 145, 146, 147, 148, 152, 159, 165, 167, 168, 169, 172, 173, 174, 175, 177, 178, 180, 181, 186, 187, 192, 193, 195, 197, 198, 201, 202, 203, 204, 207, 208, 209, 216, 219, 221, 223, 224, 228, 230, 231, 232, 234, 236, 242, 250, 252, 256, 258, 259, 260, 261, 263, 264, 265, 266, 267, 281, 282, 283, 285, 288, 289, 292, 293, 297, 299, 303, 304, 305, 306, 308, 310, 314, 318, 333, 348, 355, 356, 359, 361, 362, 369
Zug (Ort und Kanton) 80, 96, 97, 140, 142, 148, 152, 157, 167, 168, 173, 227, 269, 270, 284, 291, 293
Zurzach (Aargau) 23, 25
Zwingli, Ulrich (Huldrych) 44, 162, 163, 171, 172, 173, 174, 180, 186, 187, 190, 210

Verzeichnis der zitierten Quellen

Seite Beleg

19 Inschrift des C. Allius Oriens
Gerold Walser, Römische Inschriften in der Schweiz, Bern 1980, Band 2, Nr. 156.

24 Inschrift des P. Decius Esunertus
Gerold Walser, Römische Inschriften in der Schweiz, Bern 1980, Band 1, Nr. 23.
Inschrift des Q. Aelius Aunus
Gerold Walser, Römische Inschriften in der Schweiz, Bern 1980, Band 1, Nr. 70.

27 Bauinschrift des Königs Gundobad
Andreas Furger, Die Schweiz zwischen Antike und Mittelalter, Zürich 1996, S. 142.

31 Lex Alamannorum
Germanenrechte, Texte und Übersetzungen, Band 2/2: Die Gesetze des Karolingerreiches 714–911: Alemannen und Bayern, hg. von Karl August Eckhardt (Schriften der Akademie für Deutsches Recht), Weimar 1934.

42 St. Galler Paternoster
Hans Eggers, Deutsche Sprachgeschichte, 1. Band: Das Althochdeutsche, Reinbek bei Hamburg 1963, S. 264.

44 Othon von Grandson
Sept cents ans de littérature en Suisse Romande, hg. von Christophe Calame, Paris 1991, S. 43.

45 Statutenbuch von Carona
Sergio Bianconi, I due linguaggi: Storia linguistica della Lombardia svizzera dal '400 ai nostri giorni, Bellinzona 1989, S. 27.

46 Gian Travers
Alfons von Flugi, Zwei historische Gedichte in ladinischer Sprache, Chur 1865.

48 «L'Hébdo» (Wochenzeitung)
Stenographisches Bulletin der Bundesversammlung vom 8. Oktober 1992 (Ständerat René Rhinow)

91 Werner von Homburg
Deutsche Lyrik des Mittelalters, hg. von Max Wehrli, Zürich 1955, S. 313 ff.

134 Jüdisches Kinderlied
Florence Guggenheim-Grünberg, Jüdische Versionen des Ryti-Rössli-Liedes, in: Schweizer Volkskunde 42 (1952), S. 96.

125/128 Thomas Platter
Thomas Platter, Lebensbeschreibung, hg. von Alfred Hartmann, Basel 1944.

128 Ludwig von Diesbach
Die autobiographischen Aufzeichnungen Ludwigs von Diesbach, hg. von Urs Martin Zahnd (Schriften der Berner Burgerbibliothek 17), Bern 1986.

140 Bundesbrief vom Dezember 1315
Quellenbuch zur Verfassungsgeschichte der schweizerischen Eidgenossenschaft und der Kantone von den Anfängen bis zur Gegenwart, hg. von Hans Nabholz und Paul Kläui, 3. Auflage, Aarau 1947.

192 Der Lebenslauf des «guten Katholiken»
Ökumenische Kirchengeschichte der Schweiz, hg. von Lukas Vischer, Lukas Schenker und Rudolf Dellsperger, Basel/Freiburg i.Ü. 1994, S. 271 f.

197 Ludwig Lavater
Ludwig Lavater, Von thüwre und hunger, 3 Predigten, Zürich 1571, S. 42.

210 Samuel Hochholtzer
Samuel Hochholtzer, Von der kinderzucht, Zürich 1591, S. 135.

320 Johannes Baumann, Rede vom 21. März 1938
Neue Zürcher Zeitung vom 22. März 1938

324 Marcel Pilet-Golaz, Rede vom 25. Juni 1940
Edgar Bonjour, Geschichte der schweizerischen Neutralität im Zweiten Weltkrieg, Band 1, S. 117 f.; dt. Übersetzung ebda., Band 4, S. 160 ff.

325 Stimmen zur Lage und zur Zukunft der Schweiz 1940
Martin Rosenberg, Was war Anpassung, was war Widerstand?, Bern 1966, S. 6.
Neue Zürcher Zeitung vom 28. Juni 1940
Zürcher Bauer vom 2. Juli 1940
Oscar Gauye, «Au Rütli, 25 juillet 1940», Le discours du Général Guisan: nouveaux aspects, in: Studien und Quellen, Veröffentlichungen des Schweizerischen Bundesarchivs, Band 10, Bern 1984.

327 Marcel Pilet-Golaz
Die schweizerischen Bundesräte, ein biographisches Lexikon, hg. von Urs Altermatt, Zürich 1991, S. 371 (Jean-Claude Favez/Michèle Fleury)

330 Emil Klöti
Martin Rosenberg, Was war Anpassung, was war Widerstand?, Bern 1966, S. 19.

333 Der Goldhandel während des Zweiten Weltkrieges
Michel Fior, Die Schweiz und das Gold der Reichsbank, Zürich 1997, S. 134 ff.

335 Entscheidungen der Zensurbehörde
Abteilung Presse und Funkspruch, Weisung Nr. 955 vom 2. Juni 1943 an die Redaktionen der schweizerischen Zeitungen etc., in: Kompendium des schweizerischen Pressenotrechts, Sammelmappe.
Bundesarchiv Bern, E 4550/Nr. 5811 C; E 27, Nr. 4406–19 b; vgl. Hervé Dumont, Geschichte des Schweizer Films, Lausanne 1987, S. 283 f.

Bildnachweis

Abkürzungen:
l. = links, r. = rechts, m. = Mitte, o. = oben, u. = unten,
Inv. Nr. = Inventar Nummer, Sign. = Signatur

Aargauische Kantonsarchäologie, Brugg: 20
Aargauische Kantonsbibliothek, Aarau: 120
Aeby, Noël, Senedes: 182
Amt für Kulturpflege Kanton Schwyz, Schwyz: 227
André, Robert, Bern: 11 o.
Archiv für Kunst und Geschichte, Berlin: 55
Archivio cantonale, Bellinzona: 260
Artothek, Peissenberg: 162
Baumann, Heinz, Zürich: 253
Bayerische Staatsbibliothek, München: 109
Belluschi, Enrico, Mailand: 97
Benediktinerkloster Mariastein, Mariastein: 194
Bernisches Historisches Museum, Bern: 11 u., 183, 223 o., 213, 224, 226
Bersier, René, Fribourg: 27, 33
Bibliothèque Nationale, Paris: 104
Bildagentur Baumann, Würenlingen : 60, 87
Blauel, Joachim / Artothek, Peissenberg: 150 m., 164 o.
Burgerbibliothek, Bern: 54 (cod. 120 II, f. 105 r), 68 (Mssh.h.I.16, S. 506), 69 (Mss.h.h.I.16 S. 107), 148 (Mss. hist. helv. I. 16, S. 156), 152 (Mss.h.h.I. 3, S. 873) 180 (Mss. h.h.I.1, S. 282), 230 o., 247 u. (Gr. B. 111), 299
Burki, Raymond, 24 heures, Lausanne: 370
Centre d'iconographie, Collection PBU, Genève: 175, 230 u., 300 o.
Collection du Château de Coppet: 231 o.
Colorphoto Hinz, Hans, Allschwil: 23
Comet Photo, Zürich: 134, 171 u., 255, 350
Crivelli, Giovanna, Montagnola: Seite 64
Das goldene Buch der LA 1939: 320
Denkmalpflege der Stadt Bern, Bern: 218 (St. Schwyter Nov. 1983), 219 (Foto: Dominique Uldry)
Denkmalpflege des Kantons Luzern / U.u. Th. Bütler, Luzern: 81
Dichtermuseum / Herwegh-Archiv, Liestal: 267 u.
Diebold-Schilling Chronik 1513, ZB Luzern (Eigentum Korporation Luzern): 57, 99, 116, 123, 143, 146, 158
Divorne, Françoise, Zähringerstädte, Bern: 77
Donetta Roberto, Schweizerische Stiftung für Photographie, Kunsthaus, Zürich: 286
Dreissiger Jahre Schweiz. Ein Jahrzehnt im Widerspruch, Ausstellungskatalog, Kunsthaus Zürich: 314
Ducret, J.-C. Musée des Beaux-Art, Lausanne: 236
Duttweiler-Archiv, Rüschlikon: 360 o.
Eberle-Schädler Josef, Einsiedeln: 191
Eines Volkes Sein und Schaffen: 49
Ernst, Alan, Zweidlen: 25 o., 58, 88,117/118
Finck, Dieter, Zürich: 101 o.
Fotohaus Reinhard, Sachseln: 138
Galleria d'Arte Moderna e Contemporanea (G.N.A.M. 1357): 285
Gebrüder Sulzer, Winterthur: 281, 282, 283 o.
Gemeinde Hedingen, Hedingen: 59
Geschichte des Kantons Zürich: 28 (Band 1, Frühzeit- bis Spätmittelalter), 256 (Band 3, 19. und 20. Jahrhundert)
Giraudon, Paris: 150 u., 164 u.
Gosteli Stiftung-Archiv, Worblaufen: 309
Graffenried, Michael von, Paris: 363

Graphische Sammlung der ETH Zürich, Zürich: 197
Gretler's Panoptikum zur Sozialgeschichte, Zürich: 288, 296, 359
Hauser, Albert, Das Neue kommt: 270, 290 o.
Historisches Museum Basel / Babey Maurice, Basel: 223 u. (Inv. Nr. 1894, 396. Meisterkranz der Zunft zum Schlüssel)
Historisches Museum, Stiftung St. Galler Museen, St. Gallen: 199 u.
Historisches Museum, Thun: 207 o.
Hochbauamt des Kantons Zürich, Zürich: 221 u.
Im Hof, Ulrich, Geschichte der Schweiz: 246, 301
Institut l'homme et le temps, La Chaux-de-Fonds: 234
Jüdisches Museum der Schweiz, Basel: 132, 135 u.
Kantonale Denkmalpflege, Liestal: 113
Kantonsarchäologie Aargau, Vindonissa Museum, Gary Kammerhuber, Brugg: 19
Kantonsarchäologie Baselland, Liestal (Entwurf: Dr. Michael Schmaedecke, Zeichnung: Verena Brändle): 30
Keystone-Archive, Zürich: 305, 360 u.
Kirschner, Ernst, Ostfildern-Nellingen: 196
Kobler, Cyril, Genf: 32, 89
Kunsthaus Zürich, Zürich: 209 l., Asper, Hans, Cleophea Krieg von Bellikon, Gemahlin des Landvogtes Holzhalb, geb. Bürkli, 1538 (Inv. Nr. 158), 264: Hess, David, Das neue Verhältnis des Herrn Schullehrers zum Pfarrer um 1835 (Inv. Nr. M 13 Blatt 16)
Kunsthistorisches Museum Wien, Wien: 216 u. (Inv. Nr. BKA)
Kunstmuseum Bern, Bern: 248, Vigée-Lebrun Elisabeth Louise, Das Alphirtenfest in Unspunnen (Inv. Nr. 843 Gottfried-Keller-Stiftung)
Kunstmuseum Solothurn / Disteli-Album: 202, 244
Kurz, Hans Rudolf: Dokumente der Grenzbesetzung 1914/1918. Verlag Huber, Frauenfeld: 303 u.
Luftwaffe CH, Bern: 185
Metken, Sigrid, Der Kampf um die Hosen: 127
Meyer, Werner, Historisches Seminar Uni Basel, Basel: 53
Modekatalog Harper's Bazaar, New York: 280
Münzkabinett und Antikensammlung der Stadt Winterthur, Winterthur: 16
Musée d'art et d'histoire, Ville de Genève (Inv. Nr. N705, Jean-Pierre Saint-Ours, Figure de la République de Genève, 1794, Grösse 385 x 151 cm, Foto Maurice Aeschimann): 241
Musée d'art et d'histoire, Cabinet des Dessins, Ville de Genève (Inv. Nr. Crd 11, Martin Disteli, La Prédication du père Jésuite, Grösse 32,2 x 34,8 cm, Foto Yves Siza): 271
Musée historique de Lausanne, Lausanne: 238 o.
Museo Nacional del Prado, Madrid: 163 u.
Museum der Kulturen, Basel: 220
Museum für Gestaltung, Zürich: 283 u., 308, 313, 316 o., 319, 340, 351, 354, 356, 357, 362 o.
Museum Schloss Waldegg, St. Niklaus bei Solothurn: 200 (Inv. Nr. wa 45)
Museum Stockalperpalast, Stadtgemeinde Brig: 181
Museum zu Allerheiligen, Schaffhausen: 207 u. (Inv Nr. A 6)
Museumsfoto B. P. Kelser, Braunschweig: 126 (Inv Nr 1985 x)
Napoleonmuseum Arenenberg, Kanton Thurgau, Salenstein: 267 o.
National Gallery of Art, Washington, Samuel H. Kress Collection: 216 o.
Neumeister, Werner, München: 101 m.
Oberösterreichisches Landesmuseum, Linz: 101 u.
Öffentliche Kunstsammlung Basel, Bühler Martin, Basel:

105 (Inv. Nr. 419), 115 (Inv. U.X. 57), 119 (Inv. Nr. U.X. 106), 155 (Inv. Nr. U.X. 52), 165 (Inv. 258), 171 o. (Inv. Nr. 324)
Öffentliche Bibliothek der Universität Basel, Basel: 238
Oppliger, Simone, Cully: 364
Österreichische Nationalbibliothek, Wien: 150 o.
Paul-Klee-Stiftung, Kunstmuseum Bern, Bern: 291 (Inv. Nr. F 162)
Peda, Gregor, Passau: 85
Pestalozzianum Zürich, Zürich: 231 u.
Photo Abel, Orange: 233
Photostudio Preisig, Heinz, Sion: 25 u.
Photoswissair, Regensdorf-Watt: 9, 348, 349
Punktum Bildarchiv, Zürich: 121
RDB, Zürich: 323, 334, 362, 365
Reichlin, Felix, Adliswil: 199 o.
Römermuseum Augst / Amt für Museen und Archäologie des Kantons Basel-Landschaft, Augst: 21
Schächter, Daniel, Zürich: 135
Schule für Gestaltung / Plakatsammlung Basel: 316 u.
Schweizerisches Aktionskomitee gegen den EWR und EG-Diktat für eine weltoffene Schweiz: 369
Schweizerisches Arbeiterhilfswerk, Zürich: 338
Schweizerisches Bundesarchiv, Bern: 136
Schweizerischer Gewerkschaftsbund, Bern: 295
Schweizerische Landesbibliothek, Bern, Seite: 72, 228, 247 o., 268, 269 u., 293, 294, 302, 317, 320, 324
Schweizerisches Landesmuseum, Zürich: 13 (Inv. PA-17430), 15 (Inv. Nr. DEP-3192), 26 (Inv. Nr. AGZ 1/109), 31 (Inv. LM-17587), 37 (Inv. Nr. SG-Stift), 71 m. (Inv. SS-5473), 108 (Inv. Nr. IN-6957.4), 125 (Inv. Nr. LM-26117), 167 (Inv. Nr. JM-23), 172 (Inv. Nr. BZ-360), 205 (Inv. Nr. AG-1194 d-e), 232 (Inv. Nr. IN-70), 242 u., 259 (Inv. Nr. 16873)
Schweizerisches Sozialarchiv, Zürich: 358
Schwestern vom Heiligen Kreuz, Menzingen: 193
Science & Society Picture Library, London: 217
Senn, Paul / Stiftung FFV Kunstmuseum Bern: 311, 328
Seehuber, Engelbert: 112
Sprecher, Menga von, Zürich: 211
Sprenger, Walter, Bauma: 257 (Fotosammlung)
Staatliche Graphische Sammlung, München: 112
Staatsarchiv Basel-Stadt, Basel: 239 (Neg. B. 834),
Staatsarchiv Basel-Stadt / Archiv Höflinger, Basel: 287 (B 168)
Staatsarchiv Basel-Stadt / Siegelsammlung, Basel: 71 u.
Staatsarchiv des Kantons Bern, Bern: 51, 71 o. (StAB F. A. 2), 73, 240 (aus Berner Tagebuch), 261 (T.C 435)
Staatsarchiv Kanton Schwyz, Amt für Kulturpflege, Schwyz: 227
Staatsarchiv des Kantons Zürich, Zürich: 177, 190, 203 (Foto: Blaser K.) 204, 235, 237
Stadtarchiv Zürich, Zürich: 94, 306, 315
Stadt Augsburg, Augsburg: 61
Stadtbibliothek Nürnberg, Nürnberg: 111
Stadt Nürnberg, Stadtarchiv, Nürnberg: 111 (StB Cent. V, 10a)
Stadtpolizei Schaffhausen, Schaffhauen: 329 u.
St. Gallen, Kantonsbibliothek (Vadiana), Vadianische Sammlung, St. Gallen: 171 m. (PB 1a)
Staub, Hans / Schweizerische Stiftung für die Photographie, Kunsthaus Zürich, Zürich: 275, 336, 339
Stiftsschule Engelberg, Engelberg: 86
Stiftsbibliothek St. Gallen, St. Gallen: 38 (Sign. Cod. Sang. 1092), 42 (Sign. Cod. Sang. 911 S. 320)
Stiftung FFV Kunstmuseum / Senn, Paul, Bern: 328
The British Museum, London: 17
Toggenburger Museum, Lichtensteig: 231 m.
Ufficio dei monumenti storici, Bellinzona: 189
Universität Bern, Historische Anthropologie, Bern: 124
Universitätsbibliothek Basel, Basel: 238 u.
Universitätsbibliothek Heidelberg / Handschriftenabteilung Heidelberg: 66, 90, 131
Ville de Genève, Bibliothèque publique et universitaire, Genève: 300 u., 307
Walser, Gerold, Basel: 24
Westfälisches Landesmuseum für Kunst und Kulturgeschichte, Münster: 163 o.
Widmer, Eduard, Zürich: 36, 168/169
Zbinden, Jürg, Bern: 22
Zentralbibliothek Luzern, Luzern: 242 o., 249, 263
Zentralbibliothek Luzern, Handschriften und alte Drucke, Luzern: 79 (f. 170 va.)
Zentralbibliothek Zürich, Zürich: 86, 106, 153/154 (Sign. AX 1624), 221 o., 156 (Sign. 4H601:2), 159 (Sign. MS A 77, f. 344v.) 161, 166, 170, 173, 174, 178, 186, 187, 188, 198, 208, 209 r., 212, 215, 221 o., 222, 243, 250, 252, 265, 266, 269 o., 278, 289, 290 u., 292, 303 o., 304, 321, 322, 329 o.l., 337

Besitzer-, Standortnachweise

Alte Pinakothek, München: 150 m., 162
Bayerische Staatsgemäldesammlungen München, Bayerisches Nationalmuseum: 164 o.
Deutsch, Niklaus Manuel, Der Tod als Kriegsknecht umfasst ein junges Weib, 1517, öffentliche Kunstsammlung Basel: 105
Graf, Urs, Das wilde Heer, Öffentliche Kunstsammlung Basel: 165
Graf, Urs, Spazierendes Bürgerpaar von hinten, Öffentliche Kunstsammlung Basel, Kupferstichkabinett: 115
Graf, Urs, Bauer mit Hahnenfedern, Öffentliche Kunstsammlung Basel, Kupferstichkabinett: 119
Graf, Urs, Krieger mit Langspiess und Schwert, Öffentliche Kunstsammlung Basel, Kupferstichkabinett: 155
Herzog Anton Ulrich-Museum, Braunschweig: 126
Historisches Museum Basel, Basel: 223 u
Holbein, Hans d. J., Bildnis des Erasmus von Rotterdam im Rund, Öffentliche Kunstsammlung Basel, Basel: 171
Musée des Beaux-Arts, Lausanne: 236 (Gleyre, Charles, le Major, 1850)
Museum zu Allerheiligen, Peyersche Tobias-Stimmer-Stiftung, Schaffhausen: 207
Oberösterreichisches Landesmuseum, Linz: 101 u.
Öffentliche Kunstsammlung Basel, Kupferstichkabinett: 106, 155 165
Staatliche Graphische Sammlung, München: 112
Westfälisches Landesmuseum für Kunst und Geschichte, Münster: 163 o.

Copyrights

Hans-Erni-Stiftung, Luzern: 354
Paul-Senn-Archiv / Bernische Stiftung für Fotografie, Film und Video / Kunstmuseum Bern, Bern: 311, 328
Pro Litteris, Zürich: 275: Hans Staub, Schweizer Grenzwacht an der Bahnlinie Delle–Belfort, 1940. 336: Hans Staub, In einer Lagerbaracke, St. Margrethen, 1940
Kunsthaus Zürich, 1997: 209, 264
Swissair / Bilddokumentation, Zürich-Flughafen: 340